U0526577

中国皮革史

History of China Leather Industry

上 卷

主 编 ◎ 张淑华　徐　永　苏超英
副主编 ◎ 温祖谋　范贵堂　樊永红

中国社会科学出版社

新疆哈密市五堡墓葬出土的青铜时代的轧涡旋纹革盒

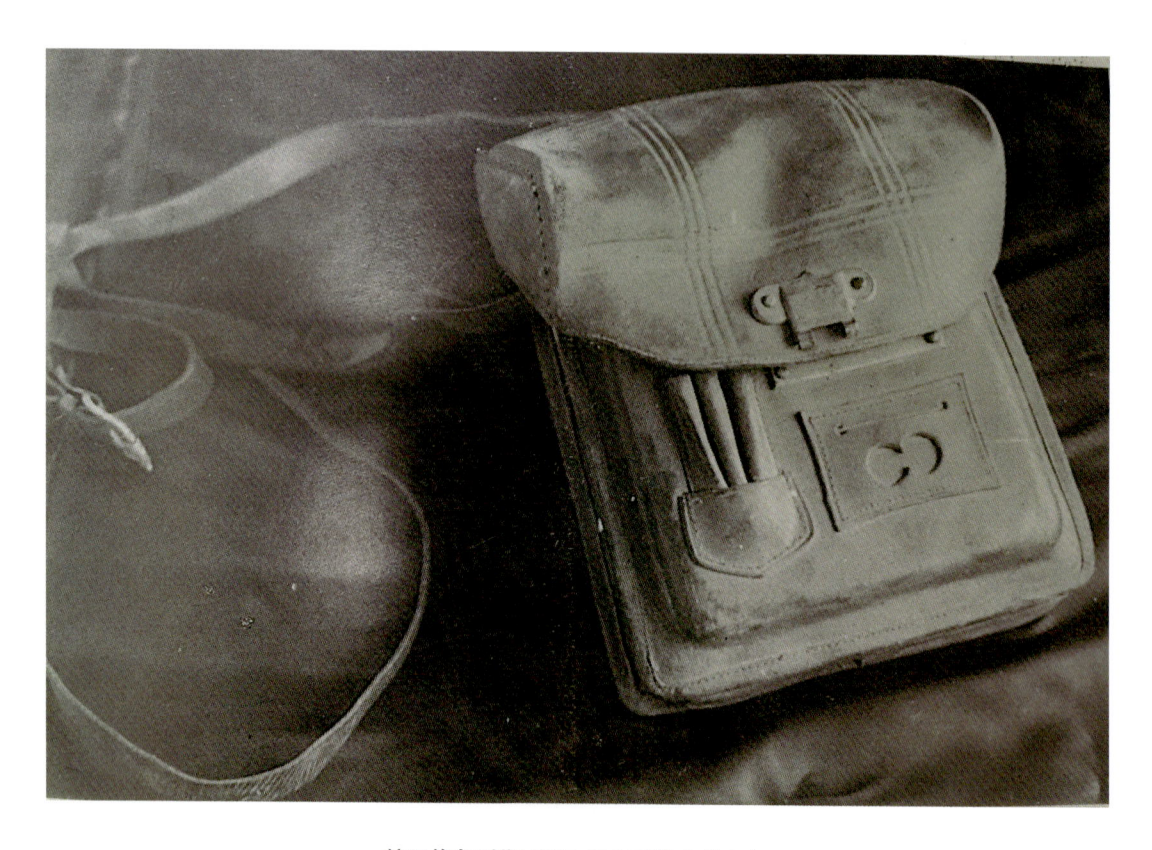

抗日战争时期3513厂生产的皮公文包

科技是行业第一生产力

原成都工学院张铨教授（1899—1977）铜像

原北京轻工业学院潘津生教授（1910—2002）（右二）指导学生做实验（20世纪50年代）

中国皮革和制鞋工业研究院段镇基院士（1934—2009）在20世纪90年代与上海皮革公司马广生经理（左一）、辽宁省皮革公司李树基经理（左二）参加中国皮革工业协会理事会

四川大学石碧院士（左一）在21世纪初与皮革行业老专家于义高级工程师（左二）、常新华教授（左三）在工厂调研

轻工业部稀土助染毛皮技术交流座谈会（20世纪70年代）

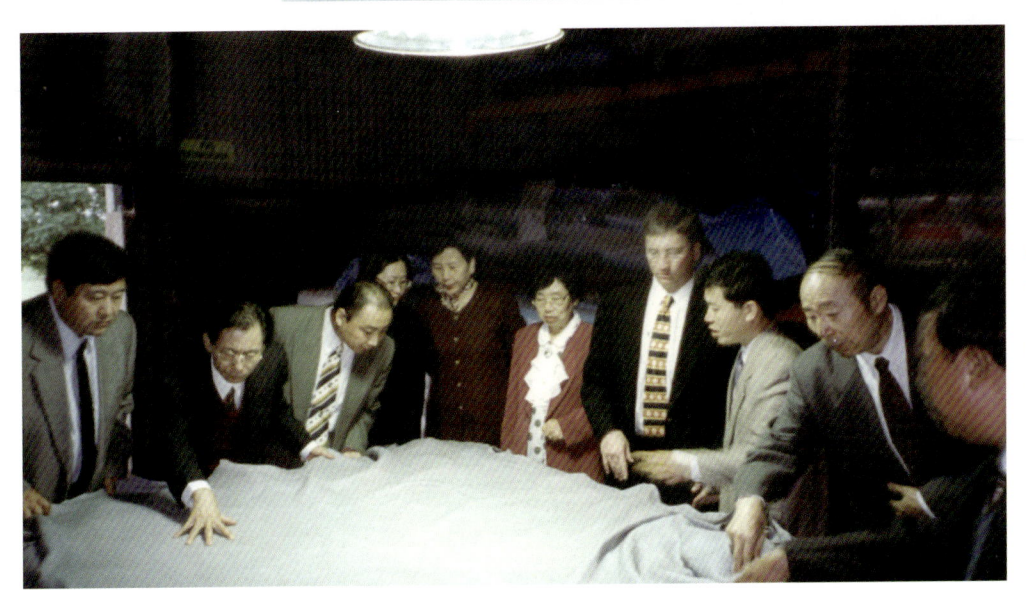

中国皮革工业协会理事长徐永（右二）、常务副理事长张淑华（右五）与技术人员考察国外皮革质量（1998年）

四川大学皮革奖助学金颁奖典礼（2009年）

21世纪首届中国皮革科技研讨会代表合影

全国制鞋标准化技术委员会成立大会代表合影(2008年6月5日)

环境保护是行业的责任

联合国工业发展组织专家在中国考察环保项目（20世纪90年代）

《皮革及毛皮工业污染物排放标准》开题报告会（2006年）

全国皮革行业节能减排环保创新奖评审会（2010年）

环保自律行动小组工作会议（2010年5月14日成立）

全国制革行业污染核查工作启动会（2010年）

全国皮革行业节能减排环保创新奖考察现场（2008年）

21世纪初的污水处理厂

走向世界的皮革行业

中国—意大利混委会皮革组签约仪式（20世纪90年代）

第30届国际皮革工艺师和化学家协会联合会大会在北京举行（2009年）

第21届亚洲鞋业会议代表合影

国际毛皮协会亚洲区董事会香港会议代表合影（21世纪初）

生产线巡礼（21世纪）

皮鞋生产车间

制革车间

装皮加工车间

皮衣生产车间

领导关怀

国家轻工业局局长陈士能（左二）视察企业（1999年10月5日）

中国轻工业总会副会长步正发（左二）参观中国国际皮革展（1997年）

中国轻工业联合会副会长杨志海（右二）视察河北省白沟箱包市场（2006年）

中国轻工业联合会副会长潘蓓蕾（右二）为行业先进企业颁奖

中国轻工业联合会副会长张善梅（右二）参观中国国际皮革展（21世纪初）

皮革协会风采

中国皮革协会会标是一张皮形组成的艺术图案。一方面表示行业是以皮革为基础；另一方面，从皮形外观来看，呈现出一个扁平的"中"字，寓意代表的是"中国"皮革行业。图案中央的四个字母"CIIA"是中国皮革协会的英文缩写。图案主体颜色为蓝色

中国皮革协会成立大会

20世纪80年代轻工业部皮革处同志合影

全国会员代表大会留念 一九八八年七月二十二日于郑州

1998 全国地方皮革协会会议代表合影

中国皮革工业协会皮件专业委员会工作会议

中国皮革工业协会制革、皮化专业委员会2004年工作会议

中国皮革工业协会毛皮（裘皮）专业委员会工作会议

中国皮革协会皮革和制鞋机械专业委员会年会

中国皮革协会五届四次理事扩大会议（2006年9月3—5日）

中国皮革协会员工合影（二〇一〇年）

2008年7月，中国轻工业联合会会长陈士能（前排左五），中国皮革协会原理事长王秀英（前排左六）、徐永（前排左三），中国皮革协会理事长张淑华（前排左七），中国皮革协会第一任副理事长兼秘书长许龙江（前排左四）及皮革协会工作人员与行业老专家合影

中国皮革协会常务副理事长张淑华与香港制革协会同仁合影（20世纪90年代）

大陆台商皮革业联谊会代表合影（21世纪初）

"真皮标志"是培育品牌的平台

　　真皮标志的注册商标图案是由一只全羊、一对牛角、一张皮形组成的艺术变形图案。整个图形呈圆形鼓状。图案中央有"GLP"三个字母，是真皮标志的英文缩写。图案主体颜色为白底黑色，三个英文字母为红色。图案寓意：牛、羊、猪是皮革制品的三种主要天然皮革原料，图案呈圆形鼓状，一方面象征着制革工业的主要加工设备转鼓，另一方面象征着中国皮革工业滚滚向前。

　　生态皮革LOGO中间圆形图标为统一的真皮标志标识图案，周围的英文是"真皮标志生态皮革"的英文对照。编号"E00000（牛）"的字母E代表生态，后面两位数代表制革厂所在省份，该两位数均为3的倍数，从03、06一直到93，代表我国31个省、市和自治区；后三位数代表厂家，该数字与厂家生态皮革证书的编号一致；括号中表明真皮标志生态皮革的原料皮种类，如牛、猪、羊皮等。

首批真皮标志生态皮革新闻发布会（2003年1月22日）

真皮标志杯皮革服装设计大赛

真皮标志英文版标牌启用新闻发布会（2007年1月12日）

特色区域是行业中流砥柱

首届中国皮革特色区域经济发展论坛（2006年7月8—9日）

2009年8月31日，中国轻工业联合会会长步正发（左二）、辽宁省副省长陈海波（左一）、中国皮革协会理事长张淑华（左三）、阜新市市长潘利国（左四）启动共同培育"承接转移—中国制革示范基地·阜新"仪式

展会经济是行业发展的风向标

首届中国真皮标志产品展览会（1995年）

中国国际皮革展开幕典礼

中国国际皮革展主办单位领导和与会嘉宾合影（21世纪初）

香港亚太皮革展中国馆（2001年）

中国国际皮革展开幕现场

《中国皮革史》编委会

(以姓氏笔画为序)

编委会主任：李玉中
编委会副主任：于永昌　　马克·欧顿（Mark Oaten）　马建中
　　　　　　　王建新　　石　碧　　叶香菊　　朱　岩　　李开华
　　　　　　　李伟娟　　杨承杰　　陈占光　　聂玉梅　　曹玉亭
　　　　　　　霍建国
编委会成员：于永昌　　弓太生　　马建中　　王　丹　　王　敏
　　　　　　王世琴　　王吉万　　王利矛　　王建新　　王铁仁
　　　　　　王振滔　　车　森　　邓祐才　　石　碧　　田　美
　　　　　　叶香菊　　白志祥　　任有法　　耿树凯　　刘瑞国
　　　　　　刘穗龙　　许建新　　许煜威　　朱　岩　　朱张金
　　　　　　次仁玉珍　李　青　　李　曜　　李开华　　李天铎
　　　　　　李玉中　　李伟娟　　李庆元　　李展成　　李燕萍
　　　　　　严慈亮　　杨　正　　杨承杰　　杨建国　　杨祥娣
　　　　　　张永显　　张春廷　　张淑华　　张锦卫　　苏超英
　　　　　　陈占光　　陈玉珍　　陈国学　　陈国荣　　陈英杰
　　　　　　吴华春　　苏超英　　汪　海　　何有节　　何汝诚
　　　　　　林和平　　范贵堂　　金宝仲　　郑合明　　郑秀康
　　　　　　岳姚祥　　周国祥　　贺国英　　姜　华　　施荣川
　　　　　　柳富林　　徐士淮　　徐　永　　聂玉梅　　高行胜
　　　　　　曹玉亭　　曹浩强　　曹培利　　黄良莹　　黄彦杰
　　　　　　黄燕燕　　崔延安　　章川波　　盛百椒　　董为民
　　　　　　谢少明　　温祖谋　　曾昭雄　　路　华　　廖隆理
　　　　　　樊永红　　霍建国
主　　　编：张淑华　　徐　永　　苏超英
副 主 编：温祖谋　　范贵堂　　樊永红

主要执笔者

(以姓氏笔画为序)

王学川	王建新	马建中	尼玛曲珍	李开华	李伟娟
李兴杰	李志伟	李宽安	吕　斌	朱　岩	刘　军
刘瑞国	张永显	张秀华	张淑华	张　静	陈东升
何晓茶	范贵堂	官敏健	赵立国	赵建祯	赵福元
严怀道	段　齐	徐芳泉	徐庭栋	高行胜	高鲁光
唐胜华	曹玉亭	黄豫蕾	扈淞林	韩云田	温祖谋
曾昭雄	樊永红				

前　言

皮革与人类的生活息息相关，是人类生产活动的产物。人类利用兽皮的历史遥不可考，为了生存、御寒、行走、遮体，早在原始社会就学会用兽皮护体、裹足。从自然使用到自觉利用，经过了漫长的历史演进。

近代以来，我国现代皮革工业开始萌芽，但动荡的时局阻滞了行业的发展。

新中国成立后，我国皮革行业克服了原料皮短缺等困难，大力提倡开剥猪皮，极大地满足了军事、工业和人民生活的需要。特别是改革开放后，我国皮革行业抓住机遇，快速发展，成为世界公认的皮革生产大国，制革、制鞋、皮衣、皮件、毛皮及制品等主体行业的产量稳居世界首位，皮革机械、皮革五金、皮革化工和鞋用材料等配套行业也取得了长足的进步。

我国皮革行业的辉煌成就，是全行业人筚路蓝缕，长期奋斗的结果，既有科技工作者的艰苦探索，又有普通工人的无私奉献，也离不开各级领导的运筹决策，无论是知名的还是不知名的，他们在行业发展史上留下了诸多值得后人永远铭记的感人事迹。

进入21世纪后，我国皮革行业发展到了转型升级的关键时期，既面临着发展机遇，也遇到了严峻挑战。在这样的背景下，中国皮革协会聆听行业呼声，组织策划编写了《中国皮革史》。本书回顾梳理了中国皮革行业的发展历程，总结发展的宝贵经验，以期发现并把握皮革工业的发展规律，对行业的未来发展有所裨益。

本书全方位、多角度描绘了我国皮革行业发展的历史画卷，生动再现了行业发展的艰辛历程。本书记述时间上不划一，下迄2010年止，以新中国成立后的发展为主。

本书采用篇、章、节结构，以事分类，横排竖写。全书分上下两卷，上卷为全国总体发展情况，下卷为各省区市、特色区域的发展及文献资料。全书设十篇，分别为历史沿革篇、现代篇、科教篇、管理篇、典型企业篇、代表人物篇、文化传承篇、地方篇、特色区域篇和资料篇。历史沿革篇和现代篇从整体上描述行业的发展过程，给读者展现的是一幅斑斓的行业全貌。科教篇、管理篇、典型企业篇、代表人物篇、地方篇和特色区域篇则着眼于行业的不同方面，精雕细刻，有利于读者详细了解具体内容。全书有总有分，详略相彰，从不同视角，审视行业发展的方方面面，每篇自成体系，便于读者翻阅。作为整体，篇与篇之间偶有重复，但侧重点不同，力求使内容浑然一体，而又脉络清晰。

本书历史跨度大，内容丰富，是一部百科全书式的工具书，是皮革专业人士的教科书，也是政府部门及研究机构的参考书，同时也是一本具有知识性、趣味性的科普读物。

由于机构变迁、部分企业关闭或破产，历史资料匮乏，以致书中部分内容不够全面，如军委后勤部所管辖的军用皮革产品历史资料缺乏，部分省份资料不全，有的历史人物及企业资料欠缺等，殊为遗憾。

以史为鉴，不忘初心，方能面向未来。长路漫漫，任重道远，更需砥砺前行。

序

石 碧[*]

数年前，听闻中国皮革协会张淑华理事长开始组织编写《中国皮革史》，我感到十分惊喜。作为一个皮革业发展源远流长又是世界皮革生产大国的中国，虽然有个别地区编写过本地区的行业发展史或志，但在全国层面，还没有一部完整的行业发展史，这与我国皮革业发展所取得的辉煌成就与地位不相匹配。因此，张淑华、徐永、苏超英三位历届理事长及中国皮革协会能组织编写这样一部书，是一件功泽千秋的幸事，足见三位理事长及中国皮革协会对行业的热爱与担当。我也从此有了一睹为快的期盼。

今年 5 月，就在书稿出版前，张淑华主编嘱我为其作序，我诚惶诚恐地答应了。能够为这样一部书作序，我深感荣幸，又不免感觉紧张和有压力。编者告诉我，全国各地方行业协会、有关院校及许多皮革行业的老前辈都对编写工作给予了大力支持，提供了许多有益的建议和历史资料，共有数十位同志参与了编写，终成煌煌近 300 万言巨著。这无疑是一部凝聚了行业心血的著作。我粗略地浏览了一遍，就感受到了这本著作的厚重。其不仅勾勒出了行业发展的清晰脉络，而且分门别类，对行业发展的方方面面都进行了翔实的记叙和深入的解析，给读者呈现了一幅生动的历史画卷。

作为一个皮革行业的科技工作者，我特别关注其中科技方面的内容。书中不仅有行业科技发展历程的记述，更展示了皮革科技、教育界的全貌，从中可仰视科技前辈们的耕耘与收获，令我受益匪浅。

中国皮革业历史悠久，经过几千年的发展，特别是 1949 年新中国建立以后和 1978 年改革开放以来，中国皮革业得到了快速发展，目前制革、皮鞋、皮件、皮衣、毛皮及制品等主体行业的产量均居世界首位，皮革机械、皮革化工、皮革五金和鞋用材料等配套行业也取得了长足的进步。20 世纪与 21 世纪之交，全球皮革产业和贸易格局发生变化，世界皮革产业重心向发展中国家和地区转移，我国皮革行业把握机遇，迎接挑战，使之发展成为世界皮革加工与贸易中心。尤其是在中国加入世贸组织以后，我国皮革行业依靠科技进步和品牌建设，不断开辟和拓展国内外皮革产品市场，全行业呈现了空前繁荣景象，并已成为当今世界公认的皮革生产大国。盛世修史，作为世界皮革生产大国，当代皮革人有责任、有义务将我国皮革工业发展的悠久历史和辉煌成就告诉后人，公诸于世。我想，这也是该书得以编写和出版的重要缘由吧。

当前，随着世界经济一体化进程的加快，我国皮革行业也面临着巨大挑战，结构性矛盾和品牌建设的滞后制约着行业的进一步发展，中国皮革行业急迫需要转型升级，走出一条集约发展的康庄大道。在这样的时候，系统地回顾和梳理中国皮革工业的发展历程，总

---

[*] 中国工程院院士，十二届全国政协常委，四川大学教授、博士生导师。

结宝贵经验、吸取教训,发现并把握皮革工业的发展规律,对行业的未来发展将具有非常积极的意义。此乃该书的重要现实价值。

一双皮鞋,一件皮衣,一款皮包,一缕皮饰,伴随着人类的前世与今生,关联着人类的过去与未来。中国的皮革人,世世代代,前赴后继,把皮革这一古老而神奇的传统产业传承延伸并不断地发扬光大。为此,由衷祝愿中国皮革行业永续发展,繁荣昌盛!

谨为序。

总 目

上 卷

第一篇 历史沿革篇

第一章 中国古代皮革史（ —1840年） ……………………………………………（3）
第二章 中国近代皮革工业史（1841—1949年） ……………………………………（21）

第二篇 现代篇

第一章 恢复改造时期（1949—1957年） ……………………………………………（39）
第二章 初期建设时期（1958—1977年） ……………………………………………（51）
第三章 改革开放初期（1978—1987年） ……………………………………………（65）
第四章 快速发展时期（1988—1997年） ……………………………………………（89）
第五章 全面繁荣时期（1998—2010年） ……………………………………………（112）
第六章 行业分述 ……………………………………………………………………（149）

第三篇 科技教育篇

第一章 中国皮革科技的发展 ………………………………………………………（277）
第二章 大中专院校 …………………………………………………………………（339）
第三章 科研机构 ……………………………………………………………………（370）
第四章 标准检测机构 ………………………………………………………………（396）
第五章 书刊网络（媒体）……………………………………………………………（408）
第六章 奖励基金及科技奖励 ………………………………………………………（419）

第四篇 行业管理篇

第一章 机构沿革及管理 ……………………………………………………………（425）
第二章 中国皮革协会 ………………………………………………………………（432）
第三章 地方皮革行业协会 …………………………………………………………（484）

第五篇　典型企业篇

第一章	制革企业	(521)
第二章	制鞋企业	(579)
第三章	毛皮企业	(626)
第四章	皮革服装企业	(637)
第五章	皮件企业	(643)
第六章	皮革化工企业	(665)
第七章	皮革机械企业	(673)
第八章	其他企业	(679)

第六篇　代表人物篇

第一章	专业教育界	(695)
第二章	科技实业界	(714)
第三章	行业管理者	(740)
第四章	著名企业家	(753)
第五章	海外及港台人士	(781)

第七篇　文化传承篇

第一章	鞋履文化	(789)
第二章	皮革文化	(811)
第三章	皮影文化	(819)
第四章	老字号	(823)
第五章	皮革博物馆	(831)
第六章	皮革趣闻逸事	(834)

下　卷

第八篇　地方篇

第一章	北京市	(845)
第二章	天津市	(864)
第三章	河北省	(887)
第四章	山西省	(920)
第五章	内蒙古自治区	(927)
第六章	辽宁省	(957)

第七章　吉林省	(992)
第八章　黑龙江省	(1024)
第九章　上海市	(1048)
第十章　江苏省	(1097)
第十一章　浙江省	(1121)
第十二章　安徽省	(1152)
第十三章　福建省	(1163)
第十四章　江西省	(1170)
第十五章　山东省	(1178)
第十六章　河南省	(1223)
第十七章　湖北省	(1247)
第十八章　湖南省	(1276)
第十九章　广东省	(1310)
第二十章　广西壮族自治区	(1328)
第二十一章　重庆市	(1336)
第二十二章　四川省	(1356)
第二十三章　贵州省	(1370)
第二十四章　云南省	(1394)
第二十五章　西藏自治区	(1406)
第二十六章　陕西省	(1409)
第二十七章　甘肃省	(1417)
第二十八章　青海省	(1431)
第二十九章　宁夏回族自治区	(1435)
第三十章　新疆维吾尔自治区	(1443)
第三十一章　香港特别行政区	(1454)
第三十二章　台湾地区	(1457)

第九篇　特色区域篇

中国鞋都·温州	(1485)
中国鞋都·晋江	(1493)
中国皮革之都·海宁	(1498)
中国皮革皮衣之都·辛集	(1503)
中国皮具之都·花都狮岭	(1515)
中国皮草名镇·崇福	(1523)
中国裘皮之都·肃宁	(1528)
中国女鞋之都·武侯	(1535)
中国西部鞋都·璧山	(1540)
中国女鞋生产基地·惠东	(1547)

中国箱包之都·白沟	(1552)
中国鞋业名城·温岭	(1558)
中国毛皮之都·孟州桑坡	(1565)
中国皮草科学发展示范基地·枣强	(1571)
中国皮装裘皮产业基地·佟二堡	(1575)
中国旅行箱包之都·平湖	(1581)
中国男鞋生产基地·鹤山	(1585)
中国制革示范基地·阜新	(1591)
中国箱包名城·瑞安	(1595)
中国箱包产业基地·东阳	(1600)
中国鞋业生产基地·高密	(1605)

第十篇 资料篇

第一章 荣誉	(1611)
第二章 品牌战略	(1638)
第三章 重要文献	(1712)
参考文献	(1777)
后记	(1779)

目 录

上 卷

第一篇 历史沿革篇

第一章 中国古代皮革史（ —1840年） ……………………………………（3）
　第一节 中国古代皮革的起源 ……………………………………………（3）
　第二节 中国古代皮革的兴起 ……………………………………………（5）
　　一 上古时代（原始社会）……………………………………………（5）
　　二 中古时代（奴隶社会）……………………………………………（5）
　第三节 中国古代皮革的应用（下古时代 封建社会）…………………（11）
　　一 秦汉时期创出我国古代皮革业辉煌成就（前221—220年）……（12）
　　二 魏晋南北朝时期是我国古代皮革业普及与提高的新时期（265—581年）
　　　 ………………………………………………………………………（14）
　　三 隋唐时期我国古代皮革业达到高峰（581—907年）……………（14）
　　四 宋朝时期是我国古代皮革业继往开来的时期（960—1279年）…（16）
　　五 元朝时期是我国古代皮革业的鼎盛时期（1206—1368年）……（16）
　　六 明朝时期呈现我国古代皮革业的崭新面貌（1368—1644年）…（17）
　　七 清朝时期是我国古代皮革业的繁荣时期（1616—1840年）……（19）

第二章 中国近代皮革工业史（1841—1949年）………………………（21）
　第一节 中国近代皮革工业的萌芽（1841—1912年）…………………（21）
　　一 概况 …………………………………………………………………（21）
　　二 晚清时期皮革工业状况 ……………………………………………（21）
　第二节 中国近代皮革工业的兴起（1913—1937年）…………………（24）
　　一 概况 …………………………………………………………………（24）
　　二 民国初期皮革工业的特点 …………………………………………（25）
　　三 各地具体状况 ………………………………………………………（26）
　第三节 中国近代皮革工业的发展（1938—1949年）…………………（33）
　　一 概况 …………………………………………………………………（33）
　　二 各地情况 ……………………………………………………………（34）

第二篇　现代篇

第一章　恢复改造时期（1949—1957 年） (39)
第一节　发展方向与相关政策 (40)
　　一　发展方向 (40)
　　二　相关政策 (41)
第二节　行业管理与资源配置 (42)
　　一　行业管理 (42)
　　二　资源配置 (45)
第三节　改组改造与科技进步 (46)
　　一　改组改造 (46)
　　二　科技进步 (47)
　　三　技术援助 (48)
第四节　行业态势 (48)
　　一　依托原有薄弱基础，努力恢复生产 (49)
　　二　利用猪皮制革、开辟制革原料的新资源 (49)
　　三　完成社会主义改造、初步建立社会主义经济体系 (49)
　　四　恢复改造初见成效、生产水平大幅提高 (50)

第二章　初期建设时期（1958—1977 年） (51)
第一节　发展方向与相关政策 (52)
　　一　发展方向 (52)
　　二　相关政策 (53)
第二节　行业管理与相关举措 (54)
　　一　行业管理 (54)
　　二　资源配置 (56)
第三节　改组改造与科技进步 (57)
　　一　改组改造 (57)
　　二　技术革新 (58)
　　三　科技进步 (60)
第四节　行业态势 (63)
　　一　生产能力大幅提升，产品品种逐步齐全 (63)
　　二　猪皮制革获得大发展 (63)
　　三　经受变革洗礼，行业艰难前行 (63)
　　四　推广技术革新成果，提高产品质量水平 (64)

第三章　改革开放初期（1978—1987 年） (65)
第一节　发展方向与相关政策 (66)
　　一　发展方向 (66)
　　二　资源配置 (67)

三　关于财税政策 …………………………………………………………………… (69)
　第二节　技术改造与科技进步 ……………………………………………………………… (71)
　　　一　技术改造工业 ……………………………………………………………………… (71)
　　　二　引进项目 …………………………………………………………………………… (72)
　　　三　科教建设 …………………………………………………………………………… (74)
　　　四　科技攻关 …………………………………………………………………………… (75)
　　　五　新技术推广 ………………………………………………………………………… (76)
　　　六　标准化工作 ………………………………………………………………………… (77)
　　　七　全国质量评比 ……………………………………………………………………… (78)
　第三节　国际合作与展览活动 ……………………………………………………………… (83)
　　　一　对外往来 …………………………………………………………………………… (83)
　　　二　技术交流 …………………………………………………………………………… (84)
　　　三　联合国工业发展组织（UNIDO）援助项目实施及推广 ………………………… (84)
　　　四　展览活动 …………………………………………………………………………… (85)
　第四节　行业态势 …………………………………………………………………………… (86)
　　　一　猪皮制革获得大发展 ……………………………………………………………… (86)
　　　二　行业基本实现机械化、半机械化生产，大幅提高劳动效率 …………………… (86)
　　　三　行业体制发生变化，乡镇民营企业开始出现，集群生产初露头角 …………… (87)
　　　四　皮化、皮机逐步从依靠进口为主转为国产自给为主 …………………………… (87)
　　　五　全行业生产平稳增长，效益指标逐步提升 ……………………………………… (87)
第四章　快速发展时期（1988—1997年） ……………………………………………………… (89)
　第一节　行业管理与相关政策 ……………………………………………………………… (89)
　　　一　管理体制改革 ……………………………………………………………………… (89)
　　　二　相关政策 …………………………………………………………………………… (91)
　第二节　技术改造与科技进步 ……………………………………………………………… (94)
　　　一　技术改造 …………………………………………………………………………… (94)
　　　二　科技攻关 …………………………………………………………………………… (96)
　　　三　标准化工作 ………………………………………………………………………… (99)
　　　四　全国质量鉴定评比 ………………………………………………………………… (100)
　第三节　国际合作与展览活动 ……………………………………………………………… (102)
　　　一　援助项目 …………………………………………………………………………… (102)
　　　二　双边合作 …………………………………………………………………………… (103)
　　　三　对外交流 …………………………………………………………………………… (104)
　　　四　国际会议 …………………………………………………………………………… (105)
　　　五　展览活动 …………………………………………………………………………… (106)
　第四节　行业态势 …………………………………………………………………………… (108)
　　　一　行业拥有完善的产业链，工艺技术、产品质量均已与国际接轨 ……………… (108)
　　　二　行业经济结构发生深刻变化 ……………………………………………………… (108)
　　　三　企业面貌焕然一新，涌现出一批优秀企业 ……………………………………… (109)

四　集群生产、专业市场成为行业发展新平台 …………………………………（109）
　　五　行业发展起伏大，经济效益不高 ………………………………………………（109）
　　六　证明商标"真皮标志"成为行业在市场经济中创立的品牌平台 ……………（110）
　　七　初步确立我国世界皮革生产大国的地位 ………………………………………（111）

第五章　全面繁荣时期（1998—2010年）…………………………………………（112）

第一节　发展规划与相关政策 …………………………………………………………（113）
　　一　发展规划 …………………………………………………………………………（113）
　　二　行业管理 …………………………………………………………………………（116）
　　三　相关政策 …………………………………………………………………………（121）

第二节　技术改造与科技进步 …………………………………………………………（126）
　　一　技术改造 …………………………………………………………………………（126）
　　二　科教兴皮 …………………………………………………………………………（126）
　　三　新技术应用 ………………………………………………………………………（127）
　　四　标准化工作 ………………………………………………………………………（128）
　　五　"真皮标志杯"设计大奖赛 ……………………………………………………（130）

第三节　国际合作与展览活动 …………………………………………………………（131）
　　一　援助项目 …………………………………………………………………………（131）
　　二　举办和参加国际会议 ……………………………………………………………（132）
　　三　展览活动 …………………………………………………………………………（135）

第四节　行业态势 ………………………………………………………………………（137）
　　一　产业集聚加快，特色区域建设成绩显著 ………………………………………（137）
　　二　产业转移加快，区域布局日趋合理 ……………………………………………（138）
　　三　品牌战略初见成效 ………………………………………………………………（138）
　　四　打破贸易壁垒，提高出口水平 …………………………………………………（139）
　　五　淘汰落后产能，加强污染治理 …………………………………………………（139）
　　六　企业融资上市，电子商务兴起 …………………………………………………（140）
　　七　成功应对金融危机 ………………………………………………………………（141）
　　八　行业发展迅速，稳固确立世界皮革大国地位 …………………………………（141）

第六章　行业分述 …………………………………………………………………………（149）

第一节　制革行业 ………………………………………………………………………（149）
　　一　行业发展沿革 ……………………………………………………………………（149）
　　二　行业发展水平 ……………………………………………………………………（156）
　　三　经济增长指标 ……………………………………………………………………（166）

第二节　皮鞋行业 ………………………………………………………………………（170）
　　一　行业发展沿革 ……………………………………………………………………（170）
　　二　行业发展水平 ……………………………………………………………………（176）
　　三　经济增长指标 ……………………………………………………………………（185）

第三节　皮件行业 ………………………………………………………………………（188）
　　一　行业发展沿革 ……………………………………………………………………（189）

二　行业发展水平 ………………………………………………………………… (195)
　　三　经济增长数据 ………………………………………………………………… (199)
第四节　皮革服装行业 ………………………………………………………………… (201)
　　一　行业发展沿革 ………………………………………………………………… (202)
　　二　发展水平 ……………………………………………………………………… (206)
　　三　经济增长数据 ………………………………………………………………… (208)
第五节　毛皮及其制品行业 …………………………………………………………… (210)
　　一　行业发展沿革 ………………………………………………………………… (210)
　　二　行业发展水平 ………………………………………………………………… (216)
　　三　经济增长数据 ………………………………………………………………… (218)
第六节　皮革化工行业 ………………………………………………………………… (221)
　　一　1949—1957年恢复改造时期 ……………………………………………… (221)
　　二　1958—1977年初期建设时期 ……………………………………………… (222)
　　三　1978—1987年改革开放初期 ……………………………………………… (224)
　　四　1988—1997年快速发展时期 ……………………………………………… (227)
　　五　1998—2010年全面繁荣时期 ……………………………………………… (229)
第七节　皮革机械行业 ………………………………………………………………… (231)
　　一　1949—1957年恢复改造时期 ……………………………………………… (231)
　　二　1958—1977年初期建设时期 ……………………………………………… (232)
　　三　1978—1987年改革开放初期 ……………………………………………… (233)
　　四　1988—1997年快速发展时期 ……………………………………………… (234)
　　五　1998—2010年全面繁荣时期 ……………………………………………… (236)
第八节　皮革五金及鞋用材料行业 …………………………………………………… (237)
　　一　1949—1957年恢复改造时期 ……………………………………………… (238)
　　二　1958—1977年初期建设时期 ……………………………………………… (238)
　　三　1978—1987年改革开放初期 ……………………………………………… (241)
　　四　1988—1997年快速发展时期 ……………………………………………… (242)
　　五　1998—2010年全面繁荣时期 ……………………………………………… (243)
第九节　特种工业皮革及其密封件 …………………………………………………… (245)
　　一　产品生产的历史背景及沿革 ………………………………………………… (245)
　　二　特种工业用皮革及其密封件的性能、分类、标准、产量及获奖情况 …… (246)
　　三　主要企业简介 ………………………………………………………………… (250)
　　四　典型人物介绍（以姓氏笔画为序）………………………………………… (262)
　　五　有关特种工业用皮革及其密封件研制、生产、应用的史料 …………… (263)

第三篇　科技教育篇

第一章　中国皮革科技的发展 ……………………………………………………… (277)
　第一节　制革行业的发展 …………………………………………………………… (277)

一　中国古、近代制革科技的发展 ………………………………………… (277)
　　　二　新中国成立后制革科技发展史 ……………………………………… (278)
　　　三　制革清洁化生产发展 ………………………………………………… (282)
　第二节　制鞋行业的发展 ……………………………………………………… (284)
　第三节　毛皮行业的发展 ……………………………………………………… (288)
　　　一　新中国成立初期 ……………………………………………………… (288)
　　　二　20世纪50年代末至80年代末 ……………………………………… (289)
　　　三　20世纪90年代至2010年 …………………………………………… (293)
　第四节　皮革服装行业发展 …………………………………………………… (295)
　第五节　皮件行业发展 ………………………………………………………… (301)
　　　一　箱的发展 ……………………………………………………………… (301)
　　　二　包袋的发展 …………………………………………………………… (302)
　第六节　皮革化工行业发展 …………………………………………………… (306)
　　　一　酶制剂 ………………………………………………………………… (307)
　　　二　湿加工助剂 …………………………………………………………… (307)
　　　三　金属鞣剂和金属络合鞣剂 …………………………………………… (308)
　　　四　植物鞣剂 ……………………………………………………………… (309)
　　　五　合成鞣剂 ……………………………………………………………… (310)
　　　六　树脂鞣剂 ……………………………………………………………… (311)
　　　七　醛鞣剂 ………………………………………………………………… (311)
　　　八　纳米复合鞣剂 ………………………………………………………… (312)
　　　九　填充材料 ……………………………………………………………… (312)
　　　十　染料 …………………………………………………………………… (313)
　　　十一　加脂剂 ……………………………………………………………… (314)
　　　十二　涂饰剂 ……………………………………………………………… (315)
　第七节　皮革机械行业发展 …………………………………………………… (317)
　第八节　其他行业（含皮革五金、合成革及代用材料、其他） …………… (320)
　　　一　皮革五金 ……………………………………………………………… (320)
　　　二　皮革五金配件 ………………………………………………………… (322)
　　　三　合成革及代用材料 …………………………………………………… (323)
　第九节　标准与国际科技会议 ………………………………………………… (326)
　　　一　专业标准体系的建立与发展 ………………………………………… (326)
　　　二　国际科技会议 ………………………………………………………… (335)
第二章　大中专院校 ……………………………………………………………… (339)
　第一节　高等院校 ……………………………………………………………… (340)
　　　一　燕京大学（制革系、化学系皮科） ………………………………… (340)
　　　二　天津河北省立工业学院（制革专科） ……………………………… (342)
　　　三　私立成都华西协合大学（化学系 制革课程） …………………… (342)
　　　四　国立中央技艺专科学校（四川乐山）（皮革科） ………………… (343)

五　四川省立成都高级制革科职业学校 …………………………………… (343)
　　六　上海水产学院（水产加工系化工科皮革专业） ……………………… (344)
　　七　四川大学　生物质与皮革工程系（轻纺与食品学院） ……………… (344)
　　八　陕西科技大学皮革工程系（资源与环境学院） ……………………… (351)
　　九　沈阳轻工业学院（化工系皮革专业） ………………………………… (357)
　　十　常州市轻工业职工大学 ………………………………………………… (357)
　　十一　山东轻工业学院轻化与环境工程学院 ……………………………… (358)
　　十二　齐齐哈尔大学　轻纺学院（皮革化学与工程学科） ……………… (359)
　　十三　郑州大学　材料科学与工程学院（皮革化学与工程学科） ……… (360)
　　十四　天津科技大学（皮革化学与工程学科） …………………………… (360)
　　十五　烟台职业学院（革制品专业） ……………………………………… (361)
　　十六　广州白云技术学院（鞋类皮具设计专业） ………………………… (361)
　　十七　扬州大学广陵学院（皮具与服饰设计专业） ……………………… (361)
　　十八　浙江科技学院 ………………………………………………………… (362)
　　十九　湖南科技职业学院（制革工程与革制品设计与制造） …………… (362)
　　二十　温州大学　美术与设计学院（鞋靴设计专业） …………………… (362)
　　二十一　嘉兴学院　生物与化学工程学院（轻化工程专业） …………… (363)
　第二节　中专技校 ……………………………………………………………… (364)
　　一　陕西省立榆林工业职业学校（制革科） ……………………………… (364)
　　二　上海市轻工业学校（皮革专业） ……………………………………… (364)
　　三　天津市津京制革厂技术学校 …………………………………………… (365)
　　四　辽宁省皮革工业职工技术学校（半工半读） ………………………… (365)
　　五　重庆皮革技工学校 ……………………………………………………… (365)
　　六　北京市皮革工业学校（北京市环境与艺术学校） …………………… (366)
　　七　天津市皮革工业学校（天津市第二轻工业学校） …………………… (367)
　　八　上海皮革中等专业学校（制革、制鞋专业） ………………………… (367)
　　九　河南省工业设计学校（原河南省二轻工业学校） …………………… (368)
　　十　湖南省二轻工业学校（革制品设计与制造） ………………………… (368)
　　十一　四川省皮革职工中等专业学校 ……………………………………… (368)
　　十二　辽宁省工艺美术学校 ………………………………………………… (368)
　　十三　新疆轻工业学校 ……………………………………………………… (369)
第三章　科研机构 …………………………………………………………………… (370)
　第一节　科研机构的历史演变 ………………………………………………… (370)
　　一　新中国成立以前的状况 ………………………………………………… (370)
　　二　新中国成立以后的演进 ………………………………………………… (370)
　第二节　全国性院所 …………………………………………………………… (373)
　　一　原国民政府经济部中央工业试验所胶体化学研究室 ………………… (373)
　　二　中央轻工业部上海工业试验所皮革研究室 …………………………… (373)
　　三　解放军总后勤部军需生产技术研究所 ………………………………… (374)

四　中国皮革工业研究所 …………………………………………………… (375)
　　五　中国皮革工业信息中心 ………………………………………………… (376)
　　六　轻工业制鞋研究所 ……………………………………………………… (377)
　　七　全国制鞋工业信息中心 ………………………………………………… (378)
　　八　皮革和制鞋行业生产力促进中心 ……………………………………… (378)
　　九　中国皮革和制鞋工业研究院 …………………………………………… (379)
　　十　国家皮革及制品工程技术研究中心 …………………………………… (380)
　第三节　地方性院所 ……………………………………………………………… (381)
　　一　丹东轻化工研究院/全国皮革化工材料研发中心 …………………… (381)
　　二　天津市皮革技术研究所 ………………………………………………… (382)
　　三　成都皮革研究所 ………………………………………………………… (383)
　　四　沈阳市皮革研究所 ……………………………………………………… (383)
　　五　上海市皮革工业研究所 ………………………………………………… (384)
　　六　重庆市皮革工业科研所 ………………………………………………… (385)
　　七　甘肃省皮革塑料研究所 ………………………………………………… (385)
　　八　河南省皮革塑料研究所 ………………………………………………… (386)
　　九　吉林省皮革研究所 ……………………………………………………… (386)
　　十　陕西科技大学科锐新材料研究所 ……………………………………… (387)
　　十一　四川省皮革工业研究所 ……………………………………………… (388)
　　十二　山西省皮革工业研究所 ……………………………………………… (388)
　　十三　山东省皮革研究所 …………………………………………………… (388)
　　十四　湖南省皮革工业研究所 ……………………………………………… (389)
　　十五　开封市皮革研究所 …………………………………………………… (389)
　　十六　海宁于义皮革研究所 ………………………………………………… (389)
　　十七　国家制革新技术研究推广中心/烟台皮革研究所 ………………… (390)
　　十八　成都培根皮革科研所 ………………………………………………… (390)
　　十九　中国科学院皮革化工材料工程技术研究中心 ……………………… (391)
　　二十　温州大学皮革研究所 ………………………………………………… (391)
　　二十一　温州大学浙江省皮革工程重点实验室 …………………………… (392)
　　二十二　四川省皮革化工材料工程技术研究中心 ………………………… (392)
　　二十三　海宁皮革研究院 …………………………………………………… (393)
　　二十四　四川大学制革清洁技术国家工程实验室 ………………………… (393)
　　二十五　陕西科技大学教育部轻化工助剂重点实验室 …………………… (394)
第四章　标准检测机构 ……………………………………………………………… (396)
　第一节　标准机构 ………………………………………………………………… (396)
　　一　全国制鞋标准化中心及全国制鞋标准化技术委员会 SAC/TC305 ……… (396)
　　二　全国毛皮制革标准化中心及全国皮革工业标准化技术委员会 ……… (397)
　　三　全国毛皮制革机械标准化中心 ………………………………………… (398)
　　四　全国轻工机械标准化技术委员会皮革机械分技术委员会 …………… (399)

五　全国皮革工业标准化技术委员会箱包分技术委员会 …………………………… (399)
　第二节　检测机构 ……………………………………………………………………………… (400)
　　一　国家级皮革、鞋类质量检测机构 …………………………………………………… (400)
　　二　地方皮革、鞋类质量检测机构 ……………………………………………………… (404)

第五章　书刊网络（媒体） ………………………………………………………………………… (408)
　第一节　图书 ……………………………………………………………………………………… (408)
　第二节　专业刊物 ………………………………………………………………………………… (409)
　　一　《皮革文摘》 ………………………………………………………………………………… (409)
　　二　《中国皮革》 ………………………………………………………………………………… (410)
　　三　《北京皮革》 ………………………………………………………………………………… (410)
　　四　《辽宁皮革》 ………………………………………………………………………………… (411)
　　五　《西部皮革》 ………………………………………………………………………………… (411)
　　六　《精彩鞋苑》 ………………………………………………………………………………… (412)
　　七　《皮革与化工》 ……………………………………………………………………………… (412)
　　八　《皮革科学与工程》 ………………………………………………………………………… (413)
　　九　《中国皮革信息》 …………………………………………………………………………… (413)
　　十　《皮革世界》 ………………………………………………………………………………… (413)
　　十一　《浙江皮革》 ……………………………………………………………………………… (414)
　　十二　《上海皮革》 ……………………………………………………………………………… (414)
　　十三　《全球皮革商务周刊》（Leather Weekly） ……………………………………………… (415)
　　十四　《中国皮革制品》 ………………………………………………………………………… (415)
　　十五　《鞋包世界》 ……………………………………………………………………………… (415)
　第三节　专业网站 ………………………………………………………………………………… (416)
　　一　中国皮革网 …………………………………………………………………………………… (416)
　　二　中国皮革和制鞋网 …………………………………………………………………………… (416)
　　三　上海皮革网 …………………………………………………………………………………… (417)
　　四　慧聪皮革与鞋网 ……………………………………………………………………………… (417)
　　五　环球鞋网 ……………………………………………………………………………………… (418)

第六章　奖励基金及科技奖励 ……………………………………………………………………… (419)
　　一　奖学金 ………………………………………………………………………………………… (419)
　　二　张铨基金奖 …………………………………………………………………………………… (421)
　　三　段镇基科学技术奖 …………………………………………………………………………… (422)

第四篇　行业管理篇

第一章　机构沿革及管理 …………………………………………………………………………… (425)
　第一节　机构沿革 ………………………………………………………………………………… (425)
　第二节　行业管理 ………………………………………………………………………………… (427)

第二章　中国皮革协会 ……………………………………………………………（432）
　　第一节　主要工作 ………………………………………………………………（432）
　　　　一　推出真皮标志，实施品牌战略 …………………………………………（433）
　　　　二　培育特色区域　促进产业升级 …………………………………………（435）
　　　　三　搭建展会平台　助力企业拓展市场 ……………………………………（437）
　　　　四　倡导"科教兴皮"战略　提高行业技术水平 …………………………（439）
　　　　五　加强国际交流　推动行业国际化进程 …………………………………（441）
　　　　六　推动节能环保　引导行业科学发展 ……………………………………（445）
　　第二节　理事会 …………………………………………………………………（449）
　　第三节　中国皮革协会大事记 …………………………………………………（453）
第三章　地方皮革行业协会 ………………………………………………………（484）
　　第一节　省市皮革行业协会 ……………………………………………………（484）
　　第二节　省内各级皮革行业协会 ………………………………………………（503）
　　第三节　国家及部分省市皮革公司历任领导 …………………………………（512）

第五篇　典型企业篇

第一章　制革企业 …………………………………………………………………（521）
第二章　制鞋企业 …………………………………………………………………（579）
第三章　毛皮企业 …………………………………………………………………（626）
第四章　皮革服装企业 ……………………………………………………………（637）
第五章　皮件企业 …………………………………………………………………（643）
第六章　皮革化工企业 ……………………………………………………………（665）
第七章　皮革机械企业 ……………………………………………………………（673）
第八章　其他企业 …………………………………………………………………（679）
　　第一节　展览主办单位及展会 …………………………………………………（679）
　　第二节　国际毛皮协会及毛皮拍卖行 …………………………………………（684）

第六篇　代表人物篇

第一章　专业教育界 ………………………………………………………………（695）
第二章　科技实业界 ………………………………………………………………（714）
第三章　行业管理者 ………………………………………………………………（740）
第四章　著名企业家 ………………………………………………………………（753）
第五章　海外及港台人士 …………………………………………………………（781）

第七篇　文化传承篇

第一章　鞋履文化 …………………………………………………………………（789）
　　第一节　鞋的起源 ………………………………………………………………（789）

一　史料说（考古） ………………………………………………（789）
二　造字发明说 ……………………………………………………（789）
三　传说 ……………………………………………………………（790）
第二节　靴鞋的发展 …………………………………………………（790）
第三节　少数民族靴鞋 ………………………………………………（791）
一　白族"猪头"童鞋 ……………………………………………（792）
二　保安族绣花鞋 …………………………………………………（792）
三　布依族绣花鞋 …………………………………………………（793）
四　朝鲜族鞋 ………………………………………………………（793）
五　达斡尔族男布鞋 ………………………………………………（794）
六　傣族绣花鞋 ……………………………………………………（794）
七　东乡族"放足"绣花鞋 ………………………………………（795）
八　侗族的女凉鞋 …………………………………………………（796）
九　鄂伦春族鞋 ……………………………………………………（796）
十　仡佬族绣花女童鞋 ……………………………………………（796）
十一　哈尼族少女绑腿 ……………………………………………（797）
十二　赫哲族鱼皮鞋 ………………………………………………（797）
十三　回族"礼拜鞋" ……………………………………………（798）
十四　黎族绣花鞋 …………………………………………………（798）
十五　珞巴族女毡靴 ………………………………………………（799）
十六　满族旗鞋 ……………………………………………………（799）
十七　门巴族的毡鞋 ………………………………………………（800）
十八　蒙靴 …………………………………………………………（800）
十九　苗族绣花鞋 …………………………………………………（801）
二十　纳西族绣花鞋 ………………………………………………（801）
二十一　羌族绣花鞋 ………………………………………………（801）
二十二　撒拉族"礼拜靴" ………………………………………（802）
二十三　畲族"脚龙套" …………………………………………（803）
二十四　水族妇女绣花鞋 …………………………………………（803）
二十五　土家族"篮篮儿鞋" ……………………………………（804）
二十六　土族鞋 ……………………………………………………（804）
二十七　维吾尔族靴 ………………………………………………（805）
二十八　锡伯族冬天穿的绣花棉鞋 ………………………………（806）
二十九　瑶族绣花"三寸金莲" …………………………………（807）
三十　彝族勾尖绣花鞋 ……………………………………………（807）
三十一　藏靴 ………………………………………………………（808）
三十二　壮族"回头"绣花鞋 ……………………………………（810）
第二章　皮革文化 ………………………………………………………（811）
第一节　足球 …………………………………………………………（811）

一　足球起源于中国 …………………………………………………………（811）
　　二　足球的发展过程 …………………………………………………………（811）
 第二节　羊皮筏子 ………………………………………………………………（812）
　　一　起源与发展 ………………………………………………………………（812）
　　二　制作方法 …………………………………………………………………（813）
 第三节　靰鞡 ……………………………………………………………………（813）
　　一　靰鞡的起源与发展 ………………………………………………………（813）
　　二　靰鞡的制作工艺 …………………………………………………………（814）
　　三　靰鞡的穿着方法 …………………………………………………………（814）
 第四节　皮囊 ……………………………………………………………………（815）
　　一　皮囊的起源 ………………………………………………………………（815）
　　二　皮囊是独特的手工技艺品 ………………………………………………（815）
 第五节　少数民族的皮革文化 …………………………………………………（816）
　　一　赫哲族的鱼皮服装 ………………………………………………………（816）
　　二　鄂伦春族的狍皮文化 ……………………………………………………（817）
　　三　纳西族羊皮披肩 …………………………………………………………（817）
第三章　皮影文化 …………………………………………………………………（819）
 第一节　皮影的起源 ……………………………………………………………（819）
 第二节　皮影的分布 ……………………………………………………………（820）
 第三节　皮影的制作方法 ………………………………………………………（820）
第四章　老字号 ……………………………………………………………………（823）
　　一　北京内联升鞋店 …………………………………………………………（823）
　　二　沈阳内金升鞋店 …………………………………………………………（824）
　　三　青岛孚德鞋店 ……………………………………………………………（825）
　　四　武汉茂记皮鞋厂 …………………………………………………………（828）
　　五　天津老美华鞋店 …………………………………………………………（829）
第五章　皮革博物馆 ………………………………………………………………（831）
　　一　应大皮衣博物馆 …………………………………………………………（831）
　　二　辛集皮革博物馆 …………………………………………………………（831）
　　三　红蜻蜓鞋科技博物馆 ……………………………………………………（831）
　　四　天津华夏鞋文化博物馆 …………………………………………………（832）
　　五　百履堂古鞋博物馆 ………………………………………………………（832）
　　六　建川博物馆——"三寸金莲"陈列馆 …………………………………（832）
　　七　温州鞋文化博物馆 ………………………………………………………（832）
　　八　意尔康民族鞋道博物馆 …………………………………………………（833）
第六章　皮革趣闻逸事 ……………………………………………………………（834）
 第一节　特殊的皮革制品 ………………………………………………………（834）
　　一　皮箶 ………………………………………………………………………（834）
　　二　羊皮纸 ……………………………………………………………………（834）

三　皮鼓 …………………………………………………………………（834）
　　四　毛皮滑雪板 …………………………………………………………（835）
　　五　千张袄 ………………………………………………………………（835）
　　六　皮革粘贴画 …………………………………………………………（836）
　　七　皮革雕塑 ……………………………………………………………（836）
　　八　皮革雕刻 ……………………………………………………………（836）
　　九　蒙古皮画 ……………………………………………………………（836）
　　十　髹漆全牛皮箱 ………………………………………………………（836）
　第二节　皮革的对联故事 …………………………………………………（837）
　　一　朱元璋巧对马皇后 …………………………………………………（837）
　　二　唐伯虎脱鞋让路 ……………………………………………………（837）
　　三　隔鞋搔痒赞何益 ……………………………………………………（838）
　　四　鞋匠巧对联 …………………………………………………………（838）
　　五　绣鞋入联结良缘 ……………………………………………………（838）
　第三节　皮革趣闻 …………………………………………………………（839）
　　一　毛皮业鼻祖比干 ……………………………………………………（839）
　　二　赐对联　成品牌 ……………………………………………………（840）
　　三　三个臭皮匠顶个诸葛亮 ……………………………………………（840）
　　四　皮货商弦高智退秦军 ………………………………………………（840）
　　五　穿小鞋的由来 ………………………………………………………（841）
　　六　张良捡鞋 ……………………………………………………………（841）
　　七　人皮鼓 ………………………………………………………………（841）

上 卷

第一篇 历史沿革篇

综 述

皮革是人类最早的产物,皮革业是人类最古老的行业之一。皮革业的发展和人类社会的发展息息相关,自有人类以来,毛皮、皮革及其制品就不断成为人们生活中的日用必需品。

直接从动物身上剥下来的皮叫作"生皮",生皮经鞣制和加工处理后,带毛的被称为"裘皮"或"毛皮",经过脱毛的叫作"革"或"皮革"。

追溯历史,远古先民经历了"茹毛饮血"和"被毛寝皮"的猿人时期。通过对北京周口店北京猿人文化遗址中挖掘出的旧石器进行研究,人们考证出北京猿人早在距今60万—50万年就已经会使用石器剥取兽皮了,并能够本能地将动物毛皮披在身上御寒。

原始人类不仅用兽皮来护体,并且还用兽皮来保护脚,故此兽皮亦有"裹脚皮"之称。据推断,"裹脚皮"是最古老的原始鞋,就是今天鞋子的原始形态。

在我国虽然至今未发现"原始鞋"的实物,但在考古出土的文物中,有反映远古先民所着靴鞋的形象,为人们研究中国远古时代皮革文化历史,提供了有价值的史料。

经过漫长的人类进化和社会发展,人们在劳动生活中逐步学会了对兽皮的利用,从原始的油鞣开始,到植鞣的应用,人们对兽皮的利用越来越科学。同时,皮革的运用也更加广泛,日益成为历朝军事、宫廷的重要用品。

1840年鸦片战争之后,西方先进的制革、制鞋技术开始传入我国,民族皮革工业开始萌芽,孱弱的皮革工业在动荡的时局中艰难发展。

第一章　中国古代皮革史（　—1840年）

皮革业的发展历史十分悠久，它与人类文明史的发展息息相关。皮革史是人类发展史中极其重要的组成部分。

皮革在人类服装中的应用要远远早于丝、麻、棉等。《礼记·礼运》说，古人"未有丝麻，衣其羽皮"；《后汉书·舆服志》也有记载，"上古穴居而野处，衣毛而冒皮"。从中外驰名的北京郊区周口店北京猿人文化遗址中挖掘出的旧石器，使我们知道，人类祖先在距今五六十万年前就已经会使用刮削石器剥取兽皮了，并能够开始最简单地利用动物毛皮了。

古代人类把身上的服饰分作首衣、上衣、下衣和足衣。足衣，就是古代先民对鞋与袜的统称。《韩非子·五蠹》中说："妇人不知（织），禽兽之皮足衣也。"

古代皮革业经历了原始社会、奴隶社会和封建社会漫长的发展过程。

第一节　中国古代皮革的起源

中国皮革业起源于远古时代（公元前300万—前1万年）。追溯人类利用动物皮的历史，在我国旧石器时代，原始人类就可以利用各种简单的石制工具捕获动物，"食其肉而用其皮"。但在对动物皮的使用中，不可避免地会遇到两个问题：一是湿的生皮时间长了容易腐败；二是生皮皮板干燥后十分僵硬。为克服以上缺陷，人类利用野兽的油脂或脑浆、骨髓涂抹在生皮肉面，经过揉搓等机械作用使它变软，那样穿着起来就比较舒适了。随着火的使用，人类逐渐发现，用点燃木材所产生的烟来熏生皮，可以防虫、防腐。后来人类又发现，搭在树枝或木材上的湿生皮，时间长了会显出颜色，受此启发，远古先民用热水浸泡树皮，把动物皮放在这种浸提液里浸透，干后的生皮既不收缩，也不腐烂，可以制成各种较为柔软而坚韧的用具，并可长久保存。

皮革业的发展与人类进化息息相关，所以，探讨皮革业的发展过程，就要从人类的进化开始。远古时代的人类分为能人、直立人（猿人）和智人三个阶段，他们生活于距今300万—1万年间。

第一阶段，能人阶段（距今300万—60万年），这时的原始初民是以自身体毛保持体温的。原始人类以各种简单的石制工具捕获动物，在得到动物后，就带到自己的洞穴里，"食其肉饮其血"，《礼记·礼运》记载，"昔者……未有火化，食草木之实，鸟兽之肉，饮其血，茹其毛"。这就是历史上"茹毛饮血"（连毛带血生吃捕获的动物）的能人阶段。

第二阶段，直立人（猿人）阶段（距今60万—25万年），考古学上属于旧石器时代早期。据我国史料记载，在"食草木之实，衣禽兽之皮"的"被毛寝皮"时期，人类祖先吃的是植物果实，晚上睡觉时上盖是动物毛皮，下铺还是动物毛皮。这说明人类祖先在距今五六十万年前已经会使用刮削石器剥取兽皮了，并开始最简单地利用动物毛皮了。

第三阶段，智人阶段（距今25万—1万年），人类从简单原始的对皮革的利用到真正地制作革制品，至少经历了数十万年以上。据我国史料记载，人类在进入智人阶段后已经可以制造石器、人工取火。智人体毛逐渐退化，为了生存下去，在与恶劣天气斗争过程中，远古先民发现动物的毛皮可以遮风挡雨，可以抵御严寒，还可以保护身体。《礼记·礼运》说，古人"未有丝麻，衣其羽皮"；《墨子·辞过》也说，"古之民，未知为衣服时，衣皮带茭"。自此，人类祖先完成了从裸体到遮体的进化。

远古先民还知道用兽皮来保护脚，就是用兽皮简单地将脚裹住，可以保护足部皮肤在狩猎时及劳动中不受石块和热沙的伤害。这种裹脚动物皮，实际上是一种"兽皮袜""脚皮"，这就是最早的"足衣"。可以说，这种"裹足兽皮"就是皮鞋的鼻祖，人类由此完成了从赤脚到裹脚的进化。

古时将服饰分为上衣、下衣、足衣。足衣是鞋和袜子的统称。鞋古称"足衣"，是人生活的必需品。可是兽皮在使用中会变得十分僵硬，简直如盔甲一般，穿起来非常不舒服；而刚刚剥下的兽皮虽然很软，但非常容易腐烂，过不了几天就烂掉了。所以，先民们就想方设法提高兽皮的可用性。当时先民发现用牙咬皮上脂肪，可以得到不易腐烂而且有一定滑润性和较柔软的皮子；后来他们又发现用野兽的油脂、脑浆、骨髓涂在皮上，通过太阳光的照射（油脂在空气中氧化而产生油鞣作用），再经过揉搓，就会变得不那么硬挺了，也不容易腐烂了，原始的油鞣法就在人类祖先长期的实践和揣摩中诞生了。这种原始的处理兽皮的方法，使人类祖先能够较好地利用兽皮。后来用兽骨做成的骨针加以缝制，然后围裹于身，人类最早的皮衣或者说人类最早的衣服由此产生。此后，人类又用兽皮构造帐篷和"船"等，从此人类利用兽皮的范围更加宽广了。皮革在人类服装中的应用要远远早于丝、麻、棉等。

大约在公元前5万—前1万年间，在人类开始学会用火以后，偶然的机会发现兽皮在柴火上干燥时，生皮经过烟熏能防止腐烂，这是新式甲醛鞣法的前奏。另外人们还发现搭在树枝上的湿生皮，时间稍长，就会出现颜色，人类从中受到启发，知道有的树皮有鞣革性能，后来人们就用热水把树皮浸泡，再将兽皮放到泡过树皮的溶液中，生皮干后不腐烂、不收缩，可长久保存，这就是后来的植物鞣法的起源。

在北京郊区周口店北京猿人文化遗址中，发现一枚刮削磨制而成的骨针，这根骨针长8.2厘米，针身最粗地方的直径0.33厘米，针眼处直径0.31厘米。由于当时人类还不会纺纱织布，所以，这根骨针只能是用来缝制兽皮的。一根小而珍贵的骨针，足以说明山顶洞人在10万—5万年前，就已经使用动物皮了。

以骨针作为探求皮革业发展的线索，1955年西安半坡遗址出土的古文物中，又发现有较多精致的骨针，还有当时狩猎到的斑鹿、水鹿与竹鼠等的兽骨。这表明处于母系氏族公社时代的人类祖先，已经会用兽皮缝制简单的皮革制品了。

骨针的发现是人类祖先利用兽皮做服饰材料的最直接证明。要缝合兽皮就需要有缝纫线，从大量出土文物尤其是新疆原始社会出土文物来看，最早的缝纫线是"筋纤维"。那时，人类已懂得将动物身上的筋晒干，然后用棒子捶打，从而获得一根根动物纤维。正是有了骨针和纤维线，一种比"兽皮袜"进了一步的"缝纫皮鞋"出现了。但是，原始缝纫并没有使原始鞋履有划时代的突破，它仍然是一种帮底不分的最简陋的"兽皮鞋"。

古代鞋有许多名称，如履、舄、屣、靴、屐、属等字均为鞋的别称。古代履种类繁多，以质料来分，有布帛、草葛和皮甲三种。其中，皮甲履有生皮和熟皮之分，以生皮制成的称"革鞜"，以熟皮制成的称"革鞮"。上古时常以兽皮制鞋，因此鞋的名称多以"革"为偏旁，诸如用鞋、靴、鞻、鞮、鞜、靪、鞍、鞦、鞨及鞠等，由此也得知，皮革无疑是中国鞋履材料的起源。

第二节 中国古代皮革的兴起

制革技术进入到上古时代和中古时代，由于发汗脱毛法的发明，提高了皮革的质量，从而拓宽了皮革的用途。在黄帝时代就出现了具有严格意义的皮鞋了，兽皮是当时最主要的服饰材料。到了中古时代，灰碱法脱毛技术的发明，又进一步提高了皮革的质量。鞋子开始帮底分开，服饰纳入礼制范畴，皮革设专人管理，出现了关于皮革方面的文字。这时是我国古代皮革的兴起阶段。

一 上古时代（原始社会）

（五帝时期约公元前26世纪初——公元前22世纪末至公元前21世纪初）

到原始社会时期，中国的制革技术有了较快发展，原始的皮革业开始兴起。在公元前10000—前2500年人类发现，将湿的生皮放在温暖而潮湿的地方，经数天后毛即自动脱落，此即发汗脱毛法。此法发明以后，就开始进入带毛的毛皮与不带毛的皮革并存的时代，一直至今。

相传距今约五六千年的黄帝时代，已经具有了严格意义上的皮鞋。

《近代中国实业通志》记载："伏羲制嫁娶以俪皮为礼。"在黄帝时代有记载："大臣曹胡发明了上衣，伯余造了下衣，於（于）则做了鞋子。"《史记·帝王世纪》也曾记载："黄帝始去皮服，垂衣裳。"黄帝时代，人们穿着的也应是兽皮，因为当时还没有丝绸、布匹，说明兽皮是当时人们最主要的服装材料。就是人类发明丝绸、布匹后，皮革制品仍占重要地位，如历代皇帝最讲究的帽子，有的正是用兽皮制作的，名叫"皮弁"。

在我国青海省大通土族回族自治县孙家寨一座属于马家窑文化的墓葬中，出土了氏族时期的一件陶器，上面一人，足上已穿鞋，而且鞋尖上翘。鞋翘，是中国古鞋最典型的特征之一。马家窑文化属于新石器时代晚期文化，据测定，其具体年代距今5800—5000年，相当于我国传说中的黄帝时代。所以，在漫长的人类发展初期的原始社会，我国的祖先们就已经具备了原始的制革手段，并已掌握初步的毛皮及其制品的手工生产技术。

二 中古时代（奴隶社会）

1. 夏商时期

到中古时代前期的夏商时，约在公元前2200—前1100年，制革的发汗脱毛法流传很久以后，人类又发现了石灰液脱毛法。这两种方法原理基本相同，都是微生物酶在起作用，后者的效果较好。经过不断的改进，后来又形成了以硫化碱加石灰液的灰碱脱毛法，经过灰碱法脱毛处理后的皮革，质量又提高一步。

早在仰韶文化时期，我国人民已在穿着扉、屦或履了，当时男女鞋饰没有明显的差别。到殷商时期初步建立了礼制，已有各种鞋履，可说皮、绵、布、草俱全。据《实录》中记载，"夏商舃履皆以皮为之"。

在新疆罗布泊北面铁板河地带（古楼兰国境内）古墓中发现有距今约4000年的女尸，古尸被称为"睡美人"，其脚穿生牛皮短靴，形式虽不规范，却保护了脚面与脚后跟。这双皮靴，整双靴由靴筒和靴底两大部件组合而成，已完全脱离了用整块兽皮裹在脚上的原始鞋的形态，基本符合今天帮底分件的特点。它是迄今留在世上年代最久远的皮靴，它的帮底分件是中国制鞋史上划时代的成就，是世界制鞋史上的一大奇迹，被誉为"世界第一靴"。可见，我国古代已具有较好的皮革及其制品的手工生产技术。

哈密五堡乡古墓群葬距今3000多年，在此出土的衣冠服饰丰富多彩且形式清晰。哈密五堡乡古墓"是处于原始社会晚期阶段的一种考古文化……由于死者入葬时的衣着、鞋、帽、铺垫的皮、毡大多未腐……提供了研究当时生活的丰富的实物资料。死者头戴尖顶毡帽、穿毛皮大衣或皮革大衣，着长筒皮裤、高靿皮靴……各种毛织物，色泽鲜艳如新……皮革鞣制、脱脂水准亦高，革制品柔软。其长筒皮靴，靴长12.7厘米，宽9.4厘米。由靴面、靴底、靴靿三部分，以细皮条缝制而成。自靴底至靴靿最上部约19.5厘米，靴尖上翘，并在其上及跟、靴内外两侧各附一铜扣饰。商代贵族，腹下佩韍或韦，脚穿翘头船式样的翘尖鞋，而商代武士穿的则是薄底翘尖皮履。从河南安阳出土的商代玉人，也见已有履，并有鞋翘"。哈密五堡乡古墓出土的古尸脚上所着的"高靿皮靴"，也已帮底分件，但制作仍十分简陋。

由以上考古实物可证明，处于原始社会的人类较普遍地掌握了制鞋中最基本的帮底配合知识，即底比帮容易磨破，需选择不同牢度的皮分别制成帮和底。

在我国最古老的文字甲骨文和金文中，都可以查到"裘"字，其中甲骨文中的"裘"字形似披着皮毛的野兽。"裘"字的出现，说明我国生产毛皮的年代很早，到殷商时期，皮革生产技术已大有进步，皮革制品在当时社会生活中已经占有一定地位。

清朝末年在河南安阳出土的殷商时代的戎革鼎上，刻有"革"字，这个字的形象很像一个披着盔甲的武士。于是人们猜想，最早使用的革一定是用于防御的皮甲。古书上记载较早的确实是皮甲，《尚书·费誓正义》引《世本》中，讲到皮甲始于夏代第六世帝杼。

我国生鞣革的起源，古书中记载比较早的是皮甲，随着阶级的产生，皮甲出现在战争中，成为保护自己而特有的防御性的武器。《尚书·费誓正义》引《世本》载，"杼作甲"，杼"少康子杼也"，谓甲始于夏第六世帝杼。《管子·地数篇》则谓铠甲由蚩尤所发明。从考古挖掘的实物来看，迄今为止最早的证明是殷商时期的河南安阳侯家庄1004号墓的南墓道中发现的皮甲残迹。发现的两处残迹，是皮革腐烂后遗留在土上的纹理，最大径都在40厘米左右，看来还是一种整片的皮甲。商代军队已经普遍用铜盔和皮甲等作为防身装备，山东省滕州前掌大村南晚商墓地11号墓曾出土一批皮与铜的复合型铠甲，它们是以皮革为主体，铜件为附属的商代甲胄实物。

河北辛集（束鹿）毛皮业历史悠久，据考证和口碑资料，始于殷商。辛集毛皮业的发祥地在回龙镇，故址在今辛集市木邱村，今尚存"回龙镇毛皮街遗址"。民间有谚语"比干制革广川郡，回龙镇上买轻裘"，反映了回龙镇远在殷商时代即有了毛皮业。由于滹沱河水患冲毁回龙镇，毛皮业逐渐北移廉官店（辛集旧称）。

河北枣强裘皮业相传为商朝丞相比干在枣强大营为官时开始，他曾在大营一带射狐制裘，距今已有3000多年的历史，被视为毛皮业鼻祖。秦始皇统一六国后，赐封枣强大营为"天下裘都"。

古代文献中也有关于皮革的记载，《周礼·考工记》叙述皮革工分五部；《礼记·月令》记载，春之月（3月）百工审查五库器材的质量，其中有金、铁、皮、革、筋……等物。据此，皮革形成专业工种应当始于距今3600年前的商代。

2. 商周时期（公元前1600—前256年）

周代时设有"金、玉、皮、工、石"五官，由官吏来管理人民日常生活必需品，其中"皮"即是专门管理兽皮制品的（《中国实业通志》129页）。我国古代的乐器"八音"即金、石、丝、竹、匏、土、革、木，其中的"革"就是指用皮制成的"鼓"，是我国古代主要的乐器之一。

在周代，皮制鞋履已经流行。新中国成立后在湖南长沙楚墓出土了一双用皮缝制的鞋，距今已2000多年，这是我国现存的最早的皮鞋。它采用经过简单鞣制的皮革做帮底，并以皮线手工缝制而成，鞋头呈方形。另外一双自塔里木盆地扎滚鲁克墓出土的西周革靴，全系革制成，鞋形清晰美观，鞋头有皱纹，全鞋经过仔细搭配缝制而成，这说明当时制鞋设计工艺已具有较高的水平。在周代，已有"毡靴"之别，据《周礼·天官·掌皮》载，"共其毳毛为粘，以待邦事"。毡靴，一般是指北方寒冷地区一种用羊毛毡制成的长筒靴子，保温性强，踏在地上既轻便又暖和。为了防寒当时还有一种靴式独特的连腿皮靴，此靴出土于吐鲁番腹地苏贝希战国古墓，全靴为皮质，呈高筒形，它紧紧套在毛织布裤上，与膝裤、裤装、鞋履构连成一体的形式，既利保暖，又结实耐用，还可涉水。

新疆的塔里木盆地南缘车尔臣河流域一带的扎滚鲁克古墓也曾出土公元前9世纪（相当于中原奴隶社会的西周时代）的长筒薄底软皮靴，鞋形清晰美观，鞋头有皱纹，全鞋经过仔细搭配缝制而成，这说明当时制鞋设计工艺已具相当水平。

西周时统称"百工"中已有皮革工，当时皮革已用作军鞋。沈阳在周代废墟中出土过铜泡钉靴，据考证它与出土的甲胄皆为周代武士所着，是我国出土最早的军鞋实物。沈阳还出土过一双战国时的铜泡钉鞋，这双鞋是将铜泡钉装饰在皮靴上，是设计者从战时更高的防护要求出发构思而成。

从山西侯马出土的周代跪像背面明显可见鞋底上有整齐的一行行线迹，与今天纳的鞋底几乎完全一致。在河南汲县出土的水陆攻战铜鉴上刻有弓箭手、步兵和水兵，他们都以履为军鞋。长沙出土的武士俑和长治出土的铜武士俑，所着履饰为相同军鞋。军鞋所用材料因地而异，北方以皮为主，南方以草为主。《宋书·张畅传》记载，畅在城上与尚书李孝伯语，孝伯曰："君南土膏粱，何为着履？君且如此，将士云何？"可见当时军队上下皆以屦（草鞋）为军鞋。

从服饰角度看，动物皮是最古老衣料，在我国古代典籍中可以看到有关的记载。如《礼记·礼运》记载："昔者……未有火化，食草木之实，鸟兽之肉，饮其血，茹其毛，未有丝麻，衣其羽皮。"《尚书·禹贡》中"冀州岛夷皮服，扬州岛夷卉服"，意为北方天冷夷族衣皮，南方天热夷族衣草；《墨子·辞过》也有"古之民，未知为衣服时，衣皮带茭"的语句；《韩非子·五蠹》中也提到："古者，妇人不知（织），禽兽之皮足衣也"；西汉时期《淮南子·齐俗》中关于古人着衣原则有"民童蒙不知东西，貌不羞手情而言不溢乎行，其衣致暖而无文（'修饰'）"的描述。可见防寒护体是人类早期穿着兽皮的主要动机。

从中古时代开始，裘皮不仅具有防寒保暖的功能，还是宗教、图腾崇拜、等级地位的象征。我国封建社会时确立了"衣服有制，虽有贤身贵体，毋其爵不敢服其服"的服饰制度，裘皮的功能从防寒保暖，逐渐发展成为人的身份地位的象征。

商周时期人们已经掌握了制造熟皮的方法，可将兽皮制成柔软的裘服。周代礼服制度中对裘服的穿着是根据皮质和颜色来划分等级的，天子的大裘用黑羔皮制成，与冕和上衣同色。一般裘服以狐裘为最贵重，其中天子穿狐白裘，是狐中最珍贵者。狐青裘、狐黄裘为诸侯、大夫、士所穿。天子狐裘和羔裘不用袖饰，而臣下的狐裘、鹿裘都有不同兽皮做袖饰。

《诗经》有"羊裘逍遥，狐裘以朝"之句，《周礼·司裘》云，"掌为大裘，以共（供）王祀天之服"。郑众注为："大裘，黑羔裘，服以祀天，示质。"所谓"质"，即朴实无华。由此可见，羔裘是供君主祭天时穿戴的；而王室成员、大夫、贵族穿狐裘，狐裘中又以白狐裘最为珍贵。

贵族穿裘在礼仪场合，不能用作外套穿，要罩上裼衣以增加服饰文采，《礼记·玉藻》说："君在则裼（加穿裼衣），尽饰也"。"君衣狐白裘，锦衣以裼之……君子狐青裘豹褎（同袖），玄绡衣以裼之……犬羊之裘裼"，意为国君和贵族穿狐皮之裘，都要套上与狐毛色丰宜的裼衣；庶人穿犬羊之裘，不加裼。一般穿法是将领、襟、袖、摆等部位露出，部分裘皮称为"出峰"或"出风"。

殷商时期，贵族阶级穿的是翘头船式样的翘尖鞋，武士穿的则是薄底翘尖皮履，这种具有鞋翘的皮履式样可以从河南安阳出土的商代玉人的着装上看到。商代时，为了区别贵族与平民，须贵族才能着色彩华丽的革履。

出土于陕西省岐山县的西周铜器的铭文中记录有"给业两坑群甬子皮"的字样，铭文中还记载了当时生产皮披肩、皮围裙、生皮索、鼓皮、鞋筒子皮、染色皮和生皮板等的历史，其中染色皮的记载说明西周时代已有了皮革的染色技术。铭文中用了一个字，其简体为"煣"，意即用火烘烤木材使之弯曲，看来可理解为用火烟熏兽皮，使之变为柔软可弯曲的革，那时已使用了烟熏法的原始鞣革技术。这些发现为我们构画出了商周时期制革业和"皮鞋"业初具规模的生产情景，表明了当时的制革业已初具规模。

周代皮制鞋履已经流行，鞋饰作为服饰生活的一部分也被纳入"礼制"范围，《周礼·天官》记载有专门的"屦人"来掌管和分配天子和王后的鞋履。沈阳曾出土过西周武士的铜泡钉皮靴，靴筒和靴底用的是同样的皮料。

《周礼》中记载的西周时的吏治机构中，有专司国王在各种祭礼、社礼中所穿皮裘类服饰的"司裘"官职以及"司裘"的属官"掌皮"一职，专职从事于为王室和贵族制作裘皮礼服。"掌皮"的职务是"掌秋敛皮，冬敛革，春献之，遂以式法颁发革于百工；共（供）其毳毛为毡，以待邦事"。裘皮被赋予了一定的政治意义，不同的裘皮服饰，分别代表一定的政治阶层，可以用来标识诸侯、卿大夫、士、庶人等的身份。天子用白狐裘、诸侯用黄狐裘、士人用羔裘、平民百姓则一般用狼皮和老羊皮等。周代时，皮裘是当时重要的财富象征之一，《孟子·梁惠王章句下》记载到："昔者大任居邠，狄人侵之，事之以皮币。"在这里"皮币"指的是皮裘和丝绸，大意是周王把裘皮和丝绸作为罢战求和的礼物送给来侵的狄人，可见裘皮在当时必定是贵重物品。

3. 春秋战国时期（公元前770—前221年）

《考工记》是现存最早的一部记录了皮革、皮甲、皮鼓等制造技艺的古代文献。其记述了齐国关于手工业各个工种的设计规范和制造工艺，书中保留有先秦大量的手工业生产技术、工艺美术资料，记载了一系列的生产管理和营建制度。《考工记》所记述的手工业，分工细密，其中攻皮之工就有五种，即函、鲍、韗、韦、裘，可见皮革生产在当时已较发达，以至在朝廷中要设专职的官员加以管理。在当时，皮革加工属于小手工业，皮革工同车工、陶工、冶金工、木工等一起被称为"百工"。《考工记》记载的"鲍人之事"，记述了鞣制皮革的工艺要求和检验方法。"鲍人之事，望而睨之，欲其荼白也；进而握之，欲其柔而滑也"，这里明确提出了皮革鞣制要达到"观感洁白，手感柔滑"的工艺要求。其具体操作方法是：先刮除皮革里面的不洁物，皮革稍加洗濯，使成荼白色，并且要涂上油脂，使其柔化。

春秋时期的著作《论语》中有"虎豹之鞟"的记载，"鞟"是去毛的兽皮，说明当时已经有了较成熟的脱毛制革方法。从我国有关皮革的古文字中可以发现，使用于古代毛皮生产上的芒硝中的"硝"字与使用于古代制革生产上的明矾（矾）的"矾"字，甲骨文与金文中都不能查到，后来的篆书和隶书中才有了"硝"字和"矾"字。芒硝与明矾均是人们从事毛皮与制革生产中首先使用的天然化工材料。甲骨文与金文中没有这两个字，到篆书与隶书中才发现，说明我们的祖先到战国时才将天然化工材料芒硝和明矾用于皮革生产，即有了硝面鞣和铝鞣技术。

继灰碱脱毛法之后，人类又发现，禽畜的粪便如鸽粪、鸡粪和狗粪，经温水发酵后能与生皮作用，使生皮更加柔软。但这种软化法容易损坏生皮，非有经验的人不能掌握。当时人们不知道这是微生物酶的作用，把它视为一种秘密，仅在师徒之间世代相传，成为后人制造软革的关键技术。皮革从最初的不加工直接穿用，到这般工艺效果，其鞣制工艺经历了漫长的经验积累过程。

战国时期著名诗人屈原在《楚辞·国殇》中写到的"操吴戈兮被犀甲，车错毂兮短兵接……"，形象地描绘了当时战士的主要装备——犀甲（犀革为甲）与吴戈（吴戈）。

在湖北江陵发现的战国时期的皮甲由两层皮革合成，上面有缀连用的穿孔与残留着串联用的小皮条。

战国时期，为了增强防护效能，在皮甲制造工艺方面逐渐发生了两项较大的变革：一项是把用整片皮革制成的整体固定形式的皮甲，改成按照护卫的身体部位的不同而将皮革裁制成大小不同、形状各异的革片，片上穿孔，用绳连缀起来，构成可以部分活动的皮甲；另一项是为了增强甲片的牢固性，把两层或更多层的皮甲合在一起，表面再涂上漆，使其更美观耐用。考古发掘中获得的春秋战国时期的皮甲，都是先裁成各式甲片，然后编缀成的髹漆皮甲。这些皮甲，都发现于湖南、湖北等省较大的木椁墓中，主要有湖南长沙浏城桥1号墓出土的春秋晚期皮甲、湖北随县曾侯乙墓出土的战国早期皮甲，还有湖北江陵拍马山5号墓、藤店1号墓、天星观1号墓等楚墓中出土的战国时期皮甲。这些皮甲出土时多已散乱，从其中保存较好的标本观察，甲片表面多髹漆，颜色有红有黑，以黑色的为多，有的由两片皮革合成，用丝质或皮质的带子编连成整领皮甲。在上述发现中，以随县曾侯乙墓的资料最为重要，在该墓木椁北室中原放置有数量较多的皮制甲胄，上面的已经散乱，处于底层的皮甲胄虽然编连的组带已残断，甲片也有残损，但大致还保留着原来的位置，经过细心清理，至少剥离出十三领皮甲，其中半数以上都附有皮胄。在组成每一领皮甲的各型甲片中，除了裙片的横排甲片基本相同外，其余部位的甲片外形和大小均有差别，几乎没有完全雷同的。这说明，一方面当时已拥有技术熟练的专门工匠，甲胄制造业已经具有一定规模；另一方面，由于各部位的甲片形状各异、尺寸悬殊，一旦部分损坏很难修配。这表现出当时在甲胄的生产方面，尤其是甲片的形制方面，缺乏标准化和统一化，从这一点来看又说明当时甲胄制造工艺的落后，然而当时诸侯纷争，自然甲胄工艺也良莠不齐。春秋战国时期是中国古代甲胄的发展期，从考古发掘所获得的资料看，青铜甲胄很稀有，而大量发现的是制工精致的髹漆皮甲胄，可以说这一时期皮甲的制作工艺达到了前所未有的高峰。也正是由于皮甲是这一时期最主要的防护装具，所以各诸侯国都很注意提高皮甲的制作工艺技术，并逐渐形成较完整的制度，《考工记》中就收录有专门的"函人为甲"的章节。

公元前1100—前800年（西周时期）人们就开始用石灰液浸渍兽皮进行脱毛，并用食盐和明矾进行鞣制了，到战国时期，植鞣法就已经很普遍了。

原始的植鞣法和铝鞣法把兽皮加工成革，质量有较大变化，皮革制品的质量也得到较大的提高。

随着皮革技术的发展，春秋时期皮鞋制作工艺更加成熟。湖南长沙楚墓出土的一双距今2300多年的春秋时的革履，采用经过简单鞣制的皮革做帮底，并以皮线手工缝制而成。鞋底是挑选了比帮料坚硬得多的皮革，鞋面由三块皮革部件组成。一是前盖，二是前尖，三是后尾，经过仔细搭配缝制而成。鞋头呈方形，款式为无带的套式，以皮革部件镶拼制作鞋帮的设计工艺已趋向现代设计的构想。它不仅为日后中国历代沿用的六合（皮）靴奠定了设计基础，而且一直流传至今，为当时鞋履中帮面拼块造型起了重要的指导作用。与其同时出土的还有几件革制品，分别为一件革履，用现代的话来讲就是皮鞋；一件革囊，也就是相当于现代的皮包；一件叫箙，是古代武士用来盛放弓箭的皮具；还有一双距今2475—2221年的战国时代的皮鞋，是用脱了毛的皮革做成的。

在新疆吐鲁番火焰山腹地的苏贝希古墓出土了一批2300多年前战国时代的革制品文物，几乎与赵武灵王处于同一时代。古墓中出土了大量毛纺织品与革制品，其中毛织裤装、连腿皮靴，对研究游牧民族的穿着特征具有代表意义。裤装为纺毛质地，柔软、轻薄，腰阔胫长，裤长多于履足。在其膝部套上圆筒形狼皮毛在外的"膝裤"套缚双腿，再用毛绳束系并与裤腰带相连。古时的"膝裤"也称"胫衣"，有的以革制，也有的以厚棉制。连腿皮靴则紧紧套住毛织布裤，与膝裤、裤装、靴履连成一体，皮靴套上裤装，便于骑马驰骋，游猎四方。从连腿皮靴可以看出，战国时期游牧民族的兽皮加工、鞣制技艺已相当出色。

这些珍贵文物的出土，证明了我国古代劳动人民已掌握了比较高的皮革及其制品的制造技术。

战国时期出现了我国鞋履历史的一个里程碑，即我国鞋履的第一次改革——靴的出现。靴，是古履的一种样式，一种高度在踝骨以上的长筒鞋，原为北方游牧民族穿用，多为皮革制成。我国在4000年前已有皮靴出现，《说文解字》云："鞾，革履也，胡人履连胫，为之络鞮。"又见《中华古今注》云："靴者，盖古西胡也，昔赵武灵王好胡服，常服之，其制短勒黄皮，闲居之服，至西周改制长勒，取便乘骑也，文武百僚皆服之。"赵武灵王提倡"胡服骑射"，改履舄为着靴，靴才开始流入中原。《释名》云："古有舄履而无靴，靴字不见于经，至赵武灵王始服。""胡服骑射"是我国鞋文化史上第一次伟大的改革实践，它变舄履为靴，从一定程度上改变了中国的军事生活、政治生活乃至社会生活。战国时，各国战争频繁，赵武灵王首先引进北方民族和西域少数民族所着的胡服，战士们穿短衣、长裤、马靴，作战十分灵活。于是赵国逐步放弃车战，改用骑兵战术，终于使赵国成为"战国七雄"之一。从此，皮靴不仅成为我国各朝代的军事用鞋，同时传入民间，演变为生活用鞋，成为中原一带民族鞋饰的一部分，并沿用至今。

春秋战国时期，裘皮在社会中的地位仍然很重要。《慎子·知忠》篇中有成语"集腋成裘"，意思是说：狐狸腋下的皮，虽然很小，但是把许多小块聚集起来，就能缝制成一件又轻又暖的上等皮袍。《论语》中也有"叶肥马衣轻裘"的记载；《管子·小筐》记载的"毋受其货财，而美为皮弊"，其中"皮弊"通"皮币"，即皮革和绢帛，该句大意是说不接受别国送的货物财币，而是用皮革和绢帛去讨好他们；《墨子·鲁问》也说，"下者爱利百姓，厚为皮币"，大意是对下爱护百姓，多多准备皮革、绢帛作为礼物。由这些可以看出统治者把皮革、绢帛作为犒赏百姓、巩固政权的重要媒介。《墨子·七患》说："虚其府库，以备车马、衣裘、奇怪"，其中"衣裘"即皮革、"奇怪"即奇珍异宝，把皮革和奇珍异宝归类在一起，可见皮革的贵重。春秋战国时皮革也用于交换，《吕氏春秋·孝行览第二·慎人》记载："百里奚之未遇时也，亡虢而虏晋，饭牛于秦，传鬻以五羊之皮。"讲的是百里奚尚未显达之时，曾以五张羊皮的价格被人转卖，表明了皮革已作为昂贵的商品在市场上流通。

战国时期，我国河北地区皮革手工业有很大发展。成书于东周时期的《禹贡》提到冀州"岛夷皮服"，"岛夷"概指东北一带的夷人，而《禹贡》又称其在冀州之境，则其似应在河北东北部一带。

1974年河北平山县发现的战国时期中山王陵墓藏中，发现大批遗物，其中就有一套"皮篷"和大型帐架以及随帐应用的取暖用的用具和炊具、酒器等，说明早在2000多年前的战国时期，人们应用皮革制品已经比较广泛。

第三节　中国古代皮革的应用（下古时代 封建社会）

自秦始皇统一中国以后，中国进入了漫长的封建社会（公元前221—1840年），皮革业得到长足发展。汉代创造了中国古代皮革业辉煌成就，魏晋南北朝时得到了普及和提高，到隋唐时中国古代皮革业的发展达到高峰，宋代继往开来，辽、金、西夏时期，形成民族风格，元代达到新的高度，明代呈现崭新面貌，到清代皮革业的发展达到极其繁荣昌盛的局面。这个时期是我国古代皮革及其用品广泛应用阶段，但由于小农经济的故步自封，皮革技术停滞不前，在生产上仍一直沿用芒硝、烟熏、明矾、树皮等祖传土法，生产规模也长期停留在手工作坊阶段，没有使用转鼓等近代的成套机器设备，特别到封建社会后期的明、清两个朝代，中国的皮革生产技术水平远远落后于西方先进国家。

一　秦汉时期创出我国古代皮革业辉煌成就（前221—220年）

秦始皇结束了西周以来诸侯割据的局面，建立起我国第一个中央集权的封建国家。秦始皇统一全国度量衡，统一文字，统一车轨，融合了战国时代各国经济技术上的成就，促进了工业与商业的蓬勃发展。秦汉时期的秦皇陵八千兵马俑、汉武帝时的染色钱币和皮影等，创造了我国古代皮革业的辉煌成就。

秦始皇建立第一个封建王朝后，为了巩固封建帝国，创立了衣、冠、履各种服制。男尊女卑的封建思想在鞋履中凸显出来，遵照当时"天方地圆"学说，男人都穿方头鞋履，表示阳气方刚、尊贵从天；女人只能穿圆头鞋，意喻圆顺温和、柔弱从夫。秦汉时期皮革资源多，当时用皮革制的长筒履称"靴"。男子穿生皮的"革鞋"和熟皮的"韦鞋"较为普遍；女子多穿丝和锦制作的丝履，在鞋面上绣花缘边的称为"锦履"。

秦始皇陵出土的八千尊兵马俑及陪葬坑出土的大量铠甲，是中国革制品历史的一大奇迹。秦始皇陵一、二、三号兵马俑坑出土的大批铠甲士兵俑，所穿甲衣及鞋靴因不同兵种和不同职位而有不同的样式。由于铠甲武士俑的高低与真人相似，因而甲衣及鞋靴的大小大体接近于实物。

秦始皇陵兵马俑铠甲士兵俑所穿甲衣均有彩绘，反映了我国在秦始皇时期（公元前221—前210年）就掌握了娴熟的皮革染色技术。但所模拟的铠甲的形制还是与战国晚期的相同，可以视为战国晚期西北地区秦甲的代表，所以皮革的颜色还应是传承了战国时期皮甲的髹漆工艺。

秦俑坑武士俑身上所显示的皮甲和前代的皮甲相比，已把皮甲的制作发展到了更完善的地步。其主要表现是甲片趋于小型化，制作规格化和标准化，而秦以前的甲片的尺寸都比较大。如湖南长沙浏城桥1号春秋晚期楚墓出土的皮甲，其长方形的甲片长15—20.5厘米、宽13厘米左右，不规则形的甲片长12—22厘米；湖北随县曾侯乙墓出土的战国早期的皮甲，甲片最长的达26.5厘米。而秦俑的甲片一般长仅6—7厘米，甲片小则活动比较灵便。由此看出，秦国皮甲的制作技术已经达到了相当成熟的阶段。

从秦俑坑出土的陶俑身上刻画的甲衣判断，其中铁甲比例较小，大量的仍是皮甲，也就是说，皮甲是秦国军队防护装备的主流。战国时期虽然出现了铁甲，但并未取代皮甲。东汉后期的孔融曾感叹道："古圣作犀兕革铠，今盆领铁铠，绝古甚远！"

从秦兵马俑来看秦代的鞋靴，每一尊兵马俑都穿着与自己身份相应的军鞋，由此可见秦代部队的鞋履已按兵种及等级而各异。如此大规模的军鞋的统一性，有力地证明了秦代的军鞋材料、式样和制作工艺已初步形成了"标准化"，这是中国制鞋史上一个了不起的科学成就。这些军鞋的式样也与秦时鞋履特点相符。兵俑皆着方头履，方头履起源于战国，定型于秦。将军和骑兵穿皮靴，沿用战国赵武灵王的军鞋。方头履底上有明显的线纳痕迹，前后掌部位密，腰部疏，这类履鞋应为布鞋。而骑兵之所以穿皮靴，是以利于骑射和作战。

"兵戈乱浮云"的战国时代，激烈的战争对武器装备的生产起了极大的促进作用，为铁制武器的生产和使用开拓了道路。铁甲利兵终究代替了已经落后的青铜武器和犀兕革铠，成为军队的主要武器装备。只是这一变革，经历了相当长的历史过程，皮甲从以前作为主要护体装备的地位，下降到从属于铁铠的次要地位，那已经是到西汉时期的事了，但其作为辅助性的防护装备仍然存在。

在中国历史博物馆中有一双距今 2206—1977 年的西汉时期的牛皮靴。西汉时期（公元前 206—25 年），皮革与毛皮产业是比较发达的。《汉书·货殖传》记载，"通邑大都，一家商人每年有皮革一千石（一石等于 120 斤），有狐貂皮一千张，有羔羊皮一千石，都算是大富商"；《史记·货殖列传》记载，当时"千户侯"的财产有千石米，千张牛、羊皮，千张狐貂皮，而紫貂皮更是皇室的专宠，毛皮成了封建等级制度的象征。当时地处江淮二水间的安徽合肥地区曾是毛皮皮革集散地。

到汉武帝时期（公元前 140—前 87 年），皮革染色技术已经很高超。当时以白鹿皮为货币，即在一平方尺的白鹿皮上饰以彩画作为货币流通，皮币值四十万钱，是一种信用货币，此种货币仅在出入朝廷的显贵人士中间发行，强制作巨额购买之用。这种皮币染色很坚牢，是我国纸币的始祖。

另外，皮革匠人凭借聪明才智，以驴皮、牛皮为材料，裁成不同片形，制作出一种独特的皮影，再由皮影艺人手持拉杆舞动皮影，再配以唱调，创造出后世成为中华民族非物质文化遗产的皮影戏，揭开了皮革文化的新篇章。这一皮革文化的奇葩，在我国广大地区流传 2000 多年，在活跃广大人民群众的文化生活中起到不可估量的作用，至今广有流传。同一时期，在黄河中上游的甘肃、陕西、宁夏和内蒙古的河套地区出现了羊皮伐子，在湍急的黄河中，用作渡河工具，极大地方便了两岸人民，一直沿继 2000 多年，到现在，在兰州、西安等地还有这种羊皮伐子的使用。

汉代的鞋靴在造型上有了很多变化，色彩和图案上也开始有变化，造型也更简练，较符合足部的形状。汉代纺织技术和生产力的发展，使制鞋材料有了长足发展，有麻鞋、牛皮鞋、丝鞋、丝织靴等。百姓之鞋以素履为准，多以革、葛草制成。乐浪汉墓出土的有男女革履，面涂黑漆，底部有木底嵌入。新疆维吾尔自治区也有革履出土，当时的新疆古国楼兰曾是汉代三十六国之一，是早期"丝绸之路"交通要冲。新疆楼兰孤台古墓出土的革靴，其形式为半�靿形，中间对缝，有明显的褶纹，以结实的牛皮做底，靴面为柔软的羊皮制成，内中铺放毛毡用以保暖，靴底以麻线缝缀，使其具有防潮御寒的特点。革靴的出现不仅证实了当时的畜牧业很发达，当地人具有制毡与鞣革的手工技艺，更反映出了当时皮革业鞣制工艺的水准已进入一个新的阶段。这个时期新疆出土的革靴，曾被认为是中国鞋靴反绱工艺水平的代表。

英国人李约瑟在他的名著《中国科学技术史》有关东西方贸易的丝绸之路部分写道："除丝绸以外……还有毛皮、桂皮和大黄……。"从这里看出，我国的毛皮出口有着悠久的历史，早在汉朝时期就已经出口了。

西汉初年，四川用皮革制造战车上的鞍、革带、佩饰以及生活用御寒衣物等，应用已相当普遍；在制盐和冶炼上用牛革制成囊，分别作为汲卤、鼓风之用。

《汉书·东方朔传》记载了皇室交换礼品时的情况："西国王使至，献吉光毛裘黄色，盖神马之类用品，裘入水数日不沉，入火不焦，帝于是乃悟，厚咐使者而去，赐以牡桂、干姜等诸物，使西方国之所无者。"

20 世纪 30 年代新疆罗布淖尔古墓出土的楼兰文物中发现的靴的靴底和靴面都呈浅灰黄色，靴底长约 25 厘米，厚 4—5 毫米，靴面厚约 1—5 毫米。靴的底部和面部都没有脱毛，靴面的毛面在内，毛长约 1 厘米，靴底的毛面在外，质地较松软。从外观上看，靴底和靴面都是用同一种鞣制加工方法，很可能是以烟熏法为主，或再结合芒硝和明矾鞣法。

秦汉之际，甘肃境内以游牧为生，衣戎为革的羌人就已经掌握了鞣皮技术。据《后汉书》记载，"夫余出国则尚缯绣罗袍、履革鞜"，"以皮靸（马缰绳）之历雪碛峻逐兽如驰"。其中的"革鞜""皮靸"则是较为古老的皮制履物。

汉代，处于吉林中西部地区的夫余国人就已"履革鞜"、"大人加狐狸，狖白、黑貂之裘"。《三国志》卷四《魏书》载，景元三年（262 年）肃慎国遣使重泽入贡，献其国弓三十张，"长三尺五寸，苦矢长一尺八寸，石弩 300 枚，皮骨铁杂铠三十领，貂皮四百枚"。这是见于史籍中吉林地方关于皮革生产加工应用较早的文字记载。《三国志·魏书·乌桓传》载，肃慎国部族内部"各自畜牧治产、不相徭役"，"大人能作弓矢鞍勒、锻金铁为兵器，能刺韦，作文绣，织缕毡罽"。从这些记载中可以看出，当时皮革、毛皮制作尚未走向专业化，部族内部成员大多数可自行制作弓矢鞍勒。

公元 225 年，诸葛亮率部南征彝王孟获部，孟获部所着刀枪难入的藤甲，实物现存于成都武侯祠博物馆。所谓刀枪难入之护身藤甲，原来是用水牛皮割制成皮绳后，以专门工艺加工编织而成，轻巧而坚固。

二　魏晋南北朝时期是我国古代皮革业普及与提高的新时期（265—581 年）

汉代以后，经过三国鼎立、两晋王族之争，中国内部分崩离析。这个时期是我国历史上充满动荡、迁徙的时期。北部、西北部匈奴、羯、鲜卑、氐、羌族大量内迁，称为"五胡乱华"。蒙古系游牧民族匈奴、羯、鲜卑，藏系游牧民族羌、氐先后侵入中原，建立十多个小王朝，即历史上的"五胡十六国"。战争和民族大迁徙促使胡、汉杂居，南北交流，来自北方的游牧民族异质文化与汉族文化的相互影响，汉族与少数民族文化交融糅合，中原与江南民俗文化互为渗透，衣冠鞋履重新整合，促使我国古代皮革进入了一个普及与提高的新发展时期。

魏晋南北朝时期，北方民族最常用的基本形制是革靴高履。高履是以兽皮为面料的男女通用的有筒革鞋，不作正式礼鞋使用，穿高履革靴不得入殿，否则为失礼。

广东距今 3000 年前先民早就懂得用牛皮制衣、靴、帐和毯等生活用品。公元前 637 年，岭南的皮革制品就被作为礼品贡于晋国。三国至南北朝时期，广东皮革制品开始销往北方，被誉为"南货"。

三　隋唐时期我国古代皮革业达到高峰（581—907 年）

我国隋唐时期的鞋履文化表现出多元化、多轨制、多源性的繁荣景象。唐代是我国封建社会的鼎盛时期，这时的皮革业也达到了古代历史高峰。纵观鞋业发展史，隋唐开创了鞋业初级阶段，制鞋从家庭自给自足走向商品化市场。为了使商品鞋便于流通，唐代已在鞋履业中开始运用表示脚大小的"鞋号"。唐代之前足衣名称混杂，为了统一名称，唐朝正式用"鞋"统称足衣。

隋朝时期（581—618 年）皮靴逐渐在各地普及开来，其中较著名的为六合靴，其最早始于隋朝。《隋书》有"帝王贵臣多服乌皮六合靴"的记载，隋文帝上朝亦着。六合靴即为历代所称的"皂靴"，隋、唐、宋、元、明代皆穿用，以皮革为之，清代才改为布靴。所谓"六合靴",即用六块皮缝合而成,但有着特别的寓意,是东、西、南、北、天、地六合之意。

《隋书·经籍志》记载有"乘舆鹿皮弁服时着金饰乌皮履",即坐车戴鹿皮帽时要穿金饰的乌皮履,其中"皮弁"即为皮帽,可见隋朝关于着履规制甚严。《隋书·礼仪志》记载,"凡舄,惟冕服及翟服著之。履则诸服皆用,惟褶服以靴",隋时皮弁者着乌皮履已形成制度。

唐朝(618—907年)是我国封建社会中叶的鼎盛时期,民富国强,繁荣昌盛,官办和民办手工业相当发达,得到长足发展。当时家畜饲养业有很大发展,同时也促进了毛皮皮革业的发展。当时人们用毛皮做成的衣袄穿着到处可见。诗人李白的诗句"五花马,千金裘",形象地描绘了当时奢华浪漫的社会风尚。唐朝的毛皮、皮革业生产已有一定规模,北京古老的毛皮、皮革业就始于隋唐时期,制靴手工业及在当时已大量生产和使用。

唐代靴制袭隋代的六合靴,唐代穿靴之风极为兴盛,唐代男女、官庶、汉人、胡人都有穿靴者,这与胡风盛行、尚骑马、女着男装等有着密切的关系。在初唐之后靴子不仅被钦定为宫廷官鞋,还可以着靴入殿。当时制靴以黑色皮革为主,前唐多穿高勒靴,特别是军旅武士全着长靴,到了后唐五代时期流行短勒靴。时尚女子常用彩色皮革或多彩织锦制成尖头短靴,有的还在靴上镶嵌珠宝。

唐制规定,武官必须着乌展。"武弁穿乌皮靴,平巾帻穿乌皮靴。"将士服饰中的最大特点为大口裤,束吊腿,着战靴。唐代李贤墓画壁中武士所着团领袍均较短,故靴皆露于外。陕西博物馆所藏唐代武士石像身披两裆甲,束吊脚,着战靴,战靴一般为软靴。

《新唐书·百官志》载:"少府监诸州市牛皮以供用。"唐有右尚书,专掌马辔加工,以及刀、剑、甲胄等御用物,兼领毛皮作坊。

唐代时东北吉林地方政权渤海国更是以貂、狐、狍、熊、虎等自然毛皮的加工为主要产业,其时,貂皮已成为进贡、商贸的大宗产品。

当时,吉林地方民族的皮革制作技术有了很大的进步。皮革、皮毛制作的服装鞋帽已成为贵族和上流社会人们普遍的生活用品。据《新唐书·渤海传》载,渤海国牲畜饲养业有极大发展,"太白之兔、扶余之鹿、郑颉之豕、率宾之马"都负有盛名,加之境内狐、貂、狍、熊等自然毛皮资源极为丰富,为毛皮皮革加工生产提供了丰厚的原料基础。因此,畜牧业和皮革业成为渤海国两大重要的经济产业,所生产的狐、貂、虎、熊等珍贵毛皮经常被作为贡品和对外贸易的大宗商品。《新唐书·渤海传》记载的渤海国对唐朝、后梁的133次朝贡,所献之物除马匹、金银、水产外主要是皮革、皮毛制品。渤海国聘使日本34次,出境物资,绝大部分也为皮革和毛皮制品,而尤其以貂皮为大宗产品。据记载,早在我国南北朝时,渤海人的先世一勿吉人就已是男子猪犬皮裘。渤海国建国后,人们已能利用虎豹熊貂狐等兽皮制成高级的皮革制品,如皮裘、皮褥、皮靴等,有的产品还享誉日本,备受人们珍爱。20世纪后半叶在吉林省敦化市和龙井县、集安县等地发掘和发现的渤海国及高句丽的古墓壁画中,很多人物"穿皮靴、束革带、佩革囊",并分有褐、绿、黑、白等多种颜色。这充分证明,当时在属地居民中,穿着皮革、皮毛制作的服装鞋帽是一种时尚,在上流社会中还比较普遍。据唐杜佑所著《通典·四方乐》载,高句丽舞伎、乐工中,多有着赤、紫、乌等颜色皮靴、革带者,这就说明了当时的皮革制作技术已经达到了一定的高度,彩色皮革的生产和使用已达到很普遍的程度。

到五代时，自王公以下服章规制："弁服，自天子以下内外乙品以上着乌皮履，乐舞者穿乌皮履，武舞者穿乌皮夏。"

四　宋朝时期是我国古代皮革业继往开来的时期（960—1279 年）

宋朝时期我国科学技术相当发达，火药、指南针、印刷技术等科技在全世界处于领先地位，相关科学的发达，也带动了皮革业的较快发展。

宋朝初年，为了军事上的需要，国家大力发展皮革业，在军器监这个部门设有大规模的制革场，当时为管理皮革手工生产设有"皮角场"，隶属于军器监。

自隋代六合靴出现后，以后的靴制多沿袭前代制度，都没有出现改革。宋朝的鞋式初期沿袭前代制度，宋朝帝王服饰制规定，着朝服时穿皮履，皇太子着公服时穿靴或用黑皮革仿履，并加靴筒。

由于北方地区寒冷，朝廷放宽戒令，允许百姓冬季可以穿靴，但只能穿用生牛皮制作的简易的直缝靴，而社会下层的官妓之夫，连生牛皮直缝靴都不能穿，只能穿用带毛的猪皮靴。

宋朝武职将帅军鞋基本承袭唐制。宋时规定武将参朝谒见时须下穿大口裤，吊着软皮靴。武将出征时多服铠甲，下穿宽口战裤，束吊腿，足着战靴。女将帅也穿战靴。

南宋时期浙江制革业已较兴盛，当时皮革制品多为军戎所用，采用手工制作烟熏皮。据《宋史》载，南宋时临安（今杭州）官府设有"皮百场"，专收皮革、筋角，以供作坊之用。浙江的毛皮硝皮南宋（1172 年）时也有记载，"湖羊兴，硝皮始之传"，至今已有 800 多年历史。

宋代以后，原来生活在北方以游牧为主的少数民族大量南迁，同时也把北方的家畜和皮毛皮革手工业品带到南方各地，促进了中原以南广大地区饲养业和皮革业的发展。著名的湖羊就是在宋代以后培育出来的。

这时期我国北方相继出现了契丹人建立的辽、东北女真人建立的金、西北党项人建立的西夏等强势的边疆少数民族政权，中原地区和边疆少数民族的融合，推动了皮革业的发展。胡、汉交融的鞋靴风靡一时，一般靴子由皮革和毛毡制成，且花式繁多，计有朝靴、花靴、旱靴、钉靴等。

明朝宋应星著《天工开物》记载，妇女用的最早文胸，是公元 940 年（宋辽时期）妇女用皮革设计制作的。据说某些种类的皮还有特异功能，如用麂皮制作皮衣或裁成皮条缝在被子边上，就能使毒虫蝎子等避而远之。

辽、金、西夏时期，燕京（今北京）传统手工业、兵器、农具、手工工具、车马挽具等产品中大量使用皮革、毛皮。

五　元朝时期是我国古代皮革业的鼎盛时期（1206—1368 年）

元代是我国古代皮革生产的鼎盛时期，当时普遍采用比较成熟的植物鞣料鞣制皮革的方法。据《中国通史》记载，朝廷设有制革业部门，在燕京（今北京）设有供给军用的"甸皮局"。"细皮马"即毛皮皮革的加工场，利用植物鞣料鞣皮，熟造红甸羊皮。在元代，"一代天骄"元太祖成吉思汗的军队，都穿用坚硬水牛皮或牛皮做成的防御铠甲。成吉思汗远征作战时，驮运军需品的大象身上，也蒙上坚厚的皮革作保护。在 13 世纪马可波罗的中国访问记中，也谈到了精致的皮盾以及忽必烈汗军中高级军官的盔甲。

元代军靴特点是窄口裤、长皮靴。故宫博物院收藏的元代卫士和武士俑，均为短衣长勒靴或腰系带，足着短勒靴；山西博物馆收藏的元代骑马武士俑，足着方头靴；元代水军则着窄口裤和靴。据《夷俗考》载，元朝天子冬服所用紫貂、银鼠、白狐、玄狐、猞猁皮毛和金棉等，材质极其珍贵。元代官员常在袍外套裘皮衣服，比马褂长，成为"比肩"，男女均穿。元代文武官员所着衣为窄袖、紧身，下作细褶式，脚上配穿络缝靴。

元代的蒙古族主要是穿靴子，俗称"蒙古靴"。蒙古靴的形制是两个对称的部分组成的靴筒和靴帮。靴筒高度基本相当于胫骨高度，而且从上端到下端幅度基本相同；靴帮很硬，有细密针脚与靴筒下端缝合；靴底厚而硬实，靴帮与靴底紧密缝合，而且没有皱褶。蒙古靴是按照骑马快速奔驰能够踩蹬支撑躯体，并且适应坚硬的鞍鞒，也能随时调整姿势的特殊需要而设计的。因此，蒙古靴具有结实、耐用和不易变形的特点。

这一时期，元代大都（今北京）是中国北方最发达的手工业中心城市，集中了当时主要的手工业，裘衣作为高档手工业产品逐渐由皇权贵族转向民间大众，只不过在原料皮品种上与富贵阶层存在很大差异，华裘盛妆依然是富贵权势的象征。在东北的吉林地方民族继承渤海国和辽国的制革技术，又融合了中原较为先进的制革技术，使当地的制革技术有了很大的发展，皮革、皮毛的鞣制技术日趋成熟，靰鞡皮的生产、缝制技术也日趋完善。据《金史·乌春传》载，当地居民除以麻毛进行纺织外，多靠毛皮加工，"作为秋冬服饰之用，富人秋冬以貂鼠、狐貉皮或兰皮为裘，贫者秋冬亦以衣牛、马、猪、羊、犬之皮，或以獐、鹿皮为衫"。

六 明朝时期呈现我国古代皮革业的崭新面貌（1368—1644年）

明朝是我国两千多年封建社会的后期王朝，明朝时期呈现出我国古代皮革的崭新面貌。

当时皮革业已相当成熟了，明末科学家宋应星在《天工开物》中比较详细地记载了皮革和毛皮的生产方法，书中写到"麂皮去毛，硝熟为袄裤，御风便体，袜靴更佳""硝熟为裘"。短短数语，已经刻画了皮革加工方法和皮革毛皮制品的优良用途。

文学家吴承恩在《西游记》四十二回中写道："悟空道这一踩翻下去却不湿了虎皮裙？走了硝，天冷怎穿？"说明在四百年前，我国毛皮与皮革的鞣制加工方法，是使用硝面法（用芒硝与面粉），并知因芒硝（硫酸钠）易溶于水，皮毛制品遇水后，芒硝会溶出，致使皮制品"走硝"，从而皮纤维粘结，恢复为生皮的状态，并变硬难以再用。

当时朝庭设有"皮毛细马局"专门管理皮革业（毛皮、皮革场）。

明朝开国皇帝朱元璋竭力提倡汉、唐、宋时期的鞋履文化，促使该时期鞋履文化进入成熟阶段。明朝用了三百年的时间集华夏传统鞋饰之精萃，奠定了中华鞋饰文化的基石。时至今日，我国各种地方戏剧皆以明代鞋饰来代表戏剧舞台上的中华传统鞋履。

明代的服制中，对鞋式的规定很严格，无论官职大小，都必须遵守服制，在何种场合穿着何种鞋式。例如，儒士官员等允许穿靴；校尉力士在上朝时允许穿靴、外出时不许穿；其他人如庶民、商贾等都不许穿靴，只能穿皮扎（又名革翁，是一种将传统的皮履扎缚于行縢之外的鞋式）。

明代最有代表性的鞋履，莫过于军戎服饰中的军鞋了，它们形状多样，从将帅到士兵穿着的鞋有短靴、朝靴、云纹头皮靴等。但将、校、尉、士卒均等级严明：将校戎服着战靴，卫尉戎服着软靴，侍士戎服腿束行藤或绑腿并着战靴，兵卒足穿战鞋。明代还有皮靴、青布鞋、软底皮鞋等。

明朝裘皮服装已成为贵族士大夫阶层喜爱的服饰，"凡取兽皮制服，统名曰裘，贵至貂、狐，贱至羊麂，值分百等"。据宋应星的《天工开物》记载，明朝时毛皮的需求量大增，毛皮生产有了广阔的市场，毛皮成为边疆民族与外界交易的主要物资。

明朝时期皮革业在全国各地都有所发展。明朝初期，山东毛皮业主产地为济宁、临清、定陶、聊城等地。济宁就有4家知名的毛皮作坊进行毛皮熟制和裘衣制作，以生产青猾皮而闻名；临清以盛产"千张袄"而闻名于世，当时有大小作坊百余家，从业人员以回民为主；定陶以羊剪绒为主要产品，而后临清、定陶、聊城等地也有生产。济宁出产的青猾皮和定陶的羊剪绒等久负盛名。

明朝初年的"灯鞋事件"曾经轰动一时，京城被流放的皮革匠人到云南后就开始了皮革生产。

在万历年间，皇城双塔寺的李家冠帽、大栅栏的宋家鞋、东江米巷的党家靴等一批手工业鞋帽制成品，成为当时的著名产品。

明代时张家口是著名的毛皮皮革生产经营集散地，从业人员达到12000人之多。宣化地区有一种七星皮，是烟熏后用明矾和槐黄鞣成的，其中的槐黄是一种植物鞣料。

当时的吉林地方民族以海西女真的扈伦四部和长白山野人女真为主，已由游猎走向农耕，促使当时农业有较大发展，普遍推广应用牛耕，而所需耕牛多数是通过与辽东马市和属国朝鲜的边境贸易，以貂皮等物品交换的。

据明《辽东残档》记载，万历十一年（1583年）7月至9月和万历十二年（1584年）1月至3月，在这6个月中海西女真（吉林地方民族）进入开源马市易货人员共计11874人次，卖出的货物中，除马匹、药材、皮革、木器之外，有貂皮4774张，狐皮577张，狍皮761张，羊皮1743张，还有鹿皮、水獭皮、狼皮以及其他毛皮制品。

据朝鲜《李朝实录·燕山君日记》载，明万历二十三年（1595年）"野人贵牛，两道之牛，尽于贸貂，民至有驾马而耕者"。"贸易皮物不可胜计，民持一牛换一貂皮，牛马几尽"。明《辽东残档》载有开原、广宁等马市关于当时商贸盛况的记载，"皮张山积，商贾趋之若鹜"。其时，每年北方入市的貂、鹿、狍等皮张数以万计，吉林境内的牛马等经建州（今吉林）、叶赫（今梨树）两条路径大量入市。

据明清两朝的《保定郡志》、《保定府志》和清朝《束鹿县志》载，辛集皮革的发祥地是明代中叶的木丘村，后转移到辛集。《束鹿县志》载："辛集一区，工厂如林，皮毛各行，每厂不下数十人，远近诸村，多依此为生活。"又载："辛集一区，素号商埠，皮毛二行，南北互易，远至数千里。"辛集在明朝时期已形成了完整的生产交易体系，成为当时的皮毛集散中心，"夜不闭城，日进斗金"是当时的写照。据辛集《畿辅通志》记载，明清时期的束鹿以毛、皮、毡作为贡品和赋税上解京城。

明朝浙江西南一带的制革业多为小手工业作坊。弘治年间（1488—1506年），浙江衢州贡赋便有皮1973张；金华有皮、棉布、麻等手工业品记载。万历年间（1573—1619年），浙江义乌有熟皮匠二户，年产杂色皮710张。

湖南在明朝时有制作熏烟皮、白底皮、牛片皮及马鞍、刀鞘、油鞋、木屐的手工作坊；四川的少数民族地区（今阿坝、甘孜、凉山自治州），已能用油鞣法制革；兰州当时的家庭皮革手工业作坊兴盛，主要制作衣、帽、鞋、袋、马鞍、刀鞘、水囊、牛羊皮筏子等。

明代的制革加工技术仍是以芒硝为主的硝面鞣法和古老的烟熏法。中叶之后，由于受封建制度的严重束缚，我国皮革加工技术的发展十分缓慢，逐渐落后于西方资本主义国家。

七 清朝时期是我国古代皮革业的繁荣时期（1616—1840年）

清朝是我国封建社会最后一个王朝，这一阶段是我国皮革业的昌盛时期，裘服的制作工艺水平达到了一个前所未有的高度，花色、款式多姿多彩，用料纷繁复杂，裘皮迎来一个发展的高峰期。

清代是裘服的鼎盛时期，人们特别是贵族阶层穿戴裘服成为风尚，甚至皇帝都亲下诏书："自翌日起，应各服裘。"京城贵族、官员及其眷属纷纷添置裘服，刺激了皮革成衣业的迅猛发展。

明末清初，北京地区皮革皮毛业生产方式为家庭个体手工业或小作坊，以加工制作各种珍贵的高档细杂毛皮而见长，鞣制、染整、裁制、吊制四大工序配套完整，技术精湛，时有"北京裘皮甲天下"之美称。出身关外寒冷之地的满族，由于民族爱好和生存的需要，对裘皮服饰非常喜爱，并用裘皮的种类、部位、皮毛用料多少以及所配丝绸的种类、色彩等区分皇家、公侯贵族的不同等级。按照清朝的典章制度具体规定，紫貂是皇帝的专用品，其余人非赐不得用，皇后、亲王和贝勒等贵族只能用熏貂。这一时期最为流行的裘服是"出锋裘"。

曹雪芹所著《红楼梦》中就大量记载或描述了眷属们裘服的穿着。例如，王熙凤"家常穿着紫貂昭君裙"，"石青刻丝灰鼠披风，大红洋绉面银鼠皮裙"；林黛玉"换上掐金挖云红香羊皮小靴，罩了一件大红羽绉面白狐狸皮的鹤氅"；史湘云"穿着贾母给他的一件貂鼠脑袋面子"，"大毛黑灰鼠里子，里外发烧大褂子，头上带着一顶挖云鹅黄片金里子大红猩猩毡昭君套，又围着大貂鼠风领"，里面还"穿着一件半新的靠色三厢领袖秋香色盘金五色绣龙窄褙小袖掩银鼠短袄，里面短短的一件水红妆缎狐肷褶子，腰里紧紧束着一条蝴蝶结子长穗五色宫绦，脚下也穿着鹿皮小靴"。史湘云的装束里里外外、上上下下都是裘皮或皮革。类似的描述还有许多，虽然是小说中的描写，有虚构的成分，但生活在清朝的作者能如此描写也反映了时人对裘皮的推崇。

清代只有帝王才有资格穿着皮靴，且一般均在非正式场合。直至辛亥革命后，皮鞋的穿着才广泛普及开来，并且不再受礼制的规定和约束。

在清朝时期，漆皮相当流行，有的军需装备正是以漆皮制作的，中国历史博物馆就收藏有太平军石达开部遗留在广西的漆皮头盔。

清朝早中期北京皇城皮革业已形成较大的行业，现在的吉林、天津、辽宁、山东、河北、山西、四川、湖北等地在当时也都是主要产区。

山西的大同、交城地区当时皮革毛皮业进入兴盛时期，据交城县挂山天宇寺1674年《古罕碑记》记载，当时交城滩皮作坊分布于巷，制作的滩皮名扬中外，远销日本、欧美等国家和地区。

清初，由于朝廷对东边外实行封禁政策，只允许打牲总管这类的皇庄在龙兴之地捕猎。清顺治四年（1647年）吉林贡交貂、狐、獭皮840张。此后，由于皇族及贵族对精细毛皮的需求，规定每丁岁征貂皮十五张，定制每丁岁输一貂于官，此后吉林每年入贡貂皮6万余张。康熙二十一年（1682年），玄烨帝东巡入吉，高士其纂写的《扈从东巡录——乌喇鸡陵》有载，"鸡陵人夏取珠，秋取参，冬取貂皮，其食甚鄙陋。其衣富者不过羔裘锦绦细布，贫者唯粗布及猫、犬、鹿、牛、羊之间，间有以大鱼皮为衣者"。到乾嘉年间，随着封禁逐步解除，毛皮加工业迅速兴旺起来。当时吉林将军所辖宁古塔（今黑龙江宁安）、三姓（今黑龙江依兰）、吉林及奉天将军管辖的泰宁（今吉林省洮南）成为北路皮重要的集散中心，每年贡貂之余，皆奉行以毛皮交易为主的楚勒罕盟会。吉林兽皮向外输送经海参崴者为多，有貂、狐、羊、狗、水獭、猞猁、豹、虎等皮，皆良好，而价高贵也。

从明末清初开始，张家口的商号著名的有8家，嘉庆二十四年（1819年）时增加到230多家。当时张家口和天津的裘皮服装业主要以制作、经营中式皮衣为主，形成了"北帮"；以山西人为主的，称为"西帮"；以制作女式裘皮大衣为特色的直隶、京、津和山东人，称作"京帮"；以缝制各种裘皮服装为主的江苏镇江、扬州皮毛业称"镇扬帮"。

清中、晚期，山东、直隶两地闯关东的百姓开始流入吉林，吉林地方人烟日渐稠密，到道光二十年（1840年）总计人口已达32.4万人。乾嘉年间，吉林城已成为东北地区"北路皮"主要集散地，当时吉林城"靴、皮、铁、木"四大行业中皮革加工业独占两个行业。城内红、白皮制革业非常兴盛，城内最大的靰鞡铺"德成号"年生产靰鞡4万双。

清初，马皮革皮弦、皮绳及生产技术从陕西传入成都。到清朝中叶，成都、达县等地，皮革手工业商品生产逐渐形成规模，并扩展到射洪、遂宁、绵阳、雅安、西昌等地，光绪年以后，又扩展到江油、彰明、南充、新都、灌县、崇庆、内江、威远、泸州、自贡、万县、涪陵等地，各地都有一两家季节性个体作坊。

随着蒙汉贸易的日益频繁，陕西的手工业产品畅销。当时的皮革业包括靴鞋业、马鞍业及皮绳业等，皮革制品中的蒙古靴鞋、车马挽具等更属俏货。其时，榆林等地的油脂鞣制皮革已相当盛行。甘肃毛皮制裘兴盛于明末清初。甘肃少数民族中回族、藏族、东乡族、裕固族、蒙古族、哈萨克族、土族、撒拉族、保安族等素有手工熟皮和捻毛为线的传统，后来发展成为居民的家庭手工业。当时甘肃皮毛资源丰富，销量亦著称西北，历史上就已形成了张家川回族自治县、临夏回族自治州河滩关及广河县三甲集等牲畜、皮毛交易市场。至清朝末年，天水地区张家川县已成为驰名西北地区的皮毛集散地。甘肃省开业最早的毛皮作坊是景泰县庆馀锡作坊，建于清光绪年间，年产黑、白羊皮3500件。当时，甘肃省毛皮种类以颜色分黑皮、白皮、黄皮、花麻皮4种；以品种分沙毛皮、猾子皮、老羊皮、二毛羔羊皮、小毛羔皮和胎羊皮6种。这些裘皮全省年产量327万张，其中沙毛皮11万张，猾子皮13万张，老羊皮140万张，二毛羊羔皮19万张，小毛羊羔皮17万张，胎羊皮3万张，熟制原料有芒硝和糜子粉，方法有干晾法和热晾法两种。

据乾隆二十五年（1760年）汪绎辰的《银川小志》中记载，"宁夏各州，俱产羊皮，灵州出长毛麦穗，狐皮亦随处多产"，说明当时宁夏毛皮业也已经相当发达。

第二章　中国近代皮革工业史（1841—1949 年）

鸦片战争敲开了满清王朝闭关自守的大门，受西方先进思想的影响，国人认识到国穷必受人欺，遂开始学西方走富国之路，开洋学堂，办洋工厂，造洋枪洋炮，掀起了轰轰烈烈的洋务运动。这时西方制革、制鞋新技术的传入，使我国民族皮革工业开始萌芽。但到民国年间，中国已经沦为半殖民地半封建国家，脆弱的民族皮革工业遭到严重摧残。抗日战争期间，沦为敌陷区的皮革企业或毁于战火，或落入敌手，皮革业受到重创。抗日战争胜利后，民族皮革工业曾有短暂的复苏，但国民党又发动内战，稍具规模的皮革厂随之相继倒闭，中小作坊更难生存，中国皮革业再次萧条。

第一节　中国近代皮革工业的萌芽（1841—1912 年）

一　概况

1840 年鸦片战争之后，西方的现代皮革鞣制技术开始传入我国，中国近代民族皮革工业开始萌芽，出现了一批近代制革厂。1898 年，我国出现了第一家近代制革厂——天津北洋硝皮厂，该厂是最早采用现代鞣革技术和机器设备的制革厂，当时采用的制革工艺和化工材料均属 19 世纪末期欧洲最先进的。

我国近代民族皮鞋业始于 19 世纪。西方制鞋新技术、新工艺、新材料猛烈冲击了我国的传统手工制鞋业，中国皮鞋制造业进入了一个崭新的历史阶段。19 世纪 30 年代，上海人沈炳根从修理皮鞋开始自制鞋楦，制成我国第一双近代皮鞋，并于 1876 年在上海开设我国第一家皮鞋厂。1919 年，开设在上海广东路的北京皮鞋厂，首次使用机器生产皮鞋。到了抗战初期，上海已有 200 多家皮鞋厂，抗战胜利后达 800 多家。

我国近代制鞋业有两个明显特征。一是鞋业充满了殖民色彩。鸦片战争后，东西方列强鞋业大亨们纷纷以实业抢占中国鞋履市场。二是鞋业的技术革命。第一次技术革命是 19 世纪 60 年代工业缝纫机问世；第二次革命是 20 世纪 40 年代出现制鞋胶粘工艺，鞋帮和鞋底不用线缝而直接相粘。这两次技术革命使我国传统鞋业开始由个体手工作业走向机械化批量生产。

二　晚清时期皮革工业状况

19 世纪 30 年代，我国皮革工业已遍及全国各地，并形成了若干个集中产区，主要集中在今天的上海、北京、天津、河北、辽宁、吉林、山西、山东、湖北等地。上海是我国近代皮革工业的发祥地，北京皇城有"裘皮甲天下"之美称，天津建有我国近代最早的制革厂，张家口有"北方皮都"之美誉，奉天细皮刀法闻名天下。

到19世纪50年代，上海制革和皮革制品行业已初步形成。当时上海沿旧城河、西门和斜桥一带，生产栲皮及箱子皮的作坊鳞次栉比，其中陈财记、韩裕茂和裕新等皮作坊已有相当规模，并于1861年设厂生产中式衣箱。清光绪元年（1875年），浙江海盐人朱鸿元在南市小东门内东街176号开设朱合盛皮箱号，生产皮箱、皮包等产品。上海鞋楦生产最早始于前清，开始时生产不分左右脚的直脚型鞋楦，王生堂是现代弯脚型鞋楦、鞋跟的生产创始人，1875年他根据外国皮鞋制作出第一双弯脚型鞋楦。1890年上海人顾氏开设了第一家周记硝皮工场，后于1910年改建成华益硝皮厂，开始生产重革；1917年章仲文首创协兴皮革运动器具厂，主要生产三大球类产品，兼生产足球门将手套、拳击手套等运动杂件。

19世纪70年代，外国商人在沪陆续兴办机制皮革工场；清光绪四年（1878年），英商全美洋行开设了上海熟皮公司；清光绪三十年（1904年），英商上海机器硝皮厂和日商江南制革公司相继开业。20世纪初，外商皮革厂的皮革产量约占上海总产量的50%以上。

清末民初，河北辛集皮店街有皮店400多家、皮庄70多家。1901年聚泰皮庄老板李长谦七赴日本，将皮货销往东京、大阪等地。就在同一年，外国在辛集设庄收购皮毛的洋行达24家。一时间，辛集汇集了大量国内外前来从事交易的人员，平均每天多达万人，民国时被誉为"河北第一集"。

张家口地区的阳原东靠京津、西联晋蒙，素有"皮毛之乡"之称，毛皮加工历史悠久，工艺领先。明清时期"毛毛匠"技艺闻名于世，早在明代隆庆年间阳原就已是全国有名的皮毛集散地，皮毛加工业极为发达，产品主要供蒙古牧民使用。清光绪八年（1882年）后产品开始销往上海，光绪十七年（1891年）开始销往天津，光绪十九年（1893年）后销路逐渐扩展，皮毛行由原来不满10家增加到20多家，1915年时增加到50多家。

清末俄国人阿·马·波兹德涅耶夫到张家口实地考察后，在他的著作《蒙古和蒙古人》中对张家口成片的皮革作坊共有的特征作了十分细致的叙述："在店堂门口和当街放着一张张大木架，上面绷着加工中的牛皮和马皮，把令人作呕的臭气一直扩散到很远的地方。店堂里面则挂满了皮笼头、皮颈圈、皮马套、后鞴带、鞍后皮带垫片，以及诸如此类的东西。这些产品的全部生产过程，从整张皮革的开料、缝制、染色，直到陈列起来招徕顾客，全都是在当街进行的。"这一时期，作坊的制品主要是供应蒙古牧民所需的皮货。

道光年间（1821—1850年），河北蠡县大百尺、留史一带的毛皮店越办越多，经营规模亦越来越大，生产经营者不断扩大再生产。宣统三年（1911年），大百尺、留史一带已有"万通""泰昌""仁和""源昌""瑞盛""义兴""德源""泰和""玉泰""聚兴""丰泰""万兴""万隆"等13家大皮店。

这个时期，辽宁皮革业也比较兴旺，当时以农用马具的需要为最多，城镇已开始有皮庄、鞋帽庄和作坊等。盛京（今沈阳）当时商贾行市异常活跃，旧城一些胡同周围行市林立。在八王寺附近曾有一条远近闻名的臭皮行胡同，那里大多数是加工熟皮子和做皮活的。昔日城内没有下水设施，据传说城里有"七十二条地煞"，所谓"地煞"就是当时排污水的通道。其中有一条较大通道正好在这条胡同里，因为熟皮子都得用水沤，所以当时熟皮子的店铺都用这个"地煞"的脏水沤皮子。胡同内平时污水横流，到了夏季更是奇臭无比，故叫"臭皮行胡同"。

1910年盛京（今沈阳）有皮革作坊共236家，多集中于小北门、大北街一带，其中硝房55间、白皮行7家、染皮铺4家、黑绿皮行31家、细皮房13家、靴鞋铺38家、靰鞡铺33家、毯毡铺8家、鞍鞯铺21家、鞭杆铺12家、套包铺8家、皮胶房6家。这些手工作坊虽然设备简陋、生产工艺落后，但表明当时盛京（今沈阳）的制革、皮鞋、皮件和毛皮生产已经初具规模。光绪十一年（1885年）至宣统三年（1911年），在盛京（今沈阳）较大的皮革场就有5家，其中庆祥店成立于光绪三十年（1904年）；奉天硝皮厂成立于宣统二年（1910年）；永和皮店成立于宣统三年。这时的制作方法主要有烟熏法、硝皮法、张干法。当时位于盛京（今沈阳）城内的"内金生"鞋店，前店后厂，生意兴隆，一直颇有名气。

清代晚期吉林皮件制品开始形成规模生产，吉林将军署为加强对皮革业的管理，曾设置近代吉林皮革工业唯一的官方管理衙门——皮硝局，以监控制革药料的经营。清光绪二十年（1894年）岳清山在吉林城河南街开设"永巨斋"，以"直针散植"工艺制作西式皮鞋，开吉林省近代制鞋业之先河。到光绪三十三年（1907年）吉林城内有靰鞡铺46户，从业人员363人；皮靴铺94户，从业人员645人；鞋铺85户，从业人员727人；鞍鞯铺16户，从业人员159人。宣统元年（1609年），吉林有制革、靴鞋、靰鞡、马具等专业店铺238户，从业人员1992人。

清代中期后，山东的毛皮业进入了兴旺发展时期。据《海关中外贸易年刊》载清同治十三年（1874年）、光绪十年（1884年），烟台海关向中国香港出口各类皮张，亦从国外引进皮货。随后，青岛、威海、龙口等港也陆续与各国开展皮货进出口贸易，来往的国家有新加坡、印度、埃及、英国、瑞典、芬兰、德国、日本、加拿大等。当时济宁有较大毛皮作坊20余处，季节性小作坊100余家，从业人员2000多人，年产各种皮货30多万件。据《济南市二轻工业志》记载：始于清朝末期，起源较早的是德州市崔中立开办的"中立斋"鞋店（1873年），济南"大同"号鞋店（1907年）次之。

道光年间（1821—1850年）浙江衢州首家皮箱作坊王万泰开业；光绪元年（1875年）杭州沈德顺皮场创建，同时温州的皮革制品生产也逐渐兴起。当时皮革多为军戎所用，采用手工制作烟熏皮、钉靴、油靴等；制革采用原始的烟熏和传统植物鞣制。浙江较早生产的皮鞋为清末杭州太旭皮鞋店的手工钳帮、针线缝绱西式皮鞋。20世纪20年代末，西方制革工艺技术经上海、武汉等地传入浙江，新式鞣法逐步推行，轻革采用矿物鞣（用红矾钠），重革仍为植鞣，开始采用进口栲胶为鞣料。

清末成都的皮革手工业生产已经相当繁荣，并成立了皮革帮会，称之为"皮行"，分广帮（湖南、湖北）、秦帮（陕西）、四川帮等。生产火鳅皮、箱皮、皮胶的作坊共有100余户。有的作坊多者达20余人，多数是一两个人。四川通省劝工局于1903年内附设制革厂，为四川新军生产装备。因规模较小，于1905年和1909年两次共拨款22万两白银，在成都东门外建厂、扩厂，初名为"四川制革公司"，后又改为"四川省制革厂""四川实业制革厂"。制革厂聘请日本技师，购买日本机器、工具、材料，制革工人达1000余名，花色品种达100余个，成为四川第一个机械制革厂。

19世纪中叶，湖北汉口、沙市、宜昌相继开埠后，300余家牛皮山货行和商号聚集汉口，汉口遂成为全国皮张、毛皮最大的集散地之一，一部分皮张和毛皮销往国外，一部分留在本地加工。在交往中，欧美铬鞣制革和制鞋新技术陆续传入汉口，刺激了当地皮革业的发展。除汉口、武昌外，沙市、襄樊、宜都等地也先后出现了皮革作坊。

湖广总督张之洞于1902年在武昌筹办南湖皮革厂，开始采用铬鞣制革。1907年开办的武昌善技场、湖北陆军工作场及汉口劝工院均生产皮靴、皮鞋，随后新法制革和制革作坊纷纷兴起。

光绪三十二年（1906年），浙江宁波籍人方液仙创办龙华制革厂，是中国民族资本创办采用近代工艺生产熟革的第一家。宣统二年（1910年）又有8家制革场先后开业。制革业的发展，带动了皮革制品业的发展。

1888年，新疆大牧主玉山巴依在伊犁建立了一个制革手工业作坊，开创了新疆制革业的先河。该作坊于1909年规模扩大，成为当时新疆为数极少的地方民族企业之一。

第二节　中国近代皮革工业的兴起（1913—1937年）

一　概况

自1915年起，因第一次世界大战爆发，帝国主义国家忙于战争，我国皮革工业得到发展的空隙，皮革工业又现活跃。当时上海一地皮革厂猛增至100余家，但具备机器和动力生产的厂家还不到十分之一。此后国内皮革需求日益增多，各大城市大多设有皮革厂。这时期，我国近代制革前辈们在科研方面卓有成效。如李运华提出合成鞣的羟基理论，此后发展的多种合成鞣剂，既可应用于重革，也可以应用于轻革，成为制革过程中不可缺少的重要化工材料之一；陶延桥教授编著出版了中国近代第一部皮革专业巨著《制革学》；蒲敏功教授经过多年研究，在德国发表《植物鞣料与盐酸——乳酪素溶液沉淀的定量成分研究》论文；张铨教授在皮胶原化学与植物鞣机理方面进行研究，在美国辛辛那提大学以中国五倍子鞣质与胶原结合的理论成果获制革博士学位，认为植物鞣质与胶原的结合系物理化学吸着作用；张文德教授经过几年的研究，以中国产栲胶替代外国栲胶取得成效；杜春晏教授在任中央工业试验所胶体化学研究室主任时，主持进行了四川青杠碗鞣革性能、四川兔皮鞣制与染色、铁盐鞣革和植物油制硫酸化油等项目的研究；袁光美研究山羊服装革工艺；等等。这些前辈们在制革领域都取得辉煌成就。

民国初年总的情况是：遍及全国的制革工厂中，不但农村的硝皮作坊是手工生产，即使在大城市的所谓新法制革工厂，也仍然是手工生产居多数，虽然数量上超过外资，但是规模较小，设备简陋，机器制革厂集中在几个大城市，在产品的质量和实力上均无法与外商抗衡（何露《中国古代皮革及制品历史沿革》）。据统计，1933年的全国皮革工业总产值中，手工业产值就占73.8%（不包括农村硝皮坊），直至1949年这一情况并未有任何改变。

1931年"九一八事变"以后，日本帝国主义首先侵占了我国东北，后又占领了华北等大片土地。日本帝国主义入侵后就大肆进行掠夺，日资随之而入，民族皮革业遭遇了空前的排挤和打击，逐步衰落。至1937年"七七事变"抗日战争前夕，全国大约只有30余个机器制革厂和十多个皮鞋工厂，皮革工业基础微弱。

二 民国初期皮革工业的特点

1. 皮革工业的分布

民国时期,全国各地相继兴建一些皮革厂(作坊)、毛皮作坊和皮件作坊。例如,1898年吴懋鼎在天津创办我国近代第一个皮革厂——北洋硝皮厂;1913年浙江人李荣高在上海创办国内第一个球厂——李高记皮球厂;同年,四川督军胡景伊拨款40万元,从四川实业制革厂调去部分老技术工人,聘请日本技师,进口日本设备,建立了更大规模的陆军制革厂;1919年,山东省第一个新式制革厂——济南胶东制革厂成立;1920年军阀张作霖在奉天北关创办制革厂;1921年天津又有私人集资建立了生产制球革厂的利生体育用品厂;1925年10月,浙江绍兴人马水有创办了"马永记皮革坊";民国二十年(1932年)年军阀53军军长万福林开办了私营制革厂;民国二十四年(1936年)上海凌立权创办了第一个皮件厂;等等。一些现代化皮革工业相继在全国主要省份建立起来。

新法制革厂大部分集中在上海、天津、广州等沿海大城市,尤以上海最为集中,在新中国成立之前其产量约占全国总产量的40%左右(不包括硝皮坊),但是这些地区原料产量都很少,多依靠外地供应。而原料皮产量多,质量好的地区,如河南和西北各省在解放前几乎没有一个现代化的皮革工厂。另外,绥远归化(呼和浩特)皮货业也是一个较大的行业,山西省是当时我国毛皮输出的大省之一。

这个时期,国内建立的皮革企业,其中多数工厂因种种原因而夭折,能生存下来的有一定规模的企业主要有上海的中日合办的江南制革厂、中日合办的中华制革厂、天津中日合办的裕津制革厂、北平善成皮革厂、辽宁的奉天硝皮场、汉口的天胜制革厂、昆明的云南制革厂、太原的晋一制革厂、广州的羊城制革公司等。

2. 产品品种和销售

皮革业主要的原料有黄牛皮、水牛皮、山羊皮、马皮、骡皮、驴皮等。加工制作的皮革制品有皮鞋、皮箱、皮包、皮夹、皮带以及各种军用和民用的皮件,产品多销往大中城市。而甘肃、贵州、西康、青海、宁夏、绥远等省份输出原料,再输入成品。河北省也是产皮区,每年皮制品除满足自身需求外,还销往山西、河南和西北地区。广东是皮制品需求大省,主要靠中国香港的供应来满足。

3. 皮革的进出口

出口原料皮、进口成品,是我国皮革行业民国初期的特征之一。晚清同治年间(1862—1874年),中国的生皮开始出口,到20世纪20年代,每年出口量约在15万公担以上,流向基本上都是西方国家,这些国家均在华设有购买机构,操控中国的生皮出口,手段无所不用其极。反观华商机构,组织乏力、无团结精神,在外资面前屡屡败退。当时中国熟皮的出口量甚少,每年输出约在两三千公担之间,反映了我国熟皮制造能力的不足,同生皮的出口一样都掌控在外国人手中。

在抗日战争前,中国最高年产量为牛皮约400万张(包括水牛皮)、羊皮约1500万张。由于国内皮革工业生产能力有限,不得不把一些优良的原料输出,而帝国主义利用中国的原料皮制成革和革制品,再向中国销售。根据旧中国海关统计,抗日战争前的1936年出口黄牛皮104万张、水牛皮28万张、羊皮1010万张、骡马皮2万多张(10245担),另外还有大量的野生毛皮。另据辽宁统计,民国十一年(1923年)至十六年间(1928

年），经过安东（今丹东）、大连、牛庄（今营口）等口岸向英国、美国、德国、日本、朝鲜等国总计出口皮张264296件。

4. 外商操纵皮革市场

鸦片战争以后，国贫民穷、百业凋敝，外国资本占尽不平等条约之利，大量涌入我国开厂设店，从事生产和销售。皮革业也同其他行业一样。

特别是日本军国主义觊觎我国皮革毛皮资源已久，为了掠夺皮革资源，他们在我国东北先后实行了《物价及物资编制法》《七二五物资冻结法》，日本扶持的伪满政府畜产司还颁布了《毛皮、皮革类编制法》，对皮革资源实行严格的控制。

早在1917年，日商就在奉天（今沈阳）开办满洲革制会社、森川皮革部、日华制革公司等制革厂，日商制革厂实力雄厚，远非华商企业所能及。此外，日本还建立了满洲畜产株式会社、满洲皮革输入组合、满洲靴鞋统制组合等上下游相关企业。1921年，在奉天经营毛皮业的日资代理商多达20余家。在奉天北市区开办的东亚制靴厂，拥有300多工人，日产军用皮鞋和棉大头鞋500多双。

日商在吉林也相继成立了满洲畜产株式会社、满洲皮革、毛皮输入组合等统制机构，强令"牛、马、骡、驴、猪的屠宰者对各种皮张未经官署许可不得自行使用、消费、加工、贩卖"。

上海、天津当时是通商大埠，也是制革荟萃之地。据统计，上海有洋商制革公司5家，分别是：中华皮革厂，初为华商所办，后为日商控制；江南皮革厂，初为中日合办，后归并日商；上海皮革厂，为意商所办；大利皮革厂，也为意商所办；宫崎制革厂，为日商所办。1915年，徐又铮与日本大仓喜七郎投资100万元合办天津裕丰制革厂。

根据抗日战争前的统计，全国皮革业中中国资本为2778222元，占51.3%，外国资本达2640000元，占48.7%。

"九一八事变"后，奉天民族资本中较大的中华制革厂被迫倒闭，华东制革厂被日资吞并，奉天陆军被服厂制革厂也被日本强占，其他制革作坊，多数被迫歇业。

5. 设备、化工依赖外国

机械设备和化工材料依靠外国供应，据海关统计，1946年仅进口栲胶一项就花费了240多万美元，在新中国成立前的50年中年年如此。皮革的生产具备这样一个特点，即在没有机器设备的情况下，用手工也完全可以生产，资本家利用了这个特点，制革工人的劳动强度大大增加，解放前一般的制革工人每天要劳动10—12小时，制鞋工人也都要劳动10小时，因而造成旧中国的皮革工业设备的落后，工人操作条件恶劣。

6. 生产技术落后

我国虽然很早就应用鞣革技术，但由于长期处于封建社会和遭受外来侵略，皮革工业得不到充分发展，一直处于落后的状态。新中国成立前的制革工业技术，只能制造一般的底、面革，比较高级的面革和特殊工业用革都生产不了。数十年间仍是用铬盐鞣面革、植物栲胶慢鞣法鞣底革，技术上的改革很少，技术水平远远落后于世界先进国家。

三 各地具体状况

这个时期我国皮革工业最兴旺的地区是上海、江苏、天津、直隶（今河北）、北平（今北京）、辽宁，其次为吉林、山东、河南、湖北、四川、甘肃等地。

据 1920 年北平（北京）工商部门统计，全国新式制革厂有 31 家，以各省的工厂数量而言，上海最多，其次是江苏、河北、天津。

1. 最兴旺的地区

民国时期，上海皮革工业在全国占有极其重要地位。民国二十六年（1937 年），上海制革工业资本总额占全国的 46%，工业产值占 44.97%，工厂数占全国的 45%。

1913 年，浙江人李荣高在上海创办国内第一个球厂——李高记皮球厂，生产皮制足球、篮球、排球。1920 年，傅降临在汉阳路 460 号创办的傅中兴运动鞋店，这是旧中国开设的最早一家专业运动鞋鞋厂。到 1922 年，上海已有制革和皮革制品厂（作坊）300 多家，经销皮革制品的商店有 400 多家。

1925 年 10 月，浙江绍兴人马水有创办了"马永记皮革坊"，到 1937 年他与友人徐方宝、张红福、蒋严松、徐正泰等人合资开办久兴底革厂；20 世纪 20 年代，上海几十家制鞋作坊生产皮鞋所用鞋楦、鞋跟，多是由顾三生开设的鞋楦作坊提供的；1927 年创建的"华益硝皮厂"于 1937 年扩建为"巩益制革厂"，年产牛底革 300 吨，当时在上海独霸一方，被称为"皮大王"，是当时规模最大的制革厂；长江皮革五金厂的前身是 1931 年由吕继鸿创办的"吕鸿记饰品工业社"，仿制皮革五金配件产品；1936 年徐雪尘和郦之瑞二人合办"信发"制革药水厂，是试制国产制革药水的创始人，也就是国产皮革化工产品的创始人，产品注册商标为"牛羊牌"，此商标一直保持到新中国成立后；同年凌立权创办了第一个皮件厂，刚开始只生产上流社会人士跳舞时带的小皮包，数量很少；我国手套生产历史悠久，古时是采用丝绸做面料，皮制手套在清朝后期就已经出现，到 20 世纪二三十年代出现了一些小作坊，其中上海皮革手套厂的前身——信华皮件厂就是其中比较有影响的一家，当时生产数量比较少，品种分男、女两种款式，颜色多为黑色；1937 年私人开设的越兴皮厂，当时是一个大型重革厂，占地面积 10 余亩，厂房 70 余间，并有比较全的制革设备，但因"八一三"抗战影响停产至新中国成立初期。

天津历来为华北生皮集散中心，各国商人多在此购买原料，本地的产品除供应当地外，也销往华北各地。吴懋鼎于 1898 年创办了天津北洋硝皮公司，天津也因此成为近代中国制革工业的发祥地。吴又于 1915 年以私人集资方式建成了当时规模最大的华北制革公司。民国十年（1922 年）天津皮匠张东升在吉林城开设了"东聚兴"皮铺。到 1931 年，天津市已有制革厂十几家，皮作坊、皮鞋厂、皮件厂和皮制球厂共 300 多家。到 20 世纪 20 年代，天津和上海并称为中国皮革两大重镇。

天津的制革工业分为两类：一为皮作坊，一为新式皮革厂。皮作坊多聚集于西南城角、太平庄、南开大街、南大道、华家场一带，数量达几十家，多为洋行或皮货店鞣制毛皮，作坊中较大者为"明星"和"化成"两家。也有作坊改做制革者，以制造法兰皮、芝麻皮为大宗，但操作完全手工，工具完全土制，产量低，经营状况不佳。新式制革厂有 11 家，规模最大的是裕津、华北、鸿记等厂（见表 1-1），多为股份制，有的是中外合办，如天津最大制革厂——裕津厂为中日合办，每年出品 3000 余担，占天津各厂出品总额半数以上，产品主要有花旗、法兰、箱皮、马具皮等。裕津厂名为中日合办，实为日本人操控，它和上海制革厂两大巨头——日商控制的中华皮革厂和江南皮革厂遥相呼应，俨然掌控了中国制革业。值得一提的是，华北厂是天津国人经营的最大最久的制革厂。

天津制革业生牛皮有两个来源：一是东北，称为"北皮"；一是山东、河南和河北东南部，称为"南皮"。南皮稍好一些，皮质细腻，背腹均匀。然而天津生皮多为外商采购，运到外国加工，制成产品，再返销国内，这就造成本地企业生皮供应不足，而产品又在与洋货竞争中处于弱势的境地。天津的皮革厂的不足一是技术和工艺有待提高；二是资金周转困难。

表1-1　　　　　　　　　　　　当时天津较大制革厂

成立年份	名称	所在地	资本（万元）	经营性质	创办者或代表
1898	北洋硝皮公司	天津	76.9	商办	吴懋鼎
1915	裕津制革厂	天津	100	中日合办	徐又铮、大仓喜七郎
1920	一大制革厂	天津	40	商办	周祈公
1920	鸿记制革厂	天津	10	商办	
1923	华北制革厂	天津	10	商办	陈芝琴

皮革业一直是直隶（河北）的传统手工业之一，在清末民初，直隶的皮革业进一步拓宽了国内外市场，有了较大的发展，传统的皮革业集聚地有辛集、邢台、枣强和张家口等地，皮革制作和销售十分繁盛。

当时，直隶（河北）制革业的发展在国内处于领先地位，从1912年到1927年，直隶共成立10家制革业企业，资本总额为183万元，同期国内有53家工厂，资本总额为686万元，直隶制革业厂家数和资本总额分别占全国总数的18.87%和26.67%。

直隶的皮革产品不仅销往东北、西北和西南等省份，而且还销往德、英、法、意等国（皮货的80%通过设在辛集的洋庄贩运出口）。来此做皮货生意的不仅有国内各省的皮货商，还有来自英、法、德、意等西欧国家和日本的皮货商人。据1927年《河北省工商纪要》、1928年《河北省省政统计概要》和1930年《河北省财政年鉴》的记载，当时河北省9类出口产品中毛皮制品占7类，辛集毛皮制品出量名列榜首，成为河北省的一大经济支柱。

辛集（束鹿县）镇地处水陆交通要冲，是中国北方八大集镇之一，民国时期辛集发展成为全国著名的皮毛集散中心之一，被誉为"河北第一集"。从晚清到1937年抗日战争爆发前，是辛集皮革业的高速发展期，有皮店、毛店、毡局，还有白皮、裘皮、鞭皮、毡毯等作坊。民国初年辛集的毛皮、皮革产品已多达2000多种，主要有各种皮衣、皮胶、股皮等。辛集70多家皮庄中，规模最大的"全聚"、"袁记"和"聚泰"三家皮庄，其店员上千，占据了辛集皮革业从业人员的六成。辛集毛皮业发展达到鼎盛时期，汇集了国内北方地区的毛皮原料，产品不仅畅销全国，而且还远销日、俄等十几个国家和地区，垄断了当时全国生毛皮销售市场70%的份额。据1936年的统计，当时辛集镇有皮革工商户10个行业361户，从业人员11640人。此外，辛集镇周围的20多个村庄的毛皮业也颇具规模，总户数达1500多户，从业人员有四五万人。

河北邢台的毛皮业兴起于明代中叶，民国时期更为兴旺，1928年销售额达740余万元。当时的毛皮业形成了专业化的分工，由生皮店、熟皮坊和熟皮行组成。生皮店负责供生皮，或到内蒙、陕西、宁夏等地采购，或坐收外地送来的皮张；熟皮坊负责制作，产品以皮袄为多，男女工人也有分工，男工侧重制皮和裁皮，女工侧重缝制；熟皮行负责销售，专门与买家打交道。在20世纪20年代的鼎盛时期，邢台皮毛作坊林立，很多人靠此维生。

张家口的皮革业是在清朝光绪年间发展起来的，到了清末民初其毛皮业也渐趋兴旺，已经形成了相当规模，发展成为华北毛皮市场的重镇，是华北地区最大的皮革、绒毛中转市场之一，成为北方皮革大埠。

民国时期，张家口的皮革加工制造业进入了一个发展的高峰期，1922年仅细皮作坊就有200多家，每家雇工人数多则80余人，少则10余人不等。当时裘皮业、羔皮业有九大作坊：长庆祥细皮坊、恒兴成细皮坊、庆巨成细皮坊、大源永细皮坊、大丰厚细皮坊、恒兴德细皮坊、光德厚羊皮坊、通记羔皮坊、恒兴义羔皮坊。同一时期，还有一种老羊行，主要从生皮行买到生皮后自己鞣制羊皮，兴旺时有90余家作坊，人员均有几十人。

1925—1929年是张家口皮毛贸易和毛皮加工的鼎盛时期，每年输入皮张800万件左右，毛皮1000多万斤。而裘皮业则有作坊360家，从业人士2.5万人，年产皮衣10万件。皮毛业鼎盛时期的张家口是名副其实的北方"皮都"（载河北省政协文史资料委员会编《河北近代经济史料·工矿及手工业》（下）河北人民出版社，2002年版，163—164页）。张家口作为当时发达的贸易城市，商贾云集，商业行会也自然很多。商业行会原称"行"，1931年改为"公会"，皮毛行业"计有：皮裘业公会，旧为细皮行，190家，全年货价197.7万元；粗皮业公会，旧为老羊皮行，65家，全年货价72.6万元；旅蒙皮毛业公会，旧为京帮旅蒙杂货行，47家，全年货价231.5万元；生皮行业公会，旧为朝阳村保正行，45家，全年货价15.41万元"。（苑书义、任恒俊、董丛林《蒙古和蒙古人》，第261页）

张家口同时期出现了几百家的皮革作坊，并在作坊之间还实现了分工合作和互通有无，组成了协调的产业链。如增盛源、恒盛源等商号专事泡制羔皮；和顺昌、富德成等作坊专事泡制细皮。当时张家口生产的皮革制品被称为"口皮"，在国内外很有名气。

另外，距张家口几十里地的宣化也是毛皮业繁荣之地，只稍逊张家口。据统计，宣化的皮行在光绪十七年（1891年）不足10家，光绪十九年（1893年）时增至20多家，到1916年达到了30多家。

1918年，河北蠡县遭遇大水灾，大百尺交通被阻，毛皮内运外调困难，毛皮业开始向留史村集中，且有山西、山东、河南及河北辛集、无极等地一些有技艺者到此经商、开店或从事加工。1928年留史村西侧戴家庄村戴景贤在留史村开办"完顺和"皮店，原在大百尺村的七家皮毛店先后迁至留史村。至此，留史村内已有较大皮毛店13家。到1937年前，留史一带的皮毛店已发展到24家，各种皮毛加工作坊达271家，规模较小的季节性加工副业遍及家家户户。其经营的毛皮主要有牛、马、驴、猪、羊、兔、狗等土杂皮及狐狸、黄鼠狼（黄鼬）、猞猁、貉等细毛皮。加工和生产的产品主要有革皮、皮条、鞭头、鞭梢、车马挽具、裘皮、裘服、皮褥、皮帽、皮带、毛毡、毡鞋、皮胶、皮硝、硝盐等。日军侵占蠡县后，保定、蠡县及留史村周围据点的日伪军经常抢劫、打砸这些皮店。大皮店遭到严重摧残，各种皮货被掠空，多数皮店、加工作坊难以维持经营而被迫停业，私营商贩及皮货车亦所剩无几，皮毛业一度萧条。

20世纪30年代，北平（今北京）地区近代民族皮革工业开始兴起，1932年，军阀

53军军长万福林开办了私营制革厂，当时有人员20多人，厂房40多间，生产牛底革，日产20多张。此时期，皮革及制品被列为军需品，军阀对皮革原料进行控制，禁止国人自由买卖，手工作坊纷纷倒闭。

辽宁这时的毛皮皮革产量有很大增加，质量有较大提高。奉天（今沈阳）是东北皮革和毛皮的主要集散地。1917年出版的《中国工艺沿革史略》一书记载："制皮工厂以直隶、山东、山西为较多，而奉天为最。"《奉天通志》亦称："关东皮货甲于全国，而毛皮业以本省为最，本省以奉天为最，锦县次之。"1910年奉天有皮革作坊共236家，多集中于小北门、大北街一带。其中硝房55间、白皮行7家、染皮铺4家、黑绿皮行31家、细皮房13家、靴鞋铺38家、靰鞡铺33家、毯毡铺8家、鞍鞯铺21家、鞭杆铺12家、套包铺8家、皮胶房6家。这些手工作坊虽然设备简陋，生产工艺落后，但表明当时奉天的制革、皮鞋、皮件和毛皮生产已经初具规模。同年，拥有资本5万两白银、官商合办的奉天硝皮厂建成开业，这是奉天最早的新式制革厂，后因经营亏损而休业。1917年奉天有皮革作坊645家。1920年军阀张作霖在奉天北关创办制革厂，专门供应东北军使用的皮革及制品，是奉天建厂较早、规模较大的近代皮革工厂。至1921年，奉天共有皮革作坊695家。

日本从1917年开始染指奉天皮革毛皮业，开办满洲皮革制造社、森川皮革部、日华制革公司3家制革厂；到1921年在奉天经营毛皮业的日资代理商多达20余家；到1931年，日资在奉天总共开办16个畜产、皮革商社和4个制革厂。1931年"九一八事变"后，日本在奉天建立"满洲畜产株式会社""满洲皮革输入组合""满洲靴鞋统制组合"等机构，实行严格的物资统制和"七二五"价格控制。民族资本中较大的中华制革厂被迫倒闭，华东制革厂被日资吞并，奉天陆军被服厂制革厂也被日本强占，其他制革作坊，多数被迫歇业，直到1933年，民族皮革工业才有所复苏。与此同时，日资开办的大型制革企业不断增加。1934年日本侵略者将奉天陆军被服厂的皮鞋、皮件生产迁到该厂的制革厂内，并从德国购进24种类型制鞋机械43台，制鞋工增加到400人，主要生产军用皮鞋，是当时东北规模最大的制鞋厂。1935年在铁西区笃工街开办的满洲皮革株式会社，日产牛革200张。1937年开业的制革厂有日本皮革株式会社、东亚毛皮株式会社的三浦洋行。

位于辽西走廊的锦州，1927年毛皮产业达到兴盛时期，有皮铺130多家，匠人2600人之多，年产毛皮130万张，为东北皮毛集散地，当时享有"锦州毛皮天下第一"的美誉。大连皮革行业历史悠久，1906年成立了梅本制靴店工厂，随后相继建起日吉商店靴炮工厂等十几个制鞋小店。20世纪20年代，大连地区先后建起很多大连畜产株式会社等皮革加工厂，主要加工牛皮、马皮、猪皮等。辽阳皮革毛皮业在民国时期逐步发展起来，1925年销往本地的毡鞋达10万双，销往吉林和黑龙江两省15万双；1926年辽阳城乡有白皮铺9家，黑皮铺2家，靴鞋铺35家，皮鞋铺5家，靰鞡铺27家，毡鞋铺3家。

民国初期，江苏有皮坊200个左右，有的已开始采用国外先进技术和化工原料鞣制皮革，逐步淘汰用植物、明矾鞣制皮革和传统的烟熏等方法。南京的七家湾、三山街，徐州的英市街、兴仁街，苏州的齐门、阊门，扬州的皮坊街、皮市街，是省内颇有名气的皮革专业街市。1915年南京人徐光复、吴继复在南市丽园路成立"牛皮公所"，同年靴鞋业界同人在城厢金家旗杆弄福绥里4号成立"履业公所"。

2. 较兴旺地区

民国初期，吉林的皮革生产作坊逐渐增多。民国后期，军、警、宪、特和政界人员增加，对腰带、枪套、驮囊、子弹袋的需求量增多，促使皮革业有了较快发展。是时，吉林旗务工厂军工科大量承制暗锁皮箱、提包、枪套、药盒等皮件制品。吉林、长春及省内其他城镇，专业店铺逐渐增加，一些较大的皮鞋店也兼营皮件。1919年，长春、吉林两市7人以上的皮革业户有86户，从业人员600人。到1930年，辽源、白城、延吉、通化等地经营业户达460余家，从业人员达3100余人，该年的皮革制品行业作坊数比1923年增长2.6倍（徐嗣同《日本帝国主义侵略下的东北产业》中华书局1932年7月出版第103页）。1932年仅洮南一地，计有皮革业户163户，其中皮铺90户，鞍座铺3户，靴鞋铺20户，靰鞡铺11户，帽铺9户，皮铺9户，熟皮毛2户。

随着近代皮鞋业的兴起，1922年天津皮匠张东升在吉林开设了"东聚兴"皮铺，生产兰皮，当时已采用片皮机、磨皮机、挤水机等专用设备。化学药料从奉天"轩记洋行"以及长春"五洲""山城"等洋行购入，生产出红皮镗底、带子革、牛马皮面革，供城内皮鞋、皮件业户使用。1930年吉林省内有外资制革企业60家、皮毛商行22家、靴鞋及毛皮制品作坊115家。（徐嗣同《日本帝国主义侵略下的东北产业》）至1934年，吉林全省制革业户减至46户，从业人员减至389人。（《吉林省志》卷二十轻工业志手工业第141页）1935年后，伪满政府为了发展日伪经济，制定了一些刺激政策，加之新京（长春）、吉林等中心城市的日伪机关不断增加，各种会社机构普遍设立，日本移民大量拥入，伪满政府出于政治上的需要，强制公职人员穿"协和服"，着皮鞋，因此使皮鞋需求总量上升，加之上层统治阶级对生活用品和奢侈品的需求量攀升，对皮革制品尤其是精细毛皮制品的需求不断扩大，刺激了皮革工业的恢复和发展。

山西省是我国传统产皮大省，相对皮革原料大省的地位，其皮革加工制作业的地位稍逊一些。但在清末民初，在各种社会经济条件的促成下皮革业也有了一定的发展。皮革作坊主要分为两种，一是制革作坊，一是皮件作坊。皮革作坊主要分布于太原、大同、榆次、长治、平遥、临汾等地，著名的作坊有协兴永、福合永、通庆和、恒心聚、万兴厚、玉元成等，这几家均集中在太原。山西省皮革产品以皮件为其特长，故其皮件手工作坊最多。据统计，截至1919年共有作坊15家，分别为屯留的王皮坊，新绛的济义亨、三兴合、三兴成，长治的德盛、亨盛，忻县的源茂恒，长子的丁盛复、马兴正，河曲的运来泉、德盛亨，平遥的万泰成，夏县的李合盛、二合盛、福盛奎等。这些作坊共同点是产品质量可靠，可基本满足当地民用，但缺点是雇工人数少（10人以下）、生产规模小、资本小、产品单一。但从1925年开始，毛皮作坊在山西全省各地兴起，共有毛皮作坊300多家，从业人员达到13000人。

山东的皮鞋工业兴起于济南。1917年济南开办了"顺兴之""同达鑫"字号鞋店，随后，烟台、潍坊、临沂等地先后开始生产皮鞋。山东制革业的兴起始于1918年省内第一个新式制革厂——济南胶东制革厂的建立，距吴懋鼎在天津创办全国最早（1898年）的硝皮厂晚了20年。据《山东实业志》载：之后，济南有恒兴永制革厂、科学制革厂，青岛有大兴制革厂，泰安有鲁大制革厂，临清有五三制革厂。而潍坊、烟台、临沂、即墨等地的制革厂亦先后建立。据1933年调查，山东全省新旧制革厂、作坊共44家，但多为手工操作，设备简陋，工艺落后。

河南制革、毛皮工业集中在周口、漯河、开封、新乡等地。20世纪初期，分散在全省各地的皮革作坊约500家，从业人口近2500人，仅周口的裘皮作坊就有100多家，工匠近千人。当时的皮革作坊条件简陋、技艺落后，用灰浸、烟熏的方法从事裘皮、牛羊熏皮革和车马挽具的制作。另外，这些作坊还生产少量的皮箱等制品。

1912年，四川成都民营云华、体权制革厂开办。1913年，四川督军胡景伊拨款40万元，从四川实业制革厂调去部分老技术工人，聘请日本技师，进口日本设备，建立了更大规模的陆军制革厂。1914年以后，又有惠安、崇实制革厂开办，成都的皮革工业一时兴旺。同时，自贡、沪州、万县、富顺等地的皮革工业也相继发展，1920年全省具有一定规模的制革厂共17家，职工2000余人，资本近60万元。

1906年，甘肃兰州道台彭英甲于甘肃举院创办劝工厂，内设制革部，开甘肃制革工业之先河。1912年征收皮毛产场税约100万两白银，可见皮毛产量之大。当时皮张、毛类、药材、食盐、水烟、砂金并称甘肃六大特产。1917年陇南镇守使孔繁锦创办甘肃省陇南第一工艺厂，厂址在天水瑞莲寺，设有多科，其中就有制革。1922年孔氏又在天水筹办官商合股经营的和丰制革织呢有限公司，专门生产军用、民用皮件和革制品。同年4月，鸿泰制革厂在兰州建成，注册资本24500元法币，生产设施和工具有灰池、药池、木案、应用尺和铲刀等，主要生产各种皮件、皮箱、皮带和军用皮具。1926年天水开办天陇制革厂，生产皮革和皮件。同年，天津商人在兰州成立鸿泰皮革公司，用手工和简易机器生产军用皮件。1929年原天水工艺厂制革部迁至兰州西关贡院，第二年改建为甘肃制革厂，隶属于甘肃省政府建设厅，设制革、皮件、皮包、靴鞋、铜器五部。1942年兰州制革厂成立，军阀马步芳在武威大街建成河西制革厂，主要生产皮衣、皮件、皮鞋等。

民国时期，甘肃省张家川年产绵羊皮、羔羊皮及各类野生皮制裘皮衣2000—3000件，远销上海、天津、成都、武汉等地。

民国初年，内蒙归化（今呼和浩特）的商业圈涉及29个行业、1800余家商号。皮货业是其中一个较大的行业，有商号75家，其中有细皮坊七八家，又称小行；粗皮行十八九家，又称老行；生皮庄二十九家；黑皮房二十七八家。归化皮革业有明显的地区和民族特色，皮革制品一部分运达上海、天津出口，一部分销售于京津地区；其余的皮革加工制成蒙古族所需的生产和生活用品，产量最多的是蒙古靴和马靴。

3. 其他地区

1937年卢沟桥事变前，湖北武汉、沙市、襄樊、天门、沔阳（今仙桃市）、老河口、鄂城、孝感、宜都（今宜昌）等地的皮革生产已形成了一定的规模。

黑龙江的皮革业从1903年开始使用机器生产。1917年以后，哈尔滨市陆续建起40多个小作坊和小型皮革厂，黑龙江西部的13个县就有皮革作坊118个，形成黑龙江皮革工业的雏型。

1921年，哈尔滨市总商会会长张廷阁创办了双合盛皮革厂，引进国外先进制革机械，用化学方法制革，用于皮鞋、制帽生产。1922年，哈尔滨市有皮革制造企业78家，其中以熟毛皮为主业的工厂有45家。

清末民初是浙江皮革业的鼎盛时期，随着国外新材料、新技术的传入，化学制革和西式皮鞋、皮件开始生产。衢州、金华、嵊县等皮坊行业所生产的马靴、枪套、军用皮革和民用皮革、裘皮革、皮鞋、皮箱享有一定的声誉。

20世纪20年代末，西方制革工艺技术经上海、武汉等地传入浙江，新式鞣法逐步推行，轻革采用矿物鞣（用红矾钠），重革仍为植鞣，开始采用进口栲胶为原料。杭州广合顺皮厂从上海购进转鼓5只，重革压光机、轻革打光机和磨革机各1台；据1934年的《中国实业志》记载，"前清光绪元年，始有沈德顺，设立皮革厂于杭州后潮门外"；1935年海宁双山皮厂（海宁制革厂前身）拥有空压机、打光机、转鼓等设备，形成了现代制革业的雏形。

抗日战争前夕，杭州制革企业有24家，温州制革企业有41家。

到20世纪初，湖南长沙、常德兴办了一些私营制革厂和皮鞋、皮件厂，开始了现代鞣革、制纹皮和皮鞋、皮箱的生产。到20年代年生产牛皮达6万张，一时皮革工业颇为发达。30年代，中国社会动荡，市场凋敝，皮革行业日渐下滑，1934年只生产了牛皮3万张。

清末民初，广东东莞（石龙镇）、佛山（罗村）、肇庆和湛江的制革工业逐步建立，产品主要是烟熏水底革、烟熏牛面革、铝鞣水牛剖层革等。自1914年起，国外新的制革生产技术经上海逐渐扩散到广东。1918年，广州有数家制革厂进口制革机械进行生产，已拥有转鼓、去毛机、去肉机等设备，应用矿物鞣剂生产鞋面革和鞋底革。1925年前后，广州的制革厂从上海学习用白膏生产植鞣装具革，使制革工艺技术有了很大提高，皮件制品业随之兴起，皮箱、皮包、皮带使用日益广泛，阳江皮枕、皮箱及潮州的漆皮枕极受欢迎。至1926年，广州市皮鞋业从业人员达2500人。

陕西西安1922年有"新履"及"同合"两家制革厂，安康有前店后厂皮鞋作坊三四家，以皮鞋为主，兼营制革。大荔、肤施（今延安）等地，因有丰富的皮革毛皮资源和适于制革之硝水，而成为当时皮革、毛皮生产中心。1926年，西安市的手工业工人有一万余人，而皮革工人就占近两成。1930年，陕南第一家制革厂华西制革公司在南郑县成立。1935年，陕西皮革业得到迅速发展，仅西安市制革业就有40多户，全省皮革行业产值达356万元。

第三节　中国近代皮革工业的发展（1938—1949年）

一　概况

1937年7月7日卢沟桥事变，日本发动全面侵华战争，沿海和内地的一些城市，相继被日军侵占。日军对沦陷区的皮革工业施行了全面统治，控制原料，生皮熟革悉归军用，皮革企业或毁于战火或落入敌手，制革厂或陷于停工或化整为零。由于日军的侵略，中国皮革工业的生产能力受到重创，以熟皮为例，其抗战期间的产能仅相当于战前的30%。

1937年，日军占领辛集以后，将毛皮列为军用物资，禁止私人经营，指定大仓洋行、满蒙洋行、蒙疆洋行为指定商行，成立顺德府（今邢台）皮毛株式会社进行垄断，使辛集镇这个几百年来形成的全国毛皮集散中心骤然萧条下来，皮革业遭受重创。

抗日战争初期，沿海地区皮革企业多迁往内地，仅上海就有8家迁往中国腹地。抗日战争之前四川就是生皮输出大省，沿海地区皮革厂的迁入壮大了当地皮革的制造能力，使四川省成为当时皮革制造业产能最大的省份，同时湖南、云南、陕西、甘肃等内地省份的皮革工业都呈现出短暂的兴旺景象。

我国西南、西北等各省均为生皮出产地，当时军用和工业对皮革需求迫切，资本家见有利可图，纷纷设厂制造，形成一种不正常的发展状态，1944年仅重庆一地即有制革厂180家，但具有机器设备的不过7家。

1945年抗日战争胜利后，一时皮革需求量骤增，市场大有供不应求之势，一度陷入盲目发展的境况，于是各地新厂如雨后春笋，纷纷设立。但好景不长，未及一年，美国便继日军之后控制国民党反动派统治区，美国花旗底革、皮鞋的源源输入，给予刚刚兴起的民族资本皮革工业以严重打击。1946年以后，国民党破坏和平发动内战，国民党统治区制革工厂得不到原料皮，无法开工生产，皮革工业日益萎缩，产量不及生产能力的百分之一，而国民党反动派为了打内战，却把搜刮来的原料皮大量出口，1947年牛皮出口数量就较1946年增加了4倍，国统区皮革工业几经摧残乃至一蹶不振，再次陷入萧条。

1945年抗日战争胜利后，皮革工业曾有短暂复苏，但是由于迁往内地的大小企业及外省人员纷纷迁返回原籍，加上美国货倾销，国民党又发动内战，致使通货膨胀，物价飞涨，稍具规模的皮革厂相继倒闭，中小作坊更难生存，皮革业再次衰落。

据旧中国海关统计，1947年仅出口牛皮39476张、羊皮2071149张。反之帝国主义的皮革和革制品却大量倾销，仍以1947年为例，当年就由美国进口了10万张底革和20多万双皮鞋。

二　各地情况

1938年，上海马永记皮坊正式并入久兴底革厂，同时易名"久新制革厂"，拥有资金3500块银元，工人也从10余人发展到40多人，生产品种有皮革面革、皮革底革和司伟革。无锡人王月笙于1939年在顾春记老板顾焕章的资助下，于南市少年路10号开办了"升记皮鞋作"，1946年改名为"亚洲皮鞋作"，即亚洲皮鞋厂的前身。

到新中国成立前夕，上海皮革业共有大小厂坊2021家，从业人员13864人，其中国民政府经济部中央工业试验所制革鞣料示范实验工厂（简称"中工制革厂"）有职工80多人。另有一家属于军需系统联勤总部被服总厂的制革厂，设有制革、皮件、靴、鞋、鞍带等部，从民国三十五年（1946年）的三四百人到民国三十八年（1949年）只剩一百三四十人。除此之外，均为私营厂坊。

随着皮鞋生产的发展，制楦业也迅速复苏，单蓬莱区就有11户。鞋楦制作亦有流派，出现浦东帮——制作皮鞋楦、绍兴帮——制作布鞋楦、常州帮——制作女式翻鞋楦、苏北帮——制作童鞋楦。当时上海制作鞋楦、鞋跟较有名气的作坊是顾顺记、发记、包兴昌记，鞋跟品种分为高跟、低跟、长木跟。

1946年浦东人赵根新在陆家浜路969号办起了"赵鸿记五金铜作"，专门生产皮包提手架子，从业人员20多人，每月产量为160打左右。

上海制球业也逐渐恢复生产，到1949年生产厂家有14户，从业人员200多人，年产球类4万只。品种款式演变为12片型黄色足球，八片型黄色篮球和12片型白色排球，其中又以李高记厂生产的"火车牌"最为驰名。

上海皮革机械的生产，始于1942年钱荣船在大通路四份里开办的"钱永记机器厂"。

钱荣船开始时专门承包益民制革厂及重革厂的机器修理，后来仿制美国和日本的样机，制造出转鼓、磨革机、削匀机、打光机等，但数量较少，质量也不高。

抗日战争胜利后，河北留史毛皮店"义聚兴"专营皮毛货物，带动附近6个村529户农民搞起梳猪鬃的家庭副业，还在留史村设立"和记皮店"，帮助336辆皮货车复业。私营皮店行由1945年的5户发展到8户，鞭头业由120户发展到170户，鞭硝业由7户发展到24户，裘皮业由24户发展到27户，皮货车发展到1600辆，另有坐商273户，私营"永大洋"银号亦常年在此兼营皮毛。

日本帝国主义侵占北平后，在日本产业保管委员会统治下，军阀53军军长万福林开办的私营制革厂成为生产军用革的工厂，以华北皮革株式会社名义经营，有工人40多人，日产军用革40多张。日本投降后，该厂由民国政府北平市处理局接管，1947年改名为"振北制革厂股份有限公司"，由知名人士浦洁修任经理，加工生产鞣制皮革。这一时期的皮革手工业略有恢复，大企业因其实力较强，进料质量较好，所制作的羊皮革每平方尺售价1万元（法币），多用于制作航空衣、帽等产品。一般小手工业户生产手段简陋，资金短缺，购进的原材料质量较次，制作的羊皮革每平方尺售价6千元（法币），多用于制作民用包、书夹等产品，个体手工业或作坊式生产一直延续至1949年北平和平解放。

"七七事变"后，由于日本控制中国皮革原料市场，吉林绝大多数中国人兴办的皮革工厂，因原料断绝、经营亏损，不得不停产或转产。一些从事皮革皮毛制品加工的店铺也因无原辅材料供给而破产倒闭。日本侵略者赤裸裸地推行掠夺式经济政策，伪满洲国初期，日本掠夺者在吉林省西部毛皮集散中心洮南建立的"捆包场"，仅昭和六年（1933年）至昭和八年（1931年）就掠夺各种皮张几十万张，羊毛近20万斤。伪满洲国后期的各种统制使吉林省民族皮革加工业企业所剩无几，濒临全面崩溃的边缘。从1945年抗日战争胜利至1949年中华人民共和国成立，吉林各地解放的时间不同，人民政权成立后，恢复经济、支援解放战争的目标非常明确。到新中国成立前，省内吉林、长春、四平、通化、延边、洮南等地原有皮革业户在人民政府大力支持下，很快恢复了生产，并增加了许多新的业户。

1937年"七七事变"以后，奉天（今沈阳）的日资皮鞋厂明显增多。1938年仅"商埠地"一带就有日资皮鞋厂25家。1938年以后，日本侵略者对东北实行全面的"经济统制"。因原料短缺，民族制革业在1940年时减至38家，能勉强维持生产的皮鞋业户只有20家。1941年太平洋战争爆发后，日本为进一步满足扩大侵略战争的需要，对皮革资源进行变本加厉的掠夺。1943年在奉天经营皮革毛皮的日资企业达11家，这些企业大肆掠夺我国皮革毛皮资源，生产大批军用革制品为其侵略战争服务。抗日战争胜利后，辽宁的皮革工业曾有短暂复苏，后因国民党挑起内战，很快造成皮革行业萧条。1947年辽宁有皮革企业224家，比1943年的310户减少86家，降幅达38.4%；从业人员528人，比1943年的900人减少372人，降幅达41.33%。

1940年，西安皮革业从业人员约500多人，有新法制革者30余家，其中以西北化学制革厂规模最大。1941年，在"西北"和"平津"两厂的基础上，成立了西安军需制革厂，并在1942年4月征用了"化学""义记""复兴""同合"四家商办制革厂，承担军需订货，其他制革厂生意日渐萧条。到1949年底，陕西制革从业人数多达1317人。

1948年，甘肃毛皮业作坊遍布全省。按区域划分：平凉县有皮货店30家，主要从事皮衣生产；武威毛皮业有40余家，产品以老羊皮为主，二毛皮次之，年产约25万件；兰州有皮货店24家，其中16家兼营皮衣制造，年产皮衣约15000件。1948年10月，甘肃规模较大的制革厂有甘肃水利林牧公司兰州制革厂、乾和制革厂、振华制革厂、大中华制革厂、协力制革厂、新西北制革厂、复兴制革厂、全泰制革厂、天水利华制革厂、联勤总部天水制革厂和武威制革厂等26家。此外，尚有若干较小的家庭作坊式的制革加工企业，全省年生产能力25万张，产品主要包括马鞍、皮箱、鞋靴和日用品，制革工业成为当时甘肃四大民生工业（纺织、制糖、造纸、制革）之一。

据民国三十五年（1946年）《国民政府年鉴》记载，新疆迪化（今乌鲁木齐）、伊犁、塔城等地，毛皮皮革企业约有100余户，每年生产毛皮皮革约4万多张。

抗日战争胜利后，湖南全省皮革生产虽有所恢复，但生产水平很低，1949年产重革63吨、轻革57000平方米、皮鞋6万双。手工业系统内皮革工业总产值200万元（系统内外工业总产值共717万元）。新中国成立前夕，湖南全省皮革从业人员只有1500人。

1946年，广东轻革产量100万平方米，后因战乱和通货膨胀又陷入困境。1949年，广东全省有皮革及制品企业2006家，工业总产值529.1万元。

1939—1945年间，国民政府经济部在西康建立西昌制革厂，国民政府航空委员会军政部在成都分别建立空军麂皮试造厂、第二制革厂，以四大家族之一的陈果夫为首的华西建设公司建立华西制革厂，以及建立最大的民用制革厂——西南制革厂。当时，成都手工制鞋作坊的发展较快，规模较大的有华胜、新潮、大进步、万利东、锦荣泰等皮鞋店家，工人达1000多人，生产的皮鞋除销到本市外，还远销西北各省及南京、香港等地。1941—1942年是四川机器制革兴盛时期，全省已由抗日战争前的两家增至18家（成都4家，雅安、西昌、乐山、五通桥各1家），职工达1500人。在此期间，皮革作坊也有较大的发展，到1946年，已遍及37个市、县，工人达两三万人。成都的制革、制鞋、制件已形成内在联系密切的行业。

1945年日本投降后，由于迁川的大小企业及外省人员纷纷迁返回原籍，一度兴旺的四川皮革工业急转直下，稍具规模的皮革厂相继倒闭，中小作坊更难生存。成都的皮革厂几乎全部停业，以至于全省皮革工业年仅鞣制皮革（折牛皮）4.68万张，其中轻革0.90万平方米，重革32吨；生产皮鞋30万双。

第二篇 现代篇

综　述

本篇以新中国成立以后皮革行业发展为主线，梳理了我国自1949年到2010年前后60余年皮革工业发展的历史。依据行业发展不同阶段的特点，全篇分恢复改造时期（1949—1957年）、初期建设时期（1958—1977年）、改革开放初期（1978—1987年）、快速发展时期（1988—1997年）、全面繁荣时期（1998—2010年）以及各自然行业和特种工业皮革基本状况（1949—2010年）共六章，翔实地记载了相关的史实内容，以彰显我国皮革历史发展风貌。

1949—1957年，恢复改造时期。新中国成立伊始，百废待兴。当时皮革工业基础十分薄弱，而皮革又是重要的军需和工业发展物资。这个时期皮革工业的当务之急，就是尽快全面恢复生产，满足军需、工业、民生的基本供给。

1958—1977年，初期建设时期。先后经历了"大跃进"、三年自然灾害、三年调整时期以及"文化大革命"时期，在将近20年间，我国皮革工业经历了严峻的考验，曾一度出现过徘徊低迷状态，直至20世纪70年代才出现转机。在这一时期，皮革工业从我国国情出发，全行业通过自主发展、自我完善，基本形成以国营企业为主导的工业体系，为全行业进入改革开放时期的发展创造了有利的条件。

1978—1987年，改革开放初期。我国皮革工业在这一时期坚持改革开放，基于我国的原料皮资源现状，坚持制革以猪皮为主、猪牛羊并举的方针，鼓励皮革产品扩大出口创汇，在"调整、改革、整顿、提高"中不断发展，进一步恢复、发展、完善了产业链，为建设皮革大国奠定了坚实基础。

1988—1997年，快速发展时期。当时我国正值国民经济"七五""八五"建设时期，也是我国经济体制发生重大变革的时期。1988年7月，中国皮革工业协会正式成立，成为政府与企业间的纽带与桥梁。1992年，党的十四大明确提出了建设社会主义市场经济体制的方针，极大地促进了皮革行业的发展。东部沿海地区逐步成为行业的聚集区，行业经济结构也发生改变，乡镇企业和民营企业以其灵活的经营机制逐渐成为行业的主力军，推动了行业的快速发展，制革、皮鞋等产量跃居世界前列，形成了制革、皮鞋、皮件、皮衣、裘皮及其制品、皮化、皮革机械、皮革五金等完善的皮革产业链，初步确立了我国作为世界皮革生产大国的地位。

1998—2010年，全面繁荣时期。这也是我国皮革行业的"二次创业"时期，虽然我国已经成为世界皮革生产大国，但与世界皮革强国相比还有一定差距。为了早日迎头赶上，实现我国成为世界皮革强国的梦想，中国皮革工业协会集全行业智慧编制了《中国皮革工业"二次创业"发展战略》，引导企业调整产品结构、加快品牌建设，增强了行业的竞争力，实现了行业的全面繁荣，进一步稳固了我国作为世界皮革生产大国的地位，为我国成为世界皮革强国奠定了坚实基础。

经过半个多世纪的建设与发展，中国皮革行业已经形成从生产、经营、科研，到人才培养的完整体系，形成了较为完善的产业链，成为以现代皮革加工制造和出口创汇为主的传统产业，成为中国轻工业的重要产业之一，为社会提供了广阔的就业机会，也最大限度地满足了国内外市场的需要，丰富了人类物质文化生活。21世纪的中国皮革人，一如既往地矢志于传承创新、科学发展，努力打造环境友好、可持续发展的皮革产业。

第一章 恢复改造时期（1949—1957年）

1949—1957年，我国皮革工业正处于恢复改造时期。当时我国的皮革工业基础十分薄弱，制革、皮鞋、皮件以及与之配套的皮革机械、皮革化工的生产均处于十分落后的状态。而在当时，牛皮成品革又是重要的军需和工业发展物资。这个时期我国皮革工业的当务之急，就是尽快全面恢复生产，努力提高全国皮革及其制品的数量、品种和质量，满足军需、工业、民生等方面的基本供给和社会需求。

为了迅速恢复皮革工业，使落后的皮革工业走上社会主义建设道路，满足国民经济建设的需要和人民群众的生活需求，国家和轻工业部等有关部门出台了政策、采取了积极措施，使皮革工业逐步走上了社会主义发展道路。

第一，推动利用猪皮制革，开辟制革原料的新资源。新中国成立初期，我国皮革工业最主要和最基本的困难是原料不足，为此，国家开始推行猪皮制革，并从1955年开始降低猪皮革商品流通税，使制革厂生产猪皮革不亏本而有利润，保持合理的猪皮革与牛皮革之间的差价，由此缓解了制革原料皮不足的困难，为以后猪皮制革的大发展创造了极为有利的条件。

第二，确定合理使用牛皮的政策，并加强牛皮统一管理工作。在1950年第一次全国制革工业会议上，制定了牛皮分配使用原则：一军（保证军用）、二工（满足工业配套需要）、三民（保证民用）。

第三，加强生产技术发展，努力提高产品质量。1955年年底，国家就将提高产品质量，增加产品品种的工作提到了首要地位。参考国外产品标准，我国开始制定产品技术条件，这也是我国皮革工业的第一次制定产品规格标准；出台原料皮统一分级标准；组织第一次脚型测量；在高校设立培养高级技术人员的皮革专业。

第四，随着皮革工业的恢复，对私营工商业和个体手工业进行了社会主义改造。国家对私营工厂采取供给原料皮、加工订货的方式，组织手工业走合作化的道路，逐步实现了全行业的公私合营。

第五，结合行业"改组改造"，编制"二五"发展计划。

第六，在原料皮产地如西北、内蒙古、河南、河北等地，开始兴建规模较大的机械化制革制鞋联合企业和新法鞣制毛皮的工厂，陆续扩建、改建了一批制革厂、毛皮厂和制鞋厂。

第七，参加社会主义国家第二届国际皮革专业会议，吸取各国有益的经验，以丰富我国皮革工业的技术改造和科技进步。

第八，全行业克服重重困难，全面恢复生产，提高全国皮革及其制品的数量、品种和质量，以满足军需、工业、民生等方面的基本供给和社会需求。

第一节 发展方向与相关政策

一 发展方向

（一）利用猪皮制革

新中国成立初期，我国皮革工业恢复建设、发展生产最突出的困难是原料皮资源不足，所以挖掘开发潜在的原皮资源成为当务之急。在农业实现机械化、现代化耕种以前，牛是农村的主要劳动力，保护耕畜、保障农耕是一项国策，因此牛皮资源势必有一定限度。当时，皮革产品不仅仅是民用品，更重要的也是军需、工业、农业发展的重要物资，为了适应国民经济的发展和满足各方面的供给要求，如何挖掘制革原料皮的潜在资源，是一个极为重要的关键问题。

1950年12月，中央人民政府轻工业部和军委后勤军需部就原皮资源开发联合召开了第一次全国制革工业会议。会议认为皮革工业能否迅速发展，关键就在于是否能够充分利用猪皮资源和大力推行猪皮制革。会议明确提出了利用猪皮开辟制革新资源的方针，为解决牛皮资源不足及生皮供应的困难，扩大规模利用猪皮制革，以开发国内皮革原料的潜在资源。

1951年，轻工业部号召全国推动利用猪皮制革，先在北京、天津、上海、汉口、广州五大城市做好准备开剥猪皮的一切必要工作。同年3月起，首先在北京市配合有关部门，进行了宣传、动员、试制等一系列的推行猪皮制革的准备工作。同年7月3日中央人民政府政务院财政经济委员会下达了"关于在北京试行猪皮制革的决定"，责成有关方面组成北京市猪皮制革推行委员会，明文规定试行办法：先行小量试制，然后全面试制，进而逐步推广。

1952年在东北的沈阳、大连、辽东、辽西，华北的北京、天津，华东的上海、济南、徐州、青岛、烟台、温州，中南的汉口、广州、湖南及西南的重庆等地，先后展开了推行猪皮制革工作。上海在宰牲场试行生猪剥皮，售予制革厂试制，并制成猪底革等产品。1952年全国开剥猪皮的10多个城市共开剥猪皮94万张；至1957年，全国开剥猪皮的20个省、自治区、直辖市共开剥猪皮263万张。其中，以四川、山东两省的开剥猪皮工作成绩最为显著。

利用猪皮制革并不是一帆风顺的，社会上不少人一直认为皮革工业不能以猪皮制革为主，其理由一是肉食紧张，剥皮猪肉不合老百姓的肉食习惯；二是猪皮革粒面粗、毛孔大，影响美观，档次不高；又有人认为，猪皮质量不好，制革技术也不过关，成革根本不能与牛皮革、羊皮革相提并论。总之，大力推广猪皮制革的阻力很大。为此，轻工业部曾组织全国技术力量，开展了美化猪革的试点工作，研发了13个制革品种的美化技术，然后及时总结推广。实践证明，坚持以猪皮制革为主、兼顾牛羊皮并举的方针，是符合我国当时的国情的，也是我国皮革工业的发展方向。

（二）切实保障供给

新中国成立初期，中央人民政府就帮助私营制革厂进行了复工、复业工作，调动各方面的积极性，以恢复正常生产秩序。由于私营皮革工厂和手工业皮坊的规模较小，资金短缺，又有自发的资本主义倾向，因此自1950年开始，国家从实际出发采取了有节制地供给原料皮，以及加工订货等方式，初步使之纳入国家资本主义的轨道。

在"发展生产、繁荣经济，公私兼顾、劳资两利，城乡互助、内外交流"的方针下，轻工业部对皮革工业所属的私营企业实行加工订货和行业联营，帮助他们恢复和发展生产；同时，大力扶持个体手工业者进行生产自救、互助合作，使皮革工业的恢复发展有了起色。

在国家"发展经济，保障供给"的政策方针指引下，第一次全国制革工作会议以后，利用猪皮制革，合理使用牛羊皮资源，增加皮革制品生产，切实保障一军需、二工业、三民用的基本供给和社会需求，就已成为当时皮革工业的发展方向和目标任务。

1957年全国皮革、皮鞋产量：轻革1434万平方米，皮鞋3000万双。

二 相关政策

（一）行业经历社会主义改造

全国解放后，国家没收了买办官僚资产阶级的企业，皮革工业也就有了为数不多的资产属于国家所有的公有制企业。除此之外，大部分皮革企业仍为民族资本家或个体手工业者所有，资本主义经济和小商品经济还占相当比重。

在党和政府对私营工商业和个体手工业进行社会主义改造的政策下，1954年，皮革工业通过对私营工商业和个体手工业的社会主义改造，大型私营工厂多数改造为公私合营工厂，个体手工业生产者也组织起来，成立生产合作社或联社，逐步开始走合作化道路。1956年，随着农业合作化高潮的到来和城市私营工商业实行公私合营的条件成熟，皮革工业的私营企业全部实现了公私合营，与此同时，皮革工业中的个体手工业者也基本上组织了起来，全国共有286个制革生产合作社（组），2632个皮革制品生产合作社（组）。个体手工业合作化以后，皮革生产面貌明显改观，逐步采用机器代替手工操作。北京、天津、上海等地的手工业合作社，有些已是半手工、半机器化生产。例如，北京市第一制革社1957年劳动生产率比1954年提高50%以上，初步改变了过去的落后生产方式。

为了适应皮革工业全行业公私合营和个体手工业生产者组织起来走合作化道路的需要，北京、上海、天津、广州、重庆等大城市相继设立了皮革工业公司，这对当地皮革工业的企业改造和生产安排起到了良好的作用，基本上做到了供产销全面协调管理。

（二）牛皮实行全国统一管理

在新中国成立初期，我国就确定了合理使用牛皮的政策，并对加强牛皮统一管理工作始终比较重视。在1950年第一次全国制革工业会议上，制定了牛皮分配使用原则：一军（保证军用）、二工（满足工业配套需要）、三民（保证民用）。这次会议对原料皮供应进行了深入的分析和研究，建议中央人民政府一方面颁布法令管理牛皮，一方面责成国家贸易部门配合有关单位统一收购牛皮，以便统筹供应、合理分配。1951年10月，政府公布了《华东地区牛皮管理暂行办法》，生皮买卖开始试行统一管理。之后，政务院在批转外贸部、轻工业部《关于加强牛皮统一管理的报告》中指出：牛皮是军需、工业、农业和出口的必需物资。一方面必须认真保护耕牛，不许随便宰杀；另一方面必须把应该收购的牛皮全部收购上来，统一调拨，加强管理，合理使用，不许把有限的牛皮资源任意浪费。随后，国务院批转全国供销合作总社、轻工业部《关于加强牛皮统一管理问题的报告》

再次强调：要切实加强牛皮的管理，实行全国统一收购、统一调拨；要坚决制止违反政策高价收购和不按国家计划随意动用牛皮的现象，保证完成国家的收购、调拨和储存计划；要尽量节约和合理使用牛皮，充分利用有限的资源，坚决克服一切浪费现象。并责成商业部门采取有力措施，集中精力抓好国内牛皮收购工作，减少牛皮资源的流失；工业部门应立足于国内资源，在继续大力开发猪皮资源的同时，加强利用水牛皮制革的探索和研究。同时，本着减轻国家财政负担的原则，进口牛皮数量逐步减少。

（三）降低猪皮革商品流通税

1954 年，由于牛皮供应数量较前两年有所增加，猪皮和牛皮的价格差距较小，因而有些地区猪革制品出现积压，以至于一度出现了猪革积压及剥皮数量下降的现象。为了不挫伤猪皮制革的积极性，鼓励工厂多用猪皮制革，经国家批准，从 1955 年开始降低猪皮革商品流通税，使制革厂生产猪革不亏本而有利润，保持合理的猪皮与牛革之间的差价。

第二节　行业管理与资源配置

一　行业管理

（一）召开全国制革会议，共商行业恢复发展

新中国成立之初，全国皮革工业产量低、质量差、生产能力薄弱，加上原料皮资源匮乏，很难适应社会生产和人民需求。为此，1950 年 12 月，中央人民政府轻工业部和军委后勤军需部在北京联合召开了第一次全国制革工业会议。这是中国皮革工业有史以来的第一次全国性专业会议。

根据当时的形势和任务，这次会议研究了皮革工业发展生产的基本问题和解决方法，提出了以后的努力方向，以推动全国皮革工业通过恢复调整，理顺公私关系，摆脱产销盲目性，实现先军需、后工业、再民用的"保障供给"目标，引导皮革工业向有利于国计民生的方向发展。

会议认为，当时皮革工业尚未纳入国家宏观计划，而且制革工业由于主要原料皮供应不足，以及主要化学材料栲胶、红矾等不能自给，产销缺乏计划性，必须有重点地恢复调整，一般性维持生产，逐步走向发展。会议对原料皮供应进行了深入的分析和研究，提出了利用猪皮开辟制革新资源的方针；会议建议中央人民政府一方面颁布法令管理牛皮，一方面责成国家贸易部门配合有关单位统一收购牛皮，以便统筹供应、合理分配。

会议提出了全国制革生产的大致方针。第一，首先必须保证军需供应，其次兼顾工农业用革以及必要民用革的供应。第二，提出了利用猪皮开辟制革新资源的方针，要想方设法地利用猪皮制革。第三，国内黄牛皮资源有限，必须以料定产，节约使用，保证重点需要，并尽可能利用其他皮张代替黄牛皮。譬如，生产重革、轮带革，可多用水牛皮；生产箱包票夹革，可采用马、骡皮或猪皮；生产民用鞋面革，提倡使用山羊皮、鹿皮，尤其提倡使用猪皮。此外，如华北、内蒙古一带的骆驼皮，西北的牦牛皮，都应该充分利用。第四，当时制革工业仍以手工生产居多，其生产工具与制造方法应逐步改进，提倡自力更生、自给自足地逐步走向机械化。第五，根据国内原料供应及社会需求的实际情况，制革工业只能有重点地恢复及改造，应避免盲目的全面扩张和发展。

会议指出，必须贯彻"经营企业化，管理民主化"的方针。在经营方面要求各厂根据自身条件逐渐建立各种制度，尤其是具有一定规模的大厂应建立经济核算制度，实行定额管理，订立合理的工资制度及奖惩办法。

这次会议初步统一了制革工业原料、成品的名称规格，并规定了几种主要成品原物料消耗标准。

（二）开展行业状况调查，针对现状采取对策

根据国务院1956年3月21日批准的皮革工业调查方案，轻工业部于同年4月3日组织了由38人组成的皮革工业调查小组，分赴河南、陕西、四川、湖北、湖南、江苏、广东、上海、浙江、山东、天津等11个省市，对皮革工业在供、产、销方面的实际状况与存在问题进行了全面调查。整个调查工作在6月9日结束，于7月17日提出了《轻工业部关于十一个省市皮革工业情况的调查报告》，分析了皮革工业的现状和问题，提出了若干政策性建议与解决问题的意见。

该报告指出了皮革行业的现状和存在的主要问题，第一，原皮供应问题：就牛皮、猪皮而论，牛皮库存数量很多，但品质很差；猪革销售较好但原皮供应不足；在熟革方面又是此地喊不足彼地喊多余，或此种不足彼种有余。第二，生产技术落后及产销不平衡：主要体现在革制品方面不能适应需求，革制品设计人员少，并对改进花色品种工作尚未引起足够重视，导致比较高级的革制品产品供不应求。第三，工商关系不正常及利润分配不合理：皮革制品的加工任务安排不恰当，商业部门的加工订货集中在天津、上海二地，且在利润分配上不合理，工业系统亏本，商业系统赢利；由于工业系统亏本，势必影响正常生产，而且亏本越大，就越加拮据，甚至会面临继续投入再生产和技术改造的财力匮乏的局面。总之，改变上述现状已成为当务之急。

在开展行业调查以后，轻工业部针对皮革行业存在问题，及时研究对策：一方面向政府有关部门提出了一系列极具针对性的建议，先后出台相关的政策和措施，从中央到地方通过协调与配合，及时付诸实施；另一方面，指导皮革行业有重点地恢复调整，继续推行猪皮制革，合理利用牛羊皮，增产革制品数量和品种，提高产品质量，保障供给，使全国皮革行业上述状况迅速得到改观。

（三）结合行业改组改造，编制"二五"发展计划

在轻工业部统一领导和统筹规划下，结合皮革工业经济改组和技术改造，轻工业部轻工业局于1956年酝酿、着手编制《皮革工业"二五"时期发展计划》。一方面，对现有企业需要进行合理调整，逐步进行技术改造，通过技术革新实现改进生产技术与工艺操作，以提高质量、增加生产、加快发展。另一方面，"二五"发展计划对全国皮革工业有宏观指导作用，也有利于各级主管部门协调管理，促进全国皮革工业有计划、有步骤地发展。

针对行业当时的实际情况和生产能力，轻工业部提出"二五"期间皮革行业发展的基本思路：第一，继续在全国范围推广猪皮制革，开源节流，积极寻找和研究试制新的原料，扩大原料皮的利用；第二，充分利用现有设备能力（包括军需和手工业系统），对于沿海和原皮调入地区的现有能力应充分利用，提高行业机械化程度；第三，结合经济改组和技术改造，对现有企业进行合理调整，逐步进行技术改造，改进技术操作，提高质量，增加生产；第四，提高熟革（即成品革，包括重革、轻革）质量，扩大熟革和革制品出

口以代替原料皮出口，增加外汇收入，发展国内皮革工业；第五，改进制革鞣制方法，生产农业用的生鞣革，增加革制品耐用程度，延长其使用寿命，节约牛皮资源消耗；第六，推行制革利用剖层机（片皮机）的片皮方法，增加二层皮、三层皮，提高原皮的利用率和得革率，并利用皮屑、碎皮和边角废料生产再生革。

"二五"时期的资源配置问题，涉及资源增长的实际情况和资源分配的平衡。一方面，从资源增长来看，利用猪皮制革，在1953年以后已开始大力推广，1955年全国开剥猪皮达到340万张，剥皮率为屠宰量的5%，蕴藏的潜力很大；但由于1957年肉食供应紧张，猪皮的开剥受到影响，估计只能开剥140万—150万张，剥皮率将大幅下降，原皮供应势必会更加紧张。估计制革原料不足的情况在"二五"期间不可能完全改变。另一方面，从资源分配来看，根据皮革工业的发展方针和资源增长的条件，原皮分配的原则应首先保证军需用皮，逐渐减少原皮出口，满足农业用革，发展工业与民用革的生产，扩大熟革与革制品的出口，以适应全社会需求。

（四）开源节流合理使用，开展增产节约运动

为了加快皮革工业的恢复发展，首要问题就是要尽快改变原材料资源不足、供应滞后的状况。在1957年开始的群众性的增产节约运动中，皮革工业围绕原材料进行开源节流，合理使用，努力改变资源不足、供应滞后的状况，通过增产节约，解决了制革原料皮供应的"瓶颈"问题。

在增加原材料方面：一是呼吁有计划地发展畜牧业，增加牛、羊、猪等家畜的饲养量；二是鼓励开剥猪皮，增加猪皮资源，大力发展猪皮制革；三是倡导牛皮剖层利用，"一皮变多皮"获得二层皮甚至三层皮。这样一张牛皮就变成两张甚至三张进行利用，初步解决了牛皮原料皮的不足问题，仅1957年利用片皮工艺即相当于增加20万张牛皮。剖层皮制成二、三层涂饰革，也可以供应制作皮箱、劳动鞋，价格低廉，大有供不应求之势。

在节约原材料方面：主要是发展猪皮制革，提高猪革质量，增加花色品种，凡能用猪皮革制作的皮革制品尽量用猪皮革来代替牛皮革，尽量节约牛皮资源，如纺织用皮结、皮圈革、皮辊革以及汽车上用的护油圈革等，都逐步采用猪皮制造。据统计，当时我国每年用在生产皮鞋、皮箱、皮包、皮衣、皮沙发等民用品的牛皮约有200万张，而其中有些产品并不一定非用牛皮不可，使用其他皮革或局部不用皮革制作，对质量美观和使用性能并无太大影响，这样的例子不胜枚举，如童鞋、靴鞋可以用猪皮来做，皮箱、皮包就可以用驴马皮来做，皮衣、皮帽可以用羊皮、裘皮来做，钱包、票夹可以用爬行动物皮来做，一般皮沙发可以用二层涂饰革来做，也可以人造革代替，等等。总之，应提倡多用猪皮和杂皮，把有限的牛皮节约下来用于制造出口皮鞋、工业用革和特殊用革，以支援国家工业化，为国家换取更多外汇。此外，毛皮鞣制长期沿用消耗粮食的硝面鞣，为此各地纷纷实验研究并获得成功，先后采用矿物鞣法来代替硝面鞣，以节约巨额的粮食消耗，在节省原料方面取得了一定成效；其他如皮鞋的合理下料，可以节约底革和面革；皮衣的样板套裁，也可以大量节约服装革；等等。利用国产植物鞣料，减少栲胶进口，也是当时增产节约的一个重要方面。

二 资源配置

（一）原皮供应管理

1956年，在开展行业调查以后，轻工业部针对皮革行业存在的原皮供应管理问题，及时研究对策，果断采取一系列措施，从中央到地方通过协调与配合，使之付诸实施。

1. 就地开剥猪皮，有计划地生产猪革

鉴于当时肉食紧张，轻工业部提出解决办法：一是压缩畜产公司猪皮库存，同时暂时降低工业部门猪革生产计划；二是改变集中几个地区的剥皮方法，提倡就地剥皮，就近供应，余额调拨；三是明确由食品公司负责开剥猪皮，适当提高剥皮肉的价格，弥补剥皮后的损耗；四是由工业部门组织推广猪皮制革。

2. 调整牛、猪原皮的差价

针对当时猪、牛皮差价不合理已经影响到猪皮制革推广的现象，根据各省市的意见，降低猪皮价格，提高剥皮肉的价格，使猪皮收购价与去皮猪肉价格保持差别。另外，由商业部门出台控制办法，使猪革制品利润始终保持低于牛革制品。

3. 改变原皮管理现状

逐步改变原皮管理的现状，猪皮可直接由食品部门交给工业部门，而牛羊皮由当时实行的买卖关系改为合作社代销关系。

4. 改进原皮分级与分配

建议制定原皮分级标准，解决原皮分级缺乏依据、好坏难分等问题，出台原皮统一的分级标准。关于原皮的分配，在执行"先军需国防工业，后适当照顾出口，再满足农业与民用革"的方针前提下，建议进一步明确原皮分配的原则，除军需部分选择高规格的原皮以外，其余原皮应由工业部门统一掌控，根据不同部门的实际需要，统一调剂。

（二）熟革分配管理

为改进当时熟革多头管理的情况，1956年召开的第三次全国皮革专业会议决定将熟革（包括轻革和重革）交由工业部门统一管理，作为统一调剂物资，以逐步纳入国家计划，使原皮得到合理的分配。为了使制革品业所需熟革得到数量上和质量上的保证，特制定了熟革经营管理办法。

第一，原皮的供应与调拨，由农产品采购部门负责采购与供应，但工业部门（包括手工业系统）对采购部门不予采购的原料皮，可以自行购用。

第二，原皮的分配，全国年度的原皮分配计划，除出口与军需所需原皮外，由农产品采购部、轻工业部、中央手工业管理局协商提出建议数字，报国家经济委员会批准下达，由上述三个部门共同执行。

第三，熟革作为轻工业部统一调剂物资，由轻工业部和各省（市）工业厅（局）负责统一管理。轻工业部根据各省（市）生产计划与调出调入计划汇总平衡后下达，各省（市）据此安排革制品的生产，并应尽快与有关单位签订调出调入合同调拨。

第四，省（市）间的调出调入计划，经轻工业部平衡后，始得调入和调出，各省（市）在熟革的使用上，应贯彻优革优用、合理使用的原则。

第五，农业用革、工业用革不列入计划平衡调剂范围，各省（市）可根据各地不同情况，自行确定。

第六，熟革的调拨价格，由各省（市）工业厅（局）提出报省（市）计委核定后实行，并报轻工业部备案，熟革调拨的运杂费用由调入省（市）负担。

此办法经国务院批准后，于1957年开始试行。

（三）栲胶生产供应

我国制革用栲胶、红矾长期依赖进口，新中国成立以后，为了自力更生、节省外汇，国家努力创造条件，以期尽早实现国产化。在全国开展增产节约运动中，皮革工业利用国产植物鞣料，减少栲胶进口，成为当时增产节约的一个重要方面。为此，轻工业部通过反复建议和多次协调，由森林工业部与化工部积极规划、组织，增加栲胶生产量，提高国产栲胶的质量，以逐步减少进口。自1955年开始，皮革工业召开全国重革生产会议，强调制革厂在重革植物鞣制工序，提倡在保证质量的前提下尽量多用国产栲胶替代进口栲胶，所以国产栲胶的用量逐年增加。1955—1957年三年中因使用国产植物鞣料，给国家节约了外汇400万美元。

在国家森林工业部的积极配合下，轻工业部主管部门加紧指导皮革工业有计划地发展栲胶工业，短短几年就有相当数量的中小型栲胶厂相继建立，国产栲胶产量每年都有所增加。

第三节　改组改造与科技进步

一　改组改造

新中国成立初期，皮革工业尚处于恢复、调整、改造时期，除了少数被收归国有的官僚资本企业外，制革、皮鞋、皮件的生产大都仍由小厂和手工作坊完成。至于行业配套的皮革机械，生产能力极为薄弱，品种少，数量有限，只能生产简单制革机器设备，如转鼓、划槽、臂式刮软机、削匀机、摆式重革打光机等，且加工设备简陋，技术设计能力匮乏。皮革化工厂除了业外供应的酸碱盐、少量栲胶外，业内仅有揩光浆，其他几乎是空白，连生产轻革的红矾也不能生产，全部依赖进口。

1952年在实行第一个五年计划的前夕，皮革工业已经发生了许多变化，在产量方面，1952年全国生产轻革495万平方米、皮鞋1200万双。在此期间，国家在原料皮产地的西北、河南、河北等地，开始兴建一定规模的、机械化的制革制鞋联合企业和新法鞣制毛皮的工厂。内蒙古海拉尔制革厂经过兴建扩建，生产能力提高3倍；内蒙包头皮革厂新建制鞋车间，装备了捷克斯洛伐克制造的制鞋机器，每年可生产各式男女皮鞋40万—50万双；后来又陆续扩建、改建一些制革厂、毛皮厂和制鞋厂。至50年代后期，我国已有年生产能力折合牛皮20万张以上的大型制革或制革制鞋联合企业20多个。

1954年，通过对私营工商业和个体手工业的社会主义改造，大型私营工厂多数改造为公私合营工厂，个体手工业生产者也被组织起来，逐步开始走合作化道路。为了适应皮革工业全行业公私合营和个体手工业生产者组织起来走合作化道路的需要，北京、上海、天津、广州、重庆等大城市相继成立了皮革工业公司，对各地皮革工业的改造和生产安排起到了良好的作用，基本上做到了全面管理。

为了适应皮革工业的改建、扩建和新建的需要，1956年轻工业部成立了皮革设计室，先后完成了一批制革厂新建、扩建的设计工作。分别为青海、广东设计了年产能力 12 万张和 40 万张牛皮的制革厂各一个；在全民办工业中，根据农村合作社的需要，设计了日产 50 张猪皮革的小型制革厂；为了贯彻发展猪皮制革的方针，还制定了猪皮制革日产 100 张、200 张、400 张、1000 张的猪皮制革厂的定型设计。以上这些都为我国自己独立设计皮革工厂打下初步基础。

二 科技进步

新中国成立以前，我国皮革工业的科学研究力量极其薄弱，生产技术全凭师徒相传，缺乏科学研究。当时，制革技术和皮革化学研究，在学术上的进展还是有限的，关于皮革的读物，不论是从外文翻译的或是中文编著的，不过几本，在杂志报纸上发表的文章也不足百篇。新中国成立以后，国家重视皮革工业的科学研究和科技进步，积极组织科学研究力量开展科研工作。

（一）稳定产品质量、提升制革水平

1956 年，皮革工业加快了提高产品质量的步伐。1955 年年底，地方工业部已经将提高产品质量、增加花色品种的工作提到首要地位。为了摸清产品质量情况、明确努力方向，1956 年第二季度，地方工业部组织了地方技术力量，有针对性地着手这方面的工作。例如，在制革方面，对全国重点制革厂的产品质量进行了分析检验，并根据分析检验结果，结合参考国外产品标准，制定了 6 种产品的技术条件（草案），这是新中国成立以后我国皮革工业第一次发布产品规格标准。同时，在制革工厂比较集中的城市如上海、天津等地，要求在当地皮革研究所等单位指导下，各大型工厂基本上要做到成品的定期分析检验和车间生产工艺的化学分析，各小型工厂建立了化验站，通过分析检验来控制生产过程和成品质量，用科学的方法来保证产品质量的可靠性和稳定性。这些工作的开展，使我国皮革工业产品质量有了显著提高。

（二）规范皮鞋产品结构、提高制鞋技术

为了引导制鞋行业逐步走上独立设计皮鞋结构的道路，1956 年，轻工业部皮革工业主管部门组织了一部分鞋厂技术人员，在北京进行 2 万人的脚型测量工作。根据测量结果，就同一长度的脚，依其趾关节的围长进行分类，制定了标准鞋号，同时改进了鞋楦定型，并设计出 200 余种新花色品种的鞋；在这一基础上，制定了皮鞋技术条件草案和皮鞋结构设计资料，指出了目前皮鞋结构的缺点，明确了皮鞋设计的原则与方法。在 1956 年第三季度的第三届全国皮革工业会议上，这些资料经过与会代表讨论得到一致通过。

在第三届全国皮革工业会议后，全国各地制鞋行业对皮鞋结构从标准鞋号、鞋楦结构到设计制作引起了高度的关注和重视。1956 年年底，辽宁省首先组织了有关制鞋厂，在沈阳等市进行了 1 万人的脚型测量和调查工作，并进行鞋楦结构的初步改革。同时，上海皮革公司在复旦大学协助下，也进行了这方面的工作。1957 年 7 月至 12 月轻工业部又和北京皮革公司皮鞋设计室、天津市皮革公司共同组成鞋楦工作组，再次就鞋楦设计提出一些新材料，以为制定鞋楦标准提供重要参考。该工作组对几种式样较普遍、产量较大的鞋楦进行研究设计，根据其所提出的三种鞋楦的标准规格和造型上的操作要点进行试制和穿着试验后，未发现有较大的缺点，这就为鞋楦的标准化奠定了基础。

（三）重视专业教育、组织技术培训

加快发展皮革专业的科学技术，首先要大力发展专业教育和人才培养。在党和政府的重视和关怀下，早在1952年，我国皮革学科的奠基人张铨等人就在四川化工学院设立了培养高级技术人员的皮革专业。至1958年，毕业学生已有200余人，大大超过了新中国成立之前燕京大学和中央技艺专科学校皮革专业毕业学生的总和。尽管如此，却仍不能满足行业对皮革技术人员的需要。因此，上海水产学院开设了皮革科，北京轻工学院设立了皮革系，上海轻工业学校开设了皮革专业，同时成都工学院开始招收皮革研究生，培养高素质的皮革研究人员。此外，提高工人的文化和技术水平也是一个极其重要的方面，工人们不但在全国扫盲运动中积极学习，而且已开始学习科学文化知识。在此形势下，全国皮革系统凡是有条件的工厂，经常不断地举办地方性或全国性的专业训练班，而高校院所也面向工厂开办皮革工人技术培训班。所有这些，为皮革工业培养和输送了大量的技术人才。

（四）壮大科研机构、推动科技进步

1956年年初，轻工业部所属轻工业研究院开始在北京筹备成立皮革研究所，与此同时，北京、上海、天津、辽宁等省市先后建立了皮革工业的试验研究机构。这些单位自力更生、因陋就简、一边建设、一边研究，工作开展得很快。例如，位于北京的轻工业部皮革研究所，对皮革涂饰剂、合成单宁（鞣剂）、毛皮新法鞣制、成品分析检验等的研究都有一定成绩。上海、天津皮革研究所对铬植结合鞣底革、皮革涂饰剂，以及美化猪革技术、国产植物鞣料的利用等都进行过系统的研究。所有这些，对于推动我国皮革工业技术进步起到了积极的、重要的促进作用。

在推动皮革工业技术进步的过程中，机械工业不但为皮革工业提供了生产设备，还供应了皮革物理检验分析仪器，除几个大型制革、制鞋联合工厂的机械设备是由国外进口外，其他扩建、新建的工厂，大部分使用的是国内自己生产的机械设备。同时，我国基础化学工业的发展，也改变了皮革工业依靠外国洋行供应制革助剂和皮革化工材料的局面。

三　技术援助

我国皮革工业的改组改造与技术进步，与当时捷克斯洛伐克、苏联等兄弟国家的技术援助和国际交流也是分不开的。

1950年捷克斯洛伐克供应了我国过去所没有的全套制革、制鞋联合工厂的机械设备，并派出技术专家来华帮助建立新工厂，以传授捷克当时的制革、制鞋先进经验和技术。之后，我国又派出了技术人员到捷克斯洛伐克最大的制革制鞋工厂去学习。

此外，从1956年社会主义国家第二届国际皮革专业会议起，中国即派遣代表团参加，吸取了各兄弟国家皮革专家许多有益的业务经验，还组织了参观考察团前往苏联参观考察皮革工业，苏联也提供给我们需要的各种技术资料经验，提高了我国皮革工业的制造加工技术，推动了我国皮革工业的技术改造和科技进步。

第四节　行业态势

新中国成立之前，我国皮革及其制品数量有限、品种单一，质量不如进口货，很难满足国内需求，皮革、皮鞋还处于部分依赖进口的状况。为此，新中国成立之后我国皮革工业的当务之急就是努力恢复建设、发展生产、保障供给。1949—1957年，我国皮革工业经历了初期恢复建设和社会主义改造，全国皮革、皮鞋产量成倍增长，花色品种不断增加，恢复改造初见成效，行业开始逐步呈现旧貌换新颜的景象。

一 依托原有薄弱基础，努力恢复生产

由于连年战争，我国皮革工业的生产秩序受到破坏，1949年全国解放时制革产量仅及生产能力的1/4左右，主要原料皮供应不足，主要化学材料栲胶、红矾等不能自给。与此同时，由于皮革工业绝大部分是私营工厂，国营工厂不及1%，皮革工业暂时未纳入国家生产计划，生产和销售盲目性很大，全国第一次制革工业会议明确当时制革工业的方针是一般地维持，有重点地恢复和调整。从1951年起各地区先后实行牛皮管理办法，皮张统一由国家畜产公司收购、分配，在生产上大力贯彻了"先军工后民用"的原料分配原则，在民用革的生产方面推广猪皮制革，扩大了皮源，克服了原料皮不足的困难，加上生产技术的不断提高，改进了产品质量，保证了军需、农工业用革的需要。1952年实行第一个五年计划的前夕，我国皮革工业已经有了许多变化，在产量方面1952年较1950年增加147%，1952年共有生产毛皮的工厂23家，其中国营10家，1952年全国生产351.4万双皮鞋，地方国营和公私合营合作社工厂产量占全国总产量的61.16%。皮革工业逐步恢复，走上了发展的道路。

二 利用猪皮制革、开辟制革原料的新资源

为了解决制革行业原料皮不足的困难，根据我国生猪饲养量大的现实，第一次全国制革工业会议提出了利用猪皮制革的方针，东北沈阳、哈尔滨、长春、吉林、牡丹江、佳木斯、齐齐哈尔等七大城市，从1951年3月起全面推行猪皮制革，每日剥皮总数共达1500余张，效果很好。具有利用猪皮制革传统的山东莱阳、胶州、文登三个专区及烟台市，在1951年将剥皮数量进一步扩大，成为猪皮供应基地之一，其后，湖南、天津、济南、上海等地都纷纷开始用猪皮制革，特别是四川省的剥猪皮工作发展尤为迅猛，1957年收购猪皮达136.32万张，比1952年增加200多倍，成为我国最大的猪皮供应基地。

各地制革厂不仅能把猪皮做成鞋的底、面革，而且能做成服装革、工业上用的皮圈革、皮辊革及护油圈革。通过采用美化技术，做到了猪革麻面粒纹消失、光滑平整。猪皮革制品花色品种也大大超过了牛羊皮革制品。

1956年用于制革的猪皮已占各种皮张的20%以上（各种皮张折成牛皮比较）；1957年利用猪皮制革203万张（自然张）。同时，生猪皮还外销苏联等兄弟国家，奠定了猪皮制革的初步基础，为之后猪皮制革的大发展创造了极为有利的条件。

三 完成社会主义改造、初步建立社会主义经济体系

1949年新中国成立后，国家开始没收买办官僚资产阶级的企业，皮革工业有了第一批社会主义性质的工厂，但国营和地方国营工厂数量不多，大部分企业仍为民族资本家或个体手工业者所有，资本主义经济和小商品经济占相当比重。1953年，我国有地方国营、公私合营制革厂共37个，合作社经营制革厂12个，大型私营制革厂88个，小型私营制

革厂 200 多户，手工户约 1 万多户，地方国营毛皮厂 8 家，大型私营厂 13 家。在向社会主义过渡时期，必须要把资本主义经济和小商经济改变为社会主义经济，使社会主义经济成为我国唯一的经济基础。由于私营皮革工厂和手工业皮坊规模较小、资金短促，又有资本主义倾向，因此从 1950 年开始采取供给原料皮、加工订货的方式，初步把它们纳入国家资本主义的轨道；至 1954 年又进一步地发展，大型私营工厂多数改造为公私合营工厂，走上国家资本主义的高级形式；到 1956 年皮革工业的私营企业全部实现了公私合营。与此同时，皮革工业中的个体手工业者在 1956 年合作化高潮中也基本上组织起来，全国共有 286 个制革生产合作社（组）、2632 个皮革制品生产合作社（组）。

四　恢复改造初见成效、生产水平大幅提高

经过几年来的恢复发展，由于猪皮制革的推广、革制品花色品种的增加，以及随着人们消费水平的提高，皮革制品已由销路不畅转为供不应求，至 1956 年我国皮革工业有了较大的发展。据 1956 年初步统计，全国制革企业共有 2189 户，其中工业系统 389 户，手工业系统 1800 户；革制品工业有 4119 户，从业人员 95646 人，较制革更为分散，大部分属手工作坊。通过恢复改造，我国皮革工业生产达到了历史最好水平，全国皮革、皮鞋产量成倍增长，花色品种不断增加。全国轻革产量 1952 年为 495 万平方米，1957 年提高到 1434 万平方米，5 年之间产量增长近 290%；全国皮鞋产量 1952 年为 1200 万双，1957 年增加至 3000 万双，5 年之间产量将近增长 250%。同时，我国生产的皮鞋从 1952 年开始出口，1955 年我国外贸出口皮鞋数量达 23 万双。

1949—1957 年为我国皮革行业恢复改造时期，这一时期我国皮革工业经历了初期恢复建设和社会主义改造，全行业克服重重困难，全面恢复生产，提高了全国皮革及其制品的数量、品种和质量，满足了军需、工业、民生等方面的基本供给和社会需求。

第二章 初期建设时期（1958—1977年）

1958—1977年是我国皮革工业初期建设时期，也是我国皮革工业曲折发展的20年。1958年开始的"大跃进"，使国民经济出现了浮夸、冒进的现象，行业发展出现了不切实际的"跃进"。接踵而至的三年自然灾害及"文化大革命"又打乱了皮革工业的发展进程。尽管如此，在这20年中，皮革工业从我国国情出发，通过自主发展、自我完善，基本形成以国营企业为主导的工业体系，为全行业进入改革开放时期的发展创造了有利的条件。

第一，继续推广猪皮制革。推行酶法脱毛、开展"美化猪革"的试点工作，以提高猪革质量、开发猪革品种、推动猪皮制革。1959年10月14日《人民日报》以"猪皮制革值得提倡"为题发表社论；1959年10月31日《人民日报》公开发表了"毛主席关于发展养猪事业的一封信"；1960年1月22日《人民日报》又以"充分利用猪皮"为题发表评论，当时的舆论推动了全国大兴猪皮制革。1965年，政府对猪皮制革又实施了财政补贴政策，进一步促进了猪皮制革的大发展。

第二，国家出台保护耕牛、加强牛皮统一管理的政策、明确牛皮是军需、工业、农业和出口的必需物资。在国家对牛皮统一管理等相关政策扶持下，原皮资源有了基本保证，为皮革工业发展猪皮制革、发展制品生产排除了后顾之忧。

第三，中国皮革工业总公司于1964年成立，对全国皮革工业实行归口管理，各地相继成立地方皮革工业公司，从上到下形成皮革工业专业化管理体制，皮革工业的生产力进一步得到解放。

第四，群众性技术革命和技术革新运动蓬勃开展，围绕生产工艺和机械设备方面的技术革新项目大量涌现，有的推广应用于生产，改变了手工操作，提高了单机效率和技术水平，加速了行业实现机械化的进程。

第五，依靠科技进步，酶法脱毛、毛皮化学鞣制、国产栲胶研制生产、推广全国统一鞋号、皮革机械逐步定型等方面取得成效，有效地提高了全行业综合水平。

第六，全行业通过自主发展、自我完善，基本形成了制革、皮鞋、皮件、毛皮及制品四个主体行业和皮革机械、皮革化工、皮革五金、鞋革材料等配套行业，以及科研院所在内的比较完整的、以国营企业为主导的工业体系，为全行业进入改革开放时期的发展创造了有利的条件。

第一节　发展方向与相关政策

一　发展方向

（一）"二五"计划

皮革工业"二五"（1958—1962年）计划的发展方针：一是充分利用现有的生产设备与加工能力，继续推广猪皮制革，增加革制品花色品种，提高产品质量，确保满足人们消费水平提高的需求；二是努力提高熟革质量、扩大熟革与革制品的出口，以代替原料皮出口，增加外汇收入，发展国内皮革工业；三是结合全行业经济改组，对现有企业进行合理调整，逐步进行技术改造，改进技术操作，提高整个行业的配套能力和生产水平；四是改进制革鞣制方法，生产农业用的生鞣革，增加耐用程度，延长使用寿命，从而节约牛皮资源消耗；五是提倡并推行制革片皮方法，提高原皮的利用，增加得革率，并充分利用皮屑、碎皮和边角废料生产再生革。

（二）坚持发展猪皮制革

1958年11月7日，轻工业部党组向毛主席并中央提交了《关于大力发展猪皮制革的报告》，就我国牛皮资源紧缺、利用猪皮制革的前景作了详尽报告，还指出了当时开剥猪皮的问题及方式方法。中央对此非常重视，很快就做出批示，1958年12月7日以中发（1958）1009号文件下发上海局及各省、市、自治区党委和轻工业部、商业部各党组，认为轻工业部党组关于大力发展猪皮制革的报告很好，请各有关部门注意这项工作。此后，开剥猪皮工作引起了各地的高度重视。

1959年10月14日《人民日报》以"猪皮制革值得提倡"为题发表社论；1959年10月31日《人民日报》公开发表了《毛主席关于发展养猪事业的一封信》；1960年1月22日《人民日报》又以《充分利用猪皮》为题发表评论。当时的舆论进一步促成了全国大兴猪皮制革形势。同年春季，轻工业部轻工业局牵头，组织全国各地的技术力量在上海开展了"美化猪革"的试点工作，为改善猪革质量、开发猪革品种、推动猪皮制革，在工艺技术上奠定了坚实基础。

1965年12月31日，国家计委、国家经委、国务院财贸办批转财政部、商业部、第二轻工业部、对外贸易部"关于大力开剥猪皮利用猪皮制革的报告"，以（65）财贸字344号文下发各省、自治区、直辖市人民政府，要求各地参照执行，并切实做好这项工作；同年，又对猪皮制革采取了国家财政补贴政策，为我国制革工业开辟了丰富的猪皮资源，加速了皮革工业的发展。

（三）推行酶法脱毛

酶法脱毛在国外早已有所研究和应用，20世纪60年代初，随着国内猪皮制革的兴起，轻工业部因势利导，决定组织有条件的省市、地区和工厂着手进行制革酶制剂筛选及猪皮酶法脱毛的试验研究。其重点研究课题，一是筛选生物酶的新菌种，研制出适合制革的酶制剂；二是进行酶脱毛机理研究，以指导生产实践；三是逐步推广酶脱毛工艺，部分取代传统灰碱法，以减轻制革废水污染。为此，轻工业部皮革研究所的工程技术人员率先深入京津沪浙等地区和工厂，分兵出击，一方面宣传酶脱毛，举办培训班，普及有关酶脱毛的知识；另一方面，走访当地工业微生物研究所，并在制革厂跟班搞试验，筛选、研制制革用酶制剂。在上海酒精厂配合下率先研制成 1398、166、209 等制革用蛋白酶制剂，并成功地用于制革酶脱毛，初步形成酶法脱毛工艺，填补了国内空白，一度形成全国制革酶脱毛工艺试验研究与推广应用的高潮。

（四）加快制成品出口

我国皮革工业自从 1955 年开展出口皮革制品业务以后，虽然数量一直在逐年增加，但仍是以出口原皮为主，不仅附加值低，而且使国内原皮资源更加紧缺。为此，轻工业部多次提出限制原皮出口、扩大革制品出口，并得到了国务院领导和有关部门的重视。

1973 年 5 月 21 日，李先念副总理在关于"多出口皮革、还是多出口革制品"（调查报告）上批示认为，出口成品比出口原料划算得多，要求计委要组织生产，越快越好，但要提高质量和增加花色品种。

1974 年 11 月 2 日，李先念副总理对国家计委《关于发展皮革生产，扩大成品出口安排情况的报告》做了批示："计委报告很好，应当照这个路子坚决地进行下去，并逐步改进报告中所指出的缺点和问题，努力把需要做的工作都做好。"此外他还指出："还有一半的山羊板皮没有制成成品出口，必须改变这种情况。同时要狠抓质量，以提高出口换汇率。染料问题，同意报告中所提的原则，归根到底要立足于自己，要集中力量突破染料的技术关，并不断提高质量。只要依靠群众，一定能够做到，商业部要积极收购原料皮张，不能浪费资源。"

1972 年我国出口皮鞋 560 万双、皮球 150 万个、猪皮革和半硝革 600 多万张，以及若干皮衣、箱包皮件、毛皮等，共为国家换回外汇 7500 万美元。

二 相关政策

（一）财政倾斜政策，猪皮免税补贴

20 世纪 50 年代，我国政府为了鼓励利用猪皮制革，扶持皮革工业的恢复发展，国家税务总局对于开剥猪皮实行免税政策，继而又实行免征猪皮革商品流通税等财政倾斜政策。为了进一步降低猪皮制革的成本、鼓励猪皮制革的发展，自 1965 年开始，在上述免税政策的基础上，又进一步采取了支持猪皮开剥和猪皮制革的国家财政补贴政策。1965 年 12 月，国家计委、经委、国务院财贸办公室批转财政部、商业部、第二轻工业部、对外贸易部《关于大力开剥猪皮利用猪皮制革的报告》，下发各省、自治区、直辖市人民政府，要求各地参照执行，并切实做好这项工作。自 1967 年起，为便利补贴实施，国家将按张补贴国营屠宰企业的办法，改为直接补贴给制革企业。猪皮免税、补贴政策为我国制革工业开辟了丰富的猪皮资源，加速了全国皮革工业的发展。

（二）地方自产为主、中央调剂余缺

关于猪皮开剥和猪皮制革，中央负责规划、组织和协调，地方立足于自给自足的原则。关于牛皮、羊皮则继续贯彻执行计划管理，实行统一收购、计划分配、保证上调、统筹安排、合理使用的原则。

在计划经济年代，皮革制品一直是以地产、地销为主，即皮革工业的原材料以供应本地生产为主，中央负责调剂余缺。工厂生产出的产品，由商业一级批发收购，再以二级批发到商店的形式，所需原材料以地方自产为主。所以，皮革工业自新中国成立以来，在轻工业部的统一领导下，由各省、自治区、直辖市自行发展、自主完善，并形成了中央宏观指导协调、各地自行平衡发展的格局。

例如，皮鞋、皮衣等皮革制品原则上维持地产地销，工业部门负责生产，商业部门负责销售。这样就迫使各地尽力全面发展，做到所有皮革产品应有尽有，生产方面力求自行配套、自成体系。从历史的视角来看，就当时的产销格局、规模、能力、品种、质量和市场覆盖面而论，已形成地方皮革工业体系的有京、津、沪三个直辖市和辽宁、山东两省，堪称全国皮革发展迅速地区；江苏、河北、河南、浙江、湖南、四川等省份属于发展较快地区，已基本形成了较完整的生产格局；吉林、黑龙江、山西、内蒙古、甘肃、宁夏、陕西、新疆、安徽、湖北、云南、广东等省区属于发展一般地区，虽制革、皮鞋、皮件都有生产，但在专业配套和自成体系方面尚有不足；其余江西、福建、西藏、青海、贵州、广西等地属于发展平缓地区，就行业生产和专业配套的完整性，颇有"捉襟见肘"之态，从原料供应到制品销售，均依赖于中央调剂余缺。

第二节　行业管理与相关举措

一　行业管理

（一）高举三面红旗，公社兴办皮革

为了高举"总路线""大跃进""人民公社"三面红旗，贯彻在人民公社以大办皮革工业和大闹技术革命为中心大搞群众运动的精神，力争超额完成国家计划的方针，轻工业部于1959年1月25日在山西省太原市召开全国皮革工业会议，为期十天。会议内容：一是研究人民公社大办皮革工业的要求和措施；二是研究大闹技术革命问题，即快速鞣制、美化猪革、一年内实现机械化等的经验与组织技术措施；三是研究开展红旗竞赛的条件和方法。

会议制定了预期目标——实现全国皮革工业大跃进。具体的经济技术指标一是工业产值：预计可达143000万元，比1958年猛增46.54%；二是产品质量：普遍重视和加强生产技术、工艺操作、质量检验和设备管理工作；三是花色品种：普遍增加新产品，尤其猪皮制品，要比1958增加20多种，进一步增强全行业对猪皮制革的信心；四是技术革命：重点是美化猪革、快速鞣制、进一步提高机械化程度；五是企业管理：要不断改善企业管理，着重健全与贯彻工业操作规程、质量检验制度、安全生产制度、设备维修制度和经济活动分析等。

为了超额完成1959年的生产计划，首先，要大力解决原材料问题，尤其要继续大力开剥猪皮，这是解决原皮供应的根本办法；其次，要大力增产栲胶、红矾、硫酸等化工原材料；再次，要提倡并开展利用废料、边料和节约代用的工作。为此，必须做好以下几件事：第一，主动与有关部门密切配合，尤其是商业部门，争取他们的支持和重视；第二，不断提高美化猪革的质量，不仅要做出质量好、品种多的日用产品，而且要做出各种工业用革和出口产品用革；第三，协助屠宰场，研究改进剥皮技术。

随着全国各地人民公社的建立和贯彻农业40条发展纲要的要求，会议认为牲畜饲养数量大大增加，社社办原皮加工站、皮革厂、制鞋厂、毛皮厂的条件已经具备。在1958

年 8 月皮革工业会议已经提出的"县县办制革厂,社社办制鞋厂和原皮加工站"的基础上,提出了 1959 年在人民公社大办皮革工业的指标,全国总计规划办 2752 个皮革综合厂、毛皮厂、制鞋厂、烤胶厂等。

（二）大闹技术革命,提高产品质量

1959 年 1 月,全国皮革会议在山西省太原市召开,确定了 1959 年皮革工业大闹技术革命的基本方向:一是发动群众,大闹缩短鞣期的技术革命;二是发动群众,大闹美化猪革的技术革命,并总结推广已有的美化猪革的方法和经验;三是发动群众,大闹土法机械化革命;四是发动群众,群策群力,以提高产品质量。

为了开展大闹技术革命的群众运动,首先是要充分发动群众,掀起大搞群众运动的热潮,各地主管部门要发动所属企业人人动手,着手改革。其主要措施为:一是由上海皮革公司与上海轻工业研究所皮革室,负责研究次皮做成好皮革的生产技术,提高原皮等级及使用价值,并应用于生产;二是由天津市皮革公司及天津皮革技术研究所负责研究底革的耐磨性和增加厚度的生产技术,要求在现有水平上提高耐穿性能 20% 以上;三是由上海市、天津市分别负责组成出口皮鞋新式样设计组,于 1960 年 8 月以前设计出若干种新式样;四是提高工人的生产技能和技术水平:由上海市派教员协助山东省,四川省派教员协助云南省,分别开办短期制革技术工人训练班;五是科研机构与生产企业携手合作,共同研究重革速鞣工艺,缩短底革鞣制时间。

（三）成立工业公司,实行归口管理

1963 年 10 月国务院批转轻工业部《关于皮革、皮鞋工业集中管理的报告》,同意轻工业部和各省、自治区、直辖市分别成立皮革工业公司,明确全国皮革、皮鞋、毛皮工业由轻工业部归口管理。贯彻执行的步骤:首先,成立了中国皮革工业公司;然后,各主要省、自治区、直辖市成立地方皮革工业公司;最后,从上到下形成皮革工业专业化管理体制。

1964 年中国皮革工业公司和各主要省市的皮革工业公司先后成立。鉴于特殊原因,中国皮革工业公司在当时工交系统成立的全国性专业公司中是唯一一个不直接管理工厂的公司,而各地皮革行业的工厂企业由各地的皮革工业公司分管。

中央和地方皮革工业公司成立后,全行业业态呈现了很大变化。一方面,全国皮革行业发展方向、指导思想、目标任务、中长期发展规划等宏观战略决策做到指令畅通、融会贯通;另一方面各地皮革工业公司因势利导、因地制宜地贯彻执行皮革行业的五年计划和中长期发展规划,并集中精力、具体部署、深入细致地抓好皮革行业的工厂企业。"文化大革命"后期,各地皮革工业公司主管当地工交系统皮革工厂企业的职能得到恢复,重新对所属企业在经营理念、企业管理、质量控制、技术进步等方面进行全方位加强督导和帮助。例如,自 20 世纪 70 年代中期开始,制革生产管理与质量控制得到加强,准备、鞣制、整理三大工段的操作规程及相关技术参数被纳入管理,生产过程中的质量控制检验和操作液分析检验制度也已建立,企业管理以及规章制度不断健全,行业开始步入有序运行。

（四）抓革命促生产,尽量减少损失

1966 年"文化大革命"全面爆发后,大多数工矿交通企业,甚至农村的生产都受到了极大的干扰,有的企业的生产陷于完全停顿状态,这使我国国民经济遭到严重破坏和巨大损失。"文化大革命"初期，皮革工业和其他工业一样，在停产"闹革命"的形势下，遭到了严重摧残，不少传统产品被视为"封、资、修"的产物，甚至禁止皮革产品上市。随着形势的变化，皮革战线的广大干部和群众在"抓革命、促生产"的方针指引下，企业很快恢复了生产，并努力争取把无端消耗的时间夺回来，千方百计尽量减少"文化大革命"所造成的损失。

"文化大革命"后期，轻工业部根据皮革行业原料皮严重短缺和产品质量差的实际情况，有针对性地提出了"五变"（一皮变多皮、原料变成品、低档变高档、粗皮变细皮、内销变外销）的要求，对全国皮革工业的发展起到了积极的促进作用。此外，各地制鞋行业在线缝工艺、胶粘工艺、模压工艺的基础上研发、应用硫化工艺，对皮鞋行业的生产发展起到极大的推动作用。

1974年11月18—29日，轻工业部轻工业局在北京召开了全国皮革行业"抓革命、促生产"座谈会。会上传达了国务院李先念副总理11月2日的批示精神，交流了"五变"和开剥猪皮的经验，部署了1975年生产计划，讨论了皮革工业十年发展规划。共140余人参加会议，其中正式代表98人，非正式代表40多人。

二 资源配置

（一）牛皮资源利用

国务院曾分别于1959年4月25日、1961年11月17日、1962年4月13日先后三次发出关于统一管理牛皮的指示。但是，某些地方并没有认真贯彻执行，有的没有完成收购和上调计划，有的虽然完成了收购计划，但上调情况不好，特别是上调皮张质量很差，许多不合军需和出口规格。1962年6月14日国务院发文，除了重申统一调拨牛皮的指令以外，还决定：凡是未经轻工业部和手工业合作总社安排生产的制革厂、皮鞋厂、皮件厂（包括省、市、县的和公社的，包括全民所有制的和集体所有制的）一律于6月底以前停止使用生熟牛皮。对于轻工业部和手工业合作总社安排生产的工厂，各省、自治区、直辖市党委也应当加以检查，同时还规定如果不是质量好、成本低、消耗少、品种多、劳动生产率高的工厂，也不准使用牛皮。以后所有生牛皮和经过鞣制的熟牛皮，都由对外贸易部统一调拨，由轻工业部和手工业生产合作总社统一安排生产。对于少数民族地区所需要的牛皮和少数民族特殊需要的皮鞋条件，以及对外贸易部和轻工业部在统一分配皮革和安排生产的时候，必须给予照顾。农村制造车马鞍具等方面需要的皮张，尽量先用骡皮、马皮、驴皮和对外贸易部拨给的残次牛皮解决，尽量节省牛皮原料。

20世纪70年代后期，根据国家计委的意见，轻工业部、农林部和全国供销合作总社为了解我国牛皮资源情况和牛皮收购、使用、管理存在的问题，先后多次组成调查小组赴云南、广西、河南、黑龙江等省、自治区，在当地有关部门的配合下，共同进行了调查研究。之后，上述"两部一社"于1977年5月26日向国家计委提交了"关于牛皮资源情况的调查报告"，分析了新中国成立以来我国牛的饲养、存栏、屠宰等资源状况，尤其是牛皮开剥、收购、利用的具体情况，以及近五年牛皮收购量大幅度下降，产、销矛盾突出，市场牛皮革制品（如皮鞋等）供应十分紧张的原因：一是有些地区对牛皮收购和制革厂缺乏统一管理；二是牛皮收购价格偏低。报告提出加强管理、落实政策的建议：一是大力宣传发展养牛生产，要切实"改良畜种"，加强牛的饲养管理；二是适当调整牛皮收购价格，本着优质优价的原则，在现行收购价格基础上上调20%；三是加强牛皮的计划管理，继续贯彻执行统一收购、计划分配、保证上调、统筹安排、合理使用的原则。

（二）栲胶生产供应

1959年，民主德国帮助我国设计的内蒙古牙克石栲胶厂于当年年底投入生产，该厂的设计生产能力是5000吨/年。1975年，为了提高使用国产栲胶技术，轻工业部曾启动"国产栲胶鞣制特种工业用革试验研究"项目，由沈阳市皮革装具厂承担该项目的试验研究。通过分别对杨梅（混合类）、柚柑（混合类）、落叶松（缩合类）、橡碗（水解类）4种国产栲胶的鞣液性质、鞣革性能以及试制成的特种工业用革进行感官检验和理化分析，以及与进口荆树皮栲胶的对比试验，其结果获得4种鞣革最佳配方，所试制成的特种工业用革，经用户单位使用，质量符合使用要求，外观、强度、性能良好，与使用进口栲胶鞣制成革相近。

1976年，我国农林部、轻工业部曾以急件向各省、自治区、直辖市林业（农林）局、轻工（二轻）局以及有关部门发文《关于一九七六年栲胶生产安排和分配调拨的通知》。《通知》要求栲胶厂要加强企业管理，进一步改进工艺，不断提高栲胶产品质量，并密切配合原料收购部门发动群众增产优质原料，尽量多生产杨梅、柚柑、落叶松等凝缩类栲胶，以适应在改进中的鞣革工业和有关部门生产发展与增加出口的需要。皮革厂要发扬"独立自主、自力更生"的精神，立足国内，根据国产栲胶的特点，不断改进鞣革工艺，提高使用国产栲胶技术。

在栲胶生产与供应得到明显改进后，一方面制革行业所需栲胶的生产供应开始逐步得到保证，解除了后顾之忧。另一方面，相关制革厂进一步发扬自力更生精神，根据国产栲胶的性能和特点，不断改进鞣革工艺技术，推广重革速鞣工艺，通过大量试验研究，在确保产品质量的前提下，尽量利用国产栲胶代替、或部分代替进口栲胶，努力为国家节省外汇。

第三节　改组改造与科技进步

一　改组改造

根据《皮革工业"二五"时期发展计划》的发展方针和规划部署，皮革工业在行业社会主义改造和实行合作化的基础上，对企业进行合理调整，在充分发挥企业能力的同时，结合新建扩建企业的安排，逐步进行企业经济改组和技术改造，通过技术革新实现改进生产技术与工艺操作，以提高质量、增加生产、加快发展。考虑到资源利用的潜力和扩大革制品出口的需要，"二五"时期，需增加100万—200万张制革生产能力，应根据原料产地、市场条件来考虑新建、扩建企业的规模。对于新建企业的规模，从原料集中条件与经济技术上合理要求，一般新建厂年生产能力应在10万张（折牛皮）以上，以最大不超过40万张为宜。制革行业的改组改造是整个皮革工业赖以发展的基础。

关于制革企业的改组改造，以上海为例。其一，为了贯彻市政府"充分利用，合理发展"的工业方针，对老企业进行裁并改组，以发展原料生产，开展技术革新，挖掘生产潜力。1958—1960年经过采取调整改组与改建新建相结合，把271个企业和102个生产合作社改组成了82个企业,其中扩建了上海红光制革厂,新建了上海皮革化工厂,组建了上海金属厂、上海皮革机械厂和上海鞋楦厂。其二,为了大力推动猪皮制革,结合企业改组改造,并厂转产,有计划地组织制革企业生产猪皮革。1965年,将原生产黄牛面革的上海联合制革厂(后更名为"上海新兴制革厂")转产猪皮轻革;将原生产牛羊革的上海华胜制革厂和上海红光制革厂一车间转产猪皮轻革;原上海中和制革厂(后更名为"上海沪光制革厂")的一部分生产猪皮重革。这样明显扩大了猪皮革的生产规模,当时上海年产猪皮革已达85.5万张,而且通过裁并改组和改造转产,上海皮革行业的结构更趋合理、业内协作配套逐步完善,初步形成门类基本齐全、专业化的生产配套体系。

关于制革企业的新建、改造计划,轻工业部轻工业局在编制"二五"计划时已经形成初步方略。第一,新建的山羊皮制革厂,要兼顾考虑产品种类,如绵羊革、绒面革、摩洛哥革等。第二,新建的体育运动用革和皮制球类制造厂,因为国内当时还没有体育运动用革的专业制革厂,此属填补空白之举。除球革外,亟待解决生产各种球革、跑跳鞋和足球鞋用革、各种体育器械用革以及各种标准比赛用球。第三,改造个别现有工业用革生产能力的制革厂,使之能生产各种工业垫圈用革、油封用革及相关制件用革和各种垫圈制造加工。第四,新建或改造双面毛革制造厂,其生产的主要产品是双面毛革,品种应包括绒面和假面两种。

全国皮革行业中虽然各自然行业、各地企业的发展参差不齐,但总体态势正在努力争取尽快摆脱手工操作的落后面貌,通过技术革新、技术改造、技术引进以及应用新工艺、新技术来改进生产工艺,提高机械化程度,减轻劳动强度,改善生产条件和环境,并积极努力提高生产效率,以降低成本、提高经济效益,逐步使企业面貌有所改观。制革行业正努力通过突破原料资源不足的"瓶颈",发展猪皮制革,享受政府免税、财政补贴等优惠政策,并想方设法、因地制宜地寻求自身发展。皮鞋行业在用好皮革面料、寻找代用面料的基础上,努力在全国统一鞋号、鞋楦定型的新形势下,改进设计、改进工艺、采用新底材,在男、女、童皮鞋和运动鞋上,开发花色品种。例如,上海皮鞋行业形成了上海皮鞋厂、上海宝屐皮鞋厂、上海第一皮鞋厂、上海第二皮鞋厂、上海亚洲皮鞋厂和上海光明皮鞋厂等一批骨干企业,开始生产胶粘皮鞋,品种有编结式、镂空式、搭襻式、船式和系带式等上百种不同款式的男皮鞋、女皮鞋、童皮鞋。1963年秋,我国对苏贸易中断,上海的制鞋厂开始探索对西方国家出口问题,于1964年实现了批量出口,1965年外销皮鞋达15.2万双。总之,通过一系列改组改造,企业面貌有所改观。

皮革工业经历了将近30年的恢复改造和初期建设,逐步摆脱了落后面貌,全行业通过自主发展、自我完善,初步形成自我配套的工业体系。不过,在此阶段皮革产品品种、档次、质量、花色、加工技术等仍处于一般水平,虽然与当时的国际水平相比尚有很大差距,但与新中国成立初期相比,产品质量有很大提高。

二 技术革新

自20世纪50年代末以后,皮革工业群众性技术革命和技术革新运动蓬勃开展,围绕生产工艺和机械设备方面的技术革新项目大量涌现,加速了皮革行业实现机械化的进程。为了推动皮革工业技术革新和技术改造蓬勃发展,配合企业革新、改造、挖掘潜力,努力提高综合生产能力的需要,通过调查研究,使多年来群众性的技术革新成果逐步配套成龙,有计划地推广应用于生产,改变手工操作,提高单机效率和技术水平,尽快改变行业落后面貌。

1966年,上海轻工业研究所皮革室和新兴、红光制革厂合作试制成功皮革真空干燥机,从此宣告制革行业结束"晒皮干燥靠天吃饭"的落后面貌,皮革干燥时间由2—7天减少到2—3分钟,大大提高了机械化程度和劳动生产率。

轻工业部于1975年4—6月组织了制革和制鞋工业技术革新调查组,分别对部分省市有关企业制革和制鞋的技术革新进行了调查,然后根据调查报告和行业实际情况,启动了制革和制鞋工业技术革新推广项目。

1975年,《轻工业部制革皮鞋技术革新调查汇编》刊发,主要介绍了48项技术革新项目。

第一部分:制革工业的技术革新有17项,其中工艺革新7项(牛羊皮快速浸水、猪皮酶脱毛、牛皮重革酶脱毛、猪轻革无浴或少浴鞣制、重革干速鞣、铬鞣革剖层、常温少浴染色加油)、设备革新6项(剖层机自动出皮装置、转鼓传动采用摆线针轮减速器、倾斜转鼓、超声波喷浆机、通过式熨革机、电子量革机)、皮化新材料应用4项(含阳离子加脂剂、亚硫酸化鱼油、填充树脂、铝鞣剂)、综合利用3项(猪皮脱脂液回收油脂、废铬液中三价铬回收利用、酶脱毛废水支援农业)。

第二部分:制鞋工业的技术革新有31项,其中属制鞋下料工序的革新7项,包括下料机、半自动切条机(裁条机)、改装裁布里机、砂内底机、内底压型机、内底仿型机、主跟磨平机;属制帮工序的革新5项,包括扺边机、轧后缝机、冲在机、缝纫机上的革新、光电数控打眼机;属绷楦工序的革新17项,包括钉内地机、绷楦机(含绷尖机、绷腰机、绷跟机3项)、刷胶机、高速压合机、座跟机、橡胶底拉毛机、通过式封闭干燥箱、脱楦机、半自动压商标机、自动喷涂联合机、铲凉鞋内底槽机、刀模加工工具、四合一裁条机、钉大底机、削轮胎底机、机械用新材料(9种)、单双臂下料机。

皮革是革制品生产的主要原料,制革是发展皮革工业的基础。1975年5月7日,轻工业部下发《关于印发一批技术革新重点推广项目的通知》[(75)轻科字第036号],其中,皮革工业技术革新重点推广项目见表2-1所示。

表2-1　　　　　　　　　　皮革工业技术革新重点推广项目

序号	项目名称	主要技术经济效果	当时应用情况
1	猪皮酶脱毛	皮革工业过去沿用灰碱法脱毛,劳动强度大,条件差,并产生大量污水。酶脱毛是利用生物催化剂酶,把毛皮根部脂肪和部分蛋白分解,使毛和皮分开,达到脱毛的目的,质量好。以绒面革为例,抗张强度提高25%—50%,得革率提高30%,缩短了生产周期,节约劳动率20%—30%,成本降低8.3%,污水变肥水	上海、浙江、天津、辽宁等地都在推广,全国已达60%,尚需进一步全面推广
2	皮革酶脱毛、干鞣制、干染色一步法新工艺	新工艺不用浓酸碱,可基本消除铬、硫对水质的污染,从准备到染色由原来34道工序减少为23道,简化了操作,减轻了劳动强度,提高了产品质量,成品不松面,利用率高,降低成本约8%	江苏南通制革厂已试制成功,可以逐步推广

续表

序号	项目名称	主要技术经济效果	当时应用情况
3	皮革加工器（新型螺旋转鼓）	皮革加工器比老式转鼓利用率可提高一倍以上，用水量省20%，化工原料省10%，改善了车间的环境卫生，可实现自动化装卸，节约劳动力，加工出的皮革边腹部位不松，粒面平整，提高了成品等级率	上海新兴制革厂试验成功，上海、杭州、天津、沈阳等地在推广使用
4	毛皮生产新工艺	我国毛皮生产过去都以粮食鞣皮，存在板硬、有臭味、吸潮、怕水等问题。新工艺采用酶制剂软化，鞣制过程中应用助剂，鞣后进行水洗和浸渍加脂，鞣制的羔皮、兔皮、绵羊皮比原来老工艺皮板柔软、丰满，抗张强度高，出材率高，耐水洗，毛色洁净无臭味	张家口、北京、天津毛皮厂都在应用
5	重革速鞣新工艺	重革的鞣制周期过去一般要四五十天，生产周期长，工人的劳动十分繁重。近年来在全部应用国产栲胶的基础上，采用各种与处理方法和转鼓"无浴"速鞣等，鞣制周期已缩短到1—2天，大大提高了生产效率，减轻了工人劳动强度，减少了污害，是重革工艺上的一项重大改革，具有很大的政治经济意义	武汉、淮海、南通、昆明、上海沪光等制革厂已推广应用

三 科技进步

20世纪60年代初，国家科学技术委员会编制了《1963—1972年科学技术发展规划》，在轻工业部的组织安排下，皮革工业有4个课题被列入规划：一是制革的原材料、生产工艺技术及其理论的研究；二是鞋楦结构类型及胶粘鞋生产工艺技术的研究；三是皮毛生产工艺技术的研究；四是制革、皮鞋及皮毛工业机械设备的研究。在规划执行过程中，由于"文化大革命"的破坏，不少研究课题进展不大，或者被迫中断。粉碎"四人帮"以后，皮革工业科技工作有了较快的发展。

（一）美化猪革试点，全国交流推广

1958年，轻工业部倡导全行业积极利用猪皮制革，大力开发猪革制品，以"发展经济，保障供给"。针对当时业界不少人存在"猪皮毛孔粗大、皱纹多""成革不美观又不耐用"等偏见与误解，为了通过实践探索以提高猪皮制革技术和质量、大力开发猪革品种并清除发展猪皮制革的种种阻力，轻工业部提出开展全国美化猪革工作，并决定采取以下步骤。第一，由轻工业部负责组织上海市皮革公司、天津市皮革研究所、哈尔滨制革厂、成都制革二厂、广东省工业厅、北京市制革厂、轻工业部皮革研究所的力量，请上海市轻工业局及其所属皮革公司负责领导，于2月15日开始进行一次美化猪革试点，第一阶段要求于4月中旬结束。第二，由轻工业部负责组织上海市皮革公司、天津市皮革研究所、天津市制革厂、汉口皮联厂、北京市制革厂、辽宁轻工局、四川轻工业厅、轻工业部皮革研究所的力量，请天津市轻工业局负责领导，于2月20日开始进行一次猪底革快速鞣制试点，第一阶段要求于5月上旬结束。

1959年春，轻工业部轻工业局组织全国皮革界的一部分工程技术人员，在上海市轻工业局、上海皮革工业公司等单位的配合支持下，在上海组织开展了美化猪革的试点工作，经过了四个多月的时间，研究总结了猪手套革、衣服革等13个品种的美化技术。在这一基础上，轻工业部召开了现场会议交流推广这些经验，旨在促进猪皮制革技术得到普遍提高。

猪革美化的研究和生产的13个品种既有工业用革又有生活用革，其中包括纱厂用革（皮圈革、皮辊革）、护油圈革、轮带革、手套衣服革、修整面革与剖层面革、绒面革、白色正（绒）面革、沙发革、绒面革植绒、雕白印花绒面革、磨花革、压花套色革、照相革等。

（二）改革传统工艺，推行酶法脱毛

灰碱法脱毛是传统的脱毛方法，用这种方法进行脱毛所产生的废水中含有大量的石灰和硫化钠。如果不加处理，对环境污染严重；如果进行处理，所需投资很高，企业很难依靠自身力量解决。利用微生物酶脱毛，通过生物化学作用，代替了石灰和硫化钠，有利于环境保护。1968年，上海新兴制革厂在生产猪皮轻革时采用了酶脱毛工艺；1970年，浙江省轻工业厅在全省推广了酶脱毛工艺；1972年10月，轻工业部组织了9个单位14名技术人员，对猪皮酶脱毛新工艺进行了初步鉴定，一致肯定猪皮酶脱毛新工艺是可行的，利用微生物酶脱毛是制革行业减轻污染的发展方向。为此，轻工业部在全国皮革工业中组织推广了猪皮酶脱毛新工艺。

由于原有几种蛋白酶用于生产正面革的性能尚不能满足要求，轻工业部曾启动了"制革用酶制剂新菌种筛选及应用研究"的科研项目。该项目由上海市皮革塑料制品工业公司、轻工业部河南皮革研究所和江西食品发酵研究所承担，并有上海酒精厂、西北轻工业学院参加的研究组，经过3年时间，终于筛选出一株产酶活力较高、脱毛效果好的166、209菌种蛋白酶；然后，上海酒精厂、天津酶制剂厂、无锡酶制剂厂等先后生产了新菌种酶制剂，供应各制革厂应用，从而使应用微生物酶进行脱毛的工作向前推进了一步。从1974年起，轻工业部皮革研究所将"酶脱毛机理的研究"列为重要科研课题。在轻工业部食品发酵研究所和北京市皮革工业公司的配合协作下，综合国内外有关文献资料的研究并结合生产实践，提出了有关制革脱毛蛋白酶性能的研究、猪皮酶脱毛过程中酶进入皮中的途径及其在皮中的分布和酶脱毛机理的研究等研究报告，为我国猪皮酶脱毛的机理研究和生产实践提供了科学依据。

（三）全国统一鞋号，举办成果展览

皮鞋长期沿用国外的鞋号尺寸，不适合中国人的脚型尺寸变化规律。在1956—1958年期间，轻工业部组织力量在北京市和辽宁省进行了2万人的脚型测量，根据分析得出的脚型规律，提出了鞋楦设计原则和方法，并进行了皮鞋试穿验证，收到了初步效果。在此基础上，从1965年开始，中国皮革工业公司与第二轻工业部皮革研究所，先后邀请上海复旦大学人类学教研室的师生参加，在全国10个省区市进行了12万人的脚型测量和脚型规律应用的研究，于1967年10月完成全部工作，编印了《全国脚型规律和鞋楦尺寸系列研究报告》。该报告共分4个部分：一是脚型测量方法和脚型规律分析方法；二是脚型规律的应用、鞋楦尺寸系列和鞋号生产比例；三是脚的结构、生理机能与鞋楦的关系；四是鞋楦设计。这是我国历史上规模最大的一次脚型测量和脚型规律应用的研究工作。测量对象包括了不同性别、年龄、民族和职业的人员，除了测量人脚特征部位尺寸数据外，还描踏了脚印图。这次调查根据人类学中的标准化原理和数理统计分析方法，得出了设计皮鞋所需的大量数据，掌握了其中的变化规律，经过反复的实践验证，终于提出了我国皮鞋鞋号的改革方案。这一方案的根本特点是，采用以脚长公分制为鞋号基础，制定鞋号和肥瘦型基本尺寸系列。从1970年开始，皮鞋以外的鞋子也逐步采用新鞋号，使全国统一鞋号水到渠成。

为了检查、汇报并推广统一鞋号的成果，1977年12月14日，轻工业部会同石油化工部、商业部、国家标准计量局等有关部门，联合发出《关于举办"全国推广统一鞋号成果展览"的通知》（[（77）轻二字第170号、（77）油化炼化字第1638号、（77）商日联字第95号、（77）国标计字第350号]）。该通知指出：为推广胶鞋、皮鞋、布鞋、塑料鞋统一鞋号和鞋楦尺寸系列，各地自1971年起先后设置了专门机构（"四鞋"办公室负责此项工作）。几年来，此项工作已取得一定的成绩，先后共有20多亿双统一鞋号产品投放市场，受到广大消费者的欢迎。还有一定数量的统一鞋号产品在国际市场上试销，亦为国外客户所接受。预计1977年鞋类产品中将有近90%的产品采用了统一鞋号。该通知明确了这次展出主要内容：展示统一鞋号和鞋楦尺寸系列成果、制鞋行业重大的"双革""四新"成果以及各省、自治区、直辖市的统一鞋号产品；同时设置小卖部，以实物宣传，并广泛征求意见。

（四）改革毛皮工艺，采用化学鞣制

硝面法鞣制皮毛在我国已沿用很久，这种古老的方法不仅会消耗大量的粮食，而且产品有异味和灰尘，容易吸潮走硝，也不能直接染色加工。因此，在皮毛行业中应用化学鞣法代替硝面法，一直是科研单位和生产企业的重要研究课题。新中国成立以后不久，有的皮毛厂已经试用铬盐鞣制绵羊皮、兔皮。从1960年开始，采用化学鞣法的企业逐渐增多。进入70年代，随着蛋白酶应用的开展，在化学鞣制的基础上，又研究了皮毛蛋白酶软化技术。从1971年开始，轻工业部毛皮制革研究所总结了各皮毛厂化学鞣制的实践经验，研究了皮毛酶软化技术，完善了皮毛化学鞣制方法，形成了皮毛化学鞣制新工艺，使产品纤维分散好，各部位纤维分散程度的差别缩小，从而代替了生产周期长、环境卫生差的陈旧的米糠软化法，解决了用酸处理溶解非胶原蛋白和分散纤维时出现的皮板发硬、延伸性不好的弊病。当时，北京、张家口、沈阳、哈尔滨、济宁、内蒙古等地一些皮毛厂，采用化学鞣制新工艺生产的羔皮、兔皮、绵羊皮等，无异味，无灰，皮板柔软，延伸性好，毛被清洁，质量显著提高。这种新方法还在水貂皮等高贵皮毛上试用，也收到了较好的效果。

化学鞣制新工艺的另一个优点是皮毛能够染色加工，有利于开发皮毛新产品。如采用模板染色法鞣制的旱獭皮，经过精工细作，已经能够仿制成金钱豹皮，为提高经济效益创造了条件。

（五）皮革机械逐步定型

1972年起，国家对制革、毛皮、皮鞋等设备进行了选型、定型，制定了产品型号编制办法和新产品发展规划，同时在全国范围内进行了分工定点生产，积极开展产品"三化"工作，促进了皮革机械的生产走上了标准化、系列化、通用化的道路。如1974年召开了"三刀"会议，统一了去肉机、削匀机、伸展机刀片和剖层机压刀板、刮刀板规格和技术条件。1977年召开了皮革机械生产的"三化"会议，并培训了"三化"工作人员。

第四节　行业态势

在1958—1977年这20年间，我国皮革工业经历了"大跃进"、三年自然灾害、三年调整和"文化大革命"的艰难曲折和历史变革的考验，曾一度出现徘徊低迷状态，但始终保持着增长。这个时期，皮革行业发展呈现如下态势。

一　生产能力大幅提升，产品品种逐步齐全

随着科技进步和不断技术革新，我国皮革产品日益丰富。20世纪70年代后期，轻革产品品种已初步系列化，牛皮革（包括全粒面革、苯胺效应革、修饰面革、棒球手套革等）、猪皮革（包括猪正鞋面革、修饰面革、正反绒面革、服装手套革、箱包革、劳保手套革等）、羊皮革［包括山羊苯胺革、山羊鞋面革、山羊夹里革、山羊服装（手套）革、绵羊服装（手套）革等］、球革（包括篮排足球革、棒垒球革等）、二层革（包括猪、牛皮的二层修面、绒面革及二层篮球革等）等品种齐全，能够满足生产生活需要。重革产品品种虽然还比较传统、单一，但门类也基本齐全，主要有底革（外底革、内底革、沿条革）、工业革（轮带革、皮仁革）、装具革（马鞍、马具革）、腰带革等。

同时，革产品产量也得到大幅提高，全国皮革产量1958年为1031万张（折牛皮），1965年为713万张（折牛皮），1977年达到2519万张（折牛皮）。1977年的产量是1958年的2.5倍，是1965年的3.5倍。

全国皮鞋产量1958年为2908万双，1977年达9119多万双，1977年的产量是1958年的3.1倍，是1952年（全国皮鞋产量为1200万双）的7.6倍。1977年，我国提供外贸出口皮鞋达639万双，比1955年的23万双增长了26倍，其中中高档出口皮鞋约占25%，中低档出口皮鞋约占75%。

二　猪皮制革获得大发展

20世纪50年代末，毛主席、党中央对利用猪皮制革的重视，引起了各地的注意，从此，猪皮开剥稳步发展，由1958年的256万张增长到了1965年的525万张，为实现省、区皮革产品自给打下了基础。1965年后开始实行猪皮补贴，更有力促进了猪皮开剥工作，1972年猪皮开剥突破了3000万张，1977年猪皮投皮量达3118万张，占总投皮量的70%左右，猪皮已成为我国最主要的制革原料皮。

同时，美化猪革的成功经验，消除了人们"猪皮毛孔粗大、皱纹多""成革不美观又不耐用"的偏见与误解，新产品尤其是猪皮的纺织用皮唼革、服装革、手套革、修正面粒面革的试制成功，为扩大猪皮制革打开了广阔的市场。

三　经受变革洗礼，行业艰难前行

全国皮革行业经历了高举三面红旗的群众运动、三年自然灾害和"文化大革命"等历史变革的洗礼和考验，在迂回曲折中艰难前行。在政府出台的对牛皮统一管理、猪皮财政补贴等相关政策扶持下，原皮资源有了基本保证，为皮革工业发展猪皮制革、发展制品

生产排除了后顾之忧。通过"大闹技术革命","抓革命、促生产",皮革工业才恢复正常生产,并开始焕发青春。

四 推广技术革新成果,提高产品质量水平

为了配合企业革新、改造、挖潜、努力提高综合生产能力的需要,把群众性技术革新所取得的成果逐步配套成龙,有计划地推广应用于生产,改变手工操作,提高单机效率和技术水平,尽快改变行业落后面貌,经轻工业部组织调查,在群众性的技术革新运动中,制革、制鞋行业涌现出31项比较突出的技术革新成果,经过推广应用,大大提高了企业生产水平和机械化程度。轻工业部还将猪皮酶脱毛、重革速鞣、毛皮化学鞣制、少浴无浴鞣制、染色等新工艺和新型螺旋转鼓皮革加工器等列为技术革新重点推广项目向全国推广应用。同时,依靠科技进步,在美化猪革、酶法脱毛、统一鞋号、毛皮化学鞣制等方面取得成效,有效地提高了全行业的综合生产能力和技术水平。

1958—1977年为行业调整巩固时期,这一时期全行业通过自主发展、自我完善,基本形成了制革、皮鞋、皮件、毛皮及制品四个主体行业和皮革机械、皮革化工、皮革五金、鞋革材料等配套行业,以及科研院所在内的比较完整的、以国营企业为主导的工业体系,为全行业进入改革开放时期后的发展创造了有利的条件。

第三章 改革开放初期（1978—1987年）

1978年12月，党的十一届三中全会胜利召开，确立了改革开放的路线方针，党的工作重心开始转移到经济建设上来。皮革工业贯彻中央对国民经济实行的"调整、改革、整顿、提高"的方针，逐步恢复到正常发展阶段。

1978—1987年这十年，我国皮革行业总结新中国成立30年行业发展经验，继续坚持以猪皮制革为主、猪牛羊并举，鼓励皮革制品扩大出口创汇的发展方向，进一步恢复、发展、完善了产业链，行业体制发生变化，乡镇民营企业不断涌现，为建设皮革大国奠定了坚实基础。

第一，1979年7月27日轻工业部、商业部、财政部发出《关于大力开剥猪皮和发展猪皮制革有关问题的联合通知》，坚定了以猪皮制革为主的方向和信心，并出台了相关政策。

第二，改革开放深入发展，原料皮计划供应与收购价格放开，开展牛、羊皮资源调查，加强地区调拨及价格管理，落实皮革专用物资配置。

第三，组织"六五""七五"的技术改造及科技攻关，国家出台相关政策，加强对皮革工业进行设备引进与技术改造，从捷克斯洛伐克、意大利设备进口大幅增加；加快重点企业的技术改造；实施国家科技攻关项目；全行业推广酶脱毛新技术；加强制革废水处理。

第四，提倡自力更生、自给自足，完善皮革行业主体行业与配套行业的产业链，新建皮革化工、皮革机械、皮革五金、鞋革材料等配套企业与日俱增。皮革专用染料实行归口生产，列入化工部下属企业定点生产；研制生产国产栲胶替代进口，内蒙、青海省组建红矾生产厂。

第五，加快科研、标准化工作步伐，在沿用苏制标准的基础上开始自行制订、修订有关皮革、毛皮、皮鞋等产品及检验方法的国家标准和部颁标准；高等院校皮革专业恢复高考；皮革工业研究所恢复科研工作。

第六，1978年恢复了一年一度的皮革、皮鞋、皮件产品的全国质量评比工作及国家优质产品评选。

第七，加强国际交流合作，皮革行业对外交流、出访考察、短期培训、接待来访以及多形式、多渠道、多元化的国际合作空前俱增，来自联邦德国、荷兰以及日本的皮革化工厂商登陆中国拓展市场。联合国工业发展组织（UNIDO）援助我国政府关于皮革技术建设项目启动。

第八，行业体制发生变化，乡镇民营企业不断涌现，集群生产、皮革专业市场初露头角。

第一节 发展方向与相关政策

一 发展方向

总结新中国成立 30 年行业发展经验，我国皮革行业继续坚持以猪皮制革为主、猪牛羊并举方针，鼓励皮革制品扩大出口创汇的发展方向。

（一）猪皮制革为主

制革行业恢复建设的当务之急，是要针对制革原料皮资源不足的状况，尽快解决这个发展"瓶颈"问题。1950 年第一次全国制革会议针对制革原料皮资源不足的问题，提出利用猪皮制革的发展方向，经过 20 多年的努力，得到不断的推广和发展。猪皮已经成为我国制革的最主要原料皮，1977 年我国利用猪皮制革达 3118 万张（自然张），猪皮制革已占全部制革的 50% 以上。1978 年后，猪皮制革仍然是皮革工业的重要方向。

1978 年 11 月 3 日，轻工业部就《关于大力开剥猪皮，发展制革工业问题的报告》呈报国务院，就"必须把开剥猪皮工作迅速抓出成效"提出了具体建议：一是坚持"皮肉并重"的方针；二是将猪皮开剥和皮革生产列入国家计划；三是猪皮收购继续贯彻"斤皮斤肉"、免税补贴的价格政策，工商协作，及时收购；四是努力实现剥皮机械化、自动化；五是各地皮革工业部门要加强企业管理，采用"四新"技术，提高猪皮革及革制品的产品质量，不断增加花色品种，多为城乡人民提供丰富多彩、物美价廉的皮革制品。

1979 年 7 月 27 日，轻工业部、商业部、财政部发出《关于大力开剥猪皮和发展猪皮制革有关问题的联合通知》，强调继续执行开剥猪皮和猪皮制革的相关政策，坚定了以猪皮制革为主的发展方向和信心。

在大力发展猪皮制革的另一个方面，轻工业部因势利导，组织有条件的省市、地区和工厂着手率先进行制革酶制剂筛选及猪皮酶法脱毛的试验研究并广泛地推广应用。主要研究课题有：筛选菌种、研制制革用酶制剂；逐步推广酶脱毛工艺，部分取代传统灰碱法，以减轻制革废水污染；进行酶脱毛机理研究，以指导生产实践。课题组在有关单位和制革厂的支持与配合下，在成功地研发了 1398 枯草杆菌蛋白酶、166 放线菌蛋白酶、2709 枯草杆菌碱性蛋白酶、3942 蛋白酶等制革用酶制剂的基础上，形成了猪皮制革酶脱毛工艺，填补了国内空白。

猪皮酶脱毛工艺的研制成功并得到广泛推广，进一步增强了行业对猪皮制革的信心。至 1982 年，占全国猪皮革产量 1/3 左右的生产企业已经采用酶脱毛工艺，如上海新兴制革厂、上海红光制革厂、浙江海宁制革厂和江苏南京制革厂等生产的猪皮修面革、猪皮绒面革和猪皮服装革均分别采用滚酶、涂酶、堆置法等酶脱毛工艺，产品质量达到正常或优质水平，经济效益较好。1987 年全国皮革产量 5677 万张（折牛皮），其中，猪皮革产量 8253 万张（自然张），折牛皮标准张 4120 多万张（每两张猪皮自然张可折合一张牛皮标准张）。

（二）扩大革制品出口

在新中国恢复建设时期，皮革行业粗放发展，皮革企业普遍低值微利，行业面临着原皮资源匮乏、生产状况落后、保障内需供给等诸多发展"瓶颈"和供不应求的压力。当时，由于国家建设急需外汇，扩大出口、为国家创汇又成为皮革行业一个重要的目标任务。早在1973年，全国皮革工业专业会议提出的一皮变多皮、原料变成品、低档变高档、粗皮变细皮、内销变外销的"五变"中，就已将皮革制品出口列为当时的工作目标。1974年11月2日，国务院领导同志对国家计委《关于发展皮革生产，扩大成品出口安排情况的报告》做了批示，再次肯定了皮革行业扩大出口的重要性。

20世纪80年代初，轻工业部为了支持、鼓励皮革工业和有能力的企业逐步扩大产品出口创汇，向国家经委、财政部等政府有关部门申办有关扩大出口贴息贷款项目，内容涉及皮革工业的皮鞋、皮件企业，鼓励扩大出口创汇。

1986年，国家"七五"发展计划对我国出口商品结构提出了要实现"两个转变"（逐步由主要出口初级产品向主要出口制成品转变，由主要出口粗加工制成品向主要出口精加工制成品转变），为皮革行业出口创汇提出了更高的要求。在世界皮革生产和贸易格局变化中，我国皮革行业利用自身在资源、市场、劳动力等方面的优势，不失时机地扩大国际合作，提高产品附加值，扩大出口创汇。

在改革开放初期这十年，皮革行业对外贸易额日趋增长，皮鞋、皮件、毛皮制品出口量明显增加，全行业出口创汇总额大幅提升。全行业1978年出口创汇总额2.2亿美元，而1987年增长至7.0亿美元，增长率为318%。

这个时期，皮革企业对外贸易、走出国门的探索实践，证明了皮革行业是具有扩大出口创汇潜力的行业。所以，积极鼓励皮革企业扩大制品出口创汇，是皮革行业谋求持续发展的方向，也是全行业由数量增长型发展逐步过渡到质量效益型发展的必由之路。

二　资源配置

（一）制革物资供应

1. 牛皮资源的管理与使用

20世纪70年代后期，轻工业部、农林部和全国供销合作总社（"两部一社"）多次组成调查小组对我国牛皮资源情况和牛皮收购、使用、管理存在的问题进行调查研究，并于1977年5月26日向国家计委提交了《关于牛皮资源情况的调查报告》。

1978年9月14日，国务院批转"两部一社"《关于加强牛皮统一管理问题的报告》，再次强调要切实加强牛皮的管理，实行全国统一收购、统一调拨；要坚决制止违反政策高价收购和不按国家计划随意动用牛皮的现象，保证完成国家的收购、调拨和储存计划；要尽量节约和合理使用牛皮，充分利用有限的资源，坚决克服一切浪费现象。

国务院要求各省、市、自治区加强对牛皮的使用管理，统一规划，把牛皮革的生产定点安排在质量好、成本低的企业生产；一些产品能够用猪皮制造的，要少用或不用牛皮。

2. 山羊皮资源的保护

"七五"期间，为了调整我国出口商品结构，实现"两个转变"，节制国产山羊板皮资源性出口，经国务院协调，轻工业部会同经贸部、商业部、农牧渔业部和海关总署联合行动，由轻工业部主持，组织力量对我国汉口路、四川路、云贵路山羊板皮资源及其利用情况的进行调研。1985年7—9月，在轻工业部皮革文化用品局领导的主持下，由沪、豫、冀等地皮革工业公司及新乡、开封等制革厂选派人员，组成五人调查组进行了为期3个月的实地调查，事后向轻工业部皮文局提交了调查报告和原始资料。1986年1月27

日，轻工业部向国家经委提交了《关于解决山羊板皮出口问题的报告》，提出有关限制山羊板皮出口、允许有条件的皮革企业加工成皮革及其制品出口等4点建议。1987年，轻工业部先后向国家经委、中央财经领导小组并姚依林副总理、海关总署并国务院关税税则委员会报送了《关于我国山羊皮生产、利用情况和问题的调查报告》《关于提高山羊板皮出口关税的建议》，阐明在调整我国出口商品结构、努力实现"两个转变"和国内山羊板皮收购价格强势上涨的情势下，我国仍然大量出口山羊板皮，数量仍达1415万张，而工业部门因无力承受高价，致使全国山羊皮制革生产能力闲置1/3以上，为此，提议采取经济手段限制出口原料，继续提高山羊板皮的出口关税税率，以维护国产山羊皮资源。

此举不仅维护了国产山羊皮资源，减少了优质原皮廉价出口，同时还引导全国皮革行业利用国产资源努力进行了深加工和精加工，更好地提升了皮革行业扩大出口创汇能力，是一项富有战略性的举措。

3. 生产皮革专用染料

长期以来，制革、毛皮行业一直沿用我国化工行业生产供应的纺织印染业通用性染料，以酸性染料为主，碱性染料、硫化染料为辅，皮革专用染料始终处于国内空白状况。为了改善皮革、毛皮的染色效果，提高皮革、毛皮产品质量，开发和增加花色品种，1978年，轻工业部通过专项协调，就"关于建议将皮革皮毛专用染料列入你部计划"致函化工部，化工部安排下属（京、津、沪、沈阳、武汉、广州、重庆等市）工厂生产，确保供应皮革专用染料，提高皮革、毛皮、皮鞋等产品质量，加快扩大皮革制品出口创汇。

1980年4月9日轻工业部下发《关于推广应用国产皮革金属络合染料的通知》，通知称轻工业部和化工部自1978年起联合下达的研制皮革金属络合染料的科研项目，已在青岛染料厂、上海市皮革工业研究所、上海化工学院和天津市皮革研究所等单位共同努力下，研发出皮革喷涂黄GL、喷涂橙2RL、喷涂红GL、喷涂蓝RL、喷涂棕RG和喷涂黑RL共6个品种，经部分省市皮革厂应用考核，认为效果良好。轻工业部与化工部决定联合在青岛组织中试点，然后化工部安排批量投产。同年，轻工业部还会同部毛皮制革工业研究所在上海组织鉴定由上海市皮革工业研究所、上海化工学院共同研制的皮革金属络合染料，红、橙、黄、兰、黑、棕6个品种含铬、钴金属原子1：2型偶氮络合染料，填补了国内空白，经制革厂实际应用，效果与德国BASF司的"奥克索拉"系列染料性能相似。

4. 制革酶制剂的生产供应

在猪皮制革酶法脱毛新工艺向全国推广应用以后，制革用酶制剂的生产和供应就成为重要工作。然而，制革用酶制剂的生产涉及粮食和硫酸铵等原材料，由于没有列入国家统一计划，只能就地生产、就地供应，各省、市、区之间调剂余缺也相当困难。当时，全国仅有上海酒精厂、天津酶制剂厂、无锡酶制剂厂等为数不多的生物制剂企业生产制革用酶制剂，数量有限，供不应求，难以满足全国各地制革厂推广酶脱毛工艺的需要。为了部署、落实制革用酶制剂的生产和供应，轻工业部于1978年向国家计委提交了《关于制革、毛皮工业需要酶制剂问题的报告》。该报告提出了具体建议，就是在原有基础上妥善安排好酶制剂的生产和供应，并提出了以后的产销规划。

同年，轻工业部还将酶制剂生产纳入"新技术推广补助项目"，拨款支持帮助各地自主开发制革酶制剂的生产和供应。于是，在上海、天津、无锡等酶制剂厂基础上，四川泸州、河南睢县、湖南衡阳、河北张家口等酶制剂厂应运而生，提高了地方自给自足的能力，为全国制革和毛皮工业全面推广应用酶脱毛新工艺创造了条件。1980年，全国制革酶脱毛新工艺推广应用掀起了新高潮。

（二）原皮价格管理

1983年，国家物资总局、商业部、农牧渔业部、林业部、轻工业部、国家药业管理局、中国丝绸公司联合印发《国务院有关农产品价格分工管理试行目录》，其中"编号五"系畜产品类，明确了牛、羊皮分工管理办法如下：

5-1 黄牛皮甜（淡）干板、一等，价格管理部门商业部，由各省、自治区、直辖市的省会所在地分工管理；

5-2 水牛皮净掌板、一等，价格管理部门商业部，由上海、江苏、南京、杭州、合肥、福州、南昌、广州、长沙、武汉、昆明、贵阳、成都、南宁等地分工管理；

5-3 绵羊毛、手抖净货本种羊毛，价格管理部门商业部，由各省、自治区、直辖市的省会所在地分工管理。

5-4 绵羊皮（包括改良种）干皮、甲级，价格管理部门商业部，由各省、自治区、直辖市的省会所在地分工管理；

5-5 山羊板皮干皮、甲级，价格管理部门商业部，由各省、自治区、直辖市的省会所在地分工管理。

分工管理的试行要求：一是遵照中共中央【中发［1983］01号】文件精神和经济体制改革的要求，农产品价格的管理，要坚持统一领导和分级管理的原则；二是凡是重要的统购、派购和计划收购的农产品价格，由国务院主管部门统一管理，其他比较重要的农产品价格，可由地方分级管理，国家管理价格的品种应占采购总额的70%左右；三是地方管理的农产品和允许议价的农产品，国务院主管部门认为有必要时，可进行地区间价格平衡；四是国务院有关部门管理的产品种类、等级规格、管理市场以及统一规定的购销价格，各地区、各经营单位均应遵照执行。

原皮价格管理涉及中央和地方的许多部门，在经济体制改革的过程中，尤其在尚未出台统一领导和分级管理的原则之前，市场混乱、价格竞争是不可避免的现象，对当时的制革、毛皮企业受影响很大。文件出台后，对于实行分工管理、规范原皮市场、平抑集市价格、促进生产发展、搞好余缺调剂，能做到有章可循。这对皮革工业来说，的确是一场"及时雨"；同时，对于保护并合理利用资源，保护国家、生产者、经营者和消费者的利益，也具有重要意义。

三 关于财税政策

（一）猪皮财政补贴

全国倡导大力开剥猪皮、利用猪皮制革，以及实行猪皮开剥免征税赋、猪皮制革财政补贴等一系列优惠政策，极大地调动了全国各地开发猪皮资源和制革企业利用猪皮制革的积极性，有效地推动了猪皮制革生产的蓬勃发展。猪皮财政补贴从最初按张补贴给生猪屠宰剥皮企业的办法，改为直接补贴给皮革工业的制革企业，更利于操作落实。

从1979年4月1日起，国家调高了生猪收购价格，猪皮收购价格也相应调高，但仍旧规定制革厂负担的鲜猪皮价格不变。由于新的猪皮价格对工商均有利，猪皮开剥数量又从 1978 年的 3618 万张，增加到 1979 年的 4986 万张，1980 年又猛增到 7985 万张，两年期间净增 4367 万张猪皮，使猪皮资源的开发出现了历史上的最高峰。为了减轻国家财政补贴的负担，促进制革企业加强经济核算，改善经营管理，工业负担的鲜猪皮价格，从 1982 年 3 月开始由原每斤 0.45 元提高到每斤 0.50 元，相应地每斤减少国家财政补贴 0.05 元。

1979 年 7 月 27 日轻工业部、商业部、财政部发出《关于大力开剥猪皮和发展猪皮制革有关问题的联合通知》，强调：第一，猪皮开剥坚持"皮肉并重"的方针；第二，对猪皮实行计划开剥、计划收购、计划分配；第三，鲜猪皮的收购价格，继续贯彻"斤皮斤肉"的政策，猪皮制革继续执行国家财政补贴。

（二）其他税赋政策

针对皮革行业税赋过重的实际情况，为了皮革行业的健康发展，轻工业部曾多次向中央有关部门反映情况，并提出有关减轻皮革行业税负以及税赋政策倾斜建议，如凡皮革、皮鞋制造技术和机械设备的引进项目，应实行进口享受减免关税优惠、扩大出口贴息贷款及专项措施等。

1. 实施皮革、皮鞋制造技术和机械设备的引进项目享受进口关税减免

1987 年，轻工业部《关于办理"统一归口、联合对外"引进皮革、皮鞋制造技术和设备有关具体工作的通知》规定凡引进皮革、皮鞋制造技术和设备的建设项目（产品全部外销的利用外资项目，从苏联、东欧国家引进项目以及进口二手设备除外），一律参加"统一归口、联合对外"。凡不具备申请条件或不够资格参加"统一归口、联合对外"而引进了皮革、皮鞋制造技术和生产设备的，一律不予办理"统一归口、联合对外"的证明文件，不能享受减免进口税的优惠待遇，并要加征 10% 以上进口调节税。当时被列入"统一归口、联合对外"成捆引进的皮革企业全国有 32 家。

2. 鼓励扩大出口贴息贷款、专项措施及技改项目减免税

20 世纪 80 年代初，轻工业部为了支持、鼓励皮革工业和有能力的企业逐步扩大产品出口创汇，曾向国家经委、财政部等政府有关部门申办有关扩大出口贴息贷款项目，内容涉及 16 个省区市的皮革行业有关皮鞋、皮件企业，鼓励产品出口创汇。

1984 年 3 月，轻工业部为部分地区皮革企业、部分引进项目申请进口设备减免税；同年 5 月，轻工业部为部分地区皮革企业申请技术改造减免税。

1987 年，轻工业部转发国家经委、财政部下达的"更新改造专项措施项目"，内容涉及皮革工业科研机构的更新改造、提高科研能力和水平，为行业扩大出口创汇服务，国家拨款总额 225 万元。其中，涉及轻工业部毛皮制革研究所、轻工业部制鞋研究所、轻工业部革、鞋质量检测中心、北京市皮革研究所、天津市皮革研究所等单位，旨在提高出口产品研发能力和质量检测水平，更好地为毛皮制品、出口皮鞋企业扩大出口创汇服务。

同年，轻工业部为部分地区皮革行业申请了技术改造贴息项目，其中续建项目 20 个、新建项目 37 个，涉及北京皮件厂、北京皮革化工厂等多家企业的技术改造。

第二节 技术改造与科技进步

一 技术改造工业

在20世纪70—80年代间，轻工业部加快了对全国皮革工业进行设备引进与技术改造。从调研现状、技改方案、考察选型、资金来源、设备引进到安装调试，从引进先进的机械设备到推动制革生产和胶粘皮鞋生产初步实现机械化，一环一环地组织落实。这些技改项目的完成，为"六五""七五"期间各地皮革工业的后续发展和重点企业承担及实施国家科技攻关项目，配备了硬件设施。

（一）制革企业技术改造

国家为了加快重点企业的技术改造，从1978年起，启动了一系列技术改造项目，旨在加快重点企业实现机械化和现代化。涉及皮革工业有一大批，其中属重大技术改造项目的有上海制革行业迁建改造项目、广州人民制革厂重大技术改造项目、合肥制革厂技术改造项目等。下面以上海、广州为例。

据轻工业部"关于对上海市制革行业迁建改造计划任务书的审查意见"（（78）轻计字294号文）和上海制革行业迁建改造项目专项资料记载，上海皮革公司下属有8家制革厂，由于历史原因，6家制革厂分布在上海市居民区内，影响了周边居民的生活环境。为了消除市内污染，改善生态环境，迅速改变上海制革行业生产面貌，推动全国皮革行业的技术改造，使我国制革行业赶上世界先进水平，国家决定结合上海市城市规划和治理"三废"污染工作，对现有制革老厂进行技术改造，将市区的制革厂迁到近郊大场地区进行扩建。在国家计委、轻工业部、上海市政府的关心和支持下，"上海制革行业迁建改造项目"通过立项、审批后，在20世纪80年代初付诸实施，最终建成了以猪革、牛革、羊革三条生产线的三个新建制革工厂为主体的上海皮革公司制革总厂，并设计、建造一个日污水处理能力9700立方米的综合污水处理厂，以便集中处理制革污水，使之成为重点制革企业实现机械化和现代化的新尝试。

广州人民制革厂重大技术改造项目完成后，既提高了生产能力和产品质量，大大提高制革生产机械化程度，又具备了相应的制革污水处理设施和处理能力，大大改善了生产条件和环境面貌，成为当时全国制革行业技术改造的一面旗帜。

（二）毛皮企业技术改造

"六五"期间分两批改造了12个毛皮企业，组建了1个养殖基地，1个毛皮工业专用木糠（锯末）生产厂。

第一批技术改造在1981—1984年改造了沈阳皮毛厂、张家口第二制皮厂，总投资230万元，建立以细皮为主的鞣染吊制服装生产线。

第二批技术改造项目是1985年开始的"三为主"项目，共改造10个企业，3年总投资2622万元，其中1985年投资1472万元。这批项目主要是引进国际上现有20世纪80年代先进水平的毛皮关键设备，用以装备9条毛皮鞣染吊制加工生产线和1个毛皮动物饲养基地。在黑龙江省五常县鞋楦厂，引进了毛皮专用木糠加工生产线。

在促进科学技术进步及智力开发方面，"六五"期间共安排了6个科研项目：其中两个是国家级65-9日用轻化工工业的开发研究:"国产水貂皮加工工艺技术的研究""毛皮染整加工技术的研究";两个新产品试制项目:"毛革两用毛皮加工技术的研究""山羊皮染整技术的研究";两个毛皮专用化工材料的开发项目:"DG—系列毛皮专用脱脂净洗剂的研制""毛皮用踢皮油的研制"。这些项目均已完成,并取得了较好的经济效益。

(三) 新建扩建皮化企业

皮革工业坚持自力更生、自我完善,逐步实现行业内自我配套,构筑成比较完善的皮革产业链。为改变长期依赖进口红矾钠的局面,使之早日实现国产化,在已有上海、北京、天津、泸州等皮革化工厂等骨干企业的基础上,轻工业部曾将新建、扩建专业生产红矾钠等皮革化工厂和新建皮革化工材料工业性试验基地的计划任务,以专项报告提交国家计委,并得到批准。

1978年,轻工业部就《关于青海省西宁市第二化工厂计划任务书》向国家计委提交了专项报告,鉴于该厂扩建改造后专业生产盐基性硫酸铬和红矾钠等皮革化工材料,建议青海省将该厂改称为"西宁皮革化工厂"。1983年,青海省西宁市"西宁皮革化工厂迁建、扩建工程(生产红矾钠)项目"获国家计委批准。1983年3月,轻工业部以(83)轻计字36号文批复西宁皮革化工厂迁扩建工程可行性研究报告。批复中明确同意将迁扩建项目列入"六五"计划和1983年规划设计项目;建设规模为年产盐基性硫酸铬4500吨、红矾钠250吨,总投资控制在1200万元以内。

1983年,轻工业部就"关于内蒙古巴彦高勒皮革化工厂"问题向国家计委提交了专项报告,主要内容为专业生产红矾钠的情况。

1985年11月,国家计委批复丹东轻化工研究所关于新建"皮革化工材料工业性试验基地项目",同意由丹东轻化工研究所在丹东建设皮革化工材料工业性试验基地;总规模4900平方米(其中试验车间2900平方米,科研辅助2000平方米);总费用900万元(其中国家拨款600万元,地方自筹300万元),1987年年底建成,1988年鉴定验收;项目建设和试验工作由轻工业部和辽宁省共同组织实施,以轻工部为主。

二 引进项目

皮革行业的技术改造旨在为行业挖掘潜力,为企业提升产能,是皮革生产企业的生产技术、机械装备、化工材料等全方位的改造和提升。技术改造往往和引进国外先进的技术、装备、化料等项目紧密联系在一起的。引进只是一项手段,而消化吸收、剖析借鉴、研发创新才是终极目标。这个时期,皮革工业引进、消化、吸收的项目主要集中在皮革化工材料和皮革机械装备方面。

(一) 皮革化工

20世纪70—80年代,在轻工业部主持下,一方面先后邀请了来自联邦德国、瑞士、荷兰、日本的皮化厂商来华进行技术交流和应用试验,安排在京津沪川的活动次数相对比其他省市多一点,总体反映很好,对制革企业稳定提高质量和开发花色品种有所帮助;另一方面又组团考察了联邦德国巴斯夫(BASF)和拜耳(Bayer)两家著名的化工公司,了解了当时的新型鞣剂、复鞣剂、皮革染料、涂饰剂等新品,并两次组织引进30多个品种、400多吨皮革化工材料,花费外汇100多万美元。对这些进口化工材料,一是组织各地重点制革厂应用试验,以提高产品质量和等级率;二是组织科研院所和皮革化工厂家进行剖析、仿制，铝鞣剂、填充性树脂、改性干酪素、硝化棉乳液等皮革化学品先后在国内开始生产。通过考察、引进，使皮化企业认识到了与国外相比存在的差距，以此树立赶超的决心。

20世纪80年代，轻工业部曾组织安排天津皮革化工厂与英国霍奇森化工公司多次进行技术交流与应用试验，经过多年的谈判和努力，在引进合成鞣剂生产技术方面终于得以实现，这是皮革行业第一次软技术引进的成功项目。

1978—1987年期间，我国先后研究出了改性丙烯酸树脂、聚氨酯乳液、硝化棉乳液光亮剂、阳离子型加脂剂、铝鞣剂、改性硝化棉顶层涂饰剂、速鞣剂、脲醛树脂鞣剂、快速浸水助剂等一些新产品。代替性合成鞣剂的研究业取得一定效果，如轻工业部毛皮制革研究所研究的脲环1号鞣剂，西北轻工业学院、丹东轻化工研究所研究的戊二醛鞣剂等。此外，两性离子加脂剂、皮革染料、毛皮鞣剂、多金属络合鞣剂、加脂性合成鞣剂等也在研究中，并陆续投入生产。

（二）皮革机械

在20世纪80年代前后，轻工业部先后组团考察捷克斯洛伐克和意大利解决设备选型问题，利用记账外汇、政府贷款、补偿贸易等方式解决资金来源问题。前后共引进捷克斯洛伐克的制鞋设备2000多台（套），建成了15条皮鞋生产线，装备了一大批制鞋企业；引进了意大利的制革设备122台（套），装备了各地的重点制革企业。通过谈判技巧与贸易手段，节省外汇达130万美元，还免费培训了28名技术人员。

以辽宁省为例，1985年，沈阳第一制革厂、金州制革厂、丹东制革厂等8个制革厂共引进捷克斯洛伐克、意大利、联邦德国、日本、英国、南斯拉夫等8个国家的皮革机械，如转鼓、去肉机、片皮机、削匀机、拉软机、伸展机、干燥机、喷涂机、熨平机、抛光机、涂胶机等11种设备共47台（套），共使用外汇57.5万美元，合人民币304.5万元。

为引进片皮机项目，通过实地考察和技术座谈，确定法国梅西尔公司西马蒂克精密片皮机比其他国家同类产品具有结构先进、精度高、调试维修方便等优点，其技术处于国际领先地位。1983年，轻工业部以（83）轻计字第273号文向国家经委、对外经济贸易部报送了《引进精密片皮机制造技术的可行性研究报告》，为大连红旗机械厂引进了法国梅西尔精密片皮机及其相关技术提供支持，促使这项技术改造项目得以实现。

（三）合成革

为了弥补天然皮革资源之不足，利用合成革丰富皮革制品的生产，满足日益增加的消费需求，国务院批准了轻工业部提出的引进合成革项目的建议，同意引进国外合成革新技术和进口成套设备。1978年，国家计委以计计（1978）390号文批复了烟台合成革厂计划任务书；1980年，国家建委以（80）建发化字129号文批准了开工报告。作为轻工业部直供、直属项目，轻工业部会同山东省人民政府组织实施了该项目的建设，1983年，该项目通过国家验收，并获国家优秀设计银质奖和国家优质工程银质奖。后经消化、吸收、再创新，形成了拥有自主知识产权的MDI、超细纤维、聚酯多醇制造技术，烟台合成革厂也成为我国第一个生产合成革的大型现代化企业。

上述引进项目的实现，有力地推动皮革化工、皮革机械行业、合成革工业的发展，通过引进、消化、吸收，实现了国产化，并为提高皮革行业研发水平和产品质量、丰富原材料结构、提升扩大出口创汇能力、大大加快皮革行业实现机械化和现代化创造了有利条件。

三 科教建设

发展皮革行业，科技先行。当时，从中央到地方都在积极恢复组建科研机构，全国凡有皮革专业的大专院校都在恢复发展。

（一）科研机构建设

1978年，经国务院批准，"文化大革命"时期从北京下放到河南省平顶山市的轻工业部皮革研究所迁回北京市东四六条45号，时名为"轻工业部毛皮制革工业科学研究所"，主要科研工作包括皮革、毛皮加工新工艺，皮革化工新材料，皮革工业新设备，皮革工业环境保护新技术，皮革工业有关产品的标准及测试方法和皮革工业情报信息等。同年，由全国皮革工业科技情报站主持编写的《国内外皮革工业水平》出版，全书共分轻革、重革、毛皮、皮鞋、皮件和皮革五金、制革化工材料、制革机械、皮革测试方法和仪器、皮革工业"三废"治理和综合利用等9个专题，为了解我国皮革工业与国外的差距、赶超国际先进水平提供了全行业的科技信息。

分布在全国各地的省市级地方皮革科研机构为数不少，其中，当时知名度较高的有北京市皮革工业研究所、天津市皮革研究所、上海市皮革工业研究所（后设轻工业部上海皮革技术中心）、四川省皮革工业研究所、浙江省皮革塑料研究所、沈阳市皮革研究所、丹东市轻化工研究院（全国皮革化工材料研发中心）、中国科学院成都有机化学研究所等。

1987年，轻工业部转发国家经委、财政部下达的《1987年更新改造专项措施项目计划》，内容涉及轻工业部属、京津市属科研机构的更新改造项目，国家拨款总额225万元，其中：轻工业部毛皮制革研究所负责研发高档裘皮增加出口创汇；轻工业部制鞋工业科学研究所负责提高出口皮鞋质量和劳动生产率；轻工业部革、鞋质量检测中心负责购置革鞋检测仪器设备（如紫外分光光度计、气相色谱仪曲绕机、疲劳仪等），提高质量检测能力，为皮革制品扩大出口服务；北京市皮革研究所负责建设湿法聚氨酯（PU）仿羊皮羽绒服中试车间，以扩大制品出口；天津市皮革研究所负责购置皮革质量检测仪器，靠拢国际标准、为出口产品检测把关。

（二）专业人才培养

1977年，我国恢复高考制度，全国高校恢复招生。全国设有皮革专业的高校，如成都工学院、西北轻工业学院等以及各地中专、技校，纷纷开班招生，努力为皮革行业培养、输送不同层次的专业人才。

成都工学院皮革专业招收四年制本科生，每一年招生规模保持在40人左右，同时受轻工业部委托，皮革专业开办了二年制的制鞋机械培训班；1979年恢复研究生招生；1981年国家实行新的学位制度，制革及鞣料专业获得硕士学位授予权；1984年，经国家教委批准，开办了毛皮制革工艺三年制成人专科，当年招收学生40人；1985年，创立皮革机械专业及教研室，第一届招生13人，为皮革行业培养研究、设计、生产和使用皮革机械的专门人才；1986年经国家教委批准成立皮革工程系、皮革研究所，同时获皮革化学与工程博士学位授权资格，何先祺教授为新中国成立以来皮革专业第一位博士生导师，同年开办了革制品设计与加工两年制成人专科班,同时皮革专业成人专科也继续开办;1987年开始招收博士生。

西北轻工业学院前身是北京轻工业学院,1970年迁至陕西省咸阳市后更名。1982年教育部批准该院皮革工程专业为硕士学位授权点;1984年成立皮革工程系,专业领域不断拓宽,同年9月毛皮专业开始招生,1985年开设皮革制品专科;1998年设立服装设计与工程本科专业。该学院先后为皮革行业培育、输送了大批专业人才。

1978年,上海轻工业高等专科学校恢复设置皮革专业,以"定向代培"为主要形式,先后开办了5届,共招生427名,学生毕业后定向输送给委托培养的上海皮革行业企业。

1982年天津市轻工职业技术学院开设皮革专业大专班,开设课程有制革、皮鞋设计两个专业。

1983年江苏省常州市轻工业职工大学"制革工艺及设备"大专班首届招生,对象为在职职工;1984年江苏省轻工业厅将"制革工艺及设备"定为省定点专业。

1986年山东轻工业学院创立皮革专业,开始为全国皮革行业培养、输送皮革化学与工程专业的本科、专科毕业的皮革专业人才。

毛皮工业的专业教育实现从无到有,西北轻院于1984年开办了毛皮专业班(专科);内蒙呼市于1983年内蒙二轻工业学校开办了毛皮中专班;张家口市于1983年成立了毛皮职工中专。

为解决专业人才的脱节与断层,20世纪80年代前后,京、津、沪等地皮革工业公司纷纷组织师资,或在本系统内挖掘人才,或邀请高校专业教师,自行开办或联办"七·二一"大学、职业技术学院、职业技术中专、技工学校;陕、甘、宁、青、新西北五省区也在青海省西宁市联合举办皮革专业培训班,有关高校还接纳皮革企业选送的学员进行定向代培,以缓解皮革专业人才匮乏的局面。

四 科技攻关

皮革工业在经历恢复改造、初期建设后,已开始成为全国轻工业出口创汇的支柱行业。国家为了加快皮革工业的发展,提高皮革行业的生产能力、工艺技术和质量水平,自20世纪80年代初开始,由国家经委、轻工业部有计划、有步骤地组织开展有关皮革行业的"六五"时期的国家科技攻关项目。

制革是皮革工业的基础行业,"六五"时期(1981—1985年),国家开展皮革行业科技攻关项目主要是为了提高制革工艺技术和产品质量。国家总投入3000万元,针对如何提高猪皮革质量和制造工艺技术、如何转变我国长期依赖优质山羊板皮原料出口与粗加工的落后状况,选定以上海、杭州、成都、新乡、开封等地的皮革工业公司和制革厂为实业主体,并携手有关高校、院所,形成产学研结合体的优势,共同承担科技攻关项目,并使科技成果及时转化为生产力,产生了明显的经济效益和社会效益。

"六五"国家科技攻关皮革项目有高档猪正面革生产工艺技术的研究(编号65-9-1-1)、良种猪皮制造高档轻革的研究(编号65-9-1-2)、猪皮制造细面革的研究(编号65-9-1-3)、提高汉口路山羊皮革质量的研究(编号65-9-1-4)和提高四川路山羊皮革质量的研究(编号65-9-1-5)共五项,分别由上海市皮革公司(上海红光制革厂、上海新兴制革厂、上海市皮革工业研究所)、成都市皮革公司(成都制革总厂)、浙江省皮塑公司（杭州制革厂）、新乡制革厂、开封制革厂、轻工业部毛皮制革工业科学研究所、四川省皮革工业研究所、河南省二轻皮革塑料研究所、成都科技大学、西北轻工业学院等单位承担。该五项国家科技攻关项目旨在研究提高猪皮和汉口路、四川路山羊皮的制革新技术与成革质量。项目于1983—1985年间如期完成，并通过轻工业部组织专家鉴定。其中，"提高汉口路山羊皮革质量的研究"、"高档猪正面革生产工艺技术的研究"项目，分别于1987年获国家科技进步一、二等奖，其他项目分获轻工业部科技进步一、二等奖。总之，"六五"国家科技攻关项目已取得很好成果，高档猪皮正面革、猪皮全粒面服装革、山羊打光苯胺鞋面革、山羊泡沫型服装革等均达到国外同类产品较先进的质量水平。

为了使科研成果尽快转化为生产力，使高档猪轻革全套生产工艺技术能在"七五"期间得到推广，并进一步加速开发猪皮制革技术，轻工业部于1984年向国家经委报送了《关于申报高档猪轻革中试车间补充经费的函》，计划在上海红光制革厂内建立一个日投1000张猪皮、日产500张高档猪皮正面革生产线的中试车间，作为上海市皮革工业研究所和红光制革厂联合的中试基地（费用总额为292万元），为攻关成果转化为生产力以及推广应用提供有力的支持。

"六五"国家科技攻关的实践，不仅显著提高了我国猪皮制革、羊皮制革的加工技术和猪、羊皮革的产品质量和档次，同时也大大丰富了猪、羊皮革的花色品种和产品风格，而且为根据我国国情大力发展猪皮制革，逐步从我国长期依赖优质山羊板皮出口转为通过自行深加工和精加工，促成高档山羊皮及其制品出口提供了条件。同时，"六五"国家科技攻关的实践，也有力地推动和加快了皮革行业技术改造的步伐，为后续"七五""八五"时期的科技攻关积累了丰富的实践经验，奠定了良好的技术基础。

1986年，轻工业部编制了"一九八六年度技术开发项目拨款补助计划"，重点资助"六五"国家科技攻关项目提高猪、羊皮制革质量和生产技术成果转化为工业化生产。其中，序号12-1系猪、羊革制品高档化及制革、革制品机械（其中制革机械——超声波喷浆机、熨平轧花机；制鞋机械——制底生产线、毛皮脱脂机），国家补助经费合计43万元。

五 新技术推广

在1978年全国轻工业学大庆会议以后，轻工系统掀起了采用新技术、新工艺、新材料、新设备的"四新"浪潮，其中新技术推广项目成为当时的一大亮点。轻工业部十分关注部属新技术推广重点项目的实施，为了帮助重点项目解决在自筹资金基础上的资金缺口，及时向国家经委、财政部申请了项目补助费用。1978年7月，轻工业部转发国家经委、财政部文件《关于下达1978年新技术推广补助费的通知》。其中，皮革行业涉及制革、毛皮、皮化企业等共有17项，集中在制革行业有关提高原皮利用率、"一皮变多皮"的精密片皮、增产剖层革和大力推广酶法脱毛、替代传统灰碱法、减轻废水污染等方面，有关项目和企业名称、新技术推广内容、经济技术效果和补助资金计划见表2-2。

表2-2　　　　　轻工业部部属有关皮革新技术推广重点项目补助费分配

序号	项目和企业名称	新技术推广内容	经济技术效果	补助费（万元）
1	四川万县制革厂	精密片皮	增产10万平方米剖层革	25

续表

序号	项目和企业名称	新技术推广内容	经济技术效果	补助费（万元）
2	四川泸州酶制剂厂	形成年产蛋白酶200吨能力	满足川滇贵制革需求	40
3	西安人民制革厂	形成年产蛋白酶30吨能力 精密片皮	制革废水变有机肥料 增产10万平方米剖层革	20 20
4	河南睢县酶制剂厂	形成年产蛋白酶40吨能力	制革废水变有机肥料	20
5	武汉皮革化工厂	形成年产蛋白酶120吨能力	制革废水变有机肥料	30
6	湖南衡阳酶制剂厂	形成年产蛋白酶120吨能力	制革废水变有机肥料	40
7	广西桂林制革厂	精密片皮	增产10万平方米剖层革	25
8	浙江海宁制革厂	精密片皮	增产10万平方米剖层革	30
9	安徽安庆制革厂	精密片皮	增产10万平方米剖层革	25
10	江西景德镇制革厂	精密片皮	增产10万平方米剖层革	20
11	赣南生物制药厂	形成年产蛋白酶50吨能力	解决全省制革需求	25
12	山东潍坊制革厂	精密片皮	增产10万平方米剖层革	20
13	北京东风制革厂	推广酶脱毛新工艺/精密片皮	废水变肥料/增产剖层革	20
14	张家口酶制剂厂	用新工艺年产酸性蛋白酶60吨，解决河北、山西、内蒙古、宁夏毛皮需求	提高鞣毛质量 每年节省粮食776万斤	20 20
15	山西大同制革厂	精密片皮	增产10万平方米剖层革	20
16	吉林洮安制革厂	精密片皮	增产10万平方米剖层革	20
17	黑龙江海拉尔制革厂※	精密片皮	增产10万平方米剖层革	30

※注：1978年轻工业部文件上是黑龙江海拉尔制革厂。

1983年，国家经委下达"新技术开发计划"，内容设涉及新产品开发计划、引进技术消化吸收、新技术推广等系列项目。

1984年，轻工业部组织落实了新产品研制项目，"皮革星型转鼓研制项目"系其中之一，由上海皮革机械厂承担，并负责研制完成，下达经费10万元。1986年年初，皮革星型转鼓研制完成并通过新产品鉴定后正式投产，为制革行业提供了新型转鼓装备。

1985年，轻工业部组织落实了"一九八五年轻工业科技合同商谈项目（第二批）"，其中涉及皮革工业的项目有制革铬废液的回收和利用、皮革边角废料加工成蛋白饲料两项。关于合作项目的经费，实行地方和企业自筹，轻工业部补贴一部分，经济效益显著的项目可实行贷款办法。

六 标准化工作

新中国成立后，皮革工业的标准一直以沿用苏制（模式）标准为主，其特点偏重化学分析。20世纪60年代后，随着我国标准化工作的深入开展和不断完善，皮革工业开始对基础标准和产品标准自行进行制定和修订，初步形成了由轻工业部发布的行业标准系列。自 80 年代开始，逐步接触、趋向国际标准化组织（ISO）的标准系列，其特点是化学分析和物理检测并重，注重基础标准科学化和产品标准实用化。1984 年经轻工业部、国家标准局选派，轻工业部毛皮制革工业科学研究所相关人员赴瑞士日内瓦参加国际标准化组织 ISO/TC 120 技术委员会有关皮革标准会议，这是我国皮革行业第一次参加国际标准组织会议。

同时，皮革工业开始逐步拥有皮革、皮鞋行业的国家标准和轻工业部部颁标准系列。例如，1983 年 3 月报送《成鞋试验方法》等三项国家标准；1983 年 8 月发布实施《中国鞋号及鞋楦系列》和《鞋楦尺寸检验方法》等国家标准；1983 年 9 月发布、试行《毛皮成品检验规则》等 15 个标准；1984 年 1 月报送《皮革物理化学性能试验方法》等 6 项国家标准；1984 年 8 月制修订国家标准、部标准，如《139 皮鞋外底》《162 皮鞋跟面》等。

轻工业部每年组织召开的全国轻工业标准化工作会议，对加快皮革行业标准化建设起到了积极作用。1985 年，轻工业部组织召开全国轻工业标准化工作会议，旨在贯彻执行全国标准化工作会议的精神，研究如何加快轻工业标准化的全面开展。会议还交流了在改革形势下标准化工作的新尝试和做法，对国际标准化技术归口单位进行整顿验收，学习讨论《轻工业技术引进和设备进口标准化审查管理实施细则》，奖励表彰先进集体和个人。全国轻工业标准化工作会议的召开，有力地推动皮革工业标准化工作的深入开展。

七　全国质量评比

1965 年，在全国倡导树立"质量第一"指导思想，开展比、学、赶、帮活动的形势下，由轻工业部皮革主管部门组织全国皮革工业系统开展了皮革产品质量鉴定评比活动，后因"文化大革命"停止，1978 年后恢复，并在探索、实践中形成了一整套适用于皮革工业实际，坚持公平、公正、公开的原则和有章可循的质量分类评比实施方法，有效地促进了行业加速发展、推动了皮革及其制品质量的稳步提高。20 世纪 80 年代后，根据《中华人民共和国优质产品奖励条例》及有关补充规定，我国还适时开展了全国皮革及其制品的国家优质产品评选工作，不少企业的产品曾先后荣获国优产品金质奖、银质奖牌和国家优质产品证书等荣誉。

（一）全行业产品质量分类评比

轻工业部二轻局、对外贸易部土畜产进出口总公司于 1978 年 10 月 25 日至 11 月 10 日在北京组织新中国成立以来第一次全国毛皮产品质量鉴定评比。全国共有 18 个省区、市及县以上的毛皮企业计 110 个单位共 1028 个样品参评，由轻工业部毛皮制革科学研究所组织实施，通过观感鉴定和理化分析，综合评比结果由组织单位联合发文予以公布。兹据资料将 1978—1987 年全国主要毛皮及其制品质量鉴定评比结果汇总，见表 2 - 3。

表 2-3　　　　　1978—1987 年全国主要毛皮及其制品质量鉴定评比结果汇总

组织单位：轻工业部二轻局、对外贸易部土畜产进出口总公司

年度	时间	地点	参评样品总数（个）	一类产品 个数	一类产品 %	二类产品 个数	二类产品 %	三类产品 个数	三类产品 %	依据文件
1978	10月	北京	1028	215	21.28	504	49.90	291	28.82	(79) 轻二生字第 13 号、(79) 土畜五裘字 138/101 文公布评比结果
1980	7月	北京	311	63	20.25	142	45.65	106	34.10	(80) 轻二字第 83 号文公布评比结果
1981	7月	北京	359	93	25.9	144	40.1	122	34.0	(81) 轻二字第 76 号、(81) 土畜五裘字 176/256 文公布评比结果
1982			118	34	28.8	49	41.5	35	29.7	轻工业部二轻局
1985			109	35	32.1	44	40.4	30	27.5	轻工业部二轻局
1987			88	37	42.0	31	35.2	20	22.7	轻工业部皮文局

1980 年，轻工业部二轻局于 6 月、7 月期间在北京组织了全国主要毛皮及其制品、制革、皮鞋质量鉴定评比。16 个省、自治区、直辖市及中国人民解放军总后勤工厂管理部所属各厂总计 91 个县以上的毛皮及其制品厂参加了毛皮及其制品质量鉴定评比，产品划分为皮张类和半成品类两大类，质量有明显提高。

制革主要产品的质量特点是：猪革酶法脱毛工艺有了很大发展，猪皮、羊皮软革质量普遍提高，牛面革类的松面率大大减少，山羊正面革无论在风格和质量方面又向国际先进水平迈进了一步。

参加评比的皮鞋产品有 24 个省、自治区、直辖市共 110 个单位、4 种工艺计 139 个样品，全部是猪皮鞋（中国人民解放军总后勤工厂除外），产品质量特点是：猪皮鞋花色品种和设计造型多，合成材料的使用更加广泛，做工与牛皮鞋一样较细，皮鞋的物理机械性能有所提高，鞋楦设计和加工有所改进，皮鞋包装装潢已开始引起重视。

兹据资料将 1980—1987 年部分全国皮革、皮鞋、皮制球、旅行箱质量鉴定评比结果汇总（1986 年单列），见表 2-4。

表 2-4　　1980—1987 年部分全国皮革、皮鞋、皮制球、旅行箱质量鉴定评比结果汇总

年度（月）	产品	地点	参评样品总数（个）	一类产品 个数	一类产品 %	二类产品 个数	二类产品 %	三类产品 个数	三类产品 %	依据文件
1980（6）	皮革	北京	169	38	22.49	115	68.05	16	9.46	(80)轻二字第84?号文公布评比结果
1980（7）	皮鞋	北京	139							尚未查到相关资料
1982（6）	皮革	杭州	154	66	42.9	81	52.6	7	4.5	(82)轻二局字第113号文公布评比结果
1982（6）	皮鞋	武汉	105	40	38.1	45	42.9	20	19.0	(82)轻二局字第112号文公布评比结果
1984（5）	皮革	南京	156	73	46.8	78	50.0	5	3.2	(84)轻二局字第49号文公布评比结果
1984（5）	皮制球	天津	31	30	97	1	3	—	—	(82)轻二局字第44号文公布评比结果
1987（6）	旅行软箱	济南	38	26	68.4	11	28.9	1	2.6	(87)轻皮文局字第62号文公布评比结果
1987（7）	童鞋	天津	74	42	56.8	24	32.4	8	10.8	(87)轻皮文局字第63号文公布评比结果

　　1985 年后，轻工业部根据当时的实际情况，在皮革文化用品局皮革处主持下，组织开展全国皮革工业系统的皮革产品质量评比工作，从评比方案、参评产品、实施细则到总结材料以及公布结果，都做到有章可循，公平、公正、公开。这对于提升行业产品质量总体水平，推动企业树立质量第一宗旨，开展比、学、赶、帮活动是有积极作用的。后来又做了两项改进：一是扩大参评产品的品种，如儿童皮鞋、旅游鞋、皮手套等，以适应企业升级的需要；二是完善评比内容和方法，如对皮鞋鞋楦的评定，改为由参评企业提供尺寸和样板，供评委对其鞋楦实物予以实测评定。此举更加实际、合理，得到参评企业一致赞同。

　　1986 年，在总结经验、改进方法基础上，当年全国皮革工业系统开展了皮革、皮鞋、皮制球、皮革服装、旅行衣箱的质量鉴定评比活动。鉴定评比结果见表 2-5。

表 2-5　　　　1986 年全国皮革、皮鞋、皮制球、皮革服装、旅行衣箱
质量鉴定评比结果汇总

行业	时间	地点	参评样品总数（个）	质量鉴定评比结果						依据文件
				一类产品		二类产品		三类产品		
				个数	%	个数	%	个数	%	
皮鞋	6 月	烟台	199	75	37.69	88	44.22	36	18.09	（86）轻二局字第 33 号文公布评比结果
皮制球	7 月	丹东	31	27	87.1	4	12.9	—	—	（86）轻二局字第 38 号文公布评比结果
皮革	7 月	哈尔滨	179	90	50.3	82	45.8	7	3.9	（86）轻二局字第 42 号文公布评比结果
旅行衣箱	8 月	广州	35	16	46	16	46	3	8	（86）轻二局字第 52 号文公布评比结果
皮革服装	9 月	无锡	49	25	51.1	22	44.9	2	4	（86）轻二局字第 53 号文公布评比结果

1987 年 7 月，第一次全国儿童皮鞋质量鉴定评比在天津市举行。全国有 18 个省、自治区、直辖市的 47 个儿童皮鞋重点生产企业提供的 74 个产品参加本次评比，按皮鞋制造工艺和鞋帮材料的不同，划分为 9 类产品分别进行评比，其结果详见表 2-4。参评产品的特点是：花色品种较多，款式设计较新颖；色泽较鲜艳，多数产品适合儿童皮鞋和穿着特点，但部分产品单纯求新、求俏，在结构设计和材料选用等方面还不能充分适应儿童的脚型特点和身体发育的要求，少数产品做工比较粗糙。

（二）国家级优质产品评选

自国家经委 1979 年颁布《中华人民共和国优质产品奖励条例》以后，全国工业战线率先试行国家优质产品的评定与奖励工作，通过实践，国家经委先于 1981 年对该条例做了补充规定，又于 1983 年再次下发《印发〈评定国家优质产品的几项补充规定〉的通知》（经质〔1983〕174 号文），轻工业部及时向各省、自治区、直辖市轻工厅局转发了该通知，进一步完善了国家优质产品的评定和奖励工作。

该补充规定的若干要点如下。一是优质产品分级：国优、部优和省优（自治区优）。国优产品应能体现技术进步和发展方向，对国计民生有重要意义，在国内外市场有良好声誉，其质量指标必须达到近期的（5 年左右）国际先进水平；部省区优产品质量指标必须达到国内先进水平，并接近近期的（5 年左右）国际先进水平。二是国家评优计划。三是国优产品的申报和考核。四是荣获国家质量奖的企业应由省区市或部门一次性发给奖金，对有贡献人员应多奖励，不搞平均主义。五是国优产品管理：其一，荣誉称号有效期五年；其二，定期组织复查、考核，每年至少一次；其三，限用优质产品标志。六是评优纪律：树立全局观，科学公正性，抽样检测规范，严防弄虚作假（查实后可撤销、通报）。

1979—1987 年期间，皮革工业荣获国家质量奖的品牌、产品和企业，据（86）轻生字第 4 号文关于"国家优质产品评选结果及名单"列表如下（见表 2-6）。

表 2-6　　1979—1987 年皮革工业国家优质产品评选结果及名单

获奖年度	获奖级别	注册商标	产品名称	生产企业
1979	金质奖	金杯牌	足球	天津利生体育用品厂
1979	银质奖		猪皮绒面服装革	浙江海宁制革厂
1980	银质奖	金鹤牌	胶粘女皮鞋	上海宝屐皮鞋厂
1980	银质奖	金杯牌	尼龙底足球鞋	天津运动鞋场
1981	银质奖	济宁塔牌	鞣制青猾皮	山东济宁市新华皮厂
1981	银质奖	三宝牌	黄牛修饰鞋面革	上海红卫制革厂
1982	金质奖	火车牌	S501S 胶粘排球	上海球厂
1982	银质奖		新式夏季飞行皮靴	解放军第 3516 工厂
1983	银质奖	双五牌	先锋男皮鞋	武汉国营茂记皮鞋厂
1983	银质奖	金鸡牌	山羊平纹服装革	浙江湖州市德泰顺制革厂
1983	银质奖	玉兔牌	猪修饰面革	江苏南京制革厂
1983	银质奖	箭牌	皮制胶胎篮球	辽宁丹东制球厂
1984	金质奖	金鹤牌	胶粘女皮鞋	上海宝屐皮鞋厂
1984	金质奖	火车牌	手缝 S32S 牛皮防水足球	上海国际球厂
1984	金质奖	金象牌	山羊苯胺鞋面革	河南新乡制革厂
1984	金质奖	金杯牌	足球	天津利生体育用品厂
1984	银质奖		猪正面服装革	湖南岳阳制革厂
1984	银质奖	飞轮牌	猪绒面服装手套革	上海红光制革厂
1984	银质奖	五圈牌	胶粘旅游鞋	上海皮鞋厂
1984	银质奖	金杯牌	手缝手球	天津利生体育用品厂
1984	银质奖	骏马牌	手缝手球	北京革制品厂
1984	银质奖	天津牌	牛面胶粘男浅鞋	天津第一皮鞋厂
1984	银质奖	海河牌	牛皮模压内耳男浅鞋	天津第四皮鞋厂
1984	银质奖	花蕊牌	硫化皮鞋	湖南长沙橡胶皮鞋厂
1984	银质奖	孔翎牌	水貂皮	辽宁沈阳毛皮场
1984	银质奖	古针牌	绵羊皮	河北张家口第一制革厂
1985	银质奖		短筒冬季飞行皮靴	解放军第 3516 工厂
1985	银质奖	长征牌	ABS 塑料旅行衣箱	上海东华皮件厂
1985	银质奖	金羊牌	山羊平纹皮服装	上海皮革服装厂
1985	银质奖	冰宫牌	男女绵羊皮服装	天津皮件厂

续表

获奖年度	获奖级别	注册商标	产品名称	生产企业
1985	银质奖	恒通牌	口羔皮	河北张家口第二制皮厂
1985	银质奖	共力牌	全牛皮缝制女皮鞋	沈阳市皮鞋四厂
1985	银质奖	黄鹤牌	牛、猪正面胶粘女皮靴	湖北武汉第三皮鞋厂
1986	银质奖	山海牌	猪正面服装革	山东威海市制革厂
1987	金质奖	金羊牌	绵羊革皮服装	上海皮革服装厂
1987	金质奖	金叶牌	水貂皮串刀大衣	上海皮毛总厂
1987	金质奖	喜熊牌	水貂皮一条龙大衣	北京市皮毛二厂

第三节 国际合作与展览活动

一 对外往来

在改革开放的新形势下，皮革行业对外交流、出访考察、接待来访以及多形式、多渠道、多元化的国际合作逐渐频繁。

20世纪80年代，制革、制鞋、皮化、皮机方面的国外知名厂商频繁来华在京、津、沪、穗、川等省市开展技术交流、组织技术培训。与此同时，国内高校院所皮革专业的学者、各地皮革工业公司的技术主管、企业的技术骨干也纷纷组团出国访问考察、交流实习、短期培训。这种技术领域的交往有利于我国皮革科技人员汲取国外先进的技术、学习国外先进的创新理念、激发自主开发新产品的睿智。

在接待国外团体或厂商来访交流、洽谈合作方面：1983年，我国皮革界曾先后接待美国罗姆哈斯化工（Rohm & Haas）、迈尔斯酶制剂，瑞士汽巴·嘉基化工（Ciba-Geigy），德国汉高（Henkel）、赫斯特化工（Hoechst）等公司技术专家来华交流；1984年曾先后接待意大利制革、制鞋考察团，西班牙洽谈皮革合营事宜代表团，联邦德国联合制鞋机械公司代表团，联邦德国拜耳化学公司代表团等来访；同年，还接待法国梅西尔公司来访洽谈关于大连红旗机械厂引进、消化梅西尔公司的西马蒂克精密片皮机事宜。1986年北欧世界著名毛皮拍卖行世家皮草（saga）进入中国，多次拜访了当时的轻工业部及对外经济贸易部，次年举办了首次毛皮时装秀，时任轻工业部副部长陈士能出席了会议。

在组织国内高校院所皮革专业的学者、各地皮革工业公司的技术主管、企业的技术骨干出访考察、技术交流方面：1978年轻工业部组团赴法国、意大利考察皮革、制鞋行业；其后，轻工业部、部毛皮制革研究所、成都科技大学皮革工程系的相关专家教授作为访问学者出国深造。

同时，由轻工业部组团率队进行访问考察的外事活动。例如，1981年，由轻工业部二轻局皮革处领导率团，赴北欧丹麦、瑞典等国家考察毛皮养殖事业以及毛皮制品加工；1983年轻工业部组团赴日本、菲律宾、意大利考察皮革行业；1984年轻工业部组团（（84）轻外字第130号），由轻工业部二轻局领导带队一行三人赴匈牙利，访问了匈牙利国家皮革研究所、布达佩斯皮革工业公司，考察了佩契制革总厂的猪皮制革技术；同年，轻工业部又组团赴土耳其考察皮革加工和皮革服装。

二 技术交流

（一）皮化、制革技术交流

改革开放以后，为了有的放矢地开展对外技术交流，在轻工业部主管部门的组织协调下，先后邀请了来自联邦德国的巴斯夫、拜耳、汉高、赫斯特、瑞士的汽巴·嘉基、山道士（Sandoz）、荷兰的斯塔尔（Sthel）以及日本的皮革化工厂商来华进行技术交流和应用试验，活动主要安排在京、津、沪、川等省市，总体反映很好，尤其对皮革化工企业帮助很大，通过技术交流，开阔了眼界，增长了见识，并通过引进剖析、消化吸收，激发创新思维，有效地推动了国产皮革化工材料的研制和开发。随后，合成鞣剂、复鞣剂、加脂剂、涂饰剂等国产皮化产品逐渐形成系列。

改革开放以后，国内的许多制革厂，尤其是京津沪浙川粤等省市的大型制革厂、工业公司，因地制宜，自行邀请诸多国外化工厂商上门试验，既请来访的厂商介绍自己皮化产品的性能特点，又让上门的工程技术人员针对皮革品种，演示生产工艺与应用技术，为企业新产品开发注入激活剂，对制革企业稳定提高质量和开发花色品种有较大帮助。当时应邀来访的有美国罗姆哈斯化工、迈尔斯酶制剂，联邦德国巴斯夫、拜耳、罗姆酶制剂，瑞士汽巴·嘉基化工、特鲁邦（Trumpler），荷兰斯塔尔化工等。例如，1980年前后，上海市皮革技术协会和上海皮革公司协同组织上海益民、红卫、红光、新兴、新艺、久新、沪光、上重等8家制革厂，分别与巴斯夫、拜耳、斯塔尔、罗姆哈斯、山道士、汽巴·嘉基、汉高、罗姆哈斯等诸多国外化工公司就皮革化工材料新品开展应用试验与技术交流，为制革企业的科技攻关、新品开发服务。

（二）赴国外参加技术培训

20世纪80年代以后，皮革行业对外交流和国际合作项目逐渐增多，外方提供相应的技术培训的机率也随之提升，所以在全行业范围内选派人员赴国外接受技术培训增多，举例如下。

1982年，应联合国工业发展组织援助项目（编号：DP/CPR/80/007）一期工程"建立皮革质量控制检测室"的建设需要，轻工业部主管部门和项目办公室选派4名工程技术人员分赴匈牙利布达佩斯、荷兰阿姆斯特丹，接受国际标准化组织（ISO）有关皮革分析方法和检测技术的专业培训，为期6个月。

1983年，轻工业部选派技术人员赴法国参加皮革短训班学习；同年，还选派制革毛皮技术人员赴中国澳门精艺皮草厂实习。

1987年，应意大利政府的邀请，轻工业部从上海、天津、内蒙古、江苏、四川、湖南等省市制革企业遴选7名技术人员，赴意大利参加"皮革鞣制工艺和技术培训班"，为期6个月。

三 联合国工业发展组织（UNIDO）援助项目实施及推广

这是我国皮革行业第一次接受联合国工业发展组织的援助项目，主体是皮革制品，共分3期，历经10年，总投资200万美元。这个项目对从皮革质量检测室到皮革技术研究中心的架构、设备、技术、管理进行了全面援助。项目又组建了男女皮鞋试验厂、皮件试验厂，均具有国际水平。当时，正值改革开放初期，这个项目为我国皮革行业打开通往国外的大门，使我们有机会更全面地了解国外的技术经济信息，找到了差距，明确了方向，为行业走向世界打下了基础。在项目的立项和实施中，老一辈皮革工作者张西林、石祥麟（上海皮革公司）、许龙江（轻工业部）工程师做出了突出贡献。

第一期建设（项目编号为DP/CPR/80/007，1980年启动），旨在建立一个皮革质量控制检测室，投入25万美元；国际投入资金由联合国开发计划署提供，中国政府则提供建筑物和国内专家；国家项目主任张西林。项目于1984年4月完成，并取得了相当好的效果。

第二期建设（项目编号为DP/CPR/83/004，1983年启动），旨在在上海皮革质量控制检测室的基础上，扩大和发展成为皮革技术中心，投入70万美元（包括政府分担的25万美元），国际投入资金由联合国开发计划署提供和中国政府共同承担。经轻工业部批准，定名为"轻工业部上海皮革技术中心"，该中心设在上海市皮革工业研究所内。国家项目主任石祥麟；项目于1987年6月完成，同年11月在上海举行三方会议对项目的完成情况做了评审。

第三期建设（项目编号为US/CPR/85/103，1985年启动），为使"轻工业部上海皮革技术中心"能在亚太地区皮革及皮革制品的各技术中心网络系统中起到更大作用，联合国工业发展组织同意执行第三期建设工程。第三期建设投入105万美元。国际投入费用由德意志联邦共和国捐赠，联合国工业发展组织的基金提供，国内投入由中国政府提供。第三期项目主任前期石祥麟，后期冯玉麟。该项目分别在上海第一皮鞋厂、宝履皮鞋厂建成生产男、女皮鞋的两个实验工厂和在上海皮革箱包厂建成皮件实验工厂，并于1990年4月进行项目最终评审。

三期项目历经10年（1980—1990年），共投入200（25+70+105）万美元，这三期建设的援助项目，不仅建成了轻工业部上海皮革技术中心，而且在项目建设过程中，曾先后派遣了12名年青的科技人员赴匈牙利、荷兰、联邦德国、菲律宾和意大利等国的有关培训机构，在测试、制革、制鞋和制件等方面接受短期的专业培训；与此同时，还聘请了23位联合国专家前来现场指导，举办了21期各类技术讲座，为皮革行业培训了一批专业人才，在亚太地区皮革和革制品工业各技术中心的网络系统中发挥了重要作用。

四 展览活动

皮革及其制品展览会是集中展示企业产品和形象的平台，有助于企业开拓市场，买卖双方寻找商机、洽谈贸易合作，国外早已有之，如英国伯明翰、法国巴黎、意大利米兰、西班牙马德里、美国拉斯维加斯等地的皮革、鞋类展览会久负盛名。改革开放以后，随着世界皮革产业开始转移态势出现和机遇到来，我国皮革行业也不失时机地开始举办各种形式的皮革及其制品展览活动。但这时的展览会还多以官方主管部门主办为主，如中国土畜产进出口总公司1975年在广州举办的毛皮小交会（中国国际裘皮革皮制品交易会）；商业部门举办的日用百货商品交易会历史悠久，展会源于1953年国家商业部召开的第一届全国百货供应会，在全国45个大中城市成功举办，为推动行业和各地经济的发展起过积极的促进作用，并实践着我国流通领域的改革和发展；当时轻工部门也组织了一些展览，这

些展览计划经济色彩仍很浓，大部分仍按省市、按部门组织参加展览，但推进了皮革行业市场进程

1980年7月，轻工业部在北京举办了全国猪皮制革新产品展销会。这是新中国成立以来第一次专业性的展览、展销活动，以检阅我国发展猪皮制革所取得成效和业绩，彰显猪皮革及其制品新技术和新产品的花色品种与巨大魅力。这次展会，全国猪皮制革和猪皮革制品企业几乎悉数参展，规模盛大，场面壮观。会上展出了近千种猪皮革制品，上万个花色品种，销售了几十万件产品。丰富多彩的猪皮革制品，不仅展示了猪皮制革的成效，也为扩大内销创造了条件；这些猪皮革制品还引起了参观展销会外宾的兴趣，为扩大外销创出了新路子，做出了新贡献。

1983年8月，在中国贸易促进会的配合下，我国开始在北京举办了第一届多国皮革加工机械及工艺展览会，当时仅有4个国家的国外参展商参加，但影响很大，引起诸多国外同行的兴趣和赞许。

除了全国性的展览会以外，各地还因地制宜，组织举办不同形式、不同规模的皮革展览和交流合作活动。例如，1983年10月，上海市皮革技术协会与日本和歌山皮革技术协会在上海市科学会堂共同举办了国际皮革展览会，并取得圆满成功。这是首次地方协会与国外同行开展的国际性科技交流和技术合作。

第四节 行业态势

1978—1987年这10年，皮革工业集中精力抓发展，在恢复改造、初期建设的基础上得到了较快发展。全行业机械化水平稳步提高，利用猪皮制革位列世界首位，经济结构出现新的变化，初步形成以制革、皮鞋、皮件（含皮衣）、毛皮及其制品为主体行业，以皮革化工、皮革机械、皮革五金、鞋用材料等为配套行业的自我完善的工业体系，为把我国建设成为皮革大国奠定了坚实基础。

一 猪皮制革获得大发展

经过20多年的推广与发展，猪皮已经成为了我国制革业的最重要原料皮。1978年后，开剥猪皮和猪皮制革的相关政策继续得到贯彻和执行，开剥猪皮技术不断提高，逐步实现了机械剥皮，大大提高了剥皮水平。同时，20世纪80年代初，猪皮酶法脱毛工艺的试验取得了成功，猪皮制革企业大量采用了此工艺，1982年，采用酶脱毛工艺生产的猪皮革已占总产量的1/3左右。高档猪皮正面革生产工艺技术的研究、良种猪皮制造高档轻革的研究、猪皮制造细面革的研究被列入国家"六五"攻关计划并取得成功，高档猪皮正面革、猪皮全粒面服装革等均达到国外同类产品较先进的质量水平，大大丰富了猪、羊皮革的花色品种和产品风格。1987年，猪皮革产量达8253万张（自然张），与1978年相比增长了140%，创造了世界上最高猪皮制革产量纪录。

二 行业基本实现机械化、半机械化生产，大幅提高劳动效率

制革行业已基本改变了长期以来手工操作多、劳动强度大、环境条件差的落后面貌，重点企业通过技术改造，机械化程度达到70%以上，一般企业机械化程度保持在50%—

60%之间；制鞋行业已摆脱长期依赖的手工线缝工艺，建成并采用以胶粘工艺为主的装配化生产线，机械化程度大幅提高；皮件行业、毛皮行业单机操作取代手工操作的工序不断增加，发展趋势正在逐步走向半机械化生产；皮革化工、皮革机械、皮革五金等配套行业逐步实现国产化和以自主供给为主。全行业正在从原来主要依靠手工操作为主的生产状况，逐步向以机械化、半机械化为主的生产方式过渡。

三 行业体制发生变化，乡镇民营企业开始出现，集群生产初露头角

随着改革开放不断深入，皮革行业在经济结构、市场态势、行业体制、管理体制等方面开始发生相应的变革和变化。第一，在经济结构方面，全行业虽仍以国有企业为主，但是乡镇企业逐渐壮大崛起，民营企业、合资企业开始萌芽。其中，以乡镇企业逐渐壮大为例，如皮鞋行业的江苏达胜、森达等乡镇企业崭露头角；皮衣皮件行业的浙江雪豹、海宁长安等乡镇企业强势崛起。第二，市场态势方面，开始由卖方市场向买方市场过渡，从过去"皇帝女儿不愁嫁"的产品供不应求的时代，开始出现"大众化"产品积压、库存增加、低档产品生产产能过剩的现象。第三，在行业体制方面，原有行政性工业公司、科研机构逐步转为自主经营、自负盈亏的企业性单位，如研究所、检测站等机构的经济来源发生变化，面临生存发展的经济压力。第四，在管理体制方面，国有企业开始实行经济承包责任制，企业责任人开始竞争上岗，业绩考核，年度审计，在企业管理、经济运行过程中履职行为需要有章可循，机动灵活性远远不如乡镇民营企业。第五，随着行业体制发生变化，产业布局也发生了微妙变化，当时广东、福建、浙江等地集群生产开始形成，与此同时与生产配套的专业市场也悄然兴起，如广州的鞋材市场"豪畔街"、河北箱包市场"白沟"、辽宁皮衣市场"佟二堡"等。

四 皮化、皮机逐步从依靠进口为主转为国产自给为主

在技术引进和技术改造的基础上，通过消化吸收、剖析仿制和技术创新，皮革化工材料在鞣剂、栲胶、加脂剂、皮革专用染料以及部分助剂方面已大大加快了实现国产化的步伐，1982年全国已有30多家栲胶厂，年生产能力达3.5万吨，实现了大部分自给。新产品正在不断研发，不少产品的性能及应用效果已接近或达到国外同类产品的水平，除少数国际上时尚流行的皮革品种外，基本能做到以国产自给为主。皮革机械，在设备定型、规格编号的基础上，已经从制革机械、制鞋机械、毛皮机械形成专业分工，各种设备也逐渐形成系列化；五金配件生产的机械设备也开始走上正轨；我国皮革机械专业化生产队伍已初步形成。

五 全行业生产平稳增长，效益指标逐步提升

制革行业通过技术改造，机械化程度得到提高，生产能力明显提升；皮鞋行业加快了实现装配化生产流水线的步伐，推出CAD/CAM二维放样、三维设计的皮鞋设计模式，其设计水平和生产能力大幅提高，花色品种不断增加，市场出现产销两旺；皮件行业箱包、手袋产品一枝独秀，ABS塑料板旅行箱开始上市；皮革服装发展较快；皮制球生产基本平稳。

1987年，我国全皮革行业实现工业总产值119.84亿元，与1978年相比增长

253.5%；轻革产量 13127 万平方米，与 1978 年相比增长 156.3%；皮鞋产量 3.1 亿双，与 1978 年相比增长 210%；皮箱产量 1192.4 万只，与 1978 年相比增长 146.4%；出口创汇总额 7.0 亿美元，与 1978 年相比增长 218.2%。

1978—1987 年为改革开放时期，这一时期我国皮革行业总结新中国成立 30 年行业发展经验，继续坚持以猪皮制革为主、猪牛羊并举，鼓励皮革制品扩大出口创汇的发展方向。通过"六五""七五"期间国家对皮革行业的"改组改造"、科技攻关，不仅恢复、发展了产业，还进一步完善了产业链。随着改革开放的深入发展、国际交往频繁、行业体制发生变化，乡镇民营企业不断涌现，皮革行业走向世界，为把我国建设成为皮革大国奠定了坚实基础。

第四章 快速发展时期（1988—1997 年）

1988—1997 年这一时期，正值我国国民经济建设"七五"后期、"八五"时期和"九五"前期，在我国改革开放不断深化的大背景下，特别是在 1992 年改革开放总设计师邓小平南方谈话后，我国经济体制改革进一步深化，十四大明确将建立社会主义市场经济体制确定为我国经济体制改革的目标，极大地解放了生产力，促进了经济的快速发展。此外，随着世界产业结构的调整，皮革工业作为劳动密集型的行业，已由发达国家向发展中国家转移，我国迎来了难得的发展机遇，但也使我国面临着发展生产与环境保护的矛盾。

这一时期，我国皮革工业经过改革开放初期的发展，全行业抓住机遇迎接挑战，进一步完善了门类齐全的产业体系，初步确立了世界皮革生产大国的地位。

第一，为了适应经济体制改革的需要、转变政府职能，1988 年，国务院进行了机构改革，重点对与经济体制改革关系密切的经济管理部门，特别是专业工业管理部门和专业机构进行了改革，轻工业部、纺织工业部等率先退出政府序列。作为皮革行业的行政管理机构，轻工业部皮革文化用品局撤销，中国皮革工业协会、地方行业协会应运而生。

第二，1990 年，实行了 24 年的猪皮财政补贴政策，完成了历史使命，国家决定取消，由于取消猪皮补贴政策，制革企业面临着生存压力。

第三，"七五""八五"国家科技攻关项目的全面完成，推动了行业的技术进步，提升了皮革业制造水平，为提高全行业产品质量及花色品种打下良好的基础。

第四，行业经济结构发生深刻变化。市场经济体制的建立，进一步促进了企业管理体制和经营机制方面的改革，企业所有制结构发生了变化，乡镇企业继续发展，民营企业异军突起，三资企业强势扩展，国有企业开始萎缩。

第五，1994 年我国首例证明商标试点"真皮标志"应运而生。

第六，东部沿海地区逐步成为行业的聚集区，集群生产、专业市场如雨后春笋，成为行业发展新平台。

第七，联合国工业发展组织（UNIDO）对中国制革厂污水治理援助项目（编号：US/RAS/92）启动；我国加入"国际皮革工艺师和化学家协会联合会"；举办亚洲国际皮革科学技术大会；国际交往、国际展览空前活跃。

第一节 行业管理与相关政策

一 管理体制改革

行业协会是改革开放的产物，它随着改革开放的不断深入而发展。当时，我国工业管理体制需从部门管理转向行业管理,为此必须转变政府职能、发挥行业协会作用。工业管理体制从部门管理向行业管理转变是实行"两个转变"的需要,即经济体制从传统的计划经济体制向社会主义市场经济体制转变,经济增长方式从粗放型向集约型转变。实现从部门管理向行业管理的体制转变关键在于两条:一是政府部门职能的转变,二是自律性行业管理组织的建立和完善。当时,中央和国务院已明确提出,在政府机构改革中要转变职能,政企分开,加强自律性行业管理组织,要发挥行业协会的服务、自律、协调和监督作用。

1988 年,为了适应经济体制改革的需要,转变政府职能,国务院进行了机构改革,重点对与经济体制改革关系密切的经济管理部门,特别是专业工业管理部门和专业机构进行了改革。作为全国轻工业的行政管理机构,轻工业部撤销了各专业局,其中包括皮革文化用品局,开始组建行业协会组织。在此背景下,中国皮革工业协会于 1988 年 7 月正式成立。

中国皮革工业协会是全国皮革行业的企业自愿组成的社会经济团体,其主要宗旨是为企业服务、促进行业发展、维护企业的合法权益。在政府部门的指导和企业的支持下,发挥企业和政府之间、企业和企业之间的桥梁和纽带作用。其主要任务是为企业的经营和发展提供多种服务;接受政府部门委托,为宏观决策提供咨询和建议;做好政府与企业的桥梁和纽带作用。

理事会是中国皮革工业协会的领导机构,在每年一届的理事会上就行业发展重大问题进行协商沟通,凝聚行业共识、共商行业发展大计、协调行业发展。随着皮革各主体行业的不断发展,为了实现更专业、更精细化的管理,协会根据各自然行业的成熟条件与具体情况,又按自然行业设立了专业委员会,在 1989—1996 年间先后成立了皮制球专业委员会、皮革五金专业委员会、经营管理专业委员会、皮件专业委员会、皮革化工专业委员会、制革专业委员会、毛皮专业委员会、皮衣专业委员会和皮鞋旅游鞋专业委员会。此外,中国轻工总会(轻工业部撤销后成立中国轻工总会)为了摸索产学研相结合的新路子,决定以皮革行业为试点,将中国轻工协会皮革学会在不改变其隶属关系(隶属国家科委)的前提下,将其挂靠单位由西北轻工业学院改为中国皮革工业协会,并与其科技委员会合署办公。此决定于 1996 年 9 月 5 日以 63 号文公布,此项决定得到全行业科技工作者的拥护。

1988 年中国皮革工业协会成立后,当时全国各省、自治区、直辖市只有三五个地方成立了皮革协会,而后全国各地陆续都成立行业商协会,到 20 世纪 90 年代全国皮革行业已经有近 70 个商协会。这些协会包括原来各省市皮革公司转变为的行业协会,也包括各地、市企业自发成立的商协会,各生产基地组建的商协会。为了能更好地做好协会工作,1997 年 3 月 28 日在云南省玉溪市,由中国皮革工业协会牵头召开了首次全国地方协会工作会议,探索在新的形势下,如何做好政府及企业的桥梁及纽带。全国 20 余省、市、自治区的皮革协会、皮革公司和皮革行业主管部门的负责同志约 80 余名代表参加会议。会议主要内容:探讨在新形势下,中国皮革工业协会与地方皮革协会如何加强联系、沟通情况,更好地为行业服务。会议决定每年召开一次全国地方协会工作会议,以便更好地交流和合作。此后,每年坚持召开一次会议。为了进一步加强协会间日常的合作及沟通,大部分地方协会都以团体会员身份加入中国皮革工业协会,建立了平等合作的新关系。

当时，行业管理工作也处于两种模式的交替之间，行业协会亦处在自我完善与发展的阶段，行业协会在如何进行自身建设，以及如何开展行业协调服务工作等方面，没有现成的经验可供借鉴，因此在发展中遇到很多困难，各级商协会在社会实践中不断探索总结，树立了"自立、自强、自律"的精神，协会在市场经济中生根发芽茁壮成长，充分发挥行业协会的服务、自律、协调和监督作用，为行业发展、为打造皮革生产大国做出了突出贡献。在工作实践中也涌现了一批先进协会如山东省皮革行业协会、浙江省皮革行业协会、海宁市皮革行业协会、辛集市行业皮革协会等。

二　相关政策

（一）发展规划

1. "七五"（1986—1990年）计划

1986年，轻工业部制订了《皮革工业"七五"（1986—1990年）计划》，"七五"时期，皮革工业发展的指导思想是：继续坚持以猪皮为主、猪牛羊并举，鼓励皮革制品扩大出口，实行优质、低耗、多品种发展的方针。继续大力开发利用猪皮资源和充分合理利用牛羊皮资源，逐步减少山羊原料皮出口；要使科技攻关成果尽快形成生产能力；组织好全行业整体技术改造，使制革厂与皮鞋厂、皮件厂的技术改造和皮鞋厂与鞋用材料厂的技术改造协调进行，以增强业内协作配套能力，提高生产能力和质量水平，发挥最佳的投资社会效益。

2. "八五"（1991—1995年）计划

1991年，中国皮革工业协会牵头会同全行业编制了《皮革工业"八五"（1991—1995年）计划和十年规划》，提出了皮革工业"八五"时期发展的基本思路：在治理整顿、深化改革中，贯彻国家产业政策，以经济效益为中心调整企业结构和产品结构，有计划地改造一批企业，推进企业技术进步，以增加国内市场有效供给水平，为扩大出口增加后劲。发展专用材料生产，提高配套水平，在政策上扶持猪皮制革企业。十年之内，完善皮革工业生产体系，提高企业自我改造能力，进入良性循环，持续、稳定、协调发展。

"八五"时期的主要任务：一是开拓国内、国际两个市场；二是调整企业结构，组建大型企业集团；三是推广科技攻关成果，调整产品结构，提高产品质量；四是加快企业技术改造，提升行业有效供给与出口创汇水平。

3. "九五"（1996—2000年）计划

1996年，中国皮革工业协会牵头会同全行业编制了《皮革工业"九五"（1996—2000年）计划和2010长远规划》。"九五"时期，皮革工业发展的指导思想是：抓住行业发展的有利时机，调整和优化结构，使皮革工业从数量主导型过渡到以质量、品种、出口、效益为主导型的发展阶段；以市场为导向，推动全国畜牧、皮革行业联合发展，建立优质原料皮基地；以制革为基础，以皮革及其制品为龙头，依靠技术进步，不断提高产品整体质量水平；发展优质皮革化工材料和新型配套材料生产；引进外资和先进技术，加快企业技术改造，逐步实现生产现代化；转换企业经营机制，注重人才培养，提高行业整体素质，不断提高经济效益，扩大出口创汇。

其重点任务：一是以市场最终消费为导向，调整产品结构；二是吸引外资加速老企业技术引进及技术改造，推进企业的专业化、现代化生产，调整企业的组织结构；三是因地制宜，调整区域结构；四是依靠技术进步，不断提高产品整体质量水平。

4.《科技发展规划》

20世纪80年初期，轻工业部主管部门牵头组织、起草编制了我国《皮革工业1986—2000年科技发展规划》（以下简称"《规划》"）。《规划》的时间跨度从国家"七五""八五"到"九五"时期，历时15年。《规划》在分析皮革工业80年代初期发展状况、存在问题以及在对比国内外水平、差距的基础上，提出了皮革工业到20世纪末的奋斗目标和技术政策。

《规划》明确了皮革工业从1986年到20世纪末的发展方针：重点开发猪皮，积极发展和合理利用牛、羊皮及其他杂皮；采用新工艺、新技术、新材料、新设备；节约能源，节约原材料，大搞综合利用，减少或消除污染；充分发挥各地资源优势，大力发展制革、皮鞋、皮件生产，努力提高经济效益；以饲养毛皮动物为主、野生动物为辅，发展毛皮生产。

《规划》分别从原材料政策、产品结构政策、生产工艺政策、技术装备政策、环境保护和综合利用政策、引进技术政策等6个方面进行了具体规划，这是一份我国皮革工业历时15年的中长期科技发展规划。

皮革行业"七五""八五""九五"计划及《皮革工业1986—2000年科技发展规划》为行业指明了发展方向，确立了发展目标，引导行业逐步向市场经济过渡，有力地推动了皮革行业的快速发展。

（二）猪皮补贴政策

猪皮制革是我国多年来皮革生产发展的方向。在政府的支持下，经过全行业30多年的努力，猪皮制革处于世界领先地位，取得了举世瞩目的成果。1988年，我国猪皮占制革原料皮的70%，当时我国猪皮开剥量居世界第一位。这一成绩的取得与1966年以来国家所实行的猪皮补贴政策密不可分，甚至可以说补贴政策起了决定性的作用。随着改革开放的深入发展，国内外原料皮资源日益增加，大大缓解了我国原料不足的局面。此外，由于体制和改革的原因，继续执行补贴政策遇到了困难：一是国家财政有困难，猪皮补贴加重了财政负担；二是严重扭曲了的皮肉差价；三是猪皮现价在价格双轨制执行中，存在着一些管理漏洞，影响了猪皮补贴的名声，造成了局部的混乱；四是随着有计划商品经济模式的确立，财政拨款方式将被银行贷款方式所取代。这些困难从根本上动摇了稳定的长期补贴的地位。因此，国务院决定猪皮价格财政补贴在1989年减半，于1990年开始取消。实行了25年的猪皮财政补贴，完成了其历史使命，退出了历史舞台。

猪皮价格财政补贴是猪皮制革企业生存和发展的重要因素，长期以来，相当一部分制革企业靠猪皮补贴维持生存和生产。财政补贴的取消，将使猪皮制革企业出现亏损，给猪皮制革企业带来巨大的生存压力，影响了皮革行业的发展。因此，针对猪皮价格财政补贴问题，轻工业部非常重视，曾多次向有关部门反映情况并提出建议。1988年，轻工业部向国务院呈报《关于请求暂缓取消猪皮补贴的紧急报告》，得到了政府的理解和支持，财政部同意1989年猪皮补贴全额减少一半。

1989年，轻工业部致函国务院秘书局反映有关猪皮补贴减半后的有关情况和问题，中国皮革工业协会召开常务理事扩大会议，对此进行重点研究，向李鹏总理并田纪云副总理报告有关情况和意见。1990年全部取消猪皮价格补贴后，中国皮革工业协会及时向有关省、区、市皮革工业公司和行业主管部门进行通报。1990年，中国皮革工业协会分别致函财政部、中国人民银行，请求紧急解决猪皮收购专用资金和收购专用贷款，要求落实国务院关于取消猪皮补贴后对皮革工业采取的相应措施，以保证皮革工业正常生产、市场供应和出口创汇。同时，皮革协会积极引导企业努力提高质量，增加花色品种，在提高产品档次和利用率上下功夫；在调整制品的结构、开发新产品上下功夫；在加强内部经济核算、提高管理水平上下功夫；在增产节约上下功夫，要充分挖掘企业的潜力，缓解取消补贴带来的压力。

财政部取消补贴后，皮革工业出现的问题也引起了各省区市政府的重视，北京、上海、天津、辽宁、贵州、云南、浙江等省市做出继续实行猪皮补贴的决定，分步到位，逐步取消。江苏、黑龙江、山东等省由财政部门划拨一定数量的收购猪皮周转金，限定两年或一年内无息或低息周转。四川、湖北、陕西等省由财政部门拨款作为企业技术改造资金，无息或低息贷款，以增强企业消化财政补贴的能力。

正是因为轻工业部、中国皮革工业协会及各省区市政府的重视，企业积极提高自我消化能力，调整产品结构，提高经济效益，基本上避免了猪皮革生产出现大的滑坡，1990年开剥猪皮6400万张，仅比高峰时下降了1800万张。但取消补贴给猪皮制革企业的影响一直存在。

（三）其他财税政策

1993年1月2日，国家税务总局发布《关于部分轻工产品免征增值税的通知》，其中对猪皮革恢复征税，1993年内按应纳税额减征80%。

1994年，国家对税制和税率进行了部分调整，法定税率从14%增至17%；进项税和销项税不能同比抵扣；猪、牛、羊皮自1994年起开征10%农业特产税；停止对猪皮革减征80%的规定，1994年恢复全额征税。新税制增加了皮革企业的负担，导致皮革全行业亏损并陷入困境。中国皮革工业协会先后召开部分企业座谈会和11省市区16家重点制革企业厂长、公司经理和财务负责人座谈会，就国家实行新税制、新税率等一系列问题进行研讨，寻求应对措施。会后由中国轻工总会向国家经贸委、财政部、国家税务总局递交了《关于皮革行业执行新税制出现新问题的初步反映》《关于迅速解决制革生产企业将面临全行业亏损问题的紧急报告》，总会还发文向国务院进行紧急请示，国务院常务副秘书长做了批示。期间，协会还陪同上述政府部门的有关人员到北京、天津、浙江等地制革厂实地考察调研。

1994年底，财政部下发《关于减征、缓征猪、牛、羊皮农业特产税的通知》，对收购猪皮的单位和个人，在1994、1995年两年内暂缓征农业特产税；按减5%税率征收农业特产税；在通知下发前，对收购猪、牛、羊皮的单位和个人，已按10%征收的农业特产税不予退还，未征收的按此规定执行。1995年1月，财政部、国家税务总局发布《关于对部分猪皮制革企业实行增值税先征后返的通知》，对181家制革企业实行增值税先征后返，返还1994年、1995年企业已缴增值税税款的50%。这两个通知，缓解了制革企业的暂时困难，对行业的稳定与发展起了积极作用。但财政部、国家税务总局于1996年初下发《关于停止若干增值税优惠政策问题的通知》，规定自1996年1月1日起停止执行《对部分猪皮制革企业实行增值税先征后返的通知》等优惠政策，恢复对制革企业全额征收增值税，进一步突出了增值税抵扣不足的矛盾。经各方努力，有望得到继续缓征的农业特产税的优惠政策也迟迟不能落实，制革企业税赋过重再次威胁全行业的生存，不少排头兵企业频频告急，形势十分严峻。

税赋过重主要表现在进项税抵扣不足问题突出。新税制规定，农副产品进项税抵扣率为10%，而皮革销项税率为17%。中国皮革工业协会对全国150家制革企业进行调查，猪皮混合抵扣率为11.51%，少抵扣5.5%；牛皮混合抵扣率为12.79%，少抵扣4.21%；山羊皮混合抵扣率为12.21%，少抵扣4.79%；绵羊皮混合抵扣率为11.6%，少抵扣5.39%。因此，制革企业不得不承担这部分税额，按当时全国皮革生产量计算，每年约少抵扣7亿多元。由于抵扣不足，制革企业不得不承担7亿元的税额，大大加重了企业的负担。据中国皮革工业协会1996年5月对全国享受增值税先征后返的181家猪皮制革企业进行调查，正常生产的有77家，占42.54%；半停产的有64家，占35.35%；停转产的有40家，占22.11%。

针对此问题，1996年9月，中国轻工总会向财政部、国家税务总局上报了《关于请尽快解决制革行业赋税过重问题的函》。10月，总会向国务院办公厅递交紧急报告，要求尽快发文明确减免猪、牛、羊皮农业特产税。

1997年3月，中国皮革工业协会在长沙召开全国重点制革企业税制情况调研会，26家重点制革企业领导参加，会议邀请财政部税政司和国家税务总局有关领导出席听取意见，与企业直接沟通。会议期间各地代表都反映税负过重，皮革产品附加值低，企业难以承受，并立即将调研结果上报中国轻工总会，总会以特急文件《关于请继续减免猪皮、牛皮、羊皮农业特产税的紧急请示》上报国务院。6月19日至7月4日，由财政部、国家税务总局、中国轻工总会和中国皮革工业协会共同组成的联合调查组，对甘肃、四川、河南三省的制革行业的现状进行了全面深入的调查。调查内容包括原皮收购渠道和价格，制革企业生产状况，产品构成，销售、价格、税金及利润；市场情况及国内外皮革产品价格对比，详细了解了制革企业税改前后经济效益和税率的变化，广泛听取了地方税收征管部门和制革企业的意见和建议。制革企业面临的实际困难，受到了各级财税主管部门的重视，同年12月，财政部、国家税务总局下发《关于免征减征猪、牛、羊皮农业特产税问题的通知》，自1997年1月1日起至1998年12月31日止，继续对猪、牛、羊皮减免农业特产税：对单位和个人收购的猪皮免征农业特产税；对单位和个人收购的牛皮、羊皮，按减5%的税率征收农业特产税。

第二节 技术改造与科技进步

一 技术改造

"七五"后期、"八五"期间，国家采取了一系列措施继续加强皮革行业技术改造，以调整结构、提高经济效益为中心，突出重点，择优扶强，注重高起点和促进规模经济的实现，增强了企业的市场竞争能力和发展后劲。

1990年，中国皮革工业协会主持编写了《皮革工业"八五"技术改造项目计划》，提出了《皮革工业改组改造方案》，技术改造的重点：制革要发展牛皮整张加工技术，提高面积得量，提高面积利用率；采用各种后整饰加工新技术、新机器、新材料，以提高产品质量，增加花色品种，增加企业效益，同时注意污染的防治。皮鞋企业要建立两个系统：一是市场快速反应系统，包括市场需求、产品设计和新产品开发、信息反馈；二是小批量多品种生产系统，以适应市场需求变化，增强产品应变能力。

列入"八五"轻工业部技术改造专项规划的项目如下：

第一，安庆市皮革总厂出口高档革及革制品技术改造项目：一是重点开发高档黄牛粒面软革产品，引进高档革印染、喷涂关键设备及技术；二是引进生产二层压花美术革、移膜、贴膜关键设备及技术；三是引进高档男女胶粘皮鞋生产线；四是引进高档箱包、手套关键设备及技术；五是引进CAD/CAM系统应用于皮鞋及皮衣设计、放样裁剪中。项目总投资3500万元，该项目完成后可新增高档皮革30万张（折牛皮）、高档皮鞋50万双，皮件300万件，增加品种32个，年新增产值1.1亿元，新增创汇2000万美元。

1993年，国家经委下发《关于安排1993年限额以上技术改造项目计划的通知》，计划项目可享受贴息贷款为半贴，期限3年。其中包括安徽省安庆皮革总厂的技术改造项目，实施年限为1993—1995年。技改总额达4684万元（工行专贷2060万元，自筹2604万元，需用外汇212万美元），主要用于购置国外设备及部分设备安装。

第二，山东省莒南县羊皮制革厂扩大羊革及系列深加工产品能力技术改造项目：引进制革、制品、制件先进设备，服装革、手套革等软面革整饰技术，化工辅料及先进技术。项目总投资3000万元，该项目完成后，年生产能力增加200万张，羊皮革服装增加28万件，年新增产值8000万元，创汇600万美元。

第三，雅安皮革总厂技术改造项目：引进制鞋流水线两条及部分制革、制鞋关键设备，对部分制革、制鞋设备填平补齐。项目总投资4035万元，项目建成后，新增皮鞋300万双/年，新增皮革服装3.5万件/年，开发优质高档牛、羊、猪鞋用革75万张（折标准张），年新增产值24787万元，创汇2000万美元。

第四，天津市制革公司制革技术改造项目：安装两条湿态制革生产线，改造三条干态制革生产线。项目总投资3800万元，项目完成后，每年新增牛皮革20万张（折轻革92万平方米），年新增产值4600万元。

第五，天津皮革化工厂技术改造项目：引进涂饰剂技术软件及关键生产设备，开发和生产聚氨酯乳液和改性丙烯酸树脂皮革涂饰剂。项目总投资4004万元，项目完成后，年新增皮革用涂饰剂8000吨，新增产值12000万元。

1991年，轻工业部编制了《1992年轻工业技术改造项目计划》和《1992年引进技术改造现有企业项目计划》。其中：技术改造项目计划的皮革部分涉及全国各地制革、毛皮、皮鞋、皮件行业的31个全民和集体企业，总投资35613万元，其中贷款16748万元，需用外汇3320万美元；改造项目起止年限为1991—1993年；完成后产生经济效益为产值11.08亿元、利税2.02亿元、创汇1.07亿美元。

引进技术改造企业的皮革部分包括：吉林省洮南制革厂引进意大利片皮机、削匀机、抛光机等专用设备及技术，总投资1100万元，改造现有生产线后，年产高档轻软革77万平方米；广西壮族自治区桂林制革厂引进意大利、法国制革技术及关键设备，总投资800万元，改造厂房和生产线，生产高档系列革，年新增产30万张，产品80%出口；四川省乐山市皮革工业公司引进意大利片皮机、削匀机、喷浆机、联邦德国电脑绣花机，总投资2077万元，改造厂房和生产线，年产中高档猪皮服装革60万张，猪皮革服装10万件，质量达到南斯拉夫、韩国 20 世纪 80 年代先进水平；福建省鞋业工贸集团引进意大利、法国皮切机、涂层机等关键设备和技术，总投资 780 万元，采用湿法工艺进行牛二层 PU 革深加工，年新增产 600 万平方英尺，提高了出口创汇能力。

自 1986 年 7 月开始将引进皮革、皮鞋制造技术和设备增列为"统一归口，联合对外"项目后，轻工业部每年审查公布列入"统一归口，联合对外"的项目。1991 年 5 月底，轻工业部综合计划司、技术装备司和中国皮革工业协会联合召开部分皮革企业座谈会，商讨"八五"期间及 1991 年引进皮革、皮鞋、皮革制品生产技术和设备"统一归口，联合对外"工作，江苏徐州淮海制革厂、新乡制革厂等 25 家企业参加。1988—1992 年 4 年间，共审查和推荐引进项目 100 余个、设备约 300 余台（套），约合 4000 多万美元。引进的项目设备在提高质量和经济效益、扩大产品出口等方面都发挥了明显作用。

作为轻工产品出口创汇的大行业，1994 年国家有关部门在关于"扩大轻纺产品出口的规划和措施意见"中，拟在皮革行业中选择 100 家企业进行改造，3 年需投资 25 亿元，其中，中央投资 24 亿元，改造完成以后，年新增创汇 5.4 亿美元。这项工作的重点：一是战略目标要由出口数量型转向质量效益型，要提高质量，增加花色品种；二是把引进一批、更新改造一批与淘汰一批相结合；三是扶优扶强，向出口创汇的大宗产品和骨干企业倾斜；四是不分部门、不分所有制，从全行业考虑；五是加快设备折旧。当时轻工企业的设备折旧一般在 10 年以上，年限偏长，不利于技术进步和产品更新，有关部门建议轻工出口企业设备折旧的年限可比一般企业缩短 2—3 年。

广州人民制革厂重视技术改造，投资近 1.5 亿元进行全面技术改造，后又与中国香港旺业国际贸易集团公司合资成立广州迪威皮革有限公司，年生产能力牛皮达 50 万张和猪皮达 300 万张。技术开发能力已达到了 20 世纪 90 年代世界水平，使企业具备了参与国际市场竞争的实力。在污水处理上，该厂采取先进的奥贝尔多环式氧化沟二级生化处理的两级污水处理系统，日处理能力达 8500 吨，使污水处理能力高于行业排放标准，受到外国皮革同行的赞誉。

二　科技攻关

（一）"七五"国家科技攻关

"七五"（1986—1990 年）时期，皮革行业"低级原料皮加工新技术及其制品的开发"项目列入国家科技攻关项目，有 7 个子项目 48 个课题，包括制革、皮鞋、毛皮及其制品、皮革化工、皮革机械和污染治理等方面。

1. 制革行业有 3 个子项目（6 个课题）

第一，南方、北方低次猪皮制革新技术研究（2 个课题）。《南方低次猪皮制革新技术研究》项目，由上海皮革公司、上海红光制革厂和轻工部毛皮制革所承担；《北方面粗质次猪皮制革新技术》项目，由烟台皮革公司、西北轻院和沈阳皮革研究所承担。主要内容是：制造时尚的正绒面革、立体花纹革、薄型服装革、印花革、正面反绒异色革、贴膜革、家具革、软底革以及二层革的利用；加工技术上主要解决多工序脱脂、缩毛孔、结合鞣、填充复鞣、涂色均匀度、辊印、套印、轻涂饰、压花板模具等。项目完成后分别在上海、成都形成年产 30 万张和在烟台、威海形成年产 25 万张猪皮革生产线各一条，采用此项加工新技术，花色品种增加 20 个以上，利税比原生产工艺增加 30%，年经济总效益

（包括制件）达到 500 万元。该项成果曾获上海市科技进步一等奖和国家科技进步二等奖。

第二，华北路、云贵路山羊皮制革技术开发（2 个课题）。项目完成后分别在新乡、开封建成年产 50 万张华北路山羊鞋面革生产线一条和在四川成都建成年产 20 万张云贵路山羊皮加工车间一个。

第三，水牛皮、牦牛皮制造轻革技术研究（2 个课题）。项目完成后分别在广州形成日产 60 张水牛皮革的中试规模和在四川阿坝建成日产 50 张牦牛皮革的中试车间一个。

2. 皮鞋、毛皮、皮服装行业有 1 个综合性的子项目。

该项目是革裘制品的技术开发（6 个课题），主要内容包括毛皮及其制品，高档皮鞋以及 CAD/CAM 在鞋楦、鞋帮设计加工中的应用。

第一，"高档、时尚、轻软、舒适皮鞋开发与制造"课题，由上海皮革制品公司、轻工部制鞋所、轻工部毛皮制革所承担。主要内容是：研究利用优质鞋用材料制造高档鞋的工艺技术、CAD/CAM 计算机辅助设计的应用、研究皮鞋结构与性能以及脚型测量等；要求脚型测量采用自动测量仪器人数大于 10 万人次；研究出人的脚型与鞋、脚生理卫生对鞋用材料的要求，选择轻、软、舒适、卫生性能好的鞋用材料研究制鞋生产加工工艺；CAD/CAM 研究出鞋楦自动测量，建立数学模型、三维立体数码、仿型铣楦、帮样设计数字化，建立数据库；项目完成后选择一两个皮鞋厂年产达到 25 万双"高档、时尚、轻软、舒适"的皮鞋；总经济效益预计达到 500 万元以上，增加出口竞争能力，节约木材 3000 立方米。该项目最后在上海宝屐皮鞋厂、上海皮鞋厂实现了工业化生产。

第二，"高档皮鞋机械化、装配化生产线的研究"课题，由上海宝屐皮鞋厂、上海皮鞋厂等单位共同承担。通过 4 年对绷楦定位、机械帮样设计、鞋用轻质材料和热熔型胶粘剂等方面的研究，不断完善了装配化工艺，并形成年产高档女皮鞋 15 万双、高档男皮鞋 10 万双的生产流水线各 1 条。使皮鞋配底生产从手工、半机械化过渡到机械化，全员实物劳动生产率由手工的人均日产 1.5 双提高到 4—5 双，其中配底劳动生产率达到男鞋 10 双、女鞋 17 双的水平。

这个综合性项目完成后，分别在上海建成年产 10 万双高档男皮鞋和年产 15 万双高档女皮鞋生产线各 1 条，在张家口、海拉尔形成加工年 10 万张以上光面绵羊毛革的生产能力，在北京建成鞋楦、鞋帮设计加工中心及研究数据库。

3. 皮化行业"皮革新型化工材料的开发"项目（18 个课题）

该项目的计划任务是皮革新型化工材料开发，主要内容包括鞣剂、加脂剂、涂饰剂和助剂四大类 20 个新品种的研究开发。项目完成后分别在京津沪及四川泸州形成生产规模和能力：各种复鞣剂 375 吨/年（中试），结合型加脂剂 150 吨/年，聚氨酯乳液涂饰剂 50 吨/年（中试），各种革裘用助剂形成中试规模，PU 鞋材形成底材 60 吨/年、鞋底 20 万双/年的中试规模生产线。所开发的新品种质量达到联邦德国、瑞士同类产品质量水平。其中，"改进完善丙烯酸酯系列涂饰剂"课题，由中科院成都有机所、成都科技大学承担；"聚氨酯酸乳液涂饰剂系列"课题，由丹东轻化工研究所和成都科技大学承担，该项目旨在 20 世纪 80 年代末国内已掌握二羟甲基丙酸合成并应用于水基聚氨酯合成的基础上，进一步研发交联型水性聚氨酯树脂涂饰剂；"新型氧化—亚硫酸化加脂剂"（又称：L-3 皮革加脂剂）课题，由成都科技大学承担，旨在以国产天然油脂为主料，经氧化、亚硫酸化改性，导入亲水基团，开发创新具有我国特色的氧化—亚硫酸化类皮革加脂剂品种，为国产高档软革生产提供配套化料，该课题因故顺延至1994年完成，获四川省科技进步二等奖。

4. 皮机行业有1个包含16个课题的子项目

该项目的计划任务是皮革新设备的开发，主要内容包括研发制革、毛皮、制鞋新设备，一是为本项目提供关键配套设备，二是为引进消化吸收，逐步实现装备国产化。项目完成后提供了18项皮革机械（制革9项、毛皮3项、制鞋6项）新设备并造出样机，在天津、常州、瑞安形成批量生产能力；关键设备如通过式挤水机、三层真空干燥机、辊印涂饰机、压花机、绷平干燥机、毛皮环形干燥机以及鞋帮放样机等的性能、质量水平接近或达到20世纪80年代国外同类产品的水平。

5. 污染治理有1个包含2个课题的子项目

该项目的计划任务是少污染、无污染皮革加工技术和"三废"综合利用，主要内容包括制革含硫、含铬废水循环利用，制革工业废水资源化综合治理和年产30万张以上猪皮制革少污染工艺废水综合治理。项目完成后在浙江衢州建立酶脱毛少污染制革废水处理中试基地；应用少污染工艺，主铬鞣工序废液减量50%以上；达标排放废水量减少一半以上；每吨废水可回收蛋白质0.03—0.04吨；每张猪皮可回收混合脂肪酸0.144公斤；铬的重复利用达到少排或不排；等等。

"七五"国家科技攻关系列项目，重点解决了低档牛、羊、猪等原料皮的加工技术问题，使猪皮加工技术有了重大突破，原料皮的利用率提高20%，基本上扭转了出口原料皮和出口皮革半成品的落后局面。为提升皮革工业技术水平、生产能力、产品质量，促进皮革工业快速发展起到了至关重要的作用。

在全面完成"七五"国家科技攻关项目的基础上，轻工业部将上述攻关所取得的成果和新技术，列为"轻工业'八五'重点新技术推广计划"项目，其中低级猪原料皮加工新技术、光面绵羊毛革加工新技术、毛皮染整加工技术三项被列为国家科委"国家科技成果重点推广计划"项目。

（二）"八五"国家科技攻关

"八五"（1991—1995年）时期，皮革行业"高档皮革制品加工工艺技术研究"项目被列入国家科技攻关项目计划，其科技攻关的计划任务包括计算机辅助设计系统、皮革制品关键加工设备消化吸收和研制、皮革制品加工技术研究和高档皮革制品五金配件的研究共4个子项目。

1. 计算机辅助设计系统项目（包含4个课题）

该项目的4个课题分别为三维皮革服装CAD系统、三维皮革箱包CAD系统、大面积样板NC加工系统和二维皮革服装CAD系统的研究，分别由航空航天部303所、轻工业部皮革研究所、北京轻工业学院承担，项目完成后分别提供相应的总体设计方案及其软硬件、数据库、已配置建立的开发平台以及部分元器件外协加工。

2. 皮革制品关键加工设备研制项目（包含9个课题）

该项目的9个课题分别为皮衣蒸汽熨烫机、程控ABS箱胎成型机、真皮立体压花机、衣箱铝口热处理设备、皮革电脑绣花机、真皮自动经编机、钢丝铆钉机、专用皮革拼接机和离心浇铸机的研制，分别由轻工业部皮革研究所、扬州工具二厂、天津皮革机械厂、北京皮革机械厂、上海长江皮革五金厂、青岛缝纫机厂、北京皮革研究所、上海东华皮件厂和上海江湾机械厂承担，项目完成后分别提供相应的设计图纸、技术资料以及部分试制样机、零部件。

3. 皮革制品加工技术研究项目（包含6个课题）

该项目的6个课题分别为皮革服装缝制和后整理技术、ABS衣箱板材表面处理技术、ABS高档衣箱装配技术、箱包革立体压花技术、真皮编织技术和皮革优化配料系统的研究，分别由上海皮革服装厂、北京皮件厂、上海东华皮件厂、北京皮件三厂和北京轻工业学院承担，项目完成后分别提供相应的工艺路线、技术参数、程序设计、以及试制样品。其中，"皮革服装缝制及后整理技术"课题由上海皮革服装厂承担，该成果技术标准高，具有实用价值，使手工加工方式进入工业化生产，提高了产品附加值，带动了国内整个皮革服装业的发展，使只能生产内销皮革服装的企业有条件把产品打入国际市场，该项目获得了轻工业部科技进步二等奖。"ABS高档衣箱装配技术研究"课题，由上海东华皮件厂承担，项目获得了轻工业部科技进步三等奖。

4. 高档皮革制品五金配件的研究项目（包含3个课题）

该项目的3个课题分别为衣箱铝口热处理及弯角技术、锌合金电镀工艺技术、高档号码锁磨具的消化和模具标准件的研究，分别由上海长江皮革五金厂、北京皮革五金厂、烟台造锁总厂承担。项目完成后分别提供相应的一系列工艺、技术、设备以及号码锁模具。

"八五"国家科技攻关系列项目为高档皮革制品加工技术及设备开发，进行了以皮革服装、箱包为核心，全方位的配套课题研究，为开发制造高档皮革制品、提高设计水平、开发能力和产品质量，从而扩大皮革制品出口创汇奠定了良好基础，加速皮革工业快速发展做出重要贡献。

此外，1991年轻工业部出台了《轻工业科技发展项目指南》，其中明确指出皮革行业科技发展方向和重点是：重点进行提高皮革及其制品质量、档次的工艺及装备研究，抓好皮革制品CAD/CAM攻关，皮革制品加工关键设备的消化吸收；高档皮革制品五金配套件的开发研究；研究减少污染、综合利用新技术；研究新型高性能皮革化工材料。同时，轻工业部科技发展司将"聚乙烯醇新型皮革涂饰机的研制"、"二层移膜革配套材料"和"新型微孔鞋底材料的研究"列为1992年科技发展项目。

总之，在国家"七五""八五"科技攻关皮革系列项目的带动下，行业企业自行新产品研发增多，虽科技含量不高，处于中低水平，但却为贯彻国家科技发展纲要，倡导企业自主创新，开展产、学、研三结合，实现科研成果有效转化为皮革工业化生产创造了有利条件。

三　标准化工作

在拥有皮革、皮鞋行业的国家标准和轻工业部部颁标准系列后，皮革工业加快了标准化工作步伐，从沿用苏制标准转为向国际标准化组织（ISO）靠拢。自20世纪80年代以后，逐步趋向国际标准化组织的标准系列，开始部分采用ISO标准，并逐步与国际标准接轨。1984年以后，我国逐年选派代表参加国际标准化组织ISO/TC 120、137技术委员会有关皮革标准化工作会议。

中国皮革工业协会成立初期，会同标准化技术归口部门，对皮革工业产品标准进行了清理和初审，对符合报批条件的68个标准办理了报批手续，对尚需做进一步修改的标准，安排起草单位进行补充完善。皮革工业协会先后召开了有关皮件、皮制球、皮革五金、皮革化工、皮鞋等25个产品标准审定会（研讨会）。

四　全国质量鉴定评比

（一）全行业产品质量鉴定评比

1988—1992年，中国皮革工业协会共组织开展了16次全国皮革行业产品质量鉴定评比，先后有800余家企业的皮革、皮鞋、皮革服装、箱包、毛皮等10余类大宗产品1300多个样品参评，鉴定评比了皮鞋、旅游鞋（运动鞋）、皮革服装、皮手套、皮制球、旅行衣箱、公文箱、包袋、毛皮及制品、五金配件等10多个大类产品。除轻工系统外，乡镇企业和总后后勤部、商业系统的企业产品也参加了评比，而且均派代表参加了评比工作。通过鉴定评比活动，有效地促进了企业树立"质量第一"的经营思想和皮革及其制品的产品质量的提高，同时在同行之间也起到了共同观摩、切磋技艺、相互学习、相互促进的作用。

兹以1988年为例，中国皮革工业协会主持组织的全行业包括皮革、皮鞋、皮制球、旅行衣箱、皮手套、毛皮、皮革服装7类产品进行了全国质量鉴定评比。除轻工系统外，总后系统、乡镇企业也有产品参加。经各省、自治区、直辖市推荐，共有555个企业的833个产品参评。鉴定评比结果见表2-7。

表2-7　1988年皮革、皮鞋、皮制球、旅行衣箱、皮手套、毛皮、皮革服装、质量鉴定评比结果

参评产品类别	一类产品所占百分比（％）	二类产品所占百分比（％）	三类产品所占百分比（％）
皮革	52.6	42.2	5.2
皮鞋	38.5	49.5	12.0
皮制球	71.1	28.9	—
旅行衣箱	59.3	34.4	6.3
皮手套	77.2	22.8	—
毛皮	50.0	47.6	2.4
皮革服装	59.7	36.1	4.2

1990年，根据《轻工产品质量分类分级管理办法（试行）》（（89）轻质标字第11号文）的精神，中国皮革工业协会牵头组织全行业分别修订了皮革、毛皮、皮鞋、皮革服装、皮制球、皮手套、旅行衣箱等7类产品的《全国皮革产品质量分类分级规定》及行业评比细则，由原来产品质量评定结果以一类、二类、三类产品的区分形式，改为以质量等级A级（优等，质量得分大于等于95分）、B级（良好，质量得分小于95分、大于等于90分）、C级（一般，质量得分小于90分、大于等于75分）产品的区分形式来表征。凡质量总得分在75分以下为无级产品。

例如，1990年8月，全国主要皮革产品质量鉴定评比在太原市进行。参照新订《全国皮革产品质量分类分级规定》和评比细则（试行），对全国28个省、自治区、直辖市

的131家企业正式参评产品共计184个进行质量鉴定评比和分类分级。评比结果为：A级产品24个、占参评总数的13.04%；B级产品81个，占参评总数的44.03%；C级产品79个，占参评总数的42.93%；没有出现无级产品。

1991年6月，全国皮鞋、旅游鞋（运动鞋）产品质量鉴定评比在呼和浩特市进行。参照新订《全国皮鞋、旅游鞋产品质量分类分级规定》和评比细则（试行），对全国28个省、自治区、直辖市的197家企业正式参评产品共计245个进行质量鉴定评比和分类分级。评比结果为：A级产品62个、占参评总数的25.31%；B级产品173个，占参评总数的70.6%；C级产品10个，占参评总数的4.08%；没有出现无级产品。

（二）国家级优质产品评定

在产品质量鉴定评比的基础上，中国皮革工业协会受轻工业部质量标准司的委托，组织进行了国优、部优产品的评选和推荐工作。1988—1991年，皮革行业共获得国家质量金质奖11个，银质奖32个，获轻工业部优质产品称号269个。此外，对到期的国、部优产品，按轻工业部的安排进行了复评工作。

1988—1991年期间，皮革工业荣获国家质量奖的品牌、产品和企业，据（86）轻生字第4号文关于"国家优质产品评选结果及名单"见表2-8。

表2-8　　1988—1991年皮革工业荣获国家质量奖的品牌、产品和企业

获奖年度	获奖级别	注册商标	产品名称	生产企业
1988	金质奖	金鹤牌	胶粘女皮鞋	上海宝屐皮鞋厂
1988	银质奖	飞轮牌	猪绒面服装手套革	上海红光制革厂
1989	银质奖	象牌	人造革（纸胎）旅行箱	上海皮箱厂
1989	银质奖	双美牌	人造革（木胎）旅行衣箱	北京市皮件厂
1990	金质奖	美申牌	牛面革胶粘女皮鞋	上海亚洲皮鞋厂
1990	金质奖	金象牌	山羊正面服装革	河南新乡市制革厂
1990	银质奖	蓝棠牌	女皮鞋	上海蓝棠—博步皮鞋厂
1990	银质奖	新苗牌	胶粘猪修面女童鞋	山东烟台童鞋总厂
1990	银质奖	鹿牌	牛皮面仿皮底三接头男皮鞋	北京革制品厂
1990	银质奖	金羊牌	牛面胶粘男皮鞋	山东青岛金羊皮鞋厂
1991	金质奖	三利牌	铬鞣黄牛正鞋面革	北京制革厂
1991	金质奖	双枪牌	黄牛软正鞋面革	河南解放军3515工厂
1991	金质奖	CF牌	铬鞣绵羊革正服装革	河北邢台市制革厂
1991	银质奖	芝罘牌	猪正面服装革	山东烟台制革厂
1991	银质奖	大鹏牌	胶粘牛面旅游运动鞋（全皮）	山东牟平皮鞋厂
1991	银质奖	烟鹰牌	胶粘旅游运动鞋（全皮）	山东烟台第一革制品厂

续表

获奖年度	获奖级别	注册商标	产品名称	生产企业
1991	银质奖	火炬牌	线缝胶粘运动鞋（全皮）	上海运动鞋总厂
1991	银质奖	登云牌	胶粘旅游鞋	上海第一皮鞋厂
1991	银质奖	云飞牌	艾克森面侧缝运动鞋（全皮）	山西大同市皮鞋厂
1991	银质奖	金杯牌	胶粘牛皮篮球	天津利生体育用品厂

（三）全国轻工优秀出口产品评选

1988年9月，轻工业部在北京举办全国轻工业出口产品展览会，对参展产品进行评选。皮革工业产品有11个产品获得轻工业优秀出口产品"金龙腾飞奖"，39个产品获得银牌奖，133个产品获得铜牌奖。其中，获得"金龙腾飞奖"的品牌、产品和生产企业见表2-9。

表2-9　　　　1988年皮革工业获得"金龙腾飞奖"的品牌、产品和生产企业

注册商标	产品名称	生产企业
花牌	胶粘女皮鞋	上海皮鞋厂
金鹤牌	胶粘女皮鞋	上海宝屐皮鞋厂
美申牌	胶粘女皮鞋	上海亚洲皮鞋厂
金羊牌	皮革服装	上海皮革服装厂
火车牌	皮制篮球、排球、足球	上海球厂
	雪地旅游鞋	天津运动鞋厂
	水貂皮一条龙大衣	北京皮毛三厂
雷宝牌	运动鞋	福州运动鞋总厂
	皮票夹	江苏靖江皮革制品厂
	猪皮革	湖南岳阳市制革厂

第三节　国际合作与展览活动

一　援助项目

（一）联合国工业发展组织援助制革污染控制项目立项及实施

1991年，轻工业部国际合作司申请了联合国工业发展组织（UNIDO）对中国制革厂污水治理援助项目（编号：US/RAS/92）。该项目于1993年11月得到批准，于1994年1月正式生效。项目的宗旨是：帮助中国皮革工业优化制革污水处理厂的运行操作，寻找固体废弃物安全处理方法，推广清洁工艺，实施综合培训计划。由德国政府对该项目提供总额为355万美元的援助款，由联合国工业发展组织和受援方负责机构组织实施。根据该项目协议规定，联合国工业发展组织委派布林先生（Jakov Buljan）为项目负责官员，作为

受援方负责机构,在中国皮革工业协会内成立项目办公室,张淑华任主任,该项目拟于2000年结束。

该项目的实施目标为优化不同原料皮、不同工艺、不同地域的制革厂的制革污水处理厂的工艺及管理方案;同时,项目也对固体废弃物安全处理方法,清洁工艺进行了深入的研究和优选。该项目的实施方案是选择三个有代表性的制革厂作为受援单位,项目成果将在全行业推广,并在重点地区实施综合培训计划,使全行业受益。1994年,经项目办公室调研,上海皮革公司制革总厂污水处理厂、南京制革厂、西安总后3513工厂被列为该项目的受援单位。

1995年,项目办公室通过中国皮革工业协会从企业选拔了16名符合条件的环保技术人员赴英国皮革技术中心(BLC)接受了技术培训。1996年11月,项目深度评估会议在各受援单位进行,由国际专家UNIDO项目评估官员冈萨雷斯、德国政府官员考本费尔、德国技术专家费林茨、UNIDO驻京代表处官员尼嘎·郝沫林组成的项目评审团一行四人对该项目进行深度评估,并对项目执行情况作了深入考察,评审团对该项目作了积极评价。1996年12月联合国工业发展组织区域项目办公室主任工作会议决定在中国成立"援助项目环保技术中心",中心负责人由张淑华担任。1997年6月项目办公室宣布:联合国工业发展组织将增拨15万美元供开展制革污泥治理研究,并决定该项目由西北轻工业学院皮革工程系和徐州鹰球皮革集团共同承担。

该项目是自1980年联合国工业发展组织启动了对中国皮革制品技术建设项目[第一期项目(项目编号为DP/CPR/80/007,1980年启动)、第二期项目(项目编号为DP/CPR/83/004,1983年启动)、第三期项目(项目编号为US/CPR/85/103,1985年启动)]以后,对中国制革行业重大技术援助项目。该项目以环保为中心,项目实施中采取了"走出去请进来",整合了国内外环保技术成果,引进了新技术、新设备、新理念。项目实施中边实施边推广。

该项目的实施及推广,使皮革行业开始认识到发展生产与环境保护的矛盾,启迪了行业的环保意识。该项目是我国首次较大规模的系统的接触国际上的环保技术、环保设备、环保工作者,有机会较好地消化吸收国际上环保方面成功的经验和教训,为我国皮革环保工作奠定了良好的基础。

与该项目同时执行的还有联合国工业发展组织对中国西藏拉萨制革厂的援助项目。

(二)联合国工业发展组织东南亚区域性项目

1997年6月22日至7月1日,联合国工业发展组织东南亚区域项目官员A. Sahasranaman先生一行四人来我国参观考察,为东南亚地区制革工业安全操作、劳动保护项目在中国进行选点调研。事后,根据联合国工业发展组织东南亚区域项目的计划安排,该区域性制革工业职业安全健康(OSH)子项目(编号:US/RAS/92/120)被批准在上海富国皮革有限公司实施,由东南亚区域项目总部主管。

二 双边合作

(一)中意混委会皮革小组

随着意大利和中华人民共和国在皮革工业(制革、皮鞋、革制品及机械)领域的技术经济合作和贸易的不断增加,需要有一个组织来协调今后为双方利益而开展的一些活动。为此，1986年11月，ASSOMAC和CIMAC协会与ICE合作，作为意方代表；中华人民共和国轻工业部二轻局和外事司作为中方代表，双方同意建立一个中意皮革工业联络小组，由中意双方代表各3人参加，并于1986年11月24日签署了《中意皮革工业联络组工作协议》。

1988年10月，中国皮革工业协会与意大利对外贸易协会合作，在天津举办了"意大利皮鞋和包袋设计培训班"，全国11省市40家重点企业和研究所选派45名技术骨干参加了为期6周的培训。由意大利专家授课，教学器材也由意方提供，学习结束后由中意双方联合颁发结业证。

1989年4月，中国皮革工业协会与意大利对外贸易协会合作，联合编印出版了《英意汉制鞋词汇》。

为推广意大利皮鞋、包袋先进设计方法，1990—1992年天津皮革学校利用意大利教材分别在天津、浙江等地举办了7期培训班。

1990年5月至2000年11月 应意大利对外贸易协会邀请，中国皮革工业协会共19次组织有合作意向的企业，赴意参观国际著名的博洛尼亚西玛克制鞋技术及设备展（上半年）、制革技术及设备展（下半年）和分批组织制革、制鞋厂长（经理）赴意参加培训，对推动我国皮革行业引进国际先进技术和设备、拓展视野、参与国际竞争起到了积极作用。

（二）中捷混委会皮鞋小组

1997年4月，国家外经贸部欧洲司决定在中捷混委会下设中捷制鞋皮革工作组，由捷政府赠款50万美元，供中国人民解放军3515工厂更新制鞋设备，建示范生产线，且为中方免费培训制鞋技术人员。

1997年5月，中捷制鞋皮革工作组成立并签署项目合作协议。工作组中方牵头单位为中国皮革工业协会，项目执行单位为中国人民解放军3515工厂；捷方牵头单位为捷克制鞋协会，项目执行单位为ZPS公司。

1997年9月29日至11月30日 根据项目合作协议，捷克ZPS公司邀请中方5名制鞋技术人员免费赴捷克国际制鞋学校学习2个月。

项目于1998—2001年顺利完成。2001年捷方为进一步完善示范生产线，又赠中方15万美元设备。整个项目于2002年4月在中国人民解放军3515工厂圆满验收。

三 对外交流

为了解国际皮革工业发展情况、提高行业科技人员的技术水平，这个时期，我国开展了多次国际技术研讨及交流活动，组织了多次赴意大利、美国、印度、日本等国考察、培训及参加国际会议，邀请或接待了日本、美国、印度、西班牙、英国、意大利等十几个国家的访华代表团，组织专业交流，加强了国际同行之间的交往，促进了双边或多方的经济技术合作。

（一）与日本同行研讨交流

1989年12月19日至24日，中国皮革工业协会与中国国际咨询工程公司联合举办了制革技术研讨会，邀请日本著名皮革专家、昭和女子大学教授冈村浩来华讲学，讲授内容除介绍日本及国际皮革市场情况和发展趋势外，还介绍了日本皮革科研成果——防水革及软革制造技术和"三废"治理，内容翔实丰富，受到我国9省市14个单位的30名科技人员的欢迎。

应轻工业部邀请，日本皮革技术协会会长冈村浩教授和理事白井邦郎副教授于1992年8月10日—18日来华访问，中国皮革工业协会与日本同行就两国及东南亚皮革工业方面的问题交换了意见，就共同承担中日两国皮革工业技术交流总窗口的问题签署了协议。

（二）与意大利同行研讨交流

1990年11月，在上海90国际皮革工业展览会期间，中国皮革工业协会与意大利外贸协会共同组织了"中意制革技术研讨会"。意大利莫斯达迪尼、波莱托、弗拉马等7家公司介绍了从原皮到蓝湿革及后整饰方面的新技术和设备，我国26个省、区、市48个单位的50名科技人员参加研讨会。

1991年10月，在第三届北京国际皮革技术及设备展览会期间，在中国皮革工业协会组织的制革技术交流会上，意大利波莱托、西玛克和弗拉马公司讲解了从生皮到蓝湿皮的处理技术及有关设备，皮鞋和合成革鞋、鞋底和鞋眼生产系统，还交流了国际制革领域最新发展信息，我国18个省、区、市有关企业和科研院校129名科技人员参加了交流会并给予好评。

1994年3—5月，根据中意双边合作协议，中国皮革工业协会与对外经济贸易大学联合举办中国皮革工业厂长（经理）赴意培训班，从全国24省市81家企业选拔了11省市19名学员参加培训。通过学习培训，提高了学员的国际经贸理论知识水平，通过境外参观和实地考察，开阔了眼界，提高了企业知名度，掌握了国际皮革工业现状和发展趋势。学员们在境外参加培训的同时，广泛开展了技贸合作洽谈，共达成合作意向12项。许多外商后来又率团来华考察，继续洽谈技贸合作。

四　国际会议

（一）参与国际皮革行业组织

随着改革开放的不断深入，我国皮革行业开始积极参与国际行业组织的活动，与国际同行进行广泛的技术交流。

1989年11月，张淑华副秘书长率中国皮革工业协会代表团以观察员身份应邀参加在保加利亚索非亚举行的"第13届社会主义国家毛皮会议"，这是中国皮革工业协会首次在国际会议上与毛皮行业同行交流。

1993年3月，徐永理事长应邀率中国皮革工业协会代表团列席"国际制革委员会"（International Council of Tanners）会议。1994年，中国皮革工业协会提出入会申请，1995年3月被批准为该委员会A级会员。此后，中国皮革工业协会每年派出代表出席该委员会在中国香港召开的年会。

1994年，中国皮革工业协会申请加入"国际皮革工艺师和化学家协会联合会"（International Union of Shoe Industry Technicians），1995年成为该会会员。自1997年起，中国皮革工业协会组织行业科技人员、专家、学者代表团，参加该会每两年一次在世界各地召开的年会和国际学术活动并发表论文，扩大了中国皮革工业协会和中国皮革专家在国际同行中的影响。

（二）举办亚洲国际皮革科学技术大会

亚洲国际皮革科学技术会议（Asian International Conference of Leather Science and Technology）系由中国、日本、韩国皮革科技界同人共同建立旨在促进亚洲各国和地区进行皮革科技交流、推进亚洲皮革工业发展的重要平台。自1992年始，由中、日、韩三方轮流主办，原则上每两年一届，这个时期，共举行3届。

1992年第一届亚洲国际皮革科学技术会议于10月25—28日在中国成都举行，由成都科技大学（现四川大学）主办。会议由李英教授出任组委会主席，国内参加本次会议的皮革科技代表达200多人，来自日本、韩国、德国、英国、美国、西班牙、意大利、瑞士、罗马尼亚等国及中国港澳台地区的与会者有40余人。国际皮革科技界著名学者，如德国的海德曼（Heidemann）教授、英国的哈斯莱姆（Haslam）教授、日本的冈村浩教授、白井邦郎教授、韩国的闵丙旭博士、中国台湾的黄珠芳教授等与会。

1994年第二届亚洲国际皮革科学技术会议于9月26—28日在中国咸阳举行，由中国轻工协会皮革学会与西北轻工业学院（现陕西科技大学）主办。国内代表224人和日本代表团11人，韩国2人，中国香港地区3人，中国台湾地区4人出席了会议。后经国家科委批准，以后此项国际会议的中国主办单位统一定为中国皮革工业协会。

1996年第三届亚洲国际皮革科学技术会议于9月9—11日在日本姬路举行，由日本皮革技术协会主办，中国代表团33人参加了会议。

五　展览活动

随着改革开放的深入发展，展览已成为交流技术经济信息的重要平台，市场推动了展览业的进一步发展，为了适应市场经济发展的需要，官方主办的展览在不断改革。此时，国外及中国港台展览公司开始进入大陆，私人展览公司兴起，各级商协会也开始办展览。据20世纪90年代末统计，全国各省市大小皮革展览有30多个，但多为小展览，一两年就停办，此起彼伏，在竞争中成长。当时比较有影响的有德纳展览公司在温州举办的"96国际名牌鞋类产品及制鞋技术和设备展览会"等。

为了开拓国际市场，扩大出口创汇，各级协会、展览公司等开始组织企业参观国外展览，如美国迈阿密、拉斯维加斯，意大利罗马、米兰，西班牙马德里等国家和地区举行的皮革、鞋类展览会，进一步促进技贸合作。

（一）北京国际博览会

北京国际博览会是由国家主管部门主办的综合性的展览，设有轻工馆、化工馆、农业馆等，旨在促进国内外技贸合作与交流。

1989年7月，根据轻工业部统一部署组织轻工业各行业参加该展览，中国皮革工业协会组织21个省市的139家企业参加首届"北京国际博览会"，展出面积156平方米，展示产品共500余件，获金、银、铜奖牌共计114块，出口成交额达1000万美元。

1991年4月，中国皮革工业协会组织25个省市的179家企业参加第二届"北京国际博览会"，展示产品937件，获金、银、铜奖牌共计152块，成交总金额达1.1亿美元。

1993年4月，协会组织皮革展团参加在北京国际展览中心举办的"第三届北京国际博览会"，全国28家企业参展，本届博览会轻工馆皮革展区共10个展位，展品均为款式时尚的名、特、新产品。

（二）轻工业博览会

轻工业博览会是由轻工业部主办的专业展览。1992年1月，中国皮革工业协会组织皮革展团参加了由轻工业部在北京国贸大厦举行的"第二届全国轻工业博览会"。11日晚，中共中央总书记江泽民，政治局常委乔石、宋平和国务院副总理邹家华、朱镕基以及李德生、王平等党和国家领导人亲临博览会参观；中共中央总书记江泽民，政治局常委乔石、宋平等同志在轻工业部曾宪林部长的陪同下参观了皮革展区，并向工作人员询问了皮鞋、裘皮服装等展品的质量、销售及附加值等情况。中国皮革工业协会副理事长兼秘书长许龙江，副秘书长张淑华陪同参观，并合影留念。

1992年12月，协会组织皮革展团参加由轻工业部在北京中国国际展览中心举办的"第三届全国轻工业博览会"，展出的皮革、皮衣、皮鞋、箱包、裘皮制品、皮革化工产品，展现了皮革行业在加速科技成果转化为生产力所取得的成绩。

（三）中国皮革工业协会举办皮革工业展览会

为了适应南方及北方地区行业经济发展需要，中国皮革工业协会自1990年起，分别在上海北京隔年办一个展览，每逢奇数年在北京举办，偶数年在上海举办。为了适应行业品牌发展需要，1995年10月在北京国际展览中心首次举办"中国真皮标志产品展览会，此后，该展览均分别与上海北京两个展会同地同期举办。

上海展览会：1990年10月，中国皮革工业协会与上海国际贸易信息与展览公司合作，在上海商城举办"第二届国际皮革工业展览会"（第二届开始为主办单位），展出净面积共1700平方米，来自美国、意大利、英国等11个国家和地区的100家主要皮革、皮鞋机械厂商参展。国内参展企业有66家，展出净面积915平方米。此后，1992年、1994年、1996年分别举办了第三届、第四届、第五届国际皮革工业展。"第五届国际皮革工业展"与"96中国真皮标志产品展览会"同时举办，展览总面积8000平方米，其中"真皮标志产品展"面积4000平方米，参展企业102家。

北京展览会：1991年10月，中国皮革工业协会与中国香港雅式展览公司、中国贸促会轻工行业分会合作，在北京举办"第三届国际皮革技术及设备展览会"（第三届开始为主办单位），来自意大利、德国、中国香港等10余个国家和地区的外商参展，国内部分皮革机械厂参加展出。此后，1993年、1995年、1997年分别举办了第四届、第五届、第六届展会。1997年10月21日至24日"第六届国际皮革技术及设备展暨97中国真皮标志产品展览会"在北京国际展览中心举办，来自18个国家和地区的100余家外商参展，展出面积8000平方米，其中"真皮标志产品展"面积4000平方米，参展企业110家。

（四）中国香港亚太皮革展览会

1994年4月19日至27日，中国皮革工业协会与中国贸促会轻工行业分会合作，首次组织中国皮革展团赴中国香港参加"94香港亚太皮革展览会"，35家企业参展并组建中国国家馆。中国馆的首次亮相受到中国香港媒体和各界人士的重视和支持，并在国际皮革界引起较大反响。此后，国内企业每年都会组团参展，如1997年4月，中国皮革工业协会组织了70家企业参加"97亚太皮革展览会"，并组建了有特装的中国馆，成为展会上一大亮点。

参加中国香港亚太皮革展览，不仅促进了国内外企业的技贸交流与合作，同时也使大陆皮革行业融入国际大家庭，有机会结识了国际上各类皮革技术经济组织（协会）、研究单位、大专院校、专家学者、港台同胞，并建立了稳定的密切的交流合作平台。

（五）组团参加美国拉斯维加斯展览

为了进一步帮助国内鞋企开拓美国市场，中国皮革工业协会于1996年应邀组团赴美国考察。1997年8月20日至23日，中国皮革工业协会与中国贸促会轻工行业分会合作，首次组织中国鞋业贸易展团赴美参加"1997拉斯维加斯秋季国际鞋业订货会"，展团由国内7家企业组成，设5个展位。展会后组织企业参观了美国市场。此后一直坚持每年一次，使更多的制鞋企业有机会接触、了解、拓展国际市场。

第四节 行业态势

纵观1988—1997年这10年，随着改革开放的深化、市场经济体制的确立和世界皮革重心的转移，我国皮革工业得到了快速发展，在提高产品质量、扩大出口创汇、适应市场经济等方面有了很大的转变；全行业的生产水平和创汇能力均有了大幅度的提高，主要产品产量和进出口总额均在世界上名列前茅，已成为公认的世界皮革加工中心和销售中心，初步确立了我国世界皮革大国的地位。

一 行业拥有完善的产业链，工艺技术、产品质量均已与国际接轨

根据1995年工业普查统计，我国皮革企业和生产单位约1.6万个（不含年销售收入在100万元以下的村办、合作经营、个体等企业），从业人员达200多万人。在全行业企业中，有制革企业2300多个、制鞋企业7200多个、皮衣企业1700多个、毛皮及制品企业1200多个、皮箱企业523个、皮包企业1501个。原辅材料、机械、化工等基本上可立足国内自我配套，产品品种基本解决了有和无的问题，缩小了与国外的差距，产品质量有较大提高。猪皮革生产有很大发展，猪皮加工占整个制革原料的50%以上（据1995年工业普查统计资料），猪皮制革技术居世界前列；山羊、绵羊服装革的产品质量大幅度提高，部分绵羊服装革产品已达到国际先进水平；牛皮革产品风格已开始与国际市场接轨，水牛皮、牦牛皮制革技术已得到开发，并已用于生产；二层革的开发利用已得到普遍重视；皮鞋、皮革及毛皮制品的加工技术，产品质量和花色品种大幅度提高。

二 行业经济结构发生深刻变化

我国市场经济体制的建立，进一步促进了企业管理体制和经营机制方面的改革，企业所有制结构发生了较大的变化，乡镇企业持续发展，民营企业异军突起，三资企业强势扩展，国有企业逐步缩减。据1997年全行业经济成分调查显示，不同经济成分在全行业中所占比例分别为集体民营企业占72%、三资企业占14%、国有企业占7%、其他经济成分占7%。

在这一轮改革过程中，江苏森达鞋业、山东文登皮革、河南鞋城集团、辛集东明皮革、海宁卡森实业等企业脱颖而出，成为集体民营企业异军突起的代表；无锡奇美皮革、广州迪威皮革、上海富国皮革、巴斯夫（上海）染料、青岛德瑞皮化等三资企业在引进外资、外商独资以及股份制经营的大势下崭露头角，成为三资企业强势扩展的典型；而广州人民制革厂、上海皮革公司制革总厂、浙江海宁制革厂、徐州淮海制革厂、成都皮革总

厂等许多全国知名的国有企业先后在企业转制过程中以不同形式退出。

三 企业面貌焕然一新，涌现出一批优秀企业

自1986年开始，国家为了提高企业产品质量、提升经济效益，开展了企业升级工作。1988—1991年，皮革行业共有42家企业进入国家二级企业，其中制革12家、皮鞋14家、毛皮5家、皮革服装4家、箱包皮件7家。而随着市场竞争的优胜劣汰，行业涌现出了一批具有竞争力的优秀企业。1994年中国轻工业200强企业，皮革行业的雪豹集团公司、广东广荣鞋业有限公司、广州荣诚鞋业有限公司、浙江兽王集团公司、浙江富隆革裘制品有限公司、天津津港（集团）有限公司和山东文登制革厂榜上有名；1994年中国轻工总会表彰的全国轻工业108家优秀企业，皮革行业的北京百花实业公司、大同市皮毛厂、文登市制革厂、株州环球皮革股份有限公司也在其中。在"1995年度中国五百家最大工业企业评价"中，上海皮革公司位列253位。合资企业西安华联制皮工业有限公司作为行业的代表参加了中国外商投资企业协会第三次全国代表大会，受到了江泽民总书记等党和国家领导人的接见。

四 集群生产、专业市场成为行业发展新平台

国内外的大好形势迎来了行业发展的新机遇，20世纪七八十年代，港商开始到珠三角设立或合办加工生产手袋、钱包等小皮件产品的加工企业。由于皮件生产属于劳动密集型行业，投资少、见效快，因此在珠三角各地迅速发展起来，并逐步成为出口创汇的重要基地，众多企业集群生产、抱团发展。广东制鞋业根据海外市场的变化，抓住国际皮革业转移到东南亚和中国沿海的机遇，大力引进先进技术设备，采用合资办厂、合作经营、"三来一补"等方式，先后创办制鞋企业近千家。1987—1995年，广东的皮鞋生产连续8年快速增长，年均增幅达82.4%，这期间在全国同行中处于领先地位。

随着改革开放深入发展，20世纪90年代后，在全国逐步形成了几十个产业集群生产地区，这些地区既是生产基地又是货物的集散地。如制鞋集群生产地有浙江温州、四川成都武侯、福建晋江等；皮革和皮革服装集群生产地有浙江海宁、河北辛集、辽宁佟二堡等；箱包集群生产地有广州花都区狮岭镇、福建泉州、河北白沟等。这些新兴的集聚生产基地成为我国皮革行业发展的中流砥柱。伴随皮革行业集聚生产的发展，专业市场应运而生，这些专业市场不仅促进了我国皮革行业的发展，而且为拓展国内市场，促进南北交流起了重大的推动作用。

五 行业发展起伏大，经济效益不高

虽然全行业生产连年保持快速增长，但经济效益却起伏较大，企业亏损面大，特别是猪皮制革企业尤为严重。1989年，全行业利润总额同比下降47.1%；1990年79个皮革国营大中型企业亏损的有29个。1995年，据中国皮革工业协会对全国57家制革重点企业调查统计，亏损企业达29家，其中的42家猪皮制革企业有22家企业亏损。企业之间发展不平衡，经济效益相差悬殊，国营企业由于机制问题，企业负担重，自我改造能力差，大部分企业经济效益下降，亏损企业达50%，难以发挥统领市场的稳定作用；一些新兴的多镇企业在完成了以粗放方式发展的初期创业后，暴露出经营管理人才、装备及技

术开发后劲不足，管理方法落后的问题。造成企业亏损的主要原因：一是行业税负较重，特别是猪皮补贴取消后，猪皮制革企业困难较大；二是管理粗放，不适应市场机制的要求；三是行业结构调整滞后，分散经营，低水平重复，低价竞争。

六 证明商标"真皮标志"成为行业在市场经济中创立的品牌平台

20世纪90年代以后，随着改革开放的深入发展，原来由国家主管部门组织的各项产品质量评比逐步退出历史舞台，证明标志"真皮标志"应运而生。

证明商标"真皮标志"是中国皮革工业协会于1994年以法人资格，在国家工商行政管理局注册的证明商标，并在国际上14个国家进行了注册。这项工作是国家工商行政管理局在我国实施证明商标的首例试点，也是原中国轻工总会、国家轻工局在新形势下探索行业协会进行质量自律的试点。

1994年，正值国家工商总局商标局修订《商标法》，首次将证明商标列入我国《商标法》，作为证明商标如何进入社会主义市场经济的中国，确实需要一个探索和实践的过程，作为社会组织的中国皮革工业协会承担了这一历史使命。当时，时任国家工商行政管理总局副局长白大华同志以及商标局的几位局长、处长全力支持这一新生事物，他们不仅提供了国外相关资料以供协会借鉴，同时还亲自参与《真皮标志章程》、《真皮标志技术手册》等基础文件的起草工作。1994年10月，由原中国轻工总会主持召开了"真皮标志"新闻发布会，当时，国家工商行政管理总局、国家质量监督检验检疫总局等有关政府部门都出席了这次发布会，并表示了对这一新生事物的支持。在推广"真皮标志"工作中，各新闻媒体、电视台、电台、行业内外的报纸杂志都给予这项公益性的新生事物广泛的宣传报道，起到了广告达不到的社会效果。

在我国特定的历史条件下，由行业组织牵头推行证明商标"真皮标志"符合我国国情，为"真皮标志"工作的健康发展奠定了良好的基础。根据原国家商标局、原中国轻工业总会的两个单位的要求，"真皮标志"确定的工作目标是：实施"真皮标志"应立足于全行业的长远发展，立足于社会效益，培育行业品牌平台，规范行业质量自律，创造具有社会主义市场经济特点的品牌平台。

由于确定了一个正确的工作目标及相应的工作方针，使证明商标"真皮标志"在社会上树立了公正、权威的形象，使"真皮标志"在皮革行业中生根并持续发展，成为社会、行业认可的品牌平台

1994年10月14日发布首批佩挂真皮标志企业22家，1995年"首届真皮标志产品展览会"与"第五届国际皮革工业展"同时举办。展会期间举办了首届"95中国真皮标志产品优秀设计评选"，此后真皮标志企业及产品以品牌到形象进入市场。

1995年12月26日推出"1996中国真皮衣王""1996中国真皮鞋王"。中国皮革工业协会开展了以佩挂真皮标志产品为基础推荐行业名优产品工作。通过全面考核，共产生皮革服装、皮鞋产品各10名。经中国轻工总会名牌战略办公室审定，上述产品均纳入中国轻工产品排行榜，并由协会授予"1996中国真皮衣王""1996中国真皮鞋王"荣誉称号。"雪豹""兽王""KS凯撒""森达""康奈""哈森""万里""百花"等品牌榜上有名。

1997"真皮标志杯"全国皮革服装设计大赛在海宁成功举办。

至1997年，佩挂真皮标志产品的企业有171家，其中皮鞋企业52家、皮衣企业98

家、皮件企业 21 家，遍及我国 26 个省、自治区、直辖市，形成一批名牌产品和优势企业，带动了行业的发展。

七　初步确立我国世界皮革生产大国的地位

随着全球经济一体化进程的加速，20 世纪 90 年代以后，亚洲，特别是中国已成为世界关注的皮革生产加工及销售中心。据统计：80 年代初，发达国家牛轻革产量和羊轻革产量分别占世界总产量的 61% 和 55.2%，到了 90 年代中期，这两个比例分别下降了 17 个百分点和 21 个百分点。再看皮鞋产品：80 年代初，发达国家的产量占世界总产量的 64.7%，而到 90 年代中期，其产量仅占世界总产量的 29%，而发展中国家的皮鞋产量的比重却从 35.3% 上升到 71%。由此可见，世界的制革和制鞋工业重心已向发展中国家转移。从全球皮革出口贸易额来看，80 年代初期，发达国家皮革出口贸易额占全球皮革贸易总额的 80.6%，到 90 年代中期仅占到 59.1%，而发展中国家的皮革出口贸易额占全球皮革出口贸易额的比重由 19.4% 上升至 40.9%。随着世界经济一体化进程的加快，中国已经成为世界关注的皮革加工中心及销售中心。

这一时期，我国皮革工业经过改革开放初期的发展，全行业抓住机遇迎接挑战，进一步完善了门类齐全的产业体系，初步确立了我国世界皮革生产大国的地位，全行业的产量、工业总产值、出口创汇快速增长。1997 年，鞣制皮革 10243.5 万张（折合牛皮），比 1988 年增长了 97.65%；生产轻革 23992 万平方米，比 1988 年增长了 92.45%；生产皮鞋 24.7 亿双，比 1988 年增长了 611.82%；生产皮革服装 7938.82 万件，比 1988 年增长了 728.11%。

1997 年，轻工系统内完成工业总产值 205.9 亿元（按 1990 年不变价计算），比 1990 年增长了 50.96%。

1997 年，轻工系统内出口交货值 108.78 亿元，比 1988 年增长 323.92%，名列轻工行业首位。按金额排序的前 100 位单项出口商品中，皮革产品占有 6 个，皮面皮鞋居第三位，皮衣居第六位。

综上所述，1988—1997 年为行业快速发展时期，这一时期全行业的生产能力、经济效益和出口创汇超过预期目标，产品产量、工业总产值、利税总额、出口商品创汇总额大幅度攀升，并形成了制革、皮鞋、皮件、皮衣、裘皮及其制品、皮化、皮革机械、皮革五金等完善的皮革产业链，初步确立了我国世界皮革生产大国的地位。

第五章 全面繁荣时期（1998—2010 年）

经过改革开放近 20 年的快速发展，我国逐渐成为了世界皮革生产大国，但全行业还是数量型的粗放式发展，在产品结构、品牌、质量和品种上与国际先进水平尚有差距。为了进一步巩固我国皮革生产大国的地位、早日迈入世界皮革强国，1998 年后，全行业抓住我国市场经济体制改革进一步深化的机遇，勇于直面困难和挑战，开始了"二次创业"。

第一，1998 年，集行业智慧，中国皮革工业协会牵头编制《中国皮革行业"二次创业"发展战略》，提出了皮革行业未来一段时期发展的指导思想、目标纲领、任务措施，引领和促进了行业的健康发展。

第二，2001 年 11 月 10 日，中国正式加入世界贸易组织，市场进一步开放，皮革行业进一步参与国际分工，提高了行业的国际化水平，促进了对外贸易的快速发展。

第三，2005 年，欧盟对我国皮鞋产品进行设限、实施反倾销调查；2006 年，欧盟委员会对中国皮鞋反倾销案做出终裁，对我国出口到欧盟的皮鞋征收 16.5% 的反倾销税，为期两年，给我国的皮鞋生产企业带来了冲击。

第四，亚洲金融风暴和美国金融危机先后对我国皮革行业造成冲击，皮革及其制品对外出口出现前所未有的下滑，但行业企业积极应对，迅速摆脱了下滑局面，保持了持续、健康的发展态势。

第五，我国环境保护政策日趋完善，制革业受到了严重影响，产业布局发生变化，企业不断加大"三废"治理力度，节能减排、清洁化生产逐步推行。

第六，自主品牌群星闪烁，一大批自主品牌获得市场认可，成为引领我国皮革行业发展的驱动力。以证明商标"真皮标志"和"真皮标志生态皮革"为依托，推出了"鞋王""衣王"等一批知名品牌。

第七，特色区域建设方兴未艾，成为我国皮革行业发展的中流砥柱。从 2001 年中国皮革协会推出《关于授予中国皮革行业特色区域荣誉称号的行业规范》开始，先后有温州、海宁、辛集等多个特色区域被授予荣誉称号。

第八，随着经济发展，劳动力成本不断提高，东部沿海地区的生产企业开始向内地转移，安徽、江西、河南等省逐渐成为行业企业聚集地。

第九，借助资本市场，我国皮革行业企业实现跨越式发展。自 1999 年声乐股份上市开始，皮革行业企业不断登陆海内外证券市场，既融到资金，又提高了市场声誉，企业发展迈上新台阶。

第十，中国先后出任了世界重要的皮革、毛皮、制鞋行业组织主席、副主席职务，结束了世界行业组织没有中国人担任主席的历史，彰显了我国皮革大国的地位。

第十一，初步完成了"二次创业"的发展目标，全行业的总产值、出口值及制革、皮鞋的产量等实现了大幅增长，稳固地确立了我国世界皮革大国的地位。

第一节　发展规划与相关政策

一　发展规划

（一）"二次创业"发展战略

中国皮革工业协会在行业调查的基础上，凝聚全行业意志与智慧，于1998年牵头编制了《中国皮革工业"二次创业"发展战略》（1998—2010年），"二次创业"发展战略正值"十五""十一五"期间，它不仅指出了未来15年我国皮革行业发展的总体指导思想，同时还提出了全行业的奋斗目标和具体措施，成为引导行业健康、持续发展的纲领性文件。

《"二次创业"发展战略》的指导思想是：调整优化结构，使全行业从数量主导型过渡到以质量、品种、出口、效益为主导的"二次创业"发展阶段。

预期目标：一是主要产品产量年递增5%，产品销售收入、出口创汇年递增7%；二是科学技术贡献率1995年为35%，到2010年达到60%；三是到2010年我国皮革工业争取在国际上有3—5个知名国际品牌产品。

1995年我国皮革行业大中型企业数仅占3%，其销售收入占全国皮革行业销售收入15%；2010年大中型企业数占全行业10%，销售收入占全行业销售收入45%。适当提高上规模企业比重，使其成为皮革工业持续稳定发展的中流砥柱。

环境保护方面：1997年底淮河流域制革水污染物排放达到国家或地方标准；2000年全国制革行业水污染物排放要达到国家或地方标准，使制革行业水污染基本得到控制，保证皮革工业可持续发展。

对策：第一，转变思想观念，根据皮革行业是传统工业的特点，要努力寻求能够极大促进皮革工业发展的所有制实现形式，是皮革工业"二次创业"的关键。

第二，优化调整皮革行业的区域、企业、产品结构是"二次创业"的基础：其一，引导我国东部沿海、中部和西部三个皮革发展区域互相协调发展，努力做好"携手工程"的推进工作。其二，提高利用外资水平，加速全行业技术引进及改造，深化企业改革、引导行业逐步形成大小规模并举，比例适度的企业结构。其三，以市场为导向，调整产品结构，高档产品占15%、中档产品占50%、保持一定比例的低档产品，以适应国内外消费层次的需要。提高其产品的技术含量和附加值，快速反映国内外市场不断变化的需求。

第三，贯彻"科教兴国"战略思想，推动"二次创业"的进程。科技进步是经济发展决定因素，要从粗放经营转向集约化经营，要从数量型过渡到质量效益型，必须依靠科技进步，避免在原水平上重复，确保完成"二次创业"的任务。

第四，实施名牌战略，做好真皮标志管理工作，为争创国际名牌创造平等竞争条件。真皮标志作为证明商标，受国家法律保护，是我国名优产品的优秀群体，真皮标志工作为名优产品平等竞争创造条件，在加强真皮标志工作的基础上，培育主要产品前十名企业，争创国际名牌。通过真皮标志的推荐，优秀设计产品评优以及市场竞争的优胜劣汰，引导企业注重产品的精工细作及功能研究、款式设计，逐渐提高出口及内销产品的综合质量水平。鼓励企业学习、掌握并通过 ISO9000 标准认证，逐渐提高企业的管理水平。

第五，培育国内外市场，加强企业管理、转变营销观念，保证"二次创业"的发展速度。市场的拉动作用，对于一个行业发展速度影响是十分重大的，没有市场的拉动，一个行业很难迅速发展，所以我们必须积极主动培育国内外市场，使我们在国内外市场占有率与皮革生产大国的位置相匹配：其一，企业要积极主动进入市场；其二，要继续开拓俄罗斯和东欧市场；其三，要"走出去"参加国际皮革专业展，"请进来"在国内办皮革大展，沟通信息，广交朋友，培育国内外市场；其四，要提倡实行现代营销策略，加强企业管理。

《"二次创业"发展战略》是一个纯民间的行业发展指南，它涵盖了"九五"末，"十五"及"十一五"前后12年。1997年，由于东南亚金融危机，使我国皮革市场受到较大冲击，为了提振行业信心，展望未来，由中国皮革工业协会牵头与各省市协会，通过全面调研编制成《"二次创业"发展战略》。它目标明确，措施具体，首次明确提出由皮革大国跨入强国的目标。实践证明，它对鼓舞行业士气、指导行业发展、编制"十五"及"十一五"规划起了重要的作用。

（二）"十五"（2001—2005年）计划

2000年，中国皮革工业协会牵头编制了《皮革工业"十五"发展计划和2010年长远规划》，其内容包括指导思想、若干原则、预期目标、发展重点和措施建议。

指导思想：遵循邓小平建设有中国特色社会主义理论和党的基本路线，以党的十五大精神为指针，紧紧围绕"两个根本转变"，调整和优化结构，使皮革工业从数量主导型过渡到以质量、品种、出口、效益为主导的新的发展时期。

发展原则：一是以制革为基础，促进全国畜牧业、皮革业联合发展，建立优质原料皮基地；二是以市场为导向，以皮鞋及皮制品为龙头，以技术进步为先导，加强管理，不断提高产品整体质量水平；三是发展优质、低污染新型化工材料的生产，引进外资和先进技术，加快企业技术改造；四是转换企业经营机制，注重人才培养，提高行业整体素质；五是以效益为导向，注重资产重组，用活资产，提高行业整体效益；六是加强环境保护，严格环境管理，走可持续发展之路。

预期目标：争取在2015年使中国进入世界皮革强国行列，具体目标如下。第一，"十五"期间主要产品产量年递增5%，产品销售收入、出口创汇年递增7%；2005—2015年年产量递增3%，产品销售收入、出口创汇年递增5%。第二，科学技术贡献率1995年为35%，"十五"末达到50%，到2015年达到60%。第三，到2015年我国皮革工业在国际上争取有3—5个知名国际品牌产品。第四，1995年皮革行业大中型企业数仅占3%，其销售收入占全国皮革行业销售收入15%，2015年大中型企业数占全行业10%，销售收入占全国销售收入45%。适当提高上规模的企业比重，使其成为皮革工业持续稳定发展的中流砥柱。

行业调整和发展重点：一是调整结构、产业转移、优化升级；二是依靠科技进步和技术创新；三是坚持"四个结合"，加快科技体制改革；四是加大人才培养力度，提高行业整体素质；五是实施名牌战略，培育国内外市场；六是加强环境保护，确保皮革工业可持续发展。

主要措施与建议：第一，充分发挥我国原料皮资源优势，引导推进牧畜业、皮革业联合发展的进程，办好猪、牛、羊基地建设，做到优化良种，皮肉兼顾。第二，提高生皮开剥、加工、保存技术，提高原料皮质量，规范、完善原料皮市场运营机制，创造平等竞争条件。第三，皮革加工业是对畜牧业副产品（皮张）的开发利用，在税制改革中应考虑其特点，从政策上给予鼓励，特别是对猪皮制革要给予政策扶持。第四，制革环保治理是企业应尽的公益性的义务，政府应予政策支持，应加强皮革环保治理科技资金的投入，对用于环保治理的资金应给予优惠政策，以保证环保工作的顺利开展。第五，国家要对皮革工业基础科学研究给予政策扶持，确保皮革工业可持续发展，赶超国际先进水平。第六，建议制定出口企业优先进口制度；进一步完善出口退税制度，以鼓励企业多出口、多创汇。第七，扶持行业组织，加强行业自律，充分发挥行业组织的桥梁与纽带作用，促进行业发展。

（三）"十一五"（2006—2010年）规划

2006年，中国皮革协会牵头编制了《中国皮革行业"十一五"发展规划》。该规划的指导思想：全面贯彻落实科学发展观，坚持可持续发展战略，发展绿色皮革产业，走资源节约型、环境友好型的新型工业发展之路，加快产业结构调整和升级，转变增长方式，使全行业从数量主导型过渡到以质量、品种、出口、效益型为主导的"二次创业"发展新阶段。

发展目标：一是控制产量增长，鼓励提高产品附加值，保持行业总产值（或销售收入）年均增长10%—15%；二是控制出口数量增长，鼓励出口价格提高，保持行业出口创汇年均增长10%—15%；三是显著提高资源利用率，单位国内生产总值能源消耗比"十五"（2001—2005年）末期降低20%；四是更加有效控制环境污染，实现增产不增污；五是2010年或更长一点时间争取在世界有3—5个知名品牌产品。

战略措施：一是为皮革、毛皮工业可持续发展做好基础性工作；二是优化调整结构，合理布局，走可持续发展道路；三是建立自主创新机制，加大科技投入，加强质量标准工作；四是实施名牌战略，做好真皮标志工作，为争创国际名牌创造条件；五是以皮革特色区域为基础，促进产业结构调整和增长方式转变；六是推进节能降耗，强化环保，探索制革、毛皮集中加工新模式；七是培育国内外多元化专业市场，为我国跨入皮革世界强国打好基础；八是加强国家及地方协会建设，促进国际交流与合作，承担皮革生产大国的权利和义务。

针对中国皮革行业"二次创业"的发展目标以及"十一五"规划的精神，中国皮革协会提出了推进皮革行业持续发展的"三大任务"和"五个保证"，引领全国皮革行业全面落实科学发展观，推进产业结构调整和经济增长方式转变，以确保皮革行业持续、健康、协调发展，加速中国从"皮革大国"向"皮革强国"跨越。其中，"三大任务"是：第一，生产基地建设是皮革行业调整结构、转变经济增长方式的基础；第二，"真皮标志"是皮革行业调整结构、转变经济增长方式的平台和先导；第三，市场是皮革行业调整结构、转变经济增长方式最重要的拉动力。"五个保证"是：第一，争取政府方针政策的支持，与国家经济社会协调发展；第二，加强国际交往，发挥皮革大国应有的作用；第三，不断推陈出新，实施"科教兴皮"战略；第四，倡导诚信经营，树立良好的行业和企业形象；第五，注重环保和社会责任，为建设新农村与构建和谐社会做贡献。

二 行业管理

(一) 行业管理举措

为了适应社会经济的发展,中国皮革工业协会于 2004 年 6 月正式更名为"中国皮革协会",英文名称仍为 China Leather Industry Association。更名后,协会的宗旨、任务、业务范围不变,协会协调服务的范围扩大了,理顺了与各相关行业间的关系。

"二次创业"期间,为了使皮革行业较快发展,中国皮革协会通过大量调研,向政府有关部门提供一些政策性报告或建议,一方面供政府决策时参考,另一方面建议政府有关部门要针对皮革工业存在的重大问题,给予必要的支持。第一,为了充分发挥我国的资源优势,建议由有关部门牵头,采取措施促进畜牧、养殖,皮革联合发展。搞好牛、羊、猪基地建设,做到良种优化,皮肉兼顾,剥好皮,用好皮,为发展我国畜牧、皮革业打下良好基础。第二,在政策上要鼓励皮革制成品出口,限制生皮、蓝湿皮出口,凡生皮、蓝湿皮出口均应加征出口税 30%。第三,完善原料皮市场经营机制,加强对市场的管理和引导,保证生皮质量,稳定生皮价格。第四,为了进一步促进猪皮资源的开发及利用,建议国家采取如下措施:一是对猪皮质量较好地区,加征猪皮资源税(对不剥皮出售肉者要征税)以提高猪皮开剥率,解决目前猪皮原料不足的问题;二是对猪皮制革要采取扶植政策,继续执行减免产品增值税制度。第五,严格执行国家环保法规,大力加强环保监督检测,促进皮革行业顺利、健康发展。

与此同时,协会在诸如贯彻落实《轻工业调整和振兴规划》,推动落实环保政策措施,中国入世前后行业相关应对,自主规范行业行为,协助政府部门编制相关政策、措施、标准、文件等方面积极提出行业建议、当好政府助手。

2001 年 9 月 26 日,中国皮革工业协会首次在理事会期间召开"全国主要皮革生产基地市、区、县政府领导联席会议",11 个省、市、区、县和地方协会负责人到会。会议重点讨论了新形势下全国皮革市场如何分工合作、各具特色、错落有致、协调发展的新思路及加强行规行约建设问题,会议形成《纪要》由各地代表签名以示赞同。

2005 年初,根据中国皮革协会第五届理事会第二次扩大会"关于鼓励生皮、生毛皮、半成品革、已鞣毛皮等资源性产品进口,限制其出口的建议"的精神,协会及时进行了调研,先后向国家有关部门报送了《关于鼓励生皮、生毛皮进口,限制其出口的请示报告》和《关于开放南非、希腊、西班牙、俄罗斯、意大利、埃塞俄比亚等国生皮进口的请示报告》,为政府有关部门决策提供了重要参考依据。

2010 年,受国家工信部消费品工业司委托,由协会牵头完成了"我国制鞋业发展战略和政策研究"课题,当年 6 月 29 日在广东惠东县召开了由工信部主持的课题验收会。该课题报告全面论述了我国制鞋战略和政策提出的背景,包括现状、问题、国内外对比等内容。发展战略部分从人才、市场、品牌等方面进行阐述;政策建议包括基础研究、质量管理、市场监管、标准化、建设公共服务平台、加快调整产业结构等方面。与会专家一致认为,该报告内容翔实、完整,符合课题任务书和项目验收的要求。该报告真实反映了当时制约我国鞋业向更高层次发展的关键因素,对行业可持续发展具有较好的指导意义,也为政府及相关部门决策提供了有一定参考价值的建议。

(二) 贯彻《轻工业调整和振兴规划》

2009年5月18日，国务院正式颁布了《轻工业调整和振兴规划》。《规划》从轻工业现状及面临的形势、指导思想、基本原则和目标、产业调整和振兴的主要任务、政策措施等方面确定今后3年轻工业调整和振兴的方向。皮革工业是轻工业的重要组成部分，《规划》的出台对于皮革行业坚定信心、加快结构调整、强化自主创新、努力开拓市场、保持平稳较快发展，具有十分重要意义。

在《规划》出台前，中国皮革协会曾为此积极收集、整理、分析各类相关数据和信息，并与皮革特色区域和重点企业保持密切联系，倾听行业、企业的意愿呼声，在顾及全国大局基础上，向国家发改委、工信部和中国轻工业联合会提出促进皮革行业可持续发展的建议，积极参与《规划》相关部分的编写及修订工作，得到了政府有关部门的肯定。

在《规划》出台后，一方面，在当年召开的协会理事扩大年会上，中国皮革协会理事长张淑华从行业角度进行了细致的解读；确定了皮革行业调整结构、着力振兴、加快升级的亮点和突破点；并通过决议和纪要，号召全国皮革行业和各地企业，认真学习、深刻理解、积极贯彻，认真落实《规划》，并以此为契机，为实现皮革行业"二次创业"的发展战略目标努力奋斗。另一方面，为了全面贯彻落实科学发展观，更好地落实《规划》，进一步推动制革行业结构调整，受国家发改委和工信部的委托，中国皮革协会牵头编写了《关于制革工业结构调整指导意见》，从加快制革工业结构调整的重要性、紧迫性、指导思想、基本原则、主要任务、重点工作以及政策措施等方面对制革工业发展进行了阐述，并于2009年12月3日正式发布。《指导意见》从4个方面明确了制革工业结构调整的内容，强调了加快制革工业结构调整的重要性和紧迫性，明确了制革工业结构调整的指导思想和基本原则，对制革工业结构调整的主要任务和重点工作做了部署，并提出了主要的政策措施。2010年，中国皮革协会积极进行宣传、解读，引导行业企业认真落实该《指导意见》。

(三) 落实环保措施

绿色生态经济是21世纪经济的主旋律。环境保护新政策陆续出台，制革行业首当其冲受到影响。皮革行业曾经被冠以"两高一资"（高能耗、高污染、资源型）的帽子，受到社会质疑与误解，甚至一度被舆论指责为污染产业。

为此，中国皮革协会正视现实，一方面引导行业、带领企业，利用行业媒体以及各种公开场合为行业正名，向全社会开诚布公："两高一资"之说是不实之词，皮革行业是资源利用型产业，是化腐朽为神奇的传统产业，是美化人民生活不可或缺的产业。其中，制革行业虽有一定的污染物排出，但制革废水是可以而且完全有能力处理后达标排放的，固体废弃物已经被综合利用，而且将被高值利用。

另一方面，在行业内部已经积极推行节能减排、清洁化生产和资源循环利用，并且在涉及产业政策、污染防治、绿色环保、低碳经济方面采取一系列举措。譬如，1999年8月15日，中国皮革环保技术推广中心成立，并建立长效机制，积极开展工作；又如，制革行业成立环境自律行动小组，开展"摘帽子"工程，成为常年坚持的行动；再如，建立辽宁阜新制革行业示范基地，富国皮革工业股份有限公司等企业率先落户。

为了更好地落实国家环保政策，由协会牵头组织行业力量，配合、参与国家发改委、国家环保总局编制《皮革（毛皮）行业"十一五"污染防治规划》、《循环经济支撑技术》、《制革、毛皮工业污染控制技术政策》、《皮革及毛皮加工工业污染物排放标准》（国家环保总局［2005］203号文件）、《制革企业准入标准》、《皮革行业水污染减排技术及核查核算参数研究》、《制革和毛皮加工工业产排污系数使用手册》、《皮革行业清洁生产技术推广方案》等一系列政策、标准、手册和方案。

2004年7月，四川省皮革行业协会组织全省制革企业联名反映四川因环保问题制革厂被限产、停产，中国皮革协会及时向国家环保总局汇报了有关情况，随后在上海和辛集组织企业召开了研讨会，会后将我国皮革行业的环保情况及企业的建议向环保局进行了汇报，希望对制革污水排放标准进行修订。事后，国家制革污水排放标准的修订工作被立项。

2009年，国务院下发《关于加强重金属污染防治工作指导意见的通知》。对于其中所提及的"皮革及其制品业"，中国皮革协会及时向国家环保部等有关部门进行了有理有据的说明：认为皮革行业涉及三价铬排放的是从事皮革鞣制加工的制革业，而皮革制品行业不涉及铬的排放，因此不应该包含在重金属污染防治范围，否则有可能在消费者中引起严重的负面影响，还有可能会引起国际市场对我国皮革制品的偏见。国家环保部对行业的意见非常重视，并采纳了协会的建议，委托协会编写《重金属污染防治规划》相关内容，并将原先纳入涉重金属"皮革及其制品业"的范围缩小，改为"皮革鞣制加工业"，并对三价铬和六价铬的提法进行了明确界定。

2010年初，受国家工信部和中国轻工业联合会委托，中国皮革协会调研总结皮革行业清洁生产技术，编制了《皮革行业清洁生产技术推广方案》，以便于在行业推广成熟的清洁生产技术，提升行业清洁生产水平。该方案由工信部正式发布，可以作为皮革行业企业申报国家资金支持项目的依据。与此同时，协会还受委托在对行业清洁生产进行全面调研的基础上，按照成熟度及推广价值，对清洁生产技术进行筛选，然后形成《皮革行业节能减排技术筛选与评估》。通过该项工作分析行业节能减排现状及问题，提出行业节能减排潜力分析与技术推广应用政策建议，以得到政府相关部门更好的支持。

为贯彻落实《国务院关于落实科学发展观加强环境保护的决定》（国发〔2005〕39号）、《国务院办公厅转发环境保护部等部门关于加强重金属污染防治工作指导意见的通知》（国办发〔2009〕61号），推动制革行业发展方式转变，2010年国家环境保护部组织开展了制革企业环保核查工作，印发《制革企业环保核查办法》，并组织中国皮革协会等单位成立制革企业环保核查专家组，对提交核查申请的企业进行材料审查和开展现场核查；组织相关省级环保部门和环保部各环保督查中心对通过现场核查的企业进行复核；经核实处理各方意见和社会公示后，依据核查结果分批发布符合环保规定的制革企业名单公告（简称"环保合规公告"）。同时，环保部将向社会公告符合环保规定的制革企业名单，抄送国家发改委、工信部、商务部、国资委、海关总署、税务总局、人民银行、银监会、证监会、电监会等有关部门，为其采取相关监管措施提供支持。

（四）入世前后应对

1. 入世前的准备

2000年，中国皮革工业协会受国家经贸委和国家轻工业局的委托，就中国加入世贸组织给我国皮革工业带来的影响和对策进行调研，先后对制革、制鞋、皮革化工、皮革机械等行业进行了调研，分析了我国加入世贸组织对这些行业产生的利弊影响和应采取的对策，并完成了《加入世贸组织对我国皮革工业的影响及应对措施》的报告。同年，协会受国家有关部门委托，对我国皮革产品进口关税进行了重新审核，提出了加入世贸组织后，我国皮革产品进口关税减让幅度的建议，供国家有关部门在入世谈判时参考。

2. 入世后的应对

2001年，为规范皮革专业市场、提升行业整体素质，以适应入世新形势，中国皮革工业协会及时制订和推出《关于授予皮革专业市场荣誉称号的行业规范（草案）》。同时，协会根据国家经贸委拟对我国入世后易受冲击，以及重点敏感和幼稚产品建立产业损害预警体系，准备启动监测第一批产品。协会积极配合进行调研，筛选出了上述范围内的产品目录，并向国家经贸委做了推荐，以便纳入国家检测体系。

同年，中国皮革工业协会为国家经贸委完成了《中国皮革工业产品扩大出口专题调研报告》，对我国加入世贸后皮革工业产品出口、技术和原材料引进、吸引和利用外资以及市场竞争等方面的情况进行了调研。分析了主要产品在国内外市场上的竞争力，提出了我国皮革行业产品出口的发展方向，以及为提高竞争力而计划于近3年实施的皮革行业扩大出口技术改造项目。

2003年9月，中国经济贸易仲裁委员会皮革及制鞋专业委员会在京成立。同年11月，协会为国家国有资产监督管理委员会提供了《入世对我国皮革国有企业和行业发展的影响》报告，总结了皮革行业和国有企业的现状，分析了入世后对国有企业及行业发展的影响。

（五）加强行业自律

作为全国皮革行业的协调管理部门，中国皮革协会从规范企业自身行为、培育皮革专业市场考虑，或自我约束，或受托编制，先后发布推出一系列诚信自律的行业规范。这些行业自律举措的推出，为构建和谐皮革产业、净化皮革专业市场发挥了重要作用。

2001年推出了《关于授予中国皮革行业特色区域荣誉称号的行业规范》；2002年推出了《中国皮革行业诚信公约》和"真皮标志生态皮革"——倡导绿色、环保皮革；2005年5月10日正式发布了《皮革及皮革制品（鞋类）出口技术指南》，作为商务部首批推出的10个行业的出口商品技术指南之一；2005年7月国家林业局正式发布了《毛皮野生动物（兽类）驯养繁育利用技术管理暂行规定》；2006年推出了《中国皮革行业品牌宣言》和《中国皮革行业社会责任指南》；2007年11月，受国家商务部进出口公平贸易局委托，由中国皮革协会负责制定了《裘皮原料批发市场交易规范》。

2009年8月31日，在中国皮革协会六届三次理事扩大会议上，皮革行业形成了要用实际行动摘行业污染帽子，赢得对制革行业公正评价的重要决议，并提出由新成立的"制革行业环境自律行动小组"牵头实施。"摘帽"工程的启动和"制革行业环境自律行动小组"的成立，标志着皮革行业探索循环经济迈上了一个新台阶。

为贯彻落实《流通标准化"十一五"发展规划》，加快规范市场、服务消费和面向居民生活等相关标准制定，发挥标准化对行业管理的技术支撑作用，促进流通市场又好又快发展。2010年受国家商务部委托，组织编写《皮革和毛皮服装专业店管理技术规范》。2010年7月，完成了征求意见稿的编写工作。该规范主要分为两个部分，一是皮革和毛皮服装专业店的准入标准，二是皮革和毛皮服装专业店的等级划分。

2010年，根据《国民经济和社会发展第十一个五年规划纲要》中确定的重点任务和节能减排要求，国家发改委委托中国皮革协会编写《制革及毛皮加工工业节水规范》和《制革及毛皮加工工业节能规范》。该项工作由中国皮革协会和山东皮革行业协会共同完成，2010年6月编制完成了征求意见稿。

上述自律措施与行为规范的推出，为构建和谐皮革产业发挥了重要作用。

（六）编制相关文件

在国际国内经济环境发生重大变化时期，中国皮革协会在认真完成政府委托的各项行业协调、服务职能的基础上，充分利用行业内外资源，深入皮革特色区域和企业进行调研，集中反映行业、企业诉求，引导企业积极面对和克服不利因素的影响，编制、撰写一系列有关皮革行业的重要文件和资料，为政府有关部门制定产业政策提供行业信息和政策措施建议，确保行业的平稳健康发展。

1998年，协会根据政府部门宏观决策的需要，先后编写完成了有关皮革行业资料：《行业急需引进的高新技术目录》《国家产业政策鼓励进口设备目录》《国家产业政策的制革工业技术及材料目录》《轻工业限制进口的设备目录》《关于进口设备税收政策调整建议》《关于环保政策的补充建议》《中国皮革工业改革开放二十年成就》等供主管部门制定政策参考。

1999年，协会根据国务院加快农业发展的指示精神，按农业部要求，参与编制"关于加快发展畜牧业问题"中的促进皮革业发展的政策与建议；参与编制《农业部科技发展纲要》中有关"畜产品加工"专题等。

2004年，协会参与国家发改委和国家环保总局关于《国家重大产业技术开发专项规划》的编制。同年，在商务部的支持下，着手编写《皮革和皮革制品（鞋类）出口技术指南》，2005年该指南被商务部作为首批推出的10个行业的出口商品技术指南之一正式发布。

2007年12月，协会协助国家发改委修改《产品结构调整指导目录（2007年本）》中有关皮革行业内容，提出了在鼓励类中增加皮革产品的要求和理由，并对相关条目进行了界定和说明。此外，根据国家发改委、商务部、财政部、国资委、海关总署、中轻联等部门的要求，先后提供了20多份行业情况分析报告。

2007年，协会配合国家发改委编写《制革工业结构调整指导意见》，并将"制革企业准入条件"列为其中的一项重要内容；同年9月完成《制革工业结构调整指导意见》的编写，并上报。其核心内容是：把企业的生产布局、工艺与装备、污染治理等，与投资管理、土地供应、环境评估、信贷融资、电力供给等相结合，通过提高制革企业准入标准，有效控制投资增速，也便于强化国家对环保治理的监管。

2008年10月至2009年6月，协会协助商务部第二次修订《皮革和皮革制品（鞋类）出口技术指南》，就国际上新增的一些技术法规、贸易壁垒以及国内行业的发展、变化情况做了相应的修改和补充，并在中国皮革网"技术指南"专题进行更新，同时制作光盘，免费发放给企业，让企业及时了解国内国外市场的标准和技术性贸易措施的变化。

2009年受国家工信部委托，组织编写《提高我国制造业产品质量途径的研究——鞋类专题》报告。该课题系由工业和信息化部组织、中国工程院牵头开展，其中鞋类专题研究委托中国皮革协会牵头，联合中国皮革和制鞋研究院、福建出入境检验检疫局技术中心共同完成。通过对12家企业的细致调研，对影响产品质量的关键政策、技术、管理程序、产生差距的原因（包括观念、人才、资金等）进行综合分析，撰写了鞋类质量现状报告。当年5月，参加了总课题组会议，就鞋类课题进展及编写情况进行汇报。经过两次大的修改后基本定稿。此外，受国家发改委能源研究所委托，开展"万双鞋能源消耗调查"，为我国政府参加国际气候变化谈判提供参考依据，估算我国出口鞋类产品转移排放CO_2的数量。主要内容包括2005、2006年中国主要鞋类产品净出口载能量。调研数据分直接能耗和间接能耗两部分，直接能耗为万双鞋生产过程中消耗的电或煤，间接能耗包括万双鞋所用材料消耗的能源等。此次调研也为皮革行业的节能减排提供基本依据。最后如期完成了"我国制鞋业发展战略和政策研究"课题。同时，受国家环保部委托，修订完成《制革及毛皮加工工业水污染物排放标准》第二次征求意见稿；受国家环保部委托，编写《重金属污染防治规划》相关内容；受中轻联委托，编写《制革准入标准研究》。

2009—2010年间，中国皮革协会受国家林业局委托，先后完成了野生动物保护管理项目，编制《毛皮野生动物繁育利用及产品标识试点的行政许可事项监督检查》、中国毛皮行业白皮书——《中国毛皮动物繁育利用及管理》、《毛皮动物定点取皮试点建设和推广》等文件的编制工作。其中，《监督检查》的编写，中国皮革协会曾组织专家组对河北肃宁、昌黎、辽宁左家、山东文登、荣城、诸城进行了实地调研。中国毛皮行业白皮书集中介绍了中国毛皮产业的发展现状，以及中国政府保护毛皮动物福利的积极立场，让公众正确地认识毛皮产业是一个保护动物福利的产业，也是造福于人类的产业。《中国毛皮动物繁育利用及管理》中、英文版本由国家林业局正式发布，旨在进一步加强国际同行业的交流与合作，促进我国毛皮产业的健康可持续发展。"毛皮动物定点取皮试点建设和推广"工作是为了规范我国毛皮行业个别不规范屠宰的行为，推进建立定点屠宰和人道处死方式，应对国外动物保护组织对我国所谓野蛮屠宰毛皮动物的攻击。完成此项工作，标志着我国毛皮动物定点取皮试点建设和推广工作正式启动。同时，协会受国家工信部和中轻联委托，调研编制《皮革行业清洁生产技术推广方案》。

三 相关政策

（一）进出口关税调整

在1997—2010年期间，我国进出口关税的大范围调整主要有三次。第一次是1997年；第二次是2001年，两次都是我国主动下调进口关税；第三次是2001年后的四年期间，我国加入WTO必要的进口关税减让。另外，2006年以后部分半成品革进口关税暂时下调。

1. 1997年进口关税下调

1997年10月我国下调进口关税，本次进口关税的下调范围大、幅度大，皮革行业产品都有较大下调。

生皮平均进口关税由10.2%下调到7.6%；

半成品革及成品革平均进口关税由21.4%下调到12.3%；

皮革制品（含箱包、其他皮革制品、皮革服装）平均进口关税由43.9%下调到26.7%；

生毛皮平均进口关税由36%下调到21%；

毛皮制品（含已鞣毛皮、毛皮服装、其他毛皮制品）平均进口关税由46.4%下调到 22.2%。

鞋平均进口关税由 57.3% 下调到 25%；

鞋靴零件平均进口关税由 40% 下调到 25%；

制革、毛皮及制品和制鞋机器，以及机器零件皮平均进口关税由 15% 下调到 11.5%。

2. 2001 年进口关税下调

2001 年 1 月 1 日是我国在加入 WTO 之前再次主动大幅下调关税，实现了"中国在 2000 年把关税总水平降低到 15% 左右"的承诺。下调进口关税范围大，包含皮革制品、毛皮制品、鞋及鞋靴零件，但幅度不是很大。

皮革制品（含箱包、其他皮革制品、皮革服装）平均进口关税由 26.7% 下调到 22%；

毛皮制品（含已鞣毛皮、毛皮服装、其他毛皮制品）平均进口关税由 22.2% 下调到 20.5%；

鞋和鞋靴零件平均进口关税由 25% 下调到 24%；

漆皮及层压漆皮、镀金属皮革进口关税由 14% 下调到 12%；

生水貂皮进口关税由 30% 下调到 27%。

3. 2001 年进口关税下调

本次我国进口关税的下调是由于加入 WTO 的需要，进口关税下调的产品以皮革制品、皮面皮鞋和鞋靴零件为主，有少量的生皮、生毛皮和已鞣毛皮。

皮革制品（含箱包、其他皮革制品、皮革服装）平均进口关税由 2001 年的 22% 下调到 2005 年的 15.4%；

皮面皮鞋平均进口关税由 2001 年的 24% 下调到 2004 年的 16.8%；

鞋靴零件进口关税由 2001 年的 24% 下调到 2004 年的 15%；

带毛的绵羊或羔羊生皮进口关税由 2001 年的 9% 下调到 2004 年的 7%；

绵羊或羔羊皮革进口关税由 2001 年的 14% 下调到 2002 年的 8%；

生水貂皮进口关税由 2001 年的 27% 下调到 2004 年的 15%；

已鞣水貂皮进口关税由 2001 年的 27% 下调到 2005 年的 12%；

已鞣狐狸皮进口关税等由 2001 年的 20% 下调到 2004 年的 10%；

滑雪靴进口关税由 2001 年的 24% 下调到 2004 年的 10%；

其他材料制面的鞋靴进口关税由 2001 年的 24% 下调到 2004 年的 15%。

4. 半成品革进口关税暂时下调

我国生皮、生毛皮、半成品革进口关税过高，长期困扰着我国制革行业。自 2004 年以后，中国皮革协会多次向政府部门反映情况，争取下调生皮、生毛皮、半成品革进口关税率，提高我国皮革和毛皮行业整体竞争力。除向农业部、国家税则委、工信部、商务部、发改委等政府相关部门汇报外，中国皮革协会还通过人大代表、政协委员以提案形式提交报告，随后根据农业部和国家税则委的要求，在重点制革和毛皮企业就企业生产情况、原料皮缺口、质量、价格以及是否影响国内养殖业等方面做了专题调研，并形成报告上报政府相关部门。协会的多次反映得到了政府相关部门的理解和支持，2006 年开始对部分半成品革进口关税暂时下调。

2006 年对全粒面未剖层，粒面剖层蓝湿牛皮进口关税由 7% 暂时下调到 6%。

2007年继续对全粒面未剖层、粒面剖层蓝湿牛皮进口关税继续下调幅度，由6%暂时下调到5%，之后又增加了5个产品，分别是其他蓝湿牛皮进口关税由7%暂时下调到5%、其他湿马皮进口关税由7%暂时下调到5%、蓝湿绵羊或羔羊皮进口关税由14%暂时下调到12%、蓝湿山羊皮进口关税由14%暂时下调到12%、蓝湿猪皮进口关税由14%暂时下调到12%，共计6个产品。

2009年保持上述6个半成品进口关税暂时下调幅度外，又增加了2个产品，分别是已鞣全粒面剖层整张牛皮革进口关税由5%暂时下调到3%、已鞣粒面剖层整张牛皮革进口关税由8%暂时下调到6%，共计7个半成品革和1个成品革产品。

2010年继续保持上述8个产品进口关税下调外，继续增加对蓝湿绵羊或羔羊、蓝湿山羊皮、蓝湿猪皮进口关税下调幅度，分别增加2个百分点，这3个产品的进口关税均由14%暂时下调到10%。

（二）出口退税调整

2004—2007年期间国家三次下调出口退税率，出口退税的下调加大了企业生产成本，直接影响了企业的经济效益。中国皮革协会会同中国轻工业联合会，多次向国家财政部和税务总局提交报告，建议对皮革、毛皮及制品和制鞋产品的出口退税率进行上调。同时，由于美国金融危机爆发对皮革行业出口造成较大影响，协会的报告赢得政府部门的理解和支持，2008—2009年两年间国家先后4次上调了革、毛皮及制品和制鞋产品出口退税率。皮革产品出口退税率上调，对于举步维艰的皮革企业无疑是雪中送炭，企业压力得到一定程度缓解。

2003年10月13日财政部和国家税务总局发布了《关于调整出口货物退税率的通知》（财税［2003］222号），自2004年1月1日起，部分皮革产品的出口退税率下调，其中皮革服装和毛皮服装出口退税率由17%下调到13%，鞋、箱包、其他皮革制品等出口退税率由15%下调到13%。

2005年12月23日财政部、国家税务总局发布了《关于调整生皮、生毛皮、蓝湿皮等产品出口退税率的通知》（财税［2005］184号），自2006年1月1日起，生皮出口退税率由5%下调到0、半成品革和生毛皮出口退税率由13%下调到0。

2006年9月14日财政部、发展改革委、商务部、海关总署、国家税务总局联合发布了《关于调整部分商品出口退税率和增补加工贸易禁止类商品目录的通知》（财税［2006］139号），以及2006年9月29日财政部、海关总署、国家税务总局发布了《关于调整部分商品出口退税率有关问题的补充通知》（财税［2006］145号），自2006年9月15日起，部分成品革出口退税率由13%下调到8%，部分成品革出口退税率由13%下调到0。

2007年6月19日，财政部和国家税务总局发布了《关于调低部分商品出口退税率的通知》（财税［2007］90号），自2007年7月1日起调整部分商品的出口退税政策。其中：成品革出口退税全部取消；皮革服装、其他皮革制品、已鞣毛皮、毛皮服装、毛皮制品出口退税率由13%下调至5%；鞋和鞋靴零件、箱包出口退税率由13%下调至11%，皮革面坐具出口退税率由13%下调至11%。

2008年10月21日，财政部和国家税务总局发布了《关于提高部分商品出口退税率的通知》（财税［2008］138号），自2008年11月1日起，皮革服装、毛皮服装、毛皮制品的出口退税率从5%上调至11%。

2008年11月17日，财政部和国家税务总局发布了《关于提高劳动密集型产品等商品增值税出口退税率的通知》（财税〔2008〕144号），自2008年12月1日起，鞋和鞋靴零件、箱包、皮革面坐具从11%上调至13%；皮革、毛皮及制品和制鞋机械从13%上调至14%。

2009年3月27日，财政部和国家税务总局发布了《关于提高轻纺、电子信息等商品出口退税率的通知》（财税〔2009〕43号），自2009年4月1日起，皮革服装、毛皮革服装、毛皮制品出口退税率由11%上调至13%，其他皮革制品出口退税率由5%上调至13%。

2009年6月3日财政部和国家税务总局发布了《关于进一步提高部分商品出口退税率的通知》（财税〔2009〕88号），自2009年6月1日起，箱包、鞋和鞋靴零件、皮革面坐具出口退税率回调由13%上调至15%。

（三）加工贸易政策

根据国务院常务会议关于控制高耗能、高污染、资源性产品出口的精神，2005年12月政府相关部门出台了停止部分"两高一资"产品加工贸易的政策。制革行业由于从生皮到半成品加工过程中产生污水问题被列入"两高一资"产品，政府相关部门出台了禁止进口生皮（税则号4101—4103项）加工成半成品革（税则号4104—4106项）或成品革（税则号4107、4112—4115项）直接出口的加工贸易政策。将半成品革或成品革出口列入了加工贸易禁止目录，造成进口半成品革出口成品革或通过内部结转出口皮革制品的加工贸易被禁止，进口半成品革加工过程中产生的二层革的加工贸易出口被禁止，以及进口成品革出口成品革的加工贸易被禁止。此政策不但对制革行业产生很大的影响，对做深加工结转的皮革制品企业也产生了很大的冲击。为此，中国皮革协会积极进行企业调研，在中国轻工业联合会的指导和帮助下，多次向政府相关部门反映问题提出建议，得到了政府相关部门的理解和支持，出台了"允许进口生皮产品直接出口皮革制成品及其他制品或用于深加工结转，允许进口半成品革或成品革出口半成品革或成品革加工贸易"政策，使以上问题得到了解决。

2005年12月9日国家发展改革委、财政部、商务部、国土资源部、海关总署、国家税务总局、国家环保总局联合发布了《关于控制部分高耗能、高污染、资源性产品出口有关措施的通知》（发改经贸〔2005〕2595号），停止进口生皮、出口半成品革或成品革加工贸易政策。

2005年12月11日商务部、海关总署、环保总局发布了《加工贸易禁止类目录》（〔2005〕105号公告），并于2006年1月1日执行，禁止进口生皮（4101—4103）加工成半成品革（4104—4106）或成品革（4107、4112—4115）直接出口的加工贸易。

2006年9月14日商务部、海关总署、环保总局发布了《关于生皮加工贸易有关问题的通知》（商产发〔2006〕390号），并于2006年9月14日执行，允许进口生皮（4101—4103）出口以皮革制品（皮鞋、皮衣、包袋、沙发座套等）及其他制品或深加工结转为目的加工贸易（要符合环保等条件的要求），有效期至2008年12月31日。

2006年11月1日商务部、海关总署、环保总局发布了《新一批加工贸易禁止类目录》（〔2006〕82号公告），并于2006年11月22日执行，生毛皮、半成品革、成品革进口未列入加工贸易禁止类目录，即允许开展以上产品进口加工贸易。

2006年12月12日商务部、海关总署发布了《关于生皮加工贸易进口企业和数量的通知》（商产函[2006]65号），生皮加工贸易业务由省级商务主管部门审批，对生皮加工贸易进口实行进口总量控制。

2007年4月5日商务部、海关总署、环保总局发布了《2007年加工贸易禁止类商品目录》（[2007]17号公告），并于2007年4月26日执行，将成品革出口列为加工贸易禁止目录，即限制了进口半成品革、出口成品革的加工贸易。

2007年7月4日商务部办公厅、海关总署办公厅、环保总局办公厅、质检总局办公厅发布了《关于2007年第17号公告有关事项的补充通知》（商产字[2007]1241号），并于2007年7月4日执行，允许开展进口税则号4104—4106项下半成品革以深加工结转方式转出4107—4115项下成品革的加工贸易业务，但不允许直接出口。加工贸易企业保税料件在加工制成品过程中所产生的边角料、废碎料等，列入加工贸易禁止类商品目录的，不纳入加工贸易禁止类管理。

2007年12月21日商务部 海关总署公告发布了《2007年第二批加工贸易禁止类商品目录（禁止出口）》（商产函[2007]110号），并于2008年1月21日执行，禁止以濒危野生动物皮革作面的皮革、毛皮制品和鞋类产品加工贸易出口。

2009年3月2日商务部、环境保护部、海关总署发布了《关于生皮和半成品革进口加工贸易新规定》（[2009]8号公告），并于2009年3月2日执行。

继续禁止进口生皮4101—4103，直接出口半成品革和成品革的加工贸易，允许开展进口半成品革4104—4106出口成品革的加工贸易业务。

允许进口生皮直接加工制成皮革制品后复出口；进口生皮加工制成半成品革或成品革后，直接或经海关特殊监管区域转至下游皮革制品企业，并由其进一步加工制成皮革制品后复出口。企业在向省级商务主管部门申请办理上述生皮进口加工贸易业务时，除按规定提交有关材料外，还需提交制成品出口或深加工结转合同或协议（复印件），企业所在地省级环保部门出具的《生皮加工贸易企业环境保护考核合格证明》。

对生皮加工贸易实行企业总量控制和进口总量控制。按照2005年进口实绩，每年允许开展生皮加工贸易的企业总数不超过229个，进口额度为66万吨。各地商务主管部门在本公历年度内批准符合条件的生皮加工贸易企业的进口总量不得超过该企业2005年实际进口量。对2005年之前未开展生皮进口加工贸易的新增企业，以及确有扩大生皮进口需求的企业，须向省级商务主管部门提出申请，并由其转报商务部。商务部将会同环境保护部、海关总署，根据年度进口额度的使用情况及企业新增和退出的总体情况，对其进口量予以核准。

2009年6月3日商务部、海关总署发布了《2009年加工贸易禁止类商品目录》（[2009]37号公告），并于2009年6月3日执行，生皮4101—4103进口和半成品革或成品革4104—4115出口被列入禁止目录，但允许进口生皮产品直接出口皮革制成品及其他制品或用于深加工结转；允许进口半成品革或成品革出口半成品革或成品革加工贸易。

第二节　技术改造与科技进步

一　技术改造

1999年，中国皮革工业协会协助主管部门完成行业重大技改、基建项目的论证评审工作，参与重大科技项目和新产品的推荐评定工作。

2000年，协会协助政府完成重大技改项目的论证和推荐，以及完成国家重大科技项目审定工作，先后对浙江卡森实业公司和江苏森达集团的技术改造等项目提出了意见和建议。之后，国家经贸委已将其列为国家重点技改项目。

2009年5月18日，国家发展改革委员会发布《轻工业技术进步与技术改造投资方向（2009—2011年）》，其中涉及皮革行业技术进步及技术改造投资方向的相关内容如下：

第一，重点装备自主化。制革装备方面有全自动控制转鼓、通过式去肉机、精密剖层机、双毡辊挤水伸展机、精密削匀机、皮革染色机、辊涂机、熨平压花机、多板低温循环干燥机等；制鞋装备方面有自动控制无刀模裁剪、电脑控制皮革切割、电脑控制生产鞋楦和电脑控制连帮注塑成型等制鞋设备。

第二，重点行业技术创新与产业化。高档皮革及制品关键生产技术产业化方面有高档鞋面革、沙发革、汽车坐垫革及其制品等关键生产技术；皮革行业污染物减排与废弃物资源化利用技术产业化方面有污染物减排集成技术、过程节水与废水回收再利用技术、废弃物资源化和高值化利用技术。

第三，推进行业节能减排。制革和毛皮加工中水循环利用方面有保毛脱毛、无灰浸灰、生态鞣制等清洁生产技术和固体废弃物资源化利用技术推广。

二　科教兴皮

中国皮革工业协会在《中国皮革工业"十五"计划及2015年长远发展规划》中明确提出："科教兴皮"是我国皮革行业实现"二次创业"发展战略、实现由皮革大国向皮革强国的跨越、保证皮革工业可持续发展的重要环节。为此，行业内设立了奖学金和技术奖，以激励皮革科技人才的培养、支持行业技术进步。中国皮革协会在1995年设立的"中国皮革协会奖学金"在本时期支持、帮助了上千名大学生的专业学习；1999年，四川大学设立了以中国现代皮革科教事业奠基人张铨教授名字命名的"张铨基金奖"；2005年，中国皮革和制鞋工业研究院设立了以中国工程院段镇基院士名字命名的"段镇基皮革和制鞋科学技术奖"。

（一）扩大"中国皮革协会奖学金"范围

"中国皮革协会奖学金"自1995年在四川大学和陕西科技大学设立以来，支持和鼓励了皮革专业学生认真学习专业知识、关注皮革行业现状、积极投身皮革行业发展。2008年，"中国皮革协会奖学金"范围进一步扩大到山东轻工业学院。截至2010年已先后有近1391人次的学生获得"中国皮革行业"奖学金，他们中的许多人已经在皮革行业工作多年，业已成为各皮革企业乃至行业中的骨干力量。

(二) 设立"张铨基金奖"（1999年设立）

为了纪念中国现代皮革工业科教奠基人张铨教授对皮革教育事业、科学研究做出的贡献，1999年10月15日，由四川大学皮革工程系和张铨先生的学生发起设立了"张铨基金"及"张铨基金奖"，并成立了"张铨基金委员会"。奖励做出突出贡献的皮革界科技人员、教师、企业家和优秀学生等人员。

"张铨基金奖"从2001年开始评选，每两年评选一次，已分别于2001年、2003年、2006年、2010年举办了四届评选，共有17位对中国皮革工业发展、教育事业和科学研究有突出贡献的专家和学者获奖。其中，2008年因我国发生了汶川特大地震，评奖暂停一届，拟颁奖金2.5万元悉数捐赠给四川省红十字会，用于汶川县映秀镇中学重建。

(三) 设立"段镇基皮革和制鞋科学技术奖"（2005年设立）

为推动皮革和制鞋行业的科技进步，根据中国皮革和制鞋行业生产力促进中心、中国皮革和制鞋工业研究院的申请，2005年7月12日，中华人民共和国科学技术部、国家科学技术奖励工作办公室批准（国科奖字［2005］61号）设立"段镇基皮革和制鞋科学技术奖"。"段镇基皮革和制鞋科学技术奖"是以原中国工程院院士、为我国皮革行业做出了巨大贡献的著名制革专家段镇基先生的名字命名的，是全国唯一经国家授权的皮革和制鞋行业的最高奖项。至2010年，先后表彰了30多个科技项目，100多人次。

三 新技术应用

(一) CO_2 超临界流体技术

超临界流体技术是20世纪80年代末在国际上发展起来的一项化工萃取分离新技术，其中 CO_2 超临界流体萃取分离的研究和应用，成为该新技术的主要内容之一。由于超临界状态下的 CO_2 可代替水作为介质，并在此介质中实现制革湿操作反应，则该技术就提出了一种无污水排放的全新制革的新概念，于是该技术作为无污染、清洁化制革核心技术之一成为可能。1993年，四川大学皮革化学与工程教育部重点实验室李志强、廖隆理等人大胆提出"应用二氧化碳超临界流体实施无水制革"的研究项目，该研究的基本思路是：以二氧化碳超临界流体代替水为反应介质，实现制革湿加工过程的无水化，并将超临界流体中的酶反应技术贯串其中。继而，运用 CO_2 超临界流体进行制革脱灰试验获得成功。1995年Carles等人在第23届国际皮革工艺师和化学家协会联合会的会议上发表了"CO_2 超临界流体对浸酸绵羊皮和白湿皮的脱脂试验"报告，该研究第一次把 CO_2 超临界流体技术用于制革脱脂工序。时至20世纪90年代末，四川大学廖隆理、李志强领衔的研究团队在研究中获得建树：其一，完成了一套用 CO_2 超临界流体作介质的制革实验装置，该套实验装置不仅可以用于清洁化制革研究，还可用于胶原纯化，医用材料的制备等方面的研究；其二，探索并完成了用 CO_2 超临界流体代替水做介质的实验室制革湿操作的技术研究，得出用 CO_2 超临界流体代替水做介质的制革是可行的结论；其三，通过该研究，已获包括"用 CO_2 超临界流体为介质的制革方法"（ZL 2005 10020464 X）在内的三项国家发明专利。

(二) 超声波的应用技术

早在20世纪50年代，超声波已被皮革工业用于重革速鞣、轻革染色等方面的试验研究，限于当时制革行业工厂设施和生产条件，尚未推广普及。80年代后，这方面的研究与应用又继续开展。

例一，皮革染色中应用超声波助染、匀染。据资料介绍，超声波对皮革染色具有促进作用，且不会引入新的污染，也无须改造工厂已有的染色转鼓设备。应用超声波进行皮革染色，只需在染色前将超声波探头插入放置染料液的容器中处理一定时间，再按常规染色工艺染色即可，因此操作简便，很容易在制革厂实施。与通常普遍采用的55℃染色温度相比，染液经超声波作用后，在45℃下超声波的促染作用更明显，上染率可达99.75%，染液中剩余染料几乎全被吸收。

例二，超声波用于制革综合废水催化曝气系统。据介绍，在制革综合废水及浸灰废水的催化曝气系统中施加超声波，可缩短曝气时间，提高除硫效率，推广应用的前景被看好。

（三）纳米技术的应用

纳米技术系指纳米材料和物质的获得技术、组合技术以及在各个领域中的应用技术，是在20世纪80年代末诞生并崛起的新兴科学。

21世纪初，四川大学、陕西科技大学、河南大学、中国皮革和制鞋工业研究院等单位的学者在皮革复鞣材料、涂饰材料以及鞋用材料等方面对纳米技术进行应用研究，并取得建树。纳米技术在皮革领域的应用主要有几个方面。第一，功能性纳米复鞣材料的研制。利用纳米银离子的抗菌作用，纳米硅氧烷、氧化锑的阻燃作用，纳米氧化钛的自清洁作用，通过"嫁接"，把具有特殊性能的纳米粒子接枝到复鞣材料分子上，或通过表面技术使其均匀分散到复鞣剂中，并根据材料的特性调整制革工艺，使这些粒子均匀分散并牢固地固定在皮革纤维之间，从而赋予皮革抗菌、阻燃、自清洁等特性，且对人体无害。第二，纳米技术在皮革涂饰中的应用。部分纳米材料可以改变皮革涂饰剂的空间结构，无机纳米粒子对涂饰成膜材料有增强、增韧作用，可在不增加涂饰剂硬度的前提下，大大提高皮革涂层的机械强度、韧性和抗溶剂性。以TiO_2为代表的部分纳米材料具有阻隔紫外线功能和耐紫外线功能，可利用这类功能性纳米材料研制纳米成膜剂或纳米级色浆，以用于皮革涂饰。第三，纳米絮凝剂可以应用于制革废水处理以去除悬浮物。将纳米复合絮凝剂用于制革废水絮凝处理，具有用量小、效率高、成本低、无二次污染、水固分离快等优点。第四，纳米技术还可以应用于研制抗菌、防臭的纳米鞋材，以及应用于一些具有远红外反射功能的鞋用材料方面。

四　标准化工作

（一）行业标准化工作进展加快

在国家标准化管理委员会、中国轻工业联合会指导下，皮革行业加大了标准化工作力度，逐步完善了标准化体系建设。

首先，皮革行业逐步健全了标准制修订组织机构。经国家标准化管理委员会批准，2000年9月，全国皮革工业标准化技术委员会成立，牵头皮革标准的制订、修订工作。同年6月5日，全国制鞋标准化技术委员会（SAC/TC305）成立。2008年3月25日，全国制鞋标准化技术委员会皮鞋分技术委员会在温州成立，主要负责皮鞋产品技术要求及检测方法领域的国家标准制修订工作。2009年12月20日，全国皮革工业标准化技术委员会箱包分技术委员会在福建省莆田市召开了成立大会。

2009年6月2—4日，中国皮革协会主办的全国皮革行业标准检测工作会议在北京召开。皮革和制鞋标准、检测有关的专业标准化技术委员会、行业协会、产业基地、技术监督机构、商检机构、专业检验单位、科研机构、大专院校、生产企业等共40余家单位50多位代表参加了会议。会上，与会代表就如何共建皮革标准和检测工作、检测工作交流平台、标准体系建设、标准工作的国际合作、皮革标准检测工作协调核心组等议题进行了交流并达成了共识。皮革行业标准检测沟通协调核心组，由全国制鞋标准化技术委员会和全国皮革工业标准化技术委员会负责牵头，作为皮革行业日常标准、检测工作的交流协调渠道。

其次，完善了标准体系。根据《中国皮革行业"十一五"发展规划》要求，"建立产品标准体系，制定和修订行业有关标准，促进标准工作与国际接轨，为企业参与国际竞争打好基础"。皮革行业54项标准通过审定，一系列新标准相继出台，切实使标准化工作成为行业先进技术产业化的桥梁、突破技术性贸易壁垒的有力保障和实现节能减排、资源节约目标的技术支撑。

2003—2009年，我国皮革行业先后完成了部分行业标准、国家标准的制定或修订，并通过审定和报批。行业标准如 QB/T 1872—2004《服装用皮革》、QB/T 1002—2005《皮鞋》、QB/T 2704—2005《手套用皮革》、QB/T 1583—2005《皮制手套型号》、QB/T 1616—2005《运动手套》、QB/T 1584—2005《日用皮手套》、QB/T 2703—2005《汽车装饰用皮革》、QB/T 2728—2005《皮革 雾化性能测定方法》、QB/T 2729—2005《皮革 水平燃烧性能测定方法》、QB/T 2726—2005《皮革 耐磨性能测定方法》、QB/T 2727—2005《皮革 色牢度试验 耐光色牢度：氙弧》、QB/T 2725—2005《皮革 气味的测定》、QB/T 1618—2006《皮腰带》、QB/T 1619—2006《票夹》、QB/T 1873—2010《鞋面用皮革》、QB/T 1615—2006《皮革服装》、QB/T 1333—2010《背提包》、QB/T 2155—2010《旅行箱包》、QB/T 4115—2010《皮革专业市场管理技术规范》等；国家标准如：GB 20400—2006《皮革和毛皮有害物质限量》、GB/T 22807—2008《皮革和毛皮 化学试验 六价铬含量的测定》、GB/T 22929—2008《皮革毛皮衣物洗染规范》、GB/T 24331—2009《制革用粉状铬鞣剂》等。

其中由中国皮革和制鞋工业研究院、江苏森达集团有限公司、康奈集团有限公司、石狮市福林鞋业有限公司、丽港鞋业（深圳）有限公司共同起草的 QB/T 1002—2005《皮鞋》标准荣获2007年"中国标准创新贡献奖"二等奖。该奖由国家质量监督检验检疫总局和国家标准化管理委员会联合设立，是中国标准化领域的最高奖项。

2006年，中国皮革协会受国家环保总局委托，牵头制定《皮革及毛皮加工工业污染物排放标准》。同年，协会组织力量，编制了国家职业标准《皮具设计师和鞋类设计师》，以及负责相关的培训大纲和教材的编写工作。

2007年12月1日，由国家质量监督检验检疫总局和中国国家标准化管理委员会发布的 GB 20400—2006《皮革和毛皮有害物质限量》标准正式施行。该标准适用于日用皮革和毛皮产品（成品革），不适用于工业用、特殊行业用皮革和毛皮产品；同时也不是用于出口产品，出口产品应符合出口合同约定和进口国规定。该标准的施行，要求企业采用环保技术工艺，实施清洁化生产，有利于实现行业的可持续发展。

(二) 参与国际标准化工作取得突破

在不断推进皮革行业标准化体系建设的同时，中国积极参与国际标准的制订、修订工作，对促进我国皮革行业标准与国际接轨、减少贸易摩擦、合理规避贸易壁垒、为企业参与国际竞争打好基础具有积极意义。2007年8月，中国皮革协会牵头组建了IUP/IUC/IUF中国专家组，主动参与国际皮革标准的制修订工作。IUP（物理检测委员会）、IUC（化学分析委员会）和IUF（坚牢度试验委员会）是IULTCS（国际皮革工艺师和化学家协会联合会）下属委员会，同时又是国际标准化组织（ISO）技术委员会中负责制修订皮革物理、化学、坚牢度指标检测方法标准的组织。作为IULTCS的中国代表会员，中国皮革协会经过多次同IULTCS协商，决定组织中国高等院校、科研院所和检测机构的专家形成专家组，主动参与IUP、IUC、IUF三个委员会关于国际皮革检测方法标准的制修订工作，得到了IULTCS的支持和欢迎。

同时，中国皮革行业积极参加国际标准会议并发表意见，争取话语权。2007年10月22日和23日，欧盟制鞋标准化委员会（CEN/TC 309）会议和国际标准化组织鞋类标准化委员会（ISO/TC 216）第9届全会先后在西班牙首都马德里召开，中国组团参加了这两个会议。

2009年11月18日，在西班牙马德里召开的年度ISO/TC 216会议上，全国制鞋标准化技术委员会（SAC/TC 305）提出的《鞋类 帮面、衬里和内垫试验方法抗菌性能》起草动议获得技术委员会批准并成为该标准的领导者，承担了7项ISO标准制定工作；同时，全国制鞋标准化技术委员会（SAC/TC 305）成为欧盟制鞋标准化技术委员会（CEN/TC 309）的观察员。这是中国首次参与国际制鞋标准制定并成为领导者。

2009年11月30至12月1日，中国皮革协会、全国制鞋标准化技术委员会等单位派代表赴意大利米兰参加ISO/TC 137会议，中国代表团在ISO/TS 19407《鞋号对照表》、ISO/TS 19408《鞋号和鞋楦术语和定义》方面提出了意见和建议，中国的楦底样长和楦全长的测量方法得到了采纳。GB/T 3293—2007《中国鞋楦系列》标准受到了各国与会代表的肯定。

2010年6月，ISO/TC 137第五次会议首次在中国北京召开，经讨论同意ISO/TS 19407标准中国鞋号并入世界鞋号栏目中，ISO/TC 19409加入中国鞋楦测量方法。在后续会议上，中国与南非联合承担ISO/TC 137秘书处工作方案获全票通过。

2010年11月10—12日，国际标准化组织ISO/TC 137第二次工作组会议在德国皮尔马森斯PFI（Test and Research Institute Pirmasens）召开，中国代表参会。

2010年11月17—18日，欧洲标准化委员会CEN/TC 309第22次年会及ISO/TC 216第12次年会在意大利的意大利标准化协会举行。中国提交的《鞋类 整鞋试验方法 耐折性能》、《鞋类 整鞋试验方法 耐磨性能》两项标准成为ISO/TC 216新的标准工作项目。在本次会议上，新成立了工作组WG1"鞋类 微生物"，这是ISO/TC 216于1998年成立以来设立的第一个工作组，中国皮革和制鞋工业研究院成为召集人。

五 "真皮标志杯"设计大奖赛

"真皮标志杯"设计大奖赛是以"真皮标志"证明商标为内涵，为皮革制品设计比赛设立的流动金杯，分别授予在全国皮革服装、裘皮服装、皮鞋、运动鞋、休闲鞋、箱包等产品设计大奖赛中最高奖项获得者。自1997年开始举办首届"真皮标志杯"设计大赛起，每年都会举办。每年举办的"真皮标志杯"设计大奖赛有中国鞋类设计大奖赛（每年7—8月，北京）、中国皮具（箱包类）设计大奖赛（每年10月，广州）、中国皮革服装、裘皮服装设计大奖赛（每年9月，海宁）。

1998—2010年，由中国皮革协会牵头组织前后共举办了13届"真皮标志杯"设计大奖赛，其中2004—2010年每年举行一届"真皮标志杯"皮革、裘皮服装设计大奖赛；2001—2010年每年举办一届"真皮标志杯"皮具（箱包类）设计大奖赛。同时，自2000年举行"真皮标志杯"全国皮鞋设计大奖赛以来，还举办了多届"真皮标志杯"皮鞋、运动鞋、休闲鞋设计大奖赛，如2006"真皮标志杯"中国合成革时尚女鞋设计大奖赛、2007"真皮标志—温岭鞋业杯"全国合成革时尚鞋设计大奖赛等。

第三节 国际合作与展览活动

一 援助项目

（一）联合国工业发展组织（UNIDO）援助制革污染控制项目完成及推广

1991年，轻工业部国际合作司申请并立项的联合国工业发展组织对中国制革厂污水治理援助项目（编号：US/RAS/92），于1994年1月正式实施。项目的宗旨是：帮助中国皮革工业优化制革污水处理厂的运行操作，寻找固体废弃物的安全处理方法，推广清洁工艺，实施综合培训计划。该项目历经7年业已完成，联合国工业发展组织先后投入近400万美元，并于2001年正式验收。

该项目在以下几方面取得了明显成果：第一，各受援单位的污水处理厂得到全面改造，污水处理工艺进一步优化，项目累计引进国外先进设备70多台套，大大提高了三个受援单位的污水处理能力及技术，同时还为我国培育了三个不同地域、不同原料、不同工艺的具有国际水平的污水处理样板厂（上海皮革公司制革总厂污水处理厂、南京制革厂、西安总后3513工厂），做到"点上受援，面上受益"。第二，多次开展人员培训和成果推广，广泛传播项目成果，先后在受援单位现场组织了6次技术培训，70多名全国技术人员参加培训，全国30多家制革厂不同程度引进该项目成果，使我国环保工作开始与国际接轨。第三，项目先后引进国外专家来华达30多人次，先后组织60多人出国学习考察，在广泛交流与合作中找到了我国环保工作在世界上的位置及差距，明确了环保工作的方向，在推动皮革环保工作走向世界方面发挥了积极作用。第四，该项目在实施中，培育了环保专家队伍。联合国工业发展组织先后聘请国内专家参与了项目工作，国内专家包括中国皮革协会高级工程师张淑华、苏超英，国家轻工业部皮革研究所高级工程师苏晓春、高忠柏，上海皮革研究所高级工程师宋宪雯，上海皮革公司高级工程师温祖谋、周国华，东南大学教授吴浩汀，西北轻工业学院教授章川波，西安总后3513厂高级工程师高孝忠、工程师杨建军。这些专家在项目实施中，在技术引进、消化吸收、项目推广方面做出突出贡献。项目结束后，中国皮革工业环保技术推广中心仍在这些专家支持下，坚持项目推广工作。

在项目长达7年的实施过程中，联合国工业发展组织项目官员布林（Jakov Buljan）

先生、德国技术专家弗林茨（Ulrich Frings）先生始终是项目的组织者和指导者，他们不仅是良师益友，也为项目圆满达成做出突出贡献。让历史记住他们！

该项目的重要意义，不仅仅在于项目本身的成果及推广，更重要的是，项目搭建了我国环保工作与世界对接的通道，这是一次与世界全面对接的窗口，使我们找到了差距、明确了方向。至此，我国环保工作开始走向世界。

（二）UNIDO 东南亚区域性制革工业职业安康项目完成及推广

于 1997 年 6 月，联合国工业发展组织东南亚区域性制革工业职业安全健康（OSH）子项目（编号：US/RAS/92/120），被批准并在上海富国皮革有限公司实施，由该公司安康主管杨伟福出任项目执行专员，该项目仍属设在中国皮革协会的国家项目办公室分管。该子项目旨在协助该地区制革业在防治制革污染的同时，着手改善制革生产劳动条件，逐步实现清洁生产，消除制革企业的潜在危害和安全隐患，保障员工职业安全健康。该项目历经两年，于 1999 年完成。

1999 年 7 月，联合国工业发展组织东南亚区域项目总部，派出专员到受援项目执行单位上海富国皮革有限公司，对该子项目实施结果进行了深度评估：认为执行单位业已建立并完善了安全健康体系，有效地消除了安全隐患，降低或避免了各种事故伤害，保障从业人员的身心健康，减少了企业的财产和经济损失，有利于促进行业可持续发展。该子项目顺利通过终期评估和验收。为执行中国皮革协会和国家项目办公室提出的"点上受援、面上受惠"的方针，该项目的工作成果与技术要旨通过题为"制革企业的潜在危害、职业健康和安全防护"的署名文章在《中国皮革》杂志（2006 年第 15—23 期）连载向全行业公开发表；并且通过组织专业培训和现场技术辅导，以推动项目成果在海宁、辛集等地推广应用。

该项目的完成及推广，提高了行业对安全生产重要意义的认识，同时也学习了国外先进的管理理念、安全措施、先进的设施，使安全生产的内容更具体更宽泛，但由于当时我国与国外差距较大，认为项目要求过于苛责，很难坚持，但进入 21 世纪以后，实践证明这一切都是可行的。

二 举办和参加国际会议

（一）国际皮革工艺师和化学家协会联合会（IULTCS）会议

2001 年 3 月 7—10 日 以中国皮革工业协会张淑华常务副理事长为首的 5 人代表团，应邀赴南非参加"2001 年国际皮革工艺师及化学家协会联合会会议"，西北轻工业学院两位教授在会上宣读了论文。

第 27 届国际皮革化学家和工艺师联合会大会于 2003 年 5 月 28 至 6 月 2 日在墨西哥坎昆举行。由于受"非典"的影响，中国没能参会，但中国皮革工业协会代表中国以书面形式向联合会提出正式申请主办 2009 年 IULTCS 大会并推荐中皮协科技委主任、四川大学石碧教授为 IULTCS 行政委员会北亚地区代表。联合会充分考虑了中国皮革工业协会的申请和建议，决定由中国举办 2009 年 IULTCS 大会，确定石碧同志为新一届 IULTCS 行政委员会北亚地区代表，支持中国对大会论文的翻译，同意给予全部翻译版权。

2004 年 3 月，张淑华常务副理事长等与国际皮革化学家和工艺师协会联合会主席考特先生及国际皮革化学家和工艺师协会联合会环境委员会（IUE）主席 Ra jamani 先生举行了会谈，探讨了加强中国与国际组织间科技领域合作与技术交流等方面议题。鉴于中国是世界上皮革生产大国，Ra jamani先生代表国际皮革化学家及工艺师协会提出，将破例请中国皮革协会派员直接出任大会副主席。经中国皮协推荐，中国皮革协会秘书长苏超英出任国际皮革化学家及工艺师协会联合会副主席。2004年5月3—4日，中国应邀参加了在瑞士巴塞尔召开的国际皮革工艺师和化学师协会联合会环境委员会会议。会上，来自中国、印度、法国等10个国家的代表对IUE 11个文件从他们的全面性、先进性、可操作性等方面提出了建议意见。这11个文件均是针对制革行业的污染问题，根据现在世界各国皮革行业的科研成果而提出来的，最大限度地保证了世界皮革行业可持续发展的方案。

2007年6月21—23日，第29届国际皮革工艺师和化学家协会联合会会议在美国华盛顿召开，以中国皮革协会常务副理事长张淑华为团长的中国代表团一行24人参加了会议。会议的议题为"皮革胶原的基础研究""皮革工业准备、鞣制、整饰工段的技术创新""皮革清洁技术和环境保护""皮革生产新技术和新材料的研发以及皮革固体废物的综合利用"等。大会共征集口头演讲论文33篇，海报粘贴论文61篇，其中有中国口头演讲论文6篇、粘贴论文20篇。会议确定了第30届IULTCS会议于2009年10月11—14日在中国北京召开。

2009年10月11—14日，第30届国际皮革工艺师和化学家协会联合会会议在中国北京召开，会议由中国皮革协会承办，会议主题为"绿色创新、持续发展"。共有来自意大利、美国、英国、德国、法国、土耳其、瑞士、西班牙、阿根廷、罗马尼亚、日本、伊朗、印度、印度尼西亚、巴西及中国等21个国家的300余名皮革科技工作者参加了会议，会议共收录274篇论文，其中大会宣读论文39篇，张贴论文80篇。会上，国际皮业贸易协会主席、中国皮革协会理事长张淑华在大会上做了"世界皮革产业的发展需要科技工作者保驾护航"主题报告，就中国皮革产业发展现状、中国皮革产业发展预测以及世界皮革产业发展对当代科技工作者的期待三方面问题进行了详细论述和深入分析，并在报告中发出了"皮革科技工作者要下大力研发生产生态皮革"的倡议，引起与会代表强烈共鸣和热议。会议期间，IULTCS环境委员会（IUE）、化学委员会（IUC）、物理委员会（IUF）、检测委员会（IUT）、公共关系委员会（IUL）等分别召开各委员会会议，沟通商讨各专业的最新发展动向。在此届会议上，四川大学制革清洁技术国家工程实验室主任石碧教授（同年12月2日，石碧教授当选为中国工程院院士）当选为IULTCS下届主席（任期2009—2011年），这是IULTCS成立110年以来，首次由华人担任该国际组织的主席。

（二）亚洲国际皮革科学技术会议

第四届亚洲国际皮革科学技术会议于1998年11月21—23日在中国北京举行。本次会议由中国皮革工业协会主办，中国皮革工业研究所承办，日本皮革技术协会、韩国制革制鞋研究所协办。中国轻工业联合会副会长潘蓓蕾任名誉主席，日本皮革技术协会会长冈村浩任顾问，中国皮革工业协会理事长徐永任会议主席，九位会议副主席分别是金宝仲、常新华、张淑华（兼秘书长）、白净帮郎（日本）、朴金肃（韩国）、吕绪庸、段镇基、张铭让、王钧。会议主席徐永高工和会议顾问冈村浩教授在会上分别做了题为"中国皮革工业进入第二次创业新阶段"和"日本皮革产业的现状与课题"的特约演讲。被安排特约演讲的还有韩国革鞋技术研究所朴金肃教授（题为"韩国皮革工业"）和中国皮革工业研究所段镇基院士（题为"迎接 21 世纪知识经济的挑战，皮革工业应加强基础性研究"）。此届会议共收录论文 138 篇，其中，国外论文包括日本、韩国、英国、法国、德国、捷克和丹麦 7 个国家计 25 篇；国内论文有四川大学等 19 个单位计 113 篇。

经国家科技部、山东省科技厅批准，2000 年亚洲国际皮革科学技术研讨会在中国山东省济南市举行，会议由山东轻工业学院和山东省皮革工业协会主办，日本皮革技术协会、韩国制鞋皮革研究所、山东省皮革工业研究所协办。会议主席为山东轻工业学院院长王敏，副主席王传家、常新华、衫田正见（日）、闵丙旭（韩）。本次会议研讨了 1998—2000 年间亚洲主要国家和地区皮革科技的最新进展，进一步推进皮革科学技术的国际交流与合作。中国工程院院士段镇基的题为"皮革工业面临的挑战"、四川大学张铭让教授的题为"绿色化学——皮革工业可持续发展的必由之路"等中、日、韩代表性论文被列为特别演讲。会议收录论文 55 篇，内容涉及发展与展望、理论与工艺、皮革化工与分析检测、环境保护与其他，由会议组委会汇编成 16 开本、平装、中英文《论文集》出版，共 343 页。

第七届亚洲国际皮革科学技术会议于 2006 年 10 月 16—18 日在我国四川省成都市召开。此届会议由中国皮革协会主办，四川大学承办，日本皮革技术协会、韩国制鞋与皮革技术研究所、四川省皮革学会、中国皮革和制鞋工业研究院、陕西科技大学、山东轻工业学院等单位协办。会议主席由中国皮革协会常务副理事长张淑华担任，四川大学皮革化学与工程教育部重点实验室主任石碧教授、韩国制鞋与皮革技术研究所所长闵丙旭博士、日本皮革技术协会会长杉田正见博士任大会副主席。会议的主题有"皮革毛皮科学技术的发展""皮革毛皮生产新技术新工艺""绿色化学品的研发""皮革及皮革制品质量标准和新检测方法""皮革清洁技术、环境保护及皮革固体废弃物的综合利用"以及与皮革工业密切相关的其他主题等。会议论文集收录 149 篇科技论文，经过筛选，共有 40 篇文章参加口头演。此届会议从与会代表人数、参会国家和地区范围以及论文数量及国际化水平等方面，均创历史之最。参会代表达 150 余人，不仅包括中国、日本、韩国、印度等亚洲国家的皮革科技工作者，还吸引了来自美国、德国、法国、英国、捷克等欧美国家的皮革学术同仁。

（三）国际皮业贸易协会（ICHSLTA）会议

1998 年，中国皮革工业协会被接纳为"国际皮业贸易协会"正式会员，通过每年参加该会在中国香港等地召开的年会，逐步掌握了国际皮业贸易"游戏"规则。从入会初期的"听会"会员国，逐渐成为一个积极参与国际事务的有影响力的会员国。1999 年 4 月 18 日，"国际皮业贸易协会亚洲委员会"成立，中国皮革工业协会常务副理事长张淑华出任主席，同年 8 月 1 日 3 家中国大型制革企业（山东文登制革厂、河南鞋城皮革集团总公司和辛集东明集团）被批准成为"国际皮业贸易协会亚洲委员会"会员。该届亚委会为了改变过去在国际皮业贸易中只准使用英文版《国际合同 6 号生皮》和《国际合同 7 号成革》，使不熟悉英文条款的中国企业常在国际皮业贸易中蒙受损失的不利局面，经不懈努力并做了大量艰苦细致的争取工作，终于在 2000 年争来了中文版国际合同与英文版国际合同等效使用的权利，为中国企业平等参与国际竞争提供了有效的保障。2008 年 3 月 30 日，国际皮业贸易协会第 79 届年会在中国香港举行，会议推选中国皮革协会理事长张淑华任主席，并决定把协会秘书处设在中国，结束了该协会没有中国人担任主席的历史,也结束了秘书处没有走出欧洲的历史。2010年3月召开的国际皮业贸易协会第81届年会上中国皮革协会理事长张淑华连任主席。

(四) 鞋业大会 (亚洲鞋业大会、世界鞋业大会)

2001年7月26—28日,张淑华副理事长应邀率团出席在菲律宾马尼拉召开的"第20届亚洲鞋业大会",为今后拓展与亚洲各国鞋业的经贸合作和技术交流打下了基础。此后中国皮革协会都派员参加每年一届的亚洲鞋业大会,2003年第22届亚洲鞋业大会恢复为最初的名称,即"国际鞋业大会"。2006年9月3—6日第25届国际鞋业大会在上海召开,本届会议由中国皮革协会承办,这是在中国大陆首次举办的国际性鞋业大会。大会邀请了来自亚洲、欧洲、美洲等20多个国家和地区的鞋业协会及相关组织的50多名代表参加会议,是历届国际鞋业大会到会人数最多的一次。2009年6月1日,第28届国际鞋业大会(IFC)在广州举行。中国皮革协会、广东鞋业厂商会、中国香港鞋业商会、中国台湾区制鞋工业同业公会、印度皮革出口商会、印度尼西亚鞋业协会、日本橡胶鞋业厂商会、马来西亚鞋业厂商公会、菲律宾鞋业联盟、韩国制鞋工业协会、泰国产业联盟、越南皮革鞋业协会这12个成员组织代表参加了会议。与会代表就当时在金融风暴背景下各国家和地区鞋业发展现状、发展前景、发展战略、生产技术,以及鞋业生产的能源、环境等业界关注的问题,展开了细致沟通和深入研讨。

2003年4月1—2日,"第一届世界鞋业大会"在比利时首都布鲁塞尔举行。中国皮革工业协会派代表参加了大会。世界鞋业大会每两年举办一次,此后,中国都组团参加,与欧洲、亚洲及美国等的相关协会、研究机构制造商、贸易商保持密切联系,就鞋类产品的生产与贸易方面的重要议题,展开全球范围的交流与对话。

(五) 其他国际会议

2005年4月,中国皮革协会常务副理事长张淑华一行参加了国际毛皮协会年会,并对北欧毛皮业进行考察。

2006年5月,中国皮革协会毛皮专业委员会正式成为国际毛皮协会(IFTF)成员,中国毛皮行业在世界毛皮领域中发挥着越来越重要的作用。

2007年8月29日,由中国皮革协会承办的2007亚洲毛皮业协会年会在北京召开。与会代表就各国毛皮制品、毛皮服装甲醛含量测定标准,甲醛在毛皮生产中产生原因,毛皮加工工艺,毛皮工业与环境保护,毛皮国际进出口贸易等问题进行了广泛交流和深入探讨,对于加强亚洲毛皮行业交流与合作起到了积极作用。

此外,中国代表每年还参加国际制革委员会(ICT)会议,就制革的技术、环保、市场等问题进行交流和探讨。

在参加国际会议的同时,中国皮革行业不断组团出国考察、交流,学习国外先进的技术、了解国际市场的需求,在我国皮革行业赶超先进、加快国际化进程中起到了积极的作用。

三 展览活动

随着改革开放的深入发展,进入20世纪90年代,各行各业展览蓬勃发展。据当时不完全统计,全国相关大小皮革展览有30多个,几乎每个省都有展览。进入21世纪,展览数量逐年减少,但出现相对稳定的专业展览,除举办较早的中国皮革协会主办的中国国际皮革展览会（上海）、中国土畜产进出口总公司在北京举办的毛皮小交会（中国国际裘皮革皮制品交易会）以及商业部门举办的日用百货商品交易会（中国鞋业皮具商品博览会暨"名品名店"）外，还有由显辉国际展览有限公司在广州主办的"国际鞋类、皮革及工业设备展览"，由德纳展览公司在温州举办的"国际名牌鞋类产品及制鞋技术和设备展览会"，由中国国际贸易促进委员会、中国轻工业联合会共同主办的中国（晋江）国际鞋业博览会等。到2010前后，我国的皮革专业展无论从规模、质量、管理都走向国际化，一些历史较长、规模较大的展览在国际上都很有名气。

（一）中国国际皮革展览会（上海）

为了适应行业国际化发展需要，1998年中国皮革工业协会决定，将分别在上海和北京举办的展览合二为一，并引进国际知名展览公司合作。自1999年开始每年都在上海举办"中国国际皮革展览会""中国真皮标志产品展览"。

1998年11月23日至26日，中国皮革工业协会首次与香港博闻展览公司合作，在北京国际展览中心举办"98中国国际皮革展览会"，"98中国真皮标志产品展览会"于同期同地举行。两个展会展出总面积16000平方米，有来自22个国家和地区的175家外国企业参展，其中"真皮标志产品展"展出面积8000平方米，有来自国内26省市132家企业参展。

1999年10月11至14日，中国皮革工业协会与香港博闻展览公司合作，首次在上海世贸商城举办"99中国国际皮革展暨99中国真皮标志产品展览会"，近20个国家和地区150家外商参展，展览总面积14120平方米，其中"真皮标志产品展"面积8120平方米，有20个省市134家企业参展。之后这一展览每年都固定在上海举办，逐步发展成为中国国际皮革展、中国国际鞋类展和中国国际箱包、裘革服装及服饰。经过十几年的发展，展出规模及影响不断扩大，2010中国国际皮革展、中国国际鞋类展和中国国际箱包、裘革服装及服饰展达到6个展馆近3000个展位，展会面积达7万平方米，有近1200家企业参加展出，其中国际展区面积约2万平方米，国内展区面积约5万平方米。展会期间有近两万名专业观众参观了展会，其中包括大量的国际观众和参观团。展览共分皮革、生态皮革、合成革、皮革化工、机械、鞋材配饰、成品鞋、箱包服装等八大展区，展出产品涉及皮革、皮革化工、皮革机械、男女皮鞋、箱包、手袋、皮革服装、毛皮与裘皮服装、鞋材及配饰等皮革产业链的全部产品种类。

2007年，国际权威皮革刊物曾发表专题报道称，如今的中国国际皮革展和中国国际鞋类展（ACL Eand CIFF）已今非昔比，它不但聚集了全球大多数重要的皮革制造商和贸易商，让你见到了来自世界各地的皮革同业者，更重要的是，它还成为了观察和了解未来一年时间，原料皮、成品革和皮革制品价格及供需情况的"晴雨表"。

（二）境外参展观摩与洽谈贸易

在国内品牌展览蓬勃发展的同时，各级皮革行业协会每年都组团"走出去"，参加境外展览，捕捉商机，洽谈贸易，其中以中国皮革协会、浙江省、广东省居多。

自1994年4月中国皮革工业协会与中国贸促会轻工行业分会合作，首次组织中国皮革展团赴港参加"94香港亚太皮革展览会（APLF）"以后，国内行业企业每年组团参展，并组建中国国家馆。

1997年中国皮革工业协会组团赴美国参加"拉斯维加斯秋季鞋业订货会"后，每年坚持组团参展，并于 2001 年后参加"拉斯维加斯春季鞋业订货会"。

2005 年 6 月 30 日至 7 月 2 日，中国皮革协会组织部分皮革、裘皮服装及其制品生产企业和贸易公司，首次以中国馆形式亮相第八届俄罗斯国际皮革及毛皮展览会（LE SHOW）。土耳其、巴基斯坦、印度等国也组织国家展团参加了本次展览，同时，还吸引了阿根廷、芬兰、德国、冰岛、意大利等国家的 170 多家制造商参展。首次亮相展会的中国馆特别设计了带有"中国馆"三个金黄灿灿的中英文大字，和以红色中国结做底衬的醒目标志，引起了俄罗斯、德国、法国及东欧国家买家及制造商的参观兴趣，前来中国馆展台前进行贸易洽谈的买家络绎不绝。

2008 年 1 月 24—26 日，中国皮革协会皮革和制鞋机械专业委员会组织 7 家国内重点皮革机械企业组成的中国代表团，参加了在埃塞俄比亚首都亚的斯亚贝巴举行的"2008 首届非洲皮革展"。本次展会是由埃塞俄比亚皮革工业协会主办，联合国工业发展组织和联合国开发计划署（UNDP）联合支持。中国的参展产品主要是针对埃塞俄比亚羊皮和牛皮生产的后整饰加工设备，受到了大会的关注和欢迎。展会期间，主办国的首相、皮革协会会长、联合国工发组织驻埃塞俄比亚副代表等到展位上看望了中国代表团。中国代表团与非洲皮革业同仁进行了积极的交流和洽谈，为以后中非皮革业的合作奠定了良好的基础。

第四节　行业态势

1998—2010 年，我国皮革行业在努力实现"二次创业"战略目标的过程中，经受住了欧盟反倾销及国际金融危机的考验，也抓住了加入 WTO 后进入国际市场的机遇，生产水平和出口创汇不断创新高，在产业结构调整、品牌建设等方面也都取得了令人瞩目的成就，呈现出了全面繁荣的景象。

一　产业集聚加快，特色区域建设成绩显著

随着改革开放的深入发展，我国皮革产业在发展的过程中呈现出以区域经济为格局的产业集群，这些产业集群已形成了从原料、加工到销售、服务一条龙的特色区域，成为皮革行业发展的中流砥柱，同时也拉动了当地经济的发展。经过十多年的快速发展，全国初步形成了浙江温州、四川成都武侯、重庆璧山和广东、福建的制鞋，浙江海宁皮革和皮革服装、河北辛集皮革服装，广州花都区狮岭镇、福建泉州、河北白沟的皮具，浙江桐乡、河北肃宁、河北大营、河南桑坡毛皮原料加工等特色经济区域。这些特色区域的形成，促进了产业结构的调整和增长方式的转变。为了促进皮革特色区域的结构调整、市场开拓和品牌建设，提升竞争力，中国皮革工业协会于 1999 年开始提出创建皮革特色区域荣誉称号的计划，2001 年在全行业首次推出了《关于授予中国皮革行业特色区域荣誉称号的行业规范》。依据此规范，严格考核，不收取任何费用，报请中国轻工业联合会批准，2001—2007 年期间，先后对 11 个皮革生产基地授予了荣誉称号，分别为温州——"中国鞋都"（2001 年 9 月）、海宁——"中国皮革之都"（2001 年 12 月）、辛集——"中国皮革皮衣之都"（2001 年 12 月）、晋江——"中国鞋都"（2001 年 3 月）、花都狮岭——"中国皮具之都"（2002 年 9 月）、桐乡崇福——"中国皮草名镇"（2005 年 9 月）、河北

肃宁——"中国裘皮之都"（2005年9月）、成都武候——"中国女鞋之都"（2005年12月）、重庆璧山——"中国西部鞋都"（2005年12月）、广东惠东——"中国女鞋生产基地"（2006年6月）、河北白沟——"中国箱包之都"（2007年4月）。

中国皮革行业授予特色区域荣誉称号，已成为打造皮革生产基地区域品牌的重要举措。2007年下半年，中国皮革协会在总结皮革特色区域创建工作的基础上，认真贯彻落实科学发展观，坚持与时俱进，对皮革特色区域的工作进行了创新：一是创新内容：除按照授予皮革特色区域荣誉称号行业规范的基本条件外，增加了节能减排及建设资源节约型、环境友好型行业等内容；二是创新方式：变以往企业的创建模式为中国皮革协会和地方人民政府共建模式，省、市行业协会参与共建，共同打造皮革特色区域全新合作模式。至2010年，已启动了"节能减排，产业升级鞋业基地——中国鞋业名城·温岭""环境友好型毛皮基地——中国毛皮之都·孟州桑坡""中国皮草科学发展示范基地·枣强""中国皮衣裘皮基地·佟二堡""产业升级——中国旅行箱包之都·平湖""产业升级——中国男鞋生产基地·鹤山""承接转移——中国制革示范基地·阜新""中国箱包名城·瑞安""中国箱包产业基地·东阳""中国鞋业产业基地·高密"等的共建工作。

二 产业转移加快，区域布局日趋合理

我国皮革产业兴起于东部沿海地区，随着改革开放的持续深入，广东、福建、浙江等省皮革产业占据了国内的半壁江山，但进入21世纪后，东部沿海地区皮革行业发展遇到了新的问题，作为劳动密集型产业，随着我国经济的快速发展，劳动力价格不断上涨，给行业用工带来极大挑战。不仅招工难，而且工人工资不断上涨，行业竞争力下降。为了降低成本，缓解用工紧张的矛盾，行业开始了向内地梯度有序地转移，产业格局开始出现新变化。河南、江西、湖北、安徽等劳动力资源丰富的地区开始承接转移，逐渐形成产业聚集。2009年2月，随着国内鞋业巨擘——深圳百丽鞋业成功入驻宿州，宿州市对外响亮提出了"打造中国中部鞋业基地"的口号。在一系列政策措施强有力的配合支持下，康奈、东艺、鸿星尔克等知名鞋企纷纷入驻，一个新兴的鞋业板块正在宿州崛起。此外，河南鄢陵、江西新干、湖南邵东的箱包产业也都在承接产业转移的大潮中兴起。虽然这些新的产业集聚区与东部相比还有很大差距，其龙头企业、管理方式、市场营销等方面亟待提高，但顺应皮革行业转型升级的需要，产业西移不可避免，可以预期，随着产业转移的进一步发展，我国皮革行业将会形成沿海经济发达地区企业经营品牌和营销、中西部等内陆省份加工生产的新格局。

皮革产业转移的过程是漫长的、渐进的，而不是一蹴而就的。产业转移有利于产业结构的合理布局，有助于产业的可持续发展。

三 品牌战略初见成效

《"二次创业"发展战略》提出了争取创3—5个国际知名品牌的战略目标，为此，全行业以真皮标志和真皮标志生态皮革作为打造品牌的重要平台，严格实施质量自律、铸造培育行业品牌。在十大皮衣、皮鞋品牌的基础上，2000年之后，又逐步增加了中国真皮名装、中国真皮名鞋、中国真皮领先鞋王、中国真皮标志裘皮衣王、中国真皮标志裘皮名装、中国箱包领先品牌、中国箱包优秀品牌、中国童鞋优秀品牌。这一时期，分别于

1998 年、2000 年、2002 年、2004 年、2006 年和 2009 年推出了"中国真皮领先鞋王""中国真皮鞋王""中国真皮名鞋""中国真皮衣王""中国真皮名装""中国真皮标志裘皮衣王""中国箱包领先品牌""中国箱包优秀品牌""中国童鞋优秀品牌"等品牌，近百个品牌在行业脱颖而出，集中展示了皮革行业品牌建设的成果。

随着中国皮革业的快速发展和产品出口的不断增长，中国皮革协会于 2007 年 1 月正式推出了"真皮标志"英文版，启用"真皮标志"英文版标牌和英文证书，助力中国企业以国际化的视角来建设品牌、管理品牌，实施品牌国际化战略，更加有效地拓展国际市场。如今已在美国、越南等 16 个国家成功注册，成为企业打造国际品牌、开拓国际市场的重要平台。

在真皮标志的品牌战略推动下，一大批国内、国际名牌如雨后春笋般破土而出。据统计，在皮革行业现有的"中国名牌""中国驰名商标""国家免检产品"和"中国出口名牌"中，90% 以上为真皮标志产品；康奈、奥康、金猴、森达、百丽、蒙努、束兰等皮鞋、皮衣品牌已是家喻户晓，许多品牌已走出国门开始进军世界市场，与国际知名品牌同台竞争，带领我国皮革业向世界高端迈进。

四 打破贸易壁垒，提高出口水平

我国加入世界贸易组织后，随着国际贸易的日益频繁，我国皮革产品出口贸易摩擦呈上升趋势。2005 年欧盟在未经客观、公正审查的情况下，对中国皮鞋发起反倾销调查，并于 2006 年 10 月做出裁定对中国皮鞋实行反倾销措施，征收为期两年的 16.5% 的高额反倾销税，国内 1200 多家鞋企受到影响。2008 年，当反倾销征税期满后，欧盟委员会却不顾广大消费者的利益和中方的反对，做出了对中国皮鞋发起反倾销"日落复审"调查的决定，在调查期间对中国鞋继续征收 16.5% 的反倾销税，并于 2009 年 12 月 22 日决定将反倾销措施再延长 15 个月，直到 2011 年 3 月 31 日。欧盟裁定征收高额反倾销税后，为了维护企业权益，奥康、泰马等五家鞋企便向欧盟初审法院提起司法审核。历时近 4 年，2010 年 3 月，欧盟初审法院驳回了 5 家中国鞋企的诉讼请求。随后，奥康鞋业股份有限公司独家正式向欧盟高等法院针对初审法院审理的皮鞋反倾销案件提起了上诉。

欧盟对中国皮鞋的反倾销调查和裁决，违反了世贸组织相关规则，损害了中国企业的合法权益。中国政府在多双边场合多次交涉，中国业界也表示强烈反对，但这些多双边对话始终没有解决中方的关注。中国政府 2010 年 4 月 8 日还上诉至世贸组织，提出世贸组织争端解决机制下的磋商请求，希望欧盟能够重视中方的强烈关注，在世贸组织争端解决机制下早日妥善解决问题。

我国皮革行业的贸易摩擦主要集中在美欧等地区，近年来先后有墨西哥、巴西、阿根廷、加拿大、秘鲁、厄瓜多尔、土耳其等国家对中国鞋类发起反倾销调查、实施征收临时反倾销税，涉案产品几乎涉及所有税号。此外，中国鞋在俄罗斯被扣、西班牙火烧中国鞋等事件，对中国皮鞋走向世界产生了不利影响。对此，政府有关部门和中国皮革协会为维护国家利益和尊严、保护企业的合法权益，采取了有理、有利、有节的应对措施。

五 淘汰落后产能，加强污染治理

皮革行业已经走过了粗放发展的时代，特别是 21 世纪之后，在产业政策的引导和环保意识的提升下，皮革行业的节能减排工作取得了可喜的进展，在淘汰落后产能、开展清洁化生产、集中治污等方面展现出了新的发展风貌。

"十一五"以后，国家相关部门出台了一系列的节能减排政策、标准和规范，在这些政策、标准和规范的指导下，各地政府加大对污染治理、落后产能和落后技术的监管整治力度，关闭了大量的小制革、小作坊。据不完全统计，"十一五"期间，我国皮革行业已经淘汰落后产能2000万标准张以上，在制革和毛皮企业中加速淘汰使用偶氮染料、甲醛、溶剂型涂饰材料等的落后技术工艺，并取得了明显的效果。同时，清洁化生产得到了行业的普遍重视，因而行业企业加大了对清洁化生产技术及配套皮革机械设备和化工材料的投入；清洁化生产技术创新和产业化应用取得显著成效。保毛脱毛及无灰浸灰技术、浸灰和铬鞣废水循环利用技术、中水循环利用技术等一批创新性的项目投入产业化，促进了制革行业的节水减排。采用节水生产技术，可以实现节水30%以上。制革企业应用保毛脱毛、废灰液和废铬液循环利用技术，化学需氧量（COD）与悬浮物产生量减少40%以上。

在特色区域，形成了集中治污的新模式，河北辛集、浙江海宁等制革、毛皮生产聚集区形成了企业初级治理、园区专业治理、城市污水处理厂综合治理的三级治污体系。在制革产业转移和承接过程中，为了前瞻性地引导行业形成集中生产、集中治污、产业链完善、符合循环经济发展模式的新型制革基地，中国皮革协会提出应在全国有条件的地区培育5—8个承接转移的制革示范生产基地，该建议得到了国家工信部的支持。

为了引导和推广治污新技术，2008年，中国皮革协会与中国财贸轻纺烟草工会联合开展了两年一届的"中国皮革行业节能减排环保创新奖"评选工作，在全行业创造了"争当环保先进、争创环保典型"的良好氛围。至2010年，评选已进行了两届，推出了"浸灰废水和铬鞣废水循环利用技术研究"和"毛皮加工污水深度处理及污泥有效利用技术"等十多个获奖项目，在行业内树立了节能减排环保创新的典型。

六　企业融资上市，电子商务兴起

随着我国证券市场的发展，行业排头企业逐步开始涉猎资本市场，借助资本市场实现自身快速发展。自1996年4月，青岛双星成为行业第一家登陆国内证券市场的公司后，行业企业开始进入资本市场。1999年6月9日，鞋企山东声乐股份在深圳证券交易所上市，募集了近1.35亿元资金。2005年，鞋企鸿星尔克在新加坡成功上市，成为业内第一家在国外上市的企业。"十一五"期间，行业企业掀起了上市热潮，2007年5月23日，百丽国际在中国香港成功上市，创下了中国香港股票市场公开发售冻结资金之最（4460亿港元）和内地零售类上市公司开盘市值榜首的新纪录，后来市值超过千亿。同年10月、11月，百丽国际用募集资金分别以6亿港元和近22亿元人民币并购了香港妙丽及江苏森达鞋业，实现了中国鞋业的最大并购。此后安踏、361°、特步、匹克等也先后在中国香港上市。

2010年，海宁中国皮革城、凯撒（中国）股份有限公司、华斯农业开发股份有限公司分别于1月26日、6月8日、11月2日在深圳证券交易所上市交易，分别成为我国皮革市场、皮革服装和毛皮行业上市第一股。此外，行业企业际华集团、泰亚股份等也在国内证券市场上市，行业企业集中登陆证券市场，以资本市场为平台，整合资源，加快了转型升级的步伐。

其他如粤海制革、李宁、达芙妮国际、鸿国国际、卡森国际、裕元集团、星期六、达派等也都成功上市，进一步增强了公司市场竞争力，提升了公司的社会影响力与知名度。

2000年后，在商场、专卖店等传统经销渠道外，兴起了电子商务。特别是鞋包产品成为了网上交易的重要商品，一些知名鞋包企业也竞相试水网络销售。而专业的电子商务公司也应运而生，如好乐买、乐淘、优购、名鞋库等都专门从事鞋类的电子销售。作为新兴的营销模式，其未来发展值得期待。

七　成功应对金融危机

2008年9月，美国金融危机席卷全球，严重影响了世界经济的发展，我国皮革行业的主要出口地美国、欧盟等经济体消费水平大幅下降，对皮革产品需求减少。我国皮革行业作为出口外向型行业，遇到了挑战。同年12月，我国轻革、皮鞋、皮革服装、天然皮革包袋和毛皮服装等皮革行业主要产品产量出现全面下降，分别比上年同期下降27.3%、9.5%、12.6%、11.7%和4.1%，轻革、皮革服装、天然皮革包袋产量十年来首次出现下降。2008年，规模以上皮革、毛皮及制品行业企业亏损面达16%，其中皮革服装企业亏损面达25%，毛皮服装企业亏损面达18%。2009年1—6月，我国皮革、毛皮及其制品出口182.4亿美元，同比下降7%，2009年我国皮革、毛皮及其制品出口402.3亿美元，同比下降5.8%。面对困难，行业企业积极创新，大力开发海外新兴市场，努力拓展内需市场，在国家相关政策的支持下，成功摆脱了金融危机的严重冲击，经过2009年上半年的探底，逐步平稳回升。2009年，我国规模以上皮革、毛皮及其制品行业工业总产值6033亿元，同比增长11.8%，虽然增速相比上年同期有所回落，但回升态势明显。2010年上半年我国规模以上皮革、毛皮及制品企业生产出现大幅增长，工业总产值3255亿元，同比增长25.4%，基本摆脱了金融危机的影响。但金融危机对世界经济的影响依然存在，为此，行业努力调整结构，转变发展方式，继续探寻持续发展之路。

八　行业发展迅速，稳固确立世界皮革大国地位

"二次创业"（1998—2010年）是我国皮革行业平稳较快发展的重要阶段，"二次创业"的目标任务的全面完成，进一步巩固了我国世界皮革生产大国的地位。在此阶段，皮革行业不仅形成了完整的皮革产业链，生产规模庞大，而且拥有高素质低成本的劳动力，使行业企业具有了较强的国际竞争力。据联合国粮农组织统计，2009年中国牛皮成品革产量占世界牛皮总产量的14%，羊皮成品革产量占世界羊皮总产量的27%，均居世界第一位；猪皮成品革产量亦居世界首位。

2010年，我国规模以上皮革、毛皮及其制品行业的工业总产值7473亿元，同比增长26.9%，比1998年增长了近6倍；出口538.3亿美元，同比增长33.8%，比1998年增长了近3倍；生产成品革7.5亿平方米，同比增长15.3%，比1998年增长了214.8%；生产皮鞋41.9亿双，同比增长18.9%，比1998年增长67.27%。2010年，规模以上企业轻革（猪牛羊革）产量为7.5亿平方米（折合牛皮2.2亿标准张），占世界总产量的20%以上，居世界第一位；鞋类产品（皮鞋、旅游鞋、布鞋、胶鞋等）产量超过100亿双，占世界总产量的50%以上，其中皮鞋产量41.9亿双；皮革服装产量6237万件，天然皮革包袋产量7.8亿只，毛皮服装产量312万件等，均居世界产量首位。

1998—2010年为全行业的全面繁荣时期，这一时期全行业在努力实现"二次创业"战略目标的过程中，经受住了欧盟反倾销及金融危机的考验，也抓住了加入WTO后进入国际市场的机遇，生产水平和出口创汇不断创新高，在产业结构调整、品牌建设等方面也都取得了令人瞩目的成就，呈现出了全面繁荣的景象，进一步稳固了我国世界皮革生产大国的地位，为使我国成为世界皮革强国奠定了坚实基础。尽管如此，中国仍然不是皮革强国，中国皮革行业在产品质量、品牌战略、高新技术应用等方面与世界先进国家还存在差距。因此，皮革行业在全面完成"十一五"计划和"二次创业"目标任务的基础上，着手编制《皮革行业"十二五"发展规划》，为我国皮革行业未来的可持续发展描绘宏伟蓝图，为我国由皮革大国跨入皮革强国而努力奋斗！

1998—2010年中国皮革行业主要经济指标走势

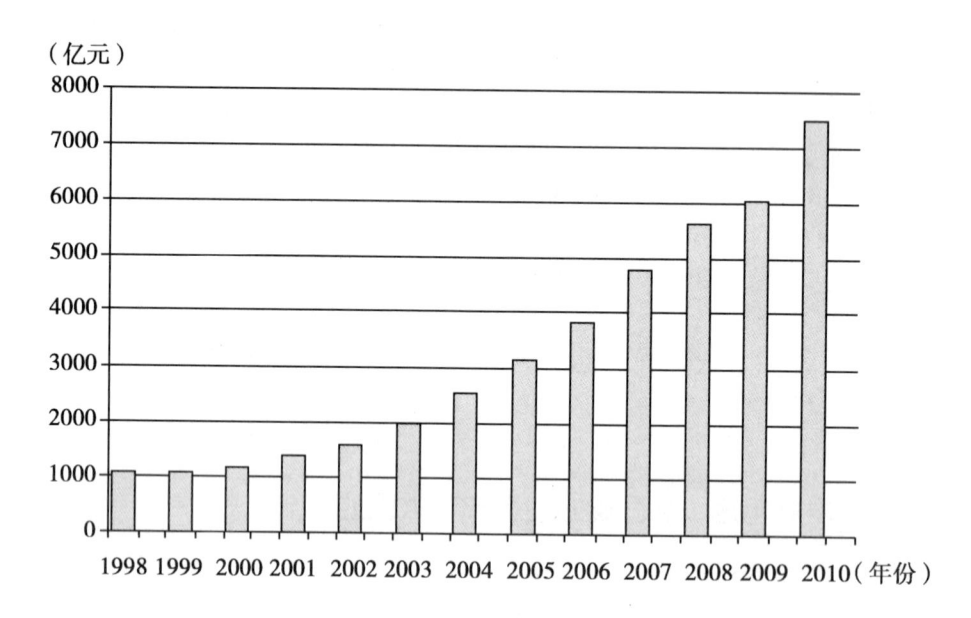

图2-1　1998—2010年中国皮革行业总产值

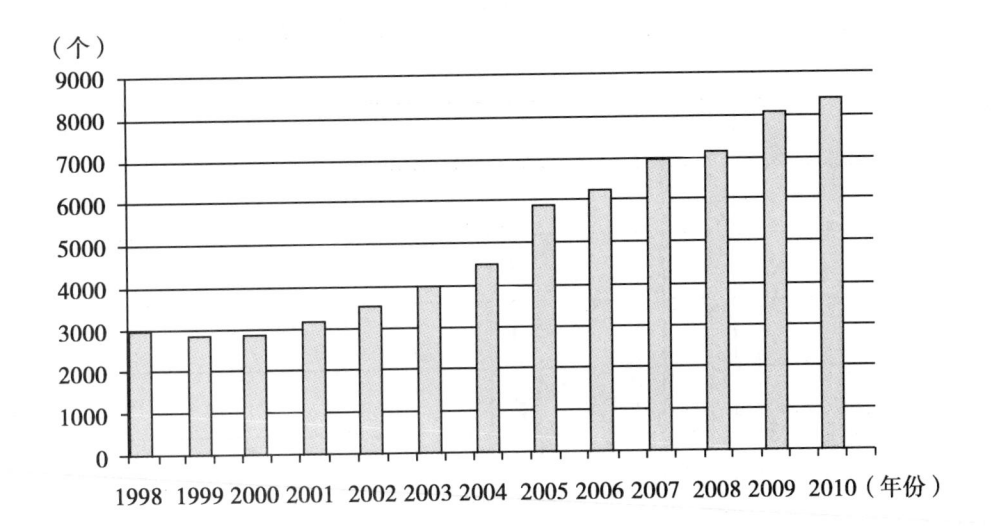

图 2-2 1998—2010 年中国皮革行业规上企业数

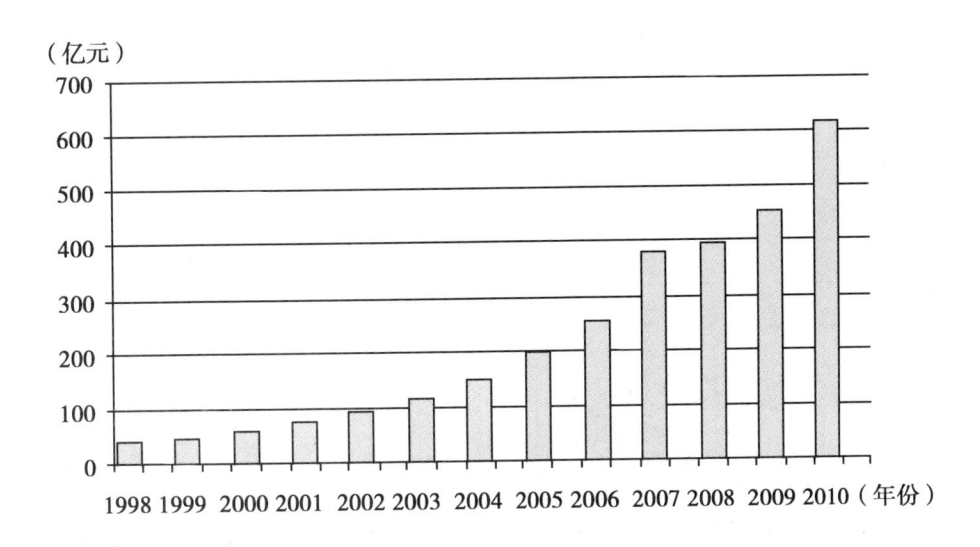

图 2-3 1998—2010 年中国皮革行业规上企业利税总额

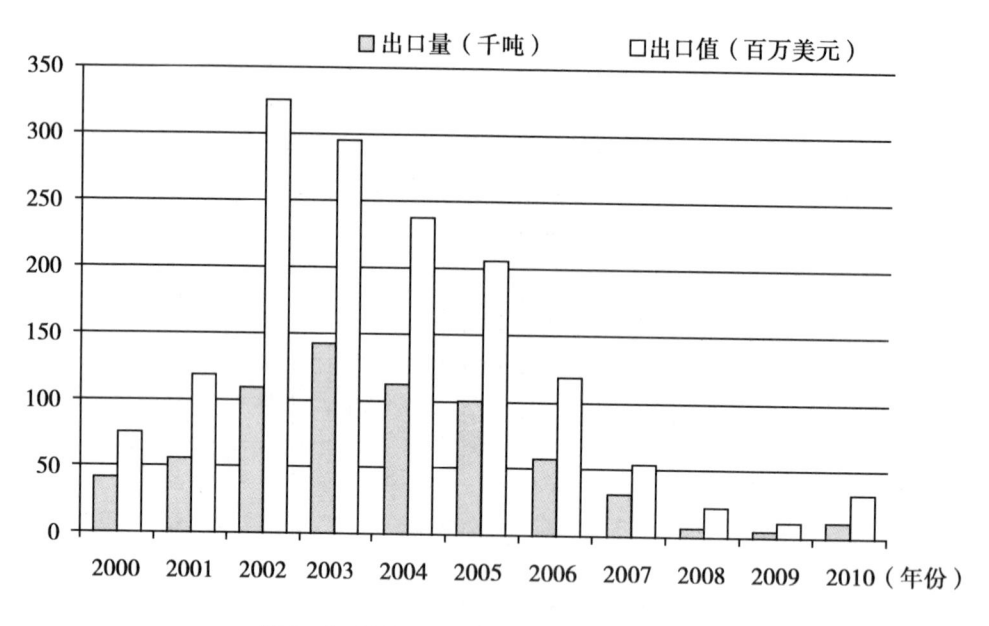

图 2-4 2000—2010 年中国半成品革出口量值

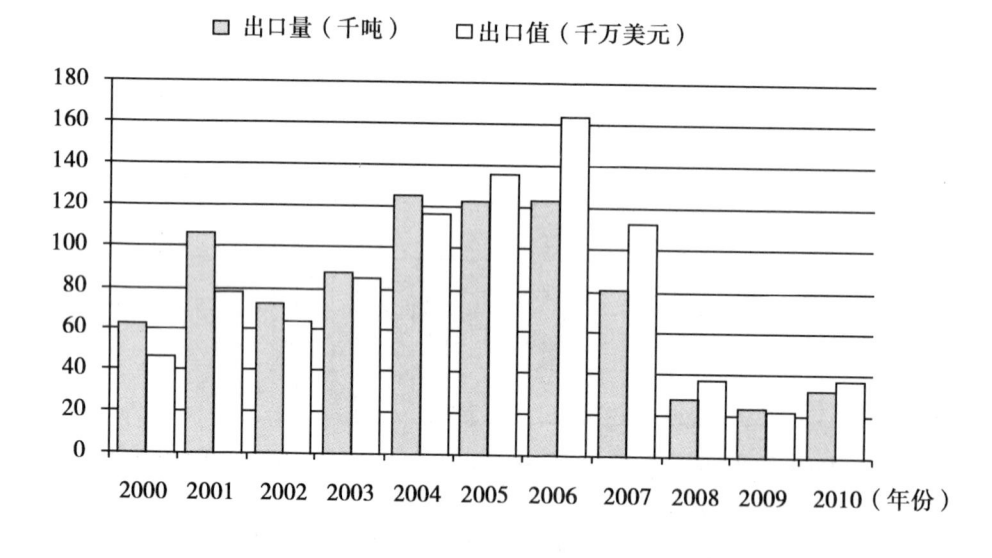

图 2-5 2000—2010 年中国成品革出口量值

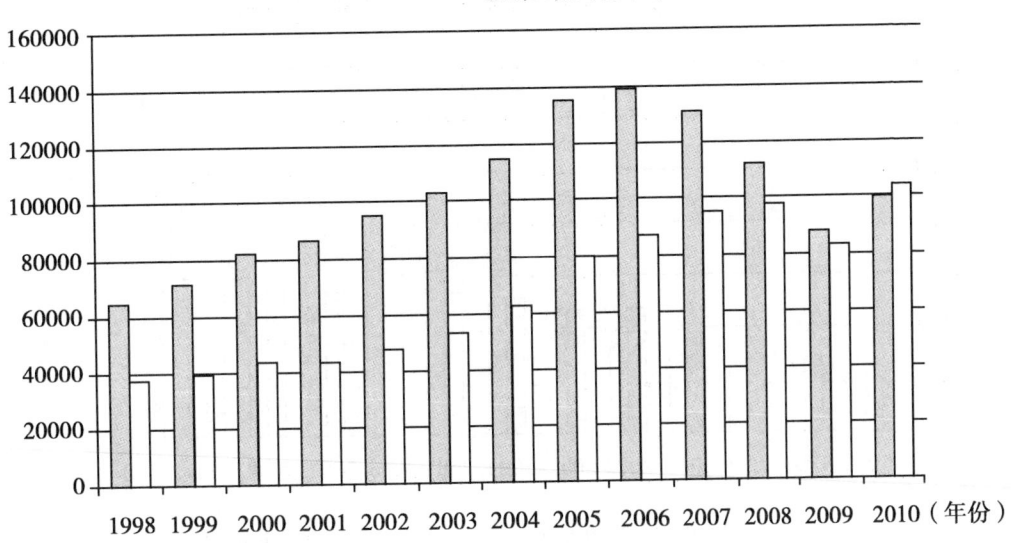

图 2-6　1998—2010 年中国皮鞋出口量值

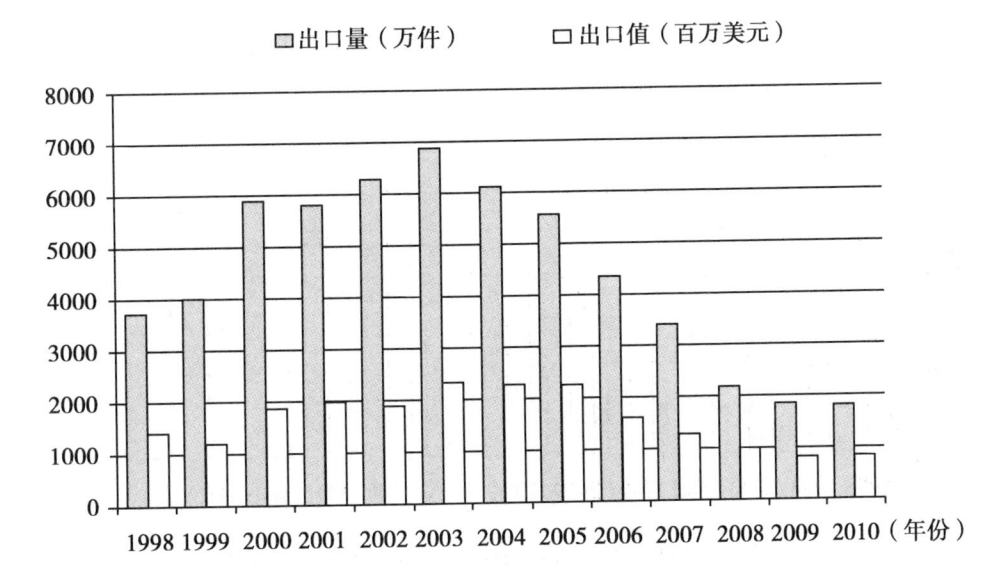

图 2-7　1998—2010 年中国皮革服装出口量值

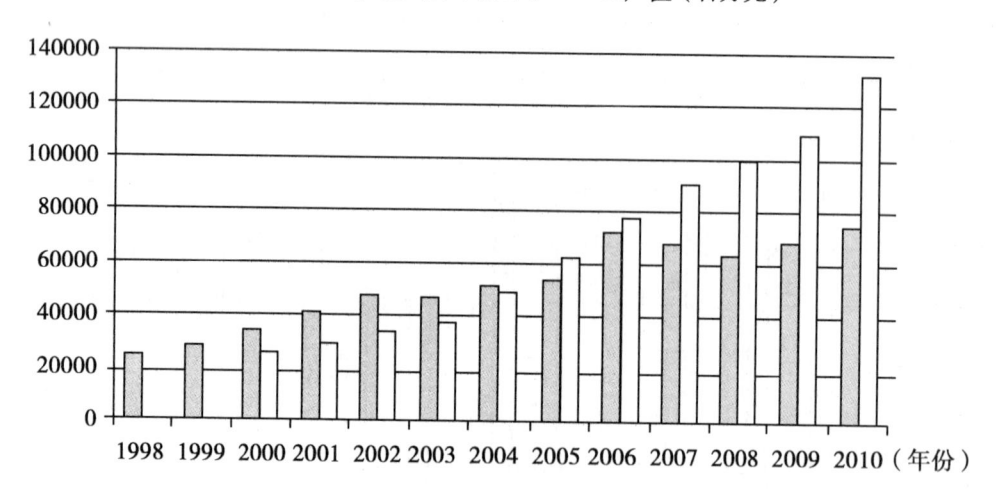

图 2-8　1998—2010 年中国规上制革企业轻革生产量值

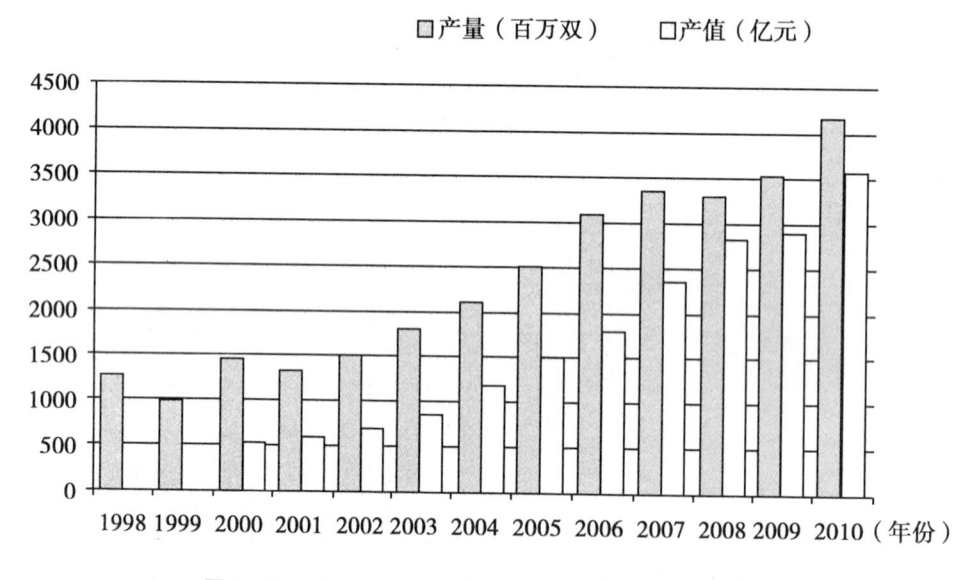

图 2-9　1998—2010 年中国规上皮鞋企业皮鞋生产量值

图 2-10　1998—2010 年中国规上皮革服装企业生产量值

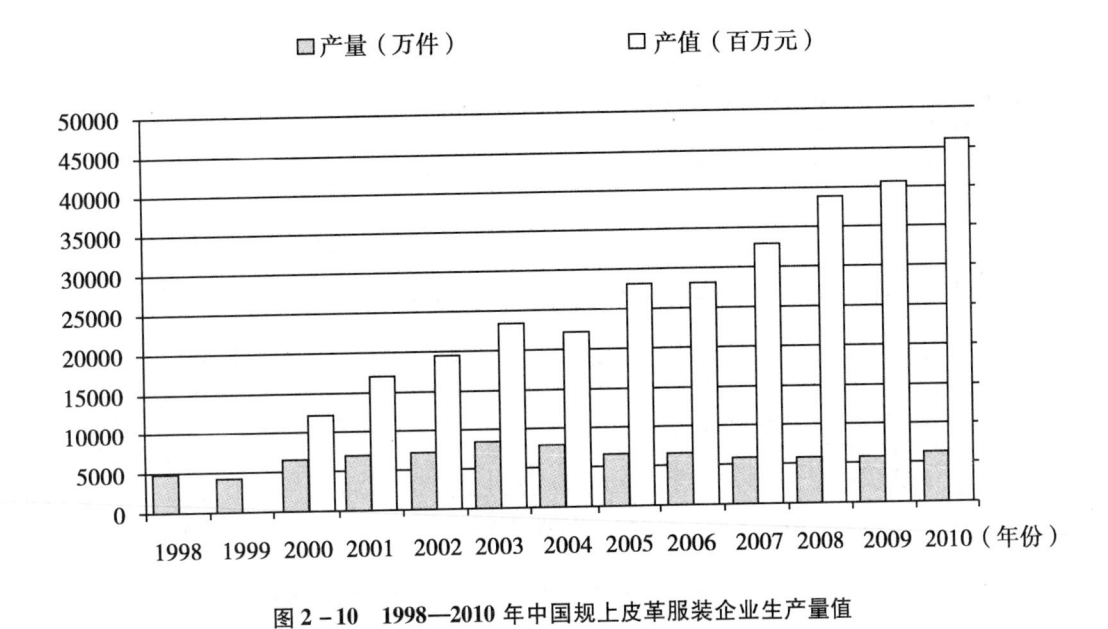

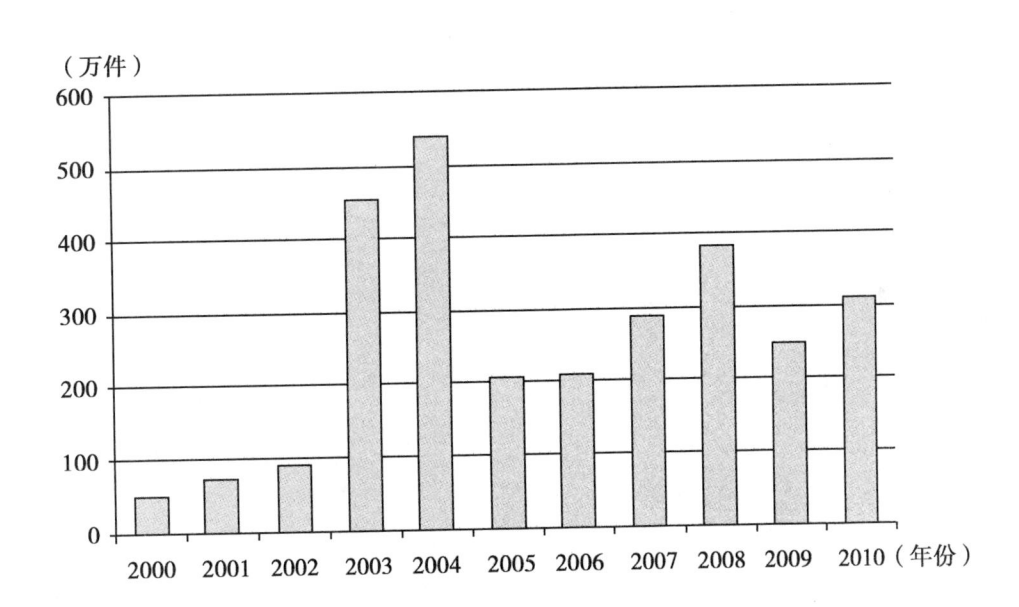

图 2-11　2000—2010 年中国规上毛皮服装企业毛皮服装生产量

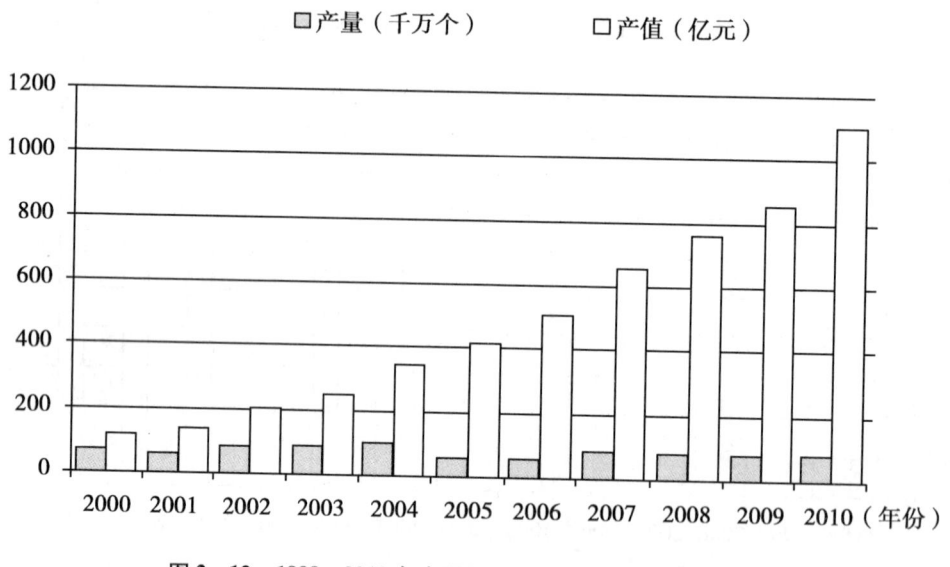

图 2-12　1998—2010 年中国规上皮件企业革皮包生产量值

第六章 行业分述

皮革行业属于资源再利用行业,是由多个自然行业组成的,制革与毛皮鞣制是皮革行业的基础,也是整个皮革产业链的源头和基石。皮革行业的生存、运行与发展,有赖于畜牧业的发展以提供原料皮资源;更仰仗于皮革化工、皮革机械等行业的配套协同,优质的皮革化学品、机械化的加工装备关乎制革、毛皮技术水平和质量。当作为原料的皮革、毛皮成品产出以后,便提供给位于皮革产业链下游的皮鞋、皮件、皮革服装、毛皮服装等制品行业继续加工,最终生产出能满足国内外市场需求的日用皮革、毛皮制品,以及供给工农业、国防工业等特殊用途的产品。

本章分九节对制革、皮鞋、皮件、皮革服装、毛皮及其制品、皮革化工、皮革机械、皮革五金及特种工业皮革等行业进行分述。皮革各自然行业发展不均衡,20世纪70年代以前,国家侧重发展制革、皮鞋行业,70年代以后其他自然行业才得以迅猛发展,从而形成了空前完善的产业链,创造了世界皮革大国的历史功绩。

第一节 制革行业

我国制革行业的产品(成品革),根据《制革工业术语》分为轻革(一般采用矿物鞣剂鞣制,较薄、较柔软,按面积计量,单位为平方米)和重革(一般采用植物鞣剂鞣制,厚重,按重量计量,单位为千克或公斤)两大类。轻革,通常指各种鞋面革、服装手套革、箱包皮具革、皮制球用革以及沙发皮椅、汽车坐垫用革等;重革,通常包括底革、工业革、装具革、腰带革等。

一 行业发展沿革

新中国成立前,国内制革厂几乎都是规模小、资金少、生产落后和设备简陋的工厂和作坊,主要靠手工操作,劳动时间长,劳动强度大,生产条件极为恶劣。当时作为制革业中心之一的上海,没有电动机的制革厂和作坊就占87%以上;1948年北京市70家制革厂中,仅一家有1台片皮机、有两家各有1台去肉机,其他几乎全靠人工去肉、刨皮。民国初年,广东珠三角一带有多个"牛皮街",以南海罗村最为集中,多采取"烟熏法"制革。那时的制革行业被定义为"脏、臭、累"行业。

(一)1949—1957年恢复改造时期

新中国成立初期,百废待兴,皮革工业处于恢复建设时期,制革行业仍然比较分散落后,不少是手工作坊,有动力设备的工厂很少,且一般设备都很陈旧,劳动生产率低。当时,国家为了恢复农业生产,采取了保护耕牛政策,因而牛皮资源受到限制,而军需、工业和民用的皮革及其制品的需求量却在与日俱增,制革业原料皮资源供不应求、捉襟见肘。所以，制革行业恢复建设的当务之急：一是亟待解决制革原料皮资源不足的发展"瓶颈"问题，确保资源充足；二是研究植鞣重革的速鞣工艺，缩短生产周期；三是有计划地实施技术改造项目，对重点企业进行改建、扩建和新建，提高生产能力。

1950年12月6日，中央轻工业部和军委后勤军需部在北京联合召开了全国第一次制革工业会议。这是中国皮革工业有史以来的第一次全国性专业会议。这次会议研究和了解了制革工业的基本情况，提出了当时行业恢复发展的问题，拟定了解决问题的方法并指出了努力方向，以便大力发展生产，达到保证首先供应军需、兼顾工业和民用，并调整公私关系，以期恢复调整，准备将来发展的条件。

会议认为当时制革工业的主要问题是原料皮供应不足以及主要化学材料栲胶、红矾等不能自给，产销缺乏计划性，行业还处在一个相当困难的时期，必须经过恢复和调整，才能稳步地走向发展；认为当时制革工业的方针应该是一般的维持，有重点的恢复和调整。会议提出了各制革厂的生产方针：第一，首先保证军需供应，其次兼顾工业及其他必要的供应；第二，国内黄牛皮产量有限，为保证重点需要，必须以料定产，节约使用，并尽可能利用其他皮张代替黄牛皮，重革、轮带皮可多用水牛皮，箱包可采用马皮、骡皮或猪皮，民间所需鞋面革可使用山羊皮、鹿皮，此外如华北、内蒙一带的骆驼皮，西北的牦牛皮革都应该充分利用制革，广泛开发利用猪皮制革尤为重要；第三，制革工业仍以手工生产居多，其生产工具与制造方法应逐步改进，自力更生地走向机械化；第四，根据当时数年内原料供应及人民需要情况，制革工业还只能重点恢复及改造，必须避免盲目的全面扩充和发展。

全国制革工业会议鉴于各地公私营制革厂在经营管理上还存有若干缺点，强调指出必须贯彻经营企业化、管理民主化的方针。在经营方面要求各厂根据自身条件逐渐建立各种制度，大厂应建立经济核算制度，实行定额管理，订立合理的工资制度及奖惩办法。

会议对原料皮供应也进行了深入的研究，建议中央人民政府一方面颁布法令管理牛皮，一方面责成国家贸易部门配合有关单位统一收购牛皮，以便统筹供应、合理分配。

这次会议集合全国公私营制革工厂的力量，初步统一了制革工业原料、成品的名称规格，规定了几种主要成品原物料消耗标准。

从1951年起，全国各地区先后实行牛皮管理办法，皮张统一由国家畜产公司收购、分配。

新中国成立初期，皮革工业发展中最主要的困难是原料不足。在农业实现现代化机械化耕种以前，牛是农村的主要劳动力，保护耕畜的政策必将长期贯彻。因此，牛皮供应来源势必有一定限度，但是皮革工业又必须发展才能适应国民经济各方面的要求，在这种情况下，如何开辟制革原料极为关键。

我国有着丰富的可供制革的资源，除牛皮以外，还有猪皮、羊皮、兔皮、水产动物皮等可供利用，其中特别是利用猪皮，对发展皮革工业有着重要的意义。1950年全国皮革会议后，中央轻工业部就倡导推动利用猪皮制革。东北沈阳、哈尔滨、长春、吉林、牡丹江、佳木斯、齐齐哈尔等七个城市，从1951年3月起全面推行猪皮制革，每日剥皮总数共达1500余张。山东莱阳、胶州、文登三个专区及烟台市，百余年前就剥取猪皮制革，1951年又将剥皮数量扩大，成为猪皮供应基地之一，其后湖南、天津、济南、上海等地都纷纷开始用猪皮制革，特别是四川省也积极地开展了开剥猪皮工作。根据中国畜产公司统计，1952年时四川收购猪皮6785张，而1957年已猛增到136万多张，增加200倍之多，四川省成为当时我国最大的猪皮供应基地。

1952年全国开剥猪皮50万张，生产猪皮革35万张；1953年全国开剥猪皮17万张，加上年结存猪皮15万张，生产了猪皮革32万张，两年共计生产猪皮革67万张。各地制革不仅能把猪皮做成鞋底革、鞋面革及服装革，而且能做成工业用的皮圈革、皮辊革及护油圈革。由于采用了美化技术，做到了猪革麻面粒纹消失、光滑平整，美化后的猪皮革制品花色品种不断增加，逐渐被市场接受。

1954年时，由于猪皮制革技术尚需完善，加上牛皮供应数量较前两年有所增加，猪皮和牛皮的价格差距较小，因而有些地区猪皮革制品出现积压现象，以致剥皮数量也随之下降。为了贯彻利用猪皮制革的方针、鼓励工厂多用猪皮制革，经国家批准，从1955年开始降低猪皮革商品流通税，使工厂生产猪皮革不亏本，同时保持合理的猪皮革与牛皮革之间的差价。

至1956年，用于制革的猪皮已占各种皮张的20%以上（折牛皮计算），同时猪皮革还外销苏联等国家，逐步奠定了猪皮制革的基础，为猪皮制革的大发展创造了有利的条件。

除了利用猪皮外，还利用水产动物皮制革。我国水产资源丰富，各种海兽和鱼类品种繁多，如鲸、鲨鱼、海豚、江猪等都有制革价值，充分利用这些杂皮，大大丰富了我国皮革原料资源。

1951—1954年期间，中央轻工业部上海工业试验所皮革研究室先后完成了以六偏磷酸钠预鞣的植物速鞣重革工艺、落叶松树皮鞣料鞣革性能试验研究，为推行池、鼓结合鞣重革速鞣工艺、改善鞣革性能、缩短生产周期开创了先河。

1956年，为了对皮革工业重点企业实施技术改造，进行有计划地改建、扩建和新建项目，轻工业部专门成立了皮革项目设计室，负责新建、扩建的设计工作，先后为青海省、广东省设计了年产能力12万张和40万张牛皮制革厂各一个；为贯彻猪皮制革方针、推动猪皮制革事业，还完成了日产100张、200张、400张、1000张的猪皮制革厂的定型设计，这些都为我国自行设计皮革工厂打下了基础。

同年，解放军总后勤部军需生产部研究所成为国内技术力量雄厚、设施较为完善的皮革科研机构。该所皮革研究室试制铬—植结合鞣底革获得成功，并推广至全国。此外，该所还在取样分析检测的基础上，形成皮革分析检测与质量标准体系，并通过专业培训，逐步在全国皮革工业实现了"三统一"（检验方法统一、仪器设备统一、操作规范统一）。

通过行业改组改造，以及皮革化工、皮革机械的配套发展，制革业获得了新生，开始呈现旧貌换新颜的景象。但是，从全国范围来看，制革行业发展尚不平衡，各地企业也是参差不齐。

制革业经过恢复改造时期的建设，生产能力有了较大的提高。据1953年的统计资料显示，当时全国有地方国营、公私合营制革厂共37家，生产各种牛皮18万张（重革10万张，轻革8万张）。其中，较大规模的制革厂有14家，设备比较完整的有上海、大连、天津、北京、重庆、太原、包头等地的地方国营制革厂，其中上海益民制革厂的重革生产量占全国总量的20%。全国有较大规模的私营制革厂88家，生产各种皮革约合牛皮46.8万张（重革15.8万张，轻革31万张）。其中，有52个制革厂集中在上海、广州两地，设备与技术均较好。全国有小型私营制革厂 200 多户，职工总数约 3000 人。全国由合作联社经营的制革厂 12 家，职工总数 800 多人。全国有手工业制革户约 1 万多个，从业人员约 2 万人，大都集中在华东、中南和西南地区。

据 1956 年初步统计，全国制革企业共有 2189 户，其中工业系统 389 户，手工业系统 1800 户。由于历史的原因，制革业分散、落后，在 2189 户中，平均每户职工人数为 14 人，工业系统的企业每户平均仅 36.5 人。100 人以上的企业仅 34 个，一般设备都很陈旧，劳动生产率低。1956 年的总产值约为 146353 元，较 1955 年增长 66%；年生产用原皮仅 768 万张，其中生鞣农业用革 140 万张。1957 年，由于原皮供应不足，当年的生产水平约低于 1956 年水平 20% 左右。

当时在"发展经济、保障供给"的方针下，从中央到地方、从行业到企业，都十分重视提高产品质量，全力以赴地开发花色品种，努力满足国防、工业和民用的需求。例如，1956 年轻工业部组织地方技术力量，有针对性地开展皮革质量监控工作，对全国重点制革厂的产品质量进行了抽样检查与分析检验，并根据分析检验结果，参考国外产品标准，制定了 6 种产品的技术条件（草案），这是新中国成立以后我国皮革工业第一次编制的制革产品标准雏形。

（二）1958—1977 年初期建设时期

1958 年"大跃进"时期，全国皮革工业积极投入"高举三面红旗、大闹技术革命和公社兴办皮革生产"的群众运动，全国各地主管部门发动所属企业人人动手，着手改革，掀起了大搞技术革新的热潮。1958 年年底，我国已有年生产能力 20 万张（折合牛皮）以上的大型制革或制革联合企业 20 多家。

1959 年《人民日报》发表了"猪皮制革值得提倡"的社论后，猪皮制革成为我国皮革行业的发展方向。一方面，行业采取各种举措鼓励各地积极开剥猪皮，利用猪皮制革；另一方面组织全国技术力量开展酶法脱毛新工艺、美化猪革新技术的研究，并将研究成果向全国交流、推广和应用，使全国猪皮开剥量和猪皮革产量大幅度攀升，猪皮革的花色品种和产品质量也明显得到丰富和提高。

三年调整时期，经国务院批准，从 1964 年起，轻工业部和各省、自治区、直辖市分别成立了皮革工业公司，实行专业归口管理。1965 年，国家在猪皮免征流通税的基础上，对猪皮制革采取了国家财政补贴政策，进一步倡导、鼓励利用猪皮制革。

1973 年，在全国皮革专业会议上，轻工业部针对原皮资源短缺和产品质量差的问题，提出了"一皮变多皮"的"五变"要求，同时组织成立了"制革技术革新学习调查组"，于 1975 年先后对北京、天津、上海等 11 个省市 25 个制革厂的技术革新情况进行了调查研究，并从中挑选了一批技术成熟、效果较为显著的革新项目共 17 项，介绍给各地因地制宜推广使用，按其内容可以分为以下五类：第一，充分发挥利用原皮资源，开源节流，增加产量，实现"一皮变多皮、低档变高档"；第二，采用新工艺、新材料，减轻劳动强度，改善操作条件，降低消耗，减少污染；第三，实行老机改造，提高单机效能或研制新型高效机械设备，提高制革的机械化、连续化、自动化水平；第四，采用国产皮革化工新材料，提高产品质量；第五，综合利用，化害为利，支援农业。这对全国皮革工业的发展起到了积极的促进作用。

（三）1978—1987 年改革开放初期

在全国范围推广应用"美化猪革技术""酶法脱毛新工艺"后，很大程度上提高了猪皮制革的工艺技术和质量水平，猪皮革的花色品种也在不断增加。但是，一方面由于猪皮组织结构特征为毛孔大、粒面粗、部位差悬殊，猪皮鞋面革、服装革的外观质量仍然无法和牛羊皮同类产品相媲美，一定程度上并不被市场青睐和消费者所接受。另一方面，在国产优质山羊板皮外贸长期出口的条件下，国产羊皮革资源有限，羊皮鞋面革、服装革的质量档次与意大利、西班牙等国外先进水平仍相去甚远，出口创汇的能力受到限制。为此，国家经委、轻工业部将"提高猪皮革产品质量和工艺技术"和"提高汉口路山羊皮革质量"列为"六五"国家科技攻关项目，分别由上海、杭州、成都、新乡、开封等地的皮革工业公司和有关制革厂承担，由轻工业部毛皮制革研究所、成都科技大学、西北轻工业学院协助完成。在制革加工技术、产品质量取得较大提高的同时，市场逐步放开，经轻工业部与农林部、商业部的协调，制革原皮资源从开剥、收购、价格、调拨等管理工作，自上而下采取了一系列分工管理的举措，平抑价格、稳定市场，以适应对内搞活、对外开放的新形势。

为了尽快改变制革生产机械化程度偏低、装备拥有量不平衡、设备水平和配套情况较差等因素所导致的制革行业劳动强度大、生产效率低、产能落后的局面，以适应"六五""七五"时期工业快速发展的要求，在国家加快重点企业的技术改造的大背景下，1978 年轻工业部有针对性地组织、落实对全国重点制革企业的技术改造。例如，上海制革业迁建改造项目、广州人民制革厂重大技术改造项目、合肥制革厂技术改造项目等。此后，1983 年轻工业部还组织编制了《皮革工业技术装备政策及发展规划》，加大了对制革行业设备引进和技术改造的力度，及时解决了皮革行业快速发展的瓶颈问题，也为全行业的发展振兴描绘了宏伟蓝图。

（四）1988—1997 年快速发展时期

制革业经过改革开放初期的粗放发展，并得益于"七五""八五"科技攻关与技术进步，整个行业的生产能力、工艺技术得到了较大幅度的提升，新品开发、供销渠道呈现了前所未有的兴旺、通畅景象。然而，制革行业却在坚持发展猪皮制革的过程中，经受着牛羊皮资源不足、猪皮价格补贴取消、企业税负过重、企业转制等带来的阵痛以及市场无序竞争所带来的苦果，这些因素制约了行业的发展。

20 世纪 80 年代，猪皮占我国制革原皮总量始终维持在 60%—80% 之间，这使我国成为世界上以猪皮制革为主的国家。当时猪皮革的产品结构是鞋面革 35%，服装手套革 3.5%，皮件用革 8.8%，重革 10.7%，劳保手套革和半硝革 42%。其中，鞋面革虽占 35%，但能加工全粒面革的猪皮仅 10%—15%，大部分只能制作修饰面革，而修饰面革在国际上属低档产品。我国的猪皮质量差，能制作高档产品的比重小，因而综合经济效益较差。国家一旦取消猪皮价格补贴，猪革生产企业就会感到前所未有的经济压力。为此，从猪皮资源合理利用考虑，为了提高猪皮制革的综合经济效益，国家经委、轻工业部组织了两项国家"七五"科技攻关猪皮制革项目，即《南方低次猪皮制革新技术研究》和《北方面粗质次猪皮制革新技术》，并在科技发展规划中进一步明确发展猪皮制革的技术政策：在猪原皮总量中，约 10% 的重磅猪皮可作底革及工业用革；15%—20% 的粒面较细、伤残较少的原皮可制造全粒面苯胺革及猪服装革等高档产品；约 70% 左右粒面粗、伤残多、毛孔大、肥纹显著的猪皮，要通过科技攻关、"四新"技术，来研究开发以鞋面革为主的新产品。对于少数地区和企业，因缺乏全局观念而使用较好的猪原皮生产低档产品半硝革和劳保手套革，则明令禁止，并进行必要的干预和限制。

据1995年工业普查统计资料显示，制革行业的猪皮革生产有了很大发展，猪皮制革仍占制革原料皮总量的50%以上，猪革产品的花色品种琳琅满目；牛、羊皮高值利用得到应有重视，产品风格已开始与国际市场接轨；水牛皮、牦牛皮制革技术得到开发，并用于生产；二层革的开发利用也得到普遍重视。

1997年我国制革行业各种经济类型企业数量所占比重发生了较大的变化：集体企业占63%，三资企业占17%，国有企业占10%，其他企业占10%。

1997年，全国有制革企业2300多个，其中乡及乡以上规模以上的生产企业1283户，从业人员16.61万人，鞣制皮革产量1亿张（折合牛皮），销售收入197亿元，税金总额6.8亿元，工业增加值47亿元。

（五）1998—2010年全面繁荣时期

我国皮革行业在经历快速发展时期后，开始进入"二次创业"时期（1998—2010年），全行业已将转变经济发展方式和行业可持续发展提上战略高度、列为重要议程。这个时期，制革行业有关清洁化生产、资源循环利用、节能减排降耗，以及产业转移、共建生产基地、强化污染治理等战略性举措已经付诸实施，并取得了初步成效。我国规模以上制革企业（全部国有企业及年销售收入500万元以上非国有制制革企业）基本都建有污水处理系统，90%以上污水做到了达标排放；30%以上制革企业已经采用节水工艺，推行清洁化生产，皮革生产中的节能与环保状况不断改善。全国有一批制革龙头企业的产品获得"真皮标志生态皮革"使用资格。

据2003年国家发展与改革委员会经济运行局的统计，我国具有一定规模的制革企业（年总产值500万元以上的企业）2300多个；轻革产量近5亿平方米，占世界总量的20%。

2005年，我国制革行业各项经济指标达到了历史最高水平，成品革产量创造新高，约为7亿平方米（折合牛皮2亿多张），如果加上二层革的面积，将近9亿平方米。猪皮革、羊皮革的产量均位居世界第一，牛轻革产量居世界第三。

制革行业规模以上企业，企业数量、从业人员、销售收入、利税总额、出口创汇等都在迅速增长，形成了空前的快速发展态势。1998—2005年，全国制革企业增长了19.4%，从业人员增长了14.7%，销售收入增长了195%，利税总额增长了469%。

据海关总署统计，1998—2005年间生皮出口减少，皮革出口大幅攀升，2005年比1998年出口生皮金额减少99.1%，出口生皮数量减少87.5%；而皮革出口金额增长346%，皮革出口数量增长330%。以金额为例，1998年皮革出口为3.5亿美元，2003年突破10亿美元，为11.45亿美元，2005年为15.64亿美元，2010年我国半成品革出口1.3万吨，为3272万美元，同比分别增长107.8%和153.1%。

显而易见，时至"十五"时期末，制革行业的快速发展和大幅度的数量增长，为皮革产业链的下游企业和皮革制品得以快速发展和步入全面繁荣创造了重要物质条件，为我国皮鞋、皮衣、皮具产量位居世界首位做出了应有的贡献。

但是，我国制革业经过"六五"至"十五"时期20多年的快速发展，正面临新时期到来的最大挑战。2005年，制革行业开始进入产量提升的"拐点"，即进入产业可持续发展的重要时期。

2005年以后，我国制革企业所有制转换及经济成分发生巨大变化，在全国制革行业规模以上的580家企业中，民营企业数量占48%，集体企业占17%，三资企业占27%，而国有企业仅占7%。同时，在猪皮产品市场需求萎缩、人民币升值、出口退税取消、原料皮和各种化工材料涨价、工人工资提高及环保压力增大等多种因素影响下，国内猪皮制革开始走下坡路，到2007年出现更大滑坡。2008年，美国次贷引起的世界金融危机波及全球，全国规模以上制革企业生产轻革产量6.4亿平方米，同比首次下降1.1%，增速下降10.3个百分点。2008年我国规模以上制革企业产销率96.75%，比上年同期下降0.1个百分点，比行业平均水平低0.92个百分点。2008年生皮、半成品革和成品革出口数量和金额分别为3.7万吨和3.99亿美元，同比下降67.5%和66.1%。

自20世纪60年代到90年代，我国猪皮革占全国皮革总量的比重一直维持在50%—80%之间，也使我国成为世界最大的猪皮革生产基地。然而，时至2005年以后，这一比重发生了较大的变化，据规模以上企业统计数据匡算，猪皮革所占比重降为25%左右（牛皮革占50%左右、羊皮革占18%左右），猪皮革产量在国内已退居第二位。

面对新时期的挑战，制革行业及其大部分领军企业，清醒地意识到继续走数量增长型的老路已经行不通了，调整产业结构、加速产业转移、企业优化升级、转变新的经济增长方式，已势在必行。

2010年，根据全行业规模以上企业（全部国有企业及年销售收入500万元以上非国有制制革企业）统计分析，全国规模以上制革企业，2010年完成工业总产值1329亿元，同比增长25.8%；轻革产量7.5亿平方米，同比增长15.3%；2010年我国半成品革出口1.3万吨，3272万美元，同比分别增长107.8%和153.1%。2000—2010年规模以上制革企业主要经济指标见表2-10。

1998—2010年"二次创业"期间，制革行业的企业数量、从业人员、轻革产量、销售收入、利税总额、出口创汇等都在迅速增长，形成了空前的快速发展态势。全国轻革产量增长202%，销售收入增长485%，利税总额增长1182%；生皮、半成品革、成品革进口额位居世界第一（见表2-11）。全面完成二次创业发展战略的任务，成为名副其实的世界制革生产大国。

表2-10　　　　　　　2000—2010年规模以上制革企业主要经济指标

项目	单位	2000	2001	2002	2003	2004	2005	2006	2007	2008	2009	2010	2010年比2000年增长率（%）
企业数	个	526	551	580	543	572	712	748	788	788	819	870	65.4
从业人员	万人	9.6	9.7	10.3	10.8	12.7	14	15.2	15.4	12.2	11.3	13.8	43.8
工业总产值	亿元	267.2	295.8	347.6	377.7	497.2	625.7	779.8	908.2	999.1	1095.5	1328.8	397.3
销售利润率	%	3.3	3.6	4.1	5.1	4.6	4.4	4.5	5.4	0.7	1.5	6.9	109.1

数据来源：国家统计局

表 2-11　　2010 年中国生皮、半成品革及成品革进出口值及占世界比重

	进口		出口	
	金额（亿美元）	占世界比重	金额（亿美元）	占世界比重
生皮	20.31	35.2%	0.062	0.1%
半成品革	12.806	23.2%	0.826	0.5%
成品革	26.29	21.1%	3.825	2.5%

数据来源：联合国。

二　行业发展水平

（一）产量水平

1. 1949—1957 年恢复改造时期

制革行业在恢复改造时期，尚处于恢复生产、改组改造、逐步改变落后面貌的阶段，生产能力缓慢提高。

1949 年，上海市制革业生产牛皮 25.28 万张、羊皮 10 万张（其中轻革占 52%、重革占 48%），浙江省生产重革 200 吨、轻革 7 万平方米，辽宁省生产轻革 2.3 万平方米、重革 192 吨；1950 年，广东省制革产量 30 万张（折合牛皮）；1952 年，山东省生产皮革 7.8 万张（折合牛皮），河南省年产轻革近 2000 张（折合牛皮）、重革 6 吨多；1953 年，北京市生产轻革 32.78 万平方米、重革 2227 吨；1957 年，辽宁省生产轻革 64.4 万平方米、生产重革 2249 吨，山东省生产皮革 54.2 万张（折合牛皮），河南省生产轻革约 5 万平方米、重革约 100 吨，北京市皮革总产量 32.8 万张（折合牛皮）。

在第一次全国制革工作会议提出利用猪皮制革后，1952 年，上海有 19 家制革厂生产猪皮轻、重革，年产量达 3.98 万张；辽宁省生产猪皮革 5200 张。1954 年，上海制革业中超过半数以上的制革厂兼产猪皮革，当年猪皮革产量占行业皮革总量的 30%；政府实施猪皮制革减免税后，1955 年上海制革业生产猪轻革 19.06 万平方米、猪重革 1006.7 吨。1957 年辽宁省生产猪皮革 28.5 万张。

1952 年全国轻革产量为 495 万平方米，1957 年提高到 1434 万平方米，5 年之间通过恢复改造，产量增长了近 190%。由于 1957 年原皮供应不足，当年轻革产量低于 1956 年水平 20% 左右。

2. 1958—1977 年初期建设时期

经过"大跃进"运动和三年自然灾害，制革行业的生产能力处于低迷徘徊状态，经三年调整有所好转，1965 年全国轻革产量为 1070 万平方米；此后，虽受"文化大革命"干扰，但全国制革行业生产能力得到释放，产能开始大幅攀升，1970 年全国轻革产量为 2528 万平方米，1975 年为 3680 万平方米，1977 年约为 5000 万平方米；1970 年是 1965 年产量的 2.5 倍，1975 年是 1965 年产量的 3.5 倍，1977 年是 1965 年产量的 4.7 倍。

根据《国内外皮革工业水平》一书记载，1966—1977 年国内部分制革厂生产重革的产量见表 2-12。

表2–12　　　　　　　　1966—1977年国内部分制革厂重革产量　　　　　　　单位：吨

	北京制革厂	上海益民制革厂	成都制革厂	哈尔滨制革厂	西安人民制革厂	武汉制革厂	徐州淮海制革厂
1966	332	162	403	160		338	234
1967	602	147	345	196		298	141
1968	538	175	172	170		309	87
1969	639	185	218	217		335	28
1970	616	281	366	143	237		157
1971	626	385	322	89	128	462	146
1972	647	219	261	92	156	484	132
1973	641	67	273	126	176	541	214
1974	694	125	271	161	187	542	188
1975	859	89	295	94	186	623	195
1976	905	107	374	144	167	503	194
1977						573	323
1976与1966相比	172.80%	-33.80%	-7.20%	-10.00%			
1977与1966相比						69.60%	38.00%

另据文件记载，1977年世界皮革产量为11.58亿平方米，其中发展中国家皮革产量占世界总产量30%。我国的猪、牛、羊皮革产量约5000万平方米，仅占世界总产量的4.3%。

3. 1978—1987年改革开放初期

改革开放初期十年，随着国家把工作中心转移到经济建设上来，制革行业继续保持快速发展，1978年全国轻革产量为5121万平方米；1987年全国轻革产量为13127万平方米，重革产量为34509吨。十年间，我国轻革产量增长了1.56倍。

我国以生产猪皮革为主，1979年的全国猪皮革产量4420万张，占世界上12个主要生产猪皮国家总产量的30%，居第一位。

4. 1988—1997年快速发展时期

在全行业快速发展时期的十年间，制革行业从粗放型逐步转向集约型发展，1988年全国轻革产量5203.4万张（折合牛皮）（其中，按自然张计：牛皮革1192.3万张、猪皮革6496.4万张、羊皮革3354.9万张），按面积计为12548.7万平方米；同年全国重革产量为38606.5吨；1997年全国轻革产量10014万张（折合牛皮），按面积计为23992万平方米，比1988年增长了92%；轻革产量的绝对值增数很大，但由于基数提高，增幅比率有所放缓。

新中国成立以来，猪皮革生产几乎是从零开始发展，经历了将近半个世纪的发展，到了1997年全国猪皮制革的产量占全国制革产量的50%以上，成为世界上第一猪皮生产大国。

1988年全国鞣制皮张5203万张（折牛皮），1997年为1.024亿张。1997年的产量为1988年的近两倍（如图2-13所示）。

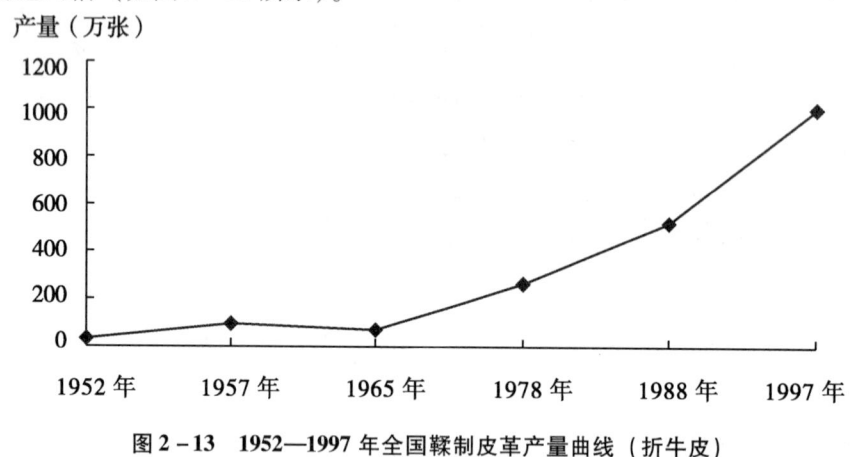

图2-13 1952—1997年全国鞣制皮革产量曲线（折牛皮）

5. 1998—2010年全面繁荣时期

在我国皮革行业"二次创业"时期，制革行业加快了由数量发展型向质量效益发展型转变的步伐，1998年全国轻革产量为24836万平方米；2005年全国轻革产量为54529万平方米。2005年比1998年的轻革产量增长了120%。

据联合国粮农组织统计，2003年中国牛皮产量占世界牛皮总产量的17%，羊皮产量占世界羊皮总产量的28%，均居世界第一位。猪皮产量亦居世界首位。

2008年，全国规模以上制革企业788家，从业人员15.3万人，当年轻革产量6.4亿平方米（占世界总产量的20%以上，成品革产量的构成：牛皮革50%左右、猪皮革25%左右、羊皮革20%左右、其他天然皮革5%），完成工业总产值999亿元人民币。2008年我国十大制革产区规模以上企业轻革产量及其占总产量比重见表2-13。

表2-13　　　　　2008年中国十大制革产区规模以上企业轻革产量及所占比重

序号	省份	产量（万平方米）	占总产量比重（%）
1	河北	18823.1	29.3
2	浙江	16793.7	26.2
3	广东	5730.8	8.9
4	山东	5598.5	8.7
5	福建	3561.5	5.5
6	江苏	2810.5	4.4
7	河南	2415.9	3.8
8	湖南	2386.7	3.7
9	四川	2145.5	3.3
10	广西	1953.0	3.0
前十名合计		62219.2	96.8
规模以上企业产量合计		64203.5	100.0

这个时期，全国轻革产量按照产地排名发生了明显的变化，2007年以前前三名顺序是浙江、河北和广东，但2008年依次为河北、浙江和广东。2008年我国轻革产量以河北和浙江为主，分别占我国规模以上轻革总产量的29.3%和26.2%，其次为广东、山东和福建，占8.9%、8.7%和5.5%，这五个省份的轻革产量占规模以上轻革总产量的78.7%。其中，河北、山东、福建和江苏有较大幅度的增长，而浙江、广东和河南有较大幅度的下降。

据联合国统计网站发布的数据显示，2007年中国成品革进出口总额（42亿美元）在世界贸易中居第3位，占15%；仅次于意大利（54亿美元、占20%）、中国香港（51亿美元、占19%）。

2010年全国轻革产量为7.5亿平方米；2010年比1998年的轻革产量增长了202%。

1952—2009年全国轻革产量增长情况如图2-14所示。

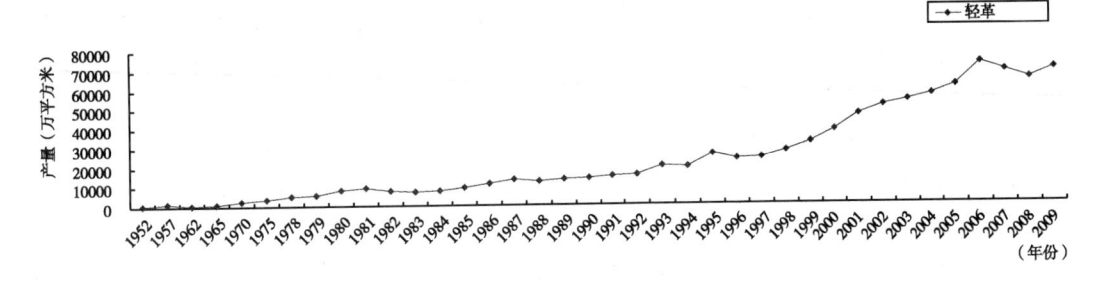

图2-14　1952—2009年全国轻革产量增长曲线

（二）技术水平

1. 1949—1957年恢复改造时期

在恢复改造时期，制革生产技术尚处于沿用传统工艺技术阶段，水平不高，生产能力有限，品种单一，根据1950年第一次全国制革工作会议的精神，主要的轻革、重革只是在努力依次满足军、工、民的国内需求。

1950年，上海精益制革厂等试制成功油仁革、打梭革，并由机用皮件厂加工成轮带、皮结、皮辊、油封等各种规格的机用配件，供应工业生产所需，并逐步改变依赖进口配件的局面。

2. 1958—1977年初期建设时期

1958年轻工业部组织全国制革技术力量，在上海开展了美化猪革试点工作，研究总结了猪皮手套服装革等13个品种的美化技术，召开了现场会议交流推广经验，并撰写出版《猪革美化研究和生产》一书，使猪皮制革技术得到普遍提高。

同年，轻工业部在北京召开重革鞣制会议，讨论了皮革工业科学研究与技术发展规划纲要，总结交流了国产植物鞣料的研究成果与工厂使用鞣革经验、铬—植结合鞣底革的试制经验，规划了栲胶工业发展，同时就开展重革速鞣工艺研究、皮革物理检验设备的定型等进行了研讨。

20世纪六七十年代，在制革酶制剂筛选和猪皮酶法脱毛的试验研究取得成效后，1398蛋白酶、166蛋白酶、209蛋白酶制剂投产，并应用于制革酶脱毛新工艺，填补了国内空白，一度形成全国制革酶脱毛工艺试验研究与推广应用的高潮。轻工业部毛皮制革研究所从探讨酶脱毛机理的角度出发，对北京地区的猪皮进行了组织学研究，在掌握了猪皮组织结构性状的基础上，观察了不同种类蛋白酶在脱毛过程中对猪皮组织所起的作用，为研究猪皮酶脱毛机理提供了科学的根据。

重革生产沿用植物鞣法（池鞣法、池鼓结合鞣法和无液快速鞣法）。传统池鞣法鞣制周期长，一般需要几个月，多则半年以上，劳动强度大，生产效率低。60年代初，开始研究池鼓结合鞣法，鞣制周期缩短到十几天。

自70年代中期起，轻革生产工艺正逐步朝快速、少浴、简化、节料、减少污染等方向发展；重革生产工艺正沿着池—鼓结合鞣法和少浴、无浴快速鞣法方向发展。

在品种开发方面，70年代后期，皮革产品已经基本摆脱了品种单一的状况，花色品种逐步齐全。轻革产品品种已初步成系列化：

牛皮革系列产品：全粒面革、打光苯胺革、效应革、不涂层全粒面革、修面革、棒球手套革等；

猪皮革系列产品：猪正鞋面革、半粒面革、修面革、正绒面革、反绒面革、正面服装手套革、绒面服装手套革、绒面运动鞋革、票夹革、箱包革、夹里革、运动鞋革、劳保手套革、球拍革等；

羊皮革系列产品：山羊苯胺革、山羊苯胺打光革、京（锦）羊革、山羊夹里革、山羊细绒面革、山羊服装（手套）革、山羊鼓革、山羊喇叭革、山羊油鞣革、绵羊服装革、绵羊手套革等；

球革系列产品：足球革、排球革、篮球革、棒垒球革、猪皮轧花球革、胶粘球革、绒面球革等；

二层革系列产品：猪、牛皮的二层修面革、二层贴面革、二层绒面革、二层篮球革等。

重革产品品种：虽然还比较传统、单一，但门类也基本齐全，主要有底革（外底革、内底革、沿条革）、工业革（轮带革、皮仁革）、装具革（马鞍、马具革）、腰带革等。

3. 1978—1987年改革开放初期

20世纪70年代后期，轻革生产工艺有所革新，但基本上仍沿用准备、鞣制、整理三大工段。生产周期从准备到鞣制从原来的8天缩短至4天。工艺技术主要体现在：改池浸水为转鼓浸水、采用表面活性剂对干板牛、羊皮快速浸水，由原需4—6天缩短为1—2天；采用胰酶、蛋白酶混合进行酶软化，大大缩短了软化时间，是软化技术的一大突破；酶法脱毛新工艺技术首先在猪革生产上得到应用和推广，消除了原灰碱法工艺的硫化物污染，并且提高了产品质量；采用少液铬鞣、自动提碱、铬与其他无机鞣剂或合成鞣剂进行结合鞣，回收废铬液或铬废液循环使用；采用树脂鞣剂、多功能加脂剂、合成复合鞣剂作为复鞣、中和、填充材料，改善成品革的丰满度，消除松面、瘪硬等质量问题；采用染料着色，或少用不用颜料的苯胺涂饰法，以凸显天然皮革粒纹，增强真皮感。80年代初期，"六五"科技攻关项目研究，提高了我国猪皮制造鞋面革和山羊皮制造鞋面革的工艺技术。

1982年，山东省济南、烟台制革厂在山东省冶金研究所协助下，分别对猪正面革和猪服装革两个品种进行应用稀土鞣革的试验研究，试验结果表明，氯化稀土适宜鞣革。以铬鞣结合纯稀土复鞣工艺制作的猪正面革，外观质量均有所改善，可代替25%的铬液，得革率提高1.5%—1.8%，成本降低0.258元/张。该成果于1983年12月20日通过省级鉴定。铬鞣结合稀土复鞣工艺制成的猪服装革，外观质量、理化指标均符合省定标准，达到或超过原产品水平，一级品率提高20.8%，复鞣废液含铬量下降为0.043克/升。1984年该技术推广应用于生产。

重革生产从20世纪70年代起，已开始采用预鞣工艺，并利用粉状植物鞣剂进行无液鞣制，鞣制周期大大缩短，只需两三天。无液快速鞣法预处理方法主要有浸酸—去酸法、铬预处理法、六偏磷酸钠预处理法、合成鞣剂预处理法等。由于国产牛皮资源匮乏，制革原料皮供应紧张等原因，植鞣底革的产量逐年下降，天然橡胶、合成材料大有取而代之趋势。

皮革加工机械设备方面，贴板干燥已渐普及，电子量革机也开始应用，制革工业的机械化程度平均达到50%—60%。

4. 1988—1997年快速发展时期

20世纪80年代后期，轻革生产工艺开始引进国外先进制革工艺，生产过程从传统工艺准备、鞣制、整理三大工段开始向湿加工和干加工两大单元过渡；少数制革厂已采用统一加工成蓝湿革后，通过复鞣、染整工序再按具体品种的要求进行加工的方法，复鞣被喻为"炼金术"。湿加工曾试用可倾斜转鼓，试图为湿加工连续化操作创造条件；干加工则向通过式联合机组自动流水线方向发展。通过国家"七五"科技攻关项目研究，我国利用面粗质次猪皮制革的技术水平得到了提高，既节约了资源，又提高了成品革的质量。我国猪皮软面革加工技术已处于世界先进水平。

我国整体制革工艺技术水平与国外相比仍存在一定差距，主要表现在湿加工阶段皮纤维分离不充分，复鞣工艺简单，干加工阶段的干燥、助软、坯革潮湿度以及后整饰工艺比较粗糙。以鞋面革为例，成革的柔韧性、丰满性差，延伸率大，涂饰效果不理想，以至于产品的外观质量与国外同类产品相差悬殊。为此，业界同人达成共识：一是猪皮制革要继续解决猪皮毛孔大、粒面粗、部位差悬殊的问题，努力美化猪皮革、增强真皮感；二是制革生产工艺向节能减排、不断提高产品质量、开发新产品、节约化工材料、消除污染的方向发展；三是猪、牛、羊全粒面鞋面革生产工艺向轻涂饰、效应涂饰等先进技术发展，猪皮服装革向开发薄型新品种工艺的方向发展；四是加强少铬、无铬鞣制以及利用植鞣和结合鞣等轻革生产工艺的研究；五是采用有利于提高产品质量的干燥方法；六是努力提高二层革的高值利用，开发二层革新品种等。

同时，组织学的研究成果很大程度上促进了当时制革工艺技术的进步与提升。成都科技大学通过组织学研究，用光学显微镜和电子显微镜对鲜猪皮、山羊皮及其脱毛后的裸皮进行观察，肯定在生皮的表皮与真皮之间存在着一层基底膜，裸皮（或皮革）的粒面不是由基底膜构成的，而是由极细的胶原纤维束紧密编织而成。这就为在制造各种正面革的过程中，力求采用保持天然粒面特色的生产工艺提供了科学、可靠的依据。比如，四川麻羊皮颈鬃毛较难脱掉。通过组织学研究，查明是由于颈部胶原纤维编织紧密、脂腺发达、弹性纤维粗而多、肌网交织粗壮等原因所致。针对上述原因与特性，采取相应的工艺措施，颈鬃毛较难脱掉的问题便迎刃而解。

5. 1998—2010年全面繁荣时期

1998—2010年正值我国皮革工业"二次创业"时期，中国皮革研究院（原轻工业部皮革研究所）、四川大学、陕西科技大学、山东轻工业学院等一批科研院校在制革技术研究方面发挥了重要作用,我国制革行业在工艺技术和品种开发方面已有长足进步,主要表现如下。

在理论研究方面:例如,20世纪90年代末,四川大学石碧博士等人研究了制革厂浸酸—去酸液(含Na_2SO_4、$NaCl$、$NaSO_3$等)对栲胶沉淀的影响,结果表明,解决植鞣时栲胶产生沉淀的关键,是尽量消除或减弱Na_2SO_4和$NaCl$的影响。石碧博士还制备了一系列不同相对分子质量的典型水解类鞣质,研究这些已知结构和亲水性的化合物与蛋白质的反应,从而较深刻地认识鞣质结构与其同蛋白质反应性的关系。与以前的研究相比,该研究所得的结论支持了疏水键—氢键协同作用的观点,应更接近于植物鞣质—蛋白质反应的真实情况,也更接近植物鞣制机理。

在工艺技术方面:我国制革生产工艺,以及清洁化技术,正在趋向与国际接轨,与国际先进水平的差距明显缩小,制革清洁生产工艺如清洁化脱毛、浸灰工艺、无铵脱灰工艺、高吸收铬鞣法、无铬少铬鞣制工艺、不浸酸铬鞣法以及废铬液循环利用技术等的集成与应用,足以证明这种接轨趋向确实存在,并且在不断加速。尤其是,依靠皮革化工和皮革机械的助力,复鞣、干燥、整饰工艺在先进性、精细化、生态型方面令国外同行刮目相看。特别是"真皮标志生态皮革"面世以后,一方面有利于化解出口制品所面临国际市场上的技术、贸易壁垒;另一方面也证实国产皮革趋向绿色、安全、生态型。同时,皮革科研项目完成成果、绿色皮革化工材料的研发,以及皮革加工机械设备的技术进步等,都取得跨越性的进展,这从相关的国际皮革学术交流活动及发表的论文可以得到佐证。2000年,我国在四川大学设立了"制革清洁技术国家工程实验室",该实验室先后在"猪服装革清洁生产技术""无铬少铬鞣法生产高档山羊服装革"等项目研究中取得新成果。前者开发出变型少浴灰碱脱毛法—浸灰复灰废液循环利用组合工艺技术、酶—碱结合脱毛法、无铵脱灰—同浴软化等项新技术;后者建立了以植物单宁——改性戊二醛和0.5%Cr_2O_3——改性戊二醛结合鞣法为基础的无铬和少铬鞣制技术。上述新技术的推广应用,既提高了产品质量,又大幅度减少了制革污染,推进了制革清洁化生产。

在新品开发方面:第一,猪皮制革的比重明显下降,但质量水平、品种档次却有所提升。就新品开发而言,已经摆脱原有猪正面鞋面革、猪正面绒面革、猪正面服装革、猪绒面服装革和猪皮箱包革等长期沿袭的老面孔,出现大量新品种。例如,猪苯胺革、猪美术革、猪改良服装革、猪皮沙发革、猪绒面汽车座垫革以及风格不同的防水革、耐洗革和效应革。此外,二层革的升级换代产品也在开发中,如猪二层贴膜革、猪二层绒面服装革、猪二层仿古革、猪二层装饰革、猪二层沙发革等。第二,牛皮鞋面革一直是牛皮革的主导产品,除此之外,牛皮包袋革、牛皮服装革、牛皮沙发革和牛皮汽车坐垫革得到快速发展,且产品质量和档次不断提升,并已达到国际水平,但在流行趋势的引导和花色品种的研发上与国际先进水平相比还有一定差距。1990年后,品种开发步伐加快,以牛皮鞋面革为例,软面革、苯胺革、纳帕革、磨砂革、变色革、效应革、油性革等新面孔层出不穷,花色品种琳琅满目。第三,传统的山羊鞋面革、绵羊服装革以及羊皮手套革、票夹革、衬里革等品种由来已久,自国外羊皮苯胺革进口以来,推动了国内羊皮革品种革新。世纪之交,山羊苯胺鞋面革、山羊打光鞋面革、山羊软鞋面革、山羊平纹服装革、山羊手套革、绵羊服装革、超薄型羊皮服装革、山羊防水服装手套革、环保型山羊服装手套革、纳米防霉抗菌羊皮服装革等诸多新品种开发上市,繁花似锦,目不暇接。第四,其他产品如水牛皮、牦牛皮以及爬行类、水产类等稀有动物皮，如蛇皮革、鳄鱼皮革、蜥蜴皮革、鱼皮革等也已在开发新品之列。

（三）质量水平

1. 1949—1957 年恢复改造时期

这个时期，全国皮革工业尚处于恢复生产建设时期，在国家"发展经济，保障供给"的政策下，制革行业的主要任务是努力发展生产，首先从数量上满足军需、工业和民用方面的供给，皮革品种和质量处于低档初级、"大众化"普通水平。

2. 1958—1977 年初期建设时期

制革行业经过初期建设时期 20 年的发展，产品质量有明显提高，但与国外相比差距还比较大。

其一，轻革产品的质量水平。

鞋面革：一是牛面革：由于国产牛皮伤残多，能生产全粒面革的很少，多采用重磨面、重涂饰的修面革。重磨、重涂导致成革缺乏真皮感，卫生性能差，还存在松面、板硬等质量缺陷。二是猪面革：猪面革以光面革为主，由于猪皮毛孔大、粒面粗，不美观，后来也生产修面革。因为猪皮部位差较大，所以成革整张不均匀，腹部松面和臀部板硬等质量问题没有解决。"六五"国家科技攻关后上述问题基本得到解决，同时还研发了猪正绒鞋面革。三是羊面革：山羊正面革大部分是用颜料膏和树脂涂饰的，质量一般。对外技术交流后，新研发的山羊苯胺革和打光山羊正面革，虽面貌大为改观，但在质量上尚未完全过关。"六五"国家科技攻关后，质量明显提升，可与国外同类产品相媲美。

服装革：一是猪皮服装革：猪皮服装革有正面、绒面两种，粒面伤残少的制作正面服装革，而伤残较多的制作绒面服装革，其质量要求革身丰满，柔软一致，并有一定的延伸性。国产猪皮服装革当时以浙江省海宁制革厂和上海红光制革厂生产的较好，但仍然存在柔软程度不一致，绒面革存在绒毛不够均匀、尚有色差、色花等现象；防尘和防污技术问题尚未解决。二是羊皮服装革：羊皮服装革总体要求轻、薄、软；山羊服装革要求粒面细致滑润，手感丰满，柔软一致，具有延伸性，透气性和透水汽性要好。由于国产原料皮路分复杂，毛孔显粗，服装革的质量弹性较差，仍存在板硬、经不起翻动的问题。绵羊服装革也开始研制，外观、手感略优于山羊服装革，但强度稍差。三是牛皮服装革：当时只有广州人民制革厂等少数厂生产，产品质量属一般水平。

手套革：一是羊皮手套革：羊皮手套革有山羊和绵羊之分。当时存在薄、软上的差距，延伸率也达不到规定要求，质量尚属一般水平。二是猪皮劳保手套革：猪皮劳保手套革是一大宗产品，作为出口的劳动保护用品，一般质量要求不高，因为当时猪皮制革国家有财政补贴，在价格、成本上尚有薄利空间，所以生产的制革厂较为普遍。

总之，这个时期轻革总体质量水平不高，普遍属于中低等水平，"六五"国家科技攻关后，相关品种成为国内先进水平，个别品种接近或到达国外同类产品水平。由于鞋面革多为修面，颜色单调，多为黑色，猪皮劳保手套革是黄色，体现出当年"一黑一黄"的花色特征。

其二，重革产品的质量水平。

传统重革生产有赖于进口栲胶的品种和质量，为了自力更生、发展生产，重革鞣制使用国产鞣料比重逐步增大。由于国产栲胶在质量和色泽上与国外产品有较大差距，所以重革尤其是外底革的外观色泽、耐磨性能一时难以取得突破。例如,当时国产栲胶的渗透性、结合力相对较弱,故成革的切口干枯,耐磨性差。

3. 1978—1987 年改革开放初期

随着改革开放初期的经济建设与产业发展,我国轻革的产品质量有较大提高,部分产品达到国外较好水平。如上海新艺制革厂的打光山羊正面革,革身坚实不硬,毛孔清晰,光泽和润;个别厂生产的黄牛面革也赶上了国外水平。但此时期我国绝大多数轻革产品还属于中、低档水平。

从这个时期全国主要皮革成品质量鉴定评比的情况来看,质量水平处于逐步提高的阶段,总体趋势是缓慢提高、少有突破。以 1980 年、1982 年、1984 年、1986 年四次全国主要皮革成品质量鉴定评比为例,来显示皮革质量水平呈稳步上升状态。例如,一类产品:1980 年占参评总数的 22.49%、1982 年占 42.9%、1984 年占 46.8%、1986 年占 50.3%,1986 年比 1980 年提高了 27.8 个百分点;三类产品:1980 年占参评总数的 9.46%、1982 年占 4.5%、1984 年占 3.2%、1986 年占 3.9%,1986 年比 1980 年下降了 5.6 个百分点。而且,多数产品观感质量有所提高,除部分产品物理性能稍有波动外,大多数产品化学性能比较稳定,尤其是国家科技攻关项目的山羊鞋面革和猪正鞋面革产品质量较为突出,名列前茅。

这个时期,国产轻革质量与国外水平相比:一是国产轻革外观质量较差,绝大部分属中、低档水平;二是修面革多,经不起翻动,手感偏硬,涂层不是脆裂就是发黏,光泽差,有的还出现掉色等质量问题;三是轻革的花色品种相对也较少;四是得益于西班牙"格乐美"(Gerome)绵羊服装革技术的输入,绵羊服装革在国内曾一度崛起,质量上乘,风格别致,当时邢台制革厂绵羊服装革崭露头角就是一例。国产重革质量与国外水平相比:一是由于国内鞣制方法大量采用浸酸去酸、预鞣、无液快速鞣法,少量采用池鼓结合法,与池鞣相比质量有所下降;二是由于重革生产逐步使用国产鞣料比重增大,在质量和色泽上也与国外产品有较大差距,存在结合力弱、成革切口干枯、耐磨性差等缺点。

4. 1988—1997 年快速发展时期

在行业快速发展时期,我国皮革成品在质量水平上有较大提高,成品革的风格、质量均有突破性的进展。主要表现在:一是高档猪皮正面革、猪皮绒面服装革已达到国际先进水平;二是山羊鞋面革的产品质量大幅度提高,山羊打光苯胺革、山羊泡沫型服装革等均达到国外同类产品的先进水平;三是绵羊服装革的产品质量大幅度提高,部分绵羊服装革产品已达到国际先进水平;四是牛皮鞋面革"黑又亮"的时代已过去,以软面革为主的鞋面革品种繁多,牛皮革产品风格已开始与国际市场接轨,牛皮纳帕革、变色效应革、辊印涂饰革等产品的风格和质量可与国外同类产品相媲美;五是鱼皮、蛇皮、蜥蜴皮、鸵鸟皮等丰富了皮革产品的品种。

从 1988 年、1990 年两次全国主要皮革成品质量鉴定评比的结果来看,一类产品:1988 年一类产品占参评总数的 52.6%,比 1980 年(22.4%)提高了 30.2 个百分点;三类产品占参评总数的 5.2%,比 1980 年(9.5%)下降了 4.3 个百分点,显示出皮革质量水平呈稳步上升状态。

1990 年,鉴于新编制的《全国皮革产品质量分类分级规定(试行)》及其细则出台实施,原一、二、三类,改为 A、B、C 三级(A 级优等、B 级良好、C 级一般)。其中,

A 级产品的确认,除得分必须大于等于 95 分外,还必须经评比鉴定组公认其质量水平达到或接近国外同类实物样品水平。1990 年全国主要皮革成品质量鉴定评比的结果是:A 级产品占参评总数的 13.04%,B 级占 44.03%,C 级占 42.93%。由此可见,当时已有 13% 参评产品的质量水平达到或接近国外同类实物样品水平。

1994 年 10 月 14 日,中国轻工总会在国家工商行政管理局、国家技术监督局等有关部委的支持下,在北京人民大会堂召开"实施真皮标志新闻发布会",推出了"真皮标志"证明商标,同时举行了首批 46 家企业佩挂标志仪式,有力地推进了我国皮革产品质量水平的提高。

但是,从整体上来说,我国的皮革产品质量仍然落后于国外先进国家的水平,产品质量与国际先进水平有一定的差距。第一,在外观质量方面:国产正面革不够丰满,弹性差,延伸率大,色泽不鲜艳,涂层厚,真皮感差;绒面革的绒毛粗、长,颜色坚牢度差,丝光感差,也不具备防水、防尘、防污性能。第二,在内在质量方面:用国际标准方法测试崩裂强度,国外的正鞋面革顶高 7 毫米高度后,可回复原状;我国生产的山羊正鞋面革,只有少数能顶高 7 毫米,但很难回复原状,而猪、牛正鞋面革,一般只能顶高 4—5 毫米,顶高至 6 毫米后即变形,不能回复原状。用国际标准方法测试耐折强度,国外的猪、牛、羊正鞋面革均可耐折 400 万次,粒面无死折;而我国生产的猪、牛、羊正鞋面革一般 200 万—300 万次后粒面即出现裂纹,少数产品可耐折 350 万次,但粒面有裂纹和死折。用国际标准方法测试涂饰层牢度,国外的产品经 25 万次不变样、不掉浆;我国的产品,一般到 3000 次就掉浆。经实际穿着考察,国外的服装革厚度 0.8—1.8 毫米,主要受力部位曲线缝处不开裂;我国的服装革厚度 0.8—1.0 毫米,而线缝处易开裂。总之,差距是显而易见的。

5. 1998—2010 年全面繁荣时期

"二次创业"时期,我国皮革行业已从数量主导型过渡到质量、品种、出口、效益型的可持续发展模式,制革行业经过产业结构、产品结构的调整,牛、羊皮革已上升为主导产品,在质量上、档次上均有明显的提升,主要表现在以下几个方面:第一,高档猪皮正面革、猪皮绒面服装革已达到国际先进水平,毛孔粗、部位差基本得到解决,正面革涂层厚、绒面革绒毛粗长、丝光感差也明显改善,且二层革品种、质量得到大幅度提升。第二,山羊打光苯胺革,山羊泡沫型服装革等均达到国外同类产品的先进水平;超薄型、环保型山羊服装手套革、环保型山羊珠光鞋面革、山羊皮纳米缩纹革等在国际市场上亦属罕见。第三,部分绵羊服装革产品已达到国际领先水平。第四,牛皮革产品风格已开始与国际市场接轨,牛皮纳帕革、油润革、效应革、家具革、汽车坐垫革等产品的风格和质量已达到国外同类产品水平。2002 年 4 月,河南省方圆有限公司的"山羊皮鞋面革"被中国质量协会评为"全国质量稳定合格产品"。

以四川省为例,猪皮革的产品质量迈上新台阶,尤其在轻、薄、软、丝绸感、丝光感、丰满弹性等方面提高显著;通过印花、压花、扎染、蜡染等手段美化皮革表面,使猪皮革面貌一新,提高了革的档次和附加值;猪正面革的"三防"和绒面等可干洗技术等方面取得明显进展,使该省猪皮革生产技术在国内居领先地位,部分产品在国际上享有一定声誉,受到国内外用户一致好评。成都立申实业有限公司、富邦皮革有限公司、乐山振静皮革有限公司、乐山瑞鸽皮革公司、彭州茂良皮革公司的猪皮服装革的生产技术及产品质量档次处于全国领先水平；乐山振静皮革有限公司、成都岚牌实业有限公司、成都正达皮革公司、绵竹新市皮革公司的牛皮汽车装饰革、沙发革、鞋面革等产品在省内外市场享有很高的知名度和竞争力。

2002年6月，中国皮革工业协会在"真皮标志"证明商标的基础上，推出了真皮标志生态皮革，卡森、东明、河南鞋城、山东茂德、黑田明亮、方圆、佰立特、宏四海、金鑫、腾跃、烟台制革、浙江远东等12家制革骨干企业于2003年1月获得首批使用真皮标志生态皮革资格，成为引导制革企业清洁生产、绿色发展的中坚力量。

从整体上来看，我国的皮革产品质量与国外先进水平相比，外观质量上的差距正在逐步缩小，在花色品种、产品风格上已经与国外接近。但是，在内在质量方面仍存在一定差距，需要从原料皮质量、制革工艺技术、加工过程的精工细作着手"练内功"，还需要多功能、优质高效的皮革化学品以及相应的机械设备配套服务。此外，企业的全面质量管理、有效的质量监控手段也是不可或缺的。总之，一个企业的产品质量水平是这个企业综合能力的体现，对整个行业来说也是如此。

三 经济增长指标

经过新中国成立后60多年的发展，我国制革行业逐步由小到大、由弱变强，无论是技术、工艺，还是质量、产能都跃居世界前列，成为名副其实的世界制革生产大国，但还不是强国。行业发展数据是最好的说明，虽然由于时间久远，部分数据无法找到，或者统计口径不完全一致，但透过数据，仍然可以看出制革行业发展的脉络，彰显我国制革行业60年的辉煌成就。

1. 1949—1957年恢复改造时期

1952—1957年我国皮革产量见表2-14。

表2-14　　　　　　　　　1952—1957年皮革产量

类别	年份	1952	1953	1954	1955	1956	1957	1957比1952年增长（%）
皮革	折牛皮（万张）	330	435	697	660	785	956	189.7
	猪皮（自然张）（万张）	14	26	42	194	227	203	1350
轻革（万平方米）		495	—	—	1118.2	1230.4	1430	188.9
重革（吨）		—	—	17955	17873	16988	24025	—

资料来源：国家档案馆资料。

注：两张猪皮折合一张牛皮标准张。

2. 1958—1977年初期建设时期

1958—1977年我国皮革产量见表2-15。

表 2-15　　　　　　　　　　　　　1958—1977 年皮革产量

类别	年份	1958	1959	1960	1961	1962	1963	1964	1965	1966	1967
皮革	折牛皮（万张）	1031	1113	1172	655	484	539	609	713	1180	1349
皮革	猪皮（自然张）（万张）	256	502	566	165	82	179	200	525	2020	2100
轻革（万平方米）		1498	1600	1428	859	710	841	941	1070	—	—
重革（吨）		27288	26485	30372	16329	12614	11009	13627	—	—	—

类别	年份	1968	1969	1970	1971	1972	1973	1974	1975	1976	1977	1977年比1958年增长（%）
皮革	折牛皮（万张）	1353	1442	1685	1854	2145	2338	2139	2453	2397	2519	144.4
皮革	猪皮（自然张）（万张）	1944	1700	1793	2221	2832	3186	2809	3309	3220	3118	1118
轻革（万平方米）		—	—	2528	—	—	3785.3	3486	4269	4073	4329	189
重革（吨）		—	—	—	—	—	13696	13514	15207	16348	18412	32.5

注：上表每栏左、右相连。

资料来源：国家档案馆。

3. 1978—1987 年改革开放初期

1978—1987 年我国皮革生产量及出口量见表 2-16。

表 2-16　　　　　　　　　　　　　1978—1987 年皮革生产、出口量值

类别	年份	1978	1979	1980	1981	1982	1983	1984	1985	1986	1987	1987年比1980年增长（%）
皮革	折牛皮（万张）	2659	3082	4145	4615	3776	3576	3818	4164	5096	5668	36.7
皮革	猪皮（自然张）（万张）	—	—	6577	7366	5473	4960	5179	5413	7638	8253	25.5
轻革（万平方米）		5121	5707	8067	8939	7478	7125	7740	9202	11224	13127	62.7
重革（吨）		—	—	31141	41985	42608	38488	33861	36420	40419	34509	10.8
总产值（万元）(1980年不变价)		—	—	140509	161472	149784	144420	150281	168192	193370	211189	50.3
出口量（自然张）（万张）		—	—	515	416	307	516	571	485	714	1059	105.6
出口值（万元）		—	—	5015	4466	2667	4349	4992	1302（万美元）	10518	16515	229.3

资料来源：轻工业统计年报。

4. 1988—1997年快速发展时期

1988—1997年我国皮革生产量及出口量见表2-17。

表2-17　　　　　　1988—1997年皮革生产、出口量值

类别		1988	1989	1990	1991	1992	1993	1994	1995	1996	1997	1997年比1988年增长（%）
皮革	折牛皮（万张）	5203	5214	5156	5707	5824	6382	8530	9623	9441	10244	96.9
	猪皮（自然张）（万张）	6496	7009	6737	7281	6797	7053	5876	3728	—	—	—
轻革（万平方米）		12549	13057	13578	14669	15192	19723	19389	26068	23515	23994	91.2
重革（吨）		38606	23961	14396	17225	11708	10199	12723	17100	15470	17514	-54.6
总产值（万元）		219793（1980年不变价）	442353（现行价）	477948	1513357（1990年不变价）	518445（1990年不变价）	558796（1990年不变价）	582261（1990年不变价）	610366（1990年不变价）	1839196（1990年不变价）	190857（1990年不变价）	
出口量（自然张）（万张）	猪皮	670	685	1161	578	756	896	729	406	5.32（万吨）	5.39（万吨）	
	羊皮	273	363	623	468	256	216	120	133			
出口值（万元）	猪皮	14197	18520	35452	19439	25769	27652	37669	25881	32614（万美元）	26787（万美元）	
	羊皮	6656	10680	16889	13334	8637	11599	8363	6351			

资料来源：国家统计局。

5. 1998—2010年全面繁荣时期

1998—2010年我国皮革产量、产值及生皮、半成品革、成品革的出口量、进口量见表2-18、表2-19、表2-20。

表2-18　　　　　　1998—2010年皮革产量、产值、出口值

类别 \ 年份	1998	1999	2000	2001	2002	2003	2004
鞣制（折牛皮）（亿张）	1.13	1.3	1.43	1.62	—	—	—
轻革（万平方米）	27108	31680	38126	45900	50400	53000	56000
总产值（千元）（当年价）	—	—	26716760	21358000	34762320	37771311	48632129
销售产值（千元）	—	—	25628060	24209000	33847370	36917645	47027752
出口交货值（千元）	3.64（亿美元）	3.59（亿美元）	7638550	—	11029680	11157648	15981686

类别 \ 年份	2005	2006	2007	2008	2009	2010	2010年比2000年增长（%）
鞣制（折牛皮）（亿张）	—	—	—	—	—	—	
轻革（万平方米）	60588	72419	68394	64204	69205	61421	61.1

续表

年份 类别	2005	2006	2007	2008	2009	2010	2010比2000年增长（%）
总产值（千元）（当年价）	63735464	77978861	90824842	96500701	109552922	132884499	397.4
销售产值（千元）	62010834	76131215	87839082	7032319	105934487	129791259	406.4
出口交货值（千元）	19387535	22013685	20243684	15044097	12405914	13914568	82.2

注：上表每栏左、右相连。

资料来源：国家统计局。

表2-19　　　2000—2010年生皮、半成品革、成品革出口量值　　　金额：百万美元

主要商品	单位	2000年 数量	2000年 金额	2001年 数量	2001年 金额	2002年 数量	2002年 金额	2003年 数量	2003年 金额	2004年 数量	2004年 金额	2005年 数量	2005年 金额
生皮（毛皮除外）	千吨	22.8	6.2	12.4	6.7	7.5	7.5	3.6	4.6	0.2	1.2	0.3	9
半成品革	千吨	41.8	74.2	55.6	118.3	109.0	324.6	143.3	294.9	112.8	236.2	101.8	207.2
成品革	千吨	62.2	463.9	105.2	778.3	72.5	633.2	87.1	849.6	125.2	1163.6	122.7	1356.4

主要商品	单位	2006年 数量	2006年 金额	2007年 数量	2007年 金额	2008年 数量	2008年 金额	2009年 数量	2009年 金额	2010年 数量	2010年 金额	2010年比2000年增长（%） 数量	2010年比2000年增长（%） 金额
生皮（毛皮除外）	千吨	0.5	3.5	0.7	1.7	1.4	2.0	3.9	3.4	4.3	3.7	-81.1	-37.1
半成品革	千吨	58.3	119.1	32.1	55.1	7.4	23.2	6.1	12.9	12.8	32.7	-69.4	-55.9
成品革	千吨	123	1636.9	80.6	1120.4	28.6	374.1	23.7	225.3	32.5	375.3	-47.7	-19.1

注：上表每栏左、右相连。

资料来源：国家海关。

表2-20　　　2000—2010年生皮、半成品革、成品革进口量值　　　金额：百万美元

主要商品	单位	2000年 数量	2000年 金额	2001年 数量	2001年 金额	2002年 数量	2002年 金额	2003年 数量	2003年 金额	2004年 数量	2004年 金额	2005年 数量	2005年 金额
生皮（毛皮除外）	千吨	496.0	563.9	611.2	775.4	580.8	711.0	691	903	828	1247	899	1324
半成品革	千吨	445.6	331.0	486.2	363.2	637.8	1170.7	708	921	780	918	799	855
成品革	千吨	239.6	2059.6	240.5	2030.2	175.2	1379.7	236	1942	300	2435	319	2648

续表

主要商品	单位	2006年 数量	2006年 金额	2007年 数量	2007年 金额	2008年 数量	2008年 金额	2009年 数量	2009年 金额	2010年 数量	2010年 金额	2010年比2000年增长（%）数量	2010年比2000年增长（%）金额
生皮（毛皮除外）	千吨	957	1438	996	1621	1092.8	1847.0	1279.6	1440.6	1230.5	2032.7	148.1	260.5
半成品革	千吨	767	1024	791	1250	732.0	1120.9	632.5	902.6	735.7	1272.6	65.1	284.5
成品革	千吨	322	3106	292	3094	232.3	2669.7	182.9	2119.2	215.3	2624.1	-10.1	27.4

注：上表每栏左、右相连。

资料来源：国家海关。

第二节 皮鞋行业

以天然皮革为主要原料制成的鞋统称皮鞋，包括人们日常穿着的普通皮鞋、用于劳动防护的特种皮鞋、专业运动鞋和旅游鞋、休闲鞋等。

皮鞋行业在皮革工业中位置十分重要，是皮革制品的"龙头"，在整个皮革产业链上具有承上启下的作用，既承接鞋用皮革（如面革、底革、衬里革等），又牵引配套行业（如鞋机、鞋楦、鞋材等），是皮革制品满足内需和出口创汇的主导产业。

皮鞋行业最初概念，系指以各种皮革面料制作鞋靴的行业。新中国成立初期，我国皮鞋产品涵盖军（如军用鞋靴）、工（如劳防鞋靴）、民（如日用鞋靴），日用鞋靴包括男、女、童皮鞋、皮靴。

一 行业发展沿革

新中国成立前，皮鞋行业长期沿用手工线缝工艺，皮鞋生产大都是处于手工操作的作坊状态。除了少数洋人、达官贵人、地方绅士能"西装革履"外，普通平头百姓足蹬皮鞋者并不多见，全社会皮鞋穿着尚未普及。1919年，上海首家皮鞋厂——北京皮鞋厂开业，生产"方趾牌"男式皮鞋，从业人员15人，年产皮鞋3500双。1929年，广州市高第街出现第一间制造西式皮鞋的工场，生产的线缝皮鞋远近闻名。

（一）1949—1957年恢复改造时期

新中国成立初期，我国皮鞋行业处于恢复生产阶段，皮鞋行业的生产组织和管理还比较落后，多数厂家还是手工业作坊的生产形式，劳动生产率低，单工日产仅为一两双。皮鞋生产以各种天然皮革为主要原料，但也开始少量使用代用材料。

随着人民生活水平提高，皮鞋需求增加，新中国成立前的由一家一户从事皮鞋制作的经营模式，已不适应新社会的需求。从事皮鞋生产的工商户开始合并为鞋厂，1950年北京成立了第一个北京市手工业生产合作社——制鞋联合社，其下属单位有6个制鞋生产合作社、4个制鞋生产组。1952年，北京第五制鞋社与第一制鞋社合并组成北京五一制鞋生产合作社。在社会主义改造时期，较大的皮鞋厂实行公私合营，小作坊走合作化道路，成立皮鞋生产合作社或联社。经营方式主要是自产自销、加工订货和部分出口苏联及东欧国家。1956年，我国政府对生产资料进行社会主义改造，对私营企业实行公私合营，皮鞋生产经营活动纳入了政府计划经济的轨道。1956年，上海市轻工业局所属上海皮革工业公司和市手工业局所属上海皮革生产合作联社相继成立，前者将312家公私合营的皮鞋厂进行裁并改组为143家企业；后者将614家小作坊组建为26家生产合作社。商业部门的蓝棠、华东、鹤鸣等名牌鞋店依然保留着"前店后工场"的经营特色。又如，1957年杭州皮鞋社线缝皮鞋通过上海口岸出口苏联。

(二) 1958—1977年初期建设时期

经过恢复改造，皮鞋生产有了较大的发展，从满足军需、民用，到保障市场供给，再到跻身外贸出口创汇，直至国防建设的军用鞋靴及美化人民生活的男、女、童皮鞋和各种运动鞋，以及花色品种、琳琅满目的外贸出口皮鞋，总之皮鞋已逐步成为我国皮革工业的"龙头"产品。

1958年4月轻工业部在上海召开了出口皮鞋会议，会上研究和审查了经过鞋厂试制和穿着试验的鞋楦工作组的设计资料，一致认为这是符合我国情况的设计资料和设计原则，决定全国一律采用这种设计方法，并首先在制造出口皮鞋方面采用。从此，我国皮鞋工业技术走上了独立发展的道路。

1958年在转厂过渡、升级转制中，许多小厂小社被拼凑到一起，转为大而杂的地方国营企业，或是统负盈亏的联合社工厂。经营方式、管理模式和分配形式完全照搬国营的做法，严重挫伤了集体职工的生产积极性，不少企业停产下马。1961年贯彻中央"调整、巩固、充实、提高"八字方针，经过3年的全面调整、整顿，制鞋业生产得以恢复，并逐步呈现上升势头。

20世纪60年代，皮鞋生产以配底工序来区分已有的缝线、胶粘、模压、硫化和注塑等5种工艺，这不仅提高了皮鞋生产的机械化水平、大大提高了生产效率，而且有效地推动了皮鞋行业的快速发展。1961年，北京市第一皮鞋厂的硫化新工艺得到推广。1963年北京市第一皮鞋厂邢德海编写发表了《皮鞋样板缩改法》（刊于"科技通讯"），并在轻工业部组织召开的科技大会上做了现场表演，对全国制鞋行业产生巨大影响。1965年，上海皮鞋业开发了以猪皮革面料为主的模压、硫化皮鞋，上海第一皮鞋厂试制成功注塑配底工艺，以聚氯乙烯为鞋底原料，加热熔融注入底模，冷却后即与鞋帮结合成型，人均日产量达到76双。注塑工艺以塑料代皮革，缓解了国内皮革资源紧缺的矛盾。注塑鞋可以晴雨两用，且价格便宜，备受消费者青睐。

1965—1968年期间，轻工业部为了推动和规范全国制鞋行业的发展，针对当时企业生产和市场需求的实际情况，决定组织一次前所未有的全国脚型测量和统一鞋号工作。轻工业部先后两次组织力量，测量了全国各地、各行各业、男女老幼共计25万多人次的脚型，研究分析了我国人民不同性别、年龄、民族、职业和地区的脚型变化规律，制定了全国统一的标准鞋号和楦型尺寸系列。从此，全国开始有了统一鞋号、尺码，为推动和规范全国制鞋行业的发展奠定了基础。通过几年的推广执行，市场流通领域采用标准鞋号的皮鞋占当时全国皮鞋总产量的95%以上，使广大消费者能够买到穿着合脚、舒适的皮鞋。

1973年，轻工业部制鞋工业科学研究所在北京正式成立，原四部联合的"四鞋"（胶、皮、布、塑）研究办公室撤销，该所主要任务是负责对制鞋工业的新材料、新工艺、新技术、新设备、新品种进行广泛的科学研究；搜集国内外科技情报，组织科学技术交流；协助各省、市、自治区提高制鞋工业的产量和质量，增加花色品种；设计出口产品，赶超世界先进水平，以加快制鞋工业的发展，适应国内市场和外贸出口的需要。

这个时期，我国皮鞋行业与国外相比，差距较大：一是设备陈旧，机械化程度低，平均为30%左右，仍以手工操作为主；二是产量低、品种少，当时年产量人均才0.07双，且品种单调；三是原辅材料赶不上皮鞋生产的需要，经常处于"供应什么，就生产什么"的被动局面。

（三）1978—1987年改革开放初期

1978年，随着中央十一届三中全会的召开，改革开放进一步解放了生产力，国民经济迸发活力，皮鞋行业也出现了积极的发展态势。一方面，国内外需求量增加，多色彩、多款式、多品种的中跟、高跟皮鞋应运而生，大大美化了人民生活。另一方面，美国、韩国、中国台湾、中国香港制鞋业开始向中国大陆转移，在珠三角地区出现了许多皮鞋加工企业。同时，国家也加快了对皮鞋企业的技术改造投资，企业普遍重视设备更新，淘汰了一些落后设备，安装生产流水线，扩大了生产规模。

1980年以后，皮鞋生产企业由生产型逐步转向生产经营型，引进了先进的生产理念和经营机制，增强了企业的活力。企业注重上规模、上档次、上水平，大力开发新产品，提高产品竞争能力和市场占有率。

在改革开放初期，我国皮鞋生产在缝线、胶粘、模压、硫化和注塑等系列工艺的基础上，开始步入制鞋胶粘工艺大发展时期，制鞋机械的引进和仿制也以此为重点发展起来。在下料、制帮、制底三大工序中，底工设备发展最快，下料设备次之，制帮设备发展较慢。底工设备又以胶粘鞋底工生产线为中心，形成设备配套制造，使底工设备的品种越来越多。由于装配化工艺的发展，鞋部件加工设备也应运而生。

北京、天津、上海、广州、武汉等地一些较大的知名皮鞋厂，不同工艺的单工日产量已分别达到2.9—4.4双，而当时全国皮鞋行业平均单工日产量仅为2双。随着行业重点技术改造和技术引进项目的实施，皮鞋生产也由手工操作向半机械化、机械化生产方向发展。

1980年，天津制鞋厂、上海皮鞋厂等企业装备了皮鞋机械化生产线，采用装配化生产胶粘皮鞋，工人生产条件大大改善，单工日产皮鞋由过去的2双提高到8双左右。

进入20世纪80年代，经国家标准局、轻工业部批准，依托部制鞋所成立了"中国制鞋工业标准化质量检测中心站"，大大加快了全国皮鞋行业标准化工作的进程。同时，皮鞋行业新材料、新技术、新工艺、新设备的普遍推广应用，给我国皮鞋行业在瞄准国际化、步入机械化、实现现代化的道路上注入了新鲜血液。得益于联合国工发组织援建的"轻工业部上海皮革技术中心"项目建设，上海第一皮鞋厂、上海宝屐皮鞋厂分别在男鞋、女鞋生产上率先实现标准化、部件化和装配化生产流水线。随后，轻工业部制鞋研究所又推出皮鞋设计的二维放样、三维设计等国际化的新技术。所有这些科技进步的成果逐步转化为。工业化生产，促进和加大我国皮鞋行业走向世界的步伐。

1987年，我国皮鞋产量达到3.1亿双，是1978年皮鞋产量的3倍。

（四）1988—1997年快速发展时期

20世纪80年代末到90年代初期，各地皮鞋厂逐步告别手工作坊，迅速向机械化、自动化迈进。随着国家"七五""八五"国民经济规划的实施，许多鞋企进行了全面的技术改造，厂房车间得到了扩建，许多国外的先进机械设备进入鞋厂，加速了产品的更新换代和档次的提高及结构的变化。

这期间，广东制鞋业根据海外市场的变化，抓住国际皮革业转移到东南亚和中国沿海的机遇，大力引进先进技术设备，采用合资办厂、合作经营、"三来一补"等方式，先后创办制鞋企业近千家。1987—1995 年，广东的皮鞋生产连续 8 年快速增长，年均增幅达 82.4%，在全国同行中处于领先地位。1987 年广东省的皮鞋产量为 2116.28 万双，1995 年已达 13.46 亿双，达历史最高产量。

20 世纪 90 年代以后，我国东南沿海皮鞋制造企业充分利用改革开放的大好形势和市场经济的便利条件，采用新材料，生产出了样式新颖、价格便宜的皮鞋，一举占领了大部分皮鞋市场，给内陆的皮鞋企业带来了强烈冲击。内陆省市的皮鞋企业遇到了极大挑战，效益下降，经营开始出现困难。

为贯彻落实国务院颁发的《工业产品质量责任条例》，强化企业质量管理和全员质量意识，在推行全面质量管理的同时，1989 年上海皮革工业系统率先出台了《上海皮革公司实施质量否决权制度》，实行公司与基层单位二级否决、二级负责制。凡公司及上级质量监督检查、质量考核不合格、不达标，企业发生重大质量事故或出口索赔事件，由公司或上级实施质量否决，督促整改；凡企业内部质量考核、检验以及质量事故，由企业质量机构对质量责任者实施质量否决。并且，设立"质量奖励基金"，使产品质量与职工分配、奖惩挂钩，以体现"扶优限劣"和"奖优罚劣"的原则。同时，通过全市质量信息发布会，印发《告客户书》，公开宣告实行《皮鞋质量检验合格证》《皮鞋"三包"（包退、包换、包修）凭证》制度，要求企业严格执行"不合格产品不出厂"，切实执行皮鞋质量"三包"制度，维护产品信誉，保护消费者利益。

自 90 年代起，广东省各地逐渐形成自发的鞋类产品和原铺材料交易批发市场，可谓此起彼伏、竞相争艳。诸如广州的西城鞋业广场、国际鞋城、欧陆鞋城、新濠畔鞋材市场等；东莞的河田鞋材市场、东莞濠畔市场等；深圳的集银皮革市场、华南国际皮革皮具及原铺料交易中心等；惠东的吉隆鞋材市场等；由于交通便利、交易灵活，吸引了大批国内外批发商、采购商前来进行商务活动。

"九五"期间，四川省皮鞋行业高速发展。尤其成都市武侯区由于私营皮革加工试验区的建立，成都鞋业迅速崛起，全市的皮鞋（含配套产品）工商企业在 5 年内发展到近 3000 家，皮鞋产量达 1.2 亿双，是"八五"末产量的两倍。

这个时期，全国皮鞋行业的总体发展态势是企业规模在扩大、生产能力在提升，但赢利能力在下降。具体表现为：第一，企业数量在逐年减少，但企业的规模在逐年扩大；第二，产品销售收入连年增长，但增长幅度越来越小；第三，产品销售成本和销售费用增长速度高于产品销售收入的增长，但产品销售利润有较大下降。

以 1995—1997 年皮鞋行业各种经济类型企业数量、销售、利税及资产的变化情况为例，这个时期，全国皮鞋行业的经济运行状况总体良好，但各种经济类型企业具体情况不同，具体见表 2-21、表 2-22、表 2-23、表 2-24。

表 2-21　　　　　　　　　　企业数量的变化情况　　　　　　　　　　单位：个

年份	1995	1996	1997	平均年增长率（%）
总计	4160	3689	3185	-12.5

续表

年份	1995	1996	1997	平均年增长率（%）
国有	288	251	197	-17.3
集体	2817	2424	1950	-16.8
三资	940	794	776	-9
其他	115	220	262	50.9

表2-22　　　　　　　　　　　　销售收入的变化情况　　　　　　　　　　　　单位：亿元

年份	1995	1996	1997	平均年增长率（%）
总计	367	384	385	2.4
国有	30	28	23	-12.4
集体	80	96	91	6.6
三资	243	242	254	2.2
其他	14	19	17	10.2

表2-23　　　　　　　　　　　　利税总额的变化情况　　　　　　　　　　　　单位：万元

年份	1995	1996	1997	平均年增长率（%）
总计	106723	146438	132466	11.4
国有	12108	3926	3647	-45.1
集体	57433	55926	70173	10.5
三资	27271	72163	49878	35.2
其他	9910	14423	8768	-5.9

表2-24　　　　　　　　　　　　资产总额的变化情况　　　　　　　　　　　　单位：亿元

年份	1995	1996	1997	平均年增长率（%）
总计	341	352	358	2.50
国有	51	50	46	-5.00
集体	83	88	92	5.30
三资	190	192	196	1.60
其他	18	21	24	15.50

根据表2-21至表2-24分析，1995—1997年皮鞋行业各种经济类型企业的发展态势如下：

第一，国有企业的企业数量、销售收入、利税总额、资产总额和固定资产呈连续下降状态，均为负增长，其中利税总额增长速度下降最快，说明企业的赢利能力下降。

第二，集体企业的企业数量呈连续下降状态；销售收入平均增长率为6.6%；利税总额平均增长率为10.5%；资产总额和固定资产呈连续上升状态，平均增长率分别为5.3%和6.1%。数据说明企业规模在扩大，赢利能力呈上升状态。

第三，三资企业的企业数量呈连续下降状态；销售收入平均增长率为2.2%；利税总额平均增长率为35.2%，说明企业的赢利水平有较大提高。

第四，其他经济类型企业的企业数量直线增长，平均增长率为50.9%；销售收入平均增长速度为10.2%；利税总额平均增长率为-5.9%，赢利能力呈下降趋势。

1997年我国皮鞋行业出口情况：皮面皮鞋是我国皮革工业出口数量最大、出口创汇最多的产品，占我国皮革工业主要商品出口总金额的1/3以上。

1997年，全国乡及乡规模以上的皮鞋生产企业有3185个，皮鞋产量24.7亿双，皮鞋出口数量达6.28亿双，出口金额36.4亿美元。出口到主要国家及地区的前五位情况：美国3.99亿双，24.32亿美元；中国香港0.58亿双，2.08亿美元；日本0.26亿双，1.75亿美元；俄罗斯0.22亿双，1.02亿美元；加拿大0.11亿双，0.77亿美元；前五名合计5.16亿双，29.94亿美元。

这个时期，我国皮鞋行业存在的主要问题有：一是全行业综合素质较差，人才匮乏；二是小手工业、家族式管理模式严重地影响皮鞋行业的产业化及规模效益的形成；三是尚未建立现代化的产品设计体系，只能跟着别人后面走；四是皮鞋产品的营销渠道尚需根据市场的变化进一步规范和完善。

(五) 1998—2010年全面繁荣时期

1998年，亚洲金融危机爆发，给我国皮鞋出口带来很大影响。部分外商将皮鞋订单转移到其他国家，代工鞋企聚集的广东省1999年皮鞋的产量大幅回落到5.01亿双。但随着国际经济形势好转，皮鞋企业通过加快开发新产品和提高产品质量，皮鞋生产很快恢复到正常水平。2000年后，以温州为代表的浙江皮鞋业快速崛起。1998年，浙江全省规模以上企业生产皮鞋3.33亿双，居全国第三位；到2003年，全省全年生产皮鞋5.41亿双，居全国第二位；2008年，全省规模以上企业生产皮鞋11.01亿双，超越广东省，位居全国第一位。

2008年，美国金融危机给我国皮鞋业带来较大冲击，自2008年四季度开始，国际市场需求萎缩、订单下降，我国皮鞋出口遇到了困难。国务院于2009年6月将鞋、箱包等皮革产品出口退税率由13%上调到15%，支持和鼓励企业参与国际市场竞争。同时，皮鞋行业企业积极调整产品结构，加强管理，很快走出了美国金融危机的阴霾。2010年，我国皮面皮鞋出口10亿双，计104.5亿美元，同比分别增长13.5%和25%。

2010年，年销售收入在500万元人民币以上的规模企业（含皮鞋、运动鞋、合成材料皮鞋）为3644家，完成工业总产值3580亿元。皮鞋产量前三名是广东、福建、浙江，其他省份占比在4%以下。广东省皮鞋产量占全国规模以上皮鞋总产量的29%，福建省占27.3%，浙江省占26.1%。

2010年，我国皮鞋产品同比增长超过30%的除山东省外，主要集中在中西部地区。山东省皮鞋产量占全国规模以上皮鞋总产量为3.9%，同比增长37.8%；江西省占2.5%，同比增长39.5%；河南省占1.9%，同比增长90.1%；湖南省占1.7%，同比增长42.8%；重庆占1%，同比增长43%；安徽省占0.4%，同比增长85.3%；湖北省占

0.1%,同比增长78.7%;陕西省占0.03%,同比增长67.4%;黑龙江省占0.01%,同比增长37.1%。

由于我国劳动力价格低廉,具有比较优势,我国生产的皮鞋物美价廉,深受国内外消费者的青睐。随着欧洲、中国港台等企业迁移进内地,我国已成为世界公认的皮鞋生产及出口大国,给欧盟等传统皮鞋制造国家的企业带来了竞争压力,为了保护本国皮鞋企业的利益,自2005年秋季起,欧盟先后发起对我国劳保鞋、皮鞋进行反倾销调查,涉及我国出口金额2.9亿元,涉及的企业1200多家。2006年4月至9月欧盟分段对我出口皮鞋征收4.8%到19.4%反倾销税;同年10月,欧盟正式裁定对我国出口的皮面皮鞋征收16.5%的反倾销税。欧盟的反倾销直接影响了我国皮鞋行业的生产和市场,2006年我国皮鞋出口创出新高后开始回落。2008年10月,欧委会在这项措施到期后启动了对中国产皮鞋的反倾销复审调查,欧盟部长理事会12月22日通过了欧盟委员会的建议案,决定继续对中国和越南产皮鞋征收15个月的反倾销税。

21世纪后,随着我国经济发展水平的不断提高,劳动力价格低的竞争优势日渐式微,欧美等发达国家受债务危机影响,需求不振,我国皮鞋企业的发展面临新的挑战,低附加值的粗放发展方式开始转变,许多企业的品牌意识不断提高,加大了培育自主品牌的投入。

面对劳动力价格提高的现实,东部沿海地区的皮鞋企业开始有序向中西部地区转移,重庆璧山、安徽宿州、江西赣州等地成为新的产业聚集区。

表2-25　　　　　2000—2010年规模以上皮鞋企业主要经济指标

年份 分类	2000	2001	2002	2003	2004	2005	2006	2007	2008	2009	2010
企业数(个)	988	1122	1304	1435	1826	2424	2598	3133	3203	3569	3644
从业人员(万人)	59.5	68.3	77.0	94.4	123.5	134.8	146.3	160.7	162.8	151.8	162.1
工业总产值(亿元)	530.3	614.9	702.7	864.0	1189.1	1505.6	1809.8	2357.5	2818.6	2899.2	3580.0
销售利润率(%)	2.3	2.2	3.2	3.3	3.2	3.8	4.1	5.6	4.6	5.1	6.2
皮鞋(亿双)	14.7	13.4	15.2	18.2	21.2	25.3	30.8	33.6	33.2	35.5	41.9

资料来源:国家统计局。

经过新中国成立后60年的发展,我国皮鞋行业逐步从作坊式生产发展为现代化的规模生产,生产能力跨越式提高,成为世界重要的皮鞋出口国家。2010年,全国生产皮鞋41.9亿双,出口皮面皮鞋10亿双,占世界皮面皮鞋出口总额的27.3.%,居世界第一位,我国成为了世界皮鞋生产大国。但我国皮鞋行业还处于粗放式生产,产品附加值较低,品牌影响力不大。在这一时期,我国全行业正在转变发展方式,加快结构调整,努力向世界皮鞋强国迈进。

二　行业发展水平

(一)产量水平

1. 1949—1957年恢复改造时期

1952年,全国皮鞋产量为1200万双;1957年达3000万双。

1949年，上海市皮鞋产量（轻工系统）为50万双、四川省皮鞋产量为30万双；1951年上海市皮鞋产量为105.45万双；1955年广东省皮鞋产量为112万双；1956年浙江省皮鞋产量为32万双；1957年，上海市皮鞋产量为186.4万双、辽宁省皮鞋产量为19828万双。

2. 1958—1977年初期建设时期

1962年，我国皮鞋产量为3000万双；1965年减少到2000万双；1970年产量为5000万双；1975年为7000万双；1977年全国皮鞋产量达8000多万双，比新中国成立初期1952年的1200万双增长了近7倍。1977年，我国提供外贸出口皮鞋达639万双，比1955年的23万双增长了26倍，其中中高档出口皮鞋约占25%，中低档出口皮鞋约占75%。

1958年，上海市皮鞋产量为264.5万双、辽宁省皮鞋产量为287.39万双、黑龙江省皮鞋产量为180.8万双；1959年，浙江省皮鞋产量为121.1万双、湖南省皮鞋产量为82.73万双、江苏全省生产线缝皮鞋为128.4万双，占全国皮鞋总产量的95.2%，其中出口53.46万双；1960年，四川省皮鞋产量为485.59万双、上海市皮鞋产量为416.42万双、辽宁省皮鞋产量为36544万双、广东省皮鞋产量为205.9万双。

1962年，湖南省皮鞋产量为70.5万双、山东省皮鞋产量为100万双（其中出口皮鞋20.7万双）、辽宁省皮鞋产量为154.57万双；1965年，辽宁省皮鞋产量为172.36万双；同年，上海皮鞋业开发了以猪皮革面料为主的模压、硫化皮鞋和人造革注塑鞋，年产量为24.54万双。

1970年，上海市皮鞋产量为502.56万双、广东省皮鞋产量为245.0万双；1975年，上海市皮鞋产量为792.43万双、广东省皮鞋产量为346.0万双、湖南省皮鞋产量为188.8万双。

1977年，上海市皮鞋产量为948.13万双、辽宁省皮鞋产量为836万双、山东省皮鞋产量为652.6万双、四川省皮鞋产量为507.21万双。

3. 1978—1987年改革开放初期

1978年，全国皮鞋产量达到1亿双，比1977年增长了25%；1987年，全国皮鞋产量达到3.1亿双，是1978年皮鞋产量的3倍。

1978年，我国皮鞋出口创汇仅2.1亿美元。

全国皮鞋行业，1985年皮面皮鞋完成工业总产值232555万元，出口总额为4011万美元；1987年皮面皮鞋完成工业总产值272980万元，出口总额为8597万美元。1987年工业总产值比1985年增长了17.4%；1987年出口总额比1985年增长了114.3%。

1978年，上海市皮鞋产量1003.0万双、北京市皮鞋产量885.5万双、江苏省轻工业系统生产线缝皮鞋561.17万双（占全省皮鞋总产量的53.61%）。辽宁省生产皮鞋850.94万双（其中胶粘皮鞋303.01万双、注塑皮鞋42.38万双、模压硫化皮鞋458.3万双、大头鞋47.15万双）、广东省皮鞋产量为364.04万双；1979年，上海市生产模压硫化鞋产量达501.37万双；1985年，浙江省皮鞋产量为1000万双。

1987年，广东省的皮鞋产量为2116.28万双、上海市皮鞋产量1805.51万双。

4. 1988—1997年快速发展时期

1988年，全国皮鞋产量达到3.5亿双；1997年皮鞋产量24.7亿双，1997年全国皮鞋产量比1988年增长了605%。1988年，提供外贸出口的皮鞋达2259.4万双，创汇11657

万美元；1997年全国皮面皮鞋出口数量6.28亿双，出口金额36.4亿美元。

1988年，上海市皮鞋产量为1871.89万双；1990年，天津市皮鞋产量403.24万双（其中出口：199.801万双）；1992年，浙江省全省皮鞋产量9862.99万双，其中二轻系统生产皮鞋987.65万双（其中出口466.73万双）；1995年广东省皮鞋产量13.46亿双，创全省历史新高，占全国皮鞋总产量为47.3%，位居全国第一；1997年，浙江省规模以上企业生产皮鞋2.76亿双。

1994—1997年皮鞋行业全国各地区产量增长情况见表2-26。

表2-26　　　　　1994—1997年皮鞋产量前十个省份所占的比重（%）

地区＼年份	1994	1995	1996	1997
全国总计	100.0	100.0	100.0	100.0
广东	42.4	47.3	44.5	51.2
福建	20.9	20.9	14.0	18.1
浙江	10.0	8.3	13.7	11.2
江苏	4.7	4.1	6.2	3.3
四川	5.1	4.7	3.4	4.4
山东	5.4	3.1	4.2	3.0
辽宁	1.2	0.8	1.7	1.4
上海	1.5	1.2	1.4	1.3
湖南	2.6	1.0	2.1	1.1
湖北	0.7	1.1	0.9	0.8

5. 1998—2010年全面繁荣时期

1988年，全国皮鞋产量达到3.5亿双，1997年皮鞋产量为24.7亿双，1997年全国皮鞋产量比1988年增长了605%。1988年，提供外贸出口的皮鞋达2259.4万双，创汇11657万美元；1997年全国皮面皮鞋出口数量6.28亿双，出口金额36.4亿美元。

2010年，我国生产皮鞋36.8亿双，出口皮面皮鞋10亿双，计104.5亿美元，占世界皮面皮鞋出口总额的27.3%，居世界第一位。我国皮面皮鞋平均出口单价连续10年提高，2010年皮面皮鞋平均出口单价达10.43美元。

1998年，浙江省皮鞋产量3.33亿双，居全国第三位；2008年，浙江省皮鞋产量11亿双，跃居全国榜首；广东省皮鞋产量8.91亿双，其中出口皮鞋6.18亿双，出口额为51.60亿美元，占全省鞋类出口额的48%。2008年中国十大皮鞋产区规模以上企业皮鞋产量及所占比重具体见表2-27。

2008年我国规模以上皮鞋企业为3196家，从业人员163万人。当年皮鞋产量（含皮革及合成革鞋、靴）33.2亿双，完成工业总产值2819亿元人民币。

表2-27　　　　2008年中国十大皮鞋产区规模以上企业皮鞋产量及所占比重

序号	地区	产量（万双）	占总产量比重（%）
1	浙江	110100	32.98
2	广东	89068	26.68
3	福建	78181	23.42
4	山东	12398	3.71
5	四川	12042	3.61
6	江苏	9940	2.98
7	辽宁	4704	1.41
8	江西	4193	1.25
9	湖南	2902	0.87
10	河南	2657	0.79
前十名合计		326185	97.71
全国规模以上企业产量合计		333831	100

1952—2010年我国皮鞋产量增长曲线如图2-15所示。

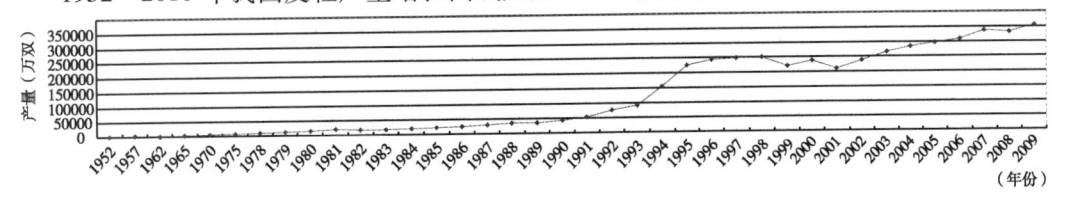

图2-15　1952—2009年全国皮鞋产量增长曲线

（二）技术水平

1. 1949—1957年恢复改造时期

1956年轻工业部在开展全国统一鞋号工作的基础上，组织皮鞋行业改进了鞋楦定型，设计出200余种新花色品种的鞋，并组织制定了《皮鞋技术条件（草案）》和皮鞋结构设计资料，明确了皮鞋设计的原则与方法，为皮鞋生产走向标准化奠定了技术基础。

这个时期，皮鞋生产仍沿用线缝工艺，并以手工操作为主，机械化程度很低。

2. 1958—1977年初期建设时期

1958年4月，轻工业部在上海召开了出口皮鞋会议，研究和审查了的鞋楦工作组的设计资料（已经过鞋厂试制和穿着试验），一致认为其是符合我国情况的设计资料和设计原则，决定全国一律采用这种设计方法，并首先在制造出口皮鞋方面采用，这一成就意味着我国皮鞋工业技术走上了独立发展的道路。

1959年，上海宝屐皮鞋厂利用废影片和丙酮制成胶粘剂，生产首批外销东欧的2万双胶粘皮鞋；1960年，上海皮鞋试制氯丁胶获得成功，使制鞋工艺有了新的突破。

20世纪60年代中、后期，根据国家科学技术发展规划，轻工业部与部皮革研究所，先后两次组织力量，还邀请了上海复旦大学人类学教研室的师生参加，测量了全国各地、各行各业、男女老幼共计25万多人次的脚型，研究分析了我国人民的脚型变化规律，为制定全国统一的标准鞋号和选型尺寸系列做好准备；1967年10月编印了《全国脚型规律和鞋楦尺寸系列研究报告》，提出了我国皮鞋鞋号的改革方案，为我国制鞋行业统一采用以脚长公分制为基础的新鞋号奠定了基础。

1964年，利用橡胶热硫化原理使帮底一次成型的模压硫化工艺问世，一改传统的配底方法，与缝线工艺相比，效率提高10倍。1965年，上海第一皮鞋厂试制成功注塑配底工艺。以聚氯乙烯为鞋底原料，加热熔融注入底模，冷却后即与鞋帮结合成型，人均日产量达到76双。注塑工艺以塑料代皮革，缓解了国内皮革资源紧缺的矛盾。

1965年，邢德海先后编写了《皮鞋样板缩改法》《皮鞋模具设计原理》等著作论文，并在轻工业部召开的科技大会上现场表演，把皮鞋产品从手摸眼看进行设计提高到用科学数据进行设计，对全国制鞋行业产生巨大影响。同年，上海运动鞋厂根据我国当时举办的"新兴力量运动会"的需要，开发出胶底高级跑鞋和跳鞋，花色品种进一步扩大到铁饼鞋、标枪鞋、田径鞋、跳伞鞋、训练鞋、链球鞋、尼龙底跑鞋、橡胶底足球鞋、羊皮技巧鞋等。

1968年，轻工业部、石化部、商业部联合发出《关于推广使用全国统一鞋号核心楦型的通知》，要求全国贯彻该通知精神，"四鞋"（胶、皮、布、塑）统一鞋号和鞋楦设计尺寸系列标准。自1970年开始，皮鞋以外的布鞋、胶鞋、塑料鞋以及运动鞋等也逐步采用新鞋号。1971年，《四鞋统一鞋号及其鞋楦尺寸系列标准》出台，并逐步推广应用，对促进生产的发展、满足消费者需要、加速制鞋工业的进步起到了积极的作用。该标准在1978年全国科技大会上荣获标准化成果奖。

1973年，轻工业部制鞋工业科学研究所成立，主要职能是负责对皮鞋行业的新材料、新工艺、新技术、新设备、新品种进行广泛的科研与开发；1975年，轻工业部颁布了皮鞋部标准（相当于后来的行业标准）。

1975年，轻工业部组织了"皮鞋技术革新学习调查组"，先后对北京、天津、上海13个省市38个皮鞋工厂的技术革新进行了调查研究，从中挑选了在生产中使用较成熟、效果较显著的31个项目，介绍给全国各地因地制宜推广使用，按其内容可以分为4类：一是研制新机器代替手工操作，提高效率；二是提高单机效率，挖掘设备潜力；三是排尘、排毒装置，改善劳动条件；四是皮鞋用新材料，代替天然皮革和粮食。

1977年轻工业部制鞋工业科学研究所提出了皮鞋帮样平面设计方法。

这个时期，随着胶粘工艺、模压工艺、硫化工艺陆续问世，皮鞋生产以配底工序来区分已有缝线、胶粘、模压、硫化和注塑等5种工艺。我国在皮鞋制造方面与国外相比，主要差距有：一是设备陈旧，机械化程度低（平均为30%左右），仍以手工操作为主；二是产量低、质量差、品种少，当时年产量全国人均才0.07双，质量笨重僵硬、穿着不舒适，且品种单调；三是原、辅材料赶不上皮鞋制造发展的需要，常常处于"供应什么，就生产什么"的被动局面。

3. 1978—1987年改革开放初期

这个时期，全国轻工系统掀起"四新"的浪潮，"新技术、新工艺、新材料、新设备"在皮鞋行业得到广泛采用。第一，新技术的应用：一些工厂应用优选法提高了生产效率。天津第一皮鞋厂应用优选法使硫化温度由 126℃ 降低为 100℃，克服了因高温造成皮革退鞣、强度下降和早期老化的问题；锦州皮革综合厂应用双因素优选法，使炼胶效率提高 50%。这个时期液压传动装置已普遍应用到制鞋设备中，射流技术、光电控制、数字程序控制、远红外线干燥等技术都在生产中得到应用。第二，新工艺的应用：皮鞋制作有六种工艺，即模压、硫化、注胶、注塑、胶粘和线缝。胶粘工艺效率高、质量好，因此被国内外大量采用。当时胶粘工艺在北京、天津、江苏、湖北等地占 30%，杭州达到 60%。各鞋厂多年来不断地在建造生产流水线，天津制鞋厂试制了绷楦、模压、喷涂三条流水线，分别提高效率 52%、30%、50%。还有上海、南京、广州、沈阳、大连、南宁等地均已建设了生产流水线。第三，新材料的应用：因原料皮资源不足，全国各地都积极采用代用材料。烟台合成革厂于 1983 建成；上海、天津、辽宁、福建等地研制了合成鞋面革及内底革；合成材料的鞋里、主跟、内包头，许多地区已经研制成功并使用；北京、天津、上海、武汉、济南、杭州等地均已采用天然胶加合成橡胶外底；上海、江苏、福建、沈阳、广州、吉林等地均生产了改性高压聚乙烯外底；上海皮革橡胶厂研制成功耐油耐酸微孔胶底；上海皮鞋二厂研制了新 A 和新 C 型水溶性胶贴剂；济南皮革研究所利用塑料厂的工业废水，以二氯丙烷代替苯制作胶贴剂的溶剂，大大降低了皮革用胶毒性，而且价格只有氯丁胶的 1/4；上海皮鞋厂、北京第一皮鞋厂、沈阳皮革研究所等单位研制成功热熔型胶贴剂，可以不用溶剂，消除了皮革用胶的毒性。第四，新设备的应用：成功试制了一些新设备，如北京、天津、浙江的液压裁断机；沈阳和武汉的三合一绷楦机（绷尖、绷腰、绷跟）；沈阳皮鞋二厂和天津皮鞋五厂分别研制成功的程控和顺控轨道式自动注胶机；北京的 12 工位注塑机；湖南的双脚自控压合机；福州的自动胶粘机；上海、沈阳的主跟、内包头成型机；天津的双针缝梗机；上海的高频压花机、鞋楦粗刻机等。新设备的应用，初步改变了皮鞋生产手工业方式的小生产面貌。

自 20 世纪 80 年代起，中国开始研制和引进 CAD 系统用于制鞋生产。继而，CAD/CAM 计算机辅助设计逐步进入中国制鞋企业，大大地提高了我国皮鞋设计水平及效率，并使皮鞋产品的花色品种增多，质量档次也很快得到提升。

1980 年，经国家标准总局、轻工业部批准，成立了"中国制鞋工业标准化质量检测中心站"。

1982 年，原轻工业部制鞋工业科学研究所对《四鞋统一鞋号及其鞋楦尺寸系列》进行了修订及补充，制定了 GB/T 3293—1982《中国鞋号及鞋楦系列》国家标准。1983 年 8 月发布实施《中国鞋号及鞋楦系列》和《鞋楦尺寸检验方法》等国家标准。这是我国第一个鞋楦标准，为实现鞋业标准化生产奠定了基础。

1986 年，国家"七五"科技攻关《高档、时尚、轻软、舒适皮鞋开发与制造》和《高档皮鞋机械化、装配化生产线的研究》项目的组织实施，皮鞋行业从用料设计、楦型鞋号、结构性能、质量档次到部件标准化、生产装配化，从真正意义上实现了皮鞋制造机械化、装配化生产线。高档皮鞋以及 CAD/CAM 在鞋楦、鞋帮设计加工中的应用，项目完成后分别在上海建成 10 万双/年高档男皮鞋和 15 万双/年高档女皮鞋生产线各一条，在北京建成 CAD/CAM 在鞋楦、鞋帮设计加工中心及研究数据库，使皮鞋配底生产从手工、半机械化过渡到机械化，生产效率大幅提高。同年，经国家教委授权轻工部批准，西北轻工业学院革制品专业（专科）招生，这是我国开办最早的革制品专业。

4. 1988—1997 年快速发展时期

这个时期，结合国家"七五"科技攻关《高档、时尚、轻软、舒适皮鞋开发与制造》项目（编号75-48-04/2），由上海皮革制品公司、轻工部制鞋所、轻工部毛皮制革所承担。计划任务的主要内容是研究利用优质鞋用材料制造高档鞋的工艺技术、CAD/CAM 计算机辅助设计的应用研究皮鞋结构与性能以及脚型测量等；要求脚型测量采用自动测量仪器人数大于10万人次；研究出人的鞋型与鞋、脚生理卫生对鞋用材料的要求，选择轻、软、舒适、卫生性能好的鞋用材料研究制鞋生产加工工艺；CAD/CAM 研究出鞋楦自动测量，建立数学模型、三维立体数码，仿型铣楦、帮样设计数字化，建立数据库；项目完成后选择一两个皮鞋厂年产达到25万双"高档、时尚、轻软、舒适"的皮鞋；总经济效益预计达到500万元以上，增加出口竞争能力，节约木材3000立方米。《高档皮鞋机械化、装配化生产线的研究》项目，由上海宝屐皮鞋厂、上海皮鞋厂等单位共同承担。通过4年对绷楦定位、机械帮样设计、鞋用轻质材料和热熔型胶粘剂等方面的研究，不断完善了装配化工艺，并形成年产高档女皮鞋15万双、高档男皮鞋10万双的生产流水线各一条。使皮鞋配底生产从手工、半机械化过渡到机械化，全员实物劳动生产率由手工的人均日产1.5双提高到4—5双，其中配底劳动生产率达到男鞋10双、女鞋17双的水平。

5. 1998—2010 年全面繁荣时期

1998 年，陕西科技大学皮革制品专业被教育部确立为当时国内唯一的革制品本科专业；同年，GB/T 3293—1998《鞋号》国家标准发布，将厘米制改为毫米制，与国际鞋号接轨。

2000 年，为了培育制鞋行业专业人才，陕西科技大学开始招收研究生。国内相关院校陆续出版《皮鞋工艺学》《皮鞋设计学》《革制品材料学》《革制品分析检验》《皮革制品机械》《皮革制品 CAD/CAM》《运动鞋及其设计》等近10部本科教材，为国内鞋业专业教育提供了有力支撑。

这个时期，CAD/CAM 技术应用于制鞋行业，主要领域包括：鞋楦的设计与加工；皮革制品的产品设计（三维造型设计）；皮革制品样版的设计与加工；皮革制品的算料、排版与切割；辅助模具、工具的设计与加工（鞋类五金设计、鞋垫设计、中底定型模、气垫设计、皮革压花模设计、EVA 多色注射模及精密多色注射模、EVA 拖鞋及鞋底的逆向工程等）；皮革制品企业的管理及产品检测。

2001 年，中国皮革和制鞋工业研究院、温州鹿艺鞋材有限公司、温州日泰鞋业有限公司共同承担国家科技部"中国人群脚型规律的研究"公益项目。总结出"中国人群常用脚型新数据"并修订了《中国鞋号及鞋楦系列尺寸》国家标准；建立的全国首个"中国人群脚型数据库"，弥补了我国制鞋行业脚与楦、楦与鞋、脚与鞋之间关系的基础理论方面的不足；设计研制的"脚/楦型激光测量系统"具有国内先进水平，彻底改变了我国长期以来依靠手工采集脚型数据的历史。

2005 年，为应对国际鞋业贸易摩擦战、帮助中国鞋企跨越国外技术性贸易壁垒、提高反倾销应对能力，商务部中国轻工工艺品进出口商会联合陕西科技大学组织编写了《出口鞋类技术指南》。

2006 年，中国皮革和制鞋工业研究院开展科技部《中国鞋楦基础数据及系列参数的研究》《脚楦匹配设计系统及鞋类适脚性的研究》项目研究，对鞋楦后身基本数据进行充分的研究，研制了相应的标样鞋楦，并建立了中国鞋类楦型数据库，以及与鞋楦后身统一数据相配合的内底、主跟、组装鞋跟等鞋底部件的标准数据；同时还利用计算机技术、生物力学技术等方法，研究脚型与楦型的匹配关系，同时开发相应的脚型与楦型设计系统；此外，2007年还开展《高性能SBS发泡鞋用材料的研究》项目研究，通过开发防滑、耐磨、高弹性、高发泡SBS鞋用材料，提高产品穿用性能和附加值。

2008年，中国科学院院士、中科院福建物质结构研究所所长洪茂椿带领的团队研制成功无苯型"FJ218水溶性聚氨酯（WPU）"。2009年由陕西科技大学马建中承担了陕西省重大科技专项资金项目"鞋用EVA-g-PU/OMMT/SBR纳米复合材料的研究"，标志着我国使用纳米技术改进制鞋材料工作的新起点。

（三）质量水平

1. 1949—1957年恢复改造时期

这个时期，我国皮鞋生产基本沿用线缝工艺及手工操作，总体状况仍沿袭作坊式、生产社的分散经营，尚处于陆续恢复生产阶段，产量低、质量差、品种少、以"黑面孔"为主。

2. 1958—1977年初期建设时期

这个时期，我国皮鞋生产已从线缝工艺为主逐步发展为模压、胶粘等多种工艺，在下料、制帮、配底三大工序中，底工、下料工序开始使用制鞋机械设备。但是，由于面料、设计、制作等因素的困扰，我国皮鞋行业尚未摆脱产量低、质量差、品种少的落后局面。总体上来说，该时期我国生产的皮鞋质量水平还不高，皮鞋品种单调、质量笨重僵硬、穿着不舒服、皮革面料手感不丰满、弹性差，甚至板硬、松面、厚薄不均、光泽差、缺少真皮感；而且，合成革还未大量上市，鞋用材料捉襟见肘，直接影响皮鞋的质量。

3. 1978—1987年改革开放初期

1980年，轻工业部二轻局于六七月期间在北京对全国主要毛皮及其制品、皮革成品、皮鞋产品组织进行了质量鉴定评比。参加这次鉴定评比的有16个省、市、自治区及中国人民解放军总后勤部工厂管理部所属各厂。其中，参加评比的皮鞋产品有24个省、市、自治区共110个单位，4种工艺计139个样品全部是猪皮鞋（总后工厂除外），产品质量特点是猪皮鞋花色品种和设计造型多、合成材料的使用更加广泛、做工与牛皮鞋一样较细、皮鞋的物理机械性能有所提高、鞋楦设计和加工有所改进、皮鞋包装装饰已开始引起重视。

从这个时期全国皮鞋产品质量鉴定评比的情况来看，质量水平处于逐步提高的阶段，总体趋势是缓慢提高、少有突破。从1982年、1986年、1987年三次全国皮鞋（含童鞋）产品质量鉴定评比来看，一类产品：1982年占参评总数38.1%、1986年占37.69%、1987年占56.76%，1987年比1982年提高了18.66个百分点；三类产品：1982年占参评总数19.0%、1986年占18.09%、1987年占10.81%，1987年比1982年下降了5.2个百分点。其中，据1986年评比产品的质量分析：与往年相比，皮鞋质量水平呈稳定提高趋势，主要特点是花色品种增多，造型设计各有特色，中、高档皮鞋的比例显著增加，尤其猪皮鞋质量明显提高（例如，绝大多数产品造型优美、式样新颖、用料考究、做工精细，达到高档水平，完全可以和牛皮鞋相媲美），多数产品款式设计有变化，传统产品用料合理，做工更精细，新花色品种能够适应服装变化趋势，产品富有时代感。总之，参评产品的内在质量和外观质量均有不同程度提高，物理检测性能合格率提高幅度较大。

1978—1987年期间，在我国皮鞋、旅游鞋产品中，荣获国家质量"金质奖"的产品1个：上海宝屐皮鞋厂的"金鹤牌"胶粘女皮鞋（1984年）；获得国家质量"银质奖"的产品10个：上海宝屐皮鞋厂的"金鹤牌"胶粘女皮鞋（1980年）、天津运动鞋厂"金杯牌"尼龙底足球鞋（1980年）、解放军第3516工厂的新式夏季飞行皮靴（1982年）、武汉茂记皮鞋厂的"双五牌"线缝男皮鞋（1983年）、上海皮鞋厂的"五圈牌"胶粘旅游鞋（1984年）、天津第四皮鞋厂的"海河牌"牛皮模压内耳男浅鞋（1984年）、湖南长沙橡胶皮鞋厂的"花蕊牌"硫化皮鞋（1984年）、解放军第3516工厂的短筒冬季飞行皮靴（1985年）、沈阳市皮鞋四厂的"共力牌"全牛皮缝制女皮鞋（1985年）、湖北武汉第三皮鞋厂的"黄鹤牌"牛猪正面胶粘女皮靴（1985年）。

1987年，天津运动鞋厂生产的"金杯牌"雪地鞋在布尔诺国际博览会上获金奖。"金杯牌"雪地旅游鞋系高档防寒旅游用品，具有防风、防雪的功能，有着运动鞋的重量轻、坚固、美观、舒适等特点，适于冬季野外长途和旅游活动穿用。

4. 1988—1997年快速发展时期

在快速发展时期，我国皮鞋行业从鞋号鞋楦、设计用料、生产技术、工艺设备到质量管理取得了前所未有进步和发展，产品质量、档次有了明显的提升。

1988年全国皮鞋产品质量鉴定评比结果：一类产品占38.5%，二类产品占49.5%，三类产品占12.0%。一类、二类产品（质量优良产品）合计占88%。

1991年全国皮鞋、旅游鞋（运动鞋）产品质量鉴定评比结果：A级产品62份、占参评总数的25.31%；B级产品173份，占参评总数的70.6%；C级产品10份，占参评总数的4.08%。（注：根据皮革行业《产品质量分类分级规定》及行业评比细则，由原来产品质量评定结果以一类、二类、三类产品的区分形式，改为以质量等级即A级、B级、C级产品的区分形式来表征。）A级、B级产品（质量优良产品）合计占参评总数的95.92%。

1988—1991年期间，在我国皮鞋、旅游鞋产品中，荣获国家质量"金质奖"的产品2个：金鹤牌胶粘女皮鞋（1988年）、美申牌牛面革胶粘女皮鞋（1990年）；荣获国家质量"银质奖"的产品9个：蓝棠牌女皮鞋、新苗牌胶粘猪修面女童鞋、鹿牌牛皮面仿皮底三接头男皮鞋、金羊牌牛面胶粘男皮鞋（1990年）；大鹏牌胶粘牛面旅游运动鞋（全皮）、烟鹰牌胶粘旅游运动鞋（全皮）、火炬牌线缝胶粘运动鞋（全皮）、登云牌胶粘旅游鞋、云飞牌艾克森面侧缝运动鞋（全皮）（1991年）。

此外，1988年，在全国轻工优秀出口产品评选中荣获优秀出口产品"金龙腾飞奖"的皮鞋产品有：花牌胶粘女皮鞋、金鹤牌胶粘女皮鞋、美申牌胶粘女皮鞋。

1994年10月14日，在国家工商行政管理局、国家技术监督局等有关部委的支持下，中国轻工总会在北京人民大会堂召开"实施真皮标志新闻发布会"，推出了"真皮标志"证明商标，同时举行了首批46家企业佩挂标志仪式，有力地推进了我国皮鞋产品质量水平的提高。

1995年12月，为坚持质量立业、促进行业发展、更好地满足国际国内市场需求，中国皮革工业协会开展了以佩挂真皮标志产品为基础,推荐行业名优产品工作。通过全面考核,经中国轻工总会名牌战略办公室审定,森达、远足、强人、特丽雅、康奈、登云、哈森、美申、万里、百花等10个皮鞋品牌被纳入中国轻工名牌产品排行榜,并被中国皮革工业协会授予"1996中国真皮鞋王"荣誉称号。

5. 1998—2010年全面繁荣时期

CAD/CAM计算机辅助设计、高新技术、新鞋用材料等广泛进入中国制鞋企业,大大地提高了我国皮鞋设计水平及效率,并使皮鞋产品的花色品种、档次都有很大的改进。我国作为世界皮鞋生产大国,产品综合质量位居世界中高档水平,花色品种紧跟国际潮流。

这一时期,中国皮革工业协会以佩挂真皮标志产品为基础,每两年推出一批真皮标志排头品牌,中国真皮领先鞋王、中国真皮鞋王、中国真皮名鞋等品牌皮鞋以较高的质量水平,赢得了广大消费者的信赖,成为引领中国皮鞋产品质量不断提升的重要力量。

2002年,森达、富贵鸟、金猴、奥康、康奈、红蜻蜓、BELLE等7个品牌的皮面皮鞋被评为中国名牌;2005年,上述7个品牌经复评仍为中国名牌,同时,蜘蛛王、亨达、好人缘、吉尔达、双星等5个品牌也被评为中国名牌。

三 经济增长指标

经过新中国成立后60多年的发展,我国皮鞋行业逐步由小到大、由弱变强,无论是技术、工艺,还是质量、产能都跃居世界前列,成为了名副其实的世界皮鞋生产大国,但还不是强国。行业发展数据是最好的说明,虽然由于时间久远,部分数据无法找到,或者统计口径不完全一致,但透过数据,仍然可以看出行业发展的脉络,彰显我国皮鞋行业60年的辉煌成就。

(一) 1949—1957年恢复改造时期

1949—1957年我国皮鞋产量及出口量见表2-28。

表2-28　　　　　　　　　　1949—1957年皮鞋生产及出口量

年份 类别	1952	1953	1954	1955	1956	1957	1957年比1952年增长(%)
产量(万双)	1200	1423	1518	1473	1916	2529	110.8
出口量(万双)	0.1	0.1	0.1	22.9	79.6	152	151900

资料来源:国家档案馆。

(二) 1958—1977年初期建设时期

1958—1977年我国皮鞋产量及出口量见表2-29。

表 2-29　　　　　　　　　　1958—1977 年皮鞋生产及出口量

类别＼年份	1958	1959	1960	1961	1962	1963	1964	1965	1966	1967
产量（万双）	2908	4176	4740	3206	2500	2635	2114	1808	1970	2023
硫化模压皮鞋（万双）	—	—	—	—	—	—	—	—	—	150
出口量（万双）	1007	968	957	381	333	203	—	—	—	—

类别＼年份	1968	1969	1970	1971	1972	1973	1974	1975	1976	1977	1977 年比1958 年增长率（％）
产量（万双）	2204	2883	4729	4710	4647	5468	5794	6646	7382	9119	213.6
硫化模压皮鞋（万双）	600	1000	2186	2171	2131	2578	2719	3326	3565	4245	—

注：上表每栏左右相连。

资料来源：国家档案馆。

（三）1978—1987 年改革开放时期

1978—1987 年我国皮鞋产量及出口量见表 2-30。

表 2-30　　　　　　　　　　1978—1987 年皮鞋生产及出口量值

类别＼年份	1978	1979	1980	1981	1982	1983	1984	1985	1986	1987	1987 年比1980 年增长率（％）
产量（万双）	10053	11608	15745	20239	18661	18359	19676	23114	26441	30910	96.3
硫化模压皮鞋（万双）	—	—	3818	3726	3390	2563	1867	1521	1581	1408	-63.1
粘胶皮鞋（万双）	—	—	6253	8504	8389	9390	10976	14233	16131	18191	190.9
注塑皮鞋（万双）	—	—	1210	1684	929	761	712	555	660	852	-29.6
总产值（万元）	—	—	179250	204826	200356	199882	206672	232555	257145	272980	52.3
出口量（万双）	—	—	1111.1	1179.4	1286.3	1177.4	959.9	814.8	1587	1019.92	-8.2
出口值（万元）	—	—	18086	19050	20604	18892	15729	4011（万美元）	28146	46132	155.1

注：80 年代按 1980 年不变价算，90 年代为当年价。

资料来源：轻工业统计年报。

（四）1988—1997 年快速发展时期

1988—1997 年我国皮鞋产量及出口量见表 2-31。

表 2-31　　　　　　　　　　1988—1997 年皮鞋生产及出口量值

年份 类别	1988	1989	1990	1991	1992	1993	1994	1995	1996	1997	1997年比1988年增长（%）
产量（万双）	34719	35620	43770	53596	77067	112575	155442	284736	243008	247353	612.4
牛面皮鞋（万双）	11286	11649	13072	19942	17962	12300	8754	94828	88900	83400	639.0
猪面皮鞋（万双）	9752	9389	8388	8384	7902	6055	2250	26656	21500	14200	45.6
总产值（万元）	282313	384762	519356	547977	636393	797379	1574142	1213242	4374349	4629214	15353
出口量（万双）	3968.5	4672.6	5792.8	8116.1	9506.6	17761	11786.8	18047.6	241739	277146	6883.6
出口值（万元）	78521	103270	163950	229490	307019	100817（万美元）	568612	576780	637003（万美元）	779317（万美元）	

注：80 年代按 1980 年不变价算，90 年代为当年价。

资料来源：轻工业统计年报。

（五）1998—2010 年全面繁荣时期

1998—2010 年我国皮鞋产量、出口量及进口量见表 2-32、表 2-33、表 2-34。

表 2-32　　　　　　　　　　1998—2010 年年皮鞋生产及出口量值

年份 类别	1998	1999	2000	2001	2002	2003	2004
产量（万双）	250500	219300	236800	210000	238000	267000	282856
总产值（千元）（当年价）	47711000	—	53031440	61490000	67698270	86401023	111201181
销售产值（千元）	—	—	51848850	59970000	66663490	84936368	109379532
出口交货值（千元）	767498（万美元）	—	38231430	42060000	44088840	54463834	64135521

年份 类别	2005	2006	2007	2008	2009	2010	2010年比2000年增长（%）
产量（万双）	297059	307700	336400	331500	355000	367907	55.4
总产值（千元）（当年价）	150560337	180977847	236113373	263998702	289918303	358048123	575.2
销售产值（千元）	147499038	177205227	231726306	259602602	281352611	353343982	581.5
出口交货值（千元）	78792053	89914182	107545849	259602602	107125735	125775460	229.0

注：上表每栏左、右相连。

资料来源：国家海关。

表 2-33　　　　　　　　　　　2000—2010 年皮鞋出口量值表　　　　　　　　金额：百万美元

主要商品	单位	2000 年 数量	金额	2001 年 数量	金额	2002 年 数量	金额	2003 年 数量	金额	2004 年 数量	金额	2005 年 数量	金额
皮面皮鞋	万双	82896.0	4366.7	86784.3	4342.9	95664.0	4815.9	103738.0	5355.9	115310.6	6317.8	136034.8	8065.3
其他皮鞋	万双	274016.7	4605.7	309298.2	5333.6	334304.3	5865.1	398762.1	7133.9	473168.1	8308.7	489833.3	9047.7
皮鞋合计	万双	356912.8	8972.4	396082.5	9676.4	429968.3	10681.0	502500.1	12489.8	588478.7	14626.4	625868.0	17112.9

主要商品	单位	2006 年 数量	金额	2007 年 数量	金额	2008 年 数量	金额	2009 年 数量	金额	2010 年 数量	金额	2010 年比 2000 年增长（%） 数量	金额
皮面皮鞋	万双	139191.4	8774.4	131081.5	9559.0	112587.7	9808.3	88241.9	8356.2	100178.0	10449.0	20.8	22.9
其他皮鞋	万双	560336.8	10736.9	606602.4	12641.2	564068.5	14607.0	622808.5	15219.4	780019.3	20144.2	184.7	42.7
皮鞋合计	万双	699528.2	19511.3	737683.8	22200.3	676656.2	24415.3	711050.3	23575.6	880197.9	30593.2	146.6	3309.7

注：上表每栏左、右相连。
资料来源：国家海关。

表 2-34　　　　　　　　　　　2000—2010 年皮鞋进口量值　　　　　　　　金额：百万美元

主要商品	单位	2000 年 数量	金额	2001 年 数量	金额	2002 年 数量	金额	2003 年 数量	金额	2004 年 数量	金额	2005 年 数量	金额
皮面皮鞋	万双	165.8	21.1	156.6	30.2	172.2	39.7	236.0	58.8	391.2	107.6	567.5	152.8
其他皮鞋	万双	200.0	6.1	325.8	10.7	396.0	18.7	621.9	31.4	500.7	49.8	471.1	61.3
皮鞋合计	万双	365.8	27.2	482.4	40.9	568.3	58.4	857.9	90.2	891.9	157.4	1038.6	214.1

主要商品	单位	2006 年 数量	金额	2007 年 数量	金额	2008 年 数量	金额	2009 年 数量	金额	2010 年 数量	金额	2010 年比 2000 年增长（%） 数量	金额
皮面皮鞋	万双	797.3	207.7	1131.5	307.9	1788.6	508.0	1314.2	431.5	1560.2	573.1	841.0	2616.1
其他皮鞋	万双	552.2	70.7	965.3	118.0	1602.4	217.7	1529.0	198.3	1661.1	267.3	730.6	4282.0
皮鞋合计	万双	1349.5	278.4	2096.8	425.9	3391.0	725.8	2843.2	629.8	3221.3	840.4	780.6	2990.4

注：上表每栏左、右相连。
资料来源：国家海关。

第三节　皮件行业

皮件，在行业术语中系指皮鞋和皮革服装以外的其他皮革制品的泛称（其中，大件制品后来又称皮具），主要包括皮箱、皮包、手袋、皮手套、皮制球、皮带、票夹、钱包、小皮件等日常用、运动用的皮革制品，以及军需（如车马挽具、驮鞍镫皮、枪匣弹带等）、工业用（如皮碗、皮仁、皮结、皮垫、皮轮带等机用皮件）、农业用（如车马挽具等）特殊皮件。后来，随着皮沙发、汽车座套及内装饰、皮制运动器具以及其他大件制品的兴起，业界又称之为皮具。皮件系由皮革面料和非皮革面料（如人造革、合成革、塑料、纺织面料等）加工制作的箱、包、袋、件和其他皮件制品组成。以前的包、件面料以皮革材料为主，随着人造革、合成革、塑料、纺织面料等材料的发展，代用材料也越来越多地运用到箱、包、袋、件制品中。

皮件（或皮具）产品，我国大多省市都有生产，但以京、津、沪、粤、闽、浙等地较为集中。我国皮件行业是劳动密集型行业，企业数量多、规模小、分布广，生产类别多、品种杂、花样新，所以皮件行业的构成相对宽泛，是中国皮革行业的重要组成部分。

由于我国拥有丰富的产业资源和劳动力，且具有产业链完善、集群化效益明显等特点，造就了我国皮件产业大规模、低成本的制造优势。质优价廉的中国皮件产品受到了国际市场的欢迎，促进了我国皮件产业的快速发展。

一　行业发展沿革

（一）1949—1957年恢复改造时期

新中国成立初期，我国皮件行业的工厂、作坊、店家在全国各地城乡广为散落，规模较小，分布不均，生产加工主要依靠手工操作，经营方式五花八门。主要产品包括日用皮件——皮箱、手套、皮帽、票夹等；军用皮件——手枪套、枪背带、子弹袋等；工业用皮件——皮碗、皮仁、皮结、皮轮带等；以及车马挽具等农业用皮件。

从全国范围来看，京、津、沪、粤、浙、辽等地的皮件业相对发达，但生产制作的厂、坊规模较小。1952年底北京有皮件、皮箱生产组154个，从业人员1157人，每家平均不到8个人。

在抗美援朝时期，辽宁皮件行业为志愿军生产军用装具116个品种1224万件。这些产品有车马挽具类的乘鞍、龙头、磁头、大小肚带、三花、鞭梢、搭腰、后鞧、扯手、驮鞍、镫皮、大小鞍、鞍磨等；武器具类的山炮挽具、野炮挽具、汤母生子弹袋、手枪套、二仓片袋、枪背带、冲锋枪子弹袋、手枪套背带、步枪背带、二八匣枪套、子弹盒、炮口帽、弹药包等；人身装具的武装带、腰皮带、行李袋、针线包、护腿、风镜盒、帐蓬等。

新中国成立后，为了改变小生产方式、提高生产力水平，我国普遍实行了合作化生产，分散的皮件作坊开始组建成生产合作社。1952年初，北京成立了第一个皮件生产合作社。1956年，在社会主义改造过程中，全行业实行手工业合作化和公私合营，逐步摆脱手工作坊式生产经营方式，开始向专业化、机械化方向发展。1956年，上海798家皮件工厂、作坊经裁并改组为72家公私合营皮件厂和30家皮件生产合作社（组）。1950—1956年上海皮件业发展变化情况见表2-35。

表2-35　　　　　　　　1950—1956年上海皮件业发展变化情况　　　　　　　　单位：个

年份	1950	1951	1952	1953	1954	1955	1956
总户数	691	1031	868	883	847	798	102
其中日用皮件户数	660	963	795	814	781	732	95

注：1956年社会主改造公私合营、手工业合作化进入高潮，企业改组裁并、合作联社组建后企业数明显减少。

1956年，浙江省温州7家私营皮件店率先成立皮件合作社。1957年，杭州日新皮件厂和杭州皮件合作工厂合并，建立浙江省皮件行业首家地方国营日新皮件厂（后称"杭州皮件厂")。

(二) 1958—1977年初期建设时期

这个时期,我国经历了"大跃进"、自然灾害、"文化大革命"等历史时期,皮件行业在曲折中艰难前行,但仍然得到稳步发展。

刚完成社会主义改造的皮件行业,又逢"大跃进",在转厂过渡、升级转制中,许多小厂小社被拼凑到一起,转为大而杂的地方国营企业,或是统负盈亏的联合社工厂。1958年,上海21家皮件生产合作社均转为地方国营,并由市手工业联社划归上海市轻工业局皮革工业公司管理,以后又按产品专业化协作的原则,调整为箱包厂15家、票夹厂6家。其他省市也多转厂升级,虽生产规模有所扩大,但由于照搬国营工厂的经营方式、管理模式和分配形式,并不适应当时的生产力水平,挫伤了集体职工的生产积极性,不少企业停产下马。1961年,贯彻中央"调整、巩固、充实、提高"八字方针,经过三年的全面调整,皮件行业得以恢复,并逐步呈现上升势头。

"文化大革命"初期,行业发展受到冲击,至1969年后逐步转入正常生产。

这一时期,行业虽然受到了各种因素的影响,但在各管理部门的领导和广大职工的努力下,仍然取得了不小的成绩。

1958年广州皮件厂首创木胚手提箱,1963年又研制成功纸胚模压衣箱,从过去"先成型后粘合"改为一次成型,工效大为提高。

1963年上海球厂开发生产出了胶粘球,1965年又成功采用猪皮革制作胶粘球壳,形成了手缝、胶粘两大系列产品和以牛、猪革球壳组成的两大品种。1962年,上海第三皮件厂(信华皮件厂)、延安皮件厂(皮件三社)和第八皮件厂等被外贸公司定为主要定点生产厂家,组织人造成革手套出口。1964年,上海生产的衣箱产量达到43000万只,品种达到23个。同年,上海以东华皮件厂为主,试制成功了我国第一只模压箱,是我国衣箱发展史上一次重大变革。1965年,人造革模压旅行箱投产,成为一枝独秀的出口产品。1965年,上海东华皮件厂在国内率先制成以彩色猪面革和人造革为主要面料、造型新颖的模压箱,丰富了市场供应。

1963年北京市皮件厂生产的安全带新产品填补了北京皮革行业的产品空白。1975年,北京皮件二厂经过技术改造攻关,实现软箱生产机械化,改变了落后的生产方式,先后研制并改进了油压窝帮机、定帮机、订铁口机、卡特大牙拉锁机、龙门下料机,其中油压窝帮机为国内首创。

(三) 1978—1987年改革开放初期

党的十一届三中全会后,国家的中心任务转移到了经济建设上,皮件行业迎来了新的发展时期,1978年以后,港商开始到珠三角设立或合办加工生产手袋、钱包等小皮件产品的加工企业。由于皮件生产属于劳动密集型行业,投资少、见效快,因此在珠三角各地迅速发展起来,并逐步成为出口创汇的重要产品。1978年,中国第一家"三来一补"企业——东莞太平手袋厂成立。

改革开放后,随着人民生活水平的提高和外贸业务的拓展,以及新型面料的增加,国内外市场需求量大,皮件业发展很快。1979—1980年,国际市场劳保手套需求量增加,一时形成劳保手套出口热,国内生产企业一哄而上,购置工装设备,扩建厂房,调配人员组织生产。当时仅黑龙江省就有40多家皮革厂和皮件厂生产劳保手套。1981年后,国际市场购销形势发生了变化，出口量急剧下降，一些新上马的企业，不得不又转产其他产品，造成了一定的经济损失。

进入20世纪80年代，各地的箱、包、票夹生产企业重点调整产品结构，推陈出新，由传统的实用型向装饰化、配套化、多样化和高档化转变，生产出一批反映各种新潮款式的跳舞包、夜宴包、架子包和多层袋、装饰性的票夹等新品种。自80年代开始，随着服装时尚的流行演变，我国的包袋设计呈现出欣欣向荣的多元化发展趋势，装饰美化功能逐渐被强调而与实用功能并驾齐驱，包袋风格设计逐渐融入服饰整体设计，但这时期的包袋设计仅仅是跟在服饰潮流的背后，与服装设计变化之间还存在一定的差距，尚未形成真正的整体设计理论和设计体系。在开发高档产品方面，上海东华皮件厂技师、上海市劳动模范陆义家于1982年设计成功高级拉杆滑轮ABS箱，达到了80年代国际制箱业的先进水平。

1985年时广东省有规模较大的包袋厂85家。1987年时，广东省革包袋产量居全国首位。

（四）1988—1997年快速发展时期

随着改革开放的进一步深入，我国皮件业进入了快速发展时期。国营、集体企业经过技术改造，产品种类、产量快速增长。乡镇企业、民营企业及三资企业纷纷投资皮件行业，成为皮件行业发展的生力军。1997年，三资企业占皮件企业超过50%，三资企业的销售收入占皮件行业销售总收入60%以上，三资企业的进入为皮件行业带来了新的生机、新的管理经验、新的营销理念、新的市场观念，而民营企业的灵活机制，使其在市场竞争中有较强的竞争力。

我国皮件行业遍布全国各地，但发展不均衡，相对集中在东南沿海各省，广东、浙江、福建为生产大省。据1997年统计显示，革皮箱产量广东省占32%、浙江省占17.3%、上海占14.4%、江苏省占10.5%、河北省占6%；包袋产量广东占51%、福建省占18.6%、浙江省占8%、山东省占7.8%、云南省占5.8%。广东省是全国皮件生产第一大省。1992年亚洲著名箱包制造企业——皇冠皮件工业股份有限公司从中国台湾迁往广东中山，设立中山皇冠皮件有限公司，并逐步发展成为中国较大的箱包生产企业。1995年广东箱包年产量达1564万个。

随着皮件业的发展，20世纪90年代后，在全国逐步形成了近10个皮件地方专业市场，这些专业市场既是生产基地又是货物的集散地。这些专业市场不仅促进了我国皮件行业的发展，而且为拓展国内皮件市场、促进南北交流起了重大的推动作用。其中，广东的花都、河北的白沟、湖南的沙市、内蒙的集宁等皮件专业市场已成为带动全国皮件行业发展的生力军。

在快速发展的同时，皮件行业也面临着进一步发展的问题：一是皮件行业综合素质较差，人才匮乏；二是小手工业、家族式管理模式影响皮件行业的产业化及规模效益的形成；三是缺乏现代化的产品设计体系，自主创新能力薄弱，固守传统的设计方法，甚至沿着"小厂跟着大厂走，大厂跟着国外走"，陷入步人后尘的态势；四是传统的市场观念及营销理念仍占主导地位，亟待转变由卖方市场进入买方市场的新理念，出口生产仍以接单为主，亟须改变市场观念及营销理念，积极主动地到国际大市场去推销自己的产品；五是品牌意识淡薄，皮件产品的知名品牌很少。

1997年，全国有皮箱企业500多个（不含年销售收入在100万元以下的村办、合作经营、个体等企业），其中乡及乡规模以上的生产企业329个；皮包企业1500多个（不含年销售收入在100万元以下的村办、合作经营、个体等企业），其中乡及乡规模以上的生产企业744个。

（五）1998—2010年全面繁荣时期

在"二次创业"时期，我国皮件行业的基本情况仍为企业数量多、规模小，但具有一定规模的骨干企业在行业发展中起着主导作用。1999年，全国乡及乡以上及年销售收入在100万元以上的村办皮件企业约有3000多家，销售收入约250亿元。而1999年全部国有企业及年销售收入在500万元以上的非国有骨干皮件企业全国共有773家，年销售收入186亿元，利润总额4.5亿元。具有一定规模的骨干企业仅占皮件行业企业总数的30%，而其销售收入、利润却占皮件行业总收入、利润的60%以上。

我国皮件企业的生产规模不断扩大，年销售收入500万元以上企业数量、销售收入以及利税总额不断增长。从2000年至2004年的5年间，皮具企业及箱包企业的数量年平均增长15%；皮具和箱包企业的销售收入年平均增长速度分别为21%和17%。

2004年，全部国有企业及年销售收入500万元以上皮件企业达1407家，其中三资企业数量占规模以上皮件企业总数量的49%，其他企业数量（民营、股份制等）占34%，集体企业数量占14%，国有企业数量仅占3%。

"二次创业"期间，皮件生产企业纷纷引进裁断下料机、压花机、电脑绣花机、自动针车等生产设备，实现了自动化流水生产，生产效率大幅度提高；旅行箱包生产厂家普遍采用国际先进制箱设备，如定型压花机、开皮机、高周波电压机、切捆机和车缝设备等，采用箱件模压工艺和真空吸塑工艺，建成具有国际先进水平的箱包机械化生产流水线。在此期间，各类皮件产品质量都有了明显提高。

1999年，我国旅行用品及衣箱出口世界各国及地区，按出口金额排序，主要国家及地区是中国香港（占19%）、美国（占17%）、日本（占16%）、英国（占6%）、德国（占6%），我国出口旅行用品及衣箱前五名国家及地区的出口金额占旅行用品及衣箱出口总额的64%。中国香港是我国皮件产品的最大转口地，美国和日本是我国皮件产品最大的市场。

2004年，中国皮件产品出口到209个国家及地区，最大市场为美国，占出口总额的31.1%，其次是日本和中国香港，分别占11.1%和11%。

进口皮件产品以产地计算，来自中国最多，且份额大幅度扩大，2004年时占皮具进口总额的21.3%；其次是意大利、法国和阿根廷，分别占皮具进口总额的16.9%、15.2%和10.3%。从阿根廷进口的产品主要是坐具套等其他皮革制品。

2000年至2004年的5年间的皮件行业，除皮革手套出口金额在2004年大幅度下降外，其他皮件产品出口量均以较高的速度持续增长。2000—2004年皮件产品出口总额年均增长14%，其中衣箱和包袋年均增长12%。

在产业分布上，广东省的皮件行业有着规模效益的优势，并以产品优质闻名，处于全国皮件行业的龙头地位。由于广东省与中国香港相邻，获取信息快，原辅材料市场规模大，产品新、品种全、产业链十分完整，因而广东省生产的包袋产品款式新、质量好，产品档次高，引导了我国皮件产品的潮流，特别是箱包行业的优势更为突出。其生产企业主要分布在广州市（花都、番禺）、深圳市等地。其中广州市区和深圳市箱包企业的产品档次较高，有一些甚至是销售收入过亿元的企业；广州市花都区的箱包企业以生产非皮面包袋为主，产品档次不高，收入过亿元的企业较少，但政府非常重视箱包业的发展；番禺的箱包企业以中国港台企业为主，产品大多外销，企业规模较大。经过多年的发展，广东皮件企业排名前列的规模以上企业中，外资企业占近六成。

浙江、江苏、上海紧随其后，由于皮件业是以上三个地区的传统产业，加工成本低，做工精细，依托上海这个国际化大都市在贸易、人才等方面的优势，皮具产业快速发展。

山东、福建、河北也是我国皮件行业的主要生产基地。山东省依靠其成本低，邻近日、韩的地理优势，形成了众多的外向加工型皮件企业，但企业规模不大。福建省皮件行业产品主要是旅行包、运动包，以出口为主，企业规模较小，其生产加工企业集中在鲤城、丰泽、惠安、洛江等地区。河北的白沟是我国皮件产品较早的生产和销售集中地之一。

我国天然皮革包袋生产集中度不断提高，2010年，我国规模以上企业天然皮革包袋产量广东省占48.7%，浙江省占14.4%，河北省占5.3%；江西省占3.1%，安徽省占1.6%，河南省占1.3%。

我国皮件行业走的是低价扩张、以量取胜的发展道路。进入21世纪，皮件行业面临着新挑战，在快速发展的同时，暴露出许多的弊端，主要表现在以下几个方面。第一，企业规模小，价低利薄，在国际市场备受挤压，抗风险能力差。譬如，2004年皮面衣箱的平均出口单价不到9美元，比平均进口单价低40倍；非皮面衣箱的平均出口单价仅为5.48美元，比平均进口单价低3倍；皮革面包袋平均出口单价为3.8美元，比平均进口单价低11倍，比意大利进口产品平均单价低39倍；非皮革面包袋平均出口单价仅为1美元多，比平均进口单价低3倍，比意大利进口产品平均单价低50多倍；皮面票夹及类似品的平均出口单价仅为0.98美元，比平均进口单价低2倍。低价的后果是利薄，再加上成本提高和价格竞争，使我国企业的利润空间越来越小，2004年我国皮箱、包袋行业的销售利润率仅为2.9%。第二，品牌意识弱，缺乏知名品牌，国外品牌抢占国内中高档市场。在众多国内皮件品牌中，没有形成一批为社会公众广泛认知的知名品牌，国内大中百货商场基本被国外品牌占据，而这些国外品牌的大部分产品也是在国内贴牌加工的，这表明我国的皮件加工制造技术已达到中高档水平。第三，人才资源匮乏，设计开发能力低，同质化竞争激烈。我国皮件行业不少企业没有专门的开发部门和设计师，主要依赖来料、来样加工和贴牌生产，或简单模仿、复制国外的产品，长期处于低水平扩张状态。据2004年调查，有20%的企业没有设计人员、60%的企业反映，人才的缺乏是影响企业发展的主要因素。第四，国际竞争加剧，国内各种成本不断上涨。随着发达国家皮件业持续向发展中国家转移，致使国际竞争异常激烈，印度、巴基斯坦、东南亚等国家和地区凭借更廉价劳动力和丰富的原料资源优势，对我国皮件产品的出口构成了巨大的竞争压力。同时，我国原辅材料价格、运输、能源、水电、人工成本等不断上涨，出口产品退税下调等多种因素，正在制约我国皮具行业进一步的发展。第五，国际贸易摩擦呈常态化，国际社会对中国产品设限的事件时有发生。如尼日利亚于2005年2月25日颁布禁止中国女鞋和4202类的旅行用品及箱包进入；土耳其于2005年3月15日决定对从中国进口的4202类的旅行用品及箱包实施监管，监管价格不低于每公斤7—36美元；墨西哥于2005年4月6

日提出对从中国进口的4204类旅行用品及箱包进行反倾销调查。如此种种，都对我国皮件产品出口带来不利的影响。

21世纪，随着国际旅游市场的日益发达，全球对皮件箱包需求巨增，产业面临较好的市场机遇，广东皮件箱包企业进一步崛起，并保持稳定发展。2008年，广东全省皮包袋产量4.08亿个，居全国首位，箱包皮件出口额58.23亿美元，占全国总出口额的43%。出口主要集中在欧盟、美国、日本、中国香港。经过多年的发展，广东皮件箱包企业具有相当的规模和知名度，排名前列的规模以上企业中，外资企业占近六成，国内最大的箱包手袋企业广州番禺世门手袋厂、中山皇冠皮件厂、安迈特提箱（东莞）有限公司等是外资企业的代表。

进入21世纪后，随着我国经济的快速发展，劳动力价格不断提高，处于沿海发达经济区的皮件企业原有的比较优势逐渐降低，企业开始向内地逐步转移。湖南邵东、江西新干、河南鄢陵等地成为皮件企业的新聚集区。

1998—2009年我国箱包及旅行用品出口值走势如图2-16所示。

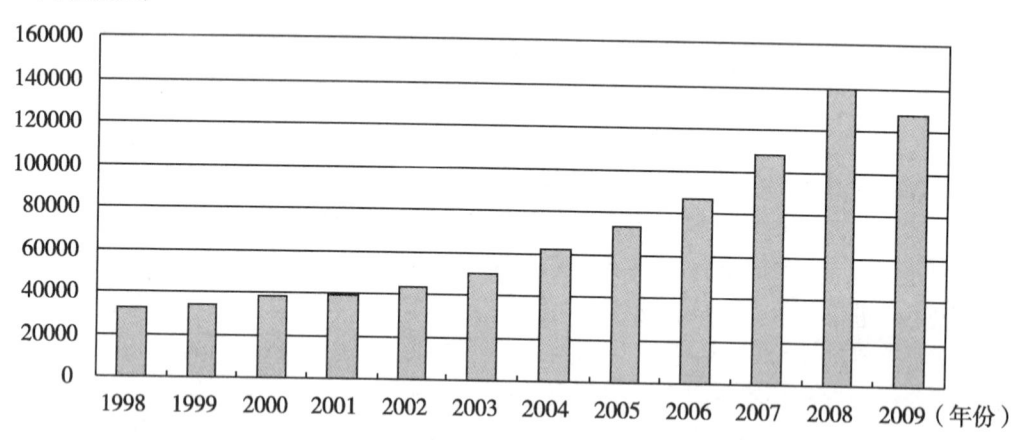

图2-16　1998—2009年全国箱包及旅行用品出口值走势

1998—2009年我国皮革手套出口量值如图2-17所示。

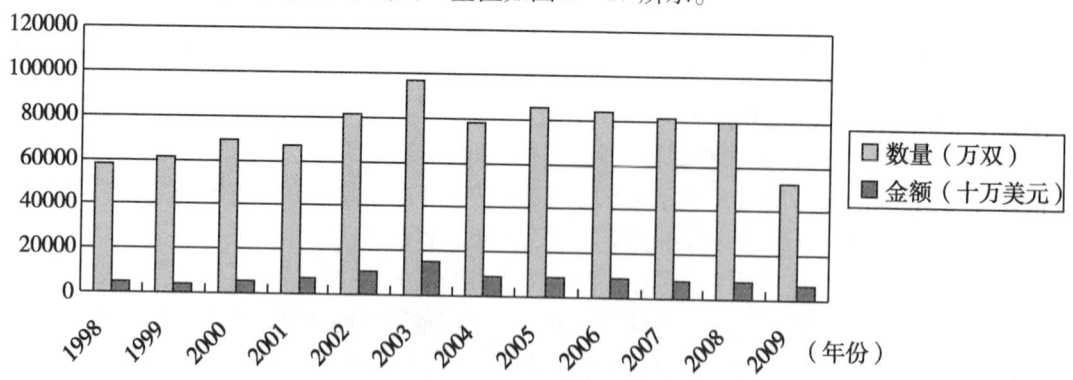

图2-17　1998—2009年全国皮革手套出口量值走势

2010年我国旅行用品及箱包、皮革手套进出口值及占世界比重见表2-36。

表2-36　　　　　2010年中国旅行用品及箱包、皮革手套进出口值及占世界比重

	进口		出口	
	金额（亿美元）	占世界比重（%）	金额（亿美元）	占世界比重（%）
旅行用品及箱包	9.14	2.4	180.11	46.8
皮革手套	0.088	0.5	9.31	50.6

数据来源：联合国。

二　行业发展水平

（一）产量水平

1. 1949—1957年恢复改造时期

1957年广东省衣箱产量为11.2万个。

2. 1958—1977年初期建设时期

1965年，山东省皮箱产量为0.45万只，包袋产量为2.36万个，多系猪皮革制品；另外，人造革箱产量有1.07万只；1975年，山东省人造革箱产量为11.51万只，人造革包袋产量为21.06万只。

3. 1978—1987年改革开放初期

1978年，全国皮箱产量为484万只，1987为1192.4万只，1987年比1978年增长了246%。

1985年，全国皮件行业完成工业总产值364356万元，出口总额为20360万美元；1987年完成工业总产值430946万元，出口总额42432万美元。1987年工业总产值比1985年增长了18.3%，1987年出口总额比1985年增长了108.4%。

4. 1988—1997年快速发展时期

1988年，全国皮箱产量为1383.94万只，皮手套为0.85亿副，皮包袋为0.47亿个；1997年全国皮箱产量为4233.59万只，皮手套为4.97亿副，皮包袋为12.6亿个。皮箱产量1997年比1988年增长了206%，皮包产量1997年比1988年增长了2580%，皮手套产量1997年比1988年增长了484%，皮制（篮排足）球产量1997年比1988年增长了240%。

5. 1998—2010年全面繁荣时期

2001年，全国革皮包袋产量为6亿多只，2004年为10亿只，2010年为7.8亿只。

全国革皮手套出口贸易情况：1998年出口数量为58071万副，商品贸易额为44520万美元；2003年出口数量上升为96863万副，商品贸易额为150340万美元；2009年出口数量下降为52342万副，商品贸易额为67970万美元；2003年出口数量比1998年增长了67%；2009年出口数量比1998年减少了9.8%

全国皮制球（篮、排、足）出口贸易情况：1998年出口数量为4691万个，商品贸易额为8010万美元；2009年出口数量为18493万个，商品贸易额为32800万美元。2009年出口数量比1998年增长了294%。

2001年我国旅行用品及衣箱出口38.8亿美元，2010年我国旅行用品及箱包出口180.2亿美元。

在21世纪初的5年间（2000—2004年），全国皮件、箱包企业的数量逐年增加，年均增长率约为15%，行业生产规模不断扩大，如图2-18所示。

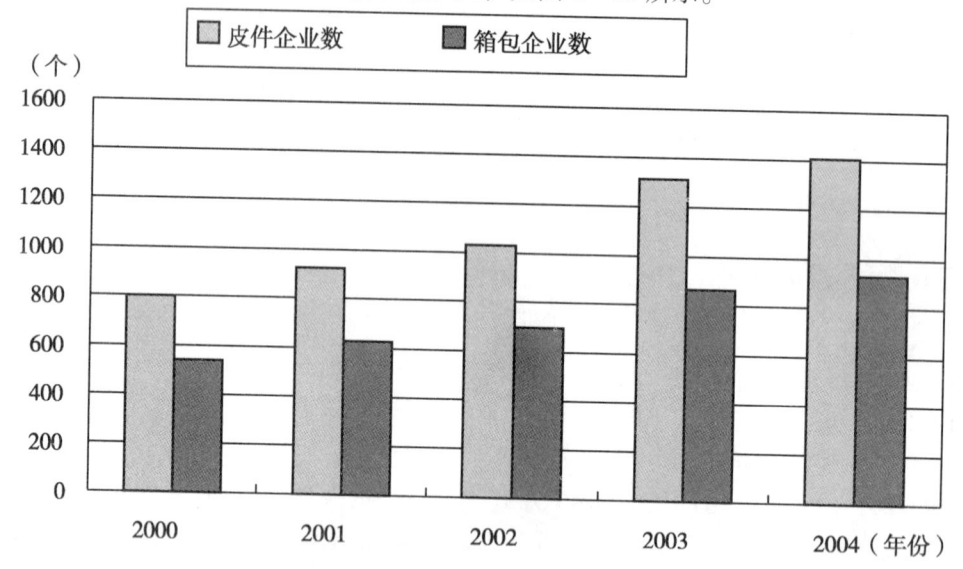

图2-18 2000—2004年全国规模以上的皮件、箱包企业数量增长情况

表2-37　　　　2008年中国十大皮包袋产区规模以上箱包企业的产量及所占比重

序号	省份	产量（万个）	占总产量比重%
1	广　东	40836	53.0
2	浙　江	14184	18.4
3	福　建	8341	10.8
4	江　苏	6896	9.0
5	山　东	2699	3.5
6	天　津	1289	1.7
7	上　海	1289	1.7
8	江　西	1149	1.5
9	安　徽	158	0.2
10	河　南	76	0.1
前十名合计		76917	99.9

这个时期，全国皮箱包袋产量名列前三位的依次是广东、浙江、福建；广东省雄踞全国第一，产量占全国总量的一半以上；三个省份的产量总和占全国总产量的82.2%。

（二）技术水平

1. 1949—1957年恢复改造时期

新中国成立初期，我国的箱包、皮件产品在结构造型、生产工艺以及原辅材料等方面的变化改革不大，基本都是沿用传统方式，加工技术进步缓慢，少有突破。

2. 1958—1977年初期建设时期

这个时期，随着皮革及其代用材料的发展，皮件箱包的设计也开始引起我国关注，皮件箱包产品也逐渐成为大众普及的消费品。

在日用箱包方面，1958年广州皮件厂首创木胚手提箱；1963年又研制成功纸胚模压衣箱，从过去"先成型后粘合"改为一次成型，工效大为提高。1977年，上海皮革箱包厂在生产女士包设计上推陈出新，全国第一家采用镀光铁镶条梅花装潢改型密扣架，第一家采用多工位高频压花工艺制作包袋。

应用模压工艺制成的箱体，棱角弧度增大，箱体的耐冲击力得到加强，从1968年起，模压箱配有滑轮，款式品种增加到近20种。1977年，上海东华皮件厂经历多年的探索试验，终于自行研制成立式、卧式两款拉杆走轮旅行箱，全国第一只ABS塑料板旅行箱诞生。ABS塑料板旅行箱在造型、结构、容量等方面领先国外同类产品，填补了国内空白。

在机用皮件方面，自20世纪70年代起，上海伟星机用皮件厂就承担起"气流纺机的龙带"的研制任务。在纺织科技研究所的合作攻关下，精心筛选了特殊尼龙原料的配方，经拉伸定向工艺处理后为"龙带"的芯体，制成一种复合橡胶胶布，经硫化工艺涂括在芯体两面，硫化复合，突破了"延伸"难关，既具有抗张强度大于1280公斤/平方厘米，又使延伸小于等于1.8%，使用寿命大于1年的国际先进水平。1982年以来，以拉伸定向处理的尼龙片基为芯体、两面复合牛皮或聚氨酯胶布等制成不同要求的平皮带，为现代工业提供了大功率、高速度、大转动的输送器材。

3. 1978—1987年改革开放初期

1979年，上海东华皮件厂首创我国第一代ABS拉杆走轮箱；1982年该厂技师陆义家首创开发成第二代E318WABS拉杆伸缩航空走轮箱。

1983年，上海市皮革工业研究所完成"六工位高频模塑机的研制"项目，并通过技术鉴定，获得1986年轻工业部科技进步二等奖。

20世纪80年代以来，计算机辅助设计被广泛应用到艺术设计的各个领域，不但改变了设计的技术手段、程序和方法，而且也大大转变了设计师的观念和思维方法，更重要的是将设计、工程分析和制造三位一体优化集成为一个系统，建立起一种并行结构的设计系统，从而缩短设计开发周期。

4. 1988—1997年快速发展时期

"八五"国家科技攻关"高档皮革制品加工工艺技术研究"项目，内含6个课题，分别为皮革服装缝制和后整理技术、ABS衣箱板材表面处理技术、ABS高档衣箱装配技术、箱包革立体压花技术、真皮编织技术和皮革优化配料系统的研究，分别由上海皮革服装厂、北京皮件厂、上海东华皮件厂、北京皮件三厂和北京轻工业学院承担，项目完成后分别提供了相应的工艺路线、技术参数、程序设计以及试制样品。

"ABS高档衣箱装配技术研究"项目由上海东华皮件厂承担，该项目获得了轻工业部科技进步三等奖。

进入20世纪90年代，由于国际互联网的发展，人类进入了信息时代，计算机技术的发展与艺术设计的联系更为广泛，以计算机技术为代表的高新技术开辟了设计的崭新领域，先进技术与优秀设计的美妙融合，有力地推动了皮革制品的技术进步和高新技术产品的设计与研发。

5. 1998—2010 年全面繁荣时期

随着世界经济文化和科学技术的一体化格局的出现，设计不再受特定地域性的制约，艺术设计更注重在深层次上探索设计与人类可持续发展的关系，21 世纪皮具、箱包的时尚发展势头灿烂炫目，在传承、释放皮革传统文化、艺术和人文历史内涵的同时，势必糅入、融合现代设计技法和箱包设计新元素，从而进入皮具、箱包、手袋产品时尚创新的多元化设计空间。

电子计算机在皮件箱包产业中的广泛应用乃势所必然，诸如电脑自动排料、摊布、剪切系统，色差疵点分辨系统，缝制功能的电脑控制系统以及将复杂工序组合而成由单一机种完成的特殊系统，将随着世界新技术革命高潮的到来，大量应用于生产过程。展望未来，各种微电脑、气动技术、激光技术及电子群控技术等科学技术将被广泛应用。皮件箱包行业将从劳动密集型传统产业转化为信息时代技术密集型的产业。

（三）质量水平

1. 1958—1977 年初期建设时期

1966 年前，投梭系统机用皮件质量是按照织机要求，以磅秤控制分量，以卡尺控制外形尺寸，以手感衡量光洁度和软硬度，以目测检查有否脱胶现象。密封圈、圆轮带和传动平型皮带的质量按有关设备、工具的不同要求控制，检测手段大致相同。

2. 1978—1987 年改革开放初期

第一，中国制造的皮制球产品质量水平已处于国际先进水平。

1981 年，国际排联批准中国上海球厂制造的"火车牌"S501S 排球为世界国际比赛用球。此后，上海球厂的"火车牌"S32S 牛皮手缝足球、S501S 牛皮胶粘排球、S241S 牛皮胶粘篮球和天津利生体育用品厂的"金杯牌"手缝牛皮足球分别被国际足联、国际排联、国际篮联批准为国际比赛用球。

1982 年 4 月，国际足联又批准上海球厂的"火车牌"SOWB532、SOWB432、SOWB332、SXWB532 四个品种的胶粘足球为国际比赛用球。

第二，皮制球产品在国家优质产品评选中荣获国家质量金质奖。

1979 年，天津利生体育用品厂的"金杯牌"手缝牛皮手球、足球在北京国际博览会上获得金奖；同年，该厂的"金杯牌"足球获国家质量金质奖。

1982 年，上海球厂的"火车牌"S501S 胶粘排球获国家质量金质奖；1984 年，上海球厂的"火车牌"手缝 S32S 牛皮防水足球、天津利生体育用品厂的"金杯牌"足球获国家质量金质奖。

第三，在全国皮制球、旅行衣箱、旅行软箱产品质量鉴定评比中，质量状况优良。

1984 年全国皮制球产品质量鉴定评比结果：在 31 份参评样品总数中，一类产品为 30 份，占参评总数的 97%；二类产品为 1 份，占 3%；没有三类产品。

1986 年全国皮制球产品质量鉴定评比结果：在 31 份参评样品总数中，一类产品为 27 份，占参评总数的 87.1%；二类产品为 4 份，占 12.9%；没有三类产品。其中，天津利生体育用品厂参评样品 5 个，上海球厂参评样品 3 个，全部荣获一类产品。

1986 年全国旅行衣箱产品质量鉴定评比结果：在 35 份参评样品总数中，一类产品为 16 份，占参评总数的 46%；二类产品为 16 份，占 46%；三类产品为 3 份，占 8%。

1987年全国旅行软箱产品质量鉴定评比结果：在38份参评样品总数中，一类产品为26份，占参评总数的68.4%；二类产品为11份，占28.9%；三类产品为1份，占2.6%。

另外，1985年12月，上海长江皮革五金厂为秋季广交会提供了我国第一只铝镁合金四筋航空箱的样品，受到国内外客户的青睐，会上接受订货570只。

第四，机用皮件产品获奖，产品质量标准化及检测监控逐步完善。

1980年，上海机用皮件行业的企业制定和修订了全部产品质量标准，并建立了产品质量测试室，先后购进可塑度测验机、橡胶比重仪、磨耗测验机、拉力测验机、旋转式黏度仪、冲击测验机、弹性测验机、曲挠测验机、硫化测定仪和橡胶粘合测定机等13台现代化检测仪器。20世纪80年代中期，上海机用皮件行业产品获纺织工业部气流纺一等奖2项，丁腈圆轮带、橡胶尼龙传动输送带和气流纺龙带获上海市优秀新产品奖。

3. 1988—1997年快速发展时期

1988年，在全国皮制球、旅行衣箱、皮手套产品质量鉴定评比中，质量状况优良。其中，皮制球产品质量鉴定评比结果：一类产品占参评总数的71.1%；二类产品占28.9%；没有三类产品。旅行衣箱产品质量鉴定评比结果：一类产品占参评总数的59.3；二类产品占34.4%；三类产品占6.3%。皮手套产品质量鉴定评比结果：一类产品占参评总数的77.2；二类产品占22.8%；没有三类产品。

在1988年全国轻工业出口产品展览会上，上海球厂的"火车牌"皮制篮、排、足球，江苏靖江皮革制品厂的皮票夹获得轻工业优秀出口产品"金龙腾飞奖"。

1990年，上海伟星机用皮件厂产品测试电子化机械化率达100%，产品质量稳定提高。

4. 1998—2010年全面繁荣时期

2001年，每年一届的"真皮标志杯"全国皮具设计大奖赛开始举行，对推动我国皮具设计水平的提升起到了积极作用。2006年，广东万里马投资实业有限公司的"万里马"牌商标在皮具箱包行业内被首个认定为中国驰名商标，2007年，新秀、保兰德、爱美德、金猴、皇冠、金路达、FEGLAR等7个箱包品牌被评为中国名牌产品。

2006年，中国皮革协会将真皮标志排头品牌工作首次扩展到皮件行业，皇冠、万里马、苹果等箱包品牌被授予"2006中国箱包十二强"荣誉称号，2009年又推出了箱包领先品牌和优秀品牌。这些品牌产品以较高的质量水平，赢得了广大消费者的信赖，成为引领中国箱包产品质量不断提升的重要力量。

三 经济增长数据

经过新中国成立后60多年的发展，我国皮件行业逐步由小到大、由弱变强，无论是技术、工艺，还是质量、产能都跃居世界前列，成为了名副其实的世界皮件生产大国，但还不是强国。行业发展数据是最好的说明，虽然由于时间久远，部分数据无法找到，或者统计口径不完全一致，但透过数据，仍然可以看出行业发展的脉络，彰显我国皮件行业60年的辉煌成就。

（一）1978—1987年改革开放初期

1978—1987年我国皮件产品出口情况见表2-38。

表 2-38　　　　　　　　　　1978—1987 年中国皮件产品出口量值

年份 类别	1978	1979	1980	1981	1982	1983	1984	1985	1986	1987
皮包、皮件出口值（万元）	—	—	10247.2	8955	8590	7354	6593	—	10905	61062
皮箱出口量（万件）	—	—	45.7	23.5	20.4	17.8	11.5	21.3	149.3	21.98
皮箱出口值（万元）	—	—	1641.5	816	720	700	505	170（万美元）	5322	1220
皮手套出口量（万付）	—	—	11721	5779	3761	5365	6191	—	9707	9256
皮手套出口值（万元）	—	—	44618	21178	13907	18779	19878	—	36225	37373
皮帽出口量（万顶）	—	—	11.4	7.7	6.7	7.8	32.8	—	43.98	—
皮帽出口值（万元）	—	—	251.9	163	186	183	674	—	1349	—

注：80 年代按 1980 年不变价算。

资料来源：轻工业统计年报。

（二）1988—1997 年快速发展时期

1988—1997 年中国皮件产品生产量及出口情况见表 2-39。

表 2-39　　　　　　　　　　1988—1997 年中国皮件产品生产及出口量值

年份 类别	1988	1989	1990	1991	1992	1993	1994	1995	1996	1997
革皮箱（万只）	1384	1171	1171	1124	1384	7278	2612	4751	4158	4233
革皮手套（万付）	8457	13620	12424	11469	10045	12881	19262	62242	44100	49700
革皮包（万个）	4722	6153	4377	5384	5674	18689	51716	114115	128400	126000
出口值（万元）	71903	113571	116848	125853	138435	161334	198314		125966	

资料来源：轻工业统计年报。

（三）1998—2010 年全面繁荣时期

1998—2010 年中国皮件产品生产量及出口情况见表 2-40。

表 2-40　　　　　　　　1998—2010 年中国皮件产品生产及出口量值

年份 类别	1998	1999	2000	2001	2002	2003	2004
革皮包（亿个）	—	—	7.1	—	8.2	8.8	10.0
总产值（千元）（当年价）	—	—	—	14388000	20050000	23428471	23574741
销售产值（千元）	—	—	—	14715000	19580000	23359106	23187673
出口交货值（千元）	—	—	—	—	12460000	15923201	14262836

年份 类别	2005	2006	2007	2008	2009	2010
革皮包（亿个）	5.5	5.5	8.5	7.7	7.9	—
总产值（千元）（当年价）	28301846	28177582	33776709	36009754	40767165	45914489
销售产值（千元）	27588368	27151751	33109440	35642658	39971649	45061194
出口交货值（千元）	15217365	12497589	14320453	12145941	10929398	12639626

注：上表每栏左、右相连。

资料来源：国家统计局。

第四节　皮革服装行业

皮革服装，从行业术语上来区分，有革皮服装（以天然皮革为面料）和毛皮服装（以鞣制成的裘皮为面料）两大类。本节所述仅指前者，后者归入毛皮及其制品行业。皮革服装在历史上是皮件行业的一个产品，作为一个自然行业，是从 20 世纪 90 年代开始的，它从皮件行业分离出来自成体系。

传统的皮革服装，通常有"夹"和"棉"之分。夹皮服装内层常以丝绸、羽缎作衬里，适合春秋季穿着，如皮夹克、皮猎装、皮西装、皮马甲、皮风衣等；而棉皮服装内层常以毛皮或人造毛皮直接做衬里，或以羽绒、人造棉填充内层做衬里，适合冬季防寒保暖穿用，如长、短式皮大衣。

皮革服装的传统缝制工艺，一般流程包括制图设计、制定样板和小样制作（小样修改）、理皮搭配、下料（划料）、缝制、整烫，然后进行吸湿或去湿处理。其中，设计与缝制系皮革服装制作全过程的技术关键。皮革服装制作工艺演变大致为：20 世纪早期，设计、下料采用手工操作，样板制作误差较大；70 年代开始采用国际流行的刀划面料新工艺，代替以往几十年用剪刀裁料的传统方式，误差小、效率高；80 年代后期，我国开始引进利用电脑处理制作样板技术，采用复样制作，生产方式逐步与国际接轨。皮革服装缝制要求很高，针眼平整，缝制挺括，对称一致，误差应在标准规定以内；90 年代以后，尤其进入 21 世纪以来，通过多元化设计理念融会、设计新元素的引入、新材料的运用搭配，借以充分体现皮革服装前卫、轻松、舒适的风格，更加关注皮革服装的实用性、社会性和艺术性，使古老传统韵味的皮革服装不断演绎时尚、个性、品位，适应不同季节、不同人士的需求，进一步拓展了消费市场。同时皮革服装的缝制引用拼、镶、嵌、印（丝网印纹）、压（高频热压）、绣（电脑绣花）、配（搭配毛皮领子、袖头）等新技术，加上使用自动割线缝纫专用设备后，缝制质量有了很大的改进提高。

一 行业发展沿革

民国元年（1912 年），上海已有人仿照舶来品（进口货）用羊皮革制作服装。民国八年（1919 年），上海嘉定人甘信孚在爱多亚路（现名延安东路）391 号开设专业生产皮革服装的永利皮衣号，从业人员 5 人，年产量 200 件左右。20 世纪 40 年代后期，上海制造皮革服装的作坊才发展到 16 家，以猎装、大衣和夹克等 3 种品种为主，其中华昌祥皮革服装厂生产的"飞鹰牌"皮革服装较为著名。

（一）1949—1957 年恢复改造时期

新中国成立前，皮革服装属高档商品，消费市场小，仅有上海等地有少量企业（作坊）生产。新中国成立后，这些企业（作坊）继续维持生产，在人民政府的领导下，产量不断提高。1954 年，上海有 39 家生产皮革服装的厂（坊），年产皮革服装 1.94 万件。在 1956 年社会主义改造中，这 39 家皮革服装厂（坊）经裁并改组，成立了专业生产皮革服装的上海华昌祥皮革服装厂。

天津的皮革服装业在 20 世纪 50 年代开始发展，先后建立了天津皮件厂、第一皮件厂、第三皮件厂、第四皮件厂、第五皮件厂。

（二）1958—1977 年初期建设时期

1958 年，江苏省南京坚强皮革厂生产 1000 多件对苏联出口的羊皮革服装，并有少量产品内销。以后，江苏省南京皮件厂和南京服装一厂也相继生产一部分皮革服装出口和内销。1974 年，江苏省无锡市皮件厂试产出口皮革服装，此后江苏省徐州东方制衣厂等企业相继生产出口皮革服装，但批量不大。

1958 年，上海皮革服装年产量 3.85 万件。在此期间，由于猪、羊服装革产量减少，供不应求，上海皮革服装一度以人造革、呢料作为皮革服装面料的代用品，到 1962 年皮革服装产量大幅度下降。1967 年华昌祥皮革服装厂改名为"上海第五皮件厂"。

20 世纪 60 年代初，浙江皮件业几经合并，生产规模有所扩大，但因原料受限，民用革供应减少，生产发展缓慢。60 年代末，行业归口调整后，二轻系统内 12 家全民、集体所有制企业，生产的皮夹克产品开始出口。进入 70 年代后，随着人民生活水平的提高和外贸业务的拓展，以及新型面料的增加，皮革服装业发展很快。

20 世纪五六十年代，新疆生产的皮革服装曾出口苏联，后因中苏关系恶化而中断。70 年代新疆的乌鲁木齐、阿勒泰、喀什和塔城地区皮革企业开始恢复生产皮革服装。

1971 年广州风行皮革厂和穗城服装厂开始生产皮革服装，由省畜产进出口公司负责收购出口。1973 年广东出口皮衣 2.64 万件；1977 年广州穗城服装厂生产皮革服装 3.6 万件。

辽宁皮革服装在 1978 年以前，只有零星生产，沈阳东红革皮服装厂年产量也只有两三万件。

（三）1978—1987年改革开放初期

1980年后，随着对外贸易的迅速发展，广州坚强皮件厂、新会皮革制品厂和远东服装厂等8家企业开始生产皮革服装，广州坚强皮件厂日产皮革服装达3000多件。各厂家引进国外高速缝纫机、双针机和纽扣机等专用设备，人日均生产皮革服装提高到1件以上。80年代后期，广东省皮革服装的生产迅速扩大，产品主要以贴牌出口为主，产地集中在广州、深圳、南海九江等地。1987年，广东全省皮革服装生产量为27.01万件，出口量为26.8万件。

1983年7月，因裁并改组，天津第五皮件厂并入天津皮件厂，天津第四皮件厂并入天津第一皮件厂，天津第三皮件厂更名为"天津金兴洋行皮衣有限公司"。天津的皮革服装行业经过几十年的发展从产能、技术、质量等方面都有明显提高，至80年代中期，皮革服装的年产量达6.22万件。

1984年，上海第五皮件厂又改名为"上海皮革服装厂"，仍为专业生产皮革服装的企业。同年，该厂生产的"金羊牌"山羊平纹皮革服装获国家质量银质奖；1987年该厂生产的"金羊牌"绵羊平纹皮革服装获国家质量金质奖。

随着山、绵羊平纹服装革开发生产，1984年新疆的皮革服装质量大大提高，当年产量达到7.05万件，比上年增长66.3%；1985年皮革服装产量达到16.87万件。

1985年，甘肃全省轻工系统有皮衣生产企业2个，生产能力10万件，皮衣产量4.4万件，实现利税131万元。

这个时期，我国皮革服装的质量得到了进一步提升。1985年，天津皮件厂生产的"冰宫牌"绵羊皮男女服装分别获得国家质量银质奖。上海皮革服装厂的"金羊牌"山羊平纹皮革服装于1985年获国家质量奖银质奖；"金羊牌"绵羊革皮夹克于1986年9月获德国莱比锡国际博览会金奖；"金羊牌"绵羊革皮革服装于1987年获国家质量奖金质奖。

1986年9月，在江苏无锡举行的全国皮革工业系统皮革服装质量鉴定评比中，参评样品总数49件，其中一类产品25件，占参评总数的51.1%；二类产品22件，占44.9%；三类产品2件，占4%。产品质量有了显著提高。

这个时期，皮革服装生产企业分布和产量较大的地区是上海、北京、广东、河南、广西、湖南、山东等省市。皮革服装所用的天然皮革，上海以羊皮革为主，湖南以猪皮革为主，广东则以牛皮革为主。皮革服装的主要品种有皮夹克衫、皮背心、皮西装、皮猎装短上衣，还有各式皮革中大衣、长大衣、列宁式等，也有镶尼龙、羊毛织物和带有水獭、水貂等皮领的，不但增加了花色，同时也提高了档次、价格。

（四）1988—1997年快速发展时期

1990年前后，随着国内外市场对皮革服装的需求增加，我国皮革服装行业进入发展最兴旺时期，一批民营及合资企业异军突起，助推我国皮革服装走向鼎盛时期。当时涌现的一批知名品牌有雪豹（雪豹集团）、兽王（浙江兽王集团）、凯撒（凯撒汕头有限公司）、成吉思汗（大连成吉思汗有限公司）等。

"八五"期间，四川省乐山市皮革工业公司是国家计委在四川省建立的猪皮服装科技开发基地，项目完成后成为四川省皮革服装行业中依靠科技进步，走"自我开发、自我改造、自我发展"之路的一个样板。该公司大胆开拓，加速企业技术改造，先后引进了意大利先进的制革生产设备和联邦德国百福十八头电脑绣衣机及制版系统；并与四川省西南CAD中心共同研制了皮革服装计算机辅助设计系统，提高了生产装备水平。到"八五"末，该公司年产猪皮革100万张，年产皮革服装15万件。

这期间，四川省生产的猪皮服装革已达到国内领先水平和国际先进水平，从而大大提高了全省猪皮服装的产品质量和档次，同时也有效地促进全省皮革服装的高速发展，全省皮衣生产企业达到近百家，产品90%出口，主要销往欧洲、美国、加拿大、俄罗斯等国和中国香港地区。

20世纪80年代后期开始到90年代初，浙江省皮革服装企业迅猛发展，到1993年年产皮革服装114.33万件。1996年，雪豹、兽王、蒙努、虎豪四个皮革服装品牌被评为首批中国真皮衣王。

自90年代起，广东省皮革服装行业进入发展最兴旺的时期，产量长期位居全国前三。皮革服装出口保持增长，成为出口创汇的主要产品之一，同时广东皮革服装在国内市场也供不应求，涌现了凯撒、赛派、乔治奥、璐仙奴、丹尼、马天奴等一批国内知名品牌。1993年广东省皮革服装达最高年产量1378.12万件。

1990年底，上海生产皮革服装的企业有11家，共计生产皮革服装82.18万件。其中，上海皮革公司所属的上海皮革服装厂生产皮革服装15.65万件；商业和乡镇办企业如第一西比利亚皮货公司、豹王皮草行、东方皮革服装厂和华达皮件服装厂等生产皮革服装66.53万件。

1997年，我国有皮革服装企业1700多家，其中乡及乡以上的生产企业964个。

由上海皮革服装厂承担的"八五"国家科技攻关项目《皮革服装缝制及后整理技术》获得了轻工业部科技进步二等奖。该成果技术标准高，具有实用价值，使手工加工方式进入工业化生产，提高了产品附加值，带动了国内整个皮革服装业的发展。

这期间，已有企业开始采用电脑技术进行新产品的设计、放码、排版、资料储存等工作，不仅提高了新产品的设计开发能力，同时提高了产品的档次。

（五）1998—2010年全面繁荣时期

20世纪末，受市场需求拉动，大批中小企业诞生，我国皮革服装行业空前繁荣。2003年，全国皮革服装行业生产企业有2000多家，从业人数30万人左右，其中规模以上皮革服装生产企业有420家，从业人员11.7万人。2003年，全国皮革服装产量约为8654万件。我国皮革服装主要产区分布十个省市，这十个地区规模以上企业皮革服装产量占全国规模以上企业皮革服装总产量的98.7%，按产量依次是浙江省58.9%、山东省9.5%、福建省8.1%、河北省6.3%、江苏省4.8%、广东省4.7%、辽宁省3.5%、四川省1.6%、天津市0.7%、湖南省0.6%。皮革服装出口数量占全国皮革服装总产量的70%以上，且出口数量逐年增长。2003年，我国皮革服装出口数量为6913万件，出口金额达23亿美元，平均单价达33.89美元。出口数量在前五名的国家和地区为俄罗斯、美国、德国、加拿大、中国香港，合计数量占总出口量的81.3%，合计金额占总出口额的84.7%。其他主要出口市场还包括意大利、日本、巴西、韩国、法国、加拿大、以色列等。

"二次创业"时期，我国皮革服装生产企业以民营企业为主，根据调查统计，民营企业数量占43%，外商合资合作企业数量占24%，其余为集体、国有企业。大部分企业创建于20世纪90年代初或中期，多数企业进入稳定发展期，有自主品牌、多样化产品，有比较稳定的内、外销渠道。其中，浙江海宁、河北辛集和辽宁佟二堡产业集聚已达一定规模，成为我国重要的皮革服装生产基地，产业链完整，具有极强的市场竞争力。

浙江海宁是我国重要的皮革生产基地，2001年被授予"中国皮革之都"荣誉称号；2007年，浙江海宁生产皮革服装2839万件（套）。河北省辛集市生产皮革皮衣，2001年被授予"中国皮革皮衣之都"荣誉称号；2007年，辛集有制衣企业539家，生产皮革服装660万件。2008年，辽宁佟二堡被授予"中国皮装裘皮产业基地"荣誉称号；2008年，佟二堡皮装生产企业达到650家，其中年加工能力10000件以上的企业有200余家；当年佟二堡皮革服装产量达到600万件，产值超过30亿元。

2004—2006年，广东皮革服装行业迎来发展的第二个高潮期，2004年皮革服装产量达627.91万件，出口额节节攀升。但到了2007年，受2006年冬季全球性气候变暖影响，皮革服装企业产品普遍积压滞销，再加上国家调整出口退税率和加工贸易政策，我国皮革行业遇到严重挑战，一批中小企业被迫外迁甚至关门。2008年，广东皮革服装产量为211.85万件，经广东口岸出口皮革服装总额为0.89亿美元，行业发展受到较严峻的考验。

我国皮革服装行业的骨干企业可分为两大类：一类是以自主品牌为主的企业，在内销市场拥有自己的品牌，品牌文化和内涵清晰，产品定位和风格确定，有稳定的销售渠道，不少企业涉足纺织服装等领域，企业抵抗风险能力较强；另一类以加工为主的企业，这类企业有较强的设计能力和较高管理水平，但依赖客户下单维持生产，外销主要是承接中、低档产品订单，内销以承接强势的服装品牌的订单为主，这类企业无法把握市场变化，面对市场的变化缺乏主动调整能力。

2007年，我国规模以上皮革服装生产企业有504家，从业人员达10.3万人，皮革服装产量为5705万件，工业总产值338亿元；其中，出口数量为3418万件，金额12.9亿美元。皮革服装主要产区分布在以下10个地区，按产量依次是浙江省、河北省、江苏省、山东省、福建省、广东省、四川省、辽宁省、天津市、安徽省。

2000—2010年我国皮革服装行业的基本情况见表2-41。

表2-41　　　　　　　　　2000—2010年我国皮革服装行业的基本情况

年份 类别	2000	2001	2002	2003	2004	2005	2006	2007	2008	2009	2010
企业数（个）	320	353	377	420	416	532	527	495	490	483	462
从业人员（万人）	8.7	10.5	11.1	11.5	12.2	12.0	10.5	10.1	9.1	8.3	7.5
工业总产值（亿元）	122.0	170.4	195.8	234.3	223.9	283.0	281.8	328.8	389.5	407.7	459.1
销售利润率（%）	4.7	4.9	4.6	4.7	5.0	6.1	5.2	6.3	6.9	7.1	8.6
产量（万件）	6457.0	7087.8	7013.0	8653.9	7740.4	6640.0	6581.0	5705.0	5653.0	5612.0	6237.0

注：表中数据均为规模以上企业。

2008年是全球宏观经济环境变化最为频繁的一年，人民币不断升值，能源、原材料、劳动力等生产成本刚性上升，特别是美国金融危机引发国际经济下滑，我国国内外市场需求萎缩，对行业发展产生了巨大的影响。

2008 年，我国规模以上皮革服装生产企业有 488 家，从业人员 9.1 万人，皮革服装产量为 5653 万件，工业总产值 389.5 亿元，皮装出口量 2232 万件，出现大幅下滑。2010 年，我国皮革服装出口数量 1842 万件，出口量已连续 7 年下降。

这一时期，行业存在的问题主要有：一是大多数生产企业还没有走出价格竞争的误区，核心手段仍是低价竞争，盈利空间越来越小；二是品牌意识淡薄，缺乏知名品牌和领军企业，屈居于强势国际品牌的挤压之下；三是高端设计人才匮乏，亟须转换经营理念，崇尚创新设计；四是缺乏对市场变化和消费需求的洞察力与敏锐度，亟须审时度势，把握时尚潮流趋势。

二 发展水平

（一）1949—1957 年恢复改造时期

新中国成立初期，全国皮革行业处于恢复生产阶段，皮革服装行业尚未形成，国内很少有专业生产皮革服装的厂坊企业，生产能力相当有限，如京、津、沪、浙、粤、辽等地，虽有少量皮革服装生产，但几乎都是由皮件厂兼营制作的。据不完全统计，当时全国皮革服装的年产量约在 10 万件以下。

（二）1958—1977 年初期建设时期

这个时期，全国皮革服装生产厂家增多，但仍沿用传统缝制工艺，以手工操作为主，生产能力有限，在广州、上海、天津、浙江、江苏、辽宁、新疆等地，皮革服装生产原先多半是皮鞋厂或皮件厂的一个生产车间，随着产量和生产规模的不断扩大，遂逐渐发展成为专业生产皮革服装的工厂，如广州穗城服装厂生产工人达到 430 人之多。当时全国皮革服装的年产量约在百万件以下，但我国皮革服装已经开始向苏联及东欧国家出口。

（三）1978—1987 年改革开放初期

20 世纪 70 年代后期，我国皮革服装与国外水平相比，还存在着不小差距：一是服装革的质量差，不够柔软丰满，色差较大，厚薄不均匀，涂层不耐干湿擦，还有掉浆脱色现象，特别严重的是有发霉的质量问题；二是内销产品款式单调，外销产品样式基本按外商来样加工，产品以销定产；三是部分配件如拉链、纽扣等还需要进口；四是生产效率低，手工操作多，机械化程度低，劳动强度大。

改革开放初期，我国皮革服装生产厂家快速增加，生产能力明显上升，1985 年全国皮革服装产量为 321 万件，1986 年为 240 万件，1987 年为 438 万件。

由此可见，这个时期皮革服装产量正在逐步上升，1987 年产量比 1985 年、1986 年分别增加了 117 万件和 198 万件，增幅分别为 36.5%、82.5%。

1985 年，河南省有郑州皮衣厂、开封服装厂、开封县皮衣服装厂、新乡市皮衣厂 4 个专业生产厂，年产量为 15 万件。同年，山东省猪革皮衣有 5 个品种，人造革皮衣有 8 个品种，皮革服装年产量为 11.79 万件。

（四）1988—1997 年快速发展时期

这个时期，我国皮革服装生产能力大幅提升。1988 年，全国皮革服装产量为 959 万件，1989 年为 1496.74 万件，1990 年为 1462 万件，1991 年为 1946 万件，1992 年为 3724 万件，1993 年为 4427 万件，1994 年为 3427 万件，1995 年为 6688 万件，1996 年为 4979

万件，1997年为7939万件。1997年产量比1988年增长了728%。

同时，行业质量意识逐步加强，产品质量不断提高。1988年天津皮件厂的"冰宫"牌皮革服装在德国莱比锡国际博览会上获金奖，1988年广州坚强皮件厂的皮衣获轻工业部出口产品全国铜奖。

1994年10月，在国家工商行政管理局、国家技术监督局等有关部委的支持下，中国轻工总会在北京人民大会堂召开"实施真皮标志新闻发布会"，推出了"真皮标志"证明商标，同时举行了首批46家企业佩挂标志仪式，有力地推进了我国皮革服装质量水平的提高。

1995年12月，为坚持质量立业、促进行业发展、更好地满足国际国内市场需求，中国皮革工业协会开展了以佩挂真皮标志产品为基础，推荐行业名优产品工作。通过全面考核，经中国轻工总会名牌战略办公室审定，雪豹、兽王、凯撒、成吉思汗、皮鹿丹、华贝、阿山、蒙奴、虎豪、冰宫等10个皮革服装品牌被纳入中国轻工名牌产品排行榜，并被中国皮革工业协会授予"1996中国真皮衣王"荣誉称号。

（五）1998—2010年全面繁荣时期

进入21世纪以后，通过多元化设计理念融会、设计新元素的引入、新材料的运用搭配，借以充分体现皮革服装前卫、轻松、舒适的风格，更加关注皮革服装的实用性、社会性和艺术性，使古老传统韵味的皮革服装不断演绎时尚、个性、品位，适应不同季节、不同人士的需求，进一步拓展了消费市场。同时皮革服装的缝制引用拼、镶、嵌、印（丝网印纹）、压（高频热压）、绣（电脑绣花）、配（搭配毛皮领子、袖头）等新技术，加上自动割线缝纫专用设备后，缝制质量有了很大的改进提高。

这个时期，我国皮革服装行业步入繁荣兴盛时期，2003年全国皮革服装产量创出历史新高。1998年全国皮革服装产量为4829万件，1999年为4373万件，2000年为6457万件，2001年为7088万件，2002年为7013万件，2003年为8654万件，2004年为7740万件，2005年为6640万件，2006年为6581万件，2007年为5705万件，2008年为5653万件，2009年为5612万件，2010年为6237万件。

由此可见，这个时期皮革服装产量创出历史新高后，遂开始逆转，呈逐年下降趋势。2003年产量比1998年增长了79.2%；2009年产量比2003年减少了3042万件，下降幅度达35.2%。

表2-42　　2008年中国十大皮革服装产区规模以上企业皮革服装产量及所占比重

序号	地区	产量（万件）	占总产量比重（%）
1	浙　江	2136	37.8
2	河　北	1587	28.1
3	福　建	521	9.2
4	山　东	407	7.2
5	江　苏	341	6.0
6	广　东	212	3.7
7	四　川	159	2.8

续表

序号	地区	产量（万件）	占总产量比重（%）
8	辽宁	97	1.7
9	天津	52	0.9
10	安徽	37	0.7
	合计	5548	98.1

1998—2010 年这一时期，中国皮革工业协会以佩挂真皮标志产品为基础，每两年推出一批真皮标志排头品牌，中国真皮领先衣王、中国真皮衣王、中国真皮名装等品牌皮革服装以较高的质量水平，赢得了广大消费者的信赖，成为引领中国皮革服装产品质量不断提升的重要力量。

2004 年，应大、束兰、凯撒、兽王、雪豹、蒙努等皮革服装品牌被评为中国名牌；2007 年，除上述 6 个品牌被复评为中国名牌外，DongMing、依鹿奇也被评为中国名牌。

三 经济增长数据

经过新中国成立后 60 多年的发展，我国皮革服装行业逐步由小到大、由弱变强，无论是技术、工艺，还是质量、产能都跃居世界前列，成为了名副其实的世界皮革服装生产大国，但还不是强国。行业发展数据是最好的说明，虽然由于时间久远，部分数据无法找到，或者统计口径不完全一致，但透过数据，仍然可以看出行业发展的脉络，彰显我国皮革服装行业 60 年的辉煌成就。

（一）1978—1987 年改革开放初期

1980—1987 年我国皮革服装产量及出口量值见表 2-43。

表 2-43　　　　　　　　1980—1987 年皮革服装产量及出口量值

年份 类别	1980	1981	1982	1983	1984	1985	1986	1987	1987 年比 1980 年增长（%）
产量（万件）	—	—	—	—	—	321	240	438	—
出口量（万件）	35.6	33.0	35.2	57.9	55.1	45.5	70.2	185.5	421.1
出口值（万元）	3354.8	3152	3219	5440	5411	1732（万美元）	12290	21946	554.2

资料来源：轻工业统计年报。

（二）1988—1997 年快速发展时期

1988—1997 年我国皮革服装产量及出口量值见表 2-44。

表 2-44　　　　　　　　　1988—1997 年皮革服装产量及出口量值

年份 类别	1988	1989	1990	1991	1992	1993	1994	1995	1996	1997	1997年比1988年增长（%）
产量（万件）	959	1497	1462	1946	3724	4427	3427	6688	4979	7939	727.8
出口量（万双）	157.90	123.83	314.64	308.89	406.20	511.61	775.79	564.76	562.54	643.38	307.5
出口值（万元）	30330	31886	42768	45456	56615	73195	114885	127503	152964	147829	不可比

资料来源：轻工业统计年报。

（三）1998—2010 年全面繁荣时期

1998—2010 年我国皮革服装生产量值及出口值及进口量值见表 2-45、表 2-46、表 2-47。

表 2-45　　　　　　　　　1998—2010 年皮革服装生产量值及出口值

年份 类别	1998	1999	2000	2001	2002	2003	2004
产量（万件）	4829	4373	6457	7088	7013	8654	7740
总产值（千元）（当年价）	—	—	—	14388 000	20050000	23428471	23574741
销售产值（千元）	—	—	—	14715 000	19580000	23359106	23187673
出口交货值（千元）	—	—	—	—	12460000	15923201	14262836

年份 类别	2005	2006	2007	2008	2009	2010	2010 比 1998 年增长（%）
产量（万件）	6640	6581	5705	5653	5612	6237	29.2
总产值（千元）（当年价）	28301846	28177582	33776709	36009754	40767165	45914489	—
销售产值（千元）	27588368	27151751	33109440	35642658	39971649	45061194	—
出口交货值（千元）	15217365	12497589	14320453	12145941	10929398	12639626	—

注：上表每栏左、右相连。
资料来源：国家统计局。

表 2-46　　　　　　　　　　2000—2010 年皮革服装出口量值表

数量：万件；金额：百万美元

2000 年		2001 年		2002 年		2003 年		2004 年		2005 年	
数量	金额	数量	金额	数量	金额	数量	金额	数量	金额	数量	金额
10.1	1854.9	5812.2	2002.4	6290.2	1925.2	6897.6	2342.4	6128.4	2304.8	5616.7	2275.9

2006 年		2007 年		2008 年		2009 年		2010 年		2010 年比 2000 年增长（%）	
数量	金额	数量	金额	数量	金额	数量	金额	数量	金额	数量	金额
4372.8	1643.8	3417.6	1291.6	2232.0	992.8	1875.0	780.8	1842.1	855.6	18138	

注：上表每栏左、右相连。

资料来源：国家海关。

表 2-47　　　　　　　　　　2000—2010 年皮革服装进口量值表

数量：万件　金额：百万美元

2000 年		2001 年		2002 年		2003 年		2004 年		2005 年	
数量	金额	数量	金额	数量	金额	数量	金额	数量	金额	数量	金额
2.4	1.0	2.6	2.3	12.4	4.2	6.3	5.6	5.9	11.1	8.4	12.5

2006 年		2007 年		2008 年		2009 年		2010 年		2010 年比 2000 年增长（%）	
数量	金额	数量	金额	数量	金额	数量	金额	数量	金额	数量	金额
5.9	14.7	10.2	26.9	10.6	41.4	12.7	37.3	20.7	61.8	762.5	6080.0

注：上表每栏左、右相连。

资料来源：国家海关。

第五节　毛皮及其制品行业

毛皮及其制品行业是我国皮革行业的重要组成部分，它同制革行业一样有着悠久的历史。在漫长的人类历史长河中，我国祖先早已在原始社会就创造了最原始的毛皮加工手段，"骨针"的出土，甲骨文中"裘"字的出现，证实了我国毛皮制作和用以御寒使用的史实。

我国毛皮及其制品行业是一个涵盖毛皮动物养殖、原料皮鞣制、毛皮制品加工及市场销售的上下游关联度较高的完整的产业链。

毛皮，行业术语亦称之为"裘皮""皮草"。与皮革及其制品的含义相似，毛皮及其制品从行业层面上来说，是相对独立的一个自然行业。

一　行业发展沿革

我国毛皮资源丰富，野生毛皮有黄狼皮、旱獭皮、狐皮、狼皮、貉子皮、狸子皮、麝鼠皮、香狸皮、猸子皮、灰鼠皮、艾虎皮、花鼠皮等；养殖毛皮有绵羊皮、兔皮、小湖羊皮、滩羊羔皮、青猾皮等。其中，以绵羊皮和兔皮为大宗。

（一）1949—1957年恢复改造时期

新中国成立以后，在我国皮革工业恢复改造时期，毛皮养殖、加工业处于恢复建设、缓慢稳定发展时期。

毛皮鞣制，我国长期以来一直沿用传统的硝面鞣法，这种古老的制裘方法，不仅会消耗大量的粮食，而且会使产品有异味和灰尘，容易吸潮走硝，也不能直接染色加工。因此，在毛皮行业中应用化学鞣法代替硝面鞣法，一直是科研单位和生产企业的重要研究课题。新中国成立初期，有的毛皮厂已经开始试用铬盐鞣制绵羊皮、兔皮。

20世纪50年代初，因用发酵法和硝面鞣法加工的毛皮产品会掉毛、不耐水、有臭味、易反硝、耐温热性较差，遂被淘汰，代之以明矾熟制法。

自1957年起，各地毛皮鞣制加工企业先后研究采用矿物鞣法等化学鞣法来代替传统鞣法，节约粮食并取得了成效。化学鞣制工艺的另一个优点是毛皮能够染色加工，有利于开发毛皮新产品。如采用模板染色法鞣制的旱獭皮，经过精工细作，已经能够仿制成金钱豹皮，为提高经济效益创造了条件。

新中国成立后，河北肃宁、枣强、阳原，河南孟州、周口，浙江崇福等地的毛皮生产传统工艺和手工作坊被传承下来，并发扬光大。北京的毛皮业由细毛皮货业和老羊皮货业合并而成，1950年有业户508户；1952年毛皮业比1950年有所减少，剩下461户1000多人；1953年在调整中划出胶户、洗皮衣和买卖成品归商业部门，年末尚有427户1242人。

1952年，我国共有生产毛皮的工厂23家，其中国营企业有10家。根据1953年的统计资料显示，我国当时全国有地方国营毛皮厂8家，职工总数为1611人；大型私营厂13家，职工总数为492人。

为了增加制裘用毛皮的产量，尤其是增加细毛皮张，1956年，我国开始人工养殖水貂，当时年产水貂皮2万多张。同年从国外引进了狐狸、水貂等品种和相关的技术设备，并在辽宁、山东、黑龙江、吉林等地兴建了一批养殖场，当时多以水貂养殖为主。1956年农产品采购部畜产管理总局和中国畜产进出口公司，就分别在黑龙江、山东、贵州、北京等地兴建了5座野生饲养场。

（二）1958—1977年初期建设时期

1958年底，国内各地先后建成的毛皮动物养殖场已有70多个。从20世纪60年代开始，我国还在东北、西北、华北等地引进和养殖世界著名的波斯羔羊，并用它生产出我国著名的"三北羔皮"。这种羔皮具有毛圈紧密、花形美观、毛长适中、光泽柔和等特点。

20世纪50年代末期，我国毛皮鞣制开始采用甲醛鞣法，鞣制后的毛皮，颜色洁白，质量轻，而且耐汗、耐氧化剂、耐还原剂、耐水性能优良，甲醛鞣制方法的推广大大提高了毛皮质量。60年代，铬鞣开始在毛皮加工中应用，最初采用二浴铬鞣法，毛皮的丰满、柔软性能得到显著提高，后因此法对毛被天然颜色稍有影响，遂逐渐被一浴铬鞣法替代。70年代，酶软化毛皮工艺开始应用，1971年绵羊皮采用酶软化工艺以后，鞣制成的产品质量明显提高，这成为毛皮工业发展的一个里程碑。1977年，总后勤部所属军需毛皮厂推广应用酸性蛋白酶3350软化毛皮生产工艺，收效甚佳。

从 1960 年开始，我国毛皮鞣制采用化学鞣法的企业逐渐增多。从 1971 年开始，轻工业部毛皮制革研究所总结了各毛皮厂化学鞣法的实践经验，完善了毛皮化学鞣制方法，形成了毛皮化学鞣制新工艺。北京、张家口、沈阳、哈尔滨、济宁、内蒙古等地一些毛皮厂，采用化学鞣制新工艺生产的羔皮、兔皮、绵羊皮等，无异味，无灰，皮板柔软，各部位纤维分散均匀，延伸性好，毛被清洁，质量显著提高。化学鞣制新工艺在水貂皮等高档毛皮上试用，也收到了较好的效果。

1970 年，物资管理部门将野生细杂皮由二类物资调为三类物资，在管理上逐级下放，致使原皮收购、集中生产受到严重影响。所以，虽然我国毛皮资源丰富，但由于毛皮原料缺乏统一管理，很难集中使用。

从 20 世纪 70 年代起，我国毛皮工业从养殖、加工到贸易的产业格局演变成以国家和省级外贸部门为核心，以外贸直属毛皮动物养殖场和地方毛皮动物养殖场为依托，毛皮鞣制及其制品加工分散全国各地，可以说是外贸直属加工企业和各地毛皮厂、服装厂并驾齐驱，毛皮原料资源由工业与外贸部门联合管理，从地方收购、分配、供应、加工、贸易到中央调剂余缺，实际上还是外贸为主。同时，随着蛋白酶制剂的研究开发和推广应用，毛皮蛋白酶软化技术逐渐成熟，与毛皮化学鞣制新工艺，前后组合应用，解决了用酸处理溶解非胶原蛋白和分散纤维不良而导致的皮板发硬、延伸性不好的弊病，从而代替了生产周期长、环境卫生差的陈旧、落后的米糠软化法。

1976 年，轻工业部、对外贸易部、全国供销总社联合召开重点省、市、自治区毛皮专业座谈会，重点交流毛皮鞣制新工艺、新技术、新材料、新设备等方面的技术革新和技术改造的经验，研究讨论了全国毛皮工业如何开展有效管理、综合利用、使产品实现"五变"，并解决"三废"污染等方面的问题，有效地推动了毛皮产业的后续发展。

（三）1978—1987 年改革开放初期

1978 年，毛皮加工采用"液动皮不动"取得重大革新成果，5 道工序在同一划槽内连续进行，减轻了劳动强度和环境污染，节约化料，提高了产品质量。

20 世纪 80 年代初，人字刀去肉机投产，水溶性毛皮脱脂剂、合成鞣剂等化料的应用，对于绵羊皮、羔皮、兔皮、狗皮、各种杂皮的一般性生产操作影响深远，简化了生产工艺、缩短了生产周期、减轻了劳动强度、提高了产品质量。油鞣剂的推广应用，对于水貂皮、狐皮等少数珍贵产品的加工质量有了更好的保证，这对提高我国高档裘皮服装质量具有重要意义。

"六五"期间，国家把"毛皮染整加工技术的研究"列为科技攻关项目，该项目以青猾皮作为幼龄动物皮的代表、羊剪绒皮作为毛要经过特殊加工的毛皮代表、兔皮作为有针毛类毛皮代表、黄狼皮作为珍贵毛皮代表，进行了幼龄动物皮皮板、毛被组织构造、毛皮褪色技术的研究，采用先进的硫酸亚铁催化—氧化—还原褪色法，通过加强褪色前后皮张的复鞣，采用低温、低 pH 值并在有毛保护剂条件下褪色的新工艺，突破了旧工艺只能褪成浅黄色的水平，而能将有色毛皮褪成白色且毛被受损伤轻，其褪色水平达到当时美国劳恩斯坦 20 世纪 80 年代的水平，褪色溶液第一次在国内连续使用成功，降低了材料消耗，提高了销售价格，有效地推动了毛皮加工工艺的提升和毛皮行业的发展。

这个时期，综合我国毛皮及其制品行业的基本状况，大致有如下特点。

1. 工艺技术

毛皮生产工艺与技术得到很大改进和提高。加工工艺方面：全面采用了化学鞣制代替古老的硝面法，采用了酶软化、化学鞣制工艺，进一步提高了质量。加工技术方面：一是浸水工序，除使用渗透剂等助剂进行快速浸水外，还使用酶制剂浸水，总浸水时间为一天，使用中性或酸性蛋白酶软化，进行多次脱脂。二是鞣制工序，仍以铬鞣、铝鞣、醛鞣及结合鞣为主，铬鞣后采用戊二醛复鞣已广泛应用，同时采用小液比低速转鼓鞣制法，减少废液，缩短鞣制时间，节约材料。三是采用小液比染色，除用传统的氧化染料外，还有酸性染料、金属络合染料、活性染料、还原染料和分散染料等。四是还有一些新技术得到应用，如毛革两用产品是比较流行的产品；喷染法，即将专用的金属络合染料喷染于绒面上；转移印染法，即将印有易升华的分散染料的薄膜纸贴在绒面上，经短期熨烫，与印染相仿，使分散染料转移到绒面上；水貂皮脱脂后，采用亚铁盐增色或氧化染料增色；低级仿高级技术发展较快，如型染、防染、印染、褪色等。如采用亚铁盐作为接触剂的氧化漂白法，使红狐褪色，改染成蓝狐。又如用聚乙烯基内酰胺作防染剂，代替过去的铅盐法防染，使操作简便；毛被的加工也采用了一些新技术，直毛工艺采用二羟基甲基乙烯脲树脂、环氧树脂等。利用与蛋白质螯合的金属螯合剂，可加强毛皮卷曲的固定；接枝技术应用于毛皮，可提高耐穿性，如兔皮与丙烯酰胺在抗坏血酸—硫酸亚铁—过氧化氢的氧化还原系统中聚合，可提高兔皮强度40%。

2. 生产设备

毛皮生产分湿、干两部分，湿加工部分主要有划槽、转鼓、去肉机、伸展机、液压通过式烫毛机、精密剪毛机、红外线干燥设备和可控硅溶剂脱脂设备等。毛皮机械正向高效能、液压传动、自动化与通过式方向发展。毛皮裁制方面，高速裁条机已经使用，为了便于毛被的拼配，常将鞣制好的毛皮串刀处理后拼配缝制。

3. 主要差距

我国毛皮及其制品行业与国外先进水平相比差距较大。一是技术水平低，产品质量不高，高档原料皮加工成低档产品。二是机械化程度不高，劳动生产率低。毛皮生产绝大部分是半机械半手工操作，除少数大型厂拥有较先进的设备外，大多数工厂机械化程度都不高。剪绒绵羊皮，日本每人班产6—7张，我国最高班产2—3张；串（穿）刀水貂皮大衣，中国香港每件8个工，我国内地需用24—30个工。化工材料品种少，质量差也是我国毛皮产品品质低的一个主要原因。

（四）1988—1997年快速发展时期

20世纪80年代后期，国内开始将一些化工助剂用于毛皮加脂，如国产润湿剂OP-15、平平加、平平加C-125等，显著提高了毛皮皮板柔软性、可塑性、强度和稳定性。此后，又将1号合成加脂剂、软皮白油、合成牛蹄油用于毛皮加脂并进行改进，提高了加脂剂耐酸和耐电解质的性能，保证加脂在多工序使用，如浸酸、鞣制等工序，确保加脂剂的均匀渗透和分布，提高了毛皮成品质量。

1988年，甘肃全省毛皮鞣制及制品企业有37户，全省轻工系统年生产毛皮（折羊皮）7.28万张，其中绵羊皮（自然张）4.68万张。毛皮服装1.33万件，其中翻毛皮服装0.58万件，毛皮帽子0.02万顶。至1993年除总后勤部3512工厂以外，全省毛皮企业全部关停并转。

山东省是全国毛皮动物养殖大省,是全国重要的毛皮原料基地,养殖业主要集中在省内东部沿海如荣城、文登、胶南、诸城、蓬莱等地区,养殖的品种主要是狐、貉、貂、兔等毛皮动物,产量居国内产量之首,占全国总产量的60%。

1995年,新疆阿勒泰地区皮革厂引进西班牙全套毛革皮生产设备和技术。1996年,该厂引进联邦德国设备,使年生产毛革皮的能力增加到50万张。直至2000年全新疆毛革皮加工能力达到200万张。

20世纪90年代以后,世界毛皮加工重心向东南亚及中国大陆转移,我国毛皮及其制品行业得到快速发展,毛皮加工技术不断创新、毛皮制品逐渐多样化,特别是一些高档原料皮如水貂皮、蓝狐皮等加工技术的提升及化工材料的自主化,初步确立了我国毛皮生产大国的地位。

1997年,我国有毛皮及制品企业1200多个(不含年销售收入在100万元以下的村办、合作经营、个体等企业),其中乡及乡规模以上的生产企业有641个。

(五) 1998—2010年全面繁荣时期

20世纪90年代后期,国内毛皮化工材料公司纷纷崛起,在国内开发生产配套的皮革化工材料。这不仅改变了我国毛皮染料大部分靠进口的局面,而且打破了国外化工材料垄断毛皮化工市场的格局,促进了我国皮毛工业水平的全面提升。之后,染料品种也由单一的氧化染料,发展为酸性染料、直接性染料、活性染料、金属络合染料,以及草上霜染料等色泽鲜艳度好、日晒坚牢度和熨烫坚牢度高、溶解分散性好、配伍性好的染料,染色令裘皮面貌一新。平面染色有浴染、扎染、吊染、喷染、漂白、漂金等,立体染色有沿毛长度方向的染色,如草上霜、一毛双色等,平面立体结合染色,如双色毛印花、蚀花、刻花等,这些技工方法使昔日的毛皮改变了色彩,扩大了毛皮的用途和使用范围。

20世纪90年代中期以后,我国毛皮及制品市场出现了连续六七年稳步上升态势,成为世界毛皮产业发展中的亮点。中国毛皮及制品行业已形成了比较完整的产业链,专业化程度提高,分工细化,企业规模不断增大。

2005年以后,中国毛皮及其制品行业在快速发展之后增速开始出现下滑趋势,其原因主要是受国际动物保护主义反裘运动、全球气候变暖、宏观政策调整、环境保护压力加大等多种因素的影响。我国毛皮及其制品行业2005年出口额达25.9亿美元,创出历史新高后回落,2006年出口额仅11.8亿美元,同比下降54.5%。2005—2007年我国毛皮及其制品行业规模以上企业销售收入及利税总额,以及在此期间出口量值见表2-48、表2-49。

表2-48　　　2005—2007年毛皮及其制品行业规模以上企业销售收入及利税总额

单位:亿元

商品名称	2005年				2006年				2007年1—11月			
	销售收入	同比增长(%)	利税总额	同比增长(%)	销售收入	同比增长(%)	利税总额	同比增长(%)	销售收入	同比增长(%)	利税总额	同比增长(%)
毛皮及制品	151.4	47	15	70	183	22	20	29	209	26.7	25	51.8

表2-49　　　　　2005年至2007年1—11月中国毛皮及其制品行业出口量值

金额：百万美元

商品名称	单位	2005年 数量	2005年 金额	2005年 量同比（%）	2005年 额同比（%）	2006年 数量	2006年 金额	2006年 量同比（%）	2006年 额同比（%）	2007年1—11月 数量	2007年1—11月 金额	2007年1—11月 量同比（%）	2007年1—11月 额同比（%）
生毛皮	千吨	0.3	9	-12.2	16.4	0.4	15	46.2	68.9	0.5	21	32.9	56.3
已鞣毛皮	千吨	5.7	279	-27.9	0.5	6.0	322	6.0	15.6	4.5	239	-19.8	-19.3
毛皮服装	千吨	8.8	1872	-0.9	39.5	3.7	489	-58.4	-73.9	3.2	288	-8.3	-38
其他毛皮制品	—	—	425	—	20.3	—	351	—	-17.4	—	319	—	-3.7
小计	—	—	2585	—	30.5	—	1177	—	-54.5	—	867	—	-21.6

进入21世纪，我国毛皮鞣制加工业总体格局为：广东地区主要以港资大企业为主，加工的品种主要以水貂为主，其次是蓝狐皮，大工厂仍然以鞣、染、漂水貂皮为主，小工厂以染色兔皮、水貂碎料、蓝狐为主；江浙地区传统主要加工杂皮，主要染兔皮、蓝狐皮、貉皮，同时也是国内杂皮毛革的重要加工基地，原料以猾皮、绵羊羔皮和进口兔皮为主；河北依托传统的毛皮市场优势，加工品种齐全，各种档次均有；河北大营地区是世界上兔皮加工量最大的地区，每年的加工量近亿张，2000年以后保持了高速的增长态势，生产、投资、贸易等环境得到极大的改善，河北尚村、留史主要以鞣制国产水貂皮、蓝狐皮、獭兔皮、黄狼皮、貉皮为主；河南毛皮鞣制加工的主要产品是绵羊皮，产量占全国的50%；东北因地域特点以狐狸皮、貉皮硝制为主，加工约占全国产量的20%—30%。

毛皮制品加工业的格局为：广东地区由于毗邻中国香港，且广东地区大的生产企业多数是港资企业，产品主要出口欧美和日本等高档市场，因而其产品主要是水貂、水貂与其他毛皮搭配的高档服装、服饰、毛皮包袋、毛皮鞋靴；江浙地区主要生产杂皮服装、毛皮编制制品、毛革服装，蓝狐皮、貉子皮、兔皮服饰，但浙江宁波、余姚等地主要生产水貂皮服装；河北大营是世界兔皮服装原料加工基地，除此以外也加工水貂服装、兔皮、蓝狐皮及各种杂皮服饰，河北阳原县主要生产水貂碎料褥子、成衣等；河南地区主要生产各种羊皮毯、垫、靠背、皮型皮制品及制鞋用原料；东北地区主要生产一部分水貂服装；京津地区主要生产杂皮服装，如旱獭皮、貉子皮、水貂碎料、兔皮等服装，同时也生产一部分服饰产品，由于生产成本较高，该地区生产逐步萎缩，该地区主要为毛皮制品的交易市场。

2010年，我国毛皮及其制品行业逐步走出了美国金融危机的影响，整体回升态势明显，复苏形势不断巩固，实现了平稳较快发展，呈现出生产及进出口两旺的良好局面。2010年，我国规模以上毛皮及其制品企业工业总产值501亿元，毛皮鞣制产量3010万张（羊皮标准张），毛皮及其制品（不含生毛皮）出口实现大幅增长，达19.8亿美元，但仅及2005年最高水平的77%。

2010年，我国规模以上毛皮服装企业主要集中在浙江、河北、山东，三省产量占全国规模以上毛皮服装总产值的81.2%，其他省份占比均在6%以下。2010年，浙江省产量占我国规模以上毛皮服装产量39%，同比增长38.5%；河北省产量占25.1%，同比增长 39.1%；山东省产量占 17.1%，同比增长 84.9%。

2010 年，我国规模以上毛皮鞣制产量非常集中，河南占 64.3%，浙江占 10.3%，其他省份均在 7% 以下，中西部省份增长快。

二 行业发展水平

(一) 产量水平

1. 1978—1987 年改革开放初期

统计资料显示，这个时期我国毛皮鞣制产量、毛皮帽子产量基本呈现持续下降趋势。

全国毛皮鞣制产量（羊皮标准张）：1983 年 1925 万张、1984 年 1381 万张、1985 年 1089 万张、1986 年 885 万张、1987 年 845 万张。1987 年毛皮鞣制产量比 1983 年下降 127.8%。

全国毛皮帽子产量：1980 年 542.84 万顶、1983 年 694 万顶、1984 年 484 万顶、1985 年 283 万顶、1986 年 227 万顶、1987 年 164.36 万顶。1987 年毛皮帽子产量比 1980 年下降 230.3%。

1985 年，全国毛皮及其制品行业完成工业总产值为 40274 万元，出口总额为 7447 万美元；1987 年完成工业总产值 54741 万元，出口总额为 11189 万美元。

1987 年工业总产值比 1985 年增长了 35.9%；1987 年出口总额比 1985 年增长了 50.25%。

2. 1988—1997 年快速发展时期

这个时期，对皮革大行业来说是快速发展时期，但对毛皮行业来说，由于受国际毛皮市场影响，全国毛皮鞣制产量基本呈下降趋势，直至 1997 年才开始有所回升；毛皮服装产量及毛皮帽子产量呈逐年峰谷迂回态势，其中 1995 年毛皮服装产量达 554 万件、毛皮帽子产量达 510 万顶，双双出现这个时期的历史新高。

全国毛皮鞣制产量（羊皮标准张）：1988 年 1676 万张、1989 年 750 万张、1990 年 689 万张、1991 年 524 万张、1993 年 815 万张、1995 年 979 万张、1997 年 1417 万张。1997 年毛皮鞣制产量比 1988 年下降 18.28%。

全国毛皮服装产量：1988 年 269 万件、1989 年 438 万件、1990 年 332 万件、1991 年 282 万件、1993 年 541 万件、1995 年 554 万件、1997 年 361 万件。1997 年毛皮服装产量比 1988 年增长 34%。

全国毛皮帽子产量：1988 年 296 万顶、1989 年 236 万顶、1990 年 190 万顶、1991 年 176 万顶、1993 年 174 万顶、1995 年 510 万顶。1995 年毛皮帽子产量比 1988 年增长 72.4%。

3. 1998—2010 年全面繁荣时期

统计资料显示，这个时期我国毛皮鞣制产量大幅攀升，10 年间增长接近 20 倍；毛皮服装产量呈峰谷迂回态势，但 10 年间实现增长 5 倍多。

全国毛皮鞣制产量（羊皮标准张）：2000 年 147 万张、2009 年 1994 万张、2010 年 3010 万张。2010 年毛皮鞣制产量比 2000 年净增 2863 万件，增长率为 1950%。

全国毛皮服装产量：2000 年 50 万件、2004 年 538 万件、2009 年 250 万件、2010 年 312 万件。2010 年毛皮服装产量比 2000 年增长 520%。

(二) 质量水平

1. 1958—1977 年初期建设时期

20 世纪 50 年代末期，我国开始研究甲醛鞣法，并对甲醛鞣制方法和影响因素进行了系统研究，且将甲醛鞣制方法进行推广，鞣制后的毛皮颜色洁白且质量轻，又耐汗、耐氧化剂、耐还原剂、耐水，性能优良，用途广泛。甲醛鞣制方法的推广大大提高了毛皮质量。

2. 1978—1987 年改革开放初期

1980 年以来，上海毛皮总厂实行全面质量管理，生产的"金叶牌"水貂皮大衣荣获国家质量金质奖章。"金叶牌"黄狼皮串刀大衣、小湖羊皮大衣、硝制小湖羊皮、硝制狐狸皮、水貂皮等 7 个产品获部市级优质出口商品称号。

1980 年，位于甘肃省的解放军总后勤部 3512 工厂生产的铬鞣猫皮，获总后勤部优质产品称号。该厂从 1980 年以来生产的优质细毛羊皮一直保持总后勤部优质产品称号。1985 年，肃南县皮毛厂生产的裕固族皮大衣在全国少数民族用品供应会上被评为轻工业部优秀产品。

1978—1987 年的 6 次全国主要毛皮及其制品质量鉴定评比结果显示：1978 年一类产品占参评总数的 21.28%，二类产品占 49.90%，三类产品占 28.82%；1987 年一类产品占参评总数的 42.00%，二类产品占 35.20%，三类产品占 22.70%；1987 年一类产品比例上升了 20.72%，三类产品比例下降了 6.12%。由此可见，在此期间我国毛皮及其制品的产品质量在不断提高。

1987 年，上海皮毛总厂生产的"金叶牌"水貂皮串刀大衣、北京市皮毛二厂生产的"喜熊牌"水貂皮一条龙大衣分别获得国家质量金质奖。此外，山东济宁市新华皮厂"济宁塔牌"鞣制青猾皮、辽宁沈阳毛皮厂"孔翎牌"水貂皮、河北张家口第一制皮厂"古针牌"绵羊皮、河北张家口第二制皮厂"恒通牌"口羔皮分别获得国家质量银质奖。

3. 1988—1997 年快速发展时期

1988 年，全国主要毛皮及其制品质量鉴定评比结果显示：一类产品占参评总数的 50.0%，二类产品占 47.6%，三类产品占 2.4%；与 1987 年相比，一类产品比例上升了 8.0%，三类产品比例下降了 20.3%；评比结果三类产品极少，由此可见我国毛皮及其制品的产品质量普遍得到提高。

1988 年位于甘肃省的解放军总后勤部 3512 工厂生产的"羊剪绒防寒服装"获甘肃省优秀新产品科技成果三等奖。

1994 年 10 月 14 日，在国家工商行政管理局、国家技术监督局等有关部委的支持下，中国轻工总会在北京人民大会堂召开"实施真皮标志新闻发布会"，推出了"真皮标志"证明商标，同时举行了首批 46 家企业佩挂标志仪式，有力地推进了我国毛皮产品的质量水平提高。

4. 1998—2010 年全面繁荣时期

2006 年，中国皮革协会将"真皮标志"排头品牌工作首次扩展到毛皮行业，束兰、银杉、怡嘉琦、依奴珈等毛皮服装品牌被授予"2006 中国真皮标志裘皮衣王"荣誉称号，2009 年在真皮标志裘皮衣王的基础上，又推出了真皮标志裘皮名装。这些品牌产品以较高的质量水平,赢得了广大消费者的信赖,成为引领中国毛皮服装产品质量不断提升的重要力量。

2007年,怡嘉琦、银杉、依奴珈等裘皮品牌被评为中国名牌。

三 经济增长数据

经过新中国成立后60多年的发展,我国毛皮及其制品行业逐步由小到大、由弱变强,无论是技术、工艺,还是质量、产能都跃居世界前列,成为了名副其实的世界毛皮加工及生产大国,但还不是强国。行业发展数据是最好的说明,虽然由于时间久远,部分数据无法找到,或者统计口径不完全一致,但透过数据,仍然可以看出行业发展的脉络,彰显出我国毛皮及其制品行业60年的辉煌成就。

(一) 1978—1987年改革开放初期

1978—1987年我国毛皮加工及其制品生产量值见表2-50。

表2-50　　　　　　　　　1978—1987年毛皮加工及其制品生产量值

类别\年份	1978	1979	1980	1981	1982	1983	1984	1985	1986	1987
毛皮加工及其制品总产值(万元)(1980年不变价)	—	—	—	—	—	41523	45807	40374	44493	54741
毛皮(折羊毛皮)(万张)	—	—	—	—	—	1952	1381	—	884.6	845
毛皮服装(万件)	—	—	—	—	—	—	—	283	—	164.36
裘皮衣出口量(万件)	—	—	77.4	52.6	23.6	32.5	48.1	—	47.3	43.1
裘皮衣出口值(万元)	—	—	8805.2	7132	3667	3851	4790	—	6063	8746
皮褥子出口量(万条)	—	—	371.9	309.2	197.3	127.5	88.6	273.6	60.3	54.1
皮褥子出口值(万元)	—	—	9778.4	8948	5416	3376	1626	2677	2596	3072

资料来源:轻工业统计年报。

(二) 1988—1997年快速发展时期

1988—1997年我国毛皮加工及其制品生产量值见表2-51。

表2-51　　　　　　　　　　　　1988—1997年毛皮加工及其制品生产量值

类别\年份	1988	1989	1990	1991	1992	1993	1994	1995	1996	1997
毛皮（折羊毛皮）	1676	460.27	679.98	523.8	458.26	814.95	754	979.01	—	—
毛皮服装（万件）	268.80	203.95	332.17	281.84	339.43	540.59	712.77	553.56	407.86	361.48
毛皮帽子（万顶）	295.83	235.68	190.24	175.87	154.37	174.15	580.86（轻工业系统内）	510.08	55.10（轻工业系统内）	72.08（轻工业系统内）
总产值（万元）	68476（1980年不变价）	70408	78312	61220	66872	75188	103318	101400	619250	684164
出口值（万元）	23752	23124	24639	25074	26307	32439	44566	34294（万美元）	41992	28347

资料来源：轻工业统计年报。

（三）1998—2010年全面繁荣时期

1998—2010年我国毛皮鞣制及其制品加工行业总产值及出口交货值见表2-52，2000—2010年我国毛皮及其制品出口、进口量值见表2-53、表2-54。

表2-52　　　　　　1998—2010年毛皮鞣制及其制品加工行业总产值及出口交货值

单位：千元（当年价）

年份\类别	毛皮鞣制及其制品加工 工业总产值	工业销售产值	出口交货值	毛皮鞣制加工 工业总产值	工业销售产值	出口交货值
1998	5630000	—	27587（万美元）	—	—	—
1999	4470000	—	28710（万美元）	—	—	—
2000	5136620	4840610	247255	—	—	—
2001	4936000	5318000	—	—	—	—
2002	6749770	6680760	3499520	—	—	—
2003	8647673	8484135	4170921	3119607	3067717	1039862
2004	11028949	10690969	5174157	2993407	2853807	864402
2005	15923111	15522553	5797949	3845172	3767091	917141
2006	18872203	18517173	6532994	6674894	6605506	2260908
2007	24163519	23777910	6594279	9622485	9509849	2725778
2008	29975030	29361641	6684697	11953229	11703672	2991251
2009	37789383	37332832	6397028	15225925	14997907	2514112
2010	50109283	49067221	7698555	17906355	17668472	2652702

续表

类别 年份	毛皮服装加工			其他毛皮制品加工		
	工业总产值	工业销售产值	出口交货值	工业总产值	工业销售产值	出口交货值
1998	—	—	—	—	—	—
1999	—	—	—	—	—	—
2000	—	—	—	—	—	—
2001	—	—	—	—	—	—
2002	—	—	—	—	—	—
2003	2279100	2263357	1155903	3248966	3153061	1975156
2004	3248857	3194034	1713070	4786685	4643128	2596685
2005	7505922	7286214	2888237	4572017	4469248	1992571
2006	7069093	6851803	2678052	5128216	5059864	1594034
2007	8349642	8200749	2222183	6191392	6067312	1646318
2008	7990000	7813476	1619004	10031801	9844493	2074442
2009	10388182	10280711	1650098	12175276	12054214	2232818
2010	17219700	16505730	2513864	14983228	14893019	2531989

注：上表每栏左、右相连。

资料来源：国家统计局。

表2-53　　　　　　　　　2000—2010年毛皮及其制品出口量值　　　　　金额：百万美元

	单位	2000年		2001年		2002年		2003年		2004年		2005年	
		数量	金额	数量	金额	数量	金额	数量	金额	数量	金额	数量	金额
毛皮及其制品			376.9		482.2		510.9		882.3		1972.8		2576.4
已鞣毛皮	千吨	3.7	127.7	—	—	—	—	—	—	—	—	5.7	278.9
毛皮衣服	万件	141.9	110.2	177.6	143.1	190.7	173.9	323.8	484.0	592.9	1342.0	644.9	1872.5
其他毛皮制品	千吨	8.5	136.5	—	—	—	—	—	—	—	—	11.7	422.0
毛皮制帽类	千顶	625.2	2.5	—	—	—	—	—	—	—	—	475.3	3.0

	单位	2006年		2007年		2008年		2009年		2010年	
		数量	金额	数量	金额	数量	金额	数量	金额	数量	金额
毛皮及其制品			1162.0		902.2		869.5		1301.9		1984.5
已鞣毛皮	千吨	6.0	322.3	4.8	262.2	5.2	284.5	5.0	298.9	4.8	303.5
毛皮衣服	万件	3.7	488.5	3.4	305.8	2.0	252.9	208.5	603.4	293.5	1035.7
其他毛皮制品	千吨	10.7	347.7	11.0	330.3	10.6	326.3	10.8	393.7	12.6	636.8
毛皮制帽类	千顶	522.4	3.4	476.7	3.8	648.8	5.9	758.2	6.0	926.3	8.5

注：上表每栏左、右相连。

资料来源：国家海关。

表 2-54　　2000—2010 年毛皮及其制品进口量值　　金额：百万美元

	单位	2000年		2001年		2002年		2003年		2004年		2005年	
		数量	金额	数量	金额	数量	金额	数量	金额	数量	金额	数量	金额
毛皮及其制品			103.9		107.4		104.7		122.8		183.3		177.7
已鞣毛皮	千吨	5.7	101.3	—	—	—	—	—	—	—	—	9.3	169.3
毛皮衣服	万件	4.8	0.3	0.6	0.2	0.9	0.7	0.7	0.9	0.9	0.8	0.9	2.7
其他毛皮制品	千吨	0.1	2.3	—	—	—	—	—	—	—	—	0.1	5.7
毛皮制帽类	千顶	0.6	0.0	—	—	—	—	—	—	—	—	0.4	0.0

	单位	2006年		2007年		2008年		2009年		2010年	
		数量	金额	数量	金额	数量	金额	数量	金额	数量	金额
毛皮及其制品			178.1		185.8		233.1		202.3		251.2
已鞣毛皮	千吨	18438.6	167.0	19.7	172.5	15.2	219.5	12.7	191.7	11.5	235.9
毛皮衣服	万件	11.7	4.8	0.0	4.3	0.0	6.3	1.7	6.5	2.0	10.3
其他毛皮制品	千吨	64.0	6.3	0.1	9.0	0.1	7.1	0.0	4.0	0.1	4.7
毛皮制帽类	千顶	5354.0	0.0	1.2	0.1	7.9	0.2	4.3	0.1	10.1	0.3

注：上表每栏左、右相连。

资料来源：国家海关。

第六节　皮革化工行业

我国皮革化工产品，原先主要涵盖鞣剂（包括合成鞣剂、含铬鞣剂、复鞣剂等）、加脂剂（动植物油脂加工产品、合成加脂剂）、涂饰剂（包括揩光浆、颜料膏、改性酪素、丙烯酸树脂、氨基树脂、聚氨酯、硝化棉等涂饰材料等）和各种助剂等四大类。至于红矾钠（重铬酸钠）、栲胶（植物鞣剂）、皮革用酶制剂、皮革专用染料等，涉及林业、生物化学、精细化工及化学工业领域跨学科跨行业的相互交叉，其归属在业界尚未形成权威性的界定。

20 世纪 30 年代之前，我国皮革化工生产几乎处于空白状态，只能生产硫酸化蓖麻油、揩光浆和皮鞋油等，制革行业所需的主要皮革化学品捉襟见肘，甚至制革生产用的主要鞣剂如红矾、栲胶也不得不依赖进口。建于 1936 年的信发化学工业社（上海新华皮革化工厂前身）设在嘉定县，只有 4 名工人，一台小型石头三辊研磨机，日产 1—2 吨揩光浆。

栲胶是鞣制重革的植物鞣剂，新中国成立前我国仅有一家年产能力 40 吨的小栲胶厂。据海关统计显示，1946 年仅栲胶一项，进口额就达 240 多万美元。

一　1949—1957 年恢复改造时期

新中国成立后，我国皮革化工缓慢起步。1954 年，国家林业部与成都工学院共同成立植物鞣料研究室，由张铨教授负责。张铨、张文德、乐以伦等先后研究、发掘了植物鞣料品种 128 种。

20 世纪 50 年代，上海生产揩光浆的私营小厂（社）有信发、建业、开利、信裕、正大、新光、立信等 7 家。1955 年浙江温州建立了栲胶厂，后浙江新昌也建立了栲胶厂。从此，国产植物鞣革开始部分使用国产栲胶。1957 年，由于企业裁并改组，上海生产揩光浆的开利实业化工厂、春记糠精作、信裕行、正天行、万里化学工艺社和立信化学工业社等 6 家厂（社）并入信发化学工业社，生产经营皮革涂饰剂揩光浆。当时从业人员有23 人，年产揩光浆 70 吨，为制革配套，注册商标定名为"牛羊牌"。浙江瑞安皮化厂是浙江省最早生产皮化材料的工厂，以生产颜料膏为主，也生产加脂剂、揩光浆等化工材料，年产量 100 吨左右。

这个时期，林业部从德国引进栲胶生产技术在内蒙古自治区的海拉尔建立了栲胶厂。

二 1958—1977 年初期建设时期

在初期建设时期，上海、天津、北京、四川泸州等国有皮革化工厂先后建成投产，我国皮革化工行业当时的骨干企业队伍已初具规模。

1959 年，上海皮革化工厂建成，系轻工业部定点建设的我国第一家专业生产皮革化学品的国有骨干企业，主要生产皮革涂饰剂、皮革加脂剂、合成鞣剂以及各类助剂。建厂伊始，即调集了上海市轻工业研究所化工室工程技术人员陈鸿炳等人组成丙烯酸树脂试制小组。经过上百次试验，于当年年底取得小试成功，1960 年中试成功，并于 11 月 1 日正式投产，产品命名为"软性 1 号"和"硬性 1 号"。1964 年，具有防水、耐磨等功能的 75 号树脂（后定名为"中性 1 号"）开发研制成功，（即 20 世纪 80 年代的"中 1"），经批量生产，同年 12 月轻工业部在上海召开鉴定会，并确定上海为全国制革行业生产丙烯酸树脂的基地。1965 年，该厂丙烯酸树脂产量达到 262.3 吨，到 1969 年已增加到 521 吨。20 世纪 70 年代，上海皮革化工厂不断开拓完善，从皮革鞣剂、加脂剂、涂饰剂到多种助剂，形成了皮革化工产品的标准化、系列化，并推出了注册商标"爱使牌"品牌。同时继续对树脂产品进行质量攻关，研制了能进一步解决皮革松面现象的丙烯酸填充树脂和具有交联、接枝分子结构的丙烯酸树脂 BN 及有耐曲挠、耐磨、耐湿擦、耐有机溶剂的丙烯酸树脂 SB。

1963 年 6 月，为了扩大生产规模，上海信发化学工业社从南京西路迁至长宁区杨宅路 20 号，更名为"公私合营信发皮革化工厂"，从业人员增至 32 人。20 世纪 60 年代初该厂试制成功与"揩光浆"另类的颜料膏，形成皮革涂饰剂的第二大类产品。1966 年 9 月，信发皮革化工厂改名为"上海新华皮革化工厂"。

1964 年，原上海皮革工业公司所属专业生产制革用的"红矾钠"的上海淮海化工厂，按照产品归口政策，全套生产设备以无偿调拨的形式划归上海市化工局，原厂址筹建上海皮革机械修配厂（上海皮革机械厂前身）。

1964 年，天津皮革化工厂建立，当时主要生产鹿羊牌揩光浆、颜料膏和奶子油（土耳其红油）等产品。1969 年该厂开发研制出加脂剂、合成鞣剂、丙烯酸树脂乳液等皮化产品。

1966 年，江苏省南京皮革化工厂开始生产软皮白油，年产 1400 吨左右。

1967 年 4 月 26 日，国家计委批复同意建设内蒙古巴彦高勒皮革化工厂，并于 1968 年开展筹建工作。

20世纪60年代中后期，由中科院微生物所选育的枯草芽孢杆菌SA1.398中性蛋白酶于1965年在无锡酶制剂厂投产，并成功地用于猪皮制革。1968年，上海新兴制革厂率先将3942蛋白酶应用在猪绒面革和鞋面革生产上并获得成功。枯草杆菌ASl.398中性蛋白酶和3942碱性蛋白酶是我国制革业在酶脱毛工序中最先使用的两个酶制剂产品，为创建我国猪皮制革酶脱毛新工艺开创了先河。与此同时，在微生物脂肪酶的研究中，1969年试制成功了解脂假丝酵母AS2.2103脂肪酶制剂，可用于毛皮加工行业的对皮板进行软化、脱脂。1974年，微白链霉菌166中性蛋白酶和矮小芽孢杆菌209碱性蛋白酶分别在上海酒精厂和天津酶制剂厂投产。皮革脱毛专用蛋白酶制剂新品种的不断涌现，进一步促进了我国制革酶法脱毛工艺的发展。

70年代初期，轻工业部曾邀请诸多国外皮化厂商来华进行技术交流和应用试验，又曾组团考察了联邦德国BASF和Bayer两家著名的化工公司，了解了当时的新型鞣剂、复鞣剂、皮革染料、涂饰剂等新品，并两次组织引进30多个品种、400多吨皮化材料，组织科研院所和皮化厂家进行剖析、仿制，通过研制，铝鞣剂、填充性树脂、改性干酪素、硝化棉乳液等产品先后投产。

1972年，山东省枣庄市区竹条皮革厂的栲胶生产车间开始生产粉状栲胶。1978年栲胶生产车间独立，更名为"枣庄市台儿庄区栲胶厂"，年产栲胶300吨。成立于1973年的平邑县栲胶厂主要生产橡碗栲胶、杨梅栲胶等。

1973年，北京皮革化工厂完成4项科研项目，一号鱼油加脂剂的投入生产、O2型加脂剂进行试产、阴离子合成加脂剂和改性丙稀酸粘连耐寒树脂的试验成功，填补了国内生产的空白。

1973年，轻工业部向各重点省市有关皮革化工厂下达皮革化工新材料5类、13个品种的研制任务，并于1975年召集北京、天津，上海、河南、江苏、安徽、四川、陕西、辽宁、湖北等10个省市的制革生产、科研单位和大专院校的19位代表，组成"三结合"技术鉴定小组，在徐州市对上述皮革化工新材料科研项目进行了技术鉴定。鉴定前，这些皮化新材料分别在牛修正面革、猪正面革、猪绒面革、猪劳保手套革和毛皮等品种上进行了各种应用试验。这13个品种皮化新材料分别是铝鞣剂、阳离子加脂剂、Z-2阳离子加脂剂、填充树脂、BN改性丙烯酸树脂、J1-1、J1-2、J1-3改性丙烯酸树脂、PU-1型聚氨酯乳液、硝化棉乳液等产品，由京、津、沪皮化厂，丹东轻化所，上海沪光制革厂以及北京皮革公司与河南皮研所协作完成。这些皮化新品种的研发，不仅推动了我国皮化行业的壮大发展，而且对制革生产简化工艺、提高质量、降低成本、减少污染都有较明显的效果。

1976年轻工业部、农林部联合编制、印发关于"栲胶生产安排和分配调拨计划"通知，要求各地栲胶生产厂要切实加强企业管理，进一步改进工艺，不断提高栲胶产品质量，并要密切配合原料收购部门尽多地生产橡碗、杨梅、柚柑、落叶松等栲胶，以满足和适应在改进中的鞣革工业和有关部门生产发展与增加出口的需要；要求各地皮革厂要立足国内，根据国产栲胶的特点，不断改进鞣革工艺，提高使用国产栲胶技术。

1976年，山东省平度皮革化工厂建成，主要生产颜料膏、揩光浆、硫化油、脲醛胶等皮化产品；后更名为"青岛皮革化工厂"。1978年，该厂生产颜料膏、揩光浆，年产32.7吨。

1976年，辽宁省的金州骨胶厂上马生产皮革化工产品，主要生产颜料膏、揩光浆、丙烯酸树脂、平平加等产品。同年，辽阳建立了栲胶厂，隶属于辽阳市轻纺局，全厂有职工186人，其中生产栲胶生产的为90人，设计生产能力为1000吨，实际年生产300吨。

20世纪70年代，我国皮革化工生产技术尚未出现较大突破，仍停留在间歇式生产时期，产量低、消耗高、品种少、质量差，只能生产合成鞣剂、加脂剂、涂饰剂（主要有丙烯酸树脂、聚氨酯乳液、硝化棉光亮剂、酪素等涂饰剂等）和少量助剂四大类产品。皮革染料尚属空白。

1977年，京、津、沪、川几家皮革化工厂皮化产品年产量达到8000吨，从业人数有2000人。

1977年，京、津、沪、泸州五家皮革化工厂所完成的年产量、产值情况见表2-55。

表2-55　　　　1977年京、津、沪、川几家皮革化工厂经济指标一览

厂　　名	职工人数（人）	产　量（吨）	产值（万元）	劳动生产率（万元/人）
上海新华皮化	70	950	525	7.5
上海皮革化工	340	2400	1497	4.4
天津皮革化工	350	2200	665	1.9
北京皮革化工	209	1301	407	1.9
四川泸州皮化	124	416	87.9	0.7

20世纪70年代后期，我国皮革化工行业从无到有、从小到大，发展较快，形势喜人。但是，当时国产皮革化工材料的生产技术水平大致仅相当于国外50年代水平，与国外相比仍存在一定差距。

第一，国外品种多、规格齐全、产品系列化，而国产品种少、规格不全、没有成系列化。国内皮革专用染料还是空白，皮革专用助剂仅有润湿剂一种，脂肪助鞣剂仍处在研究和试验阶段，而国外60年代已经商品化了。

第二，国外皮革化工材料质量水平高。例如，应用上海等地制革厂生产的革坯，采用联邦德国皮革化工材料加工、整饰后，成革质量可提高一个等级。

第三，国内外相比科研力量相差很大。国外每个生产厂家均有专门的科研机构，科研人员均在200人左右。而我国几乎没有专门从事皮革化工材料的研究，其时全国从事皮革化工研究人员不超过70人，而且分散各地，科研设备和条件也很差。

三　1978—1987年改革开放初期

上海、天津、北京、泸州等几家皮革化工厂相继成为皮革化工行业骨干企业之后，在武汉、广州、丹东、成都、西安、咸阳、焦作、哈尔滨、海拉尔、湘潭、东丰等地又建成了一批皮革化工厂。尤其在20世纪80年代中期，浙江省的温州、宁波、舟山、象山等地，从事皮革化工生产的民营企业纷纷崛起。

为改变长期依赖进口红矾钠的局面，1978年轻工业部就"青海省西宁市第二化工厂计划任务书"向国家计委提交专项报告，鉴于该厂扩建改造后专业生产盐基性硫酸铬和

红矾钠等皮革化工材料，建议青海省将该厂改称为"西宁皮革化工厂"。1983 年，该项目获国家计委批准，建设规模为年产盐基性硫酸铬 4500 吨、红矾钠 250 吨，总投资 1200 万元。同年 10 月，轻工业部下达"西宁皮革化工厂建设首期工作计划的通知"，该项目由青海省轻纺厅监理执行。

1979 年，南京皮革化工厂开始生产合成加脂剂，年产 500 吨左右。同时该厂还生产颜料膏、揩光浆等产品。

1979 年，上海市皮革工业研究所研制了两种固体铬鞣剂，分别为"加脂鞣剂"和"二羧酸交联鞣剂"。在此基础上，成都科技大学研制的 KMC 型自碱化蒙囿剂，分别由南京皮化厂、浙江省皮化厂等投产上市。20 世纪 70 年代末，在专门的高吸收铬鞣剂材料开始出现，如联邦德国拜尔公司的 Baychrom C 产品进入国内后，成都科技大学在针对高吸收铬鞣剂方面，成功研发出 KRC 高吸收铬鞣剂。

20 世纪 70 年代后期，我国制革专家马孌芳等发表了关于利用稀土制革前景的论文。80 年代初，稀土在皮革复鞣、染色中的应用研究已经起步，至 1986 年广州市人民制革厂发现稀土在鞣革过程中能促进铬盐水解、聚合作用，从而加速铬阳离子多核配合物的形成，提高铬与皮胶原的有效结合。同时，广州市人民制革厂在与中国科学院中南真菌研究室、广州市皮革研究所合作进行防霉剂的筛选和皮革防霉的试验研究的基础上，后与广东省化工研究所合作，成功研发了新型微毒杀菌防霉剂（简称"A26 乳剂"），试验表明，A26 乳剂具有广谱、低毒、高效的特点，防霉效果优于制革常用的乙萘酚、五氯酚钠等防霉剂，在国内皮革防霉剂中处领先地位。

1980 年，辽宁省丹东轻化工研究所和西北轻工业学院首次采用吡喃法研制成功了戊二醛鞣剂，并通过鉴定。

1982 年，全国已有 30 多家栲胶厂，年生产能力达 3.5 万吨，实现了大部分自给。同时，我国红矾钠也已实现部分自给。

1984 年，天津皮革化工厂以巨资引进了英国霍奇森（HODGSON）化学有限公司（现与科莱恩公司联合）技术，生产皮革复鞣剂系列产品。该项目的建设和投产工程由李广平总工程师主持，于 1989 年完成。该厂所引进的 Neosyn 系列合成鞣剂 6 个品种分别为分散渗透丹宁 Neosyn N、中和丹宁 Neosyn BS$_2$、漂白填充性丹宁 Neosyn WB、填充丰满性丹宁 Neosyn PFB、填充柔软性丹宁 Neosyn PFW、渗透预鞣性丹宁 Neosyn PTN（多用于重革），可用于多种皮革产品的生产，填补了我国当时相关技术的空白。

1984 年，上海新华皮革化工厂的新产品 GM-1 树脂颜料膏通过技术鉴定，这是国内首创的高细度优质皮革涂饰材料，质量优于其他同类产品，可与 20 世纪 80 年代国际先进水平相媲美。

同年，河南师范大学与河南开封制革工业联合公司研制成功 KS-2 水乳型聚氨酯涂饰剂，系国内首创，在法国博展会上受到 60 多个国家和地区的好评。

1985 年，中国科学院成都有机化学研究所率先开始丙烯酸类聚合物鞣剂的研究，相继研制成功 ART-1 型多元共聚丙烯酸类聚合物助鞣型复鞣剂和 ART-2 型丙烯酸类聚合物自鞣型复鞣剂，同期，西北轻工业学院研制成功 SA 丙烯酸树脂复鞣剂，填补了国内丙烯酸类聚合物鞣剂的空白。1985 年丹东轻化工研究所以苯乙烯和马来酸酐为主要原料研制成功了仿法国库尔曼公司 Renek tan QS 产品的 DLT-14 轻革复鞣剂。

1985年国家计委批复丹东轻化工研究所新建"皮革化工材料工业性试验基地"项目，同意由该所在丹东建设皮革化工材料工业性试验基地，总规模为4900平方米，总费用为900万元，1987年年底建成，1988年鉴定验收。项目建设和试验工作由轻工业部和辽宁省共同组织，以轻工业部为主。

1987年，成都科技大学何先祺、石碧等人利用植物鞣剂与铬的氧化还原反应，开发了国内首创的具有良好复鞣作用的栲胶型金属络合鞣剂（HS鞣剂）。在此基础上，通过技术推广应用，为我国制革行业实现"复鞣—高吸收一体化工艺"提供了技术保证，不仅大幅度降低了污染排放，也有助于提高皮革质量。

1987年底，内蒙古巴彦高勒皮革化工厂建成正式投产，年产红矾钠2608.23吨，超过了设计要求。该厂1968年就开始筹建，历经19年才投产，其重要原因之一，就是铬矿渣污染环境未能得到解决。

20世纪80年代，成都科技大学的CAF型皮革涂饰剂采用了氯丁二烯与丙烯酸酯单体共聚，不仅能改进丙烯酸胶膜的耐寒性，而且提高了胶膜的物理机械性能；该产品成为采用其他乙烯基类单体改性丙烯酸树脂类涂饰剂的典型代表，在泸州皮化厂投产，年生产能力达300吨。成都科技大学的RA-D型树脂，其利用了种子乳液聚合与聚合物粒子控制复合技术，产品序列结构稳定，综合性能优良，在丹东皮化厂投产，具有年产500吨的生产能力。

表2-56为1979年部分国产皮化产品的产地、产量及用途一览。

表2-56　　1979年部分国产皮化产品的产地、产量及用途一览

类别	品　种	产　　地	产量（吨）	用　　途
合成鞣剂	NF合成鞣剂	上海	938	重革漂洗处理
	NF合成鞣剂	天津	150	溶解植鞣沉淀
	NF合成鞣剂	泸州	140	—
	28#合成鞣剂	天津	—	重革复鞣剂
	29#合成鞣剂	天津	—	毛皮鞣剂
	742#合成鞣剂	天津	—	轻、重革复鞣
	746#合成鞣剂	天津	50	轻革复鞣
	117#合成鞣剂	北京	61	填　充
	RT合成鞣剂	丹东	—	重革速鞣、轻革结合鞣
	115#合成鞣剂	上海、泸州	—	复鞣填充
	3#合成鞣剂	上海、泸州	—	重革速鞣、轻革填充

续表

类别	品种	产地	产量（吨）	用途
酪素涂饰剂	揩光浆	上海	—	轻革上层涂饰
	揩光浆	天津	800	轻革上层涂饰
	揩光浆	泸州	—	轻革上层涂饰
	颜料膏	上海	—	轻革底层涂饰
	颜料膏	天津	470	轻革底层涂饰
	颜料膏	泸州	—	轻革底层涂饰
加脂剂	阴离子加脂剂	上海、北京、天津、泸州、丹东	1500	轻重革加脂
	阳离子加脂剂	上海、北京、天津	260	轻革加脂
	动植物油加工产品	上海、北京、天津、泸州	700	加脂用
丙烯酸树脂涂饰剂	5号	天津	140	底层涂饰
	20号	天津	160	上层涂饰
	软1	上海	930	底层涂饰
	软2	上海	—	中层涂饰
	中1	上海	—	顶层涂饰
	填充	上海	—	填充
	BN	上海	—	顶层涂饰
	J1—1	北京	120	填充
	J1—2	北京	—	底层涂饰
	J1—3	北京	—	顶层涂饰

这个时期，我国皮革化工行业发展较快，已经形成了相当规模的配套能力，为我国皮革行业自力更生、自主发展、自我完善，构筑皮革产业链做出了重要贡献。

四　1988—1997年快速发展时期

20世纪80年代末期，我国皮革化工行业的一些骨干企业已开始逐步向精细化工方面发展，全国皮革化工厂数量达100多家，已具相当规模的有20多家，生产品种有300多个，基本可以满足国内制革行业的需要。特别是在"六五""七五"科技攻关的基础上进行的"八五"有关皮革化工材料项目的联合科技攻关，以及一些重大皮革化学品开发项目的实施，在鞣剂、加脂剂、染料、涂饰剂等几大类皮革化工材料中，都成功地开发出了诸多性能优异的新产品，皮化材料研究所涉及的领域已基本没有空白，凡国外有的产品种类，国内已基本齐全。

被列为"七五"时期国家科技攻关的"皮革新型化工材料的开发"项目，主要内容包括鞣剂、加脂剂、涂饰剂和助剂四大类20个新品种的研究开发。其中，"改进完善丙烯酸酯系列涂饰剂"课题，由中科院成都有机所、成都科技大学承担；"聚氨酯酸乳液涂饰剂系列"课题，由丹东轻化工研究所和成都科技大学承担，旨在在80年代末国内已掌握二羟甲基丙酸合成并应用于水基聚氨酯合成的基础上，进一步研发交联型水性聚氨酯树脂涂饰剂；"新型氧化—亚硫酸化加脂剂"（又称L-3皮革加脂剂）由成都科技大学承担，旨在以国产天然油脂为主料，经氧化、亚硫酸化改性，导入亲水基团，开发创新具有我国特色的氧化—亚硫酸化类皮革加脂剂品种，为国产高档软革生产提供配套化工材料，该课题因故顺延至1994年完成，获四川省科技进步二等奖。项目完成后分别在北京、天津、上海、泸州等皮革化工厂形成生产规模和能力：各种复鞣剂375吨/年、中试，结合型加脂剂150吨/年，聚氨酯乳液涂饰剂50吨/年、中试，各种革裘用助剂形成中试规模，PU鞋材形成底材60吨/年、鞋底20万双/年的中试规模生产线。所开发的新品种质量达到联邦德国、瑞士同类产品质量水平。

1989年，上海皮革化工厂自行研制成功我国第二代丙烯酸树脂产品"全候型A系列丙烯酸树脂"；1990年又研制成功防冻型系列丙烯酸树脂，系国内首创，使我国皮革化工涂饰材料生产跻身国际先进行列。

1992年，西北轻工业学院研制成功ARA两性丙烯酸树脂复鞣剂及MTA多功能鞣剂，填补了国内阴阳离子共存的丙烯酸树脂皮革复鞣剂空白。

20世纪90年代以后，国内相继推出几代铬盐精（碱式硫酸铬）系列化产品，质量已赶上世界先进水平，填补了我国生产高档粉状铬鞣剂的空白。

聚氨酯复鞣剂的研发始于90年代，最早的是由江苏工业学院和南京皮革化工厂研制成功的APU-1和CPU-1。

1996年因合资重组，天津皮革化工厂与中国香港南华独立合资，更名为"天津南华皮革化工有限公司"。随后，上海皮革化工厂也因上海皮革有限公司与富国太平洋集团的合资重组，产销逐渐趋于萎缩。

从20世纪90年代开始，国外皮革化学品大量涌入我国，给我国皮革化工行业带来极大的挑战。巴斯夫（Basf）、斯塔尔（Sthal）、德瑞（TFL）、科莱恩（Calanren）、朗盛（Lanxess）等国际知名化工公司开始在我国主要城市或参加皮展交流接洽，或举办技术交流培训，或下厂进行现场实验，或主动上门应用服务，与国产皮化产品竞争市场份额，一时占据了上风。随后，德、意、西、韩国和中国台湾地区的罗姆、科宁、汤普勒、波美、芬尼斯、皮尔卡乐等化工公司也相继进入我国市场，国产皮化产品被挤到国内皮革市场的边缘，仅固守猪皮制革企业的一席之地。国产皮化产品之所以陷入如此境地，就其主观原因，主要是：一是缺乏先进的技术营销理念；二是行业内没有名牌产品，更缺少能与国际知名品牌相抗衡的品牌；三是缺少自主创新能力，对研发新产品重视不够、投入不足；四是对售后服务的认知度肤浅，"客户至上"只是口头禅，没有建设好一流的售后服务队伍。

这个时期，我国国产皮革化工企业的经济结构主要可分为：一是传统的国有企业，如上海皮革化工厂等；二是民营企业，如四川亭江皮革化工公司、德赛尔化工实业公司、兄弟皮革化工公司等；三是为国外皮化企业代加工的企业；四是与外国合资合作的企业；五是几乎全由中国人管理的外资企业。据初步估算，在当时全国100多家皮化企业中，年销售额在3000万元以上的企业屈指可数，年销售额在1000万—3000万元的企业也为数不多，绝大多数为年销售额1000万元以下的小厂。

这个时期，四川省皮革化工业发展很快，产品品种增多，产量逐年攀升。四川省的皮革化工产品主要依托成都科技大学（现四川大学）和中科院成都有机所的科研力量，研究、开发了四川乃至全国制革、毛皮行业生产所需的优质皮革化工材料，这种得天独厚的条件促进了四川皮革化工行业的快速发展。同时，四川皮化行业坚持依靠科技进步，实行产、学、研结合，促使四川皮革化工生产规模、产品品种、产品性能、质量档次和技术水平等方面在全国皮革行业中均具有较强的优势。

五 1998—2010年全面繁荣时期

20世纪90年代后期，四川大学石碧教授首先从理论上证实了以棓儿茶素为基本结构的植物鞣剂与醛类化合物具有显著的交联协同效应，能使皮革的湿热稳定性达到100℃以上。在此基础上，他成功地开发了以植物鞣剂和醛类化合物为基础的山羊服装革无铬鞣制技术。这些理论与技术研究成果获2000年国家科技进步二等奖。

与此同时，西北轻工业学院许多制革工作者对植鞣剂展开了研究。马建中等人通过Mannich反应，用胺类化合物和醛类化合物对坚木栲胶进行化学改性；鞣制实验表明，经改性的坚木栲胶，鞣制效果改善明显。他还以国产柚柑栲胶为对象，对其进行了两性离子法改性研究；经两性离子法改性后的柚柑栲胶渗透性好，用其复鞣后的坯革粒面细致、丰满柔软有弹性，耐湿热稳定性有所提高，对阴离子染料的着色性能增强。

2006年，陕西科技大学研发了乙烯基聚合物鞣剂，并对其组成结构与性能进行了研究，获得了国家科技进步二等奖，为国产皮革化工材料增添了核心竞争力。

我国制革工业的快速发展，带动了皮革化工行业的迅速发展。这个时期，我国皮化产品供应商有1000多家，规模以上皮革化工企业约为150家，出现了一批生产规模大、研发能力强、产品质量好、性能稳定的骨干企业。此外，还出现了一批依托科研院所、能够迅速将科研成果转化为生产力的科工贸一体化的皮化实验基地和实验场，其生产的化工产品有些已接近发达国家水平。一批民营企业的进入，加剧了我国皮化行业的竞争，也增强了行业实力，促进了行业的整体发展。

这个时期，我国皮革化工行业企业呈现如下特点。第一，一些原有的、具有一定规模的皮革化工企业因诸多原因（如改制改组、合资联营、环保限制等），处于停产或半停产状态；同时，新兴企业不断出现，其机制灵活，具有一定的发展潜力。第二，皮革化学品仍属于买方市场，总体呈现供大于求状态。部分皮革化学品替代性强，买家选择余地大，因此价格成为产品销售的重要因素。价格竞争仍是皮化产品促销的重要手段，但产品性能和售后服务的关注度越来越受到广泛重视，皮化企业的利润空间进一步减小。第三，国际跨国公司与家庭作坊式企业并存，外资企业大量进入。年销售收入500万元以下皮化企业居多，经济规模不明显，竞争性强。第四，皮化产品以四大类主体产品（鞣剂/复鞣剂、加脂剂、涂饰剂、助剂）为主。皮化行业技术人员比例和科研投入均高于皮革行业整体水平，显示出该行业人员素质相对较高、技术性强的特征。

表 2-57　　2003 年我国皮化产品进出口统计　　单位：公斤、千美元

商品编号	商品名称	出口 数量	出口 金额	进口 数量	进口 金额
32011000	坚木浸膏	116010	86	2651227	1557
32012000	荆树皮浸膏	—	—	3474683	2598
32019010	其他植物鞣料浸膏	368364	988	1263923	1069
32019090	鞣酸及其盐、醚、酯和其他衍生物	262457	446	5247788	5062
32021000	有机合成鞣料	645745	686	37787987	48548
32029000	无机鞣料、鞣料制剂、预鞣用酶制剂	1246179	1399	29780260	29285
34031100	矿物油＜70％的纺织材料、皮革等材料处理剂	262177	201	10079004	17339
34029100	不含矿物油的纺织材料、皮革等材料处理剂	9106819	5448	53458232	93412
34051000	鞋靴或皮革用的上光剂及类似制品	11985805	18405	3507276	5679
38099300	制革等工业用的其他整理剂、助剂等制剂	4393488	5684	81416451	108722
总计		—	—	228666831	313271

这个时期，我国皮革化工行业在经历了快速发展，同时也面临一定的挑战和压力，主要体现在如下方面：一是皮革化工产品供大于求的现象开始凸显，低水平重复生产现象甚为严重，一些骨干皮化企业生产和经营受到严重影响，行业获利空间减少，企业间打价格战现象较为严重，行业整体赢利能力下降；二是来自跨国公司的竞争更加激烈，一些实力雄厚的国外化工公司纷纷在国内设厂，除了引入新技术、新品种、新理念等信息外，也给国产皮化企业带来很大冲击；三是行业集中度低，尚未形成规模经济，大多数国内皮化企业规模小、实力弱、经受不起折腾，而一些骨干企业的产品受到国内外同类产品的竞争制约，自我发展严重受阻；四是国内皮化企业技术创新能力和动力尚且缺乏，技术开发经费不足，科技进步处于较低水平，产品技术含量不高，而国外进口化学品凭借良好的性能和服务，占据了近70％国内市场份额；五是行业自律意识薄弱、知识产权保护不力，导致新品开发和新品转化为生产力进程缓慢；六是国外特别是欧盟实施的包括 REACH 法规在内的技术性贸易壁垒，给我国皮化生产企业带来了新的挑战和压力。此外，部分下游企业赊欠现象严重，使皮化企业经营风险有所增加。

针对我国皮革化工企业所面临的挑战，业界同人通过反思、总结和研讨，在行业应对策略上初步形成一些共识：一是实行严格的市场准入制度，强化安全、环保、用工和产品标准，以减少低水平重复建设，规范市场行为；二是强化行业自律，加强知识产权保护力度，加快行业技术创新和科研产品转化生产力进程，规范行业不正当竞争行为；三是大力开发多功能、系列化和环保型皮革化工材料，其中包括高性能助剂、高性能可降解复鞣

剂、加脂剂、替代铬鞣剂的高性能环保型鞣剂等；四是引导技术输出，支持和鼓励有实力的企业到东南亚等有潜力的、与我国在制革和皮革化工领域互补性强的国家和地区投资办厂。

第七节　皮革机械行业

皮革机械，在专业术语中是个统称，按照皮革工业的特点和机械设备的功能和用途，通常将皮革机械分为制革机械、制鞋机械、毛皮机械和皮件机械4个大类，系皮革工业各自然行业专业生产不可或缺的配套设备。长期以来，我国皮革工业在逐步摆脱手工操作、实现工艺技术革新和不断提高机械化程度的过程中，除了早期引进了部分国外先进的、关键的皮革机械外，主要是依靠自己的力量使皮革机械从无到有、从小到大地发展壮大。

新中国成立前，我国制革工业相对较集中的城市如上海、北京、武汉、天津、广州等地制革厂的机械化程度很低，主要依赖手工操作，劳动强度很大。其中，当时制革比较发达的上海有656家大小制革厂，拥有木制转鼓、划槽及个别机器的制革厂不过30家，没有电动机的制革厂占总数的87%，平均每个工厂的动力电量仅2.1千瓦。武汉有200多家制革厂，规模最大的建国制革厂仅有5台转鼓、1台磨革机、6架缝纫机，其他池、木桶等均为手工工具，至于皮鞋、皮件及毛皮的加工制作，几乎全靠手工操作，机械化程度更低。1948年，北京全市70家制革厂，只一家有1台片皮机，有两家各有1台去肉机。辽宁省沈阳皮革机械厂始建于1919年，原系奉天陆军被服厂制革厂的机修车间。

一　1949—1957年恢复改造时期

新中国成立初，我国皮革机械几乎处于空白状态，当时我国皮革行业的制革、皮鞋、皮件厂（坊）主要依靠手工操作。20世纪50年代初期，我国能自行制造皮革机械的厂家屈指可数，而且也只能生产结构简单的制革机器设备如转鼓、划槽、臂式刮软机、削匀机、摆式重革打光机等。这些厂家的制造加工设备简陋、技术设计能力匮乏，因而皮革机械品种较少，数量有限。当时，上海皮革机械行业仅有奚顺兴、邹宜兴、永和昌、福生等四家小机器厂相继制成剖皮机、削匀机和圆刀片皮机等，年产量不足50台。天津俊记铁木机器厂的生产设备也非常简陋。

新中国成立初期，基本没有制鞋机械，多以维修为主。1953年，上海福生机器厂首先制成X625下料机。1956年，行业经裁并组合，成立上海市皮革工业公司机械修配厂（上海皮革机械厂的前身），有职工30余人，年产X625下料机、圆刀片皮机和削匀机等60余台。

1956年，公私合营以后组建成的天津市皮革机械厂（前身属"裕恒"等七家作坊式小铁厂），在当时极其简陋的条件下，制造出了简易片皮机、600型磨革机、300型削里机、打光机、蹬皮机等产品。

1957年辽宁省沈阳皮革机械厂由军工转为地方，开始研制生产裁断机、去肉机等简易皮革机械，以供厂内制革和制鞋车间使用。

二 1958—1977 年初期建设时期

20 世纪 60 年代前后，当时制革厂的机械设备有"祖孙三代"：一代是解放前祖上传下来的半自动化设备；一代是 50 年代从捷克斯洛伐克进口的设备，多在大型军工厂；另一代是 60 年代从意大利进口的设备。制革厂不管规模大小都有一个维修组（车间），其任务有两个：一方面要维修这三代设备，保障其正常运转；另一方面进行改革，根据制革工艺要求复制、革新适用于本厂制革生产的设备。

20 世纪 60 年代，我国为了制革、制鞋援外项目的需要，初步组建了皮革机械设计队伍。70 年代开展了皮革机械标准化工作，使我国皮革机械行业初步走上了正轨。当时，第一批国有的皮革机械厂如北京皮革机械厂、天津皮革机械厂、上海皮革机械厂、沈阳皮革机械厂、烟台皮革机械厂等的建立，形成了我国皮革机械制造业的骨干力量。

1960 年，上海皮革机械修配厂已发展成为初具规模的皮革机械专业修配厂，经过几年的改造发展，于 1966 年正式更名为"上海皮革机械厂"。该厂在原有基础上，又先后研发了 G311 熨革机、B1400 机械剖皮机和剥猪皮机。其研制的皮革真空干燥机，填补了国内空白。到 20 世纪 60 年代末，该厂已有职工 154 人，年产皮革机械 120 台，并有少量机械出口。进入 70 年代，上海皮革机械厂参照行业引进的部分设备加以消化吸收，研制成功了适合本行业特点的皮革机械。1972 年制成 GJ2A2—270 液压剖层机，1976 年制成振荡拉软机、X1A1—3 吨液压下料机，还生产水槽台面加长型的 GJ4C2 型真空干燥机，并少量出口。到 70 年代末该厂有职工 207 人，共发展了 5 种新产品，产量达到 120 台。

1964 年，北京市皮革皮毛机械修配厂建立（其前身是北京皮鞋厂的机修车间），主要生产外线机、片底机、大底压型机，为制鞋行业机械配套发挥了作用。1966 年改名为"北京市皮革机械厂"，为皮革行业配套生产制革、制鞋机械。

1965 年沈阳皮革机械厂成为皮革机械专业生产厂。1969 年沈阳制革厂、皮鞋一厂和皮革机械厂三厂合并，改称"沈阳市皮革机械综合厂"。建于 1956 年的大连红旗机械厂 1965 年后主要产品有 GJ2C6 型削匀机、DJ4C4—200×350 型真空干燥机、GJOA2 型转鼓减速器、G241 型箱式皮革绷平机、HQG01 型水环式真空泵、G5—18 型鼓型伸展机、XMS800 型精密剖层机、C15H2 型去肉机等。

1965 年，河南省新乡五金机械厂和遂平县皮革机械厂开始生产皮革机械，填补了河南省皮革机械制造业的空白。

1972 年，轻工业部对国内皮革机械进行了一次全面选型、定型调查，首先确定了 14 种型号 28 种规格的制革机械产品型号编制办法。同时也规划了生产品种和布局，在行业内部组织了产品定点生产。之后又确定了制革机械标准，确定工作面宽度、容积、板面大小系列规格，进而逐步开展了皮革机械的"三化"（标准化、系列化、通用化）工作，从而使皮革机械生产开始走上正规发展道路。

1974 年，轻工业部召开了皮革机械的"三刀"会议，统一了去肉机、削匀机、伸展机刀片和剖层机压刀板、刮刀板规格和技术条件。同年，电子量革机仿制成功。

1977 年，轻工业部又专门召开了全国皮革机械行业的"三化"工作会议，并培训了"三化"工作人员，有效地促进了我国皮革机械行业走标准化、系列化、通用化的"三化"道路。

三 1978—1987 年改革开放初期

在 20 世纪 80 年代前后，轻工业部对全国皮革工业的技术改造与设备引进十分重视，先后组团考察捷克斯洛伐克和意大利以解决设备选型问题，利用记账外汇、政府贷款、补偿贸易等方式解决资金来源问题。前后共引进捷克斯洛伐克的制鞋设备 2000 多台（套），建成了 15 条皮鞋生产线，装备了一大批制鞋企业。接着又引进了意大利的制革设备 122 台（套），装备了各地的重点制革企业。通过谈判技巧与贸易手段，节省外汇达 130 万美元，还免费培训了 28 名技术人员。

20 世纪 80 年代初，我国皮革机械的基本情况如下。

第一，装备状况。皮革行业设备拥有量约 7 万多台，其中包括制革转鼓 8000 多台、剖层机约 1200 台、去肉机 1250 台、磨革机 1330 台、烫革机 800 台、裁断机 10000 台、片帮机约 5000 台、内线机 800 台、外线机 1080 台、绷楦机 300 多台套、模压机 2700 台、剪毛机 400 多台、烫毛机约 150 余台等。这些装备总的说来大多属于 20 世纪 50 年代水平，六七十年代水平的产品也有一部分。这些装备大部分是国内专业皮革机械制造厂自行设计制造（含仿制）的，小部分是各制革厂、皮鞋厂等自行研制和生产的，还有少量则是从国外引进的。皮革工业内部各自然行业的装备拥有量不尽平衡，设备的质量和配套情况也极不一致。例如，制革生产机械化的程度一般约为 45%（个别厂仅 37%），但在制革生产中，湿操作与干加工的机械化程度不平衡（后者较薄弱）；皮鞋、皮件行业生产的机械化程度只有 30%，设备使用性能较差，效率低，不配套，不少工序还是手工操作；对于毛皮行业来说，其机械化程度则还要低一些，大大影响了生产的发展和产品的质量。

第二，制造能力。我国当时专业皮革机械厂 16 家，加工承担轻工业部皮革机械生产任务的其他轻工机械厂共 33 家，职工人数 17760 人，技术人员 391 名，拥有设备 3000 余台，1981 年总产值（按 1980 年不变价）9262 万元，产量也逐年增加。我国当时皮革机械行业不仅具备了对国外引进样机的测绘、仿制能力，而且也能够独立进行新产品的设计；不仅能为皮革行业提供结构简单和小型的生产装备如打光机、臂式拉软机、圆刀片帮机等，而且还能提供结构复杂、质量要求较高和大型的设备，如宽工作面的剖层机、振荡拉软机、绷帮机等。同时，由于设计制造能力和技术水平的提高，机械厂初具了配套供应猪、牛面革生产所需装备的能力，各种新技术也日益广泛地应用到皮革加工装备上，如剖层机、削匀机上采用液压传动，干燥设备采用远红外技术，喷涂、绷帮设备上采用超声波、电子控制技术等。这个时期，我国皮革机械制造厂的年生产能力已达到 16263 台/10300 吨；能为国家提供制革设备 34 种、共 76 个规格；制鞋设备 46 种、共 49 个规格；毛皮加工设备 17 种、共 21 个规格的产品。

20 世纪 80 年代初，我国对皮革机械的发展要求和技术装备政策如下。

第一，发展要求。一是制革设备着重研制适合猪皮生产特点的刀轴类设备，以及干燥和整饰设备等，部分机械操作向通过式联合机组发展，提高湿加工机械化和自动控制水平，研制工序间的装卸运输设备，减轻劳动强度。二是皮鞋、皮件设备着重研制高速、高效、数控缝纫机、推广机器绷帮，逐步减少手工操作，研制皮鞋零件标准化的专用设备，填补空白，使技术装备配套或更新换代。三是毛皮设备着重发展适合我国特点的粗皮、细皮、珍贵毛皮的成套设备，研制改造去肉、削匀、剪毛、烫毛等专用设备。

第二，技改政策。轻工业部对当时技术装备的技术改造政策主要有：一是对正在使用的技术装备，确因磨损严重，效率低、不能保证产品质量的应停止使用予以更新，设备制造厂应尽快提供高质量技术可靠的设备给予支持；二是对还在生产的精度低，技术不可靠、耗能高、效率低的设备应当重新选型定型或列入淘汰产品或限期改进提高；三是确认是由于国内配件质量差和配件供应不足造成不能正常运行的设备，应组织配件专业化生产，进行质量攻关，提高质量满足供应，对确因国内设备技术等原因暂不能生产的配件应组织配件进口，保证设备能力的发挥；四是对现生产的设备存在的关键性技术课题，应充分利用已经引进的各种设备有计划地组织借鉴进行攻关加以解决，也可经过可行性分析研究和国外厂家以技术合作、许可证生产、合作生产等形式引进技术。

第三，各大类技术装备政策。

其一，制革技术装备政策。一是加强主要制革设备的科研试制，努力贯彻我国制革设备系列型谱。湿操作设备重点是研制大容积转鼓并发展自控技术，研制工序间装卸运输机械；干操作设备重点要发展干燥、展软、熨烫、喷涂等设备，适当发展机组和传送设备，为通过式连续化生产创造条件。二是针对发展轻、软、薄产品的要求，重点抓好片皮机、削匀机、磨革机、振荡拉软机等的质量，其可靠性、精度、耐久性，效率等技术指标要达到国外同类机的先进水平。三是发展制革成套加工设备，并提高制革鞣制、伸展、压光设备的水平；同时发展适应各种皮革品种的干燥设备，降低耗能指标。四是发展研制适应日投产猪皮 1000 张、羊皮 2000 张的专用成套设备；研制发展猪面革和二层革美化用的设备。

其二，制鞋技术装备政策。一是制鞋设备研制重点是胶粘、线缝、模压、注塑工艺生产皮鞋主要工序的单机。二是发展标准部件加工设备，适应皮鞋生产机械化、零件标准化、产品装配化的发展要求。三是在技术引进创新改进的基础上，发展研制日产 1000 双皮鞋的成套设备。四是发展制楦（木质和塑料）成套设备和制鞋带外材料生产设备。五是发展鞋帮整饰压花和纹样设备，发展鞋底加工模具及其制造设备，适应皮鞋花色品种发展的需要。

其三，毛皮技术装备政策。一是改进和研制适合我国粗毛皮加工的去肉、削里、干铲、剪毛、梳毛、烫毛等设备并成套供应。二是研制脱脂效果好、毒性小、节能经济的脱脂设备。三是研制细毛皮、珍贵小毛皮的加工设备，并达到基本配套供应，满足出口细毛皮产品的生产要求。四是研制自动控制的鞣制设备及装运设备。

"六五"期间，我国制革机械初步形成系列，在性能上大体达到国外 20 世纪 60 年代末期产品的水平。为了尽快提高我国制革机械生产水平，我国对几种主要机械如 1800 剖层机、1500 削匀机、1600 振荡拉软机和 500 吨板式熨平机等组织科技攻关，其产品质量基本达到 70 年代末期国外同类产品的水平。

四 1988—1997 年快速发展时期

"七五"时期，皮革新设备的开发被列为国家科技攻关项目，主要内容包括研发制革、毛皮、制鞋新设备，一是为本项目提供关键配套设备，二是为消化吸收引进设备，逐步实现装备国产化。项目完成后提供了 18 项皮革机械（制革 9 项、毛皮 3 项、制鞋 6 项）新设备并造出样机，在天津、常州、瑞安形成了批量生产能力。关键设备如通过式挤水机、三层真空干燥机、辊印涂饰机、压花机、绷平干燥机、毛皮环形干燥机以及鞋帮放样机等的性能、质量水平接近或达到20世纪80年代国外同类产品。

"七五"期间,天津市皮革机械厂已成为了全国皮革机械行业的龙头企业,产品科技进步成绩全面开花,其中"双轮"牌2A4—180片皮机、150削匀机被评为部级、市级优质产品。180型通过型挤水机在1990年首届全国轻工业博览会上荣获银奖,GJ3LI—220型挤水伸展机获博览会铜奖,通过式压花机、180型挤水机为"七五"国家重点科技攻关任务,并通过国家验收。计量工作被国家技术监督局认定为三级标准,产品销售形势在全国同行业厂家中名列前茅,产品基本达到尽产尽销。

"八五"时期,"高档皮革制品加工工艺技术研究"被列为国家科技攻关项目,包括9个课题,分别为皮衣蒸汽熨烫机、程控ABS箱胎成型机、真皮立体压花机、衣箱铝口热处理设备、皮革电脑绣花机、真皮自动经编机、钢丝铆钉机、专用皮革拼接机和离心浇铸机的研制。项目分别由轻工业部皮革研究所、扬州工具二厂、天津皮革机械厂、北京皮革机械厂、上海长江皮革五金厂、青岛缝纫机厂、北京皮革研究所、上海东华皮件厂和上海江湾机械厂承担,项目完成后,极大地提高了我国皮革制品的加工技术水平。

20世纪90年代,随着改革开放的不断深入,民营皮革机械企业的崛起给我国皮革机械行业带来了极大的活力,皮革机械的品种、精度、服务都上了一个新台阶,自给自足的比重大幅提高。物美价廉的国产皮革机械设备对意大利、中国台湾等机械设备形成了极大的竞争压力。

1992年,我国皮革机械标准再次修订,与国际标准完全接轨,规范了我国皮革机械的生产与使用,为国产皮革机械走向世界奠定了基础。这个时期,我国制革机械生产得到快速发展,相继制造出倾斜转鼓、螺旋式转鼓、分格转鼓、大容量普通转鼓、超载转鼓、宽工作面削匀机、精密剖层机、立式拉软机、通过式熨革机、高速磨革机、真空干燥机、可倾式转鼓、超声喷浆机、电脑喷浆机、电子量革机及各种液压传动机器,电子、超声、光电、射流、红外线和微波等新技术大量应用到制革机械中。

20世纪90年代,湖州二轻公司等企业研制出宽工作面去肉机、削匀机,使刀轴类机器制造上了一个台阶,有助于提高整张皮的去肉、削匀质量和效率。研制出宽工作面、大压力挤水伸展机,完成了精密剖层机的国产技术设备配套,以及与干燥工艺配套的挤水伸展设备。

我国大连蓝德、烟台龙益等企业,在引进、消化、吸收基础上创新发展,研制出液压传动精密剖层机,使国产皮革机械方面登上一个较高的层次。

我国上海皮革机械厂、扬州扬宝、如皋斯普润等企业研制出贴板干燥、双台面及七层真空干燥机等,努力降低干燥温度,使之干燥速度快、干燥过程缓和,皮纤维收缩率较小,尽可能保持湿加工过程所赋予皮革的丰满柔软性,节省了干燥机器设备的占地面积,且热量相对集中,热量耗散减少,热效率提高。对毛皮采用真空滚转干燥机,减少干燥时间,确保毛皮柔软度;研制成毛皮溶剂脱脂机,彻底达到了毛皮皮板的脱脂干净、快速,皮板柔软丰满,存放时间长而不泛油等。采用热泵干燥,热量循环使用,并实现低温干燥,保存了湿加工过程所赋予坯革的丰满柔软性。

江苏南通如皋皮革机械厂率先推出宽工作面通过式振荡拉软机,一些企业推出无夹伸展机、多级轴式反复伸展机、真空摔软转鼓等做软设备,增强了机器对革坯的伸展拉软作用，减少了有夹绷板伸展过程中夹具对革面的损伤，提高了得革率，减少了坯革面积损耗。

山东烟台皮革机械厂研制出宽工作面通过式磨革机，进而研制出磨革—除尘联合机组及革粉压块装置，彻底改变了磨革工作过程及场所粉尘污染严重的局面；温州皮革机械厂等研制出宽工作面抛光机，显著改善了磨面效果质量，满足了高质量涂饰的工艺需求。

20世纪90年代，天津金林、鑫搏以及沈阳中天等企业，从板式单机80吨总压力的熨压机，一步步发展到单机1500吨大压力间歇式熨平压花，满足了特殊花色皮革的深度压花需求。为了提高熨烫效率，上海三宏、湖州二轻、天津金林、连云港达盛等企业，相继研制出辊式通过式熨平压花机，在技术上实现从蒸汽加热、电加热至油加热的转变，实现了稳定高压、高温熨压的技术性能和通过式高效率熨压的技术目标。

五　1998—2010年全面繁荣时期

20世纪末，我国皮革机械设备的种类、品种、规格已经基本齐全，初步实现了"三化"，即规格化、通用化、系列化，而且基本达到了为我国制革、制鞋、毛皮和皮件行业的生产配套能力。从市场流通领域来看，国产皮革机械在国内已经建立并形成了稳定的经销和服务系统。我国已成为紧随意大利之后的第二个皮革机械制造大国，逐步进入世界皮革机械先进行列。

21世纪初，我国皮革机械行业经过几十年的努力，通过引进、消化、吸收及创新，已经能够提供成套的制革、制鞋、毛皮机械设备，彻底改变了我国皮革行业过去依赖进口国外设备的状况。随着设备性能不断提高、质量逐渐稳定，国产皮革机械已强势崛起，并挺进国际市场。我国各种皮革机械不仅能自给自足，国产机械设备在国内市场份额已经超过85%以上，而且从2004年起已开始扩大出口，因为价格具有优势，出口量值逐年递增。同时，我国皮革机械行业陆续涌现出一批各具特色的皮革机械品牌企业，为中国打造世界皮革大国的业绩做出了杰出贡献。

这个时期，我国制鞋机械从总体上来看无论是机械设备的品种、规格、档次还是生产企业的技术开发能力都上了一个新的台阶，市场销售也稳步上升，2008年以前每年几乎都在以20%以上的速度增长。设计系统、制帮设备、鞋底安装成型设备、整饰设备、实验室设备等，国内制鞋机械的生产企业基本都能供应，鞋材设备包括各种鞋底、鞋楦的制造设备等也实现了从无到有的发展过程。从海关统计数据来看，无论是在国内还是在国际市场，国产鞋机所占的市场份额都日益加大，出口数额逐年增加，而进口数额却逐年降低。2008年，我国制鞋机械的出口量达到40271台，出口金额达4517万美元，而同期相应产品的进口量仅为3002台，进口金额为1251万美元。

受制鞋工业的影响，在我国形成了4个制鞋机械企业聚集区，即浙江温州、广东、福建和江苏盐城地区。

温州的鞋机行业在自主创新的基础上吸收他人先进技术、去粗取精、取长补短，产品囊括了鞋样设计、制帮设备、成型设备到鞋底安装、整鞋装饰及实验室设备整个制鞋流水线上的所有产品，并且以性能优越、质量稳定、服务迅捷等绝对优势占据了国内60%以上的市场份额，基本完成了从"产品制造"到"品牌创造"的质的转变。

福建鞋机业尽管起步较晚，但经过10多年的发展，已经形成比较完善的制鞋配套设备生产能力，造粒设备、注底设备、成形设备、帮面设备、制造鞋材料配套等应有尽有，为福建制鞋工业发展提供了方便、良好的生产条件。

广东鞋机企业主要集中在东莞、南海，有生产整机能力的超过百家，能生产制鞋所需的所有品种的机器，市场不仅覆盖整个中国市场，并出口到世界各地，包括欧洲国家。广东鞋机企业大部分规模较小，但产业集中度高，门类齐全，配套企业多，形成了最大的地区性集散市场。而由于所有外资品牌及中国台湾品牌的鞋机企业，都在广东设立生产基地或服务总部，使广东地区成为了"世界鞋机总部"。

江苏省盐城市大冈镇有鞋机制造企业100余家，拥有刨、磨、铣、镗等各类生产设备1200多台套，主导产品制鞋裁断、压合、复合、下料机械等，年可生产制鞋机械10万台套，60%以上企业年销售在300万—800万元之间。

据海关统计，2008年我国皮革和制鞋机械进口总金额5353万美元，出口总金额为7154万美元（见表2-58），出口首度大于进口金额，出口的主要国家和地区是意大利、越南、印度等。进口设备主要来源于意大利、中国台湾等国家和地区。

2008年意大利皮革和制鞋机械出口总额3.2亿欧元，是全球最大的出口国家，其中出口到中国的为2969万美元。

另据国家统计局统计，2009年全国皮革机械行业（销售金额500万元以上的规模企业）有54各企业、从业人数5359人（见表2-58），实现工业总产值14.34亿元。

表2-58　　　　　　　我国皮革机械行业基本状况与进出口情况

	单位	2006年	2007年	2008年	2009年
企业数量	个	49	52	54	54
从业人数	人	5200	5518	6229	5359
销售总额	亿元	15.6	18.2	22.64	13.55
出口总额	万美元	4013	5848	7154	3066.3
进口总额	万美元	7073	5993	5353	2412.3

注：上表为主营业务收入500万元以上企业的统计数据。

第八节　皮革五金及鞋用材料行业

皮革五金配件，通常可理解为是皮革制品的功能性配件或美化装点式的饰品，是皮件制品不可或缺的有机组成。传统概念上的皮革五金配件，主要是指为皮鞋、皮件等皮革制品配套用的五金零件，皮革五金配件的数量、质量、花色品种直接影响着皮革制品的产品质量、实用和美观。

随着皮革制品如皮鞋、皮箱、包袋、皮服装、皮手套、皮票夹等日新月异的变化，尤其随着设计理念和手段的不断更新、品牌竞争的日益激烈，皮革五金配件除了最初的实用、装饰功能之外，又衍生出很多其他如演绎时尚、展示个性、彰显创新等特殊功能，使得皮革制品对五金配件的要求与时俱进、越来越高，其所涵盖的内容已远远超出传统的鞋用五金配件（如鞋花、鞋卡子、搭扣、带眼等）和皮件五金配件（如箱锁、把手、走轮、包用搭扣、揿钮、弹锁、密口架等）的范畴。

至于鞋用材料，仅是一个泛称，其内涵与外延十分广泛，其定义在专业术语中尚未见闻有明确的界定，通常可理解为鞋用面料（如天然皮革、人造革、合成革、纺织材料等）、鞋用底材（如外底革、内底革、各种橡塑成型底材、鞋用衬里、主根、包头以及各种鞋跟等）、鞋用胶粘剂（如大底胶、纤维素胶、氯丁胶、聚氨酯胶及其他）、等等。

人造革与合成革是模拟皮革的组织构造和使用性能，并可作为皮革代用品的复合材料，通常以针织布与非织造布模拟皮革的网状层，以微孔高分子涂层模拟皮革的粒面层。所得到的人造革、合成革正、反面都与皮革比较相似，广泛用于制作鞋、靴、箱包和球类等。按通常的分类，人造革是指在机织（或针织）底布上涂覆高分子浆料制成的仿皮革材料，多数以聚氯乙烯（PVC）作为涂层剂，俗称"PVC"人造革；合成革是以非织造布为基材，经过浸渍高分子材料和涂层整理而制成的仿皮革材料，多数以聚氨酯（PU）作为浸渍材料和涂层剂，俗称"PU"合成革。至于高性能超细纤维合成革，系合成革产业迅速发展后的高端产品。

皮鞋皮件行业通常所用的胶粘剂种类繁多，按化学成分可分为天然胶、淀粉胶、氯丁胶、聚氨酯胶、纤维素胶、聚乙烯醇缩甲醛胶、EVA胶、聚烯烃胶、聚酯胶、聚酰胺胶、SBS胶等；按结构形态可分为溶剂型胶、水乳（性）型胶、热熔型胶等；按产品用途可分为合布胶、抿边胶、涂包头胶、绷楦胶、粘外底胶、粘主和包头胶等。

新中国成立前，我国皮革五金配件的生产几乎接近于空白状态，仅沿海一些城市有少量箱锁、鞋扣、鞋眼、皮带扣等生产，质量差，式样古老，生产工艺十分落后。

上海皮革五金产品始于19世纪末，有曹庭记五金工场生产的"象牌"西式皮箱铁对锁、复昌五金工场仿制生产的大号铁克马锁。20世纪30年代又有3家工场生产英机锁、小号铁克马锁和锌箱锁等产品，全系仿制舶来品。民国三十七年（1948年）发展到19家，生产品种有皮箱包角、对锁、奇马铜锁、女式皮包提手架和裤扣等。

人造革与合成革是模仿皮革的结构的仿皮革代用材料，借以解决天然皮革资源之不足，这种仿革材料的发展历史较短，大致始于20世纪30年代。我国最早的人造革为40年代上海漆布生产合作社生产的硝化纤维漆布。

一 1949—1957年恢复改造时期

1950年以后，上海皮革五金业发展较快，1956年有72家作坊工场，品种有对锁、金属扣和金属架等54种。1956年公私合营后，上海市日用五金工业公司将其裁并改组成孙记五金铜作和吕鸿记五金工业社两家，共有职工162人，主要生产包袋五金配件和各类裤扣。

20世纪50年代后期，上海塑料制品一厂研制出人造革，也就正式揭开了我国人造革发展的序幕，但这种聚氯乙烯人造革的成型性、卫生性、耐寒性、耐热性较差。

二 1958—1977年初期建设时期

（一）皮革五金

1958年，上海孙记五金铜作被划归上海市皮革工业公司，并改组成上海皮革金属制品厂，开发了鞋扣、鞋眼和泡钉等产品，至1962年，品种发展到箱包用密扣架、铜箱锁、铜克马、铜泡钉、铜扁钉和高档皮鞋钢勾心（鞋钢条）等120种左右。随后该厂又在生产皮包提手架的基础上，设计了造型别致、开启方便、装饰性好的女式票夹密扣架。1965年，吕鸿记五金工业社划入上海市皮革工业公司，改名为"长江皮革五金厂"，主要以生产裤扣、箱锁、箱架等箱包配件为主，形成了较大规模专业制作皮革五金产品的生产能力。同年，长江皮革五金厂试制成功了国内第一只四筋铝镁合金箱架。1970年，长江皮革五金厂又开发生产了高精密号码锁，产品质量达到了国外同类产品水平，结束了箱包配套号码锁全部依赖进口的历史。

1965年，江苏省皮革工业公司曾定点南京建筑五金厂生产箱包配件，直供用户（20世纪60年代后期转产），其他皮革五金配件需到上海等地采购。1975年，常州横林皮革五金厂生产了箱轮等箱包五金配件，为上海土畜进出口公司的出口皮箱配套。

1966年原沈阳市布鞋厂改建为沈阳皮革五金厂，位于沈阳中心的太清宫。1975年该五金产品开始生产，1977年有职工217人，年产值195万元，利润34万元，产品产量为箱锁486万件、箱式件190万件。

1969年，北京市皮革五金厂成立（前身为皮革机械厂的五金车间），主要生产为皮革制品配套的五金配件。1973年10月，北京市皮革五金厂与毛毡厂合并，集中力量生产五金制品，为皮革行业配套。

1970年，上海长江皮革五金厂开发生产了高精密度大小号码锁，改变了国产小五金生产落后的局面，结束了皮革箱包配套号码锁依赖进口的历史。

青岛皮革五金厂1973年生产箱包配件116万件；1975年生产箱包配件107万件，产品以箱锁、箱包配件、皮鞋装饰件及皮鞋铁勾心为主。

1973年2月，在原轻工业部的组织下，我国成立了全国皮革五金专业组，成员厂包括北京、上海、天津、广州、沈阳、武汉、重庆、青岛8个城市的主要皮革五金厂，先后在北京、广州、上海和天津等地召开5次皮革五金配件专业会议，先后建成北京、广州、上海、天津、沈阳、武汉、重庆、青岛、湘潭、洛阳等皮革五金配件专业厂，形成了一支皮革五金配件生产专业队伍。

五金配件的生产工艺包括两大部分，即金属加工和表面处理。金属加工又分为冷冲、挤压、压铸三大成型工艺，1970年以后逐步发展了有色金属低温挤压、锌合金的压铸、铝合金水平连续浇铸等工艺，并开始研究冷挤压工艺。挤压设备从1972年上海长江五金厂第一台350吨挤压机投产以来，全行业已有7台，还有广州皮件厂200吨、300吨油压机各1台、北京皮革五金厂800吨油压机1台、沈阳皮革五金厂600吨机械压力机1台。随着挤压设备的采用，铝口的生产发展很快，研制了铝棒水平连续浇铸设备，型材矫直和切断等一批专业设备。压铸机引入皮革五金行业后，产品质量得到明显提高；冷冲工艺也有较大改进，从单机单模发展到多工位复合模具。模具加工，线切割、电火花、仿形铣床等加工工艺在皮革五金生产当中的应用，大大提高了加工效率和质量。表面加工处理，主要是对五金配件进行镀锌、镀铜、镀镍、镀铬等表面处理，此外还有铝合金型材和小零件的氧化，小零件的鎏金工艺等。

1973年，青岛机修电镀厂和东方红铁器厂合并成青岛皮革五金厂，该厂是当时山东省皮革五金配件的主要生产厂家，当年国家投资190.8万元，年产箱包配件116万件。该厂1975年年产箱包配件107万件，产品以箱锁、箱包配件、皮鞋装饰件及皮鞋铁勾心为主。同年，该厂被轻工业部列为全国皮革五金制品八大厂家之一。1977年，该厂试制出75对锁，并在轻工业部同类产品评比中获电镀外表光洁度第一名。

1975年10月，原轻工业部第二轻工业局在天津召开第四次皮革五金专业会议，湘潭皮革五金厂、洛阳光华皮件厂作为专业组成员第一次参加会议，使成员厂由8个城市增加到10个城市的皮革五金厂，为改变皮革五金面貌壮大了力量。会议内容包括对于企业产品质量标准（草案）的试行情况进行总结、鉴定，研究箱锁配件开展标准化、系列化、通用化的工作进度，交流"双革""四新"经验。

1975年沈阳皮革五金厂开始生产五金配件产品，有职工217人，当时的产品产量为箱锁48.6万件、箱包配件190万件，年产值195万元，利润3.4万元。

据1975年统计显示，当时国内皮革五金配件厂，生产箱锁464万把，比1972年的122把增长了2.8倍；生产各种五金配件3690万件，比1972年的1893万件增长了95%；箱用铝口1972年以前是没有生产的，全部依靠进口，以后国内上海、北京、沈阳等地开始生产。

1977年，沈阳皮革五金厂生产箱锁48.6万件、箱式件190万件。

1977年11月，原轻工业部在北京召开全国皮革五金专业座谈会，会议指出，皮革五金配件生产由1973年四大城市小量生产发展到10个省市生产，数量品种不断增加，质量不断提高，为发展皮革制品创造了良好条件。技术革新、技术改造大力开展，电火花线切割加工、电镀一步法、无氰电镀、冲压多工位、含铬污水处理、程控、数控等新工艺、新技术在全行业逐步推广，提高了劳动生产率和机械化水平。

这个时期，国产皮革五金制品与国外发达国家的水平相比存在一定的差距，主要表现在以下几方面。一是花色品种少、单调，式样古老，规格不配套，变化慢。如鞋眼，我国只有圆眼一种，黑、黄、白三种颜色，四五种规格。而日本六棱产业株式会社生产的鞋眼有55种，式样有圆、方、六角、八角、长方、椭圆、不对称流线型等多种规格；国外箱锁已大量采用压铸锁和字码锁，而我国还在用蟹壳锁和铰链锁，并多年一贯制。二是我国皮革五金配件生产技术水平低，产品质量差，如箱锁开关不灵，提把、滚轮易脱落，电镀层易脱皮、容易生锈，铝口质软重量大，镏金易脱皮等。三是技术落后，生产设备和工艺技术水平落后，手工操作多，生产效率低，新工艺、新技术、新材料引进不多，如射流、数控等技术在皮革五金行业还没采用。

（二）鞋用材料

20世纪60年代末，随着高分子材料的快速发展，聚氨酯涂层人造革在世界范围内获得关注，于是合成革开始流行。基于天然皮革真皮网状层和粒面层的基本结构，仿皮革材料的研发主要集中在基布开发和涂层制造两个方面。1964年，美国杜邦公司推出商品名为柯芬的合成革；1965年日本可乐丽公司研制成2层结构的合成革。70年代，随着非织造布技术的快速发展，针刺成网、黏结成网等工艺被普遍使用，从而使聚氨酯合成革的外观、内在结构、卫生性能和物理机械性能与天然皮革逐步接近。

在我国国内，为研制开发合成皮革，弥补天然皮革的不足，1970年轻工业部对合成皮革（湿法）生产工艺及设备的研究进行立项，由上海益民制革厂、上海市纺织科学院等单位承担，同时投资100万元筹建合成皮革生产车间。经过4年的研制，上海益民制革厂于1974年试生产合成内底革、合成支跟包头革，是年产量达2万平方米，能代用牛皮革约1万张。1976年，上海重革厂也开始试生产合成内底革和支跟包头革。1977年合成内底革开始大批生产，年产量31万平方米。合成内底革和支跟包头革，采用了现代无纺布技术和气流成网工艺，并运用了针刺加密、收缩、浸胶成型、烘干和真空干燥等工艺。

三 1978—1987年改革开放初期

(一) 皮革五金

皮革五金的表面加工处理，如镀锌、镀铜、镀镍、镀铬等表面处理，需要跟进"三废"处理的环境保护措施，开始重点研究无氰、微氰、低浓度镀铬等工艺技术。青岛皮革五金厂研究的低浓度镀铬取得较好成绩，电镀液含铬从250克/升降低到70克/升；北京皮革五金厂投产的程序控制一步法电镀生产线，改变了手工提挂具、人工操作的落后面貌；广州皮件厂实现铜、镍、铬一步法电镀，产量提高40%以上。在"三废"治理方面，北京皮革五金厂利用离子交换树脂及封闭循环工艺处理含铬废水，利用中和法处理含酸废水，都取得较好成效。该厂处理前超过国家规定排放标准100倍，治理后达到规定的排放标准，废水还重新使用。沈阳皮革五金厂自制的离子交换法废水处理设备，废水含铬量降低到0.002毫克/升，大大低于国家排放标准。

1978年12月，在湘潭召开第六次皮革五金专业会议，会议期间，各厂汇报了1978年"八项经济技术指标"的完成情况、"双革"和"四新"成果、"质量月"活动及当前企业生产存在的问题。会议强调加强科技情报交流，搜集国外先进样品进行研究试制，缩小与国际先进水平的差距；针对箱铝口变形问题，京、津两市皮革五金厂从箱铝口结构、成分、热处理方面于1979年上半年完成高强度铝合金挤压型材的研究试制任务；由上海皮革金属厂和长江皮革五金厂于1979年一季度完成压铸锌合金黄色镀层的研究和试验，提供在铁、铜材料上完成黄色镀层的完整工艺，改变锁及五金件表面镀层绝大部分为白色的现状。

进入20世纪80年代，上海皮革五金行业又先后开发了蟹壳锁、铜方锁、软箱配件、密码对锁和磁性扣等高档精密产品，尤其是磁性扣的设计打破了传统的机械结构，为箱锁发展开辟了新的途径。1980—1981年，上海长江皮革五金厂先后试制成功了旅行箱用的大字盘号码锁、公文箱用的号码对锁、家用箱用的中四筋号码锁和各种包袋用的五角号码锁。这四种号码锁，都采用三位数字，能变换1000个号码，采用国际上先进的压铸工艺加工，具有轮廓清晰美观、结构先进牢固、拨号锁合、开启准确可靠等特点。

1981年，重庆皮革模具厂新建了一条皮革五金装饰件一步法电镀自动线，该线全长17.5米，共25个槽、49个工位，在线上可以自动完成电镀工艺流程，还配备有"三废"处理设施。经生产实践证明，自动线班产"工字扣"3万件，提高工效7—12倍；产品质量较稳定，经盐雾防腐蚀能力试验为42小时，达到了部颁标准（36—48小时）的要求；对提高皮革五金装饰件的电镀质量和生产率都有显著效果。

1981年11月，在武汉召开第九次皮革五金专业会议，会议对高冲压工效安全操作、铝箱口的硬度及材质、仿金产品色泽质量、电镀污水处理、压铸工艺的应用等技术关键进行了交流。会议讨论研究了1982年的任务：狠抓新产品试制，上高、中档产品；加强对仿金产品色泽与保护层的研究；提高压铸设计和制造能力；抓好冲压模具改革；抓好"三废"治理。

1984年2月，在沈阳召开第十次全国皮革五金专业会议。会议期间，各厂汇报了1982年、1983年"八项经济技术指标"的完成情况、"四新"和"双革"成果，观摩了各厂的新产品，包括北京厂的转锁、号码对锁，仿金插锁和低熔点合金离心浇铸及仿金工艺产品，上海长江厂的克码锁、上海皮革金属厂的拉丝镏金小方锁和多种仿金配件、天津厂的压铸跳锁及冲制产品的系列装饰改进以及青岛厂轻提箱锁等，受到一致好评。

1985年青岛皮革五金厂改造扩建，厂区面积达1.1万平方米，建筑面积为7000平方米。该厂有职工317人，拥有主要生产设备56台，年产皮箱锁件103.98万把，皮鞋铁勾心387.05万副，其他五金配件1068万件，完成工业总产值226.62万元，实现利税17.74万元，其中利润5.24万元，全员劳动生产率8656元/人。

（二）鞋用材料

1980年4月，上海益民制革厂研制的合成面革中试项目通过鉴定，上海益民制革厂和上海重革厂的合成革车间分别正式成立。同时为了扩大代用原料来源，益民制革厂还组建了合成皮革试验室，专门从事新品种开发及新材料研究。同年，合成革被上海市科委列为成果推广项目，由市经委拨款100万元，委托上海机电设计院设计、上海重型机床厂制造和安装一套大型合成涂覆机组。1982年，益民制革厂针对部分合成皮革产品生产过程"三废"污染严重的现象，研制成功水溶性工艺，减少了"三废"污染，生产成本降低了5%。1985年益民制革厂又设计安装了DMF液体回收装置，用于涂覆机组废液的综合利用，自行设计制造了凹板印花机、压花辊机等配套装置。1985年底，益民制革厂又自筹资金41万元，从日本引进大型自动磨革机，用于尼龙传送带、合成手风琴革等新材料的精密磨革，合成皮革生产设备渐趋完善。该厂的合成皮革研制项目在1987年获得国家、轻工业部和国防工办科技成果奖3项。其中，双层结构抛光材料，填补了国内空白，质量达到美国RODEL公司同类产品水平，获得轻工业部科技成果二等奖、国家科技成果三等奖。

青岛皮鞋材料厂是山东省新中国成立初期的老字号企业，20世纪80年代就引进日本的聚酯型PU鞋底全套生产流水线，设备先进，生产了中国第一双PU底，当年把PU底说成鞋底之王，当时把青岛称为中国皮鞋PU底的发源地。

80年代，我国最大的合成革生产企业"山东烟台合成革总厂"建成，该厂系从国外整套引进项目，于1983年在引进日本可乐丽公司技术的基础上发展起来的，当时采用藕型多孔纤维，生产光面仿真皮革。但是，相关的核心技术、人才培养和科研机构等系统设置严重滞后。为了适应合成革产业发展的需求，四川大学利用皮革和高分子材料学科的交叉优势，开始关注合成革的研究。

同时，这个时期为获得不同的表面风格，如通过光面花辊压纹和磨面使呈绒状，或采用转移涂层法制成干湿结合型合成革，于是市场上有了光面合成革和绒面合成革，多用于制作箱包和装饰品。

四　1988—1997年快速发展时期

（一）皮革五金

1990年底，上海皮革五金行业完成工业总产值2083.5万元，利润200.6万元，厂房建筑面积8605平方米，固定资产原值480.5万元，职工593人。皮革五金配件产品共分鞋类、皮箱锁类、包袋类和箱架等19大类，近千个品种。

"八五"国家科技攻关项目"高档皮革制品加工工艺技术研究"，其04子项目"高档皮革制品五金配件的研究"，内含3个课题，分别为衣箱铝口热处理及弯角技术、锌合金电镀工艺技术、高档号码锁磨具的消化和模具标准件的研究，分别由上海长江皮革五金厂、北京皮革五金厂、烟台造锁总厂承担，项目完成后分别提供相应的一系列工艺、技术、设备以及号码锁模具。

（二）鞋用材料

20世纪90年代，新型的、智能调温的超功能合成革问世，既能散热，又能保温，于是人造革与合成革也不再是简单的仿皮革材料，开始步入高新技术领域。

1988年，上海益民制革厂为实现合成革生产连续化，改收缩工艺为不收缩工艺，又加强针刺、缩减了材料裁剪环节，提高了材料厚薄均匀度，改善了合成皮革生产工艺。同时为使合成皮革的生产设备符合工艺特点，该厂投资200万元将纺织设备用于底基生产；另行添置了清花成卷机、梳棉机、气流成网机、条并卷机和针刺机等42台主要设备。在后道工序中，自制2台收缩锅和6台真空干燥机，使生产实现连续化、机械化。

1990年，上海益民制革厂和上海重革厂共有职工200人，各类合成革年产量为50万平方米，产品销售额为1013.5万元，实现税利66.1万元。1974—1990年，累计共销售各类合成革700万平方米，相当于天然牛皮350万张，产值累计1.2亿元。经过10年探索，截至1990年，上海益民制革厂试制成功抛光材料、合成球革、合成手风琴革和尼龙传送带等10余种品种的新型材料，并通过鉴定投入生产。

广东省鞋用材料生产和应用发展很快，除橡胶鞋底，还发展了改性PVC、PU、TPR和各类复合底。

1994年，山东省威海昌隆鞋材厂建成投产，该厂系威海市经济技术开发区凤林集团公司的下属企业，是专业生产和研制各种鞋用材料以及无纺合成基布的生产厂家，拥有职工100余人，占地面积42600平方米，建筑面积22800平方米，设备88台（套）。产品有水溶无纺革、里子革、溶剂革、针刺无纺布、皮革基布以及鞋用环保溶剂等相关产品。

1995年，山东同大海岛新材料有限公司成功开发了具有中国特色的不定岛超细仿真皮革，纤维细度最细可达到0.003—0.0005分特克斯，具有自主知识产权，并迅速发展成4条生产线，成为我国最大的超细仿真皮革生产企业之一，除此以外温洲黄河、莱芜东泰、浙江科艺、梅盛、温州革基布有限公司、山东金峰、淄博双谊机械；江苏双象集团无锡中进塑料有限公司等一批企业也都建成了生产线并已陆续投入生产。

1997年烟台合成革总厂（后称"万华超纤股份有限公司"）自主开发了不同于引进技术的纤度为0.01分特克斯不定岛型海岛超细纤维，产出超细仿真皮革。

五 1998—2010年全面繁荣时期

（一）皮革五金

1998年8月，广州新濠畔皮革鞋材五金批发广场建成，聚集了台湾政龙、澳门文亨、南海中港、平阳远东、广州千福临、石狮福特、中山伟明、温州南方皮塑等我国一流的鞋材生产、贸易企业。由于规划合理、配套完善、产品齐全、地理优势等使新濠畔皮革鞋材五金批发广场成为广州的皮革鞋材五金贸易中心。

1999年，我国的皮革制品市场经历了多年的考验后，已经逐渐理性化，更多地追求产品的时尚、独特的造型、制作工艺，并加大力度培养品牌。作为皮革制品附属行业的五金配件，也已自成体系，形成了强大的市场。五金配件市场主要集中在广州，并已形成庞大的辐射网，直接影响全国乃至中国港澳、东南亚地区市场。广东成为皮革五金的生产、销售中心，广州、珠江三角洲等地的五金配件生产厂家都将产品集中在广州，在此开设窗口，展示其高、中、低档皮革五金产品。浙江、福建等地区也有不少五金制品厂家移师广州，利用广州的设计信息及电镀优势，推出自己的产品，参与市场竞争。

（二）鞋用材料

进入21世纪，随着高性能超细纤维合成革的快速发展，使人造革和合成革行业形成了完善的产业结构。所以，从行业的发展历程和产品结构来看，人造革与合成革的发展大致可以分为人造革、合成革和超细纤维合成革三个阶段，这三个阶段是互相交叉、互相融合发展的。如果说最初的人造革是第一代产品，那么合成革就是第二代产品，超细纤维聚氨酯合成革自然就属于第三代产品。

我国超细纤维合成革的生产始自烟台合成革总厂，该厂于1999年批量生产"大富革"光面类超细仿真皮革，并在此基础上于2003年进一步扩大生产能力，上了第三条仿真皮革生产线。此后，江苏常熟合成皮革总厂（现为常熟贝斯特皮革有限公司）在引进技术和设备的基础上开发成功定岛型超细纤维高仿真革，上海华峰集团成功开发了不定岛超细仿真革，并迅速进行规模化生产，该集团目前已拥有3条生产线。日本可乐丽公司还与浙江嘉兴禾欣合作于2005年年终建成年产400万平方米的超细仿真皮革生产线并投入生产。

根据中国合成皮革网数据显示，2005年，国内已经上马的超细纤维合成革生产线共有25条，年产能可达7650万平方米。另外，企业计划上马的生产线还有8条。至2005年年底，中国正式成为世界上最大的超细纤维合成革生产国。时至2006年，由于国内超细纤维合成革的某些关键技术尚未彻底突破，各厂家产品趋同性明显，而高端应用领域仍主要依靠进口。加之国内产能短期内增长过快，造成了超细纤维合成革产能过剩的局面，国内很多超细纤维合成革项目未能如期上马。到2007年，超细纤维合成革行业的供需矛盾已经表面化，产品利润率进一步降低，大部分厂家为争夺市场份额进行的价格战将产品价格降至成本价附近。直到2008年底，国内仅剩下16家超细纤维合成革生产企业，共有生产线26条。但是，随着超细纤维合成革技术的逐步成熟，此后超细纤维合成革的发展逆势而上，进入发展的快车道。根据中国塑料加工工业协会人造革、合成革专委会对成员单位的调查统计，2009年国内超细纤维合成革产量同比增长25%，达3500万平方米，其中温州市场超细纤维合成革2009年销售量达到500万平方米。

我国合成革产业发展非常迅速，2010年全国已有合成革企业2600多家，形成合成革生产线1575条，总产量达53亿平方米，产值为1043亿元，占全世界总产量的73%。显然，我国已成为世界合成革、人造革第一生产大国。四川大学正在酝酿成立合成革研究中心，这标志着我国第一家专业从事合成革、人造革研究的科研机构即将诞生。

广义的皮革工业，似应涵盖天然皮革制造业和合成革、人造革制造业。自21世纪以来，我国人造革与合成革行业的发展主要分布在长江三角洲和珠江三角洲，集中在浙江、广东和福建三省，其他省市也有企业分布，近几年在中部地区和环渤海地区正在快速增长。从城市聚集度来看主要在温州、丽水、高明、江阴、晋江、白沟等区域，占了全国80%的份额。从全国人造革、合成革重点企业所在省区分析，其中江苏省占21%、浙江省占32%、广东省占12%、福建省占12%、河北省占5%。可以说在中国内地，已经形成了上千家人造革、合成革制造企业，人造革与合成革已经广泛应用于人们日常生活的服装、鞋帽手套、箱包、家居家具、文化体育、工农业以及交通运输的灯箱广告、棚盖、汽车装饰等数千个品种。从总体的趋势来看，我国的人造革与合成革行业仍然处于蓬勃发展的时期。

至于国内胶粘剂的生产情况，全国现有鞋用胶粘剂企业200多家，其中100多家分布在沿海地区，总体上讲是伴随着鞋、件等皮革制品的产地设厂。广东省的胶粘剂厂最多，有70多家，大多数属三资企业，其产品几乎一半供外销。规模以上的胶粘剂生产企业约有30多家，如南海南光、南海霸力、中山伟明等公司生产能力达数万吨。福建省、浙江省各有40家左右，江苏、山东、天津各有10家左右。一般来说，胶粘剂以外底胶粘剂最为关键，所要求的胶粘性能也最高，国内外基本上以聚氨酯、氯丁胶为主。

第九节 特种工业皮革及其密封件

一 产品生产的历史背景及沿革

特种工业是指军工装备（火炮、坦克、飞机、舰艇、潜艇、导弹、火箭、军用汽车等武器装备）生产工业。为军工装备配套的成品革、皮件称之为特种工业皮革及其密封件。

1949年新中国成立后，国家百废待兴，由于发展国防军事工业的需要，轻工业各相关行业需要提供军事装备的配套材料和产品。由皮革工业提供的材料和工业产品是特种工业皮革及其密封件。不同军工装备用途的皮革产品性能和规格各有不同，都有其特殊要求。总的讲，其性能都有民用皮革产品没有要求的不腐蚀或少腐蚀金属、高强度、高耐温、高密封和高耐老化的物化性能。这些高性能要求的产品，我们国家从未生产过，均需要进行从头研究和试制。

从1949年至1988年，我国少数几个相关的皮革厂根据军事工业的需要，通过研究、试制和产业化生产，满足了不同时期相关武器装备的配套需求，为我国军事工业和现代国防做出了重大贡献。

在新中国成立之初的头几年里，军工企业对轻工军工配套件的需要由军工管理部门和轻工相关企业直接联系订购。后来，需要的品种和数量都有较大增长，为了保证国防军工的需要，国务院在中央各相关工业部门专门设立了与军工相配套的材料部件管理单位——军工办公室。

具体到特种工业皮革及其密封件的供需管理历史情况如下。

1949—1960年，特种工业皮革及其密封件研制、生产，国家无管理部门，由军工相关需方直接和天津、沈阳相关厂直接衔接，生产企业按需供货。

1961—1964年，由全国手工业合作总社生产司负责管理，组织相关皮革厂与军工管理部门衔接按需供货。

1965—1972 年，由国家第二轻工业部军工办公室负责管理，组织相关皮革厂与军工管理部门衔接按需供货。

1973—1988 年，因国家一轻部和二轻部合并，改由国家轻工业部军工办公室负责管理，组织相关皮革厂与军工管理部门衔接按签订合同供货和对军工皮革生产企业的原料配制、生产科研的计划进行管理，相关省市轻工计划管理部门也负责相关的管理。

从 1982 年改革开放以后，特别是 1988 年之后，国家特种工业皮革及其密封件研制、原料皮的采购、产品的生产和销售由计划经济模式逐步走向市场经济模式。特种工业皮革及其密封件的需求和供应由军工装备生产企业直接找特种工业皮革及其密封件生产企业进行研制、生产和供应。根据上级部门的安排，轻工业部军工办公室也就不进行管理，随其市场化了。在 2000 年后，随着轻工业部机构改革，轻工业部军工办公室也就撤销了。

二 特种工业用皮革及其密封件的性能、分类、标准、产量及获奖情况

（一）特种工业用皮革及其密封件的性能

特种工业皮革及其密封件不是用作普通军需用的鞋帽、服装、枪套和挽具等皮革用品，而是用作火炮、坦克、飞机、舰艇、潜艇、导弹、火箭、军用汽车等武器装备用的配套材料和密封件。

由于军用皮革及其制品是选用最好的原料皮的皮心部位以特殊加工工艺方法制作而成，其产品较普通皮革产品具有耐压、耐热、耐寒、耐磨、耐老化、不腐蚀金属、密封好（不漏液、不漏气）等优越性能，是武器装备上较为理想的一种密封材料，并常与橡胶、工程塑料和石棉密封材料配合使用。具体详细的各种特种工业用皮革及其密封件的性能指标可参见后面所列的相关标准。

（二）特种工业用皮革及其密封件的分类

特种工业用皮革按性能产品分为以下 4 类 10 种。

第一类，铬鞣密封革：可分为铬鞣黄牛耐热密封革（简称"耐热革"）、铬鞣黄牛耐压密封革（简称"耐压革"）、铬鞣黄牛密封革（原名"法兰革"）、铬鞣黄牛密封软革（简称"密封软革"）4 种。其中耐压革又分为铬鞣黄牛耐高低温耐压革和铬鞣黄牛高强度耐压革两种。

第二类，植物鞣密封革：可分为植物鞣黄牛中性密封革（曾用名：天然革）、植物鞣黄牛密封革（曾用名：植鞣碗革）两种。

第三类，铬植结合鞣黄牛密封革（曾用名：马鞍具革、装具革）。

第四类，油鞣革：可分为特种油鞣革（战斗机驾驶舱的有机玻璃成型时做衬垫用的材料）、一般油鞣革（主要用作擦拭精密武器装备用）两种。

特种工业用皮革密封件按产品截断面形状分为以下 6 类：一是 U 形；二是 V 形；三是 L 形；四是 J 形；五是矩形；六是一形。

上述每种产品还可按用途、规格、面积细分成不同类别的产品。

（三）有关特种工业用皮革、特种工业用皮革密封件的国家标准

1986 年 12 月 18 日由轻工业部主办编制、国防科工委审查批准的有关特种工业用皮革、特种工业用皮革密封件国家军用标准目录见表 2 - 59、表 2 - 60、表 2 - 61、表 2 -

62、表 2-63、表 2-64。

表 2-59　　　　特种工业用皮革产品国家军用标准名称、编号一览

序号	标准编号	标准名称	主办部门	参加部门	实施日期
1	GJB 210.1—1986	特种工业用皮革铬鞣黄牛耐热密封革	轻工业部	兵器工业部	1987-08-01
2	GJB 210.2—1986	特种工业用皮革铬鞣黄牛耐压密封革	轻工业部	兵器工业部	1987-08-01
3	GJB 210.3—1986	特种工业用皮革铬鞣黄牛密封革	轻工业部	兵器工业部	1987-08-01
4	GJB 210.4—1986	特种工业用皮革铬鞣黄牛密封软革	轻工业部	兵器工业部	1987-08-01
5	GJB 210.5—1986	特种工业用皮革铬植结合鞣黄牛密封革	轻工业部	兵器工业部	1987-08-01
6	GJB 210.6—1986	特种工业用皮革植物鞣黄牛密封革	轻工业部	兵器工业部	1987-08-01
7	GJB 210.7—1986	特种工业用皮革植物鞣黄牛中性密封革	轻工业部	兵器工业部	1987-08-01
8	GJB 210.8—1986	特种工业用皮革油鞣密封革	轻工业部	兵器工业部	1987-08-01

表 2-60　　　　特种工业用皮革基础国家军用标准名称、编号一览

序号	标准编号	标准名称	主办部门	参加部门	实施日期
1	GJB 211.1—1986	特种工业用皮革验收规则	轻工业部	兵器工业部	1987-08-01
2	GJB 211.2—1986	特种工业用皮革缺陷测量和计算	轻工业部	兵器工业部	1987-08-01
3	GJB 211.3—1986	特种工业用皮革包装、标志、运输和保管	轻工业部	兵器工业部	1987-08-01

表 2-61　　　　特种工业用皮革物理化学性能试验方法国家军用标准名称、编号一览

序号	标准编号	标准名称	主办部门	参加部门	实施日期
1	GJB 212.1—1986	特种工业用皮革试验方法 取样—批样取样数量	轻工业部	兵器工业部	1987-08-01
2	GJB 212.2—1986	特种工业用皮革试验方法 试验室样品—部位和标志	轻工业部	兵器工业部	1987-08-01
3	GJB 212.3—1986	特种工业用皮革试验方法 物理性能测试片的空气调节	轻工业部	兵器工业部	1987-08-01

续表

序号	标准编号	标准名称	主办部门	参加部门	实施日期
4	GJB 212.4—1986	特种工业用皮革 物理性能测试—厚度的测定	轻工业部	兵器工业部	1987-08-01
5	GJB 212.5—1986	特种工业用皮革 扩张强度和伸长率的测定	轻工业部	兵器工业部	1987-08-01
6	GJB 212.6—1986	特种工业用皮革 收缩温度的测定	轻工业部	兵器工业部	1987-08-01
7	GJB 212.7—1986	特种工业用皮革 砂眼的测定	轻工业部	兵器工业部	1987-08-01
8	GJB 212.8—1986	特种工业用皮革 生心的测定	轻工业部	兵器工业部	1987-08-01
9	GJB 212.9—1986	特种工业用皮革 耐压透油试验	轻工业部	兵器工业部	1987-08-01
10	GJB 212.10—1986	特种工业用皮革 化学试验用的样品的制备	轻工业部	兵器工业部	1987-08-01
11	GJB 212.11—1986	特种工业用皮革 水价及其他挥发物的测定	轻工业部	兵器工业部	1987-08-01
12	GJB 212.12—1986	特种工业用皮革 二氯甲烷萃取物的测定	轻工业部	兵器工业部	1987-08-01
13	GJB 212.13—1986	特种工业用皮革 总灰谷和水不溶物灰份的测定	轻工业部	兵器工业部	1987-08-01
14	GJB 212.14—1986	特种工业用皮革 氧化铬（Cr_2O_3）的测定	轻工业部	兵器工业部	1987-08-01
15	GJB 212.15—1986	特种工业用皮革 水溶物、水溶有机、水溶无机物的测定	轻工业部	兵器工业部	1987-08-01
16	GJB 212.16—1986	特种工业用皮革 含氮量和皮质的测定	轻工业部	兵器工业部	1987-08-01
17	GJB 212.17—1986	特种工业用皮革 鞣制系数、革质和结合鞣质的计算	轻工业部	兵器工业部	1987-08-01
18	GJB 212.18—1986	特种工业用皮革 pH值的测定	轻工业部	兵器工业部	1987-08-01
19	GJB 212.19—1986	特种工业用皮革 硫酸盐总量的测定	轻工业部	兵器工业部	1987-08-01
20	GJB 212.20—1986	特种工业用皮革 中性硫酸盐的测定	轻工业部	兵器工业部	1987-08-01
21	GJB 212.21—1986	特种工业用皮革 氯化物的测定	轻工业部	兵器工业部	1987-08-01
22	GJB 212.22—1986	特种工业用皮革 非硫酸盐硫（腐蚀性）的测定	轻工业部	兵器工业部	1987-08-01

表 2-62　　特种工业用皮革密封件产品国家军用标准

序号	标准编号	标准名称	主办部门	参加部门	实施日期
1	GJB 213.1—1986	特种工业用皮革密封件	轻工业部	兵器工业部	1987-08-01

表 2-63　　　　特种工业用皮革密封件基础国家军用标准名称、编号一览

序号	标准编号	标准名称	主办部门	参加部门	实施日期
1	GJB 214.1—1986	特种工业用皮革密封件验收规则	轻工业部	兵器工业部	1987-08-01
2	GJB 214.2—1986	特种工业用皮革密封件包装、标志、运输和保管	轻工业部	兵器工业部	1987-08-01

表 2-64　　特种工业用皮革密封件物理化学性能试验方法国家军用标准名称、编号一览

序号	标准编号	标准名称	主办部门	参加部门	实施日期
1	GJB 215.1—1986	特种工业用皮革密封件物理化学性能试验取样方法	轻工业部	兵器工业部	1987-08-01
2	GJB 215.2—1986	特种工业用皮革密封件化学分析试样制备与贮存	轻工业部	兵器工业部	1987-08-01
3	GJB 215.3—1986	特种工业用皮革密封件耐寒性能试验方法	轻工业部	兵器工业部	1987-08-01
4	GJB 215.4—1986	特种工业用皮革密封件 稳定性能试验方法	轻工业部	兵器工业部	1987-08-01
5	GJB 215.5—1986	特种工业用皮革密封件 水分及其他挥发物的测定	轻工业部	兵器工业部	1987-08-01
6	GJB 215.6—1986	特种工业用皮革密封件 苯萃取物的测定	轻工业部	兵器工业部	1987-08-01
7	GJB 215.7—1986	特种工业用皮革密封件 氧化铬（Cr_2O_3）的测定	轻工业部	兵器工业部	1987-08-01
8	GJB 215.8—1986	特种工业用皮革密封件 硫酸盐总量的测定	轻工业部	兵器工业部	1987-08-01
9	GJB 215.9—1986	特种工业用皮革密封件 中性硫酸盐的测定	轻工业部	兵器工业部	1987-08-01
10	GJB 215.10—1986	特种工业用皮革密封件 氯化物的测定	轻工业部	兵器工业部	1987-08-01
11	GJB 215.11—1986	特种工业用皮革密封件 非硫酸盐硫（腐蚀性）的测定	轻工业部	兵器工业部	1987-08-01
12	GJB 215.12—1986	特种工业用皮革密封件 pH值的测定	轻工业部	兵器工业部	1987-08-01

（四）1951—1988年特种工业用皮革及其密封件产品产量和产值统计

产量和产值统计见表 2-65。

表 2-65　　　　1951—1988年特种工业用皮革及其密封件产品产量和产值统计

分项 类别	产量	产值
特种工业用皮革	82.14 万平方米	12285.67 万元（人民币）
特种工业用皮革密封件	1918.21 万件	

注：数据为所有特种工业用皮革及其密封件生产企业统计。据史料记载，仅有1951—1988年的资料。

（五）特种工业用皮革及其密封件获奖项目

特种工业皮革及其密封件获奖项目见表2-66。

表2-66　　　　　　　　　　特种工业皮革及其密封件获奖项目一览

序号	获奖项目名称	获奖单位	授奖单位	奖励名称	等级	年份
1	铬鞣黄牛耐热革	天津市京津制革厂	天津汕轻工局	特别奖	—	1955
2	铬鞣黄牛耐压革	天津市京津制革厂	天津汕轻工局	特别奖	—	1955
3	铬鞣黄牛密封软革	天津市京津制革厂	天津汕轻工局	特别奖	—	1955
4	铬鞣黄牛革	天津市京津制革厂	天津汕轻工局	特别奖	—	1955
5	铬植结合鞣黄牛革	天津市京津制革厂	天津汕轻工局	特别奖	—	1955
6	植物鞣黄牛革	天津市京津制革厂	天津汕轻工局	特别奖	—	1955
7	植物鞣黄牛中性革	天津市京津制革厂	天津汕轻工局	特别奖	—	1955
8	铬鞣黄牛耐热革	沈阳市皮革装具厂	国防科工委	科技成果奖	三等	1964
9	铬鞣黄牛耐热革密封件	沈阳市皮革装具厂	国防科工委	科技成果奖	三等	1964
10	铬鞣黄牛密封软革	沈阳市皮革装具厂	国防科工委	科技成果奖	二等	1964
11	铬鞣黄牛软革密封件	沈阳市皮革装具厂	国防科工委	科技成果奖	二等	1964
12	大面积油鞣革	成都制革厂	国防科工委	科技成果奖	四等	1980
13	国产栲胶鞣制军工革工艺	成都制革厂	国防科工委	科技成果奖	三等	1964
14	国产栲胶鞣制军工革工艺	沈阳市皮革装具厂	国防科工委	科技成果奖	三等	1964
15	铬鞣黄牛耐高低温耐压革	天津市京津制革厂	轻工业部	科技成果奖	四等	1982
16	铬鞣黄牛耐高低温耐压革	天津市京津制革厂	天津市科委	科技成果奖	二等	1982
17	铬鞣黄牛耐高低温密封件	天津市工业皮件厂	轻工业部	科技成果奖	—	1982
18	铬鞣黄牛耐热革密封件	天津市京津制革厂	轻工业部	优质产品奖	—	1982
19	铬鞣黄牛耐热密封革	成都制革厂	轻工业部	优质产品奖	—	1982
20	铬植结合鞣密封革	成都制革厂	轻工业部	优质产品奖	—	1982
21	油鞣革	成都制革厂	轻工业部	优质产品奖	—	1982
22	铬鞣黄牛皮碗皮垫圈	成都制革厂	轻工业部	优质产品奖	—	1982
23	铬鞣黄牛高强度耐压革	天津市京津制革厂	轻工业部	科技成果奖	—	1985

三　主要企业简介

特种工业用皮革及其密封件的研究试制和生产初期主要是由国家军工部门根据需要提出并提供相应经费，与生产特种工业用皮革及其密封件的企业签订合同，经过试制成功后签订正式供货合同。从1964开始，经国家计委、国防科工委、国家经贸委、国家科委和轻工业部统一组织在固定计划渠道上予以安排并在经费上给予支持。

1949—1986年参与研究试制和生产特种工业用皮革及其密封件的企业如下：

第一，天津京津制革厂和沈阳皮革装具厂先后参与特种耐压、耐热和中性密封革的研制和生产。

第二，沈阳皮革装具厂最早研制了各型特种工业用皮革密封件。

1966—2000年参与研究试制和生产特种工业用皮革及其密封件的企业如下：

第一，由于军事工业的发展和三线建设的需要，经国家安排，四川成都制革厂、内蒙包头皮革厂和天津工业皮件厂继天津京津制革厂和沈阳皮革装具厂之后参与了特种工业用皮革及其密封件产品的生产。

第二，沈阳皮革装具厂、成都制革厂先后参与了使用国产栲胶替代进口栲胶鞣制中性植物鞣密封革的研发、试制和使之产业化。

第三，成都制革厂根据军工生产战斗机的需要研发了驾驶舱的有机玻璃成型时做衬垫用的大张油鞣革。

下面逐一介绍参与特种工业用皮革及其密封件研发、生产的企业简史。

（一）天津市京津制革厂

天津市京津制革厂是最早生产军用皮革和皮件的厂家之一，隶属天津市第二轻工业局，为全民所有制企业。

1950年3月，天津市地方工业局投资，在一家破产的私营中南火柴厂的旧址上建成天津市津南制革厂。1952年天津市企业公司派齐治平任厂长、宋涛任书记。以后陆续有祥茂制革厂、战车师制革厂、华北制革厂等8个单位并入天津市津南制革厂。

1953年3月，二机部要求天津市津南制革厂试制为生产火炮配套用密封革，同时提供从苏联进口的皮革小样和苏联制作皮碗的加工方法。当时，全厂职工有300多人，工程师只有1人，虽然设备极其简陋，但大家对承担军工任务的热情很高，决心创造条件，去努力完成。他们腾出一间50平方米的小破屋，自己动手加以修补作为试验室。利用3台小转鼓、5口大水缸和一些瓶瓶罐罐，开始了研制工作。厂里成立了以检验科长王宝琰为首的有产、供、销、技术等部门参加的指挥系统，以工程师赵顺生等为首的13人组成试制小组，为完成试制任务日夜奔忙。经过6个月的反复试验，终于试制成功，产品的质量达到了苏联的同类产品水平。

随着军工生产的发展，专业队伍亦逐步增加，素质不断提高。1950年建厂时，天津市津南制革厂只有1名工程技术人员，职工中80%是文盲和半文盲。1953年正式接受军工任务之后，工厂开始有计划地培训人才。天津市地方工业局将刚刚从日本回国的赵顺生工程师分配来厂，负责军用皮革的试制工作。从各生产车间，部门挑选了政治可靠、事业心强、有一定文化水平的青年和具有20年以上制革经验的老工人田国、胡宝乾、金光庭等20人，组成了验收牛皮小组和鞣制试验小组，采取边干边学、白天干晚上进夜校学习等多种形式，请赵顺生讲课，先后培训了50余人，为适应军工生产不断发展发挥了很大作用。

1954年，天津市津南制革厂自筹资金进行技术改造，二机部天津供应办事处支援木材钢材，经过一年的努力于1955年建成了第一座300平方米的军用皮革车间，添置了大转鼓等15台设备，开始了铬鞣黄牛耐压革和铬鞣黄牛密封革的批量生产。

1961年12月，由于原料皮供应紧缺，天津市津南制革厂被迫转产玻璃制品，将原来的军工生产车间包括专业技术人员和管理人员、4级以上的老技工，连同专用设备全部并入天津制革厂。

1964年1月，天津市政府决定，将天津市津南制革厂的军工任务单独独立出来，成立天津市京津制革厂，成为专门生产军用皮革和皮件的企业。成立天津市京津制革厂后，天津市轻工局拨款8万元，新建了1062平方米的军工车间，建起植物鞣池12个，新添转鼓4台，湿剖匀机、干削匀机各1台及专用工具等，充实了检测手段，并购置了十万分之一的天平、恒温箱等仪器仪表。当年生产了各种军用皮革11798平方米，军用皮件28000件。

1964年，经天津市轻工业局批准成立了厂办半工半读学校，军用皮件被划出，单独成立天津市工业皮件厂。天津市京津制革厂专门从事军用皮革的生产。

1969年之后，国家分配来10名大中专毕业生，充实到军工车间及有关部门，从而各军工车间形成了一支既能生产又能研制开发军用皮革及皮革制品的科技队伍。

1975年，轻工业部拨专款35万元，天津市二轻局拨技措费15万元、治理污染费10万元，共计60万元，兴建3281平方米的军工轻革车间，安装了天车、电梯，购置了铁制螺旋转鼓12台，还有1.8米宽片皮机、湿削匀机、真空干燥机等共30台设备。同年7月上旬，轻工业部又拨给跃进汽车1部，3米龙门刨床1台，C620车床等后方设备，从而形成了第一条铬鞣密封革生产线。

1979年，轻工业部又拨给天津市、京津制革厂科研试制补助费34万元，兴建了天津市综合军工车间，相应增添了专用设备20台套，形成了第二条植物鞣密封革生产线。

1985年，为了节约牛皮、综合利用，天津市京津制革厂又自筹资金，增设了生产军用密封件车间，添置了部分专用设备，军工单位支援了专用模具，从而形成第三条军用皮件生产线。

1988年，天津市津京制革厂年生产能力为18万张牛皮，军工产品有铬鞣黄牛耐压密封革、铬鞣黄牛耐热密封革、铬鞣黄牛密封革、铬鞣黄牛密封软革、植物鞣黄牛密封革、植物鞣黄牛中性密封革、铬植结合鞣密封革、油鞣革等8个品种。全厂占地面积为25566平方米，建筑面积为13298平方米；固定资产原值为244万元、净值为145.2万元；全厂从事军工生产的3条生产线，配有天车3台，电梯2部，片皮机6台，去肉机、干削匀机、湿削匀机、真空干燥机等专用设备139台件；检测化验设备和仪器、仪表60台套，并拥有相应的车床、刨床、大型锅炉、深井等配套设施；生产操作机械化程度在80%左右。

1988年，天津市京津制革厂从事军用皮革生产的人员428名，其中有包括3名高级工程师在内的21名工程师技术人员。天津市京津制革厂自开始接受军用皮革试制任务以来，招收了120名中学毕业生，进行了为期两年的系统专业教育，毕业后优先从中挑选了60名留厂，分配到军工车间及有关部门。由于这批中学生素质好、水平高，个个都是生产、工作岗位上的尖子，成为军工生产、科研方面的骨干力量。如曾任天津市京津制革厂厂长的姜维新，任副厂长许连东、李奎林等均是该校毕业的优秀学生。姜维新在任军工车间技术员时，曾发明了油鞣革的新型氧化装置，并获国家专利证书。

企业自接受军用皮革试制生产任务以来，就一直重视质量并加强管理。如成立以厂长为核心的质量保证领导小组，由分管技术、生产的副厂长全面负责，建立了军工生产专料专用制度，原材料进厂化验制度，半成品、成品验收制度，建立了军工车间的质量管理网络，各工序、各部门都有原始生产记录、下工序检验上工序的质量状况记录，全厂上上下下都牢牢树立了"军工第一，质量第一"的指导思想。

经过40年来的发展，天津市京津制革厂已经拥有一支具有良好政治和技术素质好、专门从事军工科研生产的职工队伍，依靠已经建立起来的具有现代化水平的生产装备和测试仪器，为国防工业配套服务做出了积极贡献。

表2-67、表2-68为天津市京津制革厂在各时间段内的企业名称及隶属机构，以及制革厂的历届负责人。

表2-67　　　　　　　　天津市京津制革厂企业名称与隶属机构沿革

时间	名　称	隶属机构
1950—1962年	天津市津南制革厂	天津市地方工业局
1962—1962年	天津市天津制革厂	天津市轻工业局
1962—1988年	天津市京津制革厂	天津市第二轻工业局

表2-68　　　　　　　　　天津市京津制革厂历届负责人

厂长	任职时间	书记	任职时间
杨大增	1650—1951年	杨天增	1950—1951年
齐治平	1952—1954年	宋　涛	1952—1957年
刘明华	1955—1957年	刘明华	1958—1960年
张一之	1958—1959年	张学义	1961年
田凤林	1960年	宋恩锡	1962—1963年
李景山	1960年	闫德义	1964年
武贵卿	1962—1964年	马德海	1965—1967年
滑春荣	1964—1966年	夏明珍	1978年
马德海	1967年	孔庆荣	1979—1981年
孔庆荣	1968—1977年	黄天于	1982—1988年
胡庆国	1979—1981年		
于世俊	1982年		
姜维新	1986—1988年		

（二）天津市工业皮件厂

天津市工业皮件厂，1966年组建，是生产军民用皮件的专业厂，隶属天津市第二轻工业局，为全民所有制企业。

天津市工业皮件厂的前身是天津市津南制革厂的皮件车间，1952年曾为105厂、609厂、712厂生产零星修配和武器制装皮革配件。当时生产条件十分简陋，厂房更是破旧，只有80平方米；总共有7台设备，车床是皮带传动的，油压机是自制的，皮件成型压力机是手扳的；没有检测仪器；没有技术人员，60多名车间工人都只有小学文化程度，其中有实践经验的老工人能从事军用皮件生产的只有 4 人。职工们凭着高昂的爱国热情和生产工业皮件的传统技艺,圆满地完成了任务。

1956 年,天津市工业皮件厂开始为杭州制氧机厂研制用铬鞣黄牛密封革压制密封件。

1956 年,天津新港皮件厂、大力轮带厂、协记皮带厂等 8 家私营企业,相继并入天津市津南制革厂,充实壮大了皮件车间的力量。同时成立了以车间主任信廷俊负责的军用皮件试制小组,开始承接二机部为火炮配套的皮革密封件的试制任务。

1957 年,完成总后勤部军械部 6600 套战车配套用挽具的生产任务,质量达到苏联样品水平和实战要求,受到总后勤部的好评。

1958 年和 1965 年,天津市津南制革厂和天津市京津制革厂对皮件车间进行两次改造,扩建了 200 平方米的简易厂房,添置了压力机、台钻等 13 台基础设备,并自制了伸皮机、圆轮带机等专用设备,使生产条件有所改善。

1961 年 1 月,由于自然灾害的影响,制革原料皮紧缺,天津市津南制革厂下马,皮件车间划归天津市制革厂。

1964 年 1 月 1 日,随着军工任务的增加,天津市政府决定,在天津市制革厂军用皮件车间的基础上组建天津市京津制革厂,使之成为专门生产军用皮革及皮件的厂家。

1966 年 6 月 8 日,为加强军用皮件试制和生产,天津市二轻局决定把天津市京津制革厂二车间独立出来,成立天津市工业皮件厂,以生产军用皮件为主,为华北、华东、中南等 16 个省、市、区生产军工配套产品。

1969 年 11 月,按照天津市二轻局对皮件厂易地新建的意见,天津市工业皮件厂开始建设新厂房。新厂房占地面积为 1.25 万平方米,建筑面积为 700 平方米,1971 年竣工,1972 年 6 月迁厂完毕。新厂军工车间建筑面积为 360 平方米,专用设备有 31 台,生产条件有了较大改善。

1977 年以来,随着中国国防工业的迅速发展,各军事工业部门军用皮件订货量逐年增加,1977 年为 27.92 万件,1978 年为 49.76 万件,1979 年为 60 万件。因此,现有厂房和设备已不能适应形势发展的需要。为此,1979 年 6 月 14 日轻工业部拨给技措补助费 36 万元,新增生产能力 60 万件/年,扩建军工车间 830 平方米,新增设备 18 台。1982 年军工车间扩建完工,扩建后的军工车间共有专用设备、检测仪器 49 台,基本配套,能适应专业生产需要,军用皮件的产量较扩建以前提高了近 2.3 倍,达到了年产 86 万多件的水平,比 1966—1975 年建厂初期 10 年的总和还多 5 万多件,创造了军用皮件生产的历史最高水平。用户也由 1979 年的 78 家增加到 94 家。直接从事军用皮件生产的人员由 8 人增加到 25 人,其中 2 名大专毕业生,9 名中专、高中生,10 名初中生,职工的文化素质有了较大的提高。

随着生产的发展,天津市工业皮件厂相应添置了检测仪器,加强对生产过程的质量控制。1983 年,利用上级拨款 9.6 万元,天津市工业皮件厂购置了拉力试验机、疲劳试验机、封闭式恒温蜡箱、电烤箱、扭力天平等生产和检测设备,并建立了质量保证体系和计量管理制度,1985 年被天津市评为企业管理合格单位,1987 年被评为市企业管理先进单位、三级计量等级合格单位。

1988 年全厂职工有 321 人,其中技术人员有 29 人。产品有为航空、航天、船舶等工业配套的皮革密封件,各种武器装备的装具、挽具等,年生产能力 50 万件;另外还有民用合成革，年产73万平方米。全厂占地面积为4万多平方米，建筑面积为1.18万平方米，固定资产原值329.4万元，净值213.4万元。全厂有两条生产线，一条是军用皮件生产线，另一条是民用合成革生产线。军用皮件车间有YXP45吨压力成型机3台，XA液压裁断机1台，打孔机1台，剖层机1台，缝纫机4台，拉力试验机1台，疲劳试验机1台，烘箱3台，冰箱1台，油箱3台，车床1台等共计49台设备和检测仪器。其装备水平达到20世纪60年代末70年代初的国内先进水平。

到目前为止，天津市工业皮件厂已能生产为航空、航天、船舶以及常规武器工业配套的8大系列422个品种、上千个规格的各种皮革配件。80年代天津市工业皮件厂在新的形势下，开始朝军转民、民养军、军民结合的方向转变，成为生产军用皮件和民用合成革的生产厂家，为军工、工业、民需三方面的生产继续贡献着自己的力量。

表2－69为天津市工业皮件厂历届党政负责人名单。

表2－69　　　　　　　天津市工业皮件厂历届党政负责人名单

厂长	任职时间	书记	任职时间
贾玉斌	1986—1984年	于成林	1966—1978年
—		张树敏	1979—1981年
		宋立强	1982—1984年
靳铁成	1986—1988年	付鸿图	1985—1988年

（三）沈阳市皮革装具厂

沈阳市皮革装具厂，建于1949年4月，是我国最早研制生产军用皮革及其制品的企业，隶属沈阳市轻工业管理局，为全民所有制企业。

1949年沈阳解放后，由沈阳市人民政府企业局投资东北流通券4亿元，建立沈阳市皮革厂。1950年东北皮革轮带厂并入沈阳市皮革厂，1953年沈阳市皮革厂与沈阳东方装具厂合并，改名为"沈阳市皮革装具厂"，年生产能力为3.6万张皮革。

1950年12月，沈阳市皮革装具厂受总后勤部、机械部委托试制飞机起落架液压系统用的铬鞣黄牛革密封件（皮碗）的任务。当时工厂占地面积为3000多平方米，却只有一座500多平方米的木结构厂房，有几台破旧设备。90名职工中只有2名工程师，其余人员多数是文盲和半文盲。为了抗美援朝、支援前线，该厂技术人员刘振翔、黎宗桐和技术工人任庭玉克服了重重困难，在短时期内试制出了第一张铬鞣密封革；接着由有经验的技术工人于成龙等加工成飞机起落架液压系统的U形密封件，经总后勤部军械部检测和上机试验考核，各种性能良好，基本达到了苏联同类产品的水平。

为了改善职工队伍的结构和提高职工的素质，1952年沈阳市皮革装具厂成立了职工夜校进行扫盲教育；1960年又成立了皮革技校，培养了一批生产技术骨干；后来又陆续招收进了大学和中专的毕业生。现有大专以上文化程度有技术职称的技术人员28名；中专、高中文化程度的165人，初中文化程度的978人。职工队伍素质的提高，较好地适应了军工生产和研制任务的发展需要。

1953年3月，二机部安排该厂为我国首批制造的火炮研制配套用的耐压革，于1955

年 8 月试制成功，解决了铬鞣黄牛耐压密封革耐压透油性能的技术问题，在每平方厘米 1000 牛顿的压力下，经过 15 分钟，革面不滴油，满足了使用要求。

1955 年该厂试制成功植物鞣黄牛密封革件，经总后军械部鉴定达到了苏联同类产品的标准；该厂被总后军械部确定为军用皮件的配套生产单位。

1962 年 6 月，试制成功的为飞机加速器配套的铬鞣黄牛密封软革，通过了辽宁省轻工业厅省级技术鉴定并于 1964 年 10 月获国防科工委科技成果二等奖。

1964 年 10 月，轻工业部拨给技措费 125 万元，翻建军用革车间 4000 平方米，新增年产 3.4 万张牛皮的生产能力。

1966 年，根据生产发展的需要，沈阳市从地方财政中拨给该厂 15.5 万元技措费，其中 12.5 万元用于扩建厂房 2000 平方米，3 万元用于购置生产设备。

1972 年，该厂接到轻工业部下达的全部应用国产栲胶鞣制特种工业用皮革的科研任务，于 1976 年 5 月取得研究成果，并于 1979 年 10 月通过了轻工业部部级鉴定，解决了中国长期依赖从国外进口栲胶的问题。1980 年 7 月，该成果获国防科工委科技成果三等奖。

党的十一届三中全会以后，沈阳市皮革装具厂在努力完成军用皮革和皮件任务的同时，发展民品生产。为了充分利用军工生产能力和技术优势，在生产军用皮革的车间，把军品任务集中在每季度的第一个月生产，其余时间用来扩大民用品牛修面革的生产，使日投皮量由原来的 180 张扩大到 300 张，经济效益显著。在生产军用密封件的车间，按每年的生产计划，保持一定的生产规模，保证完成军工任务；同时，将剩余的生产能力，利用军用皮件的先进生产技术，开发了聚氨酯弹性密封件，为机械部所属各厂生产的液压设备、工程机器的液压油缸等配套，收到了较好的经济效益和社会效益。

1982 年，轻工业部再次拨给该厂技措费 80 万元，新建皮件车间 2400 平方米，添置各种皮革、皮件生产设备和检测仪器共有 114 台。其中从意大利、英国、南斯拉夫等国进口片皮机、鼓式伸展机、熨皮机等 8 台，使该厂的机械化程度由原来的 50% 提高到了 85% 以上。

沈阳市皮革装具厂，经过 40 年的建设，已经拥有一支能生产研制、开发军用皮革和皮件的职工队伍，1988 年有职工 1354 人，其中工程技术人员有 28 人。生产的军用品有各种铬鞣密封革，植物鞣密封革、铬植结合鞣密封革和油鞣革等 8 种皮革产品和 6 类皮革密封件，以及军用装具等；民用产品有各种皮革纺织橡胶器材、聚氨酯密封件等。该厂年产量为 9 万张牛皮、100 万件密封件。全厂占地面积为 74588 平方米，建筑面积为 37896 平方米。固定资产原值 879.5 万元，净值 606.1 万元，设备有转鼓、鞣池、去肉机、削匀机、片皮机、磨革机、拉软机、熨皮机、液压裁断机、打孔机、压力成型机等 732 台套。全厂设有 5 个分厂，一个动力车间，一个服务公司，一个研究所。工厂占地面积为 70 万平方米，生产的军工产品共有 30 余个品种 790 多种规格，已由一个手工作坊式的小厂发展成为现代化生产的专业厂家，1985 年被轻工业部授予军工配套工作先进集体称号。

表 2-70 为沈阳市皮革装具厂历届党政负责人名单。

表 2-70　　　　　　　　　沈阳市皮革装具厂历届党政负责人名单

厂　长	任职时间	书　记	任职时间
高　旭	1949—1952 年	王礼堂	1949—1950 年
张文明	1952—1959 年	邱德繁	1951—1952 年
王爱菊	1960—1961 年	甄　波	1953 年
兰佐臣	1962—1965 年	张文明	1954—1955 年
吕寿山	1966—1968 年	门志风	1956 年
张尚勤	1969—1978 年	康俊德	1956—1960 年
李广和	1979—1980 年	祁绍兴	1961—1962 年
王爱菊	1981—1983 年	王云亭	1963—1968 年
王洪启	1984 年	张尚勤	1969—1978 年
宋文科	1985—1986 年	毛成启	1979—1980 年
毛成启	1987—1988 年	王爱菊	1981—1985 年
—		宋守林	1985—1988 年

（四）成都制革厂

成都制革厂的前身是私营西南制革厂，开工于 1938 年。1950 年 4 月，该厂被中国人民解放军西南军区后勤军需部收购时，生产规模较小，日投皮（折牛皮）50 张，以生产京羊皮、摩洛哥羊皮为主。收买后，工厂更名为"军需部制革厂"。1952 年以后，随领导体制而改变工厂名称。1953 年为"中国人民解放军西南军区后勤军需部 505 厂"；1954 年为"中国人民解放军总后勤军需部西南军需生产管理局 505 厂"，其主要产品有轻革、重革、军用皮鞋；1957 年 10 月 1 日工厂移交地方，更名为"地方国营成都皮革厂二厂"；1958 年以后，成都市先后将第五皮鞋生产合作社、公私合营新生制革厂、地方国营成都制革一厂并入，1959 年 5 月更名为"地方国营成都制革厂"。自 1965 年正式接受军工任务后，该厂便成为轻工业部在西南地区唯一从事军用皮革和皮件的生产企业，隶属四川省成都市轻工业局，为全民所有制企业。

1965 年 11 月 23 日至 12 月 4 日，该厂第一次派员参加了轻工业部在北京召开的军工配套产品供应订货衔接会议，与三机部、四机部、五机部所辖 35 家军工企业签订了 17 份配套供货合同。1966 年所承担的主要产品有用于歼击机冷气系统、液压系统、无线电通信系统以及起落架系统起密封、绝缘作用的铬鞣黄牛耐热密封革及皮碗皮垫圈，用于歼击机燃气系统的铬鞣黄牛软密封革及皮碗，用于歼击机操纵杆外套、飞行员安全带与装甲车、坦克、雷达配套装具的铬植结合鞣黄牛密封革及皮革制品，用于歼击机各种电气管外套的羊服饰革，火炮驻退机、复进机起反后座作用的铬鞣黄牛耐压密封革及皮碗皮垫圈，用于鱼雷、潜艇计时隔水板、舰船活动桨部起密封作用的植物鞣黄牛中性密封革及皮碗皮垫圈，过滤飞机燃料、擦试光学仪器的油鞣革等共计 15 个品种共 63 个规格。

当时从事军用皮革、皮件生产的工人有 21 人，工程技术人员有 3 人，计划、财务、化验、模具设计各 1 人，模具制造有 2 人。生产设备仅有几台小型旧转鼓及 2 台手扳压力机；车制模具使用的是皮带轮车床，皮件生产场地只有一间小平房。为保障国防需要，该厂腾出10间办公室改作化验室、试验场。把原化验室（550平方米）改作皮碗、法兰革生产工房，把原试验场（553平方米）改造为装具革工房。并从民品生产设备中调剂出捷克45型削匀机、0.8×1.2米的木转鼓各2台，裁面机、片底机各1台，烘房2间充实军工车间。挑选最好的原皮和化工材料，供军工试制生产之用，从而保证了军工生产的顺利进行。到1966年9月，该厂已先后试制生产出铬鞣黄牛耐热密封革、铬鞣黄牛耐压密封革、铬鞣黄牛密封软革、羊服饰革共2264平方米，铬植结合鞣黄牛碗垫革780平方米，植物鞣黄牛密封草、中性密封革105平方米，油鞣革303平方米，油封革21平方米，牛面革425平方米，平型轮带80米，圆型轮带1100米。该厂为36家军工企业制造了64种皮革密封件8600件，收到12个单位的鉴定及意见18份，认为火炮驻退机密封皮碗、歼击机、军用教练机起落架皮碗皮垫圈等配套产品均已达到技术要求。

1966年3月15日，轻工业部拨款给该厂39万元，建设军工车间法兰革、装具革、皮碗皮垫圈3条生产线，改建、扩建厂房1103平方米，添置木转鼓16台，手扳压力机20台，C620车床、电动压力机、拉圆机、砂轮机各1台，蒸馏水设备、供水设备、供气设备各1套，除尘设备5套，共计设备44台，形成年投牛皮6万张、能适应20种军用皮革及皮件加工的生产能力，军工生产初具规模。

1968年，该厂对军工车间改建扩建新厂房面积418平方米完工。1970—1975年，该厂对原有军工配套设施、生产技术条件进行了更新改造。在设备上，为军工车间新安装了11台电动压力机、2台210型磨革机、1台45型削匀机、更换了16台木转鼓，同时改造了削里机、磨革机。军用皮革、皮件生产实现了机械化和半机械化操作。

20世纪60年代，从事军工生产的职工队伍，文化素质不高，文盲、小学文化程度的职工占80%左右，但他们的政治、技术素质较好，凭着军事工业的责任感、荣誉感而勤奋工作。从事军工配套产品生产以来，该厂就十分重视质量管理。1966年，该厂参照苏联IOCT、TY标准制定了16种军用皮革的企业质量标准。

1973年，《特种工业用皮革》部颁标准和《铬鞣黄牛皮碗皮垫圈》部颁试行标准实施后，该厂又对军工生产过程中的各工段、各工序进行了全面的适应性调整，使工艺贯彻与生产组织结构更加合理。

1974年，该厂军工车间受三机部130厂、132厂的委托，开始研制航空用大面积油鞣革，解决了飞机座舱盖玻璃及风挡侧玻璃的表面质量及光学质量等技术难题，使航空用大面积油鞣革成为飞机座舱盖玻璃、风挡侧玻璃成型的理想衬垫。1980年，大面积油鞣革获国防科委科技成果四等奖。

1977年，轻工业部给成都制革厂下达了全部应用国产栲胶鞣制特种工业用革的科研项目，该厂采用多种国产栲胶混合配比的试验方法，研制出最佳配比方案，使密封皮革和皮件的老化、气密、水密、汽密、汽化、外观等性能达到了用进口栲胶鞣制密封皮革的技术水平并于1979年通过了轻工业部、林业部的鉴定。使用国产栲胶鞣制特种工业用皮革的成功，使我国结束了依赖进口栲胶的被动局面，并为国家节省了外汇，成为军用皮革生产技术上的一件大事。1980年7月，该项成果获国防科委科技成果三等奖。

1978年8月，该厂军工车间为贯彻国务院、国防工办《关于大力整顿国防工业质量的通知》的精神，开展了达标准、查质量、建制度、落实责任制的活动。在管理上建立了岗位责任制、设备维护保养制、工卡量具定期检验制等制度，还先后派人走访军工用户，改进产品设计、增添措施，使"文化大革命"后的管理基本上步入了正轨。

1979年7月，轻工业部拨给技措费31.3万元，购置木转鼓、120型液压削匀机、200吨液压压力机、低温箱等设备9台，新增年产革能力2500平方米，年制件能力73万件。

经过上述4次技术改造，该厂共耗资70.3万元（均为轻工业部投资），新建扩建军工车间1521平方米，新增制革、制件专用设备83台，新增年制革能力6.1万余张，年制件能力73万件。军品的检测手段也趋于完备，拥有65型拉力机、401型老化试验箱、电热恒温干燥箱、台式动圈温度调节仪、电热恒温水浴锅、国际型电动振荡机、皮革水溶物振荡仪、电光分析天平等进口、国产仪器测试设备9台，可承担国家委托的有关检测项目。

1982年，该厂建立了高于部颁标准的内控指标体系，完善了原材料、半成品、成品检验制度，落实了各级各类人员的经济责任制，补充修订了生产、技术、财务、供销等方面的管理制度。

1983年3月，在全国军用皮革和革件的产品质量鉴定评比中，该厂生产的铬鞣黄牛耐热密封革、铬植结合鞣黄牛密封革、油鞣革、铬鞣黄牛皮碗皮垫圈（角型、碗型）被评为全国一类第一名。同年9月下旬，上述5个产品被评为轻工业部优质产品。

1984年4月上旬，成都制革厂军工车间（军工科）被四川省人民政府授予省先进集体称号。1983—1985年，该厂军工车间连续3年被成都市人民政府授予"市先进集体"称号。

1985年5月上旬，成都制革厂受到了国防科工委、国家计委、国家经委、国家科委的联合表彰，被授予"国防军工协作先进集体称号"。同年7月，该厂被轻工业部授予"轻工业军工配套工作先进集体"称号。

进入20世纪80年代，老一辈军工职工相继退休离岗，为使后继有人，该厂注意吸收文化程度较高的青年从事军工生产。1988年末全厂职工为1361人，其中工程技术人员为43人。军工车间在册职工为33人，其中大学、中专生3人，高中生14人，初中生12人；具有各类专业的技术人员5人，其中工程技术人员3人，管理人员2人。

1988年，成都制革厂占地面积为136450平方米，建筑面积为67001平方米；固定资产原值1814.8万元，净值1066.4万元；全厂共有制革制件专用设备120台（套），机械化程度达到90%；年生产能力为57万张牛皮。该厂生产军品民品两种产品，军品有铬鞣黄牛耐压密封革、铬鞣黄牛耐热密封革、铬鞣黄牛密封软革；植物中性密封革、铬植结合鞣密封革；油鞣革及各种类型的密封件20种产品，军用皮件13个系统3712种规格，生产军用皮、圆轮386572.92米。该厂为航空、航天、电子、船舶等军工企业提供了大量工配套产品。

中共十一届三中全会后，成都制革厂执行"军民结合"的方针，坚持军品优先，合理安排生产。1980—1988年，军工车间应用军工技术优势先后开发了纺织用的平型轮带革、生亮革，汽车用的化油器皮碗，机械工业用的皮革油封，冶金工业所需的各种皮革密封件，民航工业的羊服饰革、油鞣革等工业产品，还有各种猪、牛、羊鞋面革、服装革共25个品种，年产轻革107.9万平方米、重革987吨。

表2-71为成都制革厂历届党政负责人名单。

表2-71　　　　　　　　　　成都制革厂历届党政负责人名单

厂长	任职时间	书记	任职时间
龙富山	1965—1978年	杨阜	1965—1982年
陈景科	1979—1983年	韩殿举	1983年
朱章根	1984年	毛伯君	1984—1986年
田富炳	1985—1986年	韩殿举	1987—1990年
田富炳	1985—1986年		

（五）包头市皮革厂

包头市皮革厂始建于1938年，隶属包头市第二轻工业局，为全民所有制企业。包头市皮革厂地处我国的北大门，皮革、毛皮资源丰富。1938年，日军侵占包头时，为掠夺我国的宝贵资源，建起了满蒙皮革有限公司包头工厂生产军需用品，1946年国民党政府接管后，仍然生产军需皮革。新中国成立后，该厂被人民政府接收成为地方国营企业。1967年，根据战备要求，方便分区供应，该厂被轻工业部定点为军用皮革的生产企业。

1958年，当时包头市皮革厂还不是军工定点厂，他们应内蒙古447厂、617厂的要求，开始接受军工生产任务，生产过一部分皮碗、皮垫圈等军工配套产品，满足了用户要求。尽管当时缺乏技术资料和专用设备，职工们急用户之所急，边研制边生产，完成了任务。

1965年，包头市皮革厂再次应内蒙古447厂的要求，按照其提供的铬鞣黄牛耐热密封革、铬植结合鞣黄牛密封革的技术性能参数和苏联质量标准，试制成功这两种密封革。当时，该厂只有制革设备19台，从事试制工作的工人只有8人。

1967年3月，包头市皮革厂正式为定点军工产品生产企业，生产的密封革有耐压革、耐热革、铬植结合鞣密封革和油鞣革，密封件有铬鞣、铬植结合鞣黄牛革沟形、角形、碗形、帽形、矩形等各型皮碗，为内蒙古447厂、617厂、西安飞机制造公司以及兰州、太原、新疆、湖北、贵州等地的工厂共30余家工厂生产的飞机、坦克、火炮等兵器配套产品。

1967年后，包头市皮革厂抓了技术改造和队伍培训，经内蒙古皮革公司批准，从工厂1967年和1968年的三项费用中拨出18万元，改造制革车间289平方米，新建皮件车间100平方米和中心化验室408平方米；购置了磨里机、挤水机等制革设备和检测仪器15台、制件设备18台。制革车间从事军用皮革生产的人员由8人增加到44人，制件车间由原来的16人增加到28人。改造以后，军用皮革的年生产能力达到1.12万平方米。

包头市皮革厂军工车间始建于1968年，由主管生产的厂长王希忠领导，技术科长张玉琦负责具体工作，制定了军品管理制度。如生产管理制度、技术管理制度、设备管理制度，原材料、半成品、成品分析检验制度、资料档案管理制度等，使生产有条不紊地进行，有力地保证了按质、按量、按期完成国家的军工订货任务。

1979年，军工车间由技术科长钟镒东全面负责、统一管理。为了确保产品质量稳定，他提出了军工车间必须保证人员相对稳定的建议，规定了军工车间的人员调动，必须取得厂长和主管工程师的同意方能许可，从人员的技术素质上保证了产品质量的稳定。

1979年12月，军工车间被内蒙古自治区质量管理协会授予"质量信得过集体"的光荣称号。

1983年，包头市制革厂又自筹资金88.37万元，兴建2222平方米的军工车间。

1984年10月，轻工业部再次拨款21万元，添置片皮机、挤水机、削匀机、干燥机、下料机、液压平板机、烫金机等28台（套）专用设备，更新模具100套，使军用皮革的年生产能力达到2.5万张、年产轻革1.5万平方米，新增皮件产品年生产能力15万件，并于1985年12月改造完毕交付使用。

包头市皮革厂重视军工研制和生产人才的成长。1965年从事军用革件试制生产的人员只有3名制革专业的大学生、5名5级技工。随着军工产品品种的不断增多，质量要求的不断提高，职工队伍也在不断壮大和充实。到20世纪70年代末，从事军用皮革生产的职工有44人，其中有工程师2名、技术员2名、5级以上的技工32名。到1988年年底，从事军用皮革生产人员增加至53名（包括试验室、化验室的人员在内），其中有工程师4名、技术人员4名、5级以上的技工29名。在近20年的军工生产中，包头市皮革厂培养造就了一支熟悉军用皮革和皮件生产技术、经验丰富的生产队伍，为顺利地、高质量地完成军工研制和生产任务起到了保证作用。

1988年，全厂职工538人，其中工程技术人员15人。该厂产品有军品民品两大种类：军品有铬鞣黄牛耐压密封革、铬鞣黄牛耐热密封革、铬植结合鞣黄牛密封革；民品有铬鞣黄牛正鞋面革、软鞋面革、服装革、修面革、底革、轮带革和各种工业用革，以及毛纺、棉纺工业用的各种生鞣革件等共10个品种。年产能力15万张牛皮。全厂占地面积为56915平方米，建筑面积为23816平方米，固定资产原值280.7万元，净值169.7万元，1949—1988年固定资产总投资累计为1072万元。制革设备有去肉机、片皮机、削匀机、磨革机、伸展机、挤水机等150台（其中进口28台）；制件设备有液压平板机、剖层机、平面压力机、片边机、烫金机、台钻、电刀等75台套。

中共十一届三中全会以后，随着国际形势的变化，包头市皮革厂在"平战结合、军品优先""军民结合、以民养军"的原则指导下，更新改造了部分设备，利用生产铬植结合鞣黄牛密封革及军用羊皮服装革的技术开发为纺织工业配套的工业轮带革、安全带革以及民用香牛革、羊皮服装革和出口皮鞋用彩色二层革、三层鞋里革等产品，创造了较好的经济效益和社会效益。

包头市皮革厂经过40年的建设，成为能够承担开发和生产军民两用革件产品的厂家。1967—1988年总共生产铬鞣黄牛耐热革13566平方米、铬植结合鞣黄牛密封革33082平方米、油鞣革2000平方米，各种密封件共44万件，为我国国防现代化建设做出了重要的贡献。

表2-72为包头市皮革厂历届党政负责人名单。

表2-72　　　　　　　　　　包头市皮革厂历届党政负责人名单

厂长	任职时间	书记	任职时间
郭占如（代厂长）	1966—1967年	金宏星	1966—1968年
王希忠	1967—1968年	聂双荷	1969年

续表

厂长	任职时间	书记	任职时间
聂双荷	1969年	赵武科	1970—1976年
王希忠	1970—1977年	张家柱	1977—1980年
于俊杰	1978—1980年	于俊杰	1981—1982年
刘建刚	1981—1982年	刘建刚	1983—1988年
钟一东	1983—1988年		

四 典型人物介绍（以姓氏笔画为序）

于成龙

河北省卢龙县人，1930年11月出生，1950年参加工作。曾任沈阳皮革装具厂技术科长、技术副厂长等职。对军用皮革铬鞣、植鞣皮革各型密封件的模具设计、成型工艺有所创新和贡献。因此，曾获得国防科工委科技成果2个二等奖，1个三等奖。曾被沈阳市产业工会评为劳动模范。

叶淑惠

女，四川省眉山县人，高级工程师，1937年9月出生，1960年毕业于成都工学院皮革系。曾任成都制革厂军工科副科长、科长等职。曾负责飞机座舱有机玻璃成型用大型油鞣革和国产栲胶鞣制军工皮革两个项目的研制，两个项目分别获得国防科工委科技成果三等、四等奖。1985年被国防科工委、国家计委、国家经委、国家科委评为国防军工协作先进个人。

石连芳

山东省宁津县人，高级工程师，1922年5月出生，1940年毕业于宁津县私塾，1950年在天津市津南制革厂（现天津京津制革厂）参加工作。曾任技术科科长、军工车间主任等职。曾主要负责试制成功铬鞣耐高低温耐压密封革、铬鞣黄牛皮高强度耐压革，前者获天津市科技成果二等奖。

任庭玉

辽宁省法库县人，工程师，1932年6月出生，1950年在沈阳皮革装具厂参加工作。后担任技术工作。曾担任或参与研制铬鞣黄牛耐热密封革、铬鞣黄牛密封软革和国产栲鞣制军工革的工作，分别获得国防科工委一等、二等、三等科技成果奖。

邢维章

河北省新河县人，1930年10月出生，1949年毕业于新河县中学。曾任天津工业皮件厂技术科长。为该厂开辟生产军工密封件产品，在产品模具设计、工艺和标准制定方面做出了重要贡献。

李宽安

湖南省长沙市人，高级工程师，1939年4月出生。1964年毕业于北京轻工业学院皮革本科专业，分配至沈阳皮革装具厂，分管军工皮革及其密封件技术管理工件，曾任技术检验科副科长。1978年调轻工业部军工办工作。在沈工作期间，曾主要负责承担轻工业部下达的《采用国产栲胶鞣制军工革》科研项目，此项目后获国防科工委科技成果三等奖。在部军工办工作期间，负责承担了《特种工业用皮革》和《特种工业用皮革密封件》国家军用标准的制定。1985年被国家四部委（国防科工委、国家计委、国家经委、国家科委）评为国防军工配套协作先进工作者。

张玉琦

四川省犍为县人，1929年出生。1953年毕业于四川化工学院（后归入四川大学）皮革系。同年分配到包头皮革厂工作。曾任技术科长、包头市皮毛公司副经理。1965年后，研究解决了各类军工皮革生产中的技术问题，为该厂作为军工皮革和皮件生产供应点做出了贡献。

赵顺生

山西省宁武县人，高级工程师，1915年11月出生。1945年毕业于日本北海道帝国大学农学院皮革专业，1953年回国在天津京津制革厂工作，曾任检验科科长、天津皮革学会副理事长。对解决该厂军工皮革研制、生产、检验和标准中的一系列技术问题起到了重要作用。曾获得天津市轻工局特别奖。

姜维新

天津市人，工程师，1946年11月出生，1982年毕业于天津市二轻局家电职工大学。曾任天津京津制革厂厂长。工作期间，经反复研究，发明了用转鼓氧化油鞣革的新工艺，产品合格率达到100%，获得专利局颁发的专利证书。

五 有关特种工业用皮革及其密封件研制、生产、应用的史料

（一）国产军用皮革艰难而可贵的起步

1953年年初，我在二机部工作时，曾亲自参与了中国首次安排试制军用皮革的工作，对当时的一些情况，至今还记忆犹新。

旧中国技术落后，没有能力生产军用皮革。新中国成立后，国家为了早日使国防工业现代化、国产化，开始了现代武器的试制和生产。首先从苏联引进了技术和样品，在试制和生产过程中，均按苏联的技术条件进行。当时所需用的原材料和配件，绝大部分也是由苏联供应。

1953年年初，国家曾做出了试制、生产现代武器的原材料、配件，立足于国内供应的决定。为此，中央军委各级领导在有关会议上也多次指出：国防工业生产所需用的原材料配件，各工业部要大力支持、组织试制工作。当时，所需各种特种材料繁多，仅非金属材料就有7大类，即特种橡胶、特种石油制品、特种纺织、特种化工、特种云母、特种纸制品、特种皮革。其中的6大类，由各工业部分别安排了试制和生产的企业。唯独特种皮革，当时轻工业部未做安排，其主要原因是，皮革工业企业全部由地方管理。因此，由二机部直接与重庆、武汉、沈阳、天津等地制革厂进行了联系，并分别参与了试制工作。经过四五个月的时间，重庆、武汉等地均未试制出较合格的产品来，而天津市津南制革厂，在天津市领导的重视和支持下，该厂领导和职工克服了厂房窄小、设备简陋、技术条件差等种种困难，积极组织技术人员和老工人进行反复试验，并在军工部门的密切配合下，很快试制出了基本符合苏联标准的军用皮革。但经军工部门（其中包括苏联专家）的复验；仍有几项主要理化指标没有达到苏联的技术标准。一是部分皮革经打压试验在每平方厘米

1000牛顿的压力下有透油现象;二是氯化物含量过高。后经天津市津南制革厂进一步的研制、试验,并与军工部门的军代表共同确定耐压革的含铬量为2%—3%。这样终于在1954年春季,试制出了各项理化指标全部达到了苏联产品标准的特种皮革。这表明中国可以自行生产特种皮革,从而有力地支援了军工生产,给首批火炮配套的皮革就是中国自己生产的。特种军用皮革按苏联技术资料译为ГOCT 1898—48"耐热法兰革"、TY 3613"耐热法兰革"、TY 1656"耐压法兰革"、TY 3541"天然革"等多达十几种,当时我们统称为"特种工业革"。这些特种皮革,从主要原料各种天然牛皮、羊皮的申请(当时皮张是国家统购统销物资)到各种特种皮革的分配全部由二机部统一管理。二机部在天津设立了供应办事处和仓库(天津市津南制革厂只负责加工生产,无权分配)。

这些特种皮革分别用于:各种飞机的起落架和装备;火炮驻退机、复进机和减震装置;舰船流压装置和舰炮配套;电台、雷达、指挥仪的皮垫、皮带及方向机的配套装置;水雷、鱼雷、引信装置;坦克妻子、弹药合成装置及设备等。所有这些大都是军品密封装置,有的则用于火炮、飞机的"心脏"部位,是至关重要的关键材料。因此,被列为军品的专检部件。对皮革本身的要求为大部分为中性、不腐蚀金属、耐压、耐寒、耐磨等多达十几项理化指标,还要耐老化,以达到长期储存之目的。所以它对原料牛皮的要求也极为苛刻,苏联专家对此曾规定:牛皮本身不允许有任何伤残,厚的要4毫米,薄的则0.9毫米,全身光亮无任何疤点。由于如此高级的牛皮在中国耕牛里极为少见,为此曾引起国家领导部门的重视。国家计委、中央有关部曾发过专项文件,在中国有关十几个省、市、自治区的支持下才逐步得到了解决。

在加工制造上,同样遇到了很多困难。中国历史上没有这种产品,对于新事物没有经验,苏联提供的资料不全,对原料皮我们又实行了有节制的提供,因此试制企业的困难就可想而知了。然而天津津南制革厂全力以赴,克服了重重困难,于1954年4月成功生产出了中国第一批军用皮革,将此产品分别发送二机部127厂、247厂,并用此皮革装配了中国自行生产的第一批4门54式76.2毫米火炮,为及时装备部队起了重大作用,引起了国家领导人高度重视。毛泽东主席于1954年10月25日亲笔为127厂、247厂生产出中国第一批4门火炮写了贺信。理所当然地这也是我们配套单位的一大贡献。因此,这一喜讯也鼓舞着广大配套单位的职工。

1955年,国家开始备战,这时军用皮革远不能满足国防工业日益增长的需要,影响着火炮的装配和出厂。形成这一矛盾的主要原因是,军品对皮革要求严格,而国家对优质牛皮又不能满足供应,因此长时间得不到彻底解决。为此,我们报告了国家经委军工局和中央有关领导。很快,国家经委召集总后勤部、外贸部、畜产总公司和二机部供应局等单位共同研究,终于在国家计委、经委和有关各部的支持下,大家协商一致,同意优先供应军工配套所需的牛皮,将其列为特需,并规定了三条原则,即在全国产好牛皮的地区内先军工、后军需、再民用的选皮原则。而后在国家经委的指示下,形成了第一个由上述三部联合签发的通知,此后包括军需、地方在内的各个部门都照此执行,从而解决了这一长期不易解决的挑选原皮问题,并为今后的生产打下了基础。这一成绩的取得,是与国家计委、经委军工局领导的重视和各有关部的支持分不开的。同时各地方工业局、公司、企业的领导和职工为之付出了大量心血,做了大量工作。尤其是各企业广大验皮人员,长年累月地战斗在野外,付出了艰辛的劳动和智慧。事物在前进,社会在发展,1964年中国的军事工业迅速发展，各军工主管单位成立了专业工业部。长期形成的军用皮革直接委托天津市津南制革厂（后改为天津市京津制革厂）和沈阳市皮革装具厂加工的协作关系，已远不适应国家的管理体制，故在轻工业部的大力支持下，由该部统一管理了此项任务，并获得了可喜的发展。

（二机部　王华山）

（二）军用皮革研制和生产的几件重要工作

1. 全部应用国产栲胶鞣制特种工业用皮革

因国产栲胶性能不好、质量又差等原因，中国生产军工用的纯植物鞣密封革和铬植结合鞣密封革都不使用它，而一直使用进口栲胶（主要是巴西产的斧头牌坚木栲胶和南非产的斑马牌荆树皮栲胶）。军用皮革生产每年约需进口 200 吨栲胶，多时达 500 吨，需要花费很多外汇。20 世纪 70 年代初期，为贯彻"备战、备荒、为人民"的方针，要求军工生产的一切材料要立足于国内，不要依赖进口。那时，林业部门也一再向国家计委和国务院打报告，提出国产栲胶已有不少新品种，质量也不错，现在大量积压，国内不应该还大量进口栲胶，因此计委要求轻工业部应尽快使用国产栲胶，并决定一两年后不再进口栲胶了。

由于上述原因，轻工业部于 1972 年拨给沈阳市皮革装具厂 3 万元科研经费，要求尽快研究全部应用国产栲胶鞣制特种工业用皮革的问题。该项工作量大，难度也较大。厂里安排了承担该科研项目的研究小组。我牵头负责搞了 3 年多，主要进行了以下内容的研究：

第一，对国产杨梅、柚柑、落叶松、橡椀四种栲胶进行全分析和小型鞣革性能研究；

第二，根据小型鞣革性能研究的结果，组成 4 个混合配方进行鞣革试验，筛选出最佳的两个配方进行中试；

第三，在中试后选择最佳的一个配方进行生产性试验；

第四，将成品革进行耐湿热稳定性试验、压用密封件试验和军工用户（304 厂、247 厂、110 厂等）使用试验。

通过以上试验主要解决了以下技术难点：

第一，解决了国产栲胶沉淀多的难题（主要是通过配方解决）；

第二，解决了渗透慢的问题（通过配方和提鞣液温度解决）；

第三，解决了结合力差的问题（通过加强后期的热鞣加强结合能力解决）；

第四，解决了中性植物鞣革的酸碱值、不溶物的问题（通过对鞣液的水进行处理解决）。

1975 年 5 月，该研究项目通过了轻工业部委托沈阳市皮革公司组织的科学技术鉴定。

1976 年，沈阳市皮革装具厂在军用皮革大生产中已全部使用国产栲胶。

1976 年 6 月，轻工业部军工办在沈阳召开了全部应用国产胶鞣制特种工业用皮革技术座谈会，会上肯定了沈阳市皮革装具厂研究工作的成绩、指出了不足之处，并在会上安排天津、成都两个的军用皮革生产厂都要推广试验应用国产栲胶鞣制军用革。

1979 年 10 月，轻工业部军工办对沈阳市皮革装具厂和成都制革厂的这一课题的科研成果进行了部级鉴定。

1980 年 7 月，沈阳市皮革装具厂和成都制革厂这一课题的研究成果均获得国防科委科技成果三等奖。

使用国产栲胶鞣制特种工业用皮革的成功，使中国结束了依赖进口栲胶鞣制军用皮革的历史。

2. 制定国家军用皮革和皮革密封件标准的情况

在1965年以前，中国军用皮革生产主要是按照苏联实物样品和有关标准仿制生产。我看到的苏联军工标准也只是简单的几条技术指标，没有系统完整的产品标准和与之配套的基础标准、分析检验标准。

沈阳市皮革装具厂、天津市京津制革厂曾先后参照苏联标准制定了各自的企业标准。经不断修正，到1965年时从一些指标上看及从完整性上看，已比见到的苏联标准较为先进了。

1966年，二轻部军工办公室在北京召集了一次会议，研究起草部军用皮革标准的工作，搞了一个草案。后来由于"文化大革命"开始，工作就停顿了。

1973年9月，轻工业部军工办公室又开始抓军用皮革的标准工作，在1966年的基础上，沈阳、天津、成都、包头生产军用皮革和皮革密封件的5个厂家和轻工业部毛皮制革工业科学研究所都派主要技术人员参与了军用皮革标准的起草工作。标准于1975年正式颁布，《特种工业用皮革》为正式部颁标准，《特种工业用皮革密封件》为试行部颁标准。

1984年，国防科工委要求制定一批国家军用标准。当时我在轻工业部军工办公室分管军工配套产品标准综合工作，我推荐皮革作为第一批制定国家军用标准的产品，得到国防科工委的批准并列入了计划。由于我分管皮革又参与了1975年制定军用皮革部颁标准的起草工作，因此制定国家军用皮革和皮革密封件标准的工作由我负责组织并参与具体工作。

制定国家军用标准要求严格，对各项技术指标规定的是否经济合理、是否符合使用单位的要求和生产单位的生产能力，要进行大量的调查、测试验证，同时还要参照国际先进标准。为此，我们组织了军用皮革、皮革密封件的生产和使用厂家以及有关科研所共10个单位20余人参加制定工作。参与单位分别承担了技术指标的测试和验证，对使用单位调研，国内外资料的收集、国外资料的翻译，标准文稿的起草、征求意见、报批、印刷校对、发行等工作。有关生产和使用单位在半年时间内对近千个数据做了测试。轻工业部毛皮制革工业科学研究所陈惠臣、黄以祥和我收集翻译了13篇共约14万字的美国军用皮革和皮件标准、规范。由我和邢维章、罗宗达、步同禄组成的调查组走访了8家"三线"军工厂，特别是跋山涉水到了老山前线火炮检修站考察了火炮皮革密封件的实际使用情况。通过走访和考察，使用单位总的反映是：中国生产的皮革密件经过炮轰金门和对越自卫反击战的实战考验，密封性能良好、不漏液、不跑气、耐磨、使用寿命长、更换次数少，存放10年质量无变化，没有产生对金属的腐蚀现象，能满足使用要求；缺点是结构设计陈旧、装配复杂，长时间不接触介质、不使用，有发生干硬现象。

在以上标准制定工作的基础上，经过起草、编号、征求意见，最后审定报批稿一共48个（包括产品标准、基础标准、物理化学性能检测标准），经国防科工委批准，于1986年12月18日发布，1987年7月1日实施。

新制定的国家军用皮革、皮革密件标准比原部颁标准更完善、更系统、更先进。它对原部颁标准的不当之处进行了修改、不足之处进行了补充。它形成为产品标准、基础标准和方法标准一个体系。它的某些指标超过了美国军用标准，如铬鞣黄牛耐热密封革的抗张强度、氯化物、氧化铬、酸碱值、腐蚀性各项指标超过了美国军用标准（1963年3月1日的规定），铬鞣黄牛耐热革密封件、耐压革密封件和铬鞣黄牛革密封件的化学性能指标都高于美国MIL-L-13188B（MR）《铬鞣皮革液压密封件》的标准；方法标准中共有14个等效采用了国际标准，因此新的标准具有一定的国际先进水平。它的颁布实施是中国军用皮革生产技术上一大进步的具体表现。

3. 改供应军用皮革为供应军用皮密封件和军用牛皮原料皮的计量分配方法

军工单位习惯于买军用皮革自己压制皮革密封件，由于他们用量少（有的是维修用），大张皮革得不到充分利用，浪费很大。我国牛皮资源增长很慢，优质牛皮供应一年比一年紧张。为了节约使用国家少有的优质皮革资源，轻工业部军工办公室于20世纪70年代初就提出"供件不供革"（特殊用途除外）的原则，但贯彻很难。经过军工办公室利用各种会议的宣传和生产厂进行的走访宣传、上门服务，逐步在3—5年的时间里做到了80%供应皮件、20%供应皮革，为国家节约了大量皮革。军工单位在直接使用了符合国家军用皮革标准的密封件后，降低了成本，也逐渐乐于"要件不要革"。

为了合理分配各皮革生产厂所需的原料皮，我根据各型密封件的形状和规格，搞出一个原皮消耗定额的计算公式，把一定型号、规格的密封件的计算结果列成一个便于查找的原皮消耗定额表。每年订货会上，各军用皮革生产厂可以按订货的品种规格查表，最后汇总得出完成订货任务所需要的牛皮。此方法在原料皮供应紧张时一直采用，较为合理地解决了军工原料皮的合理分配问题。

（沈阳皮革装具厂　李宽安）

（三）特种工业皮革的研制

1. 最初的试制情况

1954年年初，我在天津津南制革厂承担试制耐压革的任务，接着又承担了天然革、耐热革、油鞣革等多项试制任务。这些试制工作都获得了成功，并先后批量投产。

开始试制耐压革时对方只提供了一份皮碗制造工艺的译文，从这份资料中只能知道这种革是铬鞣的，厚度要求4.0毫米上下。截成皮碗坯要用加有氨水的蒸馏水进行多次水洗，以达到中性，严格控制氯化物及中性硫酸盐的含量，不得含自由硫。耐压试验要求在每平方厘米面积上承受1000牛顿的压力（15分钟），革块内面不得有浸渍蜡液拱起的现象，更不许有液体渗出。至于选样检测这些指标，我们一无所知，只好由使用单位做化验，将化验结果告诉我们。由于军工单位急需，时间很紧迫我只好从车间挑选出厚大灰裸皮，分割出正背部位，然后铬鞣加工。为了避免在皮革内因脱灰时留下难溶的硫酸钙，从一开始便使用了氯化铵代替硫酸铵脱灰。当时试验室除我以外，只有1名中专生和2名老工人，设备也只有小型转鼓3台、人工挤水机1台和一些缸盆。厂里没有化验室，铬鞣液也是试验自制，以保证鞣液成分稳定，而当时车间生产用的铬鞣液还是用海波还原的。成品革要求不含自由硫，就根本不能使用这种铬鞣液。由于当时各方面的条件不完备，而试制任务又很急，我们只好夜以继日，尽量往前赶。由于皮革的生产周期较长，而试验的时间较短，来不及充分中和及水洗，造成氯化物和中性硫酸盐的含量也偏大，使成品革的质量达不到要求。尽管如此，我厂耐压革的试验结果却居于参与试制的各厂之冠，所以后来试制该革的任务便明确由天津市京津制革厂承担起来了。厂领导对此项军用皮革试制任务极为重视和支持。

由于试制任务的需要，我建议尽快组建化验室，厂领导积极支持并调来了技术员盛保和。经过3个月的多方奔波，外出采购仪器、药品等物，终于建起了简陋的化验室，盛保和任化验员。由我提供分析化验方法，并建立必要的检测制度，从此便开始了原材料、半成品和成品革的化验和测试工作。这一措施对其后的科研和生产都起到了积极的指导作用。

由于军工部门的急需，每天3班的试制，星期天、节假日也不休息，主管厂领导和我都住在厂里。我除每周三次晚上自学俄语之外，早晚都在试验室工作，我亲自写作业记录，所以能掌握真实情况，在判断上很少出现错误。在反复试验中我随时调整操作，使之更符合操作实际，因而试验工作还算顺利，进展也较迅速。于是，在一个多月的时间内就试验出几小批完全合格的耐压革，氧化物和中性硫酸盐的含量还不到苏联标准允许限度的十分之一，耐压试验合格率也猛增到85%以上（从苏联进口的同类耐压革合格率也不过60%）。1956年军工车间成立并投产后不久，因为耐压合格率的判断方式稍有改变，加压后只要不滴油就算合格，因此该项指标的合格率就上升到100%。这时产品批数多了。对方派专人到厂做耐压试验，我们才知道怎样去做试耐压指标。半年多之后，因为试验批批合格，对方便撤去了住厂试验人员，试验便交厂方自己做。在反复试验中，我们确定了耐压革最佳含铬量为2%—3%，并把它定为标准，一直沿用至今。

在我负责试制耐压革初步接近指标时，试制工作换别人负责，由于他采用的工艺有缺点、工作作风以不深入，搞了半年多没有进展，厂领导要求我再次负责这项试制工作，我接受该工作后1个月，就使成品革的各项指标全部合格了。

在试制耐压革成功的同时，二机部又急需用于水雷的天然革。这是一种纯植物鞣皮革，要求酸碱值在6.0左右，接近中性，比普通植物鞣革的酸碱值4.0左右的要高，而在这样的酸碱值状况下，鞣质结合不好将发生退鞣作用，色泽也差。指标要求的水溶物含量、鞣制系数、含油量乃至灰份又都互相制约、互相影响，要使这些互有矛盾的指标完全合格，又不影响皮革的强度，难度确实很大，由于没有什么经验可循，只得在试制中多方分析总结，小心进行。我们根据革的粒面外观要求和成品革强度要求，选用的原料皮是最优良的小牛犊皮。当时进入盛夏，实验室温度很高，我们就在屋外阴凉的墙下，放置好利用旧木槽改装成的小吊鞣摇架，又改变了原来的鞣制方法，反复试制。后来采用蒸馏水配成的较新而含盐较少的植物鞣液进行试验，每天调整浓度和酸碱度，经常用人工摇动，促进鞣液的渗透，遇上雨天，便在槽上搭上天棚遮雨。通过严格的操作和不时测验分析予以调整，终于在不到半年的时间内，试制成功了天然革。革的抗张强度当革厚度为1±0.1毫米时，绝大多数在25牛顿/平方毫米以上，试制时的详细记录为其后制定正式工艺，提供了可靠的依据。到1956年，工厂又接受了试制新的铬鞣黄牛耐热密封革（简称"耐热革"）的任务，要求耐热革的耐热温度达到120摄氏度以上。我们经过多次试制达到了要求。

2. 试制和生产遇到的技术问题及其解决途径

耐压革和耐热革都是制造重要武器密封件的皮革。因为要经受压力和摩擦，要求所用原料牛皮以质地细致、没有残缺、保管完好为先决条件。在生产过程中则应尽量保存生牛皮结构的完整，才能保证既耐用而且密封效果良好。所以，在工艺设计和实际操作中，就应处处注意保存皮质和皮纤维结构不变形，因此在生皮蛋白质特别易受侵蚀的浸水和浸灰阶段，要尤其注意。浸水中不得用硫化物一类助软，用以脱毛的硫化物用量在浸灰时也应减少到最低限度，这些是避免成品革中有自由硫出现的必要措施。要降低浸水水温，适当添加杀菌剂，调节水的酸碱值至微碱性，适当加强机械处理，把转鼓摔软的作用尽可能减少到最低程度，以防止细菌的不良作用和皮纤维结构的变形，实际上这些也是制造所有重型工业革所应遵循的原则。

在生产中我们采用了池浸灰法，这既可避免转鼓浸灰时膨胀皮被摔打的作用，也保证了可以用较少量硫化物达到脱毛作用而减轻对环境的污染。我们所用的浸灰办法不同于惯用的以老、中、新为顺序下皮的旧法，其他工厂还从来没有使用过。已出皮的头池最新且不加硫化物，入池的尾池是中新灰池以保持皮少受细菌的作用，中间的第三和第四灰池是使用日期最长的老灰池，加入硫化物相对最多，主要起脱毛作用。由于入皮的尾池保持较新又不专门另加硫化物而且每天补充加入石灰量又最多，保证了原皮内部被灰液浸透之前皮质受到较好的保护，皮上的毛也因在尾池内受到了并不影响脱毛的轻度铲毛作用，毛皮受到的碱性侵蚀较小，获得的毛皮强度较大，是旧的池浸灰系统所达不到的。

耐压革成品要求氯化物含量为万分之一以下，中性硫酸盐含量为千分之四以下，对氯化物含量要求比较严格，所以在最初设计工艺时就避免了使用食盐浸酸，而代之以常法不用的硫酸钠，这不单有降低革中氯化物的好处，而且从实践中体会到他有助于提高革的抗湿热能力。同时，我们在每次蒸馏水洗后都挤水一次，以加强水洗效果，结果该项指标远比十万分之一还低，优越于苏联标准（ТУ 1656），从而为中国制定这种革的较高标准奠定了基础。

生产耐压革的最关键的难点，是解决皮革含铬量达到 2%—3% 的问题。

在试制和生产中，一不小心铬含量便会超出，若低于 2%，则铬的分布极易不均。因为耐压革厚度为 4.0 毫米上下，灰裸皮的厚度一般是在 5.5 毫米以上，浸酸时用酸若少了，皮的内外酸碱值会有很大差别，而不利于均匀的革渗透。反之，若用酸过多，皮内外差别小而且酸性强，鞣制时铬盐的渗透虽然容易了，便其固定结合却较不容易，势必要加碳酸钠或碳酸氢钠溶液逐渐降低酸度以促使铬盐与皮蛋白质结合。这样，由于是从外部加碱调节，必然造成皮外层结合的铬盐多的缺点，并且保证成品革含铬量达标的困难也较大。试制一开始，便以灰裸皮的含水量计算，加入相当于纯水质的约 3.5% Cr_2O_3 的铬鞣液鞣制，如果有 80% 铬盐和皮结合，半成品革的含铬量可望达到 2.8% 左右，再经过中和、水洗、加油等诸工序处理后，成品革的含铬量稍有下降而为 2.6% 左右。

为了达到上述目的，浸酸时使用了比常例较少的硫酸量，使裸皮内层约 1/4 的厚度酸性不过低，有助于皮与铬盐的结合，又为了防止结合过强铬盐透不进去的可能，在鞣液中事先加入了微量草酸。加入草酸后，铬盐被部分掩蔽而易于透入皮的内部，同时皮的表面虽经调碱仍然颜色浅淡，粒面细滑，而且革内、外层的含铬量近于一致了。由于使用的铬盐量不大而且近 80% 和皮结合了，也减轻了因铬盐对环境的污染。为了保证耐压革成品的含铬量在 2.5%—3% 之间，进一步采取了对半成品革的分析，大约位于 2.4%—2.9%，或者更好在 2.5%—2.9% 之间后，才做下一步的中和、水洗和加油等工作。这样这一难题便通过合理的计算和实践的结合，很快得到了解决。至于调碱和中和这两道工序的操作，要求进行得温和、缓慢，并反复地考核、试验。

试制耐热革所遇到的耐热温度达不到120摄氏度的难题又怎样解决呢？

耐热革的唯一难度，就是成品革的耐热温度要达到120摄氏度以上。最初，基本上按耐压革的方法进行试制，即略把含铬量提高进行初步铬鞣，而后大致削匀后再铬复鞣。复鞣到半成品的耐温收缩温度到了128—130摄氏度。陈化后再中和、水洗、加热、干燥。可是连续试制了10小批，试制品的耐热温度多在115摄氏度上下，达到120摄氏度和121摄氏度的则各只有一小批。为此，在以后的试制小批里复鞣、中和、水洗、加油、干燥等所有工序完成以后，进行了耐热温度变化的观察。从中发现，后工序对耐热温度下降至关重要的是中和，比中和影响较小的是干燥。考虑到中和时使用碱性物质去中和革内的酸，如果用的是碱性较强的中和液，中和液的酸碱值往往在7.0以上，呈微碱性，可能中和液中的羟基会把和铬盐配位结合的皮胶原羟基取代，引起表层的局部退鞣作用。从这一认识出发，便将用于中和的碳酸氢钠以碳酸氢铵代替。后者在中和时能使中和液的酸碱值保持在6.0上下，取代皮羟基时引起退鞣的可能性也将降低。实践证明，用小苏打中和时，革的耐热温度大约可降8—10摄氏度，而用碳酸氢铵中和时，温度下降仅有前者的一半，成品革的耐热温度经改用中和液后便有了保证。至于干燥工序会使成品革的耐热温度下降，虽未做过系统试验，但从理论上讲，似可归因于革是在绷紧状态下被干燥的，革纤维处于被拉伸的状态，而当测验其耐热温度时，皮革在受热的作用下其表面纤维在初收缩时，处于被拉伸状态的革纤维受到恢复原状的外力推动而迅速收缩了。此时不可能有常规铬鞣革在干燥时因浓度变化引起的铬盐的掩蔽作用，因为耐热革的中和及水洗是做得很彻底的。综上所述，经过分析论证和实验，充分证明推断正确。所以，这一难题通过几次试验便迎刃而解了。

（天津津南制革厂　赵顺生）

（四）铬鞣黄牛耐压密封革的研制

我厂正式接受军工产品的试制工作是从1953年开始的，第一次来厂接洽是王华山，他持二机部的介绍信来，并带来一块军用皮革的小样，当时说是法兰革，按国家标准应是铬鞣黄牛耐压密封革（简称"耐压革"）。他口头介绍非常简单，只说这是一种国家急需的军用皮革，具体用途不详（当时很神秘），耐热度要求比一般民用革高，但没提出任何工艺文件，也没签订任何协议，只要求我们尽快予以试制。

我们根据对他所提供的苏联皮革样品外观、软硬、含油量等的感性认识，初步分析是一种皮垫之类的专用皮革。如果只是在耐热度方面要求比民用革高一些，就不太困难。于是，没有多久（不到1个月时间），就试制出一片耐热温度在100—110摄氏度的样品。

军方代表取走样品几天之后，反映耐热度不好，要求再高一点。于是就进一步从提高革的含铬量入手，10天之后又试制出耐热110—120摄氏度的样品，对方取走后不久，反馈回来的信息是耐热温度接近了，但是又提出了拉力和耐压两项物理性能要求。怎样检测？用什么仪器？耐多大压？军方派来的代表根本说不清楚。经双方交涉，军代表不得不拿来一些零零散散的俄文资料，经我们翻译，初步了解了有关耐压的要求，但是在具体测试、操作上仍含糊不清，于是我们提出：请对方派出主要技术人员来厂，共同配合进行检测。经过几次反复试验、检测，我们很快发现，这种军用皮革，不仅要求拉力、耐压（指在规定的压力下不漏气、不漏液），还要有可塑性、弹性等，就是要求能够压制成各型皮碗。这就涉及生牛皮的质量，与牛的肥瘦、成色、伤残都有着直接关系。这样，经过双方有关人员的论证，统一了认识，然后各自向主管领导机关打报告，汇报试制经过；提出试制这种军用皮革首先原料皮必须是极为优质的黄牛皮。

很快二机部、轻工业部、中国畜产品总公司联合下发通知，责成河南、安徽、山东、上海等省、市提供极为优质的黄牛皮，同时要求天津市津南制革厂尽快试制出特种军用皮革。从此，试制军用皮革的工作正式纳入了指令性计划。

有了上级的正式指令，厂党委非常重视这一任务，从领导干部、技术人员、老工人中抽调技术水平高、责任心强的人员组成了正式的试制领导班子，在党委领导下由我全面负责，从试验条件的完善、技术文件的制定，直到试制出完全合格的军用皮革，实行了一条龙的指挥。又对原料皮的挑选、具体要求的重量、厚度、肥瘦、畜龄、产皮地区、伤残程度、晾晒状况等细节，通过讨论制定出方法。

为了便于积累经验，厂里组建了专业军工试验生产小组，由赵顺生工程师负责全面技术工作。为适应军工生产的需要建起了化验室，增添了必要的理化仪器和设备。

军用皮革的工艺和民用革有很多细节不相同，开始时军工部门连个明确的工艺、质量标准都拿不出来，因此我们的技术人员是根据军工部门一次又一次提出的要求，自己制订若干个方案进行试制，通过逐项对比，确定出一项工艺。这样进行看来是比较扎实的，但是往往是前项试验定下来的工艺，后项试验又把它推翻了。例如耐热、耐压、拉力等指标过关之后，军工部门通过进一步加工压制部件，或者在实际使用时，又提出了含硫量、氯根等化学指标的要求，这就给我们的实际试制工作增加了反复性。有时是一个试制阶段的工作被统统作废，推倒重来。试制过程中的难度是很难用几句话叙述清楚的。既有技术性的难度，也有非技术性的难度；既有我厂试制缺少经验，顾此失彼的困难，也有军方在使用过程中缺乏经验、考虑不周而误计数据的问题；既有双方检测方法不统一的问题，也有检测使用仪器和材料的规格标准问题。所以整个试验过程中技术人员的体会是：越试越复杂，军工部门越试要求越高；领导的感觉是：越试问题越多。但是为了试制出符合标准的军用皮革，我们的试制人员总是任劳任怨，没有现成的技术资料，就千方百计查阅有关领域的资料。

在军用皮革的试制过程中，我的体会是一切条件中人是最重要的，我们的技术人员和工人的责任心实在让人钦佩。

20世纪50年代工人的文化程度很低，文盲占大多数，尤其是制革行业又脏又臭，许多有文化的人是不干这个行当的。虽然制革工人的文化程度很低，但是他们热爱祖国，思想觉悟并不低；制革工人干的活确实很脏很臭，但是他们一心要把我们的国防工业搞上去、要把皮革行业的空白补上去的心情是很纯洁、很美好的。

（天津市津南制革厂 王宝琰）

（五）军用生牛皮标准的改进

从1953年开始，我就在天津市京津制革厂从事挑选军用牛皮的工作。对这段经历，我是永远不会忘记的。

1953年在研制和生产军用皮革过程中，所遇到的第一关，就是原料皮问题。当时，军工部门要求：所用黄牛皮，全身没有卧栏、虹眼；也不准有鞭花、鞍花；更不许有伤疤、癣癞；还须4毫米以上的厚度。另外还要一种同样标准，但只有2—3岁的小牛皮，它的厚度在0.9毫米左右。这一厚一薄、一大一小的两种特殊牛皮，必须取自专门饲养的菜牛。但是，我们国家的黄牛皮因其本身纤维松弛，那就更不合格了。当时，我从事选皮工作20多年了，走了大半个中国，深知各省的原皮品质情况，但从没听说有这样要求牛皮的。

为此，王厂长对我说：这是我们自己制造飞机、大炮所必须的，它不同于一般军需用皮革，因此不管有什么困难，哪怕是跑遍全国、万里挑一，也得千方百计挑来。为此国家给我们创造了条件，允许我们到全国产皮最好的河南、山东、安徽、上海等省、市优先挑选。于是从全厂挑选了8名有20年以上经验的老工人，由当时的供销科科长滑春荣带队分别到上述各省、市进行挑选。所到之处，对方一听是军工任务无不大力支持。记得在山东省济南市挑选皮革时，畜产公司不惜一切代价，起用了几十名临时工，历时十几天，在多达3万张的库存中，只挑选出比较符合要求的皮革7张。其他地方也基本如此。这样的情况，远远不能满足试制任务的需要。怎么办？军方代表亲自出马，在总后勤部的全力支持下，以特需的方式，让我们到总后勤部的制革厂仓库里进行挑选。他们的牛皮是从全国优选来的，就这样先后在106厂、405厂共挑选了800张，满足了当时试制和部分生产任务的需要。这第一关就这样在全国军民的支援下得以暂时解决。

1955年后，军工任务越来越大，国家虽以总后勤部、外贸部、轻工业部三部联合通知的方式，下发文件，允许我们在全国优先挑选。但照军工部门要求的验收标准，每年要完成多达5万张，后来每年要完成19万张黄牛皮的军工任务，是根本不可能的，除非大批进口。为此我冥思苦想！仔细分析了军工部门提供的标准，又考察了直接用于军品的皮革，发现每张牛皮只采用牛背部0.55平方米左右，这是牛皮的最佳部位，它厚度均匀、纤维紧密，这一规定是标准的合理方面。同时我们知道一张合格的大牛皮平均约2.78平方米，除去军工所选用的0.55平方米左右，其余2.23平方米只能作其他产品用，那为什么要求同样标准呢？这又是标准的不合理方面。况且直接为军品配套的是革件，关键还在于鞣制等多种手段，而不是单纯要求生牛皮。因此，只要严格要求用于军品的部位就可以了。据此，我建议今后验收军用生牛皮应从中国的实际情况出发，扩大验收范围。此建议获得军工部门同意。结果，挑选率由刚开始的0.2%左右，一下子提高到70%以上，从而解决了影响军工发展的关键问题。

至于我和几十年一道从事验皮的同事们所付出的代价，那真是难于言表。35年来，我们不分酷暑寒冬，顶风冒雪、风餐露宿，走遍了这些省、市的村村寨寨。每年国庆、春节是家庭团圆的日子，可是这恰恰是验皮的旺季。在这些隆重的节日里，我们却战斗在工作岗位上。

1962年，杨福林科长在赴新疆验皮途中，遇到了暴风雪，断绝了交通，他在一米多深雪地里爬了两天两夜，最后休克，所幸被前来营救的少数民族同胞救起。

我们这支验皮工人队伍，就是这样千里奔波、不辞辛劳、默默无闻，为研制和生产军用皮革奉献出自己毕生的精力。

（天津市京津制革厂　金光庭）

（六）成都制革厂生产军工产品始末

1965年4月下旬，成都制革厂厂党委接到二轻部中国皮革工业公司的电报，要党委书记立即到北京参与研究确定军工生产点。我到北京时，会已开了几天，参加会议的四川省轻工业厅的李海生同志，在会议结束后留下了天津、沈阳的代表和我。二轻部皮革公司李在耘总经理讲了轻工业的发展问题，确定在成都制革厂建立军工生产点，满足西南"三线"建设需要，问我行不行。当时，我向天津、沈阳的代表了解了他们生产军工配套产品的情况，据他们讲，"要求严格，必须检验设施齐全、精确"。根据我厂的技术、设备状况，我想能够办到，就说"行"。最后商定由沈阳市皮革装具厂协助我们。回厂后，我召开了党委会，商量建设军工生产点的事情。会上，大家都希望搞军工生产，认为我厂是总后勤部军需制革厂转成都制革厂，过去援助东欧、苏联的出口产品从未出过质量问题，有一定的技术基础。于是5月初，厂里组织人员到沈阳学习，由陈景科、车等带队，共20多人，主要学习军工配套产品的生产技术和化验技术。同时，沈阳市皮革装具厂也派技术人员到我厂考察，利用试验场的设备进行了耐热革的生产试验，待做成的皮革、皮件合格后，才认定可以在我厂建立军工生产点。接着我又和侯静如到了郑州、上海、天津，我同天津市京津制革厂石炳星厂长交换了有关军用皮革、皮件生产的情况。回来以后，我才决定搞设备，灰皮在大车间搞，皮在试验场搞。同年，二轻部为我厂建点拨款30多万元，主要解决军工配套生产所需的生产设备和生产场地问题。关于军工生产点建设，厂内有的同志主张新建；但我认为新建太慢，至少要花费一两年的时间，军工配套生产应尽快上马，我主张改建、扩建厂试验场，尽快形成生产能力。大多数人同意我的意见，于是用这30多万元对原试验场进行了改造，建了3条生产线：一条搞法兰革，一条搞装具革，另一条线搞皮件、装具。购置了转鼓、蒸馏水塔、压力机等设备，从而形成了军工配套产品的生产能力。

到了1965年第四季度，耐热法兰革已进行了小批生产，共做了6批，征求了总后勤部、二机部、三机部、五机部的意见，他们完全同意在我厂建点。同年11月，我派出陈景科、甄正杰、叶淑惠等同志参加了1966年度二轻部的军工订货会议。待他们回来以后，正式成立了军工科（军工车间）。军工科对外取名为"工业革科"，在当时讲，完全是出于对外保密的原因。军工科成立以后，省里只有李海生一人知道。党委会还规定了该科的一些具体制度，如军工配套生产的图纸、样品、下脚料不需要时都应烧掉，不接待外人参观（除二轻部、沈阳市皮革装具厂的有关人员以外），军工科的生产实行封闭式等。

1966年，二轻部为我厂军工配套生产拨了5万张牛皮，其中有3万张是战备用的。上半年为军工配套生产的产品，达到沈阳市皮革装具厂企业标准的要求，从此我厂进入了军工生产的行列。

（成都制革厂　杨　阜）

第三篇 科技教育篇

科学技术源于人类衣、食、住、行的生活本能和人类社会的生产活动，随着人类的进化和社会的进步，人类对自然界的认识、对适应和改造自然界的能力不断提升，于是通过智慧闪光，发明创造，使人类更好地主宰自然，并与自然界和谐共处，在认识上开始从必然王国走向自由王国。科学技术是人类历史发展的原动力，是强国兴邦的"火车头"；教育事业是传授知识的阵地，是培育人才的摇篮。1949年新中国成立以来，党和政府就把科技教育事业放在十分突出的地位；尤其是改革开放以来，"科学技术是第一生产力""科学技术是先进生产力的集中体现和主要标志"。坚持科学发展观、走可持续发展的道路，已成为我国的基本国策和全民的实际行动。显而易见，我国皮革领域的科技教育也就成为我国皮革行业快速、健康发展的基石和原动力。

有关我国古代皮革教育的史料不多，从现有的文字记载和所存文物等史料来看，皮革作为专业学科，当自近代始，溯源至1920年北京燕京大学化学系工业化学的制革科。近、现代皮革专业教育，尤其是新中国成立以后皮革专业教育的迅速发展是于史有据的。"人非生而知之，乃学而知之"。皮革专业教育的历史功绩是为我国皮革行业造就了一批又一批的专业人才，这些前赴后继的皮革人，已为我国皮革领域的科技进步、实业宏达、认知提升以及教育事业本身的传承、发展做出了历史性的贡献。

本篇以科技教育为主线，共分中国皮革科技发展、大中专院校、科研机构、标准检测机构、书刊网络（媒体）、奖励基金及科技奖励六章，记载皮革专业科技教育领域及其相关的史实内容。

第一章 中国皮革科技的发展

第一节 制革行业的发展

一 中国古、近代制革科技的发展

我国皮革工业起源很早,早在原始社会时期,我们的祖先就开始用动物皮制作皮衣、围裙、披肩等各种日常生活用品了。相传在黄帝时期,臣子于则"用革造扉、用皮造履",这可以说是皮革的起源了,当时就能制成玄衣黄裳,可知我国在古代就已经掌握了染色技术。到了商周时期,皮革生产技术已经很成熟,许多西周铜器的铭文中都有相关记载。周朝即设有专门管理制革的"皮官",说明皮革生产在那时已经相当发达。秦汉时代,制革工业发展更快,鳄皮制革技术在当时发展到了顶峰。唐宋时代,制革工业沿续、发展,并设有专掌毛皮与制革的管理机构。元代是皮革生产的鼎盛时期,据《通史》记载,当时已有采用植物鞣料鞣制皮革的方法,并建有日产 2000 张羊皮的"甸皮局"。当时盛行的"七星皮",就是羊皮经过铝鞣后再用植物鞣料结合鞣制所得的产品。及至清末,皮制鞋履大行其道,标志着我国的制革工业开始日趋成熟。

但是,在古代,我国的革及革制品的生产,除了大量用于军事之外,民间很少使用。制革方法从古代发展至民国年间,鞣制工艺不外乎脑浆鞣法、油鞣法、烟熏法、芒硝法和明矾法等,采用现代制革技术和近代机器生产革制品,则只有 100 多年的历史。

18 世纪末至 19 世纪,制革工业发生了翻天覆地的变化。一方面,人们发现了其他一些植物的树皮、根、叶也可以鞣革,同时也知道植物鞣质才是鞣皮的关键成分。更重要的是,产生了铬盐鞣皮的所谓矿物鞣工艺方法,从此奠定了制革工艺技术的基础。由于植物鞣剂和铬盐鞣剂并驾齐驱地发展,制革的生产方式摆脱了家庭式的小型手工作坊,逐步过渡发展成为大规模生产应用。我国现代铬鞣染色法始于 1925 年北京灯市东口的北京硝皮厂,但发展缓慢。

尽管 19 世纪中期人们就发现铁具有鞣性,但在我国,将其作为一种鞣剂进行研究则是由我国老一辈化学家侯德榜先生开创的,他 1921 年在美国发表的博士论文《铁盐鞣革法》对制革技术的研究有着重要的贡献。从 20 世纪 20 年代开始,我国制革工作者对铁鞣剂的物理化学性质及其鞣制性能都做过广泛的研究和工业应用。同期,中国皮革科技工作者在锆鞣方面也取得不少成绩,特别是用锆鞣剂与合成鞣剂代替植物鞣剂生产水牛底革、黄牛底革、猪底革和羊皮夹里革等方面效果较好。

我国最早采用现代鞣革技术和机器设备的制革厂,是建于 1898 年清代商办天津硝皮厂;1910 年,上海人顾氏购得一家在 1890 年前后开设的周记硝皮工场,改建成华益硝皮厂，主要生产牛皮底革，1927年改名为巩益制革厂，成为当时规模最大的制革厂。随后在广州、武汉、天津、南京等全国各地一大批皮革厂相继诞生。但由于规模不大，很少能与外货竞争。

新中国成立前，我国皮革工业非常落后，绝大部分为手工作坊，规模较大的制革厂为数不多，产品品质差、品种少、设备简陋，几乎没有机械操作。主要以手工作坊、师徒关系、家族传承等形式进行组织生产、管理和经营销售皮革及其制品。其加工皮革的主要鞣法有硝面鞣法、烟熏法和植鞣法等古老的传统鞣法，以生产鞋底革和鞋面革等成品革作为其主要加工产品。至20世纪初叶，才有新式皮革厂的建立，到1936年，全国有30多家采用机器和动力设备的制革厂。但在当时由于中国经济十分落后，皮革工业仍然没有得到应有的发展。原料皮大量出口，外国资本家低价收购，制成成品再转销国内，甚至在中国投资设厂以获取高额利润，严重打击了我国的制革工业。

二　新中国成立后制革科技发展史

20世纪50年代至60年代，为了满足国防、工业和人民生活水平不断提高的要求，党和政府大力扶持皮革工业，开辟猪皮资源，利用猪皮制造皮革，提倡开剥猪皮、猪皮补贴、猪皮制革、生产宝书革（毛泽东著作书面革）、猪革美化，使制革工业得到飞跃式发展。1959年，由轻工业部轻工局组织，轻工业科学研究院皮革研究所（现中国皮革和制鞋工业研究院）派工程技术人员任项目组长，开始进行美化猪革和底革速鞣项目，使底革鞣制时间大大缩短，并试制成功了修面革、猪皮皮滚、皮圈革、护油圈革、印花革等15种产品，成功在各地推广应用。

我国第一家采用猪皮制革的工厂是上海益民制革厂，该厂生产的雄狮牌猪底革，经过30年的努力，创造了具有世界先进水平的鞣制底革工艺。成都科技大学（现四川大学）皮革教研室从1980年开始以猪皮为对象，进行了"钛—锆—合成单宁鞣制猪底革"的新工艺研究，在成都制革厂协助下，进行了生产性试验，且技术经过了试穿、鉴定。在猪皮制革方面，成都科技大学完成的"混合氯化稀土盐在猪正面服装革上的应用研究"获1989年轻工部科技进步三等奖，"稀土KMC多金属鞣剂在猪软革上的应用研究"获1993年国家教委科技进步三等奖和1992年成都市科技进步一等奖，"仿绵羊风格型猪服装革"获1996年国家科技进步三等奖和1995年国家教委科技进步二等奖。20世纪90年代，水性脱脂在我国猪皮制革工艺上得到广泛应用，并取得了良好效果。与此同时，四川内江市制革厂成功将鲜皮不经盐腌直接投入生产制作高档产品（猪正面服装革）。

20世纪50年代，怎样缩短植物鞣底革的鞣制周期是当时制革迫切需要解决的问题。当时的上海益民制革厂针对该问题提出了纯植鞣速鞣法。1958年，皮革专家蒲敏功等经过多次试验最终研制出以水解鞣质（橡椀子浸膏）为基础的两性化植物鞣剂，该鞣料能够在一定程度上缩短植物鞣重革的鞣期，并克服鞋底革不耐汗等缺陷。

在制革工艺的脱毛方法中，最初常采用一槽法，后经过三槽法及灰碱法改进，虽然脱毛效率提高了，但是劳动强度没有减轻，脏、臭、污染的状况也没有得到改变。我国从1958年开始试验酶脱毛，但由于当时蛋白酶制剂品种不多，还没有专用于皮革的酶制剂，因而研究进展很慢。1968年，上海新兴制革厂应用1398和3942两种蛋白酶脱毛，率先开发了猪皮制革酶脱毛新工艺，这是我国制革工艺的一项重大改革，对改变灰碱法脱毛工艺存在的脏、臭、累落后面貌，解决制革工业的三废危害起了很大的作用。自采用酶法脱毛新工艺以来，我国广大制革工人、技术人员和科学工作者，除了对脱毛机理进行了初步研究以外，各地区和各工厂结合自己的具体条件，创造了很多行之有效的、改良的酶脱毛方法，如加温有液酶脱毛、常温无液酶脱毛（南昌制革厂于1973年投产）及无碱常温堆置酶脱毛的方法（南京、南通及湖南黔阳制革厂分别于1973年、1974年及1975年投产）。成都工学院研究完成的"黄牛面革酶脱毛"工艺技术于1978年获全国科学大会奖励。

截至20世纪90年代，我国有50%以上猪皮制革企业不同程度采用了酶脱毛技术。新工艺生产的品种不断扩大，质量不断提高，工艺简化，劳动强度减轻，受到广大操作工人的欢迎。在大力推广酶脱毛的过程中，我国同时大力推行皮革"四新"（新工艺、新技术、新材料、新设备）项目，积极开展皮革技术革新和技术革命，促使当时我国的皮革工业有了较快的发展。采用酶法脱毛生产猪皮正面服装革，常发生松面和毛孔扩大的质量问题。海宁市于义皮革公司研究所和海宁市上元皮革公司于2000年改进膨胀工艺，取消软化工序，完成了酶法脱毛生产猪正面服装革配套工艺。

20世纪60年代，出现了氧化脱毛法，即利用氧化剂破坏角蛋白的双硫键，使毛溶解，该方法对皮质损失很少。当时，国内已经有个别工厂用此方法生产牛面革，但由于该方法使用的氧化剂成本较高，氧化剂对设备腐蚀严重，生成的气体也对环境造成严重污染，因此，直到20世纪70年代至80年代，该方法才在我国上海益民制革厂试用于猪革、牛革，产品质量良好。20世纪90年代，西北轻工业学院（现陕西科技大学）针对黄牛皮制革保毛脱毛法进行了中试研究，结果表明该工艺可行，可以推广。

在制革生产工艺中，一般染色和加油是在较高的温度，较长的时间和较大的液比下，在转鼓中同浴分先后完成的。这种方法用时长、耗能高且对环境污染严重。从20世纪70年代起，武汉红星制革厂、上海新艺制革厂等很多制革厂对猪皮、羊皮、牛皮等不同轻革品种进行了常温少液染色、加油新工艺的试生产和大生产。实践证明该方法是值得推广的一项新工艺。

在制革工艺中，一般采用剖灰皮，但其缺点是二层皮得率低，张幅小，同时削匀中产生的皮渣废料也污染环境。自1973年全国皮革工业专业会议提出"五变"（一皮变多皮、原料变成品、低档变高档、粗皮变细皮、内销变外销）要求后，各地制革厂大搞技术革新，取得了很大成功。海宁制革厂、武汉红星制革厂、合肥制革厂等陆续对剖层工序进行了革新，对猪皮和牛皮铬鞣后进行剖层，有的可剖至5—7层。铬鞣革剖层是制革工艺实行增产节约，充分利用原料皮的一项重要措施。在绵羊皮制革生产中，一般是对蓝湿皮进行削匀，这样做既浪费了宝贵的皮胶原，得不到二层革，增加了对环境的污染，又不利于生产工艺的平衡，成革部位差较大。1996年，湖南省邵阳市制革厂提出了绵羊皮剖硝皮制革工艺，该工艺的采用不仅能使裸皮变薄，加强局部处理，减小部位差，以利后工序操作，提高成革质量，而且还能得到相当一部分二层革，减轻对环境的污染，社会效益和经济效益都较明显。

20世纪80年代至90年代，河南省新乡市制革厂、轻工业部毛皮制革工业科学研究所（现中国皮革和制鞋工业研究院）、西北轻工业学院（现陕西科技大学）、河南省开封制革厂和河南省二轻皮革塑料研究所等承担的国家"六五"科技攻关项目"提高汉口路山羊皮革质量的研究"获国家科技进步一等奖,该研究成果解决了优质原料皮制成高档产品的关键技术,扭转了长期以来我国只能将优质山羊皮出口而不能在国内加工成高档产品的局面。此项技术的推广,使国内形成了以浙江海宁、河北辛集为代表的服装皮革加工中心,为20世纪80年代至90年代席卷大江南北的皮革服装热提供了重要的技术支撑。1987年,由轻工业部毛皮制革研究所(现中国皮革和制鞋工业研究院)和浙江省皮革塑料有限公司共同承担的国家"六五"科技攻关项目——"猪皮制造细面革的研究",获得国家科技进步二等奖。此项研究成果使猪皮低档高做,提高了产品25%—50%的附加值,对我国猪皮质量的提高具有重要意义。

由山东省烟台市皮革公司、西北轻工业学院(现陕西科技大学)、沈阳市皮革研究所、烟合市制革厂及威海市制革厂等共同承担的国家"七五"科研攻关项目"面粗质次猪皮制革新技术的研究"解决了低质原料皮做高档产品的问题,在全国推广后创产值近30亿元,新增利税近3亿元,获国家科技进步一等奖。攻关中采用的剖白湿皮新技术及其在大生产上的应用,属国内首创,对于我国制革生产逐步采用无铬预鞣工艺,减轻铬污染都具有重大的现实意义。"压花"磨绒服装革在国内首次投入生产,达到国外同类产品的质量水平。

铬鞣法的推广与应用,是20世纪世界制革工业的重要进展之一,在很大程度上推动了我国制革工业的发展。20世纪70年代,少液(高浓度)铬鞣法作为一项制革新技术,在南通制革厂、南昌制革厂及其他很多制革厂开始采用,在该方法中,液比由常规的1∶2.5减少到1∶0.3,或者用粉状固体铬鞣剂直接处理裸皮,大大减少了废铬液的排放。我国对粉状铬鞣剂的研究开发起步晚,但是发展很快,至20世纪80年代末期,便逐步采用了商品铬粉(过去称为"铬盐精")。20世纪90年代以后,国内相继推出几代系列化产品,质量已赶上世界先进水平,填补了我国生产高档粉状铬鞣剂的空白,这对于铬鞣技术在我国的发展功不可没。

在我国,制革机械的生产能力是新中国成立以后才发展起来的。新中国成立以后,皮革工业蓬勃发展,大多数制革厂用划槽、转鼓、倾斜转鼓、辊式去肉机、带刀剖层机取代了过去的池子与手工工具,大大减轻了劳动强度,提高了生产效率,也为制革工业的连续化和自动化提供了有利条件。至20世纪80年代,经过对资本主义工商业改造及手工作坊合并,通过技术改造,从国外引进先进和吸收消化国外先进制革技术、设备和化工材料,在我国各大城市和中小城市相继建立了一批现代化制革工厂,以及与其相配套的皮革机械厂和皮革化工厂等,这就有力地推动了我国皮革行业的科技发展。随着生产的不断发展,国内相继创造了如采用小液比(或无液)高浓度鞣制,提高鞣制温度,增加转鼓机械作用等快速植物鞣制的新工艺、新方法,大大简化了生产工艺,缩短了生产周期,减轻了劳动强度,能在一定程度上取代传统植鞣工艺,同时,产生了许多猪皮制革新技术。主要有多阶段脱脂、臀部酶处理、低温长时间酶软化、非均衡浸酸为特征的鞣前湿加工,醛预鞣—轻铬鞣—聚合物鞣剂复鞣,挤水剖层以及重染轻涂、组合干燥为主体的"好皮精加工"新工艺和分别与交叉运用磨、涂、补、压、烫、抛、打、贴、印等表面加工整饰的"次皮深加工"新技术。

自20世纪80年代起,我国也开始了对皮革基础理论的研究。成都科技大学(现四川大学)在中国猪皮组织学图谱方面及西北轻工业学院(现陕西科技大学)在中国山羊皮组织学图谱、中国细毛羊皮组织学图谱方面的研究解决了人们对大宗原料皮加工对象的认识问题。在该领域，相继出版了《中国猪皮组织学彩色图谱》《中国山羊皮革组织学图谱》《中国细毛羊皮组织学图谱》等书籍，为皮革科技工作者针对原料皮的特点采取各自不同的加工工艺提供了指导，如猪皮的高油脂、编织紧密、多纵向纤维；山羊皮致密的表皮及竖绞问题；绵羊及改良细毛羊皮的脂肪分层分布、乳头及网状层之间存在的松散结构问题等。

至20世纪90年代，我国皮革科技发展达到兴旺时期，在此时期，我国皮革质量、制革技术、皮革化学品和制革设备的研发及其成果均跨入了国际先进水平的行列。

至20世纪末，我国皮革工业日益发展和壮大。就制革行业来讲，已从原来分散、落后的手工作坊，经过改造和调整，过渡到具有一定生产能力的社会主义企业，形成了比较集中、初具规模的专业化生产体系。生产水平的提高、科研成果的涌现、管理制度的完善，使制革行业脏、臭、累的面貌有所改观，例如酶脱毛、氧化脱毛、少液速鞣、节约红矾、多工序合并等新工艺、新技术的应用，合成鞣剂、加脂剂、涂饰剂等新型皮革化工材料的生产；倾斜转鼓，精密剖层，真空、微波、远红外干燥、振荡拉软、静电、超声波喷涂、电子量革等皮革机械设备的涌现；20世纪70年代至80年代我国各地开始定期进行皮革技术经验交流会，自20世纪90年代开始，中国皮革和制鞋工业研究院下属中国皮革工业信息中心多次举办全国皮革工业信息交流大会及中国皮革业发展论坛，中国皮革协会成功举办第一届、第二届、第四届及第七届亚洲国际皮革科学技术会与第三十届国际皮革工艺师和化学家协会联合会大会等，为全国皮革和制鞋行业的可持续发展与二次创业，起到了巨大的推动作用；"六五""七五""八五"国家技术攻关对技术发展起到了重要的促进作用；制革三废处理技术的发展，包括氧化沟处理制革废水及废水回用技术，制革废水厌氧处理技术与硫回收系统；制革废水处理改进技术，新型清洁化脱毛浸灰技术，不浸酸高吸收铬鞣技术，废铬液闭路循环使用技术，制革废弃物——铬鞣革屑制备皮革复鞣填充剂等技术的运行与推广，为促进我国循环经济与皮革工业可持续发展起到了重要作用；《制革手册》（1977年）、《皮革分析检验》（1979年）、《制革化学及工艺学》（1982年）、《制革化工材料手册》（1986年）、《制革整饰材料化学》（1998年）、《皮革工业手册》（2000年）等众多制革著作的问世以及20世纪80年代至90年代，与皮革测试、检测相关的各项国家标准、行业标准一一问世，确保了我国皮革类产品的质量稳步提升；以上成果均为我国制革工业现代化奠定了良好的基础。

21世纪初，皮革涂饰系统已向水性化迈进，与此同时，皮革涂饰工艺自当时开始已经向重染轻涂的方向发展。但就当时技术而言，要完全不采用有机溶剂还有一定困难，特别是顶层涂饰，溶剂型涂饰剂在流平性、光泽度、抗水性、光滑性等方面仍具不可比拟的优点。同时，随着皮革种类品种增加，各种涂饰效应也在渐渐增加。按表面观感效应分，经历了打光效应、抛光效应、擦色效应、仿古效应、金属效应、龟裂效应、拉伸变色效应等；按功能特征分，主要有耐水洗革、防水革及各种手感革等。总体来讲，皮革涂饰技术的进展在21世纪前后相当快，并有如下趋势：向水性化发展（这是环境保护的要求，也是皮革工业可持续发展的自身要求）；向多功能与专一性发展；充分吸收高分子科学的新技术、新工艺等，来满足皮革涂饰的新要求（如开发高固体成分的涂饰剂、紫外固化涂饰剂、皮革用粉末涂饰剂、纳米涂饰剂及相关涂饰技术）。

在市场竞争日益激烈的今天，适时地不断推出适合市场的产品，已成为企业发展的必经之路，新产品开发是企业能否立足市场的关键。而皮革制品的时尚化正好迎合了这种市场规律，从而皮革制品具有了更为广阔的市场空间。皮革制品的时尚化在20世纪初就已经开始，其推动力来自于时装表演、电影、戏剧和歌舞表演，其影响力也越来越大，皮革制品的开发也随时尚而动，如在20世纪20年代流行的Gucci皮具，70年代流行的漆皮长筒鞋，80年代流行的兽皮印花服饰。时尚化的皮革制品将艺术与产品融为一体，为皮革制品的持续向前发展注入了不竭的动力，也引导了制革技术工艺的发展。

三　制革清洁化生产发展

从20世纪90年代开始，中国制革业开始意识到制革污染问题的严重性，也开始探索降低和减少制革污染，对制革工业的清洁化生产也进行了相关的研究。

中国皮革和制鞋工业研究院丁志文博士团队2001年开始皮革清洁生产技术的研发和推广工作，2005年，为晋江兴业皮革有限公司承担的福建省科技重大专项课题"制革行业清洁生产和循环经济技术的研发"提供技术支持，2009年牵头承担了国家重大产业技术开发专项"制革保毛脱毛及浸灰、铬鞣液循环利用技术"，项目成果在徐州南海皮厂有限公司、浙江大众皮业有限公司、滨州鲁牛皮业有限公司和越南德信皮革有限公司等国内外30多家企业中推广应用。

2008年，国家在四川大学设立了制革清洁技术国家工程实验室，成立了以中国工程院院士石碧为带头人的制革清洁工艺研发科技攻关团队。四川大学但卫华等在取得"高档猪革产品综合开发工艺技术研究"成果的基础上，又于2000年取得了"猪服装革清洁生产技术"的新成果。该项课题的研究成果主要有将系统工程、价值工程及运筹学的一些观点和方法应用于工艺技术研究，提出了"制革工艺板块模式"；开发出变型少浴灰碱脱毛法—浸灰复灰废液循环利用联用技术、酶—碱结合脱毛法、无氨脱灰—同浴软化等新技术；通过科学的优选和优化组合，开发出一系列猪服装革生产新技术。根据四川大学皮革系"九五"攻关的研究成果，鞣制结束后废水排放量大幅减少，降低了污染，铬鞣废液循环利用具有良好的经济效益和环境效益。

以四川大学石碧教授为第一完成人承担的项目"无铬少铬鞣法生产高档山羊服装革"于2000年获国家科学技术进步奖二等奖。该项目通过系统深入的研究工作，建立了以植物单宁—改性戊二醛和0.5% Cr_2O_3—改性戊二醛结合鞣法为基础的无铬和少铬鞣制技术。这两种鞣法不仅可代替传统工艺生产湿热稳定性高（$T_s \geq 95℃$）、柔软度好的服装革，而且在工艺过程中减少了传统制革生产中的铬污染，该项目成果的技术原理被多个企业采用，在提高企业生产水平和产品质量、减少环境污染和促进企业技术改造方面发挥了积极作用，同时对促进皮革生产的清洁化和可持续发展具有重要的理论指导意义。

2005年，中国皮革和制鞋工业研究院承担了国家发展和改革委员会项目"皮革行业清洁生产评价指标体系"，通过该项目研究建立了"制革工业清洁生产评价指标体系"，对清洁生产活动进行有效规范并评价其效果，可以从生产的源头开始，对生产全过程进行资源利用和污染物的控制，走清洁生产的道路，以其形成循环经济的模式，有利于环境保护和经济的可持续性发展。

2005年，中国皮革和制鞋工业研究院为晋江兴业皮革有限公司承担的福建省科技重大专项课题"制革行业清洁生产和循环经济技术的研发"提供技术支持,所开发的技术完全消除脱毛工序中硫化物的污染,减少脱毛工序中85%以上的有机物污染;提高铬盐的利用率到95%以上,铬鞣废液中的铬含量低于0.2g/l,总体用水量与传统技术相比减少30%—40%以上。

2009年,国家科技部批准中国皮革和制鞋工业研究院组建国家皮革及制品工程技术研究中心,建立了相关实验室和中试基地,为制革清洁生产等工程化技术开发提供了有力的支撑平台。2009年,中国皮革和制鞋工业研究院、河北东明实业集团有限公司、天津科技大学联合承担了国家发改委重大产业技术开发项目"制革保毛脱毛及浸灰、铬鞣液循环利用技术",开发的制革保毛脱毛技术使浸灰废液中COD含量降低42.2%,硫化钠含量降低32.1%,悬浮物含量降低51.2%;开发的浸灰废液循环利用技术中硫化钠回收率达到99.5%,浸灰废液中COD的去除率达到了90.4%,氨氮的脱除率达到80.5%;开发的铬鞣废液循环利用技术可以使铬鞣剂的回收率达到99%以上,回收铬鞣剂后的上清液中铬含量达到1mg/L以下。

作为政府与企业的桥梁与纽带,中国皮革协会定期制订皮革行业五年发展规划,认定"真皮标志"和"真皮标志生态皮革",倡导"科技兴皮",资助皮革行业标准化工作,设立奖学金,举办组织参加国际国内学术会议及展览会,应对贸易摩擦等举措,为制革技术的发展奠定了良好的基础。进入21世纪以来,中国皮革协会和皮革企业、皮革同人强化环保和行业自律,齐力狠抓皮革环保、皮革"三废"治理和节能减排,促使皮革科技发展又进入了一个新的发展阶段。尤其是皮革行业对重金属——铬的污染治理,开展了一系列广泛、深入和系统的科学研究和技术开发,如采用无铬少铬鞣制、高吸收铬鞣法、废铬液的回收处理和循环利用以及提倡鼓励"清洁化生产""生态皮革"等。

近年来,在制革清洁化技术革新方面,研究人员就制革行业的清洁化问题做了许多卓有成效的研究,有些已经在实际生产中得到了应用推广,为我国皮革科技的发展产生了深远影响。总体来看,国内近些年来所发展的制革清洁生产的单元技术已与国外水平相当,个别的已经超过国外。比较有代表性的制革清洁生产的单元技术主要包括如下。

(1) 基于酶制剂的制革生物技术。在这一单元技术的研究开发方面,国内已经做了大量的研究工作,主要表现在两个方面:第一,运用现代生物技术,研究开发出专一性强、纯度高、催化效率高的系列专用酶制剂;第二,革新工艺技术,优化工艺条件,全面应用系列专用酶制剂。

(2) 废液循环利用技术。按照现有观点,制革废液的循环利用符合节约型、循环型经济的要求,也符合绿色化学的要求。四川大学张铭让等人通过对工艺过程及材料等的优化,建立了一套稳定的适合于工业化生产的封闭式浸灰废液循环体系。

(3) 无铬少铬鞣技术。无铬少铬鞣包括两部分的工作:一是研究替代型鞣剂,来减低铬鞣剂的用量,二是研究辅助型鞣剂,增加铬的吸收,使制革污水的铬含量降至最低。围绕减少三价铬的使用量和排放量,制革科技工作者做了大量研究工作,已经开发出具有重要推广应用价值的系列清洁化单元技术,比较典型的有四川大学石碧教授等提出的少铬鞣法、四川大学李国英等开发的高吸收铬鞣技术、四川大学单志华等提出的无盐浸酸技术、四川大学陈武勇等开发的不浸酸技术及铬回收利用技术等。同时,与生态铬鞣技术配套的材料的研究已经取得重要进展,已经开发出系列配套材料。近年来,石碧院士课题组研究开发的制革清洁技术已经在浙江、山东等制革企业推广，并取得明显成效。2000年，陕西科技大学马建中课题组开始了对改性淀粉类及乙烯基类聚合物新型鞣剂的研究。近些年来，该团队也围绕将纳米二氧化硅、氧化锌及蒙脱土等引入聚合物制备鞣剂及高吸收鞣制助剂进行了研究，并取得明显成效。将纳米技术引入传统皮革鞣剂，有效减少了传统铬鞣中的铬粉用量，降低了加工废水中铬的含量，减轻了环境污染，同时，提高了成革性能，增加了产品附加值。

（4）清洁工艺：近年来，人们为减少制革的污染做了很多工作，如无盐浸酸、高pH铬鞣、铬鞣和复鞣染色加脂同浴等，但没有从根本上改变制革过程的污染。2006年，四川大学与成都亨特尔科技实业公司、四川达威科技股份有限公司、四川德赛尔化工实业有限公司等共同成功开发了无硫化物、无石灰、无盐浸酸、低铬用量制造猪皮反绒服装革清洁化生产技术。

第二节　制鞋行业的发展

自1840年鸦片战争以来，半殖民地经济带来的西方制鞋新技术、新工艺、新材料猛烈地冲击着中国传统手工鞋业。该时期的中国鞋业发展出现两个明显特征：一是鞋业充满了殖民色彩；二是鞋业的两次技术革命，第一次技术革命是在19世纪60年代工业缝纫机问世，第二次技术革命是20世纪40年代出现的制鞋胶粘工艺，鞋帮和鞋底不用线缝而直接相粘。近代鞋业发展中出现的两次技术革命使传统鞋业由个体手工作业走向机械批量生产。

在中国近代鞋史中，传统的布鞋、皮鞋生产也都经过时代的洗礼进入资本主义的萌芽时期，中国首次出现了制鞋产业的民族资本家。1853年，近代布鞋的创始人赵廷筹划，在北京创建内联升鞋店，起初生产朝靴，民国初年专制千层底布鞋。

1876年，浦东制楦师傅王生堂和鞋匠沈炳根合作，仿照西方皮鞋款式，制作了弯脚型鞋楦，从而使西式皮鞋在上海首先问世。鞋楦有直脚型和弯脚型两类，前者为生产布鞋、钉鞋等传统鞋类所用，后者为适应西式皮鞋造型而制造。鞋楦由直脚型向弯脚型发展是制鞋工艺的一大进步。

1876年，浦东鞋匠沈炳根在上海永安街开设了中国第一家现代皮鞋作坊，仿照西方款式做出了上海第一双皮鞋，由此制造皮鞋的技艺便传播开来，我国现代皮鞋生产逐步得到了发展。

1919年，上海的北京皮鞋厂开设在上海广东路，首次使用机器生产皮鞋。

20世纪初，胶鞋突破传统鞋材的局限，代替桐油鞋成为风靡全国的鞋类。

1917年，陈玉坡、张志瑞、卢凤池在广州创办"广东兄弟树胶公司"，经过两年的试制于1919年生产出胶鞋底，制出布面胶鞋底运动鞋。

1920年，川沙籍鞋匠傅降临在上海创设了中国第一家运动鞋生产企业——傅中兴运动皮鞋店（1935年注册"火炬牌"商标），专业生产经营各类皮制跑跳鞋、足球鞋等运动靴鞋。

20世纪20年代末，天津大中华橡胶厂推出"双钱牌"博士鞋，正泰橡胶厂独创"回力牌"运动鞋。20世纪30年代，日本生产的力士鞋进入中国，抗战胜利后，国产力士鞋相继出世,"车轮牌"青年胶鞋成为最先推出的国产产品。

1959年,轻工业科学研究院皮革所研制的"改进制鞋工艺(胶粘鞋)"收到很好的效果,胶粘鞋工艺从根本上解决了传统手工缝鞋的落后方法,使工业化制鞋可以推广开来,这对世界上人口最多的我国来讲意义非常重大。上海宝展皮鞋厂利用废影片和丙酮制成胶粘剂,生产首批外销东欧的2万双胶粘皮鞋。

为了解决制鞋工业机械化问题,皮革所与北京东单鞋厂合作开展胶粘皮鞋的研究及试制,研究成果提供了胶粘皮鞋的操作规程、生产车间的设计方案和制作工具与设备。

1960年,上海皮鞋厂试制氯丁胶获得成功,使上海的制鞋工艺有了新的突破。胶粘工艺吸收缝线工艺牢固挺括的优点,克服了模压等工艺透气性差的弊病,楦型的变化不受工艺限制,品种更新换代快,同时还为皮鞋生产实现装配化、机械化开辟了道路。

20世纪60年代,中国各地制鞋工厂开始通过技术革命与革新改造老设备,研制或引进新设备,至20世纪80年代,基本实现半机械化、机械化加工,并有一些电子计算机控制的专用设备投入使用,生产能力大为提高。

1964年,模压硫化工艺问世。它是利用橡胶热硫化原理使帮底一次成型的新工艺。一改传统的配底方法,将烦琐的操作程序通过机器一次粘合成型。与缝线工艺相比,效率提高10倍。1965年,硫化皮鞋正式投入大批量生产。

1965年,上海第一皮鞋厂试制成功注塑配底工艺。以聚氯乙烯为鞋底原料,加热熔融注入底模,冷却后即与鞋帮结合成型,人均日产量达到76双。注塑工艺以塑料代皮革,缓解了国内皮革资源紧缺的矛盾。

1965年,中国皮革工业公司、二轻部(刚刚成立)皮革研究所(现中国皮革和制鞋工业研究院)根据国家十年科学研究规划,组织了北京、上海、天津、黑龙江、辽宁、湖北、广东、福建、四川、山东等十省市皮革工业公司,邀请了复旦大学人类学教研组,共同组成工人、技术人员相结合的全国楦型研究小组。在十省、市测量了12万人的脚型,获得了大量的第一手资料;通过对大量脚型测量资料的分析、研究、综合,初步找出了人群的脚型特点及基本规律;试制出鞋楦、皮鞋,进行多次试穿试验,通过石膏模型解剖分析,试穿后的鞋内腔对照验证,确定了十多个品种的楦型以及每个品种七个肥度号的鞋楦尺寸系列。

1968年,在二轻部皮革所制鞋组基础上成立了"三部四鞋研究办公室",继续进行统一"四鞋"鞋号及其鞋楦系列标准的研究。当时在全国各行各业抽测了25万人的脚型,记录分析整理了一千万余个数据,经过运用数理统计分析,研究出我国人民的脚型规律。

1970年,初步制定出《全国统一鞋号和鞋楦系列》,1971年正式向全国推广。

1973年,完成了轻工部下达的任务:制定"SG24-74模压皮鞋"、"SG25-74硫化皮鞋"、"SG26-74胶粘皮鞋"、"SG27-74线缝皮鞋"四项标准。9月5日,由外贸部、商业部、燃化部、轻工业部四个部门联合下发了"关于撤销四鞋研究办公室,设置制鞋工业科学研究所的通知",明确规定制鞋工业科学研究所在建制上,以轻工业部领导为主。其主要任务是:除承担原四鞋研究办公室的工作外,负责对制鞋工业的新材料、新工艺、新技术、新设备、新品种进行广泛的科学研究;搜集国内外科技情报,组织科学技术交流;协助各省、市、自治区提高制鞋工业的产量和质量,增加花色品种;设计出口产品,赶超世界先进水平,以加快制鞋工业的发展,适应国内市场和外贸出口的需要。

1974 年，轻工业部制鞋所与桂林二轻磨具厂、杭州工农铝制品厂、成都鞋模厂共同承担"低压铸造铝合金鞋模研究"轻工部项目。

1975 年 4 月，轻工业部制鞋所运动鞋调查研究小组完成全国运动鞋调研工作；承担的轻工部项目："皮鞋帮样平面设计"、"布鞋帮样平面设计"，经过几年的研究在全国范围内使用，终于研究出新的皮鞋、布鞋帮样设计技术，该科研成果填补了我国皮鞋、布鞋帮样设计基础理论的空白，是全国皮鞋、布鞋设计技术的创新和改革。

1977 年，轻工部"热塑橡胶的研制及其在制鞋工业中的应用"的科研项目交由制鞋所、皮革所和北京第二皮鞋厂等单位共同来完成，项目组通过艰苦努力，终于突破难关，取得了合成产品性能优良的良好方法。专家认为这是建国以来在高聚物合成领域继顺丁橡胶之后又一重大科研成果。该成果 1979 年在北京燕山石化进行中试；1982 年在岳阳石化总厂合成橡胶厂进行工业化试验，1989 年建成一万吨生产装置。

1979 年，轻工业部制鞋所承担了轻工部制定"皮鞋工业术语"国家标准的项目。完成了轻工部项目"皮鞋剥离试验仪"、"鞋类耐折试验仪和试验方法的研究"、"鞋类耐磨试验仪和试验方法的研究"。

1982 年，轻工业部制鞋工业科学研究所对《四鞋统一鞋号及其鞋楦尺寸系列》进行了修订及补充，制定了《中国鞋号及鞋楦系列》（GB/T3293—1982）国家标准。这是我国第一个鞋楦标准，为实现鞋业标准化生产奠定了基础。

20 世纪 80 年代初，中国开始研制和引进 CAD 系统用于鞋生产。

1980 年，经国家标准总局、轻工业部批准，成立了"中国制鞋工业标准化质量检测中心站"。

1983 年，轻工业部制鞋所、北京市皮革公司共同承担的"六五"国家科技攻关项目："皮鞋生产装配化新技术、新工艺、新材料的研究"，其中制鞋所负责大多数子项目，除了本所技术力量，还从上海、杭州、武汉、湖南、北京、天津等地的制鞋企业中借调技术人员来攻关。

1984 年，完成轻工部制定"缝绱布鞋"和"注塑布鞋"标准项目，《中国鞋号及鞋楦设计》一书正式出版，1988 年该书荣获全国优秀科技图书二等奖。1986 年，"七五"国家重点科技攻关项目："舒适、时尚、轻软、高档皮鞋的研究"由制鞋所、皮革所、上海皮革公司、造纸所等单位共同承担，项目的实施深化了"六五"攻关成果，加速了我国皮鞋生产工艺革命的进程，实现了采用机械化、装配化工艺生产高档皮鞋的目标。

1986 年，经国家教委授权，轻工业部批准，西北轻工业学院（现陕西科技大学）革制品专业（专科）招生，这是我国开办最早的革制品专业。同年，成都科技大学（现四川大学）开办了革制品设计与加工两年制成人专科班。

1986 年，由上海宝履皮鞋厂、上海皮鞋厂等单位共同承担轻工业部"七五"科技攻关项目"高档皮鞋机械化、装配化生产线"的研究课题。使皮鞋配底生产从手工、半机械化过渡到机械化，生产效率大幅提高。

1987 年，轻工业部制鞋所完成了 3 项"七五"国家重点科技攻关项目："CAD/CAM 在鞋楦鞋帮设计加工中的应用"由制鞋所和航空部三零三所共同承担，这是一项集脚型快速测量系统、鞋楦准四坐标测量系统、鞋楦 CAD/CAM/NC 系统为一体的大型集成系统，项目研究成功，促进了我国制鞋行业的技术进步，提高了鞋产品的质量，增加了花色品种，缩短了生产周期，扩大了出口创汇；"鞋用热熔胶系列"是制鞋所独立完成；"共挤出成型制作仿皮底新设备、新工艺的研究"由制鞋所和上海塑料三厂共同完成。

1991年，"八五"国家科技攻关项目"皮鞋CAD/CAM集成系统的开发与应用"由制鞋所和航空部三零三所共同承担，该项目是为了促进"七五"攻关成果实现工程化、实用化、商品化。内容包括：开发鞋楦快速测量系统；开发内底、外底、主跟、鞋跟的CAD/CAM系统；皮鞋帮面色彩、纹理的开发与应用；解决有样品皮鞋而没有鞋样的问题。

1993年，"八五"国家科技攻关项目："皮鞋生产装配化工业化试验"，制鞋所作为项目的技术依托单位，积极协助项目承担单位烟台双一制鞋集团完成项目的实施。

1996年，轻工业部制鞋所承担的轻工总会项目："学生皮鞋及儿童皮鞋的研究与开发"，该项目的完成弥补了"中国鞋号及鞋楦系列"中童鞋方面的不足，填补了我国儿童皮鞋研究的空白。

1997年，轻工业部制鞋所承担的轻工总会项目"鞋用乳液胶粘剂的研究"是为了在皮鞋生产中绷楦、部件粘合等工序用乳液胶粘剂替代溶剂胶粘剂。

1998年，轻工业部制鞋所完成的轻工总会项目"通用耐折试验用楦的研究"，研制的鞋楦具有一楦多用、寿命长、使用方便等特点。轻工总会项目"SBS改性鞋底料增粘改性的研究"，研发的SBS鞋底料提高了粘性，耐磨等性能。同年，西北轻工业学院（现陕西科技大学）皮革制品专业被教育部确立为当时国内唯一的皮革制品本科专业，2000年开始招收研究生，为制鞋行业人才培养、科技研究做出有益贡献，也为我国成为世界制鞋大国奠定了人才基础。

1998年，《鞋号》（GB/T3293—1998）标准发布，将厘米制改为毫米制，与国际鞋号接轨。

2000年起，西北轻工业学院（现陕西科技大学）等院校陆续出版《皮鞋工艺学》《皮鞋设计学》《革制品材料学》《革制品分析检验》《皮革制品机械》、国家级"十五"规划教材《皮革制品CAD/CAM》、《运动鞋及其设计》以及国家级"十一五"规划教材《皮革制品造型设计》等近10部本科教材，为国内鞋业专业教育提供了有力支撑。

20世纪以来，CAD/CAM技术已经逐步应用于传统的制鞋行业，主要应用领域包括：鞋楦的设计与加工；皮革制品的产品设计（三维造型设计）；皮革制品样板的设计与加工；皮革制品的算料、排版与切割；辅助模具、工具的设计与加工（鞋类五金设计、鞋垫设计、中底定型模、气垫设计、皮革压花模设计EVA多色注射模及精密多色注射模EVA拖鞋及鞋底的逆向工程等）及皮革制品企业的管理及产品检测。

2001年，中国皮革和制鞋工业研究院、温州鹿艺鞋材有限公司、温州日泰鞋业有限公司共同承担国家科技部"中国人群脚型规律的研究"公益项目。总结出"中国人群常用脚型新数据"，填补了国内接近成年人人群脚型数据的空白；依据新的脚型数据修订了《中国鞋号及鞋楦系列尺寸》国家标准，对行业发展具有指导意义及良好的社会效益；建立的全国首个"中国人群脚型数据库"，弥补了我国制鞋行业脚与楦、楦与鞋、脚与鞋之间关系的基础理论方面的不足，为引入高科技，如生物力学、人体工效学等相关学科构筑了坚实的平台；设计研制的"激光脚/楦型激光测量系统"具有国内先进水平，彻底改变了我国长期以来依靠手工采集脚型数据的历史。

2004年，四川大学轻化工程专业在制革工程方向基础上增设了革制品设计培养方向。

2005年，为应对国际鞋业贸易摩擦战，帮助中国鞋企跨越国外技术性贸易壁垒，提高反倾销应对能力，商务部中国轻工工艺品进出口商会联合陕西科技大学组织编写了《出口鞋类技术指南》，并在福建、浙江、广东等鞋业基地进行宣传。

2006年，中国皮革和制鞋工业研究院开展了科技部公益项目"中国鞋楦基础数据及系列参数的研究"，主要针对鞋楦后身基本数据进行了充分的研究。在保证鞋的舒适性、健康性前提下，确定出男、女鞋楦底部中轴线及底部曲面等基础数据及系列参数，达到鞋楦后身统一。研制了相应的标样鞋楦，并建立了中国鞋类楦型数据库，研究与鞋楦后身统一数据相配合的内底、主跟、组装鞋跟等鞋底部件的标准数据。

2006年，中国皮革和制鞋工业研究院开展了科技部院所专项"脚楦匹配设计系统及鞋类适脚性的研究"项目研究。该项目属于高新技术在传统行业的应用研究，利用计算机技术、生物力学技术等方法，研究脚型与楦型的匹配关系，同时开发相应的脚型与楦型设计系统。

2007年，中国皮革和制鞋工业研究院开展了科技部院所专项"高性能SBS发泡鞋用材料的研究"项目研究。通过开发防滑、耐磨、高弹性、高发泡SBS鞋用材料，提高产品穿用性能和附加值。

2008年，中国科学院院士、中国科学院福建物质结构研究所所长洪茂椿带领的团队研制成功无苯型"FJ218水溶性聚氨酯"。

2009年，由陕西科技大学马建中团队承担了陕西省重大科技专项资金项目"鞋用EVA-g-PU/OMMT/SBR纳米复合材料的研究"，标志着我国使用纳米技术改进制鞋材料工作的新起点。

第三节　毛皮行业的发展

毛皮行业是皮革工业的重要组成部分，它同制革一样有着悠久的历史，在漫长的人类发展初期的原始社会如西安出土的半坡遗址，我国人民的祖先们就已经具备了原始的毛皮加工手段，并已具有初步的毛皮及缝制其制品的骨针，在最古老的文字甲骨文和金文中，都可以查到"裘"字，甲骨文中的"裘"字形似披着皮毛的野兽。"裘"字的出现，说明我国生产毛皮的年代很早。随着人类文明的发展，毛皮也从最初的御寒用品演变成时尚、个性的代名词，毛皮加工技术也发生了巨大的变化，毛皮的加工同制革一样经历了由手工操作到机械化加工，由采用天然化工材料到合成材料的使用历程。

一　新中国成立初期

新中国成立初期，我国毛皮专用化工材料品种很少，以传统毛皮加工方法为主，如浸水时采用浸清水的方法，即将每张皮浸泡在清水中，直到浸软为止，很少用到化工材料。脱脂采用黏土吸附脱脂法和皂化法，黏土吸附脱脂法即采用黄干土吸取法，但此法费工，劳动强度大，又影响环境卫生。皂化法是将肥皂切成薄片后加碳酸钠煮沸、溶化后置凉待用。反复洗涤直至除去毛皮油脂气味，浴液中的肥皂泡沫不再消失为止。这种方法成本低，但对毛被的损伤较大。

发酵法和硝面鞣法是软化、鞣制毛皮的古老方法，是毛皮加工中松散胶原纤维和鞣制的重要技术，被应用过相当长一段时间。发酵法即用面粉或糠等进行发酵后处理毛皮，面粉或糠发酵后产生的有机酸和蛋白酶对毛皮的胶原纤维束的分散作用大，使得毛皮成品的柔软度和延伸率较大，且能减小皮板厚度，使皮板质量减轻，但是发酵软化所需时间长（3—6 天），消耗面粉量大（4000 千克/1000 张皮），软化过程中的控制和检查困难，控制不当会使毛囊遭到破坏，引起掉毛。硝面鞣法即在每千克浸硝液中补加米、麦粉、芒硝调制成鞣液，浸泡毛皮，鞣制完成后用手推皮张最薄的肷窝部位的毛被，如出现轻度掉毛，皮板松懈，伸张性较好，即为鞣制到位，立即出皮。这种方法取料方便，产品柔软，毛被色泽洁白，皮板的抗张强度较高，但产品耐水、耐温热性较差，有臭味，易反硝。因此发酵法和硝面鞣法都逐渐被淘汰。

此时期我国毛皮质量的主要差距为皮板重、柔软性和延伸性差，毛被欠灵活，缺少光泽、有灰、有臭味。

二 20 世纪 50 年代末至 80 年代末

20 世纪 50 年代初，我国开始采用明矾熟制法代替硝面鞣法。此法鞣制出的成品比硝面鞣法鞣制的成品耐热性稍有提高，但耐水性仍不理想，皮板遇水会退鞣发硬。因此 20 世纪 50 年代末期，开始研究甲醛鞣法，对甲醛鞣制的方法和影响因素进行了系统研究，对甲醛鞣法进行推广，鞣制后的毛皮，颜色洁白，质量轻，而且耐汗、耐氧化剂、耐还原剂、耐水性能优良。甲醛鞣制方法的推广大大提高了毛皮质量，但仍有部分毛皮由于使用发酵法软化后甲醛鞣制，毛皮出现吸潮、怕水、酥板等缺陷，主要是用发酵法软化，在甲醛鞣制的加工方法中，皮纤维组织间含有过量的食盐和游离酸，使皮容易吸潮、怕水、酥板。

1958 年 1 月，重革鞣制会议在北京召开了，这是我国皮革工业史上第一次召开专门研究技术问题的会议。会议上交流了技术，讨论了栲胶工业的发展规划和 1958 年皮革工业科学研究与技术发展的规划纲要。纲要中指出："开辟养殖厂，发展毛皮原料；改善毛皮加工方法；推广铬鞣、铝鞣、铬铝结合鞣等方法；发展人造毛皮"。当时，轻工部皮革研究所筹备组开展了一系列的毛皮研究工作：为了改变硝面鞣带来的消耗大量粮食及鞣制质量不好等弊端而开展了绵羊毛皮的铝铬鞣及铝鞣的研究（这种用化学鞣代替硝面鞣的研究就是毛皮加工技术的根本革命）；提高毛皮染色坚牢度的研究；为了解决毛皮粗皮细做、低档高做的问题，皮革所开展了毛皮美化和鞣制的研究：在锦州的试点开展了毛皮美化和毛皮染色的研究，共研究试制成功 16 种低级毛皮仿高级毛皮的技术工艺，同时还研究出五种矿物鞣料鞣制毛皮的方法和绵羊皮、兔皮、山羊皮鞣制工艺规程和羊剪绒工艺操作规程。

1959 年举行了全国毛皮会议，共有 17 个省市参加。

随着铬盐化学和铬鞣机理等研究的深入，20 世纪 60 年代，铬鞣开始在毛皮加工中应用，起初采用二浴铬鞣法，即先将皮放在含有重铬酸盐的溶液中进行处理，待充分吸收铬盐后，再转入含有还原剂的溶液中，此法渗透度好，成品柔软丰满，但对毛被天然颜色有影响，因此逐渐被一浴铬鞣法替代。一浴铬鞣法多采用铬鞣液，或采用经喷雾干燥制成的粉末状铬鞣剂，但当时由于对粉末状铬鞣剂的性质了解不够，一般在使用前一夜将铬粉溶于热水中，静置一夜甚至1—2天后才用以鞣革，这样就和用自配铬鞣液鞣制没有差别，降低了铬粉鞣制效果。20世纪60年代，经过大量研制工作，证明了铬粉是一种硫酸根蒙囿的阴铬络合物，其鞣性缓和，最适于初鞣，有了这些理论后才开始使用铬粉进行直接鞣制。铬鞣后毛皮成品的丰满性、柔软性等性质——特别是毛皮的收缩温度都得到显著提高，毛皮质量得到大大提高。

1960年，经轻工业部皮革所研究推广的毛皮新工艺彻底淘汰了传统的、耗用大量粮食的硝面鞣工艺，并且一改过去仅限于美利奴羊皮做羊剪绒的限制，将其扩大到普通绵羊皮，此举大大缓解了羊剪绒皮源紧张的状况。通过毛皮染色技术的研究，解决了毛皮苯胺染色过去一直存在着毛皮牢度差、浮色大、光泽不好的质量问题。

1961年，轻工业部皮革所开展的毛皮工艺技术研究有："提高猾子皮和兔皮鞣制质量的试验研究"、"提高毛皮苯胺染色质量的研究"、"提高绵羊皮质量的研究"。

成都工学院（现四川大学）张铭让在铬鞣液组成、铬鞣鞣制理论、铬配合物与多金属配合物研究以及高档革制造技术和制革生产清洁化、高效益等工程方面做了大量研究工作，大幅度地减少了铬、染料和无机盐的污染，为我国毛皮加工中铬鞣替代传统硝面鞣法、醛鞣法做出了突出贡献。

1962年，轻工业部皮革所在工艺方面进一步开展了"兔皮染色工艺"、"毛皮绒面革工艺的研究"。

1966年文化大革命开始后，由于众所周知的原因，科研工作经常受到冲击。1967年在"抓革命，促科研"的口号下，皮革所的毛皮室坚持搞科研，"毛皮鞣制新工艺的研究与应用"就是在这个时期完成的，不仅节约了大量粮食，而且产品质量明显提高。此项目获1978年全国科技大会奖。

1969年轻工业部皮革所下放江西，1970年迁往河南平顶山。轻工部、外贸部、商业部联合发文，因工作留守北京的毛皮研究室的同志在京成立了"三部毛皮小组"。在文革非常时期，这种模式保证了皮革所毛皮新工艺的研究、应用和推广工作的进行，对提高我国毛皮制品质量和出口创汇起到了重要作用。三部毛皮小组先后在河北邢台、张家口、宣化，黑龙江的哈尔滨、齐齐哈尔，辽宁的沈阳，吉林的长春以及天津、成都等全国各地推行毛皮鞣制新工艺。在国内首先推行酶软化，用化学鞣代替硝面鞣，大大提高了各种出口毛皮的质量，受到了国外客商和三部领导的好评。在此期间，科研人员还编辑和出版了毛皮专业的技术书籍。

庆巴图将乙氧甲基脲环鞣剂和铝鞣剂结合鞣制毛皮方法应用于毛皮组，试制效果良好。三部毛皮小组以自己出色的工作奠定了日后皮革所回京的基础。研究小组由三部业务主管局领导在北京开展工作。皮革所、北京、天津、上海、青岛、大连、新疆、辽宁等省市畜产公司和皮毛厂参加。轻工部皮革所参加人员有冯正中、郑晋升、李成文、庞贻燮等。

进入20世纪70年代，我国发展了酶软化毛皮工艺，1971年开始进行绵羊皮酶软化的研究，采用1398中性蛋白酶软化，软化后毛皮皮板柔软，毛被丰满，延伸性良好，操作简便，容易掌握。采用酶软化工艺以后，鞣制质量得以明显提高，成为毛皮工业发展的一个里程碑。中性蛋白酶最适pH值为中性或弱碱性范围，对毛被有一定的损伤。因此，1972年，轻工业部、对外贸易部、商业部研究小组分别在北京毛皮厂和天津毛皮厂对羔皮、兔皮、绵羊皮进行了试验研究，确定了羔皮、兔皮、绵羊皮等的酶软化加工工艺规程，并出版了第一部毛皮加工技术方面的书籍——《毛皮鞣制新工艺》和《毛皮鞣制分析检验》，这是我国毛皮行业第一次系统地对酶化学、毛皮酶软化过程控制以及化学鞣制方法操作规程、生产过程分析与检测和成品分析等方面进行阐述的书籍。自此拉开了我国毛皮科技方面书籍出版的大幕，到目前为止，我国共出版毛皮方面书籍20余部，如《毛皮生产 第一分册 毛皮鞣制》（1959年）、《毛皮生产 第二分册 毛皮染色》（1959年）、《毛皮染整》（1988年）、《实用毛皮加工技术》（1989年）、《毛皮生产理论与工艺》（1989年）、《毛皮化学与工艺学》（1990年）、《毛皮加工技术》（1998年）、《毛皮加工原理与技术》（2005年）等，对毛皮行业科教发展起到引导作用。

1972年，皮革所在平顶山接受部、省双重领导时期，除完成部项目外还承担河南省下达的科研任务。与洛阳皮革厂协作完成省项目"毛革两用革技术的开发和生产"，有力的保证了省外贸毛革两用产品大量出口任务的完成。当时，河南省大部分毛皮、制革厂规模小，技术落后，设备简陋。

1972—1978年间皮革所毛皮小组为全省几十家皮毛厂传授技术，培养骨干，使河南毛皮制革水平得到了很大提高。现在河南省作为毛皮制革重要省份是与皮革所当年的技术推广活动分不开的。尤其是以许风鸣同志为首的毛皮研究小组所开发的毛皮鞣制染色新方法，在河南省几十个工厂进行推广应用，产生了巨大的经济效益。为了减少红矾造成的污染以及皮板要求洁白的特点，毛皮组积极在周口、扶沟、郑州、汲县、濮阳等县市搞试点，推广脲环1号树脂鞣制毛皮新工艺，先后在兔皮、羊皮、狗皮等十几个品种上开发成功，产品质量较过去有大幅度提高。1972年毛皮小组在河南平顶山、周口等地、1974年在咸阳、黑龙江等地、1975年在内蒙、1976年在四川成都、1977年在新疆乌鲁木齐等地举办羊皮鞣制染色、羊剪绒、毛革两用等技术学习班和毛皮检测技术培训班。采用理论学习、工艺操作等方面的培训，为全国皮毛工业培养技术人才约2000多人。

1976年，毛皮鞣制采用"液动皮不动"，取得重大革新成果，取代以前的大缸加工方法，即五道工序在同一划槽内连续进行，生皮放进，熟皮取出，首次采用"无声蒸汽回流加温"方法，既防止皮张被蒸汽烫坏，又消除了蒸汽加温时的噪声，大大减轻了劳动强度，减少了环境污染，节约了化工辅料，提高了产品质量。

1977年，使用酸性蛋白酶3350软化毛皮在军需毛皮厂得到了推广应用。1978年，中国科学院微生物研究所和新疆生物土壤沙漠研究所提供新品种537酸性蛋白酶，对安徽改种（1、2代）绵羊毛皮进行软化试验和推广，收到了明显的效果。软化后的毛皮，皮板柔软，厚度减薄，面积增大，重量减轻，成本也有所降低。采用酶软化后，取消了原工艺中浸硝和浸酸两道工序，皮经过去肉，直接进行酶软化，这样不仅节约了浸硝用芒硝和浸酸用食盐及硫酸，而且还节省了大量的燃料。蓝皮生产周期由原来的120小时缩短到40小时，产量提高两倍，并提高了设备的利用率。据初步统计，产品成本降低22.1%。

1978年至1982年，国家把"毛皮染整加工技术的研究"列为"六五"期间重点科技攻关项目，主要完成单位有济宁市新华皮毛总厂、轻工部毛皮制革工业科学研究所、成都工学院（现四川大学）。该项目以青猾皮作为幼龄动物皮的代表，羊剪绒皮作为毛需要特殊加工的毛皮代表，兔皮作为有针毛类毛皮代表，黄狼皮作为珍贵毛皮代表，进行了幼龄动物皮皮板、毛被组织构造、毛皮褪色技术的研究，采用先进的硫酸亚铁催化—氧化—还原褪色法，通过加强褪色前后皮张的复鞣，采用低温、低 pH 值并在有毛保护剂条件下褪色的新工艺，突破了旧工艺只能褪成浅黄色的水平，而能将有色毛皮褪成白色且毛被受损伤轻，其褪色水平达到当时美国劳恩斯坦 20 世纪 80 年代水平，褪色溶液第一次在国内连续使用成功，降低了材料消耗，提高了销售价格。在此期间，各大专院校、科研院所、企业对水貂皮加工、剪绒羊皮加工、毛革两用产品开发进行了联合攻关，其成果对毛皮工艺发展有较大的推动作用。

1979 年至 1987 年，轻工部皮革所承担的国家攻关项目"毛皮染整加工技术的研究"获国家二等奖；"国产水貂皮加工工艺技术的研究"获国家三等奖；"提高剪绒羊皮产品质量及新品种开发"获部二等奖。

轻工部皮革所受国家"六五"攻关项目的导向，在此期间大部分部项目和所项目都集中在制革、毛皮、环保工艺研究上，"781"新鞣剂在"青猾皮"、"兔皮"、"羊皮"等毛皮品种的应用上取得了很大成功，一方面提高了质量，更重要的是减轻了污染。"'781'合成鞣剂的研制"和"'781'合成鞣剂鞣制滩羊毛皮、羔皮工艺"分别获部四等奖。"'781'合成鞣剂鞣制青猾皮新工艺"获省一等奖。

皮革所毛皮工艺方面的研究有"黑狗皮催化退色工艺的研究"，该成果提高了狗皮制品出口的附加值，为我国使用低档狗皮制高档产品开拓了道路。该项目获部三等奖。1979 年皮革所第一次有偿技术转让就是从李成文同志用"黑狗皮褪色工艺"的研究成果为徐州皮毛厂搞技术服务开始的。徐州皮毛厂每年出口 200 万张狗皮产品，此项技术的应用使每张狗皮附加值提高了 7—8 元，经济效益非常可观。皮革所首次获得技术转让费 5000 元，开创了皮革所技术创收的先例。毛皮工艺方面的研究还有：为了提高毛皮产品的质量开展了"羊皮湿脱脂工艺"、"大油板皮脱脂工艺"的研究；为了改善工人的劳动环境进行了"剪绒羊皮低醛直毛固定工艺的研究"，后两个项目分别获部四等奖。受青海省的委托完成了"青海旱獭皮鞣制及染色工艺的研究"。

1981 年，人字刀去肉机投产，代替古老的人工去油、水铲去脂，人字刀去肉机机械性能良好，适用于绵羊皮、狗皮、杂皮生产操作，能一机多用，小巧玲珑，便于操作，安全可靠、提高质量和产量。同年，用"781"合成鞣剂鞣制滩二毛、羔皮、兔皮，将原来的甲醛鞣制生产工艺的周期从 48 小时缩短到 24 小时，减少了加温捞皮的次数，提高了设备的利用率。在鞣液中不加滑石粉，减少了粉尘污染，节约了化工材料。

1983 年，在水貂皮、狐皮等少数珍贵产品中开始试验和推广油鞣剂，效果显著，鞣制后的皮板舒适丰满，延伸率大，多孔性突出，透气性强，比重轻，对提高我国高档裘皮服装质量具有重要意义。

1984 年，丹东市皮革化工厂（现丹东轻化工研究院有限公司）研制出"828"水溶性毛皮脱脂剂，具有乳化性强，渗透性好等优点，且工艺简单，原料易得。

在此期间，由于对毛皮加工的原理、方法的研究及化工材料开发等方面的需求，国内高校开始创立并建设毛皮专业，开设毛皮课程，进行毛皮加工技术人员的培养和毛皮行业培训等，如成都工学院（现四川大学）、西北轻工业学院（现陕西科技大学）、内蒙古二轻工业学校等。西北轻工业学院（现陕西科技大学）于 1984 年开始招生毛皮专业本、专科生，1989 年，由于教学体系改革，毛皮专业与制革专业重新合并招生，制革专业学生在学习制革专业理论的同时，开设毛皮工艺学课程及毛皮综合实验，培养了大批从事毛皮加工、技术研究等方面的人才。

1986 年轻工部皮革所完成了部项目"KFC 合成鞣剂"的研究，这是一种脂肪族合成鞣剂，无毒、无味，能作为主鞣剂单独鞣制毛皮。我国的毛皮鞣制方法六十年代用化学鞣代替了五十年代古老的硝面鞣，可以说是毛皮鞣制技术的一大转折，但以后变化不显著。而"KFC 合成鞣剂"的研究成果应用在大生产上，使毛皮产品质轻、板薄、丰满、柔软，满足了出口需要。从根本上改善了铬鞣对毛皮染色和质量的影响，减轻了有害物质的排放。该项目获部二等奖。皮革所毛皮室技术人员分别在河北围场、宁夏盐池、内蒙伊克昭盟和四子王旗以及湖北黄陂等地的毛皮厂进行了"兔皮和黑猾皮褪色技术"、"绵羊皮湿脱脂技术"以及"黑狗皮仿青狗皮技术"技术服务。

1987 年，轻工业部皮革所毛皮室项目组分别向山西交城、四川的重庆和资阳、宁夏的固原、内蒙的赤峰、吉林的扶余、甘肃的定西等地的毛皮厂进行"毛皮方面的毛革两用技术"、"低醛直毛技术"、"羊剪绒生产和裁制技术"等技术转让。

1989 年，轻工业部皮革所科研项目"毛革两用技术"、"狗皮褪色技术"、"兔皮和猾子皮染色技术"、"毛皮鞣制技术"在新疆乌鲁木齐皮毛厂、山西灵丘毛皮厂、内蒙皮革皮毛集团公司、山东沂源裘皮厂进行了转让。还先后给南京、新乡、新疆阿可苏、广东中山、福建浦成制革厂和江苏连云港裘皮公司、山东烟台皮机厂、江苏江都皮毛厂、中国轻工新技术中心、山东济宁化工所、河南新乡卫北制鞋厂、天津皮化厂、河南禹洲皮毛厂、鲁南牧工商联合公司、青海皮毛厂、江苏海安轻机厂、武进县二轻公司等单位提供了皮革毛皮、皮革机械、皮化材料、建厂设计、新产品开发等技术服务和技术咨询。

1990 年，轻工业部皮革所毛皮室人员对大安市皮毛厂转让了"绵羊皮湿脱脂技术"；向河南长葛、宁陵皮毛皮革厂、山东定陶沙海皮毛厂、青海平安兔皮加工厂、盐池皮毛厂、荷泽裘革皮毛公司分别转让了"毛革两用、毛皮染整"等生产加工技术。同年，皮革所毛皮室技术人员开展了"鹅绒皮鞣制、染色、增白技术"的研究。

从新中国成立初期到 20 世纪 80 年代末，虽然我国毛皮行业从加工方法、化工材料、科学研究等各方面都取得了长足发展，但是对于毛皮加工过程中产生的"三废"——固体废弃物、废水和废气——没有给予应有的重视，虽然毛皮行业也采取了一些措施降低三废污染，如采用一些酶法软化工艺代替传统的发酵法软化，降低成品灰分污染和减少臭味；铬鞣方面采用回收铬鞣废液，使铬的利用率提高。但也有部分企业污水未经处理直接排放，对当地环境造成很大污染。毛皮加工行业的"三废"曾经成为制约我国毛皮行业发展的主要障碍之一。

三 20 世纪 90 年代至 2010 年

20 世纪 90 年代，世界毛皮加工重心向中国转移，毛皮加工技术不断创新，特别是一些高档原料皮，如水貂皮、蓝狐皮等加工技术的提升，化工材料的自主化，使我国成为毛皮生产大国。

20 世纪 90 年代前，我国毛皮染料大部分靠进口，只有氧化染料中的一两个品种是国内研制的，染色助剂品种更少。20 世纪 90 年代末期，国内毛皮化工材料公司，如北京泛博科技有限公司、河北永泰化工有限公司等崛起，先后在国内开发生产较为配套的皮草化工材料，打破了国外化工企业垄断毛皮化工市场的格局，促进了我国皮毛工业水平的全面提升，染料品种也由单一的氧化染料，发展为酸性染料、直接性染料、活性染料、金属络合染料、草上霜染料等色泽鲜艳度好、日晒坚牢度和熨烫坚牢度高、溶解分散性好、配伍性好的染料。染色令裘皮面貌一新，平面染色方法有浴染、扎染、吊染、漂白、漂金等；立体染色即沿毛长度方向的染色，方法有喷染、拔色、拔白等；平面立体结合染色，如双色毛印花、蚀花、刻花等，这些技工方法使昔日的毛皮改变了色彩，扩大了毛皮的用途和使用范围。

20世纪90年代，国内实验性地将一些助剂用于毛皮加脂，比如国产润湿剂OP-15、平平加等，可显著提高毛皮皮板柔软性、可塑性、强度和稳定性。20世纪90年代后期，将1号合成加脂剂、软皮白油、合成牛蹄油用于毛皮加脂并进行改进，提高了加脂剂耐酸和耐电解质的性能，使得加脂可在多道工序下进行，如浸酸、鞣制、复鞣染色等工序，确保了加脂剂的均匀渗透和分布，提高了成品质量。

我国早在20世纪50年代末就进行过绒面和光面毛革的研制。进入20世纪80年代，一些毛皮厂再度开展毛革研究，少数毛皮厂曾批量投产绒面和光面毛革，但由于进口材料昂贵，国产化工材料品种单一，加工工艺机理研究不多，致使绵羊原料皮制毛革的利用率仅10%，难以产生明显的经济效益，毛革生产技术未能得到全面推广，2008年以后，由于毛皮化工、毛皮机械等配套行业的创新和提升，使毛革两用产品再一次成为时尚宠儿，毛革加工技术，特别是光面毛革加工方法已取得飞跃发展，采用缓和、均匀、轻度的前处理工艺，后期采用国产选择性复鞣填充，如KS-1复鞣剂、KRI-A多金属配合鞣剂、ART系列丙烯酸树脂等。使得绒面毛革产品手感柔软、绒头均匀美观。光面毛革涂饰中疏水性或防水材料、阳离子树脂封底、阳离子羟基硅油等产品的开发研制，生产出的光面毛革产品身骨柔软、手感舒适，无塑料感、耐寒耐折，并具有良好的透气性和透水汽性，使得毛革两用产品在市场广为流行。

随着科技的发展，人们对环境污染越来越重视，对毛皮生产过程和成品中有害物质严格限量，因此现代毛皮加工中多采用清洁生产工艺，使用无污染、少污染原料，如低盐保存、循环使用盐，禁止使用含砷、汞、五氯苯酚，使用无毒和可生物降解的防腐剂；采用节水工艺，如操作液循环利用，多次应用浸酸—鞣制和媒染浴液，重复应用脱脂及脱脂后洗液；采用生态环保鞣制技术，采用铝鞣、油鞣、其他无金属鞣、有机膦鞣等鞣剂鞣制毛皮，降低铬和甲醛污染；羊剪绒毛被整理过程中多采用少醛和无醛整理剂、甲醛捕获剂等，逐步淘汰了严重污染环境的落后工艺。

对环境的重视，不仅表现在加工过程中对加工方法、化工材料等的污染性要求越来越严格，而且对于加工过程中的"三废"的丢弃和排放也越来越严格。对这些废弃物的处理也由原来的随意丢弃和排放，转变为再利用或者处理达标后排放。废弃物处理方法如下。第一，毛的处理。对于羊剪绒、毛革两用产品的加工，加工过程中生皮洗涤、脱脂后会剪下或梳下毛，在干燥和整理过程中会进一步对毛被进行修剪，也会将修剪下的毛在经过剔除杂质后，再梳松、清除粉尘后压紧打包。这些打包后的毛可出售给人造毛皮厂用于生产人造毛皮、制作非纺织品（无纺织物）和生产人造纤维。充分利用废弃的毛纤维，减少投资，扩大纺织品种。对于没有经过化学处理就剪下来的毛可以提取胱氨酸。胱氨酸在医药上有促进机体细胞氧化、还原机能和增加白细胞、阻止病原菌发育等作用。第二，油脂和肉渣的处理。对于油脂含量较大的制裘原料皮，将脱出的油脂作为高档化妆品的添加剂，变废为宝，对于去肉去除下来的肉渣，经适当的化学方法处理，获得优质动物性蛋白质饲料。它具有较高的营养价值，氨基酸含量较完全，能补充某些饲料中缺乏的必需氨基酸、矿物质和维生素。对促进畜牧业的发展，将起到积极作用。第三，修边后的皮块的处理。修边下来的皮块用于胸花或饰边等用途，也可用作多孔性材料的主要原料。

为了保护环境和节约用水，毛皮加工过程中对操作液多次重复使用，如软化浸酸液、鞣制液、复鞣加脂液等分工序重复使用，既降低了水污染、盐污染问题，也节约了用水，国内一些毛皮企业已经在生产中运行，并取得良好效果。

废液处理主要是通过曝气、生物转盘、混凝沉淀、生化法等方法降低 BOD_5 和 COD，降低废水中盐含量，有部分厂家已将处理后废液用于加工生产中，降低污水排放、节约用水。

随着人们生活水平的提高，毛皮所代表的意义发生了巨大变化，由早期以防寒护体为主要功能性阶段，到古代以图腾崇拜、权力象征的魔力性为主的阶段，到中世纪以高贵、华丽的形式表现社会地位的标识性为主的阶段，到现代表现时代精神的时尚性、个性化为主的阶段，毛皮制品已转变为现代的时装。随着现代毛皮加工工艺的不断创新与发展，如加革拼接法、原只拼接法、流苏及流苏演变工艺、八爪鱼工艺、貂皮镂空工艺、砌砖工艺、转转转工艺等。这些特殊加工工艺为毛皮制品注入了新的活力，使毛皮制品成为时尚人士追求的目标。毛皮制品的种类也越来越多样化，不仅只是单一预防寒冷的毛皮服装产品，而是演绎为毛皮饰品、毛皮墙饰、毛皮饰边、毛皮编织产品等多样化毛皮制品。毛皮制品设计与工艺正在向大众化、年轻化、时尚化和多元化方向发展。

第四节　皮革服装行业发展

自古以来，皮（裘）革都是深受人民喜爱的衣饰原料。在《礼记，礼运》中就有"夏以树叶遮体，冬以兽皮御寒"的记载，兽皮衣裙更是人类先祖最为华贵的服饰。从古至今，历史长河源远流长，皮（裘）革服饰同样经历了漫长而艰巨的历程，美的观念被铭刻在每一件服饰品中。

皮革在我国具有悠久的历史，由于皮革耐磨挺括，具有极佳的防风御寒性能，在古代常用于缝制帐篷、毯子和床缛，而少用于日常穿着服饰。当然皮革最主要的用途是在军事上，可以制作铠甲、战靴、盾牌、弓箭、剑鞘、马具、战鼓等，甚至当时的某些地图、货币都是由皮革制成的。当时的皮甲是皮革最为重要的应用，是皮革性能最优化的体现，同时也是统治者集权的象征。由此，可以追溯皮革服饰象征权威、地位的发端。

唐代的毛皮业非常发达，随处可见穿着皮袄的达官显贵。元代服饰崇尚长袍，由于元代贵族多为蒙古族人，所以，生活中依然保留着皮衣皮帽的民族装束。贵族服饰采用华丽的织金布料及贵重的毛皮制成，除长袍外，秋冬季节经常在袍外套一半袖的裘皮外衣保暖，类似现代的半袖衫，名为"比肩"，男女皆可穿用。明代时我国制革业已经发展得相当成熟，品种多样、材质手感更佳，适合制作各式各样的服饰品。

清代帝王服饰中，穿着规格最高的是礼服，为帝、后参加重大典礼时所穿。端罩是清代皇帝和王公贵族们冬季罩在袍服外穿用的礼服，是礼服中等级最尊者。皇帝的端罩外表是上好的皮毛，通常上半部为黑狐皮，毛长具有光泽；下半部为貂皮，其毛尖均为白色，内里衬的是明黄色暗花江绸，下广而上锐；皇帝另一种端罩是由紫貂制成。遇庆典时，清皇帝、皇后、王公大臣、八旗命妇穿朝服时还要另加披领，显得更为庄重，披领形似菱角，冬天用紫貂镶边，男女通用。清朝礼服无领，需要在袍内另衬领衣，外形酷似牛舌头，衣领随季节变化而变，冬季用皮毛或绒，夏季用纱，春秋季用湖色的缎子。清代男子帽子分为礼帽和便帽，礼帽有暖帽和凉帽之分，暖帽用毛皮制成，帽体为圆顶斜坡状。由此可以看出，从古至今裘皮服饰一直是皇族和达官贵人冬季御寒的圣品。

除了裘皮之外，清代还非常流行马甲，男女皆可穿用，皮革马甲也相对比较普遍。贵族与一般民众的区别在于马甲所用皮革的种类和质量；马甲有大襟、对襟、琵琶襟等不同种类，通常在马甲衣身边缘处镶以异色装饰。最为著名的马甲是"巴图鲁坎肩"，只有勇士才可以穿用。通常采用皮革面料制作，多衬于袍服之内用于护身保暖。特别是这种马甲通常在肩部和身侧部装有纽扣，不需要时伸手入袍解掉纽扣即可将马甲脱下而不必脱掉外衣。到了清代后期，此马甲人人可以穿用，且里外均可，由此可见其受欢迎程度。因此也奠定了皮革马甲在日常服饰中的地位。在同期的日常服饰中，御寒用的斗篷也可以算作裘皮衣的一种，斗篷通常以绸缎为表，内衬裘皮，非常保暖，有时也有裘毛在表的斗篷。由于皮革价格昂贵，在民众生活中一直未形成大规模穿用，多用在皇族和王公贵族的服饰用品中。倒是一些少数民族由于生活环境和生活习惯的需要，也能够穿用裘皮的服饰。

20世纪初，中国与西方在经济贸易上交流合作频繁，西方的艺术设计和审美文化对中国的影响巨大。当时社会风云激荡，服饰变化是在战争与和平中演绎发展的，更与政治结下了不解之缘。从古至今，皮革的应用除了皇族贵族，无不以军队为先，民国以后也是一样。20世纪20年代以后，由于战争的需要，皮革服装和鞋靴是军需用品，军用皮大衣和皮茄克为战争做出了不朽的贡献，战时的保暖帽、手套、枪套、武装带、军靴、翻毛军鞋等装备都由天然皮革制成，而且是限量配备。可见皮革在军事器材中的重要地位。因此，军用皮大衣、皮夹克、皮靴也成为追逐英雄崇拜的男性的时尚佳品。由于战时限制皮革和金属在民用服饰品中的应用，民用皮革类服饰品较少。

1940年以后，伴随着美国军队的到来，夹克在中国年轻人中间流行。长及臀上，下摆和袖口收紧，拉链方式开合，以皮革面料，军用款式最为时尚。夹克作为一种洋溢时代感的服装，实际上是从军装演变而来的，这种军用的适应性和合理性在日常生活中显得更为优越，正应对了当时中国年轻人摆脱束缚、追求个性的意愿，使得皮夹克、军用短大衣等美式军服类服装大大风靡。

新中国成立后，由于人们的审美标准有着强烈的政治色彩，颠覆了传统的审美观念，取而代之的是与时代精神相一致的，标志着革命和简朴的服装伦理观。列宁装、人民装、中山装成为当时最时髦的三种服装。1966年，中国全面进入"文化大革命"时期，政治态度左右人们的审美观念，追求政治就是最大的追求时尚。1976年，"文化大革命"结束后，社会思想逐步开放。从1978年开始，中国进入了经济建设高速发展，人民生活水平不断提高的新时期。随着改革开放的深入，人们爱美的愿望迅速萌动，"老三样"迅速退出了历史舞台。服装变得丰富多彩起来，市民的衣着也开始考虑造型、款式、花色、穿着的时间、地点、场合等因素。

20世纪80年代初，五花八门的西方思潮迅速涌入中国，多彩斑斓的外国服饰涌入中国市场的同时也再次带来了西方的服饰文化。由于受原料皮和人民购买力水平的直接制约，我国皮革服装业较纺织服装业起步晚一些。1980 年，在城市的大街上很少见到皮革服装的影子，1981 年至 1983 年之间，国内的皮革服装热是零星和局部的，沿海和上海等发达大城市首先形成流行。由于皮革服装历来是富贵地位的象征，几千元甚至上万元的皮革服装在市场消费非常好。到了 20 世纪 80 年代末期，皮革服装生产企业快速增加，尤其以江浙一带为多，皮革服装的产品品种也快速多了起来。

皮夹克衫是 20 世纪 80 年代最先走入时尚圈的皮革服装，正是由于男人的军人情结，使改革开放后的男士有能力和有机会来满足自己革命情怀的表现。颜色主要是黑色和棕色，有毛领，两侧各一个大的拼贴口袋，上部装有袋盖，门襟为拉链开合。女性在这时期也非常流行夹克衫，青果领双扣设计在当时非常流行，宽肩、高垫肩是其重要特点，与当时的女装流行特点吻合。

1987 年年初的皮革中衣款式依然是从军大衣改良而来，到了 1988 年前后，男式中衣外套有了较大的变化，以流行的平翻领为主，肩部采用中高型海绵垫肩，肩宽采用落肩式，使着装者显得魁梧威严一些；衣服袖子变化不大，多采用两片袖，袖宽略肥，袖口也比较宽大，开始流行单排扣设计使穿脱更为方便。通常在腰部设计横断线断腰，将袋盖从断缝处直接引出，降低了裁剪排料的难度，并且节约成本。这种设计到了 20 世纪 90 年代依然流行。

20 世纪 80 年代后期，中国的服装市场猛追世界潮流。时逢西方女装流行宽肩，同时期的女装皮衣外套汲取普通服装的时尚元素，如西服的翻驳领、圆摆、宽肩、衣身宽松等特点，但颜色主要以黑色为主。由于当时女式皮衣的主要消费者是各界明星和最先富裕的女性群体，其中以 30 岁以上的成功女性或有一定经济地位的中年女性为主要追逐者，皮衣款式设计也多半适合她们的眼光。皮革服装在 20 世纪 80 年代末期迅速蹿红，就连当红的明星们也热衷于追赶皮革服装时尚，成为时尚达人。

猎装从 20 世纪 80 年代末期开始流行，也是当时男装非常流行的款式，以收腰和前身口袋多为特色。领型以平翻领或中式立领为主，前身胸上两个贴袋，下部两个大贴袋，既实用同时又是一种装饰；衣长一般在臀围左右，多在腰略上部断接，配有皮质腰带或在衣内腰部装有抽绳收紧，收腰后外观效果十分精干；颜色多为棕色、灰绿系列，依然是军装情节的延续。

皮马甲在 20 世纪 80 年代初期就有零星的流行，到了 1984 年前后开始在全国范围内兴起。最开始的样式基本与西服背心款式一致，以开襟四粒扣、长鸡心领、水平单开线插袋、尖下摆为主要特点。颜色为黑色，主要采用山羊服装革制作。20 世纪 80 年代末期，男式皮背心的款式慢慢变得多样化。例如，西服领式、平翻领等有领式，下摆收松紧的夹克式、时装式，等等。同期，女式皮背心也流行西服式，款式与男士背心基本一致，只是在结构上收腰更加明显，外观更加俏丽端庄一些，色彩有黑色、蓝色、黄色等，采用绵羊服装革或山羊服装革制作。到了 1988 年前后，女装背心时尚化趋势非常明显。不但在衣身部件结构上变化很大，在衣长上也有了突破性的变化，既有在腰线附近的短背心，也有超过臀围的长背心还有了在腰线附近的超短背心等变化。

20 世纪 80 年代末期的女式皮革服装已经开始变得多彩，面料以羊皮服装革为主，高档者是绵羊服装革，尤以意大利进口绵羊革为上好品种；而山羊服装革由于材料张幅较小，需要多分割线拼接，而且外观和手感都逊色于绵羊服装革。所以，档次略显低一些，但山羊革皮衣结实耐穿，也深受讲求实用的消费者欢迎。皮革面料流行色彩中已经有了红色、绿色、蔚蓝色等变化，使皮衣呈现出前所未有的多姿多彩。这一时期几乎所有皮装的衣领都带有毛领，低档如兔毛，高档如貂毛，尤以貂裘毛领华丽高贵优雅，颜色多与面料接近，或略深。除此之外，狐狸毛领也十分流行。

进入20世纪90年代以后，社会购买力大大提高，为皮革服装的流行创造了良好的物质条件。随着制革业的发展，新型服装革面料的涌现，又为皮革服装设计生产提供了坚实的基础。20世纪90年代以来，皮革服装的流行发展迅速，款式逐渐趋向高档化、个性化、系列化和时装化。

20世纪90年代初，女式皮衣开始从购买力高的中年女士之间流行，女式中长外衣非常常见，设计以H造型为主，多半为棉衣。中长大衣衣长在大腿中部左右，领子多半有毛领，颜色也逐渐变得多彩起来，以富贵奢华为主调；1993年以后，春秋季单皮衣逐渐流行，配以水貂毛饰边，服装没有收腰，甚至在腰部以下加放一定的外展量，主要针对中年消费者的身材而设计，整衣效果雍容华贵，这种款式一直到20世纪90年代末期依然流行。

皮西服成为女装最为实用的品种，属意于那些腰身姣好，淑女气质的女性。到了1994年前后，随着断腰女装设计的流行，在西服的设计中也逐渐多了起来，在腰身部位断缝，下摆加量外展，纤细的腰身加上外展的下摆设计尤显女性的曲线美和气质美。除了西服外套以外，开始流行休闲皮衣外套，适合那些喜欢自然随意风格的女性。通常，休闲时尚外套以长短分类，一般有中长式和短式之分。中长式休闲优雅，短式利落精干。至1994年，皮革工业发展迅速，彩色服装革、彩色印花服装革大量面市，选用新型彩色印花面料的女式皮衣，也具有时装意味。之后的女式外套则更加具备时尚韵味。

女装中最为时尚的要数小皮衣了。受20世纪90年代短小紧窄风格的影响，皮衣在1992年前后也开始流行"小一号"设计。皮衣一改往日奢华沉稳的格调，变得活泼清丽动人，时尚小皮衣一经问世，便深受时尚女性的青睐，迅速形成流行，而且成为一直保鲜的品类流行下来。除了窄小修身之外，设计师还应用了较多的时尚元素和装饰手法，如皮革与纺织面料指配使用，青年女性穿着顿显温柔甜美；运用镂空绣花等装饰工艺，在服装的门襟、底摆、袖子等处刺绣花朵，还有小型圆铆钉等，装饰效果清新秀丽。此时女式皮夹克精干利落，衣长通常要比20世纪80年代短一些，在臀围之上最为常见，由于夹克衫属H造型，款式设计大方随意，衣身尺寸宽松，对身材要求不高，而且活动自如实用便利，深受青年女性所喜爱。皮裤的变化也紧随潮流，彩色筒裤、小喇叭裤粉墨登场，抛弃多余拼接，追求自然线条，风格明丽，包臀裹腿低腰位设计经典而浪漫。

从20世纪90年代初开始，皮革背心的设计变化就十分明显，1991年年末到1992年，流行在背心上做一些装饰，如铆钉装饰，领口下落开大，装饰两排圆形铜色铆钉，前襟用拉链闭合，复古效果突出；或在V字领的基础上加上小立领，口袋变为拉链式斜插袋，而门襟也为斜线设计，再加上较大的银色铆钉设计，整体造型风格粗犷洒脱。1993年至1994年，新型皮革面料层出不穷，张扬女性野性美的豹纹图案受到欢迎。彩色茄克式带帽背心，风格洒脱自然，多口袋设计使用便利，一经入市，大受欢迎。

裙子历来是女性最为喜爱的服装，皮裙也不例外。20世纪90年代初，皮裙最早的流行款式是从牛仔裙变化而来，主要特征是紧身收臀、裙长只到大腿中部，后臀部有两个明贴袋。之后，皮裙一直保持短小紧窄风格，只是做局部的设计变化，比如，在腰上加一些带袢、金属卡扣、金属环链等，口袋由斜插变为单开线袋、拉链袋，或在底摆内衬一窄条松紧边等；1993年以后，不再只是短裙的天下，裙长逐渐向下延伸到膝盖上部2寸，适合穿着的年龄范围增加了，款式在横纵分割线的位置以及直线、曲线等方面上变化；同期裙底下摆也变得向外伸展，有点小A裙造型。1996年以后，皮裙出现了多片喇叭裙、褶裥摆缝长裙等变化。

也许是深色皮革一统天下局面令人有些烦闷，1994年以后，开始流行彩色皮衣，更加讲究胸腰和肩袖造型，由此断腰阔摆女服走入时尚行列，整体思路是胸部贴体，腰部收紧，臀部外展成小喇叭状，下摆有波浪褶。流行的领型也变为青果领设计，加衬狐狸毛领后显得既俏丽又雍容，断腰设计掀起青年皮衣时尚。

1995年至1996年间，流行花型装饰，即在皮衣上装饰较大型的花朵或图案。主要体现在两个方面，一个是选用猪皮印花革作为主要面料；另一种是运用刺绣手法装饰猪或牛绒面，这类皮衣具有一定的民族风味和异域情调，在市场上推出以后比较受欢迎，但由于印花面料自身难以清洁保养，造成此类皮衣迅速销声匿迹。1995年前后，还流行一段皮革与蕾丝的配合，既体现了女性的温柔贤淑，同时也进一步巩固了皮革与其他面料搭配的时尚风。从此以后，皮革与纺织面料的配合使用更加多样化、时尚化和常态化。

在男式皮装中，中衣最为广泛，因为其保护性强，穿着方便，袖子、领型、口袋等局部设计灵活。1991年至1992年，男式中衣流行款式是在20世纪80年代中衣的基础上变化而来的。皮中衣为直身造型，以内衬腈纶棉的棉中衣为主，通常是双排扣、青果领带毛领、水平口袋带袋盖设计为主要款式特点，袖口比较宽大且保留袖袢设计，外观雍容华贵，保暖性好。1993年后，皮中衣有了较大变化。领子变为平翻领，毛领可以自由脱卸；袖子多采用收紧袖口及腰部加防寒系带的形式。衣长到大腿中部左右，肩部采用高垫肩设计，以凸显男性的魁伟。

在20世纪90年代的男式皮衣中，西服是比较正式的服装，多受那些白领阶层的男士青睐和喜爱。1993年始，男式皮西服趋于流行。开始时，皮西服的款式主要是两粒带盖休闲式，基本与普通西服设计一致，基本选用进口绵羊服装革制作。由于西服要求挺括，多采用较厚的服装革制作，厚度一般为1毫米左右；之后开始流行三粒明贴袋式休闲西服。1994年至1995年前后，极简设计风格流行，男式休闲外套没有了20世纪80年代的多重人为分割缝设计，越来越贴近普通面料服装，在胸上部、后肩部设一道分割，甚至在前衣片不设分割缝。

20世纪90年代的皮茄克，在款式上主要体现在领型、口袋、分割线、下摆等，在材质上也多有变化，高档的是绵羊服装革，稍低档次是山羊服装革，由于牛皮较重，主要用于出口皮夹克的设计制作。最差的是猪皮服装革，以外贸出口为主，内销产品多为绒面材质，由于其休闲意味比较浓厚，深受年轻人喜爱。皮茄克依然以翻领为主，但分割缝要比20世纪80年代少一些，讲求较为自然的整体分割，口袋多为单开线斜插袋。逐渐向少装饰自然风范靠拢。同时，也由于皮茄克的消费群体以中青年为主，时尚设计最先体现在茄克衫的设计上。

男式皮背心的变化没有女式的丰富。20世纪80年代推出的西服款式背心一直流行于整个20世纪90年代，只是期间有一些变化加入流行的行列。1993年前后，由于当时流行将小块皮料拼成规则或不规则的几何图案，因此，在设计面积比较小的男装背心上也运用了这种时尚；到了1995年以后，流行简约主义，男背心的改变比较明显，除了回归正规的西服背心设计以外，休闲款式将分割线、口袋、装饰做到极简以适应时尚思潮。

男式皮裤与女式皮裤一样，设计变化较少，但是男式皮裤的市场销售却非常好，主要是因为20世纪90年代男士兴起骑摩托车，皮裤最为保暖抗风，一时成为休闲郊游和男士日常秋冬季常品。造型以紧臀直筒裤型为主，口袋设计与牛仔裤相似；皮裤多为黑色和棕色，通常选用羊皮、牛皮面料，而且以山羊皮为多，由于山羊皮张幅较小，裁制时需要较多的拼接缝，因此，一条长裤需要在大腿和小腿部位加设多道分割缝，为保证结实耐用，双明线缝制较为常见。

1996年的皮装市场与前几年相比，在款式风格上又呈现出新的跨跃，无论是茄克、风衣、大衣，还是裙子、背心等都在工艺款式等方面更趋时装化。除了黑色、棕色、灰色等颜色外，如欧洲流行的酒红色、橙色等也颇为看好。皮裤、背心、短裙、风衣等品类配套齐全，单皮时装将成为大城市消费热点，棉皮服等实用型皮装则是中小城市的消费热点。1996年以来，皮衣市场竞争可谓白热化，各皮衣品牌均分天下，纺织面料服装品牌也跃跃欲试生产少量的皮衣，欲在皮衣市场大潮中分得一杯羹。高、中、低档皮衣三分天下，市场竞争异常激烈。

1997年的秋冬季，在热闹了10余年之后，皮衣市场第一次经历了有些清冷的季节，1998年春季，在一片削价声中令人遗憾的收场。从1998年起，国内皮衣消费观念进一步成熟，消费市场进一步细分，使流行呈现多元化发展态势。皮革服装从追求占领大面积消费群体而有针对性地转向了面向部分消费群体，皮衣的全民狂热开始降温。市场也从过去以季节类型划分而转向了消费者个性爱好的细分，皮衣市场细分化十分明显，尤其是主打高收入人群消费牌。1998年秋冬的皮衣时尚就充分体现了这种风尚。

1999年的皮衣市场继续承袭着1998年的衣钵，进一步细分化。皮革服装两极分化十分明显。一方面是紧跟服饰潮流的高档时尚皮衣跃身高档时装行列，另一方面是打折甩卖的平民化皮革服装，实现了大多数人拥有皮衣的梦想。在不同的层面上，满足不同人的追求和梦想。这期间的皮衣设计步入低谷，虽然设计师年年推出新款，但追随者不再狂热，冷静思考着自身审美的定位和消费的方向。

在皮衣市场的一片寂静和萧条中，迎来了21世纪的第一年。具有全国性效应的皮革服装热已经销声匿迹了，说明中国人对着装的追求已经转向民族化、个性化、多元化。经过了近三年的打折促销和反季节销售之后，设计师们不得不反思设计的新走向，21世纪，皮革服装不再以奢华富贵为主题的设计思想，在设计师中取得了群体共识。

2000年至2002年，时尚转向了色彩与材质上。黑色依然是主色，但是也采用了其他色系参与时尚，最为推崇的要数意大利进口的绵羊服装革面料，那种柔软、弹性、温软的感觉吸引着喜欢皮革的消费者；同时，各种表面效应服装革进入时尚的行列，使消费者逐渐削弱了皮革与纺织面料之间的差异，皮衣逐渐融入日常服装中，而不再是一种富贵奢华的符号。此后几年内，国内皮装设计首先强调整体感，简洁、流畅是总的特点，女装突出曲线，同时注重内在结构与工艺的变化，使用更柔软、更轻薄的皮革面料，流行毛皮作为饰边。

2003年冬季，皮革服装以新的面貌再次走向时尚的前台。2004年至2005年是我国皮衣企业重新定位后重拳出击的时期，皮衣的品牌化时代到来，中国皮革协会推出的"真皮标志""十大品牌皮衣企业"等推动了中国皮革服装行业的品牌化进程。2006年后，重新走出的皮衣与当季纺织服装时尚运用相同的时尚元素，在皮革材料上演绎着不一样的时尚美。时尚的紧窄、休闲的宽松、年轻的哈韩、哈日风格与稳重的商务风格满足着不同层次的需求。2008年后，服装革上彩印花色各异，图案设计没有约束；远远看去，皮革面料与纺织面料没什么区别，自此，皮衣真正走入多彩缤纷时代。各色超薄、超轻、超软服装革流行，皮衣可以像丝绸一样滑爽柔软轻薄，制作出各式碎褶、波浪花边、褶裥等女性大爱的款式，蓬蓬式、波浪式随心所欲。皮革也可以填充羽绒制作面包服，那种充气后软软的，暖暖的感觉是独一无二的。此时的皮衣真正融入了时尚服装行列，演绎着皮革时尚故事。

2010年以来，一种新的社会时尚已然逐渐形成，并且已经拥有了相当的追随者，那就是提倡舒适与功能兼顾的新消费时尚。由此，为皮革服饰产品的设计和制作带来了新的设计理念和生产理念。产品的功能性可以作为一种实用特性的延伸设计，赋予皮革服饰产品诸多的宜人特性，以获得更多消费者的青睐。

第五节　皮件行业发展

箱包，又称皮件或皮具，包括各种箱子、包袋及各种小皮件产品。在现代生活中是人们必备的日常生活用品。据考，在距今5000年前的远古时期，人类先祖把从动物身上剥下的兽皮用骨针和筋线缝合起来形成最为原始的包袋形式，随着历史的向前发展和社会生产力的逐步提高，箱包的用途越来越广泛，箱包的种类也越来越多。

一　箱的发展

1. 漆木衣箱

我国的漆器工艺在春秋战国时期开始发展起来，家用木制衣箱等日用品都采用漆器工艺制造。战国中期以后，漆器制作工艺以及器物造型和图案纹样都独具特色，在战国末期，流行在漆器口沿、底部、腹部等部位镶套铜箍、铜扣，不但可以加固身而且具有一定的装饰美化作用，这种装饰手法一直到现今依然体现在箱包的设计上。秦汉时期的漆器图案简练优美，花纹有几何纹、云气纹、动物人物纹等。此时的漆器已取代铜器，漆木家用衣箱用色以红、黑为主。这时期的漆工艺木箱成为日常家居用品时尚。魏晋南北朝的漆器由于这一时期陶瓷的迅速发展而有些缩小，但是在漆器的制作技术上仍然发展。

元代家具制造业的发展令人瞩目，在结构上更加讲求人体生理尺寸的要求和生理功能的需要，使用十分舒适，在箱的表面讲究豪华的装饰，体现豪门的尊贵和奢侈，而在箱的制作工艺上更是注重精致和完美，注重接口的严密平整，讲究表面木纹的装饰效果，十分强调木质的天然和本色。由于盛唐统治阶级的奢华，讲求雍容华贵，在箱的设计上增加了一种新型工艺，即用染色的象牙、鹿角、黄杨木等制成花纹，镶嵌在木器上，制成的纹样图案十分精美华丽。宋代的手工业在各方面都超过了前朝，金漆、犀皮、螺钿、雕漆是宋代漆艺发展的最高成就，宋代漆木箱的设计和工艺技术发展到一个更高的层次。

明清两代在箱的设计与制作技术方面取得了非常大的进步。1861 年，我国最早的衣箱厂在上海成立并开始生产中式衣箱，虽然我国的民族工业有了长足的进步和发展，但是具有中国本土意识的产品造型设计在这一阶段仍未形成，只是处于产品艺术设计的萌芽阶段，或是仿制阶段。

2. 旅行衣箱

20 世纪初期，我国的民族工业在西方资本主义工业的重重挤压中步履艰难地崛起，清末民初，中国手工业的这种新的变化和发展，改变了原有的手工业性质，旧的行会手工业和农民家庭手工业一部分已经演变为资本主义的工场手工业和近代家庭劳动，这是手工业发展历史上的一个很大的进步。20 世纪箱的设计完全可以纳入工业产品设计行列。20 世纪 50 年代，随着阻燃塑料的出现，颜色鲜艳又易于成型的塑料成为箱体的首选材料，玻璃纤维增强塑料的试制成功，以全新的视觉特征带给 20 世纪人民最为灿烂的流行时尚，使箱的生产技术更为完备和时尚。

新中国成立以后，衣箱设计少有变化，国家公务人员出差时使用的硬皮革衣箱都是那种方方正正、四角尖尖的设计。

二 包袋的发展

在我国漫长的历史发展进程中，箱包本身的设计变化主要体现在面料品种和装饰图案的变化上，而款式造型本身的变化却不是非常明显，包袋一直延续古老的平面结构，直到 19 世纪末 20 世纪初，随着中西方服饰文化的快速交融发展，西方艺术设计思潮和工业设计文化迅速在我国生根发芽，我国的箱包设计与生产才得以飞速发展，我国传统的箱包生产形式及工艺方法得到逐步改变。进入 20 世纪中叶以后，从工业革命开始，脚踏缝纫机在中国逐步得到推广，并逐渐改革了手工操作的箱包工艺制作过程，同时，箱包的生产规模和生产品种也在不断地扩大，但此时个体劳动的生产形式仍然占较大比例。

据考，历史上最为久远的皮革包袋形式出现在距今 1 万年前的母系氏族公社时代，夏朝是我国文明史的开端，纺织业的发展为包袋提供了丰富的制作材料，我国箱包设计的发展就是在材料和纹样的变化中实现的。由于几千年封建社会制度的影响，致使我国的箱包工业发展十分缓慢，在相当长的时期内还停留在个体制作和手工作坊的生产形式。

1. 千年文明中的包袋发展

在千年文明中，我国包袋设计造型变化不大，以中、小型软体结构为主，材料和装饰图案具有明显的时代痕迹。由于服装的宽大造型，使得盛装随身细物的口袋能够藏在服装的内部，出门或需装较多物品时，可使用褡裢，即两头是口袋，中间搭在肩上的布制口袋，其上绣有各种花鸟图案，有时用方布将死角系住而成包袱来盛装物品。

汉代官吏有佩印的习惯，将小小方寸印章放在丝绸制作的印囊中，佩挂在腰带上，既实用又美观。南北朝时人们已经将皮革制成腰带并有在腰带上佩挂各种饰物和小囊的习惯。在《三国志·魏志》中记载，曹操的腰带上就佩挂盛装手中细物的小囊。此时的包袋以小型为主，而且多由丝绸制成，其上装饰绣花或钻石。

唐代的服饰造型雍容华贵，服饰配挂也非常讲究，流行在腰带上配挂装饰物，有各种金银、玉质饰品，配刀和砺石，而且在唐代有佩鱼的习惯，武则天掌管朝政以后，又有配龟的习惯，唐书《舆服志》记载："中宗初罢龟袋，复给以鱼，君王嗣王亦佩金鱼袋。景龙中，令特进佩鱼，散官佩鱼自此始也。"鱼袋、龟袋是指鱼形和龟形的袋子，意在长命百岁，吉祥之符。唐代男人还有身佩香囊的习惯，随走动而香气四溢。

光绪末年，女性流行在衣襟上佩挂装香料的小香囊，也有用丝绸制成的小镜袋，内装香脂和镜片等化妆用品，在现代仍然有这种香囊的痕迹，人们用布做面内衬硬衬作成各种形状的香囊，其上缝缀金银饰物，戴在孩子的颈上或悬挂在室内，以表达对吉祥美好的追求。

清末至民国时期，当我国服装造型变得贴身可体之后，包袋就有了单独设计的必要，我国的包袋设计才真正进入快速发展时期。

2. 少数民族包袋设计的特点

虽然我国包袋设计变化比较缓慢，但我国少数民族的包袋设计却是别具一格。我国有56个民族，每一种民族都有各自的文化特点，服饰的民族特色非常明显。我国少数民族包袋设计以自织面料为材料，造型多为长方形、圆形等简单的几何图形，以刺绣、挑花、镶帖为装饰技法，装饰图案追求美好、吉祥、色彩艳丽明快，装饰配件采用金银铜和各种自然饰物，风格淳朴自然，而且与服装整体和谐统一。

满族的服饰华丽，造型简洁而统一，在色彩上喜爱淡雅的白色和蓝紫色，红粉黄色也是其常用色，满族妇女擅长刺绣，图案主要是花草、龙凤等吉祥图案，过去满族男子有在腰间佩挂饭袋的习惯，逐渐演变成今天的烟荷包，面料是粗布或丝绸，其上刺绣具有强烈民族特色的图案，精美而艳丽。

鄂伦春族主要居住在我国东北地区大兴安岭的原始森林中，由于传统的狩猎生活影响，使得鄂伦春族妇女对兽皮的加工技术非常高超，经他们加工的狍子皮非常结实耐用，狍子皮用来制作包袋，上面刺绣装饰图案，图案的颜色以红色、绿色、黄色、蓝色、黑色为主，装饰效果非常独特。

赫哲族世代居住在我国东北的黑龙江、松花江、乌苏里江沿岸，是北方传统捕鱼技能高超的民族，鱼皮具有耐磨、不透水、轻便的优点，赫哲族人将其制成包袋等服饰，并用镶补的手法将经过野花染制的彩色鹿皮剪成的云纹或动物图案装饰在其表面上，用鱼骨磨成扣子装饰，在边缘上镶缀海贝、铜钱等饰物，古朴而美观，鱼皮自身的花纹与装饰的蓝天、白云、水鸟、波浪等纹样相映成趣。

苗族包袋设计独具特色，面料以自织自染的棉布为主，广泛运用刺绣、挑花、编织等装饰手法，讲究图案的精美和色彩的亮丽，尤其是蜡染的粗布包袋更是具有强烈的民族特色，色彩以蓝色和白色为主，图案多是人、动物和花草纹样，形象栩栩如生，古朴自然。包袋一般采用方正造型，多有背带，在包袋下脚有流苏装饰。

彝族服饰具有明显的地域特征，传统的面料以毛麻织品为主，喜用黑色、红色、黄色，装饰工艺有挑、绣、滚、镶等技法，纹样以传统的火镰、羊角、涡形为主，凉山青年男子外出时多斜挎方布包，用于装钱、烟等物品，其上刺绣美丽的图案，中老年男子在前腰系一鹿皮袋存放钱物，麝香包是凉山男子喜佩的饰物，麝香包多为内装麝香的布制小包，一般挂在胸前，外饰雄獐长牙，除具有装饰作用以外，人们还认为它可以驱病避虫，妇女腰间都佩挂美丽的三角荷包，包面装饰各种纹样，包下飘垂着彩色流苏，包内多装针线、烟叶等杂物，为妇女必备的腰间饰物。

哈尼族服饰喜爱装饰银饰品，面料一般是自制的黑色土布，朴素而雅致，傣族妇女外出时多背傣族花包，面料多采用织锦，云南的景颇族、基诺族男女外出时都喜欢随身携带花挎包，面料上刺绣精美的图案，流苏装饰具有强烈的民族特色。

在我国，南北气候和环境有很大差异，服饰审美和服饰心理都有所不同，这种不同反映到服饰潮流上的差异，既有因气候的不同引起的服装适用材质和品种的不同，也有因"美的概念"的不同带来的服饰时尚的差异。南方经济发达地区总是引领前卫时尚，而北方城市则不紧不慢地跟随在南方时尚的后面，造成南北时尚的时间差。这种现象与人的审美意识关系十分密切，经济意识和时代意识会带来对新生事物更快的接受速度，而缓慢的生活节奏和低的开放程度必然造成许多的接受惰性，这种差异最直观地反映在服饰潮流的变化上，随着文化传播速度的加快和审美文化交流的加强，服饰文化的地域性差别将会越来越小，"同化"和"异化"的现象将越来越快地转换出现，因此，地理环境的影响也会逐渐得以淡化。现在，汉族的服饰已经成为各少数民族的日常服装。

3. 近现代箱包设计发展

民国初年，在东西方服饰文化的不断撞击下，西洋服饰因其简便实用而逐渐被国人接受。北伐以后，政界、商界高级人士穿西服，拎提方正的公文包。女式穿新装，一种是各种素色或印花的长旗袍，另一种是上衣下裙分开的衣裙式，但无论是哪种着装方式搭配手中拎提或肩背的挎包都是时尚的装束，包袋的材料为天然皮革面料或纺织材料，在造型上与现今非常接近。

20世纪30年代至40年代，西方的生活渗入我国，大都市女子频繁出入交际场合，合体着装更为流行，出现了晚礼装，进而使宴会包和晚礼包得以登场，这类包袋大多采用皮革和丝绸为面料，其上缀饰金光闪闪的饰物，外表十分华丽，同期随服装的变化而变化，与其配饰的包袋纷纷面世，包袋的种类繁多，造型各异，材料的变化、几何造型的变化以及金属配件的风格构成了这一时期包袋设计的特色，而我国传统的装饰手法却逐渐退化，民族特色逐渐被西式风格所取代。

我国在1936年创办了第一个皮件工厂，刚开始只生产上流社会人士跳舞时携带的小皮包，产品数量非常珍贵而稀少，到了1945年，开始小批量生产皮票夹和放置零钱用的角子夹；1939年开始生产最为早期的箱包产品，有牛皮材料制成的软、硬盖箱以及圆角箱、航空箱、鞋帽箱和化妆箱等品种，箱的造型和结构基本是仿照西方的设计，没有自己的设计产品问世；1946年，我国可以自行设计生产供皮包专门使用的金属提手架子，进一步开拓了我国的箱包设计生产领域。

抗日战争的爆发，搅乱了由近代手工业促进发展起来的艺术设计的脉络，抗战胜利以后，国内局势动荡不定，造成国统区生产和艺术设计十分惨淡的局面，现代工艺与设计逐步走向衰落。抗日战争期间，在"自己动手、丰衣足食"方针的指导下，解放区的棉、毛、丝、麻纺织品得到一定的发展，纺织出美观大方、清新明快的蓝印花布。解放区的民间工艺也是十分丰富的，刺绣是普遍流行的一种装饰手法，人们常把灿烂的红星或"对日宣战"等口号绣在战士的背包上，以表达对党和革命的衷心热爱。

在20世纪50年代至60年代，国人使用的包袋通常以布包为主，基本都是一种款式长方形造型，中间设计3—5厘米的厚度，包袋上部缝制两个提手。一般用单色素面棉布制作较多，男女通用，是最简单不过的了，一般劳动妇女都会自己缝制。有特色一些的是用不同色布拼接而成的包袋，剪成的三角形、长方形是几何装饰图案设计手法的先驱，由于不同颜色的拼配还会形成许多的配色效果和花型图案，可以说是那个时代非常别具一格的服饰品。

皮包在当时基本是属于国家公务人员的，而且由于制革业产量和成本的限制，多以人造革面料为主。经典的款式为长方形造型，包体扇面上部带圆角，扇面上口处缝制两个提手利于提拿，拉链式开关方式，而且多半是银白色金属拉链，色彩基本是黑色。无论是出差还是上班，无论男女都拎提这种包，似乎没有什么变化。后来，流行在包的两侧装配上背带，就变成了背提两用包袋，应用更为广泛。当时还有一种流行的箱包就是赤脚医生的医药箱，由红棕色皮革制作，方方正正的外观，里面装盛医药器具和常用药品，是那个时代革命形象的一部分，也是许多人向往的时尚品。

20世纪60年代至70年代，普通社会群众出差或走亲戚时，人们主要拎提一个较大的灰色旅行袋，面料为条纹素色人造革，一般是银色金属拉链，包外附设一个到两个拉链袋，唯一的装饰就是在提包的前扇面上印刷"北京""上海"等中文和拼音字样以及地球、卫星等简单图案。

"文化大革命"期间，当时最流行的当属绿色军挎包。军挎包的基本造型为长方形，带包盖，有的在包盖上印上毛主席像或一颗红五角星，以表达热爱党热爱毛主席的革命情怀。包盖前部两侧缝制有两个细带用于固定包盖与包体，用卡扣取代了细带，打开和扣紧挎包更方便了。挎包的两边缝制编织带作为背带，上面安装有可以调节长短的方扣，材料为军用帆布。到了"文化大革命"后期，也有用人造革面料制作军挎包的。公务人员中依然流行早期的黑色皮包。

20世纪80年代开始，随着服装时尚的流行演变，我国的包袋设计呈现出欣欣向荣的多元化发展趋势，装饰美化功能逐渐被强调而与实用功能并驾齐驱，包袋风格设计逐渐融入服饰整体设计，但这时期的包袋设计仅仅是跟在服饰潮流的背后，与服装设计变化之间还存在一定的差距，尚没有形成真正的整体设计理论和设计体系。

20世纪80年代以来，计算机辅助设计被广泛应用到艺术设计的各个领域，不但改变了设计的技术手段、程序和方法，而且也大大转变了设计师的观念和思维方法，更重要的是将设计、工程分析和制造三位一体优化集成于一个系统，建立起一种并行结构的设计系统，从而缩短设计开发周期。进入20世纪90年代，由于国际互联网的迅猛发展，人类进入了信息爆炸时代，计算机技术的发展与艺术设计的联系更为广泛而深刻，以计算机技术为代表的高新技术开辟了设计的崭新领域，先进的技术与优秀的设计结合起来，又对推动高新技术产品的进步起到了不可估量的作用。

21世纪，艺术设计更注重在深层次上探索设计与人类可持续发展的关系，随着世界经济文化和科学技术的一体化格局的出现，设计不再是某一个具体的地域性区域性行为，而是被赋予了更为宽泛的世界和全球化的意义。21世纪的箱包时尚发展势头，可以从20世纪末的流行发展中找到逼真的诠释。21世纪的皮革时尚异乎寻常地灿烂炫目，古老皮革悠久的历史文化内涵得到最大的释放，糅入现代设计技法的21世纪的箱包设计已经进入多元化设计空间。

21世纪的箱包时尚将会更加追求独异的个性和大胆刁钻的与众不同，自然随意与妩媚姣俏同期流行，展示着箱包设计的无限魅力与艺术空间，皮革时尚再度惊诧着国人的前卫心绪；箱包材质的时尚艺术和新面料的不断问世带来无限广阔的设计空间，多种不同质感面料的有机结合使设计更富现代都市情缘，象征未来科技发展的银灰色系列和各种金属原色明快、浪漫，与热烈奔放的红色交相辉映；年轻化概念毫不客气地引领着时尚，皮革和花边的层层叠叠包裹出现代淑女的另类丰韵，大量运用镂空、镶边、绣花的装饰技法，使新一轮的复古潮流再度轮回，崇尚自然品味自我，简单无物中暗藏着跳跃的音符，各种仿丝绸、仿牛仔布以及艺术皮革的纷纷加盟，焕发出耀眼的光彩。

随着电子计算机在箱包工业中的广泛应用，各种诸如电脑自动排料、摊布、剪切系统，色差疵点分辨系统，缝制功能的电脑控制系统以及将复杂工序组合而成由单一机种完成的特殊机种，将大量使用于生产过程，箱包的生产工艺无论方法还是组织形式，都将产生质的变化。随着世界新技术革命高潮的到来，一个电子技术时代和信息时代已经进入到箱包生产领域中，各种微电脑、气动技术、激光技术及电子群控技术等科学技术将被广泛应用。展望未来，一个技术密集型的箱包生产形式将逐步建立，我国箱包工业必将进入一个从设计到成品制作高速化、自动化、高效率的新时代。

我国的箱包设计，从原始的青铜、金属、皮革、木质等天然材料发展到现在的天然纺织材料、人造纺织材料、皮革、人造皮革、塑料、金属等材料并重的局面，大工业生产的成本低廉的面料使箱包产品成为人人唾手可得的消费品，从家用衣箱、ABS 旅行硬箱、塑料涂布软箱、各种皮革和人造皮革的旅行或公事用箱到令人眼花缭乱的化妆箱、工艺箱，还有各种专业用箱产品，箱包产品已经渗透到 21 世纪人们生活的方方面面，为现今的生活带来诸多舒适和方便。

第六节　皮革化工行业发展

我国皮革化学品生产在 20 世纪 50 年代还比较薄弱，只能生产硫酸化蓖麻油、揩光浆和皮鞋油。总后勤部派技术人员赴捷克斯洛伐克学习回来后介绍了生产代替型合成鞣剂、染色助剂等技术，成都工学院（现四川大学）也曾研究了合成鞣剂和脱脂剂，但是国内因无原料供应而无法生产。20 世纪 60 年代初，上海皮革化工厂建立生产了丙烯酸树脂涂饰剂系列产品，还陆续生产有 1 号、3 号合成鞣剂，1 号合成加脂剂等。新华皮化厂生产硫酸化油、揩光浆、颜料膏等，这样我国才有了一套从合成鞣剂到涂饰剂生产的皮革化工厂。到 20 世纪 70 年代初，只有上海、天津、泸州和北京等 5 家皮化厂。当时轻工业部提出要大力开发研制皮革化学品，北京、上海、天津、武汉、广州、西安、咸阳、丹东和成都等轻工单位都投入研制力量，但仍然因为原料所限，仅在合成鞣剂、加脂剂和涂饰剂上增加了一些产品。

迈进 20 世纪 80 年代，皮革化工行业步入了迅猛发展的时期。80 年代初化工部由大化工生产转向精细化工生产后，原材料供应好转，皮革化学品的生产才有了快速发展。轻工业部的研究院所、中科院、国防科研所和很多大学都纷纷加入研制皮革化学品的行列，皮化厂家已经不仅仅局限于购买国外皮化产品，相继进行研发。特别是经过"六五""七五""八五"和"九五"期间的皮革联合科技攻关以及一些重大皮革化学品开发项目的实施，在鞣剂、加脂剂、染料、涂饰剂等几大类皮革化工材料中，都成功地开发出了诸多性能优异的新产品，皮化材料研究所涉及的领域已基本没有空白，凡国外有的产品种类，国内已基本齐全。

一 酶制剂

我国最早开始酶脱毛技术的研究是在20世纪50年代，轻工业部皮革研究所（现中国皮革和制鞋工业研究院）用固体发酵法研制出脱毛用酶制剂，并在猪革、羊革上进行了脱毛实验。

20世纪60年代初期，由于硫化物和石灰渣的污染和当时特定的历史背景，皮革工业比较先进的国家对酶法脱毛产生了浓厚的兴趣，许多国家生产出了脱毛用的商品酶制剂。我国的酶制剂始于1965年，成立了无锡酶制剂厂，这是我国第一家酶制剂厂，由中国科学院微生物所选育的枯草芽孢杆菌AS1.398中性蛋白酶在企业投产；1968年上海新兴制革厂率先将3942蛋白酶应用在猪绒面和鞋面革生产上，获得成功。枯草杆菌ASl.398中性蛋白酶和3942碱性蛋白酶是我国制革业在酶脱毛工序中最先使用的两个酶制剂产品，应用在猪皮酶法脱毛上，使猪皮酶法脱毛在我国实现重大突破，创建了猪皮制革酶脱毛新工艺。

1974年，微白链霉菌166中性蛋白酶和矮小芽孢杆菌209碱性蛋白酶分别在上海市酒精厂和天津酶制剂厂投产。皮革脱毛专用蛋白酶制剂新品种不断涌现，进一步促进了我国制革工业酶法脱毛工艺的发展。20世纪70年代至80年代曾对生物酶脱毛工艺进行了研究，并推广应用达10年之久。筛选出了几种具有不同脱毛和软化能力，适合不同产品的脱毛酶，如1398、2709、3942、166蛋白酶等。

20世纪80年代以前，Yates、巴巴金娜和中国轻工业部皮革与毛皮研究所（现中国皮革和制鞋工业研究院）等组成的酶脱毛研究小组从组织学和组织化学的角度对酶脱毛进行了比较详尽的研究，但由于那时的酶制剂产品及技术还不成熟，造成一些烂皮、松面等质量缺陷。到了20世纪80年代后，由于转向市场经济，酶法脱毛工艺遭到冷落，制革厂又回到了传统的灰碱脱毛工艺。近年来，随着环保问题日益加剧，生物酶工程技术快速发展，酶脱毛这一清洁生产技术又重新引起了人们的重视。最近几年，四川大学、成都迪澳胶原高技术有限公司完成的制革重大创新项目，研制了系列制革高效专用酶制剂，可望替代有毒有害的化学物质，大幅度减轻制革生产污染；可以提高产品质量、提高得革率。

我国在20世纪60年代就开展微生物脂肪酶的研究，并在1969年试制成功脂假丝酵母AS2.2103脂肪酶制剂并供应市场，主要用于毛皮加工业中皮板的软化和蓝革的软化。20世纪90年代以来，这方面的研究明显增加。西北轻工业学院（现陕西科技大学）的魏世林等人，比较了酸性蛋白酶537与罗姆公司Fereon M 301、Schillt Silacher公司Vnkol A等酶制剂，在不同条件下的软化作用。

二 湿加工助剂

随着石油化工业的飞速发展，表面活性剂从20世纪50年代开始成为一种新型化学品，是精细化工的重要产品。传统脱脂方法采用碳酸钠、洗衣粉和JFC等，因脱脂率低难以达到要求。20世纪70年代起，一些制革厂采用溶剂三氯乙烯脱脂，脱脂力强，但污染严重，溶剂回收困难，生产成本高；到80年代后期，表面活性剂中醇醚的产量超过传统产量最大的阴离子表面活性剂烷基苯磺酸钠，众多皮革脱脂剂中均复配有脂肪醇聚氧乙烯醚。21世纪初期，陕西科技大学强西怀研发的该类润湿剂Q-39在企业进行了转化。

1969年至1970年，广州市人民制革厂与中国科学院中南真菌研究室、广州市皮革研究所合作，进行防霉剂的筛选和皮革防霉的试验研究，通过在加脂、涂饰时加入不同品种、不同浓度的防霉剂做对比试验，从17种防霉剂中筛选出防霉效果最好的对硝基酚。由于其毒性大，1975年后逐渐少用。1979—1981年，广东省化工研究所与广州市人民制革厂用新的合成工艺路线制成对多种细菌、真菌、酵母菌及藻类有强杀灭或抑制作用的水杨酰胺新型微毒杀菌防霉剂（以下简称A26乳剂）进行皮片法、挂片法和仓库自然存放防霉对比试验表明，A26具有广谱、低毒、高效的特点，防霉效果优于制革厂常用的乙萘酚、五氯酚钠、百菌清等防霉剂，在国内皮革防霉剂中处于领先地位。

我国是世界上稀土储备最为丰富的国家，为了更好地利用稀土资源同时也解决制革工业中的一些问题，20世纪70年代末80年代初开始了稀土在皮革中的应用研究，主要是对其在复鞣和染色阶段的应用进行研究。1983年至1986年，广州市人民制革厂在鞣液组成和鞣性研究中，发现稀土在鞣革过程中主要起促进铬的水解配聚作用，从而加速铬阳离子多核配合物的形成，提高了铬与皮胶原的有效结合。

三　金属鞣剂和金属络合鞣剂

20世纪50年代中期，我国许多制革厂大部分是自己配制铬鞣液，少数工厂开始采用升高铬鞣液的温度促进鞣液中的铬络合物的水解和配聚作用。国外早在20世纪50年代就研制生产了固体铬鞣剂代替自配铬液，而我国于20世纪80年代末期才逐步采用商品铬粉（过去称为"铬盐精"），1979年上海市皮革工业研究所研制了两种固体铬鞣剂，一种叫作"加脂鞣剂"，另一种叫作"二羧酸交联鞣剂"。在此基础上，成都科技大学（现四川大学）以张铭让为代表的团队研制的KMC型自碱化蒙囿剂，分别由南京皮化厂、浙江省皮化厂等厂家生产。20世纪70年代末期，专门的高吸收铬鞣剂开始出现，如Bayer公司的Baychrom C系列鞣剂产品，四川大学研制的KRC高吸收铬鞣剂。安徽合肥制革厂及成都科技大学共同承担完成的中华人民共和国轻工部下达的"多金属络合鞣剂及其鞣革性能"1981年通过部级鉴定，技术鉴定认为"该科研项目在国内进行了开创性理论研究"，该项目获1983年轻工部重大科技成果二等奖。在此基础上，首次在国内外研制成铬-锆-铝多金属络合固体鞣剂（KRI系列产品）（该技术获1992年国家星火科技三等奖），和铬-锆多金属络合固体鞣剂（获四川省1992年星火科技二等奖）。20世纪90年代以前，国内只有少量的铬盐精（碱式硫酸铬）生产，绝大多数制革厂都使用自配铬液。90年代以后，国内相继推出几代系列化产品，质量已赶上世界先进水平，填补了我国生产高档粉状铬鞣剂的空白。

在制革工业的发展史上，铁盐是最早被尝试用于制革的金属盐之一，早在1770年就有记载。20世纪初，中国制碱专家侯德榜曾与他的美国导师D. D. Jackson一起研究过铁鞣法。他们和英国的H. R. 普罗克特等人都认为，铁盐对油脂产生氧化—还原反应是造成成革偏硬、不耐老化的主要原因。他们的研究极大地促进了铁鞣法的进展。20世纪70年代，轻工部皮革研究所马燮芳等发表了我国稀土制革前景的论文，自80年代起，国内不少地方进行稀土鞣皮研究。20世纪80年代初，西北轻工业学院皮革教研室根据曼尼希反应的原理，制定了一种新的铁鞣法（或铁—铬结合鞣），这是有关铁鞣方面的最新研究，故暂名新铁鞣法。

四　植物鞣剂

1949年前，我国皮革生产栲胶大部分依靠进口。第二次世界大战期间，杜春晏等人在陕西石泉创立了石泉栲胶厂。1949年以后，栲胶生产从少到多，发展很快。

1937年，张铨赴美国辛辛那提大学皮革研究院深造，先后获硕士、博士学位，主要从事植物鞣革的研究，硕士论文研究了植物鞣革中合成鞣剂对乳酸发酵的影响，在植物鞣液中加入合成鞣剂LEUKANOL NS能促进植物鞣剂发酵，产生乳酸，有利于栲胶与皮胶原的结合，对植物鞣革生产具有重要指导意义；他的博士论文深层次探索了植物鞣革机理，研究了中国五棓子鞣质、鞣酸与胶原结合，提出了植物鞣质与胶原相结合系物理化学吸着作用的假设，并做了科学论证，为国际辛辛那提学派植物鞣革机理吸着学的创立提供了开篇之作。1940年5月，张铨在美国皮革化学家学会第37届年会上宣读了他的博士论文，与会专家反响热烈；1941年张铨发表论文，提出单宁与生胶原的结合是物理—化学结合的总和，为发展植物鞣革科学做出重大贡献。1954年，四川大学皮革专业受中央森工部委托，利用学校科研设备和人才优势，和森工部共同创建了森工部西南植物单宁研究室。研究室由张铨负责，张文德、乐以伦先后参加了此项研究工作，共发掘植物鞣料品种128种。

1958年，皮革所筹备组蒲敏功蒲敏功等经过多次试验最终研制出以水解鞣质（橡椀子浸膏）为基础的两性化植物鞣料。该鞣料能够在一定程度上缩短植物鞣重革的鞣期，并克服鞋底革不耐汗等缺陷。

20世纪60年代以来，由于新植物鞣料的不断发掘，国内先后建立了许多栲胶厂，为我国制革工业提供了足够的鞣料，摆脱了过去依靠国外进口栲胶的被动局面，加之一些研究单位和工厂对植物鞣料性能研究试验，基本解决了国产栲胶沉淀多、渗透慢、颜色暗、质量不稳定的情况。1965年至1966年，广东湛江栲胶厂利用木麻黄的树皮试制成凝缩类栲胶，经广东省皮革研究所、南中制革厂等人组成的木麻黄栲胶应用实验研究组试验研究，表明木麻黄栲胶鞣革性能好，渗透速度快，结合力强，鞣液沉淀少。1969年，木麻黄栲胶在湛江栲胶厂开始大量投产，成为广东特有的栲胶品种。

落叶松鞣剂是我国使用量仅次于橡椀的一种植物鞣剂，20世纪80年代末，我国著名的单宁化学家张文德及其领导的单宁化学研究组，将落叶松树皮粉碎后，用石油醚去酯，然后用丙酮浸提，研究表明，落叶松鞣质是与儿茶和槟榔同一种类的鞣质，其相对分子质量在2000以上的儿茶素多聚体占50%以上。这项研究成果可以认为是落叶松栲胶鞣革性能良好的理论证明。

厚皮香栲胶是成都工学院（现四川大学）、云南省林学院、思茅栲胶厂联合开发的一种新的优良栲胶，1988年在成都通过云南省级评议，研究结果对厚皮香栲胶的生产、应用都有实际意义和指导作用。与国外优良的荆树皮栲胶、国内优良的杨梅栲胶以及鞣性中等的落叶松栲胶进行对比试验，结果表明其渗透性略次于杨梅、荆树皮栲胶，而远比落叶松栲胶快，当杨梅、荆树皮栲胶渗透率为100%，厚皮香栲胶为93%，而落叶松栲胶仅为76%。

1987年，在何先祺的指导下，成都科技大学石碧利用植物鞣剂与铬的氧化还原反应，开发了第一种可以同时强化染料和加脂剂在皮革中的渗透和结合，并具有很好复鞣作用的栲胶型金属络合鞣剂（在我国皮革领域产生了较大影响的 HS 鞣剂）。通过大量技术推广工作，使我国 1000 多个制革企业采用了以这一关键材料为基础的复鞣—高吸收一体化技术，不仅大幅度降低了染整工段的污染排放，也对提高我国深色皮革的质量、促进产品出口产生了重要的影响。该成果获 1993 年国家技术发明二等奖。20 世纪 90 年代，石碧院士首先从理论上证实了以栲儿茶素为基本结构的植物鞣剂与醛类化合物具有显著的交联协同效应，能使皮革的湿热稳定性达到 100℃ 以上。在此基础上，成功地开发了以植物鞣剂和醛类化合物为基础的山羊服装革无铬鞣制技术。这些理论与技术研究成果获 2000 年国家科技进步二等奖。

四川大学石碧院士等研究了制革厂浸酸—去酸液（含 Na_2SO_4、NaCl、$NaSO_3$ 等）对栲胶沉淀的影响，结果表明：解决植鞣时栲胶产生沉淀的关键，是尽量消除或减弱 Na_2SO_4 和 NaCl 的影响。石碧院士制备了一系列不同相对分子质量的典型水解类鞣质，研究这些已知结构和亲水性的化合物与蛋白质的反应，从而较深刻地认识鞣质结构与其同蛋白质反应性的关系。与以前的研究相比，该研究所得的结论应更接近于植物鞣质—蛋白质反应的真实情况，也更接近植鞣机理。该研究结果支持了疏水键—氢键协同作用的观点。

20 世纪 90 年代，西北轻工业学院（现陕西科技大学）许多制革工作者对植鞣剂展开了研究。马建中等通过 Mannich 反应，用胺类化合物和醛类化合物对坚木栲胶进行化学改性；鞣制实验表明，经改性的坚木栲胶，鞣制效果改善明显。他还以国产柚柑栲胶为对象，对其进行了两性离子法改性研究；经两性离子法改性后的柚柑栲胶渗透性好，用其复鞣后的坯革粒面细致、丰满柔软有弹性，耐湿热稳定性有所提高，对阴离子染料的着色性能增强。汪建根等证实了利用丙烯酸酯对栲胶接枝改性的途径可行性，接枝改性后所得产品较之未改性栲胶其溶液稳定性、渗透性变好，收敛性有所降低，所复鞣坯革的粒面平滑细致，柔软丰满性明显改善；但由于栲胶本身结构的复杂性及生产条件的限制，要将栲胶改性成为理想的鞣制材料，还有大量的工作要做。王鸿儒等利用亚硫酸化和 Mannich 反应制备两性植物鞣剂，两性植鞣剂使用的 pH 值范围扩大，不易被空气氧化，并且具有明显的缩毛孔作用。

五　合成鞣剂

我国对合成鞣剂的研究在新中国成立以前做得很多，但没有人研究它的生产，仅仅是通过外商介绍进口几种有限的成品，在鞣制上也并没有得到广泛的采用。新中国成立以后，我国的工业技术飞跃前进，制革工业和化学工业已注意到了合成鞣剂的重要性。1960 年，中国皮革工业研究所（现中国皮革和制鞋工业研究院）蒲敏功等人将自行研制的 1 号合成鞣剂用于植物鞣革的生产之中。20 世纪 60 年代后期丹东轻化工研究院（现丹东轻化工研究院有限责任公司）完成了以石油馏份为基础原料的"1 号合成加脂剂"的研制，填补了国内合成鞣剂自行研制的空白，轻工业部主持鉴定后在全国推广投产。1973 年，丹东市轻化工研究所（现丹东轻化工研究院有限责任公司）采用酚焦油，经硫酸磺化、甲醛缩合研制成功辅助型合成鞣剂"4 号合成鞣剂"。1974 年轻工部皮革研究所开展"脲环 1 号合成鞣剂"的研究，采用尿素与甲醛缩合，再与聚乙烯醇反应研制成功"脲环 1 号"合成鞣剂，在当时国内红矾紧缺的情况下，该项目极具现实意义，为此同年 9 月轻工部在河南省郑州市组织了"脲环一号"技术交流会，作为重大科技成果进行推广。

1980年，轻工业部毛皮制革研究所（现中国皮革和制鞋工业研究院）研制出以木糖醇为原料的多元醇类781合成鞣剂，为不染色毛皮的生产提供了新途径。1986年，轻工部皮革研究所完成的部项目："KFC合成鞣剂"的研究，这是一种脂肪族合成鞣剂，无毒、无味，能作为主鞣剂单独鞣制毛皮。我国的毛皮鞣制方法六十年代用化学鞣代替了五十年代古老的硝面鞣，可以说是毛皮鞣制技术的一大转折，但以后变化不显著。而"KFC合成鞣剂"的研究成果应用在大生产上，使毛皮产品质轻、板薄、丰满、柔软，满足了出口需要。从根本上改善了铬鞣对毛皮染色和质量的影响，减轻了有害物质的排放。该项目获部二等奖。完成了"多性能合成鞣剂的研究"。浙江省化工研究所研制成功TM氮杂环共缩聚氨基树脂鞣剂，缓解了栲胶供应紧张的局面。

六 树脂鞣剂

中国科学院成都有机化学研究所（现中国科学院成都有机化学有限公司）于1985年率先开始丙烯酸类聚合物鞣剂的研究，相继研制成功ART-1型多元共聚丙烯酸类聚合物助鞣型复鞣剂和ART-2型丙烯酸类聚合物自鞣型复鞣剂，同期，西北轻工业学院研制成功SA丙烯酸树脂复鞣剂，填补了国内丙烯酸类聚合物鞣剂的空白。1985年，丹东市轻化工研究所（现丹东轻化工研究院有限责任公司）以苯乙烯和马来酸酐为主要原料研制成功了仿法国库尔曼公司Renek tan QS产品的DLT-14轻革复鞣剂。1988年，四川望江化工厂研究所在研制丙烯酸树脂鞣剂过程中，对各种单体的作用及其对鞣剂性能的影响做了较深入的研究。西北轻工业学院（现陕西科技大学）和中国科学院成都有机化学研究所（现中国科学院成都有机化学有限公司）对丙烯酸类鞣剂结构—性能关系的机理进行了研究，前者通过对SA丙烯酸类鞣剂的各种分析测试，提出了丙烯酸类鞣剂与胶原纤维交联—缠结或吸附网络结构模型，后者认为ART丙烯酸类鞣剂更多地与超分子尺寸以上的各级纤维作用。这些机理探讨对后期丙烯酸树脂鞣剂的深入研究提供了理论基础。之后，丙烯酸树脂鞣剂的研究异常火热，科研成果层出不穷，先后有SRL、PAAS、XL-1、GAP-1、GAP-2、JL-863、CAR、ACC等丙烯酸树脂复鞣剂的研制报道。1992年，西北轻工业学院（现陕西科技大学）马建中等研制成功ARA两性丙烯酸树脂复鞣剂及MTA多功能鞣剂，填补了国内阴阳离子共存的丙烯酸树脂皮革复鞣剂空白。2006年，陕西科技大学马建中团队开发了乙烯基聚合物鞣剂，并对其组成结构与性能进行了研究，获得了国家科技进步二等奖，为国产皮革化工材料增添了核心竞争力。

我国对聚氨酯类复鞣剂的研究始于20世纪90年代，最早由江苏工业学院（现常州大学）和南京皮革化工厂研制成功APU-1和CPU-1。CPU-1是以二异氰酸酯和聚氧乙烯醚为主要原料制得的水溶性聚氨酯，进一步羟甲基化得到的含N-羟甲基的阳离子聚氨酯复鞣剂，APU-1是一种具有多种优良性能的复鞣填充树脂。

21世纪初，陕西科技大学王学川团队和中国科学院成都有机化学有限公司刘白玲团队（现中国科学院成都有机化学有限公司）等分别应用超支化结构的理论和分子设计合成超支化聚合物鞣剂及复鞣剂，并围绕其和皮胶原的作用机理展开了研究。

七 醛鞣剂

我国自1980年前后开始关注醛类鞣剂的研究，主要集中在戊二醛鞣剂和噁唑烷鞣剂方面。1980 年，辽宁省丹东轻化工研究院（现丹东轻化工研究院有限责任公司）和西北轻工业学院（现陕西科技大学）首次采用吡喃法研制成功了戊二醛鞣剂，并通过技术鉴定，对于我国戊二醛鞣剂的后续发展奠定了重要基础。之后，武汉有机化工厂、西北轻工业学院（现陕西科技大学）、成都科技大学（现四川大学）等研究院所纷纷开展了采用含 α-氢的有机酸、甲醛、氨基树脂、线性丙烯酸树脂等改性戊二醛的研究。1984 年，我国报道了糠醛在制革中的初步应用效果。1981 年，西北轻工业学院（现陕西科技大学）徐学成和李临生等报道了 4-二甲基噁唑烷（OX-1）和 3-羟乙基噁唑烷（OX-2）的合成过程，随后对 33 种不同结构的单环及双环噁唑烷的合成及鞣性进行了研究，杨宗邃等研究了 OX-1 和 OX-2 的鞣制性能及在皮革鞣制中的应用，与胶原纤维的作用机理等，认为胶原中的 ε-氨基是噁唑烷的主要共价交联点，对胶原的收缩温度起决定作用。由于采用醛鞣剂鞣制的皮革在存放过程中存在游离甲醛的释放，而各国对革制品中的游离甲醛含量具有非常严格的限定，因此，近年来关于改性戊二醛鞣剂及噁唑烷鞣剂的研究越来越少。有机膦盐是一种羟甲基膦结构的化合物，被称为 21 世纪最有前途的鞣制材料，其与胶原纤维的作用类似于醛鞣剂。2004 年，四川大学和宁波工程学院通过金属磷化物直接制备有机膦盐，并研究了在制革中的应用，这是我国在有机膦盐鞣剂开发方面进行的首次研究。随着无铬鞣剂的呼声越来越强，有机膦盐作为铬鞣剂的替代品近年来得到了广泛研究。

八　纳米复合鞣剂

纳米材料以其卓越的性能而受到全世界科学家的关注，被认为是 21 世纪的前沿战略领域。2001 年《中国皮革》记者吴琪在《中国皮革》上介绍了纳米材料的概念、发展过程与其他学科间的关系及其应用，根据纳米材料的特性，预测它在皮革行业中的研究方向，力求达到宣传科学、推动技术进步的目的。2002 年，四川大学、西北轻工业学院（现陕西科技大学）、中国皮革和制鞋工业研究院分别在《中国皮革》第 1 期通过对纳米材料在材料、化工、建材等领域的应用分析，提出了纳米材料在制革工业中的发展前景。随后，掀起了国内制革工作者对纳米技术在制革工业中的广泛深入研究热潮。

陕西科技大学马建中课题组通过共混法、原位法和负载引发剂法分别将蒙脱土、纳米氧化锌、纳米二氧化硅、碳纳米管等无机粒子引入乙烯基类聚合物鞣剂中，制备乙烯基类聚合物基无机纳米粒子鞣剂。将不同的无机纳米粒子引入聚合物鞣剂中，能够提高成革的物理机械性能，赋予皮革良好的强度和韧性，该部分作为主要研究内容之一获得了 2010 年国家技术发明二等奖。

四川大学范浩军课题组以易于在水中分散的聚合物或改性油脂，作为纳米粒子前驱体的分散载体，借助聚合物或改性油脂的分散、渗透、扩散作用，将纳米粒子前驱体引入胶原纤维间隙中；然后在特定 pH 值条件下，前驱体水解原位产生无机纳米粒子 SiO_2 或 TiO_2，通过无机纳米粒子和蛋白质间的有机—无机杂化，实现了对生皮的鞣制。河南大学潘卉所在课题组采用表面修饰有不同基团的纳米二氧化硅微粒与丙烯酸类单体在乙醇—水溶液中通过自由基共聚，制备了系列丙烯酸聚合物/二氧化硅纳米复合鞣剂，能够赋予皮革好的填充性能和一定的鞣性。

九　填充材料

我国从 20 世纪 70 年代开始，研制生产了以丙烯酸丁酯为主要成分的热固性填充树脂

KS 型皮革填充剂。在研究代表性填充剂的基础上，得知填充剂质量的优劣与所选用原材料的质量、配方、工艺条件有密切关系。成都有机化学所1980年研制出SCC型树脂胶乳，革的等级率平均高于用荷兰的RI-115填充的，性能优于上海型填充树脂，1981年获四川省重大科技成果奖。他们又从研究高聚物的组成结构及其高分子材料对猪正面革的填充性、柔软、丰满与相关的物理机械性能的关系出发，合成了胶乳粒度在0.1—0.5微米，相对分子质量适中，对猪正面革能做干填充和湿填充的SCC-2型树脂胶乳，既具有TA6525胶乳的优良性能，又具有自己的结构特征。1983年北京皮革化工厂研制了用于猪、牛正面革的J_1-4丙烯酸树脂填充乳液，可湿涂和喷涂填充。1984年，徐州化工研究所研制成功用于面革、服装革、手套革的LF-1丙烯酸树脂填充剂。1987年，成都科技大学（现四川大学）和丹东皮革化工厂（现丹东轻化工研究院有限责任公司）合作研制了RA-EV丙烯酸填充树脂。1991年，轻工业部皮革所（现中国皮革和制鞋工业研究院）黄程雪等报道了利用废革屑生产蛋白类复鞣填充剂，开启了蛋白类填充材料在国内的研究热潮。1995年，丹东轻化工研究院（现丹东轻化工研究院有限责任公司）以无机硅酸盐为主要原料制备了DF-1皮革填充剂，具有耐熨烫不粘板、消光等性能特点。

十　染料

1978年，青岛染料厂在中间体自行配套的基础上，结合本厂的生产专长研发了6个适合于"苯胺革"喷涂的1:2型金属络合染料，这种喷涂染料的试制成功填补了我国皮革专用染料的空白，为大量使用国产染料代替进口染料创造了条件。同年，天津皮革研究所在广泛调查的基础上，筛选了适用于皮革浸染的染料种类。"八五"期间丹东轻化工研究院（现丹东轻化工研究院有限责任公司）受国家科委委托承担了开发不含致癌芳香胺染料的攻关课题，研制的系列皮革专用染料包括皮革黑GN、皮革棕M、皮革棕GRF、皮革棕GL、皮革艳红B、皮革天蓝A、皮革黄GN、皮革青莲5B等全部通过德国TBV莱茵安全和环境保护有限公司检测、认证，得到了不含致癌芳香胺物质的证明，开创了我国不含致癌芳香胺染料研究的先河。固体染料由于吸湿性大，易造成称量不准，使用时会出现粘染，对环境造成危害；而液体染料不但使用方便，而且用于皮革染色时具有良好的匀染性，对pH、液比及温度不敏感，因此液体染料成为皮革专用染料的发展趋势之一。1987年，洛阳益民染料有限公司在国内率先研制开发了系列皮革用液体染料，产品经过《国家出入境检疫局检验检疫中心》及《中国皮革质量监督检验中心》等权威机构检验，符合国家标准及欧盟环保标准，填补了国内市场空白。

成都科技大学在稀土助鞣助染工艺技术研究领域取得重大突破，与贵州毕节制革厂共同完成的"稀土及铬锆铝多金属鞣剂在绵羊服装手套革上的应用"获1986年贵州省科技进步二等奖；"铬-稀土鞣革废液封闭循环工艺"1993年获国家发明专利金奖；与福建蒲城制革厂、四川乐山制革厂、四川绵阳制革厂、四川阿坝州制革厂和彭县制革厂等共同完成的稀土助鞣助染工艺技术取得了前所未有的进步，鉴定意见认为"特别是将稀土用在主鞣上有较大突破，属国内领先水平。"受国务院稀土办委托，1992年在四川举办了全国稀土助鞣助染技术培训班（稀土在制革主鞣中的应用研究获1992年四川省科技进步一等奖）。

1990年前后，江苏常熟市皮革制品厂开始将稀土化合物应用于猪皮日用手套革的染色，经过多次试验取得了较好的效果，在染色中加氯化稀土能显著提高染色的匀染性，色泽鲜艳饱满，上染率高，在1991年年初该厂正式将氯化稀土应用于大生产。同一时期，西北轻工业学院（现陕西科技大学）对稀土助染剂也开展了系统而深入的研究，提出了稀土在皮革染色中的机理，为后期稀土助染剂的研制开发奠定了理论基础。1995年，由四川联合大学（现四川大学）与四川什邡亭江化工厂联合承担的国家"八五"重点科技攻关项目新型高档系列皮革化工材料中的子专题"含稀土皮革染色助剂"通过国家级中试鉴定。

十一　加脂剂

20世纪80年代，我国有60余个单位生产约50种皮化材料，其中加脂剂约有10种，主要产地是北京、天津、上海、广州。我国生产的加脂剂主要是天然油脂加工产品，产量最大的品种是性能较差的硫酸化油。对合成加脂剂，国外20世纪40年代的产品烷基磺胺乙酸钠仍是我国80年代用量最大的合成加脂剂品种。虽然我国有较大的加脂剂生产能力，但产品销路有限，不能满负荷生产，迫切需要的高质量加脂剂却产量小、品种少、供不应求，每年还需向联邦德国等国进口，以保证高档皮革制品的出口和供应。"六五"期间上海皮革化工厂生产的1号合成加脂剂是我国开发生产较早、工艺比较成熟的阴离子型合成加脂剂，与皮革纤维有较好的结合性，从化学结构上看可称之为结合型加脂剂。轻工部皮革研究所承担的轻工部项目"CES猪油加脂剂的研究"，本着开发国内资源，满足行业需要，节约外汇。猪油加脂剂的研究成功填补了国内缺乏动物油型加脂剂的空白，该项目获国家科技进步三等奖。

改革开放初期，出口的皮革大量增加，当时非常需要一种能使成革特别柔软、绒面丝光效应明显的皮革加脂剂。为了制备性能优异的革制品，希望加脂剂具有综合性能或复合性能，从而出现了复合加脂剂。1977年，上海皮革化工厂陈明月等以此为题立项研究，以碳链较短而渗透力好的石油烷烃和合成酯为主要原料，辅以其他必要成分研制了SE复合加脂剂，1981年正式投产，产量连年直线上升。该产品不但代替了大量进口的"洋货"，也取得相当的经济效益与社会效益。为此，项目获得了"上海市重大科研成果二等奖"。"七五"期间轻工业部皮革研究所（现中国皮革和制鞋工业研究院）以菜油为原料经过酰胺化、酯化、亚硫酸化等反应而制得SCF结合型加脂剂。该加脂剂与革纤维结合能力强，加脂性能与德国同类产品相似，完全可以替代进口产品用于各种轻革的加脂。用它加脂的革耐干洗、耐光、耐储存性能好，丰满、柔软，有好的弹性，是生产耐光革和软革不可缺少的加脂剂产品，该产品填补了国内空白。丹东轻化工研究院（现丹东轻化工研究院有限责任公司）在国内首先研制成功DLF两性加脂剂并投放市场，取得了较好的经济效益和社会效益，是丹东轻化工研究院（现丹东轻化工研究院有限责任公司）为以后争取国家唯一的皮革化工材料试验基地奠定基础的支柱项目之一。

20世纪90年代初，成都科技大学（现四川大学）率先在天然植物油的氧化亚硫酸化技术及工程方面取得了国内首创的突破，完成国家"八五"科技攻关项目，并为其教研室后来的理论研究、新技术开发奠定了基础。同期，成都科技大学（现四川大学）李英团队展开了猪油的磺酰氯化研究，并取得了良好的效果，开创了我国在此方面研究的先河。陕西科技大学王学川以天然油脂及其衍生物为原料，P_2O_5为磷酸化剂，采用无毒溶

剂对 P_2O_5 进行分散的"缓释"技术合成了磷酸酯类皮革加脂剂；该部分作为主要研究内容之一获得了 2010 年国家技术发明二等奖。聚合物类加脂剂也于 20 世纪 90 年代初期在制革生产中开始应用，属一类新型的多功能型加脂剂。2003 年，陕西科技大学强西怀与浙江赞成科技股份有限公司（浙江赞宇科技股份有限公司）合作开发的磺化加脂剂中试成功，该项目于 2004 年通过产业化验收。

十二 涂饰剂

制革工业最初的涂饰剂是天然的动植物蛋白质。新中国成立前，我国仅有上海新华皮革化工厂及几家私营小厂生产少量的揩光浆，月总产揩光浆 40 吨。

1. 成膜剂

20 世纪 50 年代，轻工业部皮革研究所段镇基等人对酪素类涂饰剂进行了研究。80 年代末，武汉解放化工厂研制生产了与德国 BASF 公司 Luron-Binder-U 性能相当的 WH-酪龙黏合剂，经 200 多家制革厂使用鉴定，认为不仅能完全代替干酪素，而且性能大大优于干酪素。荣获武汉市和湖北省及国家科委重大科技成果奖。开创了我国蛋白类皮革涂饰剂研制的先河。20 世纪 90 年代，陕西科技大学杨宗邃等人开发了改性酪素 CAAS 系列皮革涂饰剂，该系列产品分别应用于 3513 工厂黄牛正面革、西安人民制革厂黄牛修面革、新乡制革厂山羊鞋面革、烟台制革厂和南京制革厂猪修面革的涂饰和烟台制革厂猪正面服装革补伤，取得了明显效果。

1980 年，抚顺市化工二厂和北京市皮革研究所在国内率先开展了以丁二烯为主要单体的四元或五元共聚物树脂乳液的研究，合成出分别适宜于牛修饰面革底涂和中、上层涂饰要求的 DS-1、DS-2、DS-3 三种丁二烯系树脂乳液。

我国的丙烯酸树脂涂饰剂是 20 世纪 50 年代开始研制，70 年代实现工业化的。20 世纪 50 年代中国皮革工业研究院段镇基院士等人开始对丙烯酸树脂涂饰剂进行研究，1962 年投产并应用于牛、羊皮轻革涂饰。第一代丙烯酸树脂乳液为线性聚合物结构，最有代表性的产品是上海皮革化工厂的软 1 树脂、软 2 树脂和中 1 树脂，此时品种和性能都极为单一。20 世纪 80 年代利用其他乙烯基类单体、接枝共聚技术、交联技术改性丙烯酸树脂类涂饰剂的科研成果层出不穷。如成都科技大学（现四川大学）的 CAF 型皮革涂饰剂采用了氯丁二烯与丙烯酸酯单体共聚，不仅能改进丙烯酸胶膜的耐寒性，而且提高了胶膜的物理机械性能，其共聚物兼有氯丁胶和丙烯酸酯的优点，粘着力，耐曲挠性等都很理想，而且耐寒性好。该产品在泸州皮化厂有 300 吨的年生产能力，成为采用其他乙烯基类单体改性丙烯酸树脂类涂饰剂的典型代表。上海皮化厂研制的 SB 树脂，是国内应用接枝共聚技术制造改性丙烯酸树脂的较为成功的实例。SB 树脂是以 BN 丙烯酸树脂为基础进行接枝共聚反应生成的改性树脂。其合成工艺中采用了游离基聚合链传递接枝聚合的方法，即先合成 BN 树脂主链，然后将苯乙烯单体加入，使其发生接枝共聚，在主链上带有支化结构的改性树脂。利用交联技术改性丙烯酸树脂乳液的典型代表有：成都科技大学（现四川大学）的 RA-D 型树脂，利用了种子乳液聚合与聚合物粒子控制复合技术，产品序列结构稳定，综合性能优良，在丹东皮化厂具有 500 吨的年生产能力；抚顺化纤四厂研制的 FX-1 型丙烯酸树脂涂饰剂，是以丙烯酸丁酯、辛酯为主要共聚组分，用 N－双甲基双丙烯酰胺为交联剂的树脂乳液，具有强度高、耐寒、乳液颗粒细、均匀且稳定性好等特点。吉林省皮革研究所开发的 GA-1 型涂饰剂，是使用聚乙烯醇与丙烯酸单体进行接枝共聚，再轻度交联而成的。中国科学院成都有机所（现中国科学院成都有机化学有限公司）研制的 RAF 丙烯酸涂饰剂系列是丙烯酸类单体多元共聚的具有反应活性的树脂乳液。河南大学高分子研究室的 KS-2 树脂也是采用交联技术制得的有较好耐热耐寒性的皮革涂饰剂。从国外出现的第二代丙烯酸树脂得到启发，从分子设计和粒子设计两方面着手，中国科学院成都有机所（现中国科学院成都有机化学有限公司）在原有 RAF 型树脂的基础上选择其他活性组分，如甲基丙烯酸缩水甘油酯、聚氨基甲酸酯多烯键化合物等进行改性，进一步从不同形态，不同结构的胶乳合成方法，不同活性单体选用等方面出发合成出高性能的 BT 型改性丙烯酸树脂胶乳，其性能优于 RAF 树脂，可以代替进口的丁二烯涂饰材料。成都科技大学（现四川大学）1987 年通过鉴定的 BN-ST、BN-HF 涂饰剂是采用丙烯酸酯及其他单体的新原料配方，种子乳液聚合工艺生产的，产品的强度、耐干湿擦性能均较优，该成果在泸州皮化厂形成 600 吨的年生产能力。1993 年丹东轻化工研究院（现丹东轻化工研究院有限责任公司）在国内率先开展了聚氨酯改性丙烯酸树脂皮革涂饰剂的研究，对聚氨酯-丙烯酸树脂结构与性能的关系进行了系统的研究，研制成功 DUA-1、DUA-2、DUA-3 产品并投入批量生产。同年，采用有机硅氧烷接枝改性丙烯酸树脂研制成功 DX-8501 硅丙树脂涂饰剂。轻工业部皮革研究所开展的部项目"皮革顶层涂饰材料的研究"填补了国家高档革用涂饰剂的空白，获部三等奖。

从 1965 年开始，我国就进行了聚氨酯涂饰剂的研究。1984 年河南师范大学与河南开封制革工业联合公司研制成功 KS-2 水乳型聚氨酯涂饰剂，该产品被轻工业部评为优秀新产品、荣获一等奖，在法国博展会上受到 60 多个国家和地区的好评。但早期的研究大多采用酒石酸或半酯法在聚氨酯链段中引入亲水基团，以此工艺合成的聚氨酯乳液稳定性不能达到工业要求。20 世纪 80 年代末，安徽大学首次在国内合成了二羟甲基丙酸，并应用于水基聚氨酯的合成，使国内水基聚氨酯皮革涂饰剂的发展进入了一个高速发展阶段。

2000 年，西北轻工业学院（现陕西科技大学）马建中团队首次将无机纳米材料引入皮革涂饰剂的制备中获得了新型有机/无机纳米复合皮革涂饰剂，引起了国内皮革界对纳米复合材料研究的热潮，该部分作为主要研究内容之一获得了 2010 年国家技术发明二等奖。

2. 助剂

我国从 20 世纪 70 年代开始对硝酸纤维素乳液光亮剂进行研究，1983 年，丹东市轻化工研究所（现丹东轻化工研究院有限责任公司）研制成功了与 BASF 公司 FN 光亮剂性能相当的 DLC-1 皮革光亮剂，并在滑爽、柔韧、防水等性能方面较 BASF 公司 FN 光亮剂有所提升。同年，河南化学研究所和焦作皮革厂共同研制出了 HCS 系列皮革光亮剂，属外改性硝化棉型，包括 HCS-1 滑爽剂、HCS-2 稀释剂及 HCS-3 光亮剂 3 个品种，打开了我国自行生产硝酸纤维素乳液的局面。1985 年成都有机化学所（现中国科学院成都有机化学有限公司）研制成功我国首支高含固量 SF 硝酸纤维素皮革光亮剂，性能与拜耳公司的 HF 相当，且原料立足于国内，生产流程短，设备简单，无三废。

1983 年，晨光化工研究院研制成功了两种有机硅皮革滑爽剂 CSLS-1 和 CSLS-2，前者是一种有机硅的溶剂分散体系，可以与溶剂型光亮剂配合使用，后者是一种有机硅的水分散体系，可以与乳液型光亮剂配合使用。均达到了国外同类产品 KS-132 和 KS-3121 的水平，为我国皮革涂饰助剂品种填补了空白。

1996 年，西北轻工业学院（现陕西科技大学）研制出了与 Stahl 公司 FI-50 蜡剂性能相当的 MP-1 改性石蜡涂饰填料，是将价格低廉的固体石蜡加热到 130℃，加入具有一定酸值的氧化石蜡和由 $KMnO_4$、Na_2CO_3 组成的溶液进行氧化，然后与聚乙二醇在催化剂对甲苯磺酸存在下酯化，再采用油中转相的乳化工艺制成稳定的乳液。它具有较好的柔软性和油润感，遮盖性好，能使皮革粒面细致、平滑，可改进涂层的熨烫离板性和堆置防粘性。为了改进 MP-1 型的氧化工艺，加入硼酸使氧化向生成脂肪醇的方向进行，颜色浅淡，制得 MP-2 型，属于软性蜡乳液，特别适合于底层涂饰，能赋予成革柔软且自然的蜡感和油润感。1997 年，中国科学院成都有机化学研究所（现中国科学院成都有机化学有限公司）研制了阴离子型 WG-A 蜡乳液和阳离子型 WG-C-10 蜡乳液，处理后的皮革光泽自然柔和，有较强的蜡滑感，耐干湿擦。

1986 年，中国科学院成都有机化学研究所（现中国科学院成都有机化学有限公司）研究出了与荷兰 EX-0331 性能相当的 XG-1 型消光剂，填补了我国消光剂的空白。之后，又不断研制出 XG-461、XG-462、XG-463 消光剂，其不但具有消光作用，还具有补伤作用。1987 年丹东市皮革化工厂（现丹东轻化工研究员有限公司）研制成功 FD 型细分散颜料膏，西北轻工业学院（现陕西科技大学）与中国科学院上海有机所共同研制开发了 PFSI-1 氟硅表面防污剂，极大地丰富了我国皮革涂饰助剂的种类。

第七节　皮革机械行业发展

1949 年前，我国制革工业相对较集中的城市仅有上海、北京、武汉、天津、广州等。其中武汉有 200 多家制革厂，规模最大的建国制革厂仅有 5 台转鼓、1 台磨革机、6 架缝纫机及池、木桶等手工工具；当时的制革工业中心上海有 656 家制革厂，机制皮革厂不过 30 家，没有电动机的厂占总数的 87%。

1949 年至 1969 年，在"独立自主，自力更生，走自己工业发展的道路"方针的指导下，各地制革工厂纷纷大搞技术革新，相继制造出机械传动去肉机、窄工作面削匀机、平板式压榨挤水机、简易剖层机、拉软机、板式熨烫机、往复式喷浆机、销轮式量革机等基本制革机器设备，许多难以机械化的手工操作逐步为机器加工所代替，大大减轻了工人的劳动强度，提高了劳动效率，加强了劳动保护，改善了劳动环境。

1972 年，针对各地原料皮及品种的加工要求，各厂竞相生产出不同种类、不同规格的机械设备，满足制革工艺加工要求，但存在配件难、配套难、机器加工精度差、性能不稳定等问题，行业组织技术人员在广泛调研基础上，进行了全国第一次皮革机械标准化工作，促进了我国皮革机械制造实现优化统一。

制革机械标准经过 8 年使用后，发现在机器的名称、结构及系列规格尺寸等方面存在许多不够合理与规范的地方，尤其是与国际上通行的标准不一致，影响我国皮革机械的出口及配套。1984 年进行了第二次标准化修订工作，实现了进一步与国际标准接轨。

轻工部皮革研究所研究和设计了"GJ4C6 型通道式挂湿挂晾干燥机"。

"七五"期间国家皮革科技攻关的任务除对工艺、材料、环保技术继续攻关外，在皮革加工设备的攻关方面有所侧重。我国的皮革加工机械水平不仅与发达国家如意大利、德国、法国有差距，而且与我国其他行业的机械化水平也有一定的差距。轻工部皮革所设备室从七十年代开始与皮革机械工厂合作，测绘和引进了许多先进的皮机设备，并设计和开发了一些新产品，大大提高了皮革行业机械化水平。在此基础上设备室承担了国家"七五"攻关项目"180型滚印涂饰机"、"抛光机"、"带刀片皮机"、"毛皮渐变染色机"以及部项目"大底拉毛机"、"X4A2胶粘压合机"的研制工作。并完成了国家软课题"皮革机械机电一体化发展预测"的任务。同时进行了"皮革机械噪声声功率的测定"、"制革机械尺寸规格系列"的标准化工作。由于皮革所条件所限，设备室没有小试条件和中试条件，除设计工作外，大量的其他工作全靠外协来完成，吃住在工厂，付出了很大的艰辛和劳动。完成了国家交给的攻关任务和部、所项目。"皮革机械机电一体化发展预测"获国家三等奖，"X4A2胶粘压合机"、"180型滚印涂饰机"、"毛皮渐变染色机"、"皮革机械噪声声功率的测定"获部三等奖，"GJ5F2—60型抛光机"获省四等奖。

1992年，再次修订标准中与国际标准不符的地方，完善充实，与国际标准完全接轨，规范了我国皮革机械的生产与使用，为国产皮革机械走向世界奠定了基础。相应地，我国皮革机械生产得到快速发展，相继制造出倾斜转鼓、螺旋式转鼓、分格转鼓、大容量普通转鼓、超载转鼓，宽工作面削匀机、精密剖层机、立式拉软机、通过式熨革机、高速磨革机、真空干燥机、超声喷浆机、电脑喷浆机、电子量革机以及各种液压传动机器，电子、超声、光电、射流、红外线和微波等新技术，大量应用到制革机械中。

湿加工设备的种类增多，结构设计上不断创新，从划槽机、普通转鼓、倾斜转鼓、螺旋式转鼓、分格转鼓，进而演变出通过式湿加工机械。其具有如下特点：一是不断提高单位占地面积上的容积利用率，提高单位容积上的装载率，提高容器内的搅拌效果，使之容器内搅拌作用增强，内装坯革所受弯折、挤压作用及与操作液的混匀作用增强而所受绝对机械作用缓和，从而达到在同等占地、用材及耗电力情况下，增强了设备的利用率、加工效率和质量，且节水、节能、节料、节时与环保；二是技术上采用配置自动加料、加水及定时操作；三是鼓门上采用自动开启、关闭，大大减轻了操作者的劳动强度；四是普通转鼓采用大直径、大容量结构，提高单批加工量，以减少批差、色差，提高材料吸收率，减少操作人员，提高了生产效率。

20世纪90年代，我国湖州二轻机械总厂等企业研制出宽工作面去肉机、削匀机，使刀轴类机器制造上了一个新台阶，有助于提高整张皮的去肉、削匀质量和效率；同期，该厂研制出宽工作面、大压力挤水伸展机，完成了精密剖层机的国产技术设备配套，以及与干燥工艺配套的挤水伸展设备。

我国大连蓝德机械有限公司、烟台龙益机械有限公司等企业在引进、消化、吸收基础上创新发展，研制出液压传动精密剖层机，在国产皮革机械方面迈进了一个较高的层次。

我国上海皮革机械厂、扬州扬宝机械有限公司、如皋斯普润机械制造厂等企业研制出贴板干燥、双台面及七层真空干燥机等，努力降低干燥温度，使之干燥速度快，干燥过程缓和，皮纤维收缩率较小，尽可能保持湿加工过程所赋予皮革的丰满柔软性，节省了干燥机器设备的占地面积，且热量相对集中，热量耗散减少，热效率提高。

对毛皮采用真空滚转干燥机，减少了干燥时间，确保了毛皮柔软度；研制出毛皮溶剂脱脂机，使毛皮皮板脱脂干净、快速，皮板柔软丰满，存放时间长而且不泛油。

采用热泵干燥，热量循环使用，并实现低温干燥，保存了湿加工过程所赋予坯革的丰满柔软性。

江苏南通如皋皮革机械厂率先推出宽工作面通过式振荡拉软机，一些企业推出无夹伸展机、多级轴式反复伸展机、真空摔软转鼓等做软设备，增强了机器对革坯的伸展拉软作用，减少了有夹绷板伸展过程中夹具对革面的损伤，做大了皮张面积，减少了坯革面积损耗。

山东烟台等厂研制出宽工作面通过式磨革机及磨革—除尘联合机组及革粉压块装置，彻底改变了磨革工作过程及场所粉尘污染严重的局面；温州皮革机械厂等研制出宽工作面抛光机，显著改善磨面效果质量，满足了高质量涂饰的工艺需求。

20世纪90年代，天津金林机械厂、鑫搏皮革机械有限公司，沈阳中天科技有限公司等企业，从板式单机80吨总压力的熨压机，一步步发展到单机1500吨大压力间歇式熨平压花，满足特殊花色皮革的深度压花需求。为了提高熨烫效率，上海三宏科技有限公司、湖州二轻机械总厂、天津金林机械厂、连云港达盛皮革机械有限公司等相继研制出辊式通过式熨平压花机，从技术上实现了由蒸汽加热、电加热至油加热的转变，实现了稳定高压、高温熨压的技术性能和通过式高效率熨压的技术目标。

各种用于精细加工目的的打光、滚压机器设备也相继采用液压传动控制等技术，使机器加压和运转平稳，有效提高了加工效率和质量。

20世纪80年代，国内外技术人员开发利用超声波控制喷枪开喷与停喷的喷浆机。北京皮革机械厂在国内首次研制出超声波控制喷浆机，取代了大生产中的手工喷涂和采用机械臂作用实现往复式喷浆，初步实现"有革喷、无革不喷"，大大减轻了浆料浪费和对环境的污染，但依然存在喷枪的提前开喷与滞后停喷，以及喷枪易受污染而控制灵敏度很快变差，机器故障率较高的问题。为此，技术人员又开发出电脑控制喷浆干燥机，喷枪与控制部分相分离，对"有革喷，无革不喷"的精确目标又靠近了一大步，使得在保留喷涂均匀性的同时，尽可能地减少浆料浪费及对环境的污染程度。

这个时期，最富有变革性的是辊印涂饰机的出现，实现了对不同厚度坯革的印刷式涂饰，解决了喷涂及其浆料雾化所造成的污染及浪费问题，从根本上实现了"有革涂，无革不涂"的目标，大大节省了化工材料，消除了喷涂过程浆料对环境的污染。继之又研制出淋浆机、自动涂刷机器等设备，满足了不同皮革品种的"有革涂，无革不涂"的问题。

20世纪70年代前，无论是皮革还是毛革，丈量每张皮的面积大小，都是采用以寸见方为单位的小格构成量尺板，将皮张放在板上后，根据其所占格数的多少累加得出该张皮的面积大小，量皮效率极低。后来，人们研制出采用以寸为间隔的成组销轮在转动过程中带动皮张转动，通过统计销轮转动中移动坯革所转过的圈数而累计量出皮面积的销轮量革机。

20世纪70年代以来，我国广东电子量革机厂利用光电管成排以英寸间隔均布，辅以电脑扫描累计皮面积的平板（卧式）量革机；国际上研制出以光电管成排间隔均布装在转动的辊子中，辅以扫描及配合传送辊而成的双辊传动立式量革机，占地面积小，适合较柔软皮革的量革。近10年来，推出以红外线反射原理辅以扫描累计的平板蓝湿革（专用）量革机，对于自重较大的蓝湿革进行面积丈量，以便于根据订单量好蓝湿革面积组织较精确的生产。

20世纪80年代以来，我国细杂毛皮加工设备发展很快，从早期的手工铲刀削肉发展到圆刀削匀机、圆盘刀去肉机，大大提高细杂皮的去肉削匀效率和削匀质量；从采用缸、桶进行手工搅拌鞣制染色，发展到采用木质、钢筋混凝土浇筑、玻璃钢纤维直至不锈钢结构的划槽，容积从几十立升发展到几千立升，附设自动加温控温、自动装卸装置，可以精确控制加工时间、温度等参数。从压榨式脱脂机发展到利用溶剂萃取原理进行脱脂的溶剂脱脂机，彻底解决了各种粗、细毛皮的脱脂问题；可控温度、专用于油鞣加工的搓鞣机等成批加工毛皮设备。

在整理设备上，根据各种原料皮的特点，研制成配套的辊式伸长机、伸宽机、细针梳毛机、翻皮机等各类细杂毛皮专用设备。

在加工大张毛皮的机器设备上，我国从早期的锯齿形圆盘辊粗梳毛机发展到采用针布进行精细梳毛的精梳毛机；从初期用于清理毛被上的粪块、泥土的刮梳机、打毛机，发展到湿式带刀式剪毛机进行初剪毛，用立刀配以螺旋辊刀形成压线式粗剪毛机，再到立刀配以螺旋辊刀口、在吸风工作台传送下进行剪毛的精剪毛机；从单一烫辊的烫毛机到刷液、烫毛联合机组；从辊式砂布磨革机发展到以人造石头与毛刷相间成螺旋状布置的立式拉磨伸展机，整理粗毛皮毛被的梳、剪、烫毛及修饰肉面的磨革设备日臻完善，满足了大宗毛皮及毛革两用的加工需求。

为了满足毛皮工业从原料皮出口，转变为毛皮制品出口的需要，我国在引进国外毛皮裁制设备基础上，研制出刀轮裁条机、拼缝机、平条机、打孔机、蒸汽整理器等裁制设备，使手工裁制、缝制迅速发展为机械裁制和缝制，有力促进了我国毛皮加工业的发展。

面对国家日益严格的环保要求和对资源综合利用的迫切需要，在自动搭马机及其输送设备、贴膜革生产设备、干燥整理联合机组等自动化、连续化生产设备，以及皮革废渣处理、喷涂和磨革除尘设备等制革环保设备方面，都将大有作为。

2010年，中国皮革和制鞋工业研究院承担科技部院所专项资金项目，开展了无鼓皮革鞣制机的研制，该装备与常规转鼓铬鞣设备相比，得革率增加10%以上；在保持皮革产品理化性能的条件下，可改善和美化皮革粒面；该装备构思巧妙，获得了中国发明专利，并申请了德国、意大利、印度等国的发明专利。

第八节 其他行业（含皮革五金、合成革及代用材料、其他）

一 皮革五金

皮革五金是指皮革制品、皮鞋等配套的五金零件。皮革五金配件的数量、质量、花色品种直接影响着皮革制品的产品质量。

1973年，在轻工业部的组织下成立了皮革五金专业组，成员厂包括北京、上海、天津、广州、沈阳、武汉、重庆、青岛8个城市的皮革五金厂。随后，先后于北京、广州、上海召开了第一次、第二次及第三次皮革五金专业会议。

1975年，轻工业部第二轻工业局在天津召开第四次皮革五金专业会议，湘潭皮革五金厂、洛阳光华皮件厂作为专业组成员第一次参加会议，成员厂由8个城市增加到10个城市的皮革五金厂，为改变皮革五金面貌壮大了力量。会议内容包括对于企业产品质量标准（草案）的试行情况进行总结、鉴定；研究箱锁配件开展标准化、系列化、通用化的工作进度；交流"双革""四新"经验。

1977年，轻工业部于北京召开全国皮革五金专业座谈会，会议评价，皮革五金配件生产由1973年4大城市小量生产发展到10个省市生产，数量品种增加，质量不断提高，为发展皮革制品创造了良好条件。技术革新、技术改造大力开展，电火花线切割加工、电镀一步法、无氰电镀、冲压多工位、含铬污水处理、程控、数控等新工艺、新技术在全行业逐步推广，提高了劳动生产率和机械化水平。

1978年，在湘潭召开了第六次皮革五金专业会议，会议期间，各厂汇报了1978年八项经济技术指标的完成情况，"双革"和"四新"成果，"质量月"活动及当前企业生产存在的问题。会议强调加强科技情报交流，搜集国外先进样品进行研究试制，缩小与国际先进水平的差距；针对箱铝口变形问题，北京、天津两市皮革五金厂从箱铝口结构、成分、热处理方面于1979年上半年完成高强度铝合金挤压型材的研究试制任务；由上海皮革金属厂和长江皮革五金厂于1979年完成压铸锌合金黄色镀层的研究和试验，提供在铁、铜材料上完成黄色镀层的完整工艺，改变锁及五金件表面镀层绝大部分为白色的现状。

1980年至1981年，上海长江皮革五金厂先后试制成功了旅行箱用的大字盘号码锁、公文箱用的号码对锁、家用箱用的中四筋号码锁和各种包袋用的五角号码锁。这4种号码锁，都采用三位数字，能变换1000个号码，采用国际上先进的压铸工艺加工，具有轮廓清晰美观、结构先进牢固、拨号锁合、开启准确、可靠的特点。

1981年，重庆皮革模具厂新建了一条皮革五金装饰件一步法电镀自动线，该线全长17.5米、25个槽、49个工位，在线上可以自动完成电镀工艺流程，还配备有三废处理设施。经生产实践证明：自动线班产"工字扣"3万件，提高工效7—12倍；产品质量较稳定，防蚀能力，经盐雾防腐蚀能力试验为42小时，达到了部颁标准（36—48小时）要求；对提高皮革五金装饰件的电镀质量和生产率都有显著效果。

1981年，在武汉召开第九次皮革五金专业会议，会议对高冲压工效安全操作；铝箱口的硬度、材质；仿金产品色泽质量；电镀污水处理；压铸工艺的应用等技术关键进行了交流。讨论研究了1982年任务：狠抓新产品试制，上高、中档产品；加强对仿金产品色泽与保护层的研究；提高压铸设计和制造能力；抓好冲压模具改革；抓好三废治理。

1984年，在沈阳召开第十次全国皮革五金专业会议。会议期间，各厂汇报了1982年、1983年八项经济指标的完成情况，"四新"和"双革"成果；观摩了各厂的新产品，包括北京厂的转锁、号码对锁、仿金插锁和低熔点合金离心浇铸及仿金工艺产品；上海长江厂的克码锁；上海皮革金属厂的拉丝镏金小方锁和多种仿金配件；天津厂的压铸跳锁、冲制产品的系列装饰改进以及青岛厂轻提箱锁等，受到一致好评。

1998年，广州新濠畔皮革鞋材五金批发广场建成，聚积着台湾政龙、澳门文亨、南海中港、平阳远东、广州千福临、石狮福特、中山伟明、温州南方皮塑等我国一流的鞋材生产、贸易企业。由于规划合理、配套完善、产品齐全、地理优势等使新濠畔皮革鞋材五金批发广场成为广州的皮革鞋材五金贸易中心。

1999年，国内的皮革制品市场经历了多年的考验后，已经逐渐理性化，更多地追求产品的时尚、独特的造型、制作工艺、并加大力度培养品牌。作为皮革制品附属行业的五金配件，也已自成体系，形成强大的市场。五金配件市场主要集中在广州，并已形成庞大的辐射网,直接影响全国乃至我国港澳、东南亚地区市场。广东成为皮革五金的生产、销售中心,广州、珠江三角州等地的五金配件生产厂家都将产品集中在广州,在此开设窗口,展示其高、中、低档皮革五金产品。浙江、福建等地区也有不少五金制品厂家搬迁至广州,利用广州的设计信息及电镀优势,推出自己的产品,参与市场竞争。

二 皮革五金配件

1. 上海皮革五金发展历史沿革

上海皮革五金产品的发展始于19世纪末,有曹庭记五金工场生产象牌西式皮箱铁对锁、复昌五金工场仿制生产大号铁克马锁。20世纪30年代,有3家工场生产英机锁、铁小克马锁和锌箱锁等产品,全系仿制舶来品。1948年五金产品生产工厂发展到19家,生产品种有皮箱包角、对锁、奇马铜锁、女式皮包提手架和裤扣等。

1950年后,皮革五金工业发展较快,1956年有72家作坊工场,品种有对锁、金属扣和金属架等54种。公私合营后,上海市日用五金工业公司将其裁并改组成孙记五金铜作和吕鸿记五金工业社2家,共有职工162人,主要生产包袋五金配件和各类裤扣。1958年,孙记五金铜作划归上海市皮革工业公司改组成上海皮革金属制品厂,开发了鞋扣、鞋眼和泡钉等产品。至1962年,品种发展有密扣架、铜箱锁、铜克马、铜泡钉、铜扁钉和高档皮鞋勾心(鞋钢条)等120种左右。1965年,吕鸿记五金工业社划入上海市皮革工业公司,改名为长江皮革五金厂。从而在皮革行业中组成上海皮革金属制品厂生产包袋、鞋五金配件为主和长江皮革五金厂生产裤扣、箱锁、箱架等箱包配件为主的2家专业配套厂。1965年,试制成国内第一只四筋铝镁合金箱架。1970年又开发高精密大小号码锁,产品质量达到了国外同类产品水平,结束了箱包配套号码锁全部依赖进口的历史。

进入20世纪80年代,上海皮革五金行业又先后开发了蟹壳锁、铜方锁、软箱配件、密码对锁和磁性扣等高档精密产品,尤其是磁性扣的设计打破了传统的机械结构,为箱锁发展开辟了新的途径。

1990年年底,上海皮革五金业完成工业总产值2083.5万元,利润200.6万元,厂房建筑面积8605平方米,固定资产原值480.5万元,职工593人。皮革五金配件产品共分鞋类、皮箱锁类、包袋类和箱架等19大类,品种近千种。

2. 工艺与技术装备

皮革五金配件生产工艺分产品成型和表面处理两大部分,其工艺和技术装备与一般日用五金行业的企业相同。较为突出的是为了加工金属箱架和生产号码锁,先后采用铝合金热挤压工艺和锌合金压铸工艺。20世纪80年代,为了发展高档五金产品,重点加强模具制造能力,投资150万元购置曲线磨床、电脉冲、座标镗床和程控线切割机床等117台(套)设备,使模具制造能力提高3—4倍。

1990年,上海皮革公司的2家五金配件生产厂共拥有设备281台(套),其中引进设备4台(套)、自动化设备29台、半自动流水线3条。皮革五金产品的表面处理有电镀工艺和馏金工艺。

3. 质量

随着新技术新设备的采用和企业管理的加强,皮革五金行业的产品质量逐步提高。20世纪80年代,购进的用以测验铝合金纯度的3200原子吸收分光光度计,能衡量30多种金属元素，精确度为百万分之一到万万分之一，干扰元素少，铝合金型材纯度得以控制，质量得到保证，在提高金属表面处理质量方面，也有所突破。1979 年，HEDP 无氰电镀工艺获上海科技成果三等奖；1988 年，黑镍电镀获上海市优秀新产品三等奖。产品方面，磁性锁获 1989 年上海市新产品三等奖；1990 年，在全国皮革五金产品评比中，8805 铝型材、中间号码锁等产品获轻工业部部优第一名 5 项。

4. 销售

皮革五金配件的销售除对口供应业内 40 多家工厂外，还销给商办和乡镇企业 50 多家。1980 年改革开放以来，30% 的产品供应给江浙的 200 多家厂；1988 年始部分产品直接出口，1990 年生产的 275 万只磁性锁有 90% 出口日本和我国香港地区，票夹金属架出口美国。

三 合成革及代用材料

人造革与合成革是模拟皮革的组织构造和使用性能，并可作为皮革代用品的复合材料。通常以针织布与非织造布模拟皮革的网状层，以微孔高分子涂层模拟皮革的粒面层，所得到的人造革与合成革正、反面都与皮革比较相似，广泛用于制作鞋、靴、箱包和球类等。

人们最初开发人造革与合成革的目的，是模仿皮革的结构，开发皮革的代用材料，以解决皮革生产中的原材料不足和环境污染问题。这种仿皮革材料的发展历史较短，大致始于 20 世纪 30 年代，发展于 20 世纪 80 年代。但是这种材料从开始发展，就融合了纺织、造纸、皮革和塑料四大柔性材料的先进生产技术和自动化生产装备。进入 21 世纪，随着高性能超细纤维合成革的快速发展，人造革和合成革行业形成了完善的产业结构。所以，从行业的发展历程和产品结构来看，人造革与合成革的发展大致可以分为人造革、合成革和超细纤维合成革三个阶段，然而这三个阶段并非孤立，而是齐头并进，互相融合发展的。

在研究皮革代用材料的初期阶段，最简单的开发手段是采用涂层技术，也就是将涂层材料涂覆在织物上，得到涂层织物，这也是人造革最早的发展雏形。

如果从涂层技术发展的角度来看，追溯织物涂层技术的历史，是我国最早发明的带有涂层的织物。考古专家在西周的古墓中发掘出最早的编织物上涂有棕黑色漆的残片，而在长沙马王堆汉墓中发掘出一顶完整的"漆骊纱冠"，是织物上涂漆而成，这顶黑漆纱帽埋在地下 2000 多年，仍然保持黑色的外观，说明在汉代，我国的涂层技术就已经很高了。很久以前，我国劳动人民用桐树的果实榨取桐籽油涂覆在布上，制成油布，用来制作雨篷布、雨衣、雨伞等，甚至到了 20 世纪中叶，我国人民还打着黄油布雨伞。

在我国，最早的人造革是 20 世纪 40 年代的上海漆布生产合作社生产的硝化纤维漆布，1958 年上海塑料制品一厂研制出人造革，也就正式揭开了我国人造革发展的序幕。至今，在中国内地已经形成上千家制造企业，人造革已经广泛应用于人们日常生活的服装、鞋帽手套、箱包、家居家具、文化体育、工农业以及交通运输的灯箱广告、棚盖、汽车装饰等数千个品种。

然而，由于聚氯乙烯人造革的成型性、卫生性、耐寒性、耐热性较差，在 20 世纪 60 年代末，随着高分子材料的快速发展，聚氨酯涂层人造革在世界范围内获得成功，由于其显示出比聚氯乙烯人造革更加优良的性能，在外观和手感上更像皮革，推动了鞋业和服装业的发展。

1964年，美国杜邦公司最先制成商品名为柯芬的合成革。这种合成革采用合成纤维非织造布为底基，中间以织物增强，浸渍聚氨酯溶液并在水中凝固，其溶剂被水置换，因而在聚氨酯弹性体中形成微细小孔。这些孔互相连接，由表及里形成坚韧而富有弹性的微孔层，成为合成革的表层，并与底基构成整体。由于非织造布纤维交织形成的毛细管作用，有利于湿气的吸收和迁移，故合成革能部分表现皮革的呼吸特征。1965年日本可乐丽公司研制成2层结构的合成革，取消了中间织物，以改善成品的柔软性，这是合成革最早发展的雏形。

到了20世纪70年代，随着非织造布技术的快速发展，针刺成网、粘结成网等工艺被普遍使用，而且新型的纤维具有藕状断面或者空心结构，更加符合皮革网状结构的要求，结合具有微细孔结构的聚氨酯涂层，从而使聚氨酯合成革的外观、内在结构、卫生性能和物理机械性能与皮革逐步接近。这一时期，合成革产品呈现出多样化的发展特点。

20世纪80年代，合成革已有许多品种，除具有非织造布底基和微孔聚氨酯面层等共同特点外，各种产品也有差异。如非织造布的纤维品种和加工工艺各有不同；采用其他的底基浸渍液，如丁苯或丁腈胶乳，以得到非织造布纤维与聚合物间的特殊结合；结构层次不同，有单层、二层或者三层的产品。为获得不同的表面风格，除采用花辊压纹和揉革工艺制造光面革外，也可以磨去微孔层的表面使其表面呈绒状，称为绒面合成革。为避免花辊压纹破坏微孔结构，也可以采用转移涂层法制成干湿结合型合成革，多用于制作箱包和装饰品。

进入20世纪90年代，超功能合成革飞速发展，如日本研制出一种具有弹性记忆功能的涂层聚合物，当涂到织物上时，受热后聚合物分子结构打开，促使散热，受冷时聚合物分子闭合，保护热量的散失，是一种新型的智能调温合成革。可以说，功能性合成革的发展，将人造革与合成革这个行业逐渐带入了高新技术领域，人造革与合成革也不再是简单的仿皮革材料。

人造革、合成革按照国家标准统计口径以千克/平方米为单位，换算关系为聚氯乙烯人造革产品0.66千克/平方米；聚氨酯合成革0.5千克/平方米。根据国家统计局对规模以上的316家人造革合成革企业产量统计，2010年度我国人造革合成革总产量为218.9万吨，合39亿平方米，其中，聚氨酯合成革24.3亿平方米，其生产总量排名世界第一。据中国人造革合成革网调查统计，2010年全国聚氨酯合成革生产线为1575条，比2009年增长17%，总体来看，在大的经济环境复苏的情况下，我国聚氨酯合成革展现出蓬勃发展的态势。

中国人造革与合成革行业的发展主要是在长江三角洲和珠江三角洲，集中在浙江、广东和福建三省，其他省市也有企业分布，近几年在中部地区和环渤海地区正在快速增长。从城市聚集度来看，主要在温州、丽水、高明、江阴、晋江、白沟等区域，占了全国80%的份额。从全国人造革与合成革重点企业所在省区分析，江苏省占21%、浙江省占32%、广东省占12%、福建省占12%、河北省占5%。

随着现代科技的飞速发展，人造革与合成革的生产系统源源不断地吸收其他行业的高新技术，如果说最初的人造革是第一代产品，那么合成革就是第二代产品，超细纤维聚氨酯合成革的出现自然就属于第三代产品。该产品以超细纤维非织造布为基材，浸渍具有开孔结构的聚氨酯浆料、复合面层的加工技术，发挥了超细纤维巨大的表面积和强烈的吸水性作用，使得超细纤维聚氨酯合成革具有了皮革所具有的部分吸湿特性，因而不论从内部微观结构，还是外观质感及物理特性和人们穿着舒适性等方面，都与皮革非常接近。此外，超细纤维合成革在质量均一性、大生产加工适应性以及防霉变性等方面超过了皮革。超细纤维合成革的出现，最重要的意义是这种产品提升了整个行业的地位。

超细纤维是近年来发展迅速的差别化纤维的一种，是新型合成纤维的典型代表。目前国际上没有准确的定义，各国定义略有不同，但都以线密度为定义标准。德国的纺织品协会将 PET 线密度低于 1.0dtex、PA 线密度低于 1.0dtex 的单纤统称为超细纤维，美国的 PET 委员会将单丝细度为 0.3dtex—1.0dtex 的纤维定义为超细纤维，AKZO 则认为超细纤维的上限应为 0.3dtex，意大利则将 0.5dtex 以下的纤维称为超细纤维，目前国内基本把单丝细度在 1.1dtex 以下的纤维统称为超细纤维，而小于 0.1dtex 的称为极细纤维。目前，各大品种的合成纤维都可纺制超细纤维，如聚酯、聚酰胺、聚丙烯腈、聚丙烯纤维等。由于超细纤维单丝的线密度大大低于普通纤维，最细的可达 0.0001dtex，由于单丝线密度的急剧降低，就决定了超细纤维有许多不同于常规纤维的特性。

超细纤维及其产品主要由日本率先研制和开发，于 20 世纪 60 年代末 70 年代初开始商业化生产，并在合成革产品开发上取得了巨大的成功。目前，超细纤维合成革的生产主要集中在日本、中国、韩国等国家。

我国超细纤维合成革的生产是由烟台合成革总厂（现万华超纤股份有限公司）于 1983 年在引进日本可乐丽公司技术的基础上发展起来的。当时采用藕形多孔纤维，生产光面仿真皮革，1997 年该厂自主开发了不同于引进技术的纤度为 0.01dtex 不定岛型海岛超细纤维，1999 年批量生产"大富革"光面类超细仿真皮革，并在此基础上于 2003 年进一步扩大生产能力，上了第三条仿真皮革生产线。此后，江苏常熟合成皮革总厂（现常熟贝斯特皮革有限公司）在引进技术和设备的基础上开发成功定岛型超细纤维高仿真革，上海华峰集团开发成功了不定岛超细纤维高仿真革，并迅速进行规模化生产，该集团目前也拥有 3 条生产线；另外，1995 年，山东同大海岛新材料有限公司成功开发了具有中国特色的不定岛超细纤维高仿真皮革，纤维细度最细可达到 0.003—0.0005dtex，具有自主知识产权，并迅速发展成 4 条生产线，成为我国最大的超细仿真皮革生产企业之一，除此以外温洲黄河、莱芜东泰、浙江科艺、梅盛、温州革基布有限公司、山东金峰、淄博友谊机械；江苏双象集团无锡中进塑料有限公司等一批企业也都建成了生产线并已陆续投入生产，日本可乐丽公司还与浙江嘉兴禾欣合作于 2005 年建成年产 400 万平方米的超细纤维高仿真皮革生产线投入生产。

根据中国合成皮革网数据显示，2005 年，国内已经上马的超细纤维合成革生产线共有 25 条，实际年产能达 7650 万米。至 2005 年年底，中国正式成为世界上最大的超细纤维合成革生产国。另外，企业计划上马的生产线还有 8 条。2006 年，由于国内超细纤维合成革的某些关键技术尚未被彻底突破，各厂家产品趋同性明显，而高端应用领域仍主要依靠进口。加之国内产能短期内增长过快，造成了超细纤维合成革的产能过剩的局面，国内很多超细纤维合成革项目未能如期上马。到 2007 年，超细纤维合成革行业的供需矛盾已经表面化，产品利润率进一步降低，大部分厂家为争夺市场份额进行的价格战将产品价格降至成本价附近。到2008年年底，国内仅剩下16家超细纤维合成革生产企业，共有生产线26条。但是此后随着超细纤维合成革技术的逐步成熟，超细纤维合成革的发展逆势而上，进入发展的快车道，根据中国塑料加工工业协会人造革合成革专委会对成员单位的调查统计：2009年国内超细纤维合成革产量同比增长25%，达3500万平方米，其中温州市场超细纤维合成革2009年销量达到500万平方米。

从总体的趋势来看，我国的人造革与合成革行业仍然处于蓬勃发展的时期，2011年，作为中国目前产销量最大的专业超细纤维合成革生产企业，上海华峰超细纤维材料股份有限公司成功登陆中国A股市场，这是我国自禾欣股份、双象股份后，第三家在国内上市的合成革企业，这意味着我国合成革产业在资本市场中已经成为一股不可忽视的力量，也充分证明了我国合成革产业已经进入资本化竞争的新阶段和新的发展时期。

根据合成革发展的需求及陕西科技大学在合成革方面的人才、研究基础，陕西科技大学于2009年开始招收合成革专业方向的本科生，以满足合成革行业快速发展的需要。

第九节　标准与国际科技会议

一　专业标准体系的建立与发展

1. 标准管理体制的沿革：新中国成立后行业标准管理机构的演变

新中国成立以后至1949年10月，政务院财政经济委员会成立中央技术管理局，内设标准化规格处，专门负责工业生产和工程建设标准化工作。

1956年，国家技术委员会成立，负责主管全国标准化工作。

1957年，国家技术委员会成立标准局，开始对全国的标准化工作实行统一领导。国家技术委员会提出将标准分为国家标准、部标准、地方标准和工厂标准四类，构成了中国标准规范体系的雏形。

1956年，为了促进我国皮革工业的发展，轻工业部决定成立皮革研究所，经过近三年的筹建，1959年2月5日正式成立轻工业科学研究院皮革研究所，主要承担全国皮革、制鞋、毛皮、人造革的研究以及军工、援外项目等任务和皮革标准制定、分析检验、质量评比及国内外技术交流、人员培训。

1961年6月，轻工业科学研究设计院被撤销，"轻工业科学研究院皮革研究所"更名为"轻工业部皮革工业科学研究所"。

1962年9月，中华人民共和国轻工业部批准、发布QB 184—202—62等19项皮革行业部标准（标准由轻工业部轻工业局提出），是新中国成立以来，我国皮革行业首次批准、发布的部标准。

1963年，国家科学技术委员会发布统一标准代号、编号的几项规定，对部标准代号、编号、部指导性技术文件代号、编号和企业标准代号、编号做了统一规定。

1965年11月，中华人民共和国第二轻工业部批准、发布《制革工业术语》（SG 2 - 65）部标准（标准由中国皮革工业公司提出），并陆续制定了《篮球》（SG 29）、《排球》（SG 30）、《足球》（SG 31）、《植鞣黄牛外底革》（SG 40）、《植鞣猪外底革》（SG 41）、《铬鞣黄牛皮圈革》（SG 45）、《铬鞣黄牛皮辊革》（SG 46）、《铬鞣黄牛轮带革》（SG

47)、《铬鞣黄牛篮球革》（SG 48）、《铬鞣黄牛排球革》（SG 49）、《铬鞣猪篮球革》（SG 50）、《铬鞣猪排球革》（SG 51）等一批皮革行业部标准。

1972年11月，国务院批准设立国家标准计量局，主管全国的标准化和计量工作。

1975年，轻工业部批准、发布SG 60-71-75等12项皮革行业部标准（标准由轻工业部科技司提出）。

1978年，中国申请加入国际标准化组织（ISO），同年8月被ISO接纳为成员国。

1978年8月、10月，先后成立国家标准总局、国家计量总局，撤销国家标准计量局。国家标准总局负责全国的标准化工作管理。

1978年，国家标准化行政部门开始组建全国专业标准化技术委员会。

1979年，国务院颁布《中华人民共和国标准化管理条例》，将标准分为国家标准、部标准（专业标准）和企业标准三类，标志着标准化工作进入了一个新的发展时期。

1980年，国家标准总局发布《参加国际标准化组织技术活动暂行规定》。国家标准总局召开第一次全国产品质量监督检验工作会议。

1981年，国家标准总局、国家计量总局分别更名为国家标准局、国家计量局。

由国家标准总局、轻工业部批准成立"中国制鞋工业标准化质量监测中心站"，挂靠在轻工业部制鞋工业科学研究所。制鞋所设立分析室承担鞋类试验检测和标准化业务。主任为戴先翠，副主任为周敬。

1980年，制定了《皮鞋工业术语》（GB 2703）国家标准，这是我国首个鞋类国家标准。

1981年，经国家标准局、轻工业部批准，依托轻工业部毛皮制革工业科学研究所，成立轻工业部毛皮制革工业标准化质量检测中心站，负责皮革行业的标准化管理、质量检测工作。

1983年9月，轻工业部批准、发布SG 329—343—83等15项毛皮行业部标准（标准由轻工业部二轻局提出，由轻工业部毛皮制革研究所归口）。

1984年，轻工业部毛皮制革工业科学研究所成立标准室，标准室主任黄允礼。

1984年，轻工业部批准、发布SG 355—367—84等13项皮革行业部标准（标准由轻工业部二轻局提出，由轻工业部毛皮制革工业科学研究所归口）。

1984年10月，国家标准局批准、发布GB 4689.1—19—84、GB 4690—4694—84等24项皮革行业国家标准（标准由轻工业部提出，由轻工业部毛皮制革工业科学研究所归口），这24项标准是我国皮革行业首次批准、发布的国家标准。

1985年5月，轻工业部批准、发布《旅行软箱》（SG 400—85）、《旅行衣箱》（SG 404—85）箱包行业部标准（标准由轻工业部二轻局提出，由轻工业部毛皮制革工业科学研究所归口）。

1987年5月，轻工业部毛皮制革标准化质量检测中心站组建了全国皮革标准化咨询服务网，编辑发行行业内部通讯信息《皮革标准化》，主编陈应元。

1988年6月，轻工业部批准、发布《合成鞣剂测试方法》（ZBG 17016—88）、《制革用加脂剂测试方法》（ZBG 17017—88）、《制革用丙烯酸树脂乳液测试方法》（ZBG 31002—88）、《制革用揩光浆、颜料膏测试方法》（ZBG 50002—88）、ZBY 45003—88 5项皮革化工、皮革专业标准（标准由轻工业部皮革用品工业局提出）。

1988年，轻工业部制鞋所设立质量检测与标准化室，周敬任主任，严怀道任副主任。

1988年12月29日，第七届全国人大常委会第五次会议通过了《中华人民共和国标准化法》，将标准分为国家标准、行业标准、地方标准和企业标准四级，于1989年4月1日起施行，这标志着我国以经济建设为中心的标准化工作进入法制管理的新阶段。

1990年，国务院颁布《中华人民共和国标准化法实施条例》；国家技术监督局发布《国家标准管理办法》《行业标准管理办法》《地方标准管理办法》《企业标准管理办法》《全国专业技术委员会章程》。

1990年1月8日，国家军用标准"八五"规划编制会议召开，轻工业部毛皮制革工业科学研究所被确定为轻工皮革制品国家军用标准归口单位。

1990年4月，根据轻工业部的工作安排，轻工业部下属的"标准化质量检测中心（站）"划分为标准、检测两个分支，"轻工业部毛皮制革工业标准化质量检测中心站"变更为"轻工业部毛皮制革质量监督检测中心""全国毛皮制革标准化中心"。全国毛皮制革标准化中心负责皮革行业的标准归口、管理工作。金宝仲、苏晓春、杨承杰等同志先后任标准化中心主任。

1990年，轻工业部决定将"中国制鞋工业标准化质量检测中心站"更名为"全国制鞋标准化中心"和"轻工业部制鞋质量监督检测中心"。

1998年12月，国家质量技术监督局下达《关于废止专业标准和清理整顿后应转化的国家标准的通知》，要求废止专业标准。

2000年9月，经国家质量技术监督局批准，成立全国皮革工业标准化技术委员会（TC 252），秘书处设在中国皮革工业研究所。第一届皮革标委会主任委员张淑华，副主任委员杨承杰、崔庆义、郑少强、黄良莹，秘书长赵立国，委员共计37人。

2000年9月，中国皮革工业研究所和轻工业制鞋研究所合并成立为中国皮革和制鞋工业研究院。

2000年10月，国家质量技术监督局、国家轻工业局授权中国轻工行业协会联合会负责轻工行业的标准化管理工作。

2001年10月，国家标准化管理委员会成立，在国家质量监督检验检疫总局管理下，国家标准化管理委员会统一管理全国标准化工作。

2005年7月，国家发展和改革委员会发布《行业标准制定管理办法》（发改工业〔2005〕1357号），规定：行业标准的制定工作由国家发展和改革委员会（以下简称国家发展改革委）管理。国家发展改革委委托有关行业协会（联合会）、行业标准计划单列单位对行业标准制定过程的起草、技术审查、编号、报批、备案、出版等工作进行管理。

2008年3月，国家工业和信息化部成立，行业标准管理职能由发改委划入工信部。

2008年6月，全国制鞋标准化技术委员会正式成立，秘书处设在中国皮革和制鞋工业研究院。张淑华任主任委员、戚晓霞任秘书长。

2. 标准体系的变化：从苏式标准、西式标准到中国标准的发展过程

新中国成立后，中国的标准模式经历了苏式标准、西式标准到中国标准的发展历程。

1949年中华人民共和国成立，中国开始实行计划经济体制。随后建立的中国标准化

模式受到了苏联的影响，由政府总体规划并管理全国标准化的工作。

1955年7月27日，在第一届全国人民代表大会第二次会议上，国家建设委员会主任薄一波指出，标准化是对工业的原料、产品、生产过程、技术条件和质量要求等方面的各种要素做统一规定，是实现社会主义工业化的重要技术政策。其中，要在全国范围内推行的，应以国家法令颁布为国家标准。要成立国家主管标准的机构，根据中国工业发展的具体条件，参照苏联国家标准，逐步统一制定中国国家标准。

1956年，中国标准化代表团到莫斯科参加社会主义国家标准化机构代表会议第一届年会。

1957年，中国以世界动力会议中华人民共和国国家委员会名义申请加入国际电工委员会（IEC），8月被接纳为成员国。同年，中国派出了代表团以观察员身份参加了在莫斯科召开的IEC第22届年会。

1957年，国家技术委员会草拟了关于建立和开展全国标准化工作的意见稿，提出中国国家标准化工作的基本方针：结合我国具体情况，以学习苏联国家标准为基础，并吸取世界先进经验，建立为我国社会主义工业体系服务的国家标准制度。

这个时期标准在形式上的特点是：标准的制定和颁布往往是为了适应工作的急需，并不拘泥于颁布的形式，有的以单项标准的形式颁布，也有的附随在相关部委颁布的文件之中。这些标准的内容都是在苏联专家直接指导下制定的，有些标准就是直接从苏联的标准中翻译过来的。这一时期由各主管部委制定的各种类型标准及技术条件200余个（皮革行业部颁标准20余项），为中国标准体系的发展打下了最初的基础。

"文化大革命"期间，中国的政治、经济和各项事业部受到了强烈的冲击，标准化工作处于停顿状态。

"文化大革命"以后，我国政府的工作重点转向现代化建设，随着经济的发展，中国的标准化又开始恢复并得以发展。

1978年，中国的标准化管理模式发生了改变，我国成立国家标准总局，负责全国的标准化工作管理，并开始组建全国专业标准化技术委员会。在这一年，我国加入了国际标准化组织（ISO）。

1980年3月，我国成为ISO/TC137委员会P成员国，加入了鞋类国际标准化组织。

1978—1988年这一时期，整个标准化体系主体依然继承了在计划经济体制中确立的模式，即中央政府统一管理，由各个行业部门按照产品分类分工负责的管理体制。

1988年，随着我国经济体制从计划经济向市场经济的转变和改革开放的不断深入，我国颁布了第一部《中华人民共和国标准化法》，标志着我国以经济建设为中心的标准化工作进入法制管理的新阶段，但这部《标准化法》依然带着很深的计划经济烙印。

1989年开始，随着改革开放的日渐推进，我国的标准化工作越来越多地受到国际标准化组织和发达国家标准化的影响，提高中国标准水平、与国际标准接轨的要求日益迫切。中国的标准开始有强制性标准和推荐性标准之分，政府开始减少对标准制定过程的干涉，国家允许企业在确保完成国家计划的前提下，可以根据市场需要和自己的优势，发展多种产品，进行多种经营。在这样的制度转型过程中，企业有了相对独立的经营自主权，原有的计划经济下的苏联模式的标准体系已无法满足市场发展的需要，各个行业标准化组织开始尝试进行标准化转变和改革，专业标准化技术委员会开始实行公开透明，协商一致的原则，反映相关利益方的意见。

20世纪80年代，皮革行业拥有皮革成品部颁标准14项——《铬鞣猪正鞋面革》（SG 355—84）、《铬鞣猪正绒面鞋面革》（SG 356—84）、《铬鞣猪修饰鞋面革》（SG 357—84）、《铬鞣黄牛正鞋面革》（SG 358—84）、《铬鞣黄牛修饰鞋面革》（SG 359—84）、《铬鞣山羊正鞋面革》（SG 360—84）、《铬鞣山羊绒面鞋面革》（SG 361—84）、《铬鞣猪正面服装革》（SG 362—84）、《铬鞣猪绒面服装革》（SG 363—84）、《铬鞣山羊正面服装革》（SG 364—84）、《铬鞣山羊正面手套革》（SG 365—84）、《铬鞣绵羊正面服装革》（SG 366—84）、《铬鞣绵羊正面手套革》（SG 367—84）、《铬鞣猪软正鞋面革》（ZBY 45003—88），这些标准按照动物品种（猪、牛、羊）、表面处理方式（正面、修饰面、绒面）、用途（服装革、鞋面革、手套革）的不同进行分类。在计划经济体制下，国家负责统一安排采购、生产、销售计划，产品种类少，花色品种单调，生产企业按照国家计划组织生产、产品质量达到标准要求即可。因此这个时期的标准模式有利于生产管理控制和政府监管，产品质量能够得到有效控制和保障。但随着计划经济向市场经济的转变，大量新产品不断涌现，产品的花色品种日益增多，这种硬性规定、分类过细的标准模式使得新产品无法在市场上快速推广应用，在一定程度上限制了新产品的开发和应用。特别在改革开放以后，皮革行业的出口量不断扩大，原有标准模式已无法适应行业和市场发展的需要。

1989年，轻工业部毛皮制革工业研究所标准室陈应元高级工程师想行业所想，急行业所急，大胆进行尝试和创新，组织皮革行业的专家，参考日本、欧盟等发达国家的先进标准，参照日本工业标准《服装革》（JIS K6553—77）、《鞋用革》（JIS K6551—77）把皮革行业的14项产品标准进行优化、整合，按产品的最终用途进行分类，起草了《服装用皮革》《鞋面用皮革》行业标准。历经5年的辛苦和努力，1993年11月，《服装用皮革》（QB/T 1872—93）、《鞋面用皮革》（QB/T 1873—93）行业标准正式发布，标志着我国皮革行业标准化工作由经济计划模式转变为市场经济模式。从此，我国皮革行业的标准化工作以此为契机，全面按产品最终用途进行分类，制定相应的产品标准。改变了传统的既考虑原材料，又考虑生产工艺，还要考虑产品用途，分别单独制定标准的模式；采用以产品最终用途为目标、同时综合考虑材料、工艺、用途等相关因素，组合制定产品标准的新模式，从而有效地减少了标准的数量，提高了标准的实用性，使得新产品开发、应用的速度得到加快；同时吸收国际标准、国外先进标准的优点，修改采用国际标准、国外先进标准，提高了我国皮革行业标准的市场竞争力，促进了行业的快速发展。

1998年8月，我国成为ISO/TC 216 Footwear（鞋类）的P成员。ISO/TC 216技术委员会工作范围：鞋类部件的试验方法、术语和要求的性能测试的标准化工作，整鞋的试验方法和术语的标准化工作。

2001年12月11日，中国正式加入世界贸易组织（WTO），成为其第143个成员。入世就意味着中国要承认和遵守世界贸易组织规则，要使现行自愿性国家标准、行业标准、地方标准与国际标准协调一致；所有的技术法规、标准、合格评定程序符合TBT协议要求，否则就难以适应加入世贸组织的要求，难以使中国的经济融入全球经济一体化。标准的国际化，采用国际标准，已成为世界发展的趋势，代表了全球发展的方向。

为适应经济全球化的需要，采用国际标准和国外先进标准成为我国重要的技术政策。自改革开放以来，我国皮革行业采用国际标准、国外先进标准60余项，采标率达到70%，有效地促进了皮革行业的产品出口，使皮革行业成为轻工行业的出口明星行业。

经济全球化既为发展中的中国带来了机遇，也提出了新的挑战。抓住机遇，迎接挑战，融入全球经济，完善社会主义市场经济体制，全面建设小康社会，已经成为我国改革与发展的主旋律。同时，这对中国的技术标准提出了新的需求。

由于国家之间的关税壁垒已经被逐步打破，非贸易技术壁垒正成为当今各国保护本国市场普遍采取的形式，因此，标准的竞争已经成为国际经济和科技竞争的焦点。发达国家纷纷以技术标准，尤其是涉及国家安全、人身健康、环境保护的技术标准为依据，采用由技术法规、标准和合格评定程序设置的技术性贸易措施，强化其经济和技术在国际中的竞争地位，致使包括我国在内的发展中国家面临严峻的挑战。发达国家采用的技术性贸易措施，已经成为制约我国出口发展的最大障碍，甚至使我国相当数量的传统优势产品退出国外市场。我国的技术标准和技术法规还没有形成对我国产品的有效保护措施，一些国内产品已经面临国外产品的冲击，直接威胁到我国的经济安全和产业的生存与发展。

提高我国产品的市场竞争力，迫切需要相应的具有高水平的标准，需要具有竞争力的中国标准。

我国是世界公认的皮革及其制品的生产、销售、消费大国，皮革及其制品的产量和出口均名列世界前茅，因此皮革行业的质量标准水平直接关系到皮革行业的健康发展。采用国际标准固然重要，但是参与国际竞争，把自主创新的技术制定为国际标准更为重要。

自20世纪80年代起，工业化国家就开始对纺织品、皮革制品中的有害物质及对人体健康的影响进行了全面研究。德国是世界上最早对偶氮染料、甲醛等物质的影响进行研究的国家，1994年7月15日，德国联邦政府正式颁布了《食品及日用消费品法》第二修正案，对使用可能被还原成20种对人体或动物有致癌作用的芳香胺的偶氮染料的纺织品及其他日用消费品，明确规定禁止生产和进口，118种可还原出禁用芳香胺的偶氮染料被禁止使用，凡违反规定都视同犯罪。对于使用可还原出20种禁用芳香胺的偶氮染料染色的日用进口消费品，一旦检测出含有致癌芳香胺，全部就地销毁，并向厂家索赔，使我国正在使用104种偶氮染料的纺织品对德出口中断，皮革行业的出口也受到影响。

2002年9月11日，欧盟《官方公报》发布了2002/61/EC指令，规定可释出浓度超过30ppm的22种禁用芳香胺的偶氮染料，不得用于可能与人体皮肤或口腔长期直接接触的纺织品或皮革制品，如服装、床上用品、毛巾、假发、帽子、睡袋、鞋袜、手套、尿布及其他卫生用品、手表带、手提包、皮包、钱包、行李箱、座椅套、颈挂式皮包、纺织品玩具或皮制玩具及带有纺织品或皮制外套的玩具、供消费者使用的纱线和织物等。

皮革及制品是我国轻工行业出口量最大的产品，每年出口额均在100亿美元以上，欧盟、美国等是主要的贸易伙伴。针对国外技术壁垒对我国皮革、毛皮制品出口的影响，为保护我国皮革行业，及早提出应对方案，打破国外技术壁垒对我国皮革行业的限制，全国皮革工业标准化技术委员会会同中国皮革工业协会，2000年进行筹备，2001年在行业内组织实施了"皮革、毛皮中六价铬离子等有毒、有害物质含量全国普查",检测项目为六价铬离子、五氯苯酚、甲醛、偶氮染料。此项工作得到了全行业的大力支持和协助,不论是制革企业、毛皮企业,还是皮鞋企业、皮衣企业、皮件企业,包括皮化企业,纷纷提供检测样品,地方协会、生产基地管委会也大力予以支持和协助。此次全国普查,选择具有代表性的各类型生产企业及产品,覆盖猪皮、牛皮、羊皮(包括国产皮、进口皮),包括服装革、鞋面革、鞋里革、手套革、包袋革、票夹革、沙发革、毛皮产品等,共检测样品122个,涉及国内各类型生产企业50余家,包括部分国外样品。与此同时,中国皮革工业协会收集了国内厂家的100多个皮革、毛皮样品,送英国皮革技术中心(BLC)进行检测,整体检测结果与国内检测机构的检测结果基本吻合。

全国普查结束后,皮革标委会秘书处会同行业协会等有关单位的技术人员对普查结果进行了分析、研究,并与国外的相关机构进行了交流,认为偶氮染料、甲醛、五氯苯酚三项指标的控制,经过行业的努力,完全可以在一段时间内达到国际要求。六价铬离子的检测结果虽然达到了79.1%(≤5毫克/千克),与国际平均水平(75%)基本一致,但由于鞣制工艺目前还是以铬鞣为主,经过铬鞣后,后续工序中的加脂、熨烫、干燥、后整理等工序对皮革、毛皮产品中的六价铬离子的含量都会有很大影响,而且考虑到皮革、毛皮制品在使用、储存过程中,环境对产品中的"铬"的影响现阶段还难以确定,包括国外尚未有相关的报道;同时,六价铬离子的检测方法尚不完善,检测结果不稳定,重现性不理想。因此,为保护企业,在条件尚不成熟的情况下,暂不列入标准中。五氯苯酚作为皮革行业中的防腐剂使用,企业已极少使用,且国际上的检测方法标准尚不统一,也暂不列入标准。另一方面,考虑到我国是世界上最大的羊剪绒生产、出口国,羊剪绒产品中白色羊剪绒又占有相当大的比重,而且由于受到生产工艺、化工材料等因素的限制和制约,在相关生产工艺中无法完全替代甲醛的使用,因此针对白羊剪绒产品,标准适当放宽了限量要求,以便给企业一个适应、过渡期。

2006年4月3日,国家质量监督检验检疫总局、国家标准化管理委员会正式发布《皮革和毛皮 有害物质限量》(GB 20400—2006)强制性国家标准,2007年12月1日起正式实施。该标准的发布、实施,标志着我国皮革行业标准化工作在国际化进程中一个飞跃和突破。

2009年,国家皮革质量监督检验中心(浙江)、中国皮革和制鞋工业研究院等单位相互配合,共同进行了《皮革中烷基酚及烷基酚聚氧乙烯醚测定方法的研究》,并以此方法为基础,制定了《皮革和毛皮 化学实验 壬基酚及壬基酚聚氧乙烯醚含量的测定》国家标准,同时上报ISO/TC 120皮革技术委员会,已被CEN/TC 289、IULTCS接受。2010年3月15日,以CEN/TC 289/WG 1 & 2 & 3:N206、IULTCS/IUC、IUP & IUF:N206工作议案(First edition, 2010—03—15, Leather—Chemical tests—Determination of free and ethoxylated alkylphenol)下发相关成员国征求意见。这标志着我国皮革行业标准化工作走向国际化的战略性转变。

2010年11月16日,国家标准化管理委员会正式批复同意全国制鞋标准化技术委员会挂靠单位中国皮革和制鞋工业研究院与南非联合承担ISO/TC 137(鞋号标识和标记体系技术委员会)秘书处的请示。我国承担鞋类ISO国际标准联合秘书处工作。

2010年11月18日,ISO/TC 216会议上新成立了工作组WG1"鞋类 微生物",召集人为张伟娟。开创了我国主导起草鞋类 ISO 国际标准的先河。

2010 年，德国联邦食品、农业与消费者保护部发布第 G/TBT/N/DEU/11 号通报，关于《第 18 次修订商品法的法令》草案，修订的主要内容是增加对皮革制品的限制，规定"长时间与人体接触的皮革制品，特别是服装、表带、手袋和背包、家具装饰、钱袋及皮革制的玩具"不得检出"六价铬"。针对这种情况，全国皮革工业标准化技术委员会协助国家有关部门对德国第 G/TBT/N/DEU/11 号通报提出了反对意见，认为该法规草案违反 WTO/TBT 协定中第 2.2 条的规定，在现阶段要求在皮革制品中完全不含有六价铬是不科学的，是不符合现实条件的。

长期以来，皮革的分析检测方法多数都是修改采用 ISO 国际标准或发达国家的先进标准，由我国自主研发、制定的皮革分析检测方法较少。"十一五"以来，在全国皮革工业标准化技术委员会的统一协调下，中国皮革和制鞋工业研究院、陕西科技大学资源与环境学院、国家皮革质量监督检验中心（浙江）、嘉兴出入境检验检疫局、福建出入境检验检疫局、广东出入境检验检疫局等多家单位共同携手合作，研究制定了多项由我国自主研发的分析检测方法标准，如六价铬离子含量的测定（我国标准选用的脱色剂效果优于国外标准）、增塑剂的测定、富马酸二甲酯含量的测定（我国标准选用的萃取剂效果优于国外标准）、壬基酚及壬基酚聚氧乙烯醚含量的测定、防霉性能测试、致癌染料的测定、致敏染料的测定等。

这些标准与国际同类标准相比较，方法科学，较有特色，具有较强的可操作性和准确性，全部达到国际水平。其中，六价铬离子含量的测定、增塑剂的测定、壬基酚及壬基酚聚氧乙烯醚含量的测定、防霉性能测试、致癌染料的测定、致敏染料的测定等检测方法标准达到国际先进水平。

3. 标准对行业发展的促进作用

标准是企业生产出质量符合市场需求的产品、并在竞争中获得优势的重要基础。标准是一个国家经济和社会发展最主要的技术基础之一，在规范市场秩序、提升产品质量和安全水平、推进产业结构调整和升级、转变发展方式、促进科研及其成果转化、提高产业竞争力等方面具有重要的战略意义，对经济、社会发展起着巨大的作用。标准不仅是推动产业进步和促进贸易的手段，也是推动社会全面可持续发展的支撑。另一方面，标准也是政府职能部门进行市场监管的重要工具。

自新中国成立以来，皮革行业已形成了以国家标准为主，行业标准、地方标准衔接配套的标准体系；共制定、修订国家标准、国家军用标准、行业标准（含部标准、专业标准）近 300 项，标准覆盖了从制革、制鞋、毛皮及制品、皮件、皮革服装、皮制球、皮革五金、皮革化工等相关领域；培训各类标准化技术人员近万人；同时在企业标准化和消灭无标生产等项工作方面取得较大成绩（见表 3-1）。特别是 2000 年后全国皮革工业标准化技术委员会成立以后，在张淑华主任委员的带领下，皮革行业标准化工作取得了突飞猛进的跨越式发展，对促进我国由皮革大国向世界皮革强国的转变起到了巨大的推动和促进作用。

表3-1　　　　　　　　皮革行业国家标准、行业标准获奖情况

序号	获奖时间	标准名称	奖项	颁奖单位
1	1984年	《皮革六项标准的修订》	部三等奖	轻工业部
2	1985年	《中国鞋号及鞋楦系列》	优秀国家标准一等奖	国家标准总局
3	1986年	《鞋类耐磨试验方法》	国家标准科技成果奖	国家标准总局
4	1988年	《特种工业用皮革实验方法标准及特种工业用皮革密封件标准的修订》	国防科工委奖	国防科工委
5	1991年	《毛皮工业术语》（QB/T 1261—91）	中国轻工业科学技术进步奖三等奖	轻工业部
6	1993年	《服装用皮革》（QB 1872—93）	中国轻工业科学技术进步奖三等奖	中国轻工总会
7	1995年	《篮球、排球、足球、手球反弹高度测定方法》（GB/T 14625.2—93）	中国轻工业科学技术进步奖三等奖	中国轻工总会
8	1998年	《旅行软箱》（QB/T 2155—95）	中国轻工业科学技术进步奖三等奖	国家轻工业局

当前世界各国对于标准在促进产业化发展和提高产品质量中的作用已逐步形成共识，依靠先进标准进行商业竞争已成国际贸易的一个新动向，技术标准已经成为产业特别是高技术产业竞争的制高点。在传统的大规模工业化生产中，是先有产品后有标准的。在知识经济时代，则往往是标准先行，标准是质量的前提。

伴随经济全球化进程的不断加快和我国加入WTO，标准化在提高企业竞争力、破解国外贸易技术壁垒、促进出口贸易多元化以及完善市场经济体制等方面正发挥越来越重要的作用，其战略地位日益突出。标准化工作已经成为沟通国际贸易和国际技术合作的技术纽带，通过标准化能够很好地解决商品交换中的质量、安全、可靠性和互换性配套等问题。目前，标准化工作已成为制约或者提升一个企业、一个地区、一个行业参与国际国内竞争力的重要技术措施。

"十一五"期间，全国皮革工业标准化技术委员会会同中国皮革协会针对国外贸易技术壁垒对我国出口皮革产品的影响及时采取了应对措施，一方面，利用各种渠道和途径，加大宣传《皮革和毛皮 有害物质限量》（GB 20400—2006）强制性国家标准的力度，积极推广、实施、应用该标准，通过宣传、培训、相关部门监管，使企业及时熟悉、掌握该标准，有效地避免了不必要的损失。另一方面，针对欧盟等国家和地区只发布限制指令，不提供相应检测方法和标准的情况，标委会与出入境检验机构、国内质检单位、科研院校携手合作，及时跟踪、研究、研发新的检测技术和方法，改进现有的生产技术，并制定相应的检测方法标准（"十一五"期间，制定应急的化学检测方法标准10项），使我国能够及时应对，有效地保障了皮革行业的出口，减少了我国出口企业的不必要经济损失。特别是在较短时间内完成了《皮革和毛皮 化学试验 富马酸二甲酯含量的测定》国家标准的制定、报批工作，协助国家相关部门及时应对国外突发事件，减少企业出口的损失。

2009年10月11—14日，由国际皮革工艺师和化学家协会联合会（IULTCS）主办，

中国轻工业联合会支持，中国皮革协会承办、中国皮革和制鞋工业研究院协办的第 30 届国际皮革工艺师和化学家协会联合会（IULTCS）大会在北京圆满召开。这是有"世界皮革科技奥运会"美誉的国际最具权威的皮革科学与技术学术会议首次在中国召开。

国际皮革工艺师和化学家协会联合会（IULTCS），是世界皮革行业最具权威的皮革科技组织，为世界皮革工业的发展做出了卓越的贡献，国际标准化组织 ISO 已认可 IULTCS 作为制定皮革试验方法标准的国际组织，ISO/TC 120 皮革技术委员会将不再单独制定皮革试验方法国际标准。来自美国、法国、意大利、英国、西班牙、德国、印度、日本及中国等 20 多个国家和地区的科研院所、大专院校及相关企业的 300 余位代表出席了此次会议，对皮革行业的重要基础研究和应用技术进行了深入、广泛的探讨与交流。

作为世界皮革生产大国的中国皮革业在世界皮革产业中的影响越来越大，首次在中国召开，不仅给世界各国皮革科技工作者探讨皮革领域最新发展动态，加强彼此之间的了解和友谊提供良好平台，对世界皮革行业的可持续发展，特别是对处于转型期的中国皮革行业都具有重要的意义。

在皮革行业标准化工作者的共同努力下，我国皮革行业标准化工作已从重视标准向参与标准研究制定转变，企业从被动服从、符合标准向积极参与、影响标准的制定转变。标准化工作对提高我国皮革行业产品质量、服务质量，提升企业核心竞争力，促进企业的可持续发展，规范市场秩序，发展对外贸易，促进国民经济持续快速发展发挥了重要保证作用和技术支撑作用。

二 国际科技会议

1. 亚洲国际皮革科学技术会议（Asian International Conference of Leather Science and Technology）

亚洲国际皮革科学技术会议系由中国、日本、韩国皮革科技界同仁共同建立，旨在促进亚洲各国和地区进行皮革科技交流、推进亚洲皮革工业发展。自 1992 年开始，由中国、日本、韩国三方轮流主办，原则上每两年一届。

1992 年 10 月 25—28 日，第一届亚洲国际皮革科学技术会议在中国成都举行，由成都科技大学（现四川大学）主办。会议由李英教授出任组委会主席，国内参加本次会议的皮革科技代表达 200 多人，来自日本、韩国、德国、英国、美国、西班牙、意大利、瑞士、罗马尼亚等国及我国港澳台地区的与会者达 40 余人。

1994 年 9 月 26—28 日，第二届亚洲国际皮革科学技术会议在中国咸阳举行，由中国轻工协会皮革学会与西北轻工业学院（现陕西科技大学）主办。国内代表 224 人和日本代表团 11 人、韩国 2 人、中国香港地区 3 人，中国台湾地区 4 人出席了会议。后经国家科委批准，以后此项国际会议的中国主办单位统一定为中国皮革工业协会。

1996 年 9 月 8—11 日，第三届亚洲皮革国际会议在日本国姬路市举行，中国轻工总会行业管理指导部主任、中国皮革工业协会理事长徐永率领专家、学者、企业家组成的中国皮革工业代表团出席会议。

1998 年 11 月 21—23 日，第四届亚洲国际皮革科学技术会议在中国北京举行。中国皮革工业协会理事长徐永出任会议主席。本届会议共收录论文 138 篇，其中，国外论文包括日本、韩国、英国、法国、德国、捷克和丹麦 7 个国家计 25 篇，国内论文有四川大学等 19 个单位计 113 篇。论文内容涉及皮革工业发展战略、基础研究、工艺技术、皮革化工、环境保护、废物利用、皮革制品、皮革机械及分析检测等方面。

2002 年 11 月 5—7 日，第五届亚洲国际皮革科学技术会议在韩国釜山举行。出席本届会议的中国代表团成员共 27 人，团长为中国皮革协会常务副理事长张淑华。会议收录论文 59 篇，会上交流论文 31 篇，在收录论文中，我国专家学者的论文 46 篇，占收录总数的 78%；在交流论文中，中国专家学者的论文 22 篇，占交流总数的 71%。会议收录与交流的论文内容广泛，包括亚洲皮革工业的发展概况、制革工艺的研究、新材料新方法在制革中的应用、皮革基础理论研究、以及环保、清洁化与综合利用等领域的研究。

2004 年 10 月 19—21 日，第六届亚洲国际皮革科学技术会议在日本姬路举行。中国、日本、韩国和印度等国家和地区的代表 80 多人与会。在会上交流宣读的论文 31 篇，其中，中国代表团计 17 篇，占 57%。论文内容涉及新材料、新工艺、清洁化生产、污水处理、基础理论研究等方面。

会议期间，中国皮革协会代表团访问了日本皮革产业联合会、日本制革协会、日本皮革贸易协会、日本箱包协会、日本鞋类批发商协会、日本毛皮协会。双方就生产、贸易、产品质量、市场需求，以及行业发展趋势进行了交流和探讨。

2006 年 10 月 16—18 日，第七届亚洲国际皮革科学技术会议在中国成都召开。会议由中国皮革协会主办，会议主席由中国皮革协会常务副理事长张淑华担任，会议的主题是：皮革毛皮科学技术的发展，皮革毛皮生产新技术、新工艺，绿色化学品的研发，皮革及皮革制品质量标准和新检测方法，皮革清洁技术、环境保护及皮革固废弃物的综合利用等。与会代表人数达到 200 人以上，其中既有来自中国、日本、韩国、印度等亚洲国家的皮革行业同人，也吸引了美国、法国、英国、捷克等欧美国家皮革行业的专家。会议论文集收录 149 篇科技论文，经过筛选，共有 40 篇文章参加口头演讲。

2010 年 11 月 12—14 日，第八届亚洲国际皮革科学技术会议在印度加尔各答市召开。会议由印度皮革协会承办。来自印度、中国、日本、中国台湾、美国、意大利、英国、西班牙、新西兰、澳大利亚、墨西哥 11 个国家和地区的 200 余位代表出席了会议。中国皮革协会组织了国内 9 个单位 22 位代表，由中国皮革协会李玉中副理事长带队出席。会议的主题是：皮革行业 2020 年的机遇与挑战。大会议题分为制革工艺、绿色皮革化学品、胶原研究、环保新发展、皮革制品的发展趋势、人力资源与管理 6 个方面。会议共收到论文 200 多篇，其中 36 篇被选作口头演讲，其余 80 多篇用作与会张贴。中国代表有 9 篇论文做口头演讲，20 余篇用作与会张贴。会上，世界制革台商联谊会正式提出申办第九届亚洲国际皮革科学技术会议，并得到与会代表的一致赞同。会议期间，与会代表还分别参观了加尔各答制革工业园污水处理中心、制革厂和革制品设计培训中心。

2. 国际皮革工艺师及化学家协会联合会（The International union of Leather Technologist and Chemists Societies）

国际皮革工艺师及化学家协会联合会（IULTCS）成立于 1897 年。目前，有 17 家国家级行业协会或组织为正式会员，4 家组织为协议会员。

IULTCS 的宗旨是：在会员间加强技术交流与合作；建立与皮革有关的国际皮革检测标准和方法；举办国际皮革科学技术大会，通报各国在皮革和皮革化工领域开展的科研培训活动及取得的成果等。

IULTCS下设环境、标准、化工、教育、科研和公共关系等分委员会，负责处理各自领域的相关事务。其中，标准化委员会制定的制革检测等标准为ISO认可的国际标准。

IULTCS设主席1名、副主席2名、秘书长1名。主席和副主席任期4年。

该组织每两年在主要成员国间轮流举办IULTCS全球科技大会。

20世纪80年代末，中国代表开始参加大会。1989年，成都科技大学李英教授、中科院成都有机所魏德卿研究员参加了在美国费城召开的第20届IULTCS会议，何先祺教授、潘津生教授因健康原因提交了论文。

1991年，第21届IULTCS会议在西班牙巴塞罗那召开，成都科技大学李英教授等中国代表参加会议。1995年第23届IULTCS会议在德国召开，成都科技大学李英教授等人参加会议。

1994年，中国皮革工业协会申请加入国际皮革工艺师及化学家协会联合会（IULTCS），1995年成为该会会员。自1997年至2001年，中国皮革工业协会4次组织行业科技人员、专家、学者代表团，参加该会每两年一次在世界各地召开的年会和国际学术研讨活动，并发表论文，扩大了中国专家在国际同行中的影响。

2003年5月28—6月2日，第27届国际皮革工艺师及化学家协会联合会（IULTCS）大会在墨西哥CANCUN举行。由于受"非典"的影响，中国皮革工业协会没有参会，但协会代表中方以书面形式向大会提出了申请：第一，正式申请主办2009年IULTCS大会；第二，推荐中皮协科技委主任、四川大学石碧教授为IULTCS行政委员会北亚地区代表。大会充分考虑了中国皮革工业协会的申请和建议，最后确定中国举办2009年IULTCS大会；确定石碧教授为新一届IULTCS行政委员会北亚地区代表；支持中国对大会论文的翻译工作，同意给予全部翻译版权。

2004年3月，中国皮革协会常务副理事长张淑华等与国际皮革工艺师和化学家协会联合会主席考特先生和该联合会环境委员会主席Rajamani先生举行了会谈，探讨了加强中国与国际组织间科技领域合作与技术交流等方面议题。此外，Rajamani先生代表国际皮革工艺师和化学家协会提出，鉴于中国是世界上皮革生产大国，将破例请中国皮革协会派人员直接出任大会副主席。经中国皮革协会推荐，中国皮革协会秘书长苏超英出任国际皮革化学家和工艺师协会联合会副主席。

2005年3月，第28届国际皮革工艺师和化学家协会联合会（IULTCS）年会在意大利制革重镇佛罗伦萨召开，近200名代表对当前世界皮革工艺和科学研究领域的重大课题、实用技术等进行了深入广泛的探讨和交流。

2007年6月21—23日，第29届国际皮革工艺师和化学家协会联合会（IULTCS）会议在美国华盛顿召开，本次会议由美国皮革化学家协会（ALCA）主办。会议的议题为：皮革胶原的基础研究，皮革工业准备、鞣制、整饰工段的技术创新，皮革清洁技术和环境保护，皮革生产新技术和新材料的研发以及皮革固废物的综合利用等。大会共征集口头演讲论文33篇、海报粘贴论文61篇，其中有中国口头演讲论文6篇、粘贴论文20篇。来自美国、中国、法国、意大利、英国、西班牙、德国、印度等24个国家和地区的科研院所、大专院校及相关企业的近200位代表出席了会议。由中国皮革协会常务副理事长张淑华为团长的中国代表团一行24人参加了会议。会议确定了第30届IULTCS会议于2009年10月11—14日在中国北京召开。

2009年10月11—14日，第30届国际皮革工艺师和化学家协会联合会（IULTCS）大会在北京隆重召开。这是自1949年IULTCS在法国巴黎召开首次会议以来，第一次在中国召开，被誉为"世界皮革科技奥运会"。本届会议由中国皮革协会承办，会议主题定为"绿色创新、持续发展"。来自意大利、美国、英国、德国、法国、土耳其、瑞士、西班牙、阿根廷、罗马尼亚、日本、伊朗、印度、印度尼西亚、巴西及中国等21个国家的300余名皮革科技工作者参加了会议。会议共发表274篇论文，其中大会宣读论文39篇，张贴论文80篇。论文内容涉及9个专题：皮革领域基础研究（71篇）、皮革毛皮的清洁生产技术（42）、制革新设备和新技术（4篇）、皮革及其制品的分析检测技术及质量标准（21篇）、环保型皮革化工材料（53篇）、制革废水处理与循环利用技术（10篇）、胶原及制革废弃物资源化利用（47篇）、生物技术在制革生产中的应用（6篇）、革制品设计与制造规范及护理（20篇）。会议期间，IULTCS环保委员会（IUE）、化学委员会（IUC）、物理委员会（IUF）、检测委员会（IUT）、公共关系委员会（IUL）等分别召开各委员会会议，沟通商讨各专业的最新发展动向。

本届会议上中国四川大学制革清洁技术国家工程实验室主任石碧教授当选为第31届IULTCS主席（任期2009—2011年），这也是IULTCS成立110年以来，首次由华人担任该国际组织的主席。

第二章　大中专院校

（以设立皮革及其制品专业的时间先后为序）

新中国成立以前，在我国高等院校，皮革作为专业教育的一门学科，发端于制革，当溯源至 1920 年北京燕京大学化学系工业化学的制革科。1921 年设立制革学系，由美籍化学博士温森德（Dr. H. S. Vincent）教授任系主任，C. Y. Sun 任教师，主要教材取自于美国著名化学家的相关著作。1925 年由燕大制革系毕业的张铨（Paul C. Chang）留系出任助教。1927 年因时局动荡，温森德等外籍教师离校回国，制革专业因师资危机几频绝境。1928 年制革系被撤销，并入化学系，学生中仍有一部分人以制革为主科，时称"皮科"。从 1928—1929 学年起，化学博士威尔逊（Dr. E. O. Wilson）教授开设制革化学课程，由已晋升讲师的张铨担任制革主科讲师，讲授制革课程，并由制革系 1928 年毕业的张文德留校任制革助教。当时，学生除了学习制革、毛皮工程的课程外，还有皮革组织学和皮革细菌学课程，并且相当注重提高学生的制革工艺技术与实践动手能力的实习课程。历届毕业生在毕业后从事制革者约占总数的 81%，其中，除皮革教育界至尊一代宗师的张铨教授外，还有诸多业界享誉、知名者，如张文德、徐士弘、吕兆清、魏亚平、纪明、管玉泉、郑逢恩、周乃庚、师庆文、郭可谏、冯玉琦、李鹤田、祝爱德、贺宗生等人，分别成为我国制革学科奠基人、开拓者、实业家和新中国的制革专家。

此外，1929—1937 年国立北平大学工学院应用化学系曾开设皮革工艺及制革理论课程，潘津生曾在此就读，1932 年潘津生毕业后曾留校任化学系助教；抗战时期潘津生入川后，与同学钟书勤、徐崇林等人在重庆北碚金刚碑筹建了民利制革厂。1930—1935 年天津河北省立工业学院曾开设制革专科，学制三年，李仙舟、韩举贤、栗庆宣、李彪臣和王鑑等人任教。1937—1952 年私立成都华西协合大学化学系曾开设制革课程，由张铨、徐士弘任教，毕业生共 112 人，选修制革课程并撰写论文的约 30 人。其中，长期从事皮革科技、教育和实业的知名人士有张西林、杜书东、乐以伦、何先祺、华仲麟、李世贞、张扬。1952 年全国高校院系调整后，华大更名为四川医学院，化学系教师张铨、何先祺和张扬被调至位于泸州的四川化工学院。1939—1944 年位于四川乐山的国立中央技艺专科学校曾设立皮革科，由张铨、徐士弘、韩举贤、陶延桥等讲授制革学，毕业生共 49 人。第一班毕业生毕业后长期从事皮革者有金家骅、符之耀、何骏、郭功超、蒋汇昌、邓霆、杜仁等人。1940—1948 年四川省立成都高级制革科职业学校，连续招生 10 个班，前后毕业生近 90 人，而毕业后大多改行。其中，长期在皮革界供职或全国知名者有叶式烈、罗忠智、刘成修、薛立镛、李昌平、吕绪庸、张晋康等人。

新中国成立以后，继张铨等人在四川化工学院建立新中国的皮革专业（制革教研组）外，上海水产学院、北京轻工业学院、上海市轻工业学校、天津津京制革厂技术学校、山东轻工业学院以及北京市皮革工业学校等先后开设了皮革、制鞋专业，培养了一批又一批新中国的不同层次的皮革、制鞋专业人才。

1977年国家恢复高考制度以后，在成都科技大学、西北轻工业学院等高校的皮革工程专业开始恢复专科和本科招生以加快皮革人才培育的基础上，为解决专业人才的脱节与断层，20世纪80年代前后，京、津、沪等地皮革工业公司纷纷网罗师资，或本系统内挖掘人才，或邀请高校专业教师，自行开办或联办"七·二一"大学、职业技术学院、职业技术中专、技工学校；陕、甘、宁、青、新西北五省区也在青海省西宁市联合举办皮革专业培训班；有关高校还接纳皮革企业选送的学员进行定向代培，以解决皮革专业人才匮乏的局面。

世纪之交的前前后后，全国各地的皮革行业协会、科技团体、职业学校，针对皮革、鞋业以及革制品行业的迅猛发展，以及不同所有制的中小企业的迅速崛起和迫切需要，各种形式的工艺技术、创新设计、营销管理的培训班应运而生。其中，以皮鞋中级工、皮鞋设计人员的普及培训最为广泛。例如，中国皮革协会职业技术培训中心（设在北京市皮革工业学校内）、国家皮革和制鞋行业生产力促进中心国际培训部、全国轻工系统职业技能培训中心指导下的各地制革操作技能等级工技术培训、各地皮鞋设计与制作等级工技术培训，等等。

21世纪前后，一些尚未开设或建成皮革专业或院系的高校，如天津科技大学、郑州大学、浙江科技学院、温州大学等从学科交叉趋势考虑，因地、因人制宜，已经建立了与皮革相关的学科以及科教机构或团队，从事皮胶原、制革清洁技术、制革废弃物高值利用、绿色皮化材料等方面的科研与教学实践。这是当代皮革领域科教实践的亮点之一。

第一节　高等院校

一　燕京大学（制革系、化学系皮科）

燕京大学（Yenching University）通常被认可为成立于1919年，其前身系建于1869年的潞河书院和建于1870年的汇文学校（后曾分别改名为华北协和大学和北京汇文大学），于1889年两校合并，英文校名为北京大学（Incorporated in 1889 as Peking University）。1919年1月约翰·司徒雷登（John Leighton Stuart）就任新校校长，针对校名几经斡旋争执，后正式定名为燕京大学（参阅《燕京大学历史概述》，"燕京大学建校80周年纪念历史影集"第1页；《燕京大学人物志》第一辑第8页）。燕京大学（以下简称燕大）于1921年设立制革学系，由美籍神学博士Dr. H. S. Vincent（温森德）教授出任系主任，C. Y. Sun任教师，且教材主要取自于美国著名化学家的相关著作。学生中知名者有张铨、钟毓钧（一年级），蔡镏生、杜春复、王廉（二年级），许国良、余良猷、滕柱（三年级）。还有张文德于1924年入学。1925年由燕大制革系毕业的张铨（Paul C. Chang）留系出任助教。当时制革系开设的课程见表3-2。1927年因时局动荡，燕大外籍教师纷纷离校回国，温森德返美后未再回燕大任教，师资危机捉襟见肘，制革专业近乎频临绝境。1928年制革系被撤销，并入化学系。此后，化学系的学生中仍有一部分人以制革为主科，时称"皮科"。从1928—1929学年起，化学系教授Dr. E. O. Wilson（威尔逊）博士开设制革化学课程，由已晋升讲师的张铨担任制革主科讲师，讲授制革课程，并由制革系1928

年毕业的张文德留校任制革助教。当时，学生除了学习制革、毛皮工程的课程外，还有皮革组织学和皮革细菌学课程，并且相当注重实习课程。值得一提的是燕大制革系，除了教授化学、物理和生物等基础知识和制革理论知识外，还十分重视学生的制革工艺技术与实践动手能力，由张铨教授任主任的制革实验室里，设置了转鼓、美国制造的虎口式拉软机、轻革打光机、摆式重革打光机等机械设备供学生动手操作。其中拉软机和打光机至今仍保存在四川大学生物质与皮革工程系。制革系三、四年级学生，各有一学期开设制革实习课，每周6学时，其后增至每周9学时（见表3-3、表3-4）。据校方另一份职业调查分析统计报告披露，毕业生中从事制革的占65%、从事制革教学的占8%、从事与制革有关的政府或社会工作的占8%，所以，毕业后从事制革者占总数的81%。其中，除皮革界教育一代宗师的张铨教授外，还有诸多业界享誉、知名者，如张文德、徐士弘、吕兆清、魏亚平、纪明（纪凤鸾）、管玉泉、郑逢恩、周乃庚、师庆文、郭可谏、冯玉琦、李鹤田、祝爱德、贺宗生等人。此外，还有1949年入学攻读制革专修科的毕业生张晋康、杨广义等人，分别成为我国制革学科奠基人、开拓者、实业家和新中国的制革专家。

表3-2　　　　1925—1927年燕大制革系开设的本科专业课程一览

制革法	课程	选修要求	授课人
一—二	选读各制革课本、明确制革方法之大要	一年级必修	温森德
三—四	选读制革界最新出版物	二年级必修	张铨
五—六	鞣皮工程（准备操作）初步练习、铬鞣实习、每周6学时	三年级必修	张铨
七—八	讲授生皮各种原料选择及铬鞣革之各种加工与整理工程	三年级必修	C. Y. Sun
九—十	（1）植物鞣法及鞣皮整饰法；（2）毛皮硝制法	四年级必修	温森德、张铨
十一—十二	讲授（甲）各种除灰法（鸡鸽粪、麸液、化学法）及各种人造除灰剂之使用、（乙）浸酸与去酸法、（丙）染色及加脂法——明矾鞣皮法	四年级必修	温森德、张铨

表3-3　　　　1928—1929年燕大化学系开设的本科制革主科课程一览

	课程	学分	选修要求	授课人
化学119	制革化学	4	三年级选修	威尔逊
化学120	制革化学	4	四年级选修	威尔逊
制革171	制革演讲	2—0	二年级必修	张铨
制革172	制革法（植物鞣）	2—2	二年级必修	张铨
制革171—172	制革法（铬、铝、油、铁等鞣法，染色）	2—2	三年级必修	张铨
制革173—174	制革实习（每周9学时）	1—5	三年级必修	张铨
制革175—176	制革法（整饰、毛皮硝制）	2—2	四年级必修	张铨
制革177—178	制革实习（每周9学时）	3—3	四年级必修	张铨

表 3-4　　1924—1934 年燕大制革科毕业学生逐年统计数

年份	本科	专修科	大学肄业
1924	2	2	—
1925	1	3	1
1926	0	5	1
1927	1	7	0
1928	1	2	0
1929	4	5	3
1930	8	11	3
1931	3	9	3
1932	2	0	0
1933	6	0	0
1934	5	0	0
合计	33	44	11

二　天津河北省立工业学院（制革专科）

天津河北省立工业学院制革专科开办于 1930—1935 年，办学时间不长，未查到文字史料。据长期在天津从事皮革科技工作的周乃庚前辈所提供的回忆资料，1933 年他在天津华北制革厂任技术工作时，河北省立工业学院制革专科韩举贤教授曾带领该专业的学生共约 30 人到厂参观，是由他接待的，从与韩教授的交谈中得知，在 1933 年已有一届学生毕业，估计该校制革专科前后只办了两三届（班），讲授制革科的教师已知有 5 位，即李仙舟、韩举贤、栗庆宣、李彪臣和时任天津华北制革厂经理的兼职教师王镒。专科教材主要出自李仙舟教授的著作——《最新实用制革学》（李仙舟著，大学丛书·教材，1935 年 4 月商务印书馆出版），该著作是我国近代最早出版的一部制革化学与工艺学专业教材。据吕绪庸教授回忆，新中国成立以后，韩举贤、李彪臣二位教授曾和他同在总后勤部军需生产技术研究所皮革室工作，1954 年在他从事"铬—植结合鞣底革工艺研究"时，曾得到李彪臣先生的指导。经查实，该校制革专科毕业生李友兰就读于 1932—1935 年，由此可知该专科学制为三年。

三　私立成都华西协合大学（化学系 制革课程）

成都华西协合大学（以下简称华大）是一所私立教会大学，由美国、英国、加拿大三国基督教会联合创办，成立于 1910 年，校址设在成都华西坝。1926 年该校理学院设立化学系，由英国人 Dr. C. M. Stubbs（苏道朴）任系主任。化学系除开设普通化学、分析化学、有机化学、物理化学等基础课程外，还开设了染色化学、制革工程、制糖工程等实业性课程。其中制革工程学系曾拟先开办专修科，为制革厂培养技术人员，学制二年。由于制革专修科经费短缺，校方又要求自负盈亏，一旦生源不足，经费就捉襟见肘，故迟迟未能开办。及至 1936 年，因获教育部和省厅拨款用作开展制革教学，遂于 1937 年聘请燕大1935 年毕业生徐士弘先生担任化学系制革课讲师。1938 级学生张西林、田又文在徐士弘讲师指导下完成并发表题为《四川植物单宁的概况》论文（见《化学工程》杂志）。1939 年冬，华大曾与国立中央技艺专科学校联合预聘行将留美回国的张铨博士为两校专任教授。1940 年冬张铨博士回国抵达成都，以教育部庚款讲座教授身份，在华大主持化学系制革组（Leather Division）的教学与科研工作。他先后开讲初级制革学、矿物鞣革学、植物鞣革学、皮货硝染学、制革化学、制革工程、蛋白质化学等课程。同时继续研究植物鞣革理论，指导学生完成《中国橡椀单宁与皮粉结合研究》等毕业论文（有 5 篇论文发表在中国化学会会志上）；还带领学生在铬鞣影响因素、铁鞣、烟熏鞣、山羊皮保存方法、橡椀丹宁和桦树皮丹宁的鞣革性能、硫酸化油的制备、胰酶软化剂等课题试验研究（有 3 篇论文发表在《制革工业》杂志上）。值得一提的是该校化学系制革实习工厂，拥有制革用转鼓、划槽以及打光机等设施，临近的成都高级制革科职业学校学生也在此实习。化学系自 1939 年至 1950 年间，先后的毕业生共 112 人，选修制革课程并做有关论文的约 30 人。其中长期从事皮革科技、教育和实业工作的知名人士有张西林（1939 年）、杜书东（1940 年）、乐以伦（1941 年）、何先祺、华仲麟、李世贞（1947 年）、张扬（1950 年）等。1952 年全国高校院系调整后，华大更名为四川医学院，把文理学科划归省内其他院校。化学系教师张铨、何先祺和张扬被调至位于泸州市的四川化工学院，并倾力建立新中国的皮革专业。

四　国立中央技艺专科学校（四川乐山）（皮革科）

1939 年 1 月，早年留学英国的刘贻燕教授受命于前国民政府教育部负责筹建"国立中央技艺专科学校"，校址位于四川省乐山市。共设皮革、农产制造、造纸、染织和蚕丝 5 科，于同年 2 月登报招生，招收高中毕业生入学，4 月 24 日开学。皮革科共办了三班，第一班学制为二年，第二、三班学制为三年。期间，因校舍、师资等问题曾出现寄宿、转学等窘状，故第三班后停办。三个班的毕业生共 49 人。曾先后由高毓灵、张铨、韩举贤出任过该校皮革科主任或负责人，并由张铨、徐士弘、韩举贤、陶延桥等讲授制革学。第一班（1939—1941 年）毕业生毕业后长期从事皮革者有金家骅、符之耀、何骏、郭功超、蒋汇昌、邓霆、杜仁等人。第二班（1940—1943 年）毕业生曾从事过皮革者有刘国乔、郑行开、王公理、林文松、崔之美、王恺悌、田高云等人。第三班（1941—1944 年）毕业生中知名者有朱德铭、吴建业、周弋心、王政科 4 人。

五　四川省立成都高级制革科职业学校

成都高级制革科职业学校于 1940 年开办，约于 1948 年合并入成都工业高等职业学校应用化学科后停办，期间，连续招生办了约 10 个班，前后毕业生有 80—90 人，而毕业后先后改行的占绝大多数。其中，革一班毕业生叶式烈、万辅贤、李林萱、杨慈高 4 人经张铨校长和贾伊箴先生介绍被分配到前军政部被服总厂西安制革厂任技佐（当时技术人员的职务职称，由低到高分为4个级别：技佐、技士、技正和技监）；张兴镇、范学庄两人被分配到前军政部被服总厂贵阳制革厂任技佐；华仲麟则考入成都华西协合大学化学系就读，于1947年与何先祺同班毕业后，长期在南京林产化学工业研究所从事制革用栲胶等科研工作。此后，自革三班至革八班毕业生中，后来在皮革界或全国知名者、或业绩斐然者、或声誉卓著者如罗忠智、刘成修、薛立镛、李昌平、吕绪庸、张晋康等，他们长期在皮革界从事制革、皮化等方面的科技工作。据吕绪庸教授回忆，1941年起由张铨出任校长。制革专业课程设置相当细化、充实，有初级制革学、制革准备工程、无机剂鞣革法、有机剂鞣革法、皮革染色学、皮革加脂学、皮革修饰学、皮革细菌学、皮革解剖学（组织学）、毛皮鞣染学、皮革分析化学、（皮革）机械学、工厂管理、工厂设计、最近各国皮革工业概况，等等。制革的实践性很强，实习课十分重要，而该校校址与华西大学化学系制革实习工场邻近，且该校张铨校长又同时在华西大学化学系主持制革课教学工作，故"一肩双挑"，遂使制革职校学生得天独厚，就近安排在华西大学化学系制革实习工场实习。

六　上海水产学院（水产加工系化工科皮革专业）

上海水产学院的前身是建于1912年的江苏省立水产学校，1951年成为国内第一所本科水产高校——上海水产学院，并开设水产加工系化工科皮革专业，所以该院是新中国成立后最早在大学里设立皮革专业的高等院校。皮革专业课程由陶延桥教授（时任中央轻工业部上海工业试验所皮革研究室顾问）和马燮芳教授（时任上海益民制革厂技术厂长）两位兼任。学制三年，只此一班。全班毕业生共22人，毕业后一直在皮革行业长期从事制革、皮革化工、革制品等方面科研开发与技术管理工作直至退休者约占1/3，其中，或业绩声誉卓著者，或业界尚且知名者，诸如于义、俞良俊、俞志洪、陈鸿炳、郑晋生、闻碧筠（女）、袁茂林、冯源等人。上海水产学院皮革专业于1954年7月后停办，主要原因是当时国内尚无水产制革产业，而陶、马二位教授所授之专业课程皆属家畜类动物猪、牛、羊等原料皮用于制革，院方又苦于招聘不到专授水产动物皮制革的师资，无奈而辍。1985年该院更名为上海水产大学，其水产品加工系曾经开设《水产品加工和综合利用》课程，其中有一章节"鱼皮制革工艺和方法"，专门给学生传授鱼皮制革技术。

七　四川大学 生物质与皮革工程系（轻纺与食品学院）

（溯源涉及四川化工学院、成都工学院、成都科技大学、四川联合大学）

概况

四川大学生物质与皮革工程系自成立以来，一直以学科建设、人才培养和科技研发为目标，已发展为涵盖制革工程、皮革制品、皮革化工材料、制革生物技术和分析检验等方向，涉及教、学、研、产的学科体系，是我国皮革科技人才的培养基地和皮革工业高新技术最重要的研发基地，为我国轻工行业的人才培养、科技进步和产业发展做出了突出的贡献。

生物质与皮革工程系下设皮革工程、皮革商贸、革制品设计和轻工生物技术4个教研室。皮革化学与工程学科建有制革清洁技术国家工程实验室和皮革化学与工程教育部重点实验室，拥有轻工技术与工程一级学科博士学位授予权、轻工技术与工程博士后流动站和轻工技术领域工程硕士授予权。皮革化学与工程学科是我国在皮革领域唯一的国家重点学科，已被列为国家"211工程"重点建设学科和"985工程"科技创新平台建设计划，目前是国际皮革工艺师与化学师协会联合会主席单位和教育部高等学校轻化工程专业教学指导分委员会主任单位。

生物质与皮革工程系师资力量雄厚，现已形成一支以优秀学科带头人为核心，以中青年学者为骨干的学术梯队和以中青年教师为主体的师资队伍。目前在职教职工46人，其中教授（研究员）17人，副教授（副研究员、高级工程师）12人，博士生导师14人，中国工程院院士1人，长江学者特聘教授1人，国务院学位委员会学科评议组成员1人，国家杰出青年基金获得者1人，国家教学名师1人，教育部教学指导委员会委员2人，教育部新世纪、跨世纪人才5人（石碧、张新申、李国英、范浩军、何强），四川省学术与技术带头人8人，宝钢教育基金优秀教师6人，10人享受国务院特殊津贴，有国家级教学团队、教育部创新团队和国家级特色专业各1个。

生物质与皮革工程系科研成绩显著。近五年来承担了多项国家科技支撑计划，"863"计划，"973"计划，国际合作，自然科学基金，省部级重大、重点科研项目和企业委托项目；获得国家科技进步奖3项、部省级科技奖16项，荣获国家、省优秀教学成果奖5项，国家发明专利51项；主办了国内外公开发行的中国科技论文统计源期刊和中文核心学术期刊《皮革科学与工程》，出版教材及专著20余部，在国际和国内核心期刊上发表论文500余篇（SCI和EI收录200余篇），获国家级和省部级及校级精品课程各1门。

生物质与皮革工程系重视人才培养，成绩斐然。在长期的办学实践中，以培养高层次人才为目标，通过探索已经建立起"学科建设与本科教学有机互动"和"产、学、研相结合"的人才培养新模式，形成了以学科建设为龙头，本科教育为基础，研究生教育和科学研究为重点的办学格局。目前在校本科生752人、博硕士研究生156人、博士后6人、成人教育本科和专科学生305人，自1952年11月皮革专业组建以来，截至2010年7月，已培养近5000名制革高级专业人才，其中3190名本科生、292名硕士、138名博士、19名博士后、1308名成人教育本科和专科生，大部分毕业生已成为轻工行业教学、科研、生产、贸易和管理的骨干力量，为中国轻工行业的发展做出了巨大的贡献。

生物质与皮革工程系自建系以来，已与美国、英国、日本、德国、法国、捷克、韩国、新加坡及中国台湾和香港等10多个国家和地区的同行、学术研究机构在教学、科研和人才培养等方面建立了广泛的合作与联系。

历史沿革

四川大学生物质与皮革工程系下设轻化工程和轻工生物技术两个专业。其中轻化工程专业前身为皮革工程专业，始建于1952年，其办学历史可追溯至1921年燕京大学制革专业。轻工生物技术专业建于2004年。

1. 艰辛创业：1952—1976年

1952年，在国家"以培养工业建设人才和师资为重点，发展专门学院，整顿和加强综合性大学"的高校调整方针下，四川化工学院于1952年11月17日在四川泸州正式成立。皮革专业由张铨、徐士弘、何先祺、周弋心、张扬、吴永声、蒋廷芳、肖汉丞、李茂根和朱德铭等10名教师组建，是该校仅有的4个本科专业之一，当时被命名为"皮革毛皮及鞣皮剂工学专业",同时还开设 2 年制专科班,汇集了原燕京大学、四川大学、重庆大学、华西协和大学、西南工专、川南工专及中央工业实验所等单位的图书、设备、教室和科技人员,另外皮革专业还有郝钦明、陈德海、莫云凡等 5 名职工。皮革专业成立了制革教研组,由张铨教授任主任,徐士弘任副主任,蒋廷芳和吴永声任秘书。皮革专业除拥有自己的专业分析实验室和制革实习工厂外,还与泸州市皮革厂建立了合作关系,为学生校外参观和实习提供了条件。

皮革专业成立时有本科和专科各 2 个班,学生 150 余人,主要来自四川大学、重庆大学、川北大学、西南农学院、西南工专、乐山技专、川南工专和西康技专等学校的有关专业。1953 年夏,皮革专业第一班专科生 51 位同学与农产制造系皮革组的 9 位同学共 60 人同时毕业,其中 20 人分配到解放军军需系统,另一部分人稍后还被派往当时皮革技术先进的捷克去培训。这是新中国成立后在大专院校正式设立皮革专业的首批毕业生。这批毕业生中的绝大多数后来一直都长期从事制革生产和科研工作,为我国制革工业的发展壮大发挥了重要作用。此后专科停办。第一届本科毕业生约 34 人于 1955 年夏毕业,他们也都被分配到中央有关部门或大型皮革企业工作。

1953 年,张文德从西南农学院农产制造系调入皮革专业任教。

1954 年年初,制革教研组受国家高等教育部委托,制订全国皮革毛皮及鞣皮剂工学专业统一教学计划。同年 11 月,又接受修订本专业"皮革毛皮及鞣皮剂工学导论""皮革技术管理"等 9 门专业课统一教学大纲的任务。由教研组编写的教学讲义有单宁鞣料讲义(1953 年)、皮革准备工程(1954 年)、皮革鞣制(1954 年)、皮革整理讲义(1954 年)和植物鞣革工程(1954 年)。

1954 年,皮革专业受中央森工部委托,利用学校科研设备和人才优势,和森工部共同创建了森工部西南植物单宁研究室。研究室由张铨负责,张文德、乐以伦先后参加了此项研究工作,共发掘植物鞣料品种 128 种。这是皮革专业第一次和部委合作建立科研机构和进行科技合作。

1954 年 11 月 29 日,四川化工学院与 1954 年 8 月刚建立的成都工学院合并,学校由泸州迁至成都,"皮革毛皮鞣皮剂工学专业"更名为"皮革专业"。张铨担任成都工学院化工系皮革教研组主任。

1954—1956 年,皮革专业教研组组织翻译苏联制革化学家 H. B. 切尔诺夫院士编著的《皮革工艺学》,并于 1956 年由高等教育出版社出版。这是我国皮革行业首部出版的国外专家著述。

1956 年,乐以伦到皮革专业任教,并开展猪皮组织学研究,成为中国皮革组织学研究的先行者。

1957 年,成都工学院仿照苏联研究生培养模式,以皮革教研组、化工原理教研组为试点招收副博士研究生,分别由一级教授张铨、张洪沅担任研究生导师。皮革化学第一班(1957 年)研究生为张扬,第二班(1958 年)为朱正和。1959 年皮革副博士研究生停招,重新以研究生为名招生,当年招收研究生王里冰。1960 年又增加徐士弘和张文德为研究生导师,共招收陈敦萱、陶贵蓉和曾令保 3 名研究生。由于种种原因,1961 年皮革研究生停招。直到 1979 年 10 月,皮革专业才恢复招收研究生。

1957 年,皮革专业接受广东、黑龙江、四川、湖北等省的委托,在校内开办了两年制的皮革工程培训班，学员都是由这些省市皮革企业选送的有文化和经验的青年技术骨干，是皮革专业当时开办的成人教育，其办学形式和招收学员的规模，在当时的成都工学院均属首创。

按照国务院"将高等工科学校和综合大学逐步改为五年制"的学制改革要求，自1958年招收新生开始至1965年止，皮革专业将本科学制由四年延长至五年。

1964年，成立全国轻工皮革行业教材编审委员会，主任委员由张铨教授担任。

1966—1971年，因"文化大革命"停止招生长达6年之久。1972—1976年，皮革教研组撤销，成立高分子材料系皮革专业委员会，由郑筱梅任主任委员，张铭让、王照临任副主任委员。在这五年间，共招收工农兵大学生五届180人。与此同时，自1972年起，皮革专业开始在全国各地如江西赣州、安徽合肥等地实行开门办学。

1974年受山东皮革公司委托，为山东省在校内举办一期制革工艺培训班。此后10年间，陆续接受各省委托举办短期培训班。

2. 夯实基础：1977—2003年

1977年恢复高考制度，皮革专业招收四年制本科生，每年招生规模保持在40人左右。皮革专业委员会更名为高分子材料系皮革教研室，由郑筱梅任主任，张铭让、王照临任副主任。同年，受轻工业部委托，皮革专业开办了二年制的制鞋机械培训班。

1979年，恢复研究生招生，招收刘白玲（张文德为导师，李英协助）、王汝俊（徐士弘为导师，张扬协助）两名研究生。

1981年，国家实行新的学位制度，制革及鞣料专业获得硕士学位授予权。1986年，硕士学位专业更名为"皮革化学与工程"。

1984年，经国家教委批准，开办了毛皮制革工艺三年制成人专科，当年招收学生40人。1986年开办了革制品设计与加工两年制成人专科班。皮革专业成人专科一直开办至今。

1984年，经教育部批准成立皮革研究室，何先祺教授任研究室主任。

1985年，创立皮革机械专业及教研室，为皮革行业培养研究、设计、生产和使用皮革机械的专门人才。皮革机械专业第一届招生13人，吴永声任皮革机械教研室主任。

1986年，经国家教委批准成立皮革工程系、皮革研究所，第一任系主任为李英，研究所所长为何先祺，郑筱梅任系副主任兼研究所副所长。

1986年，获皮革化学与工程博士学位授权资格，何先祺教授为新中国成立以来皮革专业第一位博士生导师。1987年开始招收博士生，1989年招收博士研究生石碧，由何先祺和英国谢菲尔德大学E. Haslam教授共同指导。石碧于1992年毕业并取得博士学位，是我国培养的第一位从事制革研究的博士。同年，刘白玲获皮革专业博士学位，是皮革专业第一位女博士。

1988年，皮革化学与工程学科被评为国家重点学科，成为世界银行贷款项目第一批资助单位（共资助70万美元），并用该贷款引进了包括核磁共振仪在内的一批大型精密研究设备。同年5月20日，皮革工程系与广州人民制革厂创办《皮革科学与工程》杂志。首任主编为何先祺教授。

1989年，皮革工程国家专业实验室经国家计委和国家教委批准成立。李英任实验室主任，李志强任副主任。随后，接受了世界银行贷款项目第二批资助，引进了20多台当时具有世界先进水平的实验室用大型精密仪器，如高效液相色谱仪、冷冻切片机、高级蛋白纯化装置、荧光分光度仪、色度色差仪、自控实验室转鼓等。

1994年，获准成立"轻工技术与工程"博士后科研流动站，次年接受首位博士雷毅进站，合作导师为张铭让教授等人。

1995年1月，成立国家教委皮革工程研究中心，李英任第一任主任，石碧、张宗才任副主任。

1996年，全国高等学校皮革专业教学指导小组在无锡轻工业大学成立，吴永声任教学指导小组主任，廖隆理任秘书。

1997年，皮革化学与工程学科获准列入国家"211工程"重点建设学科。同年，何先祺被中国皮革协会授予"中国皮革工业科技先导"荣誉称号。张扬（1998年）、吴永声（1998年）、李英（2001年）也先后获此荣誉。

1998年7月，四川大学轻工与食品工程学院成立，廖隆理任院长，同时兼任皮革系系主任，张宗才、王坤余任皮革系副主任。同年，教育部对专业重新进行调整，"皮革工程"专业更名为"轻化工程"专业，次年即以轻化工程专业招生。

1999年3月，四川大学皮革工程系发起设立张铨基金。9月，拥有5500平方米的新皮革工程系实验大楼落成。10月，中国皮革协会和四川大学皮革工程系分别在上海和成都主办了张铨百年诞辰纪念会，以缅怀我国现代皮革工业和教育事业的先驱张铨先生。同时成立了张铨基金委员会，廖隆理任主任，张慕汉、张扬任副主任，同时还成立了评奖委员会和监督委员会。

2000年8月17日，获准建设"皮革化学与工程教育部重点实验室"，石碧任主任，段镇基院士为重点实验室学术委员会主任，并受聘四川大学特聘教授。10月，石碧受聘为教育部"长江学者"特聘教授。

2001年，获准"轻工技术与工程"领域工程硕士授予权。9月，首位从境外招收的外籍博士后，巴基斯坦籍博士M. N. Syed进入博士后流动站开始为期两年的博士后科研工作，合作指导老师为石碧，2003年9月6日顺利通过答辩并按期出站。同年，教育部高等学校轻工与食品学科教学指导委员会轻化工程专业教学指导分委员会成立，廖隆理当选为副主任（任期为2001—2005年）。

2002年，皮革化学与工程学科再次被评为国家重点学科。《皮革科学与工程》由季刊变为双月刊，同时被收录为国家科技部中国科技论文统计源期刊（中国科技核心期刊），并获广告许可证。同年，林炜的博士论文获全国优秀博士学位论文提名奖。

2003年，增设"发酵工程"硕士点。同年，石碧成为我国轻工技术与工程领域第一位获得国家杰出青年基金资助的学者。

3. 跨越腾飞：2004年迄今

2004年，利用皮革化学与工程国家重点学科和发酵工程硕士点的优势，以轻化工程专业为依托，创办了轻工生物技术专业，同年招收本科生40名，第一任教研室主任为周荣清。轻化工程专业在制革工程方向基础上增设了皮革商贸（教研室主任陈敏）和革制品设计（教研室主任徐波）培养方向。8月14日，"皮革工程系"更名为"生物质与皮革工程系"。同年，周华龙的博士论文获全国优秀博士学位论文提名奖。

2005年，皮革化学与工程学科被列入国家"985工程"科技创新平台建设计划。同年，由石碧教授指导的廖学品的博士论文获全国百篇优秀博士论文，这也是我国轻工技术与工程领域的第一篇全国百篇优秀博士论文；由石碧教授领导的科研团队被评为教育部创新团队。

2006年1月26日，经国务院学位委员会批准，"轻工技术与工程"获得一级学科博士学位授予权。5月24日，石碧教授当选国际皮革工艺师和化学师协会联合会（IULTCS）副主席（任期为2008年1月1日至2009年12月31日），2009年10月当选为IULTCS主席，成为该联合会110年历史中第一位华人主席。同年，轻化工程专业核心课程"鞣制化学"被评为国家级精品课程。

2006年，发酵工程博士点和生物质化学与工程博士点获批准并开始招生。6月，轻化工程专业被评为四川省品牌专业，并于2008年评为国家级特色专业。同年，陈武勇、何有节分别当选教育部高等学校轻工与食品学科教学指导委员会轻化工程专业教学指导分委员会主任、秘书长。

2007年，皮革化学与工程学科第三次被评为国家重点学科。

2008年6月6日，经国家发改委批复成立制革清洁技术国家工程实验室，由石碧担任工程实验室主任。8月，陈武勇获教育部国家教学名师奖。11月，由陈武勇和石碧担任负责人的"现代皮革化学与工程学教学团队"获国家级教学团队称号。12月，《皮革科学与工程》被北京大学图书馆收录为中文核心期刊。

2009年12月2日，石碧教授当选中国工程院院士。

国际学术交流与合作

1958年6月，皮革教研组主任张铨教授作为我国皮革科技专家代表，赴莫斯科参加"社会主义国家第三届国际皮革专业会议"，并在会上做了"中国皮革涂饰剂生产、应用和研究概况"的报告。这一活动是我国皮革行业在改革开放前参加的唯一一次国际学术交流活动。

1982年10月，为纪念皮革专业成立30周年，特邀请我国老一辈皮革专家、美籍华人杜书东博士回国讲学。参加此次活动的校内教师及校外皮革科技界专家学者共160多人。这是皮革专业第一次邀请国外专家来系讲学。

1987年，首次接受国外高级访问学者苏联莫斯科 M. V. 罗门诺索夫大学 V. Ya. Davydov 教授来系进行为期6个月的科学研究。

1989年4月，邀请第20届国际皮革工艺师与化学师协会联合会主席、美国农业部东部研究中心（ERRC）制革学术带头人 D. G. . Bailey 博士来系讲学。同年，李英教授参加了在美国费城举行的第20届国际皮革工艺师与化学师协会联合会学术交流会，何先祺、张扬教授的科研论文被收入大会论文集。李英教授陆续参加了第21届（西班牙，1991年）和第23届（德国，1995年）的 IULTCS 会议。

1990年，邀请德国著名制革化学家海德曼教授（E. Heidemann）前来讲学。同年，邀请澳大利亚农业部毛硬蛋白质研究所 Money 女士来校进行学术交流。

1992年10月，皮革工程系组织与主持"首届国际皮革科学与技术会议"。此次会议规模空前盛大，有12个国家和地区200多名皮革科技专家学者与会。大会邀请到的主席团成员均为世界皮革科教界的顶级知名人士，如德国的海德曼教授、英国的哈斯兰姆教授、日本的冈村浩与白井邦郎教授等人。本次会议执行主席为时任皮革系系主任的李英教授。在中国、日本和韩国的倡议下,决定将这次会议定名为"首届亚洲国际皮革科学与技术会议",并确定每两年举办一次亚洲国际皮革科学与技术会议。此后皮革系参与或组织了第二届(陕西科技大学,1994年)、第三届(日本,1996年)、第四届(中国北京,1998年)、第五届(韩国釜山,2002年)、第六届(日本,2004年)和第七届(中国成都,2006年)共七届亚洲国际皮革科学与技术会议。

1993年10月,世界皮革技术师和化学师联合会主席、英国皮革协会主席赛克斯博士来系进行了为期12天的学术交流活动。

1996年7月,联合国工发组织高级官员布林(Jakov Buljan)先生及中国轻工总会皮革协会秘书长、联合国援助项目主任张淑华女士率项目专家组一行11人来系访问。

1997年,石碧教授应邀在第24届国际皮革工艺师与化学师协会联合会学术大会(伦敦,1997年)上做特邀报告,并担任大会执行主席,成为该联合会100年历史中第一位获此荣誉的中国学者。

2001年11月,陈武勇、石碧、廖隆理出访捷克Tomas Bata大学,应邀做了学术报告,并达成双边科技合作项目4项。

2002年5月,捷克Tomas Bata大学与健康系主任Petr Hlavacek教授一行2人回访,双方就教学、科研和人才培养方面的合作达成共识。此后中方出访了3次,捷方来访了6次,并建立了定期的中捷皮革科学家联合报告会。

2003年9月,日本北海道大学中村富美男教授来我系访问交流。

2004年9月,美国东部农业研究中心(ERRC)的首席科学家E. M. Brown博士来访讲学和交流,执行世界著名科学家合作项目。

2006年4月,欧洲皮革鞋业权威检测与科研机构法国CTC公司执行董事Yves Morin来我系访问交流。6月,皮革系主任陈武勇和革制品教研室主任徐波访问捷克Tomas Bata大学,就功能鞋研发、学术合作等项目达成合作意向。9月12日,英国北安普顿大学皮革学院Dr Mark Wilkinson和Michael Redwood来我系访问交流。11月,邀请法国著名女鞋设计师Jean Renaud来我系讲学。

2006年10月15—18日,承办组织了第七届亚洲国际皮革科学技术会议,石碧任大会主席。会议录用论文149篇,其中有40篇论文进行了大会口头报告。这次会议的论文全部被ISTP收录。19日,IULTCS主席、法国CTC集团董事长Marc Folachier先生来我系做学术报告。

2008年6月20日,石碧教授应邀在第104届美国皮革化学家协会(ALCA)年会上做John Arthur Wilson纪念报告,成为第一位获此荣誉的中国学者。

2009年10月,第三十届国际皮革工艺师和化学师协会联合会(IULTCS)年会在中国举行。制革清洁技术国家工程实验室为IULTCS大会技术委员会承办单位,石碧教授担任大会技术委员会主席。共有31名老师和研究生参加了大会,张扬教授特邀做了"张铨纪念报告",陈武勇教授、范浩军教授和博士研究生黄鑫做了大会报告。10月,罗马尼亚皮革和制鞋研究所制革研究室主任Gaidau Carmen博士和Miu Lucretia研究员一行2人访问四川大学制革清洁技术国家工程实验室进行,执行中罗政府间国际科技合作项目。

四川大学生物质与皮革工程系历任领导见表3-5。

表 3-5　　　　　　　　　　四川大学生物质与皮革工程系历任领导

时间	系名沿革	系/教研室主任	系/教研室副主任	皮革研究所所长/重点实验室主任	皮革研究所副所长/重点实验室副主任
1952.11—1954.11	四川化工学院制革教研组	张　铨	徐士弘		
1954.11—1966.5	成都工学院化工系皮革教研组	张　铨			
1966.5—1972	因"文化大革命",停止招生达6年之久				
1972—1977	成都工学院高分子材料系皮革专业委员会	郑筱梅	张铭让　王照临		
1978—1980	成都科技大学皮革教研室	郑筱梅	张铭让　王照临		
1981—1983		吴永声	王照临　张铭让		
1983—1986		何先祺	王照临	1986年成立皮革研究所	
1986—1993.9	成都科技大学皮革工程系 四川联合大学皮革工程系（1994.4起）	李　英	郑筱梅　刘洪渧 廖隆理（1993.2始）	何先祺（1986—1990）	郑筱梅（1986—1990）
1993.9—1994.10		张铭让	廖隆理　刘洪渧	李　英（1990—1995）	石　碧
1994.10—1998.7	四川联合大学皮革工程系	陈武勇（1995.4始）	廖隆理　张宗才	石　碧（1995.4—1998.7）	张宗才（兼）
1998.7—2001.7		廖隆理	张宗才　王坤余	1998年7月皮革研究所因故撤销 2000年成立皮革化学与工程教育部重点实验室	
2001.7—2005.7	四川大学皮革工程系	陈武勇	何有节　刘　彦 张宗才（—2004.3） 李国英（2004.3始）	石　碧	陈武勇（2000—2001.10） 单志华（2001年迄今）
2005.7年迄今	四川大学生物质与皮革工程系	陈武勇	张宗才　李国英 刘　彦（—2007.3） 彭必雨（2007.3始）	2008年成立制革清洁技术国家工程实验室	

八　陕西科技大学皮革工程系（资源与环境学院）

（一）总体概况

皮革专业溯源于1958年7月在北京轻工业学院开设的"皮革工学"专业（四年制本科），是陕西科技大学办学历史最长的专业之一。皮革专业同陕西科技大学一起经历了"三次创业、两次搬迁、一次划转"的曲折发展历程。

1958年6月26日，我国第一所轻工业高等工科院校在北京正式成立，时名"北京轻工业学院",同年7月,皮革工学专业首次招生。

1970年,北京轻工业学院迁至陕西省咸阳市,更名为西北轻工业学院,1972年5月,皮革工程专业在咸阳校区开始招生。

1984年10月12日,皮革工程系正式成立,开设"皮革工程""皮革工程(毛皮专业方向)""工业设计(皮革制品设计方向)"三个专业。

2001年7月13日,皮革工程系更名为皮革工程学院。

2002年3月21日,经教育部批准,西北轻工业学院更名为陕西科技大学,2003年12月29日,皮革工程学院更名为资源与环境学院。

伴随学校的发展,"皮革工学"不断壮大,专业领域不断拓宽。目前,资源与环境学院下设皮革工程、服装设计与工程、环境工程、非织造材料与工程、染整工程5个系,开设有轻化工程(皮革方向、染整工程方向)、服装设计与工程(制鞋方向、皮具方向)、环境科学与工程和非织造材料与工程5个本科专业,形成了覆盖整个皮革产业链的专业群。各专业在校学生达到1200余人,实验设备等固定资产总值达2000多万元。

目前,学院形成了包括博士后、博士、硕士、学士在内的完整的人才培养层次结构。设有轻工技术与工程博士后科研流动站、轻工技术与工程一级博士及硕士授权点、皮革化学与工程学科博士授权点、资源与环境化工博士授权点、环境科学与工程、纺织科学与工程一级硕士授权点。

50多年来,学院共培养各类人才近8000人,毕业生中不仅有国家突出贡献的专家,也有德才兼备的省部级领导,特别是为中国的制革业培养了大量精英,凡是有制革业的地方,就有资环学子的身影,他们成了行业领导、企业总裁、技术骨干,为中国制革业的发展做出了卓越贡献,为学院赢得了荣誉。

学院在自身不断发展的基础上,先后与德国拜耳公司、德国巴斯夫化工公司、日本皮革技术协会、韩国制鞋与皮革技术研究所、德国波美皮革公司、日本东京都立皮革研究所、日本先端材料研究所、美国农业部东部地区研究中心、德国达慕斯特(TH Darmstadt)大学蛋白质研究中心、澳大利亚、法国、英国等国家皮革研究中心、中国皮革协会、山东烟台万华合成革集团有限公司、山东省威海市金猴集团公司、温州市东艺鞋业有限公司、河北永泰染料化工有限公司、浙江泰源化学工业有限公司、徐州鹰球皮革集团公司、朗盛化学(中国)有限公司等多家单位建立了学术交流、学者访问、技术合作、实习及就业基地。意大利优尼特可、山东淄博大桓九宝恩皮革集团、浙江海宁上元、河北东明皮革、广东德美亭江、北京泛博化学股份有限公司、美国劳恩斯坦(Lowenstein)等公司在学院投资共建实验室。中国皮革协会、朗盛化学(中国)有限公司、巴斯夫(中国)有限公司、科莱恩化工(中国)有限公司、广州绿北洋皮革制品有限公司、上海凯丰化工科技有限公司、广州市花都区狮岭镇人民政府、东莞长安霄边兴鹏鞋厂、四川达威科技股份有限公司、广州惠景皮革有限公司等多家企业在学院设立奖助学金和科研、教育基金。联丰化工贸易有限公司总经理陈治军个人每年资助学院贫困学生5名、朗盛化学(中国)有限公司邵学军经理个人每年资助学院贫困学生10名。

(二)发展历程

1. 创业的皮革系:1958—1970

1958年6月26日,北京轻工业学院正式成立。7月3日,学校决定设置"皮革工学"

专业，分四年制本科和两年制专科。由皮革专家、一级工程师、轻工业部皮革研究所所长杜春晏，二级工程师王毓琦，国家皮革分析及皮革组织构造专家潘津生等知名专家牵头的教师队伍于12月正式组建，同时建立了校办实习皮革工厂和皮革实验室。

1959年，作为主要研究和执行单位，学院承担了轻工业科学技术研究重点任务"畜牧产品（乳、肉、蛋、皮、毛等）综合利用的研究"（制革毛皮部分）。研究任务包括"适合人民公社建制革厂的工艺及设备的研究""适合各种不同资源条件的人民公社所采用各种简易制革工艺及其设计的研究""简易制革设备的研究""提高毛皮染色坚牢度的研究""提高底革耐磨和抗水性的研究"等。此项科研工作开启了皮革专业承担国家级纵向项目的先河。

1959年9月6日，皮革教研室正式成立。1960年9月23日皮革专家杜春晏、王毓琦成为学院第一届院务委员会委员。

1961年皮革专家王毓琦、潘津生参加了成都工学院为主编的《皮革工艺学》教材的编写，与成都工学院联合主编出版了《皮革分析检验》。经轻工业部党组批复，包括轻化工一系皮革工学专业在内的学院各专业一律由四年制改为五年制本科（1964年4月21日教育部下发通知皮革工学学制为五年）。

2. 奋斗的皮革系：1970—2006

1970年北京轻工业学院从北京迁至陕西省咸阳市，更名为西北轻工业学院。

1972年5月15日，皮革专业与西安人民制革厂建立联系，联合开展教学工作。1972年12月，先后在咸阳、西安、宝鸡举办了酶法脱毛温度控制培训班，从此拉开了为西部地区工业大规模培养技术人才的序幕。

1975年9月，皮革专业承担了166酶制剂、166酶制剂在黄牛皮上的应用、丙烯酸树脂涂饰剂的改性等科研项目。其中166酶制剂项目选出了皮革专用的菌种，在牛、猪、羊皮的脱毛上得到广泛应用；酶法制明胶生产周期比原来的石灰法缩短了90%。这些成果对于提高教学质量，为西部社会经济服务起到了积极的作用。

1978年12月28日，李景梅、常新华主持完成的"黄牛面革酶脱毛"研究成果获全国科学大会奖；章川波、张淑娟主持完成的"制革用酶制剂新菌种——166蛋白酶的筛选与应用"研究成果获全国科学大会奖。

1980年2月10日，李临生、章川波、张淑娟的"戊二醛鞣剂的研制和应用"科研项目通过轻工业部技术鉴定，1981年获中国轻工业部科技进步三等奖。

1981年2月8日，李景梅的"铁盐代替铬盐鞣制鞋面革研究"成果获轻工业部科技进步四等奖。9月3日，皮革专家常新华当选为陕西省第一届轻工协会副理事长。

1981年，皮革专业开始招收研究生。1982年"制革及鞣料"专业招收硕士学位出国预备研究生。

1982年11月，全国轻工高等学校皮革专业教材编审委员会会议在西北轻工业学院召开。

1983年5月，联邦德国巴斯夫化工公司制革专家来学院短期讲学。

1984年8月，毛皮专业方向首次招生（学制两年），并开始筹建皮革制品设计专业。

1984年10月12日，皮革工程系正式成立，开设"皮革工程""皮革工程"（毛皮专业方向）、工业设计（皮革制品设计）三个专业。

1985年5月，美国AMPE公司杜书东博士为学院师生做"皮革化学与高分子材料"学术讲座。12月，潘津生、魏世林、韩玉香、刘镇华、章川波、谢石平等人研究的"提高汉口路山羊皮质量（正面服装革部分）的研究""提高汉口路山羊皮质量（正面鞋革部分）的研究"项目通过国家级技术鉴定。

1986年2月，第八届"皮革科技编委会暨全国进口皮革机械经验交流会"在西北轻工业学院召开。7月，"制革及鞣料"（皮革化学与工程）学科新增列为硕士学位授权点。12月，潘津生、魏世林、章川波、刘镇华、韩玉香、谢石平的"提高汉口路山羊皮革质量的研究（组织学部分）"成果获轻工业部科技进步一等奖。

1987年12月，潘津生、魏世林、章川波、刘镇华、韩玉香、谢石平的"提高汉口路山羊皮革质量的研究"成果获国家科学技术进步一等奖。

1988年3月，潘津生教授被载入中共中央宣传部主编的《中国名人录》，5月李果被国家标准局聘请为"全国皮革机械标准化委员会长期顾问"。

1989年8月，王全杰、魏世林、杨宗邃、刘镇华、韩玉香、谢石平、林果锻、章川波等人参加承担的国家"七五"科技攻关项目"北方面粗质次猪皮制革新技术的研究"通过国家级技术鉴定。10月，章川波、郑维汉、韩玉香、赵志强的彩色教学幻灯片《生皮组织学》获"全国电教成果邀请评比优秀奖"。

1990年，章川波、魏世林的"光面绵羊毛皮生产技术的研究"成果获得中国轻工业部科技进步二等奖，并获得"七五"国家攻关项目重大成果奖。

1991年9月，魏世林、刘镇华、杨宗邃、章川波等人参加承担的"北方面粗质次猪皮制革新技术的研究"，章川波、魏世林的"华北路山羊制革技术开发"和"光面绵羊毛革生产技术"参加了展览会并被载入国家《七五科技攻关授奖光荣册》。12月，潘津生、韩玉香、史首义、苗宝贵、张国强的《生皮的组织结构》，获电化教材三等奖。

1992年7月，在哈尔滨召开的全国科技成果展览会上，西北轻工业学院参展的《牛软面革生产技术》《光面绵羊毛皮革生产新技术》获部颁金奖。12月，李景梅、常新华、张梅香的《浙江小湖羊毛皮革两用新产品》研究成果获中国经贸部科技进步二等奖。

1992年7月，学院对专业设置进行较大调整，将"毛皮专业"合并到"皮革工程专业"。《制革化学及工艺学》课程被列入陕西省普通高等学校省级重点课程。

1993年2月，中国皮革学会完成第二届理事会换届工作。常新华教授任副理事长兼秘书长，魏世林教授任常务理事，李果副教授任理事。本届中国皮革学会设在西北轻工业学院。12月，俞从正、程凤侠等申报的"提高剪绒羊皮质量及新品种的开发"研究成果获中国轻工总会科技进步二等奖。

1994年9月德国BASF公司皮革技术交流会在学院举行，国内40余家单位的代表及学院皮革工程系师生共200余人参加了交流会。经国家科学技术委员会和中国轻工总会批准，"第二届亚洲皮革科学与技术国际学术会议"在西北轻工业学院召开。这是由中国皮革工业协会主办，西北轻工业学院和中国皮革学会承办的近年来亚洲地区规模最大、规格最高的一次国际皮革学术盛会。韩国、日本、德国、意大利、中国香港、中国澳门、中国台湾等国家和地区的海内外专家、学者180余人参加了大会。此次会议的交流和研讨主题为：制革基础理论的研究、皮革新工艺、新产品及新的测试方法的研究与开发、新型皮革化工材料、皮革工业综合利用及环境保护、皮革工业管理及经济和信息。

1995年5月，中国皮革工业协会在西北轻工业学院设立"中国皮革工业协会奖学金"。6月世界著名跨国集团公司德国拜耳公司，在学院设立"拜耳奖学金"，并为皮革工程系提供制革工艺科研基金。10月皮革工程系与国际著名化学公司——斯塔尔公司联合举办"95国际流行皮革展及制革技术交流演示会"。11月皮革工程系杨宗邃教授代表国家"七五"重点科技攻关项目"北方面粗质次猪皮制革新技术的研究"课题组在中央电视台"金桥连四海"专题节目中做项目介绍。专业教师申报的"皮革用非联苯胺系列黑色和棕色染料的合成及应用的研究""改性型多功能含硅加脂剂"科研项目均获轻工总会资助。

1996年5月，美国3M公司台湾明尼苏达矿业制造股份有限公司纺织、皮革化学产品部经理张桂生来学院参观访问。6月，学院聘请日本皮革技术协会会长东京昭、德国拜耳公司皮革远东地区经理迈杀尔·郭文博士为客座教授。7月，皮革工程系与德国拜耳公司举行了第二届拜耳奖学金颁奖暨科研基金颁发大会。12月，应日本皮革协会会长冈村浩等的邀请，院长俞在青教授赴日对四所院校进行访问。

1996年，经轻工总会高等院校重点学科评审工作会议确定，皮革化学与工程被评为部级重点学科。

1997年10月，德国德瑞皮革化学品公司在皮革工程系举办学术交流会。国内制革行业的著名企业制革专家、皮革专家和学院皮革系师生参加本次学术交流会。

1998年，经国家教育部批准，皮革制品设计开始招收本科生，这是我国首次在高等学校中设立皮革制品高级人才培养的本科专业。学院争取到6项国家级、省部级科研项目，其中有国家自然科学基金项目《乙烯基聚合物鞣剂组成结构与性能相关性的研究》、国家轻工业局科技发展计划项目《清洁铬鞣工艺的研究》。

1999年3月，应学院邀请，日本东京都立皮革研究所所长南康正教授、东京农工大学张文雄教授对学院进行友好访问。杨宗邃、马建中的"系列丙烯酸类聚合物鞣剂PAAS的研制及应用"研究项目荣获陕西省科学技术进步三等奖。6月，山东烟台万华合成革集团有限公司决定在学院设立"万华奖学金"，与学院共育皮革工程高层次人才。

2000年3月，山东省威海市金猴集团公司和学院签订了《金猴集团教育基金及奖学金》《西北轻工业学院皮革制品专业实习基地》协议书。学院与温州市东艺鞋业有限公司联合办学，将企业作为学校皮革制品专业教学、实习和科研基地。东艺鞋业有限公司在学校设立10万元教育基金，用于改善革制品设计专业的教学及科研条件。4月，江苏省徐州市鹰球皮革集团公司与学院达成投资90万元共同开发制革环保技术项目协议，还签订了《制革污泥堆肥技术》项目合同。6月，学院再次与德国Bayer公司签订了为期五年的合作协议。Bayer公司为皮革工程系提供了10.8万元的"拜耳奖学金"，还提供了25万元的科研基金，院长俞在青向胡东祺博士颁发了学院兼职教授聘书。9月学院举行金猴、万华奖学金颁奖大会。学院新增设"环境工程"本科专业。丁绍兰等申报的"关中牛皮少污染，无污染脱毛新工艺的研究"获陕西省科技攻关项目资助。

2001年3月，皮革工业协会理事张淑华率领由五人组成的中国代表团参加在南非召开的第24届世界皮革化学及工艺师大会，学院章川波、俞从正、马建中在大会上宣读论文。

2001年7月，皮革工程系更名为皮革工程学院。12月兰云军等共同完成的"从活性染料到反应性染色理论与实践"研究成果获国家科学技术进步二等奖。俞从正、程凤侠等共同完成的"中国细毛羊皮组织学图谱"研究成果获陕西省科技进步二等奖。

2002年1月,学院"轻化工程"专业被授予"陕西省普通高等学校名牌专业"。7月,原国家皮革分析及皮革组织构造专家、学校皮革分析实验室主任潘津生教授在北京逝世,享年93岁。11月,俞从正、张晓镭、马建中及皮革工程学院硕士研究生陈新江出席了韩国釜山市召开的第5届亚洲皮革科学与技术国际会议。12月,中国皮革工业协会理事长、校友徐永来学校考察工作。

2003年9月,经国务院学位委员会批准,"皮革化学与工程"学科增列为博士学位授权点。11月,河北永泰染料化工有限公司在学校举行助学金颁奖仪式。12月,浙江省温州市泰源化学工业有限公司在学校设立"泰源化学科研基金和奖学金"。

2003年12月,皮革工程学院更名为资源与环境学院,开设"轻化工程"(皮革工程方向)、"轻化工程"(染整工程方向)、"服装设计工程"(理工类)、"环境工程"4个本科专业。强西怀的"SLF系列新型高档多功能皮革加脂剂开发研究"项目获陕西省科学技术进步二等奖。

2004年2月,俞从正获得皮革界最高荣誉奖之一——第二届张铨基金奖。5月,由中国皮革协会主办,学校承办的"全国实施科技兴皮战略论坛"在学校举行。10月,永泰助学金在资源与环境学院颁发。11月,学校与美国劳恩思坦有限公司共建的"毛皮实验中心"在资源与环境学院揭牌。美国劳恩思坦公司将提供较为齐全的毛皮实验设备,并连续5年每年提供10万元的科研发展基金。12月,马建中、杨宗邃、吕生华、储芸、刘凌云、吕庆强、程凤侠、张晓镭、章川波共同完成的"乙烯基聚合物鞣剂组成结构与性能相关性的研究"成果获陕西省科学技术二等奖。

2005年3月,我院俞从正、张晓镭、王鸿儒参加了第26届世界皮革化学及工艺师大会并宣读论文。马建中入选教育部2004年度"新世纪优秀人才支持计划"。12月,俞从正的"皮革中的三价铬转变为六价铬的机理研究"获得教育部高等学校博士学科点专项科研基金资助。弓太生等完成的教改项目获国家级教学成果奖。

2006年1月,马建中教授被选聘为教育部教学指导委员会成员。6月,资源与环境学院举办皮毛化工学术交流会,来自美国劳恩斯坦公司及台湾、香港、北京、河北等地的技术专家参加了学术交流。10月,学院多名教师参加了在成都召开的第七届亚洲皮革科学技术大会。12月29日,中国皮革协会奖学金首次在西安新校区颁发。马建中等人的"乙烯基聚合物鞣剂组成结构与性能相关性的研究"获得国家科学技术二等奖。

3. 发展的皮革系:2007年迄今

2006年12月17日,资源与环境学院随陕西科技大学学校主体东迁,由咸阳市搬迁至西安市未央湖畔未央大学园区。马建中负责的"制革整饰材料化学"课程获得国家级精品课程的荣誉称号。

2007年10月,资源与环境学院举办了2007年全国皮革化学品学术研讨会。11月,我院与广州花都区狮岭镇镇政府签订了《狮岭镇政府在资源与环境学院设立皮具发展基金、实习基金和皮具创意设计奖学金的协议》。12月14日,中国轻工联合会副会长、中国皮革协会名誉会长徐永先生,中国皮革协会副秘书长陈占光先生一行来到我院,参加中国皮革协会奖学金颁发仪式。

2008年3月，王学川入选21世纪百千万人才工程国家级人选。4月，王学川主持的"磷酸酯类轻纺助剂缓释法绿色合成及其应用"科研项目获中国轻工业联合会科学技术进步二等奖。6月12日，朗盛公司在资环学院举行2008年度奖学金颁奖仪式。6月26日，资环学院举行50年校庆校友座谈会及校友捐赠答谢仪式。马建中教授获陕西省教学名师荣誉称号，享受国务院政府特殊津贴。弓太生的"皮鞋工艺学"获国家级精品课程称号。

2009年，弓太生、王学川获得"省级教学名师"称号，任龙芳获第30届国际皮革工艺师和化学家协会联合会大会青年皮革工艺师奖，鲍艳获得陕西省优秀博士论文奖，王学川教授荣获"陕西省有突出贡献专家"称号。马建中负责的"聚合物基层状黏土纳米复合材料与胶原纤维作用机理的研究"项目获陕西省科学技术一等奖，"纳米复合材料增强增韧胶原纤维的研究"获中国轻工业联合会技术发明奖，"有机/无机纳米复合材料的合成及在皮革上的应用性能"获教育部技术发明二等奖。

2010年8月，马建中教授负责的教学团队获得国家级教学团队，"服装设计与工程"专业获得省级特色专业称号。轻工技术与工程一级博士点、环境科学与工程一级硕士点、纺织科学与工程一级硕士学位点获批。马建中获国家技术发明二等奖，鲍艳获得陕西省青年科技奖，高党鸽获得陕西省优秀博士论文奖。

九 沈阳轻工业学院（化工系皮革专业）

沈阳轻工业学院1958年7月22日开始筹建，1958年10月24日成立，校址在沈阳皇姑区。1970年，末迁到大连，改称大连轻工业学院。2007年3月16日更名为大连工业大学。

皮革专业从1959年开始招生，从辽宁省轻工业系统企业内部招生，增加大学生中的工人阶级成分。学生水平参差不齐，有的是技校学生，有的是工厂干部，有的是工人。文化水平也不一样，有的是高中水平，有的是初中水平。招生简章为本科班和专科班。基础课在一起上，专业课分开上。本科班招收二届，第一届1959年3月入校，五年制，第一年补习高中课程，后四年是本科。开始补习高中课共分4个班。到1961年分专业，化工系分为硅酸盐（159）、造纸（259）、皮革（359）、酿造（459）、机械（559）五个专业，其中分到皮革专业的有牛文生、邹宗岐、李贵芳、王文祥、叶春兴、沈英、王亲民、李宝贵、赵敬党（女）、徐娟（女）、訾淑琴（女）、王长英（女）、陈玉坤（女）、孙秀媛（女）、宋静学（女）、吴克琳（女）、何玉荣（女）、叶久昌、李振铎、李贵孚、张凤兰（女）、杨连花（女，后改名杨利敏）、宋金声（女）、孙德媛（女）、张明新（女）、汪廷盛、赵忠岩、王巨安、马玉柱、曲广巨、范贵堂、曲印成、高洪章、范乃仁计34名。

十 常州市轻工业职工大学

常州市轻工业职工大学于1975年9月创办。1983年9月制革工艺及设备专业首届招生，对象为在职职工。1984年江苏省轻工业厅把轻工职大开设的"制革工艺及设备"大专层次专业定为省定点专业。1984年3月，轻工部发函向全国转发该校集资办皮革专业的汇报材料，对江苏省皮革行业集资在常州市轻工职工大学增设皮革专业的做法予以肯定，认为"既解决了教学班次不足的问题，进一步发挥学校潜力，又解决了资金问题，对发展职工教育，举办职工中专、职工大学，都是可行的"。1985年，"制革工艺设备"

专业为轻工业部代培定点专业,培养大专人才。1986年12月,由江苏省皮革工业公司和常州市轻工业职工大学联合申报,在常州市轻工业职工大学增设皮革专业职业大专班,招生对象为本省各市县皮革企业所在地区的应届高中毕业生,1987年秋季招收一个班40名学生。1987年7月,轻工业部安排举办"皮革工艺培训班",面向全国皮革行业职工进行短期培训,时间为7个月。

该校为皮革产业先后培养、培训160多名技术人才。1984年2月同常州轻工业学校(后改名为常州轻工技术学院)签订协议,开办皮革及制品中专班,列入招生计划,培养中专毕业生近百人。该院后并入常州工学院延陵学校,因生源不足不再开办。

十一 山东轻工业学院轻化与环境工程学院

轻化与环境工程学院是山东轻工业学院最具特色和最具代表性的学院之一。拥有轻工技术与工程、制浆造纸工程、皮革化学与工程、林产化学加工工程4个硕士学位授予学科。

皮革专业创建于1986年,学科创始人是曾祥芬教授。她于1958年毕业于成都工学院(现四川大学)皮革工程专业本科,先后在山东省轻工业厅、山东省皮革工业公司任职。1985年年底,她在任省皮革工业公司副总经理期间被组织调动至山东轻工业学院出任轻化工程系副主任,主持筹建皮革工程专业(筹建组成员有程宝箴、丁海燕、王平义、李鹏、付丽红等人)。皮革专业于1986年正式创办后,原仅招收制革和革制品专业专科生,1991年开始招收本科生。历任系皮革教研室主任者有程宝箴、孙友昌、曹成波、李彦春,现任教研室主任靳丽强。1997年年底曾祥芬教授龄届退休后,由程宝箴教授担任皮革学科负责人,2004年,李彦春教授成为现任山东轻工业学院轻化与环境工程学院副院长,皮革学科负责人。迄至2002年前,李彦春、李天铎、程宝箴、付丽红先后取得四川大学皮革化学与工程学科博士学位。为了进一步提高教学质量和科研水平,学院先后聘请了国内皮革界知名专家和教授为兼职、客座教授如吕绪庸、李广平、邢德海、龚享禄、张铭让等,还有韩国制鞋研究所闵丙旭博士。

2000年皮革化学与工程学科获得硕士学位授予权,于2001年招收第一届硕士研究生。2005年开始招收轻工技术与工程硕士研究生。2002年皮革化学与工程学科成为校级重点学科,2005年成为山东省重点学科。从1988年至今已向社会输送皮革化学与工程专业和革制品专业本、专科生1000多名。在历届毕业生中,大多数仍活跃在山东省乃至全国制革、革制品企业的生产第一线,为山东省及全国皮革行业的发展做出了重要贡献。轻化与环境工程学院是中国皮革协会常务理事单位,中国皮革协会科技委员会副主任单位,山东省皮革行业协会常务理事单位。学科负责人李彦春教授任中国皮革协会科技委员会副主任委员;李天铎教授、付丽红教授、靳丽强副教授任常务委员;曲建波博士任皮革工业标准化技术委员会箱包分委会委员。皮革学科现有教师13人,其中教授4人、副教授6人,博士11人。山东省有突出贡献的中青年专家1人,享受国务院政府特殊津贴人员1人,入选"百千万人才工程"国家级人选1人。研究方向主要有4个:现代制革技术及环境保护、皮革化学品、胶原蛋白的改性与应用、合成革技术。

皮革学科近年来完成省级以上科研课题30多项,如国家"十五"科技公关项目"高性能汽车内饰革的研发及产业化",国家自然科学基金项目"氟、硅嵌段共聚物的合成及其功能梯度膜的研究",省级项目"高档济宁路山羊软革系列产品的研制""蛋白填充复鞣剂的研制""环保型铬鞣剂的研究""废铬液的循环利用"等,其成果大部分在山东省的大、中型皮革厂得到推广应用,取得了显著的社会和经济效益。"废铬液的循环利用"项目获国家科技进步三等奖,"防水革的研究"等6个项目获省科技进步二等奖。获山东省青年科技奖1人次。目前皮革学科主要从事制革的生物酶技术、清洁化制革技术及绿色化学品、制革污水及污泥的处理、皮革固体废弃物在纺织材料上的应用、合成革仿真技术、全水性聚氨酯合成革技术等方面的研究。"制革化学与工艺学"课程2009年被评为省级精品课程。"皮革化工材料学"课程2010年被评为校级精品课程。皮革学科主编和参编教材16部,其中国家"十一五"规划教材3部。

皮革化学与工程省级重点学科实验室面积约2000平方米,仪器设备总值580多万元。设有制革工艺小试、中试实验室,皮革化学分析实验室,组织学实验室,普通和精密仪器室,还有皮革工艺、化学品、皮革废弃物资源化利用、合成革技术等研究室。

学科先后与日本、韩国皮革协会,四川大学、陕西科技大学、瑞士科莱恩公司、中国皮革和制鞋研究院、中科院成都有机所、山东省皮革工业研究所等国内外研究机构、高等院校及单位建立了长期合作交流的友好关系。多次接待并组织国内外专家教授来学院做学术报告,如日本东京都大学白井邦郎,张文熊教授,韩国的闵丙旭博士,科莱恩公司马嵩博士,四川大学的张铭让教授、刘白玲教授、石碧院士,陕西科技大学的章川波教授,王学川教授,英国的唐惠儒博士,烟台皮革研究所的王全杰教授等。中国皮革和制鞋研究院、科莱恩公司2005年开始在该校设立了奖学金,中国皮革协会和普昱化工公司2008年开始在该校设立奖学金。

该院主办了2000年亚洲国际皮革科学与技术研讨会。分别来自日本、韩国、中国等亚洲主要国家和地区的200多名代表参加了会议。皮革专业教师还参加了第五届、第六届、第七届亚洲皮革科技会议,以及第二十九届、第三十届国际皮革化学家与工艺师联合会(IULTCS)会议,并在会议上宣读了论文。

十二 齐齐哈尔大学 轻纺学院(皮革化学与工程学科)

齐齐哈尔大学轻纺学院皮革化学与工程学科于1989年筹建,1990年经国家教委批准并正式招收第一届本科生至今。2002年该专业方向被评为校级重点学科,2005年被评为黑龙江省重点学科。该校轻工与纺织学院皮革专业负责人张景彬副教授于西北轻工业学院皮革化学与工程专业1986年本科毕业后,曾在哈尔滨制革厂任职,于1989年调入齐齐哈尔大学组建皮革化学与工程专业学科,现任该校轻化工程系副主任。皮革专业现有教师8人,其中教授3人、副教授3人、高工1人,具有博士学位3人、硕士学位2人。该专业已建成校级精品课、双语教学课各1门。近年来,该校皮革方向承担和完成国家、省、市级科研课题30余项,获奖10余项;完成各级教研项目11项。编撰出版著作5部,在国内外核心期刊上发表学术论文百余篇。

为进一步提高办学质量和搞好学科建设,学院与诸多皮革专业的相关单位建立了长期合作关系,瑞士科莱恩中国有限公司、中国皮革和制鞋工业研究院天元有限公司、河北普昱化工公司、广州惠景皮革有限公司等分别在该院设立了奖学金。该校培养的皮革专业毕业生以踏实肯干、专业基础知识扎实的特点,受到用人单位的一致好评。

十三 郑州大学 材料科学与工程学院（皮革化学与工程学科）

郑州大学是河南省唯一的一所国家"211工程"重点建设高校。该校于1990年开始进行与皮革有关的人才培养、学科建设与科学研究工作。20余年来，尽管历经院系的调整、机构的变更和人事的变动，皮革学科带头人汤克勇教授仍一直坚持从事与皮革有关的人才培养、学科建设与科学研究。目前，在郑州大学从事与皮革相关工作的专职师资人员有6人。

在人才培养与学科建设方面，郑州大学与皮革相关的人才培养涵盖本科生、硕士研究生和博士研究生。其中，一是本科生的培养一直主要依托在高分子材料与工程专业。二是硕士研究生的培养分两个阶段：2000年之前，主要依托在材料学专业招收和培养；2000年该校取得皮革化学与工程硕士学位授予权后，即开始独立招收与培养。三是博士研究生的培养始于2006年，主要依托在材料物理与化学专业招收和培养。

在学科交叉与科学研究方面，借助该校在材料科学与工程、皮革化学与工程和生物科学等学科的交叉和人力资源优势，长期在皮革及其中胶原材料的提取、改性、结构、性能与应用方面开展科学研究。从循环负荷回弹性、应力应变行为、蠕变行为、应力松弛行为等方面研究了皮革的力学行为，建立了相应的理论力学模型，圆满地描述了皮革之所以具有这种力学行为（粘弹性）的结构原因；从皮胶原的干热收缩、湿热收缩和热降解等方面，研究了皮胶原在热的作用下所发生的变化，结合微观结构方面的研究，探索了皮胶原发生这些变化的分子运动与结构变化机理。研究了鞣制、复鞣和加脂等工艺操作过程中皮革及其中胶原所发生的各种物理和化学变化；从皮革对于空气、气态水分子的传递作用方面初步研究了其通透性，建立了通透模型，探索了其物质传递的机理和提高其通透性能的措施，合成了具有高通透性能的皮革涂饰剂；制备了胶原基天然复合材料，并研究了该复合材料的结构与力学性能、通透性能等之间的关系。在与皮革相关的科研项目方面，已承担并完成包括国家自然科学基金、科技部国际合作项目、河南省科技厅、河南省教育厅创新人才项目等在内的省部级以上科研项目12项。已发表论文180余篇，其中四大检索收录论文30余篇。已申请国家发明专利3项。

十四 天津科技大学（皮革化学与工程学科）

天津科技大学始建于1958年，原名天津轻工业学院，原属于轻工业部直属。2001年更名为天津科技大学。1998年起，国家进行学科调整，本科专业由皮革、造纸、纺织行业的染整专业整合为轻化工程，研究生层面将造纸、发酵、皮革、制糖4个二级学科合并为1个一级学科，名称为轻工技术与工程。天津科大在全国第一批申请了轻工技术与工程一级学科，皮革二级博士点便由此产生，是继四川大学以后的第二个皮革博士点。

学科建设初期聘请了陕西科技大学的章川波、俞从正、沈一丁3位教授和天津科大食品学院的刘安军做博士生导师，并于2002年引进山东轻工业学院轻化与环境工程学院副院长、皮革学科带头人程宝箴教授做专职教师，负责组建该学科，随后又聘请了中国皮革研究院的杨承杰、张晓镭、高忠柏、丁志文4位教授级高工作为研究生导师，师资队伍水平较高。

目前已建成了可以培养博士后、博士、硕士、本科（轻化工程）四个层次在内，比较完整的高级人才培养体系。并与中国皮革与制鞋工业研究院签订了科研与研究生培养全面合作协议，实现双方优势互补，在我国北方搭建起一个高水平的科研与人才培养平台。

十五 烟台职业学院（革制品专业）

烟台职业学院革制品专业是山东省高职院校特色专业，成立于1996年，主要培养具有较高文化和专业理论知识，具有较强的专业实践能力，面向皮革制品企业的产品设计与工艺管理的高等技术应用性专门人才。该专业现有约800平方米的校内实训室，一个建筑面积1000平方米的校内实习工厂。实验设备共有127台（套），其中高速平缝机75台、高头机40台、包缝机3台、双针机1台、绷帮机4台、片边机2台、磨毛机2台、手动下料机1台、压合机2台。拥有威海金猴集团、青岛亨达鞋业集团、双星集团等多家外校实训基地。近两年先后在各类各级刊物上发表论文等70余篇，作品多次获省内、国内大奖，并参加了一项横向合作科研项目。其中在《中国皮革》《北京皮革》等刊物上发表设计手稿和专业文章30余篇；"减震吸湿皮鞋的研制"科研项目，获省教育厅立项，被专家评定为"国内领先水平"，"一种减震排汗保健皮鞋"获国家发明专利，获得实用新型专利6项。

十六 广州白云技术学院（鞋类皮具设计专业）

广州白云技术学院鞋类皮具设计专业创办于1998年，由最初创办的制鞋工艺班发展成为目前华南地区规模最大、最规范鞋类设计师培训基地。该专业教育以市场为导向，以提高学生实际技能为宗旨，采用独立模式教学手段全脱产式学习，设有培训制鞋工艺、出革、计算机辅助设计、皮鞋美术和效果图设计、皮鞋楦型、制鞋中专课程班和制鞋大专班等近10个专业培训班和三年技术学历班。制鞋专业拥有一批素质高、技术精、教学经验丰富的专职教师队伍，由一批专职鞋业专家、技师执教，其中90%为技师，形成双师型教师队伍，培养和造就高技能人才。

十七 扬州大学广陵学院（皮具与服饰设计专业）

扬州大学广陵学院是1998年12月经原江苏省教委批准，由扬州大学按新机制、新模式设置的本科层次的公有民办二级学院，2005年经教育部批准变更为独立学院。

皮具与服饰设计专业是广陵学院在扬州大学艺术设计学科基础上创办的一个全新专业方向，也是广陵学院1999年最早招生的10个专业之一。学院1999年和2000年招收了两届专科生，专业名称是皮革制品设计与制造。2002年开始招收第一届本科生，专业挂靠在艺术设计系，按皮具与服饰设计方向招生。皮具与服饰设计专业是全国最早从艺术考类考生中招生，并从艺术设计的角度培养皮鞋、箱包等服饰类制品专业设计人才的专业。专业在创办之初，中国皮革协会张淑华理事长和原中国工程院段镇基院士就曾亲临学校指导办学。专业人才培养方案奉行重实践能力和创新能力培养的理念，注重学生外语和运用计算机软件进行设计能力的培养，强调学生美学、美术和人文历史等艺术素质的训练，加强了学生创新能力和动手能力的培训。在真皮标志历届设计大赛中，皆有学生作品获奖。该专业建有综合实验室，下设鞋类设计室、箱包设计室、缝制实验室和皮革制品分析检验中心。现有专任教师6名，均为硕士学位。

十八　浙江科技学院

浙江科技学院是在改革开放形势下建立和发展起来的一所以工科为主，集工、理、文、经济、管理、教育于一体的多学科协调发展的全日制本科院校。1980年10月，由杭州市政府和浙江大学联合创办，校名为"浙江大学附属杭州工业专科学校"，曾先后更名为"浙江大学附属杭州高等专科学校""杭州应用工程技术学院"，2001年更名为"浙江科技学院"。

该院有以朱春凤教授领衔的一支教育与科研的团队，主要从事水性聚氨酯及有机硅等皮革涂饰材料、皮革加脂剂、制革清洁化工艺、制革废弃物的综合利用等与皮革相关领域的课题研究与教学实践。

该团队在学院的关心支持下，业已完成的主要科研项目有：浙江省重点科技攻关项目"RK-915阳离子型聚氨酯皮革底涂剂的合成及其应用研究""PK-1220阳离子型聚氨酯皮革抛光填充剂的合成及其应用研究""环保型聚硅氧烷高档涂饰材料的开发研究""梯度分层技术制备水基有机硅—聚氨酯耐磨涂料的研究""CCO仿古变色油的研制"等项目。同时，还与企业共同承担完成浙江省重大科技攻关项目"利用废革屑生产中高档皮具真皮纤维衬垫材料工艺技术开发及产业化"、海宁市重点研究项目"超低VOC阻燃牛皮高档家具革减排工艺技术开发及产业化研究"等项目。拟准备筹备建设合成革专业，主要研究方向是合成革的基布、合成革涂饰材料、合成革的生产工艺等。

十九　湖南科技职业学院（制革工程与革制品设计与制造）

湖南科技职业学院于2001年8月经湖南省人民政府批准成立，由湖南省教育厅主管，湖南中华职业教育社主办，是湖南省人民政府与中华职业教育社共建的公办高等职业学院。2003年，湖南省二轻工业学校被并入湖南科技职业学院，制革工程与革制品设计与制造两个特色专业的建设又有较大的发展，其皮鞋设计与制造专业成为省级重点建设专业，"皮鞋工艺"成为国家和湖南省精品课程；制革工程专业也是学院重点建设专业。目前，这两个专业的在校大专生共14个班800余人。2005年，学院顺利通过了教育部高职高专院校人才培养工作水平评估，获优秀等级。2007年，成为首批湖南省示范性高职院校建设单位。2009年，学院湖南省首批"黄炎培职业教育优秀学校奖"。

该院皮革专业有一支爱岗敬业的教员队伍，他们在重点刊物上发表论文42篇，编写部、省、校用专业教材17本，取得省部级科研成果31项，发明专利一项。其中雷明智、王慧桂教授还分别在教育部轻化类教学指导委员会、中国皮革协会技术专业委员会、中国国际经济贸易仲裁委员会皮革和制鞋专业委员会、全国职业教育皮革工艺及其制品专业教学指导委员会、全国轻工中专皮革类专业教材委员会、《皮革科学与工程》杂志编委会兼职。

二十　温州大学 美术与设计学院（鞋靴设计专业）

温州大学美术与设计学院由原温州大学美术与艺术设计学院和服装学院于2009年1月合并组建。学院本科专业下设鞋靴设计、产品造型设计、服装设计、服装工程、展示设计等10个专业方向。

艺术设计（鞋靴设计）专业创办于2002年，专业依托浙江"皮革大省"和温州"中国鞋都"的产业优势，紧密结合地方经济实际，以服务温州、浙江乃至全国的制鞋行业为出发点，以培养制鞋行业紧缺的、既有较高文化素养和设计水平、又有较强专业知识和实践能力的高素质复合型专业人才为目标，是浙江省目前唯一一个本科专业。该专业2003年被评为校级特色专业，2007年被评为温州市首批重点专业，2008年被评为浙江省重点建设专业。

鞋靴设计专业现有专职教师9人，其中高级职称4人，博士2人、硕士5人，鞋靴设计教学团队是校级优秀教学团队。专业教师中有浙江省优秀教师1人，浙江省21个产业集群首席专家1人、省教学技能奖1人、校级教学名师1人，入选温州市"551"人才工程（第一层次）1人。

鞋靴设计专业现已建成的鞋靴设计实训中心面积达1000余平方米，设备资产总额500余万元，下设款式设计实验室、样板设计实验室、工艺制作实验室、产品检测实验室、数字化设计专业实验室、基础研究实验室和箱包实验室等7个实验分室，完全满足专业各年级实践教学需求，形成以学生创新实训为主，社会服务功能为辅的产学研功能齐全的实训教学体系，建成全国领先的示范性鞋靴设计创新基地。

鞋靴设计专业坚持教学工作的中心地位，坚持教学、科研协调发展，积极融合地方元素，不断创新人才培养模式，积极开展教学质量工程建设，不断提高本科教学质量与水平。近年来，获得国家级精品课程1门，省级教改项目1项，省级重点教材1本，校级优秀教学团队1个、校级教改项目3项，省教学软件评比二等奖1项，省教学技能奖1人，出版教材5本。科研方面，专业教师近年来获得省部级课题3项，厅局级课题6项，校级课题4项，横向课题4项，发表论文30余篇，授权专利3项。

鞋靴设计专业以培养高素质、强能力、会创新、能创业的综合型人才为目标，积极创新人才培养模式，走"以赛促学，以展促学，以创业促就业"之路，鼓励参展参赛和自主创业。近年来鞋靴专业学生在全国鞋类设计大赛中获奖5项，省级鞋靴设计大赛中获金奖5项、银奖8项。学生就业率高，毕业生质量好，深受用人单位的赞许。

鞋靴设计专业现已建成11个校外实践基地，开展长期稳定的合作。专业与温州市鞋革协会共同成立了"中国鞋都信息中心"，利用专业网站，为企业提供各种信息咨询。与温州市龙湾行业协会联合组建了"中国鞋都女鞋基地鞋类研发中心"，为企业提供技术培训、新产品开发、时尚研究等服务。2005年10月，与红蜻蜓集团联合成功主办了"中国首届鞋文化学术研讨会"。

二十一　嘉兴学院 生物与化学工程学院（轻化工程专业）

嘉兴学院是经国家教育部批准组建的省属普通本科院校，至今已有95年办学历史。2003年，在原化工系的基础上组建了生物与化学工程学院，该院现设有"轻化工程""化学工程与工艺""生物工程""环境工程""高分子材料与工程""应用化学"6个本科专业。为了更好地服务以海宁皮革、桐乡皮草为中心的我国东南地区皮革行业，2007年申报的"轻化工程"本科专业方向定为皮革工程和染整工程，并于2008年开始正式招生，每年招生70—80人。2008年嘉兴学院南湖学院（三本）申报并已获批了轻化工程专业。专业负责人程凤侠教授。轻化工程专业依托的生物与化学工程学院现有专任教师60人

(英籍专家 1 人）。其中教授 6 人、副教授 18 人，硕士生导师 5 人。轻化工程专业实验室面积约 800 平方米，专业设备固定资产 350 余万元。

嘉兴学院皮革专业主要培养从事皮革化学与工程的科学研究、生产技术与管理等相关工作的能力，富有地方特色的应用型高级专门人才。所开设的专业课程包括纤维化学与物理、色彩学与染料化学、鞣制化学与工艺学、皮革整饰化学及工艺学、皮革分析检验、毛皮工艺学、皮革机械与设备、皮革工厂设计原理、轻化工助剂、皮革三废治理与综合利用技术等。根据地方院校特点并充分利用与产业基地零距离优势，特别强调对学生实践动手能力、创新能力、适应市场能力的培养。除本科生培养外，还为皮革企业量身定做，举办形式各样的长期和短期培训班，为浙江省皮革行业人才培养、产业提升做出了贡献。

第二节　中专技校

一　陕西省立榆林工业职业学校（制革科）

陕西省立榆林工业职业学校创办于 1928 年，当时校名为"陕北共立工业职业学校"；1934 年由陕西省教育厅接管，更名为"陕西省立工业职业学校"；新中国成立后的 1950 年改名为"陕西省立工业技术学校"；1953 年该校改办农业学科，遂改名为"陕西省农业学校"，并隶属于省农业厅。1928 年该校初办时校址坐落在位于榆林城内的驼峰山下、普惠泉之上的旧龙王庙，设毛纺与制革两科，学制为初级二年、高级三年，首任校长高崇（又名高宗山），榆林人，毕业于北京师范大学；1950 年起姬伯勋任校长。该校制革科自 1928 年开办到 1954 年停办，历时 26 年。在我国开设制革专业的学校中堪称历史悠久，而李友兰系该校制革科的历史见证人。1928—1931 年李友兰从该校制革科毕业，1932—1935 年赴天津市河北省立工业学院进修制革专业，结业后仍回母校执教制革，并且是 1954 年制革科最后一班毕业生的老师。期间，该校共招收制革初级班 22 班、高级班 19 班，先后学制革的学生共有 725 人。新中国成立前毕业的学生，校方不管分配就业，故转业改行或升学其他科目者极多，从事制革者相对很少。1954 年制革科最后一班毕业生由国家统一分配到西北、华北、华东地区制革厂和有关单位工作，业界尚且知名者有王梦华、麻国栋、柴元庆、郭清芳、常沛仰、杨增民、余培功、袁安华等人。

二　上海市轻工业学校（皮革专业）

上海市第一轻工业局和第二轻工业局为了加速上海轻工业的发展和培养技术人才的需要，于 1956 年年初分别筹建了上海市第一轻工业学校和上海市第二轻工业学校，并于同年 9 月完成招生入学工作后正式开学。第一轻工业学校位于柳营路，首届招生 321 名，开设有化学工艺（后定名为皮革专业）、工厂装备和分析化学 3 个专业；第二工业学轻校的校址分别在北苏州路、同心路，首届招生 409 名，开设分析化学、硅酸盐和制药 3 个专业。1957 年，一轻局和二轻局合并为上海市轻工业局，两所学校也就随之统筹管理，并正式更名为"上海市轻工业学校"，并于 1958 年春全部迁入邯郸路 440 号新建校舍上课。历任校长为王志群、杨梦松、包健、顾叔平。

皮革专业由时任上海皮革工业公司技术经理兼总工程师的张西林牵头组建，并出任皮革专业主任，他除了作为制革工艺学（铬鞣、染整、涂饰）的高级讲师外，还讲授皮革英语。时任上海益民制革厂主任工程师的金宗党任专业副主任兼教研组组长，并讲授植物鞣制和皮革分析检验课程。还有黄其尧讲授制革原料皮及其组成、制革准备工程，吴中沅讲授各种结合鞣以及皮革的特性与评定。此外，经张西林主任推荐、校方聘请了祝爱德、王镇华、王镇海和张锦芳四位临时讲课的客座教师。主要教材除各教师分别自编的讲义外，在1958—1959年由该校张西林、金宗党、黄其尧、吴中沅分别编著、轻工业出版社出版的"制革工艺学"丛书共有九册：《原料皮及其加工》《皮革生产的准备工程》《铬盐鞣革》《植物鞣革》《合成鞣剂》《皮革的染色》《皮革的施油》《皮革的整理》《皮革的特性及其评定》。直至1965年，作为中等专业学校试用教材，出版了一部《制革工艺学》，由上海轻工业学校编，轻工业出版社出版。

学校皮革专业师生早期就参与了一些行业活动，以及毕业设计工作。例如，1957—1958年，皮革专业师生参加全国推广猪皮制革及技术革新、全国猪革美化技术上海试点工作；1959年皮革专业首届毕业生的毕业设计与创新课题研究，如酶法脱毛、蒙囿铬鞣、鞣前染色、快速植鞣、印花涂饰等。1959年该校皮革专业首届毕业生中，一直在上海从事皮革科技、实业的知名者有温祖谋、黄康毅、祝明先、顾锡荣、刘中南、徐亚先、周国翰、丁志杰、贺健博、顾贤钧、吴鹤年、顾广发、韩世荧、吴连元、关汉余、张觉民、吴锦枫等。1978年秋，上海市轻工业学校升格为上海轻工业高等专科学校，仍继续设置皮革专业。学生以"定向代培"为主，先后间歇地开办了五届，共招生427名。

三　天津市津京制革厂技术学校

天津市津京制革厂技术学校创立于1963年，系经天津市教育局批准由天津市皮革工业公司主管、天津市津京制革厂主办的相当于中等专业教育水平的制革专业技术学校。学校旨在招收初中毕业生主学制革，学制二年，培养目标是制革专业的熟练技工。建校后先后共招生4个班，每班平均28人。主要授课教师有赵顺生（留日制革学者、新中国成立前后时期的著名制革专家）、邓竹坡等人。1966年因"文化大革命"开始而停办。

四　辽宁省皮革工业职工技术学校（半工半读）

辽宁省皮革工业职工（半工半读）技术学校于1963年建校，校址在铁西区北二西路26号。校长刘世勤，书记李应采，教导主任张秀萍，制革专课讲师谌玉琴、张淑华，有时还请工厂技术人员讲课；制鞋专业讲课老师有王忠成、刘文贵；皮件专业讲课老师有李冬生、罗仲达；机械专业讲课老师有代允其；文化基础课老师有张玉清、郭庆勋、王积德、朱文昌、郑忠孝、关佩芬、解生华等；职员有宫怀志、刘震、张美华等人，共有教职员工21人。生源来自沈阳市应届初中毕业生。1963年招二个班，制鞋班48人、机械班40人；1964年招二个班，制革班50人、制鞋班50人；1965年招二个班，制鞋班50人、皮件班50人。1966年因"文化大革命"停止招生，后学校解散，学生分配到工厂。

五　重庆皮革技工学校

重庆皮革技工学校成立于1964年，原名为重庆皮革技术半工半读职业学校，重庆皮革工业公司党委书记张万芝任校长，公司劳工科科长任副校长。学校设制革班和皮鞋班，校部和制革班在南岸大佛寺川威制革厂内，皮鞋班在南岸上新街南岸皮革厂内。学生由市计划统一招收，学制两年，每期招 100 人，共办两期，因"文化大革命"于 1967 年停办，学生分入到制革厂和相关皮鞋厂。

1978 年经上级批准复校，更名为重庆皮革技工学校，同时附设实习工厂，袁华廷任党支部书记兼校长，吴眠、胡俊杰任副校长。学制两年。复校时因校舍困难，教学及实习分别在南岸新华皮鞋厂和南岸皮革厂内。1983 年学校有了建筑面积为 750 平方米的两层楼房一幢，才全部集中于江北董家溪。该校有教职工 33 人，固定资产 18 万元。随着生产发展的需要，专业设置有了相应增加，新开设了制革化工班和皮鞋帮样设计班。从 1978 年到 1987 年的 10 年间，累计招收学生 1000 人，毕业后均分配到本市皮革行业内的制革厂和皮鞋厂，大大充实了各企业的技术力量。学校还为企业职工进行技术培训，10 年间举办了八期皮鞋帮样设计学习班，为四川省甘孜州、阿坝州及本市区、县企业培训皮鞋技术人员 350 人，为安徽、云南、贵州等省培训皮鞋技术人员 20 余人。已成为西南地区皮鞋技术培训基地。在教学实践中，1985 年该校胡俊杰写出了《楦面定跷设计法》论文一篇，于 1986 年获四川省优秀科技论文奖。1987 年，该校并入重庆轻工业技工学校。

六　北京市皮革工业学校（北京市环境与艺术学校）

北京市皮革工业学校坐落于北京市海淀区花园北路 29 号。学校于 1979 年 2 月 23 日经北京市政府有关部门批准正式建立。学校原隶属于北京市二轻工业总公司，由北京市皮革公司代管，2000 年 5 月划归北京市教育委员会。2009 年 6 月学校正式更名为北京市环境与艺术学校。

学校在成立之年即开始招生，开设有三年制的电子专业电大班和高中后两年制的皮革化工专业中专班。1981 年，开始招收初中毕业生，学制四年；同年，还根据企业发展需要开设了职工技工班，学制两年。1982 年，曾开办过在职干部企业管理培训班，为本系统培训管理干部。1983 年，学校面向全国皮革行业定向代培中专生，生源来自企业输送和社会统招。1984 年，经北京市成人教育局批准，学校成立了职工中专部，为企业定向培养专业技术人才。1996 年，为提高企业职工技术水平，增强企业综合竞争能力，经中国轻工总会（原中央轻工业部）和中国皮革协会批准，"中国皮革协会职业技术培训中心"设在学校。2002 年，学校得到中国轻工业联合会人事教育部、轻工业人才教育中心和中国轻工业技能鉴定指导中心的授权，相继设立了"中国轻工皮革行业特有工种职业技能培训和鉴定管理总站""国家劳动和社会保障部特有工种职业技能鉴定站"和"中国轻工业设计师职业资格考试培训分站"。同年，学校被中国职工教育和职业培训协会评为"轻工行业职工教育和职业培训先进单位"。

经过 30 多年的发展，学校目前已发展成为以中专学历教育为主，并集成人中专、职业培训和职业资格鉴定等于一体的办学实体。

目前学校开设有 19 个专业，形成了以环境工程技术、计算机和艺术三大门类为主体的专业格局。环境治理技术专业和皮革制品造型设计专业（含皮鞋、皮服、皮件、皮具 4 个专业方向）为学校重点发展的两个特色专业。前者面向北京市场，突出为首都经济发展服务的理念；后者面向全国，突出为皮革行业服务的理念。这两个专业都开设于 80 年代初，学校在专业建设、课程改革、师资建设、教材建设、实验实训设施建设等诸多方面都给予了高度重视和较大的经济投入,教学成效显著。

今后,学校将继续坚持"以人为本"的育人观念和"不求大,但求精;不求全,但求专"的办学理念,继续坚持学历教育与职业培训并举,深入贯彻落实科学发展观,强化内涵发展,推进学校高水平建设,为职业教育做出更大的贡献。

建校以来,历任校长为:张道崇(1979—1986年)、白占春(1986—2000年)、单燕玲(2000年迄今)。

七 天津市皮革工业学校(天津市第二轻工业学校)

天津市皮革工业学校于1980年6月经天津市教育局批准成立,其前身系天津市皮革工业公司"七二一"大学。该校的培养目标为皮革专业中专生,建校之初,在本市招收高中毕业生,学制二年。1985年培养目标未变,改为招收初中毕业生,学制4年。学校共设置皮鞋、制革两个专业,隔年交叉轮换。据校方统计,自1980—1993年皮革专业共招生并毕业了八届300余名制鞋和制革专业的学生。制革专业主要教师为原市皮革工业公司"七二一"大学原班人马:杨乾萍(负责人)、邓竹坡、张建东、王秀红等人。1992年10月,经上级主管部门决定,该校被合并入天津市第二轻工业学校,成为天津市第二轻工业学校皮革专业科。合并后,学校面向全国招收制鞋、制革专业学生,截至1997年,制鞋、制革专业已毕业130余名。学生毕业后大多数在天津市及全国各地皮革行业供职,其中一部分人现已成为行业技术中坚力量和厂级领导人选。1988年10月,由中国皮革工业协会和意大利皮革协会合作组织举办的"皮件和皮鞋设计及工业化生产方法"国际培训活动在津开班,全国10多个省市皮革公司派出有关技术人员40余人参加学习与交流。意大利PESIE学校选派Tanino Cannucci、Dario Andreozzi二位老师来华授课,系统讲授了意大利皮鞋、皮件的设计方法和生产过程,使参与培训者受益匪浅。

2001年4月根据天津市教委决定,天津市第二轻工业学校与天津市二轻职工大学和天津市二轻党校实行三校合并,升格为天津轻工业职业技术学院。

2009年开始,为了扩大招生,皮革专业更名为"产品造型专业皮革方向"。专业课程由过去仅皮鞋制作,增加了皮革服装、皮革箱包及皮饰品设计与制作。

八 上海皮革中等专业学校(制革、制鞋专业)

上海皮革中等专业学校成立于1980年,先后开设了制革工艺、皮革分析检验、皮鞋设计、企业管理等专业。历任校长有胡知年、魏焕章、陆大徵。以皮鞋设计班为例,对全国皮鞋从业人员进行短期培训。地域涉及上海、北京、江苏、浙江、广东、江西、河南、河北、湖南、湖北、重庆、四川、台湾、香港等地。学员从1983年累计到现在约2000人,其中还为3512、3513、3155、3516等总后军需工厂培训了许多设计人员。

该校曾经一度和上海市皮革技术协会、扬州大学合作,共同联办过皮鞋设计班;还曾委派专业教师到成都科技大学为学生讲授皮革及其制品的专业课程。该校的历届毕业生中,有许多在各制革、皮鞋企业担任主要技术管理与专业设计任务,还有不少毕业生已成为当今民营企业的业主。培训班老师为了提高教学水平,还自费去意大利学习设计的先进工艺和技术理念,以充实、提高教学质量,使得培训班在国内鞋业圈中小有名气。2008年年底,培训班由于教师全部退休而停办。

九 河南省工业设计学校（原河南省二轻工业学校）

河南省工业设计学校（原名河南省二轻工业学校），1979年经河南省人民政府批准成立，1982年开始招生。为国家级重点中等职业学校。1996年曾被国家原轻工业部和人事部评为"全国轻工行业办学先进单位"；2003年和2005年先后两度被省教育厅、省发展改革委、省人事厅等七部门评为"河南省职业教育先进单位"。2007年9月被省教育厅、人事厅授予"河南省教育系统先进集体"。2007年被省教育厅授予"河南省文明学校"称号。学校占地面积近80亩，建筑面积7.2万平方米；教职工340人，其中，专职教师有186人。目前，在校生7000多人，开设各类专业30多个，其中皮革、电子技术、环保、工艺美术四类共10多个专业为全国轻工行业重点发展专业。

毛皮与制革工艺、皮鞋设计与制造专业分别成立于1982年和1988年，多年来立足河南，面向全国，共为皮革行业输送毕业生2300余人。许多毕业生已经成为皮革行业的骨干和领军人物，为河南乃至全国皮革工业的发展做出了贡献。

十 湖南省二轻工业学校（革制品设计与制造）

湖南省第二轻工业学校创建于1963年，属于国有公办普通中专学校。其前身为湖南手工业干部学校，1969年停办。1980年4月开办湖南省轻工业干部训练班。1981年3月改名为湖南省二轻工业学校，设立了制革工程等4个专业，并于1982年正式招收中专生。1993年，该校又应皮革工业发展的需要，增添了革制品设计与制造等5个专业，于次年正式招收中专生。这些具有鲜明特色的专业，在很大程度上缓解了湖南皮革工业专业技术力量十分短缺的矛盾，适时地推动了全省皮革工业快速发展。嗣后，该校又于1999年升格开始招收相应专业的大专生，截至2008年，该校共培养制革工程专业中专生1100余人、大专生400余人；革制品设计与制造专业中专生1200余人、大专生900余人。2003年，湖南省二轻工业学校被并入湖南科技职业学院。

十一 四川省皮革职工中等专业学校

四川省皮革职工中等专业学校于1984年由原四川省第二轻工业厅报省高教局和省编委批准建立，由四川省皮革研究所承办。核定事业编制50人，学校规模300人，常务副校长由四川省皮革研究所所长担任。该校开设制革工艺专业，学制三年，面向全国招收在职职工。1985年、1986年两年，从全国10余个省市招生2个年级，3个班，共计119个人，分别于1988年、1989年毕业，回到原单位工作。1989年后，由于在职职工生源少，该校与成都工业学校化工专业联合办学2期，学制从三年缩短到一年。

另外，该校还受原轻工业部皮革文化用品局委托，先后举办5期制鞋设计培训班，面向全国招收学员，培养中等皮鞋设计人员300余人。

十二 辽宁省工艺美术学校

辽宁省工艺美术学校成立于1984年，内设皮鞋设计专业，学制四年，从1986年起每年招收一个班，每班定员36人。1997年拓宽专业面，改为皮鞋设计与工艺专业。该校从1996年起多次参加全国轻工中专皮毛、皮革类教学研讨会，并参加全国轻工中专统编教材编审会专业教材编写工作。先后编写专业教材有《皮鞋设计》（高爽参编）、《皮鞋工艺》（于连名主编、施凯主审）、《皮鞋机械》（施凯参编）。1997年，该校革制品教研室主任施凯任全国轻工中专皮毛、皮革及制品专业建设指导委员会委员。

十三 新疆轻工业学校

新疆轻工业学校始建于1958年，几经变迁，于1982年9月，自治区人民政府批准重建新疆轻工业学校，校址设在乌鲁木齐市卡子湾，至1985年基本建成，累计投资746.4万元，占地面积81000平方米，总建筑面积18400平方米，设有制革、食品、造纸等专业，可容纳学生1000人。21世纪初取消制革专业。

第三章 科研机构

(以设立的时间先后为序)

第一节 科研机构的历史演变

一 新中国成立以前的状况

新中国成立以前的1938—1949年，位于重庆沙坪坝对岸的磐溪的原国民政府经济部中央工业试验所（曾简称中工所）胶体化学研究室，（1945年后改名为皮革研究室）及制革植物鞣料试验示范工厂系我国近代最早由中央政府部门设立的全国性皮革科研机构。该室下设鞣料、制革、涂料三个组。杜春晏、王毓琦、马燮芳、魏庆元、袁光美、朱学程、王公理、何炳林、符之耀、何骏、杜仁、王琏、刘敬琨、陈建侯、邓文昆、吴宝廉（女）等20多人曾在此任职或从事科研工作，代表性的科研项目主要有四川橡椀鞣革性能试验研究、皮粉的制造及应用、利用四川山羊皮制作粒面与绒面鞋面革和服装革、四川青杠椀鞣料精（橡椀栲胶）的研制与生产、黄牛皮轮带革的研制、四川兔皮的鞣制与染色、植物油硫酸化油试制、皮革涂饰剂（刷光浆）研制、利用新疆天山北坡松树皮提制植物鞣料浸膏及建厂实施方案。1945年抗日战争胜利后，前国民政府经济部迁回南京，中工所调整变动后在上海、北平、重庆、兰州分设4个分所。1948—1949年中工所由经济部改属为工商部中央工业试验所，时势使然，景况低迷，直至1949年新中国成立后才有了新的局面。

二 新中国成立以后的演进

新中国成立以后的1950—1954年，原中工所4个分所均改属中央轻工业部领导后，位于上海北京西路1320号的中央轻工业部上海工业试验所皮革研究室，自1950年起，为解决全国制革业牛皮供应量不足（当时全国牛皮年可供量近300万张），即开始进行猪皮制革研究。试制出猪面革、猪底革、猪箱包革，并制作出猪革皮鞋及皮包参加华东工业部上海工业展览会展出。1951—1954年，先后完成的科研成果主要有用六偏磷酸钠做预鞣剂的植物速鞣重革工艺、气压表用革的研制、白皮粉的研制、落叶松树皮鞣料鞣革性能试验研究等。王毓琦、袁光美、潘毓麟、陈惠臣、鲍兢雄、王㳀文、潘荣金、纪明、王公理、周润华、卢燮靳、谢丽秋、吕绪庸等人曾先后在该室任职或参与科研。1954年年初，由解放军总后勤部军需生产部提出，中央轻工业部同意，报请政务院财委第一办公厅和总后勤部批准，将轻工业部上海工业试验所皮革研究室的科研人员、仪器设备和图书资料全部移交给总后勤部军需生产部研究所。

解放军总后勤部军需生产部研究所（后改名为总后勤部军需生产技术研究所）位于北京市东城区禄米仓胡同71号。1954年5月14日，轻工业部上海工业试验所皮革研究室的科研人员关启泰、周润华、李彪臣、王公理、吕绪庸、陈惠臣等20余人在袁光美的率领下来到北京，加盟总后军需生产部研究所后，即成立皮革研究室，仍由袁光美任室主任。初期，即投入改建实验室300多平方米，筹建制革试验车间800平方米，添置了大量仪器设备和皮革科技书刊，先后吸纳一大批本专业技术员工，到1956年，已成为国内技术力量雄厚、设施较为完善的皮革科研机构。皮革研究室的首要任务是为军需生产服务。例如，协助军需部属13个大型制革—毛皮工厂进行技术改造和监督，提高军用皮革的产品质量；制定出从原料皮验收、保管、生产工艺、材料消耗定额到统一制革术语等一系列技术规范和文件；研发军需皮革产品并投产供应，如研发皮碗革，并由漯河207厂投产供应军口使用单位。其次，皮革研究室也有不少科研项目和全国皮革工业相关，其成果在全国皮革行业推广应用。例如，再生革研制项目、白皮粉、铬皮粉的研制生产、铬—植结合鞣底革试制和推广项目，以及在取样分析检测的基础上，形成皮革分析检测与质量标准体系，并通过专业培训，逐步在全国皮革工业实现"三统一"（检验方法统一、仪器设备统一、操作规范统一）。1959年在中央轻工业部皮革研究所成立后，不少科研人员又从军需口折返工业口。

1959年3月，中国皮革工业研究所正式成立，所址位于北京市东四六条45号，由杜春晏任第一任所长。当时的主要业务为制革、制鞋、毛皮、人造革的技术研究；军工、援外、制革厂和制鞋厂的设计；标准制定、分析检验、质量评比及国内外技术交流和人员培训等。由于历史原因曾多次变动所名，如轻工业部科学研究院皮革研究所、河南省皮革塑料工业科学研究所、轻工业部毛皮制革工业科学研究所等。1969年该所（除制鞋组外）曾被下放江西分宜县，1970年又迁往河南省平顶山市，1978年经国务院批准迁回北京，1990年4月，由北京市东四六条45号迁至朝阳区将台路3号。建所初期，曾承担属于国家12年科学技术长远规划中编号2908动物组织的研究、编号2909快速制革工艺的研究等科研项目。1959—1999年，先后还承担并完成了一系列科技攻关项目，有60多个项目分别获得国家计委、经委、科委和省部级奖励。其中，"提高汉口路山羊皮革质量研究"获国家科技进步一等奖，"SCF结合型加脂剂""毛皮染整加工技术""防铬污染助鞣剂"均为国家重点科技推广成果，为中国皮革工业的发展做出了重大贡献。该所的主要科研工作包括以下领域：皮革、毛皮加工新工艺、皮革化工新材料、皮革工业新设备、皮革工业环境保护新技术、皮革工业有关产品的标准及测试方法、皮革工业情报信息等。先后在该所供职的科技人员中学术带头人，以及知名人物主要有马燮芳、蒲敏功、庆巴图、段镇基、俞志洪、俞良俊、孙廷俞、陈惠臣、苏晓春、杨天一、金宝仲、李昌平、朱孝于、龚享禄、陈应元、杨雨滋、赖人纯、刘义生、王清惠、孙玉珍、杨承杰、田美、宋昕、谢衡、高忠柏、丁志文、翁以昭、赵立国，等等。多年来，有关皮革及制品质量监督检验、标准化工作、行业信息中心，以及皮革行业生产力促进中心均归口设在该所内。为了加快科学技术向生产力的转化，该所还先后建立了多家技术、工贸公司，如天元皮革技术材料公司。

1973年，由外贸部、商业部、燃化部、轻工业部4个部门联合向国务院呈报的《关于撤销四鞋研究办公室，设置制鞋工业科学研究所的请示报告》获批后，同年9月10日，轻工业部制鞋工业科学研究所正式成立,所址设在北京市东四六条45号。该所主要任务是:除承担原四鞋研究办公室的工作外,负责对制鞋工业的新材料、新工艺、新技术、新设备、新品种进行广泛的科学研究;搜集国内外科技情报,组织科学技术交流;协助各省、市、自治区提高制鞋工业的产量和质量,增加花色品种;设计出口产品,赶超世界先进水平,以加快制鞋工业的发展,适应国内市场和外贸出口的需要。1995年2月,以轻总人教〔1995〕3号文《关于机构更名的通知》更名为"中国轻工总会制鞋研究所";1999年7月,以国轻办发〔1999〕90号文《关于局所属部分事业单位更名的通知》又更名为"轻工业制鞋研究所"。该所科技人员中的知名人物有邓启明、王均、陈为梁、严怀道、钟宁庆等人。1973—1999年,该所承担并完成了一系列科技攻关和重大研究课题共40多项,其中有20多个项目分别获得国家计委、经委、科委和省部级奖励,为中国制鞋工业发展做出了重大贡献。多年来,有关鞋类质量监督检验、标准化工作、鞋业信息中心均归口设在所内。

2000年9月,由原中国皮革工业研究所和轻工业制鞋研究所合并重组成为中国皮革和制鞋工业研究院(以下简称中皮院),院址位于北京市朝阳区将台路3号,院长杨承杰,常务副院长田美。中皮院是我国唯一的国家级皮革和制鞋行业综合性科研机构,是行业的科技研发中心、标准化中心、质量监督检验中心、信息中心、生产力促进中心和工程技术研究中心。该院在河北、浙江、广东、福建、山东、河南、四川等地设有分院、研究所、代表处等分支机构,与企业共建研发中心14个。经人事部批准,研究院建有1个博士后科研工作站,2003年中皮院通过ISO 9000质量管理体系认证。目前的主要业务为科技研发、标准检测、信息服务、杂志出版、人才培训、生产贸易。主要研究开发领域涉及皮革工艺、制鞋工艺、皮革化工、鞋用材料、合成革、环境保护、皮革废弃物资源化利用以及皮革毛皮、鞋类检测技术和检测设备开发等。主要科研成果有毛皮、制革新工艺及清洁生产技术、皮革废弃物综合利用技术、环保型皮革化工材料的制备技术、鞋用材料技术和鞋类舒适性技术等。2005年,经批准,在该院设立了以中国工程院院士段镇基名字命名的"段镇基皮革和制鞋科学技术奖",该奖是皮革、制鞋行业的全国性奖项,以奖励行业界在科研开发与成果应用等方面取得优秀成果和做出突出贡献的单位、个人,以推动行业科技进步。10多年来,该院以促进行业发展为宗旨,在为国内企业服务的同时,不断拓展与国外机构和企业的交流与合作,先后承担国家、省部和地市级重大科研项目90余项,荣获国家级和省部级各类科技奖励10余项,主持起草和修订国家行业标准200多项,为中国皮革和制鞋工业发展做出了重大贡献。

此外,分布在全国各地的省市级地方皮革科研机构以及有关院校所属的皮革科研机构为数不少,其中,在不同历史时期有过不俗业绩且知名度较高的有如北京市皮革工业研究所、天津市皮革研究所、上海市皮革工业研究所(轻工业部上海皮革技术中心)、四川省皮革工业研究所、浙江省皮革塑料研究所、沈阳市皮革研究所、丹东市轻化工研究院(皮革化工材料研发中心)、中国科学院成都有机化学研究所(皮革化工材料研发中心)、山东省皮革工业研究所、河南省皮革塑料研究所、广东省皮革化工研究所,以及四川大学皮革化工与工程教育部重点试验室、陕西科技大学教育部化工助剂重点实验室、温州大学浙江省皮革重点实验室,等等。值得一提的是,在全国改革开放不断深化、多种不同所有制竞相争辉的市场经济条件下,民营体制的科技机构如海宁于义皮革研究所、烟台全杰皮革研究所、成都培根皮革科研所、开封利华皮革研究所等也应运而生，也是皮革科技领域不可忽视的一支生力军。

第二节 全国性院所

一 原国民政府经济部中央工业试验所胶体化学研究室

原国民政府经济部中央工业试验所（以下简称中工所）于1938年筹建设立胶体化学研究室及制革植物鞣料试验示范工厂（以下简称示范厂），地点位于重庆沙坪坝对岸的磐溪。此系我国近代最早由中央政府部门设立的全国性皮革科研机构。1940年建成后，由杜春晏博士任研究室主任兼示范厂厂长，王毓琦任示范厂副厂长（1941—1945年），马燮芳任该厂工务课长。下设鞣料、制革、涂料三个工作组，魏庆元任鞣料组组长，袁光美任制革组组长，朱学程任涂料组组长。1938—1945年，参与胶体化学研究室工作的先后有黎煜明、何炳林、王珽、杜示俊等10多人；参与示范厂工作的，先后有王毓琦、马燮芳、魏庆元、袁光美、符之耀、何骏、王公理等20多人。该室、厂的主要科研成果摘要如下：一是四川橡椀鞣革性能试验研究（杜春晏、马燮芳、魏庆元等）；二是皮粉的制造及应用（杜春晏、王珽）；三是利用四川山羊皮制作粒面与绒面鞋面革和服装革（马燮芳、袁光美、符之耀、杜仁等）；四是四川青杠椀鞣料精（橡椀栲胶）的研制与生产（魏庆元）；五是黄牛皮轮带革的研制（马燮芳、袁光美）；六是四川兔皮的鞣制与染色（马燮芳、杜示俊、符之耀、王公理）；七是植物油硫酸化油（皮革加脂剂）的试制（黎煜明）；八是皮革涂饰剂（刷光浆）的研制（朱学程）；九是利用新疆天山北坡松树皮提制植物鞣料浸膏及建厂实施方案（杜春晏、袁光美等）。

1945年抗日战争胜利后，前国民政府经济部迁回南京，由于全国经济建设工作的需要，中工所在上海（华东）、北平（华北）、重庆（西南）、兰州（西北）分设为4个分所。因此，相关人员调整变动很大，杜春晏、袁光美被调至北平分所，杜春晏任分所所长，袁光美被借调到与分所有关的北平振北皮革公司（北京制革厂的前身）任厂长兼工程师；王毓琦被调任上海分所皮革室主任，马燮芳、魏庆元被调至与上海分所有关的实验工厂（后为上海益民制革厂）任职。

1948—1949年，中工所由经济部改属为工商部中央工业试验所。

二 中央轻工业部上海工业试验所皮革研究室

新中国成立伊始，万象回春。在原国民政府经济部（后工商部）中央工业试验所北京、上海、重庆、兰州4个分所中，设有皮革科研机构（组、室）的，有上海、重庆两所，兰州所也有个别皮革科研人员。这4个分所在新中国成立后部分属当时各大行政区的工业部。皮革科研的技术实力、仪器设备和图书资料，以上海所最强且多。1951年，这4个工业试验所均改属中央轻工业部领导。

1951年秋冬，上海工业试验所皮革研究室主任王毓琦远调新疆建设兵团任教，室主任一职长期由袁光美代理，科研项目大多由他牵头领导。同时，该室还由上海所出面聘请了华东化工学院知名制革教授陶延桥先生任皮革研究室技术顾问，参与科研指导。1951—

1954 年，先后完成的科研成果，主要有四项：第一，用六偏磷酸钠做预鞣剂的植物速鞣重革工艺（国内首先应用于上海金夑记制革厂生产轮带革）；第二，气压表用革的研制（受长春气象局的委托）；第三，白皮粉的研制（参与的科研人员：潘毓麟、陈惠臣、鲍兢雄、王湝文、潘荣金等多人）；第四，落叶松树皮鞣料鞣革性能试验研究（轻工业部下达项目，参与的科研人员：纪明、周润华、卢燮靳、谢丽秋、吕绪庸等）。

1952 年年底，中央轻工业部为集中人力，加强皮革科研工作，决定从重庆、兰州两所选调皮革科研人员集中到上海工业试验所皮革研究室，并同时撤销重庆、兰州两所得皮革科研机构（组）。因此，重庆所选调了周润华、吕绪庸，兰州所选调了王公理共三人于 1953 年 1 月初集中到上海所皮革研究室。

上海所皮革研究室自 1950 年起，为解决全国制革业牛皮供应量不足（当时全国牛皮年可供量近 300 万张），即开始进行猪皮制革研究。试制出猪面革、猪底革、猪箱包革，并制作出猪革皮鞋及皮包参加华东工业部上海工业展览会展出，上海《解放日报》为提倡猪皮制革，曾做长篇报道。其他科研项目也有进展。

中央轻工业部上海工业试验所的所址在上海市北京西路 1320 号（系英国雷士德医学研究院的旧址），是一座 4 层的研究大楼，皮革研究室位于 3 楼。

1954 年年初，由解放军总后勤部军需生产部提出，中央轻工业部同意，报请政务院（后为国务院）财委第一办公厅和总后勤部批准，将轻工业部上海工业试验所皮革研究室的科研人员、仪器设备和图书资料全部移交给总后勤部军需生产部研究所。

三 解放军总后勤部军需生产技术研究所

轻工业部上海工业试验所皮革研究室划归解放军总后勤部军需生产部研究所（后改名为总后勤部军需生产技术研究所）后，1954 年 5 月 14 日，在袁光美主任的率领下，一行 20 人来到首都北京。总后勤部军需生产部研究所即成立皮革研究室，仍由袁光美先生任室主任。所址位于北京市东城区禄米仓胡同 71 号。初期，即投入改建实验室 300 多平方米，筹建制革试验车间 800 平方米，添置了大量仪器设备，高价从国外补齐了英国、美国等皮革科技书刊，包括 JSLTC、JALCA 两套权威性皮革科技杂志。到 1956 年，已成为国内技术力量雄厚（有技术员工 40 余人），仪器设备和图书资料相当完善的皮革科研机构。

皮革研究室的科技工作首要任务是为军需生产服务。例如，一是协助军需生产部对部属 13 个大型制革—毛皮工厂进行技术监督，改进其技术措施，提高军用皮革的产品质量。二是在袁光美主任牵头，全室多人参与下，制定出从原料皮验收、保管、生产工艺、材料消耗定额到统一制革术语等一系列技术规范和文件。三是以关启泰为主成功地研制出军用皮碗革，并由总后河南漯河 207 厂投产。军用皮碗是用于飞机、坦克、火炮等军用武器推进器的部件，对成革的无机酸根（如氯根、硫酸根）含量、以及可能导致对金属的腐蚀性等有特殊要求，有一定的研制难度。其次，皮革研究室也有不少科研项目和全国皮革工业相关，其成果在全国皮革行业推广应用。例如，一是在 1954 年，由吕绪庸负责、关启泰协助的"再生革研制"项目，系针对当时总后沈阳 308 厂的废弃革屑堆积如山，亟须排忧解难和据悉当年日伪时期日本人曾利用废革屑生产过再生革的实际情况，为综合利用、变废为宝（其时再生革主要用作皮鞋的膛底）而确立的。项目实施之初，曾找到了当年参与日伪时期再生革生产的工人王文山，且磨碎机和压片成型机还在，但王文山仅知道所用的站和及时天然橡胶乳，其他一无所知。经过半年多的反复试验，从自研乳胶凝固剂，到设计形成化学活性高的初生态硫、筛选低温硫化促进剂，以及低温硫化工艺，终于完成了利用废革屑研制再生革项目，并成功地投入生产（吕绪庸著《废革屑的利用》，轻工业出版社1959版）。二是由关启泰、周润华负责的白皮粉、铬皮粉的研制生产，于1957年正式独家生产，供应全国的栲胶厂、制革厂、林产化学工业科研所及大专院校皮革专业使用，结束了皮粉必须依赖进口的历史。1963年，总后所将皮粉生产技术无偿转让给上海益民制革厂继续生产。三是李彪臣、王公理、吕绪庸等人负责的"铬—植结合鞣底革试制和推广项目，针对传统纯植鞣底革的鞣期长达90天，为在确保成革质量的前提下实现速鞣，借鉴苏联的铬—植结合鞣经验，研制成铬—植结合鞣底革新工艺，结果将鞣期由原90天缩短至7天，1957年在总后西安603厂进行生产性试验，一举获得成功。此项工艺处在总后系统各军需制革厂全面应用外，还向全国推广应用。四是皮研室组织人力（戴新华、陈惠臣、陈仲尧等）在对多种成革取样进行分析检测的基础上，形成了系统的皮革分析检测方法和相应的质量标准。同时，举办全国性皮革理化检验人员的专业培训，逐步在全国皮革工业实现"三统一"（分析检验方法统一、使用仪器设备统一、人员操作规范化统一），为后来轻工业部制定部颁标准奠定了基础。

四　中国皮革工业研究所

中国皮革工业研究所筹建于1956年，1959年2月正式成立时名为轻工业部科学研究院皮革研究所，后由于历史原因多次变动所名。曾用过的所名有轻工业部科学研究院皮革研究所、河南省皮革塑料工业科学研究所、轻工业部毛皮制革工业科学研究所等。1995年1月更名为中国皮革工业研究所（以下简称皮革所）。

新中国成立初期，为促进我国的科学研究事业迅速发展，国务院科学规划委员会于1956年上半年召集了各方面的专家、教授、工程技术人员制定了国家12年科学技术长远规划，其中包括编号2908动物组织的研究、编号2909快速制革工艺的研究。为了促进我国皮革工业的发展并保证这两个课题的顺利进行，决定成立皮革研究所。同年6月，首先组建了皮革所筹备组，经过三年的筹建，皮革所于1959年3月正式成立，地址为北京市东四六条45号，海归教授、知名专家、全国政协委员杜春晏担任第一任所长。当时，皮革所主要业务为制革、制鞋、毛皮、人造革的技术研究；军工、援外、制革厂和制鞋厂的设计；标准制定、分析检验、质量评比及国内外技术情况交流和人员培训等。1969年，根据中央1号通令和第二轻工业部的指示，皮革所（除制鞋组外）被下放江西分宜县，参加"五七"干校劳动锻炼，致使科研业务停顿。1970年，皮革所由江西分宜迁往河南省平顶山市，归河南省革命委员会领导。1978年下半年，经国务院批准，皮革所由河南省平顶山迁回北京市东四六条45号。1990年4月，由北京市东四六条45号迁至北京市朝阳区将台路3号。

皮革所1999年有在职职工110人，离退休55人，其中在职职工中各类工程技术人员90人。其中中国工程院院士1人，高级职称29人、中级职称60人、初级职称10人。其科研工作主要包括以下领域：皮革、毛皮加工新工艺、皮革化工新材料、皮革工业新设备、皮革工业环境保护新技术、皮革工业有关产品的标准及测试方法、皮革工业情报信息等。

多年来，国家皮革制品质量监督检验中心、中国皮革工业信息中心、皮革行业生产力促进中心、轻工业毛皮制革质量监督检验中心、全国毛皮制革标准化中心、全国皮革机械标准化分技术委员会、轻工业皮革制鞋机械质量监督检测中心、《中国皮革》杂志社、《皮革文摘》编辑部（1996年停刊）和《中国皮革信息》报社（现更名为《中国皮革制品》编辑部）均设在皮革所内。

为了加快科学技术向生产力的转化，皮革所先后建立了多个技术开发、贸易公司和一个皮革化工厂：天元皮革技术材料公司、珠海海港皮革皮草有限公司、众志毛皮新技术开发公司、爱华皮革公司、北京科力兴皮革化工厂等，因经营及其他原因，除天元公司外，其他公司已不复存在。

皮革所从1959年到1999年期间，为中国皮革工业的发展做出了重大贡献，承担并完成了一系列科技攻关项目，60多个项目分别获得国家计委、经委、科委和省部级奖励。其中，"提高汉口路山羊皮革质量研究"获国家科技进步一等奖，"SCF结合型加脂剂""毛皮染整加工技术""防铬污染助鞣剂"均为国家重点科技推广成果。

在完成科研工作和为行业服务的同时，皮革所重视精神文明建设工作。1993年皮革所被评为中国轻工总会先进集体，1995年被评为中央国家机关文明单位，1997年被评为首都和中央国家机关双文明单位。

五　中国皮革工业信息中心

中国皮革工业信息中心创建于1971年6月，原名中国皮革工业科技情报站，机构设在轻工业部毛皮制革工业科学研究所（现中国皮革和制鞋工业研究院）内，1993年4月更名为中国皮革工业信息中心。

信息中心自创建以来，先后承担了"引进国外皮革机械及设备的优选调研""轻工行业生产力结构评估"等多项研究课题，组织举办了多期皮革服装设计、制革生产技术培训班，组织开展了一系列情报信息研究及行业交流活动。根据行业发展需要，组织编撰皮革工业科技情报专著，组织召开了多次全国皮革工业科技情报、信息交流会议，1979年3月，主编出版了《国内外皮革工业水平》，1993年6月，在南京组织举办了"全国皮化重点产品应用技术交流、订货暨技术成果转让会"，为推动国内外皮化企业交流、推动中国皮化事业的发展起到了较大作用。1996年12月，中心在天津组织召开了首届中国皮革工业信息交流大会，有来自全国各地的行业代表250多人参会。之后，中心于1998年在广东东莞市、2000年在浙江海宁市又分别召开第二、第三届全国皮革工业信息交流大会。2004—2010年，连续举办了5届中国皮革业发展论坛，交流皮革科技与市场信息，共商行业发展大计，对全国皮革和制鞋行业的可持续发展与二次创业，起到了巨大的推动作用。另外，信息中心还多次组织了出国考察团，增进了国际交流与合作；组织编辑出版了《中国皮革工业地图集》《中国皮革工商企业资料汇编》《汉英皮革工业词汇》《皮革印花工艺技术》等多种图书和技术资料，弥补了专业图书奇缺的局限。

中国皮革工业信息中心旗下拥有《中国皮革》（技术刊、市场刊）、《中国皮革信息》（现更名为《中国皮革制品》）、《皮革文摘》杂志（因检索方式的变革，于1996年1月停刊）、《全球皮革商务周刊》及中国皮革和制鞋网。中心利用遍及全国和海外的信息网络，为中国皮革和制鞋行业在信息、咨询、广告、技术、人才、培训、购销等方面提供全方位的服务。

六 轻工业制鞋研究所

轻工业制鞋研究所前身是中国皮革研究所制鞋组，后发展成为由商业部、燃化部、轻工业部三部领导的"四鞋研究办公室"。1973年2月19日，由外贸部、商业部、燃化部、轻工业部4个部门联合向国务院呈报了《关于撤销四鞋研究办公室，设置制鞋工业科学研究所的请示报告》，3月30日至5月6日，李先念副总理、纪登奎副总理、华国锋副总理及国家计委主任余秋里等领导先后亲笔批示，同意这份报告。1973年9月5日由外贸部、商业部、燃化部、轻工业部4个部门联合下发了《关于撤销四鞋研究办公室，设置制鞋工业科学研究所的通知》，明确规定制鞋工业科学研究所在建制上，以轻工业部领导为主。其主要任务是：除承担原四鞋研究办公室的工作外，负责对制鞋工业的新材料、新工艺、新技术、新设备、新品种进行广泛的科学研究；搜集国内外科技情报，组织科学技术交流；协助各省、市、自治区提高制鞋工业的产量和质量，增加花色品种；设计出口产品，赶超世界先进水平，以加快制鞋工业的发展，适应国内市场和外贸出口的需要。1973年9月10日，正式启用"轻工业部制鞋工业科学研究所"印章，标志着制鞋所正式成立。所址设在北京市东四六条45号。

1995年2月23日，中国轻工总会根据中编委1995年1月19日中编办字［1995］13号的批复，以轻总人教［1995］3号文《关于机构更名的通知》将原"轻工业部制鞋工业科学研究所"正式更名为"中国轻工总会制鞋研究所"。1999年7月9日，国家轻工业局国轻办发［1999］90号文《关于局所属部分事业单位更名的通知》将"中国轻工总会制鞋研究所"正式更名为"轻工业制鞋研究所"（以下简称制鞋所）。

1981年，经国家标准局、轻工业部批准，依托制鞋所成立了"中国制鞋工业标准化质量检测中心站"，1990年，从中心站分离出检测分支，并由轻工业部重新命名为"轻工业部鞋类质量监督检测中心"，1995年，在此基础上经国家技术监督局批准建立"国家鞋类质量监督检验中心"。

1986年，经有关部门批准依托制鞋所成立了全国制鞋工业科技情报站。1994年6月，更名为全国制鞋工业信息中心。

制鞋所成立以后，又编辑出版了《国内外制鞋动态》，1980年《制鞋科技》杂志问世，1998年5月更名为《中外鞋业》，后又更名为《精彩鞋苑》。

为了加快科学技术向生产力的转化，制鞋所先后建立了多个公司：北京亿邦科技开发有限责任公司，主营皮革制鞋类设备，产品有切条机、皮革编织机等；北京客来地科技开发公司，经营品种主要为鞋用热熔条胶、颗粒胶、TPU掌面料等；广维鞋业软件开发有限责任公司，主营制鞋二维放码、三维设计软件；北京亿足网络有限公司（与台湾泗维公司合资），开展鞋类电子商务业务。由于经营及其他原因，这些公司均陆续解体。

制鞋所从1973年至1999年期间，为中国制鞋工业发展做出了重大贡献，完成了一系列科技攻关和重大研究课题，共承担了40多个省部级科研项目，20多个项目分别获得国家计委、经委、科委奖励。

七 全国制鞋工业信息中心

全国制鞋工业信息中心创建于 1986 年，原名为全国制鞋工业科技情报站，机构设在轻工业部制鞋工业科学研究所（现中国皮革和制鞋工业研究院了）内，1994 年 6 月，更名为全国制鞋工业信息中心。

中心自成立以来，承担了"鞋用胶粘剂国内外情况调查"等课题的研究；先后在全国范围内组织了 10 余次技术交流活动。通过交流活动，意大利、德国、美国、日本、韩国、法国、英国等国家及我国台湾、香港地区的专家和企业先后来到中国，向中国企业介绍先进的工艺和技术、精良设备的使用及材质的选择等。同时，谋划中国大陆鞋业的发展与未来……，通过这些交流活动，沟通了制鞋厂与国外鞋机厂、鞋材厂的联系；组织编辑出版了《英汉制鞋工业词汇》《鞋厂机器设备选型定型及使用指南》等图书资料。

1998 年 4 月，中心与晋江市政府合作，创造性地举办晋江国际鞋业博览会，开创了在产业基地办大型展会的先河，在行业引起轰动，至 2010 年，该展会已连续成功举办了 12 届。

多年来，中心编辑出版《制鞋科技》杂志，后更名为《中外鞋业》，现名为《精彩鞋苑》。

八 皮革和制鞋行业生产力促进中心

皮革和制鞋行业生产力促进中心创建于 1998 年 4 月，当时以皮革行业生产力促进中心和制鞋行业生产力促进中心存在，2003 年 1 月份，经科技部批准，原皮革行业生产力促进中心、制鞋行业生产力促进中心合并组建而成皮革和制鞋行业生产力促进中心，并经国家事业单位登记管理局批准，成立的独立的事业法人单位。机构设在中国皮革和制鞋工业研究院内。

中心依据国家政策，采取现代化企业管理模式，针对皮革和制鞋行业现状，结合自身特点，以科技为先导、创新为基础、服务为中心、社会效益与经济效益相结合的运作模式，开展各项业务；以组织科技力量推动企业（特别是中小企业）技术进步、促进企业建立技术创新机制、增强企业的技术创新能力和市场竞争力、提高社会生产力水平为宗旨，以专业知识、专门技能为基础，以行业发展为己任，以企业需求为目标，为企业提供多元化、综合性服务，使中心成为连接科技工作者与企业界的桥梁、政府推动企业科技进步的重要助手、培养人才的摇篮、企业健康发展的智囊团和技术后盾。

中心主要工作范围包括如下几个方面。

（1）政策研究：开展行业科技、经济发展战略与规划调查研究，为政府相关部门各项决策提供依据和建议，完成政府部门授权委托的工作事项。

（2）技术与产品开发：与企业共建技术中心，帮助企业开展新产品、新技术、新工艺的研究开发，增强企业技术创新能力。

（3）技术服务与推广：向中小企业导入新技术、新产品、新工艺，推广行业共性技术、关键技术，使科技成果转化为生产力；为企业提供技术难题的诊断，解决企业在生产过程中的各种难题；提供新产品、新技术、新工艺的示范、推广和应用；为企业的技术引进、技术项目招标和科技招商引资工作提供配套服务。

（4）段镇基奖皮革和制鞋科学技术奖：为推动皮革和制鞋行业的科学技术进步，提高行业整体科技实力，从 2006 年开始组织举办每年一度的行业最高奖项"段镇基皮革和制鞋科学技术奖"申报评选工作。

（5）培训服务：围绕行业需求，通过组织多样化的国内外培训，包括技术培训、相关技能培训、标准化培训、质量认证体系培训、经营管理人才培训等，提升行业从业人员的专业素养及综合素质。

（6）标准制定和产品检测：承担国家标准、行业标准的制修订工作，协助地方、企业制定地方标准、企业标准，为相关部门、企业提供产品检测与质量分析服务。

（7）信息服务：利用《中国皮革》杂志（中文核心期刊）、《精彩鞋苑》杂志、《中国皮革制品》、《全球皮革商务周刊》、《中国皮革和制鞋网》等媒体，提供国家对相关行业政策导向，新产品、新技术、新工艺的发展趋势，行业动态、市场信息，以及中心和企业的信息化建设、推广等。

（8）科技中介服务：为科研机构、大专院校、生产企业牵线搭桥，促进科技成果转化为生产力。

（9）咨询服务：为企业提供企业诊断，发展战略与规划的咨询，企业管理咨询，科技、经济、人才、政策、市场信息咨询，相关产品的认证和质量体系认证咨询服务。

（10）交流与合作：组织企业与研究开发机构和大专院校的交流与合作，协助企业建立技术依托，全面提高企业的管理水平和科技素质；组织参加国内外学术交流会、经贸展览会、专业研讨会、考察交流等，开拓国内外合作渠道，向国内机构引入更多的先进技术、人才、资金和项目，促进我国企业和产品走向世界。

九 中国皮革和制鞋工业研究院

中国皮革和制鞋工业研究院（以下简称中皮院）于 2000 年 9 月由原中国皮革工业研究所和轻工业制鞋研究所合并重组而成，是我国唯一的国家级皮革和制鞋行业综合性科研机构，是行业的科技研发中心、标准化中心、质量监督检验中心、信息中心、生产力促进中心和工程技术研究中心。

中皮院现有在职职工 160 余人、离退休职工 131 人。在职职工中，各类技术人员 140 人、教授级高级工程师 11 人、高级工程师 35 人。博士 5 人、硕士生导师 6 人。中皮院在河北、浙江、广东、福建、山东、河南、四川等地设有分院、研究所、代表处等分支机构，与企业共建研发中心 14 个。经人事部批准，研究院建有 1 个博士后科研工作站，2003 年研究院通过 ISO 9000 质量管理体系认证。

目前，中皮院主要业务为科技研发、标准检测、信息服务、杂志出版、人才培训、生产贸易。主要研究开发领域涉及皮革工艺、制鞋工艺、皮革化工、鞋用材料、合成革、环境保护、皮革废弃物资源化利用以及皮革毛皮、鞋类检测技术和检测设备开发等。主要科研成果有毛皮、制革新工艺及清洁生产技术、皮革废弃物综合利用技术、环保型皮革化工材料的制备技术、鞋用材料技术和鞋类舒适性技术等。

国家皮革及制品工程技术研究中心、国家皮革和制鞋行业生产力促进中心、国家皮革制品质量监督检验中心、国家鞋类质量监督检验中心、国家轻工业皮革制鞋机械质量监督检测中心、全国毛皮制革标准化中心、全国制鞋标准化中心、全国毛皮制革机械标准化中心、商务部皮革及其制品进出口商品技术服务中心、中国皮革工业信息中心、全国制鞋工业信息中心及《中国皮革》杂志社、《精彩鞋苑》编辑部、《中国皮革制品》编辑部等一批国家级权威机构均设在中皮院内。

依托中皮院设立的检测中心主要承担各种鞋类产品、皮革、毛皮、皮革制品及皮革化工材料、制革机械、毛皮机械、制鞋机械、拉链机械和羽绒加工机械的质量监督、检验、鉴定与仲裁；同时开展检验技术、检验仪器的研究、检测技术咨询服务、技术培训等项业务。

依托中皮院设立的标准化中心负责行业内的国家标准、行业标准的制定、修订和宣传和贯彻工作，同时提供标准化咨询和标准化技术服务。

依托中皮院设立的信息中心利用遍及全国和海外的信息网络，为行业在信息、咨询、广告、技术、人才、培训、购销等方面提供服务。中心编辑出版《中国皮革》（技术刊、市场刊）、《精彩鞋苑》《中国皮革制品》等刊物。中心创建有中国皮革和制鞋网（www.leather365.com）、皮革和制鞋国际工业分包网（www.clfspx.com）等网络媒体。

中皮院目前拥有科工贸一体化的北京中皮天元科技有限公司，在河北、河南、山东、浙江、四川、广东、福建等地设有分公司或分支机构，主要从事皮革和制鞋用化工材料以及新型制革工艺的研究开发工作，并创建了自有品牌"奥斯丹 OSITAN"，生产出了一系列性能优良的皮革化工产品。公司也是多家国外皮化公司在中国多个地区的一级代理商。

近年来，中皮院组织举办了多期培训项目，具体如商务部援外培训项目、联合国工发组织污水治理培训、皮革制鞋生产技术培训、鞋类设计师培训和皮革及鞋类检测技术培训，培训内容涉及皮革制鞋行业清洁化生产技术、生态皮革制造技术、制鞋技术、鞋楦设计、污水处理、标准检测等。

2005年，经国家奖励办公室批准，由中皮院等行业多家单位发起设立的、以中国工程院院士段镇基先生名字命名的"段镇基皮革和制鞋科学技术奖"开始设立，该奖是以在行业科学研究、技术创新、技术开发、科技成果推广应用等方面取得优秀成果和做出突出贡献的单位、个人为奖励对象而开展的奖励活动，是皮革行业、制鞋行业设立的全国性奖项。

中皮建院10多年来，以促进行业发展为宗旨，在为国内企业服务的同时，不断拓展与国外机构和企业的交流与合作，组织并参加了一系列国际相关会议。10多年来，中皮院承担国家、省部和地市级重大科研项目90余项，荣获国家级和省部级各类科技奖励10余项，主持起草和修订国家行业标准200多项，为中国皮革和制鞋工业发展作出了重大贡献。

十　国家皮革及制品工程技术研究中心

国家皮革及制品工程技术研究中心，是科技部2009年10月批准建设的国家级科技平台项目。中心依托单位为中国皮革和制鞋工业研究院。中心按照开放合作、精干高效的原则规范运作，实行管理委员会领导下的主任负责制，与依托单位实行一个机构两块牌子的运营模式，在同一管理体系下按照市场经济规则运行。

中心由若干实验室、成果中试基地组成。在北京本部设有制革清洁生产、检测技术、化工材料、皮革废弃物、鞋类舒适性和制革工艺实验室；在河北辛集市建立了皮革废弃物综合利用、皮革化工材料中试基地，在浙江温州市建立了皮鞋中试基地等。工程技术研究开发领域主要包括皮革清洁生产技术、皮革废弃物资源化利用技术、绿色高性能化工材料技术和健康舒适性鞋类技术等，同时面向皮革行业为企业提供技术创新、技术转移、产品检测、技术咨询和人才培训等全方位服务。

中心对国内外提供开放服务，强化同国内外高校、科研机构、企业合作研究开发共性关键技术，积极推广工程化成果，为皮革行业培养、培训各类专业技术人员，目标是成为我国皮革及制品领域工程技术研发、人才凝聚和培养、成果孵化、辐射转移的公共平台，从而为推动我国皮革及制鞋产业健康、快速、可持续发展提供技术支撑。

第三节　地方性院所

一　丹东轻化工研究院/全国皮革化工材料研发中心

丹东轻化工研究院始建于1955年（该院前身为安东市工业局试验室，1960年更名为安东市化工研究所，1968年更名为丹东市轻化工研究所）。经过40多年的艰苦历程，逐步发展成为丹东地区第一大工业院所暨全国皮革化工材料研究开发中心。1984年5月，市科委任命王家汉为所长，郑庆烈、周欢翔为副所长。1989年郑庆烈为所长，王家汉、梁云山为副所长。1990年3月，国家轻工业部批复同意为"全国皮革化工材料研究开发中心"。1992年5月，经辽宁省科委批准，由"丹东市轻化工科学研究所"升格为"丹东轻化工研究院"。全院共有职工416人，（其中事业编200人）科技人员215人。占地24000平方米，建筑面积18000平方米，固定资产2100万元。该院设有科研计划处、科研中心、信息中心、测试中心和实验厂、试验车间及4个生产厂、4个高技术开发公司。科研中心具有一批经过多年实践锻炼的中老科技人员和学科带头人，并配有制革工艺专业人员。测试中心备有核磁共振波谱仪、气相色谱仪、液相色谱仪、红外光谱仪，以紫外光谱仪、及皮革物理测试仪器共50多台件。信息中心办有《皮革化工》杂志，为全国发行的国家级刊物。产品开发方面设有功能齐全的实验厂，即工业性试验车间及院属的4个生产厂，年生产能力达5000多吨。除生产各种皮革化工材料外，还生产纺织助剂，电子化学品及建筑防水材料等共70多个品种。贸易方面设有高技术开发公司等4个公司。该院已形成科工贸一体化的运行机制。

该院自1962年在国内率先开始从事皮革化工材料的研究工作，一直承担省、部重大批华科研计划项目。从"六五"到"九五"连续4个五年计划参加国家重点科技攻关，包括合成鞣剂、合成加脂剂、涂饰剂、助剂及皮革专用染料5大类，共完成重大科技成果60多项。其中有25项获部、省、市科技进步奖和星火计划奖。60多项成果中有多项达到国外同类产品水平和国内领先水平。80%的成果投产并得到推广。60年代后期完成的"1号合成加脂剂"是以石油馏份为基础原料的填补国内空白项目，轻工业部主持鉴定后在全国推广投产。"六五"期间完成的"两性皮革加脂剂"获国家"三委一部"的嘉奖，并全面推广。"八五"期间完成的"皮革专用染料黑GN"等不同色调的系列产品，均属不含国际禁止含有21种致癌芳香胺的染料，本系列产品及用于染色后的皮革都通过了国际权威机构—德国TUV莱茵安全和环境保护有限公司的检测和无致癌物认证。该系列产品由该院属染料化工厂投产，现已推广全国。由于该院在皮革化工科研开发方面为我国皮化产业的发展起了积极的作用，做出了一定的贡献，并具备了一定的技术、成果基础，1985年轻工业部、国家计委立项批准该院兴建"皮革化工材料工业性试验基地"，投资1200万元，于1988年10月建成，通过了轻工业部、国家计委的验收。"基地"除了利用先进设备条件进行各项成果的放大或工业性试验外，一直在运转生产产品。

二 天津市皮革技术研究所

天津市皮革技术研究所始建于1957年，坐落在天津市南开区广开大街9号。是由天津市政府批准，市科学技术委员会领导，天津市皮革工业公司组建的全民所有制事业单位。它是天津市科学技术委员会直属72所研究机构之一。

研究所的宗旨是从事制革、制鞋、皮革化工材料的研究、开发、推广应用以及技术咨询、技术培训服务和皮革产品质量监督检测工作。目标是为本市行业服务，面向全国。

建所初始集中了天津市皮革行业的技术精英。第一届所长是天津市轻工业局委任的林义成，燕京大学毕业的管玉泉和周乃庚分别任副所长和制革室主任，张硕德任皮革化工室主任，许邦平任情报资料室主任，另有轻革专家郄丕顺。此后历任所长分别是袁锡丰、桑永生、于世俊、王景瑞、钟策华、赵镛等。先后在该所供职的各部门负责人、科技人员和知名人士主要有：赵顺生、卢盛翱、储家瑞、庄又法、林桂、周正明、曹慧玲、景秀梅、闫俊杰、王世琴、车书江、吴玉玲等。

经各级领导的支持和全体员工多年的不懈努力，该所逐步建成了具有制革、制鞋、皮革化工三个研究室，另有情报资料室、质量检测站等功能齐全、在全国有影响力的皮革技术研究机构。全所员工140余人，其中高、中级工程技术人员和各语种翻译人员占全员比例60%以上。

从1957年建所至1993年改制的36年来，承接了多项部、市级科研项目。其中有1958年蒲敏功与沈瑞林负责的轻工业部级《以水解鞣质为基础两性化植物鞣剂的研究》，该项目以天津市皮革技术研究所为试验基地，负责鞣料的筛选、浸提、化学分析等工作。另有轻工业部项目《适用于皮革浸染染料筛选》《金属闪光涂饰剂研制及其在皮革上的应用》和《稀土在皮革涂饰材料上的应用》。其中《稀土在皮革涂饰材料上的应用》项目填补了稀土在皮革涂饰材料上应用的新领域，填补了国内空白。《复合型加脂剂的研究》获轻工业部科技新产品三等奖。《在制革工艺研究中利用己二酸减少污染》项目获天津市科技进步三等奖。

质量检测站备有气相色谱仪、液相色谱仪和粒度分布仪，并具备各类先进的皮革物理、化学测试仪器设备。是中国轻工总会鞋类皮革毛皮制品质量监督检测天津站，也是天津市技术监督局技术监督产品检测第六站，是天津市质量监督检测最早的计量认证单位之一。

情报资料室收藏有大量国内外书刊、杂志。具有英语、法语、俄语、日语等多语种专职翻译。创办了《天津皮革》杂志。其内容为制革工业发展动态、学术论文和国内外最新信息，双月刊，面向全国发行。

历年来，根据不同时期的需求，该所曾办过各类型技术培训班。20世纪60年代办过技术工人培训班，为各企业培训了既懂理论又有实际经验的技术骨干，成为技师的后备力量。70 年代初创办了"七二一"大学。70 年代末又为行业技术人员办了英语培训班。

在天津市皮革化工厂的筹建中，天津市皮革技术研究所不仅为其支援了工程技术人员和管理人员，而且还提供了成熟的丙稀酸树脂涂饰剂、揩光浆、颜料膏、加脂剂等产品生产技术。

1993 年，在天津市皮鞋集团公司与香港南华集团公司共同合资的过程中，天津市皮革技术研究所迁出原址与天津橡胶配件厂合并，更名为"新技术开发公司"，从此天津市皮革技术研究所退出历史舞台。

三 成都皮革研究所

成都皮革研究所的前身是原成都制革厂，始建于 1958 年。为适应专业化生产，1978 年 2 月 10 日，经成都市委、市政府批准成立了成都皮革工业公司，同年 3 月 6 日，成都皮革工业公司将成都制革厂的厂办研究所分离出来，单独成立了成都皮革研究所，时有工程技术人员 28 名，其中高级工程师 8 名，工程师 10 名。

20 世纪 50 年代末期，成都皮革研究所主要为工厂研发了音簧革、乐器革、皮结、结合鞣猪底革、速鞣底革、风箱革、猪美化革、衣服手套革、钢琴革、男女长短靴鞋、出口男鞋、童鞋等新产品。六七十年代，成都皮革研究所针对国内拥有大量的猪皮资源状况，重点以猪皮为制革原料，研究、开发出猪正面鞋面革、猪正绒鞋面革、猪软革、猪修饰鞋面革、猪劳保手套革、猪头层、二层里子革等新产品，不仅改变了长期以来，猪皮只能做重革的现状，也为制鞋、包件业用材料提供了开拓市场的领域。八九十年代，成都皮革研究所自行研制或参与开发的产品项目中有 35 个项目获得了国家经委、轻工部（轻工总会）、省、市颁发的奖项，其中"良种猪皮制造高档革的研究""提高四川路山羊板皮制革的质量研究""云贵路山羊皮制革技术开发"等国家重点科技攻关项目，分别获得了轻工部的科技进步金龙腾飞奖、科技新产品三等奖、二等奖；"良种猪皮加工新技术及其制品开发"获得了国家经委颁发的技术开发优秀成果奖；"猪绒面三防、可洗工艺材料的课题研究""猪皮仿打光细面革的研制课题""猪皮苯胺服装革的研制课题"等项目被四川省科委、四川省轻工业厅授予"先进集体"称号；白色猪正软鞋面革、猪皮凉席革、猪皮凉席、水牛沙发革等新产品获得了轻工业部、省轻工业厅颁发的优秀新产品奖；引进、消化吸收荷兰 STAHL 公司"ART 丙烯酸树脂复鞣剂""皮革消光剂""交联型聚氨酯水乳液皮革涂饰剂"等研发、应用项目分别获得了中国科学院、四川省政府、国家教育委员会颁发的科学技术进步三等奖，省科技进步二等奖、三等奖。

四 沈阳市皮革研究所

1972 年，沈阳市皮革工业公司责成吕寿山同志组建沈阳市皮革研究所，开始时只有吕寿山、杨广义和郭庆勋三人，先在皮革公司技术科办公，后调入沈阳化工厂孟工程师、赵忠岩、王凤珍和小储共 7 人，后又到皮革实验厂两个多月，同时吕寿山调到皮革实验厂兼代理党支部书记。因无地方，又到浑河南制毡厂，由杨广义负责搞无纺布（再生革中底）。1973 年以沈革工发《1973》94 号文正式批准成立，同时沈阳皮革试验厂改名为皮革研究所试验厂，事业编制，定员 72 人。是从事皮革工业新技术、新工艺、新材料研究的专业科研单位。又调赵国亨、孙英山和袁忠山。1973 年年末达到 20 多人，地点暂借东风皮毛厂位于大西菜行附近的车间，有3—4间房子，这个时期又调入李永福、绍军、郑桂芬会计等人。1974年，东北三省大区皮革科技情报站设在本所。1976年，得到轻工业部的支持，拨款40万元，建设建筑面积2890平方米的科研测式基地。这时又调来五七回城的工程师黎仲桐，皮革技校的朱文昌、唐应俭，皮毛厂的冯国振，皮鞋二厂的赵国亨，皮鞋四厂的张振忠、董玉琴、吴江、周国威、王惠琴、李顺玉、王金秀、冯国光、张玉堂和下乡青年李敏夫、马力等人，达到30多人，并由杨广义负责化工一室、孟工程师负责化工二室、赵国亨负责制鞋研究室、绍军负责化验室、李永福负责情报室。全国鞋类皮革毛皮制品质量监督沈阳站和辽宁省皮革工业信息咨询中心均设在本所。1985年迁址到沈阳市沈河区万泉里46号。于1986年以设备与铁岭市科委签订铬鞣黄牛鞋面革技术咨询服务合同；1989年又以设备与海城皮革厂签订猪票夹革技术服务合同。

2005年所址动迁，搬到沈阳市大东区天后宫路79号。建所以来，承担了国家科委、轻工业部和省市科委下达的科研项目30多个，其中有26项获市级以上奖励。其中"北方猪皮质次面粗制革新技术的研究"荣获国家科技进步一等奖、（与山东省联合）、"光面绵羊毛革两用的研究"获轻工业科技进步二等奖、"仿网猪皮鞋面革的研究"荣获国家经委飞龙奖、"鹅绒皮开发利用的研究"获联合国技术促进系统科技之星奖、"合成内底革的研究"荣获辽宁省人民政府重大科技成果奖。历届所长先后由吕寿山、高旭（公司副经理兼）、王爱菊，郭庆勋、曲印成、白晓刚、陈国军（公司副经理兼）、贾宝印（公司副经理兼）、孙景山、秦松担任，常务副所长—杨广义、郭庆丰、佟春缓先后担任。2002年5月，由原沈阳市轻工局转到沈河区工商企业管理局管理。2004年1月改制，转变企业性质。2004年3月以沈编发［2004］23号文批准成立沈阳皮革皮毛制品检验中心，事业单位，编制定员5人。

五　上海市皮革工业研究所

上海市皮革工业研究所成立于1978年8月，座落在上海市卢湾区斜土路747号。1984年轻工业部将UNIDO援建项目定名为"轻工业部上海皮革技术中心"，正值上海市皮革工业研究所主楼工程竣工，于是该中心和研究所合署办公，项目完成验收后，形成两块牌子一套班子。

上海市皮革工业研究所前身是"上海皮革工业公司试验室"，始建于1956年5月。"试验室"创建初期，编制人员20人左右，地址在曹家渡。主要有皮革实验工场和分析测试，隶属于上海市皮革工业公司。1958年，上海市轻工业局成立上海市轻工业研究所时把皮革试验室划为属下，地址在胶州路343号。另有实验工场设在苏家角（中山公园隔壁），主要承担"丙稀酸树脂""美化猪革""次皮做好革""国产拷胶利用"等项目研究。1966年年初，上海市轻工业局又决定将皮革室回归上海市皮革工业公司管理，定名为"上海市皮革工业公司皮革研究室"，编制定为30人。1969年（皮革公司）决定解散皮革研究室。1972年由上海沪光制革厂将原皮革室中部分人员和新增加的一些技术人员组成"沪光制革厂皮革研究室"，地址在南塘浜路116号制革车间内。1978年8月，沪光制革厂南塘浜路车间与上海皮革塑料厂合并正式成立"上海市皮革工业研究所"。

上海市皮革工业研究所占地面积3127平方米，建筑面积6577平方米。设有皮革工艺室、图书情报资料室、皮革化工室、皮件实验工场、基建设备部门和质量检测站。1990年有职工133名，其中工程技术人占63名，占全所职工的47%左右。历任所长包括石祥麟、冯玉麟、李家鸽、顾启文。

上海市皮革工业研究所的主要任务是对制革、皮革化工产品和对制革工艺及制革设备进行研究；进行皮鞋新产品设计，合成材料代用的研究及胶粘剂与鞋楦的研究；研究设计皮件新品种、合成材料代用、配件材料和造型的研究；负责上海皮革行业产品的物理、化学性能测试分析、标准、计量的制定和管理，科技情报的搜集分析、期刊的编译出版、专刊资料提供等工作。1978年以来，上海市皮革工业研究所承担完成的科研项目有"花冠"牌皮革专用金属络合染料、六功位高频模塑机、SUR光亮剂及新近开发的SSD喷色剂、聚氨酯鞋底涂饰剂、多功能高效削抛车、温控皮鞋熨烫器、高档猪正面革生产工艺技术等58项，其中重大科研30项和攻关项目10项，获奖项目（包括国家、部、市、局四级）共有42项，其中国家奖1项、轻工部颁奖的17项、上海市颁奖的有13项。

六　重庆市皮革工业科研所

重庆市皮革工业科研所组建于1978年，位于江北董家溪，占地面积525平方米，建筑面积1361平方米，职工31人，其中科技人员11人，固定资产57万元，皮革科研及检测设备37台，收藏各类科技图书资料2000多册。党支部书记王永碧。

重庆市皮革工业科研所主要从事皮鞋方面的科研、新产品开发和中试生产；新材料（胶粘剂、涂饰剂）、新工艺、新技术的开发及其推广运用；为企业培训技术人员；同时承担皮鞋及鞋用材料的检测。截至1990年，共取得科研成果16项，多次荣获国家、部、省、市科技进步奖和优秀新产品奖。例如，PG-8501电脑打孔机荣获国务院振兴办三等奖、重庆市技术进步二等奖；压花网眼皮鞋获四川省二轻厅优秀新产品奖；"鞋帮、鞋楦CAD/CAM系统实用化研究"具有国内先进水平，其三维测试速度为国内同类测试的10倍，测试高度为同类机的1.4倍，该机模拟国内通用的贴楦测试法，采用独创的两基线展平法，使鞋帮的展平和曲线处理达到100%符楦，是一套符合我国国情，适用于科研、生产、教学的皮鞋帮样测试及鞋楦测试的先进系统。科研成果还有PK83-9鞋用聚氨酯黏合剂，PK84-1鞋用黏合剂，PK-86鞋用黏合剂，PK88-1静电植绒胶粘剂，SBS鞋用胶黏剂等。该所一直坚持为皮革行业服务大方向。在为行业评比检测、受标准局委托检测、受工厂委托检测、为发放皮鞋准产证检测等方面做了大量工作。从开拓市场满足社会需求出发，为企业研发新产品，先后为重庆皮鞋厂、重庆浩月皮鞋厂设计男女皮鞋新花色6个，使这些企业取得了较好的经济效益。此外，为企业培训了鞋帮设计和帮底工技术工人62名，举办培训班两期，培训制鞋工人50名。

重庆市皮革工业科研所虽然取得了一定成绩，但由于本身技术力量薄弱，缺少科研经费和必须的科研手段，不能有效地开展科研工作和行业服务工作，不能适应重庆市皮革行业的科技攻关、新产品开发、国内外信息的收集、利用的需要。按国家科研机构改革的要求，于1998年解体，全部职工分流安排。

七　甘肃省皮革塑料研究所

甘肃省皮革塑料研究所成立于1981年，是西北地区唯一的省级皮革、塑料专业研究所。地址在兰州市北滨河东路438号，法人代表为陈启民。该所在新技术推广及产品产业化方面在甘肃省乃至西北五省区有一定的影响，现有专业技术人员31名，其中高级工程师7名，工程师18名。

甘肃省皮革塑料研究所先后承担过国家经委，原轻工业部、省科技厅、省经贸委等上级部门下达的多项科研、新产品开发、新技术推广等课题，参加过多项省内、外皮革、塑料企业的新产品鉴定和工厂改、扩建项目的技术评估，帮助省内加工企业进行企业质量标准的修订。取得的科研成果曾荣获"轻工业部金龙腾飞奖""甘肃省科技成果二等奖""甘肃省科技进步三等奖""中国商业联合会全国商业科学技术进步三等奖"，其中"高保温度高强度长寿茂金属聚乙烯棚膜的研究与开发"项目获得2006年度中国轻工业联合会科技进步三等奖。

设在甘肃省皮革塑料研究所内的"甘肃省皮革塑料研究所检测中心""国家轻工业塑料产品质量监督检测兰州站""甘肃省皮革塑料质量监督检验站"是国家和省上法定质检单位。"甘肃省皮革塑料研究所检测中心"是中国认证认可监督管理委员会授权，具有法定资格的专业质检单位；"国家轻工业塑料产品质量监督检测兰州站"是国家质量技术监督局和中国轻工业联合会认证授权的塑料产品法定专业质检机构。具有在全国范围内为社会提供公正数据的资格，是全国塑料产品五大检测中心（北京、福州、武汉、大连、兰州）之一。随着国家西部大开发战略方针的实施，也必将带动甘肃省经济政策和产业结构的大调整，促使资源和资本最佳配置的快速、有效地实现。甘肃省是全国五大牧区之一，又是塑料化工原料生产基地，皮革、塑料既是甘肃省的两大优势行业，也是两大特色经济产业，大力发展皮革、塑料行业符合国家产业政策，并能带动相关产业同步发展。

《甘肃省塑料协会》《甘肃省皮革行业协会》《甘肃省塑料包装委员会》《西北塑料科技情报站》等机构设在研究所。

八　河南省皮革塑料研究所

河南省皮革塑料研究所成立于1984年。现有职工40人，其中教授级高工1人，高级职称8人，中级职称20人。固定资产160万元。办公科研楼2300平方米。拥有全套的皮革科研和检测设备。所内设有皮革研究室、皮革质监站、合成测试室、技术开发部等研究机构。

河南省皮革塑料研究所的科研领域和方向：主要从事皮革、塑料加工工艺以及相关合成材料工艺的研究，皮革、塑料新产品、新技术、新材料的开发和推广应用，技术咨询和服务；皮革、塑料分析检验。

河南省皮革塑料研究所的主要研究成果及获奖情况：承担国家攻关项目5项，其中《高档黄牛皮软面革加工技术的研究》获国家科技进步二等奖，《高档皮革制品技术攻关》《高档黄牛皮软面革加工技术的研究》获河南省科技进步一等奖，《聚氯乙烯巨幅多功能透明薄膜》获省科技进步二等奖，《长寿防雾滴增温多功能棚膜》获省科技进步三等奖。承担河南省重大科技攻关项目3项，承担河南省重点科技攻关项目10项。

九　吉林省皮革研究所

吉林省皮革研究所组建于1984年11月，位于长春市，属于全民所有制事业单位，定编 52 人。其前身是吉林省塑料皮革研究所皮革研究室。

吉林省皮革研究所以应用研究为主，开展制革、毛皮工艺及皮革化工材料的研究；皮革制品造型设计及新技术，新材料的应用研究。研究课题有轻革、重革、服装革、汽车座椅革及装饰革、毛皮及裘皮制品、低档原料皮制中、高档革、废革综合利用，皮革化工新材料、新产品的开发等。该所在 GA-1 型皮革耐寒涂饰剂、废铬革制胶、MC 鞋用黏合剂、皮革加脂剂、山羊皮服装革、鞋用编网革，改性磷酸加脂剂、废铬革制蛋白动物饲料 10 余项研究项目上取得一定的成果。废铬革制胶，改性磷酸加脂剂二项研究成果分别获得吉林省科技二等奖、四等奖，MC 鞋用粘合剂获轻工业部科技成果四等奖。已成功转让四项科技成果，并取得较好的经济效益。

十　陕西科技大学科锐新材料研究所

陕西科技大学科锐新材料研究所（Institute of Creative Materials）隶属于陕西科技大学。其前身是 1984 年杨宗邃教授组建的皮革工程与皮革化学品科研小组，1989 年马建中教授硕士研究生毕业后进入课题组继承并发扬了课题组的优良传统，经过多年的不懈努力取得了令人瞩目的成绩。2002 年，该科研小组在马建中教授倡导下正式更名为科锐新材料研究所，并由马建中教授担任所长，杨宗邃教授担任名誉所长。

在所长马建中教授的带领下，研究所以"科学为本，锐意进取"为宗旨，历经 20 多年的风雨兼程，日益发展壮大，现有教授和副教授 10 余名，博士和硕士研究生 30 余名。自创建以来，研究所共培养博士、硕士及本科生百余名，为社会输送了一批批优秀人才。

研究所主要致力于高分子助剂（皮革化学品）的合成理论与作用机理研究及无机—有机杂化纳米材料的研究。截至目前，研究所正在承担或已完成的纵向项目共 20 余项，其中，重大在研项目主要有国家高技术研究发展计划（863 计划）项目 1 项，国家自然科学基金项目 2 项，陕西省重大科技创新项目 1 项等。承担横向科研项目共 20 余项，主要涉及皮革鞣剂、涂饰剂、加脂剂、助剂、涂料的开发及新型 EVA 改性材料与制革废弃油脂在代用燃料中的应用等。

马建中作为第一完成人，在继 2006 年荣获"国家科学技术进步二等奖"之后，其创新性研究成果"环保增强增韧型皮革鞣制整饰化学品的关键制备技术"又荣获国家技术发明二等奖。该所还曾获得陕西省科学技术一等奖，教育部技术发明二等奖，中国轻工业联合会科技进步一等奖、技术发明一等奖等多项奖励。共申报专利 50 余项，其中已获准国家发明专利 6 项、实用新型专利 1 项。共发表学术论文 200 余篇，其中被国际权威检索期刊《科学引文索引》（SCI）收录 40 余篇、《工程索引》（EI）收录 50 余篇、《科技会议录索引》（ISTP）收录 10 余篇。正式出版专著及教材 7 本，包括《皮革化学品的合成原理及应用技术》《制革整饰材料化学》等，其中《制革整饰材料化学》获得国家级精品课程。共承担皮革化学与工程专业博士生、硕士生、本科生课程 8 门，主要有《水溶性高分子的分子设计与应用技术》《纳米技术与轻纺工业》等。马建中教授还担任了皮革工程国家级教学团队负责人。

研究所以高科技为研发己任，利用先进的实验设备将纳米技术、超声波技术、超临界技术、生物技术、电子技术等高新技术引入到皮革化学品、染整助剂、造纸化学品、食品添加剂等精细化学品的研究开发领域，正在研究开发当前及将来市场需求的轻化工新材料，促进材料科学的发展，服务于皮革行业，服务于全社会。

十一　四川省皮革工业研究所

四川省皮革研究所在 1985—2001 年完成的重大科研成果有在制革方面的"猪原皮保藏工艺研究""猪皮酶脱毛研究""牛皮酶脱毛研究""皮革防霉研究""利用废毛提取毛蛋白研究""钛盐鞣革研究""防水黄牛正面革研究""防水水牛正面革研究"饱和盐水腌猪皮及废盐水循环利用的研究""牦牛皮制造轻革的研究""高档山羊鞋面革研究"等。在电子技术应用方面的主要科研成果有"数字式程序控制转鼓""电子量革机打码装置""微机皮革面积测量机开发"等。在软科学方面的主要科研成果有"猪皮原料的调查研究""四川省皮革工业科技发展战略研究"等。其中，"牦牛皮制造轻革研究"获国家科技进步三等奖，轻工部科技进步二等奖，"防水水牛正面革研究"获轻工部科技进步三等奖，"数字式程序控制转鼓"获省科技厅科技成果三等奖，"利用废猪毛提取毛蛋白"获省科技大会重大科技奖，"甜干板牦牛软革开发"获省科技进步三等奖，"牦牛皮全粒面摔纹箱包革开发"获省科技进步三等奖。

十二　山西省皮革工业研究所

山西省皮革工业研究所成立于 1987 年。1989 年 5 月由山西省二轻厅批准迁至榆次市，位于榆次市花园路 44 号，占地面积 2300 平方米，建筑面积 1500 平方米，固定资产 60 余万元。山西省皮革产品质量检测站设在该所内，合署办公。当时该所有员工 14 名，其中高、中、初级专业科技人员 9 名。所长李鸿顺。

山西省皮革工业研究所主要研究、开发皮革、毛皮及其制品的新工艺、新技术、新材料，并开展以本省为主的科研项目，曾先后完成"制革铬吸尽法""防水型绵羊服装革"等多项科研项目。其中"制革铬吸尽法"获省级科技进步奖。

山西省皮革产品质量检测站主要开展对全省皮革及其制品的质量指标进行检测，并对相关皮革企业提供技术咨询、技术培训和技术服务。

十三　山东省皮革研究所

山东省皮革研究所是 1987 年由国家科委批复成立的省属事业单位，是在原有的"山东省皮革工业检测中心"和皮革集团总公司技术科的基础上组建而成的。该所主要任务是承担皮革行业科研课题，组织推广应用新技术，承担皮革行业技术咨询服务及技术培训，承担皮革产品检测、消费投诉，联合工商部门对皮革市场监督，皮革行业职工职业技能培训等。所属部门有：①"山东省皮革工业检测中心"，1984 年经省经贸委鲁经技改字第 123 号文批准成立，主要负责全省皮革行业各类产品及制品的质量检测和全省皮革行业技术、质量管理工作。1988 年该中心通过了省技术监督局的计量认证，2005 年该中心通过了中国实验室国家认可委员会认可，成为山东省唯一一家具备全部皮革及制品检测能力和资质的权威检测机构。②"山东省皮革和制鞋行业生产力促进中心"2001 年 7 月经省科技厅鲁科高字 300 号文批准成立，主要为企业提供技术、信息、生产、管理等方面的咨询、诊断以及人才培训、经营策划、国际交流等各项服务。③"山东省皮革制品清洗保养质量等级评定中心"，2002 年 12 月经省技术监督局、省经贸委和省工商局鲁质技检字

200号文批准成立。主要负责本行业特有的26个专业性工种、70余万职工的职业技能鉴定，提高本行业职工技术素质，为社会提供具有一定职业技能的劳动者。

山东省皮革研究所经过多年的发展，为服务行业，促进行业技术进步，提高行业整体水平做了积极的贡献。该所历任所长为刘林江（1987年）、王灿稳（1992年）、于永昌（2001年）。

十四　湖南省皮革工业研究所

湖南省皮革研究所于1988年5月正式成立。该所占地面积4000平方米，建筑面积10000平方米，有科研、实验、检测综合培训楼各一栋；全员47人，专业技术人员32人，其中具有高级职称的7人、中级职称的15人，承担起了全省的皮革、皮革制品、皮革化工材料的研究、工艺设计、产品开发以及皮革产品的质量监测检验工作。建所20多年来，该所先后完成省部级研究项目50余项，开发新产品10个，涉及制革、皮革化工、皮革制品、皮革工艺品等多个领域。这些项目中，有4项填补了国内空白、11项填补省内空白或达到了省内先进水平。

随着事业单位改制的深入，湖南省皮革研究所由事业转变为企业。性质转变后其依托机制灵活、技术力量雄厚、实验检测设施先进、技术和经济信息渠道广泛等优势，与省内外同行和企业开展经济、技术、管理等多领域的交流与合作。

十五　开封市皮革研究所

开封市皮革研究所（国营）由原开封制革工业联合公司总工金继钧高级工程师创建。自20世纪90年代以来，该所一直注重并潜心羊皮服装、鞋面革生产技术及新品开发的研究，先后参加并完成了"六五""七五"期间国家科技攻关《提高汉口路山羊皮革质量的研究》《华北路山羊皮制革技术开发》等10多项科研项目，并荣获国家科技进步一等奖、三等奖。项目成果推广应用后，大大提高羊皮服装革的质量和档次，经河南天河皮革集团、云南瑞彪皮革集团、河北宏四海皮革公司、河北五羊皮革厂等工业化生产，取得了显著的经济效益和社会效益。有关《提高细毛绵羊皮革档次的研究》《高档山羊服装革生产技术研究》《利用低档山羊原料——开发超薄型山羊双面绒服装革的研究》等科技论文陆续发表在《中国皮革》杂志上。并于1995、1996年两度协助《中国皮革》杂志社成功举办"全国羊皮服装革生产技术培训班"，为国内外同行牵线搭桥，以拓展行业技术服务，在培训企业专业技术人才的同时，大幅度的提升了企业经营和管理理念。

2003年转制为开封利华皮革研究所，成为民营科研机构。现任所长金文婷，该所现有员工12人，其中专业工程技术人员7人，80%是原开封市皮革研究所的工作人员。近年来正在从事提高绵羊皮耐撕裂强度、绵羊皮脱脂方面系列研究，致力于推广生化酶在制革生产过程中的应用，以最大程度地保护胶原纤维不受损伤。该所已成功将《山羊仿打光鞋面革》《山羊软面革》《山羊正反绒鞋面革》技术引入河南长葛白寨制革区，使该地区山羊鞋面革在2003—2010年形成独特的产品风格——白寨风格。

十六　海宁于义皮革研究所

海宁于义皮革研究所创立于1996年，系于义高级工程师在退休后自筹资金成立的一家民营性质科研咨询单位,以自己的姓名"于义"命名。该所所址最初位于浙江省海宁市海马路17号,后迁移至西南河34—35号。

海宁于义皮革研究所兼有自主创新与技术服务的优势,曾与工厂合作,开展省地级科研项目和新产品开发研究,成果完成后通过鉴定或验收,有利于转化,实现工业化生产。例如,2003年研发成功的"羊皮生态服装革技术开发"项目,降低了皮革内六价铬、甲醛等有害物质含量,经省级鉴定,该技术达到国际先进水平,破介了皮革及其制品出口的国际贸易技术壁垒,使国产皮革顺利出口。又如,2004年发明了山羊皮干剖层技术,研发成功"超薄型山羊皮绒内衣革"新产品,提高资源利用率80%,制成成衣轻薄柔软,美观舒适,深受消费者青睐。多年来,该所先后完成料10多项科技成果,其中,荣获嘉兴市级以上科技进步奖8项,为满足皮革市场需求、增加皮革科技含量与附加值、提升企业经济效益和发展我国皮革事业做出了突出贡献。

十七 国家制革新技术研究推广中心/烟台皮革研究所

国家制革技术推广中心成立于1997年,是经国家科委批准、依托烟台皮革研究所组建的面向全国的科技研究和推广机构,承担对全行业有影响的科研攻关课题,组织新技术、新成果在全国的推广和转化,促进我国皮革行业的科技进步。烟台全杰皮革研究所前身系1984年4月由皮革专家王全杰创办的烟台皮革工业研究所,隶属于当时的烟台市皮革公司。经过10多年的不懈努力,共完成科研课题28项,获国家及省部级科技进步奖8项。其中国家科技攻关项目"面粗质次猪皮制革新技术"首创剖白湿皮和大面积补伤残新工艺,为山东省夺得新中国成立以来第一个国家科技进步一等奖。

十八 成都培根皮革科研所

成都培根皮革科研所是一家民营科研企业,负责人为吕欣高级工程师。成立于1999年5月,位于四川省成都双流九江镇,涵盖建筑面积3000平方米的研发、分析、应用中心和位于成都市高新区的营销部两大部门,目前在职技术人员16人。其前身是北京市高新技术企业"北京培根皮革科研所",创办人为我国皮革界著名专家吕绪庸教授,因其赞赏英国思想家弗朗西斯-培根"知识就是力量"和"唯有科学发明家之所为,虽无烜赫之势而遐迩觉其影响"等名言,遂以"培根(BACON)"命名。

成都培根皮革科研所所崇尚"严谨与创新"的发展理念,致力于环境友好型皮革化工产品研发,主要包括加脂剂、鞣剂以及涂饰剂。业务范围:营销国内外世界品牌的皮革化工产品及自主研发产品。经营宗旨:制革企业要实现可持续性发展,依赖于皮革化工企业提供的生态友好和经济可行性产品。市场竞争的最终胜利取决于作为第一生产力的科学技术。服务对象:主要是追求卓越品质的制革业优质客户群。

成都培根皮革科研所所的化学检测中心拥有先进的精密仪器、专业的测试分析体系。对营销产品进行定期检测,建立了一整套实用性强,针对营销化学品检测的企业标准。同时对研发中涉及的原料及生产的中间环节进行密切的质量监测。该所鼓励制革企业尽早建立制革过程的监测体系,以实现制革生产过程的标准化管理目标。同时,高度重视皮化产品特定的环保需求,追求卓越品质,争取为制革企业在环境保护和安全生产等方面做出重要贡献。

十九　中国科学院皮革化工材料工程技术研究中心

中国科学院皮革化工材料工程技术研究中心（以下简称皮化中心），是于2000年经中国科学院批准，在原中国科学院成都有机化学研究所皮化室及实验厂的基础上成立的中国科学院院级直属工程中心，主要从事新型高性能皮革用化工材料的研究、开发、生产和销售，以及制革工业生态化技术的研究与推广。同时还承担高水平科技人员的培养和国内外技术交流等任务。经过前后20多年的建设，在魏德卿、王嘉图、刘白玲、金勇等历届主任的领导下，皮化中心已成为我国皮化工材料重要的科研与教学基地，新型皮革化工材料的研发中心，以及对外交流的窗口。皮化中心拥有一批具有丰富理论和实践经验的高素质科研人员，从事皮化材料研究、生产、市场开发人员80余名，在读硕士、博士研究生20余名。20多位研究人员中有研究员6人，副研究员7人，博士、硕士比例在80%以上。皮化中心还通过中国科学院的"百人计划"引进国外优秀人才；通过"西部之光"资助计划培养了一批年青的科技骨干。

"七五"以来，皮化中心先后承担了我国皮革化工材料方面1/3的国家科技攻关项目，中国科学院应用与发展重大项目，以及众多皮化生产厂家的委托项目。先后研究开发出ART系列丙烯酸树脂复鞣剂、BT系列丙烯酸树脂涂饰剂、FRT系列聚合物防水复鞣加脂剂、HMP中空微球多功能复鞣剂、XG-461皮革补伤剂等在中国皮革市场具有很高影响力的中高档皮化材料70余种，其中50多个项目转让全国40多个厂家，年产值3亿—4亿元。这些成果覆盖了复鞣剂、加脂剂、涂饰剂及专用助剂等皮革化工材料的主要领域，大多数产品在国内同行业中处于领先水平，部分产品属国内首创，接近或达到了国际同类产品先进水平。同时，与产品开发相配套的理论研究也硕果累累，中心累计鉴定科研成果50余项，荣获中国科学院、轻工总会、四川省等省、部科技进步奖11项，申请及授权专利近50项，发表学术论文400余篇。开展的"高分子材料与皮蛋白相互作用机理研究""猪皮织态及其性能研究""醛酸高分子鞣剂的合成及其清洁铬鞣机理研究""具有双亲结构支链高分子鞣剂的合成及其鞣制减排协同效应的研究"等国家自然科学基金课题，对皮革化工材料及制革技术的基础理论具有深远影响。现阶段中心的研究方向主要集中在：第一，高性能、低污染皮革化学品的研发；第二，绿色环保制革工艺配套材料的研发；第三，高性能、环保型精细化学品的研发。

二十　温州大学皮革研究所

2003年下半年，温州大学（原温州师范学院）引进了以兰云军博士为带头人的蓝博皮革科技创新团队（以"蓝博"商标作为科研品牌），在地方政府和学校以及相关部门的大力支持下，成立了温州师范学院皮革研究所（新温州大学成立后更名为温州大学皮革研究所）。该所是温州大学实体性科研机构，是华东地区唯一专业的高层次科研机构，着力打造国内一流的皮革行业技术研究与推广中心，广泛开展对外科技合作和人才培养，与英国北安普敦大学和国内多家科研院所建立了合作关系，为企业提供创新服务和技术支撑。

该所现拥有一批理论水平高、工程实践经验丰富的专家教授和工程技术人员，科研设备齐全，科研氛围良好，以促进学科发展、人才培养和为国民经济建设服务为己任。目前已建立的科研方向和科研基地有：皮革化学品的制备与测试科研基地；皮革/合成革的加工技术与性能测试科研基地；制革/合成革生产环境保护及污染物处理系统的科研基地。

该所于 2004 年 5 月向温州市科技局提出"温州市皮革行业技术研究建设"立项要求，并于 2007 年 11 月完成验收，定名为"温州市皮革行业技术研究中心"。该"中心"的建设是发展温州鞋革业的重要举措，为温州大学的学科建设、研究生教育提供支撑，为地方经济建设、人才培养做出了积极贡献。

二十一　温州大学浙江省皮革工程重点实验室

为了进一步改善试验条件，提高创新能力，扩充并完善创新团队，温州大学于 2004 年年底向浙江省科技厅提出了建设"浙江省皮革工程重点实验室（以下简称实验室）"的申请，2005 年 4 月获得立项支持，2009 年 11 月 10 日通过了验收。实验室的建成与投入使用，使温州大学皮革学科建设与浙江省皮革行业的科研实体得到充分提升。

实验室主任由浙江省皮革行业科技创新服务平台技术负责人、温州市制革行业研究中心负责人、温州大学皮革研究所所长兰云军教授担任。主要研究方向是皮革绿色化学品、现代制革清洁生产技术、皮革环境污染防治等制革生产主要环节。重点实验室现有占地面积 2000 多平方米，仪器设备总值近 1500 万元。实验室现有固定人员 40 人，其中，高级职称人员 28 人，博士 21 人。实验室从批准建设到验收以来，共承担了国家自然科学基金、浙江省重大科技专项项目等纵向科研项目 30 余项，承担了来自国内外企业和科研机构项目 20 多项，获经费 373 万元；申请国家发明专利 30 项，其中已授权 3 项。出版了学术专著 2 部，公开发表论文 200 多篇；所开发出的非铬类多金属复合鞣剂及其配套专用助剂、猪皮（牛皮）低硫保毛脱毛技术、系列高性能绿色皮革化学品等研究成果，先后获得了浙江省高校科研成果奖一等奖 1 项、浙江省高校科研成果奖二等奖 1 项、浙江省高校科研成果奖三等奖 1 项、浙江省科学技术奖三等奖 2 项，温州市科技进步奖市二等奖 1 项、温州市科学技术进步奖三等奖 1 项。科技成果已在国内 10 余家企业推广应用，为提升浙江省皮革行业的创新能力和促进我国皮革行业的可持续发展做出了重要贡献。

实验室高度重视国内外合作与交流，目前已与英国北安普敦大学、四川大学、陕西科技大学、大连理工大学、嘉兴学院、海宁皮革研究院、山东全杰皮革研究所等多家国内外大学和科研机构建立了战略合作关系。同西班牙杰尼斯安迪公司、河北东明皮革有限公司、四川德赛尔化工实业有限公司、浙江卡森实业有限公司、浙江家业皮革有限公司、浙江省练达皮革有限公司、浙江远东皮革有限公司、漳州凯华皮革工业有限公司、海宁丰泽贸易公司、缙云县博伊尔助剂有限公司、广州浪奇化学品有限公司、兄弟科技股份有限公司、上虞光明化工有限公司、湖州天鑫皮革涂饰剂厂和温州鲲鹏化工有限公司等国内外企业建立了产学研合作关系。

二十二　四川省皮革化工材料工程技术研究中心

四川省皮革化工材料工程技术研究中心是 2007 年 5 月经四川省科技厅批准，挂靠在四川德赛尔化工实业有限公司的四川省省级工程技术研究中心。

"工程技术中心"的主要任务是根据国民经济和社会发展的需要，坚持以市场为导向，通过自主创新、引进消化吸收和再创新，全面系统地开展皮革化工材料技术领域的研究开发，重点解决皮革化工行业共性的关键技术，促进科技成果的工程化和产业化。通过新产品、新技术的推广应用，不断建立有市场前景的新产品示范生产线，形成完善的推广、辐射机制，使整个行业的技术水平上一个新的台阶，在我国形成优势皮革化工材料研发和产业化的基地。"工程技术中心"在原有技术能力、技术水平、科学研究、环保清洁的开发基础上，集中优势资源，研究开发我国皮化行业及制革行业最新、最先进、市场急需的产品，形成皮化行业的研发、检测服务中心，并取得自主知识产权的核心技术。主要研究方向：一是开发制革用酶制剂；二是开发环保型染料；三是完善无铬鞣剂及工艺；四是推广制革清洁生产的技术和工艺；五是为皮革加工的清洁化提供高效环保型的皮化产品。"工程技术中心"技术成果特别是环保产品和清洁化工艺技术已在皮革行业得到广泛的采用和推广，科技成果产业化优势得到充分发挥，支持行业众多企业丰富产品风格，降低产品成本，推动低碳经济做出了重要的贡献。

着眼于未来，"工程技术中心"将谋求开展全面的国际合作与交流，并致力于实施技术与人才专业化和国际化策略。为培养和发展未来科技人才，确定技术优势体系，中心将与战略合作伙伴联合国工业发展组织、英国北安普顿大学、美国道宁大学、美国环保协会以及德国、意大利、西班牙等机构倾力合作，创造一种自由思索、支持文化多元化的环境，以期进一步刺激产品及技术创新，为中心今后的长期发展创造条件。"工程技术中心"实行开放式服务，为国内外相关研究人员成果转化、工程化研发、技术试验提供良好环境，同时接受国家、行业或部门、地方一级企业、科研机构和高等院校等单位委托的工程技术研究和试验任务，并为其提供技术咨询服务。

让创新科技服务整个皮革化学品领域，中心将为这一服务体系以及整个行业的可持续发展提供有力的技术保障，并成为与国内外皮革化工领域交流与合作，分享科技经验的广泛基础平台。

二十三　海宁皮革研究院

海宁皮革研究院是经海宁市人民政府批准组建的事业单位，成立于2007年5月，是浙江省皮革行业科技创新服务平台——海宁分平台建设的牵头单位。

作为浙江省皮革行业科技创新服务平台建设的核心单位，海宁皮革研究院以"整合皮革科技资源 提升产业科技水平"为宗旨，立足海宁，服务全省，面向全国，通过整合科技资源，以提升皮革产业技术水平和产业层次，增强国际竞争力为目标，为全省皮革产业提供公共科技创新服务。主要业务内容为：针对制约皮革行业发展的关键共性技术组织科技攻关；开展皮革产品标准化研究，组织制定行业标准；定期发布行业科技发展动态和市场信息；解决皮革企业生产中的技术难题；推广应用皮革行业科技成果；为企业提供产品设计、产品展示、产品检测、人才培训等科技创新服务。

研究院现有研究开发用房一幢，建筑面积6000方米。建设期内研究院将新增投入1.05亿元，其中新增设备资产2550万元，新建成果孵化基地20000平方米。

二十四　四川大学制革清洁技术国家工程实验室

制革清洁技术国家工程实验室依托于四川大学，是针对皮革行业结构调整和产业发展中的关键技术、瓶颈技术、共性技术而建立的以工程技术集成、转化为重点的国家级实验室。该实验室 2008 年 6 月 6 日经国家发改委批准立项建设，是我国皮革化学与工程领域唯一的国家工程实验室，现任实验室主任是石碧院士。

"制革清洁技术国家工程实验室"是在原"皮革化学与工程教育部重点实验室和四川皮革工程研究中心的基础上组建的。近年来，实验室承担了大量国家或部委的重要研究课题，主要涉及国家重点基础研究发展计划（973 计划）、863 高技术计划、国家自然科学基金和省部级科研攻关项目，多项科研成果接近或达到国际水平。工程实验室规划实验用房面积 5500 平方米，已有设备资产 3500 余万元，新增建设投资 4200 万元。实验室建设规模为固定人员 60 人，流动研究人员 30 余人。

工程实验室重点建设制革清洁过程技术研发平台、制革生物技术研发平台、绿色皮革化工材料研发平台、废弃物资源化利用技术研发平台、废水处理和中水回用技术研发平台和跨学科前沿技术研发平台。实验室的主要任务主要包括如下三个方面。

（1）成为连接皮革领域基础研究与工程化开发的桥梁和纽带，实现基础研究与工程化开发的有机衔接和整合，有效地提高皮革前沿技术研究成果向产业转化的速度，实现产学研的有机高效结合，全面提升我国皮革产业在国际市场的竞争力。

（2）从事制革清洁生产新技术、新工艺、新材料和新装备所涉及的关键技术研究和试验，开发原创性成套技术，源源不断地为我国皮革产业开发具有自主知识产权的高效、节能、资源综合利用率高的清洁生产核心技术，提升行业在重大科技前沿的自主创新能力。

（3）促进产学研的合作与交流，成为为行业提供新技术的辐射基地及凝聚和培养高水平产业技术人才的重要基地。

正在建设中的制革清洁技术国家工程实验室研究条件进一步完善，综合实力已达到国内外同类实验室的一流水平。

二十五　陕西科技大学教育部轻化工助剂重点实验室

轻化工助剂化学与技术省部共建教育部重点实验室依托陕西科技大学化学与化工学院，是在已经运行并开放 10 年的"轻工业部应用化学重点实验室"和已建设 4 年的"陕西省轻化工助剂重点实验室"基础上整合组建而成的。2008 年 11 月 18 日，经陕西省科技厅和教育厅组织专家评审，"轻化工助剂化学与技术省部共建教育部重点实验室"通过论证，并正式开始组建。

重点实验室对造纸、皮革、染整、陶瓷轻工业领域涉及的各种助剂进行合成及其应用进行应用基础研究，重点利用现代功能分子设计思想、探索新型轻化工助剂的合成及与蛋白纤维、纤维素纤维、陶瓷浆料等作用机理，探索利用各种化工中的高新技术改造传统轻工业中所需的各种化学品进行理论创新与技术创新。

其皮革助剂化学与技术研究方向包括：第一，绿色皮革助剂的合成理论及应用技术：合成水性高分子表面活性剂及高分子助剂，研究聚合物结构对皮革纤维结构及性能的影响，通过合理的工艺配合，进行皮革和毛皮的表面修饰和改性，以改善其手感、弹性、强度、感观等性能。主要研究代替铬鞣剂的高分子鞣剂及复鞣剂，重点研究无铬鞣剂、酶法脱毛等绿色皮革加工理论及生产新技术，进行制革清洁工艺与环境保护。胶原蛋白化学及其复合材料、生物工程技术在皮革工业中的应用研究，该方面研究曾获得多项国家级及省部项目的资助。第二，皮革助剂与胶原纤维的作用机理研究：研究新型皮革助剂对胶原蛋白的作用方式及影响，探讨脱脂、鞣制、染色、加脂及整饰等机理，研究新型助剂对成革强度、弹性及表面性能的影响，丰富和发展制革和毛皮加工制备基础理论和应用技术。新型乙烯基聚合物鞣剂及其作用机理研究多次获得国家自然科学基金资助。该方向的研究在国内处于领先水平，乙烯基聚合物鞣剂及其作用机理2006年获得国家科技进步二等奖；磷酸酯化羊毛脂加脂剂于2005年获陕西省科学技术二等奖，水性有机硅改性聚氨酯加脂剂、戊二醛鞣剂、植物单宁的提取与研究、制革清洁工艺列入国家攻关项目，并获得国家自然科学基金资助；全氟烷基聚氨酯防油剂、有机硅微乳液皮革防水涂饰剂、水性聚氨酯涂饰光亮剂等，为企业提供成熟技术近20余项，取得了重大经济效益。

第四章 标准检测机构

(以成立时间先后为序)

第一节 标准机构

一 全国制鞋标准化中心及全国制鞋标准化技术委员会 SAC/TC305

全国制鞋标准化技术委员会 SAC/TC305 的前身为 1980 年经原国家标准总局和轻工业部批准成立的中国制鞋工业标准化质量检测中心站，挂靠于原轻工业部制鞋工业科学研究所现中国皮革和制鞋工业研究院，负责国家制鞋行业的质量检测和标准化工作。后根据相关部门的工作安排，将"中心（站）"分为标准、检测两个业务部门，即国家鞋类质量监督检验中心和全国制鞋标准化中心。

2008 年 6 月，经国家质量检验检疫总局和国家标准化管理委员会批准，成立全国制鞋标准化技术委员会（SAC/TC 305），主任委员张淑华，副主任委员杨承杰等，秘书长戚晓霞，秘书处设在中国皮革和制鞋工业研究院。

全国制鞋标准化技术委员会（SAC/TC305）是国际标准化组织 ISO/TC137（鞋号标识和标记体系）和 ISO/TC216（鞋类）两个技术委员会在中国的技术归口部门，由国家标准化管理委员会、国家工业和信息化部和中国轻工业联合会等部门业务领导和管理。

制鞋标委会 2010 年成为 ISO/TC 137 的联合秘书处承担单位是 ISO/TC 216/WG1（鞋类—微生物）工作组的召集人，欧盟 CEN/TC 309 观察员及其 WG1 和 WG2 成员。多年来积极深度参与鞋类国际标准制定工作，已成功立项国际标准 3 项，已由"参与国际标准制定"向"主导国际标准制定"方向发展。

制鞋标委会在国家政策的指导下，在国标委等主管部门的具体指导下，完善我国鞋类标准化体系，制鞋标委会至今制定了国家、行业标准 200 余项。

制鞋标委会受有关部门委托，在产品质量监督检验、认证和评优工作中，承担制鞋行业内的产品质量标准水平评价工作；承担本专业引进项目的标准化审查工作，并向项目主管部门提出标准化水平分析报告，为制鞋行业健康有序发展提供了技术保障。

历年来，制鞋标委会在全国范围组织制鞋标准化、检测技术培训、标准宣贯，培训质检部门、生产企业、商业机构及相关单位的有关专业人员数万人次，为标准化工作在制鞋行业的推广和应用、增强企业的标准化意识、提高制鞋行业的整体标准化水平做了大量细致、具体的工作。

1982 年，《中国鞋号及鞋楦系列》（GB 3293）国家标准和《鞋楦尺寸检测方法》（GB 3294）国家标准获国家科学大会科技进步二等奖。

1986年,《鞋类耐磨试验方法》(GB 3905)国家标准获国家标准总局颁发的国家标准科技成果奖。

1993年,《胶粘皮鞋》(QB 1002)行业标准获轻工总会颁发的中国轻工业科技成果奖。

2007年,《皮鞋》(QB/T 1002—2005)行业标准获国家标准化管理委员会颁发的国家标准创新贡献奖二等奖。

制鞋标委会在全体委员及观察员的共同努力和各有关部门领导的支持下,工作得到跨越发展,促进了制鞋行业的健康发展。

二 全国毛皮制革标准化中心及全国皮革工业标准化技术委员会

1981年,经国家标准局、轻工业部批准,依托轻工业部毛皮制革工业科学研究所,成立轻工业部毛皮制革工业标准化质量检测中心站,负责皮革行业的质量、标准化工作。

1990年,根据轻工业部的工作安排,轻工业部下属的标准化质量检测中心(站)划分为标准、检测两个分支,轻工业部毛皮制革工业标准化质量检测中心站变更为轻工业部毛皮制革质量监督检测中心、全国毛皮制革标准化中心,全国毛皮制革标准化中心负责皮革行业的标准化工作。

2000年9月,经原国家质量技术监督局、原国家轻工业局批准,成立全国皮革工业标准化技术委员会(SAC/TC 252),主任委员张淑华,副主任委员杨承杰,秘书长赵立国,秘书处设在中国皮革和制鞋工业研究院内。

全国皮革工业标准化技术委员会(皮革标委会)是全国皮革工业标准化工作的技术工作组织,负责全国皮革行业的标准化及国际标准化组织皮革技术委员会在国内的技术归口工作,由国家标准化管理委员会(原国家质量技术监督局)和中国轻工业联合会(原国家轻工业局)负责领导和管理。

皮革标委会在国家有关方针政策的指导下,向中国轻工业联合会、国家标准化管理委员会提出有关皮革行业标准化工作的方针、政策和技术措施的建议;提出制订、修订皮革工业国家标准和行业标准的规划和年度计划的建议;组织皮革行业国家标准和行业标准的制定、修订和定期复审已发布的国家标准和行业标准,提出确认、修订、补充或废止的建议;对标准的技术水平负责,提出审查结论意见,提出强制性标准或推荐性标准的建议。

皮革标委会受国家标准化管理委员会和中国轻工业联合会的委托,负责组织皮革行业国家标准和行业标准的宣讲、贯彻和解释工作;承担本专业标准化工作中有关技术咨询和有关标准化成果的审核工作;向国务院标准化行政主管部门和有关行政主管部门提出本专业标准化成果奖励项目的建议等;承担国际标准化组织皮革技术委员会的国内归口和标准化技术业务工作,包括对国际标准文件的表态和参加国际会议,审查我国向国际标准化组织的提案和国际标准的中文译稿,提出对外开展标准化技术交流活动的建议等。

皮革标委会受国务院有关行政主管部门委托,在产品质量监督检验、认证和评优工作中,承担皮革行业标准化范围内的产品质量标准水平评价工作;承担本专业引进项目的标准化审查工作,并向项目主管部门提出标准化水平分析报告,负责皮革行业范围内产品标准水平的评价工作;办理与皮革行业标准化、产品质量工作有关的其他事宜。

至2010年12月,皮革标委会共组织制定皮革行业国家标准31项,行业标准42项;

修订国家标准 10 项，行业标准 64 项。对 70 余项国际标准、国外先进标准进行了跟踪、翻译、国际投票，代表中国提出意见。2008 年，标委会组织相关单位进行《皮革中烷基酚及烷基酚聚氧乙烯醚测定方法的研究》，并以此方法为基础，上报 ISO/TC 120 皮革技术委员会，已被欧盟标准化委员会（CEN/TC 289）、国际皮革工艺师与化学家联合会（IULTCS）接受，2010 年 3 月 15 日以 CEN/TC 289/WG 1 & 2 & 3：N206、IULTCS/IUC、IUP & IUF：N206 工作议案（First edition，2010—03—15）下发相关成员国征求意见。

2010 年，由中国皮革和制鞋工业研究院牵头起草的《皮革和毛皮 有害物质限量》（GB 20400—2006）强制性国家标准荣获 2010 年"中国标准创新贡献奖"三等奖。

10 年来，皮革标委会在全国范围内组织皮革标准化技术培训、标准宣贯 30 余次，培训行业组织、质检部门、生产企业、商业机构及相关单位的有关专业人员数千人，为标准化工作在皮革行业及其相关领域的推广和应用、增强企业的标准化意识、提高皮革行业的整体标准化水平做了大量细致、具体的工作。

随着我国经济的快速发展，行业和市场上出现的产品质量纠纷、消费争议日益增多，为此，皮革标委会积极提供专业标准化咨询服务，对标准的正确理解和应用进行宣传、解释，为司法、工商、技术监督、消费者协会、行政管理部门等相关部门提供相关证明和处理依据。

在全体委员的共同努力和行业支持下，皮革标委会不断健全和完善皮革行业的标准化体系，为企业在市场经营中保驾护航，促进了皮革行业的健康发展。

三　全国毛皮制革机械标准化中心

全国毛皮制革机械标准化中心的前身是 1987 年 10 月成立的"轻工业部机械局皮革机械标准化质量检测中心"，在当时形势下，由轻工业部机械局为完成国家优质产品、轻工业部优质产品的评选工作而设立的。中心成立后的主要工作是在优质产品评选过程中组织生产企业、科研机构、大专院校和用户单位起草审定相应的产品检测规范和产品质量分级标准等相关资料。当时的评优活动在行业内颇具影响，且对提高企业的标准意识、质量意识起着非常积极的作用。

在开展评优活动的基础上，为继续巩固和加强标准化工作，使之制度化程序化，1990 年 3 月，轻工业部发文在原"轻工业部机械局皮革机械标准化质量检测中心"的基础上分离出"全国毛皮制革机械标准化中心"，负责制革机械、制鞋机械、毛皮加工机械及羽绒加工机械等行业的标准的归口管理工作。

中心主任由时任皮革研究所所长的金宝仲担任，副主任为张义文，成员包括韩方柱、申景尧、孔培利。

1999 年，中心挂靠单位进行机构调整，中心主任由皮革所所长杨承杰担任，副主任为张义文。2002 年，调整为主任杨承杰，副主任侯大升。2011 年，中心领导调整，主任杨承杰，副主任李刚

全国毛皮制革机械标准化中心作为我国皮革机械、制鞋机械、毛皮加工机械、箱包皮件机械、拉链生产机械、鞋革检测仪器和羽绒加工机械领域的行业标准归口管理单位，自成立以来，在上级相关部委、原皮革所和研究院等各级领导的直接领导下，从产品的名词术语、型号编制、规格系列等基础标准、噪声检测的方法标准、安全标准到产品标准，基

本实现了全行业覆盖，完成并逐步完善了皮革制鞋机械行业的标准体系。截至目前，共完成行业标准、指导性技术文件等的制定工作110余项次，现行有效标准70项。除此以外，中心还积极开展各种形式的标准宣贯、释疑、培训等活动，同时面对企业在标准化方面及其他技术的各种需求，指导、辅助企业建立健全内部标准化体制、制定、修订企业标准，以及通过辅导企业对国家标准、行业标准及企业标准的有效执行实现提高产品质量等标准化活动。

四　全国轻工机械标准化技术委员会皮革机械分技术委员会

1989年2月，经原国家标准化管理委员会批准，在全国轻工机械标准化技术委员会（TC101）下成立了皮革机械分技术委员会（SC1），轻工业部毛皮制革工业研究所（现中国皮革和制鞋工业研究院）为秘书处承担单位，首届主任委员为时任所长金宝仲，秘书长张义文，秘书处成员为韩方柱、申景尧、孔培利。现主任委员为杨承杰，秘书长李刚。TC101/SC1的工作领域为制革机械、制鞋机械、毛皮加工机械、皮件加工机械、鞋革用检测仪器和羽绒加工机械，负责向国家标准化管理委员会、中国轻工业联合会提出国家标准、行业标准化工作方针、政策和技术措施的建议，提出标准制、修订年度计划，组织标准的制修订以及对超标龄标准的定期复审等。

分技术委员会自成立以来，在上级相关部委、依托单位中国皮革和制鞋工业研究院等的直接领导下，建立并逐步完善了皮革制鞋机械行业的标准体系，对实现我国皮革制鞋机械行业标准化工作的快速发展、促进技术进步发挥了十分重要的作用。

分技术委员会按计划分步骤完成了各类标准、指导性技术文件的起草工作，截至2010年年底，共制定、修订国家、行业标准等120余项，现行有效标准70余项，从产品的名词术语、型号编制等基础标准、噪声检测方法标准、安全标准到产品标准，基本实现了覆盖全行业的标准化目标。除此以外，分技术委员会还积极开展各种形式的标准宣贯、释疑、培训等活动，同时针对企业的各种需求，指导、辅助企业建立健全企业内部标准化体系、制修订企业标准，并通过辅导企业对国家标准、行业标准及企业标准的有效执行，实现提高产品质量等标准化活动。

TC101/SC1虽然没有与之对应的国际标准化技术组织，但一直积极开展与国外相关标准化组织（如欧盟CEN/TC201、CEN/TC200）的交流活动，掌握本行业国际标准、国外先进标准的最新动态，将先进的标准及时转化为国家标准，为国内相关企业及时快捷的提供国外各种先进的技术要求。目前，分技术委员会正努力深化行业标准化工作，帮助企业以标准化形式支持产品开发，提高企业对市场的应变能力。

五　全国皮革工业标准化技术委员会箱包分技术委员会

2009年，国家标准化管理委员会批准成立全国皮革工业标准化技术委员会箱包分技术委员会（SAC/TC252/SC1），主任委员郭顺元，副主任委员张晓镭、李宗荣、叶香菊，秘书长叶香菊，秘书处设在中国皮革协会。

箱包分技术委员会由国家标准化管理委员会主管，委托中国轻工业联合会代管，接受国家标准化管理委员会和中国轻工业联合会的工作指导，在专业上接受全国皮革工业标准化技术委员会指导，在箱包领域内（箱包、腰带、票夹及其专用配件）负责箱包运行专业标准化的技术归口工作，并协助全国皮革工业标准化技术委员会承担国际标准化组织 ISO/TC120/SC1 皮革制品分技术委员会的国内对口工作。

箱包分技术委员会将根据国家标准化工作的方针政策，研究并提出有关箱包运行专业标准化工作方针、政策和技术措施的建议；按照国家标准制定、修订原则，以及积极采用国际标准和国外先进标准的方针，制定和完善本专业的标准体系表，提出制订、修订本专业国家标准、行业标准的长远规划和年度计划的建议；根据批准的计划，组织箱包运行专业国家标准和行业标准的制定、修订工作及标准化有关的科学研究工作，建立和管理国家标准立项、起草、征求意见、技术审查、报批等相关工作档案；参与本专业强制性国家标准的对外通报、咨询和国外技术法规的跟踪及评议工作；组织本专业国家标准和行业标准送审稿的审查工作，对标准中的技术内容和质量负责，提出审查结论意见；定期复查本专业已发布的国家标准和行业标准，提出修订、补充、废止或继续执行的意见。

箱包分技术委员会受国家标准化管理委员会和有关主管部门的委托，负责本专业国家标准、行业标准的宣传贯彻解释工作，收集对标准执行过程中的反馈意见；担负本专业标准化成果的审核，并提出奖励项目的建议；在产品质量监督检验、认证和评优等工作中，承担本专业标准化范围内产品质量标准水平评价工作，承担本专业内项目的标准审查工作，并向项目主管部门提出标准化水平分析报告；承担国家标准化管理委员会和有关主管部门会委托办理的与箱包运行专业标准化有关的事宜。

第二节　检测机构

一　国家级皮革、鞋类质量检测机构

（一）国家鞋类质量监督检测中心（北京）

国家鞋类质量监督检测中心（北京）前身为 1980 年经原国家标准总局和轻工业部批准成立的中国制鞋工业标准化质量检测中心站，挂靠于原轻工业部制鞋工业科学研究所（现中国皮革和制鞋工业研究院），负责国家制鞋行业的质量检测和标准化工作。后根据相关部门的工作安排，将"中心（站）"分为标准、检测两个业务部门，即轻工业部制鞋质量监督检测中心和全国制鞋标准化中心，后在轻工业部制鞋质量监督检测中心的基础上建立了国家鞋类质量监督检验中心（北京）。

中心通过国家质量监督检验检疫总局的计量认证和机构认可及中国合格评定认可委员会（CNAS）的评审。

中心的授权检测范围：鞋类产品（旅游鞋、皮鞋、皮凉鞋、儿童皮鞋、休闲鞋、工业靴、出口皮鞋、皮拖鞋与室内皮便鞋、轻便胶鞋、普通运动鞋、篮排球运动鞋、黑色/彩色雨靴（鞋）、布鞋、聚氯乙烯塑料凉鞋、拖鞋等）及皮鞋外底、皮鞋跟面、皮鞋钢勾心、鞋用纤维板等鞋用材料、部件的感（外）官、物理和化学性能等全项检测。

中心研制、开发的多种检验仪器通过了国家有关部门的鉴定，并在全国推广应用，成为目前我国制鞋行业质量检验的基础仪器。"鞋类耐折、耐磨、剥离试验仪和试验方法"获省、部级科技进步奖。

中心受国家质量监督检验检疫总局、国家和地方工商管理（总）局、消费者协会和行业管理部门等委托，进行国家质量监督（专项）抽查、市场商品质量监管检验、样品比对检验；委托检验、质量投诉及质量纠纷的仲裁检验；受中国合格评定认可委员会（CNAS）委托，组织全国相关实验室对鞋类有关检测项目的能力验证。

中心还面向全国各级检验机构及相关单位举办质量检验人员的检测技术培训人员达数千人，引领了国内鞋类检验事业的提升，促进了鞋类产品质量的提高和行业的发展。

（二）国家皮革制品质量监督检测中心

国家皮革制品质量监督检验中心始建于1983年，挂靠在轻工业部毛皮制革工业科学研究所内。当时名为轻工业部批准建立的轻工业部毛皮制革标准化质量检测中心站。1990年3月，轻工业部颁布（90）轻质字第17号文件将轻工业部毛皮制革标准化质量检测中心站更名为轻工业部毛皮制革质量监督检测中心。1988年，轻工业部毛皮制革工业科学研究所根据国家"技术监督局〔1988〕056号"文件在轻工业部毛皮制革标准化质量检测中心站的基础上筹建国家皮革制品质量监督检验中心，中心于1992年6月首次通过国家计量认证。1994年4月28日，国家质量技术监督局发布"技监局监函〔1994〕170号"文件，正式批准国家皮革制品质量监督检验中心成立。多年来，中心持续保持着中国合格评定认可委员会（CNAS）对中心组织机构的认可和检测业务范围的授权。

中国国家认证认可监督管理委员会（CANA）、中国轻工业联合会及中国合格评定国家认可委员会（CNAS）对中心认可、授权的检测项目有皮革、毛皮、皮革制品、皮革化工、皮革五金、纺织品等产品（皮革服装、毛皮服装、背提包、公事包、旅行箱包、家用衣箱、公文箱、皮票夹、橡塑球、日用皮手套、运动手套、氨纶手套、皮腰带、篮排足手球等）。

目前，中心挂靠于中国皮革和制鞋工业研究院。中心的组织机构接受中国国家认证认可监督管理委员会（CNCA）、中国合格评定认可委员会（CNAS）的监督管理，质量监督检验业务接受国家质量监督检验检疫总局的监督管理和指导。多年来，中心接受国家质量监督检验检疫总局、国家工商局、中国皮革工业协会等管理部门委托，多次完成了皮革制品国家质量监督抽查任务；中心面向生产企业进行皮革制品、皮革、毛皮、皮革化工材料质量的日常委托检验；面向消费者、消协、司法、工商、技术监督等部门受理有关皮革、毛皮、皮革制品的质量投诉及质量纠纷的仲裁检验（包括出口产品）；中心还面向全国各级检验机构及企业举办质量检验人员的检测技术培训。

中心提供的专业技术服务如下：第一，产品质量检验：对皮革制品、皮革、皮革产品、毛皮、毛皮成品（包含皮革毛皮材质鉴别）、皮革化工材料（包含皮夹克油和鞋油）、足球、篮球、排球、手球等常规产品进行质量检验以及委托方提出的非标检验要求；第二，人员培训：面向生产企业、商业、质量监督检验部门、工商管理部门、质量认证部门、消费者协会、仲裁机构等，开展人员专业检验知识的培训和标准的宣传贯彻；第三，专用仪器：研发、维修皮革、毛皮、皮革制品等专用检测仪器。

（三）国家轻工业皮革制鞋机械质量监督检测中心

国家轻工业皮革制鞋机械质量监督检测中心依托中国皮革和制鞋工业研究院设立，经中国国家认证认可监督管理委员会等国家相关机构资质认定和授权，国家质量监督检验检疫总局监督管理和中国轻工业联合会业务指导，是我国制革机械、制鞋机械、毛皮加工机械、拉链机械和羽绒加工机械行业唯一的专业检测鉴定机构。

国家轻工业皮革制鞋机械质量监督检测中心其前身是在1987年10月成立的"轻工业部机械局皮革机械标准化质量检测中心"，在当时形势下，轻工业部机械局为完成国家优质产品、轻工业部优质产品的评选工作，在国内多家轻工机械研究单位中经过选择而设立在中国皮革和制鞋工业研究院的。在国优、部优产品检测评比的基础上，1990年3月，经轻工业部批准，正式成立了"轻工业部毛皮制革机械质量监督检测中心"，并于1992年6月，首次通过国家技术监督局组织的计量认证。

中心名称随着国家机构的调整，曾经数次更名：1995年9月，更名为"中国轻工总会皮革制鞋机械质量监督检测中心"；1999年4月，更名为"国家轻工业局皮革制鞋机械质量监督检测中心"；2002年2月，更名为"国家轻工业皮革制鞋机械质量监督检测中心"，并一直沿用至今。

国家轻工业皮革制鞋机械质量监督检测中心作为国家唯一涉及皮革机械、制鞋机械行业的质检中心，自成立以来，在原皮革所领导、研究院领导的正确领导下，出色地完成了国优、部优、新产品鉴定、委托等各种形式的检测任务，多次受到各级主管领导的表彰和奖励，并在我国皮革机械、制鞋机械等制造及应用行业里享有极高的声誉和威望。目前中心已经发展为拥有各种常规及专用的长度、力学、声学、热学、电学和热处理等学科的检测量具、先进检测仪器和检测设备近1000台套，能力范围涉及制革机械、毛皮机械、制鞋机械、箱包制件机械、拉链机械及羽绒机械等行业超过60余项产品的专业检测中心。

除承担和接受国家、地方、司法、保险或企业的各类监督检验、抽查检验、产品检测、仲裁检验、司法鉴定和保险定损鉴定外，中心还致力于充分利用自身技术优势为皮革制鞋机械制造厂商提供各种形式技术咨询、协作攻关等技术服务。

（四）国家皮革质量监督检测中心（张家口）

国家皮革质量监督检验中心是经国家技术监督局批准设立的质检机构，依法对生产领域、流通领域的皮革产品质量进行监督检验，并积极为社会提供检验服务。通过检验对皮革产品的质量水平做出公正、科学、准确的评价，以保护国家、生产者、消费者三方的利益，促进产品质量的提高。

1988年，根据国家技术监督局"技监局监发〔1988〕056号"文件，河北省张家口市皮毛工业研究所负责筹建"国家皮革质量监督检验测试中心"。经过一年多时间的筹建，1990年10月顺利、圆满地通过了由国家技术监督局、中国计量科学院主持的专家评审和计量认证。1991年1月15日，国家技术监督局下发"技监局监发〔1991〕055号"文件，正式宣布包括国家皮革质量监督检验中心在内的14个国家产品质量监督检验中心通过审查认可和计量认证，自发文之日起，以"国家质检中心"的名义开展工作，其监督检验业务受国家技术监督局指导。至此，筹建中心正式被国家技术监督局命名为"国家皮革质量监督检验中心"，由张家口市皮毛工业研究所所长原宪武任中心主任，肖树南、赵勤任副主任。下设中心办公室、理化检测室、观感评定室、维修仪表室、后勤供应室。1993年原宪武年事已高，退居二线后，由赵勤任中心主任并技术负责人，肖树南任副主任兼质量负责人。1991—1997年，该中心承担完成了国家技术监督局历年下达的皮革产品质量监督抽查任务。此外，还承担了由中国轻工总会组织下达的服装用皮革、鞋面用皮革标准的修订、制定工作，以及对全国皮革行业上述两个产品的统检工作。

几年来，该中心不断进行环境、仪器设备等硬件方面的更新改善，进一步适应生产企业的需要，逐步实现与国际接轨。中心占地面积近1000平方米，检验室550平方米，恒温恒湿试验室100平方米，国外引进INSTRON 1100型电子拉力试验机一台，仪器设备固定资产60余万元，总国定资产逾百万元。中心现有中高级职称的工程技术人员占全中心人员的57.1%，全员持有上岗操作证书。

中心的业务范围主要是：承担国家、部门下达的皮革、毛皮、皮革化工、皮革服装等产品的质量监督检验；承接有关部门、企业的委托性检验业务；承担皮革、毛皮、皮革化工、皮革服装等产品的有关科研项目、新产品鉴定的评定检验；有关质量争议的仲裁检验；有关制修订专业标准与标准审查、验证；有关优质产品的评定检验，以及检验人员的技术培训等。

（五）国家鞋类质量监督检测中心（温州）

2002年，国家质检总局、国家认监委发文批复，同意将国家鞋类质量监督检验中心（杭州）调整为国家鞋类质量监督检验中心（温州）。是经国家质量监督检验检疫总局和国家认证认可监督管理委员会批准设立的，集科研、开发、标准制订、培训于一体的国家级检测中心，是独立于鞋类产品设计开发、制造、贸易的第三方产品质量检验机构。中心建立了较完善的质量管理和质量保证体系，以保证检验数据的准确性、公正性、权威性，是中国实验室国家认可委员会（CNAS）认可的实验室（证书编号L888），并通过亚太实验室认可合作组织（APLAC），取得了美国、日本、澳大利亚、中国香港、中国台湾、新加坡、新西兰等国家和地区实验室认可组织的认可。中心除承担国家、地方政府及有关单位下达的任务外，还积极地面向社会，提供优质、高效的服务。

中心（温州）是全国制鞋标准化技术委员会皮鞋分技术委员会秘书处的挂靠单位，职工全部具有本科以上学历，其中博士学历1名，拥有高级工程师职称9名，工程师5名，均为多年从事鞋革方面研究的专家，并有多人主持、参与了鞋类及其原辅材料国家、行业标准的起草、修订及审查。中心检验能力强，已累计完成各种检验近10万批次，积累了非常丰富的经验及数据。

中心（温州）拥有先进、完备的鞋类及其原辅材料专业检测仪器设备，其通过国家实验室认可、授权及计量认证的产品及参数基本覆盖了我国现行的鞋类及其原辅材料的国家和行业标准，以及鞋类主要检测项目的国外及国际标准。

（六）国家鞋类产品质量监督检验中心（成都）

2008年7月2日，国家质量监督检验检疫总局批准筹建。2011年12月通过国家质检总局能力建设验收。中心在国家质检总局、省、市质量技术监督局的领导下，承担国家级质量监督抽查、地方政府安排的定期监督检验、社会各界委托的委托检验、质量鉴定检验。目前中心具备鞋类、皮革及其制品二大类共58种产品、124个参数的检测能力。

中心（成都）设置有行政部、质量技术保证部和业务部等综合部门以及鞋类检测室、理化分析室，其中包括鞋类性能实验、皮革鞋材实验、箱包皮具实验、仪器分析、化学分析、恒温恒湿等专业实验室。中心技术力量雄厚，设施设备先进。拥有一批高素质的专业技术人员，本科学历及以上技术人员、中级及以上技术职称人员均占中心人员的95%，其中含博士生1人，硕士研究生5人，教授级高级工程师2人，高级工程师9人；拥有符合鞋类、箱包及其材料标准要求的检测试验室和试验场地；拥有一批国际先进大型高端精密检验仪器设备，检验手段和能力均已达到国内先进水平。

二 地方皮革、鞋类质量检测机构

（一）国家轻工业鞋类皮革皮毛制品质量监督检测 成都站

国家轻工业鞋类皮革毛皮制品质量监督检测成都站原是四川省皮革研究所的分析检验室，建于1965年，主要从事皮革科学实验中的分析工作。随着皮革工业的发展，生活水平的不断提高，人们对皮革及制品的需求日益增强，国家为了加强皮革及制品质量监督，轻工业部于1981年统一部署，并以（81）轻二字第23号文批准组建轻工业部毛皮制革产品质量监督检验成都站、轻工业部皮鞋产品质量监督检验成都站，成为覆盖全国皮革行业七个大区站之一，承担西南地区的毛皮制革、皮鞋产品的监督检验任务。随着国家机关机构改革，名称改为国家轻工业鞋类皮革毛皮制品质量监督检测成都站，挂靠在四川省皮革研究所。该站于1999年6月依法通过了国家质量技术监督局和国家轻工业局的国家计量认证和实验室认可，成为法定的国家检测机构，获得了为社会提供公正、科学、权威检测数据的法律依据。

国家轻工业鞋类皮革皮毛制品质量监督检测 成都站授权范围内所检产品主要有鞋类（包括男女皮鞋、皮凉鞋、皮拖鞋、旅游鞋、休闲鞋、儿童皮鞋、工业靴鞋、劳防鞋、特种靴鞋，以及鞋配件等）、皮革类（包括各种鞋用皮革、服装手套用皮革、家具用皮革、汽车装饰用皮革以及各种蓝湿革、合成革等）、毛皮类（包括各种裘皮、毛革两用皮、以及羊剪绒毛皮等）、制品类（包括各种皮革毛皮服装手套、围脖披肩、箱包手袋、腰带票夹、家居装饰等制品），以及皮革毛皮衣物洗染规范。

（二）上海市皮革质量监督检验站/国家轻工业鞋类皮革毛皮制品质量监督检测 上海站/上海鉴正皮革质量检测技术中心

上海市皮革质量监督检验站于1981年组建，它的前身是上海皮革工业研究所理化分析室和联合国援建一期项目国际标准皮革分析检验室，上级职能主管系上海市质量技术监督局和国家鞋类皮革毛皮制品质量监督检测中心，行政挂靠于上海皮革工业研究所；现隶属于上海鉴正皮革质量检测技术中心。主要承担全市皮革及皮革制品、鞋类产品质量检验工作。1983年被轻工业部检测分中心授权并命名"轻工业部毛皮制革制鞋质量监督检测上海站"，主要承担安徽、山东、江苏、上海三省一市的皮革质检工作，2001年更名为"国家轻工业鞋类皮革毛皮制品质量监督检测上海站"。该站于1990年通过了国家质检总局、轻工业部、上海市三级计量认证和机构认可；1996年、2001年多次通过了国家质检总局、中国轻工业联合会和上海市质量技术监督局的复审，继续授权承担各种鞋类（男鞋、女鞋、童皮鞋、凉鞋、皮靴、旅游鞋、休闲鞋）、皮件类（皮革裘皮服装、皮革手套、皮革箱包、包带、票夹、腰带、皮制球）、皮革类、毛皮（裘皮）类、人造革类、皮革用辅助材料6大类49种产品的质量监督检验、仲裁检验等公证检验工作以及为社会提供质量检验、质量咨询、质量投诉等质量检验技术服务。该站历任站长为季仁、夏梁、温祖谋、冯玉麟、李方舟。

上海鉴正皮革质量检测技术中心成立于2005年6月，是一个多元投资的企业，具有独立法人资格和第三方地位并拥有专业资质的皮革质量检测技术中心。该中心已通过中国合格评定认可委员会（CNAS）的"国家实验室"认可和检测业务范围的授权。其下属机构有国家轻工业鞋类皮革毛皮制品质量监督检测上海站、上海市皮革质量监督检验站。

上海鉴正皮革质量检测技术中心的主要任务是：接受政府部门和上级主管的指令，进行质量监督抽查检验及社会行业委托的检验，包括仲裁检验、质量认证、验货服务等质量技术服务。该中心为了提高实验室管理水平和检测能力和国际惯例接轨，向中国合格评定国家认可委员会（CNAS）申请国家实验室认证．经中国合格评定国家认可委员会（CNAS）派出评审组对上海鉴正皮革质量检测技术中心现场评审后，认为符合CNAS—CL01：2006和计量认证审查认可（验收）评审准则的要求，具备向用户、社会及政府提供自身质量保证的能力。并于2007年6月授予上海鉴正皮革质量检测技术中心CNAS认可资格（机构注册号：CNAS L 3120），允许按照CNAS-R01《认可标识和认可状态声明管理规则》的规定使用认可标识。通过上述认证后，上海鉴正皮革质量检测技术中心是中国合格评定国家认可委员会认可的国家实验室（CNAS）；其下属的国家轻工业鞋类皮革毛皮制品质量监督检测上海站、上海市皮革质量监督检验站是经中国轻工业联合会、上海市质量技术监督局依法设置和授权管理的检验机构，具有公正的权威性，又有广泛的服务功能，是皮革质量检测功能最全和专业性最强的检测机构之一。

2008年7月，上海鉴正皮革质量检测技术中心通过了中国合格评定国家认可委员会、中国轻工业联合会、上海市质量技术监督局派出评审组对上海鉴正皮革质量检测技术中心（暨国家轻工业鞋类皮革毛皮制品质量监督检测上海站和上海市皮革质量监督检验站）监督评审和扩项评审。

（三）国家轻工业鞋类皮革皮毛制品质量监督检测 沈阳站

国家轻工业鞋类皮革皮毛制品质量监督检测沈阳站，其前身是辽宁省皮革皮毛皮鞋产品质量检测站。1981年8月以"轻工字［1981］23号"文批准设立，起始名为全国毛皮制革产品检测沈阳站和全国皮鞋产品质量检测沈阳站。1990年3月轻工业部以（90）轻质字第17号文更名为轻工业部毛皮制革质量监督检测中心沈阳站，中国轻工业总会1995年以28号文更名为中国轻工总会鞋类皮革毛皮制品质量检测沈阳市站。1999年又更名为国家轻工业局鞋类皮革毛皮制品质量监督检测沈阳站。2000年10月国家轻工业局下发"国轻行［2000］359号"文再次更名为国家轻工业鞋类皮革毛皮制品质量监督检测沈阳站。该站有比较先进、精密检测设备、仪器60多台，一直承担东北三省生产企业和流通领域的名、优、新产品的鉴定检测、产品质量跟踪检测、产品质量仲裁检测等项任务。站长先后由李永福、吴江、谌玉琴、孙卫东、王慧琴、宁春荣担任。

辽宁省皮革毛皮制品质量监督检验中心与国家轻工业鞋类皮革毛皮制品质量监督检测沈阳站为两块牌子、一套人马。

（四）湖南省皮革产品质量监督检验授权站（1983年迄今）

湖南省皮革产品质量监督检验授权站的前身是湖南省皮革工业产品质量监督检验站，始建于1983年，挂靠于湖南省皮革工业公司。1985年5月，省二轻工业厅以（85）湘二轻字161号文正式批准为"湖南省皮革工业产品质量监督检验站"，属二轻厅领导，挂靠省皮革公司。该站1987年通过省级审查认可和计量认证，更名为"湖南省皮革产品质量监督检验授权站"，挂靠湖南省皮革研究所，是湖南省质量技术监督局依法授权的省级皮革产品专业监督检验机构。

湖南省皮革产品质量监督检验授权站设有物理检验室、化学检验室、天秤分析室、样品室等部门，能承担各类皮革、毛皮、皮革制品、鞋类及皮革化学品等产品的质量检验。该站拥有200平方米的实验室，有仪器设备57台（套），总价值80万元。该站有专业技术人才5人，其中具高级技术职称的3人、中级技术职称的2人，能按国家标准、行业标准、地方标准和企业标准开展检验服务，是湖南皮革行业具一流水准的专业检验机构。

（五）四川省皮革制品质量监督检验站

四川省皮革制品质量监督检验站是在1987年通过了《四川省标准计量局》的首次认证，依法成立的，其时成为全国皮革行业站中首家通过计量认证的法定检验机构。主要任务是：一是毛皮、皮革、皮鞋产品的监督检验，二是毛皮、皮革、皮鞋产品的仲裁检验，三是新产品开发鉴定检验。后经四川省质量技术监督局依法批准设立并授权，通过了实验室资质认定，取得了《资质认定计量认证证书》和《资质认定授权证书》。该站主要任务是承担四川省行政区域内皮革制品质量监督检验任务及向企业提供技术服务的产品质量检验机构。现隶属于四川省质量技术监督局，挂靠于四川省纤维检验局。在技术能力方面，该站拥有实验室面积1604平方米（其中恒温恒湿室面积达260平方米），各个功能区域布局有序且分隔有效，其温湿度、采光、通风和环境保护等检验环境条件控制良好。现有包括岛津Lc-20A高效液相色谱仪、Agilent59731型气相色谱/质谱联用仪、AA—7003型原子吸收分光光度计和立式低温耐折试验仪及常规实验在内的仪器设备79台套，广泛开展涉及环保、安全、健康的各类检测业务，具备了对鞋类、皮革类及皮革制品，共计3大类19个产品30个参数的检测能力，现有高级工程师4名，工程师12名，并通过技术交流和人员培训，不断提高人员综合素质，为更好地完成质量监督任务，提供了有力的保障。在监督职能方面，能积极宣传有关产品质量监督检验的法律法规及方针政策，协助政府监督部门整顿和规范市场秩序，负责产品质量抽检，并对四川省皮革制品产品质量总体评价，搞好质量监督和管理工作。在工作理念方面能注重团队合作精神，提升业务水平，努力做好社会保障与企业服务，努力构建和谐社会。

（六）山东省皮革工业检测中心

山东省皮革工业检测中心成立于1987年，是山东省唯一的专业性皮革检测机构，1988年通过省质量技术监督局计量认证，2005年通过中国合格评定国家认可委员会（CNAS）认可，出具的证书和报告得到亚太、欧洲、美洲、南非等42个国家和地区的承认。中心拥有先进的检测设备120多台（套），其中进口设备30台（套）；拥有一批素质高、技术过硬的专业检测人员，其中研究员、高级工程师占70%以上。中心以科学严谨、公正准确、优质高效为宗旨，为客户提供全面、及时、满意的服务，包括检验、分析、鉴定、仲裁检验、咨询、检验技术培训等。

（七）广东省鞋类产品质量监督检验站

广东省鞋类产品质量监督检验站成立于1989年9月，是华南地区乃至全国检测范围最全、技术力量最强的皮革制品检验机构之一，主要负责日常国家、省、市质监局质量监督抽查等指令性任务，承担省、市工商、消费者委员会、保险公司及流通领域的皮革制品鉴定、标准、检测、仲裁以及三级计量保证体系等咨询评审工作。此外日常承担大量的企业委托检验。

目前从事皮革制品检验的人员中，高级职称20人，工程师30人，其他专业人员80多人。历年来设备投资累积2000多万元，购置一大批皮革制品检测用的先进、关键的仪器设备，具备42类120多项皮革制品的检测能力。

该站已取得以下资格认证。

第一，国家技术监督局计量认证［CMA量认（粤）字（C0612）号］。

第二，国家实验室认证（CNAS No. L0218）。

第三，广东省质量监督局质量认证［（广东）省质监认（01）号］。

广东省鞋类产品质量监督检验站正在筹建国家皮革制品质量检验中心（广州）的工作，此项目已列入广东省质量技术监督技术机构和科技发展"十一五"计划。

（八）山东省皮革行业职业技能鉴定所

山东省皮革行业职业技能鉴定所是由山东省劳动和社会保障厅于2002年6月18日以"鲁劳社函〔2002〕119号"批复成立的。是具体承担皮革行业职业技能鉴定的实施机构。可开展鉴定的工种为制革原皮工、制革准备工、制革鞣制工、制革整理工、皮鞋划裁工、皮鞋制帮工、皮鞋制底工、皮鞋设计工、鞋楦设计工、制楦工、制球片工、制球成型工、制球整理工、皮革服装（手套）制作工、皮箱（包）制作工、毛皮染整工、毛皮配制工、毛皮划裁工、毛皮缝制工、毛皮吊制工、制鞋刮浆工、制鞋帮底工、鞋帽缝制工、制鞋挤注工、制鞋排鞋工、皮革制品保养工共计26个工种。鉴定所自成立以来，首先在皮革制品保养工技能鉴定方面做了大量的工作。在山东省劳动和社会保障厅的领导下，鉴定所组织皮革专家经过一年半的时间编写了《皮革制品保养工职业资格培训教程》和《皮革制品保养工职业技能鉴定题库》，正式启动对保养工的鉴定工作以来，在全省范围内先后鉴定了高级工4个，中级工30个，取得了一定的成绩。

第五章　书刊网络（媒体）

第一节　图书

《皮革》（现代工业小丛书）—林继庸著、32开、平装、106页，商务印书馆、上海，1934年1月出版。

《最新实用制革学》（大学丛书）—李仙洲著、大32开、350页，商务印书馆、上海，1935年4月出版。

《皮革工业》（最新化学工业大全）—［日］清水诚著、阮觉施译、大32开、精平装、268页，商务印书馆、上海，1936年7月出版。

《制革工业》（化学工业丛书）—朱积煊编、32开、平装、60页，中华书局、上海，1936年8月发行。

《制革学》（大学丛书）—陶延桥著、大32开、精装、452页，国立编译馆、上海，1936年12月出版。

《制革》—孟心如编、32开、平装、141页，中国科学图书仪器公司、上海，1942年3月出版。

《最新实用制革学》（青年文库）—王象夷著、32开、平装、213页，中国文化服务社、台湾，1946年12月印行。

《中国皮革工业协会会员名录》—1989年起 中国皮革工业协会编印出版《中国皮革工业协会会员名录》，每两年根据会员变动情况修订一次，截至2010年共出版11次，均免费寄赠会员单位。

《英意汉制鞋词汇》—1989年4月 中国皮革工业协会与意大利对外贸易协会合作，编印出版《英意汉制鞋词汇》。编辑：许龙江、翻译：加莉、张玲。

《箱包设计》—1990年9月 中国皮革工业协会与轻工业出版社合作，组织出版《箱包设计》一书，解决了国内皮件行业培训无教材问题。编译陈兰芬。

《中国皮革工业年鉴》（1997）—1998年2月5日 中国皮革工业协会编辑出版《1997年中国皮革工业年鉴》，编辑孙廷俞。

《中国皮革化工》（中英文画册）—1998年 中国皮革工业协会编辑出版《中国皮革化工》（中英文）画册，重点宣传推荐业内20余家骨干皮化企业生产的优质皮化产品，并在当年的各项活动和会议中向企业发送，同时赠送国外有关机构，受到欢迎。负责人：卫亚非。

《日英中皮革用语辞典》—1999年8月 中国皮革工业协会与日本皮革工业协会决定

联合编印《日英中皮革用语辞典》。经中、日 87 名（其中中国 28 名）专家的共同努力，该《辞典》于 2000 年 9 月 30 日在日本树芸书房出版，为推动中日两国皮革技术交流作出了贡献。

《皮革工业手册 - 制革分册》、《皮革工业手册 - 皮革化工材料分册》—1996 年 3 月 26 日 中国皮革工业协会与轻工业出版社合作，组织编辑出版新《皮革工业手册》，拟由制革、制鞋、毛皮、皮革服装、皮件、皮革化工材料、皮革机械 7 个分册组成。其中，《制革分册》和《皮革化工材料分册》已于 2000 年问世。《制革分册》主编：白坚。《皮革化工材料分册》主编：孙国瑞。

《走向世界的中国皮革》（中、英文彩色画册）—1998—2001 年 中国皮革工业协会编印出版了中、英文彩色画册《走向世界的中国皮革》。该画册广泛赠送国内外同行，宣传蓬勃发展的中国皮革工业和中国皮革工业协会，收到良好效果。2002 年再版，负责人：郝邵华。

《中国皮革工业协会十五年大事记》—2003 年 中国皮革工业协会编辑出版《中国皮革工业协会十五年大事记》，以专题的形式，分别从十个不同的角度，记录了协会 15 年的发展历程，对中国皮革工业协会 15 年工作进行了系统的总结。

《皮革工业手册 - 毛皮分册》—2005 年 编辑出版《皮革工业手册 - 毛皮分册》，这是毛皮生产企业管理人员和技术人员常备的工具书，主要介绍了各种毛皮的鞣制、染色、整理等工艺。书中列举了毛皮生产中常见的问题及解决方法。主编：骆鸣汉。

《国际皮革科技论文选编》—自 2005 年开始，中国皮革工业协会每两年组织编辑出版《国际皮革科技论文选编》，收录亚洲国际皮革科技会议和世界皮革工艺师和化学家协会联合会年会的优秀论文。

《中国皮革特色区域》—2009 年 12 月，中国皮革协会组织编写的《中国皮革特色区域》由机械工业出版社出版，主编：徐 永，副主编：李玉中、樊永红。

第二节 专业刊物

新中国成立以前，有关皮革的科技论文、专题报告一般是零星地刊登在《工业中心》（前国民政府经济部中央工业实验所主办）、《中国化学协会会志》（英文版）、《工矿建设》《化学工程》《化学工业》《科学世界》《化学世界》（中华化学工业会会志）上的。

新中国成立以后，1950 年在上海出版的《皮革化学工业》（季刊、由马燮芳等人主编）问世。此后多年，有关皮革科技论文、专题报告一般也是零星地刊登于《化学世界》《中国轻工业》（由中央轻工业部主办）、《制革业》（由上海制革技术协会主办）、《制革技术情报》（由轻工业部皮革研究所主办）。直至 20 世纪 60 年代后，专业刊物才逐渐增多。初步统计如下。

一 《皮革文摘》

《皮革文摘》（双月刊）于 1965 年由轻工业部皮革研究所、全国皮革科技情报站创刊。自 1988 年起至 1993 年期间，中国皮革工业协会与轻工业部皮革研究所合办《皮革文摘》（双月刊），共办 30 期。主要介绍国外皮革行业先进技术及协会动态。

二 《中国皮革》

《中国皮革》杂志于 1972 年创刊，当时名称为《皮革科技动态》，1980 年更名为《皮革科技》；1990 年更名为《中国皮革》，是我国皮革行业最具权威的一份专业期刊，国内外公开发行，中文核心期刊。自创刊以来，该刊一直以"行业最新理论探讨、行业重大科研成果、行业最新实用技术"为关注报道重点。1999 年改为半月刊，以技术刊和市场刊交替面市，技术刊突出技术领域，市场刊强调贴近市场。该刊曾先后获中国轻工总会优秀期刊一等奖、第二届国家期刊奖提名奖等殊荣。历任主编为朱孝于、田美、杨承杰，现任主编为谢衡。

三 《北京皮革》

《北京皮革》的前身叫《北京皮革科技》，1976 年创刊，它的主办单位是北京市皮革工业科技情报站，即原北京市皮革工业研究所情报室，为每年出版 4 期的季刊，油印本 16 开，仅 35 页，至 1980 年第 2 期（总 31）起，始改为 16 开正规铅字印刷 31 页。在版权页（封底）上印有：编辑者：北京市皮革工业科技情报站，《北京皮革科技》编辑部；出版者：北京市皮革工业研究所；订购处：北京市南横街黑窑厂 12 号北京市皮革工业研究所情报室，办到 1982 年 2 期（总第 39 期）在封底页始印有"北京市期刊登记证第 082 号"。1982 年 9 月第 3 期封底页登载了"1983 年度《北京皮革科技》征订启事"，载明"本刊向全国各地皮革行业内部发行，一年四期……"

1985 年 3 月 1 期刊物更名为《北京皮革》（季刊），1985 年 12 月 4 期上，北京市期刊登记证改号为 0106 号，1987 年 12 月 4 期改为北京市报刊临时登记证（BJ）第 1603 号，1988 年 6 月 2 期改为国内统一刊号 CN11-2260。主办单位：北京市皮革工业研究所，出版单位：《北京皮革》杂志编辑部（公章就用此名），发行范围：公开发行。

办刊至 1995 年，基于国家由计划经济向市场经济转型，由上级拨款的办刊经费出现问题，期刊面临生死存亡的关键。在此关键时刻，期刊邀请到骆合理、马艳、骆国民等以年轻人为主的新型人才，经过深入的市场探索，对杂志的选题策划、栏目设置、读者群定位进行了大胆创新。1995 年 10 月，《北京皮革》杂志开辟了皮革动态、市场热点追踪等关注行业热点，传播行业资讯的栏目。1996 年 1 月，《北京皮革》半月刊中外皮革信息版正式出版。刊物内容既有中外皮革业的重大商贸信息，更有不少先进皮革科技内容。刊物的内容和外观（纸张、印刷），较原来的《北京皮革》有极大改进，除国内统一刊号 CN11-2260/TS 外，1996 年初又取得了国际书刊号 ISSN1002-7947。16 年过去了（1996—2012 年），刊物越办越好，为满足读者要求，进一步细分行业，现已有《中国鞋讯》《中外皮革信息版》《时尚版》共三个版本。《北京皮革》已对全国皮革行业产生了极其重要的影响，对行业发展发挥了重要作用。

各版本简要介绍如下。

《中国鞋讯》版每月 1 日出版，主要栏目有欧洲流行鞋款、行业领袖聚会、市场热点追踪、中外鞋业动态、企业供求信息、行业人才求聘、设计师作品欣赏、鞋机鞋材推荐、鞋类商贸行情、制鞋技术讲座等。读者群主要为国内外广大制鞋动态平衡管理人员及设计师、鞋类经销贸易商、各类制鞋材料生产商及贸易商等。由于其信息量大，针对性强，款式新颖引领潮流，受到了鞋业界同仁的广泛关注，已经成为国内广大鞋厂了解市场、推出新款的重要资料。

《时尚版》专业针对服装、手袋等制成品，重点关注裘皮服装、各类手袋、皮具制品的流行款式，读者群主要为裘皮服装、手袋的经销商、代理商及生产企业设计师。

《中外皮革信息》版主要栏目有欧洲流行皮革推介、行业领袖聚会、行业焦点透视、中外皮革动态、原皮价格行情、制革技术讲座、企业供求信息、行业人才求聘等，科学注重实用性、新颖性，信息紧贴市场，力求为供需双方构架沟通桥梁。读者群为广大制革厂、皮革制品厂、裘皮、皮革化工生产厂及广大贸易商等专业人。

四　《辽宁皮革》

《辽宁皮革》由沈阳皮革研究所主办，1976年创刊，当时名称《科技简报》；到1978年开始出版《辽宁皮革通讯》，不定期出版；1984年更名为《辽宁皮革》，定为季刊，登载皮革工业（包括制革、制鞋、毛皮及制品、皮件、皮革机械、皮革化工等）学术论文、技术报告、考察报告、调查报告、综述、译文、消息等。发行到全国9个省、市、区的有并领导机关、科研院所、大中专院校、生产企业情报所、图书馆等单位，发行量为1000份。当时主编是廖明。从1984开始到停刊，共出版发行48期，共发表皮革、皮鞋、毛皮、皮革化工、皮革机械等科学技术及企业管理论文、译文、考察报告、工作研究、等文章千余篇，各种消息万余条。受到同行专家和皮革行业各级领导的好评。该刊为推进辽宁皮革行业与外省市同行及其他有关行业的技术交流，推广新技术、新工艺、新产品、新设备、新材料等方面起到了积极作用。1996年因经费不足等原因停刊。

五　《西部皮革》

《西部皮革》杂志的前身《四川皮革》创刊于1978年，杂志主办单位为四川省科技情报站。根据当时全省皮革行业形势和要求，《四川皮革》杂志的任务是为全省皮革工业的高速度、高质量、高水平发展服务。贯彻实行理论联系实际、普及与提高相结合的方针，广泛及时交流制革、制裘、制鞋、制件、皮化、皮机和其他配套专业的科研成果，并将杂志定性为科技类皮革综合性刊物，刊期为季刊。1980年，四川省皮革学会成立后，将《四川皮革》杂志认定为学会的会刊，经相关部门决定，四川省皮革学会成为该杂志的主办单位。

随着国家机构的改革与调整，四川省皮革学会和《四川皮革》杂志于1984年均挂靠四川省皮革工业公司，《四川皮革》由四川省皮革学会和四川省皮革工业公司共同主办出版。同时，根据形势发展需要成立了编辑部，专门负责刊物的编辑出版工作，杂志主编由高级工程师周裕蓉担任。

随着经济体制改革和市场经济的发展，1987年，《四川皮革》杂志是唯一一份坚持出刊的公开发行的省级皮革专业刊物。1989年《四川皮革》取得了国家统一刊号，在全国公开发行；1991年取得了公开发行的ISSN国际刊号，1995年年底，刊物由季刊改为双月刊。1997年刊物改版为大16开本，页码增至64页

1999年，在全国猪皮制革生产大幅滑坡的情况下，受中国皮革协会委托，《四川皮革》开展了"猪皮制革发展趋势"大讨论，收到全国各地读者论文100多篇，在全行业

引起极大的反响。2001年，杂志得到西部多数省、区皮革行业协会的大力支持，申请将《四川皮革》更名为《西部皮革》，并且由双月刊改为月刊。2000—2002年先后进入"国家科技部《中文科技期刊数据库》收录期刊""《中国核心期刊（遴选）数据库》收录期刊"和"中国期刊全文数据库收录期刊（CJFD）"，2002年，杂志被选入国家新闻出版署组建的期刊方阵，同时被评为"双效期刊"。刊物实现了"跨越式"发展，《西部皮革》以全新面貌展现在全国皮革行业广大读者面前。

2004年《西部皮革》杂志主管单位省轻工行办被撤销，主办单位之一四川省皮革工业总公司改制被收购。当年，四川省皮革行业协会依法成立。四川省皮革行业协会和四川省皮革学会为杂志的主办单位，四川省经委（现省经信委）为主管单位。杂志定为四川皮革行业协会会刊，省皮革行业协会理事长李开华担任《西部皮革》杂志社社长兼主编，宋寒冰任副主编。2008年，《西部皮革》杂志由月刊改为半月刊。

《西部皮革》杂志社在全国鞋、革业主要省市广东、福建、浙江、上海、北京、山东、河北、河南、湖南、新疆、重庆、成都等设立了发行站和记者站，加强了杂志的编辑、出版工作。

六　《精彩鞋苑》

《精彩鞋苑》杂志创刊于1980年，当时名为《制鞋科技》，季刊，1984年改为双月刊，1998年5月更名为《中外鞋业》，同时改刊期为月刊。2002年1月，改为时尚类杂志，刊名为《中外鞋业·精彩》，2006年2月，经国家新闻出版署批准，更名为《精彩鞋苑》。改版后的《精彩鞋苑》杂志是当前国内最权威的鞋类时尚先锋杂志，每月3日出版发行，集实用性、指导性与时尚性于一体。历任主编为王元皋、汪葆卿、张波、曾阳、田美，现任主编为谢衡。

七　《皮革与化工》

《皮革与化工》是由丹东市轻化工研究所创办于1983年的皮革化工专业科技期刊，原名为《皮革化工》，季刊。1990年轻工业部批准丹东市轻化工研究所为全国皮革化工材料研究开发中心。1991年"皮化中心"与中国皮革工业协会（现中国皮革协会）合办此刊，并将刊物名称改为《中国皮革化工》，是当时国内唯一的皮革化工专业科技期刊。1992年由国家轻工业部、国家科委批准，刊物名称定为《皮革化工》，成为全国性科技期刊，仍为季刊。1993年经中国皮革协会批准成为中国皮革协会皮革化工专业委员会会刊，配合协会做有关政策和新闻的报道。1997年本刊由季刊改为双月刊，并成为中文核心期刊。为了扩大学术研究范围，2007年刊物更名为《皮革与化工》，成为刊登制革领域里皮革、合成革及其化工材料的专业性技术期刊。

《皮革与化工》曾获轻工业部优秀科技期刊三等奖，1997—2000年中文核心期刊。现于国内外公开发行（国际标准连续出版号ISSN1674—0939，中国标准连续出版物号CN21—1557/TS，邮发代号8—19），是中国科技核心期刊。入编《中国期刊网》《中国学术期刊（光盘版）》，为《中文科技期刊数据库》收录期刊，《万方数据—数字化期刊群》全文上网期刊，《美国化学文摘（CA）》摘录期刊，并于2007年创建了网站http：//www.pghg.com.cn）。本期刊重点报道国内外制革工艺及皮革化工方面的新技术、新工艺、新产品，并密切关注国内外制革技术发展动态，设有理论探讨、发展综述、专题研究、实用技术、技术交流、专利文摘、产品推介、行业论坛、协会传真等栏目，最近又新开辟了园区建设栏目。

杂志的创立和发展离不开老一辈人付出的努力和辛勤的汗水。为了更好地宣传国内外的皮革化工材料，推动国内皮革化工行业的成长，所长孙鹏飞、郑庆烈，情报室主任尹恩铭积极申请创办了杂志，在其30年的发展过程中更是离不开中国皮革协会张淑华理事长及历任领导和同行们的关心和支持。在尹恩铭、孙国瑞、栾寿亭等历任主编和编委们的开拓进取下，杂志走向了市场，走向了世界。

《皮革与化工》杂志作为技术交流的平台，将继续努力为制革行业服务，在企业与市场之间起到桥梁与纽带的作用。

八 《皮革科学与工程》

《皮革科学与工程》杂志目前是由国家教育部主管、中国皮革协会及四川大学主办、四川大学生物质与皮革工程系及四川大学制革清洁技术国家工程实验室承办、多家企事业单位协办，由《皮革科学与工程》杂志社编辑出版的科技刊物。该杂志是中文核心期刊，双月刊，国内外公开发行。国内统一刊号为 CN-51-1397/TS。国际标准刊号为 ISSN1004-7964。邮发代号为62—185。刊物的宗旨：以前沿的皮革化学研究、先进的生物质与皮革工程技术探讨为主题；以振兴皮革特色产业、尽善资源利用为宗旨，充分展示皮革和相关学科领域和行业内外最新成果、发展动态。提供一个促进学术交流和信息传播的平台。刊物原先主办单位：1991—1998年为成都科技大学、四川联合大学、广州市人民制革厂；1999年迄今为中国皮革协会、四川大学。《皮革科学与工程》创刊人为何先祺，历任主编：何先祺、张扬、廖隆理、单志华；现任社长陈武勇，主编单志华，副主编陈玲。刊物涉及范围：关于皮、毛、革及其制品、机械和辅料等的制造技术，动物皮胶原蛋白质、生物质、精细化学品化学和工程等的研究论文和报告。栏目特色：如基础理论、应用研究、实验方法、测试技术、专题论述等。

九 《中国皮革信息》

《中国皮革信息》报于1992年1月创刊，当时是行业内唯一一份信息类报纸。旬报，每月出版三期，8开16版（其中彩色4版、黑白12版）。1996年更名为《中国皮革信息》，在国内外公开发行。主要刊载报道来自国内外最新的与皮革工业有关的方方面面的信息，内容包括行业的发展方针、政策，国内外科技动态、技术、经济、市场信息等。旨在沟通供需渠道，缩短流同时间，协助企业综观市场动向，拓宽经营思路，加快产品创新，调整经营决策，捕捉市场信息。2009年10月，随着网络信息的崛起及中国皮革和制鞋信息网的不断完善，为了中国皮革工业信息中心旗下资源配置更加合理，《中国皮革信息》更名为《中国皮革制品》，内容、刊期、开本都进行了重大调整。历任主编为朱孝于、田美、谢衡。

十 《皮革世界》

《皮革世界》的前身是中国皮革工业协会正式编印出版的会刊《中国皮革工业协会专

讯》，于 1993 年创刊，初为双月刊，后改为月刊，主要宣传报道协会工作及行业动态，免费寄赠会员。最初该《专讯》由孙廷俞负责编辑。改版《皮革世界》后，主编为张淑华，历任执行主编为杨丽、梁玮。

十一 《浙江皮革》

《浙江皮革》杂志，是隶属于浙江省皮革协会的行业性刊物，其前身为浙江省皮革塑料工业公司 1994 年创办的《皮革与制品》内部交流刊物。2002 年年底，浙江省皮革行业协会为进一步打造行业宣传平台，决定在《皮革与制品》基础上创办行业性刊物《浙江皮革》月刊杂志，2003 年 1 月，《浙江皮革》月刊杂志创刊，通过近 10 年的努力，以其内容丰富、思想深刻、信息权威，深受业内外好评，成为在全国皮革行业具影响力的专业性杂志，被浙江省图书馆列为馆藏期刊。

《浙江皮革》主要报道皮革行业国内外重大新闻、行业发展趋势、科技进步成果、市场运作趋势、皮革制品的流行时尚及行业关注的热点、难点、焦点问题，报道领域涵盖制革、制鞋、皮具（皮件）、皮革服装，毛皮及制品。范围涉及皮革化工、皮革机械、皮革五金、鞋用材料等。全面反映浙江皮革行业的起步、成长、提升、发展的历程及企业家艰苦奋斗，不断创新、与时俱进的创业精神。

《浙江皮革》杂志曾任总编辑为王锡祥，副总编辑为李伟娟；目前杂志总编辑为李伟娟，副总编辑为官敏健。

十二 《上海皮革》

《上海皮革》杂志其前身为《上海皮革信息》，1997 年 2 月由上海市皮革工业研究所创办，开本为小 16 开黑白版本，主编为林青。1998 年 10 月由该所周珂银任主编，对杂志进行了重新包装，将四封改为彩版，并走向行业，杂志面目焕然一新。

2000 年年初，由上海皮革工业研究所和上海市皮革技术协会联合向上海市新闻出版局申请，将《上海皮革信息》改为《上海皮革》杂志，并取得了《上海皮革》作为连续性内部资料出版的批准（批准刊号：K 第 0069 号），该杂志的主管单位为上海市科学技术协会、主办单位为上海皮革工业研究所和上海市皮革技术协会，其性质为皮革行业内部交流刊物。

《上海皮革》现为双月刊，创办至今有 10 余年的历史，已成为皮革行业人士不可或缺的一方交流平台。《上海皮革》重点报道国内外，上海市内外的皮革、皮鞋、箱包、皮饰、皮革机械等方面的最新动态，以快速传递信息、协助企业决策、帮助企业策划形象、强化品牌宣传、加快产品创新、拓宽经营视野为办刊宗旨，立足上海面向全国，全方位地为皮革行业商家、企业提供有效的信息服务。

《上海皮革》主要有"行业信息""企业风景""市场传真""协会专栏""质检窗""人才桥""皮革时尚""海外时空""现代管理""培训咨询"和"说皮道革"等栏目。

《上海皮革》还设有明星与皮革等特色栏目，令人神往，系刊物亮点之一；此外，还有特稿、论坛、展事等即时性专栏。《上海皮革》发行面向全国各大商厦鞋类箱包卖场、皮革类专业批发市场以及皮革行业企业及相关产业，已形成了既实用又可读的特色。

十三 《全球皮革商务周刊》(Leather Weekly)

从 2007 年开始，《中国皮革》杂志社推出《全球皮革商务周刊》（原为 World Leather Business Week，现改为 Leather Weekly）（电子版/手机版），在国际皮革行业风起云涌、涨跌起落之时，为皮革行业提供第一时间、第一视角、即时掌控的皮革业全方位信息。

《全球皮革商务周刊》是由《中国皮革》杂志社独家购买国外英文网站第一手资料，综合自己的大量信息资源，为中国皮革行业高层经营者和管理者定制的电子出版物，以"专业·丰富·快速"为特点，尽览全球皮革商情。

《全球皮革商务周刊》主要内容涵盖：美国牛皮市场行情分析；美国牛皮具体报价，美国 USDA 数据（美国每周牛皮销售量、运输量、目的国别和地区等）；欧洲原料皮市场行情报告；欧洲原料皮具体报价；国际原料皮走势预告；环球皮革市场信息快递等。

《全球皮革商务周刊》电子版，每周出版一期，全年 50 期，以电子邮件和传真形式发送；《全球皮革商务周刊》手机版，每周出版一期，全年 50 期，以手机彩信形式发送。

十四 《中国皮革制品》

《中国皮革制品》是 2009 年由《中国皮革信息》更名而来的刊物，是针对皮革服装、皮具、箱包等皮革制品生产企业推出的潮流风尚彩色月刊杂志，国内外公开发行。主编为谢衡。

《中国皮革制品》自 2009 年创刊以来，与国内外多家权威潮流机构联手，将西方的潮流风尚与东方消费者的消费理念完美结合，从色彩、材质、造型、线条等多个方面全方位的解析皮革、皮装、皮具、皮草、皮鞋的流行风潮，并为国内外企业提供优秀的潮流风尚发布平台。

《中国皮革制品》所发布的的皮革潮流信息绝非是对流行的规定，而是激发读者的灵感。我们将国际国内的最新流行动态加以整理诠释，以最个性化的方式呈现给读者。从潮流、时尚公告、裘装到秀场、靓包，这许多的栏目每一页都是为了让紧随时尚步伐的读者找到属于自己的风格。

十五 《鞋包世界》

《鞋包世界》杂志（国内统一连续出版物号：CN44—1657/GO，国际标准连续出版物号：ISSN 1674-6481），由南方报业传媒集团主管主办，创刊于 2009 年 5 月，前身是 1998 年创刊的《中外鞋讯》和《shoes 时尚》杂志。《鞋包世界》杂志分《鞋包世界·时尚》与《鞋包世界·财富》两刊出版。2009 年创刊至 2010 年全年，《鞋包世界·时尚》与《鞋包世界·财富》两刊均是每月各出一期。2011 年起，《鞋包世界·财富》刊仍是每月一期，《鞋包世界·时尚》刊改为逢双月出版。

《鞋包世界》杂志是中国第一本由国家新闻出版总署批准出版的鞋包时尚与资讯类杂志，集时尚资讯、流行潮流、消费文化等于一体，全力打造中国鞋包媒体知名品牌。广东鞋包世界传媒发展有限公司是南方报业传媒集团的旗下机构，负责运营中国及亚太区最具影响力的鞋包行业媒体《鞋包世界》杂志和目前中国最具规模的鞋包类 B2C 电子商务网站——鞋包世界网。

第三节 专业网站

一 中国皮革网

1997年，中国皮革协会注册www.china-leather.com域名，建立了中国皮革协会信息网，之后曾经历了几次改版和调整。中国皮革网（www.china-leather.com）于1998年建成并正式运营，是中国皮革行业建立时间最早、规模最大的专业网站。2000年组建了全新的中国皮革网，提供三个平台，即：以电子商务为主的中国皮革网（www.sinoleather.com），以提供国内外皮革行业信息为主的中国皮革工业协会信息网（www.china-leather.com）和以制革环保技术（www.clia-ttc.com）为主的中国制革环保网。2004年，中国皮革网起用chinaleather.org域名。

作为一个服务于皮革行业的公益性网站，经过十几年的发展，现在的中国皮革网已发展成为集商贸、信息、咨询、技术推广、政策宣贯、会员服务等多位一体的综合性的网络服务平台。在世界最大搜索引擎谷歌（Google）的中文皮革行业网站排名中，中国皮革网以其实力和权威始终高居榜首，另外在雅虎、百度、新浪等世界知名门户网站的皮革行业网站搜索排名中，中国皮革网也一直稳居第一。中国皮革网在国内外有着广泛的影响，每天吸引着数以万计的国内外同行访问。作为中国皮革协会的门户网站，中国皮革网将始终以"公益"为宗旨，坚持不懈地致力于为中国皮革行业企业和生产基地提供优质的服务，努力打造皮革行业网络综合服务平台。

二 中国皮革和制鞋网

中国皮革和制鞋网，是中国皮革工业信息中心、国家皮革和制鞋行业生产力促进中心、中国皮革和制鞋工业研究院主办，依托于中国皮革工业信息中心、全国制鞋工业信息中心和《中国皮革》杂志社精心打造的行业门户网站。其网站前身"皮革金网"，始建于1997年年底，是中国互联网早期建立的行业门户网站之一，历史悠久，积淀厚重。网站涵盖皮革、制鞋、皮革制品、化工、机械、原辅材料、商贸、经济等，是皮革和制鞋行业极具权威性和全面性的行业网站。

网站自上线运行以来，为了更好地服务业内人士，历经多次改版。2003年下半年第一次改版，网站更名为"中国皮革和制鞋信息网"，启用"http：//www.leather365.com"域名。2009年7月7日第二次改版后上线，也是目前线上运行的版本，启用"中国皮革和制鞋网"网名，并使用至今。

中国皮革和制鞋网，现拥有2万余名国内外的企业用户以及个人用户，秉承"让客户满意，为企业服务，促进行业提高"的宗旨，网站现运行版本，包含了资讯、商务、书市三大频道，全面提升了对客户的服务。资讯中心依托于中国皮革工业信息中心和全国制鞋工业信息中心，有大量经验丰富的媒体人员，为企业用户以及个人用户提供最新最全，定制的行业资讯，在这里没有平面媒体的滞后，更没有陷入网络海量信息的困扰。商务中心现有超过7000家企业会员，提供了方便的企业黄页功能，企业用户可以在网商务中心拥有自己的企业网站，快捷地发布本公司的产品、供求、招聘等信息，提升企业形象,宣传企业产品,寻觅商贸机会。书市频道则提供了行业内最全的图书,方便客户进行查阅订购,解决购买专业书籍不便的困扰。

三 上海皮革网

上海皮革网由上海市皮革技术协会主办,于 2006 年 3 月注册、创建的专业网站(http://www.slta.net.cn)。其目的是使协会与信息时代同步,更好地为本行业的企业提供信息服务和交流的平台。网站在管理方面主要做了 5 个方面的工作:第一,在网站上根据不同的信息来源设立了多个点击窗口、介绍协会概况、会员单位介绍、学术交流等。第二,经常收集行业内外有关新政策,以及本协会和国家行业协会的活动内容以新闻的形式及时在网上发布。协会重大活动新闻还配上相应的照片,图文并茂,使内容更丰富。第三,在网上还应团体会员单位的要求,免费发布新产品的供求信息,起到宣传团体会员单位产品、品牌和企业形象的作用。第四,对协会下属的团体会员单位凡有网站的用 Logo 的形式友情连接在协会的网站上,以拓展信息领域。各会员单位只要点击协会网站相互可了解兄弟单位的情况,起到牵线搭桥的作用。第五,在网上还经常开展科普宣传、专业小品,以及皮革制品的使用、保养、维护等知识,以飨消费者。

2007 年开始,上海皮革网增加了信息发布量,做到每日有信息发布,每周有网页更新。其服务宗旨是将网站办成为繁荣市场、服务行业的专业信息交流平台。

四 慧聪皮革与鞋网

慧聪皮革与鞋网(http://www.leather.hc360.com& http://www.shoes.hc360.com)隶属于慧聪网(HK8292、成立于 1992 年、系国内领先的 B2B 电子商务服务提供商),创建于 2004 年,皮革与制鞋行业总经理杜志琴(女)。

慧聪皮革与鞋网,立足于中国皮革与鞋业市场,以慧聪网强大的技术平台为依托,通过线上、线下、活动打造出如买卖通、搜索引擎、网络广告、《慧聪商情》《资讯大全》、十佳评选等产品,以及对行业的深刻理解,置身其中,为皮革制鞋企业提供量体裁衣的企业推广解决方案;与此同时还致力于打造权威的行业媒体和专业的客户交易平台。作为媒体,该网站拥有专业的行业资源(如行业协会、学科专家、大中院校,以及专业的企业信息库)和强大的媒体资源;与国内百度、谷歌、搜搜、搜狗等搜索引擎携手合作并成为他们的新闻源。慧聪皮革与鞋网一以贯之地致力于建立行业权威的门户网站,信息适时更新,几乎每天数以千计的皮革与鞋业信息通过慧聪皮革与鞋网平台快速、准确、客观地对外发布,让业界用户在第一时间能洞察行业与市场的动态变化。作为国内领先的 B2B 交易平台,该网拥有业内最大的买家数据库与供应商卖家会员,促进皮革与鞋业内网络交易为己任。

建网以来,曾多次参加"中国国际皮革展",并做现场直播;编纂出版《中国行业资讯大全》(制鞋行业卷、皮革行业卷)和《慧聪商情》(制鞋市场、皮革市场);已连续两届举办全国皮革与制鞋行业十佳评选活动,倾力搭建一个彰显企业精英,映射品牌文化,推动行业发展,弘扬行业精神的线上线下专业活动平台,为引领中国皮革与制鞋行业可持续发展、完善革鞋行业产业链、帮助中小企业提升综合竞争力而提供全方位服务。

五 环球鞋网

环球鞋网（www.shoes.net.cn）由福建讯网网络科技股份有限公司主办，总部位于福建省泉州市。是国内领先的鞋行业 B2B 电子商务平台运营商，为鞋产业上中下游企业提供专业信息资讯、品牌营销与推广、撮合交易、技术应用等互联网综合服务。

作为行业媒体，环球鞋网旨在建设平台媒体属性以完善服务闭环，创建一个用户可参与的鞋业资讯和观点交流平台。其内容关注制鞋产业及相关联行业的潮汐变化；观察鞋企、品牌与人物的发展历程；记录传统和创新的变革起落，服务受众超过 500 万行业从业者。

作为交易平台，环球鞋网提供了一个鞋行业内的具有前瞻性垂直交易平台，打通鞋产业链上下游各环节，撮成鞋机、鞋材、成品鞋等鞋行业领域的产品交易及企业合作，帮助有远见的传统鞋企实现互联网转型，为企业提供专业、贴心的互联网服务和技术支持。

通过平台在行业和地区深入的影响力，环球鞋网还联合当地政府、协会和企业开展多项制鞋产业主题会议活动。自 2009 年起，环球鞋网开始承办每年一届的"中国鞋服行业电子商务峰会"，为泉州市鞋服产业链快速抢占电商新领域发挥了积极作用。

第六章 奖励基金及科技奖励

一 奖学金

1. 中国皮革协会奖学金

为贯彻我国"科教兴国"的战略方针，中国皮革协会在《中国皮革工业"十五"计划及2015年长远发展规划》中明确提出，"科教兴皮"是我国皮革行业实现"二次创业"发展战略，实现由皮革大国向皮革强国的转变，保证皮革工业可持续发展的重要环节。为此，早在1995年，中国皮革协会就率先在四川联合大学（现四川大学）和西北轻工业学院（现陕西科技大学）设立"中国皮革协会奖学金"，鼓励在校皮革学子认真搞好学业，关注皮革行业现状，积极投身皮革行业发展。2008年又扩大到山东轻工业学院。此举业已持续了15年，迄今为止已先后有1391名学生获得"中国皮革协会"奖学金，他们中的许多人已经走上工作岗位，成为了皮革行业中的骨干力量。同时在"十五"期间积极组织科技工作者参与国际皮革科技会议，并给予一定的资金支持。

2002年，中国皮协对优秀学生奖学金的发放形式进行了改革，由往年的奖学金获得者代表到理事会领奖，改变为协会领导亲自到学校发放奖学金，引导在校学子热爱皮革行业，了解行业形势，为皮革行业今后的发展而努力学习。自2002年以来，中国皮革协会徐永理事长、张淑华常务副理事长、苏超英副理事长兼秘书长、李玉中副理事长等主要领导人，曾先后亲赴现场，分别为上述三校获奖学生颁发奖学金，热情鼓励学生了解皮革行业，争做行业主人。

2006年9月4日，中国皮革协会正式发布《关于增加奖学金额度以及继续资助参与国际皮革科技活动的决定》（中皮协〔2006〕68号），从2006年开始"中国皮革协会奖学金"的资助额度增至4万元/年/校，并改进评定办法；同时继续资助科技工作者参与国际皮革学术交流活动。

（获奖名单见第十篇）

2. 其他奖学金

为了激励大学皮革专业学生热爱本专业，刻苦学习专业知识，以便将来更好地为行业服务，除中国皮革协会奖学金外，许多行业企业在四川大学、陕西科技大学和山东轻工业学院为皮革专业优秀学生设立了奖学金。具体情况见表3-6、3-7和3-8。

表3-6　　　　四川大学生物质与皮革工程系专业奖学金

序号	奖学金名称	设奖单位名称	金额（元）	设奖年份
1	东明奖学金	星期六鞋业（张东明校友，85级）	10000	1995

续表

序号	奖学金名称	设奖单位名称	金额（元）	设奖年份
2	华南杰出优秀学生奖学金	广东华南杰出皮革有限公司	10000	1997
3	华南杰出优秀学生助学金	广东华南杰出皮革有限公司	5000×人数	1997
4	派中派奖学金	成都派中派鞋业公司	10000	2003
5	奥伦奖学金	温州奥伦鞋业公司	20000	2003
6	四川大学皮革工程系斯塔尔-南方皮化奖学金	瓯海南方皮化公司	50000	2004
7	四川大学——博恩斯坦集团奖学金	博恩斯坦集团（外资）	30000	2004
8	西部鞋都工业园奖学金	西部鞋都管委会	10000	2004
9	仲雄奖学金	温州仲雄皮革公司	30900	2004
10	四川大学-上海富国奖学金	上海富国皮革公司（美资）	15000	2005
11	四川大学-科莱恩实习奖学金	科莱恩化工（中国）有限公司	20000	2005
12	四川大学-德瑞（TFL）科技奖学金	TFL公司（跨国公司）	30000	2005
13	联丰助学金	联丰化工贸易有限公司	21000	2005
14	奥星热爱专业奖学金	奥星皮革化工公司	19200	2006
15	晋江兴业助学金	兴业皮革公司	62000	2006
16	德国BASF优秀奖学金	巴斯夫（中国）有限公司	24500	2006
17	ECCO奖学金	ECCO中国（厦门）有限公司	24500	2007
18	四川大学-德国司马公司创新奖学金	德国司马化学有限公司	30000	2007
19	四川大学皮革系广东校友会新生热爱专业奖	四川大学皮革系广东校友会	1000元/人	2007
20	法国CTC-四川大学优秀学生奖学金	法国CTC公司	20000	2007
21	广州绿北洋奖学金	广州绿北洋皮革制品有限公司	27000	2008
22	广州花都区"狮岭皮具"奖学金	广州花都市狮岭镇政府	20000	2008
23	四川大学-欣驰、博奥奖学金	广州市欣驰皮革有限公司	10000	2010
24	吴建军助学金	广州市欣驰皮革有限公司	3000	2010
25	四川大学-乐淘奖学金	乐淘公司	10000	2010
26	达威奖学金	四川达威科技股份有限公司	30000	2010

表3-7　　　　　　　　陕西科技大学皮革专业奖学金

序号	奖学金名称	设奖单位名称	金额（元）	设奖年份
1	朗盛LANXESS（原拜耳奖学金）	德国朗盛（中国）化工有限公司市场	20000	1996
2	金猴奖学金	金猴集团	100000	1997

续表

序号	奖学金名称	设奖单位名称	金额（元）	设奖年份
3	万华奖学金	烟台万华集团	30000	2001
4	巴斯夫 BASF	巴斯夫（中国）有限公皮革特性化学品部	26500	2002
5	广州绿北洋	广州绿北洋皮革制品有限公司	27000	2005
6	联丰爱心基金	上海凯丰化工科技有限公司	22500	2005
7	科莱恩化工	科莱恩化工（中国）有限公司	20000	2005
8	狮岭皮具	广州花都区狮岭镇人民政府	20000	2007
9	兴鹏实习奖学金	东莞长安霄边兴鹏鞋厂	54000	2008

表3-8　　　　　　　　　　　　山东轻工业学院皮革专业奖学金

序号	奖学金名称	设奖单位名称	金额（元）	设奖年份
1	斯塔尔奖学金	斯塔尔精细涂料有限公司	20000	2005
2	天元之星奖学金	中国皮革和制鞋工业研究院天元工贸总公司	15000	2005
3	普昱奖学金	普昱化工有限公司	20000	2008

二　张铨基金奖

"张铨基金奖"是在1999年10月15日我国著名皮革化学家、皮革教育家奠基人张铨教授100周年诞辰纪念日，由四川大学皮革工程系率先提议，全国皮革界同仁和皮革专业校友发起募集，各校友、团体、企业等以个人或单位名义慷慨捐资而成。"张铨基金奖"的宗旨是弘扬张铨教授敬业、爱国精神，铭颂张铨博士对我国皮革事业的卓越功绩，达到倡导传承、鼓励先进、推动我国皮革事业可持续发展之目的。在张铨百年诞辰纪念会期间成立了张铨基金委员会、张铨基金评奖委员会、张铨基金监督委员会，起草并通过了相应的三个委员会章程；其评奖原则和评奖过程和颁奖，以及张铨基金委员会、张铨基金监督委员会的选举、换届改选和委员们所履行的职责等完全按三个章程的相关条款进行。

第一届（1999—2004年）张铨基金委员会的主任是廖隆理教授，副主任是张慕汉厂长、张扬教授，秘书彭必雨教授；首届张铨基金监督委员会的主任是吴永声教授，副主任是孙永进高工，秘书何有节教授；首届张铨基金评奖委员会的主任是段镇基院士，副主任是石碧院士，秘书何有节教授。第二届（2005—2010年）张铨基金委员会的主任是廖隆理教授，副主任是张扬教授、李开华高工，秘书唐晓蓉老师；第二届张铨基金监督委员会的主任是段镇基院士，副主任是张廷有教授，秘书程海明博士；第二届张铨基金评奖委员会的主任是吴永声教授，副主任是孙永进高工。

张铨基金委员会的依托单位为四川大学皮革工程系，办公地点设在四川大学校园内皮革大楼。其章程主要内容有：创办张铨基金委的宗旨和性质、组织机构、张铨基金的筹措、张铨基金的管理和使用以及获奖人员的评选和颁奖等。

张铨基金监督委员会章程的主要内容有：监督委员会工作准则、职责、工作方式和任期等。

"张铨基金奖"的评奖工作由张铨基金评奖委员会负责，其职责：一是代表张铨基金委员会制定张铨基金奖评奖章程；二是组织实施评奖工作，按基金委的要求评定出每届获奖人员推荐名单，报张铨基金委员会审批；三是制定、修改评奖章程、评奖细则及调整评奖委员会人员，报基金委审批。

"张铨基金奖"每两年在我国皮革界评选一次，候选人可通过自我推荐、他人推荐或领导向张铨基金委员会推荐。2001年、2003年、2006年、2008年和2010年已进行过五届四次颁奖。全国已有17人获得该项奖励，获奖人员涵盖了我国皮革业的企业家、科研、教学人员和经营、管理人员等。2008年第四届张铨基金奖评奖工作启动不久，我国汶川地区发生了8级大地震，其评奖工作终止，用于颁奖的奖金捐赠给了"汶川映秀镇中学"灾后重建。第五届张铨基金奖评奖工作于2010年4月30日正式启动，11月底完成评奖全过程，12月28日在川大江安校区举行颁奖。从已进行过的五届四次张铨基金奖的评奖和颁奖来看"张铨基金"的设立和评选已达到了张铨基金创办的初衷，张铨基金的评奖和颁奖有助于激励我国皮革领域科技工作者、教育工作者和实业经营者的积极性和创造性，有助于推动我国皮革事业的可持续发展。

（获奖名单见第十篇）

三　段镇基科学技术奖

为推动皮革和制鞋行业的科学技术进步，根据中国皮革和制鞋行业生产力促进中心、中国皮革和制鞋工业研究院的提议和申请，2005年7月12日，中华人民共和国科学技术部、国家科学技术奖励工作办公室批准（国科奖字〔2005〕61号）设立"段镇基皮革和制鞋科学技术奖"。"段镇基皮革和制鞋科学技术奖"是以原中国工程院院士，为我国皮革行业做出了巨大贡献的著名制革家段镇基先生的名字命名的，是全国唯一经国家授权的皮革和制鞋行业的最高奖项。

根据《段镇基皮革和制鞋科学技术奖励办法》和《段镇基皮革和制鞋科学技术奖励办法实施细则》等有关规定，2006年首届"段镇基皮革和制鞋科学技术奖"申报、评审工作在全国皮革界展开。中国皮革和制鞋行业生产力促进中心、中国皮革和制鞋工业研究院和段镇基皮革和制鞋科学技术奖励办公室于2006年4月6日正式向全国皮革界发出了《关于申报2006年段镇基皮革和制鞋科学技术奖的通知》。5年来，在众多行业热心企业和人士的大力支持下，先后表彰了30多个科技项目，100多人次，可以说，段镇基皮革和制鞋科学技术奖的设立，极大地调动了全国皮革和制鞋行业科学技术工作者和管理者的积极性与创造性，推动了行业的科学技术进步，提高了行业整体科技实力，为行业的科技进步树立了标杆。

（获奖名单见第十篇）

第四篇　行业管理篇

作为传统的手工业，皮革业一直伴随着人类社会的发展。我国历代统治者对皮革业都进行着控制和管理，早在商朝时就设立了专门管理手工业的官吏。《尚书·康诰》说商有"百工"。据专家考证，直接负责管理手工业的就叫"工"。成书于战国时期的《考工记》就记述了木工、金工、皮革工、染色工、玉工、陶工6大类30个工种。

从西周开始，皮革制品就被用于军事上。因此，皮革业在历代主要是官营的。秦设置了官啬夫、工师、工室丞、曹长等官职，负责官府手工业作坊的管理事宜。秦简中的《工律》《工人程》《均工》《效律》对手工业产品的规格、质量、生产定额以及劳动力的调配、劳动量的计算等方面都做了较为系统的规定。

汉官营手工业中的工匠制度和劳动管理制度与秦相似，变化不大。

唐代在手工业管理方面基本上采用历代相沿的传统体制，但其官制更加完整，职能更加明确清晰。唐代官营皮革业生产日用品的，由少府监管理；生产军用品的，由军器监管理。

宋代手工业管理制度承袭前制，宋对官营手工业工匠有一套详细的考功制度。功，是相对劳动量而言。考功即是计算工匠的劳动量。与考功制度相关的还有升降制度。官营手工业中的工匠有等级区别，依照其功，逐级升降。级别不同，待遇也就不同。宋代工匠的考核制度和升降制度，是宋手工业的重要管理制度，促进了皮革等手工业的发展。

元代统领皮革等手工业匠户的机构非常复杂，中央的工部是"掌天下营造百工之政令。凡城池之修浚，土木之缮葺，材物之给受，工匠之程式，诠注局院司匠之官，悉以任之"（《元史》）的统帅机关。工部之外还有其他一系列管理机构，诸如将作院、武备寺、储政院、中政院、太仆寺等。

明代时官营手工业的管理机构十分庞杂，工部、内府、户部及都司都设有专门的手工业管理机构。工部是掌管官营手工业的主要部门，下设皮作局、鞍辔局、颜料局织染所等机构。都司下设军器局、针工局、鞍辔局，分别负责兵械、军装、鞍辔的生产。

清代前期手工业发展秉承了明代态势，官营手工业日渐衰落，民营手工业发展较快，政府对手工业的控制力逐渐减弱，不得不放松限制政策，在较大范围内允许民间自行经营生产。

清代后期特别是洋务运动后，民族工业开始萌芽，新型皮革企业也逐渐在上海、天津等地兴起，洋务派在求富的口号下，主张学习西方科学技术，客观上推动了近代皮革业的发展。

民国以后，国家长期动荡，战争不断，皮革业主要生产军需品，皮革企业多由军事机关管理，南京国民政府军政部兵工署就管理着许多皮革企业。日本侵华后，在占领区控制了许多皮革企业，为其生产军事用品。

新中国成立后，皮革工业走上了健康的发展之路，国家对皮革工业的管理也才不断规范。因此，本篇内容以新中国成立后的管理为主。

第一章　机构沿革及管理

第一节　机构沿革

1949年10月，中央人民政府决定成立轻工业部，政务院决定把包括皮革在内的手工业划归轻工业部归口管理。

1950年上半年，轻工业部业务处下设皮革组，管理皮革事务；下半年调整为综合组，负责处理有关皮革、陶瓷、公司合营企业等事务。

1952年11月，轻工部成立地方工业司，分工管理皮革等地方工业企业。地方工业司的任务是对皮革等专业局主管行业以外的地方国营、公私合营及私营企业全面了解情况，进行重点计划管理。对地方国营企业只掌握控制生产数量，审查批准甲乙两类基本建设计划任务书，在重大技术问题上根据轻工业部职能尽可能予以指导。对公私合营及私营企业只掌握其产销情况，在了解其情况后纳入整个国家计划内，不使其盲目生产。

1954年9月，国务院设立了地方工业部，以加强管理地方工业和对私营工业的改造。1956年6月18日，随着社会主义改造基本完成，地方工业部停止对外办公，其原来负责管理的皮革等行业划归轻工业部管理，轻工业部设立了皮革工业管理局，管理皮革行业的计划统计、财务成本、生产技术、劳动工资、基建、供销、劳动及技术合作等工作。皮革工业管理局的管理范围包括皮革（含日用革、文教体育用革、工业用革）、革制品、毛皮、农业用革、人造革。机构编制人数60人，下设办公室、生产技术处、计划处、企业管理处、基建科5个处室。其主要任务如下第一，根据国家计划与供产销情况，会同计划司统筹安排皮革行业的生产，提出省市生产产品数量、产值、成本、劳动生产率等指标控制数字的建议；协助计划司、基建司审编地方的年度与长远的生产计划和基建计划，并检查与监督其全面均衡地完成国家计划。第二，对皮革行业进行生产技术指导，总结交流先进经验，组织拟订产品质量标准、操作规程和检验化验制度，以提高产品质量；负责指导企业管理，努力降低成本，以提高企业管理水平。第三，协助供销局与各省市解决皮革行业的生产原料供应与产品销售中的问题。第四，协助各省市进行社会主义改造工作，逐步地把合营企业和其他工业纳入国家计划。第五，办理援助国外建设项目的各项具体工作。

1955年1月，为了加强对手工业的管理，促进其发展，国务院决定成立中央手工业管理局。随后，各省、自治区、直辖市也陆续成立了手工业管理局。

1957年12月，全国手工业合作社第一次社员代表大会在北京召开，全国手工业合作总社正式成立。与中央手工业管理局合署办公。

1958年1月23日，轻工业部部务会议通过了轻工业部组织体制，设立日用化工局负责管理皮革工业。

1958年2月26日，根据第一届全国人民代表大会第五次会议关于调整国务院所属组织机构的决议，原轻工业部与原食品工业部合并为轻工业部。设立轻工业局，轻工业局下设皮革处具体管理皮革工业。

我国社会主义改造基本完成以后，手工业实现了从个体到集体的变革。手工业合作经济得到了很大的发展，我国开始转入了全面的大规模社会主义建设。为了加强对轻工业的领导和管理，1958年8月，中央手工业管理局与轻工业部合并，保留全国手工业合作总社。

1958年，由于"大跃进"大搞升级过渡，造成手工业生产连年下降，日用工业品和小商品供应十分匮乏。针对这种情况，1959年8月5日，中共中央发出《关于迅速恢复和进一步发展手工业生产的指示》（"手工业18条"），1959年12月，为了使手工业生产得到合理的安排，并促进其发展，中央决定在轻工业部之下，重新建立全国手工业管理总局（和手工业合作总社合并成立），在各省、自治区、直辖市人民委员会工业厅之下建立手工业管理局，在各专署和县人民委员会之下也相应地建立管理手工业的专门机构。1961年10月，手工业管理总局从轻工业部分出来，作为国务院直属机构。

1963年10月，轻工业部向国务院提出了关于皮革、皮鞋工业集中管理的方案的报告。报告提出：皮革工业长期存在企业分散与多头管理的毛病，不利于统一规划与合理安排，也难以进行彻底的调整，造成资源和人力上的很大浪费，必须在管理体制上进行彻底的改革。1963年10月29日，国务院批转了轻工业部的上述报告，并同意轻工业部和省、自治区、直辖市分别成立中国皮革工业公司和省、自治区、直辖市皮革工业公司。

1964年2月1日，中国皮革工业公司正式开始办公，编制为70人，其主要任务是：直接管理由国家计委分配的制革用牛皮，山羊板皮等原料皮和熟革的具体分配与调拨业务；对皮革工业进行统一规划，安排皮革生产，进行技术指导，组织经验交流；对省、自治区、直辖市皮革工业公司进行业务领导。省、自治区、直辖市皮革工业公司的主要任务是：管辖省、自治区、直辖市制革、皮鞋与革制品企业；直接管理属于地方分配的骡、马皮和熟革的分配与调拨业务；管理工业厅（局）直属企业和管理其他系统的皮鞋与革制品企业的生产规划与生产安排工作。上述分工原则是从皮革工业当时的情况出发的。因此，中国皮革工业公司在当时工交系统成立的全国性专业公司中是唯一不直接管理工厂的公司。

"文化大革命"打乱了皮革工业已经开始形成的统一领导、分级管理的专业管理体制，使皮革工业再次出现皮革资源不能集中合理使用、盲目生产、重复建厂、经济效益下滑的状态。

为了工作需要，中央于1965年2月，撤销中央手工业管理局，成立了第二轻工业部，原轻工业部改为第一轻工业部。4月，国务院批准了第二轻工业部的管理范围，原轻工业部管理的皮革、皮鞋等皮革行业划给第二轻工业部管理。按照中央对轻工业划分行业、分工管理的办法，各省、自治区、直辖市也将手工业管理局改为第二轻工业局，管理皮革等行业。

1970年4月，第一轻工业部、第二轻工业部与纺织工业部合并，组成新的轻工业部，设立生产二组，主管皮革等行业的生产。

1972年11月，经轻工业部批准，中国皮革工业公司撤销，人员物资档案正式移交到轻工业部。

1978年10月，轻工业部设立第二轻工业局，下设皮革毛皮处管理皮革工业。

1978年后，各省、自治区、直辖市陆续恢复第二轻工业局，有的改称第二轻工业厅。

1988年，轻工业部被国务院确定为机构改革先行一步单位，开始进行机构改革，由部门管理向行业管理转变，设立了行业管理指导司，皮革文教用品局等专业局被撤销。同年7月，中国皮革工业协会成立。

1989年3月，为了加强行业管理，轻工业部组建了轻工业行业协会联合会。

1991年，轻工业部对机构进行调整，行业管理指导司下设塑料皮革工业办公室。

1993年，国务院决定撤销轻工业部，组建中国轻工总会。各省、自治区、直辖市的二轻管理机构也都进行了改革，或改组为城镇集体工业联社，或改组为轻工业联合会（协会）等机构。

1998年3月，九届全国人大一次会议通过国务院机构改革方案，撤销中国轻工总会，成立国家轻工业局，为国家经济贸易委员会管理的主管轻工行业的行政机构。

2000年，国务院决定撤销国家轻工业局，2001年2月，中国轻工行业协会联合会更名为中国轻工业联合会，为国家经贸委直管协会，2003年经贸委撤销后，为国资委直管协会。

第二节　行业管理

1950年年初，轻工业部在所管理的30个行业中选择制革等8个行业作为重点，1950年12月6—17日，轻工业部和军委后勤军需部联合召开了全国第一次制革工业会议，这是中国皮革工业有史以来的第一次全国性专业会议。全国各地军需部门和公私营制革厂、中央和地方工商主管部门代表113人参加了会议。会议根据当时国家财政经济情况以及牛皮供应情况，确定了全国制革工业的生产方针，就是以国防军需为主，工业民用为辅。会议建议由中央制定统一管理牛皮的办法，颁布实施。

为解决牛皮不足及生皮供应的困难，扩大规模利用猪皮制革，以开辟中国皮革原料资源。1951年7月3日，中央人民政务院财政经济委员会发布命令，确定在北京试行猪皮制革。试行办法一是先行小量试制：制定振北制革厂与其他1—2家私营制革厂为特约试制加工厂；二是全面试制：经过两个月的少量试制后，展开全面试制，期限定为4—6个月。

经过1951年在北京市配合有关部门进行宣传、动员、试制等一系列的准备工作后，轻工部将工作中的经验教训陆续介绍至各地参考，因而1952年在东北的沈阳、大连、辽东、辽西，华北的北京、天津，华东的上海、济南、徐州、青岛、烟台、温州，中南的汉口、广州、湖南及西南的重庆等地，先后展开了推行猪皮制革工作，由于国家的政策支持和猪皮制革技术的不断成熟，猪皮成为我国皮革工业的重要原料。

1953年起，皮革、皮鞋被列为部计划产品。1956年，在对手工业和资本主义工商业实现社会主义改造的基础上，在上海、天津、北京、重庆等皮革工业集中的城市，先后成立了皮革工业公司，开始对整个行业实行专业管理。

1956年8月15—27日，农产品采购部、中央手工业管理局、轻工业部联合召开了北方14省（自治区、市）制裘、制毡、手纺毛线三个行业安排会议，河北、山西、内蒙古、北京、天津、辽宁、吉林、黑龙江、陕西、甘肃、青海、新疆、山东、河南14省（自治区、市）的代表参加了会议。鉴于当时制裘业的生产能力已超过了原料供应的可能，会议提出了对制裘业的安排意见，即对专为出口加工的工厂或手工业社，可根据需要适当维持或发展；对内销加工的工厂或手工业社应维持原有生产水平；个别地区的工厂（手工业社）如有维持不下来的人员，应分别性质，由有关归口工业部门统筹安排，保证他们有饭吃；具有多年经验和技术优良的制裘工人，应使其从事原来工作；对其中有识货能力适合于做采购工作的，可由采购部门酌情吸收一部分，加以训练分配适当工作。

1956年8月22—9月1日，轻工业部、农产品采购部、手工业管理局联合召开皮革专业会议，会议明确了熟革（成品革，下同）管理机构：设有专业公司的（如上海、天津、北京），由公司办理具体业务。工业厅（局）负责计划平衡以及监督和检查；无专业公司的，工业厅（局）负责平衡与监督。应在（市、区、工业厅）原有机构内设立皮革工业专管、兼管机构或人员，不应为了管理熟革，而另设立庞大的机构，浪费人力物力。经过讨论，会议基本上完成了制革与皮鞋的9个技术条件草案的审查与修正，这9个技术条件是：黄牛原料皮、猪原料皮、植鞣黄牛底革、植鞣猪底革、铬鞣黄牛面革、铬鞣猪面革、铬鞣黄牛篮球革、铬鞣黄牛排球革、皮鞋。

皮革工业经过两次专业会议的讨论与几年来各方面的努力，逐步加以整理，已经有了一个轮廓的概念，原皮的供应由商业部门（采购部）统一采购，熟革的生产由商业部门统一加工，在这一阶段，主要是由商业部门负责组织生产，克服了资本主义的经营方式，原皮的分配，已经被初步地纳入了国家计划，改变了原皮供应的混乱现象，使皮革工业由困难逐步的走向好转。

第一个五年计划期间，为了适应当时的发展情况，皮革工业由军需生产部、手工业局、轻工业部三个不同的系统进行管理，虽也取得了一定的效果，但作为一个行业来说，分别由不同部门进行管理就产生了不少的问题，为此，轻工业部提出了解决办法：第一，将军委生产部的制革、制鞋、毛革厂及皮革研究所归口到轻工业部。第二，改变原料皮管理体制，原料皮收购和供应一律由全国供销合作总社负责，然后由国家分配（经委或计委），各厂需要原料皮可直接去产地采购（由产地合作社供应）以减少周转费用；外贸部只管外销并确定今后皮革外销方针应以革和革制品为主，原料为辅。第三，森工部应将烤胶工业全部划归工业系统管理。

1956年第三届全国皮革专业会议后，引起了各地对皮鞋结构的重视，1956年年底，辽宁省首先组织了有关制鞋厂在沈阳等市进行了1万人的脚型测量和调查工作，并进行鞋楦结构的初步改革。上海市皮革公司在复旦大学协助下，也进行了这项工作。1957年7月至12月轻工业部又和北京胶革公司皮鞋设计室、天津市皮革公司共同组成鞋楦工作组，再就鞋楦设计提出一些材料，为制定鞋楦标准做参考。这都为鞋楦的定型打下了基础。

1958年1月13日，重革鞣制技术会议召开，北京、天津、上海、辽宁、黑龙江、吉林、山西、山东、湖北、湖南、四川、新疆等12个省（自治区、直辖市）与军需生产部、森林工业部、成都工学院等单位共53人参加了会议。会议进行了七天，研究讨论了对国产植物鞣料的学术研究与鞣革等生产经验、浸膏工业的发展规划、铬植结合鞣底革试制经验和1958年皮革工业科学研究与技术发展规划纲要等。

1958年8月21日，全国皮革专业会议在北京召开，会议评估了上半年的跃进成绩，认为新产品中尤其是猪皮的纺织用皮唛革、服装革、手套革、修正面粒面革的试制成功，打破了历史上认为纺织用革只能用牛皮做的迷信，同时也给扩大利用猪皮打开了广阔的前途。会议还研究了如何使猪革质量提高，如何使猪革做到在外观上、质量上与牛革一样，如何使猪皮服装赶上民主德国水平等问题。

　　1958年11月，轻工业部向主席并中央提交了《关于大力发展猪皮制革的报告》，报告了当前皮革工业的主要情况与问题，针对牛皮资源紧张的状况，提出了大力发展猪皮制革的意见。报告对皮革资源的管理和使用方面，认为牛皮仍作为国家的统购物资，实行分级平衡和管理，中央只确定原皮的调出调入数字。在使用上，保证军用、工业、农业生产用革，供应伊斯兰教用革，尽量供应出口用革，日用革制品则一概不用牛皮。为保证军用、工农业生产用及出口用皮，牛皮制革应指定专厂生产。猪皮由各省市自行解决，并实行按厂定点，划片包干供应办法。

　　1958年12月7日，中共中央批转了轻工业部提出的《关于大力发展猪皮制革的报告》，认为关于大力发展猪皮制革的报告很好，肯定了猪皮是开辟制革原料的方向，指示各地要重视开剥猪皮和发展猪皮制革。

　　1959年1月25日到2月5日，全国皮革会议在山西省太原市召开，会议主要研究了人民公社大办皮革工业的要求、措施和大闹技术革命问题，提出了1959年在人民公社大办皮革工业的指标，会议确定了1959年皮革工业技术革命的基本方向：第一，发动群众，大闹缩短鞣期的技术革命；第二，发动群众，大闹美化猪革的技术革命，并总结推广美化猪革的方法和经验；第三，发动群众，大闹土法机械化；第四，发动群众来提高质量。为了有效地实现上述目标，会议决定：第一，由轻工业部负责组织上海市皮革公司、天津市皮革研究所、哈尔滨制革厂、成都制革二厂、广东省工业厅、北京市制革厂、轻工业部皮革研究所的力量，请上海市轻工局及其所属皮革公司负责领导，于2月15日开始进行一次美化猪革试点，第一阶段要求于4月中旬结束。第二，由轻工业部负责组织上海市皮革公司、天津市皮革研究所、天津市制革厂、汉口皮联厂、北京市制革厂、辽宁轻工局、四川轻工业厅、轻工业部皮革研究所的力量，请天津市轻工局负责领导，于2月20日开始进行一次猪底革快速鞣制试点，第一阶段要求于5月上旬结束。

　　由于牛皮资源的紧张，导致国内应收购的收购不起来，应调的调不动，使军需、工业、农业和出口所需的牛皮供应受到很大影响。为此，1962年4月，轻工业部、对外贸易部制订了关于加强牛皮统一管理的办法，规定牛皮由国家统一管理，实行全国统一调拨；凡是不应该使用牛皮的皮革制品一律不准使用牛皮，凡可用其他皮张或代用品代替的，应该尽量使用代用品；必须将牛皮集中到设备好、技术高的制革厂进行制革。

　　为了改进皮革、皮鞋工业的管理，加强对皮革、皮鞋工业的集中领导，统一管理制革原皮和熟革的计划分配，合理利用资源，统一安排出口与内销革制品的生产，全行业归口到轻工业部门进行调整，精简职工，把有限的资源尽可能集中到五好企业使用，有计划、有重点地进行技术改造，提高生产质量，降低生产成本，把皮革、皮鞋工业提高到一个新的水平。1963年10月，轻工业部向总理并报国务院提出了关于皮革、皮鞋工业集中管理方案。明确了原皮和熟革的分配与调拨办法，规定皮鞋与革制品由轻工业部统一安排生产，出口的由对外贸易部收购、内销的由商业部门收购和企业自销。制革企业和各系统所属全民所有制的皮鞋厂和商业部门独立经营的皮鞋厂应收归省、自治区、直辖市轻工业厅（局）集中管理，统一规划，安排生产。

1964年，中国皮革工业公司成立后，组织开展了全国皮革产品质量评比。1964年9月开始，全国各省、自治区、直辖市主要制革企业从产品中抽样寄送到北京，以轻工业部皮革研究所为依托，从广州人民制革厂、成都制革厂、重庆制革厂及包头皮革厂等企业抽调一批理化分析技术人员先对参评样品进行理化分析检验，然后组织行业专家张芹、浦敏功、马燮芳、郭可谏等人对样品逐一进行综合评价，再派出两路检查组赴现场实地调研考察，最后由中国皮革工业公司确定了一批产品质量标杆企业。1965年4月，中国皮革工业公司在包头召开了全国皮革产品质量大会，中国皮革工业公司李在耘经理做了报告，皮革公司技术处郭成良处长出席了会议。推出了北京制革厂、天津制革厂、成都制革厂、重庆制革厂、包头制革厂和海拉尔皮革厂等一批企业为全国质量标杆企业。

1965年，中国皮革工业公司、二轻部皮革研究所根据国家10年科学研究规划，组织了北京、上海、天津、黑龙江、辽宁、湖北、广东、福建、四川、山东10个省市的皮革工业公司共同组成工人和技术人员相结合的全国鞋楦研究小组。

在总结前两年脚型测量和皮鞋鞋楦研究的基础上，进一步组织"四鞋"行业的人力，在全国范围内开展对农民脚型的测量和统一四鞋鞋号及其鞋楦尺寸系列标准的研究工作，1967年12月，中国皮革工业公司和二轻部皮革研究所在上海召开了全国脚型测量和皮鞋楦型改革会议，一致赞成采用以脚长厘米制为基础的新鞋号。1968年4月，在武汉市皮革工业公司举办了全国农民脚型测量训练班，各省市的代表参加了培训。从此以后，以脚长为基础的厘米制鞋号，开始逐步在我国皮鞋行业统一采用。

1973年7月19日，全国皮革工业专业会议在北京召开。这是"文化大革命"开始后，第一次召开的全国性皮革工业专业会议。90家单位的112名代表参加了会议。会议认为皮革工业的生产出口要积极发展工业制成品出口，有计划地减少原料皮、半硝革出口，努力实现"五变"，即生皮变熟皮、原料变成品、粗皮变细皮、一皮变多皮、低档变高档。出口的品种应是增加高档皮革出口，逐步减少半硝革、劳保手套革和鞋里革等低档品出口。

轻工业部于1975年4—6月组织了制革技术革新调查组，先后对北京、天津、上海等11个省市25个制革厂的技术革新情况进行了调查研究。初步挑选了一批技术成熟、效果较为显著的革新项目共17项进行推广。同时，为了促进皮鞋工业技术革新的进步开展，轻工业部组织了皮鞋技术革新学习调查组，于1975年4月6—6月7日，先后对13个省市38个企业的技术革新进行了调查。挑选了在生产中使用较成熟，效果较显著的31个项目，介绍给各地因地制宜推广使用。

1980年，轻工部二轻局负责人王秀英参与并组团参加了联合国工业发展组织召开的第二次皮革协商会议，在大会上发言介绍了我国皮革行业的发展情况，特别谈到了我国开剥猪皮并以猪皮为主要原料制革后，引起各国广泛兴趣，这是皮革行业首次以中国政府名义参加国际性会议。

1986年根据中匈科技合作第22次会议要求，轻工业部委派皮革工业代表团赴匈牙利考察，就制革、原材料、工艺技术、"三废"治理、经营管理等进行交流并达成两国合作协议，代表中国与匈牙利签订了考察议定书。

1986年轻工业部委派皮革工业代表团出访意大利，与意大利皮革机械协会签署了中意皮革工业联合组工作协议。

1986年2月20—25日，各省、自治区、直辖市皮革公司经理座谈会在天津召开，全国建立了皮革工业公司的27个省、自治区、直辖市和7个计划单列市的公司代表出席了会议。交流总结了皮革工业行业管理方面的经验，研究了皮革工业在经济体制改革中出现的新情况和新问题，对皮革工业"七五"发展规划交换了意见。会议要求各地要认真执行国务院国发（1984）135号文件，不能再盲目新建制革厂、毛皮厂，对原有的小制革厂、小毛皮厂，要从分散逐步向合并集中的方向发展，为集中治理制革制裘污水创造条件。对技术基础和条件很差的小制革厂、小毛皮厂及连续亏损而不好抓的企业，要实行关、停、并、转。

山羊皮是我国重要的制革原料，多年来，轻工生产部门和土畜产进出口部门在山羊生皮出口问题上一直存在着不同的意见和看法，轻工业部主张逐步减少生皮出口，增加制成品出口。1986年1月，轻工业部向国家经委打报告，建议国家对山羊皮和其他原料牛皮的出口加以限制，对出口皮革制品给予减免关税。允许有条件的省市皮革工业公司或骨干企业出口皮革及其制品，与出口原料开展竞争。

1986年4月10日，姚依林副总理在中央财经领导小组办公会上听取上海市工业生产情况汇报时指出：由轻工业部牵头，有经贸部、商业部和农林牧渔业部参加，共同组成一个山羊皮调查组，全面调查研究山羊皮生产、收购、生皮出口和革制品出口等问题，提出如何发展山羊皮生产合理使用山羊皮资源，为国家多创外汇的方针政策和措施。

为此，轻工业部组织了由轻工业部、经贸部、商业部、农林渔业部等部门人员组成的山羊皮调查组，对我国山羊皮生产、利用情况进行了全面调查，在这次调查中，也未能取得一致的解决意见。

第二章　中国皮革协会

1988年，为了适应经济体制改革的需要，转变政府职能，国务院进行了机构改革，重点对与经济体制改革关系密切的经济管理部门，特别是专业工业管理部门和专业机构进行了改革。作为全国轻工业的行政管理机构，轻工业部撤销了各专业局，开始组建行业协会组织。中国皮革工业协会在此背景下于1988年7月应运而生。

中国皮革工业协会是皮革行业的企业自愿组成的社会经济团体，其主要宗旨是为企业服务、促进行业发展，维护企业的合法权益。在政府部门的指导和企业的支持下，起到企业和政府之间、企业和企业之间的桥梁和纽带作用。其主要任务是：①为企业的经营和发展提供多种服务；②接受政府部门委托，承担部分政府职能，为宏观决策提供咨询和建议。

2001年，国家轻工业局撤销后，中国皮革工业协会由国家经贸委委托中国轻工业联合会代管，2003年后由国务院国有资产监督管理委员会主管，中国轻工业联合会代管。2004年6月19日，经中华人民共和国民政部批准，中国皮革工业协会正式更名为"中国皮革协会"。

中国皮革协会会标是一张皮形组成的艺术图案。一方面表示行业是以皮革为基础；另一方面，从皮形外观来看，呈现出一个扁平的"中"字，寓意代表的是"中国"皮革行业。图案中央的四个字母"CLIA"是中国皮革协会的英文缩写。图案主体颜色为蓝色。

第一节　主要工作

中国皮革协会成立后为适应形势发展的要求，从多方面积极开展工作，探索在政府部门与行业、企业之间发挥桥梁和纽带作用，努力为企业提供贴切服务和前瞻性引导，推动行业健康快速发展。在工作中逐步成功打造了真皮标志、特色区域和展览会三大工作平台。同时，在推动行业科技发展、节能环保及国际交往等方面也做了大量工作。

一　推出真皮标志，实施品牌战略

真皮标志是中国皮革协会在国家工商行政管理总局注册的证明商标，是皮革行业企业实施品牌战略的重要平台，自推出以来，先后成功培育、扶持了众多行业品牌。

1. 1992年中国皮革工业协会提出加强行业质量自律的构想

20世纪80年代末90年代初，随着中国皮革工业的快速发展，出现了假冒伪劣皮革制品充斥市场的现象。1992年，在一次由国家九部委主办的打击假冒伪劣产品会上，中国皮革工业协会提出了加强行业质量自律、保护消费者权益的构想，即由中国皮革工业协会经过严格的考核，作为担保方在产品上佩挂优质真皮标牌，这就是推出真皮标志的最初构想。

当时，国家工商行政管理局正在酝酿修订《商标法》，计划在商标类别中增加"证明商标"一项。中国皮革协会关于行业质量自律的构想，符合了"证明商标"的范畴，决定将其作为我国首例证明商标的试点。在国家工商行政管理局及其下属的商标局有关领导的指导下，借鉴国际上证明商标的相关文件，编制了《真皮标志章程》《真皮标志产品规范》《真皮标志管理办法》等文件。1993年，在国家工商行政管理局先以产品商标对"真皮标志"商标（18、20、25、27类）进行注册，并在行业中宣传、推进、做好推荐、吸纳首批佩挂真皮标志的产品准备工作。

2. 1994年"真皮标志"产品商标注册成功，正式向社会发布

1994年10月14日，在北京人民大会堂召开了皮革行业实施"真皮标志"新闻发布会，向社会正式发布了首批佩挂真皮标志的49个产品品牌。在这次会上，当时的轻工总会宣布将推进证明商标真皮标志工作作为探索行业质量自律的试点。

1995年修订后的《商标法》正式实施，"真皮标志"由产品商标转入证明商标，成为名副其实的国家证明商标的首例试点。

真皮标志的注册商标图案是由一只羊、一对牛角、一张皮形组成的艺术变形图案。整个图形呈圆形鼓状。图案中央有"GLP"三个字母，是真皮标志的英文缩写。图案主体颜色为白底黑色，三个英文字母为红色。图案寓意：牛、羊、猪是皮革制品的三种主要天然皮革原料，图案呈圆形鼓状，一方面象征着制革工业的主要加工设备转鼓，另一方面象征着中国皮革工业滚滚向前。

3. 1996年启动真皮标志排头企业推荐工作

根据《真皮标志章程》的规定，对佩挂真皮标志的企业每年进行年检，每两年进行

排序，每三年要进行资格重新确认，以保持佩挂真皮标志企业的竞争力和先进性。1996年开始在每两年对真皮标志企业排序后，启动了推荐排头品牌并授予荣誉称号的工作。为了保证推荐工作的科学、公正、公开，在推荐工作中坚持做到"三不原则"，即不报名、不收费、不搞终身制，对推荐出的排头产品分别授予了"中国真皮衣王""中国真皮鞋王"等称号。此项工作，每两年一次，已完成了七届推荐工作。

4. 1997 年启动真皮标志生态皮革毛皮（注册商标：18 类）筹备工作

1994 年底，德国以指令性形式禁止使用"偶氮染料"，这个指令向我们传递了一个信息，即欧洲将对皮革、成品革及已鞣毛皮的一些敏感指标提出更严格的要求。为了使我国制革、毛皮产业能有充分的思想及技术上的准备，协会开始做推出"真皮标志生态皮革"的筹备工作。首先在行业内做了调研、酝酿和讨论，同时收集了国内外动态及大量数据，编制了《真皮标志生态皮革实施细则》和《真皮标志生态皮革产品规范》。

5. 2003 年正式推出了真皮标志生态皮革

经过长达 7 年的调研和准备之后，2003 年中国皮革协会正式推出真皮标志生态皮革，将真皮标志理念延伸到皮革制品的原材料——皮革。而在这一年，欧盟也以指令性文件全面禁止使用"偶氮染料"。中国皮革协会通过《真皮标志生态皮革实施细则》和《真皮标志生态皮革产品规范》，对皮革生产企业从生产过程到产品本身进行严格的质量控制，鼓励制革企业积极采用清洁化制革技术。《真皮标志生态皮革产品规范》标准水平已与国际先进水平接轨，前瞻性地对偶氮染料、六价铬、甲醛、五氯苯酚四种化学物质在皮革中的含量做了限定，企业的污水处理必须达到本地污水排放要求，否则将一票否决。

生态皮革 LOGO 中间圆形图标为统一的真皮标志标识图案，周围的英文是"真皮标志生态皮革"的英文对照。编号"E00000（牛）"的字母 E 代表生态，后面两位数代表制革厂所在省份，该两位数均为 3 的倍数，从 03、06 一直到 93，代表我国 31 个省、市和自治区；后三位数代表厂家，该数字与厂家生态皮革证书的编号一致；括号中表明真皮标志生态皮革的原料皮种类，如牛、猪、羊皮等。

6. 2005 年根据市场需要赋予真皮标志新内涵

2005 年，根据新形势的需要，赋予真皮标志"环保、诚信、品质、时尚"等新鲜元素，在更高要求和更深层面上诠释"真皮标志"的三点新内涵：①该制品不仅是用天然皮革制作的，还要求其是环保的、无污染的；②该制品不仅是优质精品，还要求其生产过程中认真履行社会责任，符合循环经济理念；③不仅要求该制品具有良好的售后服务，还要求该企业建立完善的售后服务体系，所追求的目标应该是对消费者的诚信度。

7. 2007年英文牌标牌正式启用

为加快推动我国皮革行业争创世界知名品牌的进程，同时又为了提高真皮标志企业在国际贸易过程中的产品竞争优势，2007年年初，"真皮标志"英文标牌正式启用，使得真皮标志正式与国际市场接轨，真皮标志证明商标向国际市场进军的号角从此开始吹响。与此同时，中国皮革协会也加快了真皮标志在国际范围内注册的进程，以期在全球范围内扩大真皮标志企业群体整体品牌的影响力和竞争力。目前，中国皮革协会已经在14个国家和地区完成了注册工作，美国、南非、中国香港、巴西等国家和地区的注册工作也在进行中。这也将促使国内皮革企业以国际化的视角来建设和经营企业，实施品牌化管理，增强国际竞争力。

8. 2008年将社会责任、诚信经营、环境保护等要素正式纳入管理规范

随着社会的进步和人们对社会责任意识的提高，以及2008年我国新劳动合同法的实施，我国皮革行业对真皮标志产品也提出了更高的要求。中国皮革协会将企业社会责任、诚信、环保等要素量化为相关条款，正式纳入真皮标志的考核、年检、排头品牌的推荐指标中，以保证真皮标志优秀群体与时俱进，始终保持其先进性。

16年来，真皮标志得到了广大消费者、行业企业和各级政府的普遍认可，目前已成为国内皮革企业实施质量自律、培育行业品牌的样板与平台。全国有489家企业共525个品牌获得了真皮标志佩挂资格（含生态皮革）。国内皮革行业目前的中国名牌、中国驰名商标、国家免检产品以及中国出口名牌企业中，90%以上为真皮标志企业。

这些品牌企业在国内市场的占有率也取得了良好的业绩。据统计，佩挂真皮标志制鞋企业产品产量在国内鞋类（含皮鞋、布鞋、胶鞋、塑料鞋）市场占有率达20%；皮衣企业产品产量占全国皮革服装及合成革服装总产量的18%；制革企业产品产量占全国制革总产量的12.5%。这些品牌企业成为国内中、高档市场的主力军，成为全行业品牌的优秀群体，引领带动行业品牌的战略升级。

中国皮革协会作为全国皮革产业唯一的全国性社团组织，其定位就是非营利的行业协调服务组织，这是协会开展各项工作的准则。协会在推广证明商标真皮标志16年中，一直恪守这一准则，努力探索行业质量自律的新模式。因此，客观、公正、诚信是必备的素质。为此，从开展这项工作以来，协会就做了一项规定，协会不接受资助，以保证客观、公正的工作氛围。真皮标志工作发生的费用都是非营利的。16年来，真皮标志工作虽然没有给协会带来直接的经济效益，但是收到了良好的社会效益，不仅培育了行业庞大的品牌队伍，协会自身也收获颇丰：会员发展了，会费增加了；每年一届的理事扩大会成为全行业最大的信息平台；每年9月在上海主办的中国国际皮革展也成为全行业规模最大的展览会。伴随着真皮标志工作的开展，中国皮革协会得到了不断发展。

二 培育特色区域 促进产业升级

皮革特色区域是指以1—2个皮革产品为龙头，企业高度聚集，形成上、中、下游产品相互配套，专业化分工明确，特色鲜明突出，能拉动当地经济的产业集群地区，被称为皮革特色区域（有时也称之为皮革生产基地，或产业集群）。皮革特色区域是中国皮革行业发展的新的增长点，是转变发展方式的基础和主战场，也是中国皮革协会工作的三大重点之一。

20世纪90年代初，中国皮革协会就开始有意识地引导和培育皮革特色区域的发展，

并把这项工作作为协会的重要服务内容,与当地政府一道,不断加大工作力度。

经过近 20 年的发展,如今各具特色的皮革生产基地不断地发展和提升,形成了一批皮革行业的特色区域。主要有:

广州、温州、温岭晋江、成都武侯、重庆璧山、广东惠东、广东鹤山、扬州江都、镇江丹阳、山东高密等制鞋生产基地;

海宁、辛集、灯塔佟二堡等皮革皮衣生产基地;

孟州桑坡、河北肃宁、枣强大营、张家口阳原、桐乡崇福、宁波余姚等毛皮生产基地;

广州花都狮岭、河北白沟、浙江平湖、福建泉州、浙江瑞安、浙江东阳等皮具、箱包生产基地;

还有承接产业有序转移,陆续形成的大庆肇源、辽宁阜新、山东沾化等制革生产基地。

为了促进皮革生产基地的结构调整、市场开拓和品牌建设,提升竞争力,中国皮革协会于 1999 年开始提出创建皮革特色区域的计划,2001 年全行业首次推出了《关于授予中国皮革行业特色区域荣誉称号的行业规范》(以下简称《规范》)。依据《规范》,严格考核,不收取任何费用,报请中国轻工业联合会批准,先后对 11 个皮革生产基地授予了荣誉称号。

温州——"中国鞋都"	2001.9
海宁——"中国皮革之都"	2001.12
辛集——"中国皮革皮衣之都"	2001.12
晋江——"中国鞋都"	2001.3
花都狮岭——"中国皮具之都"	2002.9
桐乡崇福——"中国皮草名镇"	2005.9
河北肃宁——"中国裘皮之都"	2005.9
成都武侯——"中国女鞋之都"	2005.12
重庆璧山——"中国西部鞋都"	2005.12
广东惠东——"中国女鞋生产基地"	2006.6
河北白沟——"中国箱包之都"	2007.4

中国皮革行业特色区域荣誉称号的授予,已成为打造皮革生产基地区域品牌,推动全行业"二次创业"的重要举措,社会反响很大,被业内人士称之为推动皮革特色区域经济发展的"生产力"。

2007 年下半年,中国皮革协会在总结皮革特色区域创建工作的基础上,认真贯彻落实科学发展观,坚持与时俱进,对皮革特色区域的工作进行了创新,其创新点是:

(1) 创新内容:除按照授予皮革特色区域荣誉称号行业规范的基本条件外,还增加了节能减排、建设资源节约型、环境友好型行业等内容;

(2) 创新方式:变以往企业的创建模式为中国皮革协会和地方人民政府共建模式,省、市行业协会参与共建,共同打造皮革特色区域全新合作模式。

至 2010 年底,已顺利启动了"节能减排,产业升级鞋业基地——中国鞋业名城·温岭""环境友好型毛皮基地——中国毛皮之都·孟州桑坡""中国皮草科学发展示范基地·枣强""中国皮衣裘皮基地·佟二堡""产业升级——中国旅行箱包之都·平湖""产业升级——中国男鞋生产基地·鹤山""承接转移——中国制革示范基地·阜新""产业升级——中国箱包名城·瑞安""中国箱包产业基地·东阳""中国鞋业生产基地·高密"等的共建工作。

为了推动特色区域的持续发展，对已经授予荣誉称号的皮革行业特色区域加强动态考核，按照规范要求，三年由所在地自我评价，促进滚动发展；五年由中国皮革协会、中国轻工业联合会复评，不搞终身制。

为了支持特色区域的发展，在中国国际皮革展、中国国际鞋类展、国际时尚及配饰展上，中国皮革协会辟出特色区域方阵，搭建展示平台，由各皮革特色区域自主选择，塑造特色区域的整体形象，扩大影响力。中国皮革协会还支持和主办了各个皮革特色区域的交易会、展览会等商务活动，在特色区域举办论坛，定期举办"真皮标志杯"皮革服装、毛皮服装、皮具、时尚鞋等设计大奖赛，发布流行趋势。既扩大了特色区域的影响力，也展示了特色区域品牌。

从 2010 年开始，通过创建荣誉称号并经 5 年复评的地区，通过共建荣誉称号并经过三年评价的地区，相继进入跨越期。这个阶段皮革特色区域和皮革协会的共同任务就是推动特色区域实现由"中国制造"向"中国创造"转变，由"适应市场"向"引领市场"转变，由皮革大国向皮革强国转变，创出世界名牌。这个阶段需要 10 年左右的时间。到那时，被授予荣誉称号的各个皮革特色区域，集研发、生产、批发、零售、服务于一体，都将成为行业中自主研发的基地，引领时尚创造需求的中心，国内外颇具影响力的区域名牌，为世界皮革产业所瞩目。

三 搭建展会平台 助力企业拓展市场

展览会是集中展示企业产品和形象的平台，有助于企业开拓市场。中国皮革工业协会成立后，从积极组织企业参展到自己举办展览会，从组织国内展览到组织参加国际展览，为行业企业拓展市场起到了重要作用。

1989 年 7 月 14—23 日，根据国家轻工业部统一部署，中国皮革工业协会组织 21 个省市的 139 家企业参加首届"北京国际博览会"，展出面积 156 平方米，展示产品共 500 余件，获金、银、铜奖牌 114 块，出口成交额 1000 万美元。此后，又于 1991 年、1993 年组织企业参加了两届"北京国际博览会"。

1990 年 10 月 28 日—11 月 2 日，中国皮革工业协会与上海国际贸易信息与展览公司合作，在上海商城举办"第二届国际皮革工业展览会"，展出净面积共 1700 平方米，来自 11 个国家和地区的 90 余家外商参展，国内参展企业有 66 家，展出净面积 915 平方米。1992 年、1994 年继续举办了"第三届、第四届国际皮革工业展览会"。

1991 年 10 月 16—21 日，中国皮革工业协会与香港雅式展览公司、中国贸促会轻工行业分会、中国轻机公司合作，在北京举办"第三届国际皮革技术及设备展览会"，来自 10 余个国家和地区的外商参展，国内部分皮革机械厂参加展出。1993 年、1995 年、1997 年，中国皮革工业协会与香港雅式展览公司、中国贸促会轻工行业分会合作，在北京又举办了"第四届、第五届、第六届国际皮革技术及设备展览会"。在第五届、第六届展览会举办的同时，还举办了"中国真皮标志产品展览会"，其中"真皮标志产品展"的面积有4000平方米。

1992年1月8—15日，中国皮革工业协会组织皮革展团参加了由国家轻工业部在北京国贸大厦举行的"第二届全国轻工业博览会"。11日晚中共中央总书记江泽民，政治局常委乔石、宋平和国务院副总理邹家华、朱镕基等党和国家领导人在曾宪林部长的陪同下参观了皮革展区，协会副理事长兼秘书长许龙江，副秘书长张淑华陪同参观，并合影留念。

1992年12月6—15日，中国皮革工业协会组织皮革展团参加了"第三届全国轻工业博览会"，展出的皮革、皮衣、皮鞋、箱包、裘皮制品、皮革化工产品，展现了皮革行业在加速科技成果转化为生产力所取得的成绩。

1994年4月19—27日，中国皮革工业协会与中国贸促会轻工行业分会合作，首次组织中国皮革展团赴港参加"'94香港亚太皮革展览会"，35家企业参展并组建中国国家馆。中国馆的首次亮相受到中国香港媒体和各界人士的重视和支持，并在国际皮革界引起较大反响。此后，中国皮革协会每年都组织国内企业参加展览，至2010年，已经组团参加了香港亚太皮革展览会。

1996年10月29日—11月2日，"第五届国际皮革工业展暨96中国真皮标志产品展览会"在上海国际展览中心举办。展览总面积8000平方米，其中"真皮标志产品展"面积4000平方米，参展企业102家。

1997年8月20—23日，中国皮革工业协会与中国贸促会轻工行业分会合作，首次组织中国鞋业展团赴美参加"'97拉斯维加斯秋季国际鞋业订货会"。此后每年组团参加该展。2001年2月21日—3月3日在连续数年秋季赴美参展获得成功的基础上，中国皮革工业协会与中国贸促会轻工业分会商定，首次组团参加美国"拉斯维加斯春季国际鞋业订货会"，中国展团由30家企业组成。每年一次赴美参展改为春秋两次参展，进一步扩大了中国鞋产品的影响，拓展了对美、欧及周边国家的鞋业市场。

1998年11月23—26日，中国皮革工业协会首次与香港博闻展览公司合作，在北京国际展览中心举办"'98中国国际皮革展览会"，"'98中国真皮标志产品展览会"同期同地举行。两个展会展出总面积16000平方米，有来自22个国家和地区的175家外国企业参展，其中"真皮标志产品展"展出面积8000平方米，来自国内26省区市132家企业参展。

1999年10月11—14日，中国皮革工业与香港博闻展览公司合作，首次在上海世贸商城举办"'99中国国际皮革展暨'99中国真皮标志产品展览会"，近20个国家和地区150家外商参展。展览总面积14120平方米，其中"真皮标志产品展"面积8120平方米，有20个省市134家企业参展。同年4月和10月中国皮革工业协会与博闻公司共同试办春秋两季"上海Moda国际时尚鞋类和皮具展览会"，两次展览均在上海新一百大厦举行。意大利、法国、西班牙等75家外国知名企业参展，中国皮革工业协会在有关地方协会的配合下，组织了全国12省市100余家大型商场负责人以特邀嘉宾身份到会参观洽谈业务。同时邀请出席全国制鞋专业委员会的全体代表和国内有关制鞋企业代表参观了展览。

2000年10月11—13日，"2000中国国际皮革展暨2000真皮标志产品展览会"在上海世贸商城举办。"2000年Moda展"也同时举行。20余个国家156家外商参展，展览总面积 19000 平方米，其中"真皮标志产品展"面积 9500 平方米。

此后这一展览每年都在上海举办，逐步发展成为中国国际皮革展、中国国际鞋类展和中国国际箱包、裘革服装及服饰展。经过十几年的发展，展出规模及影响不断扩大，2010 中国国际皮革展、中国国际鞋类展和中国国际箱包、裘革服装及服饰展达到 6 个展馆，近 3000 个展位，7 万平方米，近 1200 家企业参加展出，其中，国际展区面积约 2 万平方米，国内展区面积约 5 万平方米。展会期间有近两万名专业观众参观了展会，包括大量的国际观众和参观团。展览共分皮革、生态皮革、合成革、皮革化工、机械、鞋材配饰、成品鞋、箱包服装等八大展区，展出产品涉及皮革、皮革化工、皮革机械、男女皮鞋、箱包、手袋、皮革服装、毛皮与裘皮服装、鞋材及配饰等皮革产业链的全部产品种类。

国际权威皮革刊物曾发表专题报道称，中国国际皮革展和中国国际鞋类展（ACL Eand CIFF）已今非昔比，它不但聚集了全球大多数重要的皮革制造商和贸易商，让你见到了来自世界各地的皮革同业者，更重要的是，它还成了观察和了解未来一年，原料皮、成品革和皮革制品价格及供需情况的"晴雨表"。

四 倡导"科教兴皮"战略　提高行业技术水平

为了贯彻科教兴国战略，提高我国皮革行业的技术水平，中国皮革协会在行业中大力倡导"科教兴皮"战略，在人才培养、标准建设等方面做了大量工作，促进了行业科技水平的提升。

1995 年，经中国轻工总会批准，中国皮革协会设立了奖学金，每年对四川联合大学和西北轻工学院皮革专业品学兼优的学生和班级进行奖励。2006 年 9 月 4 日，中国皮革协会正式发布《关于增加奖学金额度以及继续资助参与国际皮革科技活动的决定》，从 2006 年开始"中国皮革协会奖学金"的资助额度增至每年每校 4 万元，并改进了评定办法；同时继续资助科技工作者参与国际皮革学术活动。

在 2007 年 9 月 4 日召开的中国皮革协会六届一次理事扩大会议上，正式通过了《关于进一步加大"科教兴皮"工作力度提案的决议》，决定从 2008 年开始增加奖学金的授予范围，除原来的四川大学、陕西科技大学外，新增加山东轻工业学院。同时，对于参与国际皮革科技活动的部分优秀科技工作者给予资助 60% 的国际差旅费用，从 2008 年开始由原来的每次会议资助 2 位，增加到资助 4 位。16 年来，共有 1515 人次、53 个班集体获奖。多位科技工作者得到资助，参与了国际皮革科技活动。为帮助和激励皮革专业学生热爱行业、刻苦学习专业知识起到了良好的引导和促进作用。

为了表彰数十年如一日为皮革行业的技术进步做出重要贡献的老专家、老教授，中国皮革行业于 1996 年首次推选出了"科技先导"并进行表彰，此后又分别于 1998 年、2009 年评选出了皮革行业科技先导，迄今已有 30 余人获此殊荣。

标准是产品走向市场的通行证，也是促进企业技术进步的推动力。中国皮革工业协会成立后，就把标准建设作为一项重要工作，与国家标准委员会、中国轻工业联合会等组织密切配合，不断参与制修订标准工作，推进皮革行业标准的国际化，使皮革行业的采标率达到了 80% 以上，不仅大大提升了皮革产品的技术水平，而且加快了产品走向国际市场。

为了加强皮革行业的标准体系建设，2000 年 9 月，中国皮革工业协会参与成立了全国皮革标准化技术委员会，并出任主任单位，牵头开展皮革标准的制修订工作。

2008年6月5日，全国制鞋标准化技术委员会（SAC/TC305）成立大会暨第一届一次会议在北京召开。全国制鞋标准化技术委员会主要负责鞋类（不包括胶鞋）领域标准化工作。本届标委会由中国皮革协会理事长张淑华任主任委员。会议讨论通过了《全国制鞋标准化技术委员会所负责制修订国家标准领域内国家标准体系框架》等，使全国制鞋标准的体系建设更加成熟，标志着制鞋标准化工作进入了一个新的阶段。

2008年3月25日，全国制鞋标准化技术委员会皮鞋分技术委员会在温州成立。该委员会主要负责皮鞋产品技术要求及检测方法领域国家标准制修订工作，将有利于皮鞋行业的生产和贸易，有利于推进皮鞋行业的可持续发展，有利于加快和改善皮鞋行业标准化进程。

2009年12月20日，中国皮革协会组织筹建的全国皮革工业标准化技术委员会箱包分技术委员会在福建莆田市成立。

作为上述两个标委会的主任单位，中国皮革协会积极配合全国皮革标准化技术委员会和全国鞋类标准化技术委员会，主动做好标准的咨询和宣贯工作。2009年6月2—4日，中国皮革协会主办的全国皮革行业标准检测工作会议在北京召开。皮革和制鞋标准、检测有关的专业标准化技术委员会、行业协会、产业基地、技术监督机构、商检机构、专业检验单位、科研机构、大专院校、生产企业共40余家单位50多位代表参加了会议。会上，与会代表就如何共建皮革标准和检测工作、检测工作交流平台、标准体系建设、标准工作的国际合作、皮革标准检测工作协调核心组的成立等议题进行了交流并达成了共识。皮革行业标准检测沟通协调核心组，由全国制鞋标准化技术委员会和全国皮革工业标准化技术委员会负责牵头，作为皮革行业日常标准、检测工作的交流协调渠道。

在不断推进皮革行业标准体系建设的同时，中国皮革协会积极参与国际标准的制修订工作，对促进我国皮革行业标准与国际接轨，减少贸易摩擦，合理规避贸易壁垒，为企业参与国际竞争打好基础，具有积极意义。2007年8月，中国皮革协会牵头组建了IUP/IUC/IUF中国专家组，主动参与国际皮革标准的制修订工作。IUP（物理检测委员会）、IUC（化学分析委员会）和IUF（坚牢度试验委员会）是IULTCS（国际皮革工艺师和化学家协会联合会）下属委员会，同时又是国际标准化组织（ISO）技术委员会中负责制修订皮革物理、化学、坚牢度指标检测方法标准的组织。作为IULTCS的中国代表会员，中国皮革协会经过多次同IULTCS协商，决定组织中国高等院校、科研院所和检测机构的专家形成专家组，主动参与IUP/IUC/IUF三委员会关于国际皮革检测方法标准的制修订工作，得到了IULTCS的支持和欢迎。

2007年10月22日和23日，欧盟制鞋标准化委员会（CEN/TC 309）会议和国际标准化组织鞋类标准化委员会（ISO/TC 216）第9届全会先后在西班牙首都马德里召开，中国皮革协会代表参加了这两个会议。

2009年11月18日，在西班牙马德里召开的年度ISO/TC216会议上，全国制鞋标准化技术委员会（SAC/TC305）提出的《鞋类 帮面、衬里和内垫试验方法——抗菌性能》起草动议获得技术委员会批准并成为该标准的领导者；承担7项ISO标准制定工作；同时，全国制鞋标准化技术委员会（SAC/TC305）成为欧盟制鞋标准化技术委员会（CEN/TC309）的观察员。这是中国首次参与国际制鞋标准制定并成为领导者。

2009年11月30日—12月1日，中国皮革协会、全国制鞋标准化技术委员会等单位派代表赴意大利米兰参加 ISO/TC 137 会议，中国代表团在 ISO/TS 19407《鞋号对照表》、ISO/TS 19408《鞋号和鞋楦术语和定义》方面提出了意见和建议，中国的楦底样长和楦全长的测量方法得到了采纳。GB/T 3293—2007《中国鞋楦系列》标准受到了各国与会代表的肯定。

2010 年 11 月 10—12 日，国际标准化组织 ISO/TC 137 第二次工作组会议在德国皮尔马森斯的 PFI（Test and Research Institute Pirmasens）召开，中国皮革协会代表参会。

2010 年 11 月 17—18 日，欧洲标准化委员会 CEN/TC 309 第 22 次年会及 ISO/TC 216 第 12 次年会在意大利 NUI（意大利标准化协会）举行。中国皮革协会代表参会。会上成立了新工作组 WG1 鞋类 微生物工作组，中国代表成为召集人。

五　加强国际交流　推动行业国际化进程

1. 国际交往活动

随着中国皮革产业的快速发展，中国皮革行业在国际市场上的地位也越来越重要。为加强皮革行业国际交流、沟通和合作，协会不断增强与国际行业组织的联系，已经初步建立了与世界皮革业界交流合作的稳定渠道和广泛网络，努力为皮革行业的发展创造良好的国内外环境。

1988 年 11 月 14 日，以张淑华副秘书长为首的中国皮革工业协会代表团，应邀以观察员身份参加在保加利亚索菲亚举行的"第 13 届社会主义国家毛皮会议"，这是协会首次在国际会议上与同行交流。

1993 年 3 月，徐永理事长应邀率中国皮革工业协会代表团列席"国际制革委员会会议"。1994 年提出入会申请，1995 年 3 月被批准为 A 级会员。协会每年派代表出席该委员会在中国香港召开的年会。1994 年，中国皮革工业协会申请加入"国际皮革工艺师及化学家协会联合会"，1995 年成为该会会员。自 1997 年开始，协会每届都组织行业科技人员、专家、学者代表团，参加该会每两年一次在世界各地召开的年会和国际学术研讨活动，并发表论文，扩大了中国专家在国际同行中的影响。2004 年，国际皮革化学家及工艺师协会联合会环境委员会主席 Rajamani 先生在与中国皮革协会张淑华副理事长会谈时，代表国际皮革化学家及工艺师协会提出，鉴于中国是世界上皮革生产大国，将破例请中国皮革协会派员直接出任大会副主席。经中国皮协推荐，中国皮革科学技术委员会通过，中国皮革协会秘书长苏超英出任国际皮革化学家及工艺师协会联合会副主席。2009 年 10 月 11—14 日，由中国皮革协会承办的第 30 届国际皮革工艺师和化学家协会联合会（IULTCS）大会在北京隆重召开。这是自 1949 年 IULTCS 在法国巴黎召开首次会议以来，第一次在中国召开，被誉为"世界皮革科技奥运会"。本届大会，不仅参会人数多、国家多；演讲及张贴论文多，涉及研究领域广，而且台上演讲精彩、台下提问积极，会后各种交流及文化活动丰富多彩，成为 IULTCS 有史以来召开的规模最大、气氛最热烈的一次大会。会上，中国工程院院士、四川大学教授石碧当选为主席。

1998 年，中国皮革工业协会被接纳为"国际皮业贸易协会"正式会员，通过每年参加该会在中国香港等地召开的年会，逐步掌握了国际皮业贸易"游戏"规则。从入会初期的"听会"会员国，逐渐成为一个积极参与国际事务的有影响力的会员国。1999 年 4 月 18 日，"国际皮业贸易协会亚洲委员会"成立，中国皮革工业协会常务副理事长张淑华出任主席，该届亚委会为了改变在国际皮业贸易中，过去只准使用英文版《国际合同6号生皮》和《国际合同7号成革》，使不熟悉英文条款的中国企业常在国际皮业贸易中处于蒙受损失的不利局面，经不懈努力并做了大量艰苦细致的争取工作，终于在2000年取得了中文版国际合同与英文版国际合同等效使用的权利，为中国企业平等参与国际竞争做了一件大事和实事。2008年3月30日，国际皮业贸易协会（ICHSLTA）第79届年会在中国香港举行，会议推选中国皮革协会理事长张淑华任主席。2010年3月召开的国际皮业贸易协会第81届年会上中国皮革协会理事长张淑华连任主席。

亚洲国际皮革科学技术会议系由中国、日本、韩国皮革科技界同仁共同建立旨在促进亚洲各国和地区进行皮革科技交流、是推进亚洲皮革工业发展的重要平台。自1992年始，由中、日、韩三方轮流主办，原则上每两年一届。

1992年第一届亚洲国际皮革科学技术会议于10月25—28日在中国成都举行，由成都科技大学（现四川大学）主办。会议由李英教授出任组委会主席，国内参加本次会议的皮革科技代表达200多人，来自日本、韩国、德国、英国、美国、西班牙、意大利、瑞士、罗马尼亚等国及中国港澳台地区的与会者达40余人。

1994年第二届亚洲国际皮革科学技术会议于9月26—28日在中国咸阳举行，由中国轻工协会皮革学会与西北轻工业学院（现陕西科技大学）主办。后经国家科委批准，以后此项国际会议的中国主办单位统一定为中国皮革工业协会。国内代表224人和日本代表团11人，韩国2人，中国香港地区3人，中国台湾地区4人出席了会议。

1996年9月9—11日，第三届亚洲皮革国际会议在日本国姬路市举行。中国轻工总会行业管理指导部主任、中国皮革工业协会理事长徐永率领专家、学者、企业家组成的中国皮革工业代表团出席会议。此后中国皮革协会都派团参加该会。

2001年7月26—28日　张淑华副理事长应邀率团出席在菲律宾马尼拉召开的"第20届亚洲鞋业大会"。为今后拓展与亚洲各国鞋业的经贸合作和技术交流打下了基础。此后中国皮革协会都组团参加每年一届的亚洲鞋业大会，2003年，第22届亚洲鞋业大会恢复为最初的名称，即国际鞋业大会。2006年9月3—6日"第25届国际鞋业大会"在中国上海召开，本届会议由中国皮革协会承办，这是在中国内地首次举办的国际性鞋业大会。大会邀请了来自亚洲、欧洲、美洲等二十多个国家和地区的鞋业协会及相关组织的50多名代表参加会议，是历届国际鞋业大会到会人数最多的一次。2009年6月1日，"第28届国际鞋业大会"（IFC）在中国广州市举行。中国皮革协会、广东鞋业厂商会、香港鞋业商会、台湾区制鞋工业同业公会、印度皮革出口商会、印度尼西亚鞋业协会、日本橡胶鞋业厂商会、马来西亚鞋业厂商公会、菲律宾鞋业联盟、韩国制鞋工业协会、泰国产业联盟、越南皮革鞋业协会等12个成员组织代表参加了会议。与会代表就当时在金融风暴背景下各国家和地区鞋业发展现状、发展前景、发展战略、生产技术，以及鞋业生产的能源、环境等业界关注的问题，展开了细致的沟通和深入的研讨。

2003年4月1—2日，"第一届世界鞋业大会"在比利时首都布鲁塞尔举行。中国皮革工业协会派代表参加了大会。世界鞋业大会每两年举办一次，中国皮革协会均派员参加，与欧洲、亚洲及美国等相关协会、研究机构制造商和贸易商就鞋类产品的生产与贸易方面的重要议题，展开全球范围的交流与对话。

2006年月15—18日，中国皮革协会主办的"第七届亚洲国际皮革科学技术会议"在成都召开。本届会议从与会代表人数、参会国家和地区范围，以及论文数量及国际化水平等方面，均创历史之最。参会代表达到150余人，不仅包括中国、日本、韩国、印度等亚洲国家的皮革科技工作者，还吸引了来自美国、德国、法国、英国、捷克等欧美国家的皮革学术同仁。

2007年8月29日，由中国皮革协会承办的2007亚洲毛皮业协会年会在北京召开。与会代表就各国毛皮制品、毛皮服装甲醛含量测定标准，甲醛在毛皮生产中产生的原因，毛皮加工工艺，毛皮工业与环境保护，毛皮国际进出口贸易等问题进行了广泛交流和深入探讨。本届会议对于加强亚洲毛皮行业交流与合作起到了积极作用。

在参加国际会议的同时，中国皮革协会还不断组团出国考察、交流，学习国外先进的技术、了解国际市场的需求，为我国皮革行业赶超先进、加快国际化进程起到了积极作用。

2. 中意混委会皮革工作组活动

在20世纪80年代中期，为了加强皮革行业的交流与合作，中国、意大利国家混委会，增设了中意皮革工作组，在皮革工作组的指导下，开展了多方面技贸信息合作，极大地推动了我国皮革行业走向世界。

1988年10月，中国皮革工业协会与意大利对外贸易协会合作，在天津举办"意大利皮鞋和包袋设计培训班"，全国11省市40家重点企业和研究所选派45名技术骨干参加为期6周的培训。两个班均由意大利专家授课，教学器材均由意方提供，学员收获很大，学习结束由中意双方联合颁发结业证。为推广意大利皮鞋、包袋先进设计方法，经协会批准，1990年至1992年天津皮革学校利用意大利教材分别在天津、浙江等地举办了7期培训班。

1989年4月，中国皮革工业协会与意大利对外贸易协会合作，联合编印出版《英意汉制鞋词汇》，负责人为许龙江。

协会19次组织有合作意向的企业，赴意参观国际著名的博洛尼亚西玛克制鞋技术及设备展（上半年）和制革技术及设备展（下半年）并分批组织制革、制鞋厂长（经理）赴意参加培训，对推动行业引进国际先进技术和设备，拓展视野，参与国际竞争起到了推动作用。出国团组名单如下。

1990年5月7日，中国皮革工业协会应邀组织鞋厂代表团参观西玛克鞋机展。

1993年11月15—25日，协会组织行业骨干企业厂长（经理）代表团赴意参观制革技术及设备展（团长　徐永）。

1994年3月12—5月23日，协会选派23位制革厂长（经理）赴意培训学习（团长　贾明）。

1994年5月8—17日，徐永理事长陪同轻工业代表团赴意考察皮革工业（团长　潘蓓蕾）。

1995年5月8—20日，协会组织制鞋企业代表团赴意参观西玛克鞋机展（团长　王传家）。

1996年3月7—27日，协会选派19名制鞋厂长（经理）赴意培训学习（团长　李玉中）。

1996年5月7—13日，协会组织制鞋企业代表团赴意参观西玛克鞋机展（团长　孙燕昌)。

1996年10月26日—11月2日，协会组织制革企业代表团参观制革机械展（团长 刘长友)。

1997年5月6—15日，协会组织制鞋企业代表团赴意参观西玛克鞋机展（团长 柳富林)。

1997年5月，协会协助总后3515工厂组团赴意考察。

1997年8月，协会协助金猴集团组团赴意考察。

1997年11月11—14日，协会组织制革企业代表团赴意参观制革机械展（团长 朱岩)。

1998年5月6—23日，协会协助国家技术监督局组团赴意考察。

1998年5月6—15日，协会组织制鞋企业代表团赴意参观西玛克鞋机展（团长 苏超英)。

1998年10月25—11月7日，协会组织制革企业代表团赴意参观制革机械展及参加短期培训（团长 金宝仲)。

1999年5月4—13日，协会组织制鞋企业代表团赴意参观西玛克鞋机展（团长 王钧)。

1999年11月1—10日，协会组织制革企业代表团赴意参观制革机械展并参加中意混委会工作组会议（团长 张淑华)。

2000年5月2—11日，协会组织制鞋企业代表团赴意参观西玛克鞋机展（团长 李玉中)。

2000年11月7—12日，协会组织制革企业代表团赴意参观制革机械展并参加中意混委会皮革工作组会议（团长 苏超英)。

自2001年起意大利对外贸易协会上海办事处停止邀请中国皮革工业协会组团。

3. 中捷混委会制鞋皮革工作组活动

1997年4月，中国皮革工业协会接中国轻工总会国际合作司转来外经贸部欧洲司三处函，通知称：在中捷混委会下设中捷制鞋皮革工作组；捷克政府赠款50万美元，供3515工厂更新制鞋设备，建示范生产线；为中方免费培训制鞋技术人员。在外经贸部、轻工总会大力支持下，协会积极组织实施。项目于1998—2001年顺利完成。2001年捷方为进一步完善示范生产线，又赠15万美元设备。整个项目于2002年4月在3515工厂圆满验收。

1997年5月13日，经外经贸部批准，中捷制鞋皮革工作组成立并签署项目合作协议。工作组中方牵头单位为中国皮革工业协会，项目执行单位为3515工厂；捷方牵头单位为捷克制鞋协会，项目执行单位为ZPS公司。

1997年9月29—11月30日，根据项目合作协议，捷克ZPS公司邀请中方派遣5名制鞋技术人员免费赴捷克国际制鞋学校学习2个月，中国皮革工业协会从3515和3513两个受援厂派员赴捷学习。

1998年7月，捷克ZPS公司主动提出向我国遭受洪涝灾害地区的鞋厂，免费提供小型制鞋机和配件。哈尔滨制鞋厂受益。

1998年10月4—11月30日，应捷克ZPS公司邀请，中国皮革工业协会选派北京市皮革研究所和新疆阿尔泰皮革集团公司共2名技术人员免费赴捷克国际制鞋学校学习。

2000年10月1—11月25日，应捷克ZPS公司邀请，协会选派天津赫勃斯鞋业公司和四川苗溪实业公司共2名技术人员赴捷克国际制鞋学校学习。

2001年9月30日—11月30日，应捷克ZPS-Prefex公司邀请，中国皮革工业协会选派温州东艺鞋业公司和南京万里集团有限公司共两名技术人员赴捷克国际制鞋学校学习。

2002年4月23—24日，捷克政府援华第一次鞋业赠款项目（1998—2001年）验收会在河南漯河3515厂举行。中国外经贸部欧洲司、中国皮革工业协会、中国新兴铸管集团公司和漯河市政府有关领导、捷克驻华使馆一秘、捷ZPS Prefix公司项目协调经理及媒体代表等共200余人参加大会。会议由河南省皮革工业协会理事长朱岩主持，3515工厂汇报了项目执行情况。中国皮革工业协会理事长徐永、捷驻华使馆一秘阿莱什·乌赫吉尔、漯河市副市长先后讲话，对项目的成功实施和中捷两国人民的传统友谊表示肯定和祝贺。会后，中捷嘉宾参观了主要用捷克先进制鞋设备组成的示范生产线，双方对生产线的高效运行和产品质量均表示满意。会议期间捷方向徐永理事长通报捷克政府第二次赠款项目即将启动，希望中方予以配合。

2002年4月26日，捷克政府援华制鞋设备开工庆典于河南省漯河强人集团公司举行（1998—2001年第一次援华项目，在中捷混委会皮鞋工作组的努力下已圆满结束）。其捷克驻中国大使馆一秘阿列斯·沃吉泰尔，ZPS-Perfix公司总裁简·奥德斯切尔，外经贸部欧洲司、轻工业联合会国际合作部、中国皮革工业协会、总后军需部、军需技术装备研究所、新兴铸管集团公司、河南省皮革协会和漯河市党政领导以及新闻界的朋友共400余人参加大会。会后中国皮革工业协会徐永理事长还就第二次捷克援华项目有关事宜与捷克使馆一等秘书交换了意见，相信双方在认真总结经验的基础上会使第二次合作取得更大成功。

2002年11月中旬，捷克政府援助中国制鞋设备第二期赠款项目即将启动。中国皮革工业协会作为项目的管理单位，与捷克政府有关部门负责人、设备生产厂商代表以及捷克驻华使馆有关人员就如何实施该援助项目进行了初步磋商。同时，协会还安排了捷方代表参观了北京4家制鞋厂，并同北京轻联皮革集团公司举行了座谈。

2003年3月12日，捷克工贸部顾问马拉他、ZPS-Prefix公司董事长Jan Odstrcil一行3人访华，中国皮革工业协会理事长徐永、秘书长苏超英就第二次赠款事宜与捷方进行会谈。捷方表示捷克政府已批准第二次赠款项目，希望中方协助选择受援单位。徐永理事长表示，中国皮革工业协会作为中捷混委皮革皮鞋工作组的中方牵头单位，一贯重视对该项目顺利实施的协调和监督。今后将根据中国外经贸部的有关指示和捷方要求，继续做好对新项目的协调、管理和监督工作。会后，协会派专人陪同捷方代表赴温州考察受援企业。

六　推动节能环保　引导行业科学发展

1. 联合国工发组织对中国制革厂污水治理援助项目

1991年，中国皮革工业协会配合轻工业部国际合作司向联合国工发组织申请对中国制革厂污水治理援助项目。1993年11月争取到德国政府对该项目340万美元的援助款，自1994年1月生效。根据协议在协会内成立项目办公室，中国皮革工业协会副理事长张淑华任主任，副主任由轻工业部国际合作司项目官员王振和与上海皮革研究所高工宋宪雯担任，苏超英高工为办公室成员。

1995年5月9—28日，根据联合国工发组织对中国制革污水治理项目工作计划，张淑华主任、王振和副主任对美国、日本制革污水治理技术进行调研。

1995年6月30日—7月10日，应联合国工发组织项目官员邀请，宋宪雯副主任和工作人员苏超英赴奥地利维也纳汇报项目进展情况及下一步工作计划。

1995年8月29日—9月29日，根据联合国工发组织制革污水治理援助项目工作计划，中国皮革工业协会从企业选拔16名符合条件的环保技术人员赴英国皮革技术中心进行培训。

1996年3月18—29日，中国皮革工业协会委托中国皮革工业研究所在南京制革厂举办制革污水治理技术培训班，邀请中、日专家讲学。此举对加速制革污水治理人才培养，提高制革企业的环保意识起到了较大促进作用。

1996年4月2—3日，联合国援助中国制革环保项目工作会议在南京召开。会议内容：①通报各受援单位项目进展情况；②审议各受援单位项目预验收目标；③传达在印度召开的联合国工发组织区域项目主任工作会议精神；④制订下一步工作计划。

1996年9月8—11日，张淑华主任和宋宪雯副主任赴日本参加联合国工发组织制革污水治理区域项目专家会议，同时出席在日本姬路市举行的"第三届亚洲皮革科技国际学术会议"，并参观了东京"日本皮革展览会"。

1996年11月14日，联合国工发组织"援助中国皮革工业制革污水治理项目深度评估会议"在各受援单位进行。联合国工发组织项目评估官员冈萨雷斯、德国政府经济部对外合作司官员考本费尔、德国技术专家费林斯、联合国工发组织北京代表处官员尼嘎·郝沫林、援助项目办公室主任张淑华、副主任宋宪雯、王振和，工作人员苏超英参加了全部评估会。

经综合评估，该项目选择上海大场制革厂（现为上海富国皮革有限公司）、南京制革厂、西安3513工厂作为示范单位，中国皮革工业研究所作为全国制革污水治理技术培训中心。

1996年11月29日—12月1日，联合国工发组织制革污水治理援助项目办公室工作会议在江苏省徐州市召开。项目办公室主任张淑华，副主任宋宪雯，工作人员苏超英，项目专家高孝忠、吴浩汀、杨建军参加会议。会议决定成立援助项目制革污水治理技术中心，中心负责人由张淑华担任，工作人员为高孝忠、周国华、吴浩汀、杨建军、宋宪雯、苏超英。

1997年6月2—13日，为贯彻《国家环境保护"九五"计划和2010年远景目标》和国务院《关于环境保护若干问题的决定》，使皮革行业污染物排放基本达到国家或地方规定的排放标准，提高皮革行业防污治污能力，同时为使联合国工发组织污水治理援助项目受援单位的经验在行业中得到广泛推广，委托项目培训中心与3513工厂共同举办制革污水治理技术培训班。同时宣布联合国工发组织将增拨15万美元供开展制革污泥治理研究，并决定该项目由西北轻工业学院皮革工程系和徐州鹰球皮革集团共同承担。

1997年6月22日—7月1日，根据联合国工发组织东南亚区域项目的计划安排，该项目官员A. Sahasranaman先生一行4人来我国参观考察有关制革企业，了解环境治理，安全操作，劳动保护，以及上述领域开展的科研、教学等方面的情况，并为东南亚地区制革工业安全操作，劳动保护项目，在中国的选点进行调研。同年10月，中国皮革工业协会组织专家赴印度参加制革污水处理厂设计、运行、维修工作研讨会。11月24日—12月8日，中国皮革工业协会在上海皮革工业研究所举办中英制革污水处理技术培训班并邀请英国皮革技术中心污水治理专家和中国污水治理专家授课。

1998年2月15—22日，中国皮革工业协会选派以章川波教授为首的专家组赴德国考察制革污泥处理技术。考察项目有堆肥、施肥、废铬液处理、污泥焚烧等技术。

1998年9月21—26日，应联合国工发组织东南亚区域项目办公室的邀请，中国皮革工业协会代表团一行4人前往印度参加制革清洁工艺研讨会。

1999年8月15日，中国皮革工业协会环保技术推广中心正式成立，并对全国制革企业的环保治理、技术需求及计算机应用等情况进行了调查。

2000年3月5—7日，中国皮革工业协会在江苏鹰球皮革集团召开"制革污水及污泥处理技术研讨会"，西北轻院等有关专家做专题讲演，德国专家参加研讨。

2. 引导行业走环保健康发展道路

进入21世纪后，随着经济的发展，国家对资源环境的保护越来越重视，科学发展、绿色发展日益成为时代发展潮流。我国皮革行业发展越来越多地面临着制革用水量大、能源供应不平衡等资源限制、环境约束，节能减排和环境保护的压力日趋加大。中国皮革工业协会也不断加强环保方面的工作，引导行业走环保健康的发展道路。

2003年11月中旬，按照国家发改委的部署和中国轻工业联合会的安排，中国皮革工业协会编写了"皮革（毛皮）行业十一五污染防治规划"，向政府有关部门介绍了我国皮革行业目前污染状况、皮革毛皮原料消耗、固体废弃物综合利用率、主要污染物的排放量，按照中国皮革行业"二次创业"的总体部署，制定了"十一五"期间的皮革毛皮行业污染防治目标和主要指标、主要任务及措施。

2003—2004年，协助国家环保总局制定《制革、毛皮工业污染控制技术政策》，向该技术政策的编制部门提供了行业运行状况资料，并与其共同发文对制革企业进行了调研，对技术政策的合理性和可操作性提出了大量的建议和意见。

2005年5月，中国皮革协会受国家环保总局委托牵头制定《皮革及毛皮加工工业污染物排放标准》。同年7月，中国皮革协会对制革、毛皮企业进行广泛调研，使新标准更加切合行业实际，更好地维护生产企业的利益。

2007年7月，受国家环保总局委托，牵头对全国制革、毛皮加工工业排污系数进行核算，先后对16个皮革、毛皮比较发达的省、自治区和直辖市，抽取了60家制革企业和24家毛皮加工企业的实际生产和排放废水样品进行了实测，调查了72家制革企业和28家毛皮企业的历史数据，最终形成了制革和毛皮加工工业产排污系数使用手册。

污染治理关键在企业。2007年，中国皮革协会利用联合国污染治理援助项目成果，根据制革企业的需求，组织国内制革污水处理环保专家，帮助企业有针对性地选择污水处理技术，为企业污水有效处理提供了比较可靠的保证。

为了落实科学发展观，推动国家"十一五"节能减排目标的实现，促进企业自主创新，采用科学先进、经济合理的节能减排技术，推动皮革行业可持续发展，2007年9月中国皮革协会六届理事会第一次扩大会议通过了《关于设立"皮革行业环保创新奖"提案的决议》，在2008年初中国轻工业联合会与全国总工会年度联席会议上，中国皮革协会与中国财贸轻纺烟草工会决定，联合开展全国皮革行业节能减排环保创新奖评选表彰活动。

"节能减排环保创新奖"所涉及的评选范围包括：能够促进皮革行业有效治理污染、明显节约能源、有效利用资源、技术可靠、经济可行、有良好推广潜力，在行业发展过程中具有明显的示范效果的技术、生产工艺、设备、管理系统等。

中国皮革协会会同中国财贸轻纺烟草工会共同负责该项奖励活动的组织工作；各地方皮革协会和地方产业工会负责本行政辖区内对创新奖申报项目的推荐。该创新奖是促进行业节能减排、环保自律的公益性活动，旨在前瞻性地引导行业在节能减排领域的创新。2008年9月1日，在中国皮革协会第六届理事会第二次扩大会议上，"节能减排环保创新奖"首批七个获奖项目隆重揭晓，并对获奖单位、集体或个人予以表彰。首批获奖项目充分体现了节能减排环保创新奖的宗旨和原则，在行业节能减排工作中具有良好的示范作用。"节能减排环保创新奖"原则上两年评选一次，2010年9月，第二届"节能减排环保创新奖"也隆重揭晓。

按照国家环保部的部署，为了掌握并分析制革行业污染排放和治理水平的现状，制定制革行业污染减排工作的总体规划和实施细则，优化制革行业区域布局，落实产业结构调整，确保到"十一五"末期比"十五"末期多完成污染减排10%的任务目标，中国皮革协会经过调研分析，于2008年9月完成了制革行业污染减排分析报告和实施方案的编写工作，为国家节能减排总体规划提供了重要参考依据。

自制革业被列入"两高一资"行业，被戴上"高污染"的帽子以来，发展受到极大限制，制革行业污染治理问题关系到皮革行业发展的命脉，关系到行业的可持续发展，关系到国家整体的环保治理。制革行业是符合循环经济发展要求的行业，为此，2009年7月在辽宁阜新召开的"中国皮革协会制革专业委员会2009年专题工作会议"上首次提出，并在2009年9月召开的"中国皮革协会第六届理事会第三次扩大会议"上通过决议，全行业行动起来推进节能减排，实现"摘帽子"工程。成立由中国皮革协会牵头，环保专家、重点企业、特色区域和行业协会等代表组成的"制革行业环境自律行动小组"，作为"摘帽子"工程的领导小组。引导行业全面提高环保意识，以自觉承担污水治理成本为荣；在此基础上，加强对制革业的宣传报道，客观评价污染情况及治理进展，努力赢得社会的理解和政府的支持，树立新型制革业的良好形象。

"十一五"期间，沿海发达地区的制革企业开始向内地转移，为了保护环境，中国皮革协会提出在全国培育5—8个以制革为龙头的承接转移型皮革生产基地，引导行业形成几个集中生产、统一治污、符合循环经济发展模式、产业链比较完善的新型制革基地，促进皮革行业在梯度转移中合理布局、错落有序、节能减排，以保证我国皮革产业的平稳、健康发展。

经过多次到阜新皮革基地调研、考察，以及与辽宁省政府主要领导深入交换意见，最终将阜新皮革产业基地确定为全国首个承接转移——中国制革示范基地。2009年8月31日，中国皮革协会第六届理事会第三次扩大会议上，辽宁阜新皮革产业基地被确定为全国首个承接转移——中国制革示范基地，并举行了中国轻工联合会、中国皮革协会、辽宁省人民政府、阜新市人民政府四方共同培育"中国制革示范基地·阜新"的签字仪式。协议明确提出，阜新皮革产业基地将建设成为以制革为主导，产业链条完善；集中生产，统一治污，从根本上解决困扰制革业的污染问题；前瞻性地将先进的制革清洁化生产技术、污水治理技术、固体废物处理技术集成到制革示范基地，建成制革行业发展循环经济的试点；探索资源枯竭型城市经济转型和皮革产业有序转移的有机结合。

2010年初，受国家工信部和中国轻工业联合会委托，中国皮革协会开始对行业清洁生产进行全面调研，按照成熟度及推广价值，对清洁生产技术进行筛选，最后形成《皮革行业节能减排技术筛选与评估》。通过该项工作分析行业节能减排现状以及问题，提出行业节能减排潜力分析与技术推广应用政策建议，以得到政府相关部门更好的支持。

2010年5月—6月，受国家环保部总量司委托，中国皮革协会着手开展《皮革行业水污染减排技术及核查核算参数研究》工作。对河南、江苏、浙江、广东等省实地调研和考察，收集大量水污染参数，制革减排及治理水污染成熟技术，同时了解了水污染减排难点问题。根据调研数据分析核查核算参数，完成皮革行业水污染减排技术和核查核算参数研究报告。2010年8月20日，环保部总量司组织专家对中国皮革协会承担的"皮革行业水污染减排技术及核查核算参数研究"项目进行了验收。

2010年5月12—13日，制革行业环保自律行动小组在北京召开了第一工作会议。会议明确了自律小组承担的职责：落实国家政策的助手，加强环保自律的号手，做好节能减排的推手，培育行业楷模的抓手。自律小组联合行业力量在协助环保部、工信部等政府有关部门做好规划、调研和建议，筛选和推广行业先进污染治理技术和清洁生产技术以及环保宣传工作等方面展开一系列工作。

为贯彻落实国家相关环保政策，进一步提升制革行业污染治理水平，国家环保部决定组织开展制革企业环保核查工作，依据核查结果发布制革企业环保达标公告。受国家环保部委托，由中国皮革协会组织专家对提交申请的企业开展现场核查工作。中国皮革协会决定以制革行业环保自律行动小组为依托，协助开展制革行业污染核查相关工作。为了推进此项工作，国家环保部污防司和中国皮革协会于2010年7月30日在河南郑州召开了工作启动会，2010年8—9月，共有约260家制革企业报名申请，经过初步审查，对基本满足条件的64家企业作为第一批核查企业。2010年10—12月，中国皮革协会与各地方皮革协会依托自律小组形成专家组对第一批核查企业进行了现场考核，并于12月底形成了考核报告上报给国家环保部。

第二节　理事会

中国皮革工业协会的最高权力机构是会员（代表）大会。理事会是会员（代表）大会的执行机构，在会员（代表）大会闭会期间领导协会开展日常工作，对会员（代表）大会负责。

1988年7月19—23日，中国皮革工业协会成立暨第一届全国会员代表大会在河南省郑州市召开。全国230余名代表出席会议。根据国家经济委员会经体（1987）88号文致轻工业部《关于同意成立中国皮革工业协会的批复》精神，轻工业部原皮革文化用品局局长王秀英在会上作了有关轻工业部机构改革，组建中国皮革工业协会的必要性及协会性质、运行机制、基本任务和与地方皮革协会、公司关系的讲话。筹备组负责人张英振汇报了协会及组织发展筹备工作。

会议通过了《中国皮革工业协会章程》和《中国皮革工业协会关于缴纳会费的规定》。选举产生了第一届理事会理事112名，其中常务理事29名。王秀英为理事长，许龙江、杨兴祥、黄海光、魏德明为副理事长，秘书长为许龙江（兼），副秘书长为张清周、张淑华。会议聘请王毅之为名誉会长，徐运北、季龙、邢德海、旺希嘎、唐玉珍、马广生、马燮芳、石祥麟、李树基、李良发、符之耀为协会顾问。

1989年4月5—7日，中国皮革工业协会第一届第二次常务理事扩大会议在北京市怀柔县召开。会议议题：就猪皮补贴减少，行业面临严峻形势交换意见；审议协会成立半年来的工作及1989年工作计划；增补协会理事；同时就皮革工业产业政策、"八五"规划和扩大出口等情况进行讨论。同意《关于建立专业委员会的意见》和增补4名协会理事的意见。

1990年10月28日—11月1日，中国皮革工业协会第一届理事会第二次会议在上海召开。会议主要内容：讨论常务理事会工作报告，修改协会《章程》，研究协会今后重点工作。

1991年10月14—16日，中国皮革工业协会第一届第三次常务理事会议在北京召开。会议主要内容：学习轻工业部曾宪林部长在全国轻工业会议上所作的题为《"八五"期间几项重要工作的基本思路》的讲话，交流各地开展"质量、品种、效益年"活动经验，审议协会《章程》和《财务管理办法》。

1992年8月25—26日，中国皮革工业协会第一届第四次常务理事会议在北京市怀柔县召开。会议就协会换届选举有关工作进行研究和准备。

1992年10月27—29日，中国皮革工业协会第二届理事会第一次会议在上海召开。会议主要内容：研究安排1993年协会工作，选举理事、常务理事和正副理事长，修改《缴纳会费的规定》。会议选举徐永为理事长，许龙江、张淑华、林定根、梅峰、盛璞、刘长有、于培田、吕钧毅、王传家、高行胜、王锡祥、俞敬民、白坚为副理事长，秘书长为张淑华（兼），副秘书长为张清周。会议聘请徐运北、王毅之、季龙、王秀英、杨兴祥为名誉会长，李良发、包文忠、邢德海、汪希嘎、马广生、李树基、张英振为名誉副理事长，马燮芳、石祥麟、符之耀为名誉理事。

1993年10月12—14日，中国皮革工业协会第二届理事会第二次会议在北京召开。会议中心议题：抓住机遇，迎接挑战，共商行业发展大计。

1994年10月25—28日，中国皮革工业协会第二届理事会第三次会议在上海召开，徐永理事长作了《坚持质量立业，实施名牌战略，把皮革行业发展推向一个新水平》报告。

1995年10月9—12日，中国皮革工业协会第三届理事会第一次扩大会议在北京召开。会议选举产生了理事、常务理事和正副理事长。理事长：徐永，常务副理事长：张淑华，副理事长：林定根、卫祥云、杨伟才、梅峰、甘士骥、熊仲春、刘长友、孙燕昌、于培田、王连金、霍建国、陈生伟、高行胜、朱相桂、王锡祥、俞敬民、曹浩强、王传家、张锦卫、白坚、吴进周、常新华，秘书长：张淑华（兼），副秘书长：苏超英。会议聘请了徐运北、王毅之、季龙、王秀英、杨兴祥、许龙江为名誉会长；李良发、包文忠、邢德海、旺希嘎、李志简、马广生、李树基、张英振、盛璞、段镇基、何先琪、潘津生为名誉副会长；马燮芳、石祥麟、符之耀、张清周、贾安健、吕均毅为顾问。

1996年10月26—29日，中国皮革工业协会第三届理事会第二次扩大会议在上海召开。会议的中心议题是：培育国内外市场，东西部携手发展，实施科教兴国，强化环境保护。

1997年10月18—21日，中国皮革工业协会第三届理事会第三次扩大会议在北京召开。会议中心议题：抓住机遇，积极推进"两个转变"，探索实现中国皮革工业"二次创业"新思路。

1998年11月21—24日，中国皮革工业协会第三届理事会第四次扩大会议在北京举行。本次会议正值中国皮革工业协会成立10周年，又与"第四届亚洲国际皮革科学技术会议"同时召开，三项活动的开幕式合并举行。本次理事会中心议题是：更新观念，转变机制，研究市场，加快"二次创业"步伐，迎接新世纪挑战。

1999年10月10—13日，中国皮革工业协会第四届理事会第一次扩大会议在上海虹桥宾馆召开，会议的中心议题是：以"二次创业"为核心，走可持续发展道路，实施名牌战略，积极开拓国内外市场，以新姿态进入21世纪。

中国皮革工业协会第四届理事会由309名理事单位组成，其中常务理事单位164名，正、副理事长30名，其中：徐永为理事长，张淑华为常务副理事长，副理事长有苏超英、李曜、卢志江、陈学忠、王连金、马宝林、刘计良、霍建国、杨建国、严慈亮、朱相桂、杨祥娣、王锡祥、金富荣、曹浩强、姚炳忠、姜　华、郑秀康、林和平、王传家、张锦卫、柳富林、崔庆义、陈玉珍、李瞻如、黄良莹、张善勤、熊仲春，苏超英兼任秘书长，副秘书长为李玉中。会议聘请了徐运北、王毅之、季龙、王秀英、许龙江为名誉会长；李良发、包文忠、邢德海、马广生、李树基、张英振、盛璞、段镇基、潘津生为名誉副会长；马燮芳、符之耀、张清周、贾安健、吕均毅、吕绪庸、常新华、王雨魁、马达为顾问。

2000年10月9—11日，中国皮革工业协会第四届理事会二次扩大会议于上海虹桥宾馆召开。会议中心议题：思维创新，迎接新经济挑战，推动"二次创业"。

2001年9月25—27日，中国皮革工业协会第四届理事会第三次扩大会议在上海虹桥宾馆召开。会议中心议题：管理创新，迎战入世，加速"二次创业"进程。

2002年9月18—20日，中国皮革工业协会第四届理事会第四次扩大会议在上海虹桥宾馆召开。本次理事会的中心议题是：诚实守信、科技创新、强化环保，拓展多元化市场，走可持续发展之路。

2003年9月1—3日，中国皮革工业协会第五届理事会第一次扩大会议在上海虹桥宾馆召开。本次会议的中心议题是：全面贯彻"三个代表"的重要思想，大力拓展市场，争创民族品牌。会议选举了中国皮革协会第五届理事会正副理事长44名和正副秘书长。理事长为徐永，常务副理事长为张淑华，副理事长有苏超英、李曜、李庆元、杨承杰、于培田、张书凯、谢少明、刘金辉、霍建国、杨建国、严慈亮、朱相桂、杨祥娣、王锡祥、徐辉、曹浩强、朱张金、姜华、孟建新、郑秀康、王振滔、王敏、林和平、王远东、丁志忠、吴华春、王传家、张锦卫、汪海、柳富林、于永波、李建奎、朱岩、崔明杰、骆秋强、陈玉珍、盛百椒、李展成、邓祐才、李开华、黄良莹、次仁玉珍。秘书长由苏超英兼任，副秘书长为李玉中、聂玉梅。会议聘请了陈士能、徐运北、杨波、季龙、叶荣宝、韩葆珍、王秀英、许龙江为名誉会长；李良发、邢德海、包文忠、李树基、张英振、盛璞、段镇基为名誉副会长；符之耀、张清周、金富荣、刘计良、贾安健、吕均毅、吕绪庸、常新华、王雨魁为顾问。

2004年8月30日—9月1日，中国皮革协会第五届理事会第二次扩大会议在上海虹桥宾馆召开。本次会议的中心议题是：解读2005——提升企业核心竞争力。

2005年9月5—6日，中国皮革协会第五届理事会第三次扩大会议在上海虹桥宾馆召开。会议的中心议题是：学习和运用国际规则，平静面对"后过渡期"。

2006年9月3—5日，中国皮革协会第五届理事会第四次扩大会议在上海虹桥宾馆召开。会议的中心议题是：调整结构，转变增长方式，携手推进皮革行业"十一五"良好开局。

2007年9月3—5日，中国皮革协会第六届理事会第一次扩大会议暨首届世界皮革产业合作与发展论坛在上海虹桥宾馆举办。会议的中心议题是：主动调整，创新发展，推动中国皮革业与世界和谐共赢。会议选举了中国皮革协会第六届理事会正、副理事长62名和正、副秘书长。理事长为张淑华，副理事长有苏超英、李玉中、查长全、李曜、李庆元、杨承杰、柳凤永、王铁仁、谢少明、刘金辉、贺国英、霍建国、杨建国、汪雨生、陈英杰、朱相桂、杨祥娣、张春廷、李青、李伟娟、许煜威、曹浩强、朱张金、任有法、岳姚祥、许建新、姜华、谢榕芳、郑秀康、王振滔、陈国荣、徐士淮、杨正、吴荣光、林和平、吴清滨、丁志忠、吴华春、丁水波、于永昌、张锦卫、柳富林、曹培利、周国祥、汪海、王吉万、朱岩、崔明杰、崔延安、王建新、王敏、郑合明、秦刚、邓祐才、刘穗龙、陈玉珍、盛百椒、李展成、李开华、黄良莹、次仁玉珍。秘书长由苏超英兼任，副秘书长为聂玉梅。会议聘请了陈士能、徐永、徐运北、杨波、季龙、叶荣宝、韩葆珍、王秀英、许龙江为名誉会长；段镇基、邢德海、张英振、包文忠为名誉副会长；金富荣、刘计良、符之耀、吕绪庸、常新华为顾问。

2008年9月1—3日，中国皮革协会第六届理事会第二次扩大会议暨2008第二届世界皮革产业合作与发展论坛在上海虹桥宾馆举办。会议的中心议题是：坚定信心，在变局中实现产业转型升级。

2009年8月31—9月2日，中国皮革协会第六届理事会第三次扩大会议暨2009第三届世界皮革产业合作与发展论坛在上海虹桥宾馆举办。会议的中心议题是：增强信心，开启复苏之旅。

2010年8月30日—9月1日，中国皮革协会第六届理事会第四次扩大会议暨2010第四届皮业国际论坛（原"世界皮革产业合作与发展论坛"）在上海虹桥宾馆举办。会议的中心议题是：加快转变发展方式，科学规划行业蓝图。

1988年中国皮革工业协会在职工作人员名单

许龙江　副理事长兼秘书长
张清周　副秘书长
张淑华　副秘书长
孙廷俞　办公室主任

陈兰芬　办公室副主任
聂玉梅
于　军

2010 年中国皮革协会在职工作人员名单

徐　永　名誉会长
张淑华　理事长
苏超英　常务副理事长兼秘书长
李玉中　副理事长
聂玉梅　常务副秘书长
陈占光　副秘书长兼真皮标志办公室主任
叶香菊　副秘书长兼信息办公室主任
综合办公室：曹玉亭（副主任）、王娟
真皮标志办公室：李燕萍（副主任）、黄彦杰、黄芳、齐俊平、王俊勇、张正洁
市场发展办公室：张铁山（副主任）、李建业、马瑞华、张雷、王澌瀑、张奕
制鞋办公室：卫亚非（主任）、路华、雏霞、李德同
信息办公室：梁玮、樊永红、付强、王鹏、郭欣、刘春、冉福林、杨国宇

第三节　中国皮革协会大事记

1986 年

12 月 30 日，申请建立中国皮革工业协会的报告

轻工业部（86）轻协字第 04 号文，致国家经济委员会《关于申请建立中国皮革工业协会的报告》。

1987 年

2 月 13 日，同意成立中国皮革工业协会的批复

国家经济委员会经体（1987）88 号文致轻工业部《关于同意成立中国皮革工业协会的批复》。中国皮革工业协会开始筹备工作。

1988 年

7 月 19—23 日，在河南省郑州市召开中国皮革工业协会成立暨第一届全国会员代表大会。230 余名代表出席会议。会议讨论通过了《中国皮革工业协会章程》；选举产生了第一届理事会。

8月18—24日，在内蒙古呼和浩特市进行全国毛皮产品质量鉴定评比。全国有17个省、自治区、直辖市的50个企业、20个品种、84份产品参加评比。

9月1日，组建协会临时党支部。按轻工业部行业管理指导司临时党委（88）轻行管党字第002号《关于组建协会、公司临时党支部的通知》，成立皮革协会临时党支部，书记为许龙江。

9月5日，全国皮鞋质量鉴定评比在江苏省无锡市进行，轻工、农业、商业、总后系统的237个企业参加评比。产品品种15个，样品总数313个。

9月9日，在西安进行全国旅行衣箱质量鉴定评比。轻工、农业所属的32个皮件企业的32分产品参加评比。

9月13日，在北京进行皮革工业产品国优质量奖评选以及复查工作。

10月7日—11月23日，在天津市举办"意大利包袋皮件和皮鞋设计国际班"。这是中国皮革工业协会同意大利对外贸易协会合作项目。由意大利设计师主讲，来自11个省市40个企业的45名学员参加学习。经考试合格由意大利对外贸易协会和中国皮革工业协会分别发给结业证书。

10月7日—11月23日，在浙江省海宁市进行全国皮革服装质量鉴定评比。皮革服装评比企业45个，送样77份；手套评比企业36个，送样60份。

11月14日，中国皮革工业协会代表团首次以观察员身份参加在保加利亚首都索菲亚召开的第十三届社会主义国家毛皮会议，团长为张淑华。

1989年

3月16日，颁发1988年复评确认部优质产品名单和证书，38个产品继续保持部优产品称号。

4月5—7日，在北京市怀柔县召开中国皮革工业协会常务理事会第二次（扩大）会议。

4月7日，中国皮革工业协会皮制球专业委员会在北京成立。专业委员会由十一名委员组成，主任委员为张淑华，副主任委员为张震远、倪善儒。

4月19日，在北京召开皮革产品分类分级办法研讨会，研究《皮革产品质量分级规定》。

5月23日，在天津市召开"皮革化工产品质量分类分级规定及产品标准"研讨会。

6月20日，中国工业经济协会以工经行（1989）51号通知，同意中国皮革工业协会为中国工业经济协会团体会员单位。

7月14—23日，参加首届北京国际博览会，皮革工业展团占地面积156平方米，21个省区市139家企业参展，展品共500余件，共获奖牌114块，其中金牌17块，银牌47块，铜牌50块。

9月6—8日，在北京对《皮革服装产品分类分级规定》《旅游衣箱产品质量分类分级规定》讨论稿进行修订。

9月8日，中国轻工行业协会联合会（89）轻协联会字第006号《关于各协会党支部组成的批复》。第四支部（皮革协会）书记为许龙江。

9月23日，中国皮革工业协会皮革五金专业委员会在北京成立。专业委员会由13名委员组成，主任委员为张淑华，副主任委员为滕松。

10月5—25日，中国皮革工业协会张淑华任组长的一行6人赴保加利亚考察毛革两用毛皮加工技术。

10月19日，中国皮革工业协会经营管理专业委员会在南京成立。主任委员为贾安健，副主任委员为王铭信。

10月23日，中国皮革工业协会同北京大学经济学院，联合对皮革工业进行调查。

11月4日，中国皮革工业协会开始筹建电脑数据库。

12月7日，组织编制《皮革工业"八五"科技发展规划》和《皮革工业中长期科技发展纲要》。

12月18—24日，中国皮革工业协会同中国国际工程咨询公司在北京联合举办中日制革技术研讨会，有27名制革工程技术人员参加。

12月25日，致李鹏总理的报告。中国皮革工业协会致李鹏总理并田纪云副总理报告《关于对财政部决定取消猪皮补贴的意见》。

1990年

1月5日，中国工业经济协会工经行函（1990）01号同意中国皮革工业协会为中国工业经济协会的理事单位。

3月31日，编写《皮革工业"八五"规划和十年规划设想》。

4月14日，在上海召开全国皮革五金行业会议。会议就召开皮革五金专业委员研究1990年皮革五金行业工作、皮革工业"八五"规划、皮革五金产品质量评比、分类分级规定等问题进行研讨。

4月17日，中国皮革工业协会（90）轻皮协字第014号文下达《关于调整皮革、皮革服装国家二级企业部分指标的通知》。

5月10日，中国皮革工业协会在南京召开部分省市皮革公司经理座谈会。会议主要内容：①调查研究猪皮价格补贴取消后，利用猪皮制革及皮革制品生产企业的情况和问题；②对《皮革工业"八五"规划》交换意见。

5月17日，中国皮革工业协会组织部分专家在北京进行1990年皮鞋国家优质产品评审推荐和部优产品抽验。

6月，编制《"八五"期间皮革工业技术开发项目——高档皮革制品加工设备及技术开发》。

7月7日，在北京进行1990年全国皮制球产品质量鉴定评比，产品有13个品种，共3分；评出A级产品23份，B级产品11份，C级产品9份。由我国提供的为第十一届亚运会用皮制球（篮、排、足、手球），均被评为A级产品。

8月6日，在山西省太原市进行1990年全国皮革产品质量评比。产品包括12个主要皮革品种，有131家企业的205份产品参加评比。共评出A级产品24个，B级产品81个，C级产品79个。

8月23日，在北京进行1990年全国皮革五金产品质量鉴定评比。这是皮革五金产品质量的第一次评比。

10月28日—11月1日，中国皮革工业协会第一届全国理事会第二次会议在上海召开，于珍副部长出席会议并讲话。

10月28—31日，中国皮革工业协会在上海举办第二届全国包袋皮件产品优秀设计评选工作。

10月31日，中国皮革工业协会同上海国际贸易信息和展览公司在上海商城大厦联合举办第二届国际皮革展览会。

11月1—2日，中国皮革工业协会皮件专业委员会成立和首次会议在上海召开。会议产生了专业委员会组成人员8人，主任委员：赵德增（上海）、第一副主任委员：罗庚惠（北京）。

12月22日，轻工业部经济调节司和中国皮革工业协会在北京召开1991年猪皮免税问题研讨会。上海、北京、辽宁、沈阳、四川、山东、江苏、湖北八省市皮革公司和部分制革企业有关同志参加。

1991年

1991年，编制《皮革工业"八五"技术改造项目计划》，并组织专家对108家企业进行项目论证。

1991年，组织审查《皮革工业科技进步一条龙》项目。

1991年，对皮革工业"星火"科技推广项目提出审查意见。

1991年，组织皮革工业科技进步奖的评审工作。

1991年，起草并提出皮革工业改组改造方案。

1991年，参与皮革工业晋升二级企业的审查和推荐工作，轻工业部批准4家为二级企业。

1991年，皮革工业37位企业厂长（经理）向李鹏总理送交了《关于振兴皮革工业建议》的一封联名信。信中反映了皮革工业当前存在的问题，提出了建议。李鹏总理办公室将此信批转轻工业部，于珍副部长批示要行业管理司和中国皮革工业协会提出建议。为此，协会起草了与行管司的联合报告。

1991年，配合轻工业部国际合作司争取联合国对中国皮革环境保护赠款项目。

4月8—15日，组织参加"第二届北京国际博览会"，有25个省市179家企业共计937件展品参展。获得金、银、铜牌奖152块，成交总金额1.1亿美元。

5月7日，在山东省招远县召开"皮革五金专业委员会"和《皮革五金产品质量分类分级规定》研讨会。

5月15—18日，在浙江省奉化市召开"皮制球专业委员会换届选举"会和《全国皮制球产品质量分类分级规定》及其《细则》研讨会。

6月，编制《皮革工业十年规划和第八个五年计划》。

6月16—27日，在内蒙古呼和浩特市进行1991年全国皮鞋、旅游鞋（运动鞋）产品质量鉴定评比，有28个省市区197家企业301份产品参加评比。

7月5—6日，进行"1991年全国皮革国家优质产品评审和推荐工作"。评审和推荐国优皮革产品包括绵羊服装革、牛鞋面革、牛软面革。

8月，编制《皮革工业十年出口规划和第八个五年出口计划》。

9月30—10月20日，同商业部日用工业品司、化工部橡胶司、中国百货商业协会联合在北京四大百货商场举办"全国鞋类名、特、优、新产品展"。

10月14—16日，第一届第四次会议。在北京召开中国皮革工业协会第一届常务理事会第四次会议。主要内容：①学习全国轻工业座谈会有关文件；②交流开展"质量、品种、效益年"活动的情况和经验；③修改通过协会《章程》；④讨论通过协会《财务管理办法》（试行）。

10月16—21日，国际皮革和设备展览会。同部轻工贸促分会在北京国际展览中心共同举办"国际皮革技术和设备展览会"。德国、意大利、英国、美国、瑞士、西班牙、捷克、韩国、中国香港、中国台湾等国家和地区，以及国内部分皮革机械厂参展。同时组织三场意大利公司的专题技术交流。

11月，财政部取消猪皮价格补贴后，为了解决猪皮收购资金问题，协会配合部经济调节司以轻工业部名义，分别向中国人民银行和中国工商银行提出"关于申请将猪皮收购列入专项贷款计划"的建议。

1992年

1月8—15日，由轻工业部主办的第二届全国轻工业博览会在北京国贸大厦举行。中国皮革工业协会组团参加了该博览会。1月11日晚，中共中央总书记江泽民、中共中央政治局常委乔石、宋平等党和国家领导人，在轻工业部党组书记、部长曾宪林的陪同下参观了展览，并在皮革产品展区兴致勃勃地询问了展品的生产情况。许龙江副理事长和张淑华副秘书长一起陪同参观。这次博览会受到了党和国家领导同志的关怀和肯定。

4月8—10日，在浙江省义乌市召开《皮革服装》《运动手套》《氨纶手套》三种产品的行业标准审定会。

4月13—14日，在上海召开《皮票夹》《皮腰带》两种产品的行业标准审定会。

6月23—25日，根据轻工业部部署组织部分企业有关人员在北京制定《皮革工业国有资产专用设备价值重估标准》。

9月，国家九部委在北京召开的有关打假工作会议上，中国皮革工业协会副秘书长张淑华作了汇报发言，并提出实施"真皮标志"倡议，得到国家工商行政管理局副局长白大华的赞许，并建议以"证明商标"形式推出，可作为我国第一例证明商标的试点，本次会议奠定了创建"真皮标志"工作的基础。

10月27—29日，中国皮革工业协会第二届理事会第一次会议在上海召开。共有133名理事单位出席会议。本次会议是根据上级指示精神，提前通过信函选举产生的第二届第一次会议。会议由许龙江副理事长主持。

10月28—11月2日，第三届国际皮革工业展览会在上海举办。该展览会由中国皮革工业协会与上海市国际贸易信息和展览公司联合举办，来自美国、德国、英国、意大利以及中国台湾、中国香港等20多个国家和地区的厂商参展。

10月31日，中国皮革工业协会皮制球专业委员会暨《球类产品监测方法》标准审定会在辽宁省丹东市召开。

11月，中国皮革工业协会组建了"真皮标志"工作筹备组，在国家工商行政管理局有关领导指导下，先后起草了"真皮标志章程""真皮标志技术手册""真皮标志知识问答"等基础文件，为证明商标"真皮标志"的推出做准备工作。亲自参与该项工作领导有：国家工商行政管理局副局长白大华，国家商标局常务副局长李必达、副局长曹中强、商标评审委员会副主任刘佩志、审查处处长袁有祥、综合处处长杨叶璇。参与该项工作的专家有：上海皮革公司技术科贾明、上海亚洲皮鞋厂技术科陈洪召、上海皮革服装厂李荣琴、国家轻工业部皮革研究所高级工程师苏小春、国家轻工业部制鞋研究所工程师张赛珠、中国皮革工业协会副理事长兼秘书长张淑华、工程师李玉中。

11月30日，打击假冒伪劣皮鞋、旅游鞋产品新闻发布会在北京人民大会堂召开。这是为了进一步贯彻国务院《关于严厉打击生产和销售假冒伪劣商品违法行为的通知》精神，把打假活动深入持久地开展下去，为企业创造平等竞争的良好的市场环境，保护名牌生产企业的合法权益而召开的。轻工业部常务副部长于珍出席新闻发布会并讲话。国家技术监督局局长徐鹏航、国家工商行政管理局副局长白大华、最高人民检察院反贪污贿赂检查厅厅长叶惠伦、最高人民法院刑事审判厅副厅长南英、商业部科技质量司副司长王晴、中国消费者协会副会长杨士秋、中国质量管理协会副秘书长张贵华，以及轻工业部办公厅、质量标准司、行业管理司的领导应邀出席发布会。会上推荐了"1992年皮鞋、旅游鞋信得过名牌产品"。新闻发布会召开之后，又召开了有关皮鞋生产企业厂长座谈会，为"真皮标志"产品的推出作准备。

1993 年

3月，制定《皮革工业技术进步"一条龙"规定》。

4月27—29日，在北京召开《鞋面用革》和《衣料用革》产品标准研讨会。会期3天。

5月3日，北京华协皮革咨询中心成立，北京市东城区工商管理局颁发营业执照。

6月21日，进行全国皮革化工企业基本情况调查，掌握全国皮革化工生产实际，为确定行业政策提供参考依据，更好地为企业服务。

8月22日，《旅游鞋》国家标准审定会在内蒙古呼和浩特市召开。这是根据国家技术监督局关于制定修订国家标准计划的通知和旅游鞋已列入国家标准计划项目而召开的。中国轻工总会、国家技术监督局和有关生产企业、质量监测部门等20余名技术人员参加。

8月31日，上海召开"真皮标志"实施方案研讨会。会上讨论了《真皮标志实施章程》和具体实施方案。

10月12—14日，中国皮革工业协会第二届理事会第二次会议在北京召开。会议一致同意由中国皮革工业协会参加"国际制革委员（ICT）""国际皮革工艺师和化学家联合会（IULTCS）"和组团参加'94香港亚太皮革展览会。

10月23—31日，由中国皮革工业协会主办，上海皮革公司承办，在上海举办"'93全国首届皮革精品联销"活动。全国9省市共有48家企业参加精品联销，产品有皮鞋、旅游鞋、皮革服装、箱包、腰带、票价、领带等皮革制品。中国皮革协会牵头会同国家皮革制品质量检测中心和国家鞋类质量监督检验中心对参展产品进行抽检、跟踪及推荐,为确定首批"真皮标志"产品作准备。

1994 年

3月9—10日,在北京召开部分省市皮革工业公司和制革企业有关负责同志座谈会,研究关于实施新税制的问题。财政部、国家税务总局和中国轻工总会有关部门领导负责同志参加。

3月23日,中国皮革工业协会被评为"1993年度中国轻工总会先进集体"。

3月25—30日,应中国轻工总会国际合作部邀请,日本皮革技术协会会长、昭和女子大学教授冈村浩先生一行3人来华访问,协会受轻工总会委托负责接待工作。代表团首先去西北轻工业学院参加'94亚洲地区皮革学术会议筹备会,而后到广州参观制革企业。

4月19—27日,'94亚洲太平洋皮革展览会在中国香港会议中心举办。中国皮革工业协会与中国国际贸易促进委员会轻工行业分会共同组团参加本届展览会,并首次组建中国馆。中国馆占地面积420平方米,国内35家骨干企业110人参加展会,展品包括皮革、皮鞋、皮革服装、箱包、票价、皮制球等(此后每年组团参展)。

8月17—19日,中国皮革工业协会在北京召开首批佩挂真皮标志产品企业工作会议。中国轻工总会、国家工商行政管理局、国内贸易部,以及有关省市皮革工业公司的负责同志出席会议。会议讨论通过了《真皮标志章程》《真皮标志产品技术手册》,讨论通过了首批佩挂真皮标志工作实施方案。首批佩挂真皮标志企业与协会签订了真皮标志使用协议。

9月22—24日,由中国皮革工业协会主办的"中日皮革技术报告会"在广州进行。该报告会是中日两协会当年的合作项目之一。日方有5个专题报告,有10名日本专家出席会议。报告内容:①准备工程的改善;②皮革生产中的质量管理;③猪皮革的少铬鞣制工艺。④关于猪皮丰满弹性的研究;⑤皮革生产中的废物处理和利用。

9月22—26日,'94中国钱江(海宁)国际观潮节暨皮革服装展销会,在浙江省海宁市举办。该展销会由中国轻工总会支持,中国皮革工业协会主办,国内贸易部消费品流通司、浙江省皮革塑料工业公司协办,浙江省海宁市人民政府承办。

10月14日,中国皮革工业协会真皮标志实施工作正式向社会郑重推出。特请中国轻工总会在北京人民大会堂主持召开实施真皮标志新闻发布会,同时举行实施真皮标志首批企业佩挂仪式。中国轻工总会会长于珍、副会长潘蓓蕾、中国轻工总会行业管理指导部副主任、中国皮革工业协会理事长徐永出席会议。国家技术监督局、国家工商行政管理局、国家税务局、最高人民法院、最高人民检察院的领导应邀参加了发布会。

10月25—28日,中国皮革工业协会第二届理事会第三次扩大会议在上海召开。出席会议的理事和会员有172个单位,260余名代表。原则上讨论通过了《中国皮革工业"九五"计划和2010年长远规划》。

1995 年

1月26日，转发财政部、国家税务总局1995年1月5日财税字［1995］4号《关于对部分猪皮制革企业实行增值税先征后返的通知》。

3月6—12日，应协会邀请，以东京都劳动经济局主事官渡边与志夫先生为团长的日本东京都皮革产业调查团一行7人来华访问，并对广州、深圳、杭州、上海等地有关皮革企业进行参观访问。

3月22—27日，应协会邀请，日本皮革技术协会会长、昭和女子大学教授冈村浩先生一行4人来华访问。代表团与我协会商讨第三届亚洲国际皮革学术会议筹备工作事宜和1995年中、日两国皮革技术交流活动。然后参观访问山东轻工业学院和安庆制革总厂。

5月5日，根据中国轻工总会的统一安排，中国皮革工业协会办公地址，由北京东四六条45号正式全部搬迁到北京东长安街6号。

5月9—28日，根据联合国援助中国制革污水治理和污染控制项目工作计划安排，中国项目主任、中国皮革工业协会副理事长兼秘书长张淑华，项目副主任、中国轻工总会国际合作部项目官员王振和，对美国和日本进行了皮革环保调研考察。

5月10日，经中国轻工总会人事教育部批准，自1995年起在四川联合大学皮革工程系和西北轻工业学院皮革工程系设立"中国皮革工业协会奖学金"，同时实行《中国皮革工业协会奖学金实施条例》。

6月5—8日，中国皮革工业协会皮革化工专业委员会成立暨一届一次委员会会议在浙江省舟山市召开。会议聘任上海皮革化工厂陈生伟厂长为第一届皮革化工专业委员会主任委员。经主任委员提名，大会通过聘任白瑾峰、王秋生为副主任委员。

6月21日，第三批佩挂真皮标志企业工作会议暨新闻发布会在辽宁省大连市召开。

6月30日—7月10日，应联合国工业发展组织高级项目官员布林（Buljan）先生的邀请，联合国工发组织援助中国皮革工业污水治理和污染控制项目副主任宋宪雯、项目办公室工作人员苏超英赴奥地利维也纳就目前项目进展情况进行总结汇报，并就下一步工作计划进行磋商。

7月3日，起草《关于制革行业新税制税赋负担过重情况的调查报告》。

8月29日—9月29日，根据联合国援助中国皮革工业环保治理项目计划的要求，中国皮革工业协会从企业中遴选16名从事环保工作，并符合有关条件的人员去英国皮革技术中心进行环保培训。

10月9—12日，中国皮革工业协会第三届理事会第一次扩大会议在北京召开。出席会议的理事和代表分别来自160多个单位，共240余名。第三届理事会单位（包括本届内增补）341名，常务理事128名，正副理事长24名。

10月12—16日，95中国真皮标志产品展览会在北京举办。该展与第五届国际皮革制鞋技术和设备展览会同期举行。真皮标志产品参展企业总数160家，分别来自全国23个省、自治区、直辖市，展出面积近4000平方米。

12月26日，为了进一步推动轻工企业坚持质量立业，实施名牌战略，促进我国皮革工业进一步发展，更好地满足国内国际两个市场的需要，中国轻工总会委托中国皮革工业协会开展以"真皮标志"产品为基础,推荐皮革行业名优产品的工作。经全面考核,共生产皮革服装、皮鞋产品各10个。经中国轻工总会名牌战略办公室审定,上述产品均纳入中国轻工产品排行榜,同时被授予"'96中国真皮衣王""'96中国真皮鞋王"称号。总会决定在北京召开皮革行业企业家联席会暨"'96中国真皮衣王""'96中国真皮鞋王"发布会。

1996 年

3月8日,经中国轻工总会轻总经贸〔1996〕22号文批复,同意成立中国皮革工业协会真皮标志管理办公室。然后报国家民政部审批并刻制印章。

3月18—29日,中国皮革工业协会委托中国皮革工业研究所在南京制革厂举办环保技术培训班。此项工作得到联合国工发组织的支持与协助。除聘请中方专家授课外,还邀请了日本专家讲学。

3月26日,中国皮革工业协会与中国轻工业出版社商定共同编辑出版《皮革工业手册》。该《手册》计划分为8个分册:制革、制鞋、毛皮、皮革、服装、皮件、皮革化工、皮革机械。

3月29日—4月1日,中国皮革工业协会制革专业委员会成立大会在南京召开。江苏、山东、山西、四川、浙江、黑龙江、江西、河北、上海、北京、新疆、西藏等省、自治区、直辖市皮革公司、有关行业主管部门和制革企业的代表150余名出席会议。选举产生了制革委员会76位委员单位和以广州迪威皮革有限公司为主任委员的12名正、副主任委员单位。

4月2—3日,联合国援助中国制革环保项目工作会议在南京召开。会议内容:①通报各受援单位项目进展情况;②审议各受援单位项目预验收目标;③传达在印度召开的联合国工发组织区域项目办公室主任工作会议精神;④制订下一步工作计划。

4月22日—5月1日,96亚洲太平洋皮革展在中国香港举行。由中国皮革工业协会和中国贸促会轻工行业分会组织中国皮革展团参加了此次盛会。

6月27日,经中国轻工总会经济贸易部批准,向国家民政部社团管理司报告申请成立中国皮革工业协会6个专业委员会。这6个专业委员会是制革、皮鞋(旅游鞋)、皮衣、皮件、毛皮、皮革化工。

9月26—29日,中国皮革工业协会皮衣专业委员会成立大会在浙江省海宁市召开。来自全国20省、自治区、直辖市的70多家单位的110余名代表参加会议。会议选举产生了专业委员会正、副主任委员单位、常务委员单位。主任委员单位:雪豹集团公司。

10月26—29日,中国皮革工业协会第三届理事会第二次扩大会议在上海召开。来自国内25个省、自治区、直辖市,237个单位,340余位代表出席会议。

10月26日,中国皮革工业协会皮鞋旅游鞋专业委员会成立大会在上海召开。会议选举产生了组织机构;主任委员单位为江苏森达集团。

11月14日,联合国工发组织"援助中国皮革工业制革污水治理"项目深度评估会议在各受援单位进行。联合国工发组织项目评估官员冈萨雷斯、德国政府经济部对外合作司官员考本费尔、德国技术专家费林斯、联合国工发组织北京代表处官员尼嘎·郝沫林、援助项目办公室主任张淑华、副主任宋宪雯、王振和，工作人员苏超英参加了全部评估会。该项目由德国政府捐款，于1993年11月批准，1994年1月正式生效。其宗旨是帮助中国皮革工业优化制革污水处理厂的运行操作，寻找固体废弃物安全处理方法，推广清洁工艺，实施综合培训计划。经综合评估，该项目选择上海大场制革厂（现为上海富国皮革有限公司）、南京制革厂、西安3513工厂作为示范单位，中国皮革工业研究所作为全国环保培训中心。

11月29—12月1日，联合国工发组织援助项目办公室工作会议在江苏省徐州市召开。项目办公室主任张淑华，副主任宋宪雯，工作人员苏超英，项目专家高孝忠、吴浩汀、杨建军参加会议。会议决定成立援助项目环保技术中心，中心负责人由张淑华担任。

12月18日，中国皮革工业协会职业培训中心西北培训部和北京培训部成立。经中国轻工总会批准两个培训部，即"全国皮革工业职业培训中心"设在西北轻工业学院，"全国皮鞋皮件培训中心"设在北京皮革工业学校。培训中心的职责是：根据行业发展的需要，对行业所属的企事业单位高级、中级专业人员和技术工人进行职业资格培训和职业技能培训。

1997 年

3月18—20日，中国皮革工业协会在湖南长沙市召开了全国重点制革企业税制情况调研会。财政部税政司和国家税务总局流转税管理一司有关同志应邀出席会议。

3月28—31日，全国皮革行业地方协会工作座谈会在云南省玉溪市召开。全国20余省、自治区、直辖市的皮革协会、皮革公司和皮革行业主管部门的负责同志约80名代表参加会议。会议的主要内容是：探讨在新形势下，中国皮革工业协会与地方皮革协会如何加强联系，沟通情况，更好地为行业服务。

5月13日，经国家对外贸易经济合作部批准，中捷制鞋皮革工作组正式成立。双方牵头单位分别是中国皮革工业协会（中方）和捷克制鞋工业协会（捷方）。该工作组的成立将有助于推动两国在制鞋领域中业已存在的友好合作关系，加强中捷两国在制鞋领域中的技术交流，从而在互惠互利的基础上，促进两国制鞋工业的发展。

5月，中国皮革工业协会以"China-Leather"（中国皮革）的名字，加入国际互联网。中国皮革信息网网址为 www.china-leather.com。

7月7—10日，中国皮革工业协会制革专业委员会和皮革化工专业委员会联合年会在上海召开。两个专业委员会的103个单位140余名代表参加会议。

8月20—23日，协会组团参加美国拉斯维加斯国际鞋业展销订货会。组织7家国内企业参展，该展销会设立5个中国展台，这是中国皮革工业首次赴美参展（此后每年组团参展并从2001年开始参加春季鞋展）。

9月17—22日，'97"真皮标志杯"全国皮革服装设计大奖赛，在浙江省海宁市举行。"真皮标志杯"为流动金杯，是全国皮革服装产品设计的最高荣誉，授予在本次大奖赛中最高奖项获得者。本次大奖赛共决出优秀奖11名，三等奖9名，二等奖6名，一等奖3名。"真皮标志杯"特等奖被雪豹集团公司捧走。

10月18—21日，中国皮革工业协会第三届理事会第三次扩大会议在北京召开。来自

25 个省、自治区、直辖市 210 个单位，近 300 名代表参加会议。

10 月 21—25 日，第六届国际皮革制鞋技术及设备展览会暨 97 中国真皮标志产品展览会在北京国际展览中心举行。展出面积近 1 万平方米，来自国内外的 400 余家企业参加展出。

10 月 21—25 日，中国皮革工业协会在 97 中国真皮标志产品展览期间，举办 97 "真皮标志杯"全国皮鞋设计大奖赛，这是首次在全国皮鞋行业中推出。"真皮标志杯"为流动金杯，这是全国皮鞋产品设计的最高荣誉奖。本次大奖赛共评选出优秀奖 9 名，二等奖 9 名，一等奖 9 名，"真皮标志杯"特等奖由江苏森达集团获得。

11 月 24 日—12 月 8 日，中国皮革工业协会在上海皮革工业研究所举办中英制革污水处理技术培训班。邀请英国皮革技术中心污水治理专家和中国污水治理专家授课。

1998 年

1 月 16 日，98 中国真皮衣王、98 中国真皮鞋王各 10 名，授予名单公布。

2 月 15—22 日，组织我国工程技术人员赴德国考察制革污泥处理技术。考察项目有堆肥、施肥、废铬液处理、污泥焚烧等技术。

3 月 3—6 日，全国皮革工业地方协会工作会议在青岛市召开。来自全国 24 个省、直辖市的地方皮革协会、皮革公司和行业主管部门的 30 余位负责人出席会议。

3 月 7—8 日，98 中国真皮衣王、98 中国真皮鞋王厂长（经理）工作会议，在山东省威海市召开。

5 月 6—9 日，第二届中意皮革工作组会议在意大利召开，中国皮革工业协会负责人出席会议并组团参观 SIMAC 98 国际皮革机械及制品展览会和考察意大利有关制鞋企业和皮件企业。

9 月 15—17 日，中国皮革工业协会在哈尔滨召开第六批佩挂真皮标志企业工作会议。

10 月 1 日—11 月 30 日，根据中捷混委会工作组协议，应捷克皮革协会和兹林制鞋设备有限公司邀请，由中国皮革工业协会选派两名制鞋技术人员赴捷克国际制鞋学校进行为期 2 个月技术培训。

11 月 21—24 日，中国皮革工业协会第三届理事会第四次扩大会议暨中国皮革工业协会成立 10 周年纪念活动，在北京举行。

11 月 23—26 日，98 中国真皮标志产品展览会在北京举行。参展产品：皮革、皮鞋、皮革服装、皮革箱包、机械设备、皮化材料、皮革五金、鞋用材料。本届展览会展出面积 16000 平方米，有 22 个国家和地区的 451 家企业参加展出。同时召开了 98 秋季皮革机械订货会等。

1999 年

3 月 3—7 日，在杭州市召开 1999 年全国地方协会工作会议。31 个省、自治区、直辖市的 37 个地方协会、公司、行业主管的 50 余名负责人出席会议。会议主题：交流情况，扩大合作，拓展市场，推进"二次创业"。

4月18日,"国际皮业贸易协会亚洲委员会"成立,中国皮革工业协会副理事长张淑华任主席。办公室地点分别设在北京(中国皮革工业协会)和香港(香港皮业商会)。

4月19—24日,在江苏省建湖县和上海市召开了中国皮革工业协会皮鞋、旅游鞋专业委员会工作会议。

7月6日,首次对全国地方皮革协会进行基本情况调研,在他荐和自荐相结合,民主评议的基础上,于10月10日分别授予山东、浙江、成都三个地方协会"全国先进皮革行业协会"荣誉称号。海宁、温州、辛集、河南4个协会受表扬。

8月15日,中国皮革工业协会环保技术推广中心正式成立,并对全国制革企业的环保治理、技术需求及计算机应用等情况进行了调查。

8月9—12日,制革、皮化专业委员会联合年会在辽宁省辽阳市佟二堡召开。中心议题:交流行业现状,研究市场,提高品牌意识和环保意识,实施"二次创业"发展战略。全国近百家企业的130余名代表出席会议。

10月10—13日,在上海虹桥宾馆召开第四届理事会第一次扩大会议。

10月12日,在上海召开"联合国工发组织援助中国制革污水治理项目成果推广会"。

10月11—14日,'99中国国际皮革展暨'99中国真皮标志产品展在上海世贸商城举行,展出总面积14120平方米,国际馆面积6000平方米,近20个国家和地区的150余家企业参展。国内馆展出面积8120平方米,近20个省、自治区、直辖市的行业骨干企业、真皮标志企业及'98中国十大真皮鞋王、十大真皮衣王企业参展,国内知名皮革、皮鞋机械企业也参加展出。

10月15日,为纪念皮革科技先驱、著名皮革化学家、教育家张铨教授百年诞辰,中国皮革工业协会和四川大学联合举办纪念活动。中国皮革工业协会赠张铨铜像一尊,敬立在四川大学校内。

12月16日,中国皮革工业协会在杭州举办了"中国鞋都温州名优鞋(杭州)展销会"。所有参展的真皮标志企业全部佩挂新版真皮标志标牌,首次以真皮标志企业优秀群体在杭州亮相。展销会期间举办了"真皮标志走向21世纪"研讨会。

2000年

3月8日—4月8日,在北京新东安市场举办"2000年中国真皮鞋王"产品宣传展销月活动。

3月22—26日,2000年"中国真皮衣王""中国真皮鞋王"工作会议暨部分地方皮革协会工作会议在广东省东莞市召开。会议主要内容:正式授予荣获"双王"称号的企业奖牌及证书,研讨加强真皮标志管理、实施名牌战略,联手办好展览,探讨新形势下协会工作特点,推进"二次创业"。

5月31日,受海关总署关税征管司、国家经贸委和国家轻工业局委托,发文组织企业参与2000年加工贸易单耗标准研讨和制定工作。涉及皮革行业共有2个税号产品:全粒面革及全粒面剖层革(税号41013100)和塑料或纺织材料做面的衣箱(税号42021210)。协会指定专人负责,6月—7月调研,8月召开加工贸易单耗标准审定会,结果按时上报主管部门。

6月22—23日，中国皮革工业协会科技委员会主任扩大会暨《日英中皮革用语辞典》工作会议在北京召开。

7月13日，在全行业推广使用中文版第六号生皮国际合同。在国际皮业贸易协会亚洲委员会主席张淑华女士与全体委员的共同努力下，中文版第六号生皮国际合同于2000年4月4日正式生效，并与该合同的英文版等效使用。文中介绍了使用中文版合同的注意事项。

8月8日，中国皮革工业协会在已有网站的基础上，又与中皮网络国际有限公司开展密切合作，共同组建全新的中国皮革网，提供三个平台，即：以电子商务为主的中国皮革网（www.sinoleather.com），以提供国内外皮革行业信息为主的中国皮革工业协会信息网（www.china-leather.com）和以制革环保技术（www.clia-ttc.com）为主的中国制革环保网。该网站的建立，将成为国内外皮革工业企业相互沟通，开展信息交流，建立贸易往来的重要平台。

10月1日—11月25日，根据中捷混委会皮革皮鞋工作组协议，应捷克ZPS公司邀请，选派2名技术人员赴捷克国际制鞋学校进行为期2个月的免费培训，四川苗溪实业公司和天津赫勃斯鞋业公司各派1名技术人员参加。

10月9—12日，中国皮革工业协会四届二次全国理事扩大会于上海虹桥宾馆召开。中心议题：思维创新，迎接新经济挑战，推动"二次创业"。

11月18日—12月3日，在南京中央商场举办"中国真皮标志产品宣传展销月"活动。

2001年

1月6—8日，中国皮革工业协会皮件专业委员会在广州市花都区召开，来自全国10个省、自治区、直辖市30余家企业的40余名代表参加。会议中心议题：思维创新、迎接新经济挑战，推动"二次创业"进程。

1月6—8日，2001年全国地方皮革协会工作会议在广州市花都区召开，全国38个省、自治区、直辖市的皮革协会、公司和行业主管部门的40余位负责人出席了会议。会议中心议题："思维创新，迎接挑战，拓展协会工作，推进'二次创业'。"

1月6—8日，中国皮革工业协会在广州市花都区举办"2001中国（狮岭）首届皮革皮具节"，同时举办了2001年"真皮标志杯"首届全国皮具设计大奖赛。全国8个省、直辖市的34家企业的143件作品参赛。特等奖由狮岭凌云皮具有限公司获得。

3月7—10日，以张淑华常务副理事长为首的5人代表团，应邀赴南非参加"2001年国际皮革工艺师及化学家协会联合会会议"，西北轻工业学院2位教授在会上宣读了论文。

3月15—4月15日，协会在河北省廊坊市明珠大厦举办"中国真皮鞋王暨百家真皮标志产品推展月"活动，60余家企业参加。

5月24日，2001年真皮标志工作会议在浙江省海宁市召开。会议的主要内容是我国入世后皮革行业如何利用真皮标志群体优势拓展国际国内市场。协会将每年召开一次的真皮标志工作会议，改为分期分批在挂标企业较集中的地区召开。

6月27—29日，"2001年中国皮革工业协会制革、科技、毛皮、皮革化工专业委员会联合年会"在北京友谊宾馆召开。全国50余家企业、科研单位、院校、省市公司和新闻媒体共80余人参加会议。

7月26—28日，应亚洲鞋业协会邀请，张淑华常务副理事长赴菲律宾参加"第20届亚洲鞋业大会"。7月31日应越南皮革协会邀请，顺访越南制鞋企业，探讨经贸合作事宜。

8月1—4日，组织评审组对浙江省温州市要求授予"中国鞋都"荣誉称号进行考评。经认真评审，考核组认为温州市已基本符合《关于授予中国皮革行业特色区域荣誉称号的行业规范》要求。9月12日经中国轻工业联合会中轻联综〔2001〕123号文批准，授予温州市"中国鞋都"荣誉称号。

9月1—11日，应乌克兰国家皮革工作者联合会邀请，以徐永理事长为首的企业家代表团一行10人赴乌克兰考察，并参观了在基辅举办的两个国际皮革展。代表团拜会了乌克兰国家皮革协会，考察企业和市场，并与乌克兰进出口总公司等商谈有关扩大两国皮革行业经贸合作问题。

9月25—27日，中国皮革工业协会第四届理事会第三次扩大会议在上海虹桥宾馆召开。中心议题：管理创新，迎战入世，加速中国皮革工业"二次创业"进程。

9月26日，在理事会期间中国皮革工业协会首次召开"全国主要皮革生产基地市、区、县政府领导联席会议"。11个市、区、县的政府领导和地方协会负责人到会，听取了徐永理事长有关行业形势和地方皮革生产基地健康发展的报告，学习了《关于授予中国皮革行业特色区域荣誉称号的行业规范（试行）》。

11月9—19日，经中国轻工业联合会授权，中国皮革工业协会组织行业专家先后对辛集市和海宁市进行"授予中国皮革行业特色区域荣誉称号"考核。12月31日，经中轻联综〔2001〕173号和174号文批准，分别授予辛集市"中国皮革皮衣之都"荣誉称号，授予海宁市"中国皮革之都"荣誉称号。

11月14—17日，"21世纪首届中国皮革科技研讨会"在成都四川大学召开。会议由中国皮革工业协会科技委员会和四川大学联合会主办，来自全国科研、院校、企业的40余个单位的100余名代表出席，其中32位代表发表专题演讲。本次研讨会以行业可持续发展为主题，围绕入世后如何提高产品质量、资源利用、环境保护，实现由皮革大国向皮革强国跨越，并就皮革化学与工程和相关领域的新工艺、新技术及新的绿色经济模式进行了广泛深入的探讨。会议还讨论了"真皮标志生态皮革"标准草案，并颁发了首届张铨基金奖，同时还召开了新的科技委员会工作会议。

11月27—28日，应外经贸部邀请，苏超英秘书长以中意皮革工作组中方代表身份随该部代表团赴罗马参加"中意混委会第6次工作会议"。在意期间苏秘书长分别拜会了意大利制革、制鞋、箱包和配件协会，以及皮革制品设计单位，共同探讨了合作意向。双方就相互支持展览、人员培训、信息交流等方面进行合作，并一致同意在2002年上海国际皮革展期间举行中意皮革工作组会议。

12月18—19日，在北京召开了"拓展多元化皮革出口市场研讨会"，会议重点研讨对俄罗斯皮革出口现状，存在的问题和今后对策。全国14个主要皮革生产基地的政府主管部门领导、行业协会、对俄重点出口企业的代表50余人参加。外经贸部欧洲司、世贸组织司的有关领导亲自到会听取意见。

2002 年

1月，为拓展俄罗斯市场，应国家对外经贸部的要求，在对俄进行实地调研，以及向对俄有贸易关系的地方市场和企业进行充分调研的基础上，完成了关于推进对俄贸易的建议及设想的报告。报告中就企业在对俄贸易中遇到的问题进行了认真的反映，并提出了建议，以争取国家主管部门的支持。

3月2—3日，《中国皮革行业诚信公约》在2002年"双王"工作会议暨中国皮鞋、皮革服装行业高峰会上推出，并一致通过。随后《中国皮革行业诚信公约》在成都、重庆召开的中国鞋业发展及市场研讨会上，东莞召开的制鞋专业委员会上，晋江召开的地方协会工作会议上和北京召开的制革行业峰会上得到了积极的响应，此公约译成英文，向国外发布，引起世界同行的关注。《中国皮革行业诚信公约》在2002年9月的中国皮革工业理事扩大会议上向全行业推出，并在全行业实施。

4月17—19日，全国地方皮革协会工作会议在福建省晋江市召开。会议的中心议题是：倡导诚信行风，加强合作与交流，参与国际竞争。

4月26日，捷克援华制鞋设备开工庆典在河南省漯河强人集团公司举行。捷克驻中国大使馆一等秘书阿列斯·沃吉泰尔，ZPS-Perfix公司总裁简·奥德斯切尔，外经贸部欧洲司、轻工业联合会国际合作部、中国皮革工业协会、总后军需部、军需技术装备研究所、新兴铸管集团公司、河南省皮革协会及漯河市党政领导和新闻界的朋友共400余人参加大会。会后中国皮革工业协会徐永理事长还就第二次捷克援华项目有关事宜与捷克使馆一等秘书交换了意见。

5月7—10日，应意大利对外贸易委员会的邀请，组织皮鞋、皮具生产企业9人代表团赴意大利波洛尼亚，参观SIMAC2002国际鞋机、皮制品加工机械及技术展览会，以及购买设备。

6月15日，在北京会见了美国鞋类批发零售商协会主席，双方就取消鞋类进口关税的必要性、可能性，以及取消进口关税的操作方法进行了探讨。

6月29—30日，中国制革业应战WTO战略研讨会暨2002年中国制革行业峰会在北京市召开。会议以"倡导诚信行风，宣贯真皮标志生态皮革，研讨应战WTO的对策"为主题。

6月，经过7年的准备工作，在中国制革峰会上正式推出《真皮标志生态皮革》，此项工作得到制革企业积极响应。

6月，按中国名牌战略推进委员会要求，中国皮革工业协会组织行业专家，成立了中国名牌战略推进委员会皮鞋、旅游鞋产品专业委员会，对2002年全国申报中国名牌的皮鞋、旅游鞋产品进行评价，经中国名牌战略推进委员会的批准，森达、富贵鸟、金猴、奥康、康奈、红蜻蜓、百丽7个皮鞋品牌，双星、安踏、特步、李宁、爱乐、亚礼德6个旅游鞋品牌荣获2002"中国名牌"荣誉称号。

7月30—8月2日，赴广州花都区狮岭镇，对要求授予皮革行业特色区域荣誉称号进行了实地考核，于9月9日正式授予广州市花都区"中国皮具之都"荣誉称号。

9月16日—18日，中国皮革工业协会第四届理事会第四次扩大会议在上海国际饭店举行。中心议题是：诚实守信、科技创新、强化环保，拓展多元化市场，走可持续发展之路。

11月4—11日，由我国科研单位，大专院校、生产企业组织的中国代表团赴韩国釜山，参加以皮革科技创新和发展、皮革新技术、新工艺以及可持续发展为主题的第五届亚洲国际皮革科技会议。本次会议共有来自中、日、韩三国69位代表出席，中国代表占1/3；大会征集论文60余篇，其中有31位皮革科技工作者宣读了科技论文，中国代表团占宣读论文总数的2/3，显示了中国皮革大国的风采。

2003 年

1月22日，国家经济贸易委员会经济运行局、政策研究室和中国轻工业联合会在国家经贸委新闻发布厅联合召开了真皮标志生态皮革新闻发布会。在新闻发布会上向39家在京的各大中外新闻媒体及行业媒体，以及国外驻华商务处介绍了首批13家真皮标志生态皮革企业及企业家。即卡森、东明、龙凤（鞋城）、茂德、黑田明亮、雪羊（方圆）、佰立特、红四海、金鑫、腾跃、烟革、FAR EAST（远东）、中港。

3月，中国皮革网正式从合作方分离出来（2000年曾与广州相关网站合作，开始独立运行）。中国皮革网以为企业及时提供有效信息，为国内企业搭建一个便捷的信息交流平台为原则，对中国皮革网站的原有栏目进行了重新划分和调整。

3月，中国皮革工业协会正式从中皮网络国际有限公司收回中国皮革网，对中国皮革网站的原有栏目进行了重新划分和调整，对国内外相关新闻、供求信息、市场行情、展会信息、名牌产品推介、行业标准、行业报告、进出口统计、政府法规、真皮标志等栏目进行了及时充实和更新，以使上网的企业能方便地查找和发布信息。同时，加强了英文版的改版工作，除对行业新闻、供求信息、进出口数据统计进行及时充实和更新外，国内外企业可便利地发布自己的供求信息，增加了企业介绍，名牌产品宣传，使其成为宣传中国皮革行业的窗口、为国内外企业进行商贸和技术交流搭建了一个平台。

3月21—22日，在北京召开了"2003年全国地方皮革协会工作会议"。本次会议的主要议题是加强各级行业协会的自身建设，促进协会与行业共同发展。来自全国26个地方协会的40多名代表出席了会议。

4月19—21日，首届"真皮标志杯"全国旅游鞋设计大奖赛在福建省晋江市举行。本届大奖赛有22家企业和2名个人参赛，收到参赛作品115件。

6月10日，国家财政部、税务总局发出通知，对部分农业特产品，不再单独征收农业特产税，改为征收农业税。而对畜牧产品，包括猪皮、牛皮、羊皮、羊毛、兔毛、羊绒、驼绒既不征收农业特产税，也不征收农业税。农业特产税的取消是我们皮革行业长期以来对税负过重问题，积极同政府相关部门沟通的结果，同时也体现了国家对皮革行业的支持。从1994年开始，国家对我国猪、牛、羊生皮征收10%的农业特产税，使制革企业的税负过重，各地制革企业反映强烈。中国皮革工业协会针对此问题，及时会同制革骨干企业，组织力量做了大量的调查研究工作，在中国轻工业联合会（原国家轻工业局）的大力支持下，先后上报给国务院、财政部、国家税务总局的调研报告8份。

7月19日，中国皮革工业协会已迎来了15岁的生日。协会编制了《中国皮革工业协会十五年大事记》，对中国皮革工业协会15年历程进行一次系统的总结。

8月，中国皮革工业协会顺利完成第五届理事会换届工作，选举出新一届理事会成员，副理事长单位43家，常务理事单位154家，理事单位165家。9月1日—3日中国皮革工业协会第五届理事会第一次扩大会议在上海举行。本次会议的中心议题是：全面贯彻"三个代表"的重要思想，大力拓展市场，争创民族品牌。9月2日，中国皮革工业协会五届一次理事扩大会议上审议并通过了《关于成立中国国际经济贸易仲裁委员会皮革和制鞋专业委员会的提案》。向全行业普及有关贸易仲裁法律和经验，为中方企业在国际贸易纠纷中请律师和承担仲裁工作，保护我国企业的合法权益。

9—11月，中国皮革工业协会进行了制革、毛皮、皮鞋旅游鞋、皮衣、皮件、皮革化工6个专业委员会的换届工作。

10月11—13日，首次参加第十一届中国（辛集）皮革展销会，同期参加了"全国皮革标准化工作会议"，并考察了当地的制革企业。

10月28日，首次参加大营第十二届国际皮草交易会，出席国际皮草发展论坛。

11月3—7日，参加浙江桐乡崇福镇毛皮协会成立大会，同期考察了当地的毛皮市场和企业。

11月中旬，按照国家发改委的部署和中国轻工业联合会的安排，编写了《皮革（毛皮）行业十一五污染防治规划》，向政府有关部门介绍了我国皮革行业目前污染状况、皮革毛皮原料消耗、固体废弃物综合利用率、主要污染物的排放量，按照中国皮革行业"二次创业"的总体部署，制定了"十一五"期间的皮革毛皮行业污染防治目标和主要指标、主要任务和措施。

11月，为国家国有资产监督管理委员会提供了《入世对我国皮革国有企业和行业发展的影响》报告，总结了皮革行业和国有企业的现状，分析了入世后对国有企业及行业发展的影响。

12月9—12日，中国皮革工业协会徐永理事长、张淑华常务副理事长参加了第四届中国尚村毛皮交易会，会见了世界毛皮协会主席林哈特一行，介绍了中国皮革工业协会的职能。在交易会期间中国皮革工业协会协助组织了尚村毛皮发展研讨会，通过研讨使尚村毛皮业同整个中国毛皮业乃至世界毛皮业有了更广泛的沟通，各位专家的献计献策有利于肃宁毛皮业的未来发展。

2003年底，根据国家科技部和轻工业联合会的部署和要求，编写《十一五科技重大科技需求调研报告》。

2004年

1月，中国皮革工业协会主办的内部刊物《皮革专讯》从2004年第一期起更名为《皮革世界》。

2月，与国家发展和改革委员会经济运行局、中国轻工业联合会联合召开"2003年皮革行业经济运行形势暨'真皮标志'十周年新闻发布会"，同时发布获得"2004中国真皮鞋王""2004中国真皮衣王""2004中国真皮名鞋""2004中国真皮名装"荣誉称号的企业名单。

2月18日，中国皮革工业协会注册了 chinaleather.org 域名，并启用此域名作为中国皮革网的主域名。

2月18—19日，在广东省深圳市召开了中国皮革工业协会皮件专业委员会工作会议，来自全国9个省、自治区、直辖市的皮件企业、院校、质检机构、地方协会等80多名代表参加了会议。会议主题为"树诚信、创品牌、拓市场"。

3月28日，中国皮革协会常务副理事长张淑华和秘书长苏超英分别参加了国际皮业贸易协会年会和国际制革委员会年会。中国皮革工业协会常务副理事长张淑华女士被选为本届国际皮业贸易协会副主席，并荣获了由国际皮业贸易协会颁发的 Frank Johnston 奖，以表彰她长期以来对中国皮革工业以及在促进世界皮革贸易发展所做的突出贡献。

4月4日，在北京召开了中国皮协皮衣专业委员会工作会议，来自全国各地30多家皮衣生产企业及专业院校、媒体，商务部和中国轻工业联合会的代表参加了会议。会议主题是"抓住机遇，培育品牌，拓展市场"。

4月22—25日，在合肥召开了"2004年全国地方皮革协会工作会议"，来自全国27个地方皮革协会的40名代表出席了会议。会议主要议题是落实十六大精神、树立科学发展观，进一步做好协会工作。

5月9—12日，在辽宁省辽阳市召开了中国皮协毛皮（裘革）专业委员会工作会议。来自全国十余个省、自治区、直辖市的毛皮动物饲养、毛皮加工、毛皮拍卖行、科研院所以及各地毛皮生产基地政府领导、地方毛皮协会的80余位代表出席了会议。

5月17—20日，皮革科技专业委员会在陕西科技大学召开。会议围绕"实施科教兴皮战略、促使皮革科学技术与皮革工业协调发展、保证我国皮革行业的可持续发展"中心议题进行了交流。

5月，徐永理事长随同吴邦国委员长出访俄罗斯，参加了中俄边境和地区合作论坛，并对俄罗斯阿斯特市场、阿山超市、宜家超市、俄国品牌店的经营情况，以及中资企业驻俄办事处的办公和业务开展情况进行了考察。

5—6月，参与了国家发改委和国家环保总局关于《国家重大产业技术开发专项规划》的编制，提供了我国皮革行业生产现状、污染物排放现状、存在的技术问题、国内外技术发展方向、技术开发主要内容目标、政策与措施等情况。

5—7月，相继在北京、合肥、西安、重庆、成都、兰州、银川、西宁、上海、哈尔滨等10个城市召开了"'真皮标志'10周年新闻座谈会"，同时对这些城市的商场和批发市场的皮鞋品牌、销售情况进行了市场调研。

6月4—7日，在福建省泉州市泉州酒店召开了中国皮协皮鞋旅游鞋专业委员会年会。这次会议的主题是：认清行业经济形势，加快产业结构调整，提高全行业综合素质。

6月15—18日，在浙江省海宁市联合召开制革和皮革化工专业委员会工作会议。

6月19日，经中华人民共和国民政部（民函［2004］160号）批准，中国皮革工业协会正式更名为中国皮革协会，英文名称仍为 CHINA LEATHER INDUSTRY ASSOCIATION。更名后的中国皮革协会协调服务的范围扩大了，理顺了与各相关行业间的关系，将为整个行业提供更好、更完善的服务，适应了社会主义市场经济发展的需要。

7月，依据《2004年中国名牌产品评价通则》《2004年中国名牌产品评价工作规则和纪律》和《2004年中国名牌皮衣产品评价细则》，由中国皮革协会牵头组织成立中国名牌推进委员会皮衣专业委员会，推荐出6个皮衣产品为2004年中国名牌产品。其品牌分别为"兽王""蒙努""应大""凯撒""束兰""雪豹"。

8月30日—9月1日，中国皮革协会第五届理事会第二次扩大会议在上海虹桥宾馆举行。会议的中心议题是：解读2005——提升企业核心竞争力。

9月2日，召开了首次中国皮革协会经营委员会，来自湖北、山东、河北、青海、甘肃、上海、广西、河南、浙江、江苏等省、自治区、直辖市的主任、副主任，以及商业、企业代表参加了会议。

10月15日，中国皮革协会参加了在意大利Bologna举行的国际制革委员会。会议主要讨论了对国际原料皮、皮革第6、7号合同的修改意见；审议了与国际原皮贸易委员会的关系；审议了"国际制革委员会自由贸易准则"；审议了国际制革委员会成员国社会责任和道德准则；与欧洲制革联盟讨论了两组织之间的关系和国际制革委员会改革问题。

10月27—28日，由中国皮革协会主办的2004"真皮标志杯"全国合成革时尚女鞋设计大奖赛在广东省惠东县举行，这是首次举办合成革女鞋设计大奖赛，万达利鞋业有限公司荣获金奖。

10月29—30日，由中国皮革协会和惠东县人民政府共同主办的中国惠东第二届鞋文化节在广东省惠东县隆重举行（每两年举行一届）。

11月5—7日，中国桐乡第六届菊花节暨皮草展示会在浙江省桐乡市隆重举行。中国皮革协会参加了本次活动，展示会期间召开了"创建中国皮草名镇恳谈会"，会议上为桐乡市雄鹰（银杉）皮革有限公司和浙江中辉皮草有限公司颁授"真皮标志"铜牌。

2004年，中国皮协与中国国际经济贸易仲裁委员会一起积极进行了皮革行业仲裁员和委员的选举工作。推选出委员30名、仲裁员25名，得到中国国际经济贸易仲裁委员会的初步确认。这些委员和仲裁员分别来自制革、毛皮、制鞋、皮衣、皮件、皮化、皮革机械、合成革等皮革行业各专业，以及科研院校、质检机构、贸易部门等。

2005 年

2月3日，受国家商务部科技司委托，由中国皮革协会编制的商务部技术性贸易措施体系建设项目之一《皮革及皮革制品（鞋类）出口技术指南》正式通过了专家委员会的验收。2005年5月10日，《皮革及皮革制品（鞋类）出口技术指南》作为商务部首批推出的10个行业的出口商品技术指南之一正式发布。

3月12日晚至3月16日，俄罗斯莫斯科税务警察数人持枪到萨达沃特·别杰察·列那克市场库房，强行拉走价值8000万元的中国鞋，其中大部分是温州鞋，涉及温州制鞋企业达20多家。中国皮革协会向外交部领事司递交了《关于请尽快妥善解决对"俄罗斯税警强拉中国鞋"事件的报告》，并代表受害企业及全行业提出要求。

4月11—22日，中国皮革协会常务副理事长张淑华一行参加了国际裘皮大会，并对北欧毛皮业进行考察。

4月25—27日，"2005年全国地方皮革协会工作会议"在广西桂林召开，来自全国23个地方皮革协会及商会的代表近40人出席了会议。会议的主要议题是：调整产品结构，应对贸易壁垒，实施品牌战略，提升产品竞争力，探索在新形势下行业协会如何更好地为企业提供更贴切服务和前瞻性引导。

5月，在国家林业局的指导下，中国皮革协会邀请毛皮养殖行业的专家、企业负责人等在北京共同研究并起草了《毛皮野生动物（兽类）驯养繁育利用技术管理暂行规定》，对于推动我国毛皮养殖业整体水平的提高和实现标准化养殖都将发挥重要的作用。

6月9—10日，由中国皮革协会主办，上海皮革行业协会和上海国际皮具箱包展示交易中心承办的"皮具行业品牌战略论坛暨2005年中国皮革协会皮件专业委员会工作会议"在上海举行。本次会议的主题是"实施品牌战略，提高企业核心竞争力"。

6月23日，中国皮革协会紧急致全国制鞋行业公开信，号召全行业统一思想、协同应对欧盟的反倾销调查。中国皮革协会呼吁有关制鞋企业开始就要进入紧急预警状态，在律师、商会和协会的帮助下，积极做好应诉前的各项准备工作。

7月初，中国皮革协会组织了以真皮标志佩挂企业为主体的皮革服装和毛皮制品企业赴俄罗斯，参加在莫斯科举行的国际皮革服装、毛皮服装及成品革展览会并组建中国馆。

7月，受国家林业局委托，由中国皮革协会组织编制的《毛皮野生动物（兽类）驯养繁育利用技术管理暂行规定》正式对外发布实施。

8月，由中国皮革协会组织国内皮革行业企业、科研院所、大专院校的著名专家、学者、工程技术人员共同编写《皮革工业手册》之《毛皮分册》正式出版。

9月5—7日，中国皮革协会第五届理事会第三次扩大会议在上海召开。会议的中心议题是：学习和运用国际规则，平静面对"后过渡期"。

9月17日，西班牙东部小城埃尔切鞋业工人因不满中国鞋大量进入给当地企业造成的冲击，举行了大规模的游行活动，并蓄意烧毁了价值100多万欧元的中国鞋。中国皮革协会获知此事后，紧急致函国家商务部、外交部、中国轻工业联合会及中国驻西班牙大使馆，并代表企业提出我方要求。

9月26日—10月8日，由河北省人民政府、中国轻工业联合会、中国皮革协会主办，高碑店市人民政府、中国轻工业展览中心承办，白沟镇人民政府协办，2005白沟·中国（国际）箱包服装节暨文化艺术节在河北省高碑店市白沟镇举行。

9月28—30日，首届中国·崇福皮草博览会暨崇福皮草大世界开业典礼在崇福毛皮市场隆重举行。其间，中国轻工业联合会和中国皮革协会正式授予桐乡市崇福镇"中国皮草名镇"荣誉称号，并举行了隆重的授牌仪式。

10月18—20日，由中国轻工业联合会、河北省人民政府、中国皮革工业协会主办，沧州市人民政府、肃宁县人民政府承办的"第六届中国·尚村国际皮草交易会"举办。其间，中国轻工业联合会、中国皮革协会正式授予肃宁县"中国裘皮之都"荣誉称号。

11月23日，中国皮革协会牵头召开了24家制革骨干企业与国家发改委、商务部、财政部、海关总署、国家环保总局等相关部门参加的座谈会，就取消生皮加工贸易对企业和行业的影响进行了汇报和沟通。

2005年，按照中国名牌战略推进委员会和国家质量监督检验检疫总局的要求，中国皮革协会积极配合2005年中国名牌皮鞋、旅游鞋产品的复评工作，协助组织专家对申报企业进行了认真、科学、公正、公平的审查，并提出了评价意见和建议。2005年8月初，名推委发表公告称，在2005年中国名牌产品的评价中，有505个产品进入中国名牌产品初选范围并正式向社会公示，其中有 29 家皮鞋、旅游鞋新评定和参加复评的企业进入初选范围。

2006 年

1月20日，根据《关于授予中国皮革行业特色区域荣誉称号的行业规范》，中国轻工业联合会和中国皮革协会2005年12月正式授予成都武侯区"中国女鞋之都"荣誉称号。2006年，在成都市武侯区百联世纪购物广场举行了授牌仪式。中国皮革协会理事长徐永为成都武侯区颁发了"中国女鞋之都"铜牌。

2月26日，由中国轻工业联合会和中国皮革协会联合授予重庆璧山县"中国西部鞋都"授牌仪式在北京人民大会堂举行。全国人大常委、中国轻工业联合会会长陈士能，全国人大常委、农业和农村委员会副主任王云龙，中国皮革协会理事长徐永等有关领导和专家，以及新闻媒体的记者，共100多人出席了授牌仪式。

2月和7月，针对我国生皮、生毛皮、蓝湿皮等半成品革产品进口关税较高的问题，中国皮革协会分别向国家农业部提交了《关于鼓励生皮、生毛皮、半成品革进口，限制其出口的请示报告》《关于取消蓝湿皮进口关税，降低生水貂皮和生狐皮进口关税的请示报告》，并会同中国轻工业联合会多次向国家农业部和财政部进行专门汇报。经过农业部和财政部的协商，国家将税号为41041111的蓝湿皮进口关税暂降1个百分点。

中国皮革协会继续积极争取，一方面通过皮革行业石碧、王全杰、崔明杰、贺国英、朱治国等全国人大代表，以及中国财贸轻纺工会的支持，将"建议下调皮革行业部分生皮、生毛皮、半成品革的进口关税"分别列入了十届全国人大四次会议、全国政协十届四次会议的建议；另一方面加强对国际竞争对手的生皮进口关税及其相关政策的调研和对比分析，积极向国家有关部门进行了汇报。自2006年11月1日起，国家对41041111、41041911、41041920、41051010、41062100、41063110共6个税号的进口关税分别降低了1—2个百分点。

3月21日，由国家发展和改革委员会经济运行局、中国轻工业联合会主办，中国皮革协会承办的"2005皮革行业经济运行情况暨真皮标志品牌发布会"在北京人民大会堂举行。国家有关部门领导，全国皮革生产基地和地方皮革行业协会的代表，获得荣誉称号的企业负责人，以及新闻媒体的记者，共260多人出席了发布会。

3月21—23日，"2006年全国地方皮革协会工作会议"在北京召开。会议的主要议题是：在新的形势下，探索行业协会如何引导企业全面落实科学发展观，调整产业结构，转变增长方式，为实现行业可持续发展提供更贴切服务和前瞻性引导。

4月和9月，国家劳动和社会保障部向社会发布了第六批和第七批新职业信息，其中包括皮具设计师和鞋类设计师，受国家劳动和社会保障部、中国轻工业联合会委托，由中国皮革协会负责组织皮具设计师和鞋类设计师的国家职业标准、培训大纲及教材的编制工作。

5月18—20日，由中国轻工业联合会、中国皮革协会、重庆市人民政府共同主办，重庆市经济委员会、重庆市商业委员会、璧山县人民政府承办的第三届中国西部鞋业博览会，在重庆璧山西南鞋材交易中心举办。

5月28—29日，由中国皮革协会主办，广东鞋业厂商会、广东省皮革工业协会、广州鞋业商会协办的"2006年中国皮革协会皮鞋旅游鞋专业委员会年会"在广州召开。会议的主题为：加快调整产业结构，提高行业自主创新能力，主动迎战贸易摩擦。

5月30日—6月2日，由中国皮革协会主办，桐乡市崇福镇皮毛协会承办的"2006年中国皮革协会毛皮、皮衣专业委员会联合年会"在浙江桐乡召开。会议主题为：加强自主创新，谋求长远协调发展，促进产业结构升级。

5月29日—6月3日，由中国轻工业联合会、中国皮革协会和河北省人民政府共同主办，保定市人民政府、中国轻工业展览中心承办，高碑店市人民政府协办的"第五届白沟·中国（国际）箱包服装节"隆重举行。

5月，中国皮革协会毛皮专业委员会正式成为国际裘皮协会（IFTF）成员。

6月15—17日，中国皮革协会第二次组织中国展团参加了"第九届俄罗斯国际皮革及毛皮展览会"（LESHOW）。此次中国馆面积比上年扩大了1.3倍，展商数量增加2倍。

6月20—22日，由中国皮革协会主办、山东省皮革行业协会协办、巴斯夫（中国）有限公司和烟台制革有限责任公司提供赞助与支持，"制革和皮化行业发展论坛暨2006年中国皮革协会制革、皮化专业委员会年会"在山东烟台召开。会议的主题为：提高环保、品牌、诚信、创新意识，提高制革、皮化企业核心竞争力，广开思路，主动应对国际国内市场需求变化，积极适应国家政策调整。

6月22日，根据《关于授予中国皮革行业特色区域荣誉称号的行业规范》，中国轻工业联合会、中国皮革协会联合授予广东省惠东县"中国女鞋生产基地"荣誉称号。2006年8月22日，在北京人民大会堂举行了"中国女鞋生产基地"授牌仪式。

6月28—30日，由中国皮革协会主办，河北省白沟镇人民政府承办的"2006年中国皮革协会皮件专业委员会年会"在河北省白沟镇召开。会议主题为："加强产品开发，促进品牌提升。"

7月8—9日，由国家发展和改革委员会中小企业司、中国皮革协会主办，海宁市人民政府承办，浙江省皮革行业协会协办的"首届中国皮革特色区域经济发展论坛"在浙江海宁召开。会议的主题是：优化产业结构，提高核心竞争力。

9月3—5日，中国皮革协会第五届理事会第四次扩大会议在上海召开。

9月3—6日，受国际鞋业大会秘书处委托，第25届国际鞋业大会在上海召开。本届会议由中国皮革协会承办，森达、康奈、东艺、奥康四家制鞋企业提供赞助，这是在中国大陆首次举办的国际性鞋业大会。本届大会邀请了来自亚洲、欧洲、美洲等二十多个国家和地区的鞋业协会及相关组织的50多名代表参加会议，是历届国际鞋业大会到会人数最多的一次。

9月4日，中国皮革协会正式发布《关于增加奖学金额度以及继续资助参与国际皮革科技活动的决定》（中皮协［2006］68号），从2006年开始"中国皮革协会奖学金"的资助额度增至4万元/年/校，并改进评定办法；同时继续资助科技工作者参与国际皮革学术活动。

10月，经民政部（民社登［2006］第1200号文）批准，中国皮革协会正式设立皮革和制鞋机械专业委员会，其宗旨是全面为皮革和制鞋机械行业服务，不断提高皮革和制鞋机械工业水平，促进我国皮革和制鞋机械工业的可持续发展。

10月5日，欧盟委员会对中国皮鞋反倾销案做出终裁，中国涉案企业中除1家因获得市场经济待遇被征收9.7%的反倾销税外，其余企业均被课以16.5%的反倾销税，自2006年10月7日起征收，为期两年。对此，中国皮革协会协助商务部公平贸易局做好应诉企业的调研工作，提出了行业协会意见。

10月15—18日，由中国皮革协会主办的"第七届亚洲国际皮革科学技术会议"在成都召开。参会代表达到150余人，不仅包括中国、日本、韩国、印度等亚洲国家的皮革科技工作者，还吸引了来自美国、德国、法国、英国、捷克等欧美国家的皮革学术同仁。

11月30日—12月7日，按照《关于授予中国皮革行业特色区域荣誉称号的行业规范》的要求，中国皮革协会组织有关专家对温州"中国鞋都"、海宁"中国皮革之都"、辛集"中国皮革皮衣之都"进行了5年复评。

11月23日，中国皮革协会在香港组织了中国大陆/香港两地皮革业同仁座谈会。香港皮业商会、香港鞋业总会、香港鞋业商会、香港手套业商会、香港新界皮业厂商会负责人，以及国际皮业贸易协会亚洲委员会委员、厂商代表等50人参加了座谈会。

12月12—14日，2006中国女鞋之都国际采购节暨中国女鞋之都文化节在成都举办。本次采购节由中国皮革协会、四川省商务厅和成都市人民政府共同主办，以"搭建国际鞋业自主贸易平台"为主题，旨在通过对国内外成品鞋、鞋材、鞋机及配套类产品的集中采购、技术展示及东鞋西移论坛等活动，为成都构建一个高水平的国际鞋业贸易交流平台，推进中外鞋业交流与合作，促进中国女鞋之都产业集聚和产业提升（此后每年一届）。

2007 年

1月，大陆台商皮革厂联谊会作为非常设组织纳入中国皮革协会管理，凡大陆台商皮革厂联谊会成员需首先成为中国皮革协会会员，遵守《中国皮革协会章程》，并享受和承担中国皮革协会会员单位的权利和义务。随后，"外商制革企业联盟"（FTC）参照大陆台商皮革厂联谊会的做法，纳入了中国皮革协会的管理，并于1月、4月、9月先后召开了三次外商制革企业联盟会议，中国皮革协会的代表性和凝聚力进一步增强。

1月和3月，中国皮革协会分别在北京和香港召开新闻发布会，正式推出"真皮标志"英文版标牌，"真皮标志"和"真皮标志生态皮革"英文版证书也同时启用，通过推出英文证书，将使我国皮革行业的优质产品在国际市场上获得更加广泛的认知。

对《真皮标志章程》《真皮标志产品规范》和《真皮标志生态皮革实施细则》《真皮标志生态皮革产品规范》中英文版进行修订。在《真皮标志章程》《真皮标志生态皮革实施细则》中，增加了社会责任和环保条款，强调了职工应享有的安全、环保、健康的工作环境，促进企业高度重视职工权益和劳动保护。在《真皮标志生态皮革产品规范》中，四项特殊化学指标的检测方法标准全面采用ISO检测方法标准或国际通用标准。

3月，积极向中国名牌战略推进委员会和国家质量监督检验检疫总局申请，将箱包产品列入了2007年中国名牌产品评价目录。按照中国名牌战略推进委员会和国家质量监督检验检疫总局的要求，中国皮革协会积极配合做好2007年中国名牌皮衣产品复评和箱包产品评审工作，协助组织专家对申报企业进行了认真、科学、公正、公平的审查，并提出了评价意见和建议。2007 年 9 月 11 日，2007 年中国名牌产品暨中国世界名牌产品表彰大会在北京召开，皮革行业有 11 家皮革服装、裘皮服装产品和 7 家箱包产品荣获 "2007 年中国名牌产品" 称号。

3 月，中国皮革协会配合国家发改委经济运行局完成了《制革企业准入标准》的制定工作。最后经过发改委讨论，决定先编写《制革工业结构调整指导意见》，然后把《制革企业准入条件》作为其中的一项具体工作，对制革准入提出更加严格的要求。2007 年 9 月底，完成《指导意见》的编写，并报送给发改委经济运行局。其核心内容是：把企业的生产布局、工艺与装备、污染治理等，与投资管理、土地供应、环境评估、信贷融资、电力供给等相结合，通过提高制革企业准入标准，有效控制投资增速，也便于强化国家对环保治理的监管。

4 月 10—12 日，"2007 年全国地方皮革协会工作会议" 在海南三亚召开。来自全国 33 个地方皮革协会、商会及主要皮革生产基地的代表，共 50 多人出席了会议。会议的主题是：落实皮革行业 "十一五" 规划，节能降耗，切实转变增长方式；强化环保，促进又好又快发展。

5 月 17 日，由中国皮革协会主办，重庆璧山县人民政府和奥康集团承办的 "2007 西部皮革产业发展论坛" 在重庆璧山县举行。论坛主题为：推动制鞋产业调整，寻求西部发展机会。

6 月 18 日、20 日，由中国皮革协会主办，浙江省皮革行业协会、泉州市鞋业商会分别承办的 "欧盟反倾销复审培训会" 在温州和泉州举行。在反倾销策略上和技术上给予企业指导，并以通俗易懂的方式为企业讲解欧盟反倾销法律的技术要点和复审的重要意义。

7 月 23—25 日，由中国皮革协会、大庆市人民政府联合主办，肇源县人民政府承办的 "2007 年全国制革行业可持续发展研讨会暨制革专业委员会年会" 在大庆召开。本次会议的主题是："转变观念，调整思路，齐心协力，持续发展。"

8 月 29 日，由中国皮革协会承办的 2007 亚洲毛皮业协会年会在北京召开。日本毛皮业协会、韩国毛皮业合作会、香港毛皮业协会、中国皮革协会以及国内各大毛皮制造厂商代表出席了会议。

8 月，中国皮革协会牵头组建了 IUP/IUC/IUF 中国专家组，主动参与国际皮革标准的制修订工作。IUP（物理检测委员会）、IUC（化学分析委员会）和 IUF（坚牢度试验委员会）是 IULTCS（国际皮革工艺师和化学家协会联合会）下属委员会，同时又是国际标准化组织（ISO）技术委员会中负责制修订皮革物理、化学、坚牢度指标检测方法标准的组织。

9 月 3—5 日，中国皮革协会第六届理事会第一次扩大会议暨 2007 首届 "世界皮革产业合作与发展论坛" 在上海隆重召开。会议的中心议题是：主动调整，创新发展，推动中国皮革业与世界和谐共赢。

9 月 4 日，在中国皮革协会六届一次理事扩大会议上，正式通过了《关于进一步加大 "科教兴皮" 工作力度提案的决议》，决定在 2006 年开始 "中国皮革协会奖学金" 的资助额度增至 4 万元/年/校的基础上，从 2008 年开始增加奖学金的授予范围，除原来的四川大学、陕西科技大学外，新增加山东轻工业学院。同时，对于参与国际皮革科技活动的部分优秀科技工作者给予资助60%的国际差旅费用,从2008年开始由原来的每次会议资助2位,增加到资助4位。

9月,正式组建了中国皮革协会中外律师顾问团,并在中国皮革协会六届一次理事扩大会议上由张淑华理事长向律师顾问团代表蒲凌尘律师颁发了聘任证书。律师顾问团的法律范围涵盖了国际贸易法、竞争法、商法、知识产权保护、投资风险评估、公司治理等多个方面,两家外国律师所设在比利时首都布鲁塞尔,其分支机构涵盖了美洲、欧洲、大洋洲、非洲及亚洲的主要国家,可以从以上领域给予企业法律援助。

9月26日—10月8日,由河北省人民政府、中国轻工业联合会、中国皮革协会主办,保定市人民政府、中国轻工业展览中心协办,高碑店市人民政府承办的"2007(第六届)白沟·中国(国际)箱包服装节"在河北白沟镇举办。

9月和12月,先后完成了中国皮革协会第六届理事会及各专业委员会换届选举工作。本届理事会和各专业委员会更加突出了地区、行业、性别、年龄的代表性及企业家办协会的发展方向,致力于建设一个团结、创新、和谐的团队,为推动行业可持续发展做好协调服务。

10月12—14日,由中国皮革协会、四川省商务厅和成都市人民政府联合主办的"2007中国女鞋之都·国际采购节"在成都举办。

10月15—16日,"2007年中国皮革协会毛皮、皮衣专业委员会联合年会"在辽宁省辽阳市召开。会议主题是:"积极调整,创新发展,合作共赢。"

10月15—22日,由中国皮革协会、辽宁省商业局、辽阳市人民政府主办,灯塔市人民政府、辽阳市商业局、佟二堡经济特区管委会承办,佟二堡皮草商会、佟二堡皮革商会协办的"第五届佟二堡·中国皮装裘皮节"举办(此后每年一届)。

10月27—28日,由浙江省余姚市人民政府、中国皮革协会、中国服装协会主办,浙江余姚工业园区管委会、余姚中国裘皮城、宁波市服装协会承办的"2007中国(余姚)裘皮服装节"在中国裘皮城隆重举办(此后每年一届)。

12月2—7日,由中国皮革协会、中国皮革协会职业培训中心联合举办了公益性培训班——中国鞋业现代企业技术与管理高级培训活动。邀请的专家有意大利FOTO SHOE集团主席Molteni先生,意大利著名设计师Alessandro先生,清华大学教授、企业管理专家石永恒先生。

12月25—26日,中国皮革协会皮革和制鞋机械专业委员会年会在海南省海口市召开。

2008年

3月25日,全国制鞋标准化技术委员会皮鞋分技术委员会成立暨一届一次会议在浙江省温州召开。中国皮革协会理事长张淑华、国家标准化委员会处长王莉为委员会成立揭牌。

3月26日,在温岭市政府召开的"创业服务年""创新推进年"的动员大会上,中国轻工业联合会副会长、中国皮革协会名誉理事长徐永将"节能减排、产业升级鞋业基地——中国鞋业名城·温岭"牌匾授予温岭市委常委、副市长邱士明,这标志着皮革行业特色区域培育工作迈入了一个新阶段。

3月30日，国际皮业贸易协会（ICHSLTA）第79届年会在香港会展中心举行。会议推选出了协会下一任主席和副主席：中国皮革协会理事长张淑华女士任主席，澳大利亚原皮出口商协会主席Gorman先生任副主席。

5月上旬，在各地方皮革协会和骨干企业的支持下，制作完成了纪念改革开放30周年和中国皮革协会成立20周年专题片——《魅力皮革，和谐行业——中国皮革协会二十载风雨兼程谱华章》。

5月18—20日，由中国轻工业联合会、中国皮革协会、中国轻工进出口商会、重庆市人民政府主办，重庆市相关部门、璧山县人民政府承办，奥康集团有限公司协办的"第四届中国西部国际鞋业博览会"在重庆璧山县举行。

6月5日，全国制鞋标准化技术委员会（SAC/TC305）成立大会暨第一届一次会议在北京召开。本届标委会由50名委员组成，中国工程院院士段镇基任顾问，中国皮革协会理事长张淑华任主任委员。

6月18—20日，由中国皮革协会主办，威海市金猴集团有限责任公司承办的2008年中国皮革协会皮鞋旅游鞋专业委员会年会在山东省威海召开。会议的主题为："适应新形势，加快产业升级。"

7月6—8日，由中国皮革协会、中共湘乡市委、湘乡市人民政府联合主办，湖南省皮革行业协会协办，湘乡市工业园管委会承办的2008年制革业环保研讨会暨制革专业委员会年会在湖南省湘乡召开。会议的主题为："突破环保瓶颈，发展绿色制革。"

7月21日，中国皮革协会成立20周年在京老同志座谈会在钓鱼台国宾馆举行。十届全国人大常委、中国轻工业联合会会长陈士能出席座谈会并题词祝贺。

8月，受国家商务部进出口公平贸易局委托，由中国皮革协会负责制定的《裘皮原料批发市场交易规范》审定稿完成，并上报商务部。

9月1—3日，中国皮革协会第六届理事会第二次扩大会议在上海举办。会议的中心议题是："坚定信心，在变局中实现产业转型升级。"十届全国人大常委、中国轻工业联合会会长陈士能出席会议并发表重要讲话。

9月2日，由中国皮革协会主办的2008第二届世界皮革产业合作与发展论坛在上海开坛。本届论坛的主题是"新一轮挑战、新一轮机遇"。

9月1日，由中国皮革协会与中国财贸轻纺烟草工会共同推出的"全国皮革行业节能减排环保创新奖"首批7个获奖项目隆重揭晓，并对获奖单位、集体或个人予以表彰。

10月22日，由中国皮革协会、中国皮革和制鞋工业研究院、国家皮革和制鞋行业生产力促进中心和兴业皮革科技股份有限公司联合主办的2008中国皮革发展论坛在福州市举办。本届论坛的主题为"环保·创新·变革·升级"。

12月19—22日，由中国皮革协会皮革化工专业委员会和中国化工学会精细化工专业委员会共同主办，温州大学承办的"中国化工学会精细化工专业委员会第121次学术会议暨中国皮革协会皮革化工专业委员会2008年年会"在浙江省温州召开。会议的主题为"绿色皮革化学品与皮革工业的可持续发展"。

2009 年

3月，中国皮革协会会同有关部门共同组织中国代表团赴比利时首都布鲁塞尔参加欧盟委员会对中国皮鞋出口产品反倾销日复审第二次听证会，进一步表明了中国政府及制鞋行业对此案的态度，并向欧盟委员会传达了中国制鞋行业的呼声。

3月2日，商务部、环境保护部、海关总署发布了［2009］第8号《关于生皮和半成品革进口加工贸易出台新规定》。中国皮革协会就新政策执行过程中企业遇到的问题进行了多次反映，并得到了有关部门的大力支持。2009年6月3日，商务部、海关总署联合发布［2009］37号公告《2009年加工贸易禁止目录》，明确了允许进口半成品革出口半成品革和进口成品革出口成品革的加工贸易业务。

3月21—23日，中国皮革协会组织专家对共建"产业升级——中国旅行箱包之都·平湖"特色区域进行了实地考核。4月29日，中国皮革协会与浙江省平湖市人民政府签署"产业升级——中国旅行箱包之都·平湖"共建协议，浙江省皮革行业协会、平湖市箱包协会参与共建。8月31日，在中国皮革协会第六届理事会第三次扩大会议开幕式上举行了隆重的授牌仪式。

4月18日，中国皮革协会和中国流行色协会、晋江市人民政府联合发布中国非竞技类运动鞋流行趋势，并在第十一届中国（晋江）国际鞋业博览会期间举行了时尚走秀活动。

4月19日，由第十一届中国（晋江）国际鞋业博览会组委会、中国皮革协会、台湾区制鞋工业同业公会联合主办，晋江经济报社承办的第三届中国鞋都（晋江）海峡两岸大学生运动鞋设计大赛获奖结果隆重揭晓（每年一届）。

4月27—29日，2009全国地方皮革协会工作会议暨行业经济运行情况座谈会在北京召开。来自全国近60个地方皮革协会、商会及主要特色区域的代表出席了会议。会议的中心议题是："携手同行，共谋发展。"

4月29日，中国轻工业联合会和中国皮革协会在北京人民大会堂联合举办"中国皮革行业经济运行情况暨真皮标志15周年发布会"，向社会隆重推荐新一届的真皮标志排头品牌和箱包排头品牌，包括34个皮鞋品牌、14个皮革服装品牌、7个裘皮服装品牌和20个箱包品牌，分别授予了相应的荣誉称号；并发布了2008年及2009年一季度皮革行业经济运行情况。同期，还举办了主题为"品牌·合作·振兴"的论坛，探讨新形势下中国皮革行业的突破与发展。

4月29日，《中国皮革史》编写工作正式启动。根据中国皮革协会第六届理事会第二次扩大会议的决议，中国皮革协会牵头成立了编写工作组，负责编写大纲及总体协调工作。

5月9—11日，中国皮革协会组织专家对共建"产业升级——中国男鞋生产基地·鹤山"特色区域进行了实地考核。同期，中国皮革协会与广东省鹤山市人民政府签署"产业升级——中国男鞋生产基地·鹤山"共建协议，广东省皮革协会、鹤山市鞋业商会参与共建。8月31日，在中国皮革协会第六届理事会第三次扩大会议开幕式上举行了隆重的授牌仪式。

5月18日，国务院正式颁布了《轻工业调整和振兴规划》，中国皮革协会派员参与了《轻工业调整和振兴规划》相关部分的编写及修订工作。

6月2—4日，由中国皮革协会主办的2009全国皮革行业标准检测工作会议在北京召开。来自国家标准化管理委员会、中国轻工业联合会等标准主管部门，以及与皮革和制鞋标准、检测有关的专业标准化技术委员会、行业协会、产业基地、技术监督机构、商检机构、专业检验单位、科研机构、大专院校、生产企业等共40余家单位的代表参加了会议。会上，成立了皮革行业标准检测沟通协调核心组。

7月2日，"真皮标志"证明商标分别在美国和越南成功注册，加之此前已注册的国家和地区，目前真皮标志证明商标已在16个国家和地区实现了国际注册。

7月16—17日，由中国皮革协会主办，阜新市人民政府承办的中国皮革协会制革专业委员会2009专题工作会议在辽宁省阜新市召开。会议的中心议题是"贯彻落实《轻工业调整和振兴规划》精神，研究行业亟待解决的问题"。会上，首次提出全行业积极行动起来推进节能减排，实现"摘帽子"工程。同时，由中国皮革协会牵头，环保专家、重点企业、特色区域和行业协会等代表组成的"制革行业环境自律行动小组"，作为"摘帽子"工程的领导小组。9月1日，在中国皮革协会第六届理事会第三次扩大会议上形成决议，成为全行业的共同行动。

8月，受国家林业局和国际裘皮协会委托，由中国皮革协会牵头编写的《中国毛皮产业白皮书》完成定稿及翻译、校对工作。

8月22日，国家环保部总量司组织专家对中国皮革协会承担的"制革行业污染减排分析报告和实施方案"项目正式进行验收，验收委员会专家一致同意该项目通过验收。

8月31日—9月2日，中国皮革协会第六届理事会第三次扩大会议暨2009第三届世界皮革产业合作与发展论坛在上海举办。本次会议是在全行业积极应对国际金融危机、贯彻落实《轻工业调整和振兴规划》、努力争取行业经济早日复苏的形势下，召开的一次特殊重要会议。本次会议的中心议题为：增强信心，开启复苏之旅；本届论坛的主题为"聚焦鞋业，破茧成蝶"。来自国内外皮革行业同仁400余人参加了会议和论坛。

8月31日，在中国皮革协会第六届理事会第三次扩大会议开幕式上，2009年皮革行业先进地方协会、巾帼标兵和科技先导评选结果揭晓，并举行了隆重的颁奖仪式。

8月31日，在中国皮革协会第六届理事会第三次扩大会议开幕式上，中国轻工联合会、中国皮革协会、辽宁省人民政府、阜新市人民政府举行了共同培育"承接转移——中国制革示范基地·阜新"四方协议签字仪式。

9月19—20日，在中国皮革协会和全国皮革标准技术委员会的组织下，皮革行业首个专业市场领域的标准《皮革专业市场管理技术规范》审定会在广东省广州召开。该标准由中国皮革协会、广州新濠畔五金鞋材市场有限公司、海宁中国皮革城股份有限公司起草制定。

10月11—14日，由国际皮革工艺师和化学家协会联合会（IULTCS）主办，中国皮革协会承办的第30届国际皮革工艺师和化学家协会联合会（IULTCS）大会在北京隆重召开。这是自1949年IULTCS在法国巴黎召开首次会议以来，第一次在中国召开，被誉为"世界皮革科技奥运会"。本届大会，不仅参会人数多、国家多；演讲及张贴论文多，涉及研究领域广，而且台上演讲精彩、台下提问积极，会后各种交流及文化活动丰富多彩，成为 IULTCS 有史以来召开的规模最大、最为热烈的一次大会。

10 月 21 日，由中国皮革协会、中国皮革和制鞋工业研究院、国家皮革和制鞋行业生产力促进中心和兴业皮革科技股份有限公司联合主办，福建省经济贸易委员会支持的 2009 中国皮革发展论坛在福建厦门举办。本届论坛的主题是"新形象、新模式、产业链和谐共赢"。

10 月 21—23 日，中国皮革协会组织专家对共建"产业升级——中国箱包名城·瑞安"特色区域进行了实地考核。11 月 26 日，中国皮革协会与浙江省瑞安市人民政府签署"产业升级——中国箱包名城·瑞安"共建协议，浙江省皮革行业协会、瑞安市箱包行业协会参与共建。

11 月 26—27 日，由中国皮革协会主办，应大皮衣博物馆承办的 2009 中国皮革协会皮衣专业委员会年会在天津召开。会议的主题为"研究新形势，实现新发展"。

12 月 3 日，工业和信息化部发布了《关于制革工业结构调整的指导意见》。中国皮革协会派员参与了该指导意见的编制工作。

12 月 15 日，受国家发改委委托，中国皮革协会和山东皮革协会合作，共同完成了《制革及毛皮加工工业节水规范》（初稿）和《制革及毛皮加工工业节能规范》（初稿）的编写工作。

12 月 16—18 日，由中国皮革协会皮革和制鞋机械专业委员会、中国轻工机械协会制革制鞋毛皮及皮件装备分会主办的中国制革机械行业发展论坛暨皮革机械专业委员会（分会）工作会议在浙江省湖州召开。会议的主要议题为"共同掌握皮革行业发展形势，研讨皮革机械行业战胜危机，持续、健康发展"。

12 月 20—21 日，由中国皮革协会、全国皮革工业标准化技术委员会主办，福建保兰德箱包皮具有限公司承办的全国皮革工业标准化技术委员会箱包分技术委员会成立大会暨 2009 年皮件专委会年会在福建省莆田市召开。

2010 年

1 月，中国皮革协会组织编写的《中国皮革特色区域》由机械工业出版社出版发行。该书共收录了 28 个皮革特色区域。

2 月，受国家林业局和国际裘皮协会委托，中国皮革协会负责编写的《中国毛皮动物繁育利用及管理》英文版本正式发布，2009 年 10 月中文版本已正式发布，被称为"中国毛皮行业白皮书"。

3 月 28 日，国际皮业贸易协会（ICHSLTA）第 81 届年会在中国香港召开。继 2008 年 ICHSLTA 秘书处首次从欧美转至中国后，2010 年中国连任该组织主席国，秘书处设在中国皮革协会，中国皮革协会理事长张淑华连任主席。

4 月 18 日，由中国（晋江）国际鞋业博览会组委会、中国皮革协会、台湾区制鞋工业同业公会联合主办，晋江经济报社承办，并联合 Arting365 网站进行评比的"双驰足球鞋"杯第四届海峡两岸运动鞋设计大赛决赛评选结果在福建省晋江市揭晓。

4 月 19—23 日，2010 全国地方革协会工作会议暨行业经济运行情况座谈会在云南省丽江召开。会议的中心议题为"调结构下真功，促转变重实效"。座谈会期间，组织召开了皮革行业"十二五"规划座谈会。

5月,受国家林业局委托,中国皮革协会承担的《毛皮动物定点取皮试点建设和推广》项目正式启动。

6月1日,由国际鞋业大会(IFC)主办的2010国际鞋款设计大赛(IFDC)在广东省广州市举办。大赛作品是由IFC的12个成员国和地区选送。中国皮革协会选送了2010"真皮标志·致富杯"中国鞋类设计大赛决赛获奖作品参赛,一举摘得了本届国际大赛的十项大奖;特别是女装休闲类作品《迷迭香》获得了本类作品第一名和2010全场设计金奖两项大奖。

6月27—29日,由中国皮革协会主办、惠东县人民政府承办、惠东县中小企业局协办的CLIA皮鞋旅游鞋专业委员会年会在广东省惠东县召开。会议的主题为"科技创新－造就低碳产业链"。

6月29日,受国家工信部消费品司委托,由中国皮革协会牵头编写的《我国制鞋业发展战略和政策研究》课题在广东省惠东县召开了课题验收会。

7月22—25日,由中国皮革协会皮革化工专业委员会、中国化工学会精细化工专业委员会主办,烟台大学、国家制革技术研究推广中心和烟台万华超纤股份有限公司承办的第八届全国皮革化学品学术交流会在山东省烟台召开。会议的主题为"材料—制革—环境—共赢"。

8月20日,受国家环保部总量司委托,中国皮革协会承担的《皮革行业水污染减排技术及核查核算参数研究》项目通过了专家组验收。

8月30—9月1日,中国皮革协会第六届理事会第四次扩大会议暨2010第四届皮业国际论坛在上海举办。会议的中心议题为"加快转变发展方式,科学规划行业蓝图";论坛的主题为"皮革业的低碳方略"。中国轻工业联合会会长步正发出席会议并发表重要讲话。

8月31日,在上海召开的中国皮革协会第六届理事会第四次扩大会议上,中国皮革协会与中国财贸轻纺烟草工会共同举办的第二届全国皮革行业节能减排环保创新奖评选结果隆重揭晓,并举行了颁奖仪式。

8月31日,在上海召开的中国皮革协会第六届理事会第四次扩大会议上,中国皮革协会与浙江省东阳市人民政府共建"中国箱包产业基地·东阳"、与山东省高密市人民政府共建"中国鞋业生产基地·高密"分别举行了授牌仪式。

8月31日,在上海召开的中国皮革协会第六届理事会第四次扩大会议上,审议通过了《中国皮革行业"十二五"发展规划(草案)》。

9月18日,国家民政部下发《社会团体分支(代表)机构登记通知书》(民社登[2010]第6152号),准予中国皮革协会正式设立市场流通专业委员会。

9月28日,第二届中国·阳原国际毛皮节及主题为"质量、市场、效益"的国际毛皮高层论坛在河北省阳原县举行。中国皮革协会副理事长李玉中应邀出席了开幕式并讲话。

10月,中国皮革协会向国务院税则委提交了《关于2011年皮革行业进口关税调整建议》,提出了11个税号生皮、半成品革下调进口关税的建议。

11月15日,受国家林业局委托,由中国皮革协会承担的《毛皮野生动物繁育利用及产品标识试点的行政许可事项监督检查》项目正式提交了结题报告。

11月23日，受国家环保部委托，由中国皮革协会牵头编制的《2009年度中国制革工业污染防治报告》在北京召开了专家评审会。

12月19—22日，由中国皮革协会、中国皮革和制鞋工业研究院、国家皮革和制鞋行业生产力促进中心共同主办的中国皮革业发展论坛暨中国皮革协会制革专业委员会2010年年会在江苏省徐州市睢宁县召开。这是制革专业委员会年会与中国皮革业发展论坛合并后召开的第一次会议。会议的主题为"淘汰 创新 嬗变"。

12月22—24日，由中国皮革协会皮革和制鞋机械专业委员会、中国轻工机械协会制革制鞋毛皮及皮件装备分会主办的2010全国制革机械行业发展交流会暨皮革机械专业委员会（分会）工作会议在云南省丽江召开。会议的主要议题为"共同掌握皮革行业发展形势，提高皮革机械产品水平，促进行业稳步持续健康发展"。

10月—12月，中国皮革协会与各地方皮革协会依托制革行业环保自律行动小组形成专家组对第一批64家核查企业进行了现场考核，并于12月底形成了制革行业环保达标公告工作考核报告上报给国家环保部。

第三章 地方皮革行业协会

第一节 省市皮革行业协会

北京市皮革协会

北京皮革协会前身为北京皮革学会，于1981年6月经北京市科学技术协会批复成立。包含制革、皮鞋、皮件、皮毛等专业，通过举办讲座、培训、技术交流和开展咨询服务，关心科技人员等工作，为北京皮革学会演变为行业协会，使学会与协会融合以及顺利过渡打下了坚实基础。1992年，北京市皮革行业协会经北京市民政局登记注册成立，后更名为"北京皮革协会"。

北京皮革协会现挂靠在北京楠辰皮革有限公司，有会员单位51家，主要包括制鞋、制衣、皮件、皮毛及其制品等生产贸易型企业。协会主要职能是开展行业协调服务，专业研究、技术交流、咨询服务、新产品推广，通过为会员单位服务，提升北京地区皮革行业可持续发展的整体水平。

北京皮革协会历届理事会主要负责人如下：

第一届理事会：
理事长：邢德海
秘书长：罗庚会

第二届理事会：
理事长：邢德海
秘书长：刘宝贵

第三届理事会：
理事长：刘长友
秘书长：刘国权

第四届理事会：
理事长：李曜
秘书长：冯伟

第五届理事会：
理事长：李曜
秘书长：王文生

第六届理事会：
理事长：李乃晋
副理事长：李庆元、庄再强、刘露、单燕玲、王玉刚
秘书长：王文生

河北省皮革行业协会

河北省皮革行业协会成立于1989年。成立时名称为河北省皮革工业协会，2003年更名为河北省皮革行业协会。协会的宗旨：遵守宪法、法律、法规和国家政策，遵守社会道德风尚，为本行业广大会员提供多种服务，维护会员的权益，推动全行业的发展。

河北省皮革行业协会历届理事会主要负责人如下：
第一届理事会（1989年—1998年）：
会长：张继尧，秘书长：闵正富
第二届理事会（1998年—2003年）：
会长：张继尧，秘书长：范儒智
第三届理事会（2003年—2010年）：
会长：张继尧，秘书长：范儒智

河北省毛皮产业协会

河北省毛皮产业协会是在自愿的基础上，由河北省内毛皮、皮革及相关产业的企业（生产、经营）、事业（社团、科研院所）等单位和个人组成的地方性联合组织，是具有法人资格的社会团体，接受业务主管单位河北省工经联（河北省经团联）和登记管理机关河北省民政厅的业务指导和监督管理。协会2006年10月18日成立，首任会长为贺国英，秘书长为刘艺；2010年6月，靳国庆任代理秘书长。

协会的业务范围是：（一）调查研究国内外、省内外毛皮、皮革产业及相关产业发展状况和趋势，为政府制定有关行业发展方针、政策、行业规划和措施提出建议，协助政府有关部门制定毛皮、皮革行业有关法规和标准。（二）维护会员的合法权益，调解会员纠纷，协调行业关系；建立行业自律机制，制订行规、行约，并监督实施。（三）宣传、普及行业基础知识和科学技术；推广最新科技成果和先进管理经验；为行业培训人才；帮助会员企业改善经营管理，提高人员素质。（四）组织经济贸易合作与科学技术交流，加强科研与生产、生产与经贸之间的联系与合作，提供经济技术信息和咨询服务，组织展览、专题研究会、学术讲座和专题咨询等活动。（五）开展咨询服务，为会员提供国内外经济技术和市场信息；编辑出版毛皮产业有关书籍、资料、书刊及宣传报道工作，监督本行业

内企业的广告宣传，向新闻媒体发布本行业信息。（六）发展与国外、省外同行业社会团体、企业和个人的友好联系，组织对外经济技术交流合作。（七）举办为行业服务的经济实体和本行业的公益事业。以及有利于提高行业整体素质的其他活动。（八）办理河北省工经联（省经团联）委托交办的事项；办理国家相关部门和协会、省相关部门及企事业单位委托交办的有关工作。

吉林省皮革协会

吉林省皮革工业协会是经吉林省计经委以吉计经字（1988）720号文批准，于1990年4月3日正式成立，成立初期挂靠在吉林省皮革服装工业公司。吉林省皮革工业协会是全省性行业组织，包括制革、毛皮、皮鞋、皮件、皮革化工、皮革机械等自然行业，由企业、事业、科研单位自愿组成的社会经济团体。

吉林省皮革协会是2006年经吉林省经委以吉经办函（2006）73号《关于成立吉林省皮革协会审查意见的函》审查同意，以吉民函（2006）102号《关于同意筹备成立吉林省皮革协会的通知》批准，于2007年4月18日在长春市召开会员代表大会成立的。

吉林省皮革协会历届理事会主要负责人如下：
第一届理事会（1990.4—1991.3）
理事长：张守义　吉林省皮革服装工业公司
副理事长：李连哲　吉林省皮革服装工业公司
秘书长：徐德英　吉林省皮革服装工业公司
第二届（1991.3—1994.9）
理事长：孟繁儒　吉林省皮革服装工业公司
吉林省皮革研究所
副理事长：车森　吉林省皮革研究所
秘书长：徐德英　吉林省皮革服装工业公司
第三届（1994.9—1997.9）
理事长：车森　吉林省皮革服装工业公司
副理事长：李兴杰　吉林省皮革服装工业公司
秘书长：李兴杰（兼）　吉林省皮革服装工业公司
第四届（1997.9—2007.4）
理事长：车森　吉林省皮革服装工业公司经理
副理事长：李兴杰　吉林省皮革服装工业公司
秘书长：李兴杰（兼）吉林省皮革服装工业公司
第五届（2007.4—）
理事长：车森　吉林省洮安皮革有限责任公司董事长
副理事长：张忠诚　吉林省皮革研究所所长
李兴杰　吉林省洮安皮革有限责任公司董事
杨永年　吉林省恒达皮革有限责任公司董事长

田登平　吉林省经济委员会轻纺处调研员
齐明策　吉林省吉发实业公司董事长
丛连彪　吉林省皓月集团董事长
梁振和　长春东大集团董事长
殷应秋　长春市皮草工艺品有限责任公司董事长
李　格　吉林省宏丰鞋业总经理（2009年解职）
张雁鸣　吉林省辽源东亨鞋业公司董事长
孟庆春　浑江双星皮革制品有限公司董事长
王玉贵　吉林省洮安皮革有限责任公司总经理
吕福玉　延边州畜牧开发公司经理
赵大勇　长春皓月国际皮革城总经理（2009年增补）
梅雁冰　吉林市金谷鞋业公司董事长（2010年增补）
秘书长：李兴杰（兼）　吉林省洮安皮革有限责任公司董事

黑龙江省皮革行业协会

黑龙江省皮革工业协会成立于1988年8月，成立初期挂靠在黑龙江省皮革工业公司，主要负责全省皮革、皮鞋、皮革制品、毛皮及其制品生产加工企业的行业管理和技术咨询服务工作，具有部分行业管理的行政职能。

2006年，经黑龙江省经济委员会、省民政厅批准更名为黑龙江省皮革行业协会，扩大了协会的服务领域。截至2009年底，协会有会员单位188个，个人会员10名。协会下设制革、毛皮、箱包皮具专业委员会等三个分支机构。

黑龙江省皮革行业协会历届理事会主要负责人如下：
第一届理事会（1988—1992年）
理事长：吕守义
副理事长：李祖光　张贵明　曲邦树　张云学　刘瑞国
　　　　　王礼达　宋金和　朱利俊
秘书长：王礼达

第二届理事会（1992—1996年）
理事长：邓希文
副理事长：康殿臣　曲邦树　张云学　曹学志　周　兴　宋金和　蒋福爱
秘书长：隋明武

第三届理事会（1996—2009年）
理事长：刘瑞国
副理事长：康殿臣　王培红　安瑞林　曹学志　于满河　周兴
秘书长：隋明武

第四届理事会（2009—）
理事长：刘瑞国
副理事长：于长江　马振江　王英杰　包连太　禹胜利
　　　　　叶志强　张立波　张庆国　张秀华　张　勉
　　　　　李春生　杜占臣　陈贤程　孟哈伟　郑雪标
　　　　　赵　蕊　倪大华　郭亚川　高　伟　潘　凯
　　　　　赵　芬
秘书长：张秀华

上海皮革行业协会

上海皮革行业协会成立于2002年4月，为上海市从事皮革工业生产及相关业务的企事业单位自愿组成的跨部门、跨所有制的非营利的行业性社会团体。团体会员单位包括制革、皮鞋、箱包、皮革服装、皮制球、皮手套、皮革化工等企业，以及专业学校、研究所等。

协会不定期出版《皮协简讯》，向会员单位提供各类信息，组织会员单位参加国内外各类展览会及经贸洽谈会，拓展国内外市场，并不定期地举办各类培训班，为会员单位服务。

上海皮革行业协会历届理事会主要负责人如下：
第一届理事会：
理事长：霍建国
副理事长：梁佩玲、潭丹尼、黄克宇、杨建国
秘书长：徐芳泉
第二届理事会：
会长：霍建国
副会长：梁佩玲、汪雨生、黄克宇、杨建国、宫岩海
秘书长：徐芳泉
第三届理事会：
会长：霍建国
副会长：刘宇亮、黄克宇、杨建国、宫岩海
秘书长：徐芳泉

上海市皮革技术协会

上海市皮革技术协会成立于1980年11月，属上海市科学技术协会领导的专业性协会，下设学术交流部、技术咨询部和制革、制鞋、皮件、化工等专业组。该协会集中上海皮革行业科技人材、技术、信息等，为国内外皮革科技发展与进步服务。

该协会为国内外皮革和皮革制品、皮革化工、皮革机械的进步，广泛开展学术交流活

动。技术咨询部为了促进国内外皮革工业技术进步，广泛开展横向技术咨询服务。协助制订制革、皮鞋、皮件及皮革化工产品的工艺规程，提高产品质量和治理制革污水方案。协助研究开发有关皮革工业新技术、新工艺、新材料、新设备。协调科研成果、技术转让及推广应用。承办技术鉴定和技术培训，提供皮革科技信息。

上海市皮革企业管理协会

上海市皮革企业管理协会成立于1984年7月。王铭信任理事长，朱璋凤为副理事长兼秘书长，诸炳生为副秘书长。上海市皮革企业管理协会是属上海皮革公司领导，上海市企业管理协会指导的社会团体。

该协会的宗旨是：组织经济师、会计师、统计师等企业管理专家、学者和具有实践经验的管理人员、工程技术人员，研究国内外企业管理理论、制度、技术和方法，介绍国内外行之有效的企业管理经验，有价值的新技术、新工艺、新产品、新设备，摸索具有中国特色的皮革企业管理现代化途径，提高企业管理水平，为改善企业经营，提高企业经济效益，促进生产、技术发展，加快实现四个现代化服务。

上海市皮革企业管理协会有制革、皮鞋、皮件、皮革化工、皮革五金、鞋楦等行业的会员400余人，建立了研究小组5个。其中有厂长工作、企业现代化管理、经济核算、微电脑应用、经济技术研究和皮鞋设计培训部、皮件产品技术培训部、经济技术咨询服务部。

江苏省皮革协会

江苏省皮革工业协会是经省计经委计经工（88）384号文批准于1988年10月正式成立的，是皮革工业跨地区、跨部门的行业组织，以全省已形成的皮革工业生产体系：制革、毛皮、皮鞋、箱包、皮件、皮制用品，皮革化工、机械、五金、鞋用材料为基础，自愿组成的社会团体，以服务会员企业、推动行业发展为宗旨。协会成立初期，挂靠在江苏省皮革工业公司，有会员单位260家。2005年11月，更名为"江苏省皮革协会"。

江苏省皮革协会历届理事会主要负责人如下：
第一届理事会（1988.11—1995.5）
　理事长：贾安健　江苏省皮革工业公司
　副理事长：万跃　江苏省皮革工业公司
　赵茂增　淮海制革厂
　韩仁超　南京制革厂
　秘书长：郭文质　江苏省皮革工业公司

第二届理事会（1995.5—2005.11）
　理事长：高行胜　江苏省皮革工业公司

副理事长：吴强　江苏省乡镇工业局
刘光远　徐州鹰球皮革集团
梁忆峰　南京市皮革工业总公司
张鑫诚　扬州市皮塑工业总公司
张新权　无锡奇美皮革有限公司
朱相桂　江苏森达集团
邹燕　江苏省皮革工业公司
秘书长：邹燕（兼）江苏省皮革工业公司

第三届理事会（2005.11—2009.11）
理事长：朱相桂（2005.11—2008.6）　江苏森达集团
董为民（2008.6—2009.11）　森达鞋业有限公司
常务副理事长：李青　南京万里集团
闫永平　南京中央商场股份有限公司
张春廷　徐州南海皮厂有限公司
杨祥娣　无锡百乐皮件有限公司
副理事长：万祥华　美丽华企业（南京）有限公司
任淑芳　江苏菱光鞋业有限公司
高世新　江都市皮革行业协会
訾建平　江阴奥雅鞋业有限公司
吴　健　扬州大学广陵学院
陈国学　上海国学鞋楦设计有限公司
陈忆兰　无锡商业大厦股份有限公司
仲祖云　江都市人大原主任
戎卫国　丹阳市皮革鞋业商会
赵立才　徐州鹰球皮革集团
苏必武　南京市皮革工业总公司
高行胜　江苏省皮革协会
秘书长：高行胜（兼）　江苏省皮革协会

第四届理事会（2009.11—）
理事长：李青　南京万里集团
常务副理事长：
沈　浩　江苏森达鞋业公司
闫永平　南京中央商场股份有限公司
陈　洪　徐州南海皮厂有限公司
杨祥娣　无锡百乐皮件有限公司
副理事长：万祥华　美丽华企业（南京）有限公司
任淑芳　江苏菱光鞋业有限公司
高世新　江都市皮革行业协会

訾建平　江阴奥雅鞋业有限公司
吴　健　扬州大学广陵学院
陈国学　上海国学鞋楦设计有限公司
陈忆兰　无锡商业大厦股份有限公司
仲祖云　江都市人大原主任
戎卫国　丹阳市皮革鞋业商会
黄永杰　无锡皮革城有限公司
苏必武　南京市皮革工业总公司
高行胜　江苏省皮革协会
秘书长：高行胜（兼）　江苏省皮革协会

浙江省皮革行业协会

浙江省皮革工业协会是1994年经浙江省民政厅核准注册成立的，协会首批团体会员有138个。协会成立之初挂靠在浙江省皮革塑料工业公司，2001年底与原挂靠单位脱构，同年经浙江省民政厅批准更名为"浙江省皮革行业协会"。协会一直坚持"服务立会、服务兴会"的理念，建立了"自愿入会、自理会务、自筹经费"的自主办会的社会组织机制，通过发扬自主、自立、自强的"三自"精神，使协会的各项工作进入良性循环的发展轨道。协会拥有自己的会徽，创作了会歌《皮革之歌》，创办了会刊《浙江皮革》以及《交流》，建立了网站《浙江皮革网》，构建起"一徽、一歌、一刊、一网"的组织体系，《浙江皮革》是浙江省图书馆馆藏刊物。

浙江省经济和信息化委员会为协会的业务主管单位，承担着全省皮革行业协调管理任务，会员单位由成立初期以二轻集体所有制企业为主体不断发展到以规模以上民营企业为主体，包括专业市场、高等院校、科研单位等相关机构500余家，会员企业的经济总量已占全行业规模以上企业的70%以上。

浙江省皮革行业协会实行常务理事会领导下的理事长负责制，下设秘书处作为协会日常办事机构，在秘书长领导下处理日常业务工作，同时根据协会开展行业活动的需要，组建成立了制革、皮鞋、皮件、箱包、皮革科技与化工、毛皮等6个专业委员会，作为协会的分支机构，并在温州、海宁两地建立了信息网络。

浙江省皮革行业协会历届理事会主要负责人如下。

1. 第一届理事会（1994.11—1998.3）

协会职务	姓名	单位
理事长	王锡祥	浙江省皮革塑料工业公司
副理事长兼秘书长	李伟娟	浙江省皮革塑料工业公司皮革生产技术部
副理事长	叶金姆	温州市二轻工业总公司
副理事长	董菊云	海宁市计划经济委员会

续表

协会职务	姓名	单位
副理事长	肖福昌	海宁皮革集团
副理事长	许瑞坤	浙江富邦集团公司
副理事长	谢刚明	衢州天一实业公司
副理事长	朱张金	海宁卡森集团公司
副理事长	姜华	金华皮革集团
副理事长	俞敬民	浙江足佳集团公司
副理事长	赵树清	特丽雅皮鞋有限公司
副理事长	郑秀康	温州市长城鞋业公司
副理事长	余进华	温州吉尔达鞋业有限公司
副理事长	王振滔	奥康集团公司
副理事长	曹浩兴	雪豹集团公司
副理事长	姜华	浙江兽王集团公司
副理事长	曹凤雅	嘉兴天天华商箱包有限公司
副理事长	岳姚祥	海宁蒙努皮革制衣总厂
副理事长	李作虎	浙江虎豪实业有限公司
副理事长	池幼章	浙江利民皮鞋总厂

2. 第二届理事会（1998.3—2001.4）

协会职务	姓名	单位
理事长	王锡祥	浙江省皮革塑料工业公司
副理事长兼秘书长	李伟娟	浙江省皮革塑料工业公司皮革生产技术部
副理事长	叶金姆	温州市二轻工业总公司
副理事长	董菊云	海宁市计划经济委员会
副理事长	许建新	海宁上元皮革有限公司
副理事长	许瑞坤	浙江富邦集团公司
副理事长	谢刚明	浙江通天星股份有限公司天一分公司
副理事长	朱张金	海宁卡森集团公司
副理事长	姜华	金华皮革集团
副理事长	姚炳忠	浙江足佳集团公司
副理事长	赵树清	特丽雅皮鞋有限公司

续表

协会职务	姓名	单位
副理事长	郑秀康	温州市长城鞋业公司
副理事长	余进华	温州吉尔达鞋业有限公司
副理事长	王振滔	奥康集团公司
副理事长	曹浩兴	雪豹集团公司
副理事长	姜华	浙江兽王集团公司
副理事长	王国清	嘉兴天天华商箱包有限公司
副理事长	岳姚祥	海宁蒙努皮革制衣总厂
副理事长	李作虎	浙江虎豪实业有限公司

3. 第三届理事会（2001.4—2005.4）

协会职务	姓名	单位
理事长	王锡祥	浙江省皮革塑料工业公司
副理事长兼秘书长	李伟娟	浙江省皮革塑料工业公司皮革塑料协会管理部
副理事长	陈锡强	温州鞋革工业协会
副理事长	董菊云	海宁市皮革工业协会
副理事长	许建新	海宁上元皮革有限公司
副理事长	许瑞坤	浙江富邦集团公司
副理事长	朱张金	海宁卡森集团公司
副理事长	姚炳忠	浙江足佳集团公司
副理事长	赵树清	特丽雅皮鞋有限公司
副理事长	郑秀康	康奈集团有限公司
副理事长	余进华	温州吉尔达鞋业有限公司
副理事长	王振滔	奥康集团公司
副理事长	曹浩强	雪豹集团公司
副理事长	姜华	浙江兽王集团公司
副理事长	岳姚祥	海宁蒙努皮革制衣总厂
副理事长	徐水连	浙江富可达皮业集团股份有限公司
副理事长	吴松权	温州力西特企业集团公司
副理事长	涂金龙	温州鹿城鞋业协会

协会职务	姓名	单位
副理事长	陈国荣	东艺鞋业有限公司
副理事长	钱金波	红蜻蜓集团有限公司
副理事长	谢仁兴	浙江富士达集团有限公司
副理事长	金哲夫	日泰鞋业有限公司
副理事长	胡启多	瑞安多尔康鞋业有限公司
副理事长	何向荣	浙江工贸职业技术学院（浙江第一高级技术学校）
副理事长	章竞前	海中中国皮革城

4. 第四届理事会（2005.4—2008.1）

协会职务	姓名	单位
理事长	王锡祥	浙江省皮革塑料工业公司
副理事长兼秘书长	李伟娟	浙江省皮革行业协会
副理事长	任有法	海宁中国皮革城
副理事长	郑秀康	康奈集团有限公司
副理事长	王振滔	奥康集团有限公司
副理事长	陈锡强	温州市鞋革行业协会
副理事长	董菊云	海宁市皮革工业协会
副理事长	郑秀康	温州鹿城鞋业协会
副理事长	姜 华	浙江兽王集团有限公司
副理事长	徐水连	富可达控股股份有限公司
副理事长	钱金波	红蜻蜓集团有限公司
副理事长	朱张金	浙江卡森实业有限公司
副理事长	许建新	海宁上元皮革有限责任公司
副理事长	朱善忠	浙江禾欣实业集团股份有限公司
副理事长	许瑞坤	浙江富邦集团有限公司
副理事长	曹浩强	雪豹集团公司
副理事长	王一彪	台州宝路鞋业有限公司
副理事长	谢剑忠	平湖华神皮革有限公司
副理事长	廖 跃	温州泰马鞋业有限公司
副理事长	戴德利	杰豪鞋业有限公司

续表

协会职务	姓名	单位
副理事长	谢仁兴	温州富士达鞋业有限公司
副理事长	曾维华	温州大学美术与设计学院
副理事长	单志敏	意尔康鞋业集团有限公司
副理事长	余进华	温州吉尔达鞋业有限公司
副理事长	何向荣	浙江工贸职业技术学院
副理事长	沈金木	浙江金鑫皮革有限公司
副理事长	陈国荣	东艺鞋业有限公司
副理事长	岳姚祥	海宁蒙努集团有限公司
副理事长	金哲夫	日泰鞋业有限公司
副理事长	胡启多	多尔康鞋业有限公司

5. 第五届理事会（2008.1— ）

协会职务	姓名	单位
理事长	李伟娟	浙江省皮革行业协会
副理事长	谢榕芳	温州市鞋革行业协会
副理事长	董菊云	海宁市皮革工业协会
副理事长	陈国荣	温州市鹿城鞋业协会
副理事长	朱张金	浙江卡森实业股份有限公司
副理事长	许建新	海宁上元皮革有限责任公司
副理事长	许瑞坤	浙江富邦集团有限公司
副理事长	徐士淮	瑞新集团有限公司
副理事长	郑金林	浙江亚泰皮革有限公司
副理事长	谢剑忠	平湖华神皮革集团有限公司
副理事长	沈金木	浙江金鑫皮革有限公司
副理事长	朱善忠	浙江禾欣实业集团股份有限公司
副理事长	周向东	浙江东化实业有限公司
副理事长	郑秀康	康奈集团有限公司
副理事长	王振滔	奥康集团有限公司
副理事长	钱金波	浙江红蜻蜓鞋业股份有限公司
副理事长	单志敏	意尔康鞋业集团有限公司
副理事长	余进华	温州吉尔达鞋业有限公司

续表

协会职务	姓名	单位
副理事长	陈国荣	东艺鞋业有限公司
副理事长	李爱莲	巨一集团有限公司
副理事长	许承建	浙江蜘蛛王鞋业有限公司
副理事长	胡启多	多尔康鞋业有限公司
副理事长	戴德利	杰豪鞋业有限公司
副理事长	金哲夫	日泰鞋业有限公司
副理事长	王一彪	浙江宝路鞋业有限公司
副理事长	谢建民	浙江牧童鞋业有限公司
副理事长	曹浩强	雪豹集团公司
副理事长	岳姚祥	海宁蒙努集团有限公司
副理事长	姜华	兽王集团有限公司
副理事长	胡建中	浙江中辉皮草有限公司
副理事长	施纪鸿	嘉兴新秀箱包制造有限公司
副理事长	孙忠明	爱美德旅游用品有限公司
副理事长	任有法	海宁中国皮革城
副理事长	朱光耀	桐乡市崇福皮毛市场
副理事长	李运河	温州大学美术与设计学院
副理事长	何向荣	浙江工贸职业技术学院
副理事长	陆荣坤	银杉皮草有限公司
秘书长	官敏健	浙江省皮革行业协会

福建省鞋业行业协会

福建省鞋业行业协会由福建省制鞋业、鞋材重点企业及相关科研机构、专业院校、信息法律咨询单位等组成，于2004年8月，经福建省民政厅批准成立。

协会倡导"团结、公平、诚信、自律"的精神，团结和依靠广大会员，充分发挥协会桥梁和纽带的作用，积极开展信息交流、技术培训、组团参展，推进创新创意，推广新技术、新材料，竭诚为会员和福建制鞋行业的发展服务。

协会首届会长单位由鸿星尔克吴荣光董事长担任并连任第二届会长单位，福建省经济贸易委员会轻纺办公室王建副处长兼任第一、二届协会秘书长。

山东省皮革行业协会

山东省皮革工业协会经山东省民政厅批准于1992年2月正式成立。成立初期挂靠在山东省皮革工业公司，2002年挂靠在山东省皮革研究所。2003年，经山东省民政厅批准更名为山东省皮革行业协会。协会下设办公室、信息部、外联部及制革、制鞋及材料、皮革制品、毛皮、布鞋5个专业委员会；整合了"山东省皮革行业技能鉴定所""山东省中小企业服务平台""山东省皮革清洁化技术创新战略联盟""山东省功能鞋技术研发中心"和"山东省安全鞋产业联盟"等行业内组织，拥有山东皮革网和《山东皮革》杂志、重点企业季报、行业经济运行发布等信息资源优势，搭建起了省内外交流与合作平台。协会有团体会员单位574个。

山东省皮革行业协会历届理事会主要负责人如下。

第一届理事会（1995.5—2000.5）

理事长：王传家

副理事长兼秘书长：车本生

第二届理事会（2000.5—2004.8）

理事长：王传家（2000.5—2002.6）、于永昌（2002.6—2004.8）

副理事长：车本生（2000.5—2002.6）

秘书长：车本生（2000.5—2002.6）、高鲁光（2002.6—2004.8）

第三、四届理事会（2004.8—）

会长：于永昌

副会长兼秘书长：高鲁光

河南省皮革行业协会

河南省皮革行业协会成立于1985年4月，是由河南省第二轻工业厅（1985）8号文批准，在河南省民政厅注册成立的社团组织。随着政府机构改革，协会主管部门先后为河南省第二轻工业厅、河南省轻工业厅、河南省轻工总会、河南省经济贸易委员会等，现主管部门为河南省人民政府国有资产监督管理委员会。

河南省皮革行业协会下设制革专业委员会、制鞋专业委员会、皮衣皮件专业委员会、毛皮专业委员会、科技专业委员会、经营贸易专业委员会等6个专业委员会。协会现有会员单位160余个，会员单位由河南省皮革行业制革、制鞋、皮衣、箱包皮件、毛皮及其制品等主体行业，皮革机械、皮革化工、皮革五金等配套行业，以及从事皮革行业的科研、教育、商贸、物流等领域的企事业骨干单位组成，构成全面，代表广泛。

历届理事会主要负责人如下：

第一届理事会：

理事长：王维礼、祁佐芬（女）

秘书长：聂金须

第二届至第五届理事会：

理事长：朱岩

秘书长：杨丽君（女）、张美玲（女）、高建义、陈东升历届副理事长名单：

买立智	焦天才	辛有方	王继续	熊仲春	崔延安
袁海黎	周国荣（女）	贺明亮	杨明亮	丁根生	白　明
申子广	王世民	王和平	崔庆义	崔明杰	王四清
李霄峰	张壮斗	杨成伟	刘其岩	蔡铁针	张延明
朱志军	朱治国	朱相杰	赵天河		

湖北省皮革工业协会

湖北省皮革工业协会经湖北省民政厅批准于1997年5月在武汉成立，成立初期挂靠在湖北省皮革公司，有单位会员54家，个人会员2名。1997年10月开始创办《湖北皮革》，到挂靠公司2003年改制止，总共发行了35期。协会有5名工作人员。设有财务及信息办公室、秘书处办公室。

湖北省皮革工业协会历届理事会主要负责人如下：

第一届理事会（1997.5—1998.10）

理事长：熊晓山　湖北省皮革公司

秘书长：曾昭雄　湖北省皮革公司

第二届理事会（1998.10—）

理事长：　　胡银华　湖北省皮革公司

副理事长：曾昭雄　湖北省皮革公司

　　　　　曹新明　武汉市皮革公司

　　　　　薛文贵　十堰市皮革厂

　　　　　杨家煊　宜昌市万足皮鞋厂

　　　　　胡光义　武汉光达公司

　　　　　黄正付　随州康达皮件公司

　　　　　杨平安　湖北鄂州制革总厂

　　　　　刘　静　湖北襄阳市皮革公司

　　　　　张永林　武汉茂记皮鞋厂

　　　　　龚乃国　武汉光达皮革公司

　　　　　陈望年　武汉天马解放化工厂

秘书长：　曾昭雄（兼任）

湖南省皮革行业协会

湖南省皮革行业协会成立于1986年7月，成立初期有会员企业496家，从业人员3.8万人，挂靠在湖南省皮革工业公司。2003年1月在湖南省省民政厅正式登记注册。湖南省皮革行业协会是以制革、皮鞋、皮件、皮革化工、专业市场等行业为基础，由生产企业、经销代理、科研院所等自愿组成的社团组织。

2002年12月，协会会员代表大会选举产生了第三届理事会，建立了湖南皮革行业协会网站，出版了会刊《湖南皮革信息》。近年来，协会不断强化服务职能，提高服务质量，充分发挥了桥梁和纽带作用。

湖南省皮革行业协会历届理事会主要负责人如下：

第一届理事会（1986.7—1990.7）

理事长：苗向恒

副理事长：王珍锦、岳估吾、谭汉高、潘科乔

秘书长：周　健

第二届理事会（1990.7—1996.3）

理事长：曹迺高

副理事长：刘杰仕、王珍锦、谭汉高、李在考、易念武

秘书长：任　辉（女）（1990.7—1992.3）、邓月梅（女）

第三届理事会（1996.3—2002.4）

理事长：徐东士

副理事长：剪建政、张建平、朱洪州

秘书长：邓月梅（女）（1996.3—1998.6）、黄燕燕（女）

第四届理事会（2002.4—2008.10）

理事长：黄　健（女）

副理事长：张干军、周寿生、张建平、赵声安、刘立文、周新良、周建坤

秘书长：黄燕燕（女）、李金龙（2003.1—2004.6）

第五届理事会（2008.10—）

理事长：王实求

副理事长：陈红斌、赵声安、周新良、刘重道、李德先、沈学军

秘书长：黄燕燕（女）

广东省皮革协会

广东省皮革工业协会是以广东省内的皮革行业生产、商贸、科研、信息及相关产业体系，包括制革、制鞋、皮具箱包、皮革服装、毛皮及制品、皮革化工、皮革机械、皮革五金、鞋用材料为基础，由企业（生产、商贸）、事业（院校、科研单位）和社团组织自愿组成的行业性非营利性社会团体，具有法人地位。是广东省内较早成立的行业协会组织之一。1988年经广东省第二轻工业厅以（88）粤二轻第06号文批准筹建，1989年12月在广东省民政厅登记，1990年2月选举产生首届理事会、理事长、副理事长、秘书长。2005年经省民政厅同意更名为广东省皮革协会。目前拥有会员210家。

首届理事长叶渊、秘书长黄美琼（1990.2—1994.9）；

第二届理事长郭大良（1994.9—1999.9）、王建新（1999.9—2001.3），秘书长黄美琼（1994.9—2001.3）；

第三届理事长王建新、秘书长黄美琼（2001.4—2005.9）；

第四届理事长王建新、秘书长何晓茶（2005.10—2009.11）；

第五届理事长王建新、秘书长何晓荼（2009.11—）。

广东鞋业厂商会

广东鞋业厂商会成立于1990年3月，是经广东省经济委员会、广东省对外经济贸易委员会联合批准，由广东省石化工业厅、广东省第二轻工业厅、广东省乡镇企业管理局联合组建，经广东省民政厅登记成立。由广东省内从事鞋业、皮革、制鞋机械、制鞋原（辅）料及相关化工、配件的生产商、贸易商和本行业科研、设计、培训、检测、资讯机构，以团体会员或个人会员的形式自愿组成的行业性社会团体。其主要业务包括承担政府部门委托的工作、组织行业调研、推荐名牌产品、开展技术鉴定和推广活动、举办相关展览和技术交流、提供市场信息服务和培训服务等，是中国大陆成立最早的鞋业商会之一。有会员300多家。

首届会长：罗先迪，秘书长：冯昌胜（1990.3—1994.4）
第二届会长：陈家文，秘书长：冯昌胜（1994.5—1999.9）
第三届会长：陈家文，秘书长：郭浩林（1999.10—2004.9）
第四届会长：丘小广，秘书长：吴航（2004.9—2009.3）
第五届会长：何贵玲，秘书长：吴航（2009.4— ）

广东省鞋材行业商会

广东省鞋材行业协会是由广州市新濠畔鞋材五金批发广场有限公司董事长刘穗龙、广东远东工业发展有限公司总经理王敏等人共同发起的，自2006年开始筹建，2007年1月15日获省民政厅"粤民民〔2007〕2号"文批准成立。协会性质为从事鞋材生产、销售、经营的企业自愿组成的非营利性的社会组织。有会员469家。

首届会长刘穗龙（2007.1— ）。

广东省皮具行业协会

广东省皮具行业协会是经广东省民政厅社团登记管理机关核准登记的具有独立法人地位的非营利性社团组织，成立于2009年3月，其前身为成立于2000年10月的"花都区狮岭皮革皮具商会"。

协会由广东省内具有法人资格的生产经营和销售皮具、皮材、皮革、皮革皮具原辅材料、皮具机械、皮具用五金等及其配套相关行业的企业发起组成。

协会的工作宗旨是：遵守宪法、法律、法规和国家政策，遵守社会道德风尚。组织全体会员贯彻国家有关皮具行业的方针、政策，竭诚为会员服务，积极开展业务交流，努力开拓海内外业务，创造发展契机，使广东皮具行业更好地与国际接轨；进一步推动会员企业技术进步，提高产品质量，扩大品牌影响，树立广东皮具行业整体形象，促进广东皮具行业持续发展。

会长：黄志生，秘书长：黄耀新

四川省皮革行业协会

四川省皮革行业协会是四川皮革工业的行业组织，是以全省皮革工业体系，包括：制革、制鞋、皮革服装、皮毛及制品、皮革化工、皮革机械、皮革五金、鞋用材料和皮革科研、教学等企事业单位为基础，其成员不受部门、地区、企业所有制的限制，由企业、事业单位按照自主、自治、自立的原则自愿结合而成的社会团体。

1988年9月第一次成立了四川省皮革工业协会，与四川省皮革工业公司合署办公。1992年成立了四川省轻工业厅皮革处，四川省皮革工业协会被撤销。2004年3月，经四川省民政厅批准，再次成立四川省皮革行业协会，有团体会员135个，下设制革、制鞋、皮革化工和科技专业委员会等4个分支机构。业务主管部门为四川省经济和信息化委员会。

四川省皮革行业协会历届理事会主要负责人如下：

第一届理事会（第一次成立）：
理事长：杨晦明
副理事长：陈景科、何素芬、李世扬、谭兴蓉、庞开富
秘书长：魏德懋
第一届理事会（第二次成立）：
理事长：李开华
副理事长：陈武勇、杨胜洪、熊柱举、贺正刚、孙永进、黄良莹、游刚、陈肇源、马忠俊、刘琼英
秘书长：郭绍彪
第二届理事会：
理事长：李开华
副理事长：陈武勇、黄良莹、何晓兰、彭先成、曾晓林、高晓鸣、冯祥云、游刚、陈肇源、兰毅、马忠俊、刘琼英、冯永刚、谢平、卢凯、钟凯军、胡英、杨德贵
秘书长：徐波

甘肃省皮革行业协会

甘肃省皮革行业协会依托于甘肃省皮革塑料研究所，于2004年6月正式成立。2003年9月由甘肃省轻工业联合会以"甘轻联〔2003〕4号"文件出具了《关于成立甘肃省皮革行业协会筹备组的资格审查意见》，并于2003年12月初向甘肃省民政厅民间组织管理局上报了《关于成立甘肃省皮革行业协会的报告》及附件，甘肃省民间组织管理局于2004年以"甘民团通字〔2004〕5号文件"正式批准。

主要职能是为政府、为行业、为企业服务，维护行业秩序，制定行业发展规划，保护企业的合法权益，完善行业自律，解决行业、企业间的纠纷，为政府提供决策依据，是承

担起政府加强行业管理的权威性组织，是市场经济发展不可缺少的重要组织，是企业代言人。

甘肃省皮革行业协会历届理事会主要负责人如下：

理事长：陈启民

副理事长：李臣　王平安

秘书长：张永显

新疆皮革协会

新疆皮革工业协会成立于1995年，2004年更名为新疆皮革协会，进一步扩大了对整个皮革行业的协调服务领域。协会有工作人员5人，有理事单位14家。近年来，主要完成了《2009—2015年新疆皮革工业发展规划》，为今后新疆皮革工业的可持续发展提供了方向和思路，同时陆续完成了《新疆畜牧发展史》（皮革加工部分）、《新疆轻工志》（皮革工业部分）的编写工作。

新疆皮革协会历届理事会主要负责人如下：

第一届理事会：

理事长：徐怀清，秘书长：张伟民

第二届理事会：

理事长：段齐，秘书长：张伟民

第三届理事会：

理事长：肖开提，副理事长兼秘书长：段齐

香港毛皮业协会

香港毛皮业始于20世纪30年代，当时国内一些毛皮商人移居香港，引进了中国北方的毛皮制作技术，他们开设的零售店及工厂逐步繁衍，到了70年代，兴旺的旅游业令香港毛皮业更加壮大。

1979年香港已有近百家皮草公司，经营大小工厂和零售门市。当年世家皮草的布理信先生来港推动皮草同业赴丹麦、芬兰拍卖会采购毛皮原料，并建议成立一家商会，团结本港毛皮业，以及帮助开拓海外毛皮市场。

香港毛皮业协会遂于1979年11月由57家毛皮厂商组成，第一个会址位于九龙漆咸道。由孙佐民先生当选首届会长，与六位会董订出协会宗旨，促进本港毛皮业发展及统筹业内各项活动。

其后香港的毛皮业因得到海外毛皮商的支持和参与，加上技术不断改进、设计紧贴潮流及中国经济对外开放所带来的机遇，使香港毛皮业稳步发展，继而成为世界毛皮业中心和高级毛皮时装出口地之首。

目前，香港毛皮业协会拥有超过165名会员，包括制造商、批发商、零售商、硝皮厂、原料商等，代表大部分业内人士。协会也是国际毛皮业协会成员，积极参与国际性事务。

协会多年来一直在香港及海外举办各项活动推广毛皮业，最享负盛名的为1982年开始每年举行的"香港国际毛皮时装展览会"。现时展览会在香港会议展览中心举行，吸引30多个不同国家的买家莅临，已成为国际业界采购优质毛皮时装及原料的主要平台。

协会下属青委会每年主办的"皮草设计比赛"是为香港毛皮业培育新血的重要活动。比赛旨在吸引更多年轻设计师投身毛皮业，令香港出口的毛皮时装产品百花齐放，每年活动均邀请了不少著名演艺界人士及城中名人参与，增加宣传推广之效。

协会也紧盯环球市场趋势，每年组织代表团到海外市场访问、安排同业参加海外的皮草展销活动，并在出口市场举行展览会，足迹遍及美国、俄罗斯及东欧，为会员巩固现有市场及开拓新商机。同时，协会也加强与内地业界的联系与交流，组织毛皮考察团往山东省及辽宁省参观毛皮养殖场。此外，协会也定期举办贸易研讨会，为会员提供有关贸易政策及第一手市场信息。

在香港及国内市场推广方面，协会积极参加香港贸易发展局在香港及国内举办的展览会和举办时装表演、出版精美年历，以及于国内主要时装杂志推介香港毛皮产品。

另外，协会致力向设计师推广皮草的应用，强调皮草乃国际时装设计师广泛采用的高级面料。更与香港时装设计师协会合作推出香港著名时装设计师的皮草系列。

协会一直与相关业界保持紧密联系，推动行业发展，也与制衣业训练局合作设立毛皮资源中心，提供一个完善及全面的信息平台。

多年来，香港毛皮业协会通过全面的推广及宣传活动，为业界带来丰硕成果，并巩固香港作为世界毛皮贸易中心的领导地位。

大陆台商皮革厂联谊会

大陆台商皮革厂联谊会成立于2006年，旨在建立台商皮革厂同业的讨论平台，是为了皮革厂在国内对于行业相关政策及法令等信息传达通畅顺利。联谊会初创时推选泰庆皮革公司杨正董事长为首任会长，周聆玄为总干事，旋即加入中国皮革协会。

联谊会成立的4年，每年举行4次会议，由会员轮流主办，目的在促进行业间交流的频繁度，热络会员间的情感，让行业信息得以快速传达，集结共识与力量解决行业问题。会议依工作设有：法令组、生皮组、环保组、化料组。

第二节　省内各级皮革行业协会

辛集市皮革协会

1994年4月，河北省辛集市委、市政府成立了辛集市皮革协会，为市政府管理的正科级单位，负责全市皮革行业的协调、指导和服务工作，负责开展行业间的交流与合作，发挥联系政府与企业的桥梁纽带作用，维护企业合法权益，为企业提供全方位的服务。

1994年4月—2002年5月，协会理事长先后由市政协主席杨广达、副市长刘计良仁担任，秘书长先后为谢忠生、刘运铎，副秘书长张彦杰。

2002年5月后,理事长先后由辛集市副市长刘计良仁、张书凯、王铁仁担任,秘书长先后为刘运铎、张国强、梁建词,副秘书长许岷。

大营毛皮业协会

大营毛皮业协会于2002年10月成立,协会以扩大本地本行业的发展及为同业寻求共同利益为根本宗旨。致力于为皮草行业发展繁荣贡献力量。会员单位涉及皮草、金融、外贸出口、市场、通讯、法律等多个行业。

第一届会长：张文良

副会长：韩明星、艾兴一

秘书长：孙平华

第二届会长：张文良

副会长：母林宝、艾兴一、韩明星、夏全钊、郑廷儒、李瑛、张世荣

秘书长：孙平华

黑龙江省哈尔滨市皮革制品工业协会

哈尔滨市皮革制品工业协会成立于1986年9月,有会员单位156家,个人会员221名。主要负责哈尔滨市内皮革鞋帽企业的行业管理工作,下设哈尔滨市皮革鞋帽工业技术咨询公司。

温州市鞋革行业协会

温州市鞋革工业协会成立于1991年8月,是以制鞋、制革行业为主,结合皮件、箱包、皮革机械、皮革化工、鞋机、鞋楦、鞋料、鞋饰、鞋样设计、专业市场,跨行业、跨所有制的全市性行业组织。2003年5月,经温州市经贸委和市民政局批准,更名为"温州市鞋革行业协会"。协会第一、二届理事会会长为叶金姆,秘书长为施正中;第三、四届理事会会长为陈锡强,秘书长为朱峰;第五届理事会会长为郑秀康,秘书长为谢榕芳;第六届理事会会长为郑秀康,执行会长为谢榕芳,秘书长为林进友。

协会创办了《中国鞋都》杂志,开通了"中国鞋都信息网"。协会通过与社会资源联合的方式,先后创办了中国鞋都图书馆、中国鞋都信息中心、中国鞋都博物馆、中国鞋都技术学院、中国鞋都编辑部等机构,设立了鞋样设计、鞋楦、童鞋、鞋模和鞋类出口等5个专业委员会。秘书处负责日常工作,下辖办公室、商务拓展部、展览部、杂志社等办事机构。

温州市鹿城区鞋业协会

温州市鹿城区鞋业协会成立于1988年6月,是中国第一家区域性行业协会。协会有会员单位400多家,专职工作人员5名。《网上中国鞋都》和每月一期的会刊《鞋都信

息》构筑起政府与会员之间的桥梁与纽带。协会第一至四届理事会会长为余阿寿，秘书长先后为金长荣、黄海琳；第五、六届理事会会长为涂金龙，秘书长为余贤禹；第七届理事会会长为郑秀康，秘书长为谢榕芳，第八届理事会会长为陈国荣，秘书长为臧璇璇。

温州市龙湾区鞋业行业协会

温州市龙湾区鞋业行业协会成立于2004年11月，有会员单位200余家，分布在温州经济技术开发区、滨海工业新区和龙湾区的状元、海滨、永中、永兴、沙城等地（街道），以鞋厂为主，同时有鞋材鞋料、鞋机械设备等配套生产企业。协会会刊为《龙湾鞋业》。协会第一、二届理事会会长为季克旺，秘书长为蔡燕炯；第三届理事会会长为吴显义，常务副会长为郑加斌、虞建胜、周崇光、王秋麟、季小麒、郑祥贵、张秀龙、陈瑞芬、李上辉、韩士武、张孝来、张岳恩、陈 俊、虞胜椿、瞿承松、方崇海、石金国，副会长为王展飞、石金松、李国平、陈瑞雪、林莉、姜德生、祝庆杰、袁瑞林、章方姆、黄建华、潘方林、李博、朱成兴、季克瑞、姜宝来、颜寨荣、叶清勇、张万友、王洪斌，秘书长为蔡燕炯。

温州市瓯海区鞋革行业协会

温州市瓯海区鞋革行业协会于1993年8月成立，有会员单位200多家，鞋革制造企业主要分布在瓯海经济开发区、新桥、梧田、景山、潘桥、娄桥、瞿溪、郭溪、南白象、茶山、仙岩、丽岙等镇（街道）。协会第一届理事会会长为徐松琴，秘书长为张林敏；第二届理事会会长为戴本初，秘书长为陈克尧；第三届理事会会长为姚万福，秘书长为黄加仁；第四届、五届理事会会长为梁晓军，秘书长为何国良。

永嘉县鞋革行业协会

永嘉县鞋革工业协会经永嘉县经委和永嘉县民政局批准于2001年9月正式成立。2009年8月，更名为永嘉县鞋革行业协会。协会第一届理事会理事长为徐孟鹤，副理事长为王振滔、钱金波等6名；第二届理事会理事长为徐孟鹤，副理事长为王振滔、钱金波等10名；第三届理事会理事长为许承建，副理事长为金哲夫、林文富、柯国杰等7名，秘书长为柯国杰（兼）。

瑞安市箱包行业协会

瑞安市箱包行业协会成立于2007年3月，是由在瑞安市的箱包生产企业及相关企业自愿组成，经瑞安市民政局批准成立的社会团体。协会会员单位有141家，其中会长、副会长、常务理事、理事单位37家。协会第一届理事会会长为许俊益，秘书长为杨卫华。

海宁市皮革行业协会

海宁市皮革工业协会经海宁市计划与经济委员会海计经办［1997］12号文件批复同意，于1997年1月正式成立，有会员单位92家，后更名为"海宁市皮革行业协会"。协会第一届理事会理事长为李陈甫（1997.1—1998.7）、董菊云，秘书长为周利德（1997.1—1999.8）、吴小伟；第二届理事会理事长为董菊云，秘书长为吴小伟；第三届理事会理事长为任有法，秘书长为许建新，常务副秘书长兼办公室主任为龚慧红。

平湖市箱包行业协会

平湖市箱包行业协会于1998年12月30日成立。第一届理事会会长为吴昌培，副会长为顾玉刚、冯关根，秘书长为朱学杰；第二届理事会会长为施纪鸿，副会长为孙忠明等，秘书长为顾月勤。协会有会员单位87家，会员企业的经济总量已占全市箱包行业规模以上企业的90%以上。

桐乡市崇福皮毛协会

桐乡市崇福皮毛协会于2003年11月6日正式成立，初期有会员单位42家。协会大会审议通过了桐乡市崇福皮毛协会章程，选举产生了桐乡市崇福皮毛协会第一届理事会理事长为陆荣坤，秘书长为张梓琴；第二届理事会理事长为陆荣坤，副理事长为胡建中、沈金木、宋霄鸣，张梓琴为秘书长；第三届理事会理事长为陆荣坤，分别在会上讲话，建议调整崇福皮草大世界有限公司陈菊明同志为副理事长，副理事长为胡建中、沈金木、宋霄鸣、郑雪标，姚夏其为秘书长，周建平为副秘书长。协会有会员单位115家。

东阳市皮革行业协会

东阳市皮具行业协会经东阳市民政局批准于1999年6月正式成立，2008年10月更名为"东阳市皮革行业协会"。协会第一届理事会会长为邵朱法，秘书长为赵旭阳；第二届理事会会长为邵朱法，副会长为吕大军、吕荣刚、吕国水、马润明、邵福龙、陆国建、刘方正、周伟强，秘书长为李樟春。

温岭市鞋革业商会

温岭市鞋革业商会成立于2001年7月，业务主管部门为温岭市工商联（总商会）。商会下设6个分会、信息部，有会员单位355家。第一、二届理事会会长为陈华根；首届秘书长为黄米达，第二届秘书长为潘克诚。第四届理事会会长为盛建勇，常务副会长为朱富德、蔡君昌、蔡新荣、杨于清、施保富、叶国玮，副会长为金江兵等40名同志，秘书长为潘克诚。

青岛市皮革行业协会

青岛市皮革行业协会于1997年8月成立，有会员单位79家，是青岛地区从事皮革工业生产经营以及相关联的企事业单位和社会团体自愿组成的，不受经济类型的限制。协会主管部门是青岛市经济和信息化委员会，登记机关为青岛市民政局。协会第一届理事会理事长为姜慧，秘书长为初民；第二届理事会理事长为初民，秘书长为马立新；第三届理事会理事长为初民，秘书长为姜成安；第四届理事会理事长为杨茂亭，常务副会长为初民，秘书长为姜成安。

孟州市皮毛协会

孟州市皮毛商会始建于2001年6月，2006年6月更名为"孟州市皮毛协会"，有会员单位145家，其中常务理事单位21家，理事单位100家。

孟州市皮毛协会组建以来认真履行协会章程，积极宣传党的方针政策、法律法规，不断强化企业联系，建立自我管理、自我约束、自我发展机制，发挥区域优势，挖潜革新，与时俱进，致力于宏扬孟州企业文化，打造孟州企业形象，为推进地方经济发展不懈努力。2010年、2011年，孟州市皮毛协会先后被评为孟州市"统战工作先进集体""十佳民间组织"。

武汉市皮革行业协会

武汉市皮革工业协会经武汉市民政局核准登记，于1987年12月正式成立，挂靠在武汉市皮革工业公司，后更名为"武汉市皮革行业协会"。协会第一届理事会理事长为刘先明，副理事长为李明政、张培新、杨慰祖、杨国波、章开翔、谌宗昆，秘书长为罗西定；第二届理事会理事长为曹新明，副理事长为胡光义、王庆洪，秘书长为张益友；第三届理事会理事长为张永林，副理事长为熊云洲、万生活、刘克建、胡光义，秘书长为张益友；第四届理事会理事长为张永林，副理事长为熊云洲、刘克建、胡光义，秘书长为熊云洲（兼）。协会有团体会员48家，个人会员10名。

广州鞋业商会

广州鞋业商会是由从事制鞋、皮革、鞋材等生产企业、贸易企业自愿依法组成的全市性行业组织，于2005年6月经广州市民政局正式批准成立。

广州鞋业商会成立后，始终坚持以"服务立会、服务兴会"的理念，充分发挥"提供服务、反映诉求、规范行为"的职能作用。主要职能是发挥桥梁和纽带作用，代表本行业对外交往、友好合作、向政府反映行业、会员诉求；加强行业自律，规范市场秩序，健全各项自律性管理制度，规范会员行为，协调会员关系，维护公平竞争的市场环境；掌握国内外行业发展动态，收集发布行业信息，为企业的发展提供必要的支持和帮助；根据市场和行业发展需要组织会员参加国内外展览会，帮助企业开拓国际市场；充分发挥商会的"促进、参谋、纽带、服务、自律"五大功能，积极推动广州鞋业发展实现国际化，着力打造广州鞋业的国际名牌为宗旨，提高广州鞋业在国内外市场的整体竞争力，促进行业的健康发展。

广州鞋业商会历届理事会会长张正、秘书长陈小敏。

广州市皮具皮革行业商会

广州市皮具皮革行业商会成立于1995年8月17日，是由广州地区从事皮具生产、销售、科研、设计的企业单位、专业机构，以及自然行业团体自愿组成，并经广州市民间组织管理局社团登记管理机关核准注册登记，具有法人资格的非盈利性社会团体。商会有会员单位350多家，是广州地区皮具行业第一个成立的组织机构。

广州市皮具皮革行业商会公平公正地为会员企业排忧解难，维护企业的合法权益，调解会员企业劳资关系，努力维护行业形象。商会通过发动企业自创品牌，并且大力宣传品牌，推广品牌，很多广州皮具品牌通过广州市皮具皮革行业商会这个平台成为全国知名品牌。

会长：徐凯盈　秘书长：叶志强

深圳市皮革行业协会

深圳市皮革行业协会成立于1991年1月19日，是社团组织，具有社团法人资格，受深圳市民间组织管理局管理。主要工作范围是全面提供皮革行业各种服务，向行业企业传达政府意图，反映会员企业的愿望与要求，组织各种政策宣读是，在政府与企业之间发挥桥梁和纽带的作用，开展行业调查研究，进行基础资料的收集、整理和统计工作，为政府部门制定行业发展规划提供依据和建议，发展与国内外相关组织的联系和合作交流，帮助企业拓展国内外市场。举办各类培训班，帮助企业培养专业人才，举办行业展。每季一期的《深圳皮革》，向企业展示皮革行业的动态及信息……。

第一届：1991年1月—1994年1月
　　会　长：陈凯伦　　深圳市罗湖皮革制品公司　　　　　总经理
　　副会长：陈海伦　　深圳海德鞋业有限公司　　　　　　总经理
　　　　　　陈玉盛　　国际珍兴鞋业公司　　　　　　　　董事长
　　　　　　李建成　　深圳大立皮革制品有限公司　　　　总经理
　　秘书长：吴中华　　深圳市皮革鞋业商会
第二届：（前期）1994年1月—1996年6月
　　会　长：陈凯伦　　深圳市罗湖皮革制品公司　　　　　总经理
　　副会长：陈玉盛　　国际珍兴鞋业公司　　　　　　　　董事长
　　　　　　郑可明　　东雅集团有限公司　　　　　　　　董事长
　　　　　　戴少辉　　深圳宝雅织带有限公司　　　　　　总经理
　　　　　　周培生　　深圳耀福鞋业有限公司　　　　　　总经理

施铭君	深圳海德鞋业有限公司	总经理

第二届：（后期）1996年6月—1998年5月

代理会长：戴少辉	深圳宝雅织带有限公司	总经理
副会长： 陈玉盛	国际珍兴鞋业公司	董事长
郑可明	东雅集团有限公司	董事长
周培生	深圳耀福鞋业有限公司	总经理
施铭君	深圳海德鞋业有限公司	总经理
谭平建	深圳汀龙皮革制品有限公司	总经理

第三届：1998年6月—2002年5月

会 长：陈正杰	新东港裘皮革制品（深圳）有限公司	总经理
副会长：盛百椒	丽港鞋业（深圳）有限公司	总经理
曾海陵	深圳市高标实业有限公司	总经理
徐国胜	深圳市兆恒实业有限公司	总经理
吕芳正	深圳市珍兴鞋业有限公司	
曹洪斌	深圳市龙岗镇皮革协会	

第四届：2002年6月—2006年5月

荣誉会长：陈玉珍	深圳珍兴鞋业有限公司	董事长
会 长：盛百椒	丽港鞋业（深圳）有限公司	总经理
副会长：周和平	深圳日月星皮革制品有限公司	总经理
李展成	成功皮具厂（深圳）有限公司	总经理
梁满林	华南国际工业原料城（深圳）有限公司	总经理
曾海陵	深圳市高标实业有限公司	总经理
林小平	深圳市富利明达有限公司	董事长
汪跃进	深圳市兆恒实业有限公司	总经理
林伟贤	深圳意鞋业（深圳）有限公司	董事长
诸学明	深圳盈创皮具制品有限公司	总经理
吴穗平	深圳市马天奴服装有限公司	董事长

第四届：2006年6月—2010年5月

荣誉会长：陈玉珍	深圳珍兴鞋业有限公司	董事长
会长：盛百椒	新百丽鞋业（深圳）有限公司	总经理
副会长：周和平	深圳日月星皮革制品有限公司	董事长
林志群	深圳市耀群实业有限公司	董事长
陈照天	派高鞋业（深圳）有限公司	董事长
梁满林	华南国际原料城深圳有限公司	董事长
周友智	德津实业发展（深圳）有限公司	总经理
逯小勇	深圳市利盟实业有限公司	董事长
李展成	成功皮具厂（深圳）有限公司	总经理
刘锦江	深圳市蜜丝罗妮鞋业连锁有限公司	总经理
王兴华	宏凯鞋业有限公司	董事长

| 杨立峰 | 广州市圣彩鞋业有限公司 | 总经理 |

东莞市皮革鞋业协会

东莞市皮革鞋业协会是由东莞市贸促会牵头组建，于1997年经东莞市民政局正式批准成立。东莞市皮革鞋业协会是由东莞市皮革鞋业的生产、经营企业、个体商户等自愿组建成立的行业性、非营利性的法人社会团体。

协会的宗旨：遵守国家宪法、法律、法规和国家政策，遵守社会道德风尚的前提下，着为会员服务，为皮革鞋业发展服务，作为皮革鞋业行业企业之间、企业与有关行政管理部门之间的桥梁和纽带，加强上下左右的沟通联系，充分发挥协会的职能，积极推动东莞皮革鞋业向国际化迈进。

该协会接受东莞市民间组织管理中心的监督管理和东莞市对外贸易经济合作局、中国国际贸易促进委员会东莞支会业务指导。

该协会的业务范围：

（一）组织会员学习相关的政策法规，鼓励企业合法经营，依法开展商贸交流和对外贸易；

（二）组织行业交流，积极与国内外行业协会、专家学者进行全方位、多层面开展交流活动；

（三）辅导会员开展对外贸易，开拓国际市场；

（四）组织会员参加国内外大型展览、展销活动；

（五）组织会员出访考察、参观学习；

（六）组织开展各类皮革鞋业人才培训工作，为增强国际市场竞争力奠定基础；

（七）收集并为会员企业提供网络、杂志等多元化的行业动态信息；

（八）组织会员企业之间的交流和联谊活动；

（九）举办皮革鞋类展览、展销。

惠州市鞋业商会

经惠州市委市政府批准，惠州市鞋业商会于2003年5月成立。拥有会员单位近200个。

惠州市鞋业商会的宗旨是贯彻执行党和国家的产业政策及法律法规，竭诚为会员服务，维护会员的合法权益。充分发挥桥梁和纽带作用，加强企业间的生产、流通的协作，团结各方面力量，配合本地鞋业商贸的规范管理。用鞋文化打造本地鞋品牌魅力，形成本地鞋消费时尚潮流，以国际流行的鞋品牌经营理念推动本地鞋业的发展。

鹤山市鞋业商会

鹤山市鞋业商会成立于2001年3月。鞋业商会成立后，竭诚为企业服务，维护会员合法权益，在推动鹤山鞋业品牌建设、规范行业秩序、加强企业之间的沟通合作、信息交流、加强企业与政府部门的联系等方面做了大量卓有成效的工作。鞋业商会先后组织世界各国驻广州商贸代表到鹤山参观制鞋企业；邀请中国皮革协会、各地兄弟商协会负责人到企业参观、指导；组织制鞋企业到意大利、德国、美国、越南等国家参展参观国际性鞋展；组团参加中国上海、广州中国国际鞋类展和中国国际中小企业博览会等。

鹤山市鞋业商会力促企业加快转变经济发展方式，增强自主创新能力，加强品牌建设，提高产品附加值和定价能力。配合政府部门强化服务，着力推进鹤山制鞋产业就地转型升级，使"贴牌生产"向"鹤山制造"、"鹤山创造"延伸。把鞋业商会建设成为关系和谐、工作有为、会员认同、社会认可、会务兴隆的行业商会。

第一届——第三届理事会会长：李作鹏；

第一届秘书长：陈绍忠、陈继洪，第二届、第三届秘书长：伍景良

江门市箱包皮具业商会

江门市箱包皮具业商会成立于2006年9月，为本市从事箱包、皮具生产为主的企业自愿组成的非营利性的社会团体。商会会员主要以生产箱包、皮具及皮革制品和与其配套的纺织机械、五金化工等企业为主。

商会宗旨是：遵守国家宪法、法律法规和国家政策，遵守道德风尚；为会员服务，团结箱包、皮具同行，资源共享，信息互通；强化行业规范和行业标准；反映会员的意见、要求和建议，维护本行业和会员的合法权益和共同经济利益；推崇守信用、讲信誉、重信义；发挥商会的群体优势，积极开拓国内外市场，推动我市与各地箱包、皮具业之间的交流与合作，全力打造箱包、皮具产业的品牌；促进会员单位共同发展，为促进业内持续、有序、健康发展而努力。

商会主办的《江门箱包皮具》报双月出版，内容包括：商会及会员企业动态、行业信息及政府相关法律法规等，每期均向各名誉领导、会员企业、行内及相关企业、政府有关部门、相关商会、传媒等免费寄送。商会网站（WWW.jmll.net）宗旨是宣传商会、服务会员、传递信息。

会长：李祝平　江门市丽明珠实业有限公司

秘书长：刘万林　天浩实业有限公司

潮州市鞋业行业协会

潮州市鞋业行业协会是于2007年9月经潮州市委、市政府批准，潮州市民政局核准同意，由全市鞋业、鞋材生产经营单位自愿组成的群众性、行业性、非营利性并具有法人资格的社会团体。

协会的宗旨：贯彻执行党和国家的产业政策及法律法规，倡守社会道德风尚，竭诚为会员提供服务，维护会员的合法权益及共同经济利益，维护市场秩序和公平竞争。发挥桥梁纽带作用，沟通会员与政府、社会之间的关系，加强企业间的生产、流通协作，团结各方面力量，用鞋文化打造地方鞋品牌魅力，以国际鞋品牌经营理念推动地方鞋业产业的发展。

会长：李锡宏

秘书长：何世平

成都市皮革工业协会

成都市皮革工业协会于1992年6月正式成立，有团体会员单位62家，后更名为"成都市皮革协会"。协会第一届理事会理事长为成都制革总厂厂长田富炳、秘书长为成都制革总厂办公室主任陆文炳。协会第二届理事会理事长为成都市轻工局副局长卿成让，陆文炳担任副理事长兼秘书长。协会第三届理事会理事长为成都市轻工局副局长杨胜洪，秘书长为成都市轻工局生产处处长舒仁智。协会第三届理事会理事长为成都古奇鞋业有限公司董事长谢平，秘书长为李霖。

成都市武侯区皮革协会

成都市武侯区皮革协会于2002年9月经成都市武侯区民政局批准注册成立，由武侯区工业园管委会主管，是成都市武侯区制鞋及其配套企业的行业组织，有会员单位68家。协会第一届理事会理事长为武侯区区长助理、武侯西部鞋都工业园（后为中国女鞋之都工业园）管委会主任熊柱举，武侯区科技局贾燕茹担任副理事长兼秘书长。第二届理事会理事长为武侯区工业园管委会主任李友义，秘书长为工业园区管委会何亚洲。第三届理事会理事长为武侯区工业园管委会副主任范鸿，秘书长为武侯区"中国女鞋之都"品牌运营中心主任兰毅。

第三节 国家及部分省市皮革公司历任领导

中国皮革工业公司

1964年2月，中国皮革工业公司正式成立，编制为70人，经理为李在耘。其主要任务是：直接管理由国家计委分配的制革用牛皮、山羊板皮等原料皮和熟革的具体分配与调拨业务；对皮革工业进行统一规划，安排皮革生产，进行技术指导，组织经验交流；对省、自治区、直辖市皮革工业公司进行业务领导。中国皮革工业公司不直接管理工厂。

1972年11月，中国皮革工业公司被撤销。

北京市皮革皮毛工业公司组织机构及历任领导

1955年，北京市皮鞋公司成立，李清华任经理。

1956年4月，原地方国营北京制革厂由市化工局下放给皮鞋公司，改名成立北京市皮革工业公司。李梅村任公司第一副经理，李清华任公司第二副经理，同年9月与市橡胶公司合并，改名为"北京市橡胶皮革工业公司"，杨一木任公司副经理。

1958年，管理体制发生变化，所有工业公司、合作社企下放到各区管理，此时撤销了橡胶皮革公司、皮革皮毛联社、鞋帽皮件联社三个机构。

1961年6月，北京市轻工业局批准成立北京市皮革皮毛工业公司，李良发任经理，接收管理15个工厂、两个合作社，职工29203人。

1966年，皮革皮毛公司改名为"北京市皮革总厂"。党委书记为周传新，副书记为李良发、康彦波，经理为李良发，副经理为李庆节。

1968年，设立北京市皮革总厂革命委员会领导小组。组长为李良发，副组长为赵淑芳、张文心、李庆节。

1973年6月，北京市皮革总厂改名为"北京市皮革工业公司"。党委书记为李良发，副书记为王唯正、石长绅。

1978—1985年，北京市皮革工业公司领导成员：党委书记先后为王唯正、米庆杰、刘长友，副书记先后为石长绅、刘长友、戴耀宗，经理先后为郑奎西、郭子久、米庆杰，副经理先后为李丛林、张文心、杨永利、陈涛、刘长友、王世强，总工程师为邢德海，总会计师为王锡祐。

1980年6月，成立北京市皮毛工业公司，郑奎西任党委书记兼公司经理，郑叔礼任副经理，赵汝钦、蔡文民任副书记。

1985年7月，撤销行政性皮革工业公司建制，成立北京市皮革工业联合公司。党委书记为刘长友，副书记为戴耀宗、陈金声，经理为米庆杰、邢德海、魏德明，副经理为陈涛、王世强、张文心、戴耀宗、刘英春，总工程师为邢德海，总会计师为王锡祐。

1988年9月，皮革联合公司更名为"北京皮革公司"，1990年11月北京市皮毛工业公司并入北京皮革公司。党委书记为刘长友，副书记为陈金声、曹广均、陈汝珍、刘英春，经理为魏德明、刘长友，副经理为陈涛、王世强、刘英春、陈新、任允坚、周平安、罗庚慧，总工程师为罗庚慧。

1994年6月，经北京市工商局核准，北京皮革公司核心层企业组建北京轻联皮革集团公司，并成立行政性集团公司董事会。董事长先后为邢德海、孙燕昌、李曜、刘兆金，副董事长先后为孙燕昌、周平安、赵金喜、张杰、陈汝珍、刘兆金，党委书记先后为刘长友、阎肃、李曜、刘兆金，副书记先后为刘英春、李济柱、宋俊哲、唐卫东，经理先后为刘长友、刘兆金、李曜，副经理先后为周平安、罗庚慧、陈新、杨树林、闫清江、李曜、刘国权、冯伟，总工程师为罗庚慧，总会计师为王兰英。

2002年7月至今，轻联皮革集团公司完成整体改制注册，由三方组建北京楠辰皮革有限公司。董事长兼党委书记先后为刘兆金、李曜，副书记先后为宋俊哲、李刚，经理先后为李曜、李乃晋、李铁靖，副经理先后为陈新、冯伟、杨树林、张杰、赵金喜、王文生、李刚。

吉林省皮革工业公司组织机构及历任领导

1964年4月，经吉林省计划经济委员会批准，省轻化工局组建了吉林省皮革工业公司。1965年划为省手工业联社管理，1966年9月归省二轻厅领导，在"文革"中解体。经理为贾儒，党委书记为姚士远，副经理为周玉琢。

1979年，吉林省革命委员会以120号文件《关于在省内五个工业厅局恢复成立专业性公司的决定》，吉林省皮革工业公司恢复成立。经理兼党委书记为常树德，副经理为卢国良。

1983年，吉林省二轻厅将服装行业划归省皮革工业公司管理，同年11月经上级批准公司更名为吉林省皮革服装工业公司。经理兼党委书记为范国田，副经理为黎进学、王占文、李长泰、宋林松、闫润本。

1984年，吉林省二轻厅调整省皮革服装工业公司领导班子，经理为孟繁儒，党委书记为范国田，副经理为黎进学、王占文、闫润本、李连哲、易壮。

1989年，吉林省二轻厅调整省皮革服装工业公司领导班子，经理为张守义，党委书记为范国田，副经理为张恩让、易壮。

1991年，吉林省二轻厅调整省皮革服装工业公司领导班子，省皮革服装工业公司和省皮革研究所一套班子。经理兼所长为孟繁儒，党委书记为田登平，副经理为张恩让、曹春富、车森。

1994年，吉林省二轻厅决定省皮革服装工业公司和省皮革研究所分开管理。经理兼党委书记为车森，副经理为李兴杰、杨永年、郭长林。

2002年经吉林省轻工厅批准，省皮革服装工业公司改制，公司全员下岗。

黑龙江省皮革工业公司历任领导

黑龙江省皮革工业公司成立于1964年。1964—1979年，经理为李锡九，副经理先后为李桂兰、吉广川、苏凤祥；1980—1985年，经理为吉广川，副经理为谢俊武、白林瑞、吕守义；1986—1992年，经理为吕守义，副经理为李福德、李祖光、徐向众、王礼达；1993—1994年，经理为邓希文，副经理为康殿臣、张志新；1995—2000年，经理为刘瑞国，副经理为康殿臣、王同滨，2001—2003年，经理为孙英。

上海皮革有限公司历届领导

1956年1月，张逢奇任上海皮革和工作委员会主任委员，兼任上海皮革公司经理。
1956年11月，姬玉甫任上海皮革公司经理。
1961年4月，钱一清任上海皮革公司经理。
1963年1月，傅一尘任上海皮革公司经理。
1967年7月，马广生任革委会主任委员，兼任上海皮革公司经理。
1968年4月，周俊杰任革委会第一召集人，兼任上海皮革公司经理。
1971年7月12日，杨镇国增补为革委会召集人，兼任上海皮革公司经理。
1974年6月28日，杨镇国任革委会主任，兼任上海皮革公司经理。
1977年4月26日，金丕祥任革委会主任，兼任上海皮革公司经理。
1978年7月8日，沈贵恒任上海皮革公司经理。
1979年3月3日，马广生任上海皮革公司经理。
1984年3月5日，吕均毅任上海皮革公司副经理（主持工作）。
1987年1月16日，赵德增任上海皮革公司经理。

1995 年 9 月 23 日至今，霍建国任上海皮革公司总经理。

江苏省皮革工业公司历任领导

1979—1987 年，陈醒民任江苏省皮革工业公司经理。
1987—1993 年 3 月，贾安健任江苏省皮革工业公司总经理。
1993 年 3 月—1998 年 8 月，高行胜任江苏省皮革工业公司总经理。
1998 年 8 月—2001 年 3 月，马达任江苏省皮革工业公司总经理。
2001 年 3 月—2005 年 5 月，高行胜任江苏省皮革工业公司总经理。
2005 年 5 月至今，姚文光任江苏省皮革工业公司总经理。

湖北省皮革工业公司历任领导

1980—1984 年，王海臣任湖北皮革工业公司经理。
1984—1987 年，倪海清任湖北皮革工业公司经理。
1987—1990 年，傅忠维任湖北皮革工业公司经理。
1990—1991 年，李方来任湖北皮革工业公司经理。
1991—1993 年，夏巨栋任湖北皮革工业公司经理。
1993—1995 年，叶仁喜任湖北皮革工业公司经理。
1995—2006 年，胡银华任湖北皮革工业公司经理。
2006 年，湖北皮革工业公司改制后注销。

湖南省皮革工业公司历任领导

1981—1983 年 8 月，唐霞林任湖南省皮革工业公司经理。
1983 年 8 月—1989 年 11 月，苗向恒任湖南省皮革工业公司经理。
1989 年 11 月—1996 年 1 月，曹迎高任湖南省皮革工业公司经理，1993 年改组为湖南省皮革集团公司任总经理。
1996 年 1 月—2002 年 3 月，徐东士任湖南省皮革集团公司总经理。
2002 年 3 月—2008 年 8 月，黄健任湖南省皮革集团公司总经理。
2008 年 8 月至今，王实求任湖南省皮革集团公司总经理。

河南省皮革工业公司历任领导

1964 年 4 月—1967 年 12 月，李树英任河南省皮革工业公司经理。
1968 年 1 月—1969 年 9 月，刘华福任河南省皮革工业公司革命领导小组组长。
1969 年 10 月—1973 年 10 月，干部下放"五七"干校。
1973 年 11 月—1980 年 12 月，刘亿任河南省皮革塑料公司副经理，主持工作。
1981 年 1 月—1982 年 4 月，刘亿任河南省皮革工业公司副经理，主持工作。

1982年5月—1992年3月，王维礼任河南省皮革工业公司总经理。

1992年4月—1992年12月，祁佐芬任河南省皮革工业公司副总经理，主持工作。

1993年1月—2006年4月，朱岩任河南省皮革工业公司总经理。

2006年5月至今，朱岩任河南省皮革工业有限公司董事长、总经理。

重庆皮革工业公司历任领导

1964—1980年，杨宗五任重庆皮革工业公司经理，张万芝、卢朝坪先后任党委书记，侯建中、卢朝坪、尹建民、胡建华、柳忠祥等任副经理。

1980—1985年，卢朝坪任重庆皮革工业公司经理，申炜任党委书记，陈金泉、林文松、曾祥永、刘正远、李世扬等任副经理。

1985—1990年，胡建华任重庆皮革工业公司经理兼党委书记，窦嘉陵等任副经理。

1990—2006年，杨万全任重庆皮革工业公司经理兼党委书记，赵心放、陈永惠、丁载贵等任副经理。

2007年，赵心放任重庆皮革工业公司经理兼党委书记。

四川省皮革工业总公司历任领导

1980—1985年，龚伯滔任四川省皮革工业总公司总经理，李海生、杨海明任副总经理。

1986—1988年，杨海明任四川省皮革工业总公司总经理，李干武、魏德懋任副总经理。

1989—1990年，王家兴任四川省皮革工业总公司总经理，李干武、魏德懋任副总经理。

1990—1999年，李瞻如任四川省皮革工业总公司总经理，李干武、李开华、刘光勇任副总经理。

1999—2004年，李开华任四川省皮革工业总公司总经理，刘光勇任副总经理。

甘肃省皮革塑料工业公司历任领导

1981—1985年，李振忠任甘肃省皮革塑料工业公司总经理。

1985—1993年，郝绍增任甘肃省皮革塑料工业公司总经理。

1993—1998年，钱福玉任甘肃省皮革塑料工业公司总经理。

1998—2009年，仲兆光任甘肃省皮革塑料工业公司总经理。

2009年至今，陈启民任甘肃省皮革塑料工业公司总经理。

新疆皮革公司历任领导

1963—1972年，谢振任新疆皮革公司经理。

1972—1975年,汪子珍任新疆皮革公司经理。
1975—1983年,梁希智任新疆皮革公司经理。
1983—1987年,徐怀清任新疆皮革公司总经理。
1987—1989年,王长清任新疆皮革公司总经理。
1989—1992年,徐怀清任新疆皮革公司总经理。
1992—1995年,吕家魁任新疆皮革公司总经理。
1995—1996年,王永泰任新疆皮革公司总经理。
1996—1998年,范纳任新疆皮革公司总经理。

第五篇 典型企业篇

企业是皮革行业发展的基石。在我国皮革业的发展历程中，小作坊式的生产延续了数千年，随着近代资本主义的输入，现代意义的企业才逐渐萌芽。20世纪初，在天津、上海等沿海地区出现了一些企业，随后国内其他地区也不断地出现新的企业，由于新中国成立前国内局势的动荡，企业发展缓慢。新中国成立后，行业发展步入正轨，企业焕发新的活力。在当时计划经济体制下，全国各省区市基本上都建立了国营或集体的皮革厂、皮鞋厂等企业，以满足本地人民群众的需要。但随着社会经济的不断发展，特别是改革开放后，乡镇企业、民营企业逐步兴起，市场竞争日益加剧，原有的国有或集体企业由于管理机制僵化、产品不能适应市场变化，经营遇到了困难。20世纪90年代后，大部分国有、集体企业或改制、或破产。而民营企业却迅速崛起，成为皮革行业的支柱。

本篇收录的企业大多是我国皮革行业发展过程中的主要企业，由于部分企业已破产或关闭，难以收集更多更全资料，故企业介绍只截止在某一阶段。甚至有的企业比如天津制革厂、西安人民制革厂等当时的行业骨干企业都没有收集到资料。

本篇企业按自然行业分类介绍，以国家行政区划为序。

第一章 制革企业

北京市制革厂

北京市制革厂始建于1964年,是由当时的老北京市制革厂划分出北京市革制品厂及北京市东风制革厂后,以原厂名设立的企业。后于1992年12月21日将北京市皮毛厂并入经营,是一家专门从事制革、裘皮及制品加工的专业厂家。

北京市制革厂曾经是一家拥有全套先进工艺流程的大型制革企业,在全国乃至亚洲占有举足轻重的地位。企业在组织经济技术创新、努力抓好产品研发和应用方面都取得了可喜的成果。1979年3月,在北京市召开的北京市工业学大庆会议上,经中共北京市委和北京市革委会批准,授予北京市制革厂"大庆式企业"的光荣称号。1988年荣获"中国轻工业国家二级企业"称号。1988年和1989年均被评为北京市工业系统优秀管理企业奖。在产品质量方面,黄牛正鞋面革在全国皮革主要产品质量鉴定评比中分别于1982年评为一类第二名、1984年评为一类第一名、1986年评为一类第一名、1988年评为一类第二名,1988年被评为全国轻工业优质产品。1984年9月,骏马牌手缝手球经国家质量奖评审委员会批准荣获银质奖章,同期该产品被评为北京市优质产品。1985年,三利牌铬鞣黄牛胶粘排球革被评为北京市优质产品。三利牌铬植结合鞣猪内底革1985年被评为北京市优质产品、1988年被评为全国轻工业优质产品。1985年,三利牌植鞣水牛带子革被评为北京市优质产品。1988年12月,荣获全国轻工业科技活动周、金龙腾飞评审委员会颁发的科技进步金龙腾飞奖,获奖项目为"薄、轻、软、真中高档牛马羊革产品工艺研究。"在北京的皮革工业发展进程中,北京市制革厂曾涌现出9位北京市劳动模范。

随着国有企业经济体制改革的不断深入,为适应市场经济的要求,根据北京市整体产业布局的要求,1999年进行了企业污染搬迁。按照北京市工业管理体制改革的要求,2002年12月27日,北京市制革厂出资人北京隆达轻工控股有限责任公司以原北京市制革厂净资产800.94万元与北京市手工业生产合作社联合总社出资200.26万元共同组建北京惠鼎皮业有限公司。

2003年起逐步清理多家对外投资公司,将原有三产的8个子公司以多种形式有效地进行剥离,到2004年底完成四级企业的清理整顿,明确了企业管理体系,突出了主营业务,为集中精力研究发展战略创造了有利条件。

公司抓住国内原料皮短缺的市场机遇,大胆开拓非洲蓝湿皮进口贸易,逐步形成了以蓝湿革贸易为龙头、以制革生产技术服务为依托、以物业经营为补充的企业发展模式,各项经营指标在北京皮革集团占有举足轻重的地位。

邢台市制革厂

邢台市制革厂是一家始建于1959年的国营制革、服装及皮件的综合企业。1985年在厂长苑增臣的带领下，在全国同行业率先引进西班牙革乐美（Colomer），具有国际先进水平的绵羊服装革生产技术。

同时，又引进西班牙、法国及意大利等国际先进水平的制革专业设备52台。主要生产"GF"牌海绵滑爽型绵、山羊服装革，兼产"国富"牌皮衣及制品。占地面积6.6万平方米，建筑面积4.6万平方米。专业技术人员113名，占职工总数的14.13%，主要制革专用设备248台。

1985年自该厂引进西班牙革乐美皮革公司先进技术以来，连续8年成为全省轻工行业排头企业。1990年被轻工部确定为全国轻工行业重点骨干企业。1991年被国务院发展研究中心等部门定为全国500家行业50家最大经济规模、最佳经济效益的企业之一。

该厂主导产品"GF"牌绵羊正面服装革，质量达到国际先进水平。1986年12月被评为轻工业部优质产品，1988年7月荣获国家科技进步二等奖，1986年和1990年两次被评为全国同行业A级产品第一名，1991年荣获国家优质产品金奖，同年又获得第五届国际欧洲质量奖。当时，该企业是我国皮革行业标杆企业，不仅帅先引进国外先进技术设备并积极进行消化吸收，研制了具有"欧洲风格的绵羊服装革"生产工艺，该产品在国内外都享有盛名，同时，由于该技术的推广和传播从而掀起了我国绵羊服装革的生产及出口的高，结束了我国绵羊皮不做服装革的历史。这是该企业为我国皮革行业的发展做出的突出贡献。

1992年因国企改制等原因，西班牙技术专家撤走，产品质量及经济效益大幅度下滑，出现严重亏损。

1994年新任厂长耿振华经多次沟通努力双方摒弃前嫌，再次与西班牙革乐美（Colomer），共同投资筹建中外合资"邢台华维制革有限公司"，在生产绵羊服装革的基础上，又在国内率先引进了具有国际先进水平的毛革一体生产技术，开发生产销售高端的美丽奴及托斯卡纳毛革一体，生产技术及产品质量在国内领先。再次带动了中国毛革一体生产技术的发展和产品质量的提高。耿振华2008年投资创建了耿氏同盈裘革有限公司，专注于毛革行业的发展，不断开发新技术新产品，同时引领毛革行业生态发展，继续为中国皮革行业的发展而努力。

2001年邢台制革厂随着国营体制改革而宣告破产。

张家口市宣化制革厂

张家口市宣化制革厂是20世纪90年代河北省重点生产皮革的专业厂家，建于1956年，占地面积6.36万平方米，建筑面积1.2万平方米，主要设备81台（套）。各类专业技术人员21人，占职工总数的10.61%。

主要产品有山/绵羊正面服装革、绒面服装革、手套革、帽顶革、鞋里革、猪皮面服装革等。其中，主导产品山羊正面服装革系选用华北、汉口路上等原料皮，采用先进技术加工而成，革皮质量丰满平软、弹性好、薄厚均匀、喷涂牢固、各项指标符合部颁标准。1984年、1989年荣获河北省优质产品奖，1986年被评为全国一类产品，获轻工业部优质产品奖，1990年荣获振兴河北经济奖。"金鼎"牌注册商标被评为河北省著名商标。

1994年5月，宣化制革厂被宣化皮毛厂兼并，名称为"宣化毛皮皮革公司"。1997年10月，宣化毛皮皮革公司依法破产。1997年10月采取股份制形式，新组建了宣化圣雪毛皮革有限公司。2003年8月前，隶属张家口市轻工业局。2003年8月以后，隶属宣化区经贸局。

河北东明实业集团有限公司

河北东明实业集团有限公司始建于1996年，下辖8个子公司和1个专业研究机构，拥有员工3700余人，专业技术人员386人。该企业制革能力和产量在全国制革业居前位，其中绵羊皮服装革以色泽均匀、手感柔软著称，产销量名列第一位。企业先后荣获真皮生态皮革、中国名牌产品、中国驰名商标、中国最具市场竞争力品牌等80多个奖项和荣誉称号。2010年生产皮革服装38万件、羊皮革790万张、牛皮革52万张，销售额12.8亿元，出口额1551万美元。

辛集市宏四海皮革有限公司

辛集市宏四海皮革有限公司始创于1982年8月，1995年5月进入乡制革区为宏四海制革厂，2001年改为辛集市宏四海皮革有限公司，2003年7月迁入辛集市制革工业区。地址为辛集市制革工业区紫竹路1号。占地面积4.36万平方米，建筑面积5.2万平方米，注册资本2000万元，下设制革、制衣两个事业部，有员工600多名。设计年生产能力，绵羊皮革300万张，毛革20万张，皮革服装6万件。

主要产品有：绵羊革皮，品种按用途分为服装革、鞋面革、薄型服装革；按鞣制工艺分为铬鞣革、半植鞣革、无铬鞣革；按花色分为黑色革、彩色革；毛革一体，品种有土种绵羊、改良羊、细毛羊、图斯卡那等。皮衣，品种有光皮春秋装、皮克服、毛革一体、毛革两体（复合）、貂皮衣。

公司坚持"团结创新、爱国敬业、以人为本、绿色环保、持续改进、诚信双赢"的企业文化，坚持"质量第一、顾客至上、诚信经营、持续改进"的宗旨。铸造了具有宏四海风格、受到客户广泛欢迎的优良的皮革、毛革、服装产品。从2002年起连年被石家庄市授予"守合同重信用单位"，被辛集市政府授予税收贡献奖，2003年12月获得"河北省中小企业名牌产品"称号，2004年4月被授予"河北省百强民营企业"称号，2005年获CQC、IQNET之ISO 9001质量管理体系认证证书至今，2005年河北皮革、毛皮、羽毛（绒）及其制品行业排名第四，先后被评为辛集市皮革商会、河北省皮革协会副会长单位，中国皮革协会制革专业委员会副会长单位。2006年至今皮革获得"河北省名牌产品"称号，2009年至今皮衣获得"河北省名牌产品称号"。2003年，被批准为"真皮标志生态皮革"企业，是全国首批12家生态皮革企业之一。

辛集市梅花皮业有限公司

辛集市梅花皮业有限公司位于河北省辛集市境内，历经 30 多年的发展，已发展成为全国最大的现代化生产皮毛一体成品的皮企业之一，企业占地面积 13.3 万平方米，拥有职工 700 余人，可日产成品羊皮 15000 张、鞋面革皮 10000 张。

公司始于 1980 年在新疆乌鲁木齐建厂，1996 年公司搬迁至河北省辛集市，2003 年在辛集制革工业区建立新厂区。

梅花公司是一家集生产、销售、技术、检测、开发一体化的企业，也是世界知名品牌 UGG 毛革一体雪地靴、服装及皮毛箱包产品的官方指定的皮毛供应商企业。目前，企业业务足迹遍布全球，形成以美国市场为主，同时覆盖澳大利亚、俄罗斯、欧盟、东亚、中亚等市场领域。梅花公司是 ISO 9001 质量管理体系、ISO 14001 环境管理体系和 OHSMS18001 职业健康安全管理体系认证企业，河北省首家 BLC-LWG 国际金牌认证企业，中国皮革协会授予的真皮标志生态皮革企业；先后被评为外贸出口优秀企业，安全生产标准化三级企业，客户信用等级 3A 级企业，河北省出口基地企业；与四川大学合作成立卓越工程师实习实践基地。梅花公司坚持以市场为导向，不断提高产品质量、增加品种和技术创新，并在企业发展中积极推进多种形式的产、学、研联合，使院所与企业建立长期稳定的合作关系，推进以企业为主体的技术创新体系建设，逐步形成具有自主知识产权的技术、产品的开发能力和相关国际先进技术的消化吸收能力。

2007 年与台湾兴昂国际鞋业有限公司合作成立宝得福鞋厂，该公司是辛集市着眼于延伸产业链条，利用南资北移机遇，通过以商招商方式，成功引进的皮革业终端产品项目。该公司的建设，实现了辛集市皮革产品的就地深加工、精加工，不仅调整优化了当地皮革产品结构，填补了当地革皮产品的一项空白，还拉长了皮革产业链条，增加了皮革产品附加值，同时还为当地提供了大量工作岗位。为辛集的经济建设做出巨大的贡献，极大地促进了辛集市制革业的可持续发展。

黄骅德富皮革制品有限公司

黄骅德富皮革制品有限公司成立于 2002 年，位于黄骅市海丰大街黄骅津汕高速出口旁，注册资金人民币 5000 万元，总投资人民币 1.5 亿元，占地 168 亩，有职工 400 多人，年生产高档中小牛皮革 2000 多万平方英尺，产值 5 亿多元。

黄骅德富皮革制品有限公司通过多年的自我积累，稳步发展，在竞争激烈的市场中，把握市场发展形势，及时调整生产思路，不断创新发展，成为国内众多知名品牌鞋厂的直接供应商，发展成为我国生产中小牛皮革的龙头企业。

黄骅德富皮革制品有限公司经过多年生产研究，解决了高档中小牛皮革生产技术含量高、加工难度大的难题，已形成一套成熟的中小牛皮革加工技术工艺。公司生产的中小牛皮革产品纹理纤细、手感柔软、富有韧性、丰满性好，有纯天然的风格，迎合了人们的消费需求。

2004 年，公司产品获得"消费者信得过产品"荣誉称号；2005 年，公司被沧州市中小企业信用评价委员会授予"信用优良企业";获得"2008年经济发展突出贡献奖";2005年至今,连续多年被黄骅市政府授予"纳税功臣"荣誉称号。

太原制革厂

太原制革厂前身是1933年8月组建的西北实业公司皮革制作厂。1935年1月投产。厂址在太原小北门外墩化坊,职工80人,其中职员10人,固定资产20万元,年产值17.65万元。主要产品有:牛底革、牛装具革、牛轮带革、牛油浸革、羊面革、皮轮带、底带、靴鞋和皮背包、皮公文包、皮带等,年投皮量(折牛皮)2600张,年产牛重革16吨多。1949年改称"太原皮革厂",属全民所有制企业。是以生产牛、猪皮革为主的制革专业厂。主要产品有皮革、革制品,再生革及制品3大系列66个品种,近500个规格型号。1961年试制成功了再生革自行车鞍座,是全国首创。年生产能力120万个,该产品1964年获山西省人民政府新产品奖。1985年职工为702人,其中:工程技术人员12人。固定资产原值474.8万元,流动资金62.55万元,年生产能力皮革(折牛皮)12万张,年产值769.7万元,利润165.02万元,1949年至1985年实现利税2695.58万元。

海拉尔皮革厂

国营海拉尔皮革厂始建于1946年,原名东盟实业公司皮革厂。1946年2月建于内蒙古乌兰浩特,有职工37人。手工鞣制白皮,生产车马挽具。1947年生产轻革、重革、翻面皮鞋和皮马靴,皮马靴日产量为100双,供给内蒙古军区后勤部,支援解放战争。后改称"乌兰浩特新盛制革厂"。1949年生产轻革5.35万平方米,重革40吨,日产皮鞋和马靴300双,当年改称"内蒙古第一制革厂"。1952年搬迁到海拉尔市建乡建厂。先后和张家口华丽制革厂(又称内蒙古第二制革厂)、通辽大众制革厂、扎兰屯裕民皮革厂、海拉尔市毛皮厂、索伦旗皮革厂、扎赉诺尔皮革厂等9个单位合并改称"海拉尔制革厂"。产品发展到轻、重革,牛面皮鞋、马靴、皮袄、皮裤、皮大衣、皮卡衣、各类皮件、蒙古包毡和毛毡制品等。1953年国家投资50万元,从捷克斯洛伐克引进制革配套设备12台。次年生产轻革4.91万平方米,重革153吨,工业产值400万元,改称"国营海拉尔皮革厂"。1958年国家又投资100万元,新建制革车间5160平方米,购进国产制革设备,实现机械制革流水生产线,次年又新建制鞋车间1100平方米,购进制鞋配套设备,实现皮鞋生产半机械化。全厂形成年产轻革10万平方米,重革300吨,皮鞋10万双的生产能力,多次被评为市、盟和自治区先进企业。1959年被评为全国先进单位,党委书记德全(蒙古族)出席全国群英会,工程师李茂园首创的盐碱脱毛法鞣皮新工艺经国家鉴定具有国内先进水平。用盐碱脱毛法鞣制的黄牛正面革,在1956年全国质量评比中荣获第一名,黄牛皮鞋底革列入国家标杆产品。同年,试制模压皮鞋成功,购进模压皮鞋配套设备,日产能力为800双,年产模压鞋10343双。后连续5年生产34.99万双,平均年产量7万双。1972年产量为19.7万双,占全年皮鞋总产量30.2万双的93.5%。在1974年黑龙江省"工业学大庆"会议上,该厂被评为先进企业标兵。1977年引进胶粘皮鞋工艺配套设备,实现胶粘皮鞋流水生产线,日生产能力为1000双。被命名为"大庆式企业",制革车间被评为先进集体。孙本礼、色兴嘎、潘义德等人出席黑龙江省劳模会。制鞋车间绷楦女工张冬玲，月月季季超产，提前两个月完成全年任务，被誉为"走在时间前面的人"。在 1978 年省劳模会上，被命名为"三八红旗手"。1980 年，分出毛皮车间成立国营海拉尔毛皮厂。1972—1981 年，10 年中生产模压皮鞋 218.7 万双，占 10 年中生产皮鞋总产量的 69.8%，后因滞销，于 1985 年将模压皮鞋停产。1983 年，分出制鞋车间和知青农场的制鞋部分，分别成立国营海拉尔第一皮鞋厂和海拉尔童鞋厂。同年从法国引进片皮配套设备，可一皮片成三皮，年产轻革 15.89 万平方米，重革 109 吨，工业产值达 892.91 万元，亏损 192.7 万元。1984 年试产胶线结合皮鞋和牛（皮）面橡塑（底）鞋。鹰牌黄牛正面革再次被评为全国一类产品。新式坤皮鞋、半高靿男皮鞋、海浪牌三接头皮鞋，被评为自治区三个第一名。海浪牌三接头皮鞋荣获"自治区优秀新产品"称号。1985 年生产轻革 18.18 万平方米，重革 150 吨，革制服装 5605 件，皮靴、皮鞋 22.7 万双。工业产值 957.4 万元，税金 92.42 万元，企业亏损 11.8 万元。松牌黄牛外底革荣获自治区优质产品称号，黄花牌胶粘皮鞋名列自治区第一，鹰牌水牛（皮）修面革被命名为自治区优秀新产品。次年 11 月，国营第一皮鞋厂又并入了皮革厂。

1987 年 5 月，该厂和国营海拉尔毛皮厂等 8 个皮革、毛皮工业企业联合成立兴兴皮革皮毛联合集团。发展皮革皮毛制品优势，交流技术，购进原料，促进少数民族特需用品生产。年末有职工 1247 人，其中工程技术人员 23 人。生产轻革 15.47 万平方米，重革 190.64 吨，皮（靴）鞋 18.61 万双，质量合格率为 100%，一级品率为 98.1%。工业产值 584.3 万元（1980 年不变价），亏损 199 万元，劳动生产率为 4686 元。主要产品有轻革、重革、服装革、民族马靴、缝纫胶粘和胶线结合皮鞋、各种皮件等 10 大类 200 多个品种，销往自治区内外和出口到苏联、东欧等国家和地区。

沈阳市第一制革厂

沈阳市第一制革厂位于沈阳市铁西区北二马路 26 号。是国有中一型企业，是全国制革骨干企业之一。始建于 1919 年，原为张作霖创办的奉天陆军被服厂制革厂，当时有 200 多人，日本帝国主义侵占沈阳后，工厂于 1934 年改称满洲皮革厂，除鞣制皮革、毛皮外，还生产皮鞋及皮件装具产品。

1946 年 3 月国民党政府接收该厂，改称联合勤务总部沈阳被服总厂制革厂。1948 年 11 月由中国人民解放军接管，先后改名为东北军区军需部第三局制革厂、东北军区沈阳炮兵装备厂、东北军区后勤部被服局第六工厂、东北军区生产部三〇八厂。1957 年转地方管理，改名称沈阳市皮革综合厂。1963 年制革车间划出，成立沈阳制革厂，厂长由皮革综合厂副厂长董松林担任，副厂长为代精文、王荣纯，支部书记为包汉卿，工会主席为刘风江，团支书为曲印成。1969 年 1 月与沈阳市皮鞋一厂、皮革机械厂三厂合并，改称皮革机械综合厂。1979 年三月再次划出，定名为沈阳市第一制革厂。

工厂转为地方民用企业以前，是全军主要的制革基地之一，品种有黄牛水牛底革、牛带革、牛面革、猪皮底革、带革、正面革、修面革、鞋里革等 20 多种。水牛外底革于 1965 年全国同行业评比中被定为标杆产品。20 世纪 60 年代以后，发展到猪、牛、羊等多种皮革生产，共有 30 多个品种、200 多个花色，再生革也发展到 5 个品种。

新中国成立以后，该厂经过三次较大的技术改造，1979年投资75万元，对20世纪30年代的再生革生产线进行改造，年产量从原来的10万片提高到30万片；1980年投资73万元，更新制革设备17台，使轻革生产能力提高到70万平方米以上；1984年投资345万元，对猪轻革生产线进行大规模更新改造，引进意大利、南斯拉夫等国家的先进制革设备20台，新增国产配套设备17台，使猪轻革生产能力和质量又有显著提高。

1985年末有职工935人，其中工程式技术人员19人，固定资产原值986万元，净值444万元。共有制革设备146台，其中去肉机6台、片皮机5台、削匀机10台、熨平机1台。皮革鞣制能力为45万标准张，年产重革542吨，轻革45.68万平方米，实际投皮35.82万张。年产值1421万元，实现利税193万元。

该厂在20世纪80年代以猪皮生产为主，国家每年给工厂上千万元的补贴，到1991年补贴全部取消，这使靠政策性补贴生存的第一制革厂陷入困境，1991年末累计亏损1200万元，企业濒临破产。1992年工厂新的领导班子决定走合资道路，拿出60台设备与韩国信一皮革株式会社合资成立沈阳信一思维得皮革制品有限公司。工厂学习国外企业管理模式，重新组建企业内部机构，逐步建立起适应社会主义市场经济需要的管理体制。同时引进国外先进的制革技术，淘汰了原来生产的猪鞋面革、手套革等老产品。生产市场畅销的彩色印花革、羊皮服装革、猪反绒服装革等新产品。当年扭亏为盈利11万元，主导产品猪反绒服装革成为国内同类产品中的佼佼者，市场供不应求。

1993年有职工821人，其中技术人员40人，固定资产原值3238万元，净值2136万元，实现产值4203万元，销售收入4249万元，利税110万元，出口创汇716万美元，占地面积56万平方米，有日处理污水能力500吨厂房1481平方米及设施；年生产能力47万张（折牛皮），有设备350多台，其中主要设备是进口的，有牛轻革、猪轻革、羊皮服装革、重革多条生产线；产品质量闻名全国。

1999年以后由于多种原因开工不足50%，遇到前所未有的困难。2000年以部分厂房、设备折合出资153万美元占51%，韩国以流动资金出资147万美元占49%，合资成立沈阳成辉皮革制品公司。

2005年铁西工业区整体迁出，平稳退出市场，厂房厂地等均被银行收回。

金州制革厂

金州制革厂于1938由日本人创建。抗日战争胜利后（1945年）收归大连皮革厂管理，变为制革车间。1966年从大连皮革厂分出，独立为金州制革厂。1977年有职工338人，占地面积4.4万平方米，建筑面积1.7万平方米，投皮36万张（折牛皮），完成工业总产值1151万元，实现利润207.5万元。主要品种有：牛修面革、牛结合鞣革、猪正面革、猪手套革等。主要制革专用设备有：去肉机6台、片皮机5台、削里机9台、磨革机6台、熨平机5台、拉软机3台、伸展机2台、滚压机4台、电子量革机2台、真空干燥机2台、转鼓50台、喷涂线70米、加工器3台共97台（套）。通用设备有：车床5台、刨床2台、铣床1台、汽车6台、锅炉3台（10吨）共17台。化验设备有：恒温箱3台、高温炉2台、天平3架、酸度计2台、拉力机1台、比色机1台共12台。年排污水36万吨。该厂产品质量一直名列全省乃至全国前茅，金虎牌牛修面革、金猫牌猪正面革、金牛牌猪修面革分别于 1980 年、1982 年、1984 年被评为轻工业部优质产品。

1989 年以一个车间与台商方国兴合资成立旭成制革有限公司，1994 年全部合资。2003 年旭成制革有限公司变为独资企业。2007 年，因污染问题，大连市令其搬迁，湿处理迁到黑龙江的大庆园区，后期整理仍在金州维持。

长春市制革厂

长春市制革厂是全民所有制企业。前身为 1952 年成立的马具生产合作社，位于长春市二道河子区八里堡同康路 21 号。厂区占地面积 37769 平方米，建筑面积 15616 平方米，拥有各种设备 275 台套，制革专用设备 28 台套，有国外引进设备 19 台套，主要产品为鞋面革和底革。该厂曾是吉林省最大的制革专业厂。

该厂 1957 年进行第一次技术改造，购置了转鼓、压底机、磨革机、打光机等专用设备。1958 年转制为地方国营。1970 年进行第二次技术改造后，扩建了厂房，建立试验室，改进了"碱膨胀"工艺，实现转鼓生产连续化。1976 年进行第三次技改，生产能力达到年投皮 20 万标张。当年轻革产量 25 万平方米，重革 180 吨，完成工业总产值 415 万元，实现利润 55.9 万元。

1978 年以后，实施工作重点转移，从 1979 年开始，黄牛正面革一直被评为省一类产品，获省优称号，1986 年，黄牛正面革获轻工部部优称号。1982 年在全面整顿验收合格的基础上，由生产型转变为生产经营型，实行经济责任制为主要内容的一系列内部改革措施。加大技术改造投入，从意大利引进 19 台套专业设备，生产能力已达到年投牛皮 30 万标张。1987 年轻革产量达到 28.9 万平方米，重革 190 吨，产值 619 万元，利润 101.5 万元。

1989 年以后，在市场经济中，该厂在原料皮收购以及产品出厂等环节管理上出现问题，导致企业连年亏损，于 1994 年倒闭。

延边皮革厂

延边皮革厂位于延边朝鲜族自治州龙井县城，厂区占地面积 3.5 万平方米，建筑面积 21539 平方米。年生产能力折牛皮 20 万标张，主要产品：轻革、重革、皮鞋，是吉林省内较大的皮革综合性企业。

该厂前身是 1931 年 2 月成立的龙井大东皮革株式会社，时有工人 30 余人，主要产品为牛面革、蓝光皮，日产量为牛皮 20 多张。1946 年，由吉林省军区接管，更名大华皮革厂，1948 年归省财政厅管理，更名为龙井制革厂。1952 年，归延边朝鲜族自治州管理，更为现名，该厂为吉林省历史最久的皮革及其制品综合企业。

1960 年，该厂生产重革 200 吨，轻革 4.7 万平方米，皮鞋 13.1 万双，总产值 339 万元。在第三个五年计划到第六个五年计划期间，几经改造，设备配套，生产能力大为提高，1982 年进行全面整顿验收合格，被吉林省政府授予第一批"六好企业"。从 1982 年到 1984 年，取得创利平均每年递增 27.5% 的显著成效。1985 年产重革 284.5 吨，轻革 33.5 万平方米，皮鞋 32.6 万双，完成工业总产值 1570 万元，销售收入 1667 万元，实现利税203.7万元，其中利润75.6万元。创全员劳动生产率21655元的佳绩，成为全国皮革行业典型。1988年后，由于猪皮补贴减少使厂内猪皮制革完全停产。20世纪90年代后，牛皮市场全面放开。由于资金等原因，企业收购不到质优价廉的牛皮，工厂牛皮制革也逐步停产。1998年厂内制鞋部分改制为延边爱丽思鞋业有限公司。至此，吉林省建厂最早的制革企业不复存在。

吉林省洮安皮革有限责任公司

吉林省洮安皮革有限责任公司由原吉林省皮革服装工业公司洮南制革厂2002年改制而成。该公司位于吉林省洮南市建设东路68号，占地面积8.6万平方米，建筑面积3万平方米，固定资产2000万元，现在员工120人，其中有职称的各类专业技术人员16人。有制革设备80台套，年生产能力（折牛皮）30万张。

该厂始建于1953年，1959年转制为地方国营。1962年首次进行技术改造，实现半机械化生产，1977年改造后，实现机械化流水作业，1981年再次改造后，从意大利、德国引进27台套专用设备。生产能力达到了年鞣制牛皮25万标张。产品主要有黄牛全粒面革、黄牛半粒面革、黄牛苯胺革、黄牛牛巴克革、黄牛开边珠革、黄牛疯马革、黄牛油粒面革、黄牛汽车座椅革、黄牛底革、带子革、工业件革、球革、黄牛摩擦变色革等品种。2009年生产牛皮7.5万张，产轻革16.5万平方米，重革500吨，产值2000万元，销售收入2100万元，税金60万元，利润10万元。

吉林省长春皓月清真肉业股份有限公司

吉林省长春皓月清真肉业股份有限公司，是集畜牧养殖、饲料加工、屠宰加工、熟食加工、生化制品、皮革加工以及物流配送、活畜交易、职业教育和旅游观光等相关多元一体化经营的跨省及跨国的国家级现代农业产业化重点龙头企业；在全国肉牛行业中"产业规模、品牌影响、出口创汇、行业标准、社会带动和发展潜力"等方面处于领先地位。

皓月皮革加工产业，是公司充分发挥原料资源优势，打造"百年皓月"，建设世界级肉牛产业航母的重要组成部分。起步于1998年，公司本着高起点、高标准、技术领先的原则，在长春九台经济开发区原九台卡伦镇，投资建设了年加工20万标张牛皮革加工厂；2004年3月，经国家发改委批准的振兴东北老工业基地第一批重点项目"中国皓月现代肉牛产业综合加工项目"建设后，皓月皮革加工规模扩建，达到了年加工50万标张牛皮革的生产能力；2005年9月，公司与世界知名品牌意大利马里奥·莱维公司强强联合，引进意大利先进的皮革加工技术，谋划制定了《皓月国际皮革工业园区发展规划》。吉林省经济委员会颁发"吉经济技改［2008］742号"《关于长春皓月国际皮革工业园区发展规划的核准意见》，吸引了世界众多皮革行业知名企业加盟，努力打造民族皮革品牌，为振兴吉林、发展吉林注入新的活力。

皓月国际皮革工业园区发展规划，是在充分发挥吉林省资源优势，农业产业化龙头企业的经济优势、规模优势、品牌优势、科技优势的基础上制定的。园区规划占地面积5平方千米，建设期到2015年，分三个阶段实施。第一阶段，到2010年，年加工50万张牛皮革和20万套汽车坐垫套，年销售收入完成50亿元，年利税6亿元，奠定未来产业集群化发展的基础；第二阶段，到2012年，园区内争取引入以意大利为主、世界知名品牌皮革加工企业和链条配套企业10户，年加工100万张牛皮、200万张羊皮和50万套汽车坐垫套，年销售收入完成150亿元，年利税20亿元，形成产业集群发展的整体框架，使园区基本成为吉林省皮革加工区域经济发展的示范区；第三阶段，到2015年，园区内争取引入以意大利为主、世界知名品牌皮革加工企业和链条配套企业20户，达到年加工200万张牛皮、300万张羊皮、100万张鹿皮，年销售收入完成382亿元，年利税52亿元，形成产业聚集发展的完整体系，使皮革加工产业真正成为未来区域经济发展的核心，打造吉林省皮革产业航母。

哈尔滨制革厂

哈尔滨制革厂位于哈尔滨市道外区北新街95号，为全民所有制企业，是轻工业部中型重点企业之一。

哈尔滨制革厂始建于1921年，原名双合盛皮革厂，建厂初期，日生产底皮80张，硬软皮50张，羊皮200张。1947年7月，东北民主联军军区军需处接收了双合盛皮革厂，改名为军需处制革厂，1949年并入军需处第一制鞋厂后，对老设备进行了改造和维修，产量有所提高。1950年生产黄牛底、皮带、火枪软带、枪背带分别为26吨、5.8万米，有力地支援了前方，为全国解放做出了贡献。同年，制革厂与制鞋厂分开，改为第八工厂。1952年又与制鞋厂合并为哈尔滨制革制鞋联合加工厂。

1956年归属地方管理，产品也由军转民。工厂根据国家轻工业部的要求，对国产植物鞣料的应用进行全面实验研究，打开了以国产植物鞣料为原料的局面。1960年，完全采用国产植物鞣料生产的水牛底革被评为"全国标杆产品"。

1966—1976年，产品产量稳定，年产重革270吨，轻革18万平方米，实现工业产值350万元。1969年1月，制革由哈尔滨制革制鞋联合加工厂分出，正式更名为哈尔滨制革厂。党的十一届三中全会后，哈尔滨制革厂投资913.3万元，用于技术改造，更新了设备，翻建了厂房，完成了轻革生产线改造工程，引进17台（套）具有世界先进水平的制革设备。1979年，产值达650万元，1983年产值达1256万元，利润达145万元。

1987年，工厂广泛采用新技术，新材料，新工艺，积极调整产品结构，推出4种新产品，当年实现工业总产值1479万元，利润180万元，上缴税金174.3万元，创东北同行之首。

1990年后，哈尔滨制革厂占地面积5万平方米，建筑面积27600平方米，职工662人，年产轻革80万平方米，年平均实现工业产值1000多万元，利润100万元左右，此后开始逐年回落。

进入21世纪，由于体制和机制的原因，工厂面对市场经济的错综复杂形势，未能及时调整策略，经营困难，效益大幅度滑坡，处于倒闭边缘。2005年后工厂破产退出了国有序列。

上海益民制革厂

1910年，上海人顾氏盘得一家开设于1890年的"周记硝皮工场"，并将之改建成"华益硝皮厂"，生产牛皮底革。1927年改厂名为"祥生制革厂"，有职工30多人，除继续生产牛皮底革外，还生产部分牛皮面革，是当时沪上规模最大的国人制革厂。日寇侵占上海后，工厂被迫卖给日本人，厂名改为"华中制革厂"，专门生产军需用革。抗日战争胜利后，国民党政府接管该厂，定名为"经济部中央工业试验所制革鞣料示范实验工厂"（简称"中工制革厂"），以生产军需用革、工业用革、民用重革为主。同时还致力于制革鞣料等皮革化工材料的研究和试制。并创办了《皮革化学工业》季刊，从而扩大了"中工牌"牛皮底革的影响，生产规模进一步扩大，职工增至80多人。

新中国成立后，该厂被军管，改名为"华东工业部益民工业公司第一制革厂"。1950年，年产黄牛底革2.73万张，保证了军需供给。1952年10月，益民工业公司制革一厂、二厂合并为上海益民制革厂。

20世纪50年代初，该厂率先研制成功了猪皮正鞋面革及绒鞋面革，缓解了当时牛皮原料紧缺的状况。50年代末，该厂又首创了黄牛修饰面革，在全国制革厂得到推广。60年代起，该厂牛皮轻革产品的生产比重逐渐增大。1970年，该厂在有关科研单位的协助下，试制成功合成革，1974年正式投产。1981—1986年，该厂科研人员先后研制成功了"单层结构抛光材料"和"双层结构抛光材料"，用于硅片、煤片、锗酸铋、磷化铟、蓝宝石等材料的抛光，填补了国内空白。80年代中期，为满足中高层次消费者的需要，该厂又开发了黄牛全粒面和半粒面革等系列产品，达20多种新产品，经济效益稳步提高。

1990年，上海益民制革厂拥有职工701人，其中各类工程技术人员41人。占地面积2.98万平方米，建筑面积2.75万平方米。固定资产原值14529万元，净值944.5万元。年产牛皮鞋面革15万张，合成革20万平方米，完成工业总产值2389.6万元，实现税利451.88万元。"雄狮牌"黄牛修饰面革，1979年和1986年两次获"轻工业部优质产品"称号。

1992年，上海益民制革厂搬入南大路65号，同东方制革厂合并为上海益民制革厂。

上海红光制革厂

上海红光制革厂地处宝山区南大路制革路84号，占地面积5.6299万平方米，建筑面积3.7417万平方米；拥有固定资产原值13436万元，固定资产净值5938万元。主要生产各类猪皮轻革产品及牛、羊革加工。

上海红光制革厂创建于1958年6月，由原建华制革生产合作社，上海第二、第三、第五制革生产合作社，闸北制革生产合作小组，益民制革厂重革工场，三友制革厂，同丰制革厂，手工一厂，手工二厂，手工三联制革厂，手工五联制革厂，双山制革厂等合并而成，有职工414名，年工业总产值达561万元。

1960年，胜利制革厂、上海制革厂相继并入，职工人数增至622人，工业总产值达2063.9万元。为了进一步扩大生产规模，调整产品结构，1965年国家投资48万元用于技术改造，使制革机械化程度由原 20% 提高到 40%，企业开始专业生产猪皮鞋面革、箱包革、夹里革、劳保手套革及少量底革，日产量达 1000 张。1966 年创造利润 103.85 万元，比 1960 年增长 10 倍。

20 世纪 70 年代，随着制革工艺的进步及设备的更新，红光制革厂自主开发了猪皮服装手套革及绒面运动鞋革等产品，机械化程度达 60%，1975 年达到日产猪皮革 3450 张。

改革开放以后，随着人们的物质生活水平逐渐提高，消费者开始倾向于细致、美观、轻软、舒适的牛、羊皮革产品，猪皮革面临被淘汰的困境。红光制革厂摸索出一套克服猪皮毛孔粗，身骨硬等缺陷的新工艺，开发了猪代牛、猪代羊、软包袋革、涂饰服装革等一系列产品，经济效益显著上升。

"六五"和"七五"期间，红光制革厂先后完成了"高档猪正面革生产工艺技术研究"及"南方低次猪皮制革新技术研究"两大科技攻关项目。使南方低次猪皮的利用率提高 20%，中高档产品的比例由 1987 年的 48% 上升到 1989 年的 75%。制革机械化程度达到 75%，日产猪皮革 4000 张以上。项目获得"上海市科技进步一等奖"和"国家科技进步二等奖"。

1988 年 9 月，红光制革厂成为上海制革行业首家国家二级企业。1990 年年产猪轻革 165.65 万平方米，折合牛皮 58.31 万张，品种达 45 种，近 120 只花色，完成工业总产值 2633 万元，利税 480.2 万元，各项经济指标名列上海制革业前茅。"飞轮牌"猪绒面服装革，1982 年获轻工业部优质产品奖，1984 年和 1988 年两次荣获国家质量奖银质奖；"飞轮牌"铬鞣猪正面革，1982 年和 1986 年 2 次荣获轻工部优质产品奖。

1992 年新兴制革厂并入红光制革厂，职工人数达 1144 名。产品品种在原有基础上增加了轧花球革、胶粘球革、绒面球革、球拍革、运动鞋革、纳帕革和沙发革。

20 世纪 90 年代中后期国家全部取消了猪皮财政补贴，生产资金严重紧缺。红光制革厂及时调整生产经营模式，承接牛、羊皮加工生产，不断地调整设备和生产工艺，以满足加工单位对产品质量的要求。20 世纪初期，先后引进了 2 家韩国制革贸易企业，1 家澳大利亚客户进行加工生产，生产的牛、羊皮服装革全部出口欧美国家，日产牛皮 2000 张，达到建厂以来的历史最高水平，牛、羊皮服装革全部出口欧美国家。

富国皮革工业股份有限公司

富国皮革工业股份有限公司的前身是上海富国皮革有限公司，成立于 1995 年 11 月 20 日，是一家中国、新西兰、美国的合资企业，坐落在宝山区南大路 800 弄 10 号。投资总额 2992 万美元，由中方上海皮革有限公司、外方新西兰富国太平洋投资集团（新西兰富国集团）下属的富国太平洋（中国）投资有限公司和新西兰富国皮革有限公司合资，分别拥有 5%、10% 和 85% 的股权。

该公司主要生产和销售皮革、皮革制品及皮革相关的原辅材料。拥有牛皮鞋面革、羊皮服装革和牛皮汽车革等三条制革生产线。牛皮鞋面革主要供应生产耐克（Nike）、其乐（Clarks）等世界一流品牌厂家，年生产量在 2500 万平方英尺左右。羊皮服装革年产量在 1800 万平方英尺左右，在全国业内排名前五位，产品 90% 以上最终销往美国及欧洲市场。牛皮汽车革年产量在 3000 万平方英尺左右，主要用于国内的合资汽车生产厂商本田、丰田和通用等的汽车坐垫。

该公司注重科技创新和开发，设有研发中心，使公司的皮革工艺研发能力在国内甚至亚洲地区首屈一指。公司还拥有一个设计能力达9700立方米/日的制革污水处理厂。生产上采用基本无污染的加工工艺，并以蓝湿皮和坯革为原料，在源头控制污染。在中国皮革协会的支持下，该公司被列入联合国工业发展组织（UNIDO）制革环境保护示范单位。

该公司成立十几年以来，规模不断扩大、技术不断进步、市场不断拓展。2007年，上海富国皮革有限公司总资产已达到近5亿元，销售达15亿元，产品远销美国、南美、欧洲、东南亚、日本、澳大利亚等国家，成为中国乃至亚洲地区一家最具规模的皮革出口生产型企业之一。

2009年8月，上海富国皮革有限公司更名为"富国皮革工业股份有限公司"。

徐州淮海制革厂

徐州淮海制革厂是1950年由新孚贸易商行（由中国共产党领导的山东鲁南工商局1944年投资建立的秘密交通站）投资创办的。经"一五""二五"期间，通过吸收、合并，不断发展壮大，至20世纪80年代已成为国内规模最大的制革企业之一，是轻工部、商业部黄牛皮革定点加工生产企业。

徐州淮海制革厂的主要产品为猪皮鞋面革、出口夹里革、手套革，黄牛鞋面革，带革、底革及水牛底革、带革等。

1955年5月24日，江苏省工业厅等三部门召开联席会议，介绍了该厂猪皮制革经验。后经多次扩建和技术改造，学习和引进国外先进技术，逐步发展成为设备先进、检测手段完备、产品花色齐全、国内规模较大的制革专业企业，主要产品皆为国内一类产品，"鹰球"牌黄牛鞋面革和猪修面革被评为部、省优质产品。

徐州淮海制革厂非常重视职工培训和技术进步。早在1960年厂内就成立了皮革红专学校，全厂300多工人参加学习、培训；1960年至1962年开办全省第一家皮革技校，省内各制革厂100多人参加学习；1982年设立徐州皮革工业公司技术培训中心，1983年从社会招收50名学员学习皮鞋工艺等；1982年全公司46名干部脱产参加制革培训班，并同西北轻工业学院（现陕西科技大学）签订了为期5年的100名委托招生培训协议，培养了大批制革技术及管理方面大专及本科生人才。1986年又委派20名高中生前往成都皮革学校学习，学制三年。并先后会同省公司于1975年、1986年至1988年，开办四期中级制革技术培训班，省内各制革厂120多名学员参加学习。为江苏省制革企业培养了制革专业人才，这些人才在厂内及以后的工作中发挥了骨干作用，对江苏省乃至全国皮革工业的发展做出较大贡献，并起到一定的推动作用。

1986年之后，徐州淮海制革厂先后与美国格拉瑞尔公司、澳大利亚、中国香港坚龙有限公司合资，成立了鹰球、苏维、海龙等制革合资公司。1997年产值达22354万元，出口交货值10294万元，亏损1764万元。

由于各方面因素，加之经济负担较重，徐州淮海制革厂于2008年宣布破产。

徐州南海皮厂有限公司

徐州南海皮厂有限公司是粤海制革有限公司（香港联交所上市公司，上市公司号码为01058）在1995年3月与睢宁县皮革公司以中外合作经营的方式对该县原"三利皮革厂"实施重组成立的，2002年4月，粤海制革有限公司在睢宁县皮革公司破产后对其整体收购，成为粤海制革有限公司全资拥有的外商独资企业。

徐州南海皮厂有限公司和粤海制革有限公司在睢宁投资设立的徐州港威皮革有限公司具有从意大利等国家引进的先进生产、研发设备，多年来形成了稳定优良的先进制革工艺，专门生产进口和国产优质牛皮鞋面革，年最大生产能力为4800万平方英尺。由于产品数量大、品种多、风格独特、质量稳定，加上售前、售后服务周到，产品深受国内外尤其是国内知名品牌厂家的欢迎。2008年，粤海制革徐州生产基地共完成产值4.87亿元，实现销售收入4.47亿元，税前利润2985万元。

粤海制革有限公司自成立以来，一直坚持"建立具有一流水准的大型国际化企业，为振兴民族制革工业做贡献"的经营方针，贯彻粤海集团"诚信、廉洁、效益"的核心经营理念，以稳健、高效的发展速度向前发展，现已跻身国内制革龙头企业之列。目前年产值达5亿元以上，是当地举足轻重的利税大户。主要产品纳帕系列、休闲系列、平面系列和开边珠系列等成为国内十二大鞋王厂家的首选用料。公司在温州、泉州、广州、成都等地设有办事处。企业建立了研发中心，与国内外多家知名企业建立了战略伙伴关系，构建了牢固的供销网络。公司通过有效的管理方式在世界范围实现技术、资源的引进、利用与推广。2009年又决定投资900万美元，用于鞋面革后序生产，逐步形成年产9000万平方英尺鞋面革生产能力。

南通新益佳制革有限公司

南通新益佳制革有限公司（其前身"南通苏桑皮革有限公司"是由南通中行、南通轻工局、中国信托投资公司、江苏省畜产公司与法国苏桑公司合作于1986年在国内成立的首家中外合资制革企业。后清盘）创建于2000年，是一家新兴的国内私营制革企业，现有各类技术人员及员工130人。

工厂配备有全套意大利、法国、德国进口的先进制革设备及多名生产经验丰富、技术精湛的皮革工程师和大批熟练技术工人。主要生产山羊打光革、打蜡革、打光摔纹革、软面革、珠光革、贴膜及胎牛革等各类高中档鞋面革，并与日本 AOKI&CO、LTD 合作加工生产澳大利亚袋鼠打光鞋面革等，2008年生产500多万平方英尺，产值7000多万元，利税200多万元。

双山皮厂

1926年3月，浙江省海宁市硖石镇皮毛商胡振芳以1000万元（旧币制）为资本，邀在杭州武林皮厂做工的万恒友、张登鹤、王胜高等七八个人，租借硖石横头茧站开办皮革加工场，取名硖石双山皮厂。两个月后，因茧站进入收购春蚕茧季节，厂址迁至原硖石火车站铁路南面。始办时是传统的手工操作，后受西方国家现代工业影响，购置了柴油引擎（即柴油机）、打皮小车（即轻革打光机）、磨车、迫水车（即挤水机）、转鼓（即滚桶）等设备，以机械操作替代了手工操作，生产羊皮革，产品畅销上海、西安等地。

中华民国二十三年（1934年），因制革造成环境污染，被迫迁至硖石镇南市桥处，生产了二三年后又迁至东山西麓光明路9号。1944年，胡振芳在上海另设店做皮革生意，将硖石双山皮厂交给其子胡寅经营。起初因怕胡寅年轻管不好，暂由其妻王山宝出面掌管。1945年起，胡寅全面掌管双山皮厂的生产、经营和管理。1946年，胡寅向袜厂购买了50间房屋做厂房，以扩大双山皮厂规模，并添置了打皮大车（即重革压光机）、平皮机（即削匀机）、磨车、冷磅等机械设备，聘请上海中南制革厂工程师徐宗春来厂指导，开发牛皮重革产品。工人工薪采取计件制，并实行明工薪暗补贴，处于关键岗位的"把作师傅"每月两石半大米，年终另有补贴，一般技术工人分成几个等级，每月一石米、两石米或八斗米不等；管理人员一年发15个月工薪，外加的三个月工薪放到年终发给。工人对薪酬相对满意，安心在该皮厂工作。

1948年，胡寅在硖石东山南麓部家岭购买土地3.3公顷（50亩），盖起了7排12间门面的厂房，筑浸皮水池60个，购置25匹国产柴油机和从日本进口的50匹柴油机各一台，把老厂迁入新厂。其时职工100多人，日做羊皮1500张、牛皮10张，生意红火，成为硖石镇上三家大厂之一（另两家分别是富顺昌袜厂和中丝三厂）。

1949年硖石镇解放前夕，由于社会动荡、交通受阻、物价飞涨和土匪、强盗的敲诈勒索，双山皮厂处于歇业状态。

新中国成立后，在党和人民政府的领导下，双山皮厂在原料、资金、产品销售等多方面得到海宁县人民政府有关部门的帮助扶持，使其恢复生产经营并走上新的发展道路。1951年4月，在外地开设两个分支机构：一是双山皮厂西安分厂（陕西省西安市），以采购原料为主，将采购的原皮通过初加工后运回海宁；二是双山皮厂上海发行所（上海市北海路），负责产品销售，从而形成了原料采购、生产、销售一条龙。1952年，注册经营资本10亿元（旧币，折合新人民币10万元），转鼓3只，一立方空压机、打光机、磨革机、小型熨皮机、炮仗锅炉各一台，工人最多时有60多名，分制革、制件2条生产线，产品有底革、箱包革、带革，皮身较好的还做鞋面革。在生产旺季，每月生产黄栲底革240张，黑羊皮革1800张，帽圈革6000张，副产品灰羊毛60担，化碱毛50担。皮革产品80%销往上海，10%销往南京、天津、北京、锦州等地，还有10%在当地销售，全年产销总值达14.80万元。其时，无论是生产规模或机械设备和制革技术，均在嘉兴地区独占鳌头，主要产品"泰山"牌黄栲底革，在江南一带市场上小有名气，成为双山皮厂自建厂以来的鼎盛时期。

1956年1月，双山皮厂实行社会主义改造，更名为"公私合营双山皮厂"，后又更名为"公私合营海宁制革厂"，胡寅任副厂长。在政协海宁县（市）第四届至第七届委员会会议上，胡寅连续四届被推选为委员，并且是海宁市工商联合会第四届代表大会常务委员会委员。

海宁制革厂

海宁制革厂的前身是双山皮厂。1956年11月,通过资本主义工商业的社会主义改造和经济改组,公私合营后的硖石双山皮厂和硖石建业皮厂、吴兴县双林镇利农制革厂、桐乡县李发记制革厂、乌镇联合制革厂4家厂合并,改称"公私合营海宁制革厂",厂址为硖石镇赵家漾,占地面积5.5万平方米,建筑面积4.7万平方米。1957年又有海宁县内的庆云镇大鑫、袁花镇徐复兴、斜桥镇大顺昌和能记4个皮坊并入。是年,全厂职工126人,原料除在海宁当地和临平采购外,还向汉口、重庆等地采购,年产皮革约3万张。产品有羊皮帽圈革、狗皮帽圈革、羊皮手套革、羊皮掺里革、黄牛栲底革、黄牛湖绿革、牛皮鞋面革、鹿绒革等,全年工业总产值为225.33万元,利润为27.39万元,成为全国制革行业的骨干厂。

在1958年生产"大跃进"时期,该厂一方面添置了部分新设备,如剖层机、熨皮机、平皮机、转鼓、鞣池、挤水自动传送设备、皮鞋冲跟机、起条机等;另一方面"破除迷信,解放思想",大搞技术革新,自制铲皮机、推光机、伸展机、卷口刨皮机等土机械(工具)19种,改进操作方法31项,提高了劳动生产效率,使生产品种扩大,试制成功的新产品有猪皮服装革、猪皮油润革、猪皮穿带革、猪皮粒面压花革、二层皮压花革、牛皮护油卷革、羊皮清光手套革等。同时建了制裘厂、皮件厂、栲胶厂、白油厂、农具修理厂、化学制药厂、揩光浆厂、肥皂厂、炼焦厂、毡毯厂、皮纽扣厂等12个"卫星厂",产品有各种裘皮、各种皮鞋、各式皮大衣、皮纽扣、工业用皮手套、液体栲胶、酪氨酸、牛胶鲜汁、毡毛毯、生铁等,其中K8239牛皮鞋、高帮牛皮童鞋和皮帽子出口至苏联。

1962年,该厂贯彻以调整为中心的"调整、巩固、充实、提高"八字方针。由于处于国家经济困难时期,该厂原料奇缺,皮革产量锐减,1962年皮革生产量仅1.71万张。1964年起大力推广猪皮制革,生产开始回升。1965年皮革生产量上升到7.86万张。1966年12月,该厂由公私合营企业改为国营企业。

因为1966年5月开始的"文化大革命",该厂受到严重干扰和破坏。全厂干部职工担心企业的前途,尽管身处逆境,但依然保持领导班子不散,职工队伍不乱,坚持生产不停,工艺改革不断,在艰难曲折中求发展。尤其是从1973年起,先后进行三次规模较大的技术改造,从联邦德国、奥地利、意大利等国引进剖层机、拉伸机等先进设备,扩大了生产能力,也增强了产品在市场上的竞争能力;加上"工业学大庆"运动中受"铁人"精神的鼓舞,1975年皮革产量达到14.8万张,实现产值433.38万元,利润67.41万元。该厂由于在制革工艺研究方面取得突出成绩,1978年1月,厂长沈金炎代表全厂职工出席在北京举行的全国科学大会,猪皮服装革蛋白酶脱毛新工艺获优秀科技成果奖,被大会授予"科技先进集体"称号。是年3月和6月,厂里派代表分别出席浙江省和全国工业学大庆会议,被中共浙江省委和国家轻工业部分别授予"大庆式企业"和"工业学大庆标兵"称号。

中共十一届三中全会以后,该厂在改革开放方针的指引下,致力于产品质量的提高,加强企业内部管理,建立和健全岗位责任制,并注重科技研究和应用。先后取得科技成果42项,其中属于填补国内空白的重大创新项目10项,获省(部)级奖励15项17次。

1979年和1984年，该厂所产"蝴蝶"牌猪皮绒面服装革以质量优良而两次获国家银质奖。1982年5月28日，轻工业部在海宁召开为期三天的全国制革工业提高经济效益现场经验交流会，介绍、推广该厂提高经济效益的经验。1988年该厂被授予"国家二级企业"称号；在全国皮毛及其制品行业50家最大规模的工厂中，该厂名列第七位，最佳经济效益单位名列第十位。到1990年，该厂拥有各类制革专用设备296台（套），其中从国外引进21台（套）。产品有猪皮、山羊皮、绵羊皮、牛皮4大类和35个品种，除在国内销售外，还畅销欧美20多个国家和地区。全厂固定资产原值2133万元，职工553人，1990年工业总产值9161.2万元，实现利润101.6万元。与此同时，为海宁皮革业的崛起培养了一批技术人才。

1998年12月，该厂通过经济体制改革，更名为"海宁上元皮革有限责任公司"。

浙江通天星集团股份有限公司

浙江通天星集团股份有限公司是浙江省政府列入重点培育的"小型巨人"企业、全国皮革行业重点龙头企业之一。公司注册资本金1.265亿元，占地面积35万平方米，建筑面积10.5万平方米，员工总数2000余人。主要产品有中、高档牛皮家具装饰革，年均销售收入超10亿元。公司建有省级企业技术中心，下设皮革研究所，科研开发实力雄厚，技术创新成果优异。

公司的皮革产业基地位于衢州市东港工业园区，前身是衢州制革厂，建于1965年，产品有猪皮服装革、箱包革、手套革等100多个品种，生产能力最高达500万张，规模产量和产品质量都曾处于全国领先地位，获轻工部"推动企业技术进步金龙腾飞奖"，以及省人民政府"优秀企业奖"和"技术进步奖"。1997年12月由原衢州二轻三家优质企业联合成立浙江通天星集团股份有限公司。1998年为了适应国际市场需求及结构的变化，作出了由猪皮革转产牛皮革的战略调整。经过技术改造、研究开发、品种创新，目前已拥有200万张牛皮革的生产能力。产品花色多样、风格独特、手感丰满、自然柔和，耐湿擦、抗拉强度等技术指标都超过国际标准，用户满意度较高。

近年来，公司坚持科学管理和创新发展"两轮并驱"的方针，依托管理、人才、技术等优势，走创新发展、特色经营之路。一是定位于全球化发展战略，不断扩大和深化跨国经济合作，并以年进出口总额超1亿美元的外贸业绩形成"两头在外"的经营格局，产品打入国际高端市场；二是通过实施人才战略和名牌战略，加大产学研结合力度，推进自主创新，做好技术滚动开发，近年来公司新产品产销率一直保持在75%的高位，并不断扩大科技成果产业化发展，不断提升企业核心竞争力，生产经营得到长足发展；三是公司高度重视践行发展经济与保护环境并举的科学发展观，先后与国内外皮革院所合作，引进联合国环境规划署推荐的氧化沟生物治理制革废水技术，在制革行业首家成功实现"人工湿地技术深度处理制革废水"的先进技术的引用，为全国同行业节能减排和清洁生产做出了表率。

浙江明新皮业有限公司

浙江明新皮业有限公司前身为温州市明新皮业有限公司，成立于1995年7月，2003年10月搬迁至浙江嘉兴市，注册资金4500万元。公司专业生产汽车内饰真皮、沙发牛皮革等，拥有成熟的铬鞣和无铬鞣生产经验和技术，产品类型包括全粒面、修面、纳帕、打孔皮、二层皮。

明新公司是专业生产汽车内饰牛皮革、沙发革的国内皮革行业龙头企业，具有研发世界一流的汽车皮革制作工艺的能力，所开发的产品已通过了国际主流汽车制造商的外观及物性检测并已获得多家国际主流车厂认可的供应商资格，明新的研发团队在多年汽车皮革制造经验的基础上形成了成熟的头层铬鞣及无铬鞣制，二层方向盘皮革及座椅皮革技术，生产，质量体系已量产并供应给世界一流的汽车工厂。

明新的研发团队在成功经验的基础上融入了创造性的基因，成功开发了低VOC汽车皮革，为国家相应的汽车内饰挥发物限制要求法律法规出台后提前做好了准备工作，耐污及防噪声汽车皮革技术的开发成功使得公司产品能够达到欧洲主流车厂的检测标准并进军国际市场。

公司与高等院校及科研机构紧密合作，开展相应的检测标准及方法的制定，并取得了丰硕的成果，与四川大学皮革系合作的无铬鞣制革技术开发项目获得了国家级的科技进步二等奖并形成了产业化。

2006年，清洁化高物性高级汽车座套革制造技术成为国家863计划引导项目，《黄牛无铬高级汽车座套皮革制造》获得国家重点新产品证书；2007年，《制革清洁生产关键技术》获国家教育部科学技术发明奖一等奖，《高物性无铬鞣牛皮汽车革》获国家火炬计划证书；2008年，《原位聚合鞣制及无铬皮革制造技术的应用》获省科技进步三等奖。

泰庆皮革有限公司

泰庆皮革有限公司是台湾泰庆集团于1994年在温州市选址投资创办的大型制革企业，全厂占地面积共203亩，总投资金额5684万美元，注册资金2842万美元，分三期建设。1997年6月完成第一期厂房建设，1998年4月完成第二期厂房建设，1998年7月通过第一期环保设施竣工验收，2001年6月通过第二期环保设施竣工验收，2011年10月通过第三期环保竣工验收。公司废水的处理能力达到5000吨/日。公司投资超过500万美元以上的环境治理系统工程，使厂内所生产排放的废水、废气达到有效的控制，并且符合国家规定的环保标准。

公司生产供应世界各国主要客户八大类近百花色品种的优质产品，目前主要生产皮种有Simi-aniline calves, Kips（半苯染中小牛皮革）、Nubuck（牛巴哥皮革）、Patent（漆皮革）、Various embossed, Printed Leather（各类压花印花革）、Smooth Nappa（平面沙发软皮革、女鞋等）、Corrected Leather（轻修磨面皮革）、Oil Pull Up Leather（双色油皮革）等，所有产品已获世界各地知名品牌广泛应用各类流行类、家饰类等广大消费者喜爱之商品。产品以绿色、环保、健康、时尚、实用为主要特质。泰庆皮革产品作为国际品牌

"TYCHE"的组成部分,已获得世界各地客户的肯定与赞赏。

从生皮原料及化学配料采购,经开发打样、鞣制、整理、精制加工等复杂工序制程,泰庆皮革都坚持一贯化生产管理工艺以及通过国际 ISO 标准的严格品管要求,使泰庆皮革在物理化学性能和外观手感等方面,都充分达到高品位、高档次、高质量的各项指标要求,确保泰庆皮革的产品品质。

公司于 2008 年通过 ISO 14001 环境管理体系认证,2008 年 4 月通过清洁生产审核验收,2008 年后连续通过英国 BLC 环境保护考核认证(银牌奖)和获得《生皮加工贸易环境保护考核合格证明》,2009 年通过浙江省环保部门组织的"企业环境监督员"试点企业验收,2010 年荣获"第二届中国皮革行业环保创新奖",是温州市进出口前十强企业,温州市创税大户,龙湾区纳税十强企业。

公司为全体员工提供整洁舒适的工作与生活环境,从托儿所、餐厅、宿舍、教育训练中心、健身房、医务室、篮球场、排球场、凉亭花园等硬件环境规划,到职能教育、休闲活动、安全管理、清洁卫生等方面,泰庆皮革有限公司致力提供员工同仁一处充满人性化、人文化的工作与生活空间,用以提升员工多元素质、凝聚企业向心力,实现全厂一家的优秀团队战略目标。

浙江卡森实业有限公司

浙江卡森实业有限公司创立于 1995 年,公司拥有 20 多家控股子公司,产品以沙发和牛皮革为主导,逐步发展成为一家主要从事家具皮革、软体家具和汽车坐垫革研究、生产与销售的大型企业集团。

在与中国经济同步成长的过程中,公司先后被国家和浙江省有关部门授予国家火炬计划重点高新技术企业、全国轻工行业先进集体、全国首批佩挂生态皮革标志企业、浙江省重点高新技术企业、浙江省工业龙头骨干企业、浙江省皮革/家具行业先进企业等诸多荣誉。2005 年 10 月 20 日,卡森国际控股有限公司在中国香港联合交易所成功挂牌上市,成为国内第一家在香港主板上市的皮革家具制造企业,翻开了中国家具产业国际化发展的新篇章。

卡森公司坚持"以人才为根本,以高科技为依托"的发展战略,以科技成果快速产业化为己任,建立了省级企业技术中心,不断加大对研发的投入和研发队伍的建设,产品品质日臻完善,新产品研发遥遥领先,并始终保持了与国际同类产品和技术的同步和接轨。公司开发研制的家具革、汽车用皮革多次被评为国家级和省级新产品。凭借过硬的品质和良好的市场形象,"卡森"系列皮革、卡森沙发分别于 2006 年和 2007 年被评为国家免检产品。"卡森"品牌也被认定为浙江省名牌、浙江省著名商标。

浙江富邦集团有限公司

浙江富邦集团有限公司坐落在海宁市钱江工业园区。集生产、科研、贸易、房地产等多元化、集约化的省批集团公司。公司被列入浙江省重点扶持"五个一批"骨干企业,浙江省著名商标、嘉兴市重点"规模企业",海宁市"兴海工程"重点企业,浙江省首批

"三星级企业",拥有自营进出口经营权和进出口专业公司。

近年来,公司在上级政府和主管部门的正确领导下,通过转换经营机制,不断深化改革,坚持以市场为导向,科技进步为动力,树立"富民兴邦,造福桑梓"的经营理念,以谋求最佳经济效益和社会效益为目的,经济效益稳步增长,综合实力不断增强。获得了省乡镇系统出口百强企业,全国乡镇企业出口创汇先进企业,省制革行业最佳经济效益企业,省行业"太湖流域"治污达标企业,省皮革行业先进企业等荣誉称号。

富邦借改革开放的东风,从一个十多人的手工作坊,逐步发展到了集生产、贸易、房地产等于一体的多元化、集约化的省批企业集团。近年来,为促进企业的发展,加大前进的步伐,企业建立了现代企业制度,进行全面改制。集团公司还组建了自己的进出口贸易公司,为企业适应激烈的国内外市场竞争奠定了基础。公司在海宁钱江工业园区建设的新基地于2004年初正式投产,成效显著。

富邦皮革系列产品以质优、新颖、环保为傲,产品适应行业潮流,符合时尚要求。产品内外销兼而有之,在国际市场上能达到世界先进标准的部分要求,成为一些国外公司比较固定的供货商,在国内市场上凭着优异的质量,能取得较同行优昇的经济效益。

目前,集团公司以生产"富邦"牌皮革为主导产品,公司牛皮部、羊皮部已从单一的服装革、沙发革逐步转向鞋面革内销品,在红蜻蜓、康奈、宜泰等大企业中站稳脚跟,创下良好的业绩,公司2006年的销售额为45498万元,创造利润898.35万元;2007年销售额达45376万元,创造利润954.73万元;2008年销售额达59753.4万元,创造利润724.5万元。

海宁上元皮革有限责任公司

海宁上元皮革有限责任公司的前身是海宁制革厂,1998年12月底经分立改制为股份制企业。公司坐落于海宁市赵家漾路,占地面积4.9万平方米,现有员工300余人,拥有资产1亿元。公司拥有完整的牛皮、羊皮生产线,具有年产牛皮50万张,绵、山羊皮250万张的生产规模,主导产品为牛皮鞋面革、牛皮沙发革、山羊服装(手套)革、山羊鞋面革、绵羊服装(手套)革。

公司是中国皮革协会、浙江省皮革行业协会和海宁市皮革协会副理事长单位。公司在生产经营过程中坚持科学发展观,拥有较强的技术创新能力和完善的计量检测手段,建有嘉兴市级企业技术中心和理化测试中心,企业经考核被命名为浙江省科技型中小企业,被皮革和制鞋生产力促进中心评为中国制革行业科技示范企业。

公司坚持"质量第一"的经营方针,通过了ISO 9001质量管理体系认证和计量检测体系认证,是标准化良好行为AAA级企业。企业内部建有制革污水处理中心,经处理的污水达到国家排放标准并进入城市污水管网,被海宁市环保局评为污水排放合格单位。

海宁上元皮革有限责任公司与西班牙外商共同投资2980万美元的中外合资企业——浙江大众皮业有限公司于2004年投产,企业占地280亩,建筑面积10万平方米,具有年产牛皮革100万张的生产能力。主导产品:牛皮鞋面革、牛皮沙发革、山羊鞋面革、山羊服装(手套)革、绵羊服装(手套)革。

合肥制革厂

合肥制革厂曾是安徽省内皮革产量最大的生产厂。1956年由上海内迁的吕金记、李万记、申大、大用四家皮革皮件厂与合肥皮革生产社合并而成，随之实行公私合营。当时由市政府拨款30.65万元，私股资金16万元，职工151人。次年，由国家投资68.13万元，正式开始以生产皮革为主，兼产皮鞋、皮件，当年即产轻革9.73万平方米，重革375.22吨，皮鞋4.68万双。

1958年接收爱华皮鞋社、合肥皮鞋厂、光荣制球厂、淮河皮鞋厂并入，1965年转为全民所有制企业。1972年在省内首家研究酶脱毛工艺，1974年接收合肥棉毯厂并入，并在国内同行率先采用猪皮酶脱毛新工艺。次年，研制成功牛皮酶脱毛工艺。1978年该厂该项新工艺获全国科学大会奖。1980年建成省内第一个日处理800吨制革污水处理场。同年，将皮鞋、皮件车间划出单独成立合肥皮鞋厂、合肥工业皮件厂。

1982年，该厂与成都科技大学联合研制成功铬—铝—锆多金属铬合鞣剂并用于轻革生产，次年即获省科技成果三等奖、轻工业部科技二等奖，厂实验室获"全国轻工科技先进集体"称号。1984年又被评为轻工业部设备管理优秀企业。1985年底，全厂共有职工468人，固定资产原值569.6万元，各种设备249台。1985年全员劳动生产率为1.925万元/人，当年获得"山羊正鞋面革优质产品"称号。

芜湖市永久制革厂

芜湖市永久制革厂是安徽省内建成的第一家地方国营制革厂。1954年以私营光明制革厂为基础，由国家投资1.8万元，贷款1.5万元组建。开始生产牛皮革兼制少量杂皮革，当年实现产值14.99万元，利润3.99万元。1958年，厂名正式定为现名，开始试产羊皮革，并首创利用制革下脚料生产工业皮胶、明胶。次年，有职工156人，固定资产原值34.6万元，设备13台，年制革能力5.15万张，创工业产值344.67万元，利润27.34万元。

1961年该厂皮革制品开始批量出口，但此后多年生产发展曲折缓慢。1973年建成省内第一套土法废铬液处理装置，1975年开始采用酶脱毛和重革速鞣新工艺。1977年试制成功的20千瓦微波皮革干燥机，次年即由中央新闻记录电影制片厂摄制成科技片在国内放映推广。1980年该厂生产的黄牛正鞋面革被评为轻工业部同类产品第4名、猪皮正面革质量获全省第1名。至1984年，共出口羊、猪夹里革、蓝湿革、半硝革等9个品种计18.46万平方米。次年，在安徽省内首先试产猪正面服装革。至1985年，历年用于污染治理的环保工程费用达73.45万元，建成有800吨含硫废水池及铬酸气等工程。迄1985年底，全厂共有设备185台（套），形成年产21.9万张制革生产能力。1985年实产皮革12.1万张。

安庆皮革总厂

安庆皮革总厂是全民所有制企业，皮革、皮鞋、皮件3类产品均有生产。其前身是1955年成立的晓光皮革生产合作社，当时，职工近百人，日产皮革20张、皮鞋10余双。1958年该厂转为地方国营，更名为"安庆皮革厂"，年产皮鞋5.26万双（首批出口至原苏联3.38万双），皮裤带1.59万条，生产轻革2.13万平方米，重革33吨，创工业产值78.66万元。

1959年，接收新华制革厂、火箭制鞋厂并入，年末职工477人，当年产皮鞋5.99万双，轻革8.75万平方米，重革81.46吨，工业产值达258.21万元。1975年，推广猪皮酶脱毛工艺获得成功，并结合"三废"治理，新建明胶车间，开始了明胶生产。随后由国家投资25万元，新建年产二层革10万平方米生产能力的项目。1980年，由安庆石油化工总厂提供有偿投资279万元进行扩建改造，新建厂房11040平方米，新增设备237台，使企业生产能力迅速提高。1981年，厂名改为现称，下设制革厂、第一、第二皮鞋厂、明胶厂及两个知青集体厂。1984年，熊猫牌黄牛修饰鞋面革被评为全国一类产品，获"省优质产品"称号，新开发的水牛修饰鞋面革也通过省级技术鉴定，次年即获"轻工业部优秀新产品"称号。

1985年末，下属企业有制革厂、皮鞋厂、皮件厂、明胶厂、六一皮鞋厂及3个皮革制品专营商店。1985年，投皮量11.98万张，生产轻革33.85万平方米，重革128.86吨。除制革外，生产皮鞋36.61万双（出口4万双），皮裤带14.7万条，皮手套34.96万副，产值约占全省皮革行业总产值的1/10。

福州制革厂

福州制革厂前身是中国人民解放军第十兵团福建皮革厂，建于1951年7月。1952年7月，由军队转为地方建制，改称地方国营福州皮革厂，主要生产重革，供部队制作马装具和枪套、弹盒等用料。当时，企业有职工15人，固定资产3000元，年产重革4400张，产值18万元。1960年，扩大轻革生产，正面革、正反绒革、修饰面革、手套革、里革、箱包革和服装革等熟革制品及各种二层革逐年增加。同年，水牛底革被评为全国一类"标杆产品"；1972年，改用"铁转鼓"生产，大大提高了产品的产量和质量。

1982年，由福州皮革厂划出制革车间成立福州制革厂，并在研制修饰水牛面革和鞋用软面革方面都取得成功，促进皮革工业快速发展。当年，该厂投皮量12.07万张，产值411.54万元，利润31.18万元。1985年，试制猪铬鞣无涂软面革成功，为省内生产皮运动鞋和各类轻便皮鞋提供原料。当年，投皮量达19.19万张，产值492.49万元。1990年，投皮量41.4万张，产值达1059.84万元。

厦门制革厂

厦门制革厂是1956年以公私合营形式组建的。20世纪60年代后，陆续引进国外先进工艺设备,计有英国642型削匀机,法国"梅西尔"片皮机、挤水机,意大利"雷兹"片皮机、削匀机及磨革机、喷浆机、烫革机、涂饰机、挤水伸展机、真空干燥机,日本的片皮机及国产设备等共152台(套),形成系列工序流水生产线。1982年,又建成莲坂新厂房,年制革能力达20万张。主要产品品种以猪、牛皮革为主,正、反面(绒)革、修饰革、手套革、里革及各种重革等基本齐全;产品质量颇得用户赞赏,尤其修饰二层革更受欢迎。1985年,生产17.2万张,产值488.3万元,实现利润39.4万元(其中上交税金22万元)。1990年,生产6.34万张,产值547万元。因政策性原因,1994年,该厂停产。

兴业皮革科技股份有限公司

兴业皮革科技股份有限公司成立于1992年,位于福建省晋江市安海镇,注册资本18000万元人民币,占地面积80亩,现为中外合资企业。是中国皮革行业龙头企业、福建省百家重点工业企业,中国皮革行业纳税大户,年纳税超亿元。"兴业皮革"品牌已经成为"中国驰名商标"。

多年来,兴业不断加大软硬件设施建设投入,引进世界最先进的皮革生产、检测设备;聘请国内外皮革技术专家,组成不同肤色、不同语系的全球性技术专家群体;不断加强与权威皮革科研机构的合作,与中国皮革和制鞋工业研究院联合成立福建皮革研究所;在产品研发方面,曾获得四项皮革专利技术。

2006年,正式成为世界制革技术权威组织SATRA成员。

公司起草了皮革行业首个国家标准《家具用皮革》,由国家质量监督检验检疫总局和中国标准化管理委员会于2008年7月31日发布,2009年5月1日实施。

在兴业的倡导下,兴业皮革与中国皮革协会、中国轻工业联合会等,创办了一年一届的"中国皮革发展论坛"。此论坛目前已成行业性的峰会。

公司是福建省首家通过清洁生产验收的工业企业。2008年获中国皮革协会"节能减排环保创新奖"。

曾荣获"晋江市企业文化最具创新案例奖""泉州市感动员工十佳民企""泉州市最佳和谐企业""CCTV泉州榜十佳年度雇主""福建省科技重大专项实施单位""全国产品质量监督抽查合格企业""中国皮革制品十强企业""高新技术企业""福建名牌产品"等荣誉称号。

峰安皮业股份有限公司

峰安皮业股份有限公司前身为晋江峰安皮业有限公司和晋江兴安皮业有限公司,始创于1984年,经过20多年发展成为皮革行业的龙头企业。峰安皮业是皮革产品的专业制造商,主要产品为牛头层皮和二层皮。峰安皮业秉承"山高为峰,安行天下"的企业精神,专注做好皮,获得客户和社会各界的好评。

峰安公司独家起草了从原料皮到成品皮包括制造皮革的化料等多项国家标准、行业标准,其中《鞋面用皮革》等国家行业标准,被认定为国际先进水平,并经国家发改委核准颁发实施。

峰安皮业已获得环保水浴脱毛方法、耐水洗鞋面皮的制造方法等多项国家发明专利,攻克了生态无铬牛软皮、铬鞣液循环利用、制革生物前处理技术、节水中水回用等多项省市级政府立项的科研项目,具备皮革行业多项关键技术的成果转化能力。

公司秉承"绿色环保、造福人类、百年峰安"的理念,积极提倡健康生活,实现绿色化、生态化。

公司曾荣获中国皮革行业科技示范企业、全国轻工行业先进集体、国家免检产品、福建省著名商标、省级企业技术中心、省级循环经济示范试点单位、外商投资产品出口先进企业等荣誉。

晋江源泰皮革有限公司

晋江源泰皮革有限公司是一家集科研、生产、贸易于一体的规模化企业公司,总部位于晋江市陈埭镇,公司总注册资本1200万元人民币。公司从德国、意大利引进世界领先的制革设备,掌握行业最新工艺技术,专业生产牛头层及二层皮革产品,种类齐全、应用广泛、久享盛誉,产品畅销国内外皮革市场及世界知名皮革加工企业。

十余年来,源泰一直致力于皮革的加工和销售,公司凭借先进的制革设备和工艺,逐渐成为东南地区极具专业的皮革生产商。公司生产出品的高品质皮革,系列完整,种类齐全,尤以黄牛磨沙皮、自然摔油蜡皮、油蜡变色皮、粒面打蜡皮等享誉业界。特别是磨砂皮、油蜡变色皮等产品成功跨入名品行列,达到世界先进水平,受到业界的肯定和市场的追捧。

源泰皮革有限公司平均每天都会有一款新品上市,有着"皮革超市"的美誉。它不仅为鞋企供应原材料,还为鞋企供应"流行元素",从源头上引领潮流。它是百丽、达芙妮、星期六、康奈、木林森等众多知名品牌的合作伙伴。业内对它的评价是:款式新颖,色彩绚丽多姿,能紧跟潮流,不同季节有不同的特色,像一个皮革万花筒,经常能给人带来意外和惊喜。

泉州信德皮革有限公司

泉州信德皮革有限公司是香港华意国际开发公司于2000年7月投资兴办的外商独资企业,注册资本为500万美元,主要生产加工皮革及其制成品。公司现有员工近400人,固定资产投资3500万元,建筑面积29800平方米,年产值达5亿元。是福建省规模最大的专门从事生产各种高档真皮加工的专业厂家之一。

公司成立了专业科技研发中心,年科技研发投入资金200万元,特聘请国内外中、高级技术人员20名,共同研发适应市场需求的高档皮革产品。公司于2007年2月份导入了ISO 9001国际质量体系认证和ISO 14001环境管理体系认证,并于2007年8月获得双认证证书,公司坚持以"质量为根、诚信为本、优质服务、锐意创新"为质量方针,以"环保优先,控制污染,节能降耗,持续发展"为环境方针,时刻关注顾客期望,提供满足顾客和法律法规要求的产品。

2007年11月，信德皮革开发生产的"黄牛自然摔纹皮"产品，被国家皮革和制鞋行业生产力促进中心及段镇基皮革制鞋科学技术奖励基金会评为三等奖。

上饶市制革厂

上饶市皮革厂建于1953年。1982年，上饶市皮革厂、皮件厂、皮鞋厂合并为上饶市皮革厂；1985年底又分为制革厂、皮件厂、皮鞋厂。1992年，上饶市制革厂兼并了亏损的皮件厂，1993年接收了倒闭的皮鞋厂。

企业建有30万张制革生产线和皮革服装、箱包、手套、沙发等5条专业生产线，固定资产1000余万元。厂区占地面积3万平方米，厂房建筑面积2万平方米。主要产品有猪皮服装革、猪皮彩色沙发革、无涂饰软面革、绒面服装革、反绒服装革、彩色扎染革、湿磨服装革、修面革、箱包革、淡黄手套革等产品，还有真皮服装、马夹、婚礼皮箱、手提包、出口手套、真皮书包等皮件类产品。主要设备有片皮机3台，削匀机4台，挤水伸展机3台，去肉机3台，自动喷浆机2台，磨革机1台，转鼓26台，共计120多台（套）；全部是国产设备。1993年12月，江西省长吴官正到厂考察。

1995年有职工300人，工程技术人员58人。同年被评为上饶地区十佳明星企业之一。

新余市制革厂

新余市制革厂国家中二型企业，位于新余市上新路1号。建于1970年，以猪皮、牛皮制革为主。为充分利用当地优质猪皮资源，1991年5月20日轻工业部《关于对江西省轻工业"八五"技术改造第一批专项贷款项目可行性研究报告的批复》和9月10日省经委、省轻工厅《关于新余制革厂高档猪皮服装革生产线技改工程初步设计的批复》，同意改造规模由年产猪皮服装革10万张扩至50万张。项目于1992年12月18日建成投产，实际完成固定资产投资926万元，土建工程建筑面积4240平方米。安装设备65台（套），其中削匀机、喷浆机、真空干燥机等关键设备从意大利引进。企业先后研制开发出反绒、压花磨绒、印花、石磨等四大系列高档猪皮服装革和猪二层绒面、光面服装革等高附加值产品。主导产品有猪正面服装革、绒面服装革、二层绒面服装革、沙发革及黄牛半粒面和全粒面软革等。产品远销美国、俄罗斯、西欧、中国香港等国家和地区。高档猪正面服装革、猪二层绒面服装革先后被评为省优产品，并多次在全国性的博览会上获奖。1994年项目达产达标。1995年，有固定资产2150万元；职工283人，其中技术人员60余人；占地面积23000平方米，建筑面积9580平方米；完成产量25.94万折合张，产值3001万元，销售收入2900万元，利税181.9万元。

济南制革厂

济南制革厂位于济南市天桥区制革街20号。是全民所有制企业，隶属济南市第二轻工业局，是山东历史最久的专业制革厂。

该厂建于1934年，原是私营企业德记制革厂。日本侵华战争时期，被日军强占。抗日战争胜利后，由国民党军政当局接管。1948年济南解放，山东各军区后勤所属制革职工并入该厂，1950年正式定名为济南制革厂。

新中国成立前，主要生产牛底革、牛带革等，专供军需。

新中国成立后，逐渐增加轻革品种。牛面革、牛修饰面革、牛二层绒面革等为传统产品。20世纪50年代开始生产猪革产品。

20世纪60年代以后，猪修饰鞋面革为其重点产品，至80年代曾多次被评为"部优""省优"产品。

1985年，该厂厂区占地5.83万平方米，建筑面积3.61万平方米，固定资产原值737万元，净值462万元。有职工599人，其中工程技术人员6人。有制革设备122台，其中引进设备13台。年产皮革（折牛皮）31.5万张，其中猪革产量48.82万张，完成工业总产值1420万元，实现利税154万元，其中利润92万元，全员劳动生产率24097元/人。20世纪90年代由于市场等原因该厂生产形势一直不好，最后处于停产半停产状态，济南市二轻局决定由济南小鸭集团兼并该厂。

青岛制革厂

青岛制革厂位于青岛市沧口区印江路5号。是全民所有制企业，隶属青岛市二轻局皮革工业公司，是山东最大的制革企业。

该厂是1949年青岛解放后由市区60余户制革作坊经过两次联合、合并而成立的，1956年正式定名。当时属公私合营，后转为国营。1957年在沧口区印江路征地新建，1965年青岛市手管局新华制革厂并入，1980年又购买娄山化工厂场地扩建。该厂生产猪轻、重革和羊革产品。猪轻革品种有20多种，包括鞋面革、服装革、箱包皮件革等。羊革品种有山羊服装革、山羊鞋面革等。还生产少量牛轻革。

1980年以后，该厂与意大利工厂设备设计公司签订补偿贸易协议，以制革产品换取制革设备19台；为澳门精艺皮革厂加工山羊铬湿皮；与武汉、大同、日照等制革厂开展合作、联营并实施技术转让，取得较好的经济效益。

1985年，该厂厂区占地8.67万平方米，建筑面积3.23万平方米，固定资产原值727.4万元，净值368.7万元。有职工863人，其中工程技术人员16人。有制革设备120台，其中引进设备21台。年产猪革112.16万张，居全省之冠。完成工业总产值2282.83万元，实现利税281.6万元，其中利润236.6万元，全员劳动生产率26347元/人。

文登市森鹿制革有限公司

文登市森鹿制革有限公司，原文登市制革厂，始建于1953年，以加工牛、猪原皮和生产轿车装饰布为主。拥有职工2000多人，年可生产牛皮革100万张，猪皮革400万张，轿车装饰布600万平方米，是中国最大的制革基地之一。

公司于2004年通过了ISO 9001质量体系认证。坚持"科学发展、和谐发展"的方针，以改善城市生态环境为己任，积极进行搬迁和改扩建，2007年，公司投资4亿元，新建成 11 万平方米国际领先的大型制革生产流水线，投资 3000 多万元，同步建成采用国际先进微生物技术日处理污水一万多立方的污水处理场。

公司先后被国家有关部门评为"中国综合评价最优 500 家工业企业""中国轻工业 200 强企业""中国皮革行业 10 强企业"。

淄博大桓九宝恩皮革集团有限公司

淄博大桓九宝恩皮革集团有限公司前身是桓台县制革总厂，主要以加工牛皮为主，1990 年桓台县制革总厂与中国香港合资企业，成立淄博东方皮革有限公司，员工 300 余人。2000 年成立淄博大桓九宝恩制革有限公司，从意大利、德国引进喷浆机、辊涂机、摔软机、震荡机、片皮机等设备，使公司的装备水平达到了国际一流。2000 年至 2002 年相继开发研制了如 MAV、EXP、DEL、MAS、FRE 等制革"拳头"产品，为宝恩集团一举敲开了美国市场的大门，得到美国七大家具公司 Laz-boy、Flexsteel 等的极高评价，为公司的长远发展打下了坚实的基础。2005 年被山东科技厅认定为高新技术企业，同年公司成立山东省皮革工程研究开发中心和段镇基院士宝恩工作站，主要从事新产品的研制和开发，进一步提高产品的质量和技术含量，并长年聘请美国、意大利、日本、韩国等国的高级技师为公司提供技术指导与服务。公司致力于绿色产品的开发，减少污染，改善环境，成为中国环保型皮革业先锋，被认定为中国皮革和制鞋行业科技示范企业。

烟台制革有限责任公司

烟台制革有限责任公司前身为烟台制革厂，是山东省重点制革企业，1953 年烟台市各私营皮铺联合成立皮革生产合作社，几经合并，1965 年在西沙旺征地新建，1966 年正式成立烟台制革厂。该厂以猪革生产为主，尤以猪轻革花色品种较多，猪正面、绒面服装革、猪修饰鞋面革、剖层修面革为其主要产品。自 1979 年以后，猪革产品多次被评为部级、省级一类品或优品质。进入 20 世纪 80 年代，年年有新品种投产。

1985 年，该厂厂区占地 5.13 万平方米，建筑面积 3.01 万平方米，固定资产原值 815 万元，净值 584.7 万元。有职工 478 人，其中工程技术人员 8 人。有制革设备 129 台，其中引进设备 14 台。产量（折牛皮）45.8 万张，居全省第二位。完成工业总产值 1667.8 万元，实现利税 286.2 万元，其中利润 257.7 万元，全员劳动生产率 35078 元/人。烟台制革厂多年来一直承担科技攻关项目，1986 年 1 月，承担"利用瘦型猪皮生产高档猪正面革及其制品加工技术研究"，于 1987 年 10 月通过技术鉴定。1986 年 8 月烟台制革厂、烟台皮革公司、西北轻工学院共同承担"七五"攻关项目"北方面粗质次猪皮服装革研究"，实验室设在烟台制革厂。于 1989 年 8 月通过国家级技术鉴定。1999 年 4 月，烟台市科委下达"制革污水资源化利用"污水治理项目，于 1999 年 11 月通过了技术鉴定。2004 年 10 月 28 日，由国家建设部、国家发展和改革委员会及省、市领导组成全国节水型城市考核验收领导小组到烟台制革有限责任公司对节水工作进行了考核验收。

2001 年 12 月 25 日经烟台市经济贸易委员会、烟台市发展计划委员会、烟台市经济体制改革办公室、烟台市财政局、烟台市国有资产管理局联合下发烟经（2001）77 号文件批准，烟台制革厂整体改制，新公司名称为：烟台制革有限责任公司。改制后注册资本200万元，全部由企业内部职工出资，公司于2002年8月26日注册登记。

焦作制革厂

焦作制革厂于1950年冬建厂。其前身是开办于1948年的焦作利民皮毛商店，1984年末职工人数735人，其中工程技术人员16人。占地面积8.95万平方米，建筑面积2.09万平方米，固定资产原值444.6万元，流动资金106万元，年生产能力重革800吨，轻革52万平方米。最高年产值1380万元，利润125万元，建厂后截至1984年共向国家上交利税及折旧费2337.43万元。

该厂是以生产牛皮革为主的制革专业厂。其产品有皮革、皮革制品、丁腈产品三大系列50个品种326个规格型号。其中，制革产品占主导地位，共36个品种，主要有牛工业革、牛软底革、猪底革、牛面革、猪修面革等。该厂生产的牛皮结和丁腈皮结从1958年起就远销东南亚14个国家和地区。黄牛软底革是该厂的独家产品，用其制作的高档皮鞋出口深受港澳地区消费者的欢迎。该厂生产的"飞机牌"牛皮结和黄牛软底革获1979年河南省二轻工业厅"优级产品"证书和1981年省人民政府"优质产品"证书。"飞机牌"丁腈皮结获1982年河南省纺织工业管理局"优秀产品"证书。

新乡市制革厂

新乡市制革厂位于河南省新乡市东路红旗区张庄南，占地30亩，是以生产山羊皮革为主的一家专业制革厂。现有制革专业设备132台（套），其中从意大利、法国、德国、卢森堡等国进口的现代高性能制革设备33台（套），整个生产线能够满足年产120万张高、中档山羊正鞋面革类，服装、手套革类，箱包、票夹类等山羊成品革，新乡市制革厂是20世纪50年代初期在皮革生产互助组、合作社的基础上逐步发展起来的一个以手工操作为主的小厂，1958年转为地方国营，当时猪、牛、羊皮都生产，但产量不大，质量不高，主要产品只能做些车马挽具等，主要服务对象是农业生产和一般市民生活所用的低档皮革制品，企业发展缓慢。1975年被轻工业部列为定点生产山羊皮革专业工厂以后，特别是在党的十一届三中全会后，厂里认真贯彻党的对内搞活经济，对外实行开放的方针政策，依靠技术进步，开展科技攻关，在发展生产、提高产品质量、增加经济效益等方面都取得了显著成绩，其中商品产量成倍增长，年生产山羊皮革240万张，花色品种达100多个，实现利税600余万元，其中生产的金象牌山羊苯胺鞋面革荣获1980年国家质量评比银质奖和1984年国家金质奖，山羊正面服装革于1990获国家金质奖。产品销售到欧美、港澳等20多个国家和地区。

为加快我国制革工业的发展，新乡市制革厂与轻工业部毛皮制革研究所和西北轻工业学院以及开封制革厂一起承担了国家计委、经委、科委共同下达的"六五"国家科技攻关项目"提高汉口路山羊皮革质量的研究"，于1985年11月胜利完成了攻关任务，经国家组织专家鉴定，产品质量达到国内最好水平，接近国际同类产品先进水平，该项目先后荣获河南省、轻工业部以及国家科技进步一等奖。"七五"期间又承担了国家下达的"提高华北路山羊皮革质量的研究"科技攻关项目，该项目评选后荣获河南省、轻工业部以及国家科技进步二等奖。企业在发展生产和技术的同时还十分注重工业环境保护和节能减排工作，通过内部加大对环境保护工作的投入，经过科技人员的攻关研究，摸索出一套操作方便、治理效率高、能满足生产需要、达到国家控制标准的制革环保治理设施，赢得了国内同行业的好评，并于1989年承担了轻工业部组织召开的全国制革行业污水治理现场会议，受到了与会领导和代表们的赞扬，取得了很好的社会效益。

1988年，在新乡市委、市政府的支持和推动下，为了实现皮革及革制品一条龙的深加工项目，新乡市制革厂于1989年兼并了新乡市皮件服装厂，又于1991年接管了新乡市皮鞋厂，员工达到1300余人，并在此基础上组建了新乡市皮革集团。但是，由于新乡市城市总体规划的要求，新乡市制革厂主体厂于1994年底开始动迁并停产，2000年整体易地搬迁至现址。

近年来，为了适应和发展市场经济的需要，搞好内引外联、招商引资、把企业做大做强，2004年经与"新乡联贸皮革有限公司"（台湾独资）协商，双方进行合作经营，方式是以联贸皮革有限公司租赁新乡市制革厂原厂地和全部设备、设施等。优先使用原厂职工，仍进行以羊皮为主的制革生产。当前，按照国家产业政策，本着节能、高效，以更好更快的科学发展观，筹备扩建一个占地面积比现在再扩大一倍的新型山羊皮制革厂，同时对该厂进行整体改制，力争用1年半左右的时间建立起一个新型的产权清晰、管理先进、设计现代、生产高效、经营一流的现代化制革企业。

新乡黑田明亮制革有限公司

新乡黑田明亮制革有限公司始建于1954年，为全国最大的山羊皮生产厂家之一，拥有总资产8817万元，其中固定资产4817万元，年销售收入近1.5亿元，公司现有职工500余人，工程技术人员30余人，其中国家级皮革鉴定评审员1名，目前公司拥有新乡黑田明亮皮具公司、中非洋皮业股份有限公司、新乡黑田明亮制革有限公司广州分公司，是集制革生产、皮具加工、国际贸易于一体的综合性公司；公司年加工各类山羊皮革250万张，各类真皮手套50万副，产品80%以上直接出口或间接出口；公司对欧洲、大洋洲、非洲等各地的原料皮进行引进加工，特别是对世界最好的埃塞俄比亚羊皮，公司已有十几年的加工历史，年最高加工量在100万张以上。公司产品质量和品位逐年升高，2001年，"黑田明亮"牌皮革被中国皮革工业协会率先认定为"生态皮革"。为了使中国皮革能够顺利出口欧盟，受国家标准局和中国皮革协会的委托，公司起草了符合欧盟出口要求的国家强制性标准《皮革污染物限量》《日用手套革》《运动手套革》《日用手套》等国家和行业标准。公司为中国制革专业委员会副主任单位，河南省皮革行业协会副理事长，中国制革龙头企业。公司拥有先进的日处理600吨制革废水处理设施，并达到河南省深度治理标准的要求。

2006年11月，胡锦涛主席在中非论坛北京峰会上提出了对非务实合作8项政策措施，其中一项就是成立"中非发展基金有限公司"，并筹资50亿美元，专项用于开展对非合作、开拓非洲市场。根据埃塞俄比亚的资源情况，以及埃塞俄比亚总理梅斯希望中国在埃塞俄比亚建立一个产品具有世界水平的、具备一定产业链的、能带动其国内支柱产业——畜牧业迅速发展的制革企业。最终确定由新乡黑田明亮制革有限公司与中非基金发展有限公司共同建设"中国—埃塞俄比亚畜牧产品综合开发项目"（年加工羊皮300万张；真皮手套100万副；皮鞋100万双）。

开封制革工业联合公司

开封制革工业联合公司建于1954年，原名开封制革厂，1982年改现名。1985年末职工359人，厂房面积1.03万平方米，固定资产原值790万元，拥有大中型设备108台，年生产能力山羊板皮200万张，年产值771.4万元，税利161.6万元。

该厂于1975年被轻工业部列为山羊皮革专业生产厂，1982年与中国国际信托投资公司联营，以补偿贸易形式引进法国制革技术设备，合营期为12年。该厂主要制革产品有山羊鞋面革、服装手套革、箱包革等。其中，山羊苯胺服装革1983年获省优质产品奖，1984年获轻工业部优质产品奖。仿古服装革1984年获河南省优秀新产品奖。山羊苯胺服装革（泡沫型）1985年获省优秀新产品奖。1985年与新乡制革厂共同完成了"提高汉口路山羊皮革质量的研究（正鞋面革和服装革）"国家科研项目的攻关，其山羊苯胺服装革达到国内最好水平并已接近世界先进水平。

沁阳市金牛皮业有限公司

沁阳市金牛皮业有限公司位于河南省沁阳市王占经济开发区，占地150亩，主营牛皮鞋面革，拥有多条现代化制革生产线，进口意大利设备20多台。年加工牛皮60万余张。公司技术力量雄厚，有高级工程师、工程师60余名。自主研发能力超强，不断探索创新，使公司产品始终处于同行业前沿，针对出口欧盟等国外市场开发的环保系列产品深受外商青睐，进军国内高端市场的小牛打蜡系列供不应求，时装系列有各种彩色及梦幻漆皮。与百丽、奥康、达芙妮等知名品牌有长期稳定的供货业务，产品质量深受客户信赖。

公司始建于1987年，是当时率先由"皮革作坊"发展为现代制革工业的企业，公司是少数民族企业，曾被评为全国民族团结先进单位，多年来在省市各级民委部门的大力关心支持下不断成长和壮大。1988—1989年先后有两项技术发明填补国家及省内空白。多次在同行业评比中获奖。公司享有自主出口权，并被国家动检局指定为定点加工企业。连年成为沁阳市创汇大户。为市出口创汇做出了突出贡献。公司自成立之初就非常重视环保工作，连年被市环保局评为先进单位。2007年又投入2760万元建成大型现代化污水处理设施，污水排放完全达到国家、省级标准。后又增加1000多万元投资，上马节水回用工程，该工程建成使用，可中水回用75%以上，大量节约了资源，降低用水成本，为公司今后的可持续发展奠定了坚实基础。

河南省方圆有限公司

河南省方圆有限公司成立于1988年8月，位于河南省杞县西经济技术开发区，是一家专业生产山、绵羊服装革、鞋面革的民营独资企业。西邻七朝古都开封，北依陇海铁路，东傍京九铁路，距郑州国际机场 70 千米，是河南省高新技术企业，占地 120 亩，建筑面积 20000 平方米，总资产 2 亿元，固定资产 7000 万元，流动资产 13000 万元，注册资金 1200 万元，现有职工 240 人，其中高级经济师 1 名，工程师 4 名，经济师 2 名，中级以上技术人员 68 名。目前，已有 2 条制革生产线，拥有先进的生产设备 236 台（套），年设计生产能力 600 万张，年实现生产能力 250 万张。主要产品有：苯胺鞋面革、纳帕鞋面革、珠光鞋面革、打蜡鞋面革、环保鞋面革、纳米缩纹革、压花革等 20 多个品种和数百种色号。"金方圆"系列产品畅销广东、上海、成都、温州等全国 10 多个省、自治区、直辖市，部分出口国外。1996 年 2 月，通过 ISO 9001 质量管理体系认证；2001 年，获得外贸进出口权；是全国首批"真皮标志，生态皮革"使用单位之一。2009 年，实现销售收入 1.4 亿元，利税 1700 万元。

2000 年 6 月，公司开发的"环保型珠光鞋面革"被科技部、国家税务总局、外经贸部、国家质检总局、国家环保总局授予"国家重点新产品"称号；2001 年 6 月，"环保型山羊珠光鞋面革工艺"获得河南省优秀新产品、新技术三等奖；2005 年 7 月，公司被河南省科技厅确定为"高新技术企业"；2007 年 1 月，"低档山羊皮纳米缩文革、压花革工艺研究"，被确定为河南省科学技术成果。

2000 年 12 月，被农业部确定为"推行全面质量管理标准"企业；2002 年 4 月，"山羊皮鞋面革"被中国质量协会评为"全国质量稳定合格产品"；2003 年 3 月，全国质量跟踪调查，方圆皮业的质量和服务满意度获得双百分，被河南省质量监督信息发布中心授予"质保企业，质保产品"称号；2003 年 10 月，公司在国家皮革标准化委员会的引导下，负责起草了中国皮鞋面革质量检测标准——QB1873—2003《鞋面用皮革》行业标准。2009 年 8 月，公司的"金方圆"牌商标被河南省工商局认定为"河南省著名商标"。

公司重视制革污水处理，多次投资进行环保设施改造，使日处理污水能力达到 3000 吨，深度处理过的废水，水质达标排放，COD 和氨氮的排放浓度控制在环保部门规定的标准以下，能回收利用。同时，还完成了饱和盐水腌皮等清洁生产项目，以及废铬液循环利用项目，从根本上解决了污染问题，为企业的快速发展开辟了一条宽广的绿色通道。

目前，河南省方圆皮业有限公司共有 3 个经营公司、3 个生产工厂，业务遍及广州、上海、温州、成都、海宁等国内各大皮革市场，集国际贸易、新产品研发于一体，并进行房地产开发、皮革贸易。

河南博奥皮业有限公司

河南博奥皮业有限公司成立于 1989 年 10 月，位于项城市环城路东段，占地 170 亩，建筑面积 25000 平方米，公司现拥有总资产 16234 万元，是以生产皮革为主的中型企业。2004 年 5 月按照国家政策，经项城市人民政府批准，改制为股份制民营企业。公司现有员工 826 人，其中经济师、会计师、工程师 22 人，中级职称以上的人员 36 名，主要产品为牛、羊皮鞋面革，八大系列，120 多个品种，年生产皮革能力 2000 万平方英尺，销售收入 3.5 亿元，利税 3600 万元，市场遍及国内 28 个省、自治区、直辖市，并与外销鞋厂建立了牢固的业务关系，2000 年获得自营进出口权。

由于公司坚持科学发展观，以市场为导向，以销售为龙头，取得了优异的成绩，得到了政府及有关部门的认定：2004年被国家皮革制品质量监督检验中心命名为"中国制革工业龙头企业"；2005年被河南省委、省政府命名为"优秀民营企业"；2006年被河南省皮革行业协会命名为"河南省十佳牛羊皮鞋面革"企业；2006年周口市人民政府命名为"纳税贡献大户"；2007年被河南省中小企业服务局、省发改委、省财政厅、省科技局确认为"全省农产品加工示范企业"；2008年被河南省人民政府认定为"农业产业化省重点龙头企业"；2009年被河南省人民政府认定为"高成长型企业"。公司在河南鞋面革行业排行第一。

为了迎接越来越激烈的市场竞争和国内鞋面革市场的需求，促进企业又好又快地发展，按照国家"十一五"规划及环保有关政策和要求，经公司董事会研究决定：彻底改造公司原有污水处理厂。该工程为"国家环保部重点指令性皮革课题示范工程"，国家重大"水专项"科研项目，总投资2600万元，占地面积8004平方米，日处理污水能力3000吨，由南京大学环保学院、郑州大学环保系、博奥皮业三家联合实施，2008年10月竣工，现已建成国内一流、现代化、高水平、花园式的污水处理厂。

该污水处理厂，按照国家一级排放标准进行设计、建设，采用"初沉池—铬液过滤—预曝气调节—斜管沉淀—立式氧化塔"等工艺技术，无论是理化指标控制，还是软硬件建设，以及省级COD在线监测仪等，经环保部门近一年的跟踪监测，均已达到设计要求和预期目标：COD≤100毫克/升、氨氮≤15毫克/升，周口市环保局、项城市环保局组织专家组联合验收合格，颁发了《排放重点水污染物许可证》。

中牛集团有限公司

中牛集团有限公司注册成立于2008年5月，注册资金1亿元人民币。公司总部位于河南省柘城县城关镇、占地400亩，拥有员工1200余人。建设有八千多平方米的标准化钢构厂房8座，是一家集黄牛皮购销、蓝湿皮加工、成品革生产、销售于一体的大型集团公司。公司下辖山东鲁牛皮业有限公司、成都华富皮革有限公司、商丘华池粤海酒店，并在广州、深圳、温州、上海等地设立办事处。

中牛集团有限公司前身是中牛有限公司，在创始人范华的带领下，从牛皮贩运开始艰难打拼，亲手创建出了一支庞大的原皮采购队伍，每年收购原皮200万张。是国内知名的"牛皮大王"。一直到2008年中牛集团有限公司的诞生。

中牛集团有限公司为做大做强，强力提升产品科技附加值，斥巨资购置了蓝皮生产设备，建造皮革污水处理系统，打造"清洁生产""生态皮革"，年加工蓝湿皮近200多万张，成为国内"蓝湿皮超市"。伴随企业生产规模的不断扩大，公司董事会高瞻远瞩，抓抢发展机遇，投巨资三亿多元购置土地300多亩，建成标准化钢构厂房五千多平方米，并从意大利、韩国等国家购置烫光机、生皮机、真空干燥机、抛光机等国际先进成品革生产设备100余台。公司始终以市场需求为方向，以客户满意为标准，以消费者信任为目标；坚持"团结、创新、求实、服务"的企业精神和"产品、人品共纯"的企业理念，依托先进的设备，优秀的科研团队，科学的现代企业管理制度，打造了国际流行的生态化、高档化、艺术化和功能化的皮革产品。严管理、重质量、产品风格多样、品质优良。陆续与新百丽、千百度、奥康、康奈、红蜻蜓、德国柏德等国内外知名皮革制品公司建立了稳定的合作关系。赢得了市场空间，并通过了英国科研与技术中心（BLC）认证，获得金牌企业证书，取得了与欧美等国家的皮革贸易国际通行证。

武汉制革厂

武汉制革厂位于汉口中山大道1541号。它的起源可上溯至清光绪二十九年（1903年）由清政府创建的南湖制皮厂。辛亥革命后，由北京陆军部接管改名为湖北制皮厂。1919年因陆军部未继续提供补助费而停产。10年后，湖北省建设厅投资续办，复名南湖制革厂。1931年10月，租给军政部军需署，易名武昌制革厂。抗日战争爆发后，1938年元月奉命内迁，经湖南，转贵阳，定名为第一制革厂，并在四川成都组建第二制革厂。抗日战争胜利后，1946年第一制革厂自贵阳返迁武汉，因武昌原址遭战火夷平改建机场，故以国民党军联勤总部没收的敌产汉口隆华制革厂为基地，建立武汉被服总厂制革厂。武汉解放时为中国人民解放军接管，定名为中南军区后勤军需部第一局皮革厂。嗣后，两易其名为江〇三五厂、二〇六厂。1956年2月1日移交地方管理，改名武汉市国营武汉皮革联合工厂。1965年1月18日，为实行专业化生产，工厂一分为三，成立武汉市国营武汉制革厂，时有职工471人。

武汉制革厂在新中国成立后30余年中，生产发展，工艺变革，经济效益与日俱增，居武汉3户制革厂之首位。1985年底有职工986人（含附属厂，下同），其中工程技术人员12人。在1950—1985年的36年内，以牛皮折算的累计投水量达1101万张，年均投水30.6万张，1985年实投40.98万张。1965—1985年，为国家创利税5084万元。科研及技术革新也居制革行业前列。20世纪50—80年代初，自主或协作实现24项重大成果（含轻工部下达的铬防水剂、胱氨酸和猪绒面防水革3个项目）。1979年，仅耗资3000余元，为时3个月试制成功国内首创的帘幕涂饰机，使班产涂饰猪面革达3500张，涂饰材料利用率在98%以上，较摇摆喷浆机提高工效7倍，涂料耗量减少35%，不仅为国家节约近5万美元的外汇，而且有利于消除空气污染，简化工序，降低工人劳动强度，并为实现涂饰生产线奠定技术基础。1980年，所产滨江牌猪皮彩色面革获湖北省优质产品奖。1984年投资197.8万元，以60.1万美元引进意大利皮革后整理设备14台（套），提高了成革档次。1985年铬鞣水牛磨面革被评为武汉市优秀新产品。

1980年3月武汉制革厂由总支级升格为党委级，陆林同志任厂党委书记，许仁正同志任厂长。企业管理工作逐步正规化，由于技术装备落后，大部分操作由工人手工完成，生产工人多数是传统的制革老工人。1980年大批老工人退休，职工子女顶职进厂，知青内招，以及武汉制革厂、红星制革厂两厂相继办了数期制革技校班，企业人数增长较快，职工队伍趋于年轻化，文化程度也有所提高。

1982年11月，武汉制革厂接待西藏自治区制革学员学习制革技术。

1985年、1987年，武汉制革厂、红星制革厂两厂进行大规模技术改造。武汉制革厂先后两次投资63.6万美元和113万美元，分别从意大利和联邦德国引进制革专用设备共计25台（套）；红星制革厂也先后两次投资27万美元和100万美元，分别从法国和意大利引进制革专用设备共计23台（套）。企业通过技术改造、设备引进，生产能力大幅度提高，武汉制革厂年生产能力达60万张折标皮，红星制革厂年生产能力达50万张折标皮。

1987年12月，武汉制革厂通过全面整顿，经武汉市12家单位考核验收，达到国家二级企业标准，即省级先进企业。

1986年，武汉制革厂生产的黄牛修面革、猪修面革、黄牛服装革均评为全省第一名。"滨江"牌黄牛全粒面革被评为轻工部优质产品。红星制革厂生产的"金羊"牌山羊正面革1964年被评为全国同行业标杆产品后，在历年的省内同行评比中被评为一类产品或优质产品。"白鹤"牌猪皮正面里子革被湖北商检局列为出口免检产品。

1993年5月香港新力投资公司与武汉制革厂合作成立"武汉光达皮革有限公司"。同年12月为利用外资易地改造的机遇，贯彻市委市政府提出的"五个一批"精神，武汉制革厂、红星制革厂、皮革化工厂合并组建武汉革业公司。武汉革业公司成立后，公司总部设在汉黄路20号（原红星制革厂），注册资金678万元，职工1814人；当年产值3200万元，销售3310万元；生产牛皮16万张，实现了扭亏为盈。

20世纪90年代中期以后，由于市场竞争激烈，企业制革规模开始下降，生产能力过剩。企业将多余的厂房设备通过招商引资对外开展合作，先后由澳大利亚华裔客商、台湾商人、广东商人等租赁合作，企业安排员工到租赁的客户工厂打工，富余人员下岗待业，企业给予一定的生活费。1998年大批富余人员进入武汉市下岗职工再就业中心，企业制革生产几乎停止，由租赁合作者从事小规模的制革生产。

孝感市制革厂

孝感市制革厂是在1954年制鞋互助组的基础上逐步发展起来的，1981年正式成立孝感市制革厂。1985年有职工212人，机械设备67台（套），年产轻革17.23万平方米。该厂生产的猪皮修饰面革，是采用粒面较粗、伤残较多的次皮，经过精心磨革、整饰、压花而制成的，是制作皮鞋皮靴较理想的原料，1984年被评为湖北省优质产品。也是湖北省的重点制革厂，1982—1985年，两次进行技术改造，共投资1200万元。引进国外关键技术和设备21台（套）。形成猪皮制革能力50万张，二层移膜革60万平方米。为了提高企业的技术水平和管理能力，湖北省皮革公司还将西北轻工业学院的制革教学点设在该厂，以便于开展技术交流，促进企业的发展。1990年后，由于猪皮补贴的取消，该厂就开始陷入困境，加上环境污染的改造资金不足，所以从1992年开始走下坡路，1995年完全停产。

十堰市十宝皮革有限责任公司

十堰市十宝皮革有限责任公司的前身是十堰市制革厂。1985年1月，十堰市皮革社的制革车间单独分离出来，成立了十堰市制革厂。在20世纪八九十年代，该企业还是计划经济条件下二轻系统中的一个地方集体企业，一直靠享受国家对猪皮生产给予的经济补贴维持生产。建厂伊始，仅有100多万元的总资产，却有80多万元的负债，设备陈旧、技术落后、人心涣散，在全省30余家制革企业中排名27位。就是在这种濒临倒闭的情形下，十堰市制革厂确定了"技术为先、薄利多销"的经营思路，通过与当时国内的龙头企业——解放军总后上海3516工厂联姻,"走出去""请进来",派骨干到3516学习培训,高薪聘请3516的工程技术人员以及日本制革专家指导技术,并贷款进口先进制革设备。企业大胆地从新产品开发入手,在学习过程中不断提高和创新,先后推出了猪修面革、黄牛全粒面革等拳头产品。1988年,在技术、设备、人才、市场等各方面充分齐备之后,企业从猪皮生产成功转型到牛皮生产,当年,黄牛修面革荣获"湖北省优质产品",1996年全粒面革获得"湖北省首届工业精品名牌产品金奖"。企业厂区经历了两次搬迁,1985年从十堰市中心地带迁移到夏家店火炉沟(现在的北京北路15号),1992年又从夏家店迁移到市郊区的东风八亩地(现在的汉江北路116号)。

根据十堰市政府统一要求,企业历经1998年、2003年两轮改制,现为规范化的民营企业。公司现有职工210名,总资产9000万元,注册资金2308万元,有进口、国产先进制革设备180余台(套),生产厂区面积38000平方米,年产值和销售额1.6亿元,年生产牛皮能力33万张。公司拥有自营进出口权,通过了ISO 9001:2000质量管理体系认证。公司具有独立开发制革工艺和皮革产品的技术能力,每年有3—6种新产品推向市场。公司在广州、江苏、上海、沈阳、四川、重庆、武汉、温州等地设有办事处,生产的"十宝"牌牛皮鞋面革、箱包革、二层革产品畅销全国26个省(市)。"十宝"被评为"湖北省著名商标""十堰市知名商标",公司被评为"湖北省守合同重信用企业""湖北省科技成果推广示范企业""湖北省厂务公开先进单位""十堰市先进企业""十堰市文明单位"等。经过20多年的发展壮大,十宝公司已经成为湖北省最大的牛皮专业加工企业,成为湖北制革业的一颗明珠。

2007年底到2008年初,金融危机来临之前,十宝公司开始加强生产管理、减少并消化库存、加大资金回笼力度,特别是从新产品开发上狠下功夫,先后开发出了亮油、环保A、水染革、军品系列等新产品,较好地消化了库存,盘活了资金,拓展了市场。

常德制革厂

常德制革厂的前身是1925年由南京人李光炘开办的"金陵皮场",生产牛皮革及皮鞋、皮箱等产品。1950年该厂实行公私合营,由常德行署机关合作社派员管理。1952年该厂转为地方国营后,国家逐年对其进行基本建设投资,到1983年该厂占地面积达15930平方米,建筑面积12525.6平方米,拥有专业生产设备131台,进口设备6台,固定资产原值280.6万元,定额流动资金367.83万元,形成了年产猪皮60万张,牛皮4万张的生产能力。

常德制革厂始终坚持技术进步,常年注重产品质量。其猪反绒服装革、软正鞋面革、正绒鞋面革、修饰鞋面革、手套革、底带革和工业革以及牛皮软正鞋面革、修饰鞋面革、底带革与工业革等13种产品,历来深受用户的欢迎。早在1964年8月的湖南皮革质量评比会上,常德制革厂生产的水牛底革就被评为一类产品,黄牛正鞋面革、栲底革被评为第二名,男式牛皮鞋被评为第一名。1980年以来,该厂生产的彩色和黑色猪皮鞋面革,质量在湖南一直名列前茅。其20世纪60年代研制的猪皮反绒服装,身骨丰满柔软、绒毛紧密细致、颜色均匀有丝光,在国内外享有盛名,是轻工业部和湖南省的优质产品,一直是广东省畜产公司的出口货源基地。

常德制革厂从 1959 年开始产品出口，累计出口猪皮革 187.5 万张，出口交货值 1962.6 万元，创汇 527.6 万美元，产品远销东南亚、欧美及港澳等 30 个国家和地区。

统计资料显示，截至 1983 年，国家对常德制革厂总共投资 264.98 万元，常德制革厂本期间为国家提供积累 1980.78 万元，回报相当于投资的 7.5 倍。综合以上各种因素，轻工业部将常德制革厂列为"六五"重点技改企业，从 1984 年起国家对该厂先后投资 1986 万元，异地进行厂房扩建和设备更新。1987 年常德制革厂扩建改造工程竣工，全厂占地面积 80000 平方米，建筑面积 21160 平方米，拥有制革设备 299 台（套），进口设备 9 台，形成了年产猪皮革 120 万张，牛皮革 4 万张的生产能力。

邵阳制革厂

邵阳制革厂的前身是 1939 年中华工业合作协会组建的邵阳制革生产合作社，沿袭至 1950 年由邵阳行署财经委员会接管，易名为邵阳市制革厂。经过历年持续的发展，该厂已成为湖南制革行业中规模最大的骨干企业。邵阳制革厂占地面积 4.9 万平方米，建筑面积 4 万平方米，有制革设备 170 台套，固定资产原值 845 万元，年生产能力为牛皮 6 万张，猪皮 100 万张。主要产品有生活用皮革、纺织工业用革、航空工业用革及其他工业用革四大类。

邵阳制革厂生产的面革和底革历来享有盛名。水牛底革曾于 1963 年获全国一类产品称号。牛皮鞋面革和猪皮鞋面革、鞋底革多次被评为中南地区一类产品。1981 年该厂的彩色猪修饰鞋面革及苯胺革共 10 个花色品种被评全省第一名，牛修饰鞋面革 1982 年被评为国家一类产品。

自 1966 年起，邵阳制革厂的猪皮革即已进入国际市场。至 1985 年该厂共出口猪皮革 253 万张，猪二层革 240 万平方尺。1963 年，我国为尼泊尔援建一个制革厂，尼方实习生即在邵阳市制革厂培训，该厂还派出 5 名技术人员到尼泊尔担任现场技术指导。

2002 年，企业改制，被湖南富洋皮革制品有限公司收购。

湖南立得皮革有限公司

湖南立得皮革有限公司是由湖南富洋皮革制品有限公司演进而来的。富洋皮革制品有限公司是刘重道先生 1993 年创办的，主要生产猪皮服装革和皮革服装。年加工能力为猪皮革 20 万张，皮革服装 5 万件。1997 年，因生产发展所需，富洋皮革制品有限公司搬迁至邵阳市内衣厂，产能扩大至年产猪皮革 40 万张，皮革服装 10 万件。2002 年原国家二级企业邵阳市制革厂改制，刘重道与香港中延国际有限公司合资收购该厂，成立湖南立得皮革有限公司，注册资金 500 万美元，迅速形成年加工猪皮 150 万张的生产能力，产值达 1.2 亿元。

湖南立得皮革有限公司占地面积 25 万平方米，厂房面积 15 万平方米，其牛皮生产线拥有从毛皮到成品所需的各类专用设备 270 台（套），猪皮生产线拥有从毛皮到成品所需的各类专用设备 115 台（套），皮革手套生产线拥有主要生产设备 130 台（套）。该公司每天可投盐湿牛皮 200 吨，每年可产成各种牛皮革 600 万平方米以上；每天可投盐湿猪皮

1万张，每年产成各种猪皮革400万平方米以上；此外，每年还生产皮手套400万双以上。2009年，湖南立得皮革有限公司实际生产猪皮革180万张，牛皮革30万张，皮手套600万双，主营业收入达2.7亿元，出口创汇1150万美元。该企业在2008年，便已通过ISO 9001质量体系认证和ISO 14001环境管理体系认证，"立得皮革"商标也已在国内和中国香港注册，在湖南皮革行业内有较大影响。

湖南立得皮革有限公司产品的种类较多，牛皮有Nappa、全粒面、半粒面、打蜡皮、自然摔纹、压花摔纹、植鞣皮、缩纹革等；猪皮有无铬鞣皮反绒鞋面革、正绒鞋面革、手套革、鞋里革等；皮手套主要是各式猪皮手套和牛皮手套。客观地讲，该公司的产品结构一方面应对市场变化灵活，增强了自保能力，另一方面精力分散，独自特色不明显且产品的档次欠突出，鉴此，该公司正借助各方的技术力量，抓紧培育自己的拳头产品——高档汽车坐垫革。

2008年12月，湖南立得皮革有限公司对原国家二级企业、已破产的资江农药厂整体收购，斥资3.26亿元进行生产线的异地改扩建。该工程完成后，将形成年生产牛皮革150万张，猪皮革300万张，皮革手套1000万双的生产能力。年工业总产值将达16亿元，利税3.5亿元，注册资金也将达到8000万元。

湖南裳海迪瑞特制革服装有限公司

湖南裳海迪瑞特制革服装有限公司的前身是长沙县金井制革厂，由农民企业家周建坤先生于1989年创立。建厂之初，该厂以猪皮服装革仿制空军飞行服为主，1990年转为专业生产猪皮正面服装革的厂家。在各级政府的大力支持下，金井制革厂发展迅速，1994年销售过亿，1995年日投产猪皮达1万张，1997年销售达3亿元。他们开发的重油猪皮服装革受到俄罗斯、美国、欧洲等国家和地区消费者的青睐，从1993年到1998年产品一直供不应求。

"亚洲金融风暴"爆发后，金井制革厂受到严重冲击，周建坤对企业的股权结构进行改革，与美国一家以进出口贸易为主的商贸公司GSD公司合资经营，成立"湖南裳海迪瑞特服装有限公司"，主营皮革服装的生产。1999年3月公司开始运营，坚持严格质控，"质量为上"的方针，使公司当年就收回投资且当年盈利。次年，公司承包经营金井制革厂，淘汰了附加值低且市场饱和的猪皮正面服装革，转产牛皮服装革，当年即达到规模生产且销售收入突破亿元。2001年，湖南裳海迪瑞特服装有限公司与长沙县金井镇政府签订协议，整体收购了金井制革厂，正式更名为湖南裳海迪瑞特制革服装有限公司。至此，企业的性质便由乡镇企业转变为按现代公司治理结构设置的真正意义上的中美合资股份制公司。

公司最初的核心业务是皮革服装出口，美国市场是主要销售方向。他们委托湖南商检局进行了ISO 9001质量管理体系认证，聘请了韩国和中国浙江省海宁的制革技术团队把关，保证了皮革服装直接销售到美国JCPENNEY、SEARS、K-MAIT等十大进入世界500强企业的百货公司。2003年，国家统计局的数据就显示，裳海迪瑞特在全国皮服装行业中排名第八。

裳海迪瑞特的制革部分，原来生产的牛皮革全部自用，市场变化后，改为部分供给服装部，部分面向市场销售。由此便加大了牛皮沙发革、箱包革的研发生产力度。2005 年，该公司开发的摔纹箱包革在广州打开了市场，成为一些名牌箱包的指定用皮。自此，各个系列的箱包用革供不应求，销售额达 1.3 亿元，其销售额和利润首次超过皮革服装出口额。2007 年，公司的箱包革内销额达到了 2.5 亿元，制革事业部也成为国内最大的摔纹箱包革生产厂，"金井皮革"成为国内箱包革市场上的知名品牌。

目前，湖南裳海迪瑞特服装有限公司回购了部分外方的股份，将主业调整至制革，并着手在长沙经济技术汽车配套产业园建新厂，实施"三十万套真皮汽车座椅生产项目"。

广州人民制革厂

广州人民制革厂组建于 1960 年，原名南中制革厂，1966 年更名广州人民制革厂，曾是我国制革行业规模较大的全民所有制的骨干企业。

该企业自 1985 年起至 1993 年 6 月，历时 9 年，先后投资 1.3 亿元，全面完成技术改造，生产规模达年产牛皮革 50 万张，猪皮革 300 万张，猪、牛二层革 250 万平方米，并配有先进的污水处理成套设备（日处理 8500 吨污水），污水经处理后达到国家规定的排放标准。产品主要为蜡感半苯胺牛软鞋面革、水牛软面革、黄牛抛光软面革、全张水牛沙发革、全张黄牛服装革、水染猪软鞋面革、磨花猪服装革、蜡感猪服装革等。

该企业及主导产品多次获得国家、省、市授予的荣誉称号，1985 年，"铬鞣猪软面革"获国家科技进步三等奖；1992 年，"水牛皮制造轻革的研究"获轻工业部科技进步二等奖；1993 年，"人字牌铬鞣薄型黄牛正面服装革的研究"获轻工业部科技进步三等奖；1994 年，"蜡染半苯胺牛软鞋面革"获国家级新产品称号；1997 年，"变色油革"获广东省优秀新产品三等奖。该企业多次承担国家、省、市科技攻关项目，是我国制革行业产学研基地和环保示范单位。

1994 年，广州人民制革厂与香港旺业国际有限公司合资成立广州迪威皮革有限公司，1997 年广州迪威皮革有限公司被广州发展集团兼并，2000 年该企业停产，完全退出制革行业。

南海中港皮业有限公司

南海中港皮业有限公司成立于 1988 年，是一家中外合资制革企业。该企业占地面积 23 亩，职工人数 500 多人，月生产能力达 300 万平方英尺。

公司拥有制革设备 100 多台，其中进口制革设备 40 台。引进国外最先进制革技术，生产高级漆皮系列、高级幼纹软面系列、金牌磨砂皮系列、高级开边珠系列、中小牛精品系列、高级仿鹿系列、粒面软面系列、针纹修面系列……先后开发出无偶氮、无防腐剂的皮革新产品，开发出超前的无铬、无醛、无酚、无重金属含量的无公害环保型系列产品（该系列产品包括各类软面、磨砂皮、油皮、疯马皮、压花皮、牛二层绒面皮等）。经国际认可的权威机构严格测试，确认无任何有害物质，可直接销往要求极为严格的欧洲各国用作生产无里婴儿鞋。2003 年该公司成为广东省首家通过"真皮标志生态皮革"认证企业。

2009 年，该公司投资 3 亿人民币的制革新厂在广西钦州建成投产。

华贸皮革制品有限公司

华贸皮革制品有限公司成立于 1997 年，是中国台湾德昌集团在广东珠海市投资创办的大型制革企业。德昌集团于 1979 年成立，2011 年荣获"亚洲最佳皮厂"之殊荣。

华贸公司位于珠海市富山工业园，占地面积 150 多亩，现有员工 300 多人，其中高中级技术人员与研发人员 40 多人，外籍顾问及营销团队近 10 人。公司从意大利、德国、美国、中国台湾等国家和地区引进全球一流的制革机械设备 140 多套，建成了一条具有世界先进水平的皮革生产线，建立了一套从开发设计到量产标准的生产流程，以作为产品质量要求的指针。

公司生产所用原材料多数来自欧美及中国台湾地区，在结构、性能上都与世界先进制革技术同步，拥有年加工 13000 吨牛皮，月生产 200 万尺成品革的生产能力。公司拥有全套先进的皮革检测设备及通过 SATRA 国际认证的标准皮革检测实验室，取得了国家皮革加工贸易企业环境保护考核合格证明、通过 ISO 14001 环境体系认证及国家清洁化生产认证，同时在制革企业环保核查工作中，通过并成为符合环保规定的制革企业，连续多年取得 LWG 环境稽核认证银牌。"JOINLAND"牌牛皮鞋面革及防水牛皮鞋面革符合国家"真皮标志生态皮革"的使用条件，获得国家"真皮标志生态皮革"的使用资格，符合中国轻工业部 QB 1873—1993 国家标准。

公司致力于开发生产运动休闲、户外登山、男女鞋用皮革及各种国际市场流行的功能性皮革，迄今已拥有供应世界各国近百种优质产品，除了可根据市场流行因素自行开发新产品外，还可依客户的不同需求，自主研发、设计、生产国际市场流行的任何新产品。公司产品主要分为三大类：运动（休闲）鞋、户外（登山）鞋、女鞋用皮革。生产的主要产品有：苯染皮、油蜡皮（防水与不防水）、Nubuck（牛巴哥皮革）、WP Nubuck（防水牛巴哥皮革）、Crazy Horse（疯马皮）、Oil/Wax Full Grain（摔花油蜡珠面皮）、Oil Pull-Up（双色油皮革）、Nappa、Crunch Type（手折花皮）、特殊 Goretex 透气皮、WP Oil/Wax Tumbled Full Grain（防水摔花油蜡珠面皮）、WP Oil Pull-Up（防水双色油皮革），等等，所有产品远销海外，获得世界各地知名品牌如 Timberland（添柏岚）、Wolverine（渥弗林）、Clarks（克拉克）等品牌的广泛应用，成为广大消费者喜爱的商品。华贸公司还擅长开发生产适合内销市场的各种高档皮革，目前主要产品类别有 Smooth Nappa Corrected Leather（轻修磨面皮革）、Various embossed、Printed leather（各类压花印花革），珠面细腻的苯染皮等，所有产品均已被国内外知名品牌应用于各季的流行产品上，获得世界各地客户的肯定与赞赏。

东莞裕祥鞋材有限公司

东莞裕祥鞋材有限公司，为台港澳独资企业，由世界上最大的制鞋业集团——台湾宝成集团投资兴建。其前身是东莞黄江宝泰鞋材厂，成立于 1997 年，原属三来一补企业，由于受国际及国内形势影响，结合公司本身的情况，也为了能够更好地发展，公司由原来的三来一补企业转为三资企业，力求去开发和拓展国内市场。

东莞裕祥鞋材有限公司位于东莞市黄江镇裕元工业区内，总占地面积73969平方米，公司注册资本为950万美元。拥有削里机、片皮机、再鞣鼓、真空干燥机、打软机、摔鼓、喷台、刷油机、压花机、量皮机等世界先进的皮革生产设备及各类检测仪器。公司的核心业务是打造高质量的休闲和运动皮革品牌，其产品主要用于鞋材，是Nike、Adidas、NB、Timberland、Puma等国际知名品牌的供货商之一，产品远销海内外。同时产品还可用于汽车方向盘、汽车沙发、汽车内饰等。年生产量约为5000万平方英尺。公司的产品范围涵盖了全系列的休闲和运动皮革，包括：环保皮革（Cleaner & Greener 系列）、苯染及半苯染皮革、牛巴戈（Nubuck）、防水皮革、男士专用休闲皮革、仿植物染色皮革、全系列涂料皮革、专业体育功能皮革（高尔夫、网球、足球系列）、各式流行皮革（金属贴膜）、特殊效果皮革（镭射雕刻、压花、冲孔）、反毛皮等。

公司一直致力于引进外来先进的管理理念，于2004年引入ISO 14001：1996 环境管理体系，2006年转换为ISO 14001：2004版；2005年通过了ISO 9001：2000质量管理体系的认证，2009年转换为ISO 9001：2008版；2005年通过了品牌客户Timberland质量管理体系TQS；2010年开始引入OHSAS 18001：1999职业健康安全管理体系。

公司拥有领先同业的研发团队，专注于开发创新的材料和制程。每半年在美国营销中心设定的新产品线，提供客户材料的应用方向和皮革产业的流行趋势。

南宁市制革厂

1950年，南宁市革履工会筹备会接管解放前的制皮生产合作社，组织失业制革工人生产自救。1951年经过改组和整顿，成立市制皮生产合作社，计有厂房200平方米，少量生产工具，承接桂西贸易公司、畜产公司来料加工。1952年改为制革生产合作社。1953年全社37人，生产轻革1.971万平方米，重革81.7吨，添置了木转鼓、打光机等7台设备，基本实现半机械化生产。1958年与皮鞋社、红星布鞋社、稳步布鞋社、布朴合作社合并组成友谊制革厂，实行统负盈亏。1959年，将布鞋划归市手工业局管理，皮革、皮鞋同上海内迁的公私合营东华制革厂、地方国营上海友谊皮鞋厂合并，组成国营南宁市皮革厂，厂址在亭洪路69号。1960年全厂职工842人。1964年7月，又分为制革、皮鞋、皮件3个厂。当年，南宁市制革厂首家成功地试制了猪皮革，为猪皮制革积累了经验。从1974年起，该厂先后试制成功了牛、猪重革快速鞣制新工艺、黄牛面革快速鞣制新工艺、广撑板干整皮不浸水直接滚灰碱脱毛新工艺、龙舌兰（11648）蛋白酶猪皮脱毛新工艺、应用脲环树脂合成鞣制猪面革工艺等，为广西制革行业的科技进步做出了贡献。"七五"期间，该厂已是广西最大的制革厂，全民所有制企业。1990年，该厂职工399人，工程技术人员15人，固定资产原值636.9万元，净值407.8万元，分为制革、明胶、动力3个车间，拥有的主要生产设备168台，其中制革专用设备84台（套）（去肉机3台、片皮机5台、削匀机6台、磨革机5台、干燥机1台、熨皮机4台、转鼓60个）。主要产品有猪皮的面革、带革、底革、色里革、手套革、服装革，牛皮的修面革、底革、多种工业用革以及工业明胶等40多种。生产皮革（折牛皮）22.43万张。完成工业产值1925万元，实现利润64.4万元，上缴税金25.4万元，全员劳动生产率22791元/人。

桂林市制革厂

桂林市制革厂的前身是桂林市皮革厂的制革车间，始建于1956年，1958年转为地方国营，1984年9月，从皮革厂分离出来，正式成立制革厂，隶属桂林市二轻局。"七五"期间，经轻工业部批准，该厂列为"三为主"项目，经过两期技术改造，投资541万元，从法国引进片皮机2台、挤水伸展机1台，从意大利引进真空干燥机1台、自动喷浆机1台、磨革机1台、熨平压花机1台、旋转拉软机1台等具有20世纪80年代国际先进水平的制革专用设备，并从国内购置了制革配套设备，形成了鞣制皮革年产20万张（折牛皮）的生产能力。1988年起，主要产品为猪皮正、绒面服装革，少量内销，多数出口。成为广西大批量生产猪皮服装革的专业厂家。此外，还生产猪皮手套革、里革、牛皮面革、底革、沙发革等产品。该厂生产的猪皮服装革具有轻、软、薄、毛孔清晰、手感滑爽舒适、花纹美观等特点，深受国内外用户的欢迎。1990年，该厂有职工147人，工程技术人员9人，固定资产原值706.29万元，净值601.4万元，拥有主要的制革专用设备58台（转鼓30个，片皮机4台，去肉机3台，削匀机10台，磨革机5台，熨皮机2台，挤水伸展机1台，真空干燥机1台，自动喷浆机1台，旋转拉软机1台），生产皮革（折牛皮）11.3万张，其中生产猪皮服装革（自然张）15.63万张，出口猪皮服装革创汇126.16万美元。产品销往美国、法国、德国以及中国香港。工业总产值1013万元，全员劳动生产率为30304元/人，实现利润148.8万元。1989年被批准为自治区级先进企业。

钦州市制革厂

清末，广东南海县皮匠数户迁钦州，于西门岭（后称之牛皮塘）开厂设店。至中华民国初年，有杨居易的"安益号"，吴交显的"广益号"，吴慎隆、周谓初、谭锡和等集股的"益皮店"，刘成和的"刘成和店"等号，从业者约50人。采购东兴、防城、灵山、合浦、南宁等地牛皮，用烟熏和植鞣法生产水牛面皮、水牛青皮、黄牛光沙皮、牛底革等，供本地制鞋或经北海转销往广州、香港等地。抗日战争以后，店号仅余6家。1950年至1954年，制革作坊均归钦州县贸易公司统一管理。1954年12月，成立公私合营制革厂，1956年至1963年，几度与皮鞋厂合并、分厂，至1971年，制革只是皮鞋厂的一个小组，有职工110人，用手工土法生产猪半硝革，年产4000多张。1979年3月，成立钦州县制革厂（1983年县改市），成为广西制革专业厂家之一。1990年，全厂职工445人，工程技术人员8人，固定资产原值300.3万元，净值153.2万元，拥有各种专用设备160多台套，猪皮革年产能力30万张。主要产品有猪皮的手套革、色里革、鞋面革、鞋底革、带子革、正面和绒面服装革、水牛带革、面革、底革、黄牛底革、面革等。全年生产猪皮革27.4万张，完成工业总产值1676万元，实现利润35.4万元，上缴税金28.5万元。产品销往上海、北京、浙江、深圳、长沙等地。"七五"期间被批准为自治区级企业。1987年该厂出口猪正面革和猪二层劳保手套革，1988年获全国工业出口创汇先进企业称号。

北海东红制革有限公司

北海东红制革有限公司成立于1991年11月，初始资本额110万美元，由施荣川董事长创办，台湾泰庆皮革有限公司杨正董事长辅导，是第一个进入中国大陆皮革业的台资企业，并于2007年配合政府产业西移政策，合并东莞东红制革公司，增加资本额至674万美元，公司占地214亩。主要生产牛二层皮，主要产品为反毛绒皮、贴合二层皮。供应国际鞋类、箱包品牌，如NIKE、ADIDAS、N.B.、CONVERSE、REEBOK、PUMA、CLARK、TIMBERLAND、DECATHLON、SKECHERS等。是世界上主要的牛二层皮生产及销售工厂。系国际化全球供应链布局，其导入门槛甚高，必须是环保绿色、合乎高质量要求、无毒无害、供应期短、合乎人权法律、安全及社会责任的高标准，是传统行业率先导入管理体系及环安体系的生产工厂，在国际市场拥有很高的支持度及信任度。

东红制革有限公司率先投入环境保护及管理体系，颠覆传统行业管理工作，2008年导入SATRA实验室管理，2009年导入ISO 14000，2010年获英国BLC金牌认证授证，2010年第一批通过环保部环保核查。东红公司每年赞助烟台大学研究生动手能力学习班及合浦廉州中学清寒奖学金，捐款协助创办东莞台商子弟学校，并配合政府扶贫政策，修建邻村道路路灯诸多社会公益；率先与国内外化料厂商投入开发并已成功研发无溶剂（水性）二层皮贴合产品，推动无害化学物资管理（R.S.L政策），并与品牌及世界环保组织合作推动ZDHC（废水有害物质零排放）管理工作，确实做到了节能减碳等热爱环境、保护地球工作。

重庆制革总厂

重庆制革总厂的前身是重庆川威制革厂，原名为求新制革厂，1921年建厂于南岸大佛寺求新村。1950年至1955年为私营制革企业。1956年公私合营，属重庆市第二轻工业局及重庆皮革工业公司筹备处领导。同年与大华、咏华、立丰等私营制革厂合并改组。1958年经市委批准，将全市所有国营、公私合营、合作社营的制革厂、社全部并入该厂集中生产。1958年到1960年国家投资60多万元扩建，9年中增加建筑面积5700余平方米，使该厂成了一个规模较大的专业制革厂。1964年川威制革厂一分为二，即重庆川威制革厂（重革）、重庆制革厂（轻革）和重庆皮革工业公司科学研究室。1966年"文化大革命"中，重庆川威制革厂更名为重庆东风制革厂。1972年三个单位又重新合并，定名为重庆制革厂。1982年重庆制革厂再次一分为三，即重庆制革厂、重庆川威制革厂和重庆原皮加工厂。重庆原皮加工厂于1985年被撤销，分别划入重庆制革厂和重庆川威制革厂。1989年重庆制革厂和重庆川威制革厂又重新合并，定名为重庆制革总厂，为县团级全民所有制企业。

由于多次分合，且同在一处，故1985年的基本情况综合为：两厂共有职工1227人，其中厂办大集体（羊皮制革厂）310人，厂区面积79350平方米，建筑面积62883平方米，固定资产原值1657.1万元，净值1274.12万元。拥有制革专用设备362台，主要设备有去肉机12台、片皮机10台、削匀机17台、磨革机14台、干燥机17台、轻革打光机 7 台、熨革机 13 台、鞣池 22 个/172 平方米、转鼓 151 台/1127 平方米（含金属螺旋转鼓 32 台）。"六五"期间，投资（货款）578 万元，用汇 54.4 万美元，扩建出口羊皮革车间，建厂房用 242.4 万元，购置设备用 343.2 万元，其中：从法国、英国、意大利引进羊皮、猪皮都能生产使用的制革设备去肉机、片皮机、削匀机、伸展机、振荡拉软机、绷板机、熨革机等 12 台（套）。羊皮生产能力从年产 30 万张增加到 120 万张。投资 400 余万元新建重革车间，由原年产 600 吨提高到年产 1000 吨。两厂从法国、英国、意大利、联邦德国等国引进的进口制革专用设备共有 23 台（套）。生产能力：牛皮（自然张）20 万张，猪皮（自然张）100 万张。

1950 年，该厂开始试制猪皮革，1951 年试制成功。1953 年研制成功无氯革。1956 年试制成功猪皮皮结革。1958 年至 1960 年研制醛植结合快速鞣法成功。1958 年试制成功金色银色美术革，采用水牛皮鞣制轻革成功。1960 年自制剥皮机取代手工刮油。1968 年研制成功酶脱毛、开蓝皮工艺，试制成功乳化锭子油。1969 年试制成功浸小酸油预鞣后铬鞣新工艺。1978 年研制成功浸小酸再植鞣的快速鞣法。1979 年全部采用转鼓、划槽进行盐碱法脱毛新工艺，废除灰池。1981 年采用酚醛树脂作螺旋转鼓涂里成功，解决了螺旋转鼓不耐酸碱腐蚀和丹宁铁氧化变黑等缺点，为国内首创。

1961 年派出工程技术人员进藏支援拉萨制革厂，1985 年返回。20 世纪 80 年代初，连续几年派出工程技术人员和技术工人对口支援甘孜州泸定皮革厂。

20 世纪 80 年代初，投资 80 万元建成废铬液处理设施一座，对废铬液进行有效处理。1984 年与重庆市环境科研检测所合作进行 C-NU 射流气浮催化氧化法处理制革废碱水中的硫化物研究取得成功。1981 年 5 月，联邦德国索伯尔公司来厂进行化工材料应用的技术交流，为期一个月。

1964 年该厂生产的猪底革被轻工业部树为标杆产品。猪修面革 1980 年参加全国评比被评为第一类第三名，同时获四川省评比第一名，1985 年又获四川省评比第一名。猪软鞋面革获 1984 年重庆市新产品百花奖，猪二层美术革获 1985 年轻工业部优秀新产品奖，同时获科技进步奖。20 世纪 80 年代，猪修面革被评为市优质产品。

1985 年投皮（折牛皮）52.79 万张，其中猪皮（自然张）93.08 万张。生产重革 981 吨，轻革 88.84 万平方米，实现工业总产值（80 年不变价）1685.5 万元，利税总额 304 万元，其中利润 232.9 万元。

为提高企业竞争力，1991 年又投资上了"提高质量，上档升级，扩大出口综合技术改造项目"，总投资 2935 万元，引进设备 21 台（套），国内配套设备 105 台（套），生产用厂房（危房改造）6605 平方米，企业生产能力大大提高，为企业参与市场竞争奠定了基础。

1989 年以前，企业一直盈利，年最高利税达 500 多万元。从 1989 年开始，国家宏观经济政策调整，取消猪皮财政补贴（每年 1200 万元），产品成本大幅度上升，成本高于售价。贷款技改带来的高额银行利息也不断增加，加重了企业负担。在计划经济到市场经济的转型期，企业更难适应。由此，企业陷入困境，连年亏损。至 2000 年度累计亏损达 10461 万元，总负债 11178 万元，负债率 303.42%。经市国有资产管理委员会批准，从 1994 年起企业实施全面停产整顿。

2000 年，经全国企业兼并破产和职工再就业工作领导小组（2000）43 号文批准，该厂纳入国家破产计划实施破产。对全厂职工进行分流，妥善安排，该项工作从 2001 年 2 月起，至 12 月底基本结束。

万县市川东皮革总厂

　　1952 年 8 月，万县市制革、制鞋、制件等 26 名会员股东联合组成第一家私营皮革工厂——万县市川东制革联营工厂，集资 12469 万元，有职工 258 人，地址：民主路 151 号，推选谭明祯为经理，吴余轩、尹明德为副经理。从 1954 年开始用硫酸代替糠麸脱灰，加用硫化矸脱毛。当年，工厂迁往滑沱咀。1955 年 6 月，试制成功万县市第一个铁木结构转鼓（1 米×1.5 米），10 月用一浴法试鞣猪皮革成功，生产出猪正面革和猪绒面革两个产品。1956 年 1 月 28 日，川东制革厂、建国厂、红职厂和浩成皮革商店公私合营组成万县市公私合营川东制革厂，有定股股东 99 人（私方），定股股金 57512 元，职工 244 人（其中资方 50 人），产品由万县百货站统销。张梁（公方）、谭明祯（资方）为厂长，刘昌乾、谢泽安、尹明德为副厂长，吴余轩为董事长，夏海龙为副董事长。当年 12 月，试制成功重革打光机。1957 年 4 月 10 日，万县地委任命陈国友为厂党支部书记。1958 年试制一台铁木结构制楦机，开始机械生产鞋楦。同时，试制成功一台轻革打光机和削皮机。1959 年 1 月 1 日，经中共万县市委批准，万县市公私合营川东制革厂转为国营企业，更名为万县市地方国营川东制革厂。是年，皮鞋开始出口苏联。1960 年，试制成功胶粘皮鞋，投入批量生产。1965 年 6 月，万县专署决定川东制革厂上升为专属企业，归口万县专区二轻局领导，更名为地方国营万县制革厂。1966 年，首次出口猪绒面革 2.5 万张。1968 年，推行硫化矸转鼓脱毛新工艺，从此结束人工抹灰矸脱毛的历史。1969 年，试制成功布胶鞋、解放鞋。1970 年，购进电子量革机一台，从此实行电子机械化量革。1971 年，首次出口皮箱 6000 口。1972 年，第一双皮鞋成型橡胶底试制成功，从此不再外购鞋底。1974 年，全部采用 1398 蛋白酶脱毛。1975 年启用克擂机和成型机制作皮箱。是年，首次出口劳保手套 4000 打。1977 年，试制成功第一台铁木结构倾斜转鼓。1979 年 5 月，采用铬盐一浴法试鞣猪绒面服装革成功。

　　1980 年 1 月，万县地区川东皮革工业公司成立，原制革厂所属制鞋车间、制件车间划出扩建成厂，各厂的人、财、物、产、供、销统一由公司管理。是年，对厂里历年的 26 个冤假错案全部纠正，并妥善处理安置。1982 年，出口猪薄型鞋面革，获全省第一名。同年百货站停止统销，产品全部自销。1984 年，引进南斯拉夫 F21—O 型超声波喷浆机一台，购置国产仿法式精密片皮机一台、鼓型伸展机一台。1985 年，公司放权，该厂成为独立核算、自负盈亏的经济实体，更名为万县市川东皮革厂。1985 年有职工 290 人，固定资产原值 201.2 万元，净值 162.3 万元，厂区面积 5794 平方米，建筑面积 10487 平方米。生产轻革 35.15 万平方米，工业总产值 80 年（不变价）566.1 万元，净产值（现价）132.6 万元，利税总额 64 万元，利润 50.5 万元。1950 年到 1985 年累计投资 219.5 万元。1990 年川东皮革公司撤销后，川东皮革机械模具厂并入该厂，1993 年 7 月 8 日，经万县市轻工业局批准，再次将万县川东制革厂更名为万县市川东皮革总厂。

　　按市政府国有中小企业平稳退出的政策，企业于 2000 年 12 月破产平稳退出，全部职工妥善分流安排。

江津制革厂

江津制革业始于清朝末年，中华民国 31 年（1942 年）就有东亚制革公司，有三名创始人。新中国成立后，1953 年组建集中制革厂，股东 4 人，地点在几江镇西门城边，建筑面积 50 平方米。

1956 年公私合营，江津县成立皮革生产合作社，包括皮件、皮鞋、制革三个车间。制革车间当时以手工为主，仅有小型转鼓一个，灰碱池三个。

1980 年成立江津县制革厂，由原皮革生产合作社的制革车间组建，厂房由几江镇西门城边搬迁至几江镇东门遗爱池旁。

江津县制革厂经过十多年发展和几次技术改造扩建，到 20 世纪 90 年代初期，固定资产达到 1200 多万元，占地面积 6000 多平方米，房屋建筑面积 10000 多平方米。具有大型转鼓、去肉机、片皮机、磨革机、真空干燥机、熨革机及机械机床共 33 台，其中关键设备均为国外进口。可年投产猪皮 30 万张，牛皮 5 万张。有薄型面革、服装革出口东欧各国。当时职工 300 余人，其中技术人员 13 名。

1998 年，因多种不利因素导致停产。2007 年 5 月，因为城市规划建设征地，经江津区经委［2007］82 号文件批准，重庆市江津制革厂解体，平稳退出，职工分流安排。

成都制革厂

成都制革厂的前身是私营西南制革厂，开工于 1938 年。1950 年 4 月，中国人民解放军西南军区后勤军需部收买时，生产规模较小，日投皮（折牛皮）50 张，以生产京羊皮、摩洛哥羊皮为主。收买后，工厂更名为军需部制革厂。1952 年以后，随领导体制改变工厂名称先后改变，1953 年为中国人民解放军西南军区后勤军需部 505 厂，1954 年为中国人民解放军总后勤军需部西南军需生产管理局 505 厂，其主要产品有轻革、重革、军用皮鞋。1957 年 10 月 1 日，工厂移交地方，更名为地方国营成都制革厂二厂。1958 年以后，成都市先后将第五皮鞋生产合作社、公私合营新生制革厂、地方国营制革一厂并入。1959 年 5 月更名为地方国营成都制革厂，当年工厂投皮（折牛皮）22 万张，生产轻革 21 万平方米，重革 446 吨、皮鞋 35 万双，其中出口皮鞋 4.4 万双。1978 年 2 月，成都市推行专业化公司试点工作，成立了成都皮革工业公司，将成都制革厂的制鞋、皮胶、厂办科研所等部分分离出去，分别成立了成都皮鞋厂、成都皮胶厂、成都皮革研究所。成都制革厂成为了专业从事制革、军工配套产品的生产企业。1988 年 7 月 23 日，经成都市经委批准，成都制革厂更名为成都制革总厂。20 世纪 90 年代末，成都制革总厂已经具备了年投皮（折牛皮）82 万张的生产能力，其中年投猪皮 120 万张以上、牛皮 12 万张以上、羊皮 60 万张以上，同时在军工配套、皮衣出口生产、沙发制造上具有一定的生产规模。2001 年 7 月 18 日，成都市经济委员会、成都市财政局、成都市国资局、成都市国土局、成都市劳动局联合行文（成经改［2002］6 号）同意成都制革总厂改制实施方案，2001 年 12 月，成都制革总厂更名为成都万鑫皮革有限责任公司。

改革开放以来，企业始终把科技创新作为发展生产力的第一要务来抓，在国家"六五""七五"计划期间，企业相继承担了"良种猪皮制造高档轻革的研究""提高四川路山羊板皮制革的质量研究""云贵路山羊皮制革技术开发""改良猪皮制造高档轻革试验车间"等国家重点科技攻关项目。有25个项目获得了国家经委、轻工业部（轻工总会）、省、市颁发的科技进步奖；获轻工业部（轻工总会）、省、市的优秀新产品奖22个；油鞣革、铬鞣黄牛耐热密封革、铬植结合鞣黄牛密封革、铬鞣黄牛皮碗、皮垫圈（角型、碗型）被评为全国一类第一名，并被轻工业部授予"全国轻工业优质产品"称号，被国防科工委、国家计委、国家经委、国家科委授予"国防军工协作先进集体"称号；"猪绒面三防、可洗工艺材料的课题研究""猪皮仿打光细面革的研制课题""猪皮苯胺服装革的研制课题"等项目，被四川省科委、四川省轻工业厅授予"先进集体"称号，"神七"军工配套工作受到国防科工委的嘉奖。

猪皮革加工技术开发（制革部分）分别获得了国家星火评审委员会、星火计划成果博览会、星火成果展览交易会的星火科技奖银奖、铜奖。"良种猪皮加工新技术及其制品开发"获得了国家经委颁发的技术开发优秀成果奖。企业的猪皮服装革技术先后在四川的内江、阆中、都江堰、彭州、邛崃、重庆江津、山东泰安等地进行推广应用，对制革、出口皮衣的生产以及相关配套行业的发展起到了积极的推动作用，作为中国制造的猪皮服装革技术给行业、社会经济所带来的影响十分明显。

雅安皮革总厂

雅安皮革总厂的前身为西康省立制革厂，1939年开始筹办，时任厂长崔泽，选定厂址在雅安城东部青衣江畔原陕西义地，占地15亩。一年多时间中，先后建成厂房两幢，库房、办公室各一幢，以及工人职工宿舍等，建筑面积约6000平方公尺。从战时重庆订了机器设备，在重庆、成都聘请技术人员4人，招雇制革技工近20人。1940年6月制革厂基本建成，计有设备：转鼓4台，划槽1台，轻、底革打光机各一台，5马力电机2台，锅炉1台以及浸水池、浸灰池、储水池、植鞣池、植鞣浸灰提桶及各类木桶木案等生产用具。形成年生产能力牛皮1.5万—2万张。全厂共有职工60多人。1940年7月开始试生产。因当时机器设备尚在运雅途中，雅安还无电力供应，只能手工操作。每日投皮30张左右，生产逐渐走上正轨。但好景不长，几个月后因战时物价飞涨，旧币贬值，职工工资不能保障基本生活。多数技术人员和工人先后离厂，使工厂元气大伤。

1941年前，制革厂没有制鞋生产。生产的皮革大部分运往成都销售。当时交通不便，运输困难，且增加了生产成本。为了改善外销皮革情况，1941年下半年从成都招聘了20多名制鞋技术工人，购买了一些制鞋设备，设立了制鞋部生产鞋类产品。生产的便鞋和拖鞋，当时雅安没有，穿着又轻便舒适，上市后很受欢迎。以后限于资金，制鞋生产规模始终没有很好地发展壮大，只维持日产便鞋30多双，皮鞋10多双。

抗日战争胜利后，内战重开，物价暴涨，毛革公司更趋衰落，对外债台高垒，内部开工不足，实难再维持下去。随即进行大裁员，90%以上人员被解雇，所留人员一方面继续完成未成品，一方面变卖物资、设备还债。1945年底，公司又进行第二次裁员，所留人员就只有几人了。1946年二季度，在完成有关善后工作后，毛革公司及制革厂也就倒闭了。

1950年2月雅安和平解放，西康省军事管制委员会当月就派出军区代表接管制革厂的破烂厂房和坍塌土墙埋没的机器设备，并着手进行复工准备。先后从成都分数批招聘制鞋技工400多人（少数制革技工），于当年8月1日开工生产。工厂从此获得新生。更名"雅安制革厂"，成为皮革行业较少的国营企业之一。

20世纪50年代末的"大跃进"时期，工厂有职工800多人，增添了去肉机、片皮机、削匀机、磨皮机、熨皮机等现代制革、制鞋设备。1960年前后的3年困难时期，工厂压缩人员300多人，以后略有增加，但在70年代末"文化大革命"后的几年中，工厂没有大的发展，维持职工在400多人。年产值250万—280万元，年税利20余万元。

十一届三中全会后，企业抓住以发展出口皮鞋为龙头的契机，取得了飞速的发展。从1978—1992年的15年间，工厂从一个国营小厂发展成为国家大型二档企业（1992年7月批准），四川省出口商品重要生产基地之一。工业总产值、利税、出口创汇额年平均以21.6%、22.3%、28.7%的幅度递增。最高年产值达到1.07亿元，年利税1045万元，实现了生产与经济效益的同步增长。1986年被确定为四川省100个重点搞活的大中型骨干企业，被命名为四川省"皮革及制品出口生产专厂"，多次被评为全省"先进企业"。由轻工业部授予"全国轻工业先进企业""全国轻工业出口创汇先进企业"，获"金龙腾奖"等数十项奖励。1992年出口交货值居全省第六位，皮革行业首位，占全省皮革行业出口创汇额的70%，1993年被国家经贸委批准为有进出口经营权企业。

由于规模扩大，1984年初，工厂更名为"雅安皮革总厂"。20世纪80年代末，发展成雅安市区有7个分厂（2个制革厂，3个皮鞋分厂，1个皮件分厂，1个皮革机械维修厂），物资供应、产品销售公司各一个，1个专业汽车运输队，1所制革、制鞋技工学校，皮革研究所、皮鞋研究所各一所。"雅富""泰格"鞋类合资企业2个。在北京、上海、沈阳、深圳、兰州、成都等地设有办事处和营销处。在青海省玉树、内蒙古化德县办牛、羊皮蓝湿革分厂各一个，在珠海、澳门办鞋类窗口性合资公司各一个。先后扩占雅安城郊2个农业生产队土地（约250亩）新建皮鞋分厂、蓝湿革分厂及职工宿舍等。合并雅安地、县两个农机厂及多家小型企业。企业职工人数最多时仅雅安就达8000多人（含临时工）。形成了在雅安城区几乎每户都有吃皮革饭的状况。最高年产量皮革160多万平方米，皮鞋170多万双。成为一个集制革、皮鞋、皮件、皮机修造的综合性大型皮革产品生产、出口企业。

1992年后，由于公司管理体制没能迅速抵挡市场经济的冲击，经济效益开始滑坡，于1996年倒闭。

四川乐山振静皮革制品有限公司

四川乐山振静皮革制品有限公司位于四川省乐山市五通桥新华工业园，其前身新华制革厂成立于1993年，成立之初生产规模小，产品单一，只生产猪皮服装革。1998年，贺正刚先生开西南地区首家民营企业向外资融资的先河，率四川和邦投资集团与世界银行国际金融投资公司和荷兰开发投资公司共同投资2500万美元，组建四川乐山振静皮革制品有限公司，和邦集团占总投资额度的75%。以此为契机，公司步入了快速发展阶段，工厂由当初3万平方米扩展到了21万平方米，员工人数达到了1500余人，年产牛皮沙发革

6500万平方英尺，牛皮汽车座椅革4000万平方英尺，猪皮革250万平方英尺。

公司自成立以来，始终将高起点、高定位、可持续发展作为企业发展的方向，努力摆脱传统制革工艺的制约，为实现产品结构的调整和产品档次的提升，公司在引进优秀技术人才和先进工艺技术的同时，购置了大量的国际一流制革设备和全套意大利进口的皮革检测设备，经过广泛的市场调研，公司将目光瞄准到了高技术含量、高附加值的牛皮产品，采用澳大利亚进口优质牛皮，生产各类中高档牛皮产品，形成了牛皮沙发革、牛皮汽车座椅革和猪皮革三条生产线。其中，牛皮沙发革产品风格包括全青、半青、植鞣、油蜡皮、自然摔纹、中厚皮、薄皮等，产品通过了英国BLC、德国WTI、SGS等全球知名皮革专业检测机构的检验，是瑞典宜家、美国阿西里、意大利纳图兹等世界著名家居制品企业的指定供应商；汽车座椅革通过了丰田、铃木、三菱、福特、大众、通用、神龙、广汽等主要汽车厂家质量标准及国家3C强制性产品认证，成为了国内外知名品牌主车厂指定的配套供应商。依托四川生猪大省的原材料资源优势，公司开发了仿羊纹猪皮服装革，以其手感好，利用率高，热销俄罗斯、哈萨克斯坦及东欧国家和地区，实现了农副产品附加值最大化。

公司在发展过程中，坚持"制度、标准、程序"的治厂方针，打造坚实的管理基础，导入了全面质量管理、标准化管理、5S管理、绩效管理、定位管理、流程优化等模式和方法。将先进的管理模式引入传统制革行业，在行业内率先通过了ISO 9001、ISO 14001、TS16949三大管理体系认证，以此推进公司不断迈向现代化企业管理制度。

振静始终将践行社会责任作为企业发展的崇高使命。为实现企业的可持续发展，公司早在1998年成立之初，就投资100万美元引进生物+汽浮的制革废水处理工艺和设备，修建了污水处理厂，日处理废水3000吨，工厂排放水一直达到国家一级排放标准。公司是西南地区最早通过ISO 14001环境管理体系的制革企业之一，多次受到国家、省、市级环保部门的表彰。

都匀制革厂

都匀制革厂是新中国成立以后，在独山军分区的扶持下，于1951年8月1日建立起来的贵州第一家国营皮革企业，原名都匀八一制革厂，时有职工63人，生产方式全系手工操作。1954年，国家投资8万元，购置转鼓，片皮机，轻、重革打光机，拉软机等设备，使部分工序实现机械化、半机械化生产。1958年，开始向苏联出口牛、羊革皮鞋，最高年出口量曾达59680双。1968年以后，出口转向非洲、欧美及港澳地区；1958年至1986年，共生产出口皮鞋522567双，出口手套208564打。"六五"期间，创外汇203万美元。

该厂是一家综合性皮革企业，经过近40年的建设，已由原来的手工业作坊逐步发展成为全省皮革工业中具有一定规模的重点骨干企业之一。现有各种机器设备265台，其中制革专用设备113台，制鞋专用设备62台，制件专用设备37台；固定资产525万元，职工883人，其中工程师4人，助理工程师3人，技术员5人。1985年完成工业总产值550.44万元，投皮量9.67万标准张，重革148.01吨，轻革19.85万平方米，皮鞋12.08万双（其中出口皮鞋28867双）。

在1984年全国皮革产品质量评比中，该厂生产的水牛底革获一类产品第四名，列为全国标杆产品之一；1979—1985年，出口黄牛皮工作手套、出口猪正绒司机手套、出口马皮童鞋、水牛修面革、山羊服装革等产品分别荣获年度省优秀新产品奖；山羊浸水脱毛新工艺，于1980年获轻工业部重大科技成果三等奖。

都匀制革厂为贵州皮革工业的发展做出了一定贡献，如在20世纪50年代，开展猪皮制革，大搞猪革美化；60年代试制成功省内急需的各种工业用革；70年代在酶工艺领域里取得了相应成果；80年代在产品开发、科研攻关、技术改造等方面又有新的发展。1988年底，投资490万元进行了皮鞋车间技改，引进了以捷克斯洛伐克、意大利、联邦德国制鞋设备32台（套）为主的胶粘及注射工艺生产线。

贵阳制革厂

贵阳制革厂的前身是贵阳市制革生产合作社。20世纪50年代初，贵阳市先后建立了6个制革生产合作社。一社成立于1951年，二社成立于1954年，三社、四社、五社、六社成立于1955年，在1956年合作化高潮中，这6个社合并为有职工200余人的贵阳市制革生产合作社。为了发展生产，市手工业管理局拨款16万元，1956年于制革一社原址进行扩建，并购置转鼓、划槽、轻（重）革打光机、拉软机、削匀机、片皮机等制革专用设备，制革生产始由手工操作进入了半机械化生产。1958年6月，省政府决定将制革社由市手工业管理局划归省商业厅领导，并上升为国营企业，更名为地方国营贵阳皮革工业公司一厂（后为商业厅制革厂）。1962年，为便于统一归口管理，又转为省轻工业厅直属企业，正式定名为贵阳制革厂。至1969年，下放贵阳市为市属企业。

至20世纪80年代，贵阳制革厂已发展成为贵州省制革骨干企业之一。1985年末拥有固定资产497万元，各种机器设备221台，其中制革专用设备148台，职工41人。1985年完成工业总产值500.7万元，投皮量12.7万标准张，重革330吨，轻革21万平方米，实现利润40.5万元，税金51万元。

1984年，该厂投资210万元，引进了片皮机、挤水伸展机、多功能伸展机、削匀机、三板真空干燥机、旋转式喷浆机、往复烫平压花机等7台具有国际先进水平的意大利制革设备。1985年获贵阳市"意大利制革生产线关键设备的引进、吸收和消化"项目科技进步三等奖。

20世纪60—70年代，该厂轻革产品的涂饰技术在省内处于领先地位，特别是黄牛修面革、猪二层修面革、牛修饰苯胺革、猪仿苯胺革、水牛烤带革、脲环1号—铬结合鞣黄牛油浸革等新产品，先后荣获省、市优秀新产品奖及省、市科技成果奖。

拉萨皮革厂

1959年，青海省格尔木昆仑皮革厂搬迁到西藏拉萨市西郊，改称为拉萨皮革厂，县级建制，隶属于西藏军区404部队（生产部）。1960年4月正式投产后，生产出轻革、重革等30余种产品，填补了西藏高原上无皮革产品的历史空白。

拉萨皮革厂产品原料来之于牦牛皮，通过先进的设备和工艺技术精制加工，严格的质量控制、皮革抗拉强度、不能割裂强度等物理指标均达到轻工业部的标准，产品为全真牛皮，皮质优良，保留了西藏皮质的天然特性，保暖、透气性能等均居上乘，具有美观大方、结实耐用、种类众多等特点。

拉萨皮革厂占地面积27万平方米，拥有各种机械设备420台，固定资产2370.7万元，职工180人，退休职工232人，藏族占职工总数的90%，是西藏规模最大也是唯一的皮革综合生产家。

拉萨皮革厂由于地处牧区比较近，因而原料采购极为便利。经过40多年的发展，拉萨皮革厂已成为能生产重革、轻革、裘皮、皮衣、皮杂件等90多个花色品种的全能皮革企业。该厂生产的"YAK"牌皮革系列产品现远销德国、奥地利、中国香港等国家和地区。1993年到1999年，先后取得了出口商品质量许可证书，进出口经营权并被批准使用真皮标志。2003年该厂被列入全区龙头企业。

中国人民解放军第三五一三工厂

3513厂成立于1938年9月10日，是我党我军成立最早的制革、制皮件和制鞋的工厂。成立于陕北保安县（1941年易名为志丹县），成立初期厂名为"难民硝皮厂"。陕甘宁边区政府土地部干部惠彦祥任厂长，河北省工学院学习过制革技术的张博任技师。1939年7、8月，厂就开始了比较科学的新式制革生产，已能生产植鞣和矿鞣两种皮革，用这种毛羊皮做成的军大衣在边区很受欢迎。中央首长和当时从苏联回国的同志都穿这种军大衣。1939年12月，工厂由陕甘宁边区政府建设厅移交给中央财经部，厂名改为"兴华制革厂"。1940年9月，搬迁至距延安较近的西川河北岸的沟槽渠村。1941年秋，工厂移交给军委经建部军工局管理，同年10月，又移交给军委军事工业局领导，1942年初，军工局将荣军六厂（布鞋厂）并入后，厂名改为军工局第八厂，1944年春，军工局改属陕甘宁晋绥联防军后勤部管辖。1940年9月至1945年抗日战争胜利的5年是工厂的鼎盛时期，抗战胜利时，职工人数已达360人，产品方向由主要生产民品转向主要生产军需品。朱德、张闻天、李富春、林伯渠、秦邦宪等中央领导曾先后到厂视察。当时厂里生产的"金鸡牌"皮革成为延安市场上最受欢迎的高级皮张。1945年8月，中共代表团赴重庆谈判前夕，工厂连夜为毛主席赶制了黑面单皮鞋。1947年3月，中央撤出延安后，工厂辗转转移到了山西临县碛口一线。1948年1月，工厂正式和原晋绥军区后勤部化工四厂制革股合并，1949年1月，制革股从化工厂分出成立了皮革厂，王孝元为厂长，设制革和皮件两个生产股，主要生产人、马、车的皮件装具。1949年2月，工厂开始迁往西安。1949年5月26日，正式接收了国民党联勤司令部西安被服总厂。新中国成立后，工厂承担了东北、华北、西北地区解放军指战员和朝鲜战场志愿军指战员的军鞋生产任务。1952年2月，引进捷克斯洛伐克制革设备77台，制鞋设备108台，生产由手工操作逐步转变为半机械化生产。1953年，更名为西北军区后勤部军需生产部603厂，1957年，定名为总后生产部603厂，1965年，更名为中国人民解放军3513厂。1956年时，职工人数达到1958人。在1957—1965年社会主义建设十年时期，工厂组织机构、文化教育、产品品质和产量等方面都处于蓬勃向上的发展时期。"文化大革命"十年时期，打乱了正常的生产秩序，工厂管理工作受到严重破坏。粉碎"四人帮"后，特别是十一届三中全会后，工厂通过整顿和深化改革，生产向保军转民的多品种生产转变，质量管理由单纯的质量检验向全面质量管理转变，由完成国家计划向主动适应市场需求转变。先后引进联邦德国、意大利、捷克斯洛伐克等国具有国际先进水平的制革、制鞋设备，不断加强技术改造，各方面工作取得了显著成绩，铬鞣黄牛黑色正面革从1985年至1988年连续四年获"部优质产品"称号。1989年，共生产皮鞋108.6万双，其中军品36.5万双。

20世纪90年代末至2004年，公司生产经营遇到了前所未有的困难，企业连年亏损。2007年公司进行改制，新领导班子带领职工解放思想，锐意改革，通过设备升级改造、技术革新等一系列举措，使企业又焕发出了新的活力，得到长足发展，成为目前军队、武警部队所需鞋靴的主要保障供应单位。

榆林市皮革总厂

位于榆林市新建北路北口的榆林市皮革总厂前身是成立于1950年6月1日的陕北榆林新华制革厂股份有限公司，是一个生产经营皮革、皮鞋、皮件的综合性中型企业。总厂下辖制革厂、皮鞋厂、皮件厂，占地面积29766平方米，1985年实现产值591.2万元、利润63.3万元。主要产品产量：皮革9.4万标准张、皮鞋10万双、皮上衣2.15万件。

宝鸡市皮革厂

宝鸡市皮革厂位于陕西省宝鸡市八里桥，占地面积3.4万平方米，建筑面积1.65万平方米，该厂主要生产猪、牛修饰面革、二层修面革、猪底革等产品。1987年产量达到11.5万标准张。实现销售额930万元、利润54.60万元。

兰州皮革厂

兰州皮革厂位于兰州市城关区东岗东路162号。占地面积9.2万平方米，建筑面积3.1万平方米，为全民所有制企业，隶属原兰州市第二轻工业局，是甘肃省最大的专业化制革骨干企业，西北地区最大的制革厂家之一，原轻工业部在西北五省（区）直接考核的唯一制革企业。

兰州皮革厂的前身是1950年中国人民解放军西北军区后勤军牧部为解决军用马鞍、挽具和鞋类供应所创建。军牧部投资32万元，有固定资产28万元，流动资金29.2万元，职工44人，分为制革、制鞋、皮件三大类产品。制革部分设在兰州市人民路212号（今兰州市酒泉路井儿街附近），原为一车马店，有民房20余间；制鞋设在中山路一私人商行"谊成乾"后院（今南关什字糕团点对面）；皮件设在南稍门一间原为部队加工面粉的作坊内（今兰州卷烟厂厂址），租用民房20余间。

1952年，该厂由西北军区后勤军牧部移交甘肃省人民政府工业厅领导，更名为地方国营兰州皮革厂，当时占用土地1.79亩，房屋51间，有制革和革制品加工两个车间。

1953年迁至兰州市黄河北草场后街28号（今省纺织机械厂厂址），占地面积33亩。此处是国民党政府遗留下的一个未投产的小型制革厂原址。

1957年，兰州皮件厂划归兰州市工业局领导，1962年省轻工业厅收重点企业时，又将该厂收回。1963年国家给兰州皮革厂投资298万元，在东岗店子街（现址）开始迁建工程。1965年该厂迁入东岗新址，当年兰州皮革厂划归甘肃省皮革工业公司管理，将该厂制鞋车间改为兰州皮鞋厂；将原上海迁兰的健康皮件厂和美高皮鞋店合并改为兰州第二皮鞋厂。1966年兰州皮革厂划归甘肃省手工业管理局领导。1969年，甘肃省人民政府决定撤销省普格公司，将皮革公司与兰州皮鞋厂、兰州第二皮鞋厂、兰州制革厂一起合并为兰州皮革厂。厂内设制革、制鞋、制件、制楦4个车间。1971年兰州皮革厂划归兰州市第二轻工业局领导。

1988年兰州皮革厂实现产值1140万元，利润140.8万元，销售收入2137万元，自建厂以来共上缴利税4000余万元。从1987年开始到1988年共引进制革设备10台（套）。产品在历年全省同行业质量评比中均名列前茅，猪苯胺鞋面革荣获甘肃省科技成果奖。皮革产品除供应省内皮革制品外，还销往北京、上海、江苏、辽宁、河北、陕西、青海等地。

1994年之前，拥有固定资产原值769.21万元，净值511.78万元，年制革能力30万标准张。设有一个分厂（专门生产牛皮产品）、重革车间、羊皮车间、制件车间、机械车间，有职工550人。拥有设备352台（套），其中制革专用设备133台（套），引进国外先进设备8台（套）。

1990年后，生产时断时续，至1996年改为兰州双牛皮革屠宰厂，没有形成生产规模，至2000年由兰州市客运总公司兼并，彻底退出皮革行业。

甘肃省陇西皮革厂

甘肃省陇西皮革厂地址在陇西县城东郊七里铺，1980年由陇西氮肥厂改建而成。占地面积11.89万平方米，为全民所有制，隶属原甘肃二轻工业总公司，是甘肃省生产皮革、皮革化工、皮鞋和皮件的综合性企业，职工总人数966人。生产4大类150余种产品。场内设制革、皮鞋、皮革和化工、皮件4个车间。

甘肃省陇西皮革厂从1984年起，在制革、皮件、皮鞋、皮革化工领域与上海、北京、天津、江苏、浙江、河北、西安等地先进皮革企业开展形式多样的技术协作和行业联合，同时和科研机构、大专院校联合开发新产品，引进新技术。1984年该厂和甘肃省皮革塑料研究所共同研制成功"稀土在制革鞣制染色的应用"。此后，研制成功19种具有20世纪80年代末国内先进水平的新产品。其中，制革新产品3个，皮化新产品16个。

1988年实现年产值1772.1万元，工业净产值425万元，固定资产原值889.9万元，产品销售收入1412.4万元，实现利润60.7万元。产品除供应本省和西北地区外，还销往北京、天津、上海、湖南、青海等17个省市区。

进入20世纪90年代，该厂基本上处于半停产状态，至1996年全面停产，2008年倒闭。

甘肃宏良皮业股份有限公司

甘肃宏良皮业股份有限公司是在近几年皮革行业调整洗牌中发展壮大的制革企业。其前身为创立于1997年1月31日的广河县宏良皮革有限公司。注册资金10500万元。公司经营范围为：皮革鞣制研发、加工，皮鞋、皮箱、包（袋）制造、销售等。其中以牛皮女鞋鞋面革的研发、制造为主业，生产链包括蓝湿革加工、皮坯加工以及成品革后整饰，在真皮鞋面革领域具有明显竞争优势。

2007年，甘肃宏良皮业股份有限公司被认定为"国家重点支持的高新技术"指南颁布以来的全国首批"高新技术企业"。技术水平和市场占有率处于制革行业前列，在牛皮鞋面革行业具有明显竞争优势。是中国皮革协会常务理事单位、甘肃省皮革协会副理事长单位、甘肃省农业产业化龙头企业。多次荣获"诚信纳税企业""信贷诚信企业""重合同守信用企业""甘肃省先进民营企业""甘肃省最具竞争力中小企业""甘肃省诚信纳税企业""临夏州纳税大户"等称号。

公司所在地临夏州广河县是全国皮毛交易集散中心。依托甘肃省丰富的原皮资源优势、相对低廉的煤、电、劳动力等生产要素成本优势，在金融危机加剧和皮革行业面临洗牌调整等外部形势较为严峻的情况下，逆势而上，保持高速发展态势。直接带动少数民族地区临夏及周边甘南、张家川乃至甘肃、青海、新疆、宁夏周边省区农户牛羊业养殖、原皮收购交易、农村剩余劳动力就业等相关方面，为增加地方财政收入，促进畜牧业发展和农民增收发挥了积极作用。

公司将按照"生态宏良、时尚宏良、科技宏良、人文宏良"的定位，以建设资源节约型、环境友好型制革企业为目标，通过实施人才战略、科技战略、品牌战略，把宏良皮业打造成为全国制革行业的龙头企业和知名品牌。

银川皮革厂

1958年由天津回民皮革社、包头皮革厂迁银部分技术工人，和银川市黑皮社、白皮社合并组织建成银川皮革厂，该厂是宁夏第一个正规化综合性毛皮皮革生产企业。

银川皮革厂的成立在宁夏皮革历史上掀起了技术革新，助推了宁夏皮革的发展。

1959年，用硫酸铝（铝明矾）代替石膏熟皮。

1959年，用国产栲胶代替进口栲胶，节约外汇，提高经济效益。

1959年，对制革生产工具进行改革，仿制了活动划槽、办机械化的挤水机，利用转鼓代替池子快速植鞣。

1960年，将铬鞣后的家兔皮用酸性染料进行染色试验取得成功。

1961—1964年，革新和仿制了生皮打灰机、梳毛机、铲皮机、去肉机、转鼓、划槽、出灰笼、布袋除尘器等设备，大大提高了工效。

1963年，从上海学习皮鞋生产技术，并先后购进设备，采用注胶、模压、胶粘工艺生产流水线，从而用机械代替手工操作，提高工效，增加产品的花色品种。1971年，试制成功圆盘油压皮鞋注胶机，1972年，试制成功模压机，宁夏自此开始生产模压皮鞋。

1978年，从杭州等地借鉴技术，试验成功冷粘皮鞋。

20世纪60年代初，生产过医药包、帆布箱、钱包、工业和民用皮带、钳子套、枪套、皮挽、手提包、劳保手套等。

1972年试验成功醛鞣，消除臭味，减少粉尘，抗温和防潮。

1973年，学习徐州淮海制革厂经验，应用六偏磷酸钠速鞣底革获得成功。

1975年3月试验成功酶软化工艺，鞣制的各种毛皮皮板柔软延伸率好，是宁夏毛皮行业的一次大工艺改革，此后，宁夏主要毛皮厂都采用这一新工艺。

1976年12月—1977年，组成酶制剂试制小组，土法生产酸性酶制剂，应用于毛皮酶软化，效果良好，该小组于1977年10月被评为先进集体，出席了宁夏工业学大庆先进代表会议。

1982年，在铬鞣后应用苯胺染料染色，试制苯胺革成功。

宁夏金海皮业有限责任公司

宁夏金海皮业有限责任公司始建于1987年，是宁夏牛皮深加工企业。主要产品有牛皮全粒面、半粒面、绒皮、大油革、疯马皮、压花皮等，产品远销天津、北京、温州、福建、黑龙江等地，并通过天津外贸远销美国、日本、韩国、西欧。生产的厚革主要是供国内做出口战靴、旅游皮鞋的产品生产企业和少量出口，2008年生产皮革1945432.3英尺，加工牛皮63000自然张，产值4200万元，利税414万元，从业职工达到105人。

新疆皮革工业集团公司

新疆皮革工业集团公司（前身为新疆皮革毛皮工业公司、乌鲁木齐皮革厂）是综合性皮革生产企业。厂区地处乌鲁木齐市北郊卡子湾地区，公司占地58万多平方米。

从1953年正式迁到乌市卡子湾建厂到1998年该公司破产关闭，企业逐步发展成为新疆生产、经营皮革毛皮及其制品最大的综合型经济实体。

到20世纪80年代末鼎盛时期，企业拥有8个民族的职工2657人。其中，各类专业技术人员400人；拥有各种生产设备1200多台（套），其中引进国外设备占10%。企业固定资产原值6659万元。

该公司下属有乌鲁木齐第一制革厂、乌鲁木齐第二制革厂、乌鲁木齐毛皮厂、乌鲁木齐第一皮鞋厂、乌鲁木齐鞋件厂、乌鲁木齐鞋楦厂、乌鲁木齐皮革机械修造厂等7个生产厂。有深圳新意皮鞋有限公司、深新皮革毛皮制品有限公司和新亚皮革实业有限公司等三个合资企业。

该公司形成的年生产能力为：牛革20万张，羊革80万张，绵羊毛皮15万张，各类细杂毛皮10万张，皮革服装7万件，皮靴鞋70万双，裘皮服装1万件，羊剪绒制品2万平方米，鞋楦5万双，皮革机械修造100台套，制鞋用胶粘剂150吨。

公司从20世纪50年代至70年代末主要生产民族特需产品，主要有民族式皮帽、民族靴鞋、民族羊剪绒壁毯、挂毯等。

公司前身始建于1940年盛世才统治时期，当时名叫"新疆边防督办公署粮服处辐射皮革厂"，厂房是征购华侨高荣久的制革作坊，保留了原来的制革部分，增加了毛皮熟制和皮大衣裁制。

1945—1949年国民党的军政部军需署第四被服厂接管了皮革厂，改厂名为"军政部军需署第四被服皮革厂"。当时皮革厂厂长为王化。

那时皮革厂主要产品为黄牛鞋底革，生产技术工艺完全是小米发酵的土法生产，生产设备极其简陋，主要依靠木桶、铲刀、钩刀、裁刀等手工操作。缝纫机从3台增加到20台，工人最多时300人，最少时100人。

1949年9月，新疆和平解放后，新疆军区后勤部接管了皮革厂，恢复制革毛皮生产，但制革部分因质量问题停产。

1953年5月新疆军区后勤部选定在乌鲁木齐市卡子湾建新厂房，投资112.14万元，总建筑面积8017平方米。当年11月完工，生产工艺仍以手工操作为主。设计生产能力为绵羊皮18万张、光板毛皮大衣3万件、手套3万双。当时皮革厂厂长为梁希智。

1954年更名为新疆兵团皮革厂，1957年原兵团"天山皮革厂"并入该厂，发展成为制革车间和制鞋车间；同时开展综合利用，建立毛毡、肥皂、皮胶生产工段。制革设备基本配套，其中从津、沪等地购来重革打光机、片皮机、自制转股、去肉机等设备。工艺方面用划槽取代木缸，用刨层机代替刨刀，用重革打光机和轻革烫皮机代替手工推平、上光，并研制成黄牛铬鞣鞋面革。细毛羊剪绒皮开始批量生产。

1958年将制革车间分立出重革车间，从制鞋车间分立皮件车间。并从内地招募制鞋、制革、制件生产工人。工艺开始采用转鼓鞣制。同年分别成立了皮鞋和皮件生产车间。

1966年天山皮革厂的其他车间和兵团被服厂相继并入，当年经兵团批准投资94.18万元扩建，因"文化大革命"工期拖延至1971年竣工。当年模压鞋开始批量生产，该产品曾因价格低廉一度占领市场10余年之久。

1975年该厂更名为乌鲁木齐皮革厂。1981年制革分为牛革厂（第一制革厂）和羊革厂（第二制革厂），牛皮年生产量达9万张，羊皮年生产量由原来的18万张提高到50万张。当年制成毛皮自动传送干燥箱，结束了毛皮干燥烟熏火燎的历史。

1982年原新疆维吾尔自治区皮革公司和乌鲁木齐皮革厂合并，成立了自治区皮革毛皮工业公司。

1983年公司所属第二制革厂扩建后生产总能力达到68万张，同年公司皮件厂房扩建，新增国产、进口设备400多台，年生产能力为皮衣、皮手套5万件。公司制鞋厂拥有各种制鞋设备375台，年产各种靴鞋40万双。胶粘鞋流水线开始正式生产，取代了部分膜压鞋。

1985年公司第一制革厂投资1188万元，新建厂房9827平方米，设计生产能力牛马大皮20万张。

1987年公司制鞋厂投资982万元，建筑四层楼工房。其中，进口设备价值55万美元，生产能力为年产各类靴鞋100万双。

进入20世纪90年代后，企业经营亏损，逐步进入停产半停产状态。1992年新疆皮革工业集团公司成立，1998年该公司进入破产程序，2002年破产工作终结，企业不复存在。

新疆伊犁利群皮革厂

新疆伊犁利群皮革厂的前身为木沙巴耶夫皮革厂，也称高桥子皮革厂，1885 年由新疆阿图什维吾尔族人木沙巴耶夫创办，当时投资 30 多万两白银，占地面积约为 3 万平方米，有工人 100 多人，采用土法制革。

1895 年木沙巴耶夫病故，由其长子玉赛因·木沙巴耶夫（俗称玉山巴依）子承父业，将厂名改称为玉山巴依皮革厂。

1905 年清政府给玉山巴依皮革厂投资 25 万两白银，官商合办伊犁制革有限公司。同时皮革厂迁至伊宁市西郊公路南侧解放路 223 号（利群原厂址）。

1907—1909 年，从德国引进制革设备逐步安装至新厂房，开始试生产。

1917—1923 年因俄国十月革命爆发，中俄贸易中断，皮革产品停止出口俄国。后来玉山巴依派其弟巴吾东前往莫斯科与苏联政府洽谈皮革产品出口问题。

1926 年伊犁制革有限公司对苏出口额达到 50.3 万卢布。并参加德国莱比锡国际商品获得好评。同年中国官方政府收回公股，伊犁制革有限公司改为独资经营。

1943 年从重庆聘请皮革技师来厂指导，日产牛底革达到 100 张，牛鞋面革 100 张。

1951 年厂工会成立。同年更名为利群公司伊宁制革厂，后又改为新疆利群皮革厂。

1954 年完成公私合营。

新疆伊犁利群皮革厂是新疆维吾尔自治区和全国皮革工业建厂较早的重点厂家之一。至 1990 年底，有职工 1074 人，离退休职工 2339 人，年生产能力牛马皮 15 万张，其中重革 231 吨，轻革 31.8 万平方米，靴鞋 35 万双。

1985 年牛光面革被评为自治区一类产品第一名。男女高档马靴被评为自治区民族特需优质产品。

1989 年民族式方头皮鞋线缝鞋被自治区、轻工业部、国家民委评为全国少数民族产品优质产品。

1991 年后因各方面的原因该企业生产、经济效益开始逐步下滑，至 1997 年企业进入破产程序，企业不复存在。

阿勒泰皮革集团公司

新疆阿勒泰皮革集团公司的前身是解放前一家私营小作坊，1957 年经公私合营成立阿勒泰地区皮革厂，是全民所有制企业。

1960—1970 年，国家投资扩建厂房，增加职工，生产规模逐渐扩大，产品主要供地区和各县人民群众及厂矿企业，民族特需品及劳保品占 60% 以上，产品有皮革、毛皮、羊剪绒、皮大衣，形成了一定规模的综合性皮革加工厂，有职工 130 人。

1985 年，新建羊革生产线，开发绵羊服装革及服装产品，开发粗毛剪烫皮、黄牛鞋面革及胶粘鞋等新产品。同年，皮革产品首次走出国门。职工人数达 500 余人。

1986 年，"阿山"牌商标经国家工商局批准注册。同年进行牛轻革生产技术改造，形成年生产 5 万张牛轻革的能力。

1988年，进行毛皮生产线的技术改造，投资750万元增加产品品种。引进西班牙、德国先进设备，年生产能力增至50万张毛革皮。产品有光面毛革皮、绒面毛革皮、印花毛革皮三个系列百余个品种，成为国内最先进的毛皮生产线，也是当时国内唯一可批量生产毛革两用皮和服装的企业。"阿山"牌皮革服装曾被国家轻工总会和中国皮革工业协会授予"中国真皮标志名牌产品"和"中国真皮衣王"的荣誉称号。

1996年，公司进行牛革生产线的配套技术改造，主攻整张黄牛沙发革和包袋革。引进意大利、法国先进宽工作面整张制革设备，建成年产10万张沙发革、包袋革系列软革生产线，属国内一流。使阿勒泰皮革集团的牛、羊皮加工能力猛增至110万张以上。

1996年，列为自治区重点扶持的17家企业集团后，企业以"阿山"名牌为龙头，以资产为纽带，实施并购扩张战略，壮大企业规模，先后并购重组了地区服装公司、巩留县皮革厂、农十师羊革厂、伊犁利群皮革厂、乌鲁木齐毛皮厂和阿勒泰宝石公司。盘活业内存量资产，实现投资主体多元化、扩大了生产规模、提高了市场占有率。

1997年，企业被选举为新疆维吾尔自治区企业家协会第五届副会长单位。至2000年，阿勒泰皮革集团公司已具有年加工100万张羊皮、10万张牛皮、10万件皮革毛革服装、10万双皮靴鞋、10万只箱包皮件和10万双皮手套的生产能力。成为国内较大的毛革皮及其服装生产基地，研制开发适销对路的各类产品近千余种，产品畅销国内外。1994—2000年年均销售收入5500万元左右，年均实现利税1000万元以上。企业先后获得全国轻工业科技进步先进单位、自治区星火科技示范企业和自治区"八五"技术进步先进单位等荣誉称号。集团公司通过控股、参股和吸收资本等方法，逐步理顺了公司的资本结构，推进了企业股份制改革。公司所辖8个专业分公司、6个子公司、4个合资公司、18个国内销售经理部、5个国外代表处，员工2000余人。集团公司资产总额由1985年的500余万元猛增至近2.5亿元，资产负债率68.7%，成为具有进出口经营权的国家大二型企业。为进入资本市场、实现大规模跨越式发展奠定了雄厚的基础。

2001—2005年，因各种原因企业遭受重创，大量资产流失，无法恢复生机，职工下岗，各类专业技术人员大部分进入内地企业工作。

2005年，皮革集团将剩余资产，协议卖给了承诺安置下岗职工、恢复皮革生产的浙商。随后资产经多次转手倒卖，损失殆尽。一个依靠本地畜牧业优势资源成长起来的新疆皮革行业龙头之一的优势企业就此完结。

新疆生产建设兵团五家渠皮革总厂

新疆生产建设兵团五家渠皮革总厂的前身是五家渠联合加工总厂，创建于1956年，当时是由榨油车间和师副业科碾米组合并组成的。

1959年开始生产皮革，1960年新建制革、制鞋工房，增加了部分设备，以生产劳保皮鞋为主，1962年增加了马靴等民族特需商品。1982年建立起了兵团皮革业第一幢两层工房，引进了联邦德国自动绷板机，形成了一条冷压胶粘皮鞋生产线。

1985年，该厂和中国国际信托投资有限公司合资成立中国华新皮革工业联合公司，投资950多万元，引进了一条法国苏珊皮革机械有限公司的羊革生产线，年生产能力达到60万张羊皮，皮革服装3万件。当时是新疆皮革行业唯一享有经营进出口权的企业。

1987年，投资850万元对原有第一制革厂进行了彻底技术改造，引进意大利等国的关键生产设备，建成了一条年加工牛轻革10万张的生产流水线。

1988年产品出口日本，创汇4.7万美元。并成为具有年产20万张牛皮、40万双靴鞋、3万件皮衣和2万只箱包生产能力的中型皮革生产企业，职工人数584人。该厂华新皮革公司生产的绵羊服装革被国家轻工业部、农业部评为优质产品；牛鞋面革、皮靴鞋为新疆优质产品；皮革服装被农业部评为优质产品。

进入20世纪90年代后期，该厂生产、效益逐步走向衰退，直至破产。

第二章 制鞋企业

北京市皮鞋厂

北京市皮鞋厂是原北京市合作总社皮鞋皮件总厂、北京市公私合营西单皮鞋厂、北京市机械皮鞋厂筹备处于1958年1月合并组成的,当时名为北京市机械皮鞋厂。合并使企业的职工增加到700多人,但生产车间非常分散,共有21处之多,这给企业的生产经营管理工作带来了极大的不便。经市二轻局批准,在北京市西城区新外大街8号建新厂房3800平方米。1961年8月,该厂从阜成门内外等几个地方迁入新厂址,结束了遍布城里城外的分散局面,厂名也正式改为北京市皮鞋厂,同时引进捷克斯洛伐克全套制鞋设备,成为北京市第一家机械化制鞋厂家,为扩大生产奠定了基础。当时北京几大鞋厂各有特点,本厂的特点是男鞋优势明显,另一特点是勇于改进创新,1959年试验成功胶粘鞋新工艺,由于胶粘鞋美观轻巧,生产工艺简单,生产效率高,是首都制鞋工艺的一项重大改革。正是这项新工艺的试验成功,使北京市皮鞋厂保持对胶粘鞋市场的绝对领先地位,成为北京制鞋行业第一个生产胶粘鞋的厂家。在有了先进的制鞋设备、精湛的制鞋工艺及较好的生产环境下,本厂调整生产管理层次以适应企业的需要,推动了生产的发展,皮鞋产量和工作总产值有了显著提升。

随着国际制鞋行业发展趋势及国内市场环境的不断变化,该厂也在对皮鞋产品进行改革创新,不断改进完善工艺流程,开发新产品,注重技术革新和新技术应用,进一步提高生产效率,保证产品质量,降低废品率。1978年,在北京市召开的北京市工业学大庆会议上,北京市委和市革命委员会授予北京市皮鞋厂"大庆式企业"的光荣称号,这是北京二轻系统唯一一家大庆式企业。自此,北京市皮鞋厂进入了制鞋生产最辉煌的时期。继试验成功胶粘鞋工艺后,1978年及1983年分别研制成功粘缝结合新工艺和猪皮焖花网眼新工艺。1983年男脚型膛底凉鞋获公司优秀产品设计三等奖;1984年元口镶牙偏扣高跟女鞋获公司优秀设计二等奖;1988年轻软系列皮鞋获二轻旅游产品大奖赛三等奖;1989年老板鞋获公司优秀设计三等奖,童鞋获国际服装服饰博览会铜奖;1990年2205男鞋(猪软革)获迎亚运优秀设计群星奖,90-1-15男鞋获公司优秀设计三等奖。1986年至1990年间,开发新产品1536个,投入新产品277个。1972年至1990年间,北京市皮鞋厂实现技术革新1079项,受奖项目435个,其中公司、局审批受奖数7个。企业争取国内市场的同时,也努力扩大产品出口。1989年,企业在北京市共有销售网点61个,外埠销售网点57个,国内销售区域达40个城市;本厂皮鞋产品还远销美国、澳大利亚、加拿大等地;皮鞋年产量达140多万双,销售收入3000多万元,领先同行业的其他厂家。

随着市场经济体制改革的进一步深入,南方制鞋业凭借款式灵活多变、快速、低成本的生产模式迅速占领市场。企业领导班子带领员工，解放思想，开拓进取，摸索规律，总结经验，不断适应市场经济的要求，进行产业结构的调整和资源整合，坚持"有进有退、有所为有所不为"的指导方针，逐渐控制压缩生产规模，及时清理积压库存，实施以优良资产投入为主体的多种经营策略，逐步完成从二产到三产再到现代服务业的三步大调整，一举盘活企业资产，使企业摆脱资不抵债的经营状态，一跃成为西城区的优秀企业，从此走上了一条改革创新的发展之路。

北京市皮鞋厂并没有忘记自己制鞋主业的发展。企业领导班子站在企业全面发展的高度，提出了重新启动和发展制鞋业的新思路。2005年企业对制鞋生产进行了大量的投入，购置了新的生产研发基地，改造扩建了基础设施，增添了新的制鞋设备，完善了各项生产管理制度，启动了全面发展制鞋生产的整体方案。一是进行树立现代营销理念的教育，建立起了适应市场经济的营销体系。二是进行了产品结构的调整，确定了"腾笼换鸟，转换机制，引进技术，借助外力"的产品结构调整方针，加强了与客户的沟通，促进了产品结构的调整。三是投入大量资金购置新的门市，为鞋业的销售打下了良好的基础。四是加强了技术开发工作，由于多年制鞋工作的萎缩，造成了制鞋技术设计人员流失严重，造成了启动鞋业发展计划的困难。面对新的市场及现实状况，利用现有合作厂的设计力量，进行了合作开发浇注鞋产品的工作，引进了新的底工工艺及生产流水线，扩大了生产规模，提高了市场竞争力。五是与日方客户共同投资成立了进出口公司，加强协作沟通。通过一系列的调整、改革、创新，促进了制鞋业的发展，使企业的主业在调整转型中稳步发展。

北京市第一皮鞋厂

北京市第一皮鞋厂成立于1958年，由五一鞋社等六家企业合并组成，固定资产原值18万元，净值15万元，职工600人，当年完成皮鞋产量13.9万双，总产值187.2万元。1969年北京市第三皮鞋厂并入该厂，至年末有职工729人，固定资产原值110万元，净值83万元，皮鞋产量57.4万双，工业总产值763万元，销售收入652万元，利润94万元。

改革开放初期，北京皮革行业进入完全市场竞争行业，1982年该企业皮鞋出口量122.5万双，占总产量的70%，成为北京市出口型企业。至1991年与中国港台、新加坡、美国、日本等国家和地区合资合作，开办了京福、梦迪沙、京汉等合资制鞋企业，生产高档运动鞋向欧美、日本出口。皮鞋产量175万双，工业总产值6272万元，销售收入5620万元，利润230万元。拥有固定资产原值1637万元，净值1123万元，职工人数990人。1993年改名为北京百花实业公司，后更改为北京百花集团。1994年后集团内部兴办合资企业10家，1000多名职工进入合资企业，并在北京、天津、河北、吉林等地建立13家营销连锁店，盈利241万元。1995年北京市实施污染扰民企业搬迁政策，皮革行业加快产业结构调整，企业调整、重组、合并、搬迁陆续开始，至2000年该企业经过调整，职工人数降至131人，规模化、低成本、劳动密集型的加工生产逐步消失，2009年，企业加快转型，完成退出大规模制鞋加工生产企业的调整。

张家口市皮鞋厂

张家口市皮鞋厂是河北省重点生产皮鞋的专业厂家,建于1952年,建筑面积1.3万平方米。有各类专业技术人员56人,年生产能力140万双,技术装备居国内同行业先进水平。

1989年,该厂引进了中国台湾、意大利运动鞋生产线,产品远销美国、加拿大、欧洲等国家和地区,年创汇140万美元。

1990年,该厂与香港、福建三方合资成立港联电脑机绣有限公司,丰富了鞋面图案,增加了运动鞋的外销量。1993年该厂与台湾合资兴办了垣海鞋业有限公司,引进了两条从式样设计、帮面刺绣到上底成鞋的一条龙制鞋生产线。该厂产品多次在全国同行业产品评比中名列前茅,产品畅销海内外。

该厂主要生产胶粘、模压、运动鞋三大类的各式男、女、童、棉、夹运动鞋。设计新颖,用料考究,产品质量可靠。该厂生产的"塞北"牌大头皮里棉鞋曾在全国同行业评比中获得第一名;"远胜"牌男、女运动鞋曾在1992年获"消费者信得过产品"称号。

1994年组建张家口市长城制鞋集团,下设5个分厂,职工1300余人,1995年全面停产。

际华三五一四制革制鞋有限公司

际华三五一四制革制鞋有限公司(原石家庄三五一四皮革皮鞋总厂、中国人民解放军第三五一四工厂),1958年4月建成投产,先后隶属总后军需生产部、中国新兴(集团)总公司、新兴铸管集团有限公司。2006年11月,企业完成改制,在石家庄鹿泉市变更注册为以际华轻工集团为出资人的国有一人有限责任公司。公司占地40.48万平方米,资产2.2亿元,现有职工1500余名。公司拥有制革制鞋设备2600余台(套),并引进了世界最先进的、中国第一台DESMA双密度连邦制鞋机。公司具有年生产皮革10万张、毛皮15万张、各类皮鞋130万双、各种皮服、皮件等装具100万套(件)的生产能力,为华北最大的制革、制鞋企业。

公司现主要从事各种天然皮革、毛皮和皮鞋、皮衣、皮件等皮革制品的制造与销售,生产双密度、胶粘、模压、线缝、固特异等各种结构的皮鞋,如双密度作战靴、05军官常服皮鞋、舰艇毛皮鞋、02女皮鞋、高腰作训鞋等。公司生产的"神行太保"牌皮鞋被评为"河北省用户满意产品","神行太保"商标连续被评为"河北省著名商标"。公司在1993年即跻身总公司、省、市利税超千万元大户行列,先后荣获"中国行业百强企业""河北省百强工业企业""中国行业50家最大工业企业""河北省轻工评价30强""河北省轻工行业排头兵企业""河北省消费者信得过企业""河北省质量效益型先进企业""河北省争创质量无投诉先进单位""河北省重合同守信用企业""河北省文明单位"等称号。

石家庄市皮鞋厂

石家庄市皮鞋厂是1979年在原市制鞋厂皮鞋车间基础上发展起来的皮鞋生产专业厂。生产建筑面积1.4万平方米,有各类专业技术人员70人,占全部职工总数的11.33%。

建厂以来,该厂先后投资272万元,引进了捷克斯洛伐克等地的绷楦机、钉跟机、立式烘箱等各类设备397台(套),形成了男鞋类、女鞋类、高档鞋业3条生产线,技术装备居省内同行业先进水平。1991年该厂人均创利税名列全国重点皮鞋厂家第七位,1992年人均创利税名列全省同行业第一名。

1984年以后,该厂多次荣获石家庄市先进企业、双文明先进企业等称号,1988年晋升为省级先进企业。

该厂产品为胶粘工艺和线缝工艺产品,分为男、女、童三大类7个系列,年生产能力为50万双各式皮鞋。产品以精选牛皮、猪皮、羊皮为原料,以精湛的技艺按国家标准精制而成。1982年以来,"岭云"牌女方口鞋,女二眼鞋,"岭虎"牌男三节头鞋,男舌鞋多次荣获省、市优质产品称号,并在全国同行业产品评比中获一、二类产品称号,多次获河北省同行业产品评比第一名。

2004年,该厂由集体企业改制为股份制企业。

大同皮鞋总厂

大同皮鞋总厂建于1955年,为集体所有制企业,1985年有职工578人,其中工程技术人员8人。固定资产原值227万元,流动资金60万元,年产值601.5万元,利税总额71.30万元,各种皮鞋年生产能力为40万双,拥有专业设备214台。

大同皮鞋厂20世纪60、70年代,只生产线缝皮鞋。1979年开始生产胶粘皮鞋,逐步形成一条胶粘皮鞋生产线。70年代中期至80年代初生产的技巧鞋、滚球鞋销往美国、匈牙利、东欧、非洲等20多个国家和地区。

海拉尔市皮鞋厂

海拉尔市皮鞋厂始建于1956年,到1987年末,有职工222人,工程技术人员3人,固定资产(原值)88.4万元,总产值达132.5万元(1980年不变价),实现利税10.7万元。主要产品有上百个品种,近千个花色的男女皮靴、皮鞋和为制鞋配套的聚氨酯泡沫制品及复合面料制品。1987年产各种靴鞋5万双,质量合格率99.91%。轻软皮鞋1987年被轻工业部、国家民委命名为全国民族用品优质产品。为了方便少数民族用户,该厂认真开展零星订活业务,不论是特小、特大或特肥脚,还是一只脚、畸形脚一概承揽。海拉尔市皮鞋厂1986年荣获全区民族用品先进企业。

勇士牌全牛皮马靴是海拉尔市皮鞋厂传统产品。靴高勒瘦,样式新,色泽正。1984年投放市场后,很快成为国内热门货,远销北京、上海、武汉、广州等地。著名歌唱家蒋大为、体操健将李宁、排球名将郎平、作家李准、相声演员姜昆等都专门定做了长筒马靴。勇士牌马靴在自治区靴鞋质量评比中多次名列前茅。1981年、1983年、1984年度均被评为一类产品第一名。1984年9月被评为自治区优质产品。1986年获自治区地方名牌产品称号，该产品年生产能力1万双。

沈阳市皮鞋一厂

沈阳市皮鞋一厂位于沈阳市铁西区北二西路18号，为国有中型企业。1985年末有职工3131人，其中工程技术人员54人，固定资产原值1195万元，净值617万元，有鞋设备598台。皮鞋生产能力为88万双，年产值2196万元，实现利税138万元。

沈阳市皮鞋一厂的前身是军阀张作霖于1919年创办的奉天陆军被服厂制革厂，位于八王寺街。主要制作军警所用的皮靴及其他革制品。九一八事变后，被日本帝国主义强占，于1934年改称满洲皮革厂，并引进德国大批制鞋设备，生产能力扩大。1946年3月，国民党政府接收后，改称联合勤务总司令部沈阳被服总厂制革厂。新中国成立后，中国人民解放军接管，成为军委总后勤部的主要军工企业。

该厂是一个综合性质的军工企业。有制革、毛皮、制鞋、装具、机修等分厂。抗美援朝战争爆发后，由于军需任务大量增加，为扩大生产能力，在铁西启工街新建厂房，1953年铁西新厂房建成后全部搬入。当时人员达到近4000人，在全市是最大企业，为抗美援朝战争做出重大贡献。

1957年移交给地方管理，归沈阳市轻工业局领导，改称沈阳市皮革综合厂，成为地方民用企业，不久又划归省轻工业厅管理。转地方后，军工任务减少，民需任务大量增加，该厂后分有制鞋、制革、皮件和机修4部分，其规模当时在亚洲为最大。

1965年一分为三，制鞋和皮件部分组成皮鞋一厂，制革车间为制革厂，机修车间为皮革机械厂。1969年皮鞋一厂、制革厂、皮革机械厂三个厂合并为皮革机械化综合厂。后于1979年又分为皮鞋一厂、第一制革厂和皮革机械厂三个独立单位。皮鞋一厂和第一制革厂都直属于沈阳市轻工业局，皮革机械划归消防器械公司。

该厂为国防建设和民需生产做出了较大贡献。特别是抗美援朝期间，为中国人民志愿军生产陆战鞋264万双、军工装具22万件，并派出由30人组成的赴朝传授技术工作组，受到中央军委副主席贺龙的高度评价。转为民需企业以前，共生产各种皮鞋600多万双。移交地方后，为沈阳市的民用皮鞋工业增加了新的生产能力。1960年生产皮鞋116万双，占全市皮鞋总产量的46.8%。20世纪60年代初期，工厂发挥技术优势，先后试制成功注塑皮鞋、硫化模压皮鞋、胶粘皮鞋等品种，使沈阳皮鞋的品种花色有了很大改进。1979年以后工厂又开发和更新200多个品种和规格，改变了以往沈阳皮鞋产品多年一贯制的状况。

皮鞋一厂产品品种多，规格全，男女各式棉、夹、凉和童鞋按季节生产，高中低兼顾。楦型从一型半到三型样样齐全，规格从16号到27.5号均能生产。1985年的出口量为7.5万双，双鹤牌缝制男式三接头1983年、1986年分别被评为辽宁省、轻工业部优质产品。万泉牌男式胶底三接头皮鞋1980年被评为沈阳市优质产品。该厂还生产军用装具、日用革箱以及各种液压件，产品共分3大类，200多个品种，1000多个规格。到1985年已累计生产各种皮鞋2585万双，实现利税7748万元，相当于固定资产原值的6倍。

该厂于1992年9月与捷克斯洛伐克ZPS公司共同组建沈阳蒙特鞋业有限公司、沈阳兹林鞋业有限公司等两个合资企业，装有三条具有国际90年代水平的生产线，年产皮鞋200万双。

沈阳市皮鞋四厂

沈阳市皮鞋四厂位于和平区延边街43号，为国有小型企业。1985年末有职工864人，其中工程技术人员12人，固定资产原值264万元，净值168万元，有制鞋机械148台，年产皮鞋72.9万双，年产值1023万元，实现利税206万元。该厂建成于1952年，原名北市区共力靴鞋生产合作社，年产皮鞋9000双。1958年吸并北市区145家个体制鞋户，组成北市区共力制鞋装具厂，年产皮鞋10.4万双。1963年转为国有企业，改名为共力制鞋厂。1965年改称共力皮革厂。次年8月改称皮鞋四厂。

1960年以来，该厂皮鞋产量逐年增长，当年生产皮鞋8.7万双，1965年生产9.3万双，1969年生产18万双，1972年生产24万双，1975年生产36万双，1980年生产73.1万双，创历史最高纪录，20年平均递增11.2%。

沈阳市皮鞋四厂主要生产女皮鞋，1957年，何子静、李春阳等技术人员设计的共力牌全牛缝制女皮鞋，造型新颖，用料考究，做工精细，被评为沈阳市传统名牌产品。1979年以来先后荣获轻工业部优质产品称号和国家银质奖。共力牌全牛高跟女皮鞋也于1981年、1983年被评为辽宁省、轻工业部优质产品。共力牌皮鞋从1984年开始出口，1985年达到1万双，该厂是全省皮鞋行业经济效益最好的企业之一，1985年实现利润141万元，位居沈阳市各皮鞋厂之首。到1985年已累计实现利税1917万元，相当于固定资产原值的7.3倍。

大连皮革厂

大连皮革厂从1969年开始进行一系列技术改造，1973年建成气动半自动注塑机淘汰了硫化生产工艺，并获得辽宁省技术革新奖和大连市科技成果奖。

1979年开始从联邦德国、意大利引进绷楦机，从捷克斯洛伐克引进一条34台设备组成的皮鞋生产联动线，同时自制了内底成型机、高速压合机、缝底机等设备，1980年注塑鞋生产线完全取代了硫化鞋生产线，粘缝皮鞋部分取代模压鞋。是辽宁省首家皮鞋实现流水线生产的厂家。

1985年有职工1825人，工程技术人员11人，年工业总产值1472万元，实现利税208.1万元。大连皮革厂产品在全省每年质量评比中，连续9年获得第一名。

2000年与台湾省大龙有限公司合资，2002年后订单逐渐减少，经营不善，企业破产。

长春市皮鞋一厂

长春市皮鞋一厂位于西长春大街108-5号，厂区占地面积2.3万平方米，建筑面积1.5万平方米，有各种机器设备230多台（套），在册职工2771人，年生产能力112万双。主要产品有手工线缝鞋、胶粘鞋、模压鞋、硫化鞋四大类。是吉林省最大的制鞋企业。

该厂前身为成立于1949年10月的公营长春市制靴厂，是吉林省最早成立的全民所有制的制鞋企业。时有职工73人，当年缝制皮鞋860双，产值26万元。1950年为支援抗美援朝战争，全年生产军用棉大头鞋10万双，职工已增至758人。到1953年职工达1285人，全年生产军用棉大头鞋33万双。1954年起该由生产的军需转为民用。1955年生产的烈马牌皮鞋被吉林省评为名牌产品。1968年起开始生产硫化皮鞋，到1971年各种皮鞋产量达83.7万双，完成工业总产值1139万元，实现利润101.5万元。创本厂历史最好水平。80年代以后，该厂一是搞横向联合。1985年和北京皮鞋厂联营，北京厂派10名技术人员帮助修复搁置多年的从捷克斯洛伐克进口的配套绷楦机组流水线。解决了生产设备老大难问题，生产面貌焕然一新。二是实行了各种经济承包责任制，调动了全厂职工生产的积极性。三是大力开发新产品，1986年就设计开发了83种新颖、适销对路的新产品。四是狠抓销售，在全国各地建立100多个销售网点。1988年实现工业总产值1082万元，利润27.5万元。

20世纪90年代后，该厂市场占有率逐年下降，终致倒闭。

吉林市皮鞋一厂

吉林市皮鞋一厂位于吉林市昆明街40号，在册职工843人，年生产能力各类皮鞋45万双，主要产品有手工线缝、胶粘、硫化、模压四大类。

该厂前身为成立于1934年的吉林市丹凤鞋店。1956年公私合营中，丹凤鞋店和华宾盛鞋店合并，成立公私合营吉林市丹凤皮鞋厂，1965年丹凤制鞋厂和市皮革厂制鞋车间合并改为地方国营吉林市制鞋一厂。1977年改为吉林市皮鞋一厂。

该厂20世纪30年代首创的丹凤牌线缝皮鞋，1956年获省荣誉产品称号。1960年前该厂生产的编皮网眼皮凉鞋、尖五眼军勾男鞋、丁字皮鞋、苏式五眼鞋、中人鸭条鞋一直出口苏联。1966年产量为11.41万双。1966年试制成功线缝胶粘鞋，1967年自制气囊压合机，形成日产2000双生产能力，添补了省内空白。同年工厂建立橡胶车间，形成年产200万双橡胶鞋底的生产能力。并试制成功模压皮鞋和硫化皮鞋，创造了低温硫化皮鞋新工艺（比规定温度低15℃），缩短了硫化时间，解决了硫化皮革裂面问题。

1988年9月，该厂恢复了名牌产品丹凤牌线缝皮鞋的生产。1984年该厂试制成功由聚苯乙烯和丁苯橡胶为主体材料制成的仿皮鞋底。具有耐老化、耐翘、弹性好、耐磨等特点，用其为底制成的线式女鞋被评为省优秀新产品。1985年从捷克斯洛伐克引进绷尖机、拉帮机等36台（套）设备，提高了皮鞋生产线的机械化、自动化程度。1985年生产各类皮鞋37.5万双，完成产值635万元。

20世纪90年代后，该厂经济效益下滑。1994年改制为吉林市丹凤鞋业有限公司。

吉林省浑江双星鞋业有限责任公司

吉林省浑江双星鞋业有限责任公司是合资企业（港方：香港物产外销有限公司），产品100%出口。主要生产皮鞋、皮靴、服装、皮件四大系列上百个品种。有适合欧美市场的固特异、胶粘、模压、注塑系列皮面和纺织面的各式特种靴、鞋、多种服装。

厂区占地面积5774平方米，建筑面积5048平方米，在职职工408人，资产总额1038万元，固定资产520万元。2005年公司实现产值2820万元，创汇308万美元，实现利税45万元。1993年公司正式运作，合资13年累计实现创汇3000多万美元，产品出口欧美等38个国家。

吉林省东亨皮革有限责任公司

吉林省东亨皮革有限责任公司位于吉林省辽源市，厂区占地面积8万平方米，建筑面积11000平方米，有固定职工520人，其中具有初、中级以上技术职称的工程技术人员102人。企业固定资产6000余万元。

吉林省东亨皮革有限责任公司现已形成集科、工、贸于一体的新型产业格局，先后建有一个制鞋研究所、一个专业贸易进出口公司。主要生产和经营具有国际声望的"ATTIVA"品牌（专利产品）和企业自有的"Gablo"（意大利注册）、"DONGHENG"品牌的鞋类产品。产品做工精细，款式新颖，远销欧美及东南亚部分国家和地区。

公司拥有4条从英国和中国台湾引进的成型生产线，具备年产60万双高档皮鞋和休闲鞋的装配能力。在现代企业制度管理的基础上实现信息化管理，导入CI战略，并运用OA网络管理系统，从而提高了企业产品的非品质竞争力。在质量控制方面，公司已通过ISO 9001国际质量体系认证，实施严格的控制手段，使产品质量大幅度提高，获得了极高的质量信誉，为企业创造了显著的经济效益和社会效益。

哈尔滨制鞋厂

哈尔滨制鞋厂位于哈尔滨市道外区北十九道街103号，系全民所有制企业。

1947年初，根据东北民主联军总司令部后勤部的要求，军需处组建了解放军鞋厂。与此同时，辽东军区驻哈办事处成立了辽东军鞋厂，两厂于1948年6月合并，改为东北军区军需处第一皮鞋厂。1950年工厂分为制鞋和制革两厂，分别为第七、第八工厂。1951年第七工厂改为三〇六鞋厂。1952年两厂合并为哈尔滨制革制鞋联合加工厂。1955年，工厂由军需转为民需，因技术和设备的原因，产品销路不畅，在学习上海、天津先进经验的基础上不断改进，在不到4个月时间里设计出180多种新产品，13种产品在广州出口贸易展览会上展出，博得国内外人士的好评，同年，工厂产品开始出口，当年出口8万双，1958年增加到47万双。

1969年1月，制鞋厂分出，正式成立哈尔滨制鞋厂。

"七五""八五"期间，工厂投资200万元引进捷克斯洛伐克和联邦德国先进制鞋设备28台，扩大了生产规模，生产能力大幅提高。1983年生产各类皮鞋131.1万双，实现工业产值2008万元，利润185万元。

1989年，哈尔滨制鞋厂重点开发了出口产品，成立了对外贸易办公室，积极扩大出口，产品远销加拿大、日本、中国香港、中国台湾等国家和地区。1989年出口鞋21万双，实现贸易额 690 万元，创汇 154 万美元。

1990 年，哈尔滨制鞋厂占地面积 18069 平方米，建筑面积 9567 平方米，拥有通用设备 82 台，专用设备 272 台，固定资产原值 1024 万元，职工 1701 人，年产皮鞋 120 万双，实现工业产值 2512 万元，销售收入 2738 万元，出口皮鞋 28 万双，贸易额 1000 万元，创汇 208 万美元。20 世纪 90 年代后各项指标逐年下滑。

2000 年以后，黑龙江皮革市场受到外来商品的冲击，国有制鞋企业更是由于体制等诸多因素而无力维持，在产成品销售不畅和成本高的双重压力下，一直处于停产、半停产状态。2008 年，哈尔滨制鞋厂进入破产程序。

上海三五一六皮革皮鞋厂

上海三五一六皮革皮鞋厂原名中国人民解放军第 3516 工厂，地处上海市虹口区北宝兴路 105 号，是一个具备制鞋、制革、橡胶制品、鞋楦、制革制鞋橡胶机械设备设计制造生产能力的大型国有企业。

中国人民解放军第 3516 工厂（前身精益皮革厂）创始于 1911 年，坐落在当时的上海虹口与宝山城郊结合部。建厂时生产设施落后，全靠工人手工操作。在民国军阀、日本占领、国民党统治时期主要生产军需皮革、皮鞋、皮带、军用皮背包等，供应军队使用。

1937 年"八一三"事件后，该厂被日军占领，为日军生产军队装备。1945 年抗日战争胜利后，该厂成为国民党联勤总部上海被服总厂所属上海皮革总厂。生产轻革、重革以及少量的高帮皮鞋、皮腰带、皮公文背包及各种枪套，供国民党军队使用。

1949 年 5 月上海解放后，该厂由中国人民解放军华东军区后勤部军需部接管，改名为"一〇六厂"。工人有近 200 人，生产军需皮革、皮鞋及马鞍革等军需品。

20 世纪 50 年代初抗美援朝期间，该厂组建军用大头鞋生产线，职工人数达 1200 余人，年生产 67.6 万双。产品除羊毛里高帮皮鞋外，还生产毛里飞行靴、坦克皮靴、炮兵地勤靴及少量的干部皮鞋等，圆满完成了支援抗美援朝的后勤装备任务。第一个五年计划建设期间，该厂派技术骨干赴捷克斯洛伐克学习制鞋技术，引进捷克斯洛伐克缝沿条机，自主设计和制造与国外设备相配套使用的沿条开槽成型机、内线机、外线机等设备，组建新型机制鞋生产流水线，成为全国皮革行业第一家实现机械化生产线缝沿条结构皮鞋的厂家，机械化程度大大提高，生产能力大幅度增长，年产量为 80 万—90 万双。

改革开放后，工厂贯彻执行"调整、改革、整顿、提高"的八字方针，大力加强基础工作，推行全面质量管理，健全技术责任制，产品质量不断提高，被命名为"大庆式企业"称号。1987 年在张兆传厂长主持下，工厂投资 120 万美元，从联邦德国的勋恩机器制造公司引进 73 台（套）胶粘鞋生产设备。实现了当年引进、当年投产、当年见效的目标，产品更新率达到 60% 以上。1986 年被上海市统计局列为上海最大 200 家工业企业第 174 名。1988 年从法国引进去肉机、片皮机、削里机去肉机、片皮机、真空干燥机等 13 台制革关键设备，企业自主研制了彩色革喷浆线、去肉机、片皮机、可倾式铁转鼓等制革设备，增加了 15 万平方米修面革年产量，皮革日产从 400 张提高到 800 张左右，保证了面革的自供能力。企业及时调整为"面向军队、面向国内、面向国际市场"的经营方针。1988 年工厂首次成为美国沃尔玛公司的中国供货商，首单出口 4 万双美式司机鞋进入美国市场，达到年供货30万双水平。1988年被中国人民解放军总后勤部命名为"全军先进企业"。1989年被评为"国家二级企业"。

到20世纪90年代，该厂已发展成占地10.5万平方米，厂房面积达7.5万平方米，拥有各种机械设备1700多台（套），从业人员2700人的大（二）型企业。各种面革年生产能力为60万平方米，底革90万公斤，皮鞋年生产能力为210万双，各类橡胶底跟生产能力为220万双。还具备年生产200台（套）制革制鞋设备的制造能力及自用鞋楦加工能力，生产经营规模列全国同行业第一，经济效益连续多年居全国皮革、皮毛制品业前茅。黄牛粒面革、高腰皮鞋、87式低腰皮鞋先后荣获全军优质产品和轻工部优质产品光荣称号，"皇家"牌高级军警皮靴荣获军队名牌、连续八年上海市名牌产品、全国用户满意产品称号，防暴靴受到中央军委的通报表彰，78式夏飞行靴荣获国家质量奖银质奖。1997年至1999年该厂成为上海销售收入500强工业企业单位。1984年、1999年、2007年为中华人民共和国国庆阅兵式和香港回归10周年庆典研制生产了阅兵靴，受到部队的嘉奖和表彰。

几十年来，该厂长期独家生产我军将军皮鞋、仪仗队高勒皮鞋、仪仗队夏马靴、仪仗队冬马靴、骑兵皮靴、夏坦克皮靴、跳伞皮鞋、潜艇皮鞋、各种飞行皮靴等几十种军用特种靴。2002年始还为中东、非洲一些发展中国家生产作训皮靴、军官皮鞋和其他军靴，年产量20万双。2002年后，随着我国航天事业的飞速发展，我国"神舟五号""神舟六号""神舟七号"飞船上天，该厂独家研制生产的"神舟系列"宇航员皮鞋靴用于装备中国航天员大队，填补了我国航天装备的空白。2008年"神舟七号"中国宇航员翟志刚穿着由该厂设计师吴军节领衔技术部研制的"太空出舱靴"，实现了中国人首次太空出舱活动，获得了举世瞩目的成就。

上海皮鞋厂

上海皮鞋厂前身是"惠工皮鞋生产合作工厂"，创建于1949年10月，由唐瑜、刘鹤亭等50多名失业皮鞋工人借用青年会坐落于浦东警局路10号一间活动房作厂房，白手起家办起来的。1950年3月，在常德路810弄70号原康福皮鞋厂设立西厂。1951年8月改为上海市皮鞋生产合作社。同年10月迁至制造局路692号，从业人员增至636名。1957年迁入宛平南路404号（原谨记路400号），改为地方国营上海制鞋厂。1958年，江宁皮鞋生产合作社、茂昌皮鞋厂、第一、第十五皮鞋生产合作社先后并入上海制鞋厂。1960年10月与上海皮革制品厂合并，更名为上海皮鞋厂。主要生产男女皮鞋及其他皮革制品。1962年起生产外销人造革手套。1965年年产手套4.8万打。20世纪70年代末以来，手套产品发展迅速。形成运动手套、日用手套、滑雪手套三大系列，130种品种。1978年年产手套14.8万打，1981年年产量达31.3万打，其中外销产品95.5%。

1983年起，先后两次从美国引进价值130万美元的制鞋等进口设备，形成年产10万双高档男式胶粘皮鞋的生产流水线。制帮和配底机械化程度分别达到80%和50%。投资300万元组建运动鞋生产线，为美国摩士国际鞋业公司来料加工，并承接蒙古马利制鞋公司、香港魏怡隆公司订货，产品销往美国，被誉为"A"级产品。"五圈牌"旅游鞋获国家质量奖银质奖。

随着企业生产规模不断扩大,从20世纪80年代始在江、浙、穗等省市开设了7家工农联营厂,共有4575名从业人员,年产各种鞋类200万双。

1990年,上海皮鞋厂有职工1460人,其中各类工程技术人员66人,占地面积1.77万平方米,建筑面积2.65万平方米(拥有固定资产原值2400万元,净值1406万元),完成工业总产值6902万元,创利税1270万元,年产皮鞋、旅游鞋300.8万双,其中出口74.9万双;各种手套11万打,出口10万打,生产规模、经济效益及出口创汇在全国同行业中居领先地位。

20世纪90年代,为了适应市场经济发展,该厂积极调整产品结构和管理模式,利用品牌、管理的优势,多元私有资金组织生产营销,采取销售主干转制民营,国有门市部改为私资经营,授权销售扩展市外等措施,努力扩大"有市场、有质量、有效益"三有产品的销售,同时采取优化、调整、扩大市内外省市销售网点的措施以保证销售数量。主导产品"牛头牌"男鞋、"花牌"女鞋的销售形成了"开设统一标记专卖店,进驻知名大超市,入户大店名店特许经销,授权外省总代理,全方位向投资者提供销售平台,多元经济规范运转共同发展"的格局。企业在上海市的产品经销点已从原来的23家扩展到2009年的50家,全国各大城市的销售点从原来的40个增加到2009年的94个。私营单位销售"牛头牌""花牌"男女皮鞋已占该厂上海市销售量的90%,外省市的100%。近年来私营单位年使用商标数达到50余万双。企业品牌经营得到的纯利润累计已达到5000万元以上。

"花牌"女鞋、"牛头牌"男鞋在1986年被轻工业部、上海市评为优质产品;1993年至1995年获全国最畅销产品"金桥奖"荣誉称号;"牛头牌"男鞋自1995年起,12次被评为上海市名牌产品;"花牌"女鞋自1991年起,7次被评为上海市名牌产品;并双双获得了"上海市著名商标"称号。

1988年,该厂被评为国家二级企业;2002年至2007年,连续被上海市工商行政管理局评为"上海市守合同、重信用"单位;2006年,被中国轻工业联合会评为全国轻工业卓越绩效先进企业;2009年,被评为上海市场诚信经营先进单位。

上海第二皮鞋厂

上海第二皮鞋厂成立于1958年。它的前身是1951年6月25日由皮鞋业主杨仲康、杨紫林发起19户小作坊组成的第五制鞋联营厂,当时共有职工200余人,主要为106厂加工军鞋。1958年5月1日起,以第五制鞋联营厂为主,与生产男鞋的第三联营厂、生产女鞋的大公制鞋厂、生昌皮鞋厂以及生产女鞋、童鞋的凯琪制鞋厂合并成立"公私合营上海第二制鞋厂"。于20世纪60年代初开始生产内销橡胶缝线皮鞋。1966年更名为上海第二皮鞋厂。由于市场牛皮原料日趋紧缺,上海第二皮鞋厂开始试制猪皮硫化鞋,1967年硫化鞋正式投产。同时,试制内销胶粘鞋,减少缝线鞋的产量,提高了劳动生产力。1969年下半年,开始批量生产套楦模压鞋。

20世纪80年代初,该厂及时调整经营思想,贯彻"发展外销,保持内销,压缩模压,增加胶粘"的工作方针,制订了引进设备、建造生产大楼的具体计划,将年产100万双模压皮鞋的下道工序设备转至淀山湖加工厂。1982年,上海第二皮鞋厂建造了8500

平方米生产大楼，投资了100万美元引进设备，包括放样机、18吨液压下料机、烘线机、钳帮机、腰窝机、做帮流水线、配底流水线、吸尘器、圆刀披皮机、"491"缝纫机等，为快速发展生产打下了扎实的基础。到1990年，胶粘鞋产量达到200万双，居全市男鞋销量之首。

改革开放后，由于消费者对皮鞋款式不断有新的要求，该厂紧跟国际皮鞋新潮流，敢于创新，采用编结、串条、镶接等工艺，丰富了鞋面款式，在用料上打破传统，不拘一格，采用鱼皮、蛇皮、合成革、纺织品、金属扣等作为点缀辅料，令人耳目一新。

1985年6月，该厂与（台湾）鞋业有限公司和上海投资信托公司三方合资成立上海兴中皮鞋有限公司，生产的狼牌运动鞋闻名全国。1988年，与香港富利安集团高明发展有限公司合资成立上海华富鞋业有限公司。1995年在澳大利亚建立全资懊利公司，探索建立海外市场，成为全国皮鞋行业境外公司第一家。1996年，收购了有6167平方米厂房和331名职工的上海第三皮鞋厂。

1996年年产皮鞋236.18万双，产值1.4亿元，销售收入20563万元，销售利润4250万元，利润总额1010万元，达到了巅峰状态。

1984年远足牌、大象牌皮鞋分别获上海市名牌产品称号；1987年远足牌皮鞋再获上海市名牌产品称号；1988年胶粘男皮鞋获轻工业部优秀出口产品银质奖和上海市优秀出口商品称号；1989年外销胶粘男皮鞋获上海市出口优秀产品称号和首届北京国际博览会银奖。1990年远足牌胶粘皮鞋获全国轻工业博览会银奖；1992年"远足牌"皮鞋获上海市著名商标称号；TPR气垫鞋荣获上海市优秀新产品二等奖。同时远足牌男单皮鞋，大象牌女单皮鞋，双双获得国家贸易部颁发的'93全国畅销国产商品金桥奖。1994年远足牌男单皮鞋继续获此殊荣并被中国皮革工业协会推荐为1994年皮革行业信得过产品。1995年远足牌助动皮鞋获中国轻工总会优秀产品奖二等奖，并获得第三届上海科学技术博览会金奖；远足牌皮鞋被中国轻工总会列入中国轻工产品排行榜，并授予'96中国真皮鞋王称号。1997年远足牌男鞋获上海市著名商标称号。2001年、2002年远足牌皮鞋分别获得上海市著名商标称号，在首届中国市场消费品质信誉竞争力调查活动中被中国质量学会、中国名牌商品协会授予"中国行业十佳品牌"称号。

该厂在1994年获上海市优秀企业称号和全国轻工业企业管理现代化成果三等奖。同年，被上海市列入工业产品销售收入前500家企业排名第249位，获得上海市企业优秀管理成果三等奖。1996年获得"上海市安全生产先进单位"，次年被评为"上海市文明单位"。1998年又获上海市质量管理奖。

上海宝屐皮鞋厂

上海宝屐皮鞋厂地处上海市南丹东路111号，是生产"金鹤"牌、"飞机"牌、"双蝶"牌胶粘女皮鞋的专业工厂。产品除满足本市及国内市场外，还远销世界上30多国家和地区。

上海宝屐皮鞋厂1944年由顾宝卿独资创办，从业人员共11名，设备仅有1台18种脚踏缝纫机，是一个前店后工场的小作坊。1956年公私合营期间，"连兴""和兴""永勤""茂昌""世界""庆昌"6家小厂相继并入，职工由82人增加到230名，产品由原先的日产50双，提高到270双。由于选料讲究，做工精致，"飞机"牌缝线女皮鞋颇受市场好评。不久，产品就打入了国际市场，在国外享有盛誉。

20世纪60年代，上海宝屐皮鞋厂借鉴国外先进的制鞋技术，结合自己的生产条件，大胆进行工艺改革，于1963年率先实行了皮鞋装配化生产，效率提高了1—2倍，产品质量高于部颁标准，在全国同行业质量评比中名列第一。外销皮鞋被国家商品检验局和上海畜产进出口公司列为免检产品。同年，宝屐皮鞋厂获得上海市"五好"企业称号。

由于老企业狭小的场地，有限的人力物力限制了生产能力的提高。1979年，厂利用外贸贷款，征地4.76亩，兴建了5600平方米的出口女皮鞋专业生产大楼，并新增设备208台，又以全民企业带集体企业的方式办起了"金叶"皮鞋厂，职工人数增加到975人，既充实了企业的劳动力，又为返城知青提供了就业机会。与此同时，还根据"互惠互利"的原则，积极发展横向经济，在浦东、昆山、江阴、海门等地建立了6个联营厂，5个加工厂，形成了一个专业协作的企业群体，产量从1979年的24万双，提高到1984年的88.2万双，增长了3.68倍。

随着人们的生活水平普遍提高，消费观念和审美情趣也发生了显著变化，对皮鞋的选购标准从坚固耐磨转为轻软舒适。针对消费市场的新变化，宝屐厂及时调整和优化产品结构，本着"人无我有，人有我变"的方针，发挥技术优势，吸取国际流行款式的精华，1985年在国内市场首家推出羊皮系列女鞋的创新产品，开创了皮鞋面料多样化的新局面。羊皮女鞋以其独特的风格、品质备受人们青睐，在消费市场上引起了极大的轰动。1986年又采用价廉物美的PU合成革，设计生产了一批款式新颖、色泽雅致的仿羊皮凉鞋投放市场，再次风靡市场，仅5月份一个月的产量就高达12.5万双，相当于建厂初期10年产量的总和。

改革开放给企业的生产带来了勃勃生机。宝屐皮鞋厂由单纯的生产型向生产经营型和外向型经济转变。从1985年始，先后在珠海、蛇口、松江等地创办"宝丽""宝隆""宝发""宝翠""宝云"5家中外合资企业，使产品直接面向国际市场，拓宽了出口渠道，同时引进国外的新工艺、新材料、新款式，增强了产品的竞争能力和创汇能力，确立了"国内领先，引导消费"的地位。

"七五"期间，宝屐皮鞋厂承担了轻工业部"高档女皮鞋装配机械化生产线"的科技攻关项目。经过对帮样设计，新颖国产原辅材料配套、设备选型、生产组织管理等课题的研究，于1990年建成了一条年产15万双高档女皮鞋的生产流水线，使皮鞋配底机械化程度达90%、人均劳动生产率比手工操作提高3—4倍。

1990年末全厂有职工1083名，其中工程技术人员42名，技师2名，4—8级工42名，厂区占地面积6100平方米，建筑面积13836平方米，固定资产原值686.4万元，固定资产净值544.89万元，拥有国外引进的制鞋专业设备63台，和国内配套设备260台及先进的配底流水线3条。

1993年，上海宝屐皮鞋厂完成产值8752万元，生产中高档胶粘女皮鞋240.16万双，实现利润800万元，创汇470万美元，各项指标都达到了历史最高，成为拥有全国一流产品、一流技术、一流装备的国家二级企业。

"金鹤"牌胶粘女皮鞋于1980年荣获国家质量奖银质奖，1984年荣获国家质量奖金质奖，1988年再次获得国家质量奖金质奖；"飞机"牌胶粘女皮鞋1985年起连续三年获上海市优质名牌产品；1987年在首届中国鞋饰民意评选中荣获金鞋奖；1988年被评为轻工部优质产品和轻工部颁发的出口产品金质奖；1990年获全国轻工博览会金质奖。

2000年9月，上海宝屐皮鞋厂并入上海第一皮鞋厂，为二分厂。

上海亚洲皮鞋厂

上海亚洲皮鞋厂地处上海浦东新区东方路1243号，厂区占地面积16000平方米，厂房建筑面积14000平方米。它的前身是由王月笙1946年创办的亚洲鞋作，1950年王月笙和其他2个皮鞋作坊老板汤文士、吴春明联合创办亚洲军鞋厂，接受国营106厂和三野部队的军鞋生产任务。军鞋任务完成后，他们几个作坊又各自承接中百公司批发部业务，任务时断时续，工人工资发不出，很多工人面临失业，处境十分困难。1955年9月5日，为了解决皮鞋行业的困境，完成对苏出口任务，亚洲、民生、祥生等20家皮鞋作坊的老板和工人近200人在上海市制鞋业同业公会的组织下，在亚洲军鞋厂旧址成立了祥生生产小组，专业生产出口女鞋销往苏联。1956年公私合营时改名为亚洲皮鞋厂。从这时起，亚洲皮鞋厂以其技术实力成为一家国内外享有一定知名度，生产外销女皮鞋为主的专业工厂，并在外销生产中逐步确立了以"质量求生存"的信念，这为亚洲厂的腾飞奠定了基础。

20世纪60年代初，亚洲皮鞋厂在线缝工艺的基础上开始研制胶粘工艺并获得成功，这是皮鞋工艺上的一大突破，亚洲皮鞋厂实现了女式胶粘皮鞋的装配化生产。70年代生产得到了迅速发展，但受到厂房的限制。为此，亚洲皮鞋厂在江苏海门、仪征等地建立5个联营厂、5个加工厂，形成了一个以亚洲厂为龙头的互相协作共同发展的企业群体，产量从1978年的22万双提高到1980年的86.7万双，增长了3.9倍。

80年代，亚洲皮鞋厂进入一个全新的发展阶段，通过设备引进和技术改造，率先实现了卷跟鞋装配化生产，完成了皮鞋工艺上的一次重大改革，使皮鞋业走上了半机械全装配化的道路，效率提高了1倍。亚洲皮鞋厂不断引进国外的先进生产技术、生产工艺及制鞋标准，健全质量保证体系，强化从原材料进厂到成品出厂的技术标准、质量标准和计量标准，严格实行质量否决权。产品设计上吸收了国际鞋业的精华及市场的消费观念，大胆地采用了鱼皮、蛇皮及金属配件等，打开了女皮鞋的新市场。"七五"期间，亚洲皮鞋厂皮鞋出口量占上海口岸皮鞋出口总量的1/4。80年代末，年出口创汇850万美元，人均创汇1万美元。

90年代，为了进一步发展生产，扩大出口创汇，亚洲皮鞋厂于1991年投资325万美元在浦东新区建造了新厂房，引进国外先进制鞋设备70台、国内配套设备30台和2条最新的皮鞋生产流水线。1992年建立了中日合资尤尼恩鞋业有限公司，形成了180万双皮鞋的年生产能力，成为年出口创汇1000万美元的骨干企业。

"亚洲牌"女皮鞋1984年至1987年连续4年荣获"上海市名牌产品"称号；1985年至1988年外销皮鞋连续4年荣获"上海市优质出口商品"称号；1987年首家获得上海市商品检验局颁发的"出口产品质量认可（免检）证书"；1988年荣获中国轻工业部出口产品展览会金奖；1989年荣获首届北京国际博览会金奖。美申牌女皮鞋1990年获全国优质皮鞋评比A级第一名，国家质量奖金质奖。1992年美申牌、亚洲牌女鞋被轻工业部评为信得过的产品，同时被商业部评为最畅销产品；1992年亚洲牌女鞋被评为上海市著名商标；美申牌、亚洲牌女单皮鞋荣获93年最畅销国产商品金桥奖；1994年美申牌皮鞋被中国皮革工业协会评为'94皮革行业信得过产品；1994年美申牌胶粘女皮鞋和上海亚洲皮鞋厂被中国名牌产品认定暨明星企业评选活动组织委员会认定为中国名牌产品和中国明星企业。

亚洲皮鞋厂于1992年、1995年两次被评为"上海市文明单位"。1993年、1994年被进出口商品检验局评为商检实施一类管理的出口生产企业。

2000年9月，并入上海第一皮鞋厂，为三分厂。

上海蓝棠—博步皮鞋有限公司

上海蓝棠—博步皮鞋有限公司是由蓝棠皮鞋店、博步皮鞋店于1986年合并而成，公司地址坐落在上海市喜泰路233号。企业以生产男女皮鞋为主。

蓝棠皮鞋店创业于1948年，是典型的前店后工场。创业人为张履安、孙长松、汪裕祥、沈中铭结拜四兄弟，四人均为皮鞋制作高手，为谋求自立，四兄弟从合租柜台做起，从36双皮鞋资本起家，根据中国妇女脚型纤窄特点，参照国外流行的修改楦型，因式样新颖、选料精良、做工考究深得各界名流的青睐。四兄弟为了扩大经营，用重金盘下南京西路1195号店面，因为四兄弟是从勒唐纳洋行（LA DAONNA）租柜起家，故其谐音"蓝棠"为店名，用"皇冠"（CROWN）商标，新中国成立后改用蓝棠为商标。

博步皮鞋店，原名"第五街"，也是典型的前店后工场。创业人黄启麟是原中国内衣厂老板之子。他对皮鞋是外行，因见朋辈西装革履，多以足蹬进口皮鞋为荣耀，因之萌生经营鞋业，又闻美国纽约有一条"第五街"，是皮鞋的总汇之处，于1945年在上海南京西路751号开设了"第五街"为店名的皮鞋店，采用英文"BOBU"为商标，音译为"博步"，由于"第五街"地处市中心，经营上实行出样订货，按所需式样、款式、脚型定做，约期取货的独特经营方式，深得洋商富贾、电影明星、名演员的青睐。

蓝棠、博步两家著名皮鞋店，早在20世纪40年代后期就先后开设在上海南京西路上，因其生产经营各具特色，一专女式，一精男式，而享有盛名。

1956年公私合营后，两家鞋店进入了全盛时期，蓝棠于1957年迁入南京西路1169号新址后，产品已远销英、美、苏联以及中国港澳等十多个国家和地区，1959年《人民日报》和《解放日报》都报道了蓝棠皮鞋特色的新闻，名声益噪。专为党和国家领导人定做因外事出访需要的男女皮鞋。博步于1957年举办了新型男女皮鞋出口展销会，博得外商好评，并取得了英、法、意、澳大利亚和瑞士等许多国家的踊跃订货。由于"蓝棠""博步"皮鞋质量精良，赢得了国内外市场的信赖，因而获得了上海出口商品检验局核发的出口免检商品证书。

1986年，两店在本市喜泰路233号联合兴建二座五层大楼，形成了一个"蓝棠—博步"皮鞋生产集团。随着改革开放，大量洋品牌冲击市场，给蓝棠—博步带来严峻的挑战，但是，公司始终秉承"传承为本，创新为魂，蓝棠博步，再创辉煌"的经营理念，坚持品牌建设，弘扬中华老字号经营特色，开拓创新，奋发有为，取得了可喜的成绩。1990年"蓝棠"牌女皮鞋被评为国家银质奖，1993年被国内贸易部首批认定为"中华老字号"，1987年至2007年连续12次被评为"上海市名牌产品"，2002年被评为上海商业优质服务先进集体称号，2003年至2009年被评为上海市守合同重信用企业，2006年被商务部重新认定为"中华老字号"，2007年获上海服装周服饰自主品牌优秀文化奖。是南京路硕果仅存的老字号企业。

上海国学鞋楦设计有限公司

上海国学鞋楦设计有限公司是由国际著名鞋楦高级设计师、中国鞋业专家陈国学先生创办的一家鞋楦设计兼鞋楦制造的专业公司。创办于1985年，其前身为无锡华崎鞋楦有限公司，于2002年迁到上海松江区九亭镇龙高路28号。国学鞋楦始终坚持自主创新、科学发展的经营观念，高度重视技术创新，高度重视新产品的研究和开发，不断为鞋业推出新产品、新技术。始终坚持博学勤毅、创造和美、服务鞋业、服务全球的理念，以"始于用户需求、终于用户满意"为国学鞋楦企业的服务宗旨。

国学鞋楦专业为国内外制鞋企业提供鞋楦设计，提供各种品种和款式的优质高档鞋楦产品，公司2000年率先在亚太地区行业中引进了意大利数控制楦技术和成套制楦设备，是一家设计技术领先、制造设备精良、产品高端优质、服务优秀守信的企业。

国学鞋楦是中国鞋楦行业首家通过国际《质量管理体系要求》（GB/T 9001—2008idt ISO 9001：2008）"鞋楦的设计和生产"两项认证的企业。拥有2项国家发明专利技术：第604294号《鞋楦设计检测曲线卡板制作方法》和第762250号《鞋楦后身、后跷造型设计曲线卡板的制作方法》，并持有国家发明专利证书。国学鞋楦于1997年获"全国名优企业"称号，2003年获"中国品牌企业"称号，2005年获"全国产品质量认证十佳品牌"称号。近年来，公司在深圳龙岗开设了"国学鞋楦深圳鞋楦有限公司"，在上海成立了上海智族鞋业有限公司（贸易公司），公司和意大利Sassetti（赛蒂）公司合作经营意大利CGX"西爵士"品牌高端皮鞋产品。

上海斯乃纳儿童用品有限公司

上海斯乃纳儿童用品有限公司是一家民营企业。前身是斯乃纳童鞋厂，是由张建斌在1990年1月投资人民币4万元，租借浦东川沙镇上200平方米的一间食堂作厂房的小型加工厂。主要以加工、生产儿童皮鞋为主。现落户于上海市浦东新区张江高科技园区东区，占地面积14000平方米，拥有员工400余名，3个生产车间和6个协作工厂，已发展成一家集童鞋设计、生产、销售于一体的综合性公司。

1996年，该公司在产品开发上首次引进了先进的三维电脑系统，用于测楦、设计鞋款等，是国内童鞋界较早尝试将传统手工产品与现代化科技结合的企业。伴随企业的发展，"斯乃纳"专门成立自己的产品开发部门，引进资深设计师及港台设计师，组建了一支强劲的产品开发队伍，并在时尚个性的理念指导下，开发出120余款适合中高档消费的产品款式，满足了市场需求。在童鞋的设计研发上，"斯乃纳"以技术创新为核心，为满足不同年龄段中国儿童的足部生理特点，成立中国首家儿童足部研究中心，让更多的儿童体验到斯乃纳经典童鞋的舒适与健康。同时，在与世界优秀童鞋品牌公司合作的同时，使消费者相信：选择斯乃纳不仅选择了国际化的优质，还选择了一种重视儿童足部健康以及倡导优质舒适的生活享受。"斯乃纳"是唯一一家肩负起草制定中国《儿童皮鞋》标准的企业。为此，该公司1998年分别荣获全国鞋帽商品交易优秀奖和上海新世界'98迪奥杯童鞋擂台赛铜奖；1999年获得春季全国鞋帽商品交易会优秀奖和都城鞋业擂台赛龙虎榜童鞋类优胜奖。

"斯乃纳"公司逐步打造品牌，在全国形成了稳定的营销网络后，公司也从原来的产品经营逐渐走向品牌经营，着重于品牌管理，引进和推广品牌。公司以总部为核心，以上海、广州、北京、沈阳、成都、武汉六大办事处为枢纽，发展代理商及经销商300多家，在国内30个省会城市、直辖市及170多个地级城市设立了500多个销售网点，基本覆盖了全国一、二级城市的中心商业区及一流高档商场。2001年分别荣获上海商业品牌服装鞋帽大赛优秀作品设计大奖和上海新世界第五届童鞋擂台赛铜奖，2000年、2001年分别荣获市场信得过产品，2002年荣获全国皮鞋设计大赛童鞋一等奖，2003年、2007年、2008年被命名为"上海名牌产品"，2003年荣获浦东新区先进企业，2005年、2007年荣获上海市浦东新区私营企业先进企业称号。

斯乃纳品牌与国际品牌多有合作，如：法国运动品牌 MEETLUCK、日本库尼（Tinycoony）、香港品牌方医生（Foot Doc +）、意大利 Canguro、英国精典泰迪 Classic Teddy 等。

南京万里集团有限公司

南京万里集团有限公司始建于1952年，经历了万里鞋子生产合作社、国营万里鞋帽皮鞋厂、万里皮鞋厂、万里皮鞋总厂、万里集团有限公司的过程，2004年完成国有体制改革，成为民营性质股份制公司。

新中国诞生不久，南京28名失业工人和散户鞋业主，聚首共谋，集资入股800元，租借几台老式陈旧的脚踏缝纫机，成立了"万里鞋子生产合作社"，打出了"万里牌"皮鞋商标。"一五"期间，年产近千个皮鞋品种十几万双。英国、前苏联等客商对"万里"皮鞋质量赞誉不菲，相续下单订货，从此万里皮鞋走出了国门。1958年万里人联合帽子、皮件等厂家扩展成立了国营万里鞋帽皮件厂，迈出了万里征程可喜的一大步。

20世纪60年代中期，工厂以地方国营江苏南京万里皮鞋厂营运，至70年代，万里人在保留手工缝线工业基础上，分别采用了硫化皮鞋、模压皮鞋工艺，开始皮鞋初始机械化生产。80年代中期，胶粘皮鞋工艺的引入，使万里皮鞋产品及生产技术有了突破性的改革，终止了手工鞋、硫化鞋、模压鞋生产，购进了捷克斯洛伐克、意大利、中国台湾等先进专用设备配套的生产流水线。国人都青睐万里男、女皮鞋。"男皮鞋摆擂、北京不如南京"，这是1984年4月4日《北京晚报》对万里皮鞋在老东风市场销售时顾客拥挤坏了16节柜台、20余名警察维持秩序的盛况刊登出的报道标题。80年代末万里皮鞋年产销逾百万双，年出口创汇已达四百万美元，其产品屡屡获得部、省优质奖、金奖、银奖、行业评比第一名等。

随着市场的扩大，借鸡下蛋把万里推向新高度，与八个半紧密型协作企业，连同万里厂本部，组成万里皮鞋总厂，既保障了生产供应，满足了市场需求，又拓宽了企业规模，中央及省市领导多次到厂视察指导工作，给予高度评价。要求万里厂要引导消费，保障人民生活需求，向外向型扩展。当时最高外销产量占全年50%以上，年出口近百万双。

90年代，万里步入一个快速发展时期，现任万里集团董事长、总经理、党委书记李青自1991年6月统领万里时，提出了万里发展新蓝图。

——改革企业体制，模拟三资企业管理，敲响了南京市企业改革的第一锣，对用工、用人、分配及医疗制度进行了根本性的改革，工作效率、劳动生产率均空前提高。

——解放思想换脑袋，一切围绕市场，一切为了生产经营，发展万里是硬道理，加速从观念上由计划经济转向市场经济。

——实施名牌战略，以品牌占有市场，以新产品开发市场，以质高价优扩大市场，以优质服务巩固市场。先后多次荣获中国真皮鞋王、中国真皮标志名牌产品、中国真皮名鞋称号，曾被评为最有竞争力的民族品牌、全国最畅销国货精品、全国用户满意产品，四度称冠全国金桥奖，是首批全国免检产品、江苏省名牌、江苏著名商标、南京市名牌、南京市著名商标，男女鞋连续5年在全国同类产品市场销售排前五名。

——实施现代营销战略，在全国主要省市500多户大、中型商场投资设形象厅，推进连锁特许经营，开设一百多家连锁专营店。以万里名牌为主体，推出"山百惠"牌、"夏洛蒂"牌等精品女鞋，法加诺公司经营万里儿童皮鞋，年产销皮鞋逾350万双。外销以欧美、日本为主，年出口创近千万美元，同时形成以万里商场为主的10个总计近万平方米的万里商场连锁体及近万平方米中外合作新万里广场的综合服务中心。

——实施资产经营资本运作，先后兼并了南京制革厂、南京皮件厂，赎买了金粉厂和原联建的生产基地及仓装公司，收购了两个合资企业，开辟了三万多平方米长虹副食品大市场，集团已真正成为工商贸并举，主产品与地产等资本运作并行的企业集团。

——完成企业体制改革，2004年至今，在市政府的支持下，从体制着手，国有资本退出，引入战略投资合作伙伴，实施资产、债务、劳动关系"三联动"体制改革。万里集团目前总资产4亿元，2008年经营收入近5亿元，生产皮鞋350万双，利税2000多万元。

江苏森达鞋业有限公司

江苏森达鞋业有限公司创建于1977年，为大型企业，是全国制鞋行业排头兵，曾任中国皮革协会皮鞋旅游鞋专业委员会主任单位。公司占地面积400万平方米，拥有净资产5.3亿元；森达商标已在近20个国家和地区、42大类商标上全面注册，是全国皮鞋行业第一个荣获中国驰名商标的企业。

森达集团较早地同世界制鞋水平接轨，森达牌高中档男女礼节鞋、时装鞋、绅士鞋、休闲鞋、多功能鞋素以"真皮优料、工艺精美、着感舒适、四季新潮"备受消费者喜爱。

森达皮鞋1991年连获三个部优称号；1992年被国家轻工业部、中国皮革工业协会和全国消费者协会评为中国名牌产品；1993年被国家技术监督局、中国质量检验协会、全国制鞋标准化中心评为"中国第一鞋王"；1993、1994连获国内贸易部等七部委授予的"金桥第一名"；1995年12月荣获"金桥第一名""中国真皮标志名牌产品""96中国真皮鞋王"三项大奖；1993—1999年连获"消费者心目中理想品牌""实际购买品牌""购物首选品牌"三个第一。1999年5月，被中国质量管理协会评为全国质量效益型先进企业，并荣获特别奖。2000年5月8日，党和国家领导人江泽民总书记一行视察了森达集团。2001年3月，森达皮鞋被国家质量技术监督局确定为全国首批免检产品。

森达人致力追求市场的最大化，通过实施"进名城、入名店、唱主角、创一流"的营销策略，在制鞋行业聘请知名影星代言、做广告，开创了制鞋业的先河。构建了覆盖全国的营销网络，目前在全国各大城市排名前1000家大型商场中均有森达专柜或精品屋，在全国各大中城市建有2000家专卖店。森达产品市场占有率、市场覆盖面和销售量均位居全国同行前列，并外销美、日、澳等11个国家和地区，原国家国内贸易局曾抽样调查表明：森达市场份额达31.9%。

制鞋是森达的首席产业，森达皮鞋是中国驰名商标，国家免检产品，中国名牌产品，从1993年起，森达皮鞋国内市场占有率多年位居同行第一。森达鞋业拥有森达、好人缘……等十多个品牌。

2008年，森达的制鞋部分的资产被百丽集团收购，成立了江苏森达鞋业有限公司。2008年产量达512万双，产值8.66亿元，利税1.49万元。

美丽华企业（南京）有限公司

美丽华企业（南京）有限公司是鸿国际控股有限公司在海外上市的主体公司，是一家集研发、生产、销售于一体的鞋业公司，于1995年12月27日注册成立。鸿国国际控股有限公司是在境外设立并于2003年6月5日在新加坡挂牌上市的控股公司，成为南京市第一家民营上市企业。

公司现已在全国拥有2家生产基地、1个商品研发采购中心、十家营销型分公司。旗下拥有两大自主品牌——C. Banner千百度、伊伴。目前在中国各地拥有大约700多家自营网点及200多家加盟、经销网点，产品已经覆盖了中国的内陆地区。

公司投入巨资在广东佛山建立的商品研发采购中心是一个集开发、原材料采购、成本控制、品质检验、物流运输于一体的综合性开发和管理部门，每季带来2000多款时尚新颖、丰富多彩的产品。公司的主要生产基地位于南京江宁经济开发区，年生产能力300多万双。主要生产基地之一的江宁分公司拥有世界先进制鞋生产设备（主要生产设备来源于世界制鞋王国意大利）和先进的制作工艺，完全实现产品的规模化作业；有完善、严密的质量监控体系，并于2002年通过了ISO 9000认证，有效地保证了生产效率和产品质量。千百度在中国品牌女鞋的排名从1998年的第八、1999年的第七、2000年的第五到2001年的第四，再到2002年、2003年、2004年的第三，2005年荣获同类女鞋销售额全国第二名，2006年至今荣获全国同类女鞋市场综合占有率前三名。

随着品牌知名度、美誉度的不断上升，在省市及全国的各种评比、表彰中获一连串的荣誉：1999年"江苏省消费者协会推荐商品"和"3·15用户评价满意商品金牌"等、2000年"江苏省日用品满意产品"等、2001年"省企业资信AAA"等、2002年"国家级免检产品"和"重合同守信用企业"等，2003年元月份被评为"南京市名牌产品"、6月在海外的成功上市、评定为"江苏省著名商标"，2004年至今被评为"江苏省名牌产品"；2005年8月又被认定为"中国驰名商标"等诸多荣誉称号。

2007年6月，美丽华企业成为美国最大女鞋公司之一布朗旗下的Naturalizer品牌在中国唯一代理商，标志着美丽华企业向着国际化和多品牌战略迈进！

华东集团公司

华东集团公司地处苏州市吴江临沪经济技术开发区，前身是苏州华东鞋业有限公司，创建于1991年1月，经过全体员工10年多的团结拼搏，公司从一家由150名员工、一条生产流水线不断发展壮大，至今已有14条生产流水线，拥有员工2600人左右，总占地面积为102000平方米，年产各类鞋子700万双，年销售总额约3亿人民币，成为目前吴江地区专业生产鞋类的龙头企业，千余种产品外销，全部出口日本。是一家有自营出口经营权的现代制鞋企业。

康奈集团有限公司

康奈集团有限公司是一家民营企业，创办于1980年，主营康奈牌中高档男女皮鞋，兼营皮具、内衣、服饰等。总部位于温州中国鞋都产业园，紧临金丽温高速公路温州西出口。总部占地140亩，厂房建筑面积12.8万平方米，总部现有员工4000人，其中中高级专业人才200多人。2009年集团销售收入23亿元人民币。

康奈集团是中国皮鞋行业的排头兵，排名中国十大真皮鞋王前三位，现为中国轻工业联合会副会长单位、中国皮革协会副理事长单位、浙江省皮革行业协会副理事长单位、中国质量协会常务理事单位，先后荣获"中国驰名商标""中国名牌产品""中国十大真皮领先鞋王""全国质量奖""亚洲品牌500强""最具国际竞争力中国企业50强"等400多项殊荣。康奈是国家旅游局核准的"全国工业旅游示范企业"，每年到康奈集团参观的人次超过8万人。

康奈专注于正装皮鞋、休闲皮鞋，尤其是高档固特异工艺皮鞋的设计和生产，为英国SATRA成员，拥有来自意大利、德国、英国等国际领先的技术和装备，能很好地满足国内外中高档客户的需求。

康奈集团在国内拥有2600家专卖店（柜），网络覆盖全国。康奈是中国鞋业第一个在国外开专卖店的品牌，自2001年以来，至今已在欧美等10多个国家（地区），开出230多家皮鞋专卖店（柜）。法国巴黎专卖店的事迹入选"中国对外开放30年成就回顾展"。2006年经商务部批准，康奈集团牵头在俄罗斯乌苏里斯克建设经贸合作区，在"整合全球资源、实现跨越式发展"的道路上迈出了一大步。

康奈集团在发展过程中，得到党和国家领导人的高度重视，江泽民、温家宝、贾庆林、朱镕基、李克强等都曾亲临公司视察，给了康奈人极大的关怀与鼓舞。

秉持"事事超前，敢于领先"的创业精神，康奈必将在"成为世界名牌，成就百年基业"的愿景道路上走得更稳、更快、更远。

奥康集团

奥康集团前身为奥林鞋厂，创办于1988年。后来注册商标时，由于与"奥林匹克"

相冲突不能注册，改为"奥康"。从 3 万元、10 个人做起，艰苦创业，不断积累资金和制鞋经验。1992 年后，新建了 3 幢标准化厂房，投入了 160 多万元购置国内的机器设备，新招 300 多名员工，不断扩大生产规模。1994 年，大胆进行改革，把所有权与企业经营管理权相分离，打破家族式管理模式。20 世纪 90 年代中后期，皮鞋市场竞争加剧，奥康审时度势，引进特许经营的销售模式，导入连锁专卖，致力于特许经营的探索和实践。1998 年 1 月，第一家奥康连锁专卖店在永嘉县上塘镇正式亮相，这是中国皮鞋业的第一家连锁专卖店，现在奥康连锁专卖店已遍布大江南北。

公司研发实力雄厚，紧跟世界鞋业发展潮流，在浙江温州、广东东莞及意大利米兰设立三个鞋样研发中心，及时把新工艺、新材料、新设计理念和款式带给消费者，不断引领鞋业发展的时尚潮流。

公司始终坚持"百年奥康，全球品牌"的企业愿景，秉承"诚信、创新、人本、和谐"的企业核心价值观，持续坚持品牌建设，集团拥有奥康、康龙、美丽佳人、红火鸟 4 个自主品牌，2010 年，奥康又与意大利著名品牌万利威德结成战略联盟，取得万利威德的全球品牌经营权。奥康品牌先后获得中国真皮领先鞋王、中国名牌产品、中国驰名商标、首批全国重点保护品牌等荣誉称号。公司是北京 2008 年奥运会皮具产品供应商。

特丽雅皮鞋有限公司

特丽雅皮鞋有限公司于 1988 年 11 月 3 日成立，1989 年 10 月 10 日投产。作为一家中意合资企业，特丽雅注册资金 500 万美元，中方杭州制鞋总厂占 45%，中国银行浙江分行信托投资公司占 15%，意大利方坦丁工程有限公司占 40%。之后几年，投资总额追加至 800 万美元，特丽雅成为了当时规模最大的、最纯正的中意合资企业。在此以前，为数不多的几家国内合资企业中大部分不仅小，而且以港、澳、台合资或华侨合资企业为多。

1989 年 6 月 4 日，特丽雅从制鞋王国意大利引进了全自动制鞋流水线及先进的制鞋设备，如自动化的前帮机、后帮机、折边机等高效制鞋设备，改变了国内传统落后的劳动密集型手工制鞋的现状。促进了国内制鞋业机械化程度的提高。

特丽雅率先引进了用羊皮、蛇皮、马皮和鳄鱼皮做皮鞋的高端工艺，打造高端皮鞋制造，改变了国际市场对中国制造"价廉质劣"的错误认识。当时特丽雅尝试用羊皮、打光皮做皮鞋的时候，国内鞋厂还只能用猪皮或少量牛皮做皮鞋。当时国内皮鞋厂的每双皮鞋卖 24—25 元/双，而特丽雅皮鞋则卖到了 65—70 元/双，出口价格达到了 30 美元/双，在美国商场的零售价每双更是超过了 100 美元，而当时其他鞋厂生产的皮鞋出口价格仅为几美元。

新工艺、新技术、新材料不仅推动特丽雅自身在制造方面实施自我变革，而且还带动了供应链上有关厂商的创新发展。当时，受益最深、推动最大的有河南新乡制革厂、浙江海宁制革厂、浙江湖州南浔制革厂以及安徽阜阳制革厂等。他们一方面在内部管理上大刀阔斧提升工艺质量，另一方面不断从国外引进先进制革设备、先进生产工艺。

特丽雅是国内最早引进楦型设计企业，也是最早制造和使用塑料楦、塑料跟、硬板中底托板等工艺的企业。在这以前国内楦头都是木质的，跟也是木质的，很容易变型、断裂。

特丽雅建立后也培养了许多相关材料供应商，其中包括意大利罗马尼奥公司在深圳开设楦头厂为特丽雅服务。同样，刀模技术也是在当时的带动下诞生，彻底打破了原来手工裁剪模式。

特丽雅建立之初，有6位意大利技术人员常驻公司指导技术。其中一名任总经理，一名任设计师，两名是成型技术员，两名是制帮技术员。他们除一年两次休假外，长年从事公司管理及技术指导工作，一方面监督生产工艺流程，另一方面培训中国的设计师和制造技术人员，培养了特丽雅专业精干的设计师团队，无论是工艺还是品位，在行业中都得到了公认。

特丽雅（TALIA）因其独特的风格、别致的造型，风靡全国，从1993年先后荣获"中国鞋业大王"（由国家农业部、技术监督局、轻工业部联合颁发）、"中国真皮鞋王""中国500家外商投资企业""中国海关信得过企业""中国质量先进企业"等多项殊荣。

1993年，特丽雅公司组织了"中国质量万里行"活动。当时从武警部队借用了4辆汽车（一辆指挥小车、两辆大货车、一辆大巴车），制作了一只近4米长的巨型皮鞋，带着40多名杭州"喜得宝"模特和部分俄罗斯模特行走5600千米，从杭州出发后途经上海、南京、杭州、西安、太原、石家庄、天津、北京、大连、沈阳、长春，历时一月有余，最终到达哈尔滨，其间在各大商场采取"搭台展示、模特表演"等形式宣传产品和品牌。引起所到之地强烈反响，有的甚至惊动了当地市领导，委派警察出面维护秩序。

特丽雅公司领导在北京中南海，也先后受到了时任全国人大副委员长程思远、陈慕华和全国政协副主席洪学智的亲切接见。

2005年彻底关闭。

浙江红蜻蜓鞋业股份有限公司

红蜻蜓集团创立于1995年，是一家以制鞋为主的现代化企业。2007年，红蜻蜓围绕主业组建拟上市公司——浙江红蜻蜓鞋业股份有限公司。

红蜻蜓秉承"从距离中寻求接近，尊重关心每一位股东与员工，支持爱护的团队精神"的企业核心价值观，以"传承鞋履文化、专注鞋业科技、创造顾客体验"为企业使命，多年来实现了又好又快的发展。

目前，红蜻蜓已在永嘉、温州、上海、广州、重庆建立了五大鞋类研发与生产基地，在国内拥有25家销售分公司和覆盖全国各重点城市的4000多家销售终端。

红蜻蜓相继获得过"国家免检产品""中国名牌产品""中国真皮鞋王""中国驰名商标"等称号，连续多年被评为"最受消费者满意品牌""全国用户满意产品""中国最具价值品牌""中国最具影响力行业品牌""全国质量奖"等多项荣誉。

红蜻蜓在文化、科技、公益方面的努力，成为品牌最大的亮点。

红蜻蜓独特且执着地挖掘、研究和传播中华鞋履文化，15年来，红蜻蜓开创了多项全国第一：成立首个鞋文化研究室、组建首个鞋文化巡演小组、编辑出版了第一部《中国鞋履文化辞典》、出版发行了第一部鞋履文化丛书——《东方之履》、建成了第一个鞋文化博物馆——中国鞋文化博物馆、召开了首届全国鞋文化学术研讨会。

2007年9月，红蜻蜓与爱思康合作研发制造出中国第一双运动皮鞋，被认为是"中国鞋业走进科技时代"的标志性事件。红蜻蜓于行业中率先在意大利设立了研发中心，并先后与国内高校国外技术企业合作，建立了鞋科技实验室、人体足部力学工程实验室、检测实验室。红蜻蜓的鞋科技实验室先后被列为温州市研发中心、市技术中心、市检测中心、浙江省企业技术中心，该实验室还是通过"国家级实验室"认证的实验室。

红蜻蜓倡导"在路上，因为有你"的品牌主张，14年来坚持"财富越多，责任越大"的财富观，已累计为社会教育、新农村建设、赈灾重建等公益事业捐款5000多万元，红蜻蜓曾获得国家民政部颁发的首届"中华慈善奖"，公司董事长钱金波连续四次进入"胡润中国慈善企业家"排行榜前百名榜单。

红蜻蜓的愿景是成为一家现代、卓越、国际化的鞋服公司，打造备受尊敬的中国品牌。

芜湖市华侨皮鞋厂

芜湖市华侨皮鞋厂前身是1955年以华侨鞋店为基础组建的公私合营华侨皮鞋厂，当时，职工28人，日产皮鞋24双，布鞋48双。1956年接收市内10家私营鞋店、轮胎鞋底店并入，职工增至252人，厂房1000平方米，年工业产值40万元，利润2.23万元。1958年，该厂皮鞋开始批量出口苏联等国，次年，由国家投资在劳动路新建厂房4180平方米，1960年职工增至734人，生产皮鞋18万—27万双（出口8.54万双），创产值1000万元，利润150余万元。但随之一度追求高产，产品质量下降，遭中百站取消订货合同，生产急剧下降。1963年，产值仅214万元，利润2.63万元。1965年，该厂在省内首先生产胶粘皮鞋。1967年，企业转为国营企业。次年，首次出现亏损，亏损额6.29万元。1968年硫化鞋投产。1972年，该厂胶粘皮鞋开始批量生产，1977年首批引进捷克斯洛伐克制鞋设备5台，次年女中跟凉鞋、男青年八式皮鞋、童平跟凉鞋获国家轻工业部、化工部、商业部、标准总局颁发的优秀设计样品奖，胶粘皮鞋流水线新工艺也同时获奖。1979年该厂外加工做帮达60.9万双，约占全厂鞋帮总数的83.5%，出口皮鞋获省优质产品称号。1980年，该厂职工达957人，固定资产原值为180.4万元。1979年，创产值984.5万元，利税116万元，"金叶"牌女式胶粘皮鞋获省优质产品证书。1981年该厂引进法国制鞋设备9台，年设计生产外销样品达172种。1983年"羊面毛口女靴"获省毛皮制品优胜奖，1985年，投资300万元，引进法国、意大利皮鞋生产关键设备，并新开发"橡塑弹性材料鞋底"通过省级技术鉴定，填补了省内空白。同年，该厂花雀牌胶粘女鞋在华东、西南9省市皮鞋技术协作会获优秀产品一等奖。1985年底，该厂职工608人（不含厂外加工及厂办集体厂人员），建筑面积13816平方米，固定资产原值357.6万元，各种设备251台。1985年，产皮鞋51.18万双，居全省首位，当年出口皮鞋21.33万双，远销苏、美、日、法等20多个国家和地区，被省政府授予"出口创汇先进企业"，创工业产值839万元，利税105万元，其中利润56万元。

福州皮革厂

福州皮革厂始建于1951年7月，1953年时有职工123人，年产皮鞋107万双，利润

3.4万元。1958年，开始生产出口皮鞋，外销业务不断扩大。1978年，胶粘出口皮鞋获福州优质品称号；1979—1982年，生产的1 F2696男皮鞋和1 F2624猪绒面胶底男皮鞋，分获福建省二轻科技成果四等奖与省优质品称号；1983年12月，在北京全国出口商品生产基地专厂建设成果展览会上，猪软面革男、女轻便皮鞋获国家经贸部授予的荣誉证书；1985年，生产的5 F6656皮童凉鞋获省及全国儿童生活用品"金鹿奖"。该厂成为本省生产出口皮鞋的重点企业之一。

厦门市皮鞋厂

厦门市皮鞋厂1956年由"南京""大华""亚洲"等30余家皮鞋店联合组成。1958年，开始生产出口皮鞋，此后企业生产逐年发展，销售范围不断扩大。1981年，生产皮鞋11.14万双，其中出口6.32万双，占年产量的56.73%；年产值422万元，实现利润28.5万元，上缴税金20.5万元，创外汇20万美元。1990年，在册职工208人，厂房面积6820平方米，拥有固定资产245.8万元，生产各种男、女、童皮鞋及硫化皮鞋19万双，其中出口14.9万双、产值867万元，实现利税15.52万元。

石狮市富贵鸟集团公司

石狮市富贵鸟集团公司的前身为石狮市旅游纪念品厂，创立于1984年。

这个旅游纪念品厂以4万元起家，刚开始只请了十几名工人，连同既当老板又当工人的19个堂兄弟，也不过几十个人的劳动力，生产人造革的凉鞋和拖鞋。由于经营、管理制度不灵活，分工也不明确，劲没往一处使，参与创业的19位堂兄弟在磕磕绊绊中坚持了5年，多数人对这个厂的前景不看好，纷纷退股。最终持股的只有林和平、林和狮、林荣河与林国强。

1989年是富贵鸟集团发展史上一个重要的分水岭。这一年，旅游纪念品厂进行了重组，4个股东组成新的董事会，推选林和平当厂长，把公司的经营战略转向真皮休闲鞋，并开始注册"富贵鸟"商标。

转产第一年，即1990年，林和平就接到第一笔出口苏联一万多双鞋子的订单。当时工厂的车间是由一个破瓦窑改成的，一天最多生产100双鞋。在这样的生产条件下，林和平做到如期交货、保证质量，调整后的企业第一年就实现"开门红"，全年统计下来，出乎意料地卖出了10万双休闲皮鞋，相当于年计划产销量的10倍。

此时，他深深体会到，"竞争就是要快"，研发、款式变化要快，人才培训要快，企业发展也要快。

后来几年，他的产品一推向市场，即因款式新颖、温软舒适、祛汗除臭而获得认可，产销量剧增。石狮旅游纪念品厂这个濒临倒闭的小厂重新焕发出勃勃生机。

1991年，石狮旅游纪念品厂正式更名为石狮市福林鞋业有限公司。1992年，富贵鸟集团成立，下辖福林鞋业有限公司、富贵鸟鞋业发展有限公司、富贵鸟服饰发展有限公司等8家全资子公司。

富贵鸟皮鞋在赢得口碑的同时，也引来了不少人的争相仿冒。一时间，全国假冒伪劣的"富贵鸟"产品铺天盖地而来。

为净化市场环境、捍卫品牌尊严,林和平决定打假。除在全国各地以各种形式宣传打假外,他还与北京知识产权局联合打假,后来又在产品上应用了电码防伪查询系统。经历打假风波后,企业步入健康发展的快车道。

更名后的最初5年,"富贵鸟"发展很快,迅速占领全国各大市场,赢得大量荣誉。1991年,其凭优异的品质获得第一个国家级荣誉——农业部优质产品;1993年,在全国首届鞋业大王博览会上,其又被国家质检总局、质量检验协会、皮革工业协会等权威机构联合评定为"首届中国鞋王"。

随着市场变化,公司又推出女鞋系列,产品定位于中高档女鞋,逐步赢得了市场。

越过单一品类这道坎,企业迎来新的发展。1998年、2000年和2002年,企业连续三届获"中国真皮鞋王"称号。1999年,"富贵鸟"商标获得中国驰名商标,次年通过ISO 9000质量体系和产品质量双认证。其销售网点增至1500多个,辐射到全国大部分县市,销量在全国鞋类市场中遥遥领先,先后获得的荣誉和称号达100多项。

青岛孚德鞋业有限公司

青岛孚德鞋业有限公司始建于1933年,是专门生产女鞋的老字号鞋厂,20世纪80年代属于轻工业部重点企业,1986年新建厂房12000平方米,拥有员工540余人,引进了国外的先进制鞋设备,产品选料考究,做工精细,楦体造型既吸收传统楦型的精华,又结合时代流行楦体的造型,形成了"孚德"独特的风格。产品穿着舒适,灵巧,无疲劳感,款式新潮,线条流畅,深受女士们的青睐,许多消费者亲切地称"孚德"牌皮鞋为"青春常在"的老字号。"孚德"牌皮鞋两次荣获部优,四次荣获省优,曾荣获全国首届轻工业博览会金奖、山东省著名商标、山东名牌和青岛名牌,2001年、2004年两届被评为国家免检产品,2002年、2004年连续被中国皮革协会评为"中国真皮名鞋",2006年被中华人民共和国商务部认定为"中华老字号"。2003年企业技术中心被青岛市经贸委认定为"市级技术中心",1997年企业通过了ISO 9002质量认证体系,2003年通过ISO 9001:2000质量认证,标志着企业的管理水平已达到了国际先进水平。

威海市金猴集团有限责任公司

威海市金猴集团有限责任公司始建于1951年,拥有资产30多亿元,职工6000多人,下辖13个子公司,主要从事皮鞋、运动休闲鞋、鞋材、皮具、服装等系列产品的生产与销售,并涉足进出口贸易、房地产开发、酒店、物流等多个领域,综合实力位居中国皮革制品行业前三强,是中国皮革协会副理事长单位、山东省重点企业集团、国家大型工业企业。

主导产品"金猴"牌皮鞋多次荣获国产畅销商品"金桥奖",1994年在全国同行业率先通过ISO 9002质量认证,1998年以来先后获得"中国真皮鞋王""中国真皮领先鞋王""中国驰名商标""国家免检产品""中国名牌产品""中国最具市场竞争力品牌"等商界最高荣誉,2004年以来连续被列入《中国500最具价值品牌》。"金猴"牌皮具也先后获得"国家免检产品"和"中国名牌产品"称号。目前，金猴集团是全国同行业唯一拥有皮鞋、皮具两个"中国名牌产品"的企业。

进入21世纪以来，公司先后投资6亿多元，建起金猴鞋业、金猴皮具、金猴服装三个生产基地和一处业内最先进的物流配送中心，园区建设达到国内一流水平，先后通过了ISO 14001环境保证体系和SA8000社会责任保证体系认证，被国家旅游局认定为"全国工业旅游示范点"，被山东省环保厅认定为"省级环境保护先进企业""省级环境友好企业"，被山东省总工会评定为"四星级劳动关系和谐企业"。

青岛双星集团

青岛双星集团于1921年诞生，它的前身是"维新制带厂"，是最早的民族制鞋企业。1983年，"双星"商标正式注册。拥有80多年发展历史的双星集团，现已形成为鞋业、轮胎、机械、服装、热电五大支柱产业及印刷、绣品等三大配套在内的八大行业，5万名员工，140余家成员单位，资产总额60亿元，年销收入100亿元，出口创汇2亿美元，双星专业运动鞋、双星旅游鞋、双星皮鞋和双星轮胎均荣获"中国名牌"称号，"双星"商标首批被认定为"中国驰名商标"。

双星鞋业是全国规模最大的制鞋企业之一。尤其是改革开放以来，双星鞋业得到了很大的发展。相继建起双星开发区、海江、工业园、鲁中、中原、成都、贵阳、张家口、福建等十大鞋城，拥有140多条鞋类生产线，热硫化鞋、冷粘鞋、布鞋、皮鞋、注射鞋、专业鞋六大类并举，年产各类鞋近亿双。并在全国建立起10大经营战区、5000多家连锁店的经营网络；在国外设立美国、德国、俄罗斯、阿联酋等十个国家分公司，并与200多家国外客户建立贸易伙伴关系，拥有国家级技术科研开发中心和皮鞋类检测中心。双星牌运动鞋曾连续10多年夺得同类商品市场销售第一。

青岛亨达集团有限公司

青岛亨达集团有限公司1984年建厂时不足10人。1992年1月8日成立"青岛市亨达皮鞋厂"，注册为乡镇集体企业，有员工100多人。1996年10月24日以青岛市亨达皮鞋厂为核心企业，成立了青岛亨达（鞋业）集团有限公司；1998年至2000年，企业规模最大，在13个省市拥有生产工厂。1999年6月由"青岛亨达（鞋业）集团有限公司"更名为"青岛亨达集团有限公司"；2001年9月21日改制为私营企业，现已发展成为中国大型的民营企业集团。产品被认定为"中国驰名商标""中国名牌产品""中国真皮领先鞋王""全国消费者满意产品"等众多荣誉称号。

公司先后引进了12条国际先进制鞋流水线设备，建设了省级技术中心，每年投入科技经费达3000多万元，检测试验中试条件达到国内同行业领先。走上了集科研、设计、生产、销售于一体的规模化经营道路。产品成功进入东京三越百货、高岛屋、大丸百货等高档百货店，并在法国、意大利、美国、日本、韩国、俄罗斯、越南和中东地区等20多个国家和地区建立了分公司、办事处及业务合作关系。在国内建有3000多家专卖店和店中店。

青岛金羊皮鞋总厂

青岛金羊皮鞋总厂是 20 世纪 80 年代国内鞋业骨干企业，1990 年，工厂产值达 1731.2 万元，产量 106 万双，实现利税 253.7 万元，分别较改革开放前增长 282%、217%、416%，显示了良好的发展势头。企业一直奉行"以质量求生存，以品质求发展"的治厂方针，积极坚持名牌战略思想，推行全面质量管理，保证产品的高质量生产，1988 年企业荣获轻工业部质量管理奖，1989 年荣获轻工业部金龙腾飞奖。主要产品"金羊"牌男鞋，属青岛"金花"产品，连续三届在全国皮鞋质量评比中名列榜首，并分别于 1984 年、1990 年两次荣获国家质量最高奖银质奖，1990 年被评为国家 A 级企业。

际华三五一五皮革皮鞋有限公司

际华三五一五皮革皮鞋有限公司始建于 1950 年，其前身是中国人民解放军第三五一五工厂。2001 年，企业由军转民归属国务院国有资产监督管理委员会所属新兴铸管集团公司管理，是中央企业际华集团股份有限公司的子公司。

公司位于河南省漯河市。占地面积 33.7 万平方米。公司配备有军用铁路专用线一条，设置了站台式仓库，可随时根据需要进行整车发运。公司建有大型污水处理站，投入使用的污水处理系统获得"全军环境保护先进单位"称号。

经过 60 年的发展，公司成为军内的大型综合性示范单位，其生产规模最大、产品品种最齐全、技术研发力量最强，其皮革、皮球及橡胶制品集开发、生产与销售于一体，是国内竞争力较强的军需品生产出口企业和橡胶双密度皮鞋出口生产基地、国家特种防护鞋重点保护及研发试验生产基地。公司于 1996 年在国内皮革皮鞋行业率先通过 ISO 9001 国际质量体系认证，最早取得外贸进出口权。年生产各种款式、规格皮鞋 300 万双，加工黄牛皮革 50 万张。

公司所有制性质属国有独资。近年来，公司大力提升自主创新能力和技术装备水平，努力做大做强军品、民品、外贸三大市场。经济效益连续多年保持两位数增长速度，综合实力居国内同行业前列。主导产品"强人"牌皮鞋（模压结构）2006 年市场份额在国内各大同类企业中排名第 2 位。"强人"牌皮鞋出口世界 30 多个国家和地区，外贸订单和出口创汇逐年增长，公司在国际军需品市场建立了强有力的优势地位。

公司建有国内一流、国际先进的制革、制鞋生产线。拥有 6 条从德国、捷克、中国台湾等地购进的全新制鞋生产线。三条从德国、意大利引进的具有世界先进水平的德士玛（DESMA）双密度橡胶注射机及配套全新制鞋生产线，制鞋装备水平达到了国内领先、国际一流水平，特别是国际市场看好的橡胶双密度皮鞋具备了强大的生产能力。

公司坚持走自主研发、自主创新之路。拥有一支由中高级专业技术人员组成的实力强大的技术研发队伍，在自主研发上坚持向国际先进水平靠拢，充分利用国内外先进的制鞋技术、工艺、材料，按照不同地区、不同消费水平、不同脚型特点、不同消费需求研发轻软、舒适、健康、安全、环保的健康鞋、卫生鞋、环保鞋等系列产品。公司产品结构分为四大类：胶粘结构、模压结构、胶粘线缝（固特异）结构和双密度结构。并可根据要求制作具有耐酸碱、防穿刺、防静电等专业鞋靴。公司的研发方向是实施两大突破：在舒适性、减震、缓冲、保健卫生、耐磨性能上突破，在纳米皮革、导温鞋里、热溶环保方面突破。

军工技术、军工质量，使"强人"品牌成为消费者可信赖的品牌，公司在军内、国内、国际三大市场形成了强有力的质量竞争优势。产品先后装备了天安门国旗班、联合国中国维和部队、三军仪仗队、驻外使领馆武官、驻港部队、驻澳部队、国庆50周年大阅兵部队。先后荣获"轻工业部优质产品金奖""中国真皮标志名牌产品""中国真皮鞋王""全国用户满意产品""军队名牌产品""河南省名牌产品""河南省领先名鞋"等称号。2005年被国家质检总局授予"国家免检产品"称号。2009年荣获"中国驰名商标"称号。

公司注重以技术创新打造自主品牌。设有际华皮革皮鞋研究院，下设皮革、皮鞋、橡胶制品三个研发机构，每年新开发产品600多种、投入市场的新产品在70%以上。公司形成了新产品开发项目负责制、新产品研发专项资金、科研成果转化机制，研发奖励激励机制等完善的技术创新机制，充分利用国内外先进的制鞋技术提高产品的技术含量，在军警系列鞋靴，特别是橡胶双密度皮鞋研发方面形成了独有的专利技术，成为公司在国内国际市场上的主打产品，2007年被国家知识产权局授予"外观设计专利证书"（ZL 2006 30100863.2），有32项专利获得专利申请受理书，专利工作受到了省、市科技部门的表彰和奖励。

郑州市皮鞋厂

郑州市皮鞋厂建于1953年，1958年转为全民企业，1985年末，职工人数达715人，占地面积1.91万平方米，直接生产面积0.73万平方米，固定资产原值350万元。年产值874.7万元，利税总额242.6万元，各种皮鞋年生产能力为70万双。

该厂是河南省生产皮鞋的主要企业之一。从1957年起，对苏联、加拿大、中国港澳等国家和地区出口。1978年被省外贸列为出口皮鞋免检单位。该厂生产的皮鞋以"黄河"牌为商标。品种多、款式繁，在国内外商场享有较高的声誉。该厂首创的男、女包底皮鞋造型美观，别具一格，其中女包底皮鞋获1980年省二轻厅优质产品称号。1984年和1985年有女八分跟皮鞋等15个品种获省二轻厅优秀设计奖。1985年，该厂被评为河南省和郑州市"企业整顿先进单位"。

开封皮鞋厂

开封皮鞋厂于1958年3月建厂，其前身是1954年5月建立的开封市制鞋生产组。1985年末职工1105人，占地面积1.42万平方米，厂房面积1.48万平方米，固定资产原值355.5万元，流动资金77.5万元，拥有大中型专用设备245台，年产值760万元，利税总额54万元，年生产能力90万双。

开封皮鞋厂是河南省皮鞋生产的主要企业之一。建厂的最初几年，只生产线缝皮鞋。1966年开始生产模压皮鞋。1967年试制成功了硫化皮鞋。1969年轻工业部在该厂召开现场会，在全国推广了硫化鞋生产工艺。1978年，这个厂开始生产胶粘皮鞋，并安装了一条胶粘皮鞋生产线。1980年，进行了技术改造，共用款122.1万元。1981年完成技术改造，当年年产皮鞋87.8万双。比1958年增加了20倍。该厂1957年即对苏联出口皮鞋。到1985年，共对亚、非、欧30个国家和地区销出皮鞋136.57万双。1985年，产品品种有64种，投入生产的新花色、新款式有185个。

开封皮鞋厂自1954年"制鞋生产组"建立到1985年，共完成工业总产值1.03亿元，生产各种皮鞋927万双，创利润517万元。1985年，被开封市政府评为"经济效益显著单位"和"企业整顿先进单位"。

河南鞋城皮革（集团）总公司

河南鞋城皮革（集团）有限公司始建于1980年，1994年被农业部命名为"全国乡镇企业集团"，2003年通过ISO 9001国际质量管理体系和ISO 14001环境管理体系认证，曾在上海、广州、重庆、河南等地投资兴建企业，拥有国内24个分公司、9个办事处和3个国外分公司，总资产共18.5亿元，生产规模位居全国同行业前列。"龙凤"牌皮革和"搏玛"牌运动鞋为知名品牌，产品销往上海、广州、重庆、温州等国内20多个省市及美国、加拿大、荷兰、新加坡、澳大利亚、新西兰、西班牙、中国香港、中国台湾等10多个国家和地区，曾获"中国皮革工业龙头企业""全国出口创汇先进乡镇企业""中国皮鞋企业质量达标企业""全国皮革鞣制加工行业排头兵""河南皮革行业十佳企业""全国出口创汇先进乡镇企业""中国乡镇企业行业最大经营规模第一名""全国最佳经济效益乡镇企业""国家级乡镇企业集团""河南省综合实力百强企业""AAA级信用企业"等称号，成立有"河南省工程技术研究中心"，是中国最有影响力的皮革研发基地。主导产品"龙凤"牌皮革和"勃朗"牌运动鞋曾获"省优""部优"。

2009年底，财鑫集团对鞋城集团进行资产重组，成立河南三和皮革制品公司，主要经营牛皮鞋面革、牛皮沙发革、各种皮鞋、运动鞋等，年投生牛皮量可达260万张，产皮量可达5000万英尺，其中鞋面革3400英尺、沙发革1600英尺；年出口运动鞋可达600万双，年产值可达6亿元人民币以上。公司具有现代化的污水处理厂，完全实现达标排放。

郑州市双凤鞋业有限公司

郑州市双凤皮鞋厂创建于1984年，2002年1月经有关部门批准，企业进行了改制，更名为郑州市双凤鞋业有限公司。

建厂20多年来，企业由小到大、持续健康发展。公司现位于郑州经济技术开发区经北五路72号，占地面积3.8万平方米，拥有员工近2000名，有8条生产流水线，有先进的生产设备和检验设备400余台（套），其中意大利进口设备有订跟机，片皮机，冷、热定型机等多台。生产的皮鞋有绅士、休闲、青春、中老年、特大号、多功能等六大系列，年生产能力达300余万双。公司在河南省省会郑州市开设自营专卖店70多家，在全国各地拥有双凤皮鞋加盟商180多家。双凤鞋业是河南省皮鞋生产的重点企业，"双凤"牌皮鞋是中原大地的一个知名品牌。

公司始终坚持"做鞋人想着穿鞋人"的企业宗旨，贯彻"创百年品牌，建长青基业"的经营理念，以市场为导向，以质量求生存，十分重视企业内部的管理和员工素质的提高，为生产高质量的产品打下了坚实的基础。公司1999年通过了ISO 9002质量管理体系认证，2002年又顺利通过了ISO 9001认证，切实保证了公司产品质量水平的不断提高和完善。经过20多年的打造，"双凤"牌男女皮鞋以其款式新、质量优、价格适中的特点为中原父老所赞誉，深受广大消费者的信赖。

"宁让企业吃亏，也要让消费者满意"是双凤鞋业对广大消费者的承诺。在售后服务上，公司实施了三项举措：限时服务、无节假日服务和义务修鞋服务，受到了顾客的一致好评，企业在社会上享有很高的信誉度和美誉度。2001年以来，企业和产品先后荣获多项荣誉，主要有：2001年3月、2004年9月、2007年12月双凤皮鞋先后荣获"国家免检"产品，2001年7月、2005年9月、2008年12月双凤商标先后荣获"河南省著名商标"，2001年9月、2004年9月、2007年11月"双凤"皮鞋先后荣获"河南省名牌"产品，2004年2月、2006年2月双凤牌皮鞋先后荣获"中国真皮名鞋"荣誉，2009年4月双凤皮鞋荣获"2009中国真皮鞋王"荣誉，2008年12月双凤公司荣获"河南省信用建设示范单位"。公司技术中心于2008年被认定为郑州市企业技术中心，2009年被认定为河南省企业技术中心。

漯河市雷鸣鞋业有限公司

漯河市雷鸣鞋业有限公司创建于1993年，经过10余年的励精图治、创新发展，已经发展成为河南省最大的制鞋产业集团之一、漯河市民营企业的杰出代表、河南省皮革行业重点骨干企业、省皮革行业协会常务理事单位。

公司位于漯河市孟南工业区，占地面积6.6万平方米。集制革、制鞋、聚氨酯鞋底生产于一体，具有年产皮鞋100万双、皮革120万平方英尺、聚氨酯鞋底700万双的生产规模，年销售收入1亿元。

雷鸣鞋业始终坚持视质量如生命，确立了"诚信超越生命，质量重于泰山"的经营理念，时刻铭记"做鞋人时刻想着穿鞋人"的经营宗旨，不断提升产品质量，兼修产品外观内涵，力践诚信经营承诺，得到了消费者和社会各界的高度认可。公司依靠科技管理进步，实施名牌战略，引进国内外先进的生产技术设备，建成了独立配套、功能齐全、灵活多变、适应性强的制革、制鞋、鞋底生产的集约型现代化生产体系，其中皮鞋更是涵盖"胶粘、线缝、模压、固特异"四大结构，具有生产各种规格产品的综合生产实力。

公司以"漯颖""雷鸣""3599军工皮鞋""三丰"胶底和黄牛皮革三大系列产品为支柱，建立了"快捷、稳固、完善、高效"的营销网络，在省内外30多个地市建立了5个办事处、12家总代理、200余家专卖店，形成了完整的连锁专卖体系。2005年，雷鸣鞋业一举荣获河南省名牌产品、河南省著名商标、河南省免检产品三项省级顶尖质量荣誉，2007年荣获"国家免检产品"称号，雷鸣鞋业一跃成为河南省制鞋行业的杰出企业代表，并全面进入由省级名牌向中国名牌昂首挺进的发展势态！

由于公司产品质量过硬，先后为河南3515工厂、石家庄3514工厂、南京3503工厂、武汉天鸣、南京卡曼、杭州国兴、广州凯迈盛等近20户有实力、加工数量大、结算迅速的军品或出口大户加工皮鞋,产品外销到中东和非洲等国家。

2009年,公司审时度势,乘势而上,新上了两条新型生产线——全球鞋类市场较为流行的注塑鞋和新型模压鞋。新型模压鞋具有帮底结合牢固、鞋底耐磨、轻便、耐穿性特征,同时由于其新颖的结构设计及适用工艺,大大提高了模压鞋的防护功能,使之便于运动。在外观和功能上,比传统模压鞋有明显的改善。注塑鞋是一种新型鞋,又称PU泡沫鞋。它具有弹性好、强度高、耐寒、耐屈挠、耐磨、涂饰性好等优点,特别是PU泡沫鞋底具有比重小、防弹性好、耐油及绝缘性好等优点而得到迅速发展。而且这种鞋具有微孔结构、隔热、保湿、穿着舒适,它的密度仅为普通橡胶的一半,但耐磨性反而比橡胶高出一倍以上。

武汉茂记皮鞋厂

武汉茂记皮鞋厂创始于1912年,由李姓浙江人创办。开始是以皮具、箱包为主,其地址在武汉市车站路和中山大道路口。由于靠近租界,有许多俄国人喜欢皮靴和厚皮鞋,因此在20世纪30年代,开始做皮鞋和皮靴,很快就做出了名气,在此开办了专卖店,生意很红火。其特点是:用料考究,做工精细,质量上乘,穿着舒适。1956年公私合营阶段,茂记皮鞋和7家小皮鞋作坊合并,组建国营武汉市茂记皮鞋厂,开始了国有计划经济年代的皮鞋生产。1958年8月,久负盛名的修成记等皮鞋店并入,故有较雄厚的技术力量,尤擅长传统线缝皮鞋。1956—1978年的22年中,皮鞋产量维持在年产量5万—8万双。设备除了缝纫机车帮,其他都是手工生产。以线缝工艺为主,有一部分胶粘工艺皮鞋。20世纪70年代初,开发了模压皮鞋。其产量才有了较大的提高,到了70年代末期,年产皮鞋30多万双,线缝皮鞋每年只有3万—4万双的产量。

1981年武汉市二轻局决定将江华家具板箱合作工厂并入,实行"国营与集体合营"。厂址设于新华路取水楼,占地面积9836平方米;次年底,成立专产线缝皮鞋车间。1980年后,工厂实行联产承包,企业稳步增长。这一期间,工厂在武汉三镇增加了多个专卖店,并在武汉的五大商场设有专柜。年产皮鞋35万—40万双。到1985年底,有职工483人,年产线缝皮鞋3.66万双,较1980年增长1.67倍。

1997年,为了利用好"茂记"皮鞋的品牌,扩大规模,武汉市专门组建了武汉茂记集团有限公司,将原来第二皮鞋厂、第三皮鞋厂并入。由于经营无特色,管理不到位,企业开始走下坡路。组建茂记集团有限公司的当年,企业就出现亏损,产销量也下滑,1998年企业走入困境,茂记不再辉煌。到了2002年,国有企业改制,70%以上职工解除劳动合同离厂。到了2004年,茂记皮鞋厂再次改制,由武汉黄陂人吴先生注资,控制茂记皮鞋51%的股份,试图再创辉煌,运行1年后,仍然没有起色,到2007年,茂记皮鞋全面停产。

武汉第一皮鞋厂

武汉第一皮鞋厂为武汉皮鞋行业中规模最大的专业工厂,年产量约占全市皮鞋生产总量的1/3。1950年4月从中南军区后勤军需部第一局皮革厂分出建厂。

1949年12月，后勤部皮革厂接上级指示，迅速组织军用鞋生产，抽调4名干部，配备7名军工，以汉口庆安里109号旧皮件厂工房作生产车间，招收54名工人和集中27台缝纫机，于12月19日开工生产。月产军用干部皮鞋279双。此时皮革厂设装备科，制鞋部分属装备科管辖。1950年4月装备科改为"皮革分厂"，直属军需部领导。1951—1954年，先后易名为江〇三六工厂、军需后勤部二〇八工厂，并与二〇六厂（制革）合并，仍称后勤军需部二〇八工厂。1956年2月，移交地方管理，改名武汉市国营武汉皮革联合工厂。1965年初将制鞋分出，成立武汉市国营第一皮鞋厂。1985年底，全部员工（含附属工厂）1730人，其中工程技术人员23人。厂房建筑面积37012平方米。拥有国内外各种制鞋设备906台，其中专业设备784台（制帮532台、配底252台），安装劳保鞋、模压鞋、硫化鞋和冷胶粘鞋4条机械化流水线，年生产能力216万双。

1950—1955年，其所产皮鞋均供部队需要，计产男女干部、战士皮鞋459.4万双。1956年转为地方工业，实行商品生产，制作各式男女皮鞋、皮靴、皮凉鞋及出口皮鞋、童鞋，并在武汉皮鞋业中率先进行制鞋工艺的改革，先后进行胶粘、模压、硫化皮鞋的试制和批量生产。"六五"计划末期，还研究成功皮鞋"粘缝结合"新工艺。1962年引进广州技艺用模压工艺生产的半高靿男鞋在国际市场上颇受欢迎。1978年，冷胶粘男、女皮鞋、模压半高跟女皮鞋、硫化女棉鞋等4个品种，被评为全省一类产品；在"全国推广鞋号成果展览"时，送展的高靿女棉鞋、伞兵靴等获优秀设计样品奖。其机缝内帮北式男皮鞋于1980年、1982年均被评为省优质产品；1985年设计的旗袍皮鞋获轻工业部优秀新产品奖。

第一皮鞋厂利润总额在武汉市同行中历来遥遥领先。20世纪70年代末期，年利润在100万元以上。1980年为298万元，但自1981年起逐年下降，1982年为121万元，1983年降为15万元，1985年仅1万元。

湖北美达皮鞋厂

湖北美达皮鞋厂位于广济县武穴镇，是在1952年创建的武穴革履生产合作社的基础上发展起来的。1985年，有职工272人，设备70多台套，年产皮鞋24万双。该厂生产的美达牌线缝牛皮鞋，穿着舒适，深受中老年欢迎。

湖北万足皮鞋有限公司

湖北万足皮鞋有限公司是湖北宜昌市的一个小型皮鞋厂，其前身也是一个皮革社。公司位于三峡工程所在地——宜昌市夷陵区，创办于1975年。创办初期以做手工布鞋起家，逐步增加劳保、胶粘皮鞋，成为第一家乡办集体企业——宜昌县皮鞋厂。经历了35年的风雨历程，从年产值1.3万元，年销售收入8000余元，发展到拥有资产2000多万元，年产值8000多万元，年销售收入7000多万元，可创利税1000多万元。

2001年4月，已有20多年历史的宜昌万足鞋业有限公司改为股份制企业，万足鞋业把创品牌作为自身提质上档的重要突破口来抓。

公司曾先后荣获"湖北省消费者满意企业""湖北省重合同守信用企业""宜昌市管理样板企业"等称号,公司生产的飞美皮鞋曾获"中国鞋业博览会设计金奖",百利豪皮鞋被评为"宜昌市质量信得过产品"和"宜昌市名牌产品"。

公司的主打产品"飞美牌"女鞋是上海飞美在宜昌的延伸,在引进来的同时,公司也积极创新,公司的自创品牌"百利豪"系列皮鞋,通过选用上乘的皮革、耐磨的鞋底等材料和精湛的工艺精制而成,在款式风格等方面力求匠心独用,别具一格,深受广大市民的喜爱。

经过近10年的发展,宜昌万足鞋业有限公司终于完成美丽蜕变,破茧成蝶。公司现拥有资产总额2000多万元,各类制鞋机械200多台(套)。公司产品以中档为主,具有真材实料、舒适耐穿、适合大众消费等特点,销售网络遍布全国40多个大中城市和近200个县级市场,深受广大消费者的喜爱,其主导产品为"飞美""百利豪"牌男女式皮鞋,年生产能力100万双。

湖南涓江鞋业有限公司

湖南涓江鞋业有限公司位于湘潭县易俗河经济开发区,占地面积11087平方米,建筑面积8248平方米,车间有三条大生产流水线,各类生产设备126台,年生产量为64万双,现有员工345人,其中生产人员310人。公司2009年实现销售收入6420万元,利税456万元。

湖南涓江鞋业有限公司的前身为湘潭县粟山皮鞋厂,创建于1987年,当时员工24人,设备十分简陋,基本依靠手工操作。1996年更名为湘潭县涓江鞋业有限公司,搬迁到湘潭县青山桥镇,兴建了两栋四层的厂房,建筑面积2628平方米,引进了一条生产流水线,有员工69人,年生产皮鞋9.8万双。2003年公司更名为湖南涓江鞋业有限公司,同时扩产增员,员工达149人,年生产皮鞋20万双。2006年公司再次迁到湘潭易俗河经济开发区。

该厂在1991年元月为产品注册"涓江"商标,开启了品牌战略的发展之门。经过不断地创新发展,"涓江"品牌脱颖而出,2002年、2005年、2008年先后被湖南省工商局评为"湖南省著名商标",被中国皮革协会授予"中国真皮标志产品",2009年又被湖南省技术监督局评为"湖南省名牌产品"。同时,涓江厂严把质量关、精工细作,以质量求生存,以信誉拓市场。他们还储备了休闲鞋、板鞋、元口鞋、罗马鞋、绅士鞋、皮靴等486个皮鞋品种,以适应时尚和市场需求的不断变化。因此,涓江皮鞋成功地在湖南、湖北、广东、广西、江西、河南、河北、安徽等省的市场上占据了一席之地,逐步形成了自己的营销网络。

百丽国际控股有限公司

百丽国际控股有限公司(以下简称"百丽国际")是中国最大的女鞋及运动服饰零售商,2009年销售规模达200亿元人民币。公司1991年创建于深圳,2007年5月23日在香港联合交易所成功上市,成为香港证券市场市值最大的中国零售集团(港股代码:

01880)。

百丽国际拥有中国最庞大的零售网络，由东北、华北、西北、鲁豫、华东、华中、华南、西南、广州、云贵、港澳等11个区域组成，覆盖中国包括香港、澳门在内的300多个城市。截至2009年12月31日，百丽国际自营零售店达到9612家，在香港和澳门拥有自营零售店近200家。百丽国际以"供应链控制最大化，供应链运行快速化"为经营战略，自有品牌主要采用纵向一体化的经营模式，包括产品研发、采购、生产制造、分销及零售。公司在深圳、东莞、江苏建湖、安徽宿州以及湖北秭归设有5个配有先进设备的制造基地，每年生产超过2300万双鞋品，从设计、技术开发、高效生产、严谨质检到系统物流，生产系统为销售提供全方位一条龙的支持服务。

百丽国际拥有不同层次不同风格的品牌近30个。

鞋类业务的自有品牌包括（截至2009年12月31日）：Belle（百丽）、Teenmix（天美意）、Tata（他她）、Staccato（思加图）、Senda（森达）、Basto（百思图）、JipiJapa、Millie's（妙丽）、Joy & Peace（真美诗）及Mirabell（美丽宝）等；代理品牌包括Bata、Geox、Clarks、Mephisto、BCBG、Merrell、Sebago及Caterpillar等。

据中国行业企业信息中心统计，2009年度以销售额计，中国女皮鞋市场排名前10名中，有6个品牌属于该公司，分别是百丽（第一）、天美意（第二）、他她（第三）、思加图（第六）、森达女鞋（第七）和百思图（第九）；森达男鞋居男装皮鞋市场排名首位。其中，Belle（百丽）品牌连续14年荣居中国女装鞋销售榜首。

公司产品先后被授予中国驰名商标、中国名牌产品、中国免检产品、中国真皮领先鞋王、中国标准化创新贡献奖、中国500最具价值品牌等称号。

佛山星期六鞋业股份有限公司

佛山星期六鞋业股份有限公司始建于1993年，拥有标准化的厂房26000多平方米，员工4700多人。作为一家女鞋制造及零售商，公司以自有品牌运营为核心，以市场为导向，以时尚为基础要素，自主研发、设计、营销推广、分销和零售鞋类产品。

该公司拥有5个自有品牌——"ST&SAT"（星期六）、"SAFIYA"（索菲娅）、"FONDBERYL"（菲伯丽尔）、"MOOFFY"、"RIZZO"及两个代理的国际品牌——Baldinini、Killah. 已在国内建立了的1300多家品牌连锁店，

作为女鞋制造及零售商，该公司采用多品牌发展策略，始终把时尚及原创放在塑造各类品牌的核心位置。公司的设计研发、营销策划、网络建设、广告、人才培训、文化建设均以时尚为基础，形成了个性鲜明的多个时尚品牌形象。

"ST&SAT"（星期六）品牌以时尚为主要风格，以追求时尚观念和流行品位的年轻女性为主要消费群。"ST&SAT"（星期六）品牌2005年曾荣获广东省质量技术监督局"广东省名牌产品"称号，2006年获"产品质量国家免检"称号，2007年获"广东省著名商标"、"全国用户满意产品"称号，连续多年进入CIIIC发布的中国十大女鞋品牌销售榜，进入中国皮革协会2006年、2009年"中国真皮名鞋"榜；被中国质量协会评为"全国实施卓越绩效模式先进企业"；2008年荣获广东省实施卓越绩效模式先进企业特别奖称号；被授予佛山市纳税超5000万元企业；荣获全国实施卓越绩效模式先进企业称号；

"ST&SAT"品牌被评为全国用户满意产品；被授予连续五年守合同重信用企业；2009年ST&SAT品牌荣获中国真皮鞋王称号；被中国皮革协会授予真皮标志使用资格证书。

该公司于2009年9月3日在国内A股市场成功上市。

华坚集团

华坚集团前身为东莞市华坚鞋业有限公司，创建于1996年10月，总部设在广东省东莞市南城区，下属子公司有东莞华宝、赣州华坚、江门裕华、河南项城华丰、东莞市华坤、赣州市众和有限公司等。经过10多年的发展，现拥有员工2万多人、40多条现代化制鞋流水线，年产鞋类1600万双，是集研发、贸易、皮革制造、鞋材制造、鞋机配套、成品加工、物流配送于一体的中高档真皮女鞋制造企业，其实力雄厚，与派诺蒙、利威等多家著名贸易公司建立了战略合作伙伴关系，主要生产 NINE WEST、EASY SPIRIT、CONNIE、GUESS、BEBE、KENNETH COLE、MARC FISHER、REPLAY、JIMLAR（CK、COACH）、NINA、CLARKS、BANDOLINO、AEROSOLES、BCBG、CARLOS、MARC O'POLO、ROCKPORT、DKNY等品牌鞋，产品80%为真皮制造，95%以上出口外销。

华坚集团苦练内功，全面推行生产线的精益改造，加大自主研发投入，导入德国最先进的管理软件SAP系统，与清华大学工业工程系联合成立"清华华坚工业工程研究中心"和试验基地。华坚集团在行业内首次成功创办"世界鞋业发展论坛"，在行业内首次提出并积极推动世界鞋业（亚洲）总部基地，为世界鞋业新材料、新技术、新产品、新品牌、科技人才、项目推广进入中国建立了良好的承接平台，也为推动中国鞋业产业升级及走向世界打造了重要的展示平台。

华坚集团从"做精、做强、做稳、做好、做大、做百年企业"的目标出发，以"建文明小社会、创高效大集团"为企业目标，秉承"以人为本，服务人类"的经营理念和"为社会而生存，为行业而努力"的企业宗旨，热心于公益事业。2004年，获"全国外商投资双优企业"称号，2008年获"东莞市外资企业升级转型奖"。该公司董事长张华荣先生2008年12月获由中华全国总工会和中华工商业联合会授予的"关爱员工优秀民营企业家"称号，2009年获由中华全国总工会颁发的"全国五一劳动奖章"，2010年获由中华人民共和国国务院授予的"全国劳动模范"称号。

南宁市皮鞋厂

中华民国十八年（1929年），官办的南宁制革厂分设皮鞋车间。中华民国二十五年（1936年），南宁有大小私营皮鞋工厂和作坊70家。中华民国二十八年（1939年），日本军队侵占南宁，各业四散谋生，直至新中国成立前夕，未能恢复正常生产，失业者甚众。新中国成立后，1951年3月，政府组织失业工人生产自救，组建了革履工人生产合作社。1955年与红星皮鞋生产合作社合并，改名为皮鞋生产合作社。1958年，上海内迁广西的地方国营友谊皮鞋厂加入，易名为友谊制革厂的皮鞋车间。1964年单独划出建厂，是广西皮鞋生产规模和产量最大的全民所有制企业。厂区占地面积118717平方米，房屋建筑面积33227平方米。1990年，有职工538人，工程技术人员18人，固定资产原值358.7

万元，净值 155 万元，分 7 个车间，拥有生产设备 395 台（套），其中原料加工设备胶浆搅拌机 4 台，开炼压胶机 3 台，专用设备剪料机 4 台，缝外线机 5 台，缝内线机 4 台，裁料机 25 台，绷楦机 4 台，高速粘合机 6 台，皮鞋缝纫机 136 台，精铣鞋楦机 1 台等，皮鞋年生产能力达 70 万双，实际产量为 50.65 万双，完成工业产值 1270 万元，全员劳动生产率 10798 元／人，实现利税 37.5 万元。该厂生产皮鞋面革原材料以黄牛面革、猪里革为主，也采用羊面革、猪苯胺革和合成革。生产的主要产品品种有：男鞋的软面仿意大利成型底皮鞋、仿皮底软面牛皮鞋、成型底牛皮鞋、仿皮底牛皮鞋、上线牛皮鞋、上线网眼牛皮鞋、出口羊皮鞋、软面牛皮童鞋；女鞋的高跟仿皮底牛皮鞋、成型底牛皮鞋、牛皮童鞋。凉鞋有各种男式女式的合成革凉鞋、牛皮凉鞋。鞋型多样，鞋头除了常见的尖圆、方、扁等形状外，还有船形、蝴蝶形、菊花形、大丽花形等 30 多个品种。鞋号较齐全，一般男鞋有 23—27 厘米的鞋号，还有特小、特大、伤残、畸形脚型的订鞋业务。皮鞋颜色有红、紫红、粉红、黄、白、黑、翠绿等。该厂还自己生产鞋楦，年产达 3 万多双，除自用外，还供应各地皮鞋厂。

桂平县皮鞋厂

清光绪末年，广西桂平县内城厢、江口、石咀、罗秀等圩镇已有制革和制鞋家庭手工业。中华民国十三年（1924 年），广西有名的钟连科鞋厂在该县设皮鞋分厂，雇工 20 人，兼营布鞋、文具，中华民国二十五年（1936 年）已发展为拥有雇工 200 人，各式缝纫机 100 多台的专业皮鞋厂。中华民国三十三年（1944 年），因日本军队的飞机炸毁而关闭。新中国成立前夕，县城从事经营皮鞋生产销售的店坊仍有安安、安然、最新等 8 家，年产量 4000 多双。1954 年，8 家鞋店组成皮革生产合作社，1958 年，同江口皮革生产合作社合并，定名为桂平橡胶皮革厂，属集体所有制企业，生产上线皮鞋和"胡志明胶鞋"（车轮胎为鞋底，软胶条为鞋帮），1966 年以前，年产手工上线皮鞋 3000 双左右。1966 年到 1971 年，该厂除了生产皮鞋外，还生产胶草鞋和布草鞋，年产值 14.62 万元，销售额 12.2 万元。1971 年，购进了硫化鞋生产线，生产硫化皮鞋，改名为皮革厂。从 1971 年至 1975 年，先后购进了生产设备 17 台，年均产皮鞋 1634 万双，其中硫化鞋 0.36 万双，年均产值 28.6 万元。1976 年至 1980 年，购进了发电机、空气压缩机、炼胶机、内线机、柴油机、下料机、皮鞋缝纫机等设备 24 台。成为玉林地区制鞋业机械设备较好的企业，年均产皮鞋 6.1 万双，淘汰了胶草鞋。皮鞋销往广东、山西、四川、上海等地。1984 年，轻工业部和国家民委确定该厂为少数民族用品生产定点企业，给予减免税和低息贷款的优惠。该厂利用这种优惠，新建了两栋车间，购进胶粘鞋流水作业线一条，红外线烘箱 2 台，削边机 4 台，模压机 16 台，高速粘合机 2 台，片帮机 3 台，1985 年皮鞋产量增加到 11.23 万双。"七五"期间，开发了儿童皮鞋产品，新建一栋车间大楼（2100 平方米），在广西各地建立了 60 多个销售网点，进一步促进生产发展。1990 年，有职工 204 人，工程技术人员 2 人，固定资产原值 119.92 万元，净值 48.85 万元，生产皮鞋 18.3 万双，主要产品有反绒劳保皮鞋、正面男女皮鞋、凉鞋和童鞋，完成工业产值 458 万元，全员劳动生产率 11553 元／人，实现利税 17 万元。

重庆皮鞋厂

重庆皮鞋厂为全民所有制县团级企业。厂址为江北区董家溪建设村特1号。

重庆皮鞋厂前身为国营重庆皮鞋厂,是国民党经济部中央工业试验所制革鞣料示范工厂,厂址设于江北盘溪,开办于1939年,以革制品试验为主,革制品试验成功后投入生产供军需民用。新中国成立后收归国有,更名为地方国营重庆皮革厂,隶属于重庆市企业局管理,后属市第二工业局、市轻工局领导。1953年6月,四五六厂十所和公私合营的体育用品厂并入该厂,厂址迁至江北董家溪,三厂合并后,职工人数显著增加,房屋面积逐步扩大,机器设备也逐渐增多,产品品种也相应增加。主要生产皮革、皮鞋、皮件及体育用品(各类皮制球)。为了专业化生产,1958年将制革车间调整给川威制革厂。同年,江北便鞋社、江北劳保厂、江北劳保制品二厂调整并入该厂。1964年将皮件车间划出成立江北皮件厂。1965年改名为重庆模压皮鞋厂,主要生产模压皮鞋。1966年又将制球车间划出成立重庆制球厂。1984年更名为重庆皮鞋厂,主要生产模压皮鞋、硫化皮鞋、胶粘皮鞋、布面胶鞋。

该厂1964年试制成功模压皮鞋并大量投入生产,当年生产的猪皮女鞋被评为全国一类第一名。1966年试制成功硫化皮鞋并批量投入生产。1982年试制成功手工胶粘旅游鞋,为西南地区首创。1985年生产的压花皮鞋获四川省优秀新产品称号。"六五"期间,投资129万元,用汇39.9万美元,引进意大利十二工位双色注射机,开始机制旅游鞋生产。

该厂1979年5月被中共四川省委、省革命委员会命名为"大庆式企业"。1982年被重庆市委、市政府命名为"文明工厂",1983年获市人民政府颁发的首批企业全面整顿合格证书。1989年中共重庆市委办公厅批准该厂为县团级工厂,1985年获重庆市三级节能先进企业称号。

1985年该厂有职工721人(不含厂办大集体光明皮鞋厂275人),固定资产原值332.28万元,净值170.12万元,厂区面积44831平方米,建筑面积25459平方米,拥有制鞋专用设备62台(套),主要有裁料机10台、绷楦机组4台9(套)、内线机1台、缝纫机19台、炼胶设备14台。1985年生产皮鞋40.37万双,布面胶鞋297.83万双,工业总产值(80年不变价)1398.9万元,利税总额205.5万元,创利润136.25万元。

按重庆市政府国有中小企业的退出政策,于2004年6月破产,平稳退出,职工分流安置。

重庆新华皮鞋厂

重庆新华皮鞋厂创办于1946年10月,厂址在重庆市中区民族路的龙池口。1956年经政府批准公私合营,先后经过4次并厂,合并了18个单位,其中有1个地方国营单位、1个生产合作社,其余均为私营皮鞋作坊和兼有门市部的鞋店,合并后全厂职工人数共324人,其中生产工人261人。该厂主要由新华、金山两厂组成,故一度名为新华金山皮鞋厂,1963年正式定名为重庆新华皮鞋厂,属全民所有制,厂址迁至南岸玄坛庙。该厂以生产男皮鞋为主,1965年起改线缝工艺为胶粘工艺生产,生产的三接尖胶粘男皮鞋在省内外都享有较高声誉,"飞箭牌"三接尖牛皮男鞋1979年获四川省优质产品称号,1980年获重庆市优质产品称号。20世纪70年代末投资70多万元建成出口皮鞋车间,年生产出口皮鞋可达20万双。

1979年被中共四川省委、四川省革命委员会命名为大庆式企业,1983年获重庆市人民政府颁发的企业全面整顿合格证书。

1985年全厂有职工542人,固定资产原值166.71万元,净值120.55万元,厂区面积3475平方米,建筑面积10240平方米。拥有制鞋专用设备169台(套),主要设备有裁料机20台、绷楦机组5台、高速压合机5台、钉鞋跟机2台、缝纫机42台、炼胶机3台。1985年生产皮鞋36.01万双,其中出口皮鞋8.65万双,工业总产值(80年不变价)557.8万元,利税总额24.9万元,创利润49.09万元。

按重庆市政府国有中小企业的退出政策,于2003年底破产,平稳退出。

重庆明月皮鞋厂

重庆明月皮鞋厂系国有企业,厂址在南岸区南坪西路花园村,专营胶粘女皮鞋。

重庆明月皮鞋厂原名明月行,成立于1947年9月,1956年公私合营时,由兄弟鞋家、捷新皮鞋厂、明新童鞋作坊等11个厂、坊合并而成,隶属于重庆皮革公司筹备处。1958年筹备处撤销,改由市二轻工业局直接领导,后又改由市中区工业局管理,1962年12月又划归重庆市轻工业局领导。1964年1月重庆皮革工业公司成立后,又划归其领导。该厂专业生产各式女皮鞋,享有相当声誉。1956年首家试制成功胶粘皮鞋生产工艺,遂改线缝工艺为胶粘工艺生产。1972年,光华皮鞋厂生产转向,将注塑设备调入该厂,开始少量生产注塑皮鞋。1982年采用触煤燃烧法治理污染,为解决污染和厂房破旧、生产场地拥挤问题,当年贷款200余万元修建新厂房、购买新设备,由市中区二府衙迁至南岸区南坪西路花园村,建成两条现代化生产线,停止注塑皮鞋生产,从此专业生产胶粘女皮鞋。厂区环境优美,被南岸区评为花园式工厂。当年华东、西南九省一市皮鞋技术协作会在渝召开,300余名代表到厂参观,并作为会议的操作比赛场地。

1961年该厂派出技术工人到西藏支援拉萨制革厂,1985年返回。20世纪80年代初,连续几年派技术工人到甘孜州泸定皮革厂执行对口支援任务。

1979年该厂生产的"月球"牌胶粘女皮鞋获四川省优质产品称号,誉满全国。1983年获重庆市人民政府颁发的首批企业全面整顿合格证书。1985年该厂有职工541人(未含厂办大集体长江皮鞋厂112人),固定资产原值352.78万元,净值326.96万元,厂区面积23001平方米,建筑面积16900平方米,拥有制鞋专用设备83台(套),主要设备有裁料机16台、绷楦机组7台、钉鞋眼机2台、缝纫机25台、炼胶机2台。1985年生产皮鞋36.20万双,创利润13.61万元。

由于贷款基建、购买设备,债务重,退休职工多负担重,在市场转型中,难以适应,企业逐步不景气,出现亏损。1989年,市轻工业局收回各行政公司对国有企业的管理权,当年重庆明月皮鞋厂宣布破产。1990年破产清算工作结束,原厂址由市轻工业局安排,交给因火车站扩建而搬迁的重庆铅笔厂使用。人员都得到妥善安置。一代名鞋——"月球"至此陨落。

重庆南岸皮革厂

重庆南岸皮革厂为县团级全民所有制企业，以线缝劳保皮鞋为主，兼产胶粘皮鞋和硫化皮鞋。厂址在南岸区上新街桂花园。

1951年，在市总工会救济协助下，由1000余名失业工人组成该厂前身，当时的厂房、设备都是租用的。后来由于人多业务少，精减了大部分人员。1952年，在市合作社联合社的领导下，成立了生产合作社，有社员340人。1958年转为地方国营，名为南岸皮革厂，属南岸区工业局领导，1964年划归重庆皮革工业公司领导。该厂有线缝、胶粘、硫化三种制鞋工艺，以线缝劳保皮鞋为主，是省、市定点生产劳保皮鞋的重点企业之一。该厂建厂（社）以后，坚持勤俭办企业，发扬一厘钱精神，开展"八个一"节约活动，取得了优异成绩。1958年以来，该厂产品质量、原材料消耗、产品成本、劳动生产率等几个主要经济指标，都达到了省、市同行业先进水平，连续六年被评为四川省、重庆市先进企业。1960年，被命名为重庆市百面红旗之一。1963年被轻工业部评为全国皮革行业和轻工业部系统的先进单位。1966年被中央命名为全国70个大庆式企业之一。1979年，被中共四川省委、省革命委员会命名为大庆式企业。1983年获重庆市人民政府颁发的首批企业全面整顿合格证书。1985年被中共重庆市委办公厅批准为县团级企业。"六五"期间，投资163万元，用汇25.4万美元，引进意大利先进制鞋设备28台（套），主要有前帮机、中帮机、热定型机、整绉机、高速压合机、压缩机、带刀片皮机、砂磨机等。设计生产能力为年产60万双，加上原有设备，其年生产能力可达100万双。

1985年该厂有职工706人（未含厂办大集体245人），固定资产原值512.11万元，净值403.36万元，厂区面积14741平方米，建筑面积23860平方米。拥有制鞋专业设备186台（套），主要设备有裁料机26台、外线机5台、绷楦机组4台、缝纫机85台、炼胶机3台。1985年生产皮鞋43.65万元，其中出口皮鞋7.25万双，工业总产值710万元（80年不变价），利税总额71.00万元，创利润20.13万元。

按重庆市政府国有中小企业的平稳退出政策，于2004年1月16日破产平稳退出，职工全部分流安排。

重庆沙坪坝皮鞋厂

重庆沙坪坝皮鞋厂为集体所有制企业，专营特种劳保皮鞋，注塑工艺生产，厂址在沙坪坝沙杨路55号。

该厂建于1955年12月，原名为沙坪坝磁器口皮鞋生产合作社。1958年沙坪坝皮鞋厂、沙坪坝皮件社、磁器口皮鞋社三厂（社）合并，转为国营，名为地方国营沙坪坝皮鞋厂。1960年改为合作工厂，1963年又转为皮鞋生产合作社，隶属于沙坪坝区手管局。1964年改由市服装鞋帽工业公司领导。1972年与九龙坡皮鞋生产合作社合并，经市二轻工业局批准转为合作工厂，定名为重庆红岩皮鞋厂，1975年市二轻工业局决定改名为重庆沙坪坝皮鞋厂。建厂初生产工艺为线缝皮鞋工艺，主要生产线缝劳保皮鞋，民用皮鞋量不大，是四川省重庆市定点生产劳保皮鞋的厂家之一。1979年投资（贷款）60余万元用于基本建设，新建厂房，1980年8月从沙坪坝陈家湾迁至沙杨路55号新址。又于1985年投资（贷款）106万元，用汇29万美元，引进联邦德国十二工位注射机一台。从此，主要采用注塑工艺生产劳保皮鞋，仍保留部分民用皮鞋。1984年试制成功"钢包头"劳保皮鞋并投入生产，为西南地区首创，该产品当年获四川省第二轻工业厅科技成果二等奖。1985年生产的特种劳保皮鞋及新型劳保鞋获轻工业部优秀新产品奖。1985年该厂有职工397人，固定资产原值197.4万元，净值106.30万元，厂区面积9860平方米，建筑面积8569平方米。拥有制鞋专业设备83台（套），主要设备有裁料机8台、外线机8台、高速压合机1台、钉鞋跟机1台、缝纫机42台、注射机2台。1985年生产皮鞋23.95万双，工业总产值（80年不变价）393.1万元，利税总额36.7万元，利润16.08万元。

为开拓市场，增强企业在市场竞争中的竞争能力，在狠抓企业管理的同时，公司抓质量上品种，不断开发新产品，陆续开发出防刺穿鞋、耐电、耐酸、碱皮鞋，防静电等特种皮鞋，取得了较好经济效益。

2002年8月，按市政府国有集体中小企业的退出政策，该厂改制出卖，人员分流，平稳退出，土地、厂房卖给开发商，现任厂长唐正鹏买下全部制鞋专用设备，雇用企业管理能力较强的管理干部，技术水平高的技术人员和工人在西物市场附近租厂房自开公司，更名为沙坪坝皮鞋厂有限公司，继续生产特种劳保皮鞋。

重庆沙坪坝皮鞋厂有限公司现有员工118名，其中工程技术人员13名，各种先进制鞋设备46台（套），技术力量在国内同行业处于领先水平，曾多次参加国家特种防护皮鞋标准的修订工作。公司利用管理水平高、技术力量强、员工素质好和渠道畅通的优势，不断开发新产品，不断开拓新市场，又陆续开发投产了电绝缘鞋、防静电鞋导电鞋、保护脚趾安全鞋、耐高温鞋、防寒鞋等不同功能的特种防护皮鞋，深受石油、化工、冶金、汽车、电力、矿山、交通等行业员工的喜爱和信任。现有注塑、胶粘、线缝、复合4种完整的制鞋工艺，以注塑为主。年生产能力达40万双。2008年工业总产值（现价）2500万元，销售收入2100万元。产品畅销西部及华东、华中、华南、华北等地区。"正朋""金鱼"两个品牌在市场上已有相当声誉。是国内首批获国家安全生产监督总局、国家质量监督检验检疫总局颁发的《安全标志》《工业产品生产许可证》生产企业之一。

重庆六一童鞋厂

重庆六一童鞋厂原名为市中区第一童鞋生产合作社，1954年建社，属市中区手管局领导。1958年第一、六一、先锋、自力4个合作社合并组成地方国营重庆六一童鞋厂。1961年将原中华、庆华、曙光几个地方国营厂合并在六一童鞋厂，改名为重庆六一儿童皮鞋厂。同年11月先后将中华、庆华、先锋、六一分为4个合作社，1961年又将六一、先锋两社合并划归市服装鞋帽工业公司领导，1965年划归重庆皮革工业公司领导。1966年，以市二轻工业局批准为合作工厂。该厂专业生产童皮鞋。1966年起采用模压工艺代替原线缝工艺生产，1971年又增加了胶粘工艺。后随着产品结构调整开始生产各式男女皮鞋。

"六五"期间引进了英国的前帮机和中帮机，产量和质量大幅度提高，年生产能力达100万双。1983年生产的合成革仿生胶底短口童皮鞋获全国儿童生活用品委员会授予优秀产品称号。1985年生产的培力牌儿童健身鞋被轻工业部评为优秀新产品。压花网眼鞋先后获省、市科技成果奖的百花奖。1985年全厂有职工583人，固定资产原值97.1万元。厂区面积1449平方米，建筑面积5278平方米，拥有制鞋专用设备108台，主要设备有裁料机9台、钉跟机1台、绷楦机组1台、炼胶机5台。1985年生产皮鞋100.92万双，出口6.26万双，创利润151.1万元，首次突破百万元大关。1986年贷款修建新厂房，由市中区民生路299号迁到江北县龙溪镇红石路。按市政府集体中小企业的退出政策，于2004年破产平稳退出，全部职工分流安排。

重庆科而士鞋业（集团）有限公司

重庆科而士鞋业（集团）有限公司是一家以皮鞋产业为基础发展起来的多元化企业集团公司，中国皮革协会会员单位。其"科而士"品牌在西部男鞋品牌中处于龙头地位，在全国中高档品牌中也享有较高知名度。

科而士皮鞋发展历史可以追溯到19世纪末，当年法意水兵登陆重庆码头，带来皮鞋这种舶来品后，公司现任董事长冷雪钢先生的先辈即率先从事了皮鞋制作，开创了百年基业的第一步。冷华康作为第二代继承人，于1941年在战火纷飞的朝天门开设了"冷氏鞋庄"，皮鞋产业开始起步。冷氏第三代传人冷雪钢抓住改革开放大好机遇，于1988年正式成立了科而士鞋业，将皮鞋作坊打造成现代企业。科而士融汇中西，传承欧式Laningpapers冠环标准之精妙技法，以其独特的工艺体系在业界独树一帜。

1994年，企业发展迈向公司化，成立了科而士鞋业有限公司。

1994—1999年，历获中国皮革商品博览会金奖、重庆名牌产品、重庆著名商标、中国国际农博会名牌产品、消费者满意产品、农行AAA企业等殊荣。

1995年，获西南地区首家"真皮标志产品"称号，同年，中意合资成立重庆科路诗鞋业有限公司，并自意大利引进西南地区第一条成型生产线，生产工艺及规模上了新台阶。

1996—1999年，专业营销公司成立，现代营销体系得以确立。营销网络覆盖全国，在20多个大中城市设有办事处。

2000年，成立研发中心，产品研发水平有了新突破。所研发的增高鞋、低温保暖鞋等获重庆市市级优秀奖。

2001年，获业内首批"国家免检产品"称号，在业内率先通过ISO 9001质量管理体系认证。

2002年，为中国西部地区唯一获"中国真皮名鞋"称号企业，自此连获多届"中国真皮名鞋"称号。冷雪钢先生也被轻工业部授予"中国皮革事业特殊贡献功臣"并获省市劳模称号。

成都艾民儿皮革制品有限责任公司

成都艾民儿皮革制品有限责任公司创建于1996年，注册资本2000万元，现有员工1600余人，占地面积80亩。经过13年的发展，公司已成为集品牌研发、生产贸易于一体的国际型企业。公司自创品牌 aiminer（艾民儿）、Sheme（西米）商标在 56 个国家注册，产品销售世界 40 多个国家和地区，2008 年出口额达 2685 万美元。

在各级领导和有关部门的关怀和帮助下，公司生产经营快速发展，出口额连续八年排列四川省鞋类制造业的第一名，是四川第一家取得进出口经营权、第一家走出国门、第一家在国外注册品牌商标，西部地区第一家通过 ISO 9001：2000 国际质量体系认证的鞋类企业。自创品牌 aiminer（艾民儿）、Sheme（西米）为中国女鞋"出口免验"产品。公司自成立以来，先后获得国家"出口免验企业""全国乡镇企业走出去战略先进企业""对外贸易企业信用 AAA"企业、"中国真皮名鞋"称号；获得四川省皮革、皮毛及其羽绒制品行业"规模 30 强""最佳效益 20 强"企业、"四川省小巨人企业""四川省著名商标""四川省重点培育与发展的出口品牌企业"、省市"出口重点企业""成都市自主品牌产品""成都市名优产品"武侯区"纳税大户""出口创汇优秀企业""品牌建设示范企业"等各种荣誉。

公司坚持以诚信、创新、速度、品质为宗旨，赢得了国际客户的良好美誉。通过国际化合作，引进了意大利和德国的专业人才，指导产品研发，负责技术监督和质量控制，以确保公司的自有品牌真正成为具有意大利品质的中国制造。公司设计人员融合世界时尚潮流，随时将世界鞋业发展的趋势和自己独特的创意应用到设计中。"Aiminer""Sheme"以独特的设计风格，时尚、舒适、典雅、人性化的个性，精湛的技艺，适应国内外各种客商的需求，受到国际客商的青睐。

成都卡美多鞋业有限公司

成都卡美多鞋业有限公司创建于 1998 年 12 月，其前身是成立于 1995 年 8 月的成都盛乐皮鞋厂，公司地跨成都和广州两地，分别拥有成都、广州两个鞋业工业园。建筑面积约 80000 平方米，现有员工 3000 余人，生产线 10 条。公司自 1995 年成立以来，始终坚持国内市场发展自主品牌、国际市场坚持多元化的两条腿走路的战略方针并获得了较快发展，公司主营业务成长性好，客户信誉较好，资产利用率也较高。经过 10 年的时间，公司已成为西部较大的集女鞋研发设计、加工制造、品牌运营、国际国内贸易于一体的专业企业并多次获得四川省、成都市等各级政府的表彰。

公司在全国拥有 500 家专卖店和专柜，产品遍布全国一、二线城市的大多数主流商场，产品还出口美国、意大利、日本、俄罗斯等国家和地区。产品销售收入 2009 年实现 3.5 亿元，进出口总额 2009 年超过 3600 万美元。

公司的卡美多标准标识和英文名称为"KAMEIDO"，已经通过国家商标局的注册，并在美国、英国、法国、德国、意大利、加拿大、西班牙等 36 个国家注册和备案。公司还拥有各项鞋业技术专利 900 多项和参与制定国家标准一项。

贵阳市皮鞋厂

贵阳市皮鞋厂位于贵阳市南明区市东路 52 号，它的前身是由"中国""西南"两家私营皮鞋厂于 1956 年 8 月合并建立的公私合营贵阳市皮鞋厂，1958 年 9 月，省联社皮鞋厂并入，上升为国营企业，时有职工300余人。

该厂技术基础较好，是贵州省最早生产出口皮鞋的厂家之一，20世纪60年代初，首次承担了"贵州省皮鞋式样设计训练班"的开支及教学、实习任务，为省内皮鞋企业培训了技术人才，该厂也是贵州省首家研制成功并批量生产胶粘皮鞋的企业。

全厂占地面积10285平方米，建筑面积13488平方米，1988年末拥有固定资产275.6万元，各种机器设备200余台，全年完成工业总产值487万元，皮鞋25.7万双（其中出口皮鞋11150双），销售税金29万元，实现利润16.2万元。

在全省质量评比中，该厂生产的牛面三接头上线男鞋，于1983年及1984年连续两年获省一类产品第一名，牛面青年式胶粘男鞋获1984年度一类产品第一名，该厂的平跟船鞋于1987年7月获首届中国鞋饰及民意评选金鞋奖。

贵阳南明皮鞋厂

贵阳南明皮鞋厂是贵州省规模最大的一家集体所有制企业，建厂于1958年。由原贵阳市第一、二、三、四皮鞋生产合作社、布鞋社、童鞋社合并组成南明皮鞋合作工厂，下设5个专业车间，实有职工1000余人，是一个生产胶底、纸箱、纸盒及皮鞋、皮件的综合性企业。

建厂当年便承接了对苏联的出口任务，后因中苏关系紧张而中断。1960年，根据贵阳市手工业管理局关于企业"不宜大而全"的精神，按生产性质又进行了分厂，其中：第四车间（皮件车间）划出成立贵阳皮件厂，第五车间（胶底车间）划出成立贵阳橡胶制品厂，第三车间划出成立塑料三厂。加之自然灾害的影响，部分职工离厂"跑码头"（后自愿组织起来成立市府路皮鞋厂），职工剩下400人左右，使生产一度受到严重影响。

20世纪80年代，发展成为全省制鞋行业中规模最大的骨干企业。到1985年底，皮鞋由12万双左右扩大到32万双左右，产值由160万元上升到630万元，职工人数上升到554人，有各种专用设备196台，并在省内同行业中首家引进配底生产线一条，实现了手工操作向机械化生产的转变。1984年实现纯利润44万元，占当时皮革公司所属11家企业利润总额的一半。

1988年，该厂创汇30万美元，被轻工业部评为出口创汇优秀企业。1989年出口创汇比1988年增加40%。

海光皮鞋厂

1960年，海光皮鞋厂和解放皮件厂为支援贵州建设，由上海迁至贵阳，借用贵阳烟叶复烤厂的仓库为临时厂房。1964年，贵州省轻工业厅拨款40万元，于甘荫塘新建厂房5600平方米，并将"海光""解放"两厂合并，定名海光皮鞋厂。

1985年年末，全厂占地面积18594平方米，有各种制鞋、制件专用设备194台，制鞋机械化生产流水线4条。主要产品有各式男皮鞋、女皮鞋、童皮鞋，出口劳保手套、皮裤带、皮仁、轮带等工业用及民用皮件。海光皮鞋厂逐步发展成为全省皮革工业中具一定规模的重点骨干企业。

1986年完成工业总产值502.43万元，生产皮鞋30.11万双（其中出口皮鞋1.46万双）、出口劳保手套4.2万副，实现利税40.48万元。

1983年12月，该厂派员参加了省轻工业厅皮革工业赴意大利考察组，与意大利工厂设备公司签订了引进绷尖机、绷跟机、拉帮机、钉内底机、帮脚拉毛机、钉跟机等13台皮鞋配底流水线主机的合同。

1985年8月，这条以引进意大利设备为主，总投资85万元的机械化配底流水线正式验收投产，有效地减轻了劳动强度，提高工效40多倍。该厂紧接着又建成了制帮、配底、包装三条半自动生产流水线，使车间环境焕然一新，生产成倍增长，各种款式新颖、美观大方、适销对路的皮鞋产品不断涌现，企业呈现一派兴旺景象。是贵州皮鞋工业由手工操作迈向机械化生产的先行者。

该厂设计试制的8118号旅游男鞋、7902号牛面型底男鞋、男中跟装配鞋曾获省、市优秀新产品奖，胶粘三接头男皮鞋荣获1984年度省优质产品奖。

兰州美高皮鞋厂

兰州美高皮鞋厂位于兰州市城关区红山根36号。占地面积3.8万平方米，建筑面积2.5万平方米，隶属原兰州市二轻工业局，为全民所有制企业，拥有固定资产468.74万元，为甘肃省专业化生产皮鞋的骨干企业。

兰州美高皮鞋厂是由原上海制鞋工匠王银根创建的鞋店。1946年，王银根在家中以牛皮为原料开始手工制作皮鞋。1947年联络几个帮手，开设一个小门市部，正式打出"美高"皮鞋的牌子，生产女式皮鞋。产品多数经大连出口苏联。1955年实现公私合营，规模有所扩大，定名为上海美高皮鞋店，月产量2500双左右，依然是手工制作。

1956年公私合营后的上海美高皮鞋店22人西迁兰州。私方代表王银根为工厂负责人，厂址在兰州市城关区张掖路（原名中华路），沿街门面一楼为门市部，楼上和后院为工房，前店后厂。隶属兰州市百货公司，有职工70余人。1959年改属甘肃省百货公司。1962年由张掖路迁至兰州市百货公司食堂原址（现中山路金城商场斜对面），职工150人，复归兰州市百货公司管理。1962年下放一批职工，人员减至100人左右，改属兰州市城关区商业管理局。1966年与上海迁兰的健康皮件厂合并为兰州第二皮鞋厂。1969年兰州第二皮鞋厂并入兰州皮革厂，成为皮革厂的一个制鞋车间。1980年兰州皮革厂制鞋车间和原兰州胜利铁厂合并组建新厂，恢复兰州美高皮鞋厂，隶属兰州市二轻工业局。

上海美高皮鞋店迁兰后很快恢复生产。1958年规模扩大，职工增至120余人，月产量增至3000双左右。以生产女鞋为主，产品大多数出口。1960年月产皮鞋4000双。1970年开始生产胶粘皮鞋，月产量8000—9000双。1972年采用硫化工艺生产皮鞋，当年生产皮鞋2.5万双。因该工艺生产的皮鞋透气性能差，以后被淘汰。同年开始采用模压工艺生产皮鞋。1980年有职工631人，其中制鞋工194人，产值322.58万元，年产皮鞋25.04双。1983年该厂职工增至677人，产值477.51万元，生产皮鞋36.04万双，实现利润53.63万元，上缴各种税金26.5万元，全员劳动生产率7022.21元/人，产品合格率99.94%，一等品率98.99%。1985年主要经济指标创建厂以来最高水平，完成产值515.96万元，皮鞋产量39.83万双，实现利润130万元，上缴各种税金88万元，全员劳动生产率 7735.53 万元/年，产品合格率 99.97%。1983 年至 1985 年 3 年共完成科技进步、革新技改项目 7 项，总投资 5.65 万元，共增效益 13.42 万元。

1984 年"美高牌"女士中跟胶粘皮鞋、"雁湖牌"胶粘男式木跟皮鞋荣获甘肃省优质产品称号。生产的各式男女单、棉、凉、童鞋及部分特种皮鞋（矫形鞋），共 9 大类 600 余种。产品内销甘肃省及西北五省（区），出口美国、澳大利亚、东欧、中东国家和地区。

1997 年全面停产。

天水市皮鞋厂

天水市皮鞋厂位于天水市秦城区大众路 75 号，占地面积 2.17 万平方米，建筑面积 1.1 万平方米，拥有固定资产 178 万元。为全民所有制企业，隶属原天水市秦城区经济委员会。有职工 348 人，工程技术人员 21 人。

天水市皮鞋厂的前身是西安吉升斋鞋店，原在太原，后迁西安。20 世纪 40 年代初，店主李级三在天水民主西路达城西门口设店。当时有资金 70 万元（法币）。抗日战争胜利后，吉升斋鞋店负债累累。中华人民共和国成立后，李级三在天水重创旧业，1950 年 1 月正式开业。1955 年定名为天水市吉升斋鞋厂。1956 年公私合营后改名为天水吉升斋皮鞋厂，厂址在天水自由路 151 号，有股金 13000 元。1958 年更名为天水鞋厂，1962 年该厂布鞋车间划出组建成立天水制鞋社，同年 6 月制革部分并入天水鞋厂，易名天水皮革厂，厂址在天水市自由路 125 号。1980 年 4 月，天水皮革厂的皮革车间划出成立天水皮革厂，原制鞋部分成为天水皮鞋厂。

1950 年至 1952 年，天水吉升斋鞋店有职工 19 人，设备有 18 台缝帮机，年产皮鞋 2500 双。1956 年公私合营时有职工 164 人，制鞋技工 9 人，产值 6.69 万元，生产皮鞋 0.25 万双，布鞋 3461 万双，实现产值 51.77 万元。1963 年主要设备有重革打光机以及皮鞋生产机械等，当年投皮量 1.04 万张，生产皮鞋 3.02 万双，实现产值 46.43 万元，利润 1.39 万元。1970 年天水皮鞋厂主要设备有外线机、内线机、起毛机、片帮机、皮鞋机、削匀机和钻床等，有职工 189 人，年投皮量 1.55 万张，生产皮鞋 3.68 万双，实现产值 95.56 万元，利润 9.1 万元。1976 年添置片皮机、打光机、干燥机、转鼓、去肉机等设备，年投皮量 2.61 万张，生产皮鞋 7.3 万双，有固定资产 86.8 万元，实现产值 152.5 万元，利润 14.6 万元。

天水市皮鞋厂主要产品有缝线、胶粘男女各式皮鞋，品种有童鞋、凉鞋、棉鞋、劳保皮鞋等。该厂生产的"金鹿牌"童凉鞋曾荣获甘肃省优质产品称号。产品内销甘肃、新疆、宁夏、青海、陕西、河南、山西等地。童皮鞋、中童鞋、大童鞋、女鞋、男凉鞋、劳保鞋、童凉鞋等产品先后出口苏联、美国、伊拉克、澳大利亚、中国香港等 16 个国家和地区。共出口皮鞋 15.58 万双，出口交货值 172.18 万元。

1991 年开始改制，1997 年倒闭。

武威市皮鞋厂

武威市皮鞋厂地址在甘肃省武威市西大街14号。占地面积4000平方米，建筑面积6293平方米，为集体所有制企业，隶属原武威市二轻局。拥有固定资产172万元，设备90多台（件），年皮鞋生产能力20万双，职工350人。

武威市皮鞋厂是1956年1月由两个制鞋小组和一个私营毛鞋厂合并成立的武威县手工业制鞋生产合作社。时属武威县手工业联社管理，有职工90余人，生产工具只有十几台旧缝纫机，以手工缝制布鞋和少量线缝皮鞋（劳保鞋），年产布鞋几千双，皮鞋百余双。

1958年10月，武威县手工业制鞋生产合作社与缝纫社、制帽社、成衣社合并为地方国营武威被服厂，制鞋社成为被服厂的一个车间，主要生产布鞋。1961年10月恢复武威县制鞋生产合作社，有职工54人，生产布鞋3.2万双，皮鞋300双，产值23.65万元，实现利润1.37万元。1971年职工增至120多人，设备40台（件），生产布鞋6万双，皮鞋3000双，帽子15万顶，完成产值44.56万元，实现利润3.18万元，上缴税金2.5万元，全员劳动生产率3960元/人。1974年随着生产发展和规模扩大，鞋帽社转为合作工厂，厂部下设3个组、5个车间，设备增加到73台（件），在甘肃省四鞋办公室的支持下，研制成功胶粘皮鞋生产工艺，皮鞋制作由手工转为半机械化，主要生产线缝和胶粘男、女式皮鞋。1977年10月为扩大皮鞋生产，鞋帽社改为制鞋厂。

1988年各项经济技术指标创历史最高水平。完成产值170.1万元，销售收入210万元，实现利润13.8万元，上缴税金13万元，全员劳动生产率7561元/人，生产各种皮鞋21.99万双，其中线缝鞋11.24万双，胶粘鞋10.75万双。同年研制成功"卫生防臭皮鞋"（省级新产品），获武威地区科技进步一等奖。

武威市皮鞋厂主要生产线缝、胶粘两大类190多种皮鞋。品种有牛面、猪面、合成革男、女、童各式单、棉、凉皮鞋。男式线缝皮鞋连续5年在全省行业产品质量评比中获第一名，为甘肃省二级企业。

宁夏中卫鞋厂

宁夏中卫鞋厂前身是中卫鞋业合作社，成立于1956年。1956—1976年主要生产布鞋。1976年更名为中卫制鞋厂，并开始生产翻毛劳保皮鞋。1981年从上海第一皮鞋厂学习取经后，开始生产皮鞋，制鞋厂更名为中卫县皮鞋厂。由原来的单一生产布鞋变为生产皮鞋、机上翻毛皮鞋、机上布鞋和注塑布鞋等。年生产皮鞋5万双、布鞋10万双。

1986年和北京八达岭皮鞋公司联营成功，更名为北京八达岭皮鞋公司中卫分公司（厂），北京方派人任厂长，并派4位技术人员常驻中卫作指导。皮鞋生产量从1985年的7万双上升到30万双，1987年八达岭牌、中达牌皮鞋被评为自治区优质产品，企业在1989年被评为自治区一级企业。在此期间生产的主要配件都是在北京师傅的指导下生产的，牛面革主要由徐州淮海制革厂提供，职工人数达到450人。

1990年联营结束后，中卫皮鞋厂和香港华兴实业有限公司合资成立了宁夏达华鞋业有限公司，生产皮鞋年产量达到36万双。

1991年中卫皮鞋厂、宁夏达华鞋业有限公司、宁夏卫港鞋业有限公司、中卫鞋业供销公司组成中卫鞋业集团公司，职工人数达1000人以上。

1993年中卫鞋业集团公司解体，中卫皮鞋厂更名为中达皮鞋公司，但由于经营不善，产品滞销，1999年依法破产。

宁夏卫港鞋业有限公司

宁夏卫港鞋业有限公司是1990年由中卫县轻工业局与香港龙泰公司合资建设的一个旅游鞋生产企业，设备总投资68万美元，在当时是中卫县第一家中外合资企业。

该企业生产设备全部为进口，由外方派技术人员安装调试，并对中方100多名技术人员进行培训。

1991年，公司正式投产，年产旅游鞋3万双左右，年产值达到180万元，销售收入约100万元。从1992年到1993年期间，每年生产旅游鞋5万双左右。随着技术水平的不断提高，产品质量的升级，年产值达到800万元，销售收入约500万元。

该企业当时是宁夏唯一生产旅游鞋的企业，并于1992年又开始生产光面皮鞋。旅游鞋和光面皮鞋两大类近百个品种的鞋样同时上市。产品销往西北、华北等八九个省市，并出口俄罗斯。

产品质量通过自治区质监局和国家质监局抽样检查，全部为合格产品，在社会上受到了很好的评价。但由于原材料及辅助材料从福建采购，生产成本提高，企业效益较低，1995年开始企业效益下滑，处于半停产状况，1998年依法破产。

第三章　毛皮企业

张家口市第一制皮厂

张家口市第一制皮厂始建于1949年，原为总后勤部华北军需处所辖407工厂，1956年移交地方，为地方国营张家口市第一制皮厂，是全国毛皮生产的骨干企业之一，具有国内先进的毛皮加工设备与技艺，有工程技术人员和高级技工200人，占职工总数的23.61%，是集毛皮鞣制、染色、喷涂、裁吊综合配套的生产厂家。

该厂注重技术进步与技术改造，先后研制成功了珍贵细杂毛皮鞣制、毛革两用皮制作等赶超国际先进水准的产品。其中毛革两用皮制作技术获国家科学技术进步二等奖。鞣制的灰鼠皮达到国际先进水平，水貂皮鞣制达到国内先进水平。"古针"牌绵羊皮获国家优质产品银质奖，羊剪绒皮、狗皮、狐狸皮获河北省优质产品奖。

该厂推行现代化管理，被轻工业部授予企业管理成效显著单位称号，并分别获得河北省和轻工业部质量管理奖，1987年被评为河北省先进企业，1988年获国家二级企业称号。

主要产品有羊剪绒皮；压花毛革、光面毛革、绒面毛革、彩色毛革和印花毛革等系列毛革产品；水貂、狐狸、黄狼、貉子等细杂皮产品；高中低档裘皮服装；醛鞣、铬鞣绵羊皮等。

河北省邯郸县皮毛厂

河北省邯郸县皮毛厂是20世纪90年代河北省裘革制品的重点生产厂家，建于1956年，占地面积1.3万平方米，建筑面积7000平方米，各类专业技术人员35人，产品90%出口国外。

1987年，该厂经过技术改造，购置了国外先进毛皮生产设备80台（套），研制成具有国内先进水平的"四季常温"鞣皮新工艺和"一毛三色"的皮张着色新工艺，形成了初具规模的裘皮制品生产企业。

1986年以来，该厂先后获轻工业部、外经贸部、国家科委、省、市优秀新产品奖、科技进步奖、质量奖等13项，并多次获外贸出口质量先进单位荣誉称号。

主要产品有奶羊仿色裘皮服装、各种羊剪绒制品、各种革皮服装。其中，奶羊仿色裘皮服装系列产品中，有3个获河北省优秀新产品二等奖，2个获国家土畜产总公司全国出口产品质量评比一、二等奖。"一毛三色"技术获国家科技进步三等奖，河北省科技进步二等奖。

华斯农业开发股份有限公司

华斯农业开发股份有限公司主要从事经济特种动物毛皮深加工和裘皮服饰的制造，是带有明显的农业属性的毛皮鞣制及制品业高新技术企业，公司现有职工2000人。公司集"原料收购—硝染鞣制—染色加工—服饰设计生产—销售贸易"完整产业链条于一身，主营业务包括经济特种动物毛皮的深加工和裘皮服饰的设计、制造，具体包括水貂、獭兔、家兔、狐狸、羊、貉等动物毛皮的收购、鞣制、漂染；裘皮皮张的印花、剪拔深加工和裘皮面料制造；水貂服装、其他裘皮服装、裘皮编制服装和裘布服装和饰品的设计、生产和销售。公司实施工业化带动农业战略，以农户为基础、以市场为导向、以科技为依托，是"建于农村，聘用农民工，加工农业养殖产品"的"三农"企业。公司通过"公司+基地+农户"的一体化经营，把农业产业生产的产前、产中、产后各环节联结为一个完整的产业系统：直接向农村收购动物毛皮作为主要生产原料，密集使用农村劳动力，引导分散的农户小生产为基地化大生产，大力推广应用计算机辅助设计与制造和智能控制等关键技术深度加工农畜产品，依托OEM、ODM、OBM并重的经营模式将毛皮制品和裘皮服饰推向国际市场，实现了新型的农业产业链升级和农业纵深发展。公司近年来相继被国家和省、市相关部门评为"国家高新技术企业""河北省农业产业化经营重点龙头企业""全国农产品加工流通大型企业""全国诚信守法企业""全国出口创汇先进乡镇企业""河北省轻工业50强企业""河北省出口创汇十强企业""河北省科技型企业"等荣誉称号，稳居我国裘皮行业龙头地位。

2010年11月2日，公司在深交所成功上市，成为"中国裘皮第一股"。

大同皮毛厂

大同皮毛厂于1949年6月建厂，其前身是大同新兴皮毛厂。1985年有职工329人，固定资产原值193.6万元，流动资金38.62万元，专业设备108台（套）。年生产毛皮（折羊皮）50万张，年产值695.20万元，利税112.6万元，建厂后截至1985年共累计完成利税2238.2万元。

该厂是以生产裘皮及其裘皮制品为主的专业厂。产品有各种毛皮、毛皮制品、革制品3大系列198个品种。以生产毛皮及其制品为主，主要有绵改皮、山羊皮、兔皮、羔皮、狗皮、其他小杂皮等，其毛皮制品有：各种皮甬子、皮褥子、裘皮大衣、皮帽、图案椅垫、图案挂毯等。产品有的销往苏联、英国、日本、丹麦等国家以及中国香港。山羊皮褥子1984年被评为省优质产品。雁塔牌羔皮1985年被评为省优质产品，并参加全国毛皮产品评比名列一类产品第二名，沙狐皮女上衣被省评为毛皮产品优秀设计一等奖。

海拉尔国营皮毛厂

海拉尔国营毛皮厂于1953年建厂，1987年有职工324人，工程技术人员5人，固定资产（原值）469万元。1987年完成工业总产值679.5万元（1980年不变价），实现利税

17.5万元。拥有梳毛、剪毛、铲软、裁剪、缝纫专用设备215台（套），其中引进国外梳毛、剪毛等先进设备18台（套）。年综合生产能力为鞣制羊皮25万张，年产毛司维革7.46万张。主要产品有毛司维革、毛司维革服装、皮卡衣、皮衣裤、皮褥子、皮床毯、剪绒皮、皮衣筒、皮帽子等30多个品种、180多个花色规格，行销全国各省、自治区、直辖市，出口匈牙利、意大利及原苏联等国家。

1970年研制成功三氯乙烯皮毛脱脂机，结束了手工脱脂的历史，获自治区科技成果奖。1979年和1984年用当地绵羊皮研制成功了具有毛革双重特点的一皮两用皮张雪莲牌绒面、光面毛司维革，并用毛司维革皮张设计了出口冬青牌裘皮服装。毛司维革和毛司维革裘皮服装均属国内首创，已分别被评为自治区优质产品和优秀新产品。1984—1985年国家投资293万元扩大了毛司维革生产线，形成年产15万张的生产能力，仅1987年就生产毛司维革9.4万张。

包头市国营皮毛厂

包头市国营皮毛厂始建于1956年。它是由32个个体皮坊和5个皮毛加工小组联合组成的，先是公私合营性质，后转为国营。建厂初期，只有几间简陋的生产作坊，年投泡羊皮量只有7万张，后来发展成为自治区西部地区最大的、轻工业部定点的一个专门生产裘皮制品的企业，成为生产低、中、高档皮衣裤和出口羊剪绒皮制品的重点厂家。1987年末有职工367人，工程技术人员5人，固定资产（原值）255.1万元，总产值达577万元（1980年不变价），实现利税160.71万元。有国产和联邦德国进口设备75台（套）。主要产品有高、中、低档改良羊剪绒及仿羔皮衣裤、坎肩、帽沿、领子、手套和出口沙发靠背、坐垫、大毯等。年投泡加工羊皮25万张。20世纪80年代中后期，利用包头稀土优势把国外的先进配方同稀土调和在一起，助染羊剪绒大毯，深受国内外用户的好评，国内市场供不应求。国际市场有很高信誉。企业连年盈利，经济效益居内蒙古自治区同行业86个厂家之首，进入全国同行业先进行列。

沈阳市皮毛厂

沈阳市皮毛厂位于沈河区小南街249号，毛皮鞣制和部分加工车间设在东陵区五三乡浑河堡。为国有小型企业。1985年末有职工738人，其中工程技术人员15人，固定资产原值610万元，净值417万元。有毛皮加工设备177台、鞣制设备60台、缝制设备43台，均为20世纪80年代和70年代水平设备。年产毛皮22.5万张、毛皮衣筒1.12万件、裘皮服装5400件。年产值533万元，实现利税79万元。

该厂建成于1956年，是鞣制毛皮和高档裘皮制品加工、出口专业厂。1962年开始出口兔皮褥子和衣料，产量逐年增长。70年代初期，所产麝鼠皮销往欧、美、日本和中国香港等国家和地区。1980年以后，从出口原料皮为主逐步转变为出口制品为主，口岸由1个发展到3个。

"六五"期间，承担国家科委下达的国产水貂皮加工技术研究项目，与轻工业部皮革毛皮研究所共同努力，工艺技术及产品质量均超过意大利70年代末期水平。从1981年起，皮毛厂鞣制的水貂皮和用其加工的成衣开始批量出口。1984年"孔翎"牌鞣制水貂皮继获得全国科学大会奖、轻工业部优质产品奖之后，再次被评为全国同类产品第一名，并获得国家银质奖。"六五"期间共鞣制水貂皮26.36万张，出口水貂皮成衣8036件，出口麝鼠帽子68400顶。该厂于1988年已达到年产30万张水貂皮和1.2万件裘皮服装的能力，同年被批准为有出口自营权企业，当年出口创汇129万美元。该厂于1998年转制。

长春市皮毛厂

长春市皮毛厂位于长春市宽城区铁北二路七条街2号，占地面积22700平方米，建筑面积9124平方米。生产能力为年投皮20万标准张。以羊、犬、猫、兔、狐等各种皮张为原料生产衣帽，各种皮褥子、壁挂，细毛皮工艺品，围脖手套等百余种品种。

该厂的前身是1958年由制帽社、皮毛社、一、二、三制帽社等5个手工业生产合作社合并而成，1962年改为地方国营长春市皮毛厂。

该厂自1958年开始，大力开展技术革新，先后自制各种专用设备45台，实现了熟皮、铲皮、剪绒、抓皮、打皮、染色、净口等工序的机械化或半机械化生产。

20世纪70年代，改革旧的生产工艺，采用新材料，不断增加花色品种，提高产品质量，并成功生产出口产品羊绒壁毯、大型图案挂毯和羊绒图案小垫等多种工艺毛皮，受到外商的欢迎。

80年代后，转变经营思想，落实承包责任制，严格规章制度，提高产品质量和市场竞争力，1988年完成工业总产值302万元，成功扭亏。后改制为长春市皮革有限责任公司。

吉林市毛皮厂

吉林市毛皮厂位于吉林市维昌街40号，厂区占地面积21058平方米，建筑面积14000平方米，拥有各种专用机器设备64台（套），年投皮能力25万标准张，主要产品为棉皮帽、皮褥子、精裘壁挂、旅游用品（工艺毛皮）和把毛等五大类。

该厂前身为组建于1953年的吉林市第一帽业社，时有工人30人。1955年研究成功毛皮熟染一缸成工艺，缩短了生产周期，提高了功效。1958年转制为地方国营企业。

1974年1月企业重新组建后，1976年研究成功四剂鞣制法，即以合成剂、加脂剂、渗透剂、酶脂剂为原料，取代了硝、面、盐鞣制旧工艺，缩短了鞣制时间，自然损耗由原来的6%降到1%。同年，该厂又研究成功带里鞣制工艺，成品合格率比原来提高23个百分点。灰鼠皮由原来月产能力8000张提高到5万张，提高6倍多。在贯彻国务院生皮变熟皮、粗皮变细皮、低档变高档、原料变成品、一皮变多皮的毛皮业发展方针中，自制、购置液压去肉机、剪绒机、伸长机、鼓式磨皮机等52台套，改变了脏累臭的工作环境，提高了毛皮鞣制机械化水平，形成了细杂皮由鞣制到缝制生产线。此后，该厂不断加强细毛皮鞣制新工艺、新技术的研究开发，取得7项新成果，其中铬铝鞣制法获吉林省重大科技奖，冷水鞣制法使毛皮鞣制、染色、加工工艺处于同期国内领先地位。先后开发33个新品种，有8种为出口产品。

自1975年以后，有7种产品获得国内、省内同行业质量评比毛皮一类产品第一名，有三种产品分别被评为轻工业部、吉林省优质产品和省名牌产品。

1979年后，该厂在深化改革的同时，大力进行技术改造，1984年从德国引进脱脂机、缝皮机、剔油机等6种13台（套）设备，使该厂逐步成为拥有现代先进工艺，以生产出口产品为主的专业毛皮生产厂家，在国内外市场上享有较高的信誉。至1985年的10多年外销中，累计出口创汇1047万美元。1985年完成工业总产值698.4万元，其中出口交货值533万元，销售收入603.4万元，实现利税78.9万元。

哈尔滨市皮毛厂

哈尔滨市皮毛厂是1965年正式命名的。它的前身是1948年3月28日成立的哈尔滨市皮毛合作社，主要为辽东军区加工皮衣筒、帽扇子、鞋里子等军需品。1956年吸收了哈尔滨毛皮联营厂，5月改名为胜利毛皮厂；1957年6月哈尔滨衣帽社并入，增加了制帽和吊制皮衣生产，形成了一整套生产加工成品的生产线，年创产值638万元，利润25万元，拥有资产总额105万元，生产品种100多种。

1958年改名为地方国营哈尔滨市皮毛厂。

1960年工厂试制成功剪毛机、铲毛机、贴产机、磨皮机、多头缝纫机等设备，大大提高了生产效率。

1965年工厂正式命名为哈尔滨市皮毛厂。

1978—1979年，工厂自行设计制造了毛皮鞣制机、通过式恒温干燥机、脱脂机、剪式伸长机、滚式拉软机、揣揉机等专用设备，初步实现了细毛皮生产的自动化，提高了效率和产品质量。金龙牌灰鼠皮褥子分别于1980年、1982年获省优质产品奖和全国优质产品称号。至1984年哈尔滨市皮毛厂有13种产品被评为全国一类产品第一名，5种被列为出口免检产品，3种被评为省优质产品，平均年创汇额为300万元以上，产品远销美国、英国、德国、意大利、前苏联、前南斯拉夫、中国香港和中国澳门等20多个国家和地区。

1985年，工厂贷款267万元进行了设备改造，引进英国、德国、西班牙、日本等国家先进设备66台（套），国产配套设备100台。1987年全部投入生产，生产能力由30万张增加到60万张，年产值达916万元，产品质量大幅提高。1986年工厂生产的貂皮加条凤尾大衣被全国外贸出口总公司评为一类产品第一名。1988年貂皮和香鼠皮又被评为全国一类产品第一名，灰鼠皮褥子获轻工业部出口产品金龙奖。

1990年5月，哈尔滨市皮毛厂划归哈尔滨市外贸土畜产进出口公司管理。

上海皮毛总厂

上海皮毛总厂的前身是中国畜产公司华东区公司大场仓库，1954年初，中国畜产公司华东区公司在大场镇南大路征地建仓库。

1956年1月公私合营时，上海市的硝皮行业12家企业、染皮行业9家企业、裘皮批发商行业16家企业先后归该企业。另有黄狼皮、裘什皮、猪鬃、羽毛整理等均搬到大场集中加工。1958年7月征用土地建造硝皮车间、羽毛晒毛棚和猪鬃晒毛场。同年8月正式成立大场加工整理厂。此后，先后更名为中国畜产进出口公司上海市分公司皮张加工厂、上海皮张厂，1987年3月21日，改为上海皮毛总厂。

该企业占地面积144464平方米、建筑面积50814平方米。主要经营皮毛鞣制、皮毛制品制造以及皮鞋、皮革服装等革制品制造。主要加工生产水貂皮、黄狼皮、小湖羊皮、银狐皮、蓝狐皮、貂子皮、国产狐皮等各种高、中档出口及内销裘皮服装、皮领、皮革制品、皮鞋制品，兼各种裘皮原料的收购、验收、化验、检疫、加工整理、出口检验、仓储运输以及裘皮商品国内购销业务等。经过40余年的发展，该厂已成为硝染裘皮服装制品为主，革制品经营为辅的综合性外贸生产企业。1994年8月，总厂下属有中外合资企业3家，联营企业5家，小集体华艺皮毛厂1家。

1958年该厂大搞技术革新，先后创制出人字式、八一式、五一式铲皮机器，结束了过去硝皮采用人工铲大刀的原始方法，大大减轻了工人的劳动强度。同年，该厂化学硝皮试验取得成功，改变了几百年来一直沿用古老、落后的米硝方法，既节约了大量粮食，又改善了劳动环境。化学硝皮曾荣获市优及外经贸部科技成果二等奖。1984年以后，该厂研制的毛皮吸尘机、铲皮机安全装置、完全混合型活性污泥法（毛皮污水处理）、水平拉长机、系列玻璃钢划槽、系列裘皮开条机，裘皮废水处理工艺先后获外经贸部科技成果奖。1990年该厂《中国毛皮与利用》一书获外经贸部科技成果二等奖。1992年小湖羊皮裘革两用新工艺获外经贸部三等奖。该厂先后引进先进设备88台（套）。技术革新创新和先进设备的引进，保证了该厂产品质量的不断提高。

1958—1995年，上海皮毛总厂共加工硝制、染色的裘皮服装，以及山羊板皮、牛皮、麂皮、熟革皮、水貂皮、黄狼皮、小湖羊皮、裘皮半成品褥子等出口商品累计生产总值为53430万元，利润总额为5520.22万元，利润率为10.59%，利税总额为5282.22万元，利税率为10.42%。由于实行全面质量管理，1980年以后，该厂生产的金叶牌水貂皮大衣荣获国家金质奖章；金叶牌黄狼皮串刀大衣、小湖羊皮大衣、硝制小湖羊皮、硝制狐狸皮、水貂皮等7个产品获部市级优质出口商品称号；黄狼皮串刀大衣、水貂皮大衣、狐皮大衣、珍珠羔皮镶革短大衣、水貂皮大衣、貂子皮大衣、小湖羊皮披肩、蓝狐皮嵌革长大衣等90个产品荣获全国毛皮行业及全国出口裘皮服装质量评比奖，其中一等奖5个，二等奖3个，三等奖1个。

1989年12月被评为上海市先进企业。

浙江中辉皮草有限公司

浙江中辉皮草有限公司是国内最大的皮草企业之一，专业从事毛皮硝染和裘皮服装设计、生产、销售。公司成立于1993年，产品除内销外，还远销欧美、日本、俄罗斯等三十多个国家和地区。

公司拥有工程师以上科研人员40多人，引进意大利等先进的制裘设备，建立了现代化的ISO 9001质量体系、ISO 14001环境管理体系。2005年8月起引进和实施中德政府技术合作项目"EoCM"（有效益的环境成本管理），采用优质环保型化工辅料，大大降低了生产成本，提高了资源使用效率，减少了污染排放，从而达到了节能、降耗、减污、增效的清洁生产目的。2007年5月6日，CCTV—1新闻联播对该公司实施清洁生产项目取得的成果进行了专题报道。2008 年 9 月，被中国皮革协会评为节能减排创新三等奖。

公司以过硬的产品品质和卓越的服务，成就了独到的"依奴珈"品牌形象，并赢得消费者信赖和良好的市场口碑，同时也得到了众多的荣誉：先后成为中国裘皮衣王、浙江省名牌产品、中国名牌产品、中国真皮标志产品、中国驰名商标、中国真皮标志杯裘皮服装设计大奖赛金奖等。

济宁市新华皮毛总厂

济宁市新华皮毛总厂的前身为 1949 年在济宁回民协会的倡导下，以皮毛工会会员基层组织为基础组建的群力皮厂。后几经分合并转，先后更名为济宁市新华皮厂（1950 年）、济宁市新华硝皮加工总厂（1951 年）、山东省济宁畜产站皮毛合作加工厂（1958 年）、新华皮厂（1959 年），1981 年定名为济宁市新华皮毛总厂。

1985 年，该厂有职工 564 人，其中回族 279 人，女职工 305 人，技师 1 人，技术员 7 人。厂区占地 2.91 万平方米，建筑面积 2.29 万平方米。固定资产原值 381 万元，净值 231 万元。有专用生产设备 197 台。主要产品有青猾皮、白羔皮、兔皮、绵羊皮、各种皮裤子、皮衣筒等。产量折皮褥子 10 万余条，完成工业总产值 741 万元，实现利税 49.2 万元，其中利润 0.1 万元，全员劳动生产率 12950 元/人。1993 年企业组建新华皮厂裘皮厂等 6 个承包体，1995 年以后，边贸出口业务停止，对内皮毛业务日渐减少，其他业务也不能维持，承包体停止运行，将职工全部上交总厂。

定陶县皮毛厂

定陶县皮毛厂的前身是 1956 年由 5 人组成的皮革组。1959 年定陶、成武两县合并，两县的皮革、鞋帽企业也合二为一。

1961 年底两县分开，厂亦分开。1969 年改为定陶县皮革厂。1980 年制革车间分出后，原厂定名为定陶县皮毛厂。

1985 年，该厂有职工 220 人，其中工艺师 1 名，毛皮专业中专毕业生 3 名，6 级以上技术工人 38 名，外聘技术工人 2 名。厂区占地 1.87 万平方米，建筑面积 0.52 万平方米，其中生产厂房 3949 平方米。固定资产原值 117.4 万元，净值 103.3 万元，定额流动资金年末占用 101 万元。有各种毛皮生产设备 116 台。主要产品有羊剪绒地毯、挂毯、坐垫、拖鞋、裘皮筒等 60 多个花色品种，年生产能力 20 万平方尺。全年出口羊剪绒地毯 1141 条，挂毯 50 条，坐垫 15388 个，剪绒皮衣 516 件。完成工业总产值 151.23 万元，创汇 47.2 万美元，实现利税 10.1 万元，其中利润 5.3 万元。进入 20 世纪 90 年代末企业生产开始下滑。

焦作隆丰皮草企业有限公司

焦作隆丰皮草企业有限公司是 1996 年 3 月在焦作注册成立的中澳合资企业，经营范围为羊裘皮加工和销售，加工厂占地近 400 亩，总建筑面积超过 20 万立方米，年加工绵羊皮 1000 万张，拥有员工 3500 多人，2008 年出口创汇超过 1.5 亿美元，是全球最大的绵羊皮加工企业之一，河南省民营企业出口创汇状元。

公司在澳大利亚、比利时和美国设有分公司，主要从事进出口业务。隆丰公司通过十几年的发展，在社会各界的大力支持下不断壮大，已发展成为跨国的大公司，产品远销美国、加拿大等国和欧洲地区。

公司是国家羊剪绒产品行业标准和环保标准的制定者之一，成为全国皮革行业治污标兵和河南省企业环保工作的一面旗帜，多次受到省市环保职能部门的肯定和好评。公司通过 ISO 9001：2000 国际质量体系、ISO 14000 环境系列认证等多项认证，被认定为"河南省名牌产品"。

公司主要产品有工业类、汽车用品类、家居类、婴儿用品类等共 80 多个定型产品。通过研发和流行趋势研究，每年产品品种的增加量均保持在 20% 左右，始终站在欧美发达国家的市场前沿。

公司拥有世界最先进的生态鞣制工艺和一支由世界级羊裘皮鞣制专家组成的技术团队，加之严格的质量标准，保证每一件产品的高品质——环保、健康、天然、舒适。公司产品通过"国际羊毛局 WOOL MARK""Sanltlzed 微生物防护""3M 防水防污"等多项国际级认证，其中包括高于欧洲标准的宜家第三方"IWAY"认证、B.L.C. 环境认证等。2006 年公司在当地环保部门的配合和支持下，完成企业清洁生产审核，使各项生产耗能和污染物排放指标大幅度降低。

公司始终把环保放在首要位置，管理层一贯遵循"不是企业搞好环保，就是环保淘汰企业"的理念。公司先后上马了一、二、三期污水处理工程，总投资超过 4000 万元，采用国际先进的纯生物法处理技术，设施运行稳定可靠，于 2004 年通过河南省环保局的验收。为了增加污水处理的可靠性和为环保达标等级提高做准备，公司又先后投资 1000 万元建设深度处理工程，使污水排放稳定达到或优于国家综合废水排放一级标准。

2008 年下半年，全球金融危机影响加深，公司审时度势，决定与具有 200 年历史的欧洲专业服装皮革制造商——西班牙革乐美集团合资合作成立新公司，即革乐美（中国）皮革有限公司。新公司将利用双方的行业优势与制造资源致力于服装毛革、皮革与其他皮革制品的生产与销售，成为全球同行业中最具竞争力的企业。

合资公司总投资 10.2 亿元，其中一期投资 5 亿元，将同时在西班牙 Vic 和中国孟州设立两个制造基地。新公司采用世界先进的技术与设备，再次拉长企业产业链条。正式投产后，年产量预计 1000 万张，约合 465 万立方米，年销售额达 20 亿元，利税 3 亿元。

睢县兴洋皮毛制品厂

睢县兴洋皮毛制品厂原是一个作坊式的村办小厂，始建于 1966 年，当时只是根据传统的加工手艺制作一些车马挽具，因产品单一，效益不佳，随着社会的发展，车马挽具产品逐渐被淘汰，产品必须更新换代企业才能生存。走马上任的厂长刘汝海深深懂得这一道理。首先通过请进来、派出去，学习外地同行先进技术和管理经验，结合本厂的优势，以产品质量、花色品种开拓市场，以诚信赢得客户。数十年来，相继开发研制出羊剪绒挖花大毯、挂毯、沙发座垫、汽车装具等 100 多个品种。2007 年与国外知名专家联合研究开发的不含甲醛、偶氮含量为零的医用婴儿产品系列、马鞍系列，全部通过3C认证，一跃登上国内外高精尖皮毛制品的巅峰，产品常年畅销日本、德国、澳大利亚、中国港澳等20多个国家和地区，深受客户的青睐。

睢县兴洋皮毛制品厂占地面积60000平方米，建筑面积22000平方米，拥有员工550名，各种技术人员118名，先进专业羊剪绒生产线5条，辖2个厂区，固定资产5000万元，流动资金1800万元。

2009年睢县兴洋皮毛制品厂销售收入5000万元，实现利税720万元，出口创汇500万美元，居商丘市出口创汇第一名。

河南明达畜产品发展有限公司

河南明达畜产品发展有限公司是孟州市桑坡村白明先生与香港成达行马是新先生合资兴建的皮毛深加工企业，位于河南省孟州市桑坡皮毛城商贸大道东段。1993年3月创建，同年10月投入生产。占地10020平方米，建筑面积12800平方米。公司拥有进出口自营权，是国家进境羊皮定点加工生产单位，年加工生产能力60万张羊皮。

河南明达畜产品发展有限公司主要生产、销售羊剪绒毯垫系列、汽车座套系列、鞋里鞋面皮系列、毛革两用皮系列、碳化羊毛系列、澳达尔牌纯羊毛被六大系列近百个花色品种，产品畅销美国、俄罗斯、日本、德国、澳大利亚、意大利、土耳其、比利时、奥地利、印度、越南、中国香港、中国台湾等十几个国家和地区及国内北京、温州、广州、成都等制衣和鞋业市场。

河南明达畜产品发展有限公司奉行高起点、高标准、严要求的办厂宗旨，坚持信誉、质量、时间、效益四个第一的管理方针，建树团结、进取、务实、奉献的企业精神。创建以来，连年被省市评为"出口创汇先进企业""外商投资企业双优单位"，被国家农业部授予"基础管理达标单位"称号，被焦作市委市政府列为"重点保护私营企业"，董事长白明被授予"优秀农民企业家"称号。原国家主席胡锦涛先后于1994年5月17日和2008年9月8日到公司视察指导工作，原全国人大副委员长吴阶平于1995年10月10日、原全国政协副主席孙浮凌于1998年5月先后到公司视察指导工作。

武汉市毛皮厂

武汉市毛皮厂是湖北省最大的毛皮专业厂，20世纪50年代初期公私合营时组建，主要承担出口毛皮的加工任务。1967年开始采用化学鞣制新工艺。鞣制、加工、整理等工序大量采用机械化生产。1985年有职工192人，设备120多台（套）。工业总产值191万元，实现利税27.8万元。出口皮褥子、裘皮服装等毛皮制品5.72万件。2000年后，企业重组，划归电器行业，已经不再生产毛皮产品。

黄陂裘皮服装厂

黄陂裘皮服装厂成立于20世纪60年代，1985年有职工162人，年产毛皮11.2万张。

完成工业总产值175.1万元，实现利税14.5万元。生产的皮褥子、成衣、背心和男女长短大衣等产品远销日本、西欧、中国港澳等国家和地区。进入90年代后，出口减少，生产下滑。2000年后，企业改制，不再生产毛皮。

中卫县皮毛厂

1966年，中卫县皮革社和中卫县白皮社合并成立中卫县皮毛厂。

1956年，经验丰富的艺人组建成立中卫县皮革社，主要经营车马挽具。毛皮等原材料由自治区和县畜产部门统一提供，产品申请供销部门统销。1966年归属中卫县皮毛厂。马用脖套产品在20世纪六七十年代曾获得自治区和中卫县优质产品奖。随着社会不断发展，农业生产机械化，该厂生产的车马挽具需求减少，产品由国家统销和自产自销相结合经营。在农村实行责任田承包制后，产品需求量增大，产品供不应求，后又随着农业机械化的程度不断提高，产品需求逐渐减少。

中卫县白皮社由老艺人组建成立于1958年，主要生产二毛皮干衣、沙毛皮干衣、绵羊皮大衣等羊皮产品，主要原材料就是羊皮，由县畜产公司提供，属来料加工，产品交由畜产公司出口销售。1966年归属中卫县皮毛厂后，产品增加了二毛皮褥子、沙毛皮褥子。其中沙毛皮褥子曾获得自治区有关部门优质产品奖。

随着社会的发展，中卫县皮毛厂因产品不适应市场需求、产品滞销等原因，1986年转产塑料编织产品，更名中卫县塑料制品厂。

宁夏成丰工贸有限公司

宁夏成丰工贸有限公司自1985年开始加工以滩羊皮为主的裘皮制品，公司在皮毛染整技术上不断开拓创新，具备了生产加工滩羊皮、山羊皮、羔羊皮、裘皮等各类皮种的技术，包括一毛双色、三色、多色、渐变色、幻彩、扎染、草上霜、漂白等技术。公司主打产品有滩羊皮、山羊皮、羔羊皮、獭兔及各种裘皮服装、服装配饰、床上用品等，形成了体现西夏文化、民族特色的系列优质产品。

2006年，滩羊皮毛鞣制染色加工新工艺技术获得"宁夏银川科学技术成果"殊荣。

吴忠市精艺裘皮制品有限公司

吴忠市精艺裘皮制品有限公司始建于1988年，是宁夏毛皮行业具有竞争力的出口型生产企业之一，是生产滩羊皮的专业公司。年加工能力为50万张，主要产品有：滩羊皮褥子、羔皮褥子，各式服装，室内装饰用品，床上用品等四大系列一百多个花色品种。产品畅销美国、丹麦、意大利、德国、波兰、比利时、瑞士、俄罗斯、土耳其、中国香港等国家和地区。

公司采用美国、德国、韩国等进口化工材料，在毛皮染色技术上研发出了"草上霜"系列、一毛双色、梦幻色、毛彩色等一百多个花色品种，从而实现了改革传统生产工艺，使滩羊毛皮由白色成为彩色。

宁夏雄鹰皮草有限公司

宁夏雄鹰皮草有限公司成立于 1999 年初,主要从事滩羊二毛皮的收购和加工,主打产品为滩羊二毛裘皮靠垫、围巾、披肩、床罩、服装、褥子等系列产品。国内销售地区有江苏、浙江、上海等地,国外包括挪威、西班牙、德国、美国。

第四章 皮革服装企业

天津皮件厂

　　天津皮件厂成立于1958年，是由春兴永、德泰成、惠民工厂等4个个体手工作坊组成的小型国有企业，当时有职工200多人，主要产品是劳保手套及其他皮件产品，从20世纪70年代扩大至帆布、皮革服装等产品。

　　1981年至1983年经上级批准兼并了亏损的"自动化仪表十一厂"和"天津市第五皮件厂"两个集体企业，为全民代集体性质，职工由300多人增加到1000多人，管理人员120人，由于任务不足管理混乱，加之职工素质参差不齐，病残职工多造成企业举步维艰，生产滑坡，职工情绪波动形成不稳定因素。

　　鉴于天津皮件厂当时的混乱局面，上级调整天津皮件厂领导班子，领导班子上任后面对当时企业现状，顶住重重压力，首先进行了非生产人员的精减，各科室管理人员由120人削减至65人，二线人员由80多人精减至52人，充实生产一线并妥善安置了老弱病残职工；其次在产品结构上根据市场变化调整为以生产皮革服装为主兼营各类皮手套，为提高职工爱厂意识，提出"厂兴我荣，厂衰我耻"的企业精神，以此激励职工立足本岗为厂分忧群策群力共渡难关，在产品销售渠道上实行内外销并要两条腿走路的方针。为提高产品质量，全厂、全员、全方位实行了"全面质量管理"职工分批轮训，同时培训、同时考核，合格者予以上岗，通过以上坚持不懈的努力，至1989年企业效益明显提高，职工素质得到提高，产品质量稳步提高，职工收入逐年增加，企业获"天津市先进企业""天津市文明单位"称号。企业发展步入良性循环阶段。

　　1987年11月，在上级领导的帮助和指导下，作为小型国有企业，天津皮件厂在全市首先进行了"企业租赁经营"改革实验，厂领导班子成员以个人资产做抵押，租赁天津皮件厂进行经营，租期一年。厂领导班子首先精减科室管理人员至38人，经过狠抓建章建制人员优化组合和全面质量管理，企业获"出口产品质量许可证""国家二级计量单位"等称号。为企业向更高层发展打下了坚实的基础。

　　1989年，企业迎来了在国际舞台上展示"冰宫"产品为国争光的契机，天津皮件厂获准参加民主德国举办的"莱比锡国际博览会"，当年3月厂领导王连金同志带着天津皮件厂荣誉产品"冰宫"牌系列皮革服装赴民主德国参展，"冰宫"牌皮革服装在强手如林、激烈的竞争中，经博览会皮革服装评审委员会严苛评审没有任何争议当之无愧评为金牌，"冰宫"牌猎服作为中国人民友好礼物赠送给民主德国共产党总书记昂纳克，"冰宫"牌牛皮旗袍作为珍品被博览会予以留做永久馆藏。

　　天津皮件厂领导班子抓住"冰宫"皮衣获国际金奖时机，对内进一步细化了企业管理，做到千斤重担众人挑，人人身上有指标，使企业各项计划目标落到实处，管理水平提升到一个新的阶段，从而获得"天津市重合同守信誉单位"，"冰宫"皮衣再获"北京国际博览会"金奖和"国家质量金奖"。对外扩大了企业宣传力度，使天津皮件厂"冰宫"皮衣人人皆知，家喻户晓，"中央电视台""天津日报""中国城乡开发报"等各种媒体从不同角度进行了全方位、多层次宣传报道，从而在消费者心目中树立了良好形象，20世纪90年代企业再获"国家二级企业"称号。

领导班子大力加强企业文化建设，树立先进典型，表彰先进，充分发挥科技人员的积极性，开发新品。根据市场变化和消费者需求开发出皮革羽绒服、多功能皮革服装，在基层班组开展QC小组活动及节能降耗活动，使企业形成年生产皮革服装10万件，皮革手套30万副，产品出口日本、西北欧、拉美和中国香港等30多个国家和地区，年创汇500万美元，职工人均创汇1万美元，小厂做出了大贡献。1991年"冰宫"牌皮革服装被轻工业部命名为最受消费者欢迎的轻工产品称号。中国皮革协会授予"冰宫"皮革服装"'96中国真皮衣王"称号，中国轻工总会授予"中国真皮标志名牌产品"称号，授予厂长王连金同志"'96中国皮衣行业优秀企业家"称号。

进入2000年后，皮衣市场竞争日益激烈，企业机制已不能适应市场经济发展的要求，同时，由于京津城际高铁的建设，需要占用天津皮件厂的地方，经上级批准企业整体退出。

天津应大投资集团

天津应大投资集团前身为应大皮革时装有限公司，成立于1992年，核心产业为皮装与时装。应大集团以获得"中国名牌""中国驰名商标""国家免检产品"三大国家级荣誉称号的"应大"皮装为依托，实施"多品牌、国际化"的发展模式，不断提升产品的品质品位，优化服务体制，努力拓展时尚产业领域，200余家品牌专卖店覆盖全国。应大皮衣远销韩国、俄罗斯、意大利、西班牙、加拿大等国家和地区。通过不断的创新和变革，应大连续多次获得"真皮衣王"称号；在全国同行业中率先通过ISO 9001国际质量管理体系认证和ISO 14000环境管理体系认证。

应大国际服饰产业园区拥有现代化生产线，年生产能力达到裘皮5万件，皮装100万件，时尚成衣100万件。应大集团以"产品出厂合格率100%，合同履约率100%，顾客满意度100%"的"三百方针"为质量目标；以"顾客的需求就是我们的追求"为产品开发和质量方针，以"99%合格加1%不良等于零"，把不良产品消灭在出厂之前为质量要求，在中国皮装行业率先提出了"皮革面料化皮衣时装化"的领先设计理念。

随着企业规模的扩大，2006年在天津空港物流加工区建设占地面积为100亩的厂区，其中包括建筑面积为3000平方米的皮衣博物馆和建筑面积1万余平方米的研发中心。应大将皮衣行业作为高新技术发展，作为文化产业发扬光大。

应大皮衣博物馆位于天津市空港物流区，是国家级的AAA景区及天津市工业旅游示范景点，展厅建筑面积1500平方米，是现代化智能型博物馆。博物馆力求为不同年龄层的人们交叉展示历史纵深大、时空跨度大的皮衣专业内容。皮衣博物馆馆藏220余件，从中国到欧洲，从古典到现代，以及皮衣制造工具与皮料的收藏无不体现皮衣渊源的发展历程。皮衣博物馆是中国皮衣技术、设计、工艺、设备进步的缩影，它将成为皮衣文化的展示中心，皮革服饰研究专业人士的资料中心，服装设计师创作灵感的源泉的专业皮革类博物馆，同时也将成为消费者及皮衣爱好者了解学习皮衣知识文化的科普园地。

大连成吉思汗有限公司

大连成吉思汗有限公司为中日合资企业，拥有先进的日本、意大利进口设备，著名的设计人员，采用国际标准质量管理体系，皮革服装年生产能力20万件，年销售收入近亿元。1996年和1998年两度荣获"中国皮衣王"称号，1998年"皮衣王企业"称号和中国国际服饰博览会十大名牌钻石奖称号。曾被列为中国皮革工业协会常务理事单位及消费者满意单位。成吉思汗皮革服装，引领欧美服装风格，把握国内服装时尚，采用国内外优质皮革及配件，款式新颖，工艺精湛，做工考究，深受广大消费者青睐。

雪豹集团公司

"雪豹"诞生于20世纪80年代初，是伴随中国改革开放成长的一家皮革行业民营企业，位于世界闻名的观潮胜地——"中国皮革之都"的浙江省海宁市。

1984年企业创办时，以5000元资金租厂房、凑设备、招了24名职工（其中15名残疾人），起名辛江皮件服装厂，从事皮衣加工生产。

1987年，投资500万元建起了皮革服装生产流水线和羊皮制革生产线，企业更名为海宁民政制革皮件厂。

1989年，在上海创办"上海雪豹皮草行"，开始以"雪豹"品牌进军内销市场。1990年吸纳周围20余家同行中小企业组建海宁雪豹皮革制衣总厂，成为雪豹皮衣内贸的生产总基地和营销总部。

1992年开始实行公司化管理，组建浙江雪豹实业公司。同年，与浙江省皮塑公司、日本诺松株式会社合营成为中外合资企业——浙江东方皮件有限公司，打开自营出口欧美、日本的市场，开始迈向外向型的发展道路。

1993年，企业规模进一步发展壮大，已具有较强经济实力，经国家工商局批准更名为雪豹实业总公司。

1994年，经浙江省计经委、体改委批准，组建首批省批集团——雪豹集团。

1997年，新开发厂区的沙发套项目正式运营，迅速发展成广东以北最大的皮革沙发套生产出口商。

2001年，投资600万美元延伸产业链，上马皮革软体沙发项目，年产能力达30万件（套）。

2009年，近3万平方米的雪豹皮衣新厂区开始兴建，成为"雪豹"内贸生产和营销服务的中心，该中心将成立"雪豹"创新研发、质量检测总部。

"雪豹"一直在党和国家的改革开放政策指引下，依靠各级政府和行业协会的有力支持，经自身艰苦创业，不断奋发，成为拥有2700余名员工、占地18万平方米的花园式现代化集团公司。

现拥有核心企业：海宁佳联皮革有限公司、海宁佳联沙发有限公司、海宁市立力皮件服装有限公司、海宁佳盛汽车零部件有限公司和浙江雪豹服饰有限公司。

主要产品产销能力：皮革服装80万件、皮革沙发套150万套、皮革软体沙发30万件、沙发布400万米、汽车零部件180万套等。

"雪豹"在规模经济效益、市场份额、技术创新、品牌效应、环境保护和社会责任等方面均达到了行业较高水平，是中国皮革协会副理事长、皮衣专业委员会首届主任单位。

蒙努集团

蒙努集团地处中国皮革之都浙江省海宁市，是一家集沙发套、沙发、皮革、皮衣的生产、进出口贸易于一体的全国大型企业。

蒙努集团前身为浙江海宁蒙努皮革制衣总厂，创建于1993年7月，主要生产经营皮革服装产品。20世纪80年代末，由于皮革服装在国内市场十分流行，发展潜力巨大。海宁市委、市政府正是抓住了这种发展时机，一方面鼓励个体工商企业从事皮革服装制造产业的生产加工，另一方面积极筹建皮革服装市场，1993年底建筑面积达20万平方米的浙江皮革服装城专业市场建成使用，为海宁的皮革服装企业提供了良好的发展商机。而蒙努正是乘着这股东风，以浙江皮革服装城为窗口，辐射全国。先后打开了上海、南京、济南、北京、哈尔滨、长春、沈阳、武汉、成都等国内著名城市市场，销售量大增，市场知名度也日渐提高，为企业发展积累了大量的原始资本。1996年初，"蒙努"牌皮革服装被中国皮革工业协会评为"中国十大真皮衣王"，这是企业在创名牌之路上迈出的坚实一步，也为蒙努成为中国皮革服装行业的排头兵奠定了基础。至1998年，"蒙努"牌皮革服装的销量突破12万件，产值超过1亿元，跻身中国皮革服装企业前五位、海宁市工业企业前十强企业。然而，随着竞争的加剧和国内皮革服装市场的日渐萎缩，1999年至2001年间，"蒙努"牌皮革服装销售一直在1亿元左右徘徊，经济效益日渐下滑。为了谋求公司新一轮发展，实现企业新一轮跨越目标，2001年度，公司决定在原来皮革服装产品的基础上延伸产业链，开发皮革及家私等系列新产品。经过8年的不断投资和开发，至2008年，公司构筑了集皮革服装、皮革、沙发套、沙发及进出口贸易于一体的前后配套生产的多元化产品格局，销售收入从2001年的1亿元人民币猛增到2008年的32.16亿元人民币，在全国同行中确立了领先者的地位。

集团占地面积1100亩，建筑面积60万平方米，下辖9家生产制造企业和2家进出口公司。2008年，集团实现销售收入32.16亿元，利税2.57亿元，出口创汇2.66亿美元。曾荣获"中国驰名商标""中国名牌产品""国家重点新产品""最具市场竞争力品牌""国家免检产品""国家火炬计划重点高新技术企业""中国民营企业500强""中国民营进出口百强企业""中国民营企业品牌竞争力50强""中国民营企业综合竞争力50强"等多项荣誉称号。

烟台大华皮革服装集团

烟台大华皮革服装集团成立于1993年，拥有全资合作子公司7个，员工3000余人，年生产皮革、针织、梭织等服装 100 余万件，年创汇 3000 余万美元。自成立以来，一直是烟台市出口重点企业和先进企业。

烟台宏源时装有限公司

烟台宏源时装有限公司成立于 1998 年，职工 800 余人，主要生产经营各类服装及相关制成品，以皮革服装为主，与欧美数家知名国际采购商建立了长期稳定的合作关系，生产经营持续稳定增长，公司拥有现代化标准厂房 6500 平方米，拥有皮革服装生产线 16 条，年生产各类服装 100 余万件（套），年实现出口创汇 1500 万美元，年利润 1000 余万元，产品远销美国、加拿大、韩国、日本等国家和地区。

河南雪中王皮业服饰有限公司

河南雪中王皮业服饰有限公司是一家现代化的股份制公司，装备有国内一流技术水平的专业设备 200 多台，可年产高档、中档皮装 10 万套，是河南省最大的皮装生产企业，并创出了享誉中原地区的名牌产品——雪中王。

公司的前身是一个名不见经传的街道小手工作坊——二七车马挽具组，始建于 1964 年。20 世纪 80 年代初，经过产品结构调整，企业开始转产皮革服装。为不断提高产品质量，企业积极申请承担了多项省级、国家级的星火计划项目和科技攻关项目。1991 年，承担了国家"八五"星火计划项目：豫东南皮革资源配套科技系列产品开发——高档皮革服装产品的研制与开发；1993 年，又承担了国家级星火计划项目：高档皮革服装的开发及综合利用……

为适应日新月异的市场变化，企业非常重视捕捉市场信息，设计人员以市场为导向进行新产品的设计和开发。1997 年，公司积极主动地承担了省科技攻关项目——CAD 技术在高档皮革服装产品中的应用，在全省皮装生产领域率先采用电脑技术进行新产品的设计、放码、排版、资料储存等工作，不仅提高了新产品设计开发能力，同时还提高了产品的档次。

为确保名牌品质，提高企业信誉，10 多年来，企业一直把产品的售后服务作为一项重要工作来抓。公司内部专门设立了售后服务部，配备了 10 多名技术熟练的技术工人，购置了意大利生产的专业皮装干洗设备，而且还制定了首次保养免费、以后六折收费等优惠措施，为此，企业每年都要投入数十万元的资金。售后服务部自成立以来，不但解除广大消费者的后顾之忧也确实为消费者带来了实惠，受到了消费者的好评，为企业和产品赢得了良好的信誉。

际华三五一二皮革服装有限公司

1949 年兰州解放后，甘肃水利林牧公司兰州制革厂被兰州军事管制委员会企业处接收，并移交中国人民解放军第一野战军后勤军牧部管理。此后，该厂和第一野战军后勤部接受的国民党联勤总部兰州被服总厂、宝鸡迁来的西安被服厂所属的宝鸡制呢厂、武威天成公司及中国人民解放军自办的褒城制革厂共计13个工厂合并调整，组建为兰州皮革厂，同年12月改为兰州制革厂。1950年继改为中国人民解放军鞋工二厂，1951年再改为中国人民解放军制革二厂，1952年定名为中国人民解放军毛皮厂，1953年改为中国人民解放军六〇五厂，1965年始改为中国人民解放军三五一二工厂，2000年更名为兰州三五一二皮革制衣厂，2007年8月改为现名。

1984年，有"西北皮王"之称的该厂技术先驱张俊英主持完成了改良绵羊皮梳剪烫军大衣皮的攻关项目，提高了军大衣的保暖性能，减轻了成衣重量，荣获总后勤部和兰州军区科技革新奖；1985年又试制成功国际流行的光面两用毛皮革，该产品具有软、轻、暖、卫生、美观等特点，同年通过国家级技术鉴定，并在联邦德国法兰克福举办的第37届法兰克福裘皮博览会上展出。

该公司位于兰州市北滨河东路398号。占地面积47038万平方米，注册资金7084.4万元，现有职工1700余人，其中专业技术人员103人，具有中、高级专业技术职称人员58人，有服装生产流水线17条，年生产毛羊皮100万张、服装革65万张、皮大衣24万件、棉衣24万套、皮帽（栽绒帽）120万顶、皮手套120万副、地勤服7万套、各类皮服12万套。现已发展成为一家集毛羊皮、服装革、两用毛革及其制品皮大衣、棉大衣、皮帽、栽绒帽、飞行皮服、地勤服、作训服、装甲兵皮棉内胆、皮手套、防寒服、行业制式服装、劳保服装、防静电、阻燃特种服装各种皮服生产的大型二类综合性轻工企业。市场覆盖军队、武警、公安、司法、安全、工商、税务、保安、铁路、民航、油田等行业，产品出口美国、俄罗斯、尼泊尔、日本、中国香港等国家和地区。

第五章 皮件企业

北京市革制品厂

北京市革制品厂前身是1932年的振北制革厂，时有厂房40多间，工人20多名。1938年1月，日本产业保管委员会霸占了该工厂，以华北皮革株式会社名义经营。1942年有工人100人，日产牛皮革30余张。1946年该厂由国民政府北平市处理局接管。1947年3月厂名对外称振北制革厂，对内称振北制革股份有限公司，有工人23人。1949年北平市和平解放后，该厂购买天津一户皮件作坊的生产设备，招收10名制作皮件工人，增加生产皮结、皮圈产品。1950年4月1日改为公私合营企业，有职工83人，工业总产值达34.7万元。1952年中共中央军事委员会文化部与共青团中央委员会合办的人民体育用品厂、中共中央军事委员会办公厅供给处办的震华制革厂和东北防空司令部卫生部办的装具三厂并入振北制革厂，名称改为北京市人民制革体育用品厂，有职工499人，固定资产原值27.3万元，固定资产净值25.9万元。1954年1月购买私营国华制革厂，9月改为北京市制革厂。1956年11月接收私营企业谦信、震东、机轮、正大、中裕、兴国、新丰、庆成等8家皮件厂，在王府井大街开设了有20人的制鞋厂及门市部，形成前店后厂的经营格局。1958年公私合营公记兴制革厂并入，职工增至1462人。1960年公私合营千祥皮鞋厂、宣武皮鞋厂、北京市第二皮鞋厂先后并入该厂。1964年该厂划出鞣制皮革产品，改厂名为北京市千祥皮鞋厂，有职工1273人。1968年又改厂名为北京市革制品厂。1979年将再生革车座、纺织机械配件、丁氰胶底皮鞋、油封等产品分别转移给丰台区槐房生产队、北京市皮件三厂、大兴县孙村生产队和房山皮鞋配件厂生产，转为生产皮鞋、三球等产品，皮鞋产量增加到106万双，三球78.7万个。1987年，引进意大利制鞋技术和80台制鞋专用设备，与国产设备配套建成3条制鞋生产线及3条皮鞋标准部件生产线。1988年11月与澳大利亚合资兴建北京西太平洋革制品有限公司，生产中低档男女皮鞋、运动鞋，加工出口皮鞋帮和其他半成品。1998年该厂固定资产原值6289万元，固定资产净值4124万元，职工1778人，完成工业总产值1686万元，上缴税金82万元。2000年，北京市革制品厂主要产品为皮鞋，年产值868.5万元，固定资产原值4454.1万元，净值3453.9万元，职工1103人。2005年完成关闭破产工作。

河北省大城县皮件厂

河北省大城县皮件厂是生产各种皮件产品的专业厂家，始建于1980年3月，拥有专业技术人员45名，专业机械设备125台（套），部分引进联邦德国先进设备，产品全部出口，远销德国、美国等14个国家和地区。

1988年以来，该厂先后获轻工业部、省、市出口创汇优秀产品奖，并被授予省级先进企业和"出口创汇先进企业"称号。

该厂产品主要有软包、手腕包、票夹三大类，其中主导产品皮票夹、手腕包曾获轻工业部银质奖，并多次被评为河北省优秀产品。该厂产品1988年获轻工业部"金龙腾飞铜质奖"，1990年获轻工业部首届轻工业产品博览会银质奖。

邯郸市箱包厂

1981年，邯郸市箱包厂从邯郸市制革总厂分出，开始生产出口手提真皮公文箱、公文包。1984年，该厂与省外贸合作同香港杨氏企业公司三方投资成立了"河北省国际皮件有限公司"，1987年11月30日，更名为邯郸市箱包厂。

1986年至1988年连续三年被省经贸委评为产品出口型企业，1987年5月在河北省召开的对外工作会议上，被定为省十家重点发展合资企业。

该厂主要产品有：真皮公文箱、航空箱、公文包、各种仪器配套包装箱共四大系列，100余种款式、规格。产品合格率一直稳定在97%—99%。该厂生产的"倩玖"牌手提公文箱获河北省优质产品称号，1988年9月，在轻工业部在北京举办的轻工业出口产品展览会上获全国轻工业优秀出口产品称号，并获得铜牌奖，产品远销英国、法国、比利时、日本、美国等20多个国家和地区。

玉兔皮具有限公司

玉兔皮具有限公司是白沟箱包集团的成员企业，公司始建于1995年，经过10多年的发展，现已成为一家集研发、生产、销售于一体的联合体企业，占地160亩，员工6200人，专业从事质检工作的人员75人，具有中级以上职称的172人，主要产品有男包、女包、休闲包、手包、钱夹、腰带、手套、拉杆箱等。玉兔箱包，设计源于欧美，融贯中西，销售网络广布全国各地，并远销东南亚、非洲和部分欧美国家，深得各层消费者青睐。

"玉兔"箱包系列产品因其独特的创意，新颖的款式，精细的做工，上乘的质量和合理的价格而享誉全国，闻名世界，获得多种荣誉。1998年被河北省工商局认定为"河北省著名商标"，被省政府评为"河北省县域特色十大品牌产品"称号，2005年参加"中国妇女喜爱品牌展"被认定为妇女喜爱品牌，2006年被评为"全国文明诚信商户"，并且获得2005年度中国"真皮标志杯"设计大奖赛二等奖，2007年、2008年度连续获中国"真皮标志杯"设计大奖赛一等奖。

集宁皮件厂

集宁皮件厂是内蒙古自治区级先进企业。以生产革皮服装、服装革鞣制为主要产品的地方国营企业。1960年由上海支援边疆建设迁到集宁市。1987年末全厂有职工235人

（其中工程技术人员3人），固定资产原值208万元，总产值达241万元（1980年不变价），实现利税51万元。全厂机器设备222台（套），1987年生产皮卡衣（皮夹克）2.18万件，皮手套及小商品20万件，该厂生产的山羊、绵羊皮革服装自1984年以来一直保持全国同行业评比一类产品前三名，并两次夺魁，熊猫牌皮夹克被评为自治区地方名牌产品，由厂长李德茂研制成功的改良皮服装革1985年获自治区重大科研成果一等奖，产品出口20多个国家和地区。

包头市东宝皮革厂

包头市东宝皮革厂以生产东宝牌皮领带而声名远播，该厂始建于1984年，是在党的发展农村商品经济的大潮中发展起来的一个乡镇企业，是由包头市郊区王军、王海兄弟俩（回乡知识青年）办起来的皮革企业。办厂初期，十分艰苦，筹措2万元资金，由几个人，几口大缸，几间简陋厂房开始生产。1985年全部职工35人，仅完成工业总产值7万元，实现利润3.2万元，只能鞣制羊皮。1986年引进上海皮革研究所"印花皮革"新工艺、新技术，并聘请该所高级工程师魏庆元为技术顾问，研制出第一批印花革。1987年4月生产出印花高级皮领带，投放市场，深受消费者欢迎。东宝牌皮领带在全国第22届旅游产品交易会上展出，受到国内外人士的好评。1987年与冶金工业部包头稀土研究院签订了应用稀土鞣革、染色技术咨询合同，应用稀土后的产品色泽鲜亮不褪色，能洗能烫，柔软挺括，而且节约了大量染剂、染料，提高了质量，降低了成本，这项技术获得了国家专利。

1988年10月在全国乡镇企业出品生活品展销会上，该厂的东宝牌皮领带获"银杯奖"。1988年该厂从上海引进了国际流行的高档皮革——纳帕革生产新工艺，皮大衣、皮夹克、皮裙、皮裤、皮包等系列产品。当年职工达到87人，完成工业总产值35万元，实现利税7.68万元，其中利润5.7万元。1990年又研制开发了光面印花皮领带，蟒皮、蛇皮领带。1991年又开发出了工艺编织领带、编包等新产品。1991年该厂生产东宝牌皮领带，获得了部优产品称号。1992年该厂与香港两家公司合资，组成了"中外合资内蒙古东宝皮革制品有限公司"。该公司是供产销、科工贸自成体系的综合性皮革制品生产实业公司。1992年有职工300人，其中有中高级职称人员与管理人员32人。拥有固定资产300多万元，流动资金400多万元。厂区占地面积9000多平方米，建筑面积5000平方米。1992年完成工业总产值750万元，利税110万元。

东宝牌系列产品技术先进、工艺精湛，东宝高级绒面印花领带、光面印花领带、纳帕革系列产品，填补了国家和内蒙古自治区的空白。东宝牌系列产品先后获全国、自治区、包头市十项大奖。东宝牌商标是自治区著名商标。东宝皮革厂先后获得自治区和包头市"重合同守信用企业""特级信用企业""纳税先进企业"等荣誉。1991年，《人民日报》以《东宝—内蒙古的骄傲》为题报道了东宝皮革厂的事迹。中外合资内蒙古东宝皮革制品有限公司董事长王军、总经理王海双双被评为自治区劳动模范。王海被评为自治区优秀青年企业家，王军被评为全国乡镇企业家。

东宝皮革厂的产品有三大系列200多个花色品种。三大系列产品是：①拥有拉链自锁、安全卡等五项专利技术的光面印花、绒面印花、闪光、珠光、七彩、夜光，稀土永磁，蟒（蛇）皮及工艺编制等系列高级皮领带；②套印、大花等花色的大摆、太阳、迷你、一步、荷叶、鱼尾、多片棱形等多规格品种的皮裙、皮夹克、皮坎肩、皮裤、运动衣、女式套装等高级真皮服装系列；③造型新颖、做工精细、美观大方，世界流行的印花和不印花宴会包、圆包、半圆包、椭圆包、方包、桃形包、公文包、拼包、票夹、工艺编织包、真皮手套等真皮皮件系列。

东宝产品销往欧美、东南亚等20多个国家和地区。在全国各大城市和地区设有办事处和销售点，他们还在满洲里、上海、深圳购置了房地产，建立了自己的分支机构。

丹东制球厂

丹东制球厂于1949年建厂，主要生产缝制篮球、排球、足球。由于技术落后，全靠工人手工缝制，每天只能生产40个左右。该厂于1953年5月并入安东文具厂，1954年9月又并入安东皮革厂，自行设计制造出裁断机、片帮机等6台设备。1963年制造出硫化单机。1964年试制成功猪皮胶粘篮球，1965年2月投入批量生产，产量比1964年提高近4倍。1965年制造出烫金机。

1966年不仅能生产胶胎8页篮球，还能生产18页胶胎篮球，符合国家比赛用球标准。1966年的全国比赛使用该厂生产的猪皮球，经国家体委鉴定：8页猪皮胶胎篮球质量符合国家级比赛用球。其中"箭牌"DB008牛皮篮球各项指标均达到国际先进水平。

1981年被国际篮联批准为一级国际比赛用球，有权使用国际篮联金色印章。1982年全国同行业首次评比名列第一。1983年获国家银质奖。

"箭牌"牛皮胶胎排球在1982年全国同行业评比名列第二，并获轻工业部优质产品奖，中国排协批准为国家级正式比赛用球。"箭牌"足球在1984年全国同行业评比名列第二，获轻工业部优质奖。

1983年从丹东制革厂分出，组建丹东制球厂。1985年被国际足联批准为比赛用球。"箭牌"篮、排、足球在1985年辽宁省举办的百种产品万家评比中获最佳产品杯奖。同年在丹东市举办的"鸭绿江杯"评比中获最佳产品金杯奖。

1985年丹东制球厂，生产的皮制篮、排、足球共38.2万个，产值562万元，利润72.4万元，职工163人，主要设备有裁断机9台，烫熨机18台，硫化单机34台，压延机1台，炼胶机1台，各种检测仪器6台，其他设备共65台。1988年在德国莱比锡国际博览会上获国际金奖。

1949年至1985年丹东制球厂共生产篮、排、足球455.46万个。篮球规格有75厘米、72厘米、68厘米，排球规格有65厘米、62厘米、59厘米，足球规格有68厘米、63厘米、56厘米、44厘米。1990年以后停产，2001年丹东市城市改造动迁，职工买断，从此球厂就不存在了。

长春市皮件厂

长春市皮件厂位于长春市南关区永春路13号，厂区占地面积3861平方米，建筑面积4024平方米，有各种设备60台（套），其中专用设备11台（套）。主要产品有衣箱、兜包等四大类 23 个品种。

该厂前身是 1949 年 5 位个体手工业者集资组成的工友皮件社，1951 年并入长春市制靴厂，1958 年从靴鞋厂分出，成立长春市朝阳区帆布皮件厂，转为全民所有制，此后，企业逐步发展、更新，添制各种设备，开发出各种衣箱、工业皮件，1973 年开发的新型压鼓衣箱，在国际市场打开了销路，扩大出口量，当年完成工业总产值 697.1 万元。1977 年改称长春市皮件厂。

哈尔滨市制帽厂

哈尔滨市制帽厂位于哈尔滨市道外区景阳街 302 号，是集体企业。

该厂前身为哈尔滨市衣帽生产合作社，始建于 1952 年。1956 年改为哈尔滨市第一制帽生产合作社，社员增至 300 多人，生产苏式帽。1958 年 8 月，与第二、三、四生产合作社合并为哈尔滨市五星制帽厂，4 个月后又与市毛皮生产合作社合并，改名为地方国营毛皮制品厂。1962 年，根据"调整、充实、整顿、提高"八字方针，经上级调整，退回到集体企业性质，毛皮制品厂又分为两个合作社，即哈尔滨市毛皮生产合作社和哈尔滨市制帽生产合作社。

1966 年 8 月，哈尔滨市制帽生产合作社改名为哈尔滨市制帽厂，1967 年 8 月改名为哈尔滨市制帽棚靠厂，1989 年改回哈尔滨市制帽厂，当年工厂完成工业生产总值 850 万元，利润 64 万元。

1990 年，哈尔滨市制帽厂占地面积 6000 平方米，建筑面积 5340 平方米，拥有生产设备 349 台，固定资产原值 139 万元，产品有 5 大系列 5 个规格 200 余种，畅销欧、亚、美三大洲 9 个国家，年生产各种皮帽 16 万顶，1990 年实现工业总产值 1022 万元，利润 35 万元。20 世纪 90 年代后该企业各项指标逐年下滑。

21 世纪以后，随着市场形势的变化和气候的变暖，人们的生活习惯发生了很大变化，毛皮帽子的消费量逐年减少，工厂的生产受到了严重影响，开始转向其他产业。

上海制球联合公司

上海制球联合公司地处上海市南大路制革路 65 号，其前身是上海球厂。始创于 1917 年，由章仲文独资开设的上海协兴运动器具厂生产手缝皮制足球、篮球、排球并兼营运动器材。产品选料讲究，缝工精细，20 世纪 30 年代时就已得到市场好评，并已打入了南洋、中国香港等市场。1956 年，全行业公私合营时，协兴文记、大成、永兴、国泰、生生、西康、国强、亚洲、强兴、康兴、复兴、明明、康原、南华等 14 家小厂相继并入，职工由原来的 25 名增加到 166 名。1961 年 1 月，协兴运动器具厂制球车间与四联皮鞋厂合并，定名为上海运动器具厂。1962 年改名为上海球厂。

1963 年，上海球厂派员去广州学习后，研制成功胶粘球，形成了手缝、胶粘 2 大系列产品。球革利用率也由原来不足 50% 上升到 95%，劳动生产率提高了 2.48 倍。

1983 年试制成功手缝球复合布定型工艺，控制了球革延伸率。用此工艺生产的 S32S 牛皮手缝足球，被国际足联批准为国际比赛用球，获得 1983 年轻工业部科技成果四等奖。

以后又采用新材料 PU 合成革，试制成功 PU 合成革球。以 PU 合成革代替天然革，按"一头牛，十只球"来计算，节约了大量的天然猪、牛面革。以后又开发成功绕线球工艺，以线代布，改进了胶粘球胆结构，提高胶粘球档次，使产品打入了美国、日本、西欧等经济发达国家和地区。

1986 年上海国际球厂并入，职工增加到 530 名，拥有设备 329 台（套）。1989 年时产量达 160 万只，其中出口球 120 万只。1990 年上海永力皮件厂并入，并移地浦东耀华路 633 号，当年产球 220.2 万只，并保持了多次全国同行业 5 个第一，即出口第一、出口创汇第一、总产量第一、经济效益第一、产品质量水平第一。1990 年，企业的固定资产原值 1186.4 万元，固定资产净值 976.87 万元。拥有设备 406 台（套），包括引进设备 45 台（套）和绕线皮制球流水线，实现工业总产值 5076.8 万元，产量 220.2 万只，利税 925 万元，创汇 800 万美元，三大球外销量占全国外销总量的 60%，产品远销世界 60 多个国家和地区，成为我国最大的皮制足、篮、排球专业工厂。

1980 年到 1990 年间，火车牌篮球、排球、足球共得国家、轻工业部、上海市的三级质量奖 43 项。其中，S501S 牛皮胶粘排球、S32S 牛皮手缝足球分别在 1982 年和 1984 年荣获国家质量奖金质奖。1981—1984 年国际足联、国际排联、国际篮联分别批准 S32S 牛皮手缝足球、S501S 牛皮胶粘排球、S241S 牛皮胶粘篮球为国际比赛用球。1990 年，S501S 牛皮胶粘排球被指定为第十一届亚运会比赛用球，上海球厂因此被国家体委、轻工业部授予"十一届亚运会突出贡献奖"称号。在 1988 年和 1990 年全国皮制球行业质量评比中，参赛的 5 个品种，连续 2 次全部评为一类产品第一名。

1992 年 6 月，上海球厂和永和橡胶总厂合并，组成上海制球联合公司，生产"火车牌""锦杯牌""永字牌"皮制球和橡胶系列产品，成为亚洲最大的制球工厂。

爱思集团（中国）有限公司

爱思集团（中国）有限公司的前身是上海爱思旅行用品有限公司，成立于 1988 年 11 月，是虹口区友谊箱包厂与日本 ACE 株式会社共同投资兴建的上海箱包业第一家中外合资企业。注册资本人民币 1700 万元，地址在上海市场中路 256 号，建筑面积 7000 余平方米。主要生产各类箱包。1996 年 11 月 20 日，中日双方再度投资成立爱思集团（中国）有限公司，注册资本 1000 万美元。上海爱思旅行用品有限公司、日本 ACE 株式会社和日本 ACE 箱包株式会社分别占总投资的 49.0%、38.5% 和 12.5%。

爱思集团（中国）有限公司现有总资产 8 亿元，生产箱包及箱包材料的工厂 9 家，大型的现代化物流中心 1 家，员工 5000 余人，是集箱包研发、制造、流通、贸易于一体的企业集团，生产、监制、配售爱思自主品牌 PROTECA、ACE、ACE GENE、PROGRES 等，以及 ZERO HALLIBURTON、MANDARINA DUCK、ADIDAS 等专利品牌的商品。近年来，爱思集团（中国）有限公司为保持可持续发展，根据市场需求，不断调整战略目标，实行"以自主品牌为主，授权品牌为辅"的经营模式，并借鉴和利用日方设计资源和信息的优势，开拓创新快速发展爱思自主品牌。在营销方面，爱思根据轻重缓急细分销售市场，集中资源发展、巩固重点市场，辐射、影响周边市场，强化市场终端管理，提升市场形象，以不断拓展爱思产品的市场份额。2008 年，年销售总额 8.10 亿元，年出口额 6.05

亿元，产品远销日本、东南亚、欧美等 30 多个国家和地区，并在国内 40 余个大、中城市开设了近 300 家 ACE 品牌的销售网点及专卖店，构成了完整的爱思箱包销售体系，在国内箱包界享有一定知名度。1990—1991 年，在全国规模最大的 300 家"三资"企业排序中荣列 181 位。1994 年，名列上海产品销售收入前 500 家工业企业的第 170 名。并先后荣膺"上海市出口创汇先进企业""全国外商投资双优企业""上海市优秀工业企业形象单位""上海市 50 家工业新高地企业"等荣誉称号，连续多年获"上海市畅销品牌"等殊荣，已成为目前国内最大的箱包设计、生产、销售基地之一。

上海顶新箱包有限公司

上海顶新箱包有限公司是一家集箱包产品研发、生产、销售、服务于一体的国际现代化大型民营合资企业。成立于 1997 年，拥有 28 条目前国内工艺先进、设备优良的箱包制作、装配流水线，以及整套箱包检测设备和完善的质量检验体系。

在全球经济一体化的大形势下，顶新经过多年的艰辛打造，自主品牌"顶新 DINGXIN DECENT"品牌箱包，已成为"上海市出口名牌""上海市著名商标""上海市名牌产品"。公司产品畅销世界 65 个国家和地区，并成为在 18 个国家拥有自己经销商的大型生产型出口企业。全球金融危机以后，近两年来公司年销售额稳定保持在 1.5 亿人民币左右。

公司注重质量，率先在行业内引进世界一流裁料设备，以提高产品的科技含量。公司通过了 ISO 9001：2000、ISO 14001：2004 质量管理体系及环境管理体系认证。连续三年获得德国"麦德龙"集团颁发的"高质量产品"奖章。和清华大学、东华大学、上海工程技术大学、北京服装学院等高校联手，走产学结合之路。目前，公司拥有一支强大的开发、设计团队，通过走自主品牌经营之路，实现了产品利润的不断提高。

10 多年来，公司始终坚持品牌发展战略，坚持走品牌创新路线。已成功申请专利 1000 多项，2008 年度被评为"上海市专利示范企业"，公司研发中心被评为"上海市劳模集体"荣誉。顶新每年新产品的开发数量达 300 种，上市数量达 150 种，出口产品注重国际流行时尚，把顶新的技术、顶新的款式、顶新的工艺展现给了国内外客商。

公司自行设计、开发、生产的特殊材料碳棒系列拉杆箱，是目前全世界自重质量最轻的拉杆箱，质量仅为 1.5 千克。

在第 100 届广交会上，顶新设计、制作的特大拉杆箱，首创吉尼斯世界纪录，被广交会组委会收藏，并作为中国自主品牌典型常年展示。2008 年 10 月，顶新当选为中国轻工工艺品进出口商会箱包分会理事长单位，2010 年顶新当选为中国轻工工艺品进出口商会副会长单位。

无锡百特皮件有限公司

无锡百特皮件有限公司位于无锡市惠山区钱桥镇，创办于 1979 年 7 月，当时是只有 30 名职工、3000 元资金、40 平方米厂房的镇办小厂。经过 30 多年的发展，在公司董事长杨祥娣的带领下，全体员工发扬"拼搏、进取、求实、创新"的企业精神，内抓管理，外拓市场，创出"Baite（百特）"品牌，使公司成为集科研、开发、生产、经营于一体的高档次、高品位、世界时尚皮件产品出口基地。被澳大利亚、丹麦客户指定为生产厂家，还专业生产德国 PUMA、英国 Boots 公司的产品，皮尔卡丹、华伦天奴、彪马等世界品牌产品在这里生产，然后销往世界各地。

2010 年，公司有职工 600 多名，其中高级经济师 3 名、技术人员 50 名，厂房建筑面积 22580 平方米，占地面积 17350 平方米，总资产 1.6312 亿元，年产量 500 万只票夹，年实现产销近 1 亿元，出口创汇 500 多万美元。

公司主要产品"Baite（百特）"牌皮件，是中国名优产品，江苏省名牌产品。1987 年以后，公司先后获得"出口产品免检证书""全国首届出口优秀产品金龙奖""省先进企业""省现场管理优秀企业""省 AAA 级信用企业""省重合同守信用企业"等荣誉。1994 年被批准为自营进出口企业和保税工厂，是我国皮件行业首批获准配挂"真皮标志"企业。2002 年"百特"牌皮件系列产品被认定为"中国知名皮件产品质量公认十佳品牌"。公司票夹获 2005 "真皮标志杯"中国皮具设计大奖赛设计一等奖。

公司围绕国内、国际市场和客户的需求，不断创新，开发新品，依靠技术创新，提高产品质量。公司已通过 ISO 900：2000 质量体系认证，为提高企业的管理水平和产品在国际市场的知名度打下了基础。

江苏美迪洋集团公司

江苏美迪洋集团公司始建于 1989 年，位于中国的历史名城常熟市，是一个专业生产出口皮革、皮件产品的集团型企业。在美国、澳大利亚、中国香港、英国、意大利都设有分公司和办事处。产品主要分两大类：成品牛皮革和皮件产品，其中皮件产品主要有票夹、箱包、手袋和书夹。

集团公司员工超过 5000 人，在江苏省常熟和泗洪两地拥有三个主要工厂区，总占地接近 400 亩，生产厂房 5000 平方米。拥有一流的生产设备和生产环境以及素质良好的员工。2001 年 4 月公司通过了 ISO 9002 质量认证，使从样品制作到大货出运的全过程都得到有效控制，从而不断提升客户的满意度。公司在 2007 年 5 月通过了 ISO 14001 环境管理体系认证，并在整个生产中推行 GPMS（绿色产品生产管理体系），使公司产品从来料到成品都完全符合绿色产品的生产要求。

除在澳大利亚做部分自营产品外，公司的主要业务是 OEM，客户多为欧美、日本等地的知名品牌公司。近年来，集团销售额和利润，每年以超过 20% 的速度增长。

"明辉堂"皮件有限公司

"明辉堂"皮件有限公司始创于 20 世纪 90 年代初期，为台资企业，自创始之日起就将自己定位在品牌皮件的设计和加工上，先后设计和加工过新加坡"鳄鱼"、法国"卡芬"、意大利"诺贝塔"等世界名牌。20 余年来，"明辉堂"从无到有、从小到大，逐渐在江浙沪乃至周边地区形成了极高的影响力，成为华东地区皮件加工业一颗璀璨的明珠。

"明辉堂"皮件工厂位于制造企业密集的江苏省昆山开发区内，拥有固定资产近 1500 万美元，生产车间约 5000 平方米，各类进口机器设备 500 余台，拥有皮包、票夹和皮带共计 20 条生产线，年各种皮件生产能力约 100 万件，尤以真皮女包为佳。

"明辉堂"拥有一支实力雄厚、足以领先的设计和打样队伍。两位有着多年世界知名品牌皮具设计和开发经验的台湾首席设计师，30 多位经验丰富的专业打版师和 1000 多平方米的设计和打样工作间，确保了产品设计与打样的优质高效。

江苏军荣集团有限公司

江苏军荣集团有限公司的前身是江苏省溧阳市皮件箱包厂，成立于 1992 年 6 月，经过十几年的长足发展，公司相继成立了溧阳军荣旅游用品有限公司、中外合资郎溪锦富箱包有限公司等多家生产型企业，是溧阳市出口创汇龙头企业，历年出口创汇都居溧阳市首位，2006 年全集团销售 79158 万元，出口创汇达 8409 万美元，公司连续多年被评为常州市、溧阳市先进民营企业等称号。公司总部占地面积 200100 平方米，注册资本 5020 万元。公司专业生产各式提花类、牛津类、人革类系列软箱，拉杆箱、包袋、各式 EVA 软箱、拉杆箱及 ABS 系列旅行箱、拉杆箱、化妆箱，品种达 500 种。产品大部分外销，主要销往中东、欧美等国家和地区，其中占中东市场 60% 的份额。另外，在亚洲的日本、韩国等国家也拥有一定的市场。早在 1998 年公司就在阿联酋迪拜设立了办事处，2000 年又在德国的汉堡设立了分公司，公司每年有 2000 多只集装箱的出口量。

浙江金路达皮具有限公司

浙江金路达皮具有限公司始建于 1984 年，是一家以真皮背提包生产为主体、集设计开发、生产经营、贸易于一体的现代化皮具企业。25 年来，公司以创民族品牌为己任，加强技术改造和产品开发，保持了企业快速发展和产品始终如一的完美品质。被评为"中国百家企业质量承诺单位""中国质量、信誉放心示范单位"。

金路达皮具以其高档面料、精湛工艺及经典风格不断提升品牌内涵和形象。产品融流行、面料、色彩为一体，汇聚了国际先进水平的皮具制作设备，运用百道工序精制而成。每道工序均置于严密的国际化质量管理之中。产品紧跟时代潮流，充满时尚感、富含旅游整装的艺术，体现休闲和谐的本质。被评为"中国名牌产品""国家免检产品""中国十大质量品牌"真皮标志产品，被认定为"中国驰名商标"。曾选为上海 APEC 峰会专用会议包和第 28 届奥运会击剑队专用产品。

公司建立了完整的质量保证体系，通过了 ISO 9001：2000 质量体系认证，致力于产品质量的巩固、提升和发展；不断引进国际先进设备，从硬件上保证产品质量；建立四星质量监督，保证产品质量的每个细节均得到严格控制；严格面、辅料的抽检与测试，确保产品材料优质；坚持以人为本的管理，注重引进和培养专业的管理和技术人员，为保证产品优质奠定基础。

公司以"质量、诚信、服务"为品牌建设之本，完善服务工程建设，建立了以"总部、工厂、总代理、经销商四位一体"的售后服务体系。服务网点遍布全国 29 个省、自治区、直辖市，为客户提供尽快尽便的优质服务。

浙江卡拉扬商务休闲用品有限公司

浙江卡拉扬商务休闲用品有限公司（原海宁小绵羊手袋有限公司）成立于1996年，是一家集专业设计研发、制造和营销于一体的大型箱包企业。公司成立10多年来，一直致力于成为国内箱包行业的领头羊，经过全体员工的共同努力和拼搏，培养了一支50多人的设计研发团队和近600人的营销队伍，在全国建立了20多个直营分公司和上百个经销商渠道，拥有分销终端3000多个。浙江卡拉扬公司被评为2010年度浙江省诚信企业。

自1996年注册了"立特希泊"品牌开始，卡拉扬便针对市场进行复式品牌操作，凭借对国内箱包消费者需求的精准判断，采取不同市场营销不同品牌的策略，各品牌产品更是以精细的工艺及独到的创新设计理念享誉业界。公司主要生产包括针对成功商务人士的英国品牌（BYfree），中端运动、休闲包品牌（卡拉羊），针对学龄儿童的品牌（浣熊卡拉），同时也拥有性价比极高的消费型品牌（立特希伯）。

卡拉扬公司以"树百年品牌，做百年企业"为愿景，以"学习力、创新力、合作力、执行力"为企业的核心力量，10多年来坚持并专注于箱包行业的品牌建设。

卡拉扬自1999年开始就组建了设计研发中心，拥有设计研发人员35名，年开发设计至少500款新产品。至2009年底，已经获得外观设计和新颖功能设计专利累计达500项，每年以100多项的速度递增，并获颁"浙江省专利示范企业"称号。

公司于2007年开始创办的"卡拉羊全国高校箱包设计大赛"引起社会热烈反响，并与全国知名高校上海复旦大学视觉艺术学院、东华大学服装艺术学院合作，成立了校外实习基地。

浙江鸿一箱包皮件有限公司

浙江鸿一箱包皮件有限公司成立于1997年3月，注册资金1500万元，占地面积21220平方米，建筑面积36500平方米。

经过10余年的励精图治，公司已建成集箱包研发、制造、销售于一体，具有自主经营出口权的知名重点箱包企业。公司现有生产线13条，员工600余名，其中各类专业技术人员80余名和大中专学历以上人员60余名，年产值超亿元。公司的主导产品分为"ABS""EVA""PC"共3大系列30多个品种。

"鸿一"品牌先后荣获"中国箱包优秀品牌""浙江名牌产品""温州市知名商标""温州名牌产品""瑞安市二星级企业""市箱包行业科技创新先进单位""中国箱包名城功勋企业""瑞安市平安示范企业"等称号，公司还连续多年被评为瑞安市"重合同守信用单位"、浙江省"AA级重合同守信用单位"、瑞安市"AAA级信用单位"、瑞安市"箱包行业信用管理示范企业"、瑞安市"创建和谐先进企业"等。

公司坚持"以人为本、以质量求生存、以品牌兴企"的发展方针，秉承"追求卓越、创新经营"的理念。质量就是企业的生命，公司把"工作质量第一、产品质量第一、服务质量第一、信息掌握第一"作为树立企业品牌的灵魂。

新秀集团有限公司

新秀集团有限公司创建于 1998 年，是一家集箱包研发、制造与营销于一体，以上下游产业链配套为基础的中国旅行箱包行业龙头企业，2007 年新秀箱包荣获"中国名牌产品"称号，2008 年、2009 年连续两年被指定为博鳌亚洲论坛唯一箱包礼品。公司作为中国皮革协会常务理事单位、中国轻工工艺品进出口商会箱包分会副理事长单位、浙江省皮革行业协会副理事长单位、浙江省皮革行业协会箱包委员会主任单位、平湖箱包行业协会会长单位，长期致力于行业创新领先和行业平台服务工作，并正在努力成为具有世界级自主品牌的国际化大型箱包产业集团，成为箱包领域多品牌全球运营的创新者和领导者。

公司通过了 ISO 9000、ISO 14000 及 OHSAS18000 国际质量、环境及职业健康安全管理体系认证，在 10 年内自行投资了包括塑胶、五金、拉链、印染在内的生产链企业集群，确保了产品质量得到稳定的支持，为传统行业集约化生产提供了示范。公司成功开发并实施了浙江省信息化重大科研项目《动态用户约束下的供应链管理系统及其在箱包行业的应用》，形成快速、敏捷、灵活的市场反应机制，提高了公司生产经营综合管理水平。

公司以"环保、时尚、商务、休闲、旅行"为设计理念，开发具有时代文化内涵、美观实用的系列箱包产品，深受国内外广大消费者青睐。新秀箱包拥有和运营的品牌有"NEWCOM""AROUND""HOBIE"等，并已行销国内外市场，远销到欧美国家，在各个市场都获得了良好的口碑。

"永远创新，力争优秀"。公司努力全方位提高新秀的整体形象和国际竞争力，力争成为具有国际竞争力和影响力的世界知名品牌企业。

浙江爱美德旅游用品有限公司

浙江爱美德旅游用品有限公司成立于 1999 年 1 月，总部位于浙江省平湖市经济开发区，是一家集箱包研发、生产、销售于一体的大型企业。

公司自创建以来，经过 10 年的发展，已拥有 1 家国际贸易公司、3 个国外办事处、3 家箱包制造企业、5 家配件生产工厂。并建成了分布于长三角地区的三大旅行箱包制造基地：浙江平湖和温州为高档面料旅行箱包制造基地，上海松江为中档 EVA 旅行箱包制造基地，上海金山为旅行箱包及配件、辅料制造基地。从原材料生产到成品制造、国内外贸易代理一应俱全，由此构筑了公司"金三角"旅行箱包产业架构。

企业投资总额 640 万美元，总资产达 2.8 亿元，拥有现代化标准厂房 52000 余平方米。近年来，先后被授予"外贸出口明星企业""外贸出口重点企业""浙江省工商企业信用 AA 级单位""平安企业""劳动保障诚信单位""中国轻工工艺品进出口协会箱包分会理事单位""浙江省皮革行业协会副理事长单位""中国皮革协会理事单位""浙江省皮革标准化技术委员会副主任单位""平湖市箱包协会副会长单位""浙江省皮革行业活力和谐企业""浙江省皮革行业创新型先进企业""浙江省皮革行业履行社会责任优秀企业"等荣誉称号。

公司始终坚持走品牌经营的发展战略，以弘扬自主箱包品牌为己任，主营品牌 Travelhouse（旅行之家）牌旅行箱包，公司的品牌理念是"天地由我轻松行"，让您的旅行更加精彩。在国内的广州、上海和国外的中东迪拜、葡萄牙、德国等地成立了办事处。截至2006年，已在全球各地组建了7个物流中心，在纽约、奥芬堡、波尔图、迪拜、大连、青岛、南京、广州等27个国内外大中城市设立了91个营销网点，形成了规范、科学的销售和服务网络。公司的营销精英与Travelhouse（旅行之家）品牌优势巧妙嫁接，以品种规格齐全、价格优惠、配送及时、服务优良，在市场上赢得了广泛好评。2006年12月份被嘉兴市工商行政管理局认定为"嘉兴市著名商标"，2007年12月份被嘉兴市对外经济贸易合作局认定为"嘉兴市出口名牌"，2007年12月份被浙江省工商行政管理局认定为"浙江省著名商标"，2007年9月份被国家质监总局评为"中国名牌"。

公司良好的信誉得益于产品优秀的品质。一直以来，公司以"创世界名牌，持续为全球消费者提供满意的产品"为质量方针，持续改进质量管理工作。公司在全国箱包同业中率先通过ISO 9001质量管理体系、ISO 14001环境管理体系、国家二级计量检测体系和AAA级标准化良好企业行为企业四位一体认证。为实现公司"打造世界一流箱包名牌，创建世界一流箱包企业"的目标奠定了坚实的质量基础。

蚌埠新光皮件服装厂

蚌埠新光皮件服装厂位于蚌埠市中荣街49号，为集体所有制企业，是省内皮件生产出口量最大的企业。其前身是1953年成立的"五三服装生产合作社"，当时有社员35人，靠自带缝纫机具开办门市加工业务。1958年，先与第二、第三、第四服装生产合作社合并，后并入国营蚌埠市服装公司，1961年又单独划出，仍转为集体所有制。1966年，与新新服装社合并成立新光服装厂，职工310人，年产值127.5万元，利润4.7万元。

1968年，该厂转产出口皮手套，1973年新建厂房2880平方米，购置电动缝纫机、皮革下料机等专用设备并首次接受出口山羊革服装生产任务，从此，转向皮革服装等皮件生产。1976年，该厂年工业产值472.5万元，利润47.7万元。1979年，实行超额计件工资制，当年产值增至690万元，利润增至101万元。1980年为解决服装山羊革，申请出口工业品贷款29.4万元，购置了转鼓、去肉机、伸展机、磨革机、削匀机等设备，另投资158.77万元在市东郊筹建年产50万张羊皮制革车间一个。1981年，羊皮制革车间建成后划出单独成立羊皮制革厂。1982年，该厂羽绒衣投产并开始出口。1984年，呢绒服装厂并入，形成年产皮衣6万件、羽绒衣6万件、皮手套10万打的生产能力；山羊皮服装在全国同行业评比中被评为一类产品，获省优质产品称号，1985年底，有职工817人，建筑面积12695平方米，固定资产原值336.65万元，1985年，生产山羊皮革服装4.6万件，羽绒服装6.7万件，皮手套9.7万副，完成工业产值1120万元，其中出口产品产值占总产值的95.7%。年销售额1559.30万元，实现利税233.40万元，其中利润157万元。至1985年底，历年累计生产出口山羊皮服装18.57万件，羽绒服装12万件，销往美国、日本、法国、意大利等国。

蚌埠市皮革厂

蚌埠市皮革厂位于蚌埠市东风路与解放一路口，生产皮件、皮鞋。其前身是1953年成立的制鞋生产合作社，当时只有职工19人，固定资产435元，年产皮鞋、布鞋各1500双，产值2.9万元。

1956年，3家制箱厂、5家制鞋店、2家制件店先后并入，改名为市第一制鞋生产合作社，人员增至88人。1958年，与制革生产合作社合并成立地方国营皮革厂，职工有350人，年产皮鞋4.6万双，产值150万元，并开始向苏联出口皮鞋。

1963年，开始投产帆布衣箱。1968年投资7万元购置硫化缸、炼胶机等设备开始生产硫化模压皮鞋，当年产11万双。1973年，该厂采用冷压新工艺生产胶粘皮鞋，并利用制革副产品生产硬脂酸。1979年，由国家计划投资25万元推广精密片皮新技术。新购专用设备12台，使企业年可增加二、三层革10万平方米的生产能力，是年，产值达855万元，实现利润145.6万元。至1980年底，该厂共有职工751人，固定资产原值228万元。1980年，投资142万元，异地新建制革车间，形成年产50万张猪皮革生产能力，当年实际产革11万张、皮鞋18.6万双、衣箱2.4万只，完成产值842万元。

1981年，该厂一分为三，分别成立制革厂、皮鞋厂、皮箱厂。次年皮箱厂、皮鞋厂又合并为皮革厂。1982年，该厂旅行模压箱试制成功，次年批量生产。1985年，飞虎牌帆布衣箱获省优质产品称号，国家又投资300万元为厂进行技术改造，并使用国家记账外汇41万美元，结存外汇9万美元，分别从捷克、联邦德国引进制鞋、制箱设备24台（套）。形成年产皮鞋30万双，衣箱12万只的生产能力。迄1985年底，全厂职工595人，建筑面积10422平方米，固定资产原值169万元。1985年，产皮鞋17.01万双，衣箱6.55万只，完成工业产值454万元。实现利税103万元；其中利润72.9万元。

福州皮件厂

福州皮件厂始建于1955年合作化时期，是由手工业工人及个体手工业户组织起来的小型集体企业，是福建省皮件行业重点骨干厂之一，也是全省皮件行业设计能力最强的一个厂。1984年，轻工业部在天津举行全国包件优秀设计评比大会，该厂报送5件产品，其中"8432PU革男式手提公文包"和"8435珠光革女式手提包"被评为优秀设计产品；其"玉兔"牌箱包，历届质量评比均获好评。1985年，年产各种箱子3.53万只，包、袋2.35万个，总产值283.35万元（其中出口值123.30万元），利润20.44万元，税金16.56万元。1990年，有职工217人，厂房面积7601平方米，固定资产134.5万元，年产值213.13万元，利税7.1万元。

达派（中国）箱包有限公司

达派（中国）箱包有限公司初创于1991年，经过多年的市场洗礼，21世纪初由贴牌加工转向做品牌搞内销。在不断加大产品的研发力度的同时，开始发展专卖营销网络。达派集团目前拥有福建惠安、丰泽，安徽五河、芜湖等箱包生产基地，总占地500多亩，建筑面积20万多平方米，年销售总额近20亿元人民币，创造税收约6000万元。目前有员工6000多人，专业QC人员近300人，设计研发人员120多人，其中中高级职称50人。现已经发展成为一家集箱包产品研发、生产及销售于一体的产业化、集约化、规模化的花园式企业。

公司凭借先进的经营意识和卓越的产品质量，先后通过ISO 9001、ISO 14001、SA 8000、OHSAS18001等国际认证，荣获"中国驰名商标""2009中国箱包优秀品牌""中国箱包十二强""福建名牌产品""福建省著名商标""福建省国际知名品牌"等称号。公司还被评为中国轻工商会行业信用AAA级诚信单位，中国轻工进出口商会箱包分会副理事长单位及福建省总商会理事单位、福建省箱包及伞出口基地商会副会长单位、泉州包袋商会会长单位、泉州市进出口商会副会长单位、中国质量检验协会团体会员单位。

在发展历程中，达派创造了中国箱包行业多项殊荣。公司精心打造的DAPAI品牌以"锐意突破"为品牌核心价值，主张"坚定每一步"的生活态度。2006年签约奥运冠军田亮为品牌形象代言人，开创了国内箱包品牌聘请明星代言的先河，也开启了达派箱包自创品牌的历史征程。2007年正式成为"中国国家体操队箱包指定赞助商""2007—2008中国女子篮球甲级联赛赛事合作伙伴"，开始了体育营销品牌的长征。公司于2008年在新加坡成功上市，成为国内箱包行业首家上市企业，迈出了走向国际市场的关键性一步，再次彰显了企业在市场的良好口碑与行业领先地位。

福建保兰德箱包皮具有限公司

福建保兰德箱包皮具有限公司是一家集研发、生产、贸易于一体的大型外商独资跨国企业。集团主营产品涉及箱包皮具、鞋帽、服装等，产品远销欧洲、中南美洲、非洲、中东等十多个国家和地区，在南非、巴拿马、意大利、迪拜、莫桑比克等国家和地区建立了事业机构，并在南非、意大利等国家设立四大研发中心。

2003年，POWERLAND开始进入中国市场，全力打造中国女包品牌。仅几年时间，保兰德已在一线、二线城市开设了100多家直营店，POWERLAND已被授予"中国名牌""中国箱包领先品牌"等诸多荣誉称号，"保兰德POWERLAND"被认定为中国驰名商标；POWERLAND箱包被指定为2010年上海世博会箱包礼品。

保兰德能在短时期内建立起自身的品牌地位，除了归功于公司研发团队前瞻性的设计理念和产品技师精湛的技术工艺外，与公司的品牌运营管理模式也有重大关联。

管理者不断增强品牌意识，从根源上重视POWERLAND皮具品牌建立的重要性。保兰德结合中国内地消费者的消费习惯，结合企业近期和中长期发展计划和产品性能，进行准确的品牌定位，树立起消费者认同的品牌个性与品牌形象。同时，POWERLAND一开始进驻中国市场就确定了一个有利于传达品牌定位方向、有利于传播推广的名称。POWERLAND "Pretty（美丽）、Luxury（奢华）、Different（个性）"的品牌内涵和标识，不仅迎合了内地消费者的品牌认知、品牌联想，而且意式风尚的皮具艺术对消费者的品牌偏好和忠诚度也有重要的作用。

烟台第一皮件厂

烟台第一皮件厂位于烟台市芝罘区上夼东里1号。是集体所有制企业，隶属烟台市芝罘区二轻局。

该厂建于1965年，当时有职工50人，生产腰带、硬皮车座等。1973年生产铜口票夹，填补了山东皮件产品的一项空白，1979年被省二轻厅评为名牌产品，出口欧美十几个国家。20世纪80年代，厂区占地0.8万平方米，建筑面积0.66万平方米，有职工333人，其中工程技术人员2人。固定资产原值168.80万元，净值121.30万元，生产设备165台。产品共10个品种、200余个花色。年完成工业总产值293万元，利税总额23.8万元，其中利润6.35万元，全员劳动生产率8230元/人。90年代后由于市场形势变化，主要从事来料加工为主，后期基本停产。

青岛皮件二厂

青岛皮件二厂位于青岛市四方区小白干路113号。是集体所有制企业，隶属青岛市二轻局皮革工业公司。

该厂前身是青岛市隆华鞋店，1965年更名为青岛市手工业合作社联合社皮件厂，20世纪70年代更名为青岛皮件二厂。

当时有职工300余人，设备87台，固定资产6万余元，生产三合箱、手套、车座、篮球等，其中出口产品占70%。该厂是山东最大皮件、皮革生产厂家之一，有40多年的生产历史，现有各类专业技术人员87名，产区面积13000平方米，产房建筑面积9000平方米，固定资产原值330万元，平均年产值1000万元。年创收近百万美元，产品有各种皮革、人造革箱包、男女皮鞋、各种铝合金型材。年产箱类20余万只，包类50余万只，男女皮鞋20余万双、各种铝合金型材100余吨。该厂是全国最早生产出口皮革制品的厂家之一，出口产品占65%，产品自1964年以来远销北美、东西欧、东南亚、日本等30多个国家和地区，在国内外久享盛誉。1884年，该厂"金鹿牌"出口箱包荣获国家对外经贸部"优质荣誉证书"，1989年荣获国际博览会银奖。

金猴皮具有限公司

金猴皮具有限公司建于1975年，主导产品有女式背包、手包、男士公文包、旅行包、手提电脑包、学生包、钱夹、腰带、手套等。公司固定资产3800多万元，生产设备1000多台（套），年生产能力80万件，2002年实现工业总产值1.2亿元，利税1800多万元，职工1200人，10条流水线，年设计开发能力500余款，2001年女包获得全国"真皮标志杯"皮具设计大赛一等奖，2002年又连获"正装包"类和"背包"类两个一等奖。2005年底竣工20万平方米皮具工业园，新增皮包产量100万个。生产效率和制造水平都达到了国际先进水平。

金猴皮具目前成为部队列装的重点企业，成功与中国人民解放军总后勤部、中国人民武装警察部队后勤部、海后军需物资油料被装处合作，生产的前运袋、留守袋、斜挎包、服饰包、携行包、工具包、腰带等军用产品，受到部队领导及广大官兵的一致好评。2008年公司与总后军需装备研究所联合研发了多功能"将官衣帽箱"，荣获国家专利。

多年来，金猴皮具紧跟集团步伐，依照《卓越绩效评价准则》，对原料采购、生产制造、包装出厂、市场营销、售后服务等全过程实施质量监督和控制管理，不遗余力地全面推进质量管理。2009年起公司先后通过了 ISO 9001、ISO 14001、SA8000 等管理体系认证。

金猴皮具秉承"以质求存、诚信立业，以人为本，开拓创新"的品牌文化，致力于生产"老百姓买得起的名牌"产品，实现了"用质朴的皮革，把以时尚为导向和重视品味的皮具产品推广到世界各个层次的消费者面前"的最终目标。

济南双利达集团有限公司

济南双利达集团有限公司是生产经营箱包皮件塑料制品的重点企业。厂房面积 26000 平方米，主要设备有塑料板材进口生产线，各种大小型号注塑机及专业缝纫机等 500 多台（套）。主要产品有各种旅行软箱、EVA 箱、ABS 箱、PP 箱、真皮航空箱、公文箱、休闲包、电脑包、学生书包以及 ABS、PP、PE 板材、各种包装纸箱、配套箱包使用的小车拉杆、五金配件、塑料配件等 18 大系列 300 多个花色品种，并承接各种汽车 ABS 内装饰件、配套生产合作。公司在全国各省市建立十几个办事处及 500 多个销售网点，在美国建立了国际经营公司，产品远销美国、德国、英国、韩国等几十个国家和地区。

山东富豪菲格尔皮具有限公司

山东富豪菲格尔皮具有限公司（原山东富豪皮革有限公司）成立于 1996 年 3 月，以"菲格尔"品牌箱包皮具为主导产品，现已发展成为中国箱包皮具行业最具规模、潜力的企业之一。拥有职工 1500 余人，先后引进意大利、德国、日本、韩国等各种专业生产设备 1000 余台（套），产品远销欧美及日本、澳大利亚、韩国等 30 多个国家和地区。

公司通过了 ISO 9001 国际质量管理体系及 ISO 14001 环境管理体系认证。菲格尔箱包皮具产品 2007 年 9 月被评为中国箱包行业首批"中国名牌"，成为中国七大箱包名牌产品之一。2007 年 10 月和新加坡睿思其私人有限公司联手合作，注资成立"北京睿思菲格皮具有限公司"，建立起国际、国内两个市场并举的营销体系。

武汉奔驰皮革制品有限公司

武汉奔驰皮革制品有限公司是一家集体所有制企业，位于武汉市汉口长堤街。1955年由几个小私有皮件作坊组建，后经合营后转为集体企业，归口武汉市手工业联社。开办初期仅有 20 人，主要产品为日用皮件、手套、包袋。20 世纪 80 年代末期，随着皮衣的升温，尤其是出口东欧及俄罗斯的订单增大，企业很快就改造皮革服装生产线，加班加点生产皮衣。大量的内外销订单，给武汉奔驰皮服带来了无限商机和效益。1997 年，出口受阻，内销萎缩，武汉奔驰皮服公司开始走下坡路。

2003 年，企业改制，以后慢慢退出皮革皮具行业。

沙市皮件厂

沙市皮件厂前身是沙市橡胶皮革厂的皮件车间，成立于 1956 年，是公私合营的产物。

沙市皮件厂开始只能生产车马挽具、皮带、皮包、皮箱。基本上是手工操作。只有几台缝纫机、片边机、压花辊、打光机。1981 年扩建厂房 4000 平方米，新增设备 300 台（套），主要产品为劳工手套。1985 年有职工 213 人，厂长王清廉带领一班人奋力拼搏，紧紧抓住出口手套产品的机遇，当年完成出口手套 28 万打，其中猪皮手套 24 万打，牛二层手套 4 万打。工业总产值 1800 万元，出口创汇 300 万美元，是沙市二轻系统出口大户，实现利税 240 万元。

20 世纪 90 年代中期，企业开始改制，调整了企业领导班子。生产内销产品皮包、帆布袋、公文皮箱。由于改制造成的产销矛盾以及管理上、资金上的问题，企业开始走下坡路。2003 年，员工和企业买断工龄，80% 的人员下岗，余下 20% 的分散承包。经营两个小门市部，一直没有固定的产品。2006 年后，企业从工商部门注销。

广东威豹实业有限公司

广东威豹实业有限公司成立于 1988 年，是一家专业从事箱包设计、产品制造、市场营销的跨产业集团化企业。公司把"为消费者提供高品位的生活格调，与客户共享、与员工共荣、与时代共进、与全球共舞"作为企业使命。自创立以来，威豹始终秉承"务实、负责、专业、创新"的企业核心价值观，坚持以"时尚潮流的快速把握者"作为产品的设计风格，历经二十多年的市场拼搏奋斗，如今"威豹"已经成为了享誉国内外的知名品牌。

1996 年开始在央视及地方电视媒体对"威豹"品牌进行广告推广；2000 年开始在广州、珠三角地区实施自营专柜的终端销售，并总结形成适宜企业自身发展的营销模式；2002 年，公司开始导入 ISO 9001 质量管理体系，产品从原材料购进到生产环节都严格按质量管理体系标准执行。2003 年 12 月，"威豹"品牌被广东省工商行政管理局认定为"广东省著名商标"。

2003 年，公司开始加大品牌建设力度，"威豹"品牌开始在全国设立加盟形象专卖店。2004 年，公司全方位导入 CIS 形象系统工程并进行品牌化运作，实行连锁加盟专卖店和店中店专柜经营。

2004 年，公司开始实施国际化战略规划，把产品销售到几十个国家和地区，并在上百个国家、地区注册了"威豹"商标。

2007 年 8 月，"威豹"商标被国家工商行政管理总局商标局认定为"中国驰名商标"。2009 年"威豹"品牌荣获中国皮革协会颁发的"2009 中国箱包领先品牌"称号。

2009 年公司对威豹品牌重新进行战略规划，更精准地细分目标消费群体，使威豹产品满足了更多不同消费者的需求，也为威豹品牌中长期发展提供了广阔的市场空间。

中山皇冠皮件有限公司

中山皇冠皮件有限公司是由台湾皇冠皮件工业股份有限公司于1992年创建于广东省中山市三乡镇的一家独资经营企业。是皇冠企业集团亚洲最大的高级箱包生产基地，公司占地面积111.8228亩，员工总人数达1200人，经过多年的稳步发展，已在海内外享有很高的声誉。

公司传承50多年丰富的箱包经验，产品有的由日本、美国及欧洲知名设计师设计，并取得国际各项专利。产品无论是外观设计还是质量都在引领潮流，除了在国内各大城市设立300多个销售网点外，还出口到欧美（约占产品总量的30%）、日本（约占产品总量的40%）、中东及东南亚等100多个国家和地区。

公司从日本引进了数台大型全自动射出成型机、真空成型机、全自动电脑变框机，生产规模庞大，生产ABS塑料、PP塑料、PC料与牛津布面料箱包，拉杆箱，旅行箱，化妆箱，公文包，背包腰包等各类产品。高档箱包的市场占有率名列前茅，并以自创品牌（皇冠牌）取得国际注册。

企业注重质量体系建立与管理、技术的改革与创新，不断满足顾客的需求，获得了广大消费者的喜好。公司注重品牌的经营与管理，于2007年成立罗杰商贸（中山）有限公司专门经营管理品牌，做到更专业化，使得皇冠不仅是一个生产箱包袋的企业，还是一个"品牌经营"的代理名词。

公司的不断努力，不断付出，赢得了社会各界的认可，在成长发展过程中获得了各种殊荣：中国奥委会第十三届亚运会热心赞助商、第十三届曼谷亚运会中国代表团唯一指定专用箱包，2006年国家质量免检产品，"中国箱包十二强"及中国最具影响力品牌。

广东万里马投资实业有限公司

广东万里马投资实业有限公司成立于1993年，属民营企业。该企业生产的男女手袋、皮鞋、服饰、旅行箱等产品，以"极致风情，自我演绎"的品牌风格，领导时尚的款式设计，卓越超群的产品素质，臻善完美的售后服务，成为中外消费者广泛认同的知名品牌，已在全球几十个国家和地区获得商标注册权。

万里马皮具系列2000年在全国皮具行业中市场综合占有率排列前三名，成为全国十大畅销品牌之一。2006年"万里马"商标被国家工商管理总局认定为"驰名商标"。

安迈特提箱（东莞）有限公司

安迈特提箱（东莞）有限公司1997年成立于广东省东莞市，厂房占地约60000平方米，有员工2000多人，现已发展为航空拉杆箱、电脑拉杆箱、ABS、PP、PC登机箱、行李箱、笔记型电脑袋等旅行用品专业设计制造商。

公司拥有专业研发设计生产制造部门，产品行销全球60多个国家，并以OEM制造生产国际知名品牌，如：新秀丽Samsonite、法国大使DELSEY及意大利班尼顿等各大品牌，年生产量约 500 万 PCS。

公司成绩的取得，主要在于创新设计和可靠的质量品质，公司是亚洲箱包业界第一家通过 ISO 9001：2008 国际质量认证的公司。公司拥有严谨完整的质量保证制度及操作系统，产品多次获得"优良设计产品奖"及"金商标设计奖"。自有品牌"迈特雅士"的生产比重约占总量的 70%，OEM、ODM 部分占 30%，主要是与欧美知名品牌进行策略联盟，借由该品牌的全球市场通路，将本公司设计新颖、质量优异的产品营销到世界各地去。

2005 年成立第一家旅行用品专卖旗舰店以来，"安迈特雅士旅行生活馆"已在两岸三地设立百余家专卖店及专柜。

公司的自有品牌产品外销比重高达 90%，目前在国内也已设立近百家专卖店及专柜。

广州市斐高箱包有限公司

广州市斐高箱包有限公司成立于 1998 年 3 月 28 日，是一家集箱包设计开发、生产、销售于一体的企业。公司主要产品有："旅行包（箱）、手提包、皮具、拉杆箱、背包、公文包、电脑包、书包"等系列上千种。公司旗下的"威王"牌箱包系列产品行销全国各大中城市及欧美等 40 多个国家和地区。

斐高拥有一批现代化、懂技术、善管理的高素质管理人员和一支多年从事箱包产品开发的高素质技术研发队伍，从设计、开发到生产、品质、销售等，都有严格的控制。也为斐高赢得了声誉：2003 年"威王"牌箱包被广东省皮革工业协会授予"广东省皮革行业特色品牌"，2003 年 12 月被广州市工商行政管理局评为"广州市著名商标"，2004 年 9 月通过 ISO 9001：2004 质量管理体系认证和 ISO 14001：2004 环境管理体系认证，2006 年 6 月被国家发展和改革委员会经济运行局、中国轻工业联合会、中国皮革协会授予"2006 中国箱包十二强"荣誉称号，2006 年 9 月"威王"品牌被授予"广东省名牌产品"，2007 年 3 月"威王"品牌被认定为"广东省著名商标"，2009 年 4 月被中国皮革协会授予"2009 中国箱包领先品牌"，2009 年 8 月被广东省对外贸易经济合作厅授予"广东省出口名牌"称号。

此外，公司还先后 6 次获得"全国皮具设计大奖赛一等奖""中国皮具之都十大品牌企业评选一等奖""全国消费者信得过产品""全国质量诚信示范企业"等荣誉。

斐高从成立以来，一直把品牌作为企业战略最重要的组成部分，坚定不移地实施品牌战略。一方面通过实施品牌战略，带动产品的技术创新和质量水平的提高；另一方面通过实施品牌战略保护自主品牌，提高消费者对"威王"的认知度，提高市场占有率，增强"威王"箱包、皮具系列产品的竞争力。

广州红谷皮具有限公司

广州红谷皮具有限公司始创于 2002 年，是国内皮具行业以品牌特许连锁专卖为营销模式的先驱者之一，是集产品研发、设计、生产、销售、品牌运营于一体的专业化皮具公司。旗下拥有"红谷""曼蒙特""SISI"等多个自主品牌，市场网络覆盖全国 31 个省、自治区、直辖市150多个城市，拥有1300多家专卖店。公司总部位于"中国皮具之都"广州花都，同时在广州白云区和四川自贡市建有生产基地，并与35家规模皮具加工企业建立了战略合作关系。公司是广东省皮具行业协会核心企业，并先后荣获"真皮标志杯"中国皮具设计大赛金奖，中国时尚产业最佳新锐企业奖，2010年"标杆企业"大奖，2010年度中国皮界十大最具影响力企业等各项专业奖项。

公司自创业之初就确定了"树立中华民族品牌"的企业使命，始终将品牌的推广工作放在首位，以品牌之名助力企业腾飞。红谷一直致力于民族皮具历史的挖掘、嫁接及发扬并将品牌溯源于具有600年"皮匠之乡"美誉的村落——丽江束河。将丽江束河的悠久皮匠文化灌注于品牌基因中，通过具有传奇性的品牌故事和独特的品牌基因，以皇家皮匠传承者的形象，将中国传统的皮革业和现代化的皮具产品制作有机结合起来，让红谷这个年轻的品牌变得丰满与厚重，并勇担传承民族工艺的使命。

红谷在丽江建成的束河皮匠历史展览馆、红谷之家手工体验馆、红谷客栈，也是红谷品牌资产中独一无二的宝贵财富。

南宁市皮件厂

中华民国二十九年（1940年），南宁市有私人合作企业德和皮革店，股东4人，工人28人，其中技术人员17人，生产皮箱、马鞍、皮杂件等产品，年产皮箱约1000个。1952年承接市百货公司来料加工。1956年实行公私合营，名为南宁橡胶皮革厂皮件车间，主要产品为皮箱、手提袋和皮杂件。1957年帆布制品社加入，改为市皮革制品厂。当年，工人奚伯明、刘桂、梁乃芬等人研制成功缝箱机、压边机、推料机，首家实现皮箱机械化生产。1959年易名为皮革厂皮件车间。1960年和制革合并，1964年划出单独建制，名为南宁市皮件厂，职工200人，厂房500平方米，产品有皮箱、帆布箱、皮圈、皮碗、马鞍、各种皮杂件。1965年上半年，皮箱首次出口。1972年生产出口皮手套，出口4万打，全年生产皮箱1.5万个，产值226万元，实现利税15.61万元。此后，国家逐年投资扩建。1990年职工有434人，工程技术人员27人，全民所有制企业，拥有固定资产原值176.9万元，净值100.3万元，厂区占地面积23110平方米，房屋建筑面积15440平方米，拥有线缝皮箱（拉链软箱）、模压箱、出口手套、软包袋和工业皮件生产线各一条，年产革皮箱4.94万只，以及皮包袋、手套等，成为广西能生产多种箱、包、件产品的综合性企业。主要产品有，皮箱：牛头层革皮箱、牛二青皮箱、革皮软包箱、人造革统箱、人造革软包箱、人造革模压箱，人造革公文箱、猪头层公文箱、牛皮公文箱；包袋：布粘胶革书包、仿尼革书包、雪花革书包、牛津布书包、尼龙高泡革书包、人造革书包、人造革公文包、牛皮公文包、猪头层革女式包、猪二层革女式包、人造革旅游包袋、人造革女式包袋、尼龙布旅游包袋、牛津布旅游包袋；手套：人造革手套、皮手套、出口猪皮劳保手套等。1990年完成工业产值557万元，全员劳动生产率8909元/人，利润102.6万元，税金2.6万元。

桂林市皮件厂

1956年，桂林市联胜皮件工艺合作社设立皮件车间，1958年皮件车间划出，成立皮革厂，同年底转为地方国营企业。当时主要产品是：牛皮箱、帆布箱、皮板箱、牛皮带、手缝皮球等。1960年上海金星皮革制品厂内迁桂林与之合并。1963年10月，皮件车间划出，正式成立金星皮件厂，后改名桂林市皮件厂，产品为皮箱、皮带、手缝皮球。1972年开始生产出口猪皮劳保手套。1979年9月，竹筷厂并入后，在竹筷厂厂址建起一栋建筑面积5997平方米的新厂房，此后，开发了人造革系列产品箱、包、件。同年，开始与香港金星手袋奥利安手套公司进行皮手套来料加工贸易。在1984年全国包件产品设计评选会上，该厂送评的10项产品获得优秀设计奖。1986年，生产ABS箱。1989年，与法国超级皮件公司签订合同，联办生产真皮表带的工厂，其产品全部销往国外，是广西唯一生产真皮表带的厂家。同年，还开发生产皮服装，其产品90%销往美国、法国和中国香港等。1990年，全厂职工300人，工程技术人员5人，拥有固定资产原值213.64万元，净值160.07万元，厂区占地9700平方米，房屋建筑面积12200平方米，生产各式包袋5.75万个，完成工业产值930万元，全员劳动生产率19662元/人，利润24.54万元，税金43.85万元。

重庆中华皮件厂

重庆中华皮件厂于1954年11月由市中区皮件供销生产合作社与第二皮件生产合作社合并成立。1958年7月1日转为国营企业，1961年11月1日改为集体所有制企业，隶属于市中区手管局，1964年改由服装鞋帽公司领导，1965年8月1日划归重庆皮革工业公司领导，1966年10月1日经市二轻局批准转为合作工厂。主要生产衣箱，劳保、民用手套，票夹及军用、民用、工业用皮杂件等品种。该厂1985年有职工356人，固定资产原值52.86万元，净值28.25万元，厂区面积6700平方米，建筑面积4616平方米。主要设备有缝纫机180台，裁料机25台，裁切底板机2台。1985年生产革皮包15.20万个，革皮箱6.09万件，出口劳保手套3.15万副，出口民用手套9.37万副，创利润30.19万元。目前，该厂以第三产业为主，有时接点来料加工或订货生产，暂未退出。

重庆皮件厂

重庆皮件厂于1964年从重庆皮革厂划出皮件车间而成立，初名重庆江北皮件厂，1968年更名为重庆皮件厂，主要生产衣箱，劳保民用手套，皮革服装，工业（纺织、精密仪器）用、军工用、民用、农业用皮杂件等品种。1985年有职工593人（未包括厂办大集体嘉陵皮件厂236人），固定资产原值240.56万元，净值125.89万元，厂区面积32000平方米，建筑面积28000平方米。主要设备有中速平板缝纫机51台、裁料机20台、裁切底板机2台、炼胶机4台。当年生产革皮包32.86万个、革皮箱5.22万个，革皮手套10.74万件，其中出口9.06万副，创利润80.51万元。1979年5月被中共四川省委、四川省革命委员会命名为大庆式企业，1984年被中共重庆市委办公厅批准为县团级工厂。同年，该厂率先在全国同业中采用合成材料，试制成功高速尼龙带，为我国气流纺纱新工艺配套。1982年与南京玻纤设计院合作，采用玻璃纤维作骨架，试制成功纺织用齿型带，该项成果为国内首创，并于1983年获市二轻局科技成果奖。

按市政府国有中小企业平稳退出的政策，该企业于2004年6月破产，平稳退出，全部职工分流安排。

贵阳皮件厂

1952年，贵阳市的几家皮件小作坊联合组建了"协成"皮件厂，1955年转为贵阳皮件社，1956年与南明皮件社合并，1958年又并入南明皮鞋厂，1960年自南明皮鞋厂划分出来，成立南明皮件合作工厂，直至1975年，由区属企业改为市属企业后，才更名为贵阳皮件厂。

1985年末，全厂有职工262人，固定资产88万元。各种机器设备207台，其中皮件专用设备186台，年总产值为261万元。全年完成各种箱子28225只、包78159个，各种手套11138打（含出口手套10373打），皮腰带21792条，实现税利39万元，产品有箱、包、腰带及各种军用、医药用小皮件。

该厂于20世纪60年代后期开始生产出口产品。从1966年至1986年，共完成出口手套551819打，出口皮箱203304只，产品销往中国香港、联邦德国、荷兰、丹麦、比利时、挪威、加拿大、美国、新加坡等国家和地区，为国家争得了荣誉，换取了外汇。1983年，曾荣获外经贸部授予的出口手套荣誉证书。

1985年，该厂引进北京皮革研究所的高频模塑压花片材及包件新产品。这一新产品，以其美观、新颖、富有立体感的各种花纹图案及时兴的包件造型，吸引了众多的消费者。1986年在北京展销期间，十分畅销。于1986年通过省级技术鉴定，荣获省轻纺工业优秀新产品奖。

人革双肩书包是该厂设计制成的另一新产品，其特点是能保护少年儿童的身体健康，考虑到中小学生正处在生长发育阶段，将每天随身携带的书籍、文具等学习用品的重量由两肩同时承担，避免了使用单肩书包能引起肩膀歪斜的弊端。曾荣获贵阳市1985年度优秀新产品奖。

为发展生产，扩大企业经营范围，1987年该厂与贵阳市侨光杨金秀蜡染工艺美术厂联营，成立了"贵阳市杨金秀蜡染联合公司"，生产国外客商喜爱的蜡染包件、蜡染公文箱、蜡染壁画等产品。将贵州民间工艺引入皮件生产领域，给皮件产品增添了新的艺术色彩。

1978—1986年，该厂技术改造资金总额为76万元，主要用于新建车间厂房，更新机器设备，开发新产品。

第六章 皮革化工企业

北京泛博科技有限责任公司

北京泛博科技有限责任公司前身为北京超达新技术开发公司，创立于1995年5月，1998年2月更名为北京泛博科技有限责任公司，系裘皮化料专业制造商。

泛博成立后，针对当时裘皮行业整体技术落后、设备参差不齐的情况，为每家客户有针对性地制定技术工艺，并由此确定了"以技术服务带动产品销售"的经营模式。1995年10月，泛博推出了酸性毛皮黑DBS，酸性毛皮棕AGR，开创了国产裘化染料的先河；1998年2月推出特色产品克林烃T，解决毛皮染色出现的倒毛问题；1998年底，推出希力®系列染料，使酸性染料品质获得很大提升；2000年5月，推出捷力®毛皮染料B系列和W系列，是草上霜染料的鼻祖；2002年初，泛博推出改进的草上霜产品捷力®M系列和MN系列，捷力MN系列染料被业界公认为"世界上最好的草上霜染料"。截至目前，泛博已经拥有希力®、捷力®、迪力®、奎力®、铂力®、舒力®、酸性染料等七大系列染料，威斯®、威勒®两大系列水场材料，威佳®、毛皮专用助剂两大系列功能性材料，以及艾力特®系列高端化工材料，共计600余个品种。泛博将质优价廉的产品和前沿的技术大范围推向市场后，大大降低了中国裘皮加工企业的加工成本，提升了裘皮加工行业整体的技术水平，极大地促进了中国裘皮产业的发展。

作为一家高新科技企业，泛博十分重视科技创新投入，在北京市大兴区建立了占地20000平方米的研发生产基地，配置了高效液相色谱仪、气相色谱仪、质谱仪、红外光度仪、紫外光度仪、电脑测色仪等国内外尖端设备，与四川大学、陕西科技大学等知名高校建立了技术合作关系，同时与国外行业专家合作，引进国际顶尖技术，使泛博的产品性能及技术水平始终保持国际领先地位。泛博公司还在北京国家新媒体产业基地建立了中心实验室，作为泛博为广大客商服务的客服基地，实验室聘请行业资深技术专家主持工作，与泛博分布在河北、山东、河南、浙江、广东等地的7个标准客户实验室相结合，形成了泛博公司覆盖全国的客户服务体系。

泛博公司多年来在引进国际先进技术的同时积极拓展国际市场，品牌影响力已扩展至俄罗斯、乌克兰、意大利、土耳其、西班牙、蒙古国以及中国香港等国家和地区，在世界范围内拥有9个分支机构、16个代理商、千余家客户，销售网络遍及世界各地。

泛博始终将推动行业发展作为企业自身责任，在内蒙古商贸职业学院设立了"泛博奖学金"，并设立"陕西科技大学研究生工作站"，为行业培养高素质人才；针对行业部分标准缺失问题，泛博公司与中国皮革和制鞋工业研究院联合制定了最新的《羊毛皮》《兔毛皮》《狐狸毛皮》《羊剪绒毛皮》《毛皮 耐汗渍色牢度试验方法》《毛皮 耐日晒色牢度试验方法》《毛皮 耐熨烫色牢度试验方法》等 7 项轻工行业标准，并于 2007 年 6 月 28 日通过专家组审定，由中华人民共和国国家发展和改革委员会发布实施。

天津市皮革化工厂

天津市皮革化工厂始建于 1964 年，厂址在天津市南开区渭水道，占地面积 6497 平方米。主要生产鹿羊牌揩光浆、颜料膏和奶子油（土耳其红油）等产品，是我国较早生产皮革化工产品的厂家。

1969 年，按照中国轻工业部皮革处的规划，从天津市皮革研究所抽调我国最初从事皮革化工材料研究的工程技术人员支援天津市皮革化工厂，开发研制出合成加脂剂、合成鞣剂、丙烯酸树脂乳液等产品。

随着我国制鞋行业的发展，该厂又开发研制了皮革黏合剂，解决了制鞋厂家底材从线缝到冷粘的工艺问题，从而使公司产品发展为合成鞣剂、合成加脂剂、皮革涂饰剂和皮革黏合剂四大类产品，成为生产制革、制鞋、皮件、毛皮用化工材料的专业企业，为全国皮革行业配套服务。

在计划经济时期，按照轻工业部的统一部署，该厂先后帮助筹建了上海皮革化工厂、上海新华皮革化工厂、北京皮革化工厂和泸州皮革化工厂等。方式主要是给予产品技术支持，公司负责培训该厂技术人员，并根据兄弟单位的需要派员前往，扶上马，送一程。如上海皮革化工厂的丙烯酸树脂，上海新华皮革化工厂的颜料膏、北京皮革化工厂的合成加脂剂等。公司产品按计划销售以"三北"地区为主，上海皮革化工厂销售以"江南"地区为主。

为了扩大产品生产，满足市场需求，1988 年经市政府批准，在天津市东丽区程林庄工业区筹建新厂区，占地近 60000 平方米。

多年来，公司开发研制的产品多次获得了天津市和国家评选颁发的各种奖励、证书。如：808 合成鞣剂、合成加脂剂 SOC 于 1983 年获得中国轻工业部颁发的在轻工业科学技术工作中取得重大成果奖，替代性合成鞣剂 822#于 1985 年被中国轻工业部评为全国轻工业优秀新产品，OES 复合型软革加脂剂于 1994 年被联合国技术信息促进系统中国国家分部颁发发明创新科技之星奖，特效柔软剂、耐酸多功能加脂剂、高含量乳化蜡、OES 系列复合型软革加脂剂于 1995 年获中国轻工总会颁发的中国轻工业新产品奖。

为了使我国皮革行业赶超世界先进水平，1984 年，轻工业部批准拨款 1000 万元（后"拨改贷"）引进英国霍奇森（HODGSON）化学有限公司（现与科莱恩公司联合）技术，生产皮革复鞣剂，填补了我国当时的空白。

1993 年，天津市皮革化工厂所属天津皮鞋（集团）公司与香港南华集团全行业合资，更名为天津津港（集团）有限公司皮革化工分公司。

1996 年合资重组，与香港南华独立合资，更名为天津南华皮革化工有限公司。

合资经营以后，公司把生产管理中心转移到东丽区程林庄新厂区。公司现有设备 900 台（套），年生产能力 5000 吨化工材料。除此以外，还有自己的污水处理设备，具备了化工生产的良好条件。

丹东皮革化工有限公司

丹东皮革化工有限公司位于辽宁省丹东市花园街772号，1979年轻工业部将丹东助剂厂定点为生产皮革化工的专业厂，生产品种40多种，年产量为4000吨。主要有：皮革加脂剂、助剂、鞣剂、涂饰剂、毛皮脱剂等，同时还生产醋精。该厂占地面积3000多平方米，建筑面积2000平方米，固定资产500万元，各种专用设备200多台（套）。1985年至1998年，每年创产值1000多万元，利税200多万元，成为丹东二轻系统创利大户。该厂注重科技工作，年年都有科研成果，其中1号加脂剂1985年荣获辽宁省优质产品称号。RA—D型皮革涂饰剂荣获轻工业部科技进步三等奖。1991年荣获辽宁省"小型巨人企业"称号，1994年获丹东市"科技先导型企业"称号。2005年由丹东皮革化工厂转制为丹东皮革化工有限公司。2007年5月通过了ISO 9001：2000国际质量管理体系认证。2009年有职工35人，其中中级职称2人，高级职称2人，退休职工200人。皮革化工产品产量为3000吨，产值、销售收入人均为1000多万元。

沈阳皮革化工厂

沈阳皮革化工厂位于沈阳市大东区东北大马路东站6巷12号，为集体所有制小型企业。1985年末有职工188人，其中工程技术人员2人，固定资产原值80万元，净值64万元。有炼胶机、烘干机、捏合机等专用设备19台，主要生产品种有羧甲基纤维素、氯丁胶黏合剂、合成胶粘剂等3大类7个品种。年产值258万元，实现利税33万元。该厂的前身是东方红制帽厂，创办于1958年，1967年由生产布帽转产羧甲基纤维素，这是纺织、卷烟、石油钻探部门所用的一种黏合剂、润滑剂。70年代初期，工厂土法上马，自己设计制造了年产100吨羧甲基纤维素生产线，产量超过120吨。1979年与市红星布鞋厂、市鞋革材料厂合并，职工增至332人。"六五"期间，该厂投资112万元，占1958年至1985年投资总额122万元的91.8%，购置了新型捏合机、离心机和炼胶机，生产基本上实现机械化，陆续投产氯丁胶黏合剂、合成胶黏合剂、天然胶、过氯乙烯树脂胶、上光剂等新产品，除供应当地需要外，大部分销往外地。1984年该厂生产的羧甲基纤维素、氯丁胶粘剂、合成胶粘剂分别达到273吨、200吨、40吨，均创历史最高生产水平。

上海皮革化工厂

上海皮革化工厂始建于1959年，位于上海市南大路800弄20号，占地面积41904平方米，建筑面积22362平方米，固定资产原值1305.9万元，净值853.4万元，拥有生产设备348台（套），其中主要生产设备207台（套）。年产能2万余吨，是原轻工业部定点建设的我国第一家专业生产皮革化学品的国有骨干企业，主要生产"爱使"牌皮革涂饰剂、皮革加脂剂、合成鞣剂、各类助剂及皮革制品护理保养材料等五大类百余个品种的产品。门类齐全，配套性强。产品销往全国29个省、自治区、直辖市的近千家制革厂及其他有关企业。1985年，被国家统计局、国家经委列为全国200家资金利税率和人均利税率最佳企业之一，1989 年、1990 年连续 2 年被列入全国 500 家经济效益最佳企业行列。1997 年，获得"上海市高新技术企业"称号。

20 世纪 50 年代，一些西方工业国家开始采用丙烯酸树脂作为新型皮革涂饰剂，为提高我国皮革质量和利用率，轻工业部责成上海试制该产品。为此，1959 年 3 月，上海市皮革工业公司开始筹建上海皮革化工材料厂（即现名上海皮革化工厂），并成立了丙烯酸树脂试制小组。同年 10 月，产品小样试制成功，1960 年初完成中试，11 月 16 日正式投产试车，一举成功。这一成果填补了国内空白，1964 年通过轻工业部技术鉴定，并荣获全国新产品三等奖。

70 年代，上海皮革化工厂生产出有明显耐热、耐寒、耐曲挠、耐湿擦、耐有机溶剂性能的丙烯酸树脂 SB 和皮革鞣剂、加脂剂、助剂三大类几十个品种的皮化产品。在皮化材料的研发、产品配套、生产规模、经营业绩等各方面均全国领先。1979 年年产量达到 4716.7 吨，税利 1033.67 万元。

80 年代初起，该厂推行全面质量管理，制定了一系列质量管理制度，陆续增添了各种先进检测仪器，保证了产品质量，深受用户信赖。一批体现当代水平的新产品相继开发成功，先后研制成功了交联结构的新型系列丙烯酸树脂 BC、MC、TC；具有复合型核壳结构，以涂层耐寒又耐热为主要标志的第二代丙烯酸树脂涂饰剂全候型系列树脂 AB－1、AM－1、AT－1；具有国内领先水平的皮革加脂剂 SE、SE－1、SF、树脂复鞣剂 RE、TA 等，其质量可与德国同类产品相媲美。其中，合成加脂剂 SE 获原轻工业部科技进步二等奖。

90 年代，引进意大利技术生产的树脂复鞣剂 RE 等 13 只产品荣获中国首届"国产皮化材料精品"称号，占全部获奖产品 41 只的近 1/3。1999 年底，完成了投资 950 万元，年生产能力 5000 余吨的国家级火炬项目 S 型合成加脂剂项目，实现工业总产值 3180.4 万元，税利 1478 万元。上海皮革化工厂已发展成为国内规模最大、经济效益最好的皮革化工专业厂。

21 世纪以来，上海皮革化工厂坚持深化体制改革，调整产品结构，树立"满足市场需求"的经营理念，坚持科学管理，注重科技创新，为我国皮革化工行业的发展，以及国民经济其他领域的配套建设，做出了新的贡献。

浙江东化实业有限公司

浙江东化实业有限公司始建于 1985 年，位于温州市瞿溪镇，是国内皮革涂饰及鞋面修饰领域较大规模的企业之一，属高新技术企业，建有省级高新技术研发中心，是聚氨酯皮革涂饰剂行业标准的起草单位，公司常年与国内各大专院校、科研院所及国外皮化厂家进行技术交流和产学研合作。

公司主要产品有填充剂、渗透剂、补伤剂、丙烯酸树脂、聚氨酯树脂、综合树脂、光亮剂、助剂等 8 大类 200 余种产品，能够为各类皮革的生产厂家提供优质的皮化产品。多年来，公司以精益求精为理念，用户至上为宗旨，承持"诚信、理性"的经营原则，多次荣获了省、市科技进步奖，区诚信企业等殊荣，2008 年东化商标荣获"中国驰名商标"称号。其中，"DA 全粒面填充""热膨胀性中空微球皮革消光补伤剂"产品曾获国家重点新产品、省高新技术产品、国家火炬计划项目、浙江省科技进步三等奖等荣誉。同时公司还从事鞋面修饰剂的生产和销售，能够为广大用户提供指导和技术支持。

20多年来，东化一直致力于皮革涂饰领域的生产及应用技术的研究，重视先进技术的引进开发及产业化的推广，努力为国内制革行业提供高品质的产品并及时共享全球先进的皮化技术。在提供优质产品的同时更将一流的技术服务带到广大客户身边。在皮革涂饰领域，公司将以更崭新的姿态迎接新的挑战，全力打造一流的技术服务！

兄弟科技股份有限公司

兄弟科技股份有限公司（原浙江兄弟化工有限公司）始建于1991年，公司位于浙江省海宁市周王庙镇联民村蔡家石桥3号，注册资金8000万元，公司占地面积160亩，建筑面积5.8万平方米。2009年末总资产为4.59亿元，有员工418名，其中专业技术人员125名。2009年销售收入达到4.68亿元，实现利税6534.64万元。公司主要生产、经营皮革化学品及食品、饲料添加剂、皮革、家具、皮革服装等产品，产品远销亚洲、欧美市场。

兄弟科技股份有限公司自成立以来，一直致力于皮革化学品、饲料添加剂等精细化学的研究开发与经营，目前已成为国内规模最大的饲料添加剂生产基地。公司始终坚持"以人为本、科技创新"的发展策略，力求以高新技术与品牌打造企业。通过近20年的不懈努力，公司的技术水平、管理水平、经营业绩不断提升，成为行业发展的龙头型企业。公司现有鞣剂、加脂剂、助剂、涂饰剂及复鞣剂在内5条皮化产品生产线以及维生素K_3系列产品生产线和精蜡产品生产线。年产铬粉5万吨，年产鞣剂、加脂剂及助剂达2万吨，年产皮革涂饰剂5000吨，维生素K_3产品3000吨，精蜡产品1000吨。目前生产的皮革化学品共计60多个，产品种类齐全，配套性强，部分产品在市场中享有较高的知名度，其中部分皮化产品完全能够替代进口同类产品，用于高档皮革的生产。铬粉产品国际市场占有率为15%。

浙江盛汇化工有限公司

浙江盛汇化工有限公司（原名：江山市华盛化工有限公司）创建于1992年，2004年更名为浙江盛汇化工有限公司。公司占地90多亩，有员工100余人，是国家高新技术企业。公司专业致力于皮革化学品加脂剂、复鞣剂等水场助剂的生产销售。在"科技为源，品质为本，诚信为重"的理念指导下，铸安全品质，造放心品牌，经过20多年的发展，如今"盛汇"已成为国内皮革化学品制造的知名品牌。跻身国产皮化前列，产品性能可与国际皮化大品牌相媲美。

在公司"保品质""促品牌"战略的引导下，公司生产的皮革化学品加脂剂、复鞣剂产品因良好的品质、性能以及在制革成品和制革过程的环保性，使产品销售在市场上能够和进口大品牌公司如巴斯夫、朗盛等的同类产品同台竞争。

公司先后与四川大学、陕西科技大学、温州大学、中科院成都研究所和中国皮革和制鞋工业研究院等国内著名科研院校进行广泛的技术合作，承担完成了多项国家级和省级科研项目，拥有一批达到国际和国内先进水平的核心技术。公司被评为"国家高新技术企业"，并拥有省级高新技术企业研发中心。公司为浙江省皮革标准化委员会委员单位，主导、参与起草了多个行业相关标准。

经过多年的谋划和布局，公司建立了完善的市场营销网络，销售网络覆盖浙江、福建、山东、河南、河北、广东、新疆等国内十多个省、自治区、直辖市大部分皮革区域市场。公司注重人才的引进和培养，如今已汇聚了一批国内行业服务高级工程师和实践经验丰富的制革专家。

"铸造民族皮化品牌"是盛汇发展目标；"保品质、促品牌"是盛汇的战略；"科技为源、品质为本、诚信为重"是盛汇的经营方针和理念；"盛企盛品、汇福汇才"是盛汇提倡的价值观。公司将通过"合作、创新、发展"的实践，努力打造企业核心竞争力，努力成为"具有国际水平的中国知名的皮化产品供应商"，为振兴中国皮化民族工业承担起应有的责任。

武汉市天马解放化工有限公司

武汉市天马解放化工有限公司是由武汉市天马实业总公司（成立于1994年）及其前身武汉市解放化工厂（成立于1964年）于2006年改制成立的，是一家以科研开发、生产和销售精细化工产品为主的现代化企业。

公司创立40多年来，在化工行业以品种全、质量优、奖项高深受业界人士的好评，多次被评为"全国化工先进企业"。生产品种包括纺织印染助剂、皮革化工材料、环保节能化工产品、表面活性剂、涂饰剂、黏合剂等10大类100余种产品，有9个产品填补国内空白，有8个产品先后荣获市优、省优、部优及国优称号。

1979年，在武汉制革厂梁丰铎与红星制革厂梁彬文、连永谋等工程师的帮助下，武汉市解放化工厂GF多金属络合剂（铬铝锆）研制成功并投放市场，填补了中国皮革鞣剂的空白。武汉红星制革厂用这种多金属络合鞣剂生产的山羊皮鞋面革紧实而又柔软，在轻工业部组织的全国皮革质量评比中获得一类第一名。20世纪80年代末期，先后与意大利国威公司、美国道康公司合作开发推广水溶性硝化棉光油、有机硅改性手感剂，与武汉化工设计研究院、武汉市化工研究所和有机所等单位共同研制戊二醛、改性戊二醛、脂肪醛等多种产品，因提高了皮革的柔软度、染色固色效果明显以及能减少铬的用量、废水中铬的含量而名噪一时。

随后，又与丹东轻化工研究所合作，共同开发出GF柔软剂，广泛用于印染和制革行业；与武大合作，开发出具有国内领先水平的节能产品——WH锅炉清洗剂、除垢剂，并获武汉市优秀新产品奖；研制的GF印花涂料黏合剂，达到了日本同类产品的水平。此外，80年代还与福州大学、福州化工总厂合作，研究出具有国际先进水平的AC-II型发泡剂，并将成果用于皮革发泡综合树脂、涂料和补伤膏；与武汉皮革研究所骆鸣涛所长合作开发出WH-高效皮革加脂柔软剂——透明油；与武汉光达皮革公司龚乃国总工程师开发出具有很好的修补和发泡作用的GF-发泡补残综合树脂。

1991年，WH-酪龙黏合剂荣获皮革化工行业质量最高奖——国家银质奖，1995年该产品被农业部评为"全国乡镇企业名牌产品"。

1997 月，公司获得了化工部"全国化工先进企业"称号。

2002 年至今，公司致力于研发应用能使皮革鞣制清洁化的主鞣剂——TM2-2 无铬环保鞣革剂及应用工艺，在湖北、湖南、河北、河南、广西等 5 省区 10 多家制革企业进行了长达 3 年的对比试验，经国家轻工业皮革毛皮制品质量监督检验武汉中心站和湖北省出入境检验检疫局技术中心检测，皮革的各项技术指标与环保标准都达到了欧洲的环保标准与质量标准。用此产品鞣制的皮革手感柔软丰满、工艺简单可行，成本与铬鞣接近，甲醛含量小于 50 毫克/千克，低于 1994 年欧盟综合标准 150 毫克/千克，而且鞣制的皮革能耐沸水、收缩温度超过 100℃。特别是该产品与栲胶配伍时能产生一种特殊络合功能，是纯植鞣革的最优良的复鞣剂，不掉栲、不脱栲、耐干湿擦、耐水洗，提高染色固色牢度与收缩温度。

四川德赛尔化工实业有限公司

四川德赛尔化工实业有限公司，始创于 1995 年，是一家生产精细化学品的专业公司。

德赛尔公司主要研发和生产皮革化学品，主要产品已形成助剂、加脂剂、复鞣剂、酶制剂和染料五大系列，百余品种，工艺质量在同行业中一直处于领先地位，甚至领先于国外同类产品。公司拥有国内及国际最新、最先进的分析设备、实验设备和生产设备，并建有设施完善的产品开发和应用实验室，所有设施参照国际标准部署和建造，具备完成产品的小试、中试和规模生产的能力。已成为国内具有相当竞争力的皮革化学品公司之一。

德赛尔在全国各制革片区设有办事处、分公司或经销商，产品和营销网络覆盖中国大陆主要制革区域以及中国台湾和东南亚国家。

德赛尔在行业内率先通过 ISO 9001：2000 国际质量管理体系、ISO 14001：2004 环境管理体系、GB/T 28001—2001 职业健康安全管理体系三项认证。

截至 2009 年，公司年度销售额为 1.9 亿元，年创税利 2000 万元以上。

德赛尔拥有 120 多名员工，大中专以上文化程度的员工占 70% 以上。由院士、教授、博士后、博士、高级工程师组成的 43 人的研发团队，成就了德赛尔在业界的领先地位。其中从事产品基础研究的 21 人，从事产品应用开发研究的 22 人。

德赛尔与联合国工业发展组织、英国北安普顿大学、美国环保协会、西班牙 TEXCUR 公司、四川大学和陕西科技大学等机构长期进行技术合作，着重研发功能化、清洁化、环保型的皮革化学品和生产工艺，并已取得大量成果，产品已广泛使用在各个生产环节中。

其中，工艺技术主要有：保毛脱毛，少灰膨胀工艺；无氨脱灰软化工艺；低铬高吸收技术；高效的复鞣、染色、加脂技术。主要研发的产品有：德赛贝系列产品（如软化酶德赛贝 B2/B5、德赛贝 U2/U5）；德赛宝系列（如德赛宝 SO、QL、LQ-5 等加脂剂）；德赛精 POU、TEN、SHN、SMO；德赛坦 AR、DC、ME、CR、RST、XP、S80 等。

德赛尔研发的新型功能化、清洁化、环保型的技术创新产品，杜绝或减少了制革生产环节有毒有害物质的使用（如六价铬、甲醛、APEO、重金属等），解决了制革厂的排污问题，而且使用这些环保型化学品生产的皮革制品完全符合欧盟的环保标准。

2010 年，中国中小企业协会与德赛尔进行战略合作，在全国首次首家试点，实施"节能减排、低碳经济"的战略措施，开展"绿动工厂"行动。

"绿动工厂"的行为和结果，将为国家的节能减排政策贡献具体的数据和范本，并使之成为行业清洁化模式的典范。

四川达威科技股份有限公司

四川达威科技股份有限公司成立于2003年11月，始终秉承"以客为友，创新服务，为客户创造价值"的经营理念，发扬"创新、高效、责任、关爱"的企业精神，致力于"清洁、绿色、高档、时尚"的皮革化学品的研发、生产和销售。

公司于2003年在新津新材料工业园区征地60亩，投资近6000万元，新建了年产1.6万吨皮革化学品的高科技产业基地。2007年1月，达威成都研发中心成立。2010年1月，公司并购了上海金狮化工有限公司。

通过专业化的生产与研发，凭借以市场为导向和前瞻式的研发模式，打造了全系列多层次的产品体系。目前已形成了包括清洁制革材料、皮革功能助剂、涂饰材料和着色剂等四大类17小类200余种产品的生产能力，是目前国内皮革化学品品种、系列最齐全的公司之一。

公司商标"dowell"已获得四川省著名商标称号。公司核心技术获得了"2005年四川省科学技术进步二等奖"。

公司具有专业的应用技术服务能力和覆盖国内主要制革基地的销售渠道。公司已建立了一支专业的技术型销售队伍，在四川、长沙、海宁、广东、无极、福建、河南、山东、广西、温州、辛集等地建立了10余个子公司和办事处。同时，公司积极开拓国际市场，产品已销往东南亚、欧洲等多个国家和地区。

第七章 皮革机械企业

天津市皮革机械厂

1956年,"裕恒"等七家作坊式小铁厂公私合营以后组成为天津市皮革机械厂。

1956年公私合营时组成的天津市皮革机械厂生产设备只有两台八尺皮带车床和台钳子、錾子、榔头等简易工具,在极其简陋的生产条件下,生产出了简易片皮机、600型磨革机、300型削里机、打光机、蹬皮机等产品,为后期全国皮机行业的发展奠定了基础。

在克服了20世纪50年代末60年代初三年自然灾害和"文革"带来生产停滞不前的困难以后,天津市皮革机械厂逐渐发展成为隶属轻工业部的部管企业。1972年由轻工业部牵头组织,国家投资规划在天津市南开区红旗路龙川路二号建设了新厂区,新厂区占地面积60亩,建有装配、机加工、铆焊、油工、铸造、木型等车间,规模在当时全国皮机行业中首屈一指。

1972年企业整体搬到新厂区后,使过去分散的厂区集中在了一起,并先后购置了七部天车、四米龙门刨床、80外圆磨床、滚齿机、动平衡机等设备,使生产效率和产品质量跃升了一大步。

1978年至1982年,为了培养后备力量做到可持续发展,企业成立了技工学校,三年间共为企业和本系统企业培养出了三百多名技术工人,为企业产品向精度高、技术型发展充实了技术人才力量。

为了提高产品的知名度,1983年企业在国家工商行政管理总局商标局注册了"双轮"牌商标。从20世纪80年代到90年代即国家第七个五年计划期间,天津市皮革机械厂已成为了全国皮革机械行业的龙头企业,其中"双轮"牌2A4—180片皮机、150削匀机被评为部级、市级优质产品;180型挤水机在1990年首届全国轻工业博览会上荣获银奖,GJ3LI—220型挤水伸展机获博览会铜奖;通过式压花机、180型挤水机为"七五"国家重点科技攻关任务,并通过国家验收。计量工作被国家技术监督局认定为三级标准,产品销售形势在全国同行业厂家中名列前茅,产品基本达到尽产尽销。

1992年,企业贷款960万添置了高、精、尖加工设备,包括意大利生产的镗铣加工中心、六米龙门铣床、数控车床、数显万能铣床、电脑控制的动平衡机,为生产出优质的产品增添了新的加工装备。

1998年,市政府为了对市区进行整体规划,制定了工业东移的发展战略。企业为了盘活资产,由南开区迁到了东丽区程林工业区登州路10号。为了扬长避短,充分发挥企业的自身优势,企业甩掉了生产成本高且附加值低的产品,精心研制开发了与国际接轨、在国内绝对一流的CPCYI—180/270型液压剖层机、GJST1—270/300通过式挤水机、

GQR2—320 液压去肉机。经过 20 多年不断改进、完善和提高，肉类屠宰加工机械 GB-PT2—180A 剥皮机占国内市场销售份额的 90%，畅销全国肉类食品加工行业，同时企业还瞄准了国外市场，多次完成了对孟加拉国、印度、印度尼西亚、越南等国家的出口任务。

进入 21 世纪后，企业为了在皮机市场上继续站稳脚跟，努力在新产品研发上下功夫。2002 年开发生产出了 GPCY9—300 型自动出皮剖层机，该机的研发生产填补了国内同类产品无自动出皮装置的空白，并且在 2004 年度被天津市科委评为天津市产品科技进步三等奖。

企业驰骋皮机市场 20 多年的"双轮"牌商标，2009 年获得天津市商委颁发的"津门老字号"称号，为"双轮"牌皮机装备增添了新的光彩。

2006 年为了转变企业的经营机制，适应市场经济的发展要求，增强企业的发展活力，企业进行了整体改制，改制后的企业产权清晰、权责明确，为实现企业"观念创新、技术进步、品质第一、用户至上"的生产经营宗旨，迈出了体制创新的坚实步伐。

张家口市毛皮机械厂

张家口市毛皮机械厂建于 1962 年，前身为张家口市桥西区机床铸造厂和张家口市铸造厂，1969 年两厂合二为一，改称张家口市机械修理厂。1974 年改称张家口市毛皮机械厂并开始转产毛皮机械，生产剪毛机、烫毛机、去肉机、干燥机、烘干机、梳毛机等六大类 20 多种产品，销往全国 29 个省区市，尤其是西北、华北、东北毛皮厂家集中地区基本上使用该厂产品。该厂生产的"飞狮牌"M5G1—60 型烫毛机、"飞云"牌 M5D1—120 型剪毛机、M5G1—50 型烫毛机分别于 1984 年、1985 年、1986 年获省优质产品称号，其中 M5G1—120 型剪毛机于 1987 年获部优产品称号。1986 年轻工业部确定该厂为全国毛皮机械加工中心，并贴息贷款 290 万元进行技术改造，引进国外先进毛皮机械样机和技术，实现毛皮机械国产化。为配合该厂技术改造项目的实现，解决国内高档毛皮加工急需的关键设备，河北省轻工业厅日机轻机公司，邀请轻工业部毛皮机械研究所，轻工业部外事司与张家口市毛皮机械厂联合组成技术考察组，到西班牙奥星威尔—巴吐尔公司和长彼得拉公司进行技术考察。河北省科委 1986 年、1987 年将该厂新产品开发列入省、国家星火计划，促进了毛皮机械发展。

辛集巨龙皮革机械有限公司

辛集巨龙皮革机械有限公司前身为辛集巨龙皮革机械厂，创办于 1994 年。2002 年获得进出口经营权，更名为辛集巨龙皮革机械有限公司，发展至今拥有员工 120 人，占地面积 13400 平方米。

公司先后开发生产了羊皮去肉机、削匀机、挤水机、伸展机、绷板机、喷浆机、量革机等轻革设备。1997 年，因产品结构调整，研发生产水平式螺旋钢转鼓（浸水、浸灰用）；1999 年，研发生产不锈钢鞣制、染色鼓；2000 年，研发生产不锈钢圆型摔软鼓；2002 年，研发生产不锈钢八角型摔软鼓；2004 年，研发生产不锈钢 Y 形复鞣染色鼓。公司产品结构形成了以不锈钢系列转鼓为主、抛光机等轴类设备为辅的格局。公司生产的"巨龙"牌系列皮革机械产品占国内市场份额的85%以上，同时远销意大利、西班牙、葡萄牙、阿根廷、智利、秘鲁、乌拉圭、美国、韩国、印度尼西亚、越南、泰国、巴基斯坦、印度、中国台湾等20多个国家和地区。

2006年，公司在同行业中率先通过了ISO 9001/14001质量环境体系双认证，是中国不锈钢摔软转鼓、Y形不锈钢分格鼓、不锈钢超载鼓行业标准起草单位。

沈阳皮革机械厂

沈阳皮革机械厂位于沈阳市铁西区肇工街11巷1号，始建于1919年，原是旧军阀张作霖创办的奉天陆军被服厂制革厂的机修车间，新中国成立初期，该厂即开始研制生产裁断机、去肉机等简易皮革机械，供厂内部制革和制鞋车间使用。1965年成为皮革机械专业生产厂。1969年制革厂、皮鞋一厂和皮革机械厂三厂合并，改称沈阳市皮革机械综合厂。

1979年从皮革综合厂分出，成为独立企业，职工524人，其中技术人员10人。实现产值344万元，利润107万元。占地面积5.4万平方米，建筑面积8300平方米。生产产品品种有熨平机、伸展机、去肉机、量革机、内线机、五眼机等，年产量为397台。

1980年至1985年该厂吸收国外样机优点，又相继改进设计出有国际20世纪80年代初水平的DJ5D2、GJ5D3型熨平机，投产后销往国外。这两种熨平机，造型美观，启动灵活，操作安全，还可以装设熨花板，在面革上压出美丽的花纹。

1985年有职工960人，其中工程技术人员48人，到1985年该厂共研制生产25个品种、35个规格的新型皮革机械，累计总产量达到5080台。多数产品填补国内空白，不仅畅销国内，还援外出口到罗马尼亚、坦桑尼亚、阿尔巴尼亚、马里、尼泊尔等国家。产品质量多数处于国内先进水平。1985年GJ5D2型熨平机被评为辽宁省优质产品。去肉机、熨平机和钉鞋眼机均于1989年评为轻工业部优质产品。

1998年倒闭。

大连红旗机械厂

大连红旗机械厂建于1956年，原隶属于中国轻工业机械总公司，1986年10月划归大连市轻工业局管理，1987年2月与中国轻工业机械总公司联营。该厂是轻工机械定点生产厂，主要产品有皮革机械、塑料机械、木工机械、服装机械等专用设备和普通车床等通用设备。皮革机械的生产始于1965年，产品有GJ2C6型削匀机、DJ4C4—200×350型真空干燥机、GJOA2型转鼓减速器、G241型箱式皮革绷平机、HQG01型水环式真空泵、G5—18型鼓型伸展机、XMS800型精密剖层机、C15H2型去肉机，系引进法国梅西尔公司具有国际20世纪80年代先进水平的产品。该厂1987年有职工1366人（其中皮革机械340人），其中工程技术人员122人，占职工总数的8.9%；全厂固定资产原值2108万元，净值1130万元；有设备273台，其中金属切削设备201台；全厂占地面积79000平方米，建筑面积44800平方米。1990年被轻工业部列为"八五"期间技术改造重点单位，大连市政府决定将集体所有制改为全民所有制。8月27日正式更名为国营大连红旗机械厂。1995年红旗机械厂改为股份制，2000年破产后，有30多人继续生产皮革机械产品至今，厂名改为大连蓝德机械有限公司。

扬州扬宝机械有限公司

扬州扬宝机械有限公司坐落于扬州市广陵区广陵产业园，成立于1993年3月，注册资金945.7万元，主要从事制革机械的设计、制造、销售。企业现有员工101人，研发人员29人。是国家级高新技术企业。建有扬州市企业技术中心及扬州市皮革机械工程技术研究中心，为江苏省"CAD推广应用示范企业"，于2002年通过了ISO 9002质量标准体系的认证，行业中率先运用ERP软件进行资源管理。承担过国家火炬计划等多个项目。企业主持制定了行业标准《挤水机》《真空干燥机》《去肉机》，并参与制定了国家标准《皮革机械　辊式往复运动机械安全要求》《皮革机械　板面移动式机械安全要求》。

企业生产的主要产品有：液压去肉机、真空干燥机、磨革除尘机组、通过式挤水机、板式熨平压花机、液压削匀机、挤水伸展机、刀剪仿形磨床等。其中，液压去肉机、真空干燥机、磨革除尘机组、通过式挤水机、液压削匀机均被评为江苏省高新技术产品。

公司开发的系列产品得到了国内各大用户的欢迎，并远销至日本、越南、印度尼西亚等东南亚国家及乌兹别克斯坦等中亚国家及非洲国家。

浙江省湖州二轻机械总厂

浙江省湖州二轻机械总厂始建于1962年，是原国家轻工业局定点生产皮革机械的重点骨干企业，专业从事皮革机械已有50余年历史，为浙江省高新技术企业。

二轻机械加工设备精良，科研力量雄厚，在厂内设有皮革机械研发中心。一直以来，企业始终紧紧围绕市场导向，认真研究国内外皮革市场现状，揣准国际皮机科技发展脉搏，认真消化吸收国外先进技术经验，潜心研究开发适合市场需要的高新技术产品，始终保持着每年1—2种新产品投入市场，产品档次也已达到国际先进水平。目前，企业已形成皮机产品九大系列30余个品种，其中，获国家级新产品、填补国内空白的产品10种，能适应各类皮革制造工艺，产品畅销全国并出口俄罗斯、南非、巴西、印度、蒙古国、中东等国家和地区。

二轻机械所开发的GXYY-150C精密削匀机是国内独创超薄型羊皮服装革削匀机，最薄削匀0.15—0.2毫米；GJSP-320挤水平展机挤水后含水量达到50%，得革率大幅提高；GXYY-300B精密削匀机确保了整张牛皮削匀均匀度至0.5毫米，削匀精度不断提升；在国内率先研发出的制革自动生产线，既提高了皮革厂的生产效率，又减少了劳动力成本；针对用户厂家需求，研发出全方位绷平干燥机，不仅可使绷平干燥后的皮张获得更大尺码，同时也可将皮张纵向的颈纹打开，提高成革等级，从而为制革厂家带来效益。2006年，二轻机械与意大利梅西尔公司强强联合，创立了湖州梅西尔制革设备有限公司，共同开发出高精度的剖皮机，其液压、数控均达到国际一流水平，在提升总厂核心竞争力的同时，使制革企业效益大幅度递增。

烟台皮革机械厂

烟台皮革机械厂前身为烟台第二模具厂，始建于1952年，1962年为烟台制革厂研制成功第一台271型磨革机并批量生产，开始涉足皮革机械行业。1966年正式更名为烟台皮革机械厂，同年被国家轻工业部确定为皮革机械产品定点生产企业，成为我国最早专业生产皮革机械产品的企业之一。2009年乔迁新厂址，2000年改制创立烟台龙益机械有限公司，公司占地面积3.65万平方米，建筑面积2.3万平方米，拥有固定资产总值4800万元。1988年晋升为国家二级企业；1994年荣获"全国轻工知名企业"；2000年通过ISO 9001：2000国际质量体系认证。

经过近60年艰苦创业，企业得到了长足发展。主要产品有精密剖层机系列、精密削匀机系列、去肉机系列等数十个品种。产品出口到葡萄牙、埃塞俄比亚、印度、美国、伊朗、印度尼西亚、俄罗斯、乌兹别克斯坦、越南等十几个国家和地区。已成为我国皮革机械行业的龙头骨干企业。

长期以来，企业紧跟世界皮革机械发展步伐，十分注重产品创新。20世纪80年代研制成功GJ2A5-180型剖层机，开创了我国自主研发精密剖层机的里程碑，填补国内空白，荣获国家经委新产品金龙奖；1985年研制成功GJ20-40干革剖层机，填补国内空白，获山东省科技进步二等奖；1986年，GJ2A6-180型精密剖层机研制成功，再次填补国内空白，结束了我国精密剖层机依赖进口的历史，每年为国家节约大量外汇，荣获轻工业部科技进步二等奖，山东省优秀新产品一等奖，被国家列为"六五"科技攻关项目，受到四部委的表彰。1989年，GJ2A6-180精密剖层机荣获皮革机械行业第一个国家质量银质奖章。

自20世纪90年代以来，该企业又先后研制开发出GJ2A8-180/300/系列剖层机、GJ2A9-180A/300A/320A系列精密剖层机、GJ2A10-300型带有自动出皮装置的精密剖层机、GXYY-150-180-300/系列削匀机、适用于羊皮加工的GJ2A9-120/150窄幅精密剖层机、GJ2A10-180超纤精密剖层机等新产品。

目前，公司拥有包括美国TC30-600型数控加工中心，中国台湾VF-4026型龙门加工中心。拥有国内先进水平的VMC1300立式加工中心和数控车床等先进加工设备300余台（套），为企业技术创新提供了强有力的支撑。

武汉皮革机械厂

武汉皮革机械厂新中国成立初期生产简易皮革伸展机、片料机等。1965年试制生产真空干燥机。1968年从武汉制革厂、武汉第一皮鞋厂机修车间抽调36人充实皮革机械厂，次年开始生产片帮机、下料机。1970年生产去肉机和C62车床。1971年改名为武汉市皮革机械修配厂。随后又生产液压下料机、裁断机等。1978年更名为武汉市皮革机械厂。

1980年拥有专业设备47台（套），年产砂底机、片帮机、削匀机、去肉机、包边机、钳帮机、剥皮机、拢楦机、压合机、底革合成机共573台。1982年与武汉红星制革厂共同研制成功GJ3A2-180型挤水伸展机，经过鉴定和使用，挤水后皮革含水量在50%左右。1984年获得湖北省科技成果三等奖。1985年，该厂有员工209人，年产皮革机械92台（套）。20世纪90年代后期企业改制，逐步退出皮革行业。

重庆皮革机械厂

重庆皮革机械厂为集体所有制企业，属原轻工业部定点生产皮革机械的企业之一。

重庆皮革机械厂原名为重庆南岸制锁生产合作社。1962年建厂，隶属市金属制品公司领导，1965年经市第二轻工业局决定，将其划归重庆皮革工业公司领导，改名为重庆皮革机械修配合作工厂，由生产民用锁转向生产皮革机械产品削匀机、裁料机、片皮机等。1982年经上级批准更名为重庆皮革机械厂。20世纪80年代初，该厂与重庆皮革工业公司和重庆大学合作，在对意大利皮革机械消化吸收的基础上，研制成功850吨液压平板（压花）熨革机。1983年出口巴基斯坦X1B1片帮机6台，1987年削匀机被评为重庆市优质新产品。

1985年该厂有职工293人，固定资产原值156.21万元，净值83.15万元，厂区面积8603平方米，建筑面积8630平方米。拥有机械设备71台，其中：金属切削机床63台（车床29台、钻床7台、镗床1台、铣床1台、刨床6台、插床1台、磨床7台、齿轮加工机床4台、切断机床2台）、锻压设备2台（开式压力机1台、空气锤1台）、起重设备6台。1985年生产制鞋机械532台、制革机械6台。工业总产值137.88万元，创利润21.63万元。

按市政府集体中小企业的退出政策，于2003年底破产，平稳退出，全部职工分流安排。

重庆皮革模具厂

重庆皮革模具厂原名光华皮鞋厂。1958年由7个合作社（一社、二社、三社、四社，红旗社，国际社，勤俭社）组成。在1958年的社会主义改造中，将以上7个合作社分别组成光华、五一两个地方国营厂，1960年又将两厂合并为光华皮鞋厂。1964年8月，光华皮鞋厂从市中区南纪门迁往江北董家溪。1972年经上级决定，该厂生产转向，由生产皮鞋转为生产鞋楦、木跟、皮革工业的工具、模夹具、五金配件等配套产品。

1974年从联邦德国引进鞋楦加工设备一套8台，提高了鞋楦生产能力，满足了鞋厂需要，为重庆地区机械生产木楦的起始。1979年与现重庆塑料科研所合作，采用聚氯乙烯发泡工艺试制成功塑料楦并投入生产。1984年，为解决木楦的木材干燥由室温自然干燥的方法，全国在该厂试点采用远红外线干燥方法取得成功。1985年，为解决模具生产周期过长的问题，进行了铝合金模具试验，基本取得成功。

1985年有职工311人，固定资产原值212.38万元，净值134.39万元，厂区面积5605平方米，建筑面积13793平方米，拥有通用机械设备车床、钻床、铣床、刨床、磨床等31台，开式压力机17台，锻锤2台，空气锤2台，剪板机1台，滚动机1台，电镀槽5台。1985年生产鞋楦16.43万双，皮革工具0.2万件，各式模具540副，皮革小五金40.96万件，完成工业总产值206.43万元，创利润33.13万元。

按市政府国有中小企业的退出政策，于2003年11月破产，平稳退出，全部职工分流安排。

第八章 其他企业

第一节 展览主办单位及展会

中国鞋业皮具商品博览会暨"名品名店"对接展会

由中国百货商业协会主办的中国鞋业皮具商品博览会暨"名品名店"对接展会历史悠久，展会源于1953年国家商业部召开的第一届全国百货供应会，发展至今已有近60年的历史，在全国45个大中城市成功举办，为推动行业和各地经济的发展起过积极的促进作用，并实践着我国流通领域的改革和发展。

计划经济时期，全国跨省、自治区、直辖市市场调拨的70%左右，都是通过这个展会完成的。当时，产品由全国的鞋业专业的批发、零售公司负责收购、调拨、销售；鞋业生产企业还不能直接参加展会，展会的主角是全国的鞋业专业的批发、零售公司。

改革开放后，随着流通领域的进一步搞活，鞋业生产企业开始允许直接参会并逐步成为展会主角之一。

展会经过半个多世纪的磨砺，留下了无数难忘的回忆，创造了无数业界佳话，尤其是改革开放后，展会更见证了中国鞋业产销事业的沧桑巨变，催生了众多的民族鞋业之花。今天活跃在中国市场上的一线鞋业品牌，在其发展过程中大都借助和利用了博览会这一平台，实现了由小到大、由弱变强、由全国走向世界。

同时，展会不论从规模、观众人数、专业化、市场化运作方面及各项服务功能都有所提升。展会成为展示中国鞋业产品进步及引领行业发展趋势的大型专业平台，有效汇聚庞大的人流、物流、资金流和信息流，带动了相关配套产业的发展，最大限度地发挥了大型专业展会扩大内需、促进消费的功能，被商务部列为重点支持的展会之一。

其主办机构——中国百货商业协会拥有最广泛的买家资源，其万余家会员企业遍布全国31个省、自治区、直辖市，涵盖了全国大型百货店、大型专卖店、大型超市、大型专业批发市场以及电子商务、目录销售采购、政府采购、企事业单位集团采购等，基础专业观众10万余名。专业庞大的买家网络，实现名品名店强力互动，助力供应商提升品牌价值，扩大市场占有率，形成强大的影响力和商超销售渠道的绝对优势。为了集合行业的优势资源，使经销商和生产厂家的合作走入良性合作和共同发展的轨道。

2010年5月17日至19日在上海光大会展中心举办的第98届中国鞋业皮具商品博览会暨"名品名店"对接展会，设运动休闲馆、商务时尚馆、国际馆以及媒体区四大部分，预设近1000个展位。来自意大利、西班牙以及中国台湾和中国大陆的参展品牌近百个，其中90%以上都是特装展位；由各大百货商场、连锁鞋城负责人以及全国优秀代理商、经销商所组成的专业观众达万人以上；鞋展上"鞋与设计"主题沙龙活动以及"韵动"时尚发布秀活动，满足了广大观众对时尚流行趋势的获取需求，许多百货界人士表示，通过设计沙龙活动，认识并了解了很多优秀鞋业设计师及鞋业名品的相关情况。百货店和大型连锁鞋城的采购经理来参观展会，与品牌商对接，取得了较好的效果，品牌商满意，专业观众也感觉很有收获。展会成就了"名品名店"的对接活动，而"名品名店"也成为了展会的一大亮点。

中国国际裘皮革皮制品交易会

中国国际裘皮革皮制品交易会由中华人民共和国商务部批准，中国土产畜产进出口总公司和三利广告展览有限公司主办，已成为世界三大裘皮展会之一和全球裘皮产业重要的风向标。展会包括裘皮服装、原料制品、染料化工、机械设备、辅料配饰和行业媒体等各产业环节，以专业化和国际化的服务，促成买家和展商的有序贸易及流通，在行业内赢得良好口碑。该会以海外客商订货为主，内销为辅，作为我国较早发展的专业商品展览会，经历了计划经济向市场经济的历史转变，自身也在不断变革，尤其是2000年将举办地自广州迁返北京后的10年间，坚持裘皮产业链展定位，坚持发挥"树形象、创品牌、建网络、做生意"的功能，坚持探索符合行业交易需求的会展生意模式，交易会规模扩大了10余倍。通过展馆交易、流行趋势发布、设计大赛、时尚杂志等立体服务模式，成为值得各方信赖的交易平台及当下全球裘皮产品贸易链条不可或缺的重要一环。

自1975年举办以来，一直是令裘、革皮业界瞩目的国际专项商品交易会。展览面积达到3万余平方米，有自中国、美国、加拿大、英国、挪威、丹麦、芬兰、俄罗斯、土耳其、荷兰等10余个国家的近300多家国内外知名裘皮企业参展。每届交易会，都有大批美、欧、日、韩、澳大利亚、新西兰、俄罗斯以及中国香港等国家和地区的客商云集于此，洽谈订货，展示创新式样，交流信息。已形成裘皮从生产到加工以及销售的全产业链展经营模式，成为每年全球裘皮贸易链的首站。

中国国际裘皮革皮制品交易会为促进中国裘革皮业的发展和使中国产品打入国际市场做出了卓越的贡献，该会充分发挥了树形象、创品牌、建网络、做生意等功能，现已成为中国裘革皮制品对外出口的最重要的窗口。

展会的主要活动有：

（1）开幕演出：作为每届交易会的重要内容，开幕当晚举行的国内知名裘皮服装品牌发布已经成为展示中国裘皮行业发展动态、裘皮服装品牌形象、最新裘皮流行趋势和消费导向的重要活动，也成为诠释集团倡导的健康、时尚生活方式的重要舞台。

（2）中国国际青年裘皮服装设计大赛：以建立行业地位和话语权为目的，以选拔、培养优秀的裘皮服装设计人才，发扬裘皮服饰文化，提升中国裘皮产业的知名度为己任。

（3）论坛：中国国际裘皮论坛旨在搭建全球裘皮业的沟通平台。通过不同内容、不同形式的单元活动，提升中国国际裘皮论坛以及中国国际裘皮革皮织品交易会的权威性、专业性以及影响力。

香港国际毛皮时装展览会

香港国际毛皮时装展览会由香港毛皮业协会主办、香港贸易发展局担任大会顾问，自1982年开始举行，从此，展览会成为业界重要的贸易平台，更为香港毛皮业奠下根基。

20世纪80年代香港毛皮业蓬勃发展，当年的香港毛皮展于九龙尖沙咀美丽华酒店举行，此后展览会迅速扩展，遂于1989年移师香港会议展览中心举行。

香港国际毛皮时装展览会规模自成立以来不断扩大，除香港本地的皮草商外，也招徕海外及国内同业前来参展，展品涵盖中外各式各样的毛皮原材料、时装、配饰及时尚用品。部分国家如意大利、德国和希腊等更组团参展，于展览会中设立其国家展馆。

香港国际毛皮时装展览会的鼎盛阵容也成功吸引全球买家蜂拥而至，当中有来自成熟和新兴市场，有些更组采购团，到展览会采购最流行的皮草产品及搜集最新的技术和市场情报。

每年于香港国际毛皮时装展览会首晚举行的"皮草之夜"是展览的焦点活动，吸引超过2000位国际买家到场欣赏香港毛皮制造商的精彩系列，并同场展出香港时装设计师协会会员设计师与香港毛皮业协会会员制造商合作创造的"香港著名时装设计师的皮草系列"。香港毛皮业界一向紧贴市场潮流趋势，在工艺及崭新技术上精益求精，于创意方面追求突破，故每年"皮草之夜"所展示的系列不单令买家叹为观止，也成为新一季的潮流指标。

在2010年的香港国际毛皮时装展览会上，来自16个国家及地区270多家本地和海外毛皮参展商，在超过38000平方米的展览会中展示他们多彩多姿的皮草时装、毛皮原材料和配饰，吸引来自30个国家及地区的买家莅临参观。

发展至今，香港国际毛皮时装展览会已成为国际毛皮买家搜罗优质毛皮产品的重要展览，也巩固了香港在国际毛皮业界的优越地位。

亚太区皮革展—原料及制造技术展

亚太区皮革展—原料及制造技术展原称香港皮革展，首届于1984年在刚落成的湾仔华润大厦展览馆举行，在International Council of Leather Traders Associations的指引及支持下成功售出所有展位。

香港皮革展成立时，正值1978年我国实行改革开放政策，允许外资进入中国后的5年，此政策推动了中国的经济发展，使国家变得富裕起来，更超越美国成为全球最大的消费市场。自从中国成为全球鞋业生产的主要动力，而世界知名品牌也首选将产品外判予中国企业，香港皮革展便一直担当推动中西皮革业贸易的重要角色，贡献良多。

1994年，法国Semaine Internationale du Cuir入股成为香港皮革展的小股东，展会也于当年更名为亚太区皮革展。当时，展会与中国皮革业已有着密不可分的关系。中国是全球购入皮革最多的国家，其制造业每年需要进口数百万平方英尺的皮革来制成超过10亿双皮鞋，供应美国及欧洲等主要市场。

香港亚太区皮革展，是许多公司进入中国皮革业的重要渠道。数十年来，亚太区皮革展一直是全球最国际化的领先皮革盛会，吸引 21 个国际展团，超过 80 个国家的人士参观，而展会本身，也由一个纯交易平台，进化成一个综合性盛会，让行内人士在场可找到时尚及颜色潮流、最新科技，以及出席论坛及讲座。展会处处均可收到行业信息及预测。而不少国际性组织也选择在亚太区皮革展期间举行会议，当中包括 International Council of Hides Skins & Leather Traders Association（ICHSLTA）, International Council of Tanners（ICT）, International Union of Leather Technologists and Chemists Societies（IULTCS）及 Global Leather Coordinating Committee（GLCC），更显展会的超然地位。

近年来，亚太区皮革展的国内买家访客（不计算中国香港及中国台湾）大幅增长，成为近年展会的最大买家访客来源。亚太区皮革展对促进国内制造业的皮革采购及提升制革业的技术及化工水平做出了积极贡献。

广州鞋类、皮革及工业设备展览会

广州鞋类、皮革及工业设备展览会由显辉国际展览有限公司主办，1991 年，第一届展览会在广州三元里广州中央酒店展厅内举办，由于当时广东鞋业正处起步阶段，各方对展会也不太了解，再加上广州地铁基建，展馆附近交通拥堵严重，首届参展商数目只有 60 多家，占用毛面积仅有 1500 平方米。1992 年第二届情况也基本相同。1993 年第三届展览会迁址至广州流花路中国进出口商品交易会展馆，展商和展位数增加了一倍，展会取得了良好效果。自此展会规模平均每年以 15% 的增速不断扩大。

2003 年，受"非典"影响，加上欧洲展会东移，展览会受到一定冲击，第十三届展览会于 10 月改在锦汉展览中心举行，参展商约 450 家，占地面积 18000 平方米，专业观众约 20000 人（登记人数），自本届展览会开始，主办方开始资助推介一个非营利性的平台"潮流走廊 - Trend Walk"。

"潮流走廊 - Trend Walk"是一项非营利非商业性的活动，目标是希望通过邀请中、外鞋业知名设计专家，现场展示设计，并透过讲课，交流设计概念，介绍最新的材料、色调等潮流信息，最终造就鞋业薪火相传。

此后，展览会规模平稳地以每年 10% 左右增速增长，2010 年举办的第二十届展览会参展商有 875 家，来自 23 个国家和地区，面积达 50000 平方米，参展商数目比首届增长了 14.5 倍，面积扩大了 33.3 倍。专业观众有来自 55 国家和地区的 36000 人（登记人数）。成为亚洲同类专业展会中极具规模和代表性的一个国际展览会。

2009 年，展会主办方开始与国际鞋业协联会（Confederation of International Footwear Association-CIFA）（前名为 International Footwear Conference-IFC）合作，集合 11 个国家或地区会员，联合举办国际鞋类设计大赛（International footwear Design Competition），进一步落实了"提高年轻设计师的知名度及被招揽机会，最终造就鞋业薪火相传"的理念。

中国（温州）国际皮革、鞋材、鞋机展览会

中国（温州）国际皮革、鞋材、鞋机展览会由'96 国际名牌鞋类产品及制鞋技术和

设备展览会发展而来，首届于 1996 年 11 月 8—11 日在温州体育馆举行，共有 210 家来自意大利、韩国、新加坡和中国台湾、中国香港等国家和地区的企业参展。中国轻工总会会长于珍为展会题词：加强国际合作、促进皮革工业发展。

1997 年，第二届展会首次设置"国际馆"。中国皮革工业协会理事长徐永、温州市人民政府副市长黄卫峰、温州市人大副主任韩文德、温州市政协副主席高忠勋、浙江省皮革工业协会理事长王锡祥、意大利 PAVIA 商会会长等领导、国内外嘉宾莅临参观并称赞展会将极大地推动温州乃至全国鞋革行业发展。

1998 年，展会首次划分为"温州名优鞋类、皮革制品交易会"和"制鞋技术与设备展览会"。展会从以"售卖"为特征的展销会成功转型为"以订单式贸易"为主要特征的专业性展览会，国际展区面积占比高达 52.3%。

2001 年，展会首次按展品类别细分展馆，设机械馆、合成革馆、皮革化工馆、鞋材馆。展会规模、专业性和影响力取得重大突破，被业内誉为"亚洲四大皮革展之一"。

2002 年，展会首次在新建成的温州国际会展中心举办，规模达 24000 平方米；首次启用了信息智能化采集系统，展会相关数据统计和信息分析更趋科学化、规范化。

2005 年，展会迎来 10 周年庆典，来自世界各地的 650 家参展企业和 20387 位国内外行业客商共同见证这一里程碑时刻，展会规模首次突破 30000 平方米。

2006 年，展会成为温州地区唯一获商务部批准的专业性展览会。

2008 年，展会在保持固有优势的基础上，依托"中国合成革之都"产业聚集优势，精心组织一系列产销对接和静态展示活动，助推合成革行业蓬勃发展。

2010 年 8 月 27—29 日，"第十五届中国（温州）国际皮革、鞋材、鞋机展览会"隆重举办，来自 28 个国家和地区的 600 余家企业参展，展出面积达 32000 平方米。展会同期首次举办了国内第一个专业合成革展览会，开启了展会新的篇章。

从 1996 年开始，"中国（温州）国际皮革、鞋材、鞋机展览会"走过了 15 年的辉煌历程，"立足产业基地、辐射全国、连接全球，打造全产业链国际化平台"成为展会的特色标签。在政府、行业商协会、行业企业、新闻媒体及社会各界的大力支持下，德纳展览公司秉承"为客户创造商机"的诚恳的服务取得了扎实的成效，通过展会效应创造了较高的社会、经济价值，展会有力地推动了行业新技术、新设备、新材料的应用与发展，为"中国制造"创新发展持续提供新的动力，为促进海内外行业交流搭建了良好的平台，在全球皮革、制鞋行业形成了良好的口碑。

中国国际皮革展、中国国际鞋类展和中国国际箱包、裘革服装及服饰展

中国国际皮革展、中国国际鞋类展和中国国际箱包、裘革服装及服饰展由中国皮革协会和香港博闻展览公司共同主办。其源于 1995 年举办的中国真皮标志产品展览会，1998 年 11 月，中国皮革工业协会首次与香港博闻展览公司合作，在北京国际展览中心举办"98 中国国际皮革展览会"。1999 年 10 月，中国皮革工业与香港博闻展览公司合作，首次在上海举办了"99 中国国际皮革展暨 99 中国真皮标志产品展览会"，同年 4 月和 10 月中国皮革工业协会与博闻公司共同试办了春秋两季"上海 Moda 国际时尚鞋类和皮具展览

会"。2000年10月"2000中国国际皮革展暨2000真皮标志产品展览会"在上海举办,"2000年Moda展"也同时举行。

此后这一展览每年都在上海举办,逐步发展成为中国国际皮革展、中国国际鞋类展和中国国际箱包、裘革服装及服饰展。经过10几年的发展,展出规模及影响不断扩大,2010中国国际皮革展、中国国际鞋类展和中国国际箱包、裘革服装及服饰展达到6个展馆,近3000个展位,7万平方米,近1200家企业参加展出其中,国际展区面积约2万平方米,国内展区面积约5万平方米。展会期间有近两万名专业观众参观了展会,其中包括大量的国际观众和参观团。展览共分皮革、生态皮革、合成革、皮革化工、机械、鞋材配饰、成品鞋、箱包服装等八大展区,展出产品涉及皮革、皮革化工、皮革机械、男女皮鞋、箱包、手袋、皮革服装、毛皮与裘皮服装、鞋材及配饰等皮革产业链的全部产品种类。

国际权威皮革刊物曾发表专题报道称,如今的中国国际皮革展和中国国际鞋类展(ACL Eand CIFF)已今非昔比,它不但聚集了全球大多数重要的皮革制造商和贸易商,让你见到了来自世界各地的皮革同业者,更重要的是,它还成为了观察和了解未来一年时间,原料皮、成品革和皮革制品价格及供需情况的"晴雨表"。

第二节　国际毛皮协会及毛皮拍卖行

从20世纪80年代开始,随着改革开放不断深入,中国毛皮行业国际贸易和交往越来越多,越来越密切。一些国外的毛皮企业特别是国际拍卖行率先进入中国,从80年代起陆续在中国大陆建立自己的办事处和分支机构,用以开拓市场。在把国外优质原料皮介绍和销售到中国的同时,也开展了很多宣传推广毛皮产品的工作,为繁荣中国毛皮市场和增进中国毛皮行业的国际交流作出了贡献。主要的国际毛皮拍卖行有四家:哥本哈根皮草拍卖行、世家皮草、北美裘皮拍卖行和美国传奇毛皮拍卖行。

国际毛皮协会(International Fur Trade Federation)

国际毛皮协会是独立的非营利国家协会,并且代表全球毛皮行业领域的利益,其总部设在英国。

国际毛皮协会于1949年4月30日在英国伦敦成立,它最初归属于伦敦商会管理,直到1986年才分离出来。

1949年成立大会上只有14个发起国,其中包括12个欧洲国家、美国和西南非洲(当时的名称)。加拿大于1955年加入国际毛皮协会,苏联(当时的名称)1957年加入国际毛皮协会,中国1986年成为国际毛皮协会的会员。

早些时候,国际毛皮协会的工作或多或少专门针对贸易中的实际问题。它成功起草了由全球贸易商可接受的国际标准合同,逐步设立了仲裁委的国际小组,努力降低保险费用的比率并降低船舶和航空的运输费用,针对原料皮进口责任向关税及贸易总协定(关贸)做了阐述,同时就运输票据的问题向国际航空运输协会做了阐述。到20世纪50年代末期,国际毛皮协会开始为毛皮考虑系统的名称和在零售商出售时的名称。

国际毛皮协会发展过程中，毛皮需求不断提高。对于宣传毛皮在时尚界的地位来说非常重要，国际上的最新款式和潮流及无穷的设计可能在毛皮上应用。为了支持该类型的工作，国际毛皮协会和其会员需要提供更多的资金。

在国际毛皮协会的倡导下，设计出了对所有通过拍卖行销售的皮张按比例征收小部分费用的最后方案。1974年由国际毛皮协会时任主席提出"IFTF征税计划"还在继续实施，虽然有些术语近几年有些变动，但还是得到了所有拍卖行的支持。

随着征税计划的实施，国际毛皮协会已经能够承办更多有意义的提升工作，包括在时尚杂志上的广告和对科学研究工作的支持变得更加深入。20世纪80年代和90年代，国际毛皮协会还要处理动物组织采取的极端行为。国际毛皮协会的角色变得更宽泛地面对这些威胁并且与之对抗，并且向他们阐述毛皮行业的正面形象。在媒体和舆论界做出了很多协调行业发展的努力，并且创造了一个针对行业原材料、毛皮时尚和发展研究的资源库。也开始注意到公开性和透明性的重要作用，探索出了具有突破性的毛皮标签，其中的一个成果就是在2006年发起的原产地保证（OA）。

从20世纪80年代末期开始，国际毛皮协会积极从事政府公关工作，就欧盟和其会员国家影响毛皮行业存在的问题做出交涉，同时还与官方机构建立了联系。IFTF和行业紧密的合作关系已经形成，而且组成了行业同盟。涉及毛皮贸易和生产者的共同工作计划已经实施。这样的工作计划在北美特别有效。在欧洲，国际毛皮协会和欧洲毛皮动物养殖协会现在共同享用在布鲁塞尔的一个办公室，并且在许多活动上都是紧密合作。

近来，年轻人逐步成为国际毛皮协会聚焦的重点。国际毛皮协会2003年发起的全球青年设计师大赛——REMIX大赛继续发展。奖学金的设立帮助鼓励有潜力的年轻人完成职业生涯的发展。

国际毛皮协会致力于保护濒危野生动物，濒危野生动植物种国际贸易公约（CITES）于1975年强制执行，国际毛皮协会与国际自然与自然资源保护联合会（IUCN）和世界自然基金会（WWF）讨论通过科学研究做调查，然后采取行动。1971年，国际毛皮协会要求完全取消对老虎、雪豹、云豹、拉普拉塔水獭和巨水獭的贸易。在国际毛皮协会的资金支持下，还实施了为期三年的对金钱豹和非洲猎豹贸易禁令，以通过科学研究证明正确的种群数量。

国际毛皮协会对保护野生动物的兴趣是坚定不移的。1985年国际毛皮协会申请并且顺利成为IUCN的会员，并且一直以来都坚定地支持CIETS。截止到今天，国际毛皮协会一直通过财政支持自然保护计划。

由于国际毛皮协会业务的不断扩展及在可持续发展方面采取的更多活动，所以国际毛皮协会的结构经过了各种变化。年会继续保持其基本组织构架。由14名成员（7名代表贸易，7名代表拍卖行和毛皮生产者）组成的执行董事目前负责决定所有的政策及资金的发放，CEO监督协会的运行。最近，协会采取措施转移到区域结构调整中，但是全球工作继续由英国办公室总部承担，更多的资源和决定形成了国际毛皮协会四个大区：美洲区、欧洲区、欧亚大陆和亚洲区。

随着中国毛皮市场重要性的凸显，国际毛皮协会于2009年确定在北京成立了第一个海外办公室。1986年中土畜顺利成为国际毛皮协会的会员。中国皮革协会从2006年开始也成为IFTF的会员。最近几年，中国皮革协会毛皮专业委员会和国际毛皮协会紧密合作，包括宣传动物福利和帮助修改《毛皮野生动物（兽类）驯养繁育利用技术管理暂行规定》，调查毛皮动物物种的数量以及发布中国毛皮行业白皮书。毛皮硝染标准进口关税也是探讨的重点方面。

哥本哈根皮草

哥本哈根皮草是全球最大的毛皮拍卖行和领先毛皮原料供应商。公司由全体丹麦毛皮动物养殖户共同拥有，是世界上运作最好的合作制企业之一。丹麦是欧洲传统的农业强国，丹麦的水貂养殖完全遵从丹麦和欧盟严格的法律法规，从而确保全球领先的动物福利标准的执行。

哥本哈根皮草拍卖行

哥本哈根皮草拍卖行是全球唯一一家通过 ISO 9001 认证的毛皮原料拍卖行，拥有世界上最先进的毛皮分拣系统，保证皮张分拣质量始终如一。哥本哈根皮草是全球知名时装和皮草公司以及设计师们的首选皮草原料品牌。

哥本哈根皮草常年供应全世界数量最大、品种最多、品质最佳的水貂皮以及数量可观的斯瓦卡拉羔皮、青紫蓝、狐狸皮、海豹皮、紫貂皮、獭兔皮和卡拉库羔皮等。

哥本哈根皮草每年举行 5 次拍卖会，每次拍卖会都会吸引来自世界各地的 500 多位专业买家。

哥本哈根皮草设计中心

哥本哈根皮草设计中心是哥本哈根皮草（Kopenhagen Fur）的创意中心。哥本哈根皮草设计中心致力于皮草行业的创新，为世界带来最精美最非凡的皮草品类以及多样的设计和技术范例。

哥本哈根皮草设计中心是皮草的创新梦工场，许多皮草行业最具才华和创意的皮草制作技师每天在这里挑战皮草应用的领域和方法的极限。哥本哈根皮草设计中心致力于启发、开拓和培养国际皮草与时装行业的创作力。来自全球的设计师、时装公司和其他创意行业的精英纷纷造访哥本哈根皮草设计中心，与技术高超的专业皮草技师共同工作，为皮草应用的思路和技巧献计献策。哥本哈根皮草设计中心的专家还遍游世界，在全球主要设计学校帮助和培养未来的设计师。

哥本哈根皮草在中国的合作项目

作为全球皮草行业的领导者，秉持着企业的核心价值观——创新和分享，哥本哈根皮草在中国市场陆续开展了针对设计师、皮草生产商和零售商的许多立足当下、着眼未来的战略合作项目。针对新的皮草面料科技、运用工艺、国际流行趋势与中国业界做免费定期的交流与分享。从 2007 年起，在清华大学美术学院开设了全国第一个立足高校设计专业的专业皮草设计实验室。并于 2010 年起，与清华大学一起创立了全球首个面向皮草时装业界的高级总裁研修班。

世家皮草

　　SAGA FURS 世家皮草商标由泛北欧组织的斯堪的纳维亚水貂协会（后更名为世家皮草）于 1954 年在挪威奥斯陆创立。50 多年历史，让 Saga Furs 品牌在国际上享有盛誉，只有最优质的水貂、狐狸和芬兰貉子皮才会被标以 SAGA ROYAL（世家皮草皇冠）或 SAGA SUPERIOR（世家皮草极品）标签。Saga Furs 世家皮草品牌名称源自永恒的北欧之美的传说，代表着最精湛的工艺和卓越的品质。

　　世家皮草每年在芬兰举行 4 次国际拍卖会，吸引了众多国际买家前往竞拍。而位于丹麦哥本哈根的世家皮草设计中心更是国际皮草流行趋势的发源地。SAGA 通过在设计中心的产品和设计开发，来配合和完善皮草拍卖业务，从而推动世家貂皮、狐皮和芬兰貉子皮的销售并进一步优化售后服务。世家注重在巴黎、米兰、纽约等时尚之都推动皮草时尚，从流行趋势的源头切入，让皮草时刻处于时尚的先锋。近年来，世界各地的时尚舞台上皮草的倩影频现、佳作层出不穷，证明了世家在时装界推广皮草，进而推进皮草行业向前发展的策略卓有成效。

　　SAGA 首次进入中国市场始于 1980 年与中国内地一家公司进行第一次接触。之后，其持续密切关注中国市场的发展，到 1985 年已经与中土畜建立了良好的互信关系。在 1986 年，SAGA 荣幸地成为第一家在中国北京举办大型国际皮草时装表演的外国公司。在北京长城饭店举办的高级时装品牌 Dior 的设计师 Frederic Castet 的皮草时装系列在中国引起轰动，时任对外经济贸易部副部长的李岚清应邀出席了演出，并表示 SAGA 世家时装表演和技术交流，将会加深中国人民和北欧人民之间的友谊，并将促进中国和北欧间皮草贸易合作关系的发展。

　　1980—1990 年，中国的皮草业正处于起步和发展阶段，无论是流行资讯，还是工艺技术与国际上还有较大差距。SAGA 认为有必要利用自身优势，帮助中国皮草业提高设计和工艺水平。1987 年，SAGA 首次在杭州举办皮草工艺讲座，与会者大部分是土畜产各地区工厂的代表。之后又不定期在北京、上海、河北、浙江等地举办讲座。SAGA 品牌在中国的知名度也逐步提高。1996 年，根据中国企业的需求，SAGA 首次连续在北京、上海、沈阳、哈尔滨、佟二堡、辛集、大营等 10 座城市举办了 16 场皮草原料知识普及，以及皮草时尚讲座。讲座场场爆满，反响热烈，许多高品质的世家原料品种都是在这次活动中被了解和认识，并迅速在中国皮草企业间推广开来。这次系列讲座影响深远，也成为了 SAGA 在中国市场推广的一个重要里程碑。1999 年，SAGA 又通过多场讲座和在 4 个主要城市举行 18 场时装表演，推广新的硝皮染色技术——幻彩狐，让皮草界同仁不单单关注原料品质，也同样注意到硝染技术的重要性，而且让中国消费者对狐皮设计有了全新的认识。2005 年，随着中国皮草加工业的发展，SAGA 的讲座又进一步推广到余姚等新兴的皮草重镇。通过讲座，世家皮草与中国各地各行业分享在设计、工艺上的最新成果，为浙江、河北、辽宁等地区培养了一批具有时尚视野和工艺基础的专业人士，从而为中国皮草业的繁荣做出了贡献。

　　SAGA 的一个主要优势是与众多国际知名品牌、设计师有着密切的合作伙伴关系。为了能让中国皮草时装界尽快了解国际趋势，与国际接轨，SAGA 分别于 1996 年、1999 年、

2002 年、2005 年在北京举办大型皮草表演，邀请了 Christian Lacroix、Jean Paul Gaultier、Givenchy、Roberto Cavalli、Gianfranco Ferre、Oscar de la Renta 等众多顶尖品牌，携手展示最优秀的皮草设计作品。其中，绝大多数设计师是通过 SAGA 的舞台首次在中国亮相。2008 年北京奥运会前，SAGA 又准备了一台运动风格的皮草时装，向奥运献礼；2010 年上海世博会上，世家皮草联手 Jean Paul Gaultier、Missoni、Roberto Cavalli、Michael Kors 等大牌设计师，共同为上海世博会呈现一场充满北欧风情的皮草时尚饕餮盛宴。

在世家皮草的推动下，中国皮草时装界有幸不出国门就可以领略到最新的顶尖皮草设计，在与大师的交流互动中，对国际皮草的时尚潮流日渐了解，并快速提升了中国皮草的设计水平。世家皮草不但注重将大师的作品引进中国，更重视对中国本土的设计师的培养和提携。在组织的"与龙共舞""魅力皮草、时尚奥运"等大型皮草时装秀中，祁刚、王一扬、刁梅、方憬、Emily Cheong 等中国设计师，第一夫人、束兰、应大、德诗等本土品牌都在世家皮草的支持下，有幸与国际大师同台，展示中国本土的皮草设计实力。这些设计师和品牌也逐渐成长为中国时装和皮草界的杰出代表。SAGA 在中国不但注重组织大型表演等推广活动，更对中国皮草行业的发展倾囊相助。当发现中国皮草行业设计人才缺乏，而时尚界的设计师又对皮草不够了解时，SAGA 就于 1998—2000 年连续三年与中国服装设计师协会合作，选拔优秀的青年设计师组团到世家设计中心进行培训。他们中的许多人成为了中国时尚界的中流砥柱，并在皮草设计上颇有成就。其中，吴海燕、武学伟、祁刚和王玉涛先后荣获中国设计师最高奖——金顶奖，吴海燕的获奖作品更包括 SAGA 赞助的一组皮草时装；王一扬、陈翔等创建了极具影响的品牌；刘元风、肖文陵等成为了时装教育的领袖，刁梅、王悦、方憬、顾远渊等成为了皮草教育的中坚。SAGA 对中国时装和皮草设计的支持取得了丰硕的成果，在世家取得真经的设计师可谓遍地开花。

世家皮草非常注重培养和教育工作，充分发挥自身教育与行业的桥梁与纽带的中介作用和优势，加速和落实知识创新的产业化进程。从 1991 年开始，SAGA 开始主办毛皮饰边时装设计比赛，并连续举办了 10 年。该赛事得到北京、上海、天津、杭州和苏州等地几所著名设计学院的积极参与。众多的教师和学生参加 SAGA 在主要院校及城市举办的皮草最新工艺及潮流讲座；而比赛的获奖者和指导教师也一批批地前往位于丹麦的世家皮草设计中心进修。这是 SAGA 在中国推广活动的一大进步。比赛推动了教育界和时装界对世家皮草以及皮草行业的了解，拉近了设计师与皮草业的距离，不但推广了世家貂皮和狐皮及其有关的最新工艺技术，让皮草成为时装潮流的主导，同时也帮助 SAGA 在国内建立起了良好的品牌形象和声誉，并与中国的教育界、时装界和皮草界建立了稳固而持久的合作伙伴关系。

北京服装学院是与世家皮草合作最早和最密切的中国设计院校，SAGA 不但在北京服装学院设立皮草工作室，开设皮草时装设计课程，更凭借遍布全球的网络和多年来与国际皮草业界、时尚行业及教育界积累的丰富的人脉资源，于 2009 年 10 月邀请 9 个国家 12 所院校齐聚北京，主办"跨国著名服装院校皮草秀"，共贺北京服装学院建校 50 周年。通过把世界各地精选的服装院校的杰出学生聚集到北京，不仅拓宽了他们的教育，更能帮助这些年轻人获得关于时尚的敏锐的全球观。

SAGA 还很重视对零售市场的教育和培养，每年在哈尔滨、沈阳等地举办零售讲座，培训工作在第一线的销售人员，提升她们的皮草专业知识和销售技巧，以便更好地为消费者服务。还主办过"SAGA 自我形象设计比赛",目的是提高消费者的穿着品位和搭配技巧。

发展至今,SAGA FURS 世家皮草已经成为中国市场上最具影响力的皮草原料品牌之一。严格遵守规范的动物饲养规定,只选择最优质、具有"社会责任"的皮草原料的最值得信赖的品牌形象,让 SAGA FURS 在中国企业、设计师和消费者中深入人心,广受欢迎,成为信心之选。

北美裘皮拍卖行(NAFA)

北美裘皮拍卖行(NAFA)的历史可以追溯至哈德逊湾贸易公司,1670 年成立于英国,当时主要的贸易业务是搜集来自北美大陆上的野生毛皮资源,然后发往英国,在哈德逊湾公司的总部进行拍卖。

1949 年,北美大陆的第一次毛皮拍卖会在加拿大的蒙特利尔举行。到 1970 年,哈德逊湾公司一共拥有三个拍卖会:伦敦、蒙特利尔以及纽约拍卖会。1987 年,公司将加拿大毛皮分部出售,后又于 1989 年将美国分部出售。

1992 年,加拿大水貂养殖协会以及美国水貂理事会决定合并,创立了北美裘皮拍卖行。

2000 年,代表加拿大和美国猎户的野生毛皮者理事会购买了 NAFA 的部分股份,成为北美大陆规模最大拍卖行的重要成员之一。

NAFA 与中国正式的往来开始于 1995 年,NAFA 首次在河北保定举办了大型活动。

1998 年,NAFA 在北京人民大会堂举行了大型裘皮发布会,为随后与中国毛皮界的友谊和合作奠定了良好的基础。随后的时间中,NAFA 每年都成为中国裘皮革皮制品交易会的积极参与者。多年来,NAFA 与中国裘皮革皮制品交易会共同承担了全国性的中国国际裘皮设计大赛,致力于裘皮年轻设计师的培养。NAFA 不仅为大赛提供所需的毛皮原料,同时还承担三位获奖选手前往加拿大多伦多参加为期一周的 Studio NAFA 设计创意讲座的所有费用。NAFA 一年一度的大型裘皮发布会也被时尚媒体称为当年裘皮时尚的风向标,NAFA 将其与来自中国和世界的著名设计师、品牌以及厂家合作的时尚精品带到中国,向中国消费者介绍最新的裘皮时尚,使本土毛皮行业能够有机会和国际顶级品牌同台亮相。NAFA 对中国毛皮界最大的影响就是 NAFA 向中国毛皮界介绍世界上最优质的水貂,NAFA Mink(水貂皮)商标以及 Black NAFA(天然黑色水貂皮)的商标已经赢得了中国毛皮界的认可,受到了越来越多消费者的喜爱。

美国传奇毛皮拍卖行

美国传奇毛皮拍卖行创建于 1898 年,其位于当时还是淘金者走向阿拉斯加的通道和充满财富诱惑的边境小地西雅图。但真正使这个小镇变得前景辉煌的,并非贵重的金属,而是珍贵的水貂皮。美国传奇毛皮拍卖行应运而生,成为世界上最古老和最著名的短毛水貂皮拍卖场所。

美国传奇毛皮拍卖行由北美洲水貂养殖主拥有,是世界上历史最悠久、最著名的毛皮拍卖公司。美国传奇毛皮拍卖行的注册商标，除了著名的美国传奇外，还包括著名的宝嘉美商标。这两个著名的注册商标由美国传奇毛皮拍卖行独家拥有，是世界上历史最悠久、最著名的水貂原料品牌的注册商标，而不是裘皮服装品牌。

美国传奇精选彩貂系列

美国传奇精选彩貂系列为当今世界提供了优质的、独一无二的短毛水貂。主要是由美国传奇白貂、美国传奇珍珠貂、美国传奇秋色貂、美国传奇铁灰貂和美国传奇蓝宝石水貂等系列组成的。除此之外，美国传奇也增加了其他彩貂系列。如紫罗兰、缸蓝、粉红和其他颜色。美国传奇铁灰水貂因其天然的色泽和美丽而闻名世界。这一独特的色系非常难以生产出来，因为毛皮的色泽、品质和清楚度在养殖铁灰水貂时都是非常关键的要素。极品美国传奇铁灰水貂有着深邃而清晰的蓝色，中等到短的绒毛并由深蓝色针毛形成的条纹。通过现代硝皮与染色技术，许多人曾努力想复制出这一独特的颜色。但终究无法得到铁灰这种天然色泽。

美国传奇咖啡色系列

美国传奇棕黑咖啡貂是通过选择性养殖而发展起来的。将著名的黑色短毛水貂与其他颜色水貂杂交，便得到深咖啡色并有明显条纹的美国传奇棕黑水貂。选择性养殖使美国传奇的养貂主能够养殖出一系列咖啡色的水貂，毛色由暗到亮或由清晰到微红。美国传奇棕黑水貂依然带有从黑色水貂那里继承来的短毛特点，并覆盖有稠密的针毛和深软的底绒。美国传奇浅棕咖啡和棕咖啡水貂因其柔软发亮和明显的条纹而闻名于世。美国传奇浅棕咖啡水貂的母貂皮被大量用于重量很轻的衣服。公貂则被用于裘皮服装和饰边，因其深深的底绒而深受广大消费者的喜爱，同时也在剪绒与染色工艺上被大量使用。

关于宝嘉美

宝嘉美水貂皮由坐落于华盛顿州西雅图市的美国传奇毛皮拍卖行独家代理销售给全球相关的制造商、零售商以及消费者。所有优质高贵血统宝嘉美水貂皮均由农场养殖，严格遵循政府及农业的相关指导政策管理养殖水貂，确保符合人道主义的标准。

宝嘉美品牌代表华丽和卓越的品质，已成为真正的时尚典范，是经典和时尚的象征。40多年来，宝嘉美水貂品牌享誉全球。宝嘉美已成为世界上公认出产的最优质、最奢华以及高级农场养殖的天然黑色短毛水貂。只有最顶尖、最奢华、优质农场养殖的天然黑色短毛水貂皮原料才可以称为宝嘉美水貂。宝嘉美水貂通过坐落于华盛顿州的西雅图美国传奇公司独家发售，全球的生产商、零售商和消费者都争相购买。所有宝嘉美水貂都来自原产地保证农场。

无论在纽约还是在芝加哥，在无数个世界著名的时装之都，美国传奇短毛水貂原料都经历了明星般被追捧的过程，无可替代地成为了高贵、精致短毛水貂制品的不二选择，更成为裘皮时装的首选品牌。国际著名的设计大师也都首选美国传奇短毛水貂来设计最高贵最典雅的裘皮时装。

从1997年美国传奇的短毛水貂走进中国起，便因短小的针毛和相差无几的绒毛比欧洲水貂更胜一筹。

走进中国的美国传奇

美国传奇短毛水貂一踏进中国便深受欢迎，特别是在中国的北部地区，美国传奇短毛水貂丝绸一般的皮质加上精工细琢的设计制作，使美国传奇短毛水貂裘皮时装和东方人特有的魅力如水一般地融合在了一起。

第六篇 代表人物篇

在人类社会活动和人类历史演进中，人是世界上最宝贵的财富。人民，只有人民，才是创造历史的动力。当今社会倡导"以人为本""人和自然和谐共存"的理念，是人类认识不断深化、提升，更加趋于科学、文明的表征。

1949年新中国成立以来，中国皮革工业得到前所未有的快速发展，业已成为当今世界公认的皮革生产大国。根据世界和平与发展的主题和我国的国情和国策，中国皮革协会正在牵头贯彻《轻工业调整与振兴规划》的同时，编制了《中国皮革行业"十二五"发展规划》，以便引导行业实现"结构调整、产业转移、优化升级、持续发展"的目标，并推出三大举措，以发展符合循环经济的绿色皮革行业。同时，在全行业积极探索以低能耗、低污染、低排放为基础的"低碳经济模式"，使中国皮革行业纳入可持续发展的轨道。

我国皮革行业的成长和壮大，所取得的发展与繁荣，以及未来宏伟目标的实现，离不开全国皮革人的智慧和建树、创造和奉献。中国人民大学有位教授在论职业人时曾说：孔子曰：修身、齐家、治国、平天下；企业家则说：修身、兴业、报国、富天下；而学者说：修身、治学、创知、治天下。在中国皮革事业发展的昨天、今天和明天，必然会在业界的各个层面涌现出一批又一批的先进人物、知名人物、杰出人物和精英人物，他们在某一个侧面代表着我国皮革人的风貌和作为，无愧于我国皮革人在一定历史时期的代表。然而，也应当清醒地认识到：一般来说，一个人的力量总是有限的，甚至是渺小的，犹如沧海一粟，只有当无数的水珠汇集成江河大海，才能具有不可撼动的力量。

"数风流人物，还看今朝"（毛泽东：《沁园春·雪》）。为了展现新中国成立前后我国皮革领域前赴后继的一批又一批具有一定历史时期的代表人物，本篇从专业教育界、科技实业界、行政管理者、著名企业家、海外港台人士等层面搜集、列入了一批代表人物的传略。

第一章 专业教育界

（以出生年月为序）

陶延桥

陶延桥，男，1898年生于安徽省芜湖市，汉族，九三学社上海市委顾问。留美化学硕士，二级教授。早年留学美国，在康奈尔大学获化学硕士学位，后又在英国利兹（Leeds）大学研读制革工艺。学成回国后，先后在南京金陵大学、国立武汉大学化学系任教授。20世纪30年代在武汉大学任教期间，编著出版了《制革学》（1936年2月由国立编译馆出版、商务印书馆发行，共18章约18万字），这是我国现代制革化学家较早出版的一部专业著作。抗日战争时期转入四川，1939年在国立中央技艺专科学校制革科任教授，并从事制革科研工作，其研制的当时军用的用以过滤飞机汽油的滤油革在国内首次获得成功。新中国成立初期，1952—1955年在上海水产学院加工系化工专业兼职教授，讲授皮革化学分析课程。1951—1954年在轻工业部上海工业研究所皮革研究室兼职高级技术顾问。后在原华东化工学院任工业化学教研室主任、工业化学与分析化学教授。新中国成立后，他系统地总结自己30多年来在制革化学与工艺学领域的教学心得和科研造诣，先后编著出版了《皮革工艺学》（中国科学图书仪器公司1954年出版，18.4万字）、《皮革工艺检验手册》（中国轻工业出版社，1955年出版，23.5万字）、《皮革工业的技术》（中国轻工业出版社，1957年出版，20万字）。先后出版的四部皮革学科的专著共达约80万字，此外，还在有关专业刊物与学报上发表了大量科技论文与学术报告。1985年1月26日病逝于上海，享年87岁。

张 铨

张铨，字克刚，男，1899年10月11日出生，浙江省仙居县人，汉族，留美哲学博士，一级教授。1921—1925年就读于北平燕京大学制革系，毕业后因成绩优异受到美籍系主任H. S. Vincent的器重而留任助教，两年后晋升讲师。此后毕生从事制革教学与科研工作。1937年获奖学金赴美国俄亥俄州辛辛那提大学（Cincinnati Univ.）制革研究系深造，一年后获理科硕士学位，1940年又获博士学位。他的博士论文深层次探索了植物鞣革机理，研究中国五倍子鞣质、鞣酸与皮胶原结合，提出并论证了植物鞣质与皮胶原相结合是物理化学吸着作用的假设，为国际辛辛那提学派"植物鞣革机理吸着"学说的创立率先奠基。1940年11月，在抗日救国、民族存亡之秋，他毅然回国，安家成都；先后任成都华西协和大学化学系教授，四川省立成都高级制革职业学校校长，燕京大学成都分校化学系主任、教授，成都铭贤学院教授、成都理学院化学系教授，四川大学化学系教授。新中国成立后，先后任华西大学化学系主任、教授，四川化工学院制革教研室主任、教授,成都工学院皮革教研室主任、一级教授兼森林工业部成都植物鞣料研究室主任。曾任四川省人大代表,四川省政协常委,第三、四届全国政协委员,中国化学化工学会理事,四川省化学化工学会副理事长,四川省科学技术协会副主席等职,系中国民主建国会会员。

近半个世纪里,在教学方面,他讲授制革化学、制革工程、蛋白质化学、工业化学、有机化学等课程,指导学生开展诸如对四川橡椀、姜头、川南杉树皮、陕西桦树皮等植物鞣料鞣革性能的研究,为国家和皮革行业培育了大批高级专业人才。在科研方面,他在制革植物单宁鞣法、铬－铁结合鞣法、酶法脱毛等方面完成了一系列开创性研究工作;他注重调研,强调理论与实践的联系,善于深入企业调查研究。早年曾调查过北平、蚌埠的制革工业状况,并提出诸多卓见;利用寒暑假赴张家口、内蒙古、宁夏、陕西等地考察毛皮厂以及原料皮资源和植物鞣料资源,提出科学开发、合理利用、择地建厂的建议;曾对天津春合制革厂传授新法制革,使其球革誉满中外;抗日战争期间,曾受聘指导西南军需制革厂的生产技术。他先后对猪皮酶脱毛、羊皮盐腌保存、快速鞣革理论以及铁鞣、铝鞣、锆鞣、铬植结合鞣等理论研究与生产实践进行了诸多探索与研究。1958年6月,作为我国皮革科技界杰出代表,他曾赴莫斯科出席社会主义国家第三届皮革技术会议,并代表中国代表团在会上作了题为《中国皮革涂饰剂生产应用和研究概况》专题发言。1961年,受轻工业部委托,他主编了高校皮革专业第一部全国统编教材《皮革工艺学》,他还先后编著了《毛皮工艺学讲义》《单宁鞣料讲义》《皮革整理工程讲义》等大学教材。1964年他被委任为高等院校皮革工业专业课程教材编审委员会主任委员,为高校皮革专业教材建设作出了突出贡献。在"文化大革命"期间虽蒙受不白之冤,但仍关心祖国的皮革科技事业,为酶法脱毛、皮革化工材料的发展方向、快速铬鞣新工艺等课题撰写文章。1977年11月2日病逝,享年78岁。

王毓琦

王毓琦,男,1901年出生,河北省深泽县人,汉族,教授级高级工程师。1928年国立北京大学化学系毕业,1937—1941年在西北联合大学、西北大学化学系任副教授,兼国立西北师范学院理化系副教授。1941—1945年在重庆国民政治经济部中央工业试验所制革鞣料师范实验厂任副厂长兼工程师。1945年赴美在科研单位和制革厂考察实习两年,1947年12月回国。1947—1948年在上海国民政府工商部中央工业试验所任皮革实验室主任。1949年5月上海解放后该所改为中央人民政府轻工业部上海工业实验所,仍任皮革实验室主任,兼上海大同大学化学系副教授。1952—1956年先后任乌鲁木齐市新疆军区工业学校教导主任、生产建设兵团司令部加工处工程师。1956—1958年调回北京,参与筹建轻工业部皮革工业科学研究所,被评定为三级工程师(1956年全国评定技术职称时,工程师共分九级,一至四级相当于后来的教授级)。1958年8月调北京轻工业学院负责筹建皮革教研室并任主任,直到1966年"文革"时中断工作。系北京轻工业学院皮革学科(现陕西科技大学皮革系)的创始人,为我国皮革工业发展培养了大量优秀人才。在科研方面,他曾负责国产植物鞣制、重革速鞣、铝盐蒙囿鞣制毛皮、铝铬结合鞣毛皮、绒面革制作以及皮革涂饰剂研制等专题研究。其皮革涂饰剂研究报告曾于1958年6月在莫斯科召开的第三届社会主义国际皮革会议上,由中国代表团张铨教授宣读。他曾于1951年在全国第一次皮革会议上作了《重革植速鞣研究》的报告。1972 年在北京病逝，享年 71 岁。

张文德

张文德，男，1903 年 7 月 31 日出生，河北省成安县人，汉族。中国民主同盟会成员，教授。1924—1928 年就读于燕京大学化学系皮革专业，获理学士。1928—1932 年留校任工业化学制革助教；1932—1934 年在管玉泉等人兴办的燕京大学染皮厂从事生产技术工作；1934 年到武昌南湖制革厂任职，后升任技正（工程师）厂长，该厂系张之洞 1903 年兴办实业时所建的轻工业（纺织、皮革、造纸、玻璃等）工厂之一，又名武昌制革厂。1940—1946 年，先奉命组建国民政府军政部制革厂成都第一分厂并任厂长，后就任成都第二制革厂（空军麂皮厂）厂长。此后在南京、广州、重庆等地继续从事制革技术工作。新中国成立后，应聘任职于重庆北碚的西南农学院农产制造系制革教授兼学院副教务长；1953 年转入四川化工学院皮革教研室任教授；该校先后易名成都工学院、成都科技大学、四川联合大学（现名四川大学），连续任皮革教研室教授。曾先后兼任森林工业部成都植物鞣料研究室研究员、轻工业部教材编审委员会制革教材编审委员、中国林产化学化工学会顾问、中国轻工学会皮革学会顾问、四川省科学技术顾问团顾问、四川省皮革学会顾问。早年在燕大任助教时，他就是张铨先生的助手，担任制革专修科课程教学工作。新中国成立后的 40 年间一直在从事皮革教育事业，在皮革教研室的课程设置、教材编写、教学实验以及科学研究等方面做了大量奠基性工作，先后讲授毛皮工艺学、鞣皮剂工艺学、鞣质化学，并指导皮革专业毕业设计；专著有《植物鞣质化学与鞣料》一书（中国轻工业出版社 1985 年出版，20 万字），还参与高校教材《皮革工艺学》《皮革化学与工艺学》《制革手册》的编撰工作。先后发表有关制革科技、植物鞣料与鞣质方面的论文 50 余篇（含署名的指导并参与研究生的学位论文）。在皮革科研、实业领域，他除了拥有丰富的工厂设计实践经验外，对国产植物鞣料、橡椀鞣革、重革速鞣研究的造诣颇深，擅长植物单宁的研究与开发，晚年还指导并参与重点科研项目课题组在植物鞣质组分分离与结构测定的研究（如云杉、冷杉鞣质纸层析的研究、落叶松鞣质组分分离与化学结构测定等）中，表明落叶松鞣质是儿茶素为母体的多聚体鞣质混合物，其中包括有聚合度 2—12 的单一型化合物，此项研究为国内研究植物鞣质组分化学结构做出了开创性的贡献。1993 年 12 月 17 日病逝于成都，享年 91 岁。

徐士弘

徐士弘，男，1905 年 9 月出生，四川省南溪县人，汉族，教授。1935 年毕业于燕京大学化学系制革科目。1936—1942 年先后在四川省万县师范学校、成都华西协和大学化学系、乐山中央技艺专科学校皮革科任讲师、副教授、主任，并在四川省立成都高级制革职业学校担任校长。1943—1945 年在南溪益华制革厂任厂长兼工程师。1946—1950 年先后在重庆大学化工系任副教授、教授兼注册部主任、校务委员会委员、川南工业专科学校校务委员会主任、化工科教授。新中国成立后，因全国高校院系调整，1952 年到四川化工学院皮革教研室任教授，1954 年在成都工学院及其后的成都科技大学、四川联合大学皮革教研室任教授。毕生从事皮革专业教育事业，主讲毛皮和皮革化学与工艺学课程，并参与编写授课讲义和专业教材，自20世纪50年代以后，致力于俄文皮革科技资料翻译工作，前后编译皮革专业著作与生产技术书籍，诸如：《地方工业工厂皮革制造》（俄文中译本，23万字，中国轻工业出版社1955年出版）、《皮革工艺学》（[俄]切尔诺夫主编，成都工学院化工系皮革教研室集体译，首席译者徐士弘，首席校者张铨，上下册，56万余字，高等教育出版社1956年、1957年先后出版）、《制革工作者手册》（俄文中译本，13.9万字，中国轻工业出版社1958年出版）、《消除铬鞣革缺陷的指南》（俄文中译本，中国轻工业出版社1961年出版）、《毛皮工艺学》（俄文中译本，中国轻工业出版社1961年出版）、《皮革和毛皮工厂废料的综合利用》（徐士弘编译，吕绪庸校，8.8万字，中国轻工业出版社1980年出版）、《合成鞣剂》（17.5万字，中国轻工业出版社1986年出版）、《毛皮生产的理论与工艺》（徐士弘、吕绪庸编，40万字，中国轻工业出版社1989年出版）。还先后发表皮革科技论文，如：油脂含量的折射率测定法、关于干铬鞣剂的性质及应用、一浴二浴联合铬鞣法的理论及应用、铬鞣工艺的理论及应用、节约红矾用量的途径、铝鞣剂的性质及其改性、油脂乳液—铬鞣法评述、铬鞣革上的色花的成因和预防、改性双氰胺树脂、氨基树脂和铬盐的缩合鞣法、γ射线照射在制革中的应用、酶处理对绵羊皮板的变化、水貂毛皮的组织结构与加工关系、用接枝法提高毛被的强度、角朊的组成、结构的性能与毛皮生产工艺的关系、家兔毛皮的鞣制等30余篇。1982年10月15日病逝于成都，享年77岁。

潘津生

潘津生，女，1910年生于天津，原籍江苏无锡，幼年定居北京。汉族，教授，中国皮革工业科技先导。1932年毕业于国立北平大学工学院应用化学系。在校期间曾学习皮革工艺及制革理论课程。1932—1937年毕业后留校任化学系助教。抗日战争期间入川，参与筹建民利制革厂，任工程师兼工务主任，负责生产技术工作。1945年赴兰州，任国民政府经济部中央工业试验所西北分所（新中国成立后，改名为轻工业部兰州工业试验所）工程师，并担任皮革试验工厂厂长兼油脂试验室主任，从事油鞣革及毛革两用革等研制工作。1953—1957年调轻工业部北京工业试验所分析试验室工作，研究鞣液分析及利用纸张废料液鞣料部分替代进口植物鞣料栲胶用于重革鞣制；研究亚硫酸化造纸废液制备鞣料及其鞣性。1958年北京轻工业学院成立，她被调到学院，协同王毓琦主任负责筹建皮革教研室，从事皮革学科的教学和科研工作。"文化大革命"后，设立西北轻工业学院（北京轻工业学院皮革专业迁至咸阳）继续皮革教学和科研工作。培养了第一批在校研究生，在教学方面，她主讲皮革分析检验课程，并兼授部分皮革工艺课及有关专业课。自编教材，边写边教，完成了由她主笔编写、以北京轻工业学院和成都工学院署名的高校试用教材《皮革分析检验》一书（26.5万字，中国财政经济出版社1963年出版）。在科研工作方面，其一，关于皮革分析检验方法的研究，为我国皮革分析检验的科学性和系统性做出了贡献。1959—1966年，主持研究了猪皮中氨基酸组分的纸上层析、皮法、革中含氮量的快速分析方法、毛皮浸酸液中硫酸根的快速分析方法等课题。还主持、参与并完成了轻工业部项目"戊二醛的合成、分析及鞣革研究"，获轻工业部科技进步三等奖。其二，关于原料皮组织学研究：20世纪60年代完成了"华北路面山羊皮的组织构造"等组织学研究课题。80年代，在国家"六五"皮革科技攻关项目"提高汉口路山羊皮革质量的研究"中，她负责"河南汉口路山羊皮组织结构及其在工艺过程中的变化"专题研究。利用多种组织学研究手段和化学分析及高分子物理方法，系统地研究了汉口路山羊皮的结构及其在制作正鞋面革、服装革时的变化，为改进生产工艺，提高成革质量提供了科学依据。该项目于1987年获国家科技进步一等奖。此外，先后发表科技论文30余篇。她还在杨宗邃教授的协助下，重新补充、修订了《皮革分析检验》一书（87万字，中国轻工业出版社1979年出版），该书于1983年获全国科技图书二等奖，后被收入《世界百科名著大辞典》（山东教育出版社1992年出版）。1987年退休，返聘后续教《皮革微观技术》等专业课程，在学院电教室的协作下完成电教片《皮革组织学》，于1992年获省级三等奖。2002年7月17日病逝于北京，享年93岁。

乐以伦

乐以伦，男，1919年出生，四川省芦山县人，汉族，教授。1941年在成都华西协和大学化学系毕业，获理学学士。1941—1944年在华西大学化学系及四川省立成都制革高级工业职业学校任教员。1944年由张铨教授举荐赴英留学，作为国际奖学金第三届研究生，1947年在英国利兹（Leeds）大学皮革工业系获博士学位。同年回国，任重庆大学化工系副教授，1952—1956年在四川化工学院皮革教研室任教授，曾涉足皮革生产化学、组织学、胶原改性等教学与科研工作。1956—1962年在成都工学院皮革教研室任教授。其间，1959年曾从事合成橡胶、塑料等教学工作，1962年以后改任高分子材料系教授，从事医用高分子材料研究。以后又任成都科技大学高分子材料系功能高分子教研室教授，并兼北京化工学院研究生导师。他在植鞣理论、中国猪皮组织学研究和胶原的化学改性等方面都取得颇大成果。主要成果有：植物鞣剂鞣革理论的研究二篇，植物鞣液的胶体化学，五倍子鞣液发酵制备倍酸，猪皮组织学研究报告，胶原的化学改性研究报告，丙烯腈在胶原分子链上的接枝聚合，胶原纤维经氯乙酸改性后结合铬盐的能力现耐热性能，a—萘磺酸在酸性液中还原重铬酸钾的反应机理，甘氨酸与三价铬盐螯合的络合物等。还由他牵头翻译苏联的《皮革与鞣剂生产的化学分析检验》著作，1959年由中国轻工业出版社出版。

何先祺

何先祺，男，1922年1月出生，四川省乐山市人。汉族，教授，中国皮革工业科技先导。1947年毕业于成都华西协和大学化学系，理学学士。毕业后留校任助教，并兼任化学系制革实习工厂负责人。新中国成立初期，参与主办"猪皮制革训练班"成绩显著而获成都市人民政府颁发的奖状。自1952年四川化工学院（泸州）在国内高校设立皮革专业起，他一直从事皮革教学和科研工作，长期致力于皮革化学、皮革工艺学、鞣制化学、栲胶改性、皮革组织学研究。1952—1979年历任四川化工学院、成都工学院、成都科技大学讲师；1979—1985年先后任副教授、皮革教研室主任并晋升教授；1986年作为学科带头人，成为我国高校皮革专业第一位博士生导师，并出任成都科大皮革研究所所长、轻工学院副院长；是我国高校皮革专业创建人之一，皮革化学与工程博士点、"皮革化学与工程"国家重点学科、国家专业实验室的奠基人，以及皮革学术刊物《皮革科学与工程》的创建人。曾任四川省第六、第七届人大代表，中国民主建国会四川省常委，国务院学位委员会轻纺学科组成员，国家科委发明委员会特邀审查员，中国畜产品加工研究会顾问，中国皮革工业协会名誉副会长。在教学方面，他先后主讲过皮革分析检验、皮革组织学、皮革化学与工艺学；并编撰、合著、译校大量高校使用的专业教材、著作和参考书籍，如《皮革分析检验》《制革化学及工艺学》《皮革工艺学》《中国猪皮组织学彩色图谱》《皮革与鞣皮剂生产的化学分析检验》（下册）等，其中《制革化学及工艺学》入选《世界百科名著大辞典》。在科研方面，对猪皮快速浸灰、耐高温革、铬-铝一浴鞣法、铬-铝二浴鞣法、铬-铝-植快速鞣法、一浴铬鞣液中铬络合物电性、植-铝结合鞣机理的研究、植-铝结合鞣法中几种常用国产栲胶的性质、降低酶法驼毛猪正面革松面现象、西北地区牦牛皮组织结构等有深入研究。他曾指导博士生发明"橡椀栲胶改性制造新鞣剂的方法"，是栲胶改性研究的新突破，获1993年国家发明二等奖，成果在许多工厂应用，经济效益显著。他还悉心指导青年教师承担"六五"国家科技攻关项目中的多个课题研究、鼎力支持青年教师发明"可见分光光度检测离子色谱仪"，前者获国家科技进步二等奖，后者获第37届尤里卡国际发明博览会金奖。1996年10月被中国皮革工业协会授予"中国皮革工业科技先导"荣誉称号。1999年10月22日病逝于成都，享年78岁。

张　扬

张扬，男，1929年4月出生于杭州市望仙桥直街，浙江省仙居县人，汉族。九三学社成员，教授，中国皮革工业科技先导。1946年考入华西协和大学化学系，1948年选修制革工程科，1949年与同学李长华合作从事毕业论文《铁盐鞣革—柠檬酸钠蒙囿试验》的研究，1950年毕业后留校任助教，同时协助其父张铨进行桦树皮鞣革性能试验。1953—1956年为皮革专业学生讲授皮革工艺学概论、皮革涂饰工艺，并带领学生下厂实习。1957年春在中科院上海生物化学研究所进修蛋白质化学，1961年完成题为"铬—植结合鞣法研究"研究生毕业论文（当时国家尚未实行学位制）。自1952年起任四川化工学院、成都工学院皮革专业助教、讲师，成都科学技术大学皮革系副教授、教授，先后为本科生讲授《生皮化学》《皮革化工材料》《蛋白质化学》等课程；为研究生讲授《胶原化学》《制革化学》《专业英语阅读》等课程。1983年起被聘为硕士生导师，培养硕士研究生12人。从1950—1995在大学担任化学及制革教学长达45年，其间，曾赴德国汤普勒、罗姆、巴斯夫、拜耳（朗盛）、斯特侯森、德瑞及荷兰斯塔尔等国际著名化工公司访问，为教学与科研服务。先后共发表论文44篇，包括：鞣制理论研究：在铁鞣、铬—植结合鞣、快速鞣革、多金属结合鞣的鞣制影响因素及鞣革性能等6篇；鞣制工艺研究：在酶脱毛新工艺，猪皮箱包革、白色运动鞋面革等6篇；胶原结构与接枝改性研究9篇；皮革化工材料研究：在涂饰剂、合成鞣剂、加脂剂方面16篇；国外考察报告及皮革化学发展论述等7篇。其主要科研成果有：参加《黄牛面革酶脱毛新工艺》（获1978年第一届全国科技大会奖）、《胶原硬组织改性研究》（获四川省1982年重大科技成果四等奖）、《合成加脂剂》（获四川省科协1986年优秀论文二等奖）、《AP丙烯酸聚合物复鞣性能的研究》（获中国化工学会1989年优秀论文奖）、主持《CAR丙烯酸树脂复鞣剂的研究》（获国家教委1992年科技进步成果三等奖）、《黄牛白色软鞋面革》（获山西省1992年轻工业技术进步一等奖）。其主要著作有：前苏联教科书《皮革工艺学》译者之一；全国统编教材《皮革化学及工艺学》上册第一、五章；纳巴革的制造（《国外皮革工业概况》1975年）；国产皮革化工材料的生产与应用（《制革技术革新》1978年）；皮革化学品（《世界精细化工手册（续编）》1986年）；《中国大百科全书》（化工篇）皮革化学品项（1987年）。1995年3月退休。曾任中国化工学会理事、精细化工委员会副主任委员、中国皮革学会副理事长、四川省皮革学会理事、中国皮革协会科技委员会顾问。还曾兼任《精细化工》《皮革化工》期刊编委、《皮革科学与工程》主编、名誉主编。1998年被中国皮革协会授予"中国皮革工业科技先导"荣誉称号。

吴永声

吴永声，男，1930年9月出生，四川省黔江县人，汉族。教授，中国皮革工业科技先导，张铨基金奖获得者。长期从事皮革工程和皮革机械领域的科研与教学，系我国皮革机械科技领域的学术带头人和著名专家。曾任轻工业部皮革工业科学技术专家组成员、中国轻工协会机械专业委员会常务理事、全国皮革机械标准化技术委员会顾问、全国普通高等学校皮革工程专业教学指导组组长和教材编审委员会主任，为我国皮革机械科技方面的学术带头人和著名专家。1998年被中国皮革工业协会授予"中国皮革工业科技先导"荣誉称号，曾获国家教委有突出贡献证书、并享受政府特殊津贴。1950年毕业于国立川南工业专科学校化学工程科，并留校任教。先后在川南工专、四川化工学院、成都工学院、成都科技大学及四川联合大学担任有机化学、普通化学、皮革工艺学及皮革机械等课程的教学工作。其间，曾编撰出版《皮革毛皮机械及设备》《制革机械设备》《皮革的机械加工原理》等教材，翻译或参编《制革的生产设备》《皮革工艺学》《制革机械》等教材及参考书，并主持（任分主编）编写了《轻工业技术装备手册》中的《皮革毛皮及其制品的机器设备》分册。从20世纪50年代起，先后从事过"水位自动控制""皮革铲软机革新""皮革真空干燥机和制革刀轴类机器工作原理研究"及"铁木结构倾斜转鼓设计研制"等课题研究，其中多项成果曾获成都市科委奖励、江西省科学大会奖。20世纪80年代以来，先后承担完成国家"七五"重点科技攻关项目、"皮革低温除湿（热泵）干燥装置"研制、急转鼓自动控制系统研究、新型挤水机设计、皮革的电性能研究等多项研究工作，成果获省部级奖励，并撰写、发表了相关的论文，如："倾斜转鼓形体设计初探""削匀机切削力矩及功耗研究""刀轴类机器动态参数的计算机监测""应用微机监测削匀机跳刀机理""皮革的含湿量与介电参数研究""鞣法与鞣革过程对皮革电性能的影响"等20余篇。1996年退休。曾任轻工业部皮革工业科学技术专家组成员、中国轻工协会机械专业委员会常务理事、全国皮革机械标准化技术委员会顾问、全国普通高等学校皮革工程专业教学指导组组长和教材编审委员会主任，为我国皮革机械科技方面的学术带头人和著名专家。1998年被中国皮革工业协会授予"中国皮革工业科技先导"荣誉称号，曾获国家教委有突出贡献证书并享受政府特殊津贴，2006年被授予四川大学张铨基金奖。

李 英

李英，男，1931年12月出生，云南大理人，白族。教授，中国皮革工业科技先导。1957年7月云南大学化学系本科毕业；1957—1974年在成都工学院化工系有机化学教研室担任教学与科研工作，兼任有机化学实验室主任；1974—1993年在成都科技大学（现四川大学）皮革工程系担任教学与科研工作，先后任皮革工程系主任，轻工业学院院长，兼任皮革研究所所长，国家专业实验室主任，皮革工程研究中心主任，国家教委科委纺织轻工学科组成员，四川省科技顾问团第二、三届顾问，四川省"八五"皮革工业发展领导小组成员。1987—1988年作为高级访问学者赴美国农业部东部地区研究中心（ERRC）从事合作科研活动。1989—1993年被聘为国家教委留学生司公派出国留学生评审专家。1996年退休，至今仍受聘于亭江精细化工股份有限公司，任技术顾问。李英教授毕生从事教学与科研工作，后期致力于皮革化工材料开发研制。作为皮革学科的学术与技术带头人，曾参加第20届、21届、23届国际皮革工艺师与化学家协会联合会（IULTCS）会议，并组织、主持1992年在中国成都召开的"国际皮革科学与工程会议"（'92International Conference of Leather Science and Technology）。先后发表科技论文34篇，其中6篇被国外刊物如EL、JALCA所收录或发表。合作编著出版《合成鞣剂》《皮革用表面活性剂》等专著。在国家"七五""八五"期间，作为科研项目的主要负责人与完成者，获通过鉴定验收的项目成果共9项，其中，如：《新型高档系列皮革化工材料》（含19个子项）、《新型氧化-亚硫酸化加脂剂》等6项获部、委、省级科技进步二、三等奖。曾获国家科委"七五"星火科技先进工作者殊荣。并被国务院表彰为我国高等教育事业做出突出贡献而颁发政府特殊津贴。李英教授毕生从事教学与科研工作，后期致力于皮革化工材料开发研制。1996年退休。2009年10月被中国皮革协会授予"中国皮革工业科技先导"荣誉称号。

常新华

常新华，男，1934年8月15日出生，甘肃省民勤县人，汉族。中共党员，教授，中国皮革工业科技先导，张铨基金奖获得者。1956—1960年毕业于成都工学院（现四川大学）化工系皮革及鞣皮剂工学专业，师从张铨、张文德、徐士弘、乐以伦、何先祺等我国皮革界著名教授。1960年10月毕业分配到北京轻工业学院任教。20世纪60年代起，曾在北京制革厂从事国产植物鞣料的研究工作。70年代任西北轻工业学院（现陕西科技大学）皮革教研室主任，80年代升任该院皮革系主任。在任期间，1984年皮革单独设系，1986年争取到硕士学位授予权，1989年皮革专业成为部级重点学科。同时，他兼任高校皮革专业教材编审委员会主任兼秘书长，完成了第一轮皮革专业教材的编审任务；争取国家"七五"科技攻关项目7项，为提高皮革科研水平创造了条件；主持和参加过的科技项目共25项，获奖27项，发表论文31篇；组织和参与编写专业教材8套，其中与何先祺两人主编的《制革化学与工艺学》被列为十大皮革经典著作；曾与徐州淮海皮革厂、黑龙江皮革公司、山东皮革公司签订联合办学协议，为各省、市举办培训班22个。1992年因在我国教育领域做出重大贡献，开始享受国务院政府特殊津贴；1998年被中国皮革工业协会授予"中国皮革工业科技先导"荣誉称号；2006年被授予四川大学张铨基金奖（第三届获奖人）。曾任中国皮革学会副理事长兼秘书长、中国皮革协会科技委员会主任，其间积极组织和参与了亚洲皮革科技会议的组织工作，曾任第三届亚洲皮革科技会议副主席，为开展国际皮革科技交流，促进我国皮革工业发展做出了重要贡献。

张铭让

张铭让，男，1937年2月27日出生，四川省荣县人，汉族，教授。1961年毕业于成都工学院（现四川大学）化工系皮革专业。后留校任教，从事皮革专业教学与研究工作达40余年。历任四川大学皮革工程系主任、轻纺学院副院长等职。1992—2000年任校学位委员会委员、学位分委员会主席。1993年晋升为教授，1994年任博士生导师。1981—1998年任中国轻工协会皮革学会（简称中国皮革学会）理事、副理事长、中国皮革工业协会科技委员会主任。还曾兼任国务院学位委员会学科评议组成员、国家教委科技委第三届化学部学科组成员，中国化学会第24届理事会用化学学科委员会委员，是四川省学术技术带头人。他长期从事配合物鞣剂、鞣制化学、少污染清洁化高档革制造技术的研究与开发，成绩显著。在建设"产、教、研"基地、培养高质量人才中贡献突出，先后获得国家优秀教学成果二等奖和"中国首届大学生实用科技发明大赛"特等奖园丁奖。他先后共承担了国家和省部级科技攻关、国家自然科学基金、教育部博士点基金、产学研和技术创新等项目40余项。以他为首的科研团队是我国皮革领域固体铬鞣剂、少铬多金属配合鞣剂以及制革固体废弃物资源化与高值利用方向的先行者，并在少污染清洁化、优质制革科技方面作出了突出贡献，从而获得国家级科教奖励5项、省部级奖励11项。其中属国内首创或达到国际先进水平、在推动学科建设和引导行业发展中有重要影响的9项是："黄牛面革酶脱毛"（1978年全国科学大会奖）、"稀土在制革主鞣中的应用研究"（1992年四川省科技进步一等奖）、"稀土、KMC、多金属鞣剂在猪软革上的应用研究"（1992年国家教委科技进步三等奖）、"铬-锆-铝多金属络合固体鞣剂"（1992年国家星火计划三等奖）、"铬稀土鞣革废液封闭循环工艺"（国家发明专利金奖）、"四川省有重大贡献科学工作者"（1994年四川省政府科技重奖）、"仿绵羊风格性扎染猪服装革"（1996年国家科技进步三等奖）、"高档猪革产品综合开发工艺技术"（2000年高校科技进步一等奖）、"川嘉Ⅰ型猪服装革及生产技术"（2001年四川省科技进步一等奖）。此外，他和他所领导的团队还申请发明专利6项，如："铬稀土鞣革废液封闭循环工艺"（专利号：90103170.4）、"胶原蛋白的制备工艺"（申请号：00109936.1）、"一种胶原蛋白的制造方法"（申请号：00120531.5）、"多肽的制备工艺"（申请号：00109935.3）、"从铬革渣中提取胶原多肽制备涂饰剂和复鞣剂的方法"（申请号：00120587.0）、"胶原蛋白面膜纸及其制备方法"（申请号：0211369.1）。其主编或参编的专业著作有：《鞣制化学》（中国轻工业出版社1999年出版）、《绿色化学与技术》（江西科技出版社2001年出版）、《水处理工程典型设计实例》（化学工业出版社2001年出版）。此外，还先后在专业期刊上发表论文、报告、综述近100篇。2002年9月不幸病逝于成都，享年65岁。

曾祥芬

曾祥芬，女，1937年10月26日出生，四川内江市人，山东轻工业学院（现齐鲁工业大学）教授。1958年毕业于成都工学院（现四川大学）皮革工程专业本科。毕业后被分配到山东省轻工业厅工作，1963年底参与筹建山东省皮革工业公司，1964年3月8日省皮革公司成立后，历任省公司技术科长、副总经理等职务。1982—1986年任山东省第五届政协委员。1985年底调入山东轻工业学院负责筹建皮革工程专业，1986年皮革工程专业正式建立后,历任皮革教研室主任、轻化工系副主任、处级调研员,1997年12月30日退休。曾任中国皮革学会副理事长、中国皮革协会理事、《中国皮革》《中国皮革信息》《皮革科学与工程》等杂志编委、山东省皮革工业协会名誉副会长、山东省二轻系统高级职称评审委员会委员。在省厅和省公司从事皮革工业科技管理工作28年,在山东轻工业学院从事系管理工作和教学与科研工作12年。

其主持的攻关项目"猪皮正鞋面革酶脱毛、片削皮、脲环铬鞣配套工艺的研究"1980年获省轻工厅二等奖,领导并参与的项目"781鞣剂鞣制青猾皮的研究"1981年获省轻工厅一等奖、1982年获轻工部三等奖;"猪皮苯胺革生产工艺的研究"1981年获省科技进步二等奖、1982年获省轻工厅优秀科技成果一等奖;"山羊皮染色,制裘新产品的研制"1985年获省轻工厅新产品奖。同时还在《皮革科技》(现名《中国皮革》)等杂志上发表论文数篇。

在山东轻工业学院工作期间,注重教书育人,讲授"制革化学与工艺学"和"毛皮工艺学",合著《济宁路和汉口路山羊皮组织结构图谱》《鸡脚皮组织构造图谱》等,积极开展教学研究,紧密围绕教学大纲,对皮革组织学的教学方法、内容和实验教学进行了一系列改革探索,将教学、科研、生产实践有机结合起来,为强化学生的基础理论知识,努力提高应用实践能力,做出了突出贡献,取得四项教学成果,即1993年获院级和省级优秀教学成果一等奖各一项,同年又获全国轻工高校电化教材评比三等奖一项,1996年获校教学成果二等奖一项,1997年获全国轻工高校电视教学片评比二等奖一项。并指导中、青年教师多名。合作完成省、校级科技攻关项目十项,多项填补国内空白,达到国内领先水平,取得丰硕成果,即1991年获校科技成果三等奖一项,1992年获校科技成果二等奖一项,1994年获省科技进步三等奖一项,1995年获校科技成果三等奖一项,1998年获省科技进步三等奖一项。在《中国皮革》《北京皮革》《四川皮革》《第二届亚洲皮革科技国际会议论文集》《山东轻工业学院学报》等杂志上发表论文20余篇,1993年获"院专业技术拔尖人才"称号。

曾祥芬老师在山东省轻工业厅、山东省皮革工业公司工作28年间,为山东省皮革工业的发展、人才培养、技工培训、"六五""七五"山东省皮革行业生产和科技发展规划的实施做出了积极贡献。在山东轻工业学院工作12年间,不仅筹建了皮革工程新专业,还亲手建成较先进的皮革组织学实验室,在皮革学科的教师队伍建设、教材建设和专业实验室建设等方面做出了突出贡献。

杨宗邃

杨宗邃,女,1938年8月25日出生,四川省乐山市人,汉族,中共党员,教授,中国皮革工业科技先导。1960年毕业于成都工学院(现四川大学)皮革专业。先后在北京轻工业学院、西北轻工业学院、陕西科技大学从事教学与科研工作,历任教师、讲师、副教授、教授、研究生导师。现任《中国皮革》杂志编审、《皮革化工》杂志编委、陕西省高等学校学科建设咨询专家组成员。在近半个世纪的科教生涯中,一直从事皮革化学与工程专业本、专科学生及硕士研究生的教学与科研工作。先后主讲过《皮革分析检验》《制革化学与工艺学》《鞣制化学》《制革配合物化学》《制革三废处理技术》等9门专业课程。主编和参与编写高校教材、专业著作和译著共7本。其中专著《皮革分析检验》获全国优秀科技图书二等奖，电视教材《制革污水危害及治理》获陕西省电视成果评比三等奖。先后在国内外学术刊物上发表论文100余篇。主持和合作完成科研项目成果9项（含国家"七五"科技攻关项目2项，国家自然科学基金项目2项），其中《北方面粗质次猪皮制革新技术的研究》获国家科技进步一等奖，《乙烯基聚合物鞣剂组成结构与性能相关性的研究》获国家科技进步二等奖，其他如《系列丙烯酸类聚合物鞣剂PAAS的研制及应用》等成果获省、部级科技进步一、二、三等奖多项。1992年被国家人事部授予"有突出贡献中青年专家"称号，享受政府特殊津贴；1995年被国家教委和国家人事部评为"全国优秀教师"，并授予"全国优秀教师"奖章。

李果

李果，男，1938年10月12日出生，湖南省邵阳县人，汉族，副教授，中共党员。1957—1962年就读于天津大学五年制化工机械专业，1962年7月毕业分配到北京轻工业学院（1970年迁陕西咸阳更名为西北轻工业学院）任教，即一直在学校独立从事皮革专业机械设备的教学和科研工作；是学校《皮革机械》和《科技写作》教学第一人。至1999年1月为止，亲自授过课的硕士研究生、本科学生、专科学生和培训班学生等合计3000多人在全国各地（少数在国外）发挥才干。20世纪60年代初发表译文《波形齿轮转动》，首次将谐波传波传动理论技术介绍到国内。20世纪70年代，从理论和实践两方面研究制革关键机器剖层机，发表论文《剖层机的使用调节和维护》《剖层机带刀刀口的位置及其控制》（后文获陕西省科协优秀论文奖），为制革厂正确使用剖层机获最佳生产效益提供了理论指导依据；第一次以国产制革机械设备为样机编写出授课讲义（油印），后被作为蓝本修订出版为高校统编教材；在上海红光制革厂主持设计制造好倾斜转鼓投入到生产中使用。20世纪80年代，合编出版了中国皮革科技第一本中外对照的工具书《英汉皮革工业词汇》；20世纪80年代初至90年代中期，平均每年主持国家级、省部级及地市级皮革机械科技项目（成果）鉴定2—4项。参与起草和审查国家"六五""七五"皮革机械国家攻关项目。是全国科技写作研究会会员、中国皮革学会理事、《中国皮革》编委和编审、全国皮革机械标准化委员会顾问。先后兼任《西北轻工业学院学报》编辑、西北轻工业学院（2002年3月更名为陕西科技大学）皮革工程系（后相继更名为皮革工程学院、资源与环境学院）工会主席多年。先后编写出各类授课讲义（油印）近100万字，发表科技论文34篇、译文和编译等10余万字、制革机械基本理论和基础知识讲座14讲（合计约20万字）。热爱文学，先后发表诗词、散文近100篇（首）、格言警句等约30条。《中国写作教育家·重要学术观点荟萃》《中国当代高级专业技术人才大辞典》《世界名人录·中国卷·1》等20多种辞书已入录。"中国皮革信息（报）"的"名人俱乐部"曾以"皮业精英"专文报道。

魏世林

魏世林，男，1939年1月出生，四川合江人，汉族。教授，中国皮革行业科技先导。1961年毕业于成都工学院皮革及鞣皮剂工学专业（现四川大学皮革工程专业），同年10月被分配到北京轻工业学院轻化工一系皮革教研室任教，1970年学院移址陕西咸阳，易名西北轻工业学院，继续从事皮革专业教学与科研工作，直至1999年退休。他长期从事专业教学和科研工作，历任皮革教研室副主任、主任，皮革工程系副主任、主任，院学术委员会副主任，皮革工程研究中心主任，普通高校皮革工程专业教学指导小组副组长等职务。主讲了生皮化学及组织学、动物皮层胶原化学、制革工艺学、皮革工厂设计原理等课程，担任过硕士研究生导师。先后主编、参编、合编（译）和独自编著已公开出版的书籍计11部（本），如《制革化学及工艺学》《皮革工业手册（制革分册）》《现代汉英化学化工词典》《英汉皮革工业词汇》《制革技术基础》《中国山羊皮革组织学图谱》《实用制革工艺学》《英汉制革和毛皮工业常用词汇》《现代汉英制革和毛皮工业词汇》《现代英汉制革和毛皮工业词汇》及高等院校教材《制革工艺学》等。1980年以来，他负责和参加了10余项科研项目，其中"六五"国家科技攻关项目"提高汉口路山羊皮革质量研究"和"七五"国家科技攻关项目"面粗质次猪皮制革新技术研究"和"华北路山羊皮制革技术开发"分获1987年、1991年度国家科技进步一等奖和1991年度三等奖。1986年以来，先后发表论文30余篇。1991年7月起享受国务院颁发的政府特殊津贴，同年12月荣获国家级"有突出贡献中青年专家"荣誉称号。1999年退休后，曾在河北东明皮革有限公司等制革厂从事工艺技术工作，河北省皮革研究院工作。2008年，其《浸灰废水和铬鞣废水循环利用》项目荣获中国皮革协会首届中国皮革行业节能减排创新一等奖。2009年9月中国皮革协会颁发皮革行业科技先导证书，2012年12月荣获张铨基金委员会颁发的第六届张铨基金奖证书。现兼任《中国皮革》编审，《北京皮革》《西部皮革》名誉编委。

白占春

白占春，男，中共党员，1940年生于北京。1968年至1979年在黑龙江省肇东皮毛厂历任技术员、技术科长，1979年至1999年在北京市皮革工业学校，历任教导科长、副校长、校长兼党委书记，高级工程师。

白占春同志为北京市皮革工业学校的建设和发展，为提高教学质量，培养更多更好的合格人才辛勤工作，取得了显著成绩，做出了突出贡献。他自1979年北京市皮革工业学校建校初期即担任教导科长，他热爱教育事业，关心学生成长，促进学生德智体全面发展，使学校第一、二届学生毕业后很快就在工作岗位上取得明显的成绩。1986年他担任副校长以来，不断深化教育改革，为学校长远发展奠定坚实基础。在担任校长后，学校工作在他的领导下，教学质量不断提高，教学设施不断充实完善，学校不断加强与市场经济的结合，教学环境逐步优化，不断取得优秀成果。学校解放思想，开拓进取，实行多层次、多渠道、多形式办学，建立了中专、技工、大专和短期培训等人才培养形式，增强了学校的活力和市场适应能力。专业设置由最初的4个发展到10余个，办学规模由700多人扩大到2000余人。北京市皮革工业学校成为国内同类学校中皮革类专业设置最全的学校，1998年学校被评为"首都文明单位"。

白占春同志积极参加科研，为了不断充实提高制革专业课理论知识和实践水平，他经常承担科研课题。1988年他承担了北京市经委下达的项目"铬鞣猪轻革少污染新工艺"，与北京市第二联合制革厂合作进行实验，实验结果表明产品成本有所降低污染有所减少，经济效益和社会效益可观，产品质量经北京市皮革制品质量检测监督站检测，各项理论指标完全达到部颁标准。该成果在北京市第二联合制革厂实施。他还为辽宁省丹东市东沟皮毛厂水貂皮的加工技术及所需的加工设备等进行技术服务，为该厂生产高档裘皮、出口换汇做出了贡献。1999 年，白占春作为总负责人承接国家级教育改革课题，组织并完成由教育部职成司和全国轻工职业教育教学指导委员会组织的《"面向 21 世纪"国家重点建设专业教育振兴行动计划》"中等职业学校皮革工艺及制品专业教学指导方案"。

白占春工作勤勤恳恳、任劳任怨、勤政廉政，他先后被评为北京市二轻系统优秀党组织书记、北京市二轻系统优秀教育工作者、北京市工业系统先进教育工作者、北京市优秀教育工作者、全国轻工系统优秀教育工作者。

章川波

章川波，男，1941 年 6 月出生，汉族，上海市人，中共党员，教授，博士生导师。1964 年毕业于北京轻工业学院皮革化学与工程专业，先后在北京轻工业学院、陕西科技大学（原西北轻工业学院）从事教学与科研工作，任教授、博士生导师。1989—1991 年于法国巴黎国立阿尔福尔兽医学院担任高级访问学者，后留法在该校从事研究工作。1991 年回国返校，1995—2000 年任陕西科技大学科技处处长；1994 年起享受国务院政府特殊津贴；1997 年被评为"陕西省劳动模范"（先进工作者）。曾兼任天津科技大学博士生导师；历任中国皮革协会科技委员会主任、国家自然基金项目评审专家、国家国际合作重大项目评审专家、《中国皮革》杂志编审等职。任教期间，主讲《生皮组织学和蛋白质化学》《制革化学与工艺学》《制革三废处理技术》《皮革工厂设计》《制革三废治理与资源化利用》《皮革微观技术与超微结构》等专业课程。担任研究生指导教师，先后培养硕士、博士研究生 20 余名，业已成为皮革行业教学、科研的骨干力量和企业的中坚核心。参与编写出版高校教材和专业科技图书《制革化学与工艺学》、《中国山羊皮革组织学图谱》《制革用酶制剂和酶脱毛工艺》《皮革工业手册（制革分册）》和《皮革加工技术丛书》等。其中，《中国山羊皮革组织学图谱》获国家科技图书二等奖；电视教材《生皮组织学》获陕西省电教成果二等奖。在亚洲皮革科学技术会议、国际皮革工艺师和化学家联合会（IULTCS）大会及《JALCA》《JSLTC》《中国皮革》等国内外科技杂志发表论文20 余篇。参与和合作完成科研项目成果 20 余项，其中国家重大科研项目："制革酶制剂新菌种——166 蛋白酶的筛选和应用"（1978 年）获全国科学大会奖；国家科技攻关项目："汉口路山羊皮革质量的研究"（1987 年）获国家科技进步一等奖；国家科技攻关项目："提高华北路山羊皮制革技术开发研究"（1989 年）获国家科技进步三等奖；国家科技攻关项目："我国面粗质次猪皮制革技术研究"（1991 年）获国家科技进步一等奖；国家自然基金项目："乙烯基聚合物鞣剂组成结构与性能相关性的研究"（2007 年）获国家科技进步二等奖。获国家授权专利"皮革纤维与纸浆纤维复合材料的制造"等两项。1998—2000 年主持和完成联合国科研项目《皮革污泥堆肥用于农业可能性的研究》，获得国内外专家好评，并应聘为"联合国工业发展组织"（UNIDO）皮革专家。任教期间除认真地从事教学和科研工作外，热心于皮革事业，为行业的人才培训和技术进步做出了突出的贡献，在企业和地方举办、参与了各类技术学习班和培训班 30 余期。2006 年退休后仍积极从事皮革行业的各项工作和活动，先后应聘担任浙江温州轻工研究院首席专家、总工程师；温州质量技术监督检测院学术带头人；中国皮革示范基地（阜新）高级顾问；中国皮革协会中国制革行业环保自律小组召集人之一；被聘任为国家环保部上市公司环保核查专家。2012年荣获张铨基金奖。退休期间，仍然积极投入皮革行业各项活动，这些年来，在中国皮革协会的主持和组织下，深入全国各地大小百余家皮革企业，积极参与行业"环保核查""真皮标志""生态皮革"考核以及行业"节能减排、环保创新奖"的评审和实地考察等工作；提建议、促改进。为皮革行业的技术进步、环境保护和"三废"治理做出了积极的努力。

廖隆理

廖隆理，男，汉族，1944年3月18日生，四川省开江县人。1969年7月毕业于5年制成都工学院皮革鞣皮剂工学专业。1969年8月至2009年8月在四川大学任助教、讲师、副教授和教授，从事专本科生及研究生教学。1982年9月至1983年2月在吉林大学进修蛋白质化学、遗传学、酶学和微生物学，1991年10月至1993年1月以访问学者的身份赴美国东部农林研究中心从事合作科研。2009年9月退休。退休后受聘为四川大学特邀党建组织员、本科教学"考试质量"专项检查评审专家、四川大学金秋艺术团团长和轻纺与食品学院本科教学管理督导组组长、关心下一代工作委员会副主任。

1993年2起先后任四川大学皮革系副主任、主任，轻工与纺织工程学院轻工总支书记和轻纺与食品学院院长；四川大学教学指导委员会委员、工科分委员会副主任；曾任《皮革科学与工程》科技核心期刊主编，张铨基金委员会主任；全国高等学校皮革工程专业教学指导小组成员兼秘书、轻工与食品学科教学指导委员会委员、轻化工分委员会副主任和中国皮革协会技术专委会委员、四川省皮革协会副理事长；国家自然科学基金评议专家，国际合作项目评审专家，国家、四川省、四川大学高校特色专业建设点以及大学精品课程评审、验收专家以及国家级精品课程《鞣制化学》主讲教师，国家级特色专业《轻化工程专业》及《现代皮革化学与工程学》国家级教学团队主要成员。系全国宝钢教育奖优秀教师，第六届"挑战杯"中国大学生创业计划赛优秀教师，国务院特殊津贴专家，张铨基金奖获得者，四川省学术和技术带头人，四川大学"214"人才工程第二层次人选，二岗三级教授。

他曾获国家科学技术进步二等奖一项，省部级科技进步二等奖两项、三等奖一项，获全国轻工业优秀新产品奖、全国发明展览会银奖各一项，参与研究的黄牛面革酶脱毛新工艺获第一届全国科技大会奖，获四川省教学成果一等奖一项、二等奖两项、三等奖一项。主编了普通高等学校"十五""十一五"国家级规划教材各一部并主审一部，主编高校教材、首部皮革制革实验教材、声像教材和参编专著各一部。获国家发明专利《二氧化碳超临界流体为介质的制革方法》等十二项，其中转让并产业化四项，获中华人民共和国医疗器械注册证一项，其产品芙伏灵®已产业化并上市。

他先后以负责人、主研人完成国家自然科学基金项目、国家教委留学基金资助项目、国家"863"计划、国际合作项目、四川省计委"八五"、"九五"攻关项目、横向科研项目以及国家级、省部级和四川大学教改项目共三十余项。指导大学生创业团队分获第六届"挑战杯"中国大学生创业计划赛金奖和"英特尔-伯克利国际大学生科技创业挑战赛"第三名。在制革界研发、首制了一台以CO_2超临界流体代替水作介质的清洁化制革实验设备，利用此设备首次对制革湿操作无水脱毛、脱灰、软化、铬鞣和染色、加脂等工序进行了研究并得出相应的结论。先后在国内外科技及相关期刊发表科研和教改论文一百余篇。

俞从正

俞从正，男，1946年9月出生，江苏省扬州市人，汉族，中共党员，教授，博士生导师。1970年毕业于原北京轻工业学院皮革工学专业，后留校工作，2011年退休。1991—1996年任副教授，其间经国家教委考试获公派资格，于1993—1994年在澳大利亚工业与科学研究组织做高级访问学者；1997年晋升教授，同年任华东理工大学兼职博士生导师；2002年兼任天津科技大学博士生导师，2003年起任陕西科技大学博士生导师。曾任皮革系实验室主任、分析教研室主任，1994—2003年先后任皮革工程系主任、皮革工程学院院长、院长兼党总支书记，2004—2013年任陕西科技大学镐京学院副院长、党总支书记，2006—2007年任陕西科技大学评建办公室常务副主任。曾任陕西省人民政府决策咨询委员会委员、科技部国际合作重大项目评审委员、全国高等学校教学研究会独立学院分委员会委员、《中国皮革》《皮革科学与工程》等杂志编委等社会兼职。

在40年的教学、科研及管理工作中，他勤奋工作，努力探索，做出一定成绩。在教学岗位上坚持在专业课的教学中培养学生对基础知识的应用能力，以基础理论为依据，对皮革分析方法做了系统的理论阐述；采取多种措施，着力提高皮革专业学生的专业外语水平。以项目负责人完成的教改项目《在专业课的教学中培养学生对基础知识的应用能力，全面提高教学质量的研究》《以英语口语为切入点，狠抓语言环境建设，培养学生对英语的应用能力》分获陕西省优秀教学成果二等奖；作为主编，编写的高等学校统编教材《皮革生产过程分析》获陕西省高等学校优秀教材一等奖。在科研工作中，作为主要完成人，完成了国家"七五""十五"科技攻关项目、国家"863"计划项目、联合国工发组织项目等，项目《提高剪绒羊皮产品质量及新品种开发》获中国轻工总会科技进步二等奖。作为项目负责人完成了国家环境保护总局、陕西省自然科学基金、博士点基金及国家自然科学基金等项目8项。作为负责人完成的《中国细毛羊皮组织学图谱》《皮革中Cr（Ⅲ）转变为Cr（Ⅵ）的机理及Cr（Ⅵ）的防治技术》分获陕西省科学技术二等奖。发表论文近50篇，被SCI及EI同时收录5篇，主编、参编科技著作3部，获发明专利授权5项，其中2项在企业应用。在管理工作的任期内，为皮革学院新增本科专业及专业方向三个，硕士点一个，获得了作为学校首批博士点之一的皮革化学与工程学科的博士学位授权，多次被评为学校优秀干部，获陕西科技大学本科教学评建工作特别贡献奖。

他曾获第二届张铨基金奖、中国轻工总会先进工作者、陕西省优秀教师、全国优秀教师等荣誉。

王全杰

王全杰，男，1950年11月24日出生，河南省武陟县人，汉族，中共党员，研究员、教授。1976年毕业于西北轻工业学院皮革工程系，并留校任专业教师。1983年受烟台市招聘到烟台皮革工业公司任副经理；1984年初白手起家，筹建国家事业单位烟台市皮革工业研究所并兼任所长；1992年初辞去公职，创办民营的烟台皮革研究所；1997年兼任国家制革技术研究推广中心主任；2001年兼任全杰皮革高科有限公司首席专家。1997年以后兼任中国科技大学、陕西科技大学、郑州大学教授，2005年任烟台大学教授。在多年的皮革教学和科研中取得 29 项科研成果，其中获省部级科技进步奖 7 项。主持研究的"七五"国家科技攻关项目"面粗质次猪皮制革新技术"攻克了胶原蛋白可逆变性的难关，首创白湿皮剖层制革及大面积补伤残新工艺，荣获国家科技进步一等奖，并被列入国家科技推广计划。经过 10 年的推广转化，先后有 300 多家企业采用或受益，新增产值达 38 亿元，利税 4.9 亿元。其成果用于扶贫和救灾，先后救活 50 多家濒临倒闭的企业，上万名职工就业。由于科技贡献突出，曾两次受到党和国家领导人的接见，被授予国家级有突出贡献的中青年专家，享受国务院颁发的政府特殊津贴。2003 年，与美国杜邦公司实施跨国技术嫁接，在国家"863"计划的支持下研制出具有国际领先水平的莱卡超弹力服装革（LEATHER WITH LYCRA），使我国一举成为世界上第三个莱卡皮革生产国。2006 年 12 月完成了国家"十五"科技攻关项目"高性能汽车内饰革"，并实现了产业化。他多年来坚持在科研生产第一线，坚持在科研中指导研究生，为皮革工程领域培养出一大批科研和生产技术骨干。其他科技成果有二层革移膜涂饰、AN 型皮革脱脂剂、皮革印花及领带革工艺、仿绵羊型猪皮服装革、奶山羊皮制革工艺、有机硅毛皮光泽剂、蓄光发光革研制、防水服装革研制、耐水洗内衣革研制、阻燃低雾化猪皮汽车革、瘦肉型猪皮制革技术、防劫防盗公事包、纳米材料皮革助剂、导电皮革的研制、皮革超薄剖层法、可生物降解的汽车用革生产技术，皮革专用阻燃剂等。主要著作和论文有：《皮革工艺学概况论》"猪皮的部位差别及对制革工艺的影响""白湿皮制革工艺论""用绿色植物治理制革污染""白湿皮技术与可持续发展""不同鞣制方法对成革性能的影响""修边技术对制革工艺的影响""用水生维管束植物处理制革废水"等。曾当选第十届全国人大代表、烟台市政协委员、中国皮革协会常务理事、山东省民营科技促进会副会长，此外，还兼任国家科技进步奖评委会委员、山东省专业技术拔尖人才评委、《皮革化工》杂志编委。

于百计

于百计，男，中共党员，1955 年出生于北京。1972 年至 1985 年在北京市第三皮鞋厂工作，从普通工人成长为技术科长。1985 年调入北京市皮革工业学校（现北京市环境与艺术学校）工作，历任制鞋专业教研组长、教务科副科长，1992 年任副校长，1999 年至今任北京市环境与艺术学校党委书记、副校长，高级讲师。

于百计在皮革制品设计、制鞋技术、皮革行业职业教育领域工作了 40 余年，是学校皮革制品设计专业带头人。他治学严谨，积极从事教学改革，建设制鞋实训室、皮件皮服实习车间、皮革工作室，开展校企合作和校校合作，为皮革类专业发展和皮革行业技术人才培养做出了突出贡献，他的很多学生已成为制鞋企业骨干。他多次被评为北京皮革公司优秀教师和北京轻工联合皮革集团优秀党员。

1993 年，于百计经过多年探索和实践，打破"师傅带徒弟口授式"的传统教学模式，把比楦法进行总结，上升到理论高度，编著了我国第一本皮鞋立体设计的专著《皮鞋帮样比楦设计法》，受到广大制鞋技术人员欢迎，填补了皮鞋立体设计教材的空白，获得了北京市高教局优秀教学成果二等奖。1998 年他编写的我国第一部皮鞋设计的音像教学片《皮鞋帮样设计》《皮鞋设计》音像教材（八集）在全国发行。1999 年他作为项目负责人承接教育部课题，主笔完成《国家教育部"面向 21 世纪"中等职教国家重点建设专业皮革工艺及制品专业教育教学改革整体方案》，此方案是皮革工艺及制品专业教学更好地适应 21 世纪皮革行业发展的需要，推动皮革制品专业人才培养的教育改革，组织编写和出版皮革类重点建设专业主干专业课程国家规划教材的依据。2002 年他编写《皮鞋结构设计》（职业教育国家规划教材）、《皮鞋设计学》。2004—2008 年他作为皮革类专业国家职业标准的主要执笔人，编写《制鞋工国家职业标准》《皮具设计师国家职业标准》《鞋类设计师国家职业标准》《中国轻工业设计师职业资格认证考试与培训大纲》《鞋类　术语》（GB/T 2703 2008 国家标准）《制鞋企业管理实务》。2010 年他编写《制鞋工》（国家职业资格培训教程）。

40 余年来，于百计为制鞋行业的发展兢兢业业工作。他是原教育部轻工行业教育教学指导委员会秘书长、原教育部轻工行指委皮革工艺及制品专业教学指导委员会主任、原教育部高等学校高职高专轻化类专业教学指导委员会委员、教育部轻工行指委皮革毛皮及制品专业教学指导委员会委员、全国纺织服装行指会鞋服饰品及箱包专业指导委员会副主任，还担任全国制鞋标准化技术委员会委员、全国制鞋标准化技术委员会 SAC/TC305 技术专家、全国制鞋标准化技术委员会皮鞋分委员会委员、劳动和社会保障部职业技能鉴定高级考评员、国家职业技能竞赛裁判员（制鞋行业国家级裁判）、福建省晋江市人民政府专家顾问、北京服装学院艺术硕士生导师、泉州师范学院客座教授、邢台职业技术学院客座教授、《中国皮革》特聘编委、全国"真皮标志杯"皮鞋、旅游鞋、皮具设计大赛评委。

石　碧

石碧，男，1958 年 6 月出生，四川省成都市人，汉族。工学博士、教授、"长江学者奖励计划"特聘教授、中国工程院（环境与轻纺工程学部）院士。1978—1982 年就读于四川大学（原成都科技大学）高分子材料系皮革工程专业。毕业后留校任教，先后师从张文德教授、何先祺教授和外籍导师 E. Haslam 教授，1986 年获工学硕士学位，1990—1992 年赴英国谢菲尔德（Sheffield Univ.）大学化学系进一步完善了博士论文的理论研究，1992 年获工学博士学位。1993 年晋升为副教授，1994 年被破格提升为教授，1996 年出任博士生导师。他长期致力于制革清洁技术和皮蛋白质利用研究，主要研究方向有：制革化学、制革清洁技术、植物单宁化学及深加工利用、基于皮胶原的功能材料、制革废弃物资源化利用等。20 世纪 90 年代以来，先后任四川大学轻纺与食品学院教授、皮革化学与工程教育部重点实验室主任、制革清洁技术国家工程实验室主任、四川大学学术委员会委员、国务院学位委员会（轻纺）学科评议组成员、国家"211 工程"建设项目"生物化学、皮革与环境保护"的负责人，国际皮革工艺师和化学家协会联合会（IULTCS）主席。在教学与科研实践中，致力于无铬鞣制理论与技术的系列研究，从理论上证实了以棓儿茶素为基本结构的植物鞣剂与醛类化合物具有显著的交联协同效应，能使皮革的湿热稳定性达到 100℃以上。研究论文在 JSLTC 上发表后，引起国际同行极大关注和兴趣。鉴于此，该无铬、少铬鞣制技术成果应用于高档山羊服装革的工业化生产，在雅安制革总厂成功投产，并获 2000 年国家科技进步二等奖。进入 21 世纪，他和他的团队组织实施国家"863"课题"制革工业清洁生产技术"和国家科技支撑计划课题"清洁制革过程与绿色产业连接集成技术及工程示范"的研发，在四川达威、德美亭江的通力协作下，研发了无硫保毛脱毛、无灰浸碱、不浸酸高吸收铬鞣等清洁生产的关键技术，并开发了系列酶制剂、无铬鞣剂等支撑清洁技术得以实施的关键性化工、生化材料，形成了制革准备工程清洁生产集成技术，并已在多个制革企业推广应用。该成果于2006年获高校科技奖、技术发明一等奖。同时，他还倾力于制革废弃物资源化利用的研究，例如，以制革废弃皮胶原为原料，研发出可用于水体中重金属离子、无机阴离子、有机物分离脱出系列新型吸附材料和非均相催化剂，并已获国家发明专利5项。其中，重金属离子、无机阴离子吸附材料的制备与应用技术，被列为"国家先进污染防治技术"。作为课题负责人先后主持并完成30余项国家和省部级研究课题，获国家科技进步二等奖1项、国家发明二等奖1项、省部级科技进步一、二等奖6项。曾先后发表论文210余篇（其中110篇被SCI、EI收录），主编《制革清洁生产技术》《植物多酚》等专著3本，有20余项技术成果被企业采用。先后开发了低硫少灰保毛脱毛技术、无铵脱灰技术、无铵软化技术、无盐浸酸技术、制革准备工段清洁生产集成技术、制革固体废弃物资源化利用技术、制革废液循环利用技术等制革清洁生产关键技术，并研发了20余种清洁制革关键助剂，对中国制革产业的清洁化和持续发展产生了重要的支撑作用。2000年被联合国工业发展组织（UNIDO）聘为皮革科技顾问和专家组成员，负责研究21世纪皮革工业发展的核心问题，成为我国该领域的第一个受聘学者。2009年10月当选为国际皮革工艺师和化学家协会联合会（IULTCS）主席，成为该联合会110年来首位华人主席。2009年12月当选为中国工程院（环境与轻纺工程学部）院士。他还是第十届全国人民代表大会代表、第十五届全国工会代表，国家杰出青年基金、全国五一劳动奖章、全国模范教师称号等殊荣的获得者。

马建中

马建中，男，1960年出生，山西沁水人，中共党员，博士、教授、博士生导师。1983年获陕西科技大学（原西北轻工业学院）皮革工程学士学位；1989年获陕西科技大学皮革化学与工程硕士学位；1998年获浙江大学高分子科学与工程理学博士学位；1999—2000年在美国农业部东部地区研究中心（ERRC）进行一年多博士后合作研究。2004—2005年在国家教育行政学院短期学习。现任陕西科技大学副校长，兼任国务院学位委员会轻工技术与工程学科评议组召集人，教育部科技委化学化工学部委员，教育部轻工类专业教学指导委员会副主任委员，中国皮革协会技术委员会主任，教育部轻化工助剂化学与技术重点实验室主任，中国工程院产业工程科技委员会轻工绿色化学品研究开发促进会副理事长，中国洗协科技委副主任委员，西安纳米科技学会副理事长，《皮革科学与工程》杂志副主编，《中国皮革》杂志编审，《精细化工》《日用化学工业》《西部皮革》《北京皮革》《皮革与化工》等杂志编委，Carbohydrate Polymers、Chemical Engineering Journal、BioResources、Polymer Bulletin、Journal of Composite Materials等国际杂志审稿专家。在科研方面，他多年来潜心致力于新型皮革化学品合成原理与应用技术的研究，将先进纳米技术和材料引入传统产业，研制出了一系列具有自主知识产权的高性能皮革化学品。20余项生产技术在国内外多家企业实现了转化，产生了明显的经济效益和社会效益，在很大程度上解决了行业的关键难题。例如，为解决传统乙烯基聚合物鞣剂存在的易"败色"缺陷，他提出采用曼尼希反应对该类材料进行改性，通过平衡胶原纤维电荷，调整鞣制工艺，攻克了"败色"问题，提升了皮革化学品的合成水平，对行业发展起到了很大的推动甚至引领作用；曾以第一完成人身份获得国家技术发明二等奖1项、国家科技进步二等奖1项，中国轻工业联合会科技进步一等奖2项，陕西省科学技术一等奖1项。主持国家高技术研究发展计划（863计划）、国家重点基础研究发展计划预研项目（973计划前期专项）、国家国际科技合作与交流项目、国家自然科学基金项目等国家级科研项目13项，先后在国内外学术刊物上发表论文300余篇，获准国家发明专利88项。出版专著9本，其中主编的《制革整饰材料化学》填补了当时国内皮革化工材料方面教材的空白，曾被普遍采用作为主讲教材、教学或研究参考书；主编的《皮革化学品的合成原理与应用技术》被评为"十一五"及"十二五"国家级规划教材。公开出版的著作论文被他引1600余次。他多次受邀赴美国、西班牙、土耳其、新加坡、日本、印度、韩国、澳大利亚、南非等国家参加国际学术会议，并进行学术交流，学术成果得到了同行的广泛认可。主持皮革工程国家级教学团队、轻化工程国家级实验教学示范中心、国家级精品课程，为我国皮革工业发展培养了大量优秀人才。马建中教授2001年获得陕西省优秀留学回国人员称号，2005年被列入教育部新世纪优秀人才支持计划；2007年获陕西省先进工作者荣誉称号，2008年获陕西省教学名师荣誉称号。

第二章 科技实业界

(以出生年月为序)

侯德榜

　　侯德榜，男，1890年8月9日出生于福州闽侯县坡尾乡（长沙村），汉族，制革化学师、留美博士、中国科学院技术科学部委员（现改称中科院院士）、中共党员。他自幼勤耕俭学，6岁由祖父侯昌霖启蒙入学，1903年入福州仓前山鹤龄英华书院就读，1906年因参加反帝爱国罢课游行被书院开除，1907年入上海闽皖铁路学堂学习，1910年毕业后分配到津浦铁路符离集站为工程实习生。1911年3月考入北平清华留美预备学堂（清华大学前身）高等科第3班，1913年毕业考试以全部满分的优异成绩创造了清华园的奇迹。旋即被派赴美国麻省理工学院（M.I.T）学习化工，1916年6月获学士学位。1917年入纽约市布洛克林的普拉特专科学院（Pratt Institute）专门学习制革化学，1918年毕业，获制革化学师证书。后在美国新泽西州制革厂实习，同年秋入哥伦比亚大学研究院研究制革，至1921年6月在哥伦比亚大学完成《铁盐鞣革》研究论文，获博士学位。这篇（皮革）博士论文是与代尼尔·蒂·杰克逊合作完成的，并于1921年在美国皮革化学家协会会志上连载发表（原文见JALCA，第16、63、139、202、229、1921；译文本见《侯德榜选集》第14—85页，冶金工业出版社1990年版）。他研究过的铬－铁结合鞣革，对解决制革生产中严重的铬污染，具有方向性启示。1921年获博士学位后毅然回国，应爱国实业家范旭东先生聘请，肩负起建设永利塘沽制碱厂的重任，从此弃革从碱，对制碱事业做出了举世公认的卓越贡献，"侯德榜制碱法"遂名扬天下。新中国成立后，于1955年6月任中国科学院技术科学部委员，1957年9月加入中国共产党，1958年3月出任化学工业部副部长，1959年起，当选多届全国人大代表。1974年5月26日病逝，享年84岁。

吕兆清

　　吕兆清，男，1896年7月出生，广东普宁人，汉族，制革工程师。1919年中学毕业后于1921年进上海沪江大学求学，1922年入北京燕京大学攻读制革专业。毕业后，创办北京硝皮厂。1928年任汕头硝皮厂工程师，1932年应国际制革化学协会的邀请，赴美国旧金山参加了国际制革化学协会会议，并被推荐为会员。1940年在菲律宾一家制革厂被任命为制革工程师。他耳闻目睹旧中国被帝国主义列强宰割，祖国的优质山羊皮被大量掠夺，源源不断地运往各国，然后再制成产品倾销到中国，使中国的制革工业处于奄奄一息的境况，血气方刚的吕兆清认为这是国家的奇耻大辱。他立志要发展祖国的制革工业，毅然向厂方提出辞职。1948年，吕兆清踏上了归国的航程。然而，当时上海经济萧条，制革工业频遭摧残，使吕兆清怅然绝望了。

新中国成立后，吕兆清自筹资金开设了申中制革厂，专门生产纱厂用革，与当时日本产的"凤凰牌"，美国产的"劳伦斯"羊皮革相抗衡。他精通制革技术，善于经营管理工厂，使产品质量达到与外国货不相上下，价格却比"洋货"便宜得多，出口外销，为国家换回了外汇。1956 年申中制革厂公私合营后，吕兆清被安排在上海市皮革工业公司当工程师，他的技术得到进一步发挥。他曾提出了一套提高皮革质量的工艺流程，由于"左"的路线影响，他的愿望没有实现，被下放到上海红光制革厂劳动。"文革"时期，吕兆清的景况更是困难，制革资料和专业书籍也被弄散了。但是，吕兆清念念不忘立下的誓言——赶超世界先进水平，只要一有机会就去跑图书馆找资料。他坚信理想终究会实现。1978 年，吕兆清在政治上被平反了，为了把余年奉献给祖国的"四化"，1980 年，已 78 岁高龄的他主动要求工作。上海市皮革塑料制品公司安排他到上海新艺制革厂进行提高皮革质量的研究，还给他配备了 2 名助手一起工作。吕兆清和两位助手同心协力，探讨提高羊皮革质量的技术途径，寻找最佳的工艺流程。他根据生皮蛋白质具有两性游离性质和不同初鞣革仍含有一定氨基和羧基活性基团的专业理论，选用适当的合成鞣剂与组合配方，通过反复试验，形成了一套理想的复鞣工艺，解决了原有羊皮革粒面高低不平、毛孔粗的问题，改善了成革手感，使之丰满、柔软、有弹性。他以顽强的毅力，克服了年老体衰的困难，和助手们一起反复实践，经过一年多的时间，终于成功地生产出一批又一批优质山羊鞋面革，经上海皮革研究所测定，其抗张强度、伸长力、崩裂力、耐擦牢度以及外观粒面平整细致、手感良好等质量指标，都达到和部分超过国外同类产品，实现了赶超愿望。1989 年 12 月逝世，享年 94 岁。

陈永杰

陈永杰，男，1897 年出生，广东省新会县人，汉族，一级工程师、教授。1916 年，毕业于广州岭南学校，1919 年毕业于北平清华学校（现清华大学）化学专业。曾投身爱国学生运动，同年 9 月被派往美国留学，考入麻省理工学院（M.I.T），攻读化学工程，被选为中国留学生会会长兼"中国留美学生月报"经理。1922 年毕业获化工学士学位，先后在美国东北部的马萨诸塞州皮博迪（Peabody）城的轻革工厂和美国东南部的田纳西州布里斯托尔（Bristol）城的重革厂实习和工作。他是我国现代皮革专家中在美国从事制革工作最早的学者之一。1926 年为实现实业救国的心愿而毅然回国，先后任广东省立工业专门学校化学教授兼制革试验工场主任、岭南大学化工教授、广州市羊城制革厂厂长兼工程师、国民政府经济部中央工业试验所所长、上海大华制革厂工程师、上海天元实业公司主任等职。新中国成立后，1951—1975 年，在中国人民解放军总后勤部军需生产管理部所属的漯河 207 工厂（后名 3515 厂）、上海 106 工厂（后名 3516 厂）任制革高级工程师，长期从事生产技术与科研工作，直至 1975 年退休。从业期间，1951 年受命于总后勤部设计、筹建漯河制革制鞋厂，1955 年受国务院四办邀派赴藏参加西藏拉萨制革厂的建厂设计工作。1956 年在总后勤部主办的"西安制革技术训练班"负责讲授制革课程。1957 年被错划为"右派"，后获平反昭雪。在科研方面，20 世纪 50 年代负责完成了工业用皮碗革的试制；60 年代初期，负责完成了全部使用国产栲胶鞣制底革的试验项目并投产应用。他还参与编著了《制革工艺讲义》（植物鞣底革一章）、编译了《美国皮革鞣剂与鞣制》（吕绪庸、陈永杰编译）两本书，由中国轻工业出版社分别于 1959 年、1981 年出版。此外，他还发表多篇论文及美国皮革发明专利译文。1990 年病逝于上海，享年 93 岁。

杜春晏

杜春晏，男，1898 年出生，吉林省大安市人，汉族，博士，一级工程师，一级教授，中国科学院物理、数学、化学部学部委员（后改称中科院院士）。1928 年毕业于国立北京师范大学化学系，留校任助教。1930 年秋经考试获选派公费留欧，1931 年到德国留学，先后在柏林工业大学、达姆城工业大学制革研究所从事研究工作。1937 年春，以"活性炭的静力与动力吸附研究"论文获博士学位。1937 年 7 月 5 日从德国坐船回到北平，8 月赴抗日前线，在东北第 53 军向将士宣讲防化学毒气等知识。1938 年夏，国民政府经济部中央工业试验所设立胶体化学研究室，他任胶体化学研究室主任兼皮革鞣料实验示范工厂厂长。1946 年调任中央工业试验所北平分所所长，1948 年任北平东北大学化工系教授。1949 年新中国成立后，任华北人民政府企业部工业实验所所长，一级工程师。1954 年任中国科学院物理、数学、化学部学部委员，中国科学院北京化学研究所筹建委员会委员。1955 年当选为中国化学会秘书长（理事长是侯德榜博士），同年，任中国皮革科学技术代表团团长，赴民主德国参加首届国际皮革学术会议。1956 年 6 月负责筹备轻工业科学研究院皮革研究所，1957 年兼任国务院科学规划委员会轻工组成员，1959 年 2 月任轻工业科学研究院皮革研究所所长，1959 年兼任北京轻工业学院一级教授，1959—1962 年兼任国家科委轻工组成员，1964 年兼任高等院校《制革工艺学》专业教材编审委员会副主任委员。在任所长期间，他坚持科研为生产、为国家经济建设服务的正确方针，领导制订全国皮革工业科学发展规划并组织实施；组织科研人员对国产原料皮、植物鞣料、矿鞣剂的资源进行深入考察；重视猪皮制革、皮革与毛皮快速生产工艺的理论和技术研究，以及皮革化工新材料的开发。在科研方面，他进行了四川青杠碗鞣革性能试验研究、四川兔皮鞣制与染色、铁盐鞣革初步研究、植物油制硫酸化油、利用四川山羊皮制作粒面与绒面的鞋面革和服装革、黄牛皮轮带革的研制、利用新疆天山北坡松树皮提制植物鞣料浸膏及建厂实施方案等项目的研究。1966 年"文化大革命"开始后，被错定为"资产阶级反动学术权威"，被长期停职隔离审查，无端遭受迫害。1971 年 2 月不幸病故，享年 73 岁。其夫人蒲洁修在清理遗物时发现一份题为"利用漆树叶提制植物鞣料浸膏，以减少栲胶进口并增加农民收入"的工作拟案，足见他虽身陷逆境，却仍不忘我国皮革事业的赤子之心与学者风范。

杜春晏系全国政协第二、三、四届委员。

贺宗生

贺宗生，男，1902 年出生，高级工程师。1928 年毕业于我国第一个设制革专业的燕京大学，与其同期毕业的张文德、周乃庚、郭可谏并称我国制革前辈四老。1935 年在美国密歇根大学皮革系留学（1931 年傅作义在该校水利系），回国后在傅作义办的皮革厂（包头皮革厂前身）任技术秘书（中校），傅作义起义前一个月回到江苏老家。1949 年新中国成立后，大连市副市长崔荣汉到江苏省招技术骨干，贺宗生被招到大连皮革厂金州制革车间，定为四级工程师，1958 年调到辽宁省轻工业厅技术处，1965 年 4 月调到辽宁省皮革工业公司技术科，1966年"文化大革命"开始后，在公司进行劳动改造，并多次以资产阶级技术权威被批斗。1971年回到金州制革厂从事技术工作，在他的主持下，金州制革厂的产品质量一直名列全省前茅，黄牛修面革和猪修面革被评为轻工业部优质产品，其中在1986年被评为银质奖的猪修面革，以0.02分屈居全国第二名。1995年病故，生前曾担任辽宁省和大连市政协委员、中国轻工学会皮革学会第一届理事会顾问。

蒲敏功

蒲敏功，男，1909年出生，甘肃省甘谷县人，教授级高级工程师、教授、中国皮革工业科技先导。1929年考入国立北京大学预科，1931年入数学系肄业，1934年秋赴德国在柏林大学外国人德语学院学德语。1935年3月入德国德达尔姆市工业大学（Technische Hochschule Darmstadt），1937年以"植物鞣料与盐酸—乳酪素溶液沉淀的定量成分研究"论文，获制革化学特许工程师学位。1940年初回国，在甘肃省建设厅任技正（工程师），后又在甘肃省建设厅化工用品制造厂任主任，同时在甘肃省水利林牧公司筹建的兰州制革厂任经理，并兼甘肃省立兰州高级工业职业学校校长，1945年后因工厂停产辞职。1946年在北平敌伪产业处理局任专门委员兼北平燕京造纸厂经理，1947年在南京资源委员会化工组任专员，1948年在上海中央化工厂任工程师。1949年7月任大连大学化学系教授，并在大连满铁中央工业试验所研究制革。1950年夏调京任轻工业部工程师，同年年底在京参加筹备全国第一届制革工作会议，会议期间任标准规格组组长，负责制定了皮革工业统一名称和原材料消耗定额。1955年任"全国科学技术十二年长远发展规划"轻工业新技术建立组制革小组组长，参加并制订了《全国制革工业十二年长远发展研究规划》，受到毛主席、周总理等国家领导人的接见并合影留念。1956年参加轻工业科学研究院皮革所的筹建，1959年皮革所成立后一直任高级工程师，负责植物鞣料与植鞣底革的科研工作，到1966年研究成功全部采用国产植物鞣料鞣制底革，鞣期从原来的70—80天缩短到15天，并在徐州淮海制革厂正式投产。"文化大革命"期间曾蒙冤受屈，身处逆境。"文化大革命"后，担任制革文献德文翻译工作。1984年兼任制革硕士研究生导师，1986年7月退休。20世纪80年代，被中国轻工学会皮革学会和北京皮革学会聘为顾问。1996年被授予"中国皮革工业科技先导"荣誉称号。1997年3月病逝于北京，享年88岁。

他在翻译德文科技书籍与文献资料方面做了大量工作，其翻译、编译的著作有：1951年编译《植物鞣料浸膏的提制》（由轻工业内部印发500册），1958年翻译民主德国石他特（F. Stather）著的《制革化学及制革工艺学》（78.5万字，中国轻工业出版社1958年出版），1979年翻译联邦德国奥托（G. Otto）著的《皮革染色》（16.1万字，中国轻工业出版社1979年出版）；翻译出民主德国莱比锡毛皮业集体编写的《毛皮制作及毛皮服装》（由中国轻工业出版社出版）。另外，20世纪50年代还译出联邦德国有关"木质素"、铁鞣方面的资料，60年代译出胶原研究等文献。

马燮芳

马燮芳，男，1914年出生，上海市人，汉族，中共党员。科学硕士、教授级高级工程师、教授、中国皮革工业科技先导。1938年毕业于南京金陵大学理工学院工业化学系，获理工学士学位。1938—1944年在重庆任国民政府经济部中央工业试验所制革鞣料实验工厂工程师，兼工务课长；1944—1945 年在美国辛辛那提大学（Cincinnati University）皮革基础科学研究所（美国制革工业同业公会 TCA 创设）进修，获科学硕士学位。其硕士论文题为《普通坚木鞣质被小牛皮块的吸取和固定》，发表在美国皮革化学家协会会志（JALCA，Vol. 61，No. 7，281—299. July，1946）上。1946—1947 年任南京金陵大学理学院皮革工艺学兼职副教授；1947—1956 年任地方国营上海益民制革厂总工程师兼第一副厂长，并在上海水产学院兼任水产动物系皮革工艺学教授（1952—1955）；1956—1958 年任轻工业部设计院皮革工业建厂设计室项目总工程师，具体承担西藏拉萨制革厂和广州人民制革厂的建厂设计总顾问和工艺设计负责人。1958 年后调任轻工业科学研究院皮革所高级工程师、总工程师。1966—1972 年"文化大革命"期间蒙冤受屈，被迫中断专业。"文化大革命"后复出，在皮革所任总工程师、教授级高级工程师。1988 年退休，1996 年被授予"中国皮革工业科技先导"荣誉称号。1999 年 11 月病逝于北京，享年 85 岁。

1950 年底，鉴于我国牛皮原料紧缺的状况，他在第一次全国皮革工业会议上作了《利用猪皮制革的问题》专题报告。1959 年出任轻工业部组织的全国美化猪革试点组副组长，主持参与 17 项课题试验研究，为我国开发利用猪皮制革做了大量的奠基工作。自 1958 年到轻工业部皮革研究所后，坚持走科研面向生产的道路，先后在徐州淮海制革厂进行了多次"压流池鞣法以缩短植鞣底革鞣期""猪皮烫退毛新工艺制作猪正鞋面革""铁—铬结合鞣制猪正鞋面革""硫—醛—铝结合鞣制山羊白色鞋面革"等研究；在武汉制革厂和南浔德泰顺制革厂进行了"多种结合鞣制正鞋面革的研究""改进山羊正鞋面革质量的研究"；分别在上海新兴制革厂、北京东风制革厂、北京制革厂、杭州制革厂进行酶法脱毛猪、牛、羊正鞋面革工艺的研究；指导了江苏省吴江、淮阴、泰兴等制革厂猪皮烫退毛制革新工艺的试验研究；在北京东风制革厂和杭州制革厂进行了"少铬鞣制"猪正鞋面革工艺的研究。在大量研究的基础上，撰写、发表了有关猪皮制革、酶法脱毛和少铬鞣制方面系列论文。为普及、推广新技术，使科研工作服务于生产，在 1973—1977 年，先后到浙江、上海、河北、内蒙古、广东、山东、天津、北京、江苏、安徽等地进行讲学 30 多次。1979 年、1981 年两次出国到南斯拉夫和美国进行技术考察，任赴美考察组组长。从业 50 年来，曾兼任中国轻工学会皮革学会副理事长、《中国皮革学报》主编、《皮革化学工业》季刊主编、《皮革工业》季刊主编、中国国家科学技术委员会轻工专业二组组长、轻工业部工业出版社皮革图书编审委员会委员、轻工业部环境保护科学研究所学术委员会委员、北京市皮革学会技术顾问。先后在《科学世界》《化学世界》《皮革化学工业》《制革工业》《中国轻工业》《皮革科技动态》《皮革科技》《北京皮革》《江苏皮革》《辽宁皮革》《中国皮革学报》，以及 JALCA 等中外专业期刊上发表过科研论文、试验报告、技术建议、文献综述、工作体会及译文等共 220 多篇。在编著译校与科技图书方面，曾参与编撰《制革手册》（完成"酶法脱毛制革工艺"一章，中国轻工业出版社 1975 年出版）；1979 年参加了《现代科技辞典》一书中"皮革学科"部分的译文审校工作；同年参与王同忆主编《英汉辞海》中"皮革学科"部分的译写工作；1988 年担任《侯德榜选集》中"铁盐鞣革法"的中译文校订工作。

张西林

张西林，男，汉族，1916 年出生，河北省盐山县人。民盟会员，教授级高级工程师。

1939 年毕业于成都华西协和大学化学系。新中国成立前，历任成都华西协和大学、四川乐山中央技专制革助教、重庆光华制革厂技术负责人、国民政府经济部重庆、上海中央工业试验所化工工程师。1945 年赴美国联邦皮革公司等制革和皮革化工单位考察实习一年多。新中国成立后长期在上海皮革科技界任职，历任上海皮革工业公司、上海沪光制革厂工程师、上海皮革制品公司副经理、高级工程师、总工程师。20 世纪 50 年代参加全国猪革美化上海试点工作；后调任上海市轻工业学校皮革专业主任，并亲自讲授制革工艺和专业外语，培养了许多制革专业人才。60 年代后期"文化大革命"期间，他虽身处逆境，但仍坚持在下厂劳动中从事科研活动，先后指导亚硫酸化鱼油产品试制成功并获顺利投产，指导并参与研制用于皮革涂饰的醇溶性金属络合染料，经与华东化工学院协作后取得成功，填补了国内空白。70 年代后期曾多次代表我国出席国际皮革专业会议。1979 年他荣任联合国工业发展组织（UNIDO）皮革专业委员会副主席，在中国政府的支持下，联合国工发组织皮革工业专家组第四次会议于 1980 年 3 月 11—13 日首次在我国首都北京召开，他荣任本届会议主席，并在会上作了关于中国猪皮制革的专题演讲。这次会议上工发组织首次批准援助中国政府级的皮革赠款项目。1980 年 8 月，经轻工业部决定，在上海组织实施"轻工业部上海皮革技术中心"援建项目，并由他任国家项目主任。1982 年元旦，因突发心肌梗死，不幸与世长辞，享年 66 岁。

他曾兼任轻工业部出版社皮革图书编审委员会副主任、中国轻工学会皮革学会副理事长、轻工业部皮革工业科学技术专家组副组长、上海市皮革技术协会第一、二届理事会理事长、中国民主同盟上海市手工业局支部委员。1980 年当选为上海市黄浦区第七届人大代表。曾撰著、出版《铬盐鞣制》《皮革染色》《皮革施油》《皮革涂饰》等专业著作，并主持编撰中专教材《制革工艺学》，主持参与《英汉皮革工业词汇》编审和《制革手册》的编写工作。先后在《中国轻工业》《化学世界》《皮革科技》《中国皮革》等期刊上发表论文如"用铬矿生产铬鞣液""铬盐废液的利用""醋酸钠制备的节约途径""锌钙白的制备""皮革涂饰剂中乳酪素的代用品""金属络合染料概述""苯胺革盛行的由来""醇溶性染料和皮革""植鞣重革快速工艺发展简述""染料渗透性能比较三则""胶原自鞣和胶原接枝""参加联合国有关皮革工业会议的情况介绍"等共 20 余篇。

魏庆元

魏庆元，男，汉族，1916 年 10 月 21 日出生于河南省林县。中共党员，教授级高级工程师，中国皮革工业科技先导。1939 年毕业于河南大学化学系，获理学学士学位。1940—1949 年，历任国民政府经济部重庆中央工业试验所制革工程师、北平中央工业试验所制革工程师、上海中央工业试验所制革厂副厂长、工程师。新中国成立后，任上海益民制革厂副厂长、工程师。1958 年整风反右运动中被错划成"右派"，后平反复出。1978 年调至上海市皮革工业研究所，先后任副所长、教授级高级工程师、技术顾问。1981 年被选为中国轻工学会皮革学会常务理事、《中国皮革学报》副主编、上海市皮革技术协会第一、二届理事会副理事长。1983 年当选上海市第八届人民代表大会代表。1986 年底退休。1996 年被中国皮革工业协会授予"中国皮革工业科技先导"荣誉称号。2003 年 8 月 3 日病逝于上海，享年 87 岁。

在制革理论和工艺创新方面，1942 年他就对橡碗栲胶鞣制性能进行研究；1962 年他提出了"氧化脱毛新工艺"并在上海益民制革厂试验成功，长期应用于生产；1964 年，从事锆盐鞣革机理研究，初见成效。1978—1983 年，他先后研制出合成鲸蜡油加脂剂、二羧酸交联铬鞣剂、KS 皮革光滑剂等诸多皮革化工新品；为消除铬污染、提高成革质量还致力于研究"溶相鞣革新工艺"。他一生发表皮革科技论文 30 多篇，并出版了制革工人技术读本《皮革整饰》（中国轻工业出版社，1975 年），编写了 50 多万字的《皮革鞣制化学》（1979 年），《皮革鞣制化学》出版后得到了皮革科技工作者的关注和好评，1992 年此书被收选入《世界百科名著大辞典》。

袁光美

袁光美，男，1917 年 10 月出生，江苏宿迁县人，汉族，中共党员。教授级高级工程师、中国皮革工业科技先导。1940 年毕业于西北大学化学系，毕业后从事制革科技和管理工作。1940 年在重庆经济部中央工业试验所（简称中工所）制革鞣料示范实验工厂工作。1943—1944 年由中工所借调到新疆伊宁制革厂任工程师，后到中工所北平分所。1947—1948 年由中工所北平分所借调到北平振北皮革公司（北京制革厂前身）任厂长兼工程师。此后到上海中工所皮革室任工程师。1949 年上海解放后，中工所由华东工业部接管，1951 年改属中央轻工业部，更名轻工业部上海工业试验所，任皮革室工程师兼代主任。1952 年轻工业部将原中工所重庆、兰州两个分所的皮革室撤销，将部分皮革科技人员集中到上海中工所皮革室，使之成为新中国成立初全国唯一的皮革科研单位。1954 年，因军需生产需要，轻工业部将上海工业试验所皮革研究室全部（包括人员、设备和图书资料）移交给北京总后勤部军需生产部研究所，继续任皮革研究室主任，并支持扩建试验室及制革中试车间，使科技人员达 40 多人，成为 20 世纪五六十年代国内实力雄厚的皮革科研机构。1965 年升任该所副所长主管皮革室工作。1966 年"文化大革命"期间经受严酷迫害，于 1969 年下放到河南漯河 3515 厂劳动，1973 年 1 月平反回京，恢复副所长职务，并重建皮革室及理化检验室，1980 年套改为教授级高级工程师，1981 年中国轻工学会皮革学会成立时被聘为技术顾问，1981 年、1986 年两度被聘为北京皮革学会顾问。1986 年 7 月退休。1996 年被授予"中国皮革工业科技先导"荣誉称号。

其主要科研成果有：1940—1943 年创新山羊服装革生产工艺；1950 年参加全国猪皮制革试验研究与成果推广；1951 年首创甲醛鞣法，研制出气压表用革生产工艺，后由北京制革厂生产；1951 年完成用于分析植物鞣质的白皮粉的研制，填补国内空白，并由该所独家生产，直至 1963 年转让给上海益民制革厂生产；1952 年完成了采用偏磷酸钠预鞣、池鼓结合鞣法的重革速鞣试验研究，由上海金鋆记制革厂应用于生产轮带革；1960 年主持参与锆盐鞣革的研究，研制出含硅锆鞣剂 ZS，用于轻、重革的鞣制试验获得成功；从 1954 年开始领导制订出原料皮验收、保管、制革生产工艺技术，原材料消耗定额，皮革分析检验方法，质量标准以及统一规范制革术语等一套技术指导性文件；1976 年以后领导军用毛皮大衣减重、烫直毛皮帽的研制技术，获总后勤部科技成果奖。他还参与编著《制革工艺讲义》一书的第五章（中国轻工业出版社 1959 年出版），先后发表论文、译著近 20 篇。在军需内部编辑出版《美军标准译文集》（皮革部分）第一、第二辑和美国联邦标准（皮革的取样和试验方法）两书中任校审。

符之耀

符之耀，男，1918年出生，湖南平江县人，汉族，教授级高级工程师，中国皮革工业科技先导。1939—1941毕业于位于四川省乐山市的"国立中央技艺专科学校"首届皮革制造科。

1941—1945年，在原国民政府经济部中央工业试验所（以下简称：中工所）所属的制革植物鞣料试验示范工厂供职，先后参与"利用四川山羊皮制作粒面与绒面鞋面革和服装革（马燮芳、袁光美、符之耀、杜仁等）、四川兔皮的鞣制与染色（马燮芳、杜示俊、符之耀、王公理）等科研项目工作。

新中国成立后，长期在轻工业部直属皮革主管部门轻工业局、皮革文化用品局供职，主管全国皮革行业科学技术管理工作，参与编制皮革工业发展规划及其实施，负责技术政策性工作。从业以来，曾多次主持或参与对外皮革科技交流，先后比较全面地考察了苏联以及东欧各国的皮革科研与生产状况，曾搜集资料，撰写专辑成册，供国内同行参考借鉴。尤其对猪皮制革科技工作深得造诣，1956年有合编专著《猪皮制革工艺》出版，1959年又参与全国猪皮美化的研究和生产工作。1988年5月，获国家计委、经委、科委联合授予技术政策重要贡献奖，高级工程师（教授级）。1996年被授予中国皮革工业科技先导荣誉称号。

金宗党

金宗党，男，1918年5月26日出生，汉族，江西婺源人，出生于辽宁，高级工程师、中国皮革工业科技先导。1946年毕业于燕京大学理学院化学系，获理学学士学位。1947年到国民政府经济部上海中央工业试验所示范试验工厂工作，该厂生产专供部队用的植物鞣底革和油浸面革。1949年上海解放，政府接收后定名为国营上海益民制革厂。1958年，他被借调到上海市轻工业学校，协助张西林筹办皮革专业，任专业副主任兼教研组长，为期近4年。后因专业调整，又回到益民制革厂，以技术总负责人的名义主持以"氧化脱毛"为主的十大新工艺的技术改造，遂使该厂产量攀升，日产牛轻革达700—750张。"文化大革命"初期，他被安排下车间从事体力劳动锻炼了3年。1969年，被组织调动至上海皮革工业研究所，出任情报资料室主任，负责科技情报工作，从搜集专业书刊和历史资料，到初步建立一个文种比较齐全的专业图书资料室，并配合中国皮革科技情报站开展全国皮革科技情报的传递与交流。20世纪80年代初，上海皮革公司承担"六五"国家科技攻关项目"高档猪正面革生产工艺技术的研究"，组织两厂（红光制革厂、新兴制革厂）一所（皮革研究所）参与研发。其中，"猪油综合利用"子项目由他负责完成，找到了一条可从猪油中分离出仿牛蹄油的途径和分离办法，其产量接收达40%，其性能经分析检测与应用对比，应用效果可与天然牛蹄油相媲美，拓宽了猪油综合利用的途径，提高了猪油的使用价值。该成果以"仿牛蹄油的制造方法"获国家发明专利，并获得轻工业部科技进步奖。

1988年左右，他受聘于山东鲁西南皮革厂，为期4年，圆满完成任务。1992年受聘于浙江省皮革化工厂，作为该厂技术顾问，在此期间与该厂科技人员合作，研发出新产品"海光一号"皮革加脂剂，为该厂创造了可观效益。1997年年届80岁时才正式离开为之敬业终身的皮革科技岗位。

陈惠臣

陈惠臣，男，汉族，1918年11月出生，浙江鄞县人，高级工程师。1942年毕业于上海大同大学。1942—1944年任上海威利化学工业社技术员，1944—1946年任国民经济部中央工业试验所分析室助理工程师，1946—1954年担任上海工业试验所皮革组技术员，1954—1958年在军委后勤皮革所任工程师，1958年调入轻工部皮革工业研究所，担任物理检验工程师，1960年负责理化检验工作、修订统一的质量标准。

1962年6月皮革所成立第一届学术委员会，主任为杜春晏，委员有马爕芳、蒲敏功、陈惠臣、李昌平、李成文、秦明新6位同志，陈惠臣负责分析组工作。1977年他负责设计的皮革物理检验仪器经鉴定安排生产。

1981年经国家标准局、轻工业部批准，依托轻工业部皮革所成立"轻工业部毛皮制革工业标准化质量检测中心站"，他负责全国皮革质量仪器的计量工作：举办全国性的统一仪器、统一方法训练班、完成皮革所标准的修订工作、完成全国各地送来的10多种皮革修订工作。鉴定的仪器：快速崩裂高度测定仪、透水汽性测定仪、重革折裂仪都是国内第一台样机，填补了国内空白。1990年4月中心站分离出标准分支，由轻工业部重新命名为"全国毛皮制革标准化中心"。根据1964年全国轻工会议的精神，他对制革毛皮的化验分析、检测标准的制定以及检测分析仪器的设计开展了研究，从而改变了皮革行业传统的"眼看、手摸"的生产加工及质量控制方法，使产品质量得到了保证和不断提高。他负责的"皮革测试仪器的研究（皮革检测仪器部分）"获轻工业部二等奖，与黄以祥译著《皮革工业化学家协会分析方法》，1985年由中国轻工业出版社编辑出版。他还翻译了英国皮革协会出版的皮革物理性能检测方法约10万字。

1986年7月退休。1989年4月因患肺癌逝世。

石祥麟

石祥麟，男，1919年出生于上海市。汉族，中共党员，教授级高级工程师、中国皮革工业科技先导。1941年毕业于上海东吴大学化学系，获理学学士学位。1941—1956年，历任上海中华制革厂、天一制革厂、联合制革厂工程师、厂长。1956年，任上海轻工业研究所皮革研究室主任。1957年科研成果"蒙囿铬-植速鞣水牛底革新工艺"在上海华大制革厂投产成功。1958年，作为中国代表团成员赴苏联莫斯科参加第三届社会主义国家国际皮革专业会议。1959年，任轻工业部组织的"美化猪革试点组"组长，集中全国制革技术力量在上海进行美化猪革试点工作初见成效，为我国发展猪皮制革生产起到积极作用。20世纪60年代，曾任国家科委轻工专业组成员，轻工业部皮革科技专业组副组长，参与了轻工业部皮革工业重大科研项目的规划和制定。1978年，上海市皮革工业研究所成立后出任所长。1981年被评定为高级工程师（教授级待遇）。1982—1987年，兼任联合国工业发展组织（UNIDO）援建的"轻工业部上海皮革技术中心"第二任国家项目主任、联合国工业发展组织皮革及皮革制品专家组成员、副组长。在连续取得联合国工发组织三期援助项目的过程中，先后聘请国外专家来沪工作25人次，派出赴国外技术培训达12人次，共引进210万美元的先进设备，使皮革技术中心的科研工作在制革、制鞋、制件、化工、分析测试、污水处理、情报资料、人才培训等全方位得到建设，提升了科研水准和服务功能。1983—1986 年主持"六五"国家科技攻关项目"高档猪正面革生产工艺技术的研究"课题研究，该项成果获上海市科技进步一等奖和国家科技进步二等奖。系上海市皮革技术协会第一、二届理事会副理事长、中国皮革工业协会顾问。主持、参与或完成的研究课题成果有：纺织用皮辊革和皮圈革、蒙囿铬—植速鞣水牛底革（使鞣期从 6 个月缩至 1 个月）、在猪革美化试点中试验成功猪皮工业革和生活用革等 13 个品种并加以推广、锆—植结合鞣底革、丙烯酸树脂皮革涂饰剂、鞋用大底胶粘剂、锆鞣白色猪皮皱纹排球革、皮革用金属铬合染料、高频流动模塑新技术应用于革制品生产，等等。1991—1993 年被中国国际贸易促进会聘任为"联合国亚太经社会促进皮革和皮革制品贸易与工业合作项目"顾问。主持编撰的专业刊物与著作主要有：《制革工业》（1950 年创办）季刊（任主编）、《社会主义国家第三届国际皮革专业会议涂饰剂论文汇编》（1958 年，参编者之一）、《美化猪革的研究和生产》（参编者之一）、《锆鞣译丛》（参译者之一）、《中国皮革工业进展》（中英文对照）年刊主编。还先后在《皮革科技》等杂志上发表了"法国皮革工业考察记""美、法两国轻革干燥、整饰工艺和上海近况对比"等论文。1992 年起享受国务院政府特殊津贴，1996 年被中国皮革工业协会授予"中国皮革工业科技先导"荣誉称号。1999 年 3 月 14 日因病抢救无效，在上海中山医院逝世，享年 80 岁。

庆巴图

庆巴图，男，1920 年出生于辽宁省喀左旗，蒙古族。教授级高级工程师、中国皮革工业科技先导。1944 年毕业于日本东京工业大学应用化学科，获工学学士学位。1946—1949 年，任伪天津制革厂代理工务课长。1949 年新中国成立后，任华北军区天津制革厂科长、工程师、技术室副主任。1953 年调内蒙古自治区海拉尔皮革厂任第二厂长。1956 年随中国皮革代表团赴捷克参加社会主义国家第一届皮革会议，同年，借调轻工业部设计院主持海拉尔皮革厂制革车间设计。1957 年当选内蒙古自治区政协委员。1958 年调京，在轻工业部皮革工业研究所任职，先后担任轻革组、毛皮组、人造革组和皮革化工材料组组长。1959 年随团到苏联考察毛皮生产，取得全套剪绒绵羊皮制作工艺，对改进和提高我国毛皮生产颇有助益。1958—1959 年，研究并完成猪皮用蛋白酶脱毛的制革工艺成果；1960 年代表部皮革所在上海参加全国第一届生物化学会议，呼吁生化工作者着手研制制革脱毛用酶制剂，并与上海制革界同行交流酶法脱毛工艺技术，推动了上海和南方地区酶法脱毛工艺在猪轻革生产中的试验与应用。1965—1967 年，被派遣赴尼泊尔皮革厂担任建厂项目设计负责人，在受援国执行现场指导制革生产 3 年。1981 年，随轻工业部赴美皮革考察团考察了美国制革厂治理制革污水情况。1981—1986 年，连续两届兼任中国轻工环保学会常务理事，并于 1986 年研发出猪皮碱法脱毛中消除剩余硫化物的方法。1973—1986 年，担任轻工业部科研项目"多性能合成鞣剂的研究"项目负责人，研制出多种非加脂性脲环鞣剂和表面活性脲环鞣剂，其中表面活性脲环鞣剂具有较多性能于 1982 年通过部级鉴定。多年来在皮革科技期刊上发表论文、报告 20 余篇。1986 年退休。1996 年被授予"中国皮革工业科技先导"荣誉称号。2015 年 11 月在北京逝世。

田矗宇

田矗宇，1922年出生，陕西长安县人，中国人民解放军总后勤部军需生产管理部研究所高级工程师。

1951年研制出铬植结合鞣牦、牛皮两用革。1953年又将黄粬菌和变种黄粬菌应用于制革毛皮生产。曾荣获乙等功臣、先进工作者称号。

1998年被授予中国皮革工业科技先导称号。

徐明骥

徐明骥，男，1923年2月出生，上海市嘉定县人。汉族，中共党员，教授级高级工程师、中国皮革工业科技先导。1945年毕业于上海震旦大学理工院化工系（华东工学院的前身），毕业后在其父徐雪尘开设的制革厂开始从事制革业。1947年春，其父的上海日新制革厂迁至成都，不久收购私营华西制革厂，成立了西南制革厂，徐明骥任厂长；1950—1958年任解放军总后军需生产部505厂工务科负责人、技术厂长；1959—1979年任成都制革厂技术副厂长、主任工程师；1979—1987年任成都市皮革工业公司副经理、总工程师；1987—1990年任成都制革总厂总工程师；1990—2000年任成都制革总厂顾问；2000年3月退休。曾先后随团或组团赴法国、意大利、德国、前南斯拉夫、日本等国家进行访问、考察、洽谈合作或参加联合国工发组织皮革专业会议。曾当选四川省第五、六、七届人大代表和成都市政协委员，兼任中国轻工协会皮革学会常务理事兼学术交流委员会副主任、顾问，四川省科协委员、四川省皮革学会副理事长，成都市粘接学会副理事长、成都市科协常委等职。

20世纪50年代，曾先后研究植物鞣料橡碗浸提的最佳工艺及其应用，以替代进口栲胶生产军用鞋外底革，质量被评为全军第一；研究军用鞋面革制作工艺，革新制鞋单人操作法并创立了手工流水作业生产线，大大提高了制鞋生产效率。60—70年代，领导组织实施了军品转民用产品结构的大转变。其中，一是主持研制了猪修面革、猪绒面革、黄牛修面革，以适应民用消费需求；二是负责底革缩短生产周期取得成效，并推广应用；三是主持改造原捷克军用皮革设备生产线，以适合"军转民"生产；四是从炼胶开始，试验并推广应用模压鞋生产工艺，率先开始生产模压鞋。1980—1990年，主持了企业承担的"良种猪皮制造高档轻革的研究""提高四川路山羊板皮制革的质量研究"等"六五"国家级重点科技攻关项目，这些项目分别获得了轻工业部颁发的二等奖、三等奖；"七五"期间，"提高猪皮革质量的研究""良种猪皮加工新技术及其制品开发"等项目，分别获得了国家科技进步奖评审委员会、国家经委颁发的二等奖，技术开发优秀成果奖。作为国家级星火计划的"猪皮革加工技术开发"（制革部分）先后在四川的内江、阆中、都江堰、彭州、邛崃，重庆江津，山东泰安进行推广应用，不仅使猪皮服装革成为了制革业的主要优势产品，而且还大大地推动了出口皮革服装业的发展。该项目还分别获得了国家星火评审委员会、星火计划成果博览会、星火成果展览交易会的星火科技金奖、银奖、铜奖。1990—2000年，主持了"猪绒面'三防、可洗'工艺材料的课题研究""猪皮仿打光细面革的研制课题""猪苯胺服装革的研制课题""水牛皮箱包革及其制品的研究课题"，这些项目被四川省科委、省轻工厅授予了"企业先进集体"的称号；引进、消化吸收荷兰 STANT 公司"ART 丙烯酸树脂复鞣剂""皮革消光剂""交联型聚氨酯水乳液皮革涂饰剂"等项目，分别被中国科学院、四川省人民政府、国家教育委员会授予科学进步三等奖、省科技进步三等奖、二等奖。

其个人译著有［法］J. 波雷（Jean Pore）原著《皮革加脂方法及原理》（中国轻工业出版社 1986 年出版）一书。还先后在专业刊物上发表论文、报告、译文、综述以及出国考察札记约 40 余篇。半个世纪以来，他对制革、制鞋科技发展做出了重大贡献，20 世纪 90 年代初期，成为第一批享受国务院政府特殊津贴的制革专家，1996 年被授予"中国皮革工业科技先导"荣誉称号。

沈瑞麟

沈瑞麟，男，1924 年 5 月 5 日出生，江苏吴兴人，汉族，中共党员。高级工程师、中国皮革工业科技先导。1946 年毕业于上海震旦大学化学系，历任西南军区后勤军需生产管理局 505 厂技师，成都地方国营制革厂车间主任、技术科长、工程师，成都皮革公司副总工程师、皮革研究所副所长，成都制革总厂副总工程师，高级工程师。先后被评为总后勤部第一届先进生产工作者、成都市劳动模范、中国优秀党员，2011 年 5 月 25 日逝世，享年 87 岁。

其主要成绩有：第一，利用国产栲胶代替进口植物鞣剂研究制作底革，其产品参加总后勤部军需系统评比，获得第一名。其本人被评为总后勤部第一届先进生产工作者并受到毛主席等中央领导的亲切接见。第二，组织并参与完成了国家"六五"科技攻关项目"良种猪皮制造高档轻革的研究"，形成了制造猪服装革从原料皮到成品革的加工技术，其产品加工成皮衣远销欧美等国际市场，给工厂创造出很好的经济效益，获得了国家科技进步二等奖。第三，组织并参与完成了四川省星火计划"皮革加工新技术的研究"，组建了高档猪轻革生产车间，为猪皮革加工技术在全国的推广应用起到了重要作用，并取得了良好的经济效益和社会效益，该项目获得四川省星火科技一等奖。

沈瑞麟同志熟悉英、法、德、俄四国文字，发表了 20 余篇论文及译文。曾兼任过《西部皮革》（原《四川皮革》）《皮革科技》《制革文摘》《皮革科学与工程》等刊物编委、常务编委等职务。

张俊英

张俊英，男，1924 年出生，中专学历，中共党员，是全军改良羊皮梳剪烫军用大衣皮的发明人。

1942 年经人介绍到南阳市东关私营皮行当学徒，因踏实肯干、技术精熟由皮老板出资，到郑州工校学习，学成后应聘至陕西汉中做皮厂的技术负责人。1949 年汉中皮厂被中国人民解放军总后勤部收编，1953 年由汉中迁到甘肃省兰州市总后勤部六〇五厂，1960 年起工厂改名为中国人民解放军总后勤部 3512 厂，1956 年任六〇五工厂三工段段长，历任车间、技术科等部门负责人；1982 年经总后勤部工厂管理局批准，被任命为毛皮高级工程师。

在 3512 工厂工作期间，热爱本职工作，任劳任怨，爱岗敬业。先后完成上百项技术革新任务，1984 年主持试制改良羊皮梳剪烫军用大衣皮，获得总后勤部西安管理局颁发的革新成果奖、兰州军区梳剪烫军用大衣科技进步奖等奖项，为全军毛皮和制革产品的研发和军需生产做出了突出贡献，先后多次荣获部、厂级劳动模范。

张俊英在40年的毛皮研制历程中，静能寒窗苦读，动能点石成金，他是一位出色的毛皮专家和一个值得尊敬的长者，他被西北皮革业界尊称为"西部皮王"。

吕绪庸

吕绪庸，男，1928年10月30日出生，四川省成都市人，汉族，九三学社会员。教授级高级工程师、特聘教授、中国皮革工业科技先导、张铨基金奖获奖者。1943—1946年就读于四川省立成都高级制革职业学校，1948—1952年就读于四川大学化学系；前后攻读制革、化学共7年。毕业后，相继在中央轻工业部重庆工业试验所皮革植物鞣料研究组、中央轻工业部上海工业试验所皮革研究室、解放军总后勤部军需生产技术研究所皮革室、北京市皮革工业研究所从事制革、皮化科研工作长达42年。1994年退休后在民办皮研所继续从事科研工作。先后负责并完成所级、部级、北京市级、国家级皮革科研项目19项，部分成果已用于生产并取得明显效益。其中，获中国专利局发明专利证书两项，获国家级、部省级科技成果鉴定证书多项。主要科研成果有：20世纪50年代完成"利用废革屑块研制再生革"；60年代完成"全部使用国产落叶松—橡碗栲胶鞣制底革"研究；70年代完成"皮革鞣制原理用于人工生物心脏瓣膜制作的改进"研究；80年代初期完成"磷脂加脂剂的研制与应用"；80年代中后期至90年代期间，完成了制革用多种加脂剂、香型涂饰剂、高效防霉剂的研究、羊皮服装革生产工艺技术改进以及牛心包膜制革试验研究。

其著述颇丰，由中国轻工业出版社出版皮革科技书籍22本/种，近450万字，其中，《皮革工艺学的物理化学原理》《皮革鞣制化学》两本被选编入《世界百科名著大辞典》，10本/种被列为大学皮革专业教学参考书。曾发表皮革化学与工程的论文、报告等100多篇。其所著《中国皮革科技史话》于2008年由《西部皮革》杂志社以增刊形式出版。

曾在成都科技大学（现四川大学）、西北轻工业学院（现陕西科技大学）、山东轻工业学院三所大学分别任兼职教授、客座教授、特聘教授、名誉教授、研究生导师。曾任中国皮革学会常务副理事长、九三学社北京市委委员及经济建设委员会副主任，先后获北京市统战系统先进个人（1992）、中国皮革工业科技先导（1998）、四川大学第二届张铨基金奖（2003）等荣誉和奖励。现任国家自然科学基金会皮革立项项目评审专家，成都培根（BACON）皮革科研所技术顾问，中国皮革协会及其科技委顾问，《中国皮革》《西部皮革》《皮革化工》《皮革科学与工程》期刊顾问，《北京皮革》期刊编审。

于 义

于义，男，1930年10月30日出生，汉族，江苏省南通市人，高级工程师、名誉教授、中国皮革工业科技先导。1954年8月毕业于上海水产学院皮革专业。1957年以前，在浙江省工业厅任职；1957年10月开始供职于浙江海宁制革厂，先后从制革技术员拾级晋升为工程师、技术科长、高级工程师、技术厂长、总工程师。1986年至1996年10年间，先后任瑞士山德士化学公司，日本吉川株式会社，浙江越丰、翔鹰、崇福、崇德、普陀、宁波菲尔德、兽王，安徽省科委、蚌埠、太和，四川乐山，河南周口等制革厂（公司）任皮革技术顾问。1996年后，自主创建海宁市于义皮革研究所，任所长。毕生从事皮革事业，致力皮革科技，先后完成的科技创新、新品研发项目诸如"猪皮酶法脱毛""皮革酶法脱毛新工艺""猪皮绒面服装革""铬革剖层新工艺""铬鞣自动提碱新工艺""绷板整饰新工艺""羊皮生态服装革开发及工艺技术""超薄型山羊绒内衣革""羊皮油光服装革研制""蜡干绵羊服装革""彩色薄型牛皮服装革""薄型高档猪皮手套革"以及有关提高猪正面革、猪绒面革、猪正面服装革、猪绒面服装革等产品质量的研究课题，获得皮革科研开发成果57项，其中12项破解了我国皮革业共存的重大技术瓶颈（绵羊民用高档清光手套革，飞机汽缸用牛皮法兰革，工业用水牛打梭革简化工艺研究，猪皮高档民用手套革，猪皮服装革酶法脱毛清洁工艺新技术，山羊平纹服装革，猪皮臀部涂酶强制处理新技术，推广服装革绷板、熨烫强化机械等新技术，生猪皮储存腌制新技术，羊皮脊臀部局部强制处理新技术，羊皮生态服装革技术开发，超薄型山羊绒内衣革），荣获各级科技奖励和荣誉共36次，其中省部级以上奖励19项22次。尤其在"猪皮臀部涂酶强制处理新技术""生猪皮储存腌制新技术""羊皮脊臀部局部强制处理新技术"等技术发明，以及在猪皮制革酶脱毛新工艺的生产实践、关键技术、新品开发、档次提升等方面卓有建树。先后在省级以上专业期刊上发表科技论文70多篇，并编著了《利用废毛制造氨基酸》（上海科学技术出版社1959年版）、《猪皮服装革生产》（中国轻工业出版社1975年版）、《国外制革工艺实例》（常州市轻工职业大学教材1988年版），参编了《国外猪皮制革技术》（中国皮革科技情报站1989年版）等4册专著。曾荣获全国皮革业学大庆标兵、两次荣获浙江省劳动模范，系浙江省皮革行业特别贡献者、全国轻工科技先进工作者，享受国务院颁发的政府特殊津贴，被英国剑桥大学授予"国际名人奖牌"。现任陕西科大资源与环境学院名誉教授。曾任海宁市人大副主任、政协副主席、中国皮革协会科技委员会常委。

马树人

马树人，1930年出生，河南漯河3515工厂制革高级工程师。自进厂以来，就为制革生产和科研工作刻苦钻研，不断创新。1956年他研制的航空皮碗特种勇革，填补了国内空白。1962年，他成功地把国产栲胶用于底革鞣制上，使鞣制栲胶全部国产化，解决了当时进口栲胶紧缺的燃眉之急。1973年他主持新型鞣滤油擦试革的研制，用烷基磺酰替代鱼肝油生产油鞣滤油擦试革成功，解决了鱼肝油资源不足的问题。1981年他应用苯酐于牛正面革浸酸的研究，施行少盐浸酸体系，强化了铬鞣效果，提高了产品质量。改革开放以来，为推动制革生产的发展，仅在1985年就开发了15个新品种，其中，试制成功的"剖面球革及工艺"被评为国家科技进步三等奖和总后科技成果二等奖。先后取得29项科技成果，其中4项填补了国内空白，3项获得全国、全军科技进步奖。

1987年底，在经过无数次的试验中突破创痛工艺观念，马树人研制出了以非膨胀性酸铬鞣和分布复鞣互为补充的复鞣、助复鞣新工艺，全部使用国产原皮和皮化材料，具有高质量水平的铬鞣黄牛皮软面革。先后被中国新兴总公司审批颁发了"科学技术成果视同鉴定证书"、被总后勤部评为"全军科技进步一等奖"、被河南省评为"省优质产品"、被总后生产管理部授予"优质产品"称号、被中华人民共和国轻工业部评为"轻工业部优质产品"。经全军质量奖审定委员会审定，被授予"优质产品"称号，荣获总后勤部颁发的"全军优质产品奖",在全国皮革国家优质产品初选结果中,综合评定为 A 级产品。1991 年 10 月,被国家质量奖审定委员会授予金质奖章。1991 年 5 月 22 日,马树人被中国人民解放军总参谋部、总政治部、总后勤部授予"全军劳动模范"称号;同年 9 月 30 日,被批准享受国务院政府特殊津贴。黄牛软面鞋面革的名字随着软面革远销国内外而越来越响亮,被称为"马氏软革"广为传播。

此后,3515 工厂生产的马氏软革先是被选用为亚运会中国体育代表团的礼仪鞋,后又用于制作国家军乐队的仪仗鞋和联合国派往海湾维和部队的战斗靴。

俞志洪

俞志洪,男,1931 年 9 月出生于上海,原籍江苏无锡。汉族,中共党员,高级工程师、中国皮革工业科技先导、张铨基金奖获得者。1954 年毕业于上海水产学院水产加工系化工(制革工艺)专业。1954—1957 年在商业部中国食品公司任技术员。1957—1994 年一直在中国皮革工业研究所任职,历任皮革研究室副主任、研究所副所长、所长、总工程师;其间还兼任全国皮革机械标准化中心主任委员、轻工业部皮革质量监督检验中心主任。1994 年退休后被返聘为中国皮革和制鞋工业研究院技术顾问。20 世纪 60 年代到 70 年代间,先后参加并完成"国产植物鞣剂鞣制重革的研究"及"底革速鞣的研究""制革酶制剂新菌种筛选及应用研究"和"猪皮鞋面革少铬鞣制工艺研究"等项目的研究,前二者于 1987 年第一次获全国科技大会科技成果奖;后二者获轻工业部科技成果二等奖。80 年代,联合承担"六五"国家科技攻关项目"猪皮制造细面革的研究",担任工艺研究部分的项目负责人,在完成课题研究后总结时,撰写论文并提出了研制猪皮细面革的一系列关键技术和攻克难关的技术措施。该项科技成果先后获轻工业部科技进步二等奖、国家科技进步二等奖。90 年代,先后参加由浙江海宁制革厂承担的国家重点星火计划项目"猪皮细绒服装革工艺研究",于 1994 年获浙江省科技进步二等奖。还参加由山东泰安制革厂和中国皮革工业研究所共同承担的国家经委新产品开发研制项目"防水、防污、防晒牛皮系列软革",该成果于 1997 年获国家经委颁发的"国家新产品奖"。先后在国内专业和核心刊物上发表科技论文 15 篇,参加编写《中国大百科全书》轻工卷"制革"部分和《皮革工业手册——制革分册》(中国轻工业出版社分别于 1991 年、2002 年出版)。1991 年首批享受国务院颁发的政府特殊津贴,1998 年被授予"中国皮革工业科技先导"荣誉称号,2001 年获首届张铨基金奖,2009 年获中国皮革和制鞋工业研究院"年代杰出人物"荣誉称号。

杨天一

杨天一,男,1932 年出生于四川省资阳市,汉族,中共党员。高级工程师、中国皮革工业科技先导。1955 年毕业于成都工学院,毕业后分配到新疆军区生产建设兵团皮革厂工作,历任车间副主任、厂部生产技术股副股长、车间主任、生产办公室负责人、工程师办公室负责人等职务,先后被评为新疆维吾尔自治区科普积极分子、乌鲁木齐市青年技术标兵、自治区和兵团的先进工作者,并获兵团科技发明奖。1978—1983 年在香港华润集团精艺贸易公司、澳门精艺皮草厂任技术经理、工厂经理、总工程师。1983 年出任轻工业部毛皮制革工业科学研究所副所长,1987 年升任所长。1988—1990 年调中国轻工业新技术组织研究开发中心，任开发一部主任和中心副总工程师。1991年调回轻工业部毛皮制革工业科学研究所任所长，1992年10月退休。他一直从事皮革、毛皮工艺的研究与应用，先后主持和参加了"毛皮铝铬鞣浸酸鞣制同浴连续使用""新疆细毛革的鞣制、染色工艺技术研究试验""毛皮醛铝鞣制方法的研究""新疆细毛羊剪绒仿海狸皮鞣制、染整、直毛工艺的研究""多脂绵羊皮有机溶剂乳化脱脂法的研究""回收洗毛废液中羊毛脂的浮选法及有机溶剂提取提纯法的研究""使用氧化还原法（红矾）直毛法代替甲醛直毛法的研究""毛皮酶法软化的研究""毛皮中性酶软化法研究"和"水貂、黄狼、湖羊、红狐、滩羊增白增光的鞣制、加色、染色新工艺"等科研项目。另外，还首次成功完成了"利用人工筛选的酶制剂软化毛皮"项目。他所研究的"毛皮铝铬鞣、醛铝鞣""细毛革的烫酸直毛法""红矾氧化直毛法"和"多脂绵羊皮的煤油乳化脱脂"等科技成果在新疆推广应用，有些项目普及到全国许多省市，其科研成果的普及推广，推动了我国皮革行业的健康发展。同时，长期的科研工作经历，也使他在国内皮革毛皮行业中和美国、意大利、中国香港、中国澳门等国家和地区毛皮同行中享有较高的知名度。2009年，被授予"中国皮革工业科技先导"荣誉称号。

陈鸿炳

陈鸿炳，男，1932年8月出生，江苏常州人，1986年3月加入中国共产党，是长期从事皮革工业的高级工程师。1954年毕业于上海水产学院，先后担任上海益民制革厂技术员、上海轻工业研究所技术员、上海皮革化工厂研究室主任、高级工程师、总工程师。1959年调入上海皮革化工厂，1960年晋升为工程师，历任厂研究室主任和总工程师。1983年和1984年两度被评为上海市第二轻工业局先进生产者，1985年和1987年连续二次被评为上海市劳动模范。1988年晋升为高级工程师，其间他还曾任《皮革科技》专刊编委和《中国皮革》杂志名誉编委，上海皮革技术协会理事。

陈鸿炳在40余年的工作生涯中，勤奋学习，努力工作，积极创新。早在20世纪六十年代初，他与同事合作研制成功了制革用丙烯酸树脂乳液，填补了国内空白，为我国制革用丙烯酸树脂产品的发展奠定了基础。20世纪80年代，他又先后负责研制成功了合成鞣剂PA和MR—102；树脂鞣剂RS和RE；含铬鞣剂CR；皮革加脂剂CS、OS、BS和磷脂加脂剂，以及多项丙烯酸树脂新品种；可调型光亮剂M—3及滑爽剂330；无酪素颜料膏系列；软革封底剂等产品，多项产品性能达到或接近当时国际先进水平。尤其是改革开放以来，陈鸿炳迸发出极高的工作热情，研发成果不断涌现。截至20世纪80年代末，由其负责研制并投入批量生产的皮化产品的年产量已超4000余吨，产值2000余万元，利润近500万元。1996年，由其负责研发的树脂复鞣剂RE、合成鞣剂MR—102、可调型光亮剂M—3等产品荣获中国首届"国产皮化材料精品"称号。

陈鸿炳在主持上海皮革化工厂科技工作期间，注重技术管理和发挥其他科技人员的工作积极性，主持制定和修订了多项企业技术管理章程，发动广大科技人员，积极从事科技创新活动，使企业的科技进步工作得到了长远的发展，有力地保障了企业综合实力的明显提升。

陈鸿炳在长期的科研和技术管理工作中，十分注重专业学习，追求先进技术，致力于技术交流，担任《皮革科技》专刊编委和《中国皮革》杂志名誉编委，先后发表了多篇学术论文，并独自或与他人合作完成了中国化工商品大全（增补本）《皮革化学品篇》、制革化工材料《丙烯酸类涂饰剂》及制革化工材料手册《皮革加脂剂》等专著。

陈鸿炳毕生从事皮革化工工业的科研与产品开发工作，是对中国皮革工业有突出贡献的专家、高级工程师。

刘子瑜

刘子瑜，女，1932年12月出生，籍贯四川省，1955年毕业于四川化工学院皮革专业，先后在北京市制革厂和北京市皮革公司从事专业技术和管理工作，历任车间技术员、技术室副主任、车间副主任，技检科长、技术副厂长、皮革公司副总工程师兼技术科长等职务，高级工程师。1959年加入中国共产党，1959年以后，多次被评为地方工业局"建设社会主义积极分子"、先进工作者、工业学大庆标兵、北京市科技先进工作者、市"三八"红旗手。1978年参加全国科技大会被授予"全国科技先进工作者"，全国"三八"红旗手等称号，是北京皮革行业科技工作的代表人物。

刘子瑜勤于实践、勇于创新，科技成果显著，其负责研制、生产并推广的成果达27项，为提高皮革质量、增加花色品种、提高经济效益做出重大贡献。

1978年，刘子瑜主持研制开发牛定音鼓皮，从工艺设计、研制开发到达标生产，满足了国内20多个省市专业文艺团体的急需，填补了国内产品空白，质量达到进口产品水平，价格仅为进口产品的1/6。为满足出口皮革制品及国内市场的需求，先后研发出羊、猪皱纹革，羊苯胺革，效应革，金银革，修面革，猪软面革，劳保手套革等新品、花色几十种。并应用推广加脂剂、修饰剂、填充剂等新型皮化制品和代用材料。提高了产品档次、质量，降低了材料消耗，为企业和行业带来经济效益。

刘子瑜在技术管理工作中，先后负责北京地区1982年至1988年间四届全国皮革质量评比工作，通过参加评比，研究改进产品质量，促进北京地区制革行业的发展，使皮革质量由过去的全国评比二类产品，上升为全国一类产品的前三名，为提高北京制革在全国的地位做出了成绩和贡献。她负责组织编制了北京皮革行业"六五""七五"发展规划和科技振兴计划，并组织协调重点科研项目、新产品、新品种、技改项目和科技交流等工作，为北京皮革行业的发展起到了积极的促进作用。在负责北京皮革学会的工作中，组织开展数十次的学术交流、国外考察、培训讲座及义务咨询服务等。

刘子瑜同志在几十年的工作期间，先后在国内皮革科技刊物上发表专业论文6篇，计4万余字。在专业书刊《猪革美化的研究与生产》《中国皮革科技》《北京皮革》上发表编译文章15篇7万余字，对北京及全国的制革行业发展均有指导作用。

自1993年起，刘子瑜享受国务院政府特殊津贴。

段镇基

段镇基，男，1934年2月出生于四川省成都市。汉族，中共党员，教授级高级工程师，中国工程院首批院士。1956年毕业于原成都工学院皮革及鞣皮剂专业。毕业后一直在轻工业部皮革工业科学研究所（现为中国皮革和制鞋工业研究院）从事制革及皮化材料的科研工作，后出任该院技术总监，曾多次荣获国家和部省级奖励。1978年获全国科技大会先进个人奖，1986年获全国发明展金牌奖、国家科技进步一等奖，同年被评为国家级有突出贡献中青年专家，1991年享受国务院颁发的政府特殊津贴，1994年被遴选为中国工程院院士。他的名字和业绩被列入《当代世界名人传》和《中国科技人物辞典》。曾任第九、十届全国政协委员，中国皮革协会名誉副会长、上海市皮革技术协会名誉顾问、制革清洁技术国家工程实验室学术委员会主任、四川大学、陕西科大特聘教授、《中国皮革》杂志顾问。

长期以来，凭借献身皮革事业的远大志向和对新事物的敏锐性，他首先在中国试制出修正粒面革，将带有粒面伤残的原料皮，通过选坯、磨面、树脂涂饰等工艺技术，并赋予革面富有掩盖性的、可与天然粒面媲美的人造粒面，以提高成革的出裁率和利用率。在苯胺革传入国内后，他在发展树脂涂饰技术上通过涂料、涂层和涂、喷技术的创新和集成，研制了苯胺革。在总结提高皮革丰满、弹性的理论基础上，为增强鞣制作用，防止皮革板硬，他借鉴国外经验在复鞣上下功夫，试图将新的活性基团引入革内，以推助鞣制作用，并通过大量试验，成功地研制成PAT助鞣剂。进而，针对铬鞣高吸收和解决铬污染，又带领他的团队，研制出PCPA防铬污染助鞣剂。他先后参与了全国美化猪革试点工作、主持和参与了"六五""七五"国家科技攻关项目和省部级科研项目的研究，其中，试制出皮革顶层涂饰材料的研究获轻工业部三等奖，结合鞣面革喷染、涂饰及其材料的研究于1981年获轻工业部三等奖，猪苯胺革生产工艺的研究于1982年获省级二等奖，黄牛软修面革的研究获省级三等奖，含有多元羟基和多元羧基的功能高分子——PAT助鞣剂于1985年获第二届全国发明展金牌奖，"六五"攻关项目"提高山羊皮革质量的研究"于1987年获国家科技进步一等奖，高档猪软底革于1991年获轻工业部科技进步二等奖。

2005年，经国家科学技术奖励办公室批准，中国皮革和制鞋工业研究院、国家皮革和制鞋行业生产力促进中心设立了"段镇基皮革和制鞋科学技术奖"。

2009年6月，段镇基院士因病抢救无效，于北京逝世，享年75岁。

朱孝于

朱孝于，男，汉族，1934年12月出生，江苏省镇江市人，高级工程师，《中国皮革》首任主编。

1956年于成都工学院制革专业毕业。毕业后分配到轻工业部设计院工作，1958年进入轻工业科学研究院皮革所筹备组工作。工作期间，曾主持和参加了我国第一个正规设计的制革厂项目——西藏制革厂建厂设计，我国第一个制革援外项目——尼泊尔制革厂以及桑给巴尔制革厂，海拉尔制革厂扩建工程设计。

曾参加核试验皮革效应试验研究工作，编写4万余字的《原子辐射对皮革的影响和防护》报告。曾参与筹建平顶山制革厂工作。1973年开始从事全国性专业科技情报刊物——《皮革科技动态》（后更名《皮革科技》，现为《中国皮革》）的编辑工作，1979年开始任刊物主编。1980年1月，《皮革科技》在江西赣州成立了第一届编辑委员会，兼任编委会副主任，后担任编委会主任。此后，编委会凝聚了行业的许多精英，组织召开了多次会议，举办了多个行业重大活动，为推动中国皮革情报事业的发展做出了较大的贡献。1986年《皮革科技》获得轻工业部科技情报成果二等奖；1995年《中国皮革》被国务院学位委员会及国家教委研究生教育委员会选入"学位与研究生教育中文重要期刊目录"；1996年被轻工总会评为优秀科技期刊一等奖。1977—1979年编写出版了《国内外皮革工业生产技术水平》（中国轻工业出版社出版）；1986年，承担了轻工业部科技情报项目——《引进国外制革、制鞋毛皮机械调查研究》，成果由中国皮革科技情报部出版，1987年作为项目负责人承担的轻工业部科技情报项目——《国产主要制革制鞋毛皮机械调查研究》获得优秀奖。

1994年退休。2013年7月因病去世，享年79岁。

邓启明

邓启明，男，汉族，1935年9月出生，湖南醴陵人，中共党员，广州华南工学院（现华南理工大学）化工系橡胶专业毕业，高级工程师，1992年开始享受国务院颁发的政府特殊津贴。我国制鞋界老专家，毕业后一直在轻工业部皮革所和轻工业部制鞋研究所从事人造革及鞋用材料等方面的科研工作。历任工程师、室主任、高级工程师、副所长等职务，先后荣获轻工业部"工作标兵""轻工业科技先进工作者"称号。

工作期间，主持承担了多个国家级项目，其中"热塑橡胶的研制及在制鞋工业中的应用"获轻工业部科学技术成果二等奖、国家科技进步三等奖。主持的项目"以热塑橡胶（SBS）为基料的鞋用黏合剂的研究"获轻工业部科学技术重大成果二等奖；"鞋用热熔胶系列的研究"获轻工业部科技进步三等奖；"七五"国家重点攻关项目"舒适、时尚、轻软、高档皮鞋的研究"获轻工业部科学技术进步二等奖。

从事专业主要工作：1958—1961年，帮助南京111厂（总后所属）制人造革，进行发泡人造革的探索性试验和人造麂皮的小试。1962年以其为主研制的微孔塑料拖鞋在广交会成交，而后又研制了"片状配料工艺"，随即被福州塑料厂采用，后来在全国各地生产，截至1986年该产品出口约8亿双，创汇3亿多美元。1971—1974年承担河南平顶山树脂厂的设计，负责年产3000吨PVC树脂，包括电石、烧碱等配套工程；从事鞋用包头胶、抿边胶及无苯氯丁胶的研究；1978年开始为"热塑性橡胶SBS的合成应用研究"项目负责人及主要研制者。1980年负责研制的"以SBS为基料的鞋用外底黏合剂"，1983年通过鉴定，而后被多个工厂使用。1983年负责国家"六五"科技攻关项目"皮鞋生产装配化的研究"课题中材料部分。

主持将《制鞋科技》由内部刊物改为双月刊，后来易名为"中外鞋业"，组织编辑出版《中国鞋业大全》一书，组织翻译美国《胶粘剂技术与应用手册》。发表了多篇学术论文，其中"论制鞋材料的表面处理和处理剂"被美国权威文库"化学文摘"收录。

1996年1月退休。

周 敬

周敬，男，汉族，1936年12月出生于河北阳原县，1957年毕业于北京化工学校塑料专业，1965年于北京电大物理系毕业。高级工程师，在轻工业部制鞋研究所长期从事制鞋标准化工作。

1957—1976年先后在化工部沈阳化工研究院、北京化工研究院、二轻部塑化局工作，1976年开始在轻工业部制鞋研究所从事标准化、物理检测工作，长期担任质量检测与标准化室主任，1993年开始享受国务院颁发的政府特殊津贴。

工作期间，主持研究的试验仪器、试验方法、国家标准和行业标准，曾获省、部级两项四等奖、两项三等奖、一项国家标准科技成果四等奖；参加的《轻工业十一类拳头产品在出口创汇中标准化问题的研究》项目获部科技进步二等奖。

主持负责的项目有："鞋类耐折试验仪和试验方法""鞋类耐磨试验方法和仪器""剥离试验仪的研制"等科研项目获国家标准奖、轻工业部科技进步奖及黑龙江科技成果奖。1982 年制定的"GB 3905—83 鞋类耐磨试验方法"国家标准是国内外首创新标准；制定的"GB 3903—83 皮鞋剥离强度试验方法"国家标准比国外同类标准合理；制定的"GB 3904—83 鞋类耐折试验方法"国家标准国外无相同标准。1984 年以来制定的国家专业（部）产品标准有多项按这些标准执行，扩大了标准化成果，改变了我国制鞋专业标准混乱的状况。1985 年制定了我国《制鞋专业标准体系表》，完成了《胶粘皮鞋》《线缝皮鞋》《模压皮鞋》《硫化皮鞋》国家标准，是我国首批皮鞋产品国家标准。组织指导科研院所，京、津、沪、川等地和公司（厂）科技人员完成制（修）订国家标准和专业（部）标准 10 多项。组织研究国际标准化组织新的鞋号国际标准草案，提出我国的投票意见。负责中国制鞋工业标准化质量检测中心站管理工作，增加和完善测试手段，使中心站处于同行业技术领先地位，负责国际标准化组织技术委员会国内技术归口工作。起草了《全国制鞋工业标准化技术委员会章程》。1981—1986 年举办 10 期测试技术培训班，担任主讲。还先后发表了多篇科技报告和论文，编写的《聚四氟乙烯成型》一书由化学工业出版社出版。

1996 年 12 月退休。

魏德卿

魏德卿，女，1937 年 8 月 28 日出生，四川省绵竹市人，汉族，中共党员，教授、中国皮革工业科技先导、张铨基金奖获得者。1958 年毕业于成都工学院（现四川大学）化工系塑料专业。1958—1960 年在中国科学院北京化学研究所进修高分子溶液性质的研究，1980—1983 年先后在德国哥廷根（Guettingen）大学、图宾根（Tuebingen）大学有机化学研究所从事功能高分子的合成与性能研究。1960 年后在中科院成都有机化学研究所从事高分子合成、表征以及天然高分子（皮胶原和蚕丝蛋白）改性及功能化的研究。1989 年晋升为研究员，1992 年享受国务院政府特殊津贴，1996 年被评聘为博士生指导教师。1998 年被评为四川省学术技术带头人。2001 年获首届张铨基金奖。她长期从事高分子化学研究，在天然高分子改性及功能化领域取得了显著成绩。先后承担国家"七五""八五"重点科技攻关项目，国家自然科学基金、轻工总会发展基金、省科委基金及省重点科研项目，横向委托项目等 33 项科研任务，先后研制开发成功以 ART 丙烯酸树脂复鞣剂、FRT 防水加脂复鞣剂为代表的一大批（12 个系列 20 种新型皮化材料）享有盛誉且拥有自主知识产权的新型皮化材料。通过省部级鉴定成果 20 项，获奖项目 7 项，其中获四川省科技进步二等、三等奖各一项，科学院科技进步三等奖两项，获轻工总会科技进步二等奖一项，成都市、广东省江门市科技进步二、三等奖各一项，成果达到 20 世纪 80—90 年代国际同类材料的先进水平，代替了同类进口材料，形成了独自特色。成果转化成生产力的转化率达 90% 以上，上述成果已在四川、山东、浙江、江苏、广东等多家化工厂推广转让生产，产销量达 4000—5000 吨／年，其中 6 种材料已被中国皮革协会评为国产皮化材料精品。仅丙烯酸树脂复鞣剂系列两个产品（ART—1 助鞣型和 ART—2 自鞣型），在全国 8 家皮化厂推广，就新创产值 3200 万元/年，每年为国家节约外汇 210 万美元，结束了复鞣材料依赖进口的局面。她领衔组建了皮革化工材料研究中心，是该中心学术带头人、中心主任。作为中国科学院成都有机所学术技术委员会委员、高分子物理与化学博士点的学科带头人，先后在国内外学术刊物发表论文 146 篇，其中被"SCI"收录 24 篇[A1]，参与编撰《皮革工业手册》（皮革化工材料分册）中"丙烯酸树酯复鞣剂"部分并参加了对全书的校审，申请发明专利五项，培养硕士生 11 名、博士生 6 名。先后获中国科学院先进工作者、四川省"三八"红旗手、研究生优秀导师等荣誉称号，多次被评为中科院成都分院和本所先进工作者、优秀共产党员。

陈为梁

陈为梁，男，汉族，1937 年 10 月出生，四川重庆人，高级工程师。1963 年毕业于成都工学院皮革专业。毕业后被分配到二轻部皮革所，劳动锻炼一年后在轻工业部制鞋所先后任技术员、工程师、室主任、高级工程师、副所长、总工程师等职务，中国皮革学会理事。1992 年享受国务院颁发的政府特殊津贴。

毕业后一直从事制鞋工业的科研工作，主要技术领域：制鞋、制楦工艺技术、计算机在鞋帮、鞋楦设计加工业的应用。

1965—1967 年参加全国脚型测量、脚型分析方法的讨论和方案的拟订工作，组织全国 10 多个城市脚型测量和分析工作。参加统一皮鞋鞋号的研究工作，参加筹备和组建轻工、化工、商业三部、四鞋研究办公室。1968—1972 年参加组织全国农村 15 万脚型测量和分析工作，主要参加统一皮鞋、胶鞋、布鞋、塑料鞋鞋号的研究工作。1972—1977 年在上海等十余省市举办推广统一鞋号及新楦型技术培训班并担任技术主讲，培训制鞋、制楦技术骨干 2000 多名。他主要参加全国脚型测量分析、统一中国鞋号、研究制定皮鞋、胶鞋、布鞋、塑料鞋鞋楦尺寸系列标准及推广工作（"统一鞋号和鞋楦尺寸系列"），获 1978 年全国科学大会奖。1982 年编写中专教材《皮鞋工艺设计》一书中的"鞋楦设计"部分。

1983 年参加《轻工业技术经济研究专题资料》的编写工作，负责"制鞋工业"部分。该资料 1985 年获国家科技进步三等奖。1982—1985 年作为项目负责人，承担国家"六五"科技攻关项目——"皮鞋装配化生产新技术新工艺新材料研究"。该项目 1988 年获轻工业部科技进步二等奖，1989 年获国家科技进步三等奖。承担"不同后跟高男女单皮鞋楦后身标准的研究"和"皮鞋鞋跟标准化的研究"两个课题，在全国鉴定会上受到专家的肯定。1986 年承担"七五"国家科技攻关项目——"舒适、时尚、轻软、高档皮鞋开发研究""CAD/CAM 在鞋楦、鞋帮设计加工中的应用"。其中，"舒适、时尚、轻软、高档皮鞋开发研究"1991 年获轻工业部科技进步二等奖，"CAD/CAM 在鞋楦、鞋帮设计加工中的应用"1994 年获中国轻工总会科技进步二等奖。组织承担了"八五"国家重点科技攻关专题"皮革 CAD/CAM 集成系统的开发和应用"。他是"六五"和"七五"国家重大科技攻关项目负责人和具体工作的组织者，为我国制鞋工业做出了重大贡献。

1997 年 8 月退休。

温祖谋

温祖谋，男，1939 年 10 月出生，江西玉山人，汉族，中共党员。高级工程师、客座教授、特约研究员、中国皮革行业科技先导、张铨基金奖获得者。1956—1959 年就读于上海市轻工业学校制革工艺专业，毕业后分配到上海红光制革厂工作。1978—1982 年在职攻读电大，1982 年毕业于上海电视大学化学系。曾任上海皮革公司副总工程师、质量管理科科长，上海六联制革厂厂长，上海富国皮革有限公司副总裁，上海市皮革技术协会理事长，中国皮革学会常务理事，中国皮革工业协会科技委常委，中国国际经济贸易仲裁委仲裁员。退休后，仍兼任上海市皮革技术协会常务理事、高级顾问，《中国皮革》杂志编审，四川大学轻纺与食品学院客座教授，陕西科大资源与环境学院客座教授，中国管理科学研究院特约研究员，上海市高级专家协会会员。自 20 世纪 70 年代开始，先后发表专著、论文共约 200 万字。所编著的《制革工艺及材料学》（上、下册，中国轻工业出版社出版）系国内第一部中专、技校通用教材，高等院校专业教学参考书；主编的《皮革箱包质量检验》系箱包设计、工艺配套丛书。曾多次参与我国皮革工业发展政策、科技规划的研究、制定和论证工作。因多次参与德、美、英、意、瑞、日等国际著名皮革专家、学者来华的学术交流活动，曾参加第一、二、三届亚洲皮革科学技术会议，与会宣讲或发表了《论八十年代猪皮制革新技术》等 3 篇科技论文，被列入"中国科技中、青年国际科技交流人才库"。在上海红光制革厂期间，曾兼任厂办技工学校皮革专业课教师，先后培育了 6 届 8 班 300 多名学生，毕业后成为上海皮革行业生产技工和技术骨干。1982—1983 年受联合国工业发展组织（UNIDO）派遣赴匈牙利布达佩斯 TESCO 进修研究皮革分析检测，并参加第七届国际皮革、皮鞋工业学术会议。回国后，参加该援助项目第一、二期工程建设工作，直至初步建成轻工业部上海皮革技术中心。1983—1985 年，参加并完成了"六五"国家科技攻关项目"高档猪正面革生产工艺技术的研究"（项目编号：65 - 9 - 1 - 1），系该项目主要完成者之一，先后获上海市科技进步一等奖、轻工业部科技成果一等奖、国家科技进步二等奖。1984 年应青海省皮革公司邀请赴西宁市为西北五省区制革工艺专修班讲学，主讲制革工艺学。1985—1990 年因从事皮革和皮革制品技术研发和质量管理，尤其在全上海市轻工系统率先推行全面质量管理与质量否决权，并率先建立、制定、实施《皮鞋质量"三包"规定》的售后服务机制，保护消费者合法权益，成绩卓著，被评为 1990 年度上海市优秀质量管理工作者。1989—1992 年，连续四次蝉联"上海市轻工系统专业技术拔尖人才"荣誉称号和奖励。1993 年荣获国务院颁发的表彰为发展我国工程技术事业做出突出贡献的荣誉证书，并享受国务院政府特殊津贴；此后，个人传略和业绩被先后载入《中国专家大辞典》《当代中国人才库》《中国世纪专家》等系列丛书。1994—2006 年，倾力于创建、参与中外合资上海富国皮革有限公司工作，延续并拓展了上海制革行业迁建改造工程项目成果，使之最终实现工业化生产。1996 年作为合资中方代表出任公司执行董事、副总裁、党组织书记，分管公司人事、行政、环保和有关政府事务，兼任联合国工发组织援助项目（制革污染控制、职业安全健康）上海大场示范点首席执行官。其间，被 UNIDO 聘为该项目的专家之一，为执行国家项目办公室"点上受援、面上受惠"的方针和项目成果在海宁、辛集等地的推广应用而不遗余力。1999 年荣获上海市人民政府表彰 TQM 20——从事质量管理工作 20 年的荣誉证书。2001

年光荣出席上海市第四届科学技术大会，作为全国皮革知名专家和上海市皮革专业学科带头人被列入"上海市科技人才库"。2005年起，被列为上海市中国工程院院士咨询与学术活动中心的特邀嘉宾。

李广平

李广平，男，1939年10月7日出生，汉族，正高级工程师。1964年毕业于天津工学院基本有机合成专业。1964—1992年先后担任天津市皮革研究所技术员，天津市皮革化工厂工程师、高级工程师、技术厂长，天津市制革公司总工程师、高级工程师。1993—1998年担任天津津港（集团）有限公司皮革化工分公司、天津南华皮革化工有限公司高级工程师。社会兼职有：山东轻工业学院客座教授，中国轻工业部技术委员会专家组专家，中国皮革协会皮革化工专业委员会常委、专家组副组长，中国轻工业部"七五""八五"科技攻关项目立项、鉴定、验收专家组专家，天津皮革协会理事、中国皮革协会常务理事。此外，还担任过《中国皮革》《皮革与化工》《皮革科学与化工》等杂志编委。

李广平从事皮革化工新产品研究开发30余年，先后成功研制合成鞣剂、合成加脂剂、皮革助剂等各系列新产品20余种。其中，1981年，"天然石油连续氯化、氯磺化反应生产皮革加脂剂新工艺"荣获天津市优秀科技成果二等奖。1983年，"合成加脂剂SOC"荣获中国轻工业部重大科技成果四等奖。曾主持完成两项综合性大型工程项目：1974—1979年主持完成天津市皮革化工厂建厂和投产整体工程，并主持程林庄新厂区的全面工作；1984—1989年主持完成引进英国霍奇森（HODGSON）化学公司Neosyn系列合成鞣剂6个品种的建设和投产工程，在我国皮革化工领域开创了引进世界先进皮革化工技术软件的先例。曾因公先后于1984—1988年四次赴英国霍奇森（HODGSON）化学公司进行技术考察。1985年又随天津市经济代表团赴联邦德国进行为期40天的经济技术考察。1996年以来先后多次参加亚洲国际皮革科学技术会议并发表论文。已经出版的主要编译著作有《皮革化工材料生产及应用》《热熔胶的制备及实用》《皮革化工材料化学与应用原理》；参编审校的著作有《皮革化工材料》（四川联合大学编，李广平审阅）、《皮革化工材料手册》（李广平参编，审校）；1980—2002年，先后在《中国皮革》《皮革与化工》《北京皮革》《石油化工报导》《化工时刊》等杂志上发表论文数十篇。

金宝仲

金宝仲，男，汉族，1940年12月生，辽宁省鞍山市人，中共党员，教授级高级工程师。1996年获享国务院政府特殊津贴。1965年，从吉林大学生物化学专业毕业后被分配到第二轻工业部皮革工业科学研究所工作，先后任制革室副主任、工程师、制革研究室主任、所党委副书记、副所长等职，1987年任党委书记，1989年5月任所长，2002年退休。

1970—1974年，他主持了"制革酶制剂新菌种——166蛋白酶筛选和应用研究"项目，筛选出放线菌166新菌种，研究出发酵条件，制定了生产工艺，测定了酶的性能。该项目填补了国内工业化生产放线菌蛋白酶的空白。利用166放线菌蛋白酶在制革工业中，对猪、牛、羊皮脱毛软化取代了硫化碱脱毛方法，可大大改善劳动条件，减轻脏、臭、累和硫污染，对保护环境有重大意义，当时在全国范围内大力推广。该项目在1978年获全国科学大会奖。

1974—1980年，他主持了"酶脱毛机理的研究"项目，从生物化学、组织学、组织化学角度，对猪皮组织结构，蛋白酶进入皮中的途径和分布，蛋白酶脱毛软化的效果，皮组织微观变化进行研究，发表了十几篇报告和论文，有的文章被国外杂志摘录或引用，具有重要的学术价值。该项目1981年获轻工科学院科技进步二等奖，1983年获轻工业部科技进步三等奖。

1983—1985年，主持参与了国家"六五"科技攻关项目"猪皮制造细面革工艺的研究"，解决了猪皮革粒面粗糙、毛孔大、革身板硬、欠丰满柔软、涂层厚、色泽不鲜艳等问题，该成果在大生产中应用后，产品质量明显提高，经济效益和社会效益显著。该项目获1986年轻工业部科技进步二等奖，1987年获国家科技进步二等奖。

1987—1989年，主持参与了国家"七五"科技攻关项目"提高猪皮革质量的研究"，即"南方低次猪皮制革新技术的研究"，主要内容是利用南方低次猪皮，制成绒面服装革、家具革、箱包革等，在研究中阐明了上海地区猪皮组织学特征及加工中的变化，使猪皮绒面服装革、家具革感观好，理化性能达到要求，产品质量达到国内先进水平，箱包革达到国内领先水平，其理论阐述对科研和生产均有指导作用。该项目1991年获上海市科技进步一等奖。

在担任皮革研究所所长和党委书记期间，正值科技体制改革，事业费逐年减拨，为适应新形势要求，研究所科学管理，民主决策，制定各种适应市场经济要求的规章制度，鼓励科技人员，开发新技术、新工艺，为企业服务，承担省、部级科研项目26项，所项目8项，这些项目都按时完成，其中获省、部级奖励14项，同时完成204项企业服务合同，使研究所很快适应了市场经济，也大大改善了职工的居住和生活条件，为行业的发展做出了积极贡献。

李炳章

李炳章，1941年出生，河南省新郑市人。中共党员，高级工程师。1966年毕业于北京轻工业学院有机化工系皮革工程学专业。先后在内蒙古锡林浩特皮革厂、三部（轻工业部、商业部、外贸部）毛皮研究小组、徐州淮海制革厂、徐州市皮毛厂、徐州淮海皮革联营公司、徐州鹰球皮革集团公司工作。先后担任淮海制革厂技术科长、副厂长、皮毛厂书记兼厂长，徐州淮海皮革联营公司总工程师，徐州鹰球皮革集团公司副总经理、总工程师，党委委员。徐州市和鼓楼区第八届人大代表。行业内曾担任徐州市皮革协会理事、江苏省皮革协会理事、《皮革科技与工程》《皮革与化工》编委，中国皮革协会科技委员会委员等职。

李炳章一直从事制革、毛皮的实践与研究工作，对国内外的化工辅料应用、快速鞣制方法，对各类鞋面革、包袋革、沙发革进行过深入的实践研究。对袋鼠皮的显微结构及制革方法进行过研究并从事过污水处理工作。对多家制革厂进行过可行性设计。在担任徐州市皮毛厂厂长期间和1992年兼任淮海制革厂厂长期间使企业扭亏为盈。在长期的工作中总结并在行业杂志上发表过十几篇论文，如《铁离子在植物鞣中的络合上掩蔽》《进口蓝湿黄牛皮加工中松面问题探讨》《黄牛软面革生产技术》《沙发革生产技术》《袋鼠皮原料及制革技术》等，有的曾在亚洲国际皮革会议上发表。翻译过国外制革文献十几篇，与金宗党、朱鸿年合著的《制革工业译文选》第一辑已由中国轻工业出版社出版。参与写著的《毛皮鞣制新工艺汇编》《毛皮鞣制分析检验》皆出版发行，受托参加编写国家职业资格培训教程《皮革加工》教材一套共三本已出版发行。在主持技术工作期间曾经使徐州的猪皮正面革、修面革、黄牛修面革取得全国评比第一、第三和第五的好成绩，产品被评为轻工业部和江苏省优质产品称号，皮毛厂的狗皮、猫皮被评为轻工业部优质产品称号。他非常重视人才培养和引进技术，为本公司和省内培养了一大批技术人才，邀请国外专家来公司进行技术交流，引进国外先进技术和化工材料，派技术人员赴国外学习，如今这一批人才皆工作在浙江、福建、广东等地制革厂，为行业做出了很大贡献。

范贵堂

范贵堂，男，汉族，中共党员，高级工程师，1941年出生，辽宁锦县人，1962年毕业于沈阳轻工业学院，被分配到沈阳皮革厂，1964年任见习技术员，1972年调到辽宁省第二轻工业局，1980年恢复省皮革公司，转到皮革公司，晋升技术员，1983年任技术科长，1988年晋升工程师，1989年任副总工程师，1990年任原皮站站长，1991年任皮革公司副总经理，1992年晋升高级工程师，同年出任辽宁省高级职称轻工组评委和辽宁省科技进步奖评审轻工组成员。1996年调到辽宁省轻工集团，1998年到辽宁省轻工实业公司任总经理。在《辽宁皮革》《中国皮革》《中国皮革信息》《北京皮革》《西部皮革》《皮革与化工》等期刊上发表论文40多篇，1993年出版发行了《原料皮商品学》一书。曾任中国皮革学会常务理事、辽宁省皮革学会常务理事，2001年退休。现任《皮革与化工》名誉编委。

杨承杰

杨承杰，男，1957年7月出生于辽宁省新民市，汉族，中共党员，教授级高级工程师。1982年毕业于西北轻工业学院（现陕西科技大学）皮革工程专业。大学毕业后被分配到轻工业部毛皮制革工业科学研究所（现中国皮革和制鞋工业研究院）工作。历任助理工程师、工程师、研究室主任、公司总经理、所长助理、副所长、所长等职。1999年9月任中国皮革工业研究所所长，2000年1月兼任轻工业制鞋研究所所长，2000年9月任中国皮革和制鞋工业研究院院长，同年12月当选为院党委书记。现任中国皮革和制鞋工业研究院院长、党委书记。兼任皮革和制鞋行业生产力促进中心主任，陕西科技大学教授、硕士生导师，中国皮革协会副理事长，《中国皮革》杂志出版人，《精彩鞋苑》杂志出版人，国家皮革制品质量监督检验中心主任，国家鞋类质量监督检验中心主任，中国皮革工业信息中心主任，全国制鞋工业信息中心主任，全国毛皮制革标准化中心主任，全国制鞋标准化中心主任等。2004年9月被授予"中央企业劳动模范"称号。在长期的科研和管理工作中，他参加了"酶脱毛猪皮细面革的研究"等多个国家科技攻关项目，主持承担国家科技部项目4项、省部级项目5项、技术转让项目6项；先后发表科技论文20余篇、参加编纂《制革工业手册》等著作两部。发明的"无鼓鞣制技术"创造性地改变了传统的皮革鞣制方法，能有效提高低档皮革的档次，且能较大幅度地增加皮革的得革率，该项技术已在欧洲多国申请发明专利；发起创办的中皮天元科技有限公司（原天元化工有限公司）已发展成为在河北、河南、山东、浙江、四川、广东、福建等地拥有多家分公司或分支机构的集团公司，已成为支撑中国皮革和制鞋工业研究院快速发展的重要支柱。在担任中国皮革和制鞋工业研究院院长 10 多年来，不断改革创新，带领研究院快速发展，已将研究院发展成为名副其实的行业的科技研发中心、标准化中心、质量监督检验中心、信息中心、生产力促进中心、工程技术中心及有较强实力的科工贸一体化经济实体。

第三章 行业管理者

（以出生年月为序）

张英振

张英振，男，汉族，河北省博野县人。1925年出生，1939年加入中国共产党，1944年参加八路军，先后任班长、文化教员、宣传干事、组织干事、指导员、军事法院审判员。1966年3月转业到第二轻工业部中国皮革工业公司政治工作办公室任副主任、革委会副主任兼党支部书记。1973年2月任轻工业部二轻局皮革处副处长，1983年3月任轻工业部皮革工业研究所党委书记（副局级）。1986年12月离休。曾任中国皮革工业协会筹备组组长。

在任皮革处处长期间，组织研究规划了皮革（鞋）机械、皮革化工和皮革五金等配套厂的投资扩建、改造和关键设备、原材料的引进；为减少山羊板皮出口，组织规划定点十几个羊皮制革厂（车间）进行投资扩建和改造，提高了山羊皮革的生产水平；对成都科技大学和西北轻工业学院皮革系的教学楼进行了投资扩建，加快了皮革人才的培养。同时，为了减少制革行业的污染，狠抓了酶法脱毛新工艺的研制、推广和应用，使全国猪皮全部，牛、羊皮大部分在1979年基本实现酶法脱毛，提高了制革特别是猪皮革质量水平。

在皮革所任党委书记期间，会同领导班子一起集中力量主抓了皮革行业"六五"攻关项目中的六个课题研究和皮革所科研楼及宿舍楼的建设。

1986年，开始筹备成立中国皮革工业协会，任筹备组组长。在国家有关部委的支持下，中国皮革工业协会于1987年初被批准成立。

李树基

李树基，男，1928年出生在山东掖县（现莱州市），汉族，中共党员。1942年随姑夫吴云阁到哈尔滨市新阳区云阁鞋店学徒，1947年7月哈尔滨远东军区建成鞋厂，报名入厂，1948年2月该厂合并到哈尔滨东北军区军需一局皮鞋厂，同年入党。1949年3月参军入伍，同年调入东北军区一局双城县鞋厂，任团总支书记。1951年4月调东北军区军需生产部哈尔滨被服分局，任团委组织部长；1952年调东北军区军需生产部双城县307厂，任团总支书记。1953年3月调到沈阳任东北军区后勤部军需生产部第六工厂劳动科任副科长，同年8月调到308厂（后为沈阳皮革综合厂）任生产科科长，该厂占地面积达19万平方米，职工达到4000多人，堪称当时亚洲规模最大的皮革厂，该厂1950年所修建的工厂俱乐部是全沈阳市第一家工厂修建的俱乐部。1954年任厂党委委员。1956年8月到大连工学院干训班进修学习，1957年提任副厂长，主管生产，1960年1月升任厂长。1964年1月牵头组建辽宁省皮革工业公司，出任公司经理。1970年1月下乡到兴城郭家公社李良裕大队。1972年回到沈阳，任沈阳市二轻局生产指挥组副组长，1973年5月任沈阳市塑料公司党委副书记、革委会副主任。1978年9月调辽宁省轻工厅皮革处任副处长、处长。1980年恢复辽宁省皮革工业公司任经理。1985年退居二线（离休、享受副厅级待遇），留任公司顾问。1985年后，曾到开原制革厂当顾问。2005年5月22日病逝，享年78岁。生前曾任中国皮革协会名誉理事长、中国轻工学会皮革学会理事、辽宁省皮学会理事长、名誉副理事长等职。

许龙江

许龙江，男，汉族，1930年3月30日出生于黑龙江省哈尔滨市，原籍河北。中共党员，中国皮革工业科技先导。1945—1949年就读于北京市立高级工业学校化学工业科（四年制），毕业前曾在北京振北制革厂实习。毕业后于1949年7月被分配到华北人民政府企业部轻工处工作。参与筹备了1950年第一次全国皮革工业会议。1952年被派往解放军总后勤部军需生产部西安603工厂学习调研，并帮助该厂技术改造与引进捷克成套制革、皮鞋机械设备。1954—1955年在轻工业部政策研究室从事政策研究和《中国轻工业》杂志的编辑工作。1956年地方工业部成立皮革工业局后被调回皮革局工作。1959年在轻工业部轻工局组织参与全国猪皮制革美化试点工作。1960—1961年下放湖北随县参加农业一线劳动。1962年回到轻工局负责制鞋行业的生产与技术管理。1963—1979年主要负责皮革工业宏观政策落实、技术改造实施和专业技术管理。曾起草编制了《我国皮鞋工业十年规划（1963—1972）》，组织参加全国脚型测量和统一皮鞋鞋号工作，完成了其中5项重要的科学实验，编撰了12万字的研究报告，并召开了全国交流推广会议，为改进皮鞋设计、推动鞋楦改革、促使公分制新鞋号体系的形成与实施，奠定了理论依据和实践基础，为我国皮鞋生产开创了新局面。改革开放以后，组织制定了我国皮革工业技术经济政策，协调落实"六五""七五"皮革科技攻关，建立皮革产品质量评比、评优、评奖体系并组织实施，组团赴捷、意、德、日等国家和地区进行技术考察，在引进技术设备的同时探索对外经济技术合作。先后撰写、发表了技术经济论文10余篇。1983年任轻工业部轻工局皮革处处长。1986年任轻工业部皮革文化用品局总工程师。1988年中国皮革工业协会成立后任第一届副理事长兼秘书长，创会元老之一。1990年离休。时任中国皮革协会名誉副会长。

2013年8月，许龙江因病去世，享年83岁。

王秀英

王秀英，1931年出生，山东乳山县人，大专文化程度，高级经济师。1951年参加工作，先后在天津造纸总厂、天津市轻工业局、中国皮革工业公司、轻工业部二轻局、皮革文化用品局任科长、组长、副局长、局长等职。曾兼任中华全国手工业合作总社常务理事、中国轻工业出版社皮革图书编委会主任。中国皮革工业协会第一任理事长，创会元老之一，后任名誉理事长。

1964年至1987年期间，从事皮革行业的管理工作。

（1）参与了重点地区皮革企业的摸底调查，起草了有关原料皮、技术设备、产品质量、成本价格及劳动工资等专题资料，供各省市参阅。

(2) 参与起草了"大力开剥猪皮，利用猪皮制革"的报告，得到了国务院和有关部委的批准，在全国推广实施。这个文件根据我国的实际情况，采取了有效的经济补贴政策，确定了斤皮斤肉的价格原则，调动了工商两家的积极性，随着猪皮资源的增长，极大地推动了皮革工业生产的迅速发展。

(3) 组织并参加了对毛皮业的系列改革，将毛皮企业纳入到了行业范畴，设置专门机构进行管理；联合对外经济贸易部、商业部组建了"三部"毛皮技术攻关组，从皮革研究所抽调工程技术人员推广酶软化新工艺解决毛皮产品质量问题；通过补偿贸易、低息贷款等方式在全国 40 多个重点毛皮企业进行技术改造，引进先进设备；帮助地方在地理、气候条件适宜的吉林、黑龙江建立水貂、獭兔等养殖基地，从引进良种、防疫设施到饲料配置实行了一整套科学管理体系。1979 年，参与起草了向国务院李先念副总理汇报的"关于整顿毛皮行业，加快发展速度意见"，这个报告经国务院下发各省市，促进了我国毛皮业的发展。

(4) 参与并组织皮革行业厂级领导干部的培训，在轻工业管理干部学院的支持配合下，充分利用该校先进的教学条件和师资力量，分期分批组织了全国制革、皮鞋、毛皮、皮件重点企业领导脱产学习，主要课程是企业经营管理和经济活动分析，每期 3—5 个月，共举办 6 期 300 多人参加，是轻工业部各行业学习人数最多的一个行业。

(5) 走出国门广泛开展交流合作，1979 年参与并组团赴联邦德国、法国、荷兰参观考察了制革、皮鞋、制革机械、化工材料以及皮革研究所、技工学校等，1980 年参与并组团参加了联合国工业发展组织召开的第二次皮革协商会议，在大会上发言介绍了我国皮革行业的发展情况，特别谈到了我国开剥猪皮并以猪皮为主要原料制革后，引起各国广泛兴趣，这是皮革行业首次以中国政府名义参加国际性会议。随后几年间又多次参与并组团赴意大利、西班牙、新西兰、英国等欧洲国家考察访问，特别在 1986 年根据中匈科技合作第 22 次会议要求，轻工业部委派皮革工业代表团赴匈牙利考察，就制革、原材料、工艺技术、"三废"治理、经营管理等进行交流并达成两国合作协议，代表中国与匈牙利签订了考察议定书。1986 年出访意大利，与意大利皮革机械协会签署了中意皮革工业联合组工作协议。

(6) 党的十一届三中全会后，随着我国的中心工作转移到经济建设上来，皮革行业如何适应这一形势变化，当时提出了调整产品结构、改造技术装备、开发新产品、增强竞争力、跻身国内外市场的战略任务，为了取得广泛共识，组织召开了全国各省市皮革行业经理座谈会，同时连续起草了 4 篇专题资料，从不同方面阐述了皮革行业的问题，提出了解决措施和意见，分别刊登在《科技动态》《河北皮革》《轻工业战略》等刊物上。

1987 年后，临时调到轻工业体制改革组工作，1988 年调到中国轻工业材料总公司工作。

万克武

万克武，男，1937 年出生，祖籍四川，中共党员。1958 年毕业于成都工学院（现四川大学）化工系皮革专业，被分配至广东省轻工业厅工作，后调入省二轻厅，主管全省皮革行业生产技术工作。历任省塑料皮革工业公司科长、副总经理、省二轻厅生产计划处处长，1990 年任省第二轻工业厅副厅长，高级工程师。自参加工作以来，凡 40 年，一直从事皮革工业生产技术管理工作，曾兼任轻工业部皮革科技顾问、中国轻工业出版社皮革图书编审委员、《中国皮革》（原《皮革科技动态》《皮革科技》）、《皮革科技与工程》等专业刊物编委、广东省科协第五届委员、广东省皮革学会理事长、广东省皮革协会名誉会长、广东鞋业厂商会副会长、四川大学广东校友会名誉会长等职务。在学术方面，他曾参与《英汉制革技术辞典》编辑工作，在《中国皮革》杂志上发表过多篇译文、综述等文章，翻译出版了《制革技术基础》《实用制革学》《鞋面革的制造》三本专业书籍，参加广东省科技大会并获奖。在管理方面，他十分重视专业人才培养和对外技术交流。1959年组织举办了全省制革技术训练班，亲自编写讲义，亲自授课。参加培训的学员成为全省皮革业的技术骨干和企业管理者。在他的努力下，广东轻工学校开办了制革中专班，培养了几十名技术人员，分配在全国工作，同时省内又多次向成都工学院、成都皮革中专选送人才培训，为企业培养一大批技术骨干，有力提高了广东省皮革专业技术水平。改革开放初期，他组织我国与国外皮化企业的技术交流，引进化工材料和技术；组织我国首届国外制革技术和设备展览；组织广东省皮革企业参加中国香港国际皮革展览，走出国门，取得了较好的国际影响。1982年，他被选派赴德国参加枫丹白露欧亚企业管理学院学习企业管理，获得毕业文凭。1997年底退休。

张淑华

张淑华，女，1940年4月出生于辽宁，汉族，中共党员，高级工程师，全国"三八"红旗手，系英国南安普敦大学荣誉博士、张铨基金奖获得者。1964年毕业于北京轻工业学院化工一系皮革工程专业；1964—1979年在沈阳第一制革厂、沈阳皮革装具厂从事皮革技术工作；1979—1988年在国家轻工业部二轻局皮革处从事科技、综合行业管理工作。1988年至2015年，在中国皮革协会从事皮革行业管理领导工作，为创会元老之一，先后担任协会副秘书长、秘书长、副理事长兼秘书长、常务副理事长、理事长、名誉会长。此外曾任联合国工发组织援助中国制革环保项目办公室主任、中国皮革标准化技术委员会主任、中国制鞋标准化技术委员会主任、国际皮业贸易协会主席；曾任四川大学和陕西科技大学皮革系客座教授、《皮革世界》杂志主编。张淑华从事皮革行业生产、科技及管理工作50多年，是新中国皮革行业发展的亲历者和见证者。

自1992年主持中国皮革协会日常工作以来，在上级主管部门和理事长的领导下，认真贯彻党的改革开放政策，开拓进取，业绩卓著。1992年至今，中国皮革协会连续多次被中国轻工总会、中国工业经济联合会、国家经济贸易委员会、中国轻工业联合会授予"先进集体""全国先进行业协会""年度先进行业协会"等荣誉称号。她本人于1996年、2002年被中国轻工总会授予"优秀共产党员"称号，1996年获中央国家机关"巾帼建功标兵"称号，1998年获全国"三八"红旗手称号，2004年获国际皮业贸易协会杰出贡献奖（The Frank Johnston Award），2006年获第三届张铨基金奖。她的主要业绩如下：第一，开拓创新，勇于实践，富有睿智卓识和实干精神。例如，为贯彻质量立业、实施名牌战略，净化市场，保护企业和消费者的合法权益，于1994年，作为协会申请注册的证明商标"真皮标志"率先面世，为行业品牌的建设与知识产权保护搭建了公平竞争的大平台，多年来扶植、推动了一批行业排头企业的品牌建设。又如，随后推出的"真皮标志生态皮革"，"真皮标志杯"全国皮衣、皮鞋、皮具设计大奖赛，等等，对于提升我国皮革及其制品的技术含量、品质档次、国内外市场的知名度起到了积极作用。第二，重视对外交往，积极推动企业直接参与国际竞争，大力支持专业学者和科技人员参加国际学术交流。她先后代表全行业加入了国际皮业贸易协会、国际制革委员会、国际裘皮协会、国际鞋业大会以及国际皮革化学家和工艺师协会联合会，在国际学术界、贸易界赢得了重要席位和话语权。第三，倡导培育国内外皮革市场，自1994年中国皮革工业协会在中国香港举办的亚太国际皮革展览会首创"中国馆"至今，改革创新每年秋季在上海主办的中国国际皮革展览会，取得了良好的经济与社会效益，而且该展览晋升为国际知名大展，被誉为"世界皮革产业发展的晴雨表"。第四，积极贯彻"科教兴皮"战略，为鼓励科技创新和培养皮革专业人才，在她的积极倡导下，中国皮革协会先后在四川大学、陕西科大、山东轻院的皮革工程系设立奖学金；设立"推动科技进步奖""皮革行业节能减排环保创新奖"；不定期颁授"皮革工业科技先导"荣誉称号。在她的主持下，组织行业界专家教授编写出版《皮革工业手册》（已出版5个分册），组织各地方协会共同编纂《中国皮革史》。第五，注重调查研究，积极发挥协会的桥梁和纽带作用，为政府决策提供参考，为行业发展作出前瞻性的引导。对于我国皮革工业实现"二次创业"的发展战略、目标任务、重要举措以及皮革行业"八五"至"十一五"各个时期发展规划的编制和实施，既是倡导者又是践行者。为贯彻《轻工业调整和振兴规划》和新时期我国皮革行业结构调整、产业转移、优化升级、可持续发展，呕心沥血，不遗余力。第六，重视协会基础建设，倡导敬业奉献精神，强调在实践中提升素质，增长才干，团队合作，廉洁自律，全心全意为行业服务。

韩葆珍

韩葆珍，女，汉族，1940年9月出生，天津市人，民建成员。北京工商大学（原北京轻工业学院）皮革专业毕业，大学文化，工程师，1964年9月参加工作。

1960年至1964年，在北京轻工业学院皮革专业学习；1964年至1972年，任轻工业部中国皮革公司技术员；1972年至1980年，任河北省二轻局皮塑处技术员；1980年至1983年，任省二轻局皮塑处副处长、工程师；1983年至1987年，任省轻工厅皮革工业公司经理；1987年至1997年，任省工商联副会长；1997年至2007年任省工商联会长；1998年至2008年任省九届、十届人大常委会副主任。全国工商联常委。九届、十届全国人大代表。省七届、八届人大常委。

韩葆珍同志从1960年至1987年，皮革专业出身，业务精湛，凭着对皮革行业的深厚感情和工作激情，在皮革行业奋战了近28年，由于出色的工作和骄人的业绩，从普通的技术员，一步步升任为河北省轻工厅皮革工业公司经理，在她的带领下，皮革工业公司扭亏为盈，积累了比较丰厚的国有资产，为促进我国特别是河北省皮革行业的发展，做出了卓越的贡献。其间，韩葆珍同志还长期联系辛集市，在她的大力推动下，辛集市传统优势产业皮革行业得到了迅猛发展，为辛集成为中国最大的制衣生产基地之一、"中国皮革皮衣之都"奠定了坚实的基础。1987年以来，韩葆珍同志在河北省工商联副会长、会长、河北省人大常委会副主任等领导工作岗位上，对河北经济特别是民营经济的发展倾注了大量心血，为实现河北省经济社会又好又快发展、构建和谐河北做出了重要贡献。同时，韩葆珍同志对皮革行业和皮革企业的发展进步也给予了长久的关心和支持，在她了解到河北省皮革行业协会一直是名存实亡，没有真正发挥作用时，积极支持河北省皮革行业协会重新恢复，进一步推动了河北省皮革行业的健康、快速发展。

邢德海

邢德海，男，1940年12月出生于天津市武清县，汉族，中共党员。兼职教授，高级工程师。1958年入北京市第一皮鞋厂从事皮鞋技术工作，1959年在天津皮革机械厂实习制鞋机械。1960—1980年一直在北京市第一皮鞋厂任职，历任设计室技工、生产车间技术员、制鞋工程师、厂长（仍全面负责制鞋技术）。在这20年中，他如饥似渴地利用业余时间勤奋学习制鞋科技与专业知识（包括机械制图、美术设计、化工橡胶等），虚心向人请教，坚持全方位地刻苦自学，并将学习心得、实践体会和革新成果编著出书，与行业界同人分享，曾被北京市总工会授予"北京市自学成才标兵"称号。1963年研究成功了"橡胶底模压皮鞋新工艺"，1964年研究成功了"皮鞋样板扩缩方法"，两项成果在全国各地推广应用后产生了显著的经济效益和社会效益。1978年在全国科技大会上获得表彰，同年被授予"全国轻工战线劳动模范"称号，1979年由国务院授予"全国劳动模范"称号。继后又研究成功了"热缩薄膜剪样法和皮鞋样板取跷法"。1980年，调入北京市皮革工业公司任总工程师、经理；1983—1986年脱产学习三年，毕业于中共北京市委党校大专企业管理专业。1987—2002年升任北京市第二轻工业总公司（原北京市第二轻工业局）副总经理、总经理（正局级）。1986年主持、参加了国家"七五"科技攻关项目"皮鞋装配化生产"，获国家科技进步二等奖。由于其技术业绩卓著，1990年，北京市人民政府评授他为皮鞋高级工程师。1995年受聘为山东轻工业学院革制品（皮鞋）专业兼职教授。同年，其个人传略备选载入英国剑桥《世界名人录》"有成就者"（第16版）。编著出版了《橡胶底模压皮鞋磨具设计原理》（中国轻工业出版社，1984）、《现代鞋样设计及剪样》（同上，1986）、《皮鞋工艺》《皮鞋设计》《皮鞋材料》（主编，三册中专教材，同上，1987）、《皮鞋式样》、《皮鞋美术设计基础》（同上，1988、1989）、《中国鞋业大全》（主编，上下册，中国化工出版社，1998、2000）、《皮鞋工艺》《皮鞋设计》（主审，大学教材，中国轻工业出版社，2001）等。曾当选北京市人大代表（1993—1998）、北京市政协委员（1998—2003）、国家科委轻工专业组组员（1979）、国家科学技术评选委员会特邀审查员（1985）、中国皮革协会名誉副会长、中国轻工协会皮革学会常务理事、名誉理事长、北京市皮革学会理事长。

徐 永

徐永，男，1941年3月出生于河北省徐水县，汉族，中共党员，中共十大全国代表，高级工程师。1964年毕业于北京轻工业学院化工一系皮革工程专业。时任中国轻工业联合会副会长、顾问，中国皮革协会理事长（创会元老之一）、名誉会长。曾任中国羽绒工业协会名誉理事长、四川大学轻纺学院特聘教授、陕西科技大学客座教授。

1964年大学毕业后被分配到轻工业部中国皮革工业公司工作，后调至第二轻工业部军工办公室，从事军工皮革的管理，"文化大革命"时下放江西分宜二轻部"五七"干校。1969年，他作为"五七"干校下放干部代表回京参加国庆20周年观礼，并受到毛主席、周总理等领导人的亲切接见。一轻、二轻、纺织三部合并后，调轻工业部计划司、基建司工作，担任基建司负责人。1973年当选为中共十大代表。1978年轻、纺两部分家后仍在轻工业部工作，曾先后担任轻工业部基建司（局）副司长、副局长，中国轻工业工程咨询联合公司副经理（主持工作），轻工业部规划设计院副院长，轻工业部行业管理司副司长，中国轻工总会行业管理指导部主任（司长），中国轻工行业协会联合会总干事、中国轻工业联合会副秘书长、副会长，中国皮革工业协会理事长、中国羽绒工业协会理事长。

20世纪70年代后期，为弥补天然皮革资源短缺，受轻工部委派，率团赴日本、联邦德国考察合成革，并参与领导了国家第一个合成革项目——烟台合成革工程建设的全过程，该工程获国家优质工程银质奖。在担任中皮协、中羽协理事长期间，他始终坚持服务第一的原则，领导班子同心协力，勤奋敬业，以身作则，努力开拓协会工作新局面。于1994年、1995年先后推出了"真皮标志""羽绒制品信誉保证标志"，成为我国证明商标的首例试点，从1994年开始，他带领中皮协为培育国内皮革专业市场，拉动行业持续发展，实现皮革基地和专业市场的良性互动，深入基层，亲临现场，先后在海宁、辛集、温州率先培育了皮革、皮衣、皮鞋等皮革特色区域。在此基础上总结经验，起草、出台了《中国皮革行业特色区域荣誉称号行业规范》，用以指导、规范全国皮革行业特色区域、专业市场、生产基地的培育和建设。迄今全国已培育建成21个特色区域与生产基地。他还主编出版了《中国皮革特色区域》（机械工业出版社，2009年第一版）。1994—1997年，他曾担任国务院研究室布置的"从部门管理转向行业管理"课题组组长，通过调研、普查、分析、综合，在理论与实际结合上完成了课题研究任务，对于培育和发展轻工各行业协会提供了借鉴和指导。同时，他针对制革企业税赋增加、过重等实际问题，在进行深入调查研究后，起草文件，通过中国轻工总会呈送国务院，曾引起时任国务院领导朱镕基、吴邦国等的重视。随后，财政部、国家税务总局分别连续下文减免了某些过重的税赋，对制革企业给予了优惠政策，提高了协会的影响力。1997年，在中国皮革行业全面完成"一次创业"时期的目标和任务之际，他集中行业智慧和力量在梳理、总结中国皮革工业初期建设历史时期实践和经验的基础上，提出了"二次创业"的发展战略目标和对策举措，在中皮协三届三次扩大会议上作了《加快实现中国皮革工业的"二次创业"》的主题讲话，还在1998年第四届亚洲皮革科学技术会议上作为会议主席发表了题为《中国皮革工业进入"二次创业"新阶段》的演讲，为中国皮革行业在21世纪努力跨入世界皮革强国的行列提出了奋斗目标。

他努力推动名牌战略实施，在2002—2007年，将皮鞋，旅游鞋，皮革、毛皮服装，箱包产品列入了中国名牌评价目录，并被中国名牌战略推进委员会任命为皮革专委会组长，先后审定经中国名牌战略推进委员会发布了皮革行业47个中国名牌，提升了行业自主品牌的影响力。

叶荣宝

叶荣宝，女，1944年3月出生，汉族，浙江慈溪人，1965年11月加入中国共产党，1969年8月参加工作，大学学历，工程师职称。1969年北京轻工院学院毕业；1969—1970年在轻工业部干校劳动锻炼；1970—1972年在安徽省当涂县6293部队农场劳动锻炼；1972—1982年浙江省轻工业局皮塑处干部、皮塑科科长、皮塑公司副经理；1983—

1995 年浙江省二轻工业总公司副经理、经理、党委副书记、书记；1995—2003 年浙江省副省长；2003—2008 年浙江省十届人大常委会副主任；1972—1983 年，从事浙江省皮革行业的管理工作，使皮革行业的面貌发生了很大的变化，成为全国皮革行业的先进生产基地。一是在全省大力推动生猪皮的开剥工作，争取到了由省财政统一发放猪皮补贴政策，并编制一本《多剥皮，支援社会主义建设》书刊的宣传小册子；二是猪皮酶法脱毛在全省全面推开，保护了生态环境；三是大力推动技术创新和技术改造，最早引进意大利制革先进设备和日本等国制皮衣先进设备；四是猪皮服装革技术得到了突破，并在全省得到了推广，加快了猪皮服装产业的发展，同时牛、羊服装技术有了很大的提高，扩大了国内消费和出口创汇；五是大力推动皮鞋的机械化流水线生产，提高劳动生产率；六是培育海宁制革厂全国精细管理的典型，整个行业的管理水平得到了提高；七是制定各类产品的生产标准，提高了质量控制水平；八是每年举办全省性技术和管理培训班，培养了大批技术和管理骨干；九是到全国各地乃至国外举办皮革及制品的展销会，打开国内外市场；十是加强各地市县管理部门的协调管理，制订行业发展规划，使行业管理上了新的台阶，为今后皮革工业的发展打下了一个坚实的基础。自 1995 年在省人民政府任副省长至今，一直担任浙江省皮革行业协会的名誉会长。从政府和个人的各个层面来支持浙江省皮革行业和行业协会的发展工作。一是创导各地发展产业块状经济，创造条件升级为国家级的基地，如支持海宁皮革城、桐乡皮革制品城的发展；二是培育和发展大企业大集团、大产业、大平台的建设；三是大力发展名牌产品；四是推动技术创新和技术改造，制订好各个时期的规划；五是大力推动皮革企业的污水治理工作；六是大力支持行业协会的发展工作。

王传家

王传家，男，1947 年生。曾任山东省皮革工业集团总公司总经理、董事长兼党委书记，山东省皮革行业协会第一、二届理事会会长，第三、四届理事会荣誉会长。

在他的带领下自 1991 年至 1994 年几年间，皮革公司发展成为集科研、生产、经营、进出口和服务于一体，拥有正式职工 1900 余人的国有大型企业。并在二轻系统率先实施了认识、用工和分配制度改革，收到良好效果，得到上级有关部门的充分肯定。公司连续 9 年获"省直文明单位"荣誉称号。

在他任协会会长期间，坚持为企业服务的宗旨，协会工作内容越来越丰富，在开展行业调研，反映企业心声，为政府制订产业规划、产业政策提供参考依据的同时，更在做好企业与市场的桥梁和纽带等方面开展了大量工作，获得上级有关部门和会员单位的一致好评。

王传家曾获"山东省劳动模范""山东省优秀企业家"等荣誉称号。

李开华

李开华，男，1948 年 11 月出生，籍贯四川安县，汉族，中共党员。1968 年在校应征参军，1970 年入党，1973 年退伍。同年考入成都工学院（现四川大学）高分子化工系制革工艺专业就读，1977 年毕业，被分配到四川省二轻厅皮革处工作。先后在四川省轻工业厅、四川省政府皮革领导小组办公室、省皮革工业总公司、四川省皮革行业协会等单位供职，长期从事四川省皮革行业经济、技术及经营管理等工作。曾担任原四川省二轻厅、轻工厅皮革处工程师、高级工程师，《四川皮革》杂志主编，四川省皮革工业总公司副总经理、总经理，并兼任党支部副书记、书记。现任四川省皮革行业协会理事长、《西部皮革》（原《四川皮革》）杂志社社长、主编等职务。自大学毕业参加工作30余年来，至今一直从事皮革行业相关工作：第一，从事全省皮革行业管理工作（1977—1994）。主要负责全省皮革行业生产原料计划编制，行业基本建设、技术改造项目的管理，行业调研发展规划编制、实施和行业出口生产贸易指导，以及组织行业开展国内外经济技术交流与各类人员培训。第二，负责四川省皮革工业总公司的经营管理工作（1994—2004）。主要分管公司办公室、开发部、房产部、学会办公室、《四川皮革》杂志编辑部及公司党支部党务工作；在出任公司总经理和党支书期间，秉公办事，在复杂的市场经济环境中防止了公司资产流失，确保了公司国有资产保值增值。第三，坚持办好《西部皮革》（前身为《四川皮革》）杂志。1992年任该刊物主管，1997年担任主编，2001年刊物由双月刊改为月刊，2002年，杂志被入选为国家新闻出版署"双效期刊"。同年，先后取得国家科技部"中文期刊数据"收录期刊、"中国核心期刊（遴选）数据库"收录期刊和"中国期刊全文数据库（CJFD）"收录期刊。2006年他出席了四川省第六届新闻出版理论研讨会，会上所做的报告《科技期刊要立足行业面向市场》被评为二等奖。2008年成功举办杂志创刊30周年庆祝活动，同时将刊物由月刊改为半月刊。第四，热心行业公益事业，坚持开展皮革协会、学会等行业组织工作。一是在艰难的条件下，于2004年5月筹备成立了四川省皮革行业协会，负责协会领导工作，并陆续组建隶属协会的制革、鞋业、皮化分会和科技专委会，使协会被评为全省先进协会；二是在机制、体制变换过程中，坚持开展四川省皮革学会工作，出任学会常务理事长兼秘书长，想方设法使学会能生存发展，充分发挥四川大学皮革系专家办学会的优势，使皮革学会工作走上正轨；三是积极参加中国皮革协会各项活动，保质保量完成中皮协交办的各项工作；四是积极参与四川省各相关行业组织的活动，加强四川省皮革行业和全省相关部门的交流与联系。现有社会兼职：中国皮革协会四、五、六届副理事长，四川省科协第五届委员，中国贸促会四川委员会委员，第二届张铨基金委员会副主任，四川省皮革学会常务副理事长兼秘书长，以及四川省中小企业专家顾问团轻工组长、四川科技期刊评估委员会专家、四川省经济管理人才库专家等。

李伟娟

李伟娟，女，1952年5月19日出生，浙江杭州人，汉族，中共党员，高级经济师，浙江省皮革行业协会理事长。1970—1978年在杭州皮革厂工作。1978—2000年在浙江省皮革塑料工业公司先后任皮革科副科长、科长，皮革生产技术部经理。2002年起任浙江省皮革行业协会副理事长兼秘书长。2008年至今任浙江省皮革行业协会理事长、中国皮革协会副理事长；浙江省工业经济联合会、企业联合会、企业家协会（"三会"）副会长；省科技厅"十一五"重大科技专项"高档皮塑加工技术及装备"咨询专家组专家；浙江理工大学特聘教授。1999年、2004年、2009年三次荣获中国皮革协会颁发的"巾帼标兵"荣誉称号。李伟娟从事皮革行业管理工作近40年，工作兢兢业业、任劳任怨，为浙江省皮革行业的发展和协会的建设做出了突出的贡献。2004年浙江省皮革行业协会被民政部授于"全国先进民间组织"，连续多年被省经信委评为省级"先进协会"，三度被中国皮革协会评为"先进地方协会"。2009年在浙江省民政厅开展的全省性行业协会评估试点工作中，协会被评为浙江省 5A 级行业协会。2006 年浙江省科技厅成立了"十一五"重大科技项目专家组，李伟娟作为省行业协会的唯一代表被推荐为专家组成员。多年来主持鉴定和验收省级工业新产品（新项目）共计 80 多项；评审省重点（重大）科技项目、面上科研项目、钱江人才项目和省科技进步奖等共计 150 多项；2007 年 10 月受浙江省科技厅委托，主持召开了以温州、海宁两个皮革产业基地为基础，依托温州大学的浙江省皮革工程重点实验室为主要科研基地，建立的"浙江省皮革行业科技创新服务平台"论证大会，对浙江省皮革行业科技进步起到了积极的推动作用。

于永昌

于永昌，男，1955 年出生。1975 年参加工作，历任海阳旅游鞋厂厂长、海阳市二轻局副局长、山东省奥威鞋业集团总公司董事长、山东省五金工业研究所所长、山东省皮革工业研究所所长、山东省皮革行业协会会长。

于永昌同志具有较强的事业心和开拓精神，有丰富的实践经验、较高的管理和学识水平。其任职山东省奥威鞋业集团总经理期间，在他的带领下，公司先后荣获"全国先进外商投资企业""山东省双优企业""烟台市出口创汇先进单位"等称号，被批准为国家大型二级企业，列入烟台市"百强企业"和山东省"百龙企业"的行列。其本人荣获"富民兴鲁劳动奖章"等多项荣誉。任职山东省皮革工业研究所所长、山东省皮革行业协会会长以来，积极倡导建立完善的质量保证体系：下设检测中心通过了 ISO/IEC17025 实验室认可，获得了由中国实验室国家认可委员会颁发的认可证书；促进中心通过了 ISO 9000：2000 质量管理体系认证；推动科技项目的开发：先后完成；不断完善协会自身建设，进一步增强了协会的凝聚力和向心力，提高了服务水平，拓展了服务范畴。

李 曜

李曜，男，出生于 1955 年 8 月，籍贯山西，在职研究生，经济师。现任北京楠辰皮革有限公司、北京惠鼎皮业有限公司党委书记、董事长。

自 18 岁进入北京市皮毛三厂参加工作，李曜在皮毛、革行业摸爬滚打近 40 年，从学徒走到管理和领导岗位，先后担任过劳动科副科长、财务科长、经营副厂长、厂长、经理、董事长、党委书记等职务。

李曜熟悉皮毛革原辅材料及生产工艺，了解行业市场，掌握加工企业的生产经营和管理，经历了皮毛革行业从计划经济转变到市场经济的全过程。

李曜在环球皮毛公司工作期间，行业正处在改革开放的巨大变化时期，1987 年通过公开竞聘成为企业厂长后，他参与了皮毛三厂与轻工业部、中土畜总公司、北京分公司 4 家单位共同投资组建全国第一家工厂与外贸公司联营的工贸合资企业，由于新的运营体制，带来了企业的活力，产品走出国门，扩大出口，在行业内起到典型的示范效应。他亲自参与和组织获得国家批准的第一家自营进出口权的试点企业，通过组建进出口公司，培训员工队伍，推动企业走向国际市场，参加国际毛皮交易会、拍卖会，引进国外先进的设备和生产工艺，把产品推销到北美、俄罗斯、欧洲、日本、中国香港等国家和地区，并通过现汇、边贸、国家贸易、易货等多种贸易方式扩大出口、增加效益。他领导企业采用毛皮加工新工艺，不断翻新花色品种，形成十多个系列、百余种款式花色，80% 以上产品直接出口，企业生产的银蓝狐毛皮大衣获得AGA国际金奖，水貂毛皮一条龙大衣获国家金质奖，同时许多产品获得轻工业部、北京市优质产品金银奖，企业获得"轻工业部优秀出口企业"和"北京市外贸系统先进企业"的称号。

1997年，李曜调入轻联皮革集团公司任总经理，按照北京市整体发展规划，围绕首都功能定位，确定都市服务业发展方向，北京皮革公司由原二级行政性管理公司转型为经营性的集团公司，经过近20年的改革、调整、重组，集团大力调整皮革产业结构，逐步退出规模化劳动密集型生产，从传统加工制造业企业转变为国有控股皮革贸易经营性公司。突出差异化经营，进行企业调整，集中资源，缩短管理链条，减少层级，利用政策减员减负，促进经营方式转型，利用机制和体制的变化带动企业的发展。

朱 岩

朱岩，男，1956年11月出生，中共党员，研究生学历，高级经济师。现任河南省皮革工业有限公司董事长，党总支书记，河南省皮革行业协会理事长，中国皮革协会副理事长。

1981年3月，朱岩开始负责河南省皮革行业的统计、计划、规划等工作，1985年4月参与组建了河南省皮革行业协会。30年来，朱岩同志兢兢业业、努力奉献，致力于皮革行业的协调管理和发展进步，他先后任河南省皮革工业公司办公室副主任、生产技术部副主任、进出口部经理，从1993年1月开始担任公司总经理、党总支书记、河南省皮革行业协会理事长，2003年起担任中国皮革协会副理事长。曾三次被河南省轻工（二轻）厅机关党委评为优秀党员、两次被河南省直党工委评为优秀党员，1986年3月被选为河南省直党工委的第四次代表大会代表，2005年5月被河南省国资委和河南省总工会授予"省直属企业劳动模范"。

朱岩同志全身心投入皮革行业的健康发展，是皮革行业的专家，多次参与国家和省皮革行业组织的技术质量标准制定工作，多次参与了全国皮革行业有关真皮标志排头品牌、特色区域授名共建等的评审、检查和验收工作。在组织协调发挥协会的政府和企业间桥梁纽带作用方面，参与、执笔、主持制定了河南省皮革行业从"六五"至"十一五"的《行业发展规划》和《行业发展指导意见》，为行业发展提供了前瞻性的服务，并就河南皮革行业布局、行业政策、结构调整、"三废"治理、重大项目规划等提出了积极的建议，为政府决策提供了重要参考。在为企业服务方面，组织企业开展参观学习、交流等各种形式和内容的行业活动，促进了河南皮革企业管理水平的提高，并重视推进行业品牌战略，支持帮助企业创品牌。在落实产业政策方面，他积极推动培育产业特色区域或生产基地，推动行业调整结构转型升级。在他的领导下，河南省皮革行业协会多次被中国皮革协会、中国工业经济联合会、河南省工业经济联合会等评为先进协会。2010年3月被河南省民政厅评为河南省社会组织深入学习实践科学发展观活动先进单位。

苏超英

苏超英，男，1959年1月23日出生，北京人，中共党员，高级工程师，1982年毕业于西北轻工业学院皮革工程系。1986年被国家教育部授予"全国优秀青年知识分子"称号；2007年12月被国家人事部授予"全国轻工行业先进工作者"称号。

1982—1988 年，就职于国家轻工业部毛皮制革研究所毛皮研究室，主要从事毛皮制革技术研究、应用和推广工作；1988—1993 年，就职于轻工业部毛皮制革研究所情报研究室，先后担任《皮革科技》杂志编辑、《皮革文摘》杂志主编，并参与主持相关软课题研究项目；1993 年至今，就职于中国皮革协会，先后担任副秘书长、秘书长、副理事长兼秘书长、常务副理事长兼秘书长，负责会员刊物编辑、信息分析及发布，对外交流与合作、"真皮标志"管理与发展、国际展览及国际会议的开发与运行、国家相关软课题项目研究、协会日常管理和行业协调管理等工作。

苏超英同志专业知识深厚，科研能力较强，参与主持的科研项目多次获奖。1986 年，参与主持的国家"六五"科技攻关项目"毛皮染整加工技术的研究"获国家科技进步二等奖；1989 年，参与主持的"全国皮革行业装备水平研究"获国家轻工业部软课题项目二等奖；1992 年，参与主持的"轻工业科技水平评估（皮革工业）"软课题研究项目获国家科技情报研究二等奖。

其中，1994—1999 年，苏超英同志担任联合国工业发展组织援助中国制革污水处理项目中方协调员。该项目由德国政府捐款，援助总金额 207 万美元，使直接受援单位上海大场污水处理厂、南京制革厂、西安 3513 工厂和中国皮革工业研究所的污染治理和技术培训工作取得了重大成果。为了使受援单位成果更快、更好地向全国推广，1996 年成立了联合国援助项目环保技术推广中心，挂靠在中国皮革工业协会，负责对全国制革环保工程进行技术评审、培训咨询、工程设计和技术服务等。1996 年底，由联合国工业发展组织、德国政府和德国专家组成的评审小组进行验收时，对该项目取得的成果和经验给予高度评价，并决定再追加 15 万美元用于制革污泥处理。该项目的实施，对于促进世纪之交的中国制革业走上经济效益与环境保护协调发展道路发挥了积极的作用。

苏超英同志先后发表了多篇文章和论著，出版的著作包括《制革工业废水处理》（高忠柏、苏超英编著，化学工业出版社，2003 年 5 月出版）；《实用制革环保技术》（高忠柏、苏超英编著，化学工业出版社，2005 年 7 月出版）。

李玉中

李玉中，男，1966 年 6 月 25 日出生于河南省遂平县，汉族，中国皮革协会副理事长。皮革工程学士，高级工程师。中央党校在职研究生学历。陕西科技大学、扬州大学广陵学院、温州工贸职业技术学院客座教授。中国皮革协会党支部书记，中国轻工业联合会党委委员。

1989 年 7 月毕业于西北轻工业学院皮革工程系，同年 7 月被分配到轻工业部毛皮制革工业研究所毛皮研究室工作，在北京皮毛厂和天津皮毛厂进行锻炼和学习，后回到毛皮制革工业研究所毛皮研究室，参与到"鹅绒皮鞣制染色与整理项目"实验研究工作，后来该项目被轻工业部毛皮制革研究所评为优秀项目。

1990 年 6 月至今，在中国皮革协会工作，历任真皮标志办公室副主任、中国皮革协会副秘书长、副理事长。主要工作：参与并完成了真皮标志工作章程的起草、修订，参与《真皮标志产品技术规范》等标准的起草、修改工作，完成了真皮标志的国内外注册工作，主导完成了真皮标志管理程序、方法、制度的起草工作。1995 年 6 月—2004 年 5 月任中国皮革协会真皮标志办公室副主任，负责真皮标志的管理工作，其间，通过宣传推介和认真有效的服务,真皮标志工作得到了皮革制品行业广泛的认可,成为行业培育品牌的重要平台,被国家工商局认定为实施证明商标的成功范例,也被中国轻工总会认定为行业自律和产品质量自律的成功案例。

1995年起他着手举办首届中国真皮标志产品展览会(中国国际皮革展前身),2004年成立中国皮革协会市场展览办公室,他带领办公室同事创新发展,中国国际皮革展览会快速发展,成为全球有影响的国际大展之一,被国内外同行誉为"世界原皮价格的晴雨表",也成为协会经济的重要来源,被中国轻工业联合会授予"中国轻工十大展会"称号。

1996年,他参与提出培育皮革产业集群的计划建议,历经几年的调研、征询意见和协调,2000年完成《中国皮革行业区域品牌行业规范》的起草工作,并于2001年在温州率先培育和共建"中国鞋都"工作。这项工作后被中国轻工业联合会推广至轻工行业领域。

第四章 著名企业家

（以所在行政区划为序）

李瑞枝

李瑞枝，男，河北省阳原县西城镇人，生于 1930 年 9 月 15 日，故于 2003 年 9 月 17 日，享年 73 岁。

李瑞枝 10 多岁到北京拜师学艺，从小就很吃苦，悟性高，深受师傅的喜爱，师傅总是倾囊相授，所以李瑞枝先生的毛皮技艺增长很快。新中国成立后，他先后在北京皮毛联营加工组、皮毛加工合作社、皮毛合作工厂、北京皮毛三厂工作，先后担任过配料班长、生产劳动科长、副厂长等职务，一直是企业的业务骨干。1982 年北京市筹建第一家工贸联合的裘皮厂——北京新艺裘皮厂，李瑞枝被选为第一任厂长。

李瑞枝在从事裘皮行业的几十年中，始终坚持钻研毛皮技艺，虚心学习他人长处，他研发的产品既有民族性，又有世界前瞻性，工艺水平一直居国内外领先地位。他研制的银蓝狐大衣曾获得 SAGA 金奖；研制的红狐大衣曾在苏联举办的第十四届国际裘皮服装专家评比会上获银奖；研制的水貂皮大衣和灰鼠背大衣在北京第二届国际博览会上荣获"NA"裘皮服装金奖，在全国评比会上获一等奖。

他还积极参与裘皮产品制作教材的编写工作，并对各种毛皮产品制作有着自己独到的见解，由于他的突出表现，曾连续荣获北京同行业先进工作者称号、二轻系统先进工作者称号，多次获得出口工作先进工作者称号。国家经贸部为他颁发皮毛专家证书，并聘他为国家出口裘皮服装的评审专家，同时，他还是中国星火科技产业化促进会毛皮专业委员会名誉副主任委员。

1992 年，李瑞枝倡议主导成立了北京元隆皮草皮革有限公司，1995 年又主导建立了阳原县北元毛皮有限公司，并于 1996 年同日本荣邦交易株式会社合资组建张家口北元毛皮有限公司，引进了国外一些先进的毛皮制作工艺和先进的管理理念。作为公司的董事长，李瑞枝对公司的发展呕心沥血，倾注全部精力，他经常深入生产第一线，认真了解生产中遇到的问题，及时有针对性地予以解决。为了了解国际裘皮发展动态，他经常到国外的友好公司访问，以尽快与国际裘皮界接轨。经过十多年的发展，北京元隆皮草皮革有限公司和张家口北元毛皮有限公司迅速壮大起来，成为中国较著名的裘皮厂商。

王燕生

王燕生，女，汉族，是北京市皮鞋厂一名普通的划料女工。她 1975 年进厂，被分配到生产车间从事划料工作。她在平凡的岗位辛勤耕耘，做出了不平凡的成绩。1989 年 4 月被授予北京市劳动模范；1989 年 9 月被授予全国劳动模范、"三八"红旗手称号；1990

年1月被授予北京市"三八"红旗手称号。1975年，当王燕生踏入北京市皮鞋厂大门时，给人的印象是太普通太一般了，一米六的个子，略显消瘦的脸上充满了学生气。谁能想象到这样一个普普通通的女工能在平凡的岗位上能做出如此突出的贡献，能获得这样崇高的荣誉？然而，王燕生就是这样默默地在制鞋划料岗位辛勤耕耘，认真敬业，无私奉献，始终走在时间的前面。制鞋划料是一个比较艰苦的工种，既费体力，又费脑筋，技术要求很高，一天下来，腰酸腿疼不说，脑子还非常累。日复一日、年复一年，王燕生从没有叫过苦。她深知，划料的技术水平提高一分，就可以为国家节约一分原料，日积月累，这将是一笔巨大的财富，于是，她下决心一定要不断提高自己的技术水平。"三人行，必有我师"。不管是老师傅，还是年轻的同事，只要谁有好的经验她就学，有不懂的她就问。有时，她请教别人指导自己的排料方法；有时，她学习别人的划料及用料诀窍。功夫不负有心人，经过四五年的刻苦学习和用心钻研，她不仅掌握了划料的基本技术，还结合自己的工作实践，总结出了一套提高效率、保证质量、节约原料的工作方法。她划的料：部位使用得当、吃伤合理、排紧插严。在她划料操作过程中，心、眼、手并用，做到划一、看二、眼观三，把技术要求、质量标准牢牢掌握在心中。自1980年以来，她月月超额完成生产任务，平均每天都能完成一天半的工作，特别是1986年以来尤为突出：1986年完成工作日487天，1987年完成工作日734天，1988年完成工作日571天，1989年上半年完成工作日264天。同时由于她技术熟练，用料得当，节约了大量原材料，仅1986—1989年上半年共节约牛面皮7200多平方尺，价值4.3万元。她生产的产品严格掌握质量，做到了：生产一片，就得保证合格一片。她划的活合格率达99%以上。终于，她成为一名生产标兵、节约能手和名副其实走在时间前面的人。有一次，王燕生的小孩得了心肌炎，她请了两天假在家照顾孩子，当她得知车间任务紧张时，第二天她就自觉地到厂来上班、并且加班。同事问她："你孩子有病怎么还来加班？"她却说："不能因为我个人困难而影响全厂的生产，孩子我锁在家里了，没什么关系的。"社会上有的人"一切向钱看"，干活就是为了钱。王燕生在班组里月月超产第一名，按理奖金也应该是第一名。但是，由于当时的"大锅饭"和平均主义思想较严重，每次结算奖金都是"摆摆平"，所谓照顾左邻右舍。对此，她从不计较。她常说："我是工人，要对得起自己的良心，要做一个称职的工人。"

这就是王燕生——平凡岗位上的一名普通女工。她以自己辛勤的劳动，为企业、为国家做出了无私的奉献。

王连金

王连金，女，1943年6月出生，天津市人，高级工程师，1992年享受政府特殊津贴，天津市授衔专家。先后担任天津皮件厂厂长、书记，天津市皮鞋集团副经理，天津市总工会副主席、党组成员。曾兼任中国皮革协会皮件专业委员会主任。

她善于做职工思想教育工作。天津皮件厂是一个小型国有企业，由于企业合并等原因造成严重亏损，职工工资不能足额发放，以致职工思想不稳定，她任厂长以后，首先在职工中开展"命运共同体"教育，使职工充分认识到"厂兴我荣，厂衰我耻"的道理，做到"大计共定，工作共干，困难共渡，成果共享"。从根本上调动了工作积极性、主动性，树立了主人翁责任感。

她深谙"创新"为企业之本,坚持"投产一代,开发一代,研制一代,储备一代"的原则,实现了"人无我有,人有我转,人转我变"。20世纪90年代以后,她结合市场需求和技术人员一起开发出裘皮相拼皮革服装、皮革羽绒服、安全型保健型皮革服装、多功能皮革服装和绣花中式旗袍等十大系列几百个花色品种,新品产值率达80%以上,出口到世界30多个国家和地区,创出全国出口皮衣单件创汇最高水平,使企业步入快速发展轨道,新品开发共享受免税70多万元,其中皮革羽绒服被评为"国家级新产品"。

她坚信管理出效益。面对激烈市场竞争,她狠抓管理:一是全面质量管理,保证产品合格率达99.7%;二是全员技术练兵,为提高产品质量打下基础;三是全员培训,每年抽出一批职工参加全面质量管理培训,参加全市统考,全厂有98%的职工取得培训合格证;四是全方位监督,以生产工艺为企业大法,以质量否决权为核心对生产和科室工作予以全方位、全过程监督,使皮件生产由小作坊式走上科学化、标准化轨道。由于严格质量管理,天津皮件厂的产品返修率控制在0.5%,"冰宫"牌皮革服装获轻工业部"全国最受消费者欢迎产品",被全国消费者协会推荐为名优产品。在当时出口产品规定商检局要逐项检验的情况下,该厂产品第一个被认定为全部免验。1989年3月王连金亲自出马,带着本厂设计的具有独特水平的"冰宫"牌皮革服装,参加在德国举办的莱比锡国际博览会评比时,产品质量全部达到和超过国际标准,使服装王国意大利客商叹为观止,经大会评委会国际皮衣技术权威严格评选,以99分的最高分挫败24个国家和地区的产品,为我国皮革服装夺得首枚金牌。同年获"国家质量金奖"。

同时,为最大限度提高劳动生产率,王连金在企业人事、财务、物资、管理等方面进行了一系列改革和创新。

在聘用科室管理人员方面,本着"能者上,平者让,庸者下,劣者汰"的原则,公开招聘,一年一聘,竞争上岗,形成一人多岗、一专多能、高效多能的新格局。

企业各项经济指标负担十分沉重,王连金采取分解指标、压力传送的办法,使每个部门每名员工都有指标,千斤担子众人挑,人人当家理财。全厂管理费用比同等国有规模的厂家低3倍,而产值和销售额却高出一倍。

在物耗方面,原材料利用套裁的方法,皮革五次利用,划皮衣时套划手套,剩余边角料拼成各种皮衣、皮手套和包袋。她白天工作晚上在家设计出用手指大的下角料做成的皮革花和印章包出口到日本,售价5美元。使许多美国、欧洲、东南亚等地客户称赞她人格有魄力,懂技术,善管理,是文武双全的厂长。

由于王连金同志的不懈努力,天津皮件厂在1992年就创造了在全国同行业中实现"产品质量第一,人均创汇第一,人均利税第一"的骄人成绩,小厂做出了大贡献。

王连金15岁到天津皮件厂参加工作,以厂为家,天津皮件厂的每一步发展都凝聚了她的心血,同时她的努力和拼搏也得到了职工和社会的认可,她相继被评为"全国劳动模范""全国五一劳动奖章"获得者、"全国优秀女企业家""天津市特等劳动模范""全国三八红旗手""天津市优秀领导干部""天津市优秀共产党员标兵"等。

孙茂芳

孙茂芳,女,汉族,中共党员。天津南华制鞋有限公司(原天津制鞋厂)总经理兼党委书记。曾荣获全国"三八"红旗手、全轻系统劳动模范、天津市劳动模范、天津市

2002年、2004年、2005年度优秀企业家等荣誉称号。

天津南华制鞋有限公司是一个合资企业，也是一个工贸一体的出口型企业，现有职工1400余人。10多年来，孙茂芳始终坚持以思想创新带动理念创新、战略创新、管理创新，在参与国际市场激烈竞争中，使企业经济工作年年创出新成绩。从合资到现在，公司的各项经济指标平均以两位数增长，在她的领导下南华制鞋成为北方制鞋出口基地，获得客户多方赞誉，并被Wal-Mart公司连续4年评为最佳供应商。

1993年合资后，她面对企业订单不足、资金奇缺、机构臃肿、设备老化之困境，大胆推行了一系列改革方案，调整布局，将23个科室精简为四部一室，从170余名管理干部精简为39名，制定了部门职责和岗位标准，推行用人与竞争挂钩、岗位与技能挂钩、分配与贡献挂钩，实行严格的定量考核，从而打造了一支简洁、高效、有激情、有创意的管理队伍，全力打造新的管理模式，建立了保证、监督、考核的联动机制，企业的管理制度系统化。她坚决倡导"制度是铁，推动力是钢，而督导检查是金刚钻"的原则。

在激烈的市场竞争中，在充分进行市场调研的基础上，她果断提出了自营、外销和名牌的经营战略。1996年她带领企业在全市第一批拿下进出口权，在接到外销标准后，亲自带领技术人员反复试制，无数次的自我测试，正式样品终于通过了欧洲标准认证，拿到了欧洲第一张订单，从此打开了欧洲市场，吸引了更多的外商客户。严酷的形势使她深深体会到企业要立足市场，一切要以客户为中心，全力打造客户价值观。他的口号是：不要看客户可以给我们什么，而是我们要奉献给客户需要的最满意的产品。于是，全公司上下，在交货期、价格、产品的开发等诸多领域不遗余力地为客户提供全方位服务，以客户为中心，全力打造新的经营模式。

为了提升企业核心竞争力、强化经营管理执行力，首先，她提出理念创新："信念比利益更重要，速度比完美更重要，胜利比公平更重要，结果比理由更重要，用卓越的执行力取得既定的结果。"其次，她积极倡导并推行"一竿子插到底"的工作作风和"今日事今日必有结果"，执行到位的价值观，大大提高员工对执行力的认识和理解。然后，她提出"四低二高"（低设计成本、低采购成本、低生产成本、低消耗费用和高产能、高附加值），并层层落实，每个月进行考核，与相关人员的绩效薪酬挂钩。

随之，公司的市场已由以美国为主，逐渐延伸到英、法、德、意等欧盟各国以及南美、中东、非洲部分国家和地区。为了稳定市场定位，满足客户需求，必须全力打造新工艺、新技术，不断开发新产品。她带领公司在工艺技术方面自主创新，在原有线缝工艺基础上开发了冷粘、注射等新工艺；由单一线缝，发展为钢包头、钢板垫心、防穿刺线缝；由单一冷粘发展为冷粘、侧缝；由PU单密度注射发展为PU双密度注射，并通过了英国"SATRA"认证和加拿大"CSA"认证。在产品产能方面调整结构，以各式马靴、侧缝鞋、钢板抗电击鞋、冷粘鞋及其他多功能休闲鞋等新品为开发重点；每条生产线由原来的日产800—900双，逐步提高到日产2800—3500双，创出了南华制鞋的历史辉煌。孙茂芳的作为，不仅引领南华制鞋走向美好的明天，也让天津鞋走向世界。

谢少明

谢少明，男，1949年3月出生在河北辛集市东巴营村，现任中国皮革协会副理事长、辛集市皮革商会会长、河北东明实业集团有限公司董事长。1983年他创建了传统制革作坊，经过10多年的发展，1994年组建了东明集团公司。东明集团辖8个子公司和1个皮革研究院，拥有固定资产近十亿元，员工2600人。

谢少明重视新品研发，他紧跟国内外技术前沿，自主开发了系列服装革、白蜡沙发革和植鞣、半植鞣、平纹、摔纹鞋面革等200余种产品，并创出了一批引领潮流的高科技新品。在绿色皮革方面，通过多次工艺技术调整，产品中六价铬、偶氮等含量进一步降低，超过了国家新颁布的质量标准。

谢少明带领公司投资3000万元从意大利引进了两套自动化、智能化新型皮革伸展设备；投资630万元将20台传统转鼓全部改用节能超载转鼓，单鼓容量是传统转鼓的3.5倍；完成了电脑程控自动化配料、加料系统，使配料误差精确到了"克"，确保了产品的质量；借助ERP现代化管理系统和DCS生产监测系统，实现了生产管理自动化和生产流程无监值。对所有机械设备进行自动化改造和自动化链接，使能源消耗降低15%，生产效率提高30%。经过努力，公司实现了"由人力密集型到技术效益型"的转变。2010年9月，被国家工信部确定为"两化融合促进节能减排试点示范企业"。

在谢少明的带领下，"东明"牌皮革、皮革服装先后获得"真皮生态皮革""中国名牌产品""中国驰名商标""中国最具市场竞争力品牌""中国十大真皮衣王"等80多个奖项和荣誉称号。

他始终把绿色环保和节能减排作为发展的中心。他按照清洁生产的要求，投资274万元，建成了"保毛脱毛法及浸灰废水、铬鞣废液循环使用配套工程"，年可减少污水排放13万吨。通过大规模的改造，减少了硫化物和铬离子的排放总量，在全行业带了好头。2007年6月，此项目通过了省科技厅的技术鉴定。2008年9月，该项目被中国轻纺与烟草工会、中国皮革协会评为首届"节能减排环保创新一等奖"。

他创效不忘报效国家，盈利不忘回报社会。在他的提议下，2005年，集团公司拨款234万建立了"东明中学"；2006年，补贴1000万元为员工新建了"东明住宅小区"；2007年，为辛集市制革区捐款50万元用于绿化和修路；2008年，为地震灾区捐款35万元；累计捐款1319万元。在谢少明心里时刻装着社会，时刻想着员工，作为辛集知名的企业家，他履行了自己对社会、对员工的职责。

郭建英

郭建英，男，1954年10月出生于河北省辛集市。1970年在国营辛集皮毛制革总厂参加工作，先后任技术员、分厂厂长、制革总厂生产部部长。1994年创立辛集巨龙皮革机械公司，任公司董事长兼总经理。

郭建英带领公司团队先后研发出了不锈钢多功能八角形、圆形摔软鼓、节能环保水平式螺旋转鼓、不锈钢超载鼓、Y形不锈钢分格鼓等皮革机械，填补了多项国家空白，获得了国家多项技术专利。

公司研发的"巨龙"牌不锈钢摔软转鼓各项性能指标完全可与意大利同类产品相媲美，而价格却不到进口产品的一半，打破了国内制革厂依赖进口的局面。公司产品不仅以85%以上市场份额的绝对优势占领了中国中高端市场，还推向了美国、意大利、西班牙、葡萄牙、阿根廷、韩国、巴基斯坦、印度、越南等国际市场，让"中国制造"的皮革机械走向世界舞台。

公司研制的节水环保型不锈钢全自动 Y 形分格转鼓不仅属国内首创,甚至在功能上,满足皮革加工工艺上领先国际水平。一个鼓相当于同等产品的 3—4 个鼓的效率,使复鞣染色的皮革染色均匀、革身丰满、抗撕裂、不松面、上档次,且节场地约 70%、节电约 60%、节水约 50%、节化料 5%—10%,受到了用户的一致好评和市场的广泛认可。

车 森

车森,男,1947 年出生,山东省蓬莱人,汉族,中共党员,大专文化,高级经济师,省先进科技工作者、省劳动模范。1967 年在黑龙江省密山县高中毕业后上山下乡,在密山县二龙山林场工作,1971 年到吉林省洮安县制革厂任电工,1974 年独立研制成功东北三省第一台电子量革机,翌年又研制成功超声波喷浆机和微波干燥机。1977 年获吉林省"先进科技工作者"称号。1979 年获吉林省"劳动模范"称号。1981 年任洮南革厂副厂长,1983 年任厂长,带领全厂艰苦奋斗,使工厂生产能力达到年 24 万标张,进入制革中型企业行列。在厂长任期内,该厂经济效益稳居全省同行业第一位。1990 年调任吉林省皮革研究所副所长,1994 年任吉林省皮革服装工业公司经理,吉林省皮革工业协会理事长。任期内一是取得较好经济效益,尤其是对俄罗斯贸易取得较好成效;二是成功地兼并了洮南制革厂;三是作为吉林省国企改革试点单位,圆满地完成了省公司和洮南制革厂的国企改革,并在省国企改革会议上介绍经验。2002 年国企改革完成后,组建了全省皮革行业第一家民营股份制企业,吉林省洮安皮革有限责任公司,任董事长。2004 年被推选为吉林省皮革行业协会理事长,在此期间,一是不遗余力地推进吉林省皮革工业发展。带领省皮革协会为省内经济决策部门撰写了《关于发展吉林省皮革工业几点建议》《关于在长吉图经济圈加快发展皮革加工业的几点建议》等十余份调研报告,为省制定发展皮革工业决策提供依据,并在国家皮革协会的大力支持下,组织国内各方面皮革专家到吉林省各地区调研,有力地推动省内皮革工业发展。二是努力打造省内制革龙头企业——吉林省洮安皮革有限责任公司。该公司制革能力达到年 30 万标张。三是完成国家皮革协会交办的工作。

丛连彪

丛连彪,男,1953 年出生,回族,北京大学工商管理硕士、吉林省高级专家、高级经济师。现为第十一届全国人大代表、吉林省政协常委、长春市人大常委、省市工商联副会长、省市民营企业协会副会长,并先后被评为优秀中国特色社会主义建设者、全国畜牧行业优秀工作者、全国兴村富民百家领军人物、吉林省劳动模范、长春市特等劳动模范、全国民族团结进步模范和全国优秀退伍转业军人企业家,同时还是中国光彩事业促进会"光彩事业奖章"荣膺者。1998 年,在吉林省长春市西部的广袤土地上崛起了一座现代化的、伊斯兰风格的建筑群,这就是由丛连彪创建的长春皓月农牧产业工业园区。到目前,皓月公司的生产规模、品牌影响、出口创汇、发展潜力以及社会效益在同行业当中均属领先地位。自创业以来,牢记邓小平同志关于"发展才是硬道理"的教导,"只为成功想办法,不为失败找借口",不辞辛苦,敢为人先,与时俱进,使皓月集团成为首批国家级现代农业产业化重点龙头企业。先后被国家经贸委、农业部评为"全国出口创汇先进企业";被国家认定为"全国肉类十大功勋企业";皓月产品也被评为"安全健康放心食品"

和"绿色食品";被国家商务部认定为"全国三绿工程十大肉类畅销品牌"和"中国最具市场竞争力的品牌";"皓月"商标被国家认定为"中国驰名商标"。丛连彪不仅关心事业,而且非常关心社会。长春市塑料三厂工人刘存义因患重病,家庭极其困难,他知道后主动登门送去 5000 元钱;还拿出 1.5 万元为长春回族墓地安装电话、建造墓碑。自 1994 年至今他每年拿出近万元为"四间小学"两个贫困小学生提供学费读书,同时还出资百万修建双龙皓月小学,等等,他的种种慈善之举,得到社会及舆论界的一致好评。他所领导的皓月集团不负众望,锐意进取,以"产业报国,奉献社会"为己任,引领农民致富,为加快社会主义新农村建设做出更大的贡献。在打造百年品牌的创业进程中,皓月公司将展鸿鹄之翅,行万里鹏程,搏风激浪,扬帆远航,为成为中国乃至世界畜牧业的领跑者,不断续写新的篇章。

张云学

张云学,原齐齐哈尔黑龙江制革厂厂长。1965 年在齐齐哈尔黑龙江制革厂参加工作,从事制革行业工作 27 年。1983 年任齐齐哈尔黑龙江制革厂副厂长,1986 年任厂长,1989 年任厂长兼党委书记。

齐齐哈尔黑龙江制革厂 1982 年以前连续三年出现亏损,三年累计亏损额达 400 多万元。

张云学同志在齐齐哈尔黑龙江制革厂副厂长、厂长、党委书记任职期间坚持以科技进步为先导,带领全厂职工对企业进行了技术改造,采用新技术、新材料、新工艺,扩大了生产能力,调整了产品结构,产品更新换代上档次,开发了新产品,增加了新品种,到 1991 年企业的生产能力和销售收入比 1983 年提高了 10 倍多。1984 年起企业扭亏为盈,1985—1991 年企业连续 7 年年盈利达百万元以上。

1991 年,张云学获得了全国"五一劳动奖章"。

1992 年,张云学调齐齐哈尔市第二轻工局任局长。

傅降临

傅降临,男,1892 年 5 月出生,江苏川沙(今属上海)人。幼时家贫,信奉天主教,"降临"是他的教名。傅曾在私塾启蒙,13 岁辍学后到上海学修鞋手艺。1920 年,开设运动鞋店,嗣后毕生从事运动鞋的制造和经营,是上海国产运动鞋的创始人。早在 1904 年,傅进上海华德路(现名长阳路)大成皮鞋店学艺。正因鞋店与教会学校靠近,其经常有机会与外籍师生交流,外籍师生要其修理运动鞋,这给其熟悉和掌握运动鞋的生产技术创造了条件。他满师后,经教友介绍进徐家汇天主堂孤儿院工艺场向孤儿传授制鞋手艺。1915 年,傅降临在八仙桥(现金陵中路龙门路)开设鞋店,自产自销,一年后歇业。尔后辗转受雇于苏州、上海两地鞋店。1920 年,傅承接了上海东亚体育专科学校一批运动鞋生意,当年 5 月租虹口东汉璧礼路元芳路口(现汉阳路 460 号)一幢 2 层临街民房,开设傅中兴运动皮鞋店进行生产,雇工人、学徒各 4 人,月产运动鞋 200 双左右。以后生产规模逐渐扩大,由于重视质量,产品很受国内运动员的欢迎。1925 年,"傅中兴"的运动鞋已在永安、先施等上海著名大公司销售,并有少量销往厦门、香港等地。傅降临善于吸收外货运动鞋的优点,改进设计,采用新材料和新工艺,不断推出新的品种。他在生产运动鞋的工艺中，鞋底增衬钢纸，以增加弹性。在生产的足球鞋内底的腰窝部位垫有一片减低鞋底弯曲度保护足底韧带的钢条，并用铜钉取代铁钉铆在鞋底，以增强牢度和韧性。1932年成功研制举重鞋。他创始的"傅中兴"产品在体育界有较大的影响。1934年傅的汉阳路工场扩展到60多平方米，工人、学徒增加到20多人，并添置制帮车五六台。2年后，运动鞋月产量达到2000双，部分产品开始出口到东南亚一带。1935年注册"火炬牌"商标。"八一三"事变爆发后，地处虹口的傅中兴鞋店被毁。1939年，得到黎宝骏的帮助，在愚园路485号复业。20世纪40年代，傅降临开发出橄榄球鞋、棒球鞋、登山鞋。1949年上海解放后，傅降临根据流行时尚设计出匈牙利式足球鞋、罗马尼亚式足球鞋和马拉松鞋、竞走鞋、高统标枪鞋等一批新款式。1956年公私合营时，傅降临被任命为傅中兴运动鞋厂私方厂长。1957年，傅中兴运动鞋厂改组为上海运动鞋厂，傅分管订货管理和小样设计制作。50年代后，上海运动鞋厂的"火炬牌"运动鞋生产列入国家体育运动委员会、商业部和轻工业部的专项计划。随着体育事业的蓬勃开展，运动鞋的品种、质量和生产规模有了进一步的发展。1963年2月退休，1980年8月逝世，享年88岁。

陆承忠

陆承忠，男，1926年12月20日出生，江苏太仓人，汉族，中共党员。经济师、中国皮革工业科技先导。1939年入上海华茂皮鞋店当学徒，1944—1949年先后在上海苗生记和杨志记皮鞋工场当工人，1951年由失业自救会介绍考进了上海制鞋厂（后改名上海皮鞋厂）。1955年任车间主任、技术科长，1960年被提升为生产副厂长。1972年10月被调任新兴制革厂党支部副书记，1978年升任上海皮鞋厂厂长，直至1985年9月退休。在厂长任期内，针对"文化大革命"造成企业各项制度废除、劳动纪律松懈、职工思想混乱、生产上不去等各种矛盾交织的困难局面，作为一厂之长，他团结、依靠广大职工，勇于改革，大胆探索，不断开拓，在企业被上海市列为首批扩大企业自主权试点单位后，率先提出从企业管理着手，进行打破"大锅饭"的尝试。一是建立和健全企业内部的财务、计划、劳资等9项管理制度，要求工作守纪律，办事讲效率；二是理顺生产线条，进行布局调整，把100多人的流水线，改为30余人的4条小流水线，以适应小批量、多品种的生产，并将下料、制帮与装配流水线对口，以满足出口需要；三是改变皮鞋品种单一"老面孔"，打品种翻身仗；四是制定了"扩权三年，品种、质量翻身，产值、利润翻番"的奋斗目标。并在全厂推行岗位责任制和经济责任制，实行"五定一包"，形成以责任制为核心的管理体系。在探索科学管理新模式方面：首先，建立"五线一块"（即运动鞋线、出口皮鞋线、内销皮鞋线、手套线、橡胶化工线及下料中心块）生产运作体制，把过去按工种、工序设立的流水体制改为按品种大类设立类聚体制，便于运作与管理。其次，在"三配套"改革试点时，积极改革领导体制，实行厂长负责制，下放厂长管理权，为实施分厂体制或划小核算单位的管理模式创造了条件。第三，改革分配制度，以承包或以超额承包为主要形式，按贡献大小进行考评，实行多劳多得，少劳少得，改变过去吃"大锅饭"倾向。第四，改革经营方式，开创"快、新、活"的局面和提高企业应变、发展、信息、竞争、开发5种能力；运用企业自主权，进一步搞活企业，开辟了市内"一门二店十窗口"、市外"南二北三"三个点的自销经营格局。第五，改革干部制度，打破终身制，实行聘用制。此外，他倡导横向经济联合，发挥上海在品牌、质量、技术、管理上的优势和外地在原料、资金、场地、劳力上见长的特点，实现优势互补，促进商品经济的快速发展，并为全国16省市129多家皮鞋厂培养了大批的设计人才，帮助山东莱芜、海阳等皮鞋厂扭亏为盈。在他的带领下，上海皮鞋厂连续8年增产增收，皮鞋产量、出口创汇、经济效益在全国同行业中均列第一；企业品牌的知名度、美誉度不断提升，"五圈牌"旅游鞋荣获国家银质奖、"花牌"女鞋、"飞鹿牌"男女皮鞋被评为上海市优质、名牌产品；企业连续被评为上海市企业管理先进单位、文明单位、全国企业整顿先进单位。他本人也连续3年获市"二轻局先进工作者"、"上海市优秀厂长"荣誉。他还组织编写了《怎样搞好一个厂长的经营管理——介绍上海皮鞋厂实例》（20万字，1984年出版）一书；先后在《皮革科技》《上海企业》等刊物上发表了多篇经济管理论文。《解放日报》《文汇报》《中国轻工业报》《世界经济导报》上曾报道过他的创新理念与改革事迹。

陈国学

陈国学是我国制鞋行业著名的技术专家，男，1954年2月出生，江苏省江阴市人，汉族，中共党员，大学本科学历，EMFA硕士，工程师职称，具有中国轻工业鞋类高级设计师职业资格。曾任江苏无锡华崎鞋楦有限公司总经理，现任上海国学鞋楦设计有限公司董事长，扬州大学广陵学院艺术系特聘教授，北京环境与艺术学院客座教授，奥康大学客座教授。1998年至2008年任全国皮鞋设计大奖赛专家评委，现兼任中国皮革协会皮鞋旅游鞋专业委员会副主任、中国皮革协会常务理事、全国鞋类标准化委员会委员、国际制鞋标准化委员会ISO/TC137会议委员、江苏省皮革协会副理事长、上海市皮革技术协会副理事长、教育部高等高职高专教学制品技术专业指导委员会委员、鞋类教材编写委员会委员，曾先后被聘任为全国鞋楦设计培训班技术指导老师，为制鞋业培养了一大批设计技术人才，长期在《中外鞋业》《北京皮革》杂志等发表上百篇论文。他的著作《鞋楦设计》由中国轻工业出版社出版，拥有发明创造专利"鞋楦设计检测曲线卡板的制作方法"，该专利技术是设计制造皮鞋、运动鞋等鞋类产品的核心技术。发明专利号：200410099016.9。国学企业从2006—2010年经英国摩迪国际认证，其鞋楦设计及质量管理体系达到了国际认证标准。

陈国学于1999年荣获首届亚太地区鞋类设计师大奖赛"优秀设计师"称号。1997年度获全国鞋业设计大奖赛"鞋楦设计金奖""皮鞋设计金奖"。1998年度获全国鞋业设计大奖赛"金奖"。2005年经中国轻工总会、中国皮革协会考核考试、审核后获得中国轻工业鞋类高级设计师的职业资格证书。2003年上海国学鞋楦设计有限公司获"中国名牌企业"称号。2005年获"全国产品质量公证十佳品牌"称号。2008年荣获上海市产业创意贡献奖。2008年荣获上海交通大学和加拿大洋基创意学院EMFA硕士毕业"优秀论文奖"。

陈国学是国家鞋楦标准、鞋类术语标准的主要起草人之一，国际制鞋标准化委员会ISO/TC137标准修订专家委员，为我国制鞋工业发展做出了重大贡献。他创立的"国学品牌鞋楦"，由于重视自主创新、重视创新设计、重视产品质量、重视企业文化，因此产品深受日本、韩国、中国台湾地区及意大利、西班牙、英国、法国、德国等国内外名牌鞋业的喜爱，具有良好的国际影响力和声誉。陈国学具有国际化的视野和创新思维能力，紧持科学发展观，坚持自主创新，是一位名副其实的鞋业创新型人才，被中国皮革协会领导称为中国鞋业的儒商。

杨祥娣

杨祥娣，女，1944年出生，江苏无锡人，中共党员，高级经济师。无锡百特皮件有限公司董事长，无锡市和江苏省的优秀企业家、劳动模范，无锡市优秀共产党员、十佳支部书记，江苏政协委员，中国皮革协会副理事长，江苏省皮革协会常务副理事长。她1979年到钱桥江南皮件厂工作，凭借这个小厂3000元资金，30平方米厂房，30多名职工进行艰苦创业，经过近30年的努力，她用一个共产党员对事业的执着追求，带领"百特"走上了发展壮大之路。目前百特已拥有资产1.63亿元，职工1800多人，2008年实现销售收入1亿元，百特已成为集科研、开发、生产和经营于一体的分档次、多品种的皮件生产基地，产品畅销国内外市场。

身为"百特"创始人的杨祥娣同志坚信"事在人为，路在人走，只要肯吃苦，艰苦创业就没有做不到的事"。创业初期，为了找合格、合适的货源，她带领供销员14天跑四省六市十一家单位，累得迈不开步子，但她仍马不停蹄，继续乘公共汽车奔波，直到找到满意的皮张，她的吃苦创业精神感召了全厂职工，并发扬保持至今。

杨祥娣同志坚持从严治厂，她说："今天的质量就是明天的市场，产品没有质量，就会失去市场，失去市场，失去客商，就会失去饭碗。"她推行全面质量管理、严格操作标准和检验标准，奖惩分明，从自己做起。产品质量稳定，荣获省名牌和省著名商标，佩挂真皮标志。

她坚持"以人为本"，认真做好思想工作。她认为"干部职工心连心，才能共唱百乐曲"，她密切联系群众，关心群众疾苦，坚持每天上午9点前和下午4点半后办公专门接待职工，倾听心声，进行谈心，职工深感"百特就是我的家"。

她以强烈的事业心和责任感，筹划百特的经营和发展，她虽年过花甲，功成名就，但她为了事业，努力把百特推向新阶段，让百特来个大发展，她一是巩固国内市场，扩大覆盖面，让百特牌产品在名城名庄由5%占有率上升到23%；二是搞合资企业，把生产能力提高25%；三是搞好自营出口。为百特二次创业打下基础。

她倡导企业文化，她认为企业不仅要生产特质产品，更要生产精神产品，要用塑造完美的职工形象来生产完美的百特皮件。

杨祥娣同志，在30年改革开放的历程中，她以共产党员的坚强信念，以党的优良传统，以事业心和使命感，勤学习，善管理，将百特打造成为享誉中外的皮件生产基地，她为中国皮革工业发展、为江苏皮革工业做出了重要贡献，两次被评为"中国皮革行业巾帼标兵"，成为皮革行业的楷模。

朱相桂

朱相桂，男，1949年出生，江苏盐城人，汉族，中共党员。现任中共江苏森达集团党委书记、董事长、总经理，兼任近湖镇党委副书记。1976年底，朱相桂辞去建湖县砖瓦厂的工作，回到镇南村。1977年，他带领7位农民，在牛棚里办起了建湖县镇南皮鞋厂。两年后，该厂日产皮鞋超过200双，成为当地最大的皮鞋工厂。1980年，该厂的皮鞋产品已经走出盐城，覆盖了苏北地区。1982 年，镇南皮鞋厂改名为建湖县皮鞋二厂，朱相桂任厂长。皮鞋原先是用村上一座桥的名字命名的为"孟兰桥牌"。后来，为了开拓市场，曾借用上海一家皮鞋厂的牌子，产品打进上海市场。

1988 年，朱相桂与中国香港、中国台湾合资成立森达鞋业有限公司，正式启用皮鞋注册商标"森达"。1989 年，"森达"皮鞋获得了部优称号；同年夏天，上海中百一店举办皮鞋大汇展，"森达"皮鞋创造了最高销售纪录；同年，森达皮鞋覆盖了全国 100 多个大中城市，产量达 130 多万双，成为江苏皮鞋行业第一强，华东地区最大的皮鞋厂家。1992 年，"森达"皮鞋被国家轻工业部、中国皮革工业协会和全国消费者协会评为"中国名牌产品"。1993 年 4 月，组建了江苏森达集团公司，朱相桂任董事长兼总经理。集团下辖 40 个分公司，集制鞋、丝绸、服装、化工和贸易于一体。其中，制鞋是森达集团的主导实业。同年，森达皮鞋被国家技术监督局、中国质量检验协会、全国制鞋标准化中心评为"中国第一鞋王"。1994 年，朱相桂与意大利全国制鞋协会签订了为期 15 年的合作合同；此后，又以车间为单位，先后与意大利 6 个厂家、30 多个设计所建立了合作关系，从而使森达集团跻身世界一流企业。1997 年，集团员工已有 8500 人，总资产达到 51686 万元，净资产 26340 万元；国内市场占有率 31.9%，产品远销 11 个国家和地区，森达品牌成为当时中国制鞋行业唯一驰名商标，营业收入 84780 万元，利税总额 12359 万元，其中利润总额 5809 万元。同年，集团连续被评为省明星乡镇企业，被农业部评为"全国文明乡镇企业"。2008 年森达集团旗下的制鞋部分被百丽集团收购。

朱相桂的最大特点是敢于创新。他所提倡的"视今天为落后"的企业精神激励着全体员工不断地进取。他独创了一套"进名城、入名店、唱主角、创一流"的营销方针。在管理上，他能根据客观情况的变化，适时提出新的管理方式。该企业经历了以生产现场为中心的"零缺陷管理"、以战略为导向的管理模式，把企业的人才战略、形象战略、创新战略和文化战略作为其重要内容。朱相桂的创新理念已形成了他的个性化经营哲学，《朱相桂的外向观》《朱相桂的市场观》和《朱相桂的发展观》成为许多企业的教科书。朱相桂一贯宽以待人，严于律己。他把"公生明、廉生威、谦受益"作为自己的座右铭，时刻提醒自己要清正廉洁，一尘不染。他关心当地社会福利和教育事业的发展，资助 7 名孤儿读书，已有 3 人大学毕业。

20 世纪 90 年代以后，朱相桂先后当选为中国皮革协会皮鞋、旅游鞋专业委员会主任、中国皮革协会副理事长、中共第十五大、十六大、十七大代表、中共江苏省委候补委员、省工商联副主席。先后荣获"全国优秀乡镇企业家""全国农业劳动模范""全国轻工业优秀企业家"和"中国皮革行业优秀企业家"等荣誉称号。

李 青

李青，男，1955 年出生，南京市人，中共党员。高级经济师，工程师。1977 年由插队知青返城进入当时的南京万里皮鞋厂，从事皮鞋技术工作，先后任技术科副科长、科长、技术副厂长。1989 年在与台合资的新弘奕鞋业公司任中方总经理。1991 年回万里皮鞋总厂任党委书记兼厂长。后来任南京万里集团有限公司党委书记、董事长兼总经理。先后被评为江苏省轻工业系统优秀经营者、江苏省劳动模范、南京市劳动模范、省优秀企业家、中国皮革协会副理事长、江苏省皮革协会理事长。

李青勤于工作、精于技术研究、技术发展、产品创新、工艺创新，成功主持研发了我国第一站立式胶粘皮鞋生产线并向行业内企业和皮鞋机械制造推展。20世纪80年代初，胶粘皮鞋工艺在我国初露头角，他带领组织技术力量研发推展胶粘皮鞋新工艺，对手工线缝、模压硫化进行了技术改造，当时我国胶粘皮鞋尚处于新兴初期，技改使皮鞋品种结构、花色、价格档次突变，提升了万里皮鞋市场销售和消费者美誉度。企业生产经营一路攀升，新产品多次获部、省优秀产品并在全国行业评比中多次荣获金奖、银奖、第一名，享誉全国。

自1991年李青统领万里以后，凡20年，他带领一班人运用三资企业管理观念，打破传统管理方式，在南京市工业界率先进行劳动人事、用工、分配、医疗制度改革。充分激发职工的劳动热情，推行干部竞标上岗制，增强风险机制，建立了一套适应现代化企业制度的管理方式。得到省市各级领导关注，被新闻界称为"万里现象"，在全市由计划经济向市场经济转换中起到表率作用。他在企业经营上，高度重视产品研发，亲自指导开发，提出各季产品研发方向甚至具体到新材料、新工艺、新潮流产品的引导，力促开发投产产品适合全国不同市场、不同消费群的需求。即使外贸产品来样复样，他也亲临指导并与客商磋商样板改进，甚为客商折服。他还亲自督导主产品皮鞋市场拓展、实施现代营销战略，在全国主要城市大、中型商场建立近千个形象厅，发展特许连锁经营，设立近百家万里皮鞋专营店，建立以万里商场为主体的十个合计近万平方米的皮鞋专营连锁商场。在覆盖面宽的自销市场网络同时推出"山百惠"牌、"夏洛蒂"牌高档女鞋和万里儿童皮鞋。

尤其难能可贵的是，李青能放眼百年万里，高屋建瓴抓紧主业鞋业发展，同时抓万里规模型、多样化发展及资本运作。他先后主导兼并了南京制革厂、南京皮件厂；赎买了金粉厂和原联建的生产基地；承包、收购了两个合资合作企业；与外商合作成立了万平方米以上的新万里广场有限公司；创办了万里商务中心；开辟了三万多平方米飞虹副食品大市场；使企业二、三产业结合，多元化经营，工商贸并举，主产品小地产经营并行延展总资产近四个亿规模态势，被市委市政府定为十大地方规模化重点企业集团。

2004年后，在市政府支持下公司的国有资产退出，引进战略投资合作伙伴，实施资产、债务、劳动关系"三联动"体制改革。改制后的万里集团成为股份制民营企业，加速向新的目标奋进。

郑秀康

郑秀康，男，1946年出生，汉族，康奈集团董事长兼总裁，全国轻工业劳动模范。中国轻工业联合会副会长、中国质量协会常务理事、中国皮革协会副理事长、浙江省皮革行业协会副理事长、温州鞋革行业协会理事长。1980年郑秀康创办了康奈集团的前身——温州红象皮鞋厂。经过28年的健康、快速成长，康奈已发展成为现在集中国驰名商标、中国名牌、中国真皮领先鞋王、中国最具竞争力品牌、全国质量奖、亚洲品牌500强等众多殊荣于一身的中国制鞋行业领头企业之一。郑秀康也相继荣获"全国轻工业劳模"、"全国优秀创业企业家"、"全国十大杰出质量人"、"全国用户满意杰出管理者"、"30年中国品牌创新人物"、"十大风云浙商"、亚洲品牌创新十大杰出人物、2007年度中国民营企业十大人物等数十项殊荣。先后受到江泽民、温家宝、吴官正、习近平、朱马利等中外政要，以及罗伯特·蒙代尔、吴敬琏等经济学大师的亲切会见。20世纪80年代末，杭州武林门火烧温州劣质皮鞋，温州产品信誉陷入低谷。为重振温州鞋业声誉，郑秀康先后到上海、广东及意大利等地市场深入调研，他从意大利先进的皮鞋制造工艺、强大的自主研发能力和品牌影响力中，看到了中国鞋业发展的方向。1990年，郑秀康率先在温州市建成第一条机械化绷帮生产流水线，开启温州鞋业机械化生产之先河。1992年，开始研发欧版高档皮鞋"大利莱"，平均售价达到400元，风靡全国；他在同行业率先提出"争创全国同行业第一流质量、第一流款式、第一流服务"的创名牌口号，并申请注册"康奈"商标。"康奈"商标反映了"健康发展，其奈我何"和"抬起头诚信做人，埋下头认真做事"的特色文化。1993年"康奈"荣获"中国十大鞋业大王"，为温州"质量立市，名牌兴业"树立标杆。自2001年开始，康奈不但成为世界著名鞋类研究机构SATRA在中国大陆第一个鞋企会员，还成为第一家实现"品牌走出去"的中国鞋企，先后在法国、美国、意大利、西班牙等国建立230多家康奈品牌专卖店。郑秀康带领康奈人从机械化生产开始，攻克了高档牛皮底革皮鞋的生产工艺、特异工艺鞋、高档舒适鞋等，拥有13项核心技术、30多项技术专利；参与了QB/T 1002—2005国家皮鞋标准等多项标准的制定，编撰了《现代胶粘皮鞋工艺》一书。2005年，他邀请西班牙埃尔切市鞋业协会主席安东尼奥来康奈实地参观并参加和谐共赢论坛，并在论坛上共同签署了旨在推进中西鞋业合作共赢的"温州宣言"。2006年，经国家商务部批准，以康奈牵头在俄罗斯乌苏里斯克组建首批境外经贸合作区。郑秀康的人生格言是："做好做精皮鞋是我毕生的追求，让世界知道康奈是我永远的情结。"为了转变经济发展方式，他对康奈未来战略作了精心谋划，康奈使命：为顾客提供舒适产品，为人们带来美好感受。康奈愿景：成为世界知名品牌，成就康奈百年基业。他始终不渝地引领康奈集团在追求卓越的道路上，实现转型升级、保持可持续发展的目标。

董 晖

董晖，出生于1947年5月，湖州二轻机械总厂董事长。兼任中国轻工机械协会副理事长、中国皮革机械专业委员会名誉主席、湖州市技协副会长。该同志多次荣获全国技协先进工作者、浙江省二轻工业科技工作先进工作者、湖州市劳动模范、湖州市优秀工会工作者等荣誉称号。

1976年，董晖跨入了二轻机械的大门，开启了与皮革机械的不解之缘。从普通工人到技术员、到主管销售的经营厂长、再到董事长兼总经理，他见证了中国皮革机械的发展。

二轻机械原属市二轻公司管辖，在二轻系统百余家企业中，多数难以适应市场经济的发展而被淘汰出局，而二轻机械屹立不倒，并始终保持着蓬勃发展。这和董晖几十年来高瞻远瞩的经营理念、创新发展的远见卓识、辛勤耕耘的工作作风密不可分。正是在他的带领下，企业销售额从2003年起，每年增幅都达到1000万以上，一举奠定了行业领头羊的地位。

在企业的发展历程中，董晖始终坚持走创新之路。在他的带领下，企业建立了皮革机械研发中心，投入大量科研力量开发新产品。2006年，GXXY-300削匀机通过国家级火炬计划项目；2008年，GJSP-320挤水平展机通过省重大科技专项；2010年，GJST2-300五辊式挤水机获省重点技术创新项目……科技创新不胜枚举。董晖总结提出了"四世同堂"

发展战略，即研究一个、开发一个、生产一个、储备一个，并始终保持着每年1—2种新产品投入市场，产品档次也已达到国际先进水平。

为了企业的持续发展，董晖每天早晨提前近2小时到单位，进行早锻炼并统筹规划当日工作；傍晚晚1小时下班，总结分析当日生产和经营现状。他永远站在推动中国制革机械行业发展的历史高度，追求更高的目标，创造更大的价值。

任有法

任有法，男，汉族，1955年7月出生在海宁市西部许村镇的一户农民家庭。1974年12月至1990年10月，在中国人民解放军某部队服役，先后任司务长、后勤助理等职。1976年5月加入中国共产党。部队转业后在海宁市工商行政管理局工作，先后任副科长、皮革城工商所所长等职。1997年4月调入皮革城管理委员会工作，先后任管委会副主任、主任，党支部副书记、书记、党委书记。2007年12月，海宁中国皮革城改制为股份有限公司后任董事长、党委书记。

任有法还是中国皮革协会副理事长，浙江省市场协会副会长，浙商研究会副会长，浙江省市场研究院高级研究员。2008年4月，当选为海宁市皮革行业协会第三届理事会理事长。

海宁中国皮革城之所以能在激烈的市场竞争中不断发展壮大，成为闻名国内外的大型皮革专业市场和"长三角"特色旅游购物中心，关键在于不断创新，而任有法正是不断创新的推动者和掌舵人。他力主举办了"全国皮革服装展销会""中国皮革博览会"，大大增强了皮革城的凝聚力和向心力，也得到了国家有关部门的高度关注和大力支持，从而牢牢地把握住了海宁中国皮革城在全国同行市场中的龙头地位。同时，由于国内众多品牌企业乃至国外名牌企业的积极参展，使皮革博览（展销）会的国际化程度越来越高，海宁的知名度也越来越高，海宁皮衣名扬天下。从2002年起，身为皮革城管委会主任、党委书记的任有法，将皮革博览会的活动内容转向以发布皮装流行趋势，引导消费潮流为主，并通过深思熟虑，响亮地推出了"我看世界，风尚看我"的广告语，把海宁中国皮革城打造成为全国皮革服装流行趋势的发布中心。

任有法具有非同寻常的超前意识和远大目标。2005年，正当皮革城生意红红火火的时候，他克服重重阻力，经中共海宁市委、海宁市人民政府同意和支持，毅然宣布在市区远郊建一个新的皮革城。他带领一班人把蓝图变为了现实，把新皮革城建设成为了商场化、花园式的现代企业，为经营者和消费者营造优良的经营、购物环境；继而加强市场质量管理，进一步提高市场声誉。把新城打造成为了国家AAAA级旅游景区，成为"长三角"特色旅游购物中心。2006年接待旅游购物大客车1.2万辆，中小客车40.3万辆，全年市场成交额71.8亿元，比搬迁前2004年的56.89亿元增长26.2%，创历史新高。任有法在抓好市场经营的同时，又着手抓二期、三期工程建设。2007年皮革原辅料市场、鞋业广场和牛仔城相继落成开业。2008年，由70多幢高层建筑组成的中国首家皮革业CBD建设竣工。2009年，位于辽宁省佟二堡的连锁市场开业。2010年1月26日，经过改制后的海宁中国皮革城股份有限公司在深圳证券交易所中小板块挂牌上市。所有这一系列新举措的出台，给海宁中国皮革城带来了新的活力和勃勃生机。

曹浩强

曹浩强，男，出生于 1959 年 1 月，浙江省海宁市长安镇人。雪豹集团公司董事长。1981 年，曹浩强退伍后当了一名普通营业员，1984 年，辞职后集资 5000 元，带领 24 名员工（其中 15 名残疾人），办起辛江皮件厂（雪豹集团公司前身），从事皮衣加工生产。

1987 年，曹浩强投资 500 万元建起了国内当时最高技术水准的皮衣生产流水线，是当时中国第一条将皮衣整件单人制作改变为多人分工合作的工业化流水作业线。1989 年，"雪豹"商标经国家商标局核准注册，成为中国皮衣业中较早的品牌商标。1989 年在上海创办第一家"上海雪豹皮草行"，之后在北京、天津、重庆、南京、杭州、海宁中国皮革城等全国各地开设"雪豹"专卖店三百余家，是中国改革开放以后最早开创皮衣品牌专卖营销模式的人。1990 年开始在全国各地的"雪豹"专卖店推行"雪豹皮衣回娘家"活动，开创了皮衣售后诚信服务先河，轰动全国，引领了中国皮革产业的整体提升和发展。

1997 年，曹浩强带领公司走上了产业延伸、升级转型之路，开始了"雪豹"的二次创业。成功开发了皮革沙发套和皮革软体沙发，再次带领了浙江海宁皮革产业的集体二次创业。

雪豹公司的发展壮大，就是曹浩强演绎、诠释从产品到品牌、从制造到创造的过程。品牌"雪豹"的培育成功，带动了全国皮革行业树品牌、创名牌的发展之路。

创业伊始，曹浩强就注重在残疾人就业、文化生活福利上投资，1991 年，中宣部、民政部、人事部、中国人民解放军总政治部、全国总工会、共青团中央、全国妇联、中国残联授予曹浩强"全国助残先进个人"的称号；1992 年，中华人民共和国民政部、中国人民解放军总政治部授予曹浩强"全国军地两用人才先进个人"称号；1994 年，中华人民共和国农业部授予曹浩强"全国乡镇企业家"称号。

钱金波

钱金波，男，1964 年出生，汉族，高级经济师，张铨基金奖获得者，"红蜻蜓"企业及品牌创始人。现任红蜻蜓集团董事长、浙江红蜻蜓鞋业股份有限公司董事长、总裁，中国皮革协会副理事长，第十届浙江省人大代表，曾获第七届中国青年五四奖章。创业伊始，钱金波带领红蜻蜓创新推出"品牌开路、文化兴业"战略，使红蜻蜓在温州上万家鞋企中脱颖而出，迅速成长为中国鞋行业的领军品牌。他致力于以科技创新、品牌营销为企业的核心竞争力。他引领企业通过不断创新，取得了骄人的成绩，其中包括在国内实现第一家"3D"制鞋技术和研发出中国第一双运动皮鞋。特别是"红蜻蜓"运动皮鞋的诞生，更是开创了鞋类的新品类，为推动制鞋行业突破发展瓶颈做出了卓越的贡献。钱金波以"天性、理性、韧性""财商、智商、情商""梦想、理想、思想"领悟人生，以"从距离中寻求接近"为经营管理美学理念，全面实施现代企业管理制度，使红蜻蜓多年实现又好又快的发展。尤其，他对"鞋文化"情有独钟，他在经营红蜻蜓鞋业的过程中，对鞋文化的挖掘、研究和传播锲而不舍，殚精竭虑，对社会公益事业倾注了巨大的心血。他执着地研究中华鞋履文化，成立了全国第一家鞋文化研究中心，建立全国第一家鞋文化展馆，出版全国第一部《中国鞋履文化辞典》，发行全国第一套鞋文化邮票，编辑出版全国第一套鞋履文化丛书《东方之履》，创建中国第一家国家级鞋文化博物馆——中国鞋文化博物馆，组织召开全国首届鞋文化学术研讨会。钱金波因此被业界誉为"中国鞋文化第一人"。他怀着把"红蜻蜓"打造成"现代、卓越、国际化的鞋服公司，打造受人尊崇、为人钟爱的中国品牌"这一美丽梦想。他将"责任、爱心和奉献"作为自己的人生追求和红蜻蜓企业文化的重要内涵。企业成立14年来，他对公益事业的捐赠达5000多万元，钱金波的名字曾连续4次进入胡润"中国慈善企业家"百名排行榜，并在2005年获得国家民政部颁发的首届"中华慈善奖"。钱金波坚持以"尊重关心每一位员工，支持爱护的团队精神，从距离中寻求接近"的企业核心价值观为企业发展基础，始终不渝地创建、发展独具特色的企业文化。以爱心塑造企业风范，以文化体现品牌价值，以思想铸造企业精神，以创新赢得品牌尊敬，他带领红蜻蜓连续多年实现健康、持续发展。

王振滔

王振滔，男，1965年出生，高级经济师，浙江省十届人大代表，全国五一劳动奖章获得者，"张铨基金奖获得者"，现任中国皮革协会副理事长，奥康集团有限公司董事长。

1988年，王振滔自筹3万元资金开始创业，办起"永嘉奥林鞋厂"。

1990年，王振滔以注册商标"奥康"，重新杀回武汉等地的皮鞋市场，并挑战性地标明产地温州，他自信真金不怕火炼。

1991年，他说服了亲戚朋友，以股份合作形式，开始了第一次上规模、上档次的生产扩建。当年产值就突破了100万元。

1992年，集资第二次扩建厂房，在招收员工上注重招收有文化的年轻人。

1993年，又与外商合资建立了中外合资奥康鞋业有限公司，厂房、设备、人员初具现代化企业规模，当年被评为"浙江省工业企业最佳经济效益"第一名。

1995年，王振滔开始向"鞋王"的高峰攀登。他成功运作10多家企业，组成集团公司。

1997年，发展成全国性无区域大型集团公司，年产值约4亿元。

1998年，王振滔登上中国真皮鞋王之位，奥康十年成王。

1999年，王振滔一把火，烧了几千双从全国收缴过来的外地不法厂商假冒奥康品牌生产销售的劣质皮鞋，为温州皮鞋正了名。

2001年，他率先在中华第一街上海南京路开出浙江鞋业第一家连锁专卖店，吹响了浙江鞋企进军上海滩的号角。

2001年5月成立了"奥康爱心基金会"。先后累计集资30多万元，共资助困难职工80余人，金额达20万元。

2002年，王振滔荣获"全国五一劳动奖章"，成为全国首批获此殊荣的四个民企老板之一。

2005年，他多方面准备，决定出资2000万元成立一个全国性的个人慈善基金会"王振滔慈善基金会"。王振滔也许不是最富有的企业家，但他的基金会却是全国数额最大的以个人名字命名的非公募基金会。

朱张金

朱张金，男，1966年出生，卡森国际控股有限公司董事会主席，中国皮革协会副理事长，中国青年五四奖章和全国五一劳动奖章获得者。1988年，朱张金以2.5万元创办了海宁华丰制革厂，并迈入海宁市皮革业行列。1995年，在全市皮革皮件企业中率先将产品出口到俄罗斯，并在莫斯科创办了"海宁楼"，带领大批海宁企业走向国际市场。1998年，卡森毅然转型生产牛皮沙发革。2000年，卡森加大投资力度开发生产汽车座垫革。2001年，朱张金在对国际家具市场认真考察后又作出了重大产业结构调整，开始成品沙发的研发、制造和销售。2003年进军澳大利亚和英国的家具零售市场，在国外注册商标。2004年，他制定了创建全球最大皮革沙发制造基地的目标，启动了海宁高点沙发工业园项目。目前，卡森旗下的公司在澳大利亚开有120家连锁店，在英国也有27家连锁店，实现了中国民营企业在境外建立直销零售商场"零"的突破。在汽车用座垫皮革被国外垄断的背景下，在国内率先斥巨资投入汽车座垫革的研发和产业化运作，2005年5月，公司生产的无铬鞣汽车座垫革，不仅填补了国内环保型汽车座垫革的空白，而且被国际著名汽车生产巨头——德国大众汽车集团正式选用，成为德国"大众"、德国原产"奥迪A6"以及上海"大众""帕萨特""途安"等轿车坐垫革供货商，开创了中国汽车座垫革进入国际著名汽车生产企业的先河。朱张金奉行"齐心敬业、务实创新，说得好不如做得好"的企业精神，他每年有200余天奔波于国外，每天工作十多个小时，他的艰苦奋斗、敢为人先的创业豪情激励着卡森人和海宁制革行业。

在中央号召"西部大开发"的背景下，朱张金在赴西部省区调研的基础上，于2000年在浙江甘肃两省经济技术合作签约洽谈会上，与白银市经济开发区签署了"总投资2.5亿元、年产蓝坯革170万张"的合作项目，创立白银卡森皮革有限公司；2002年在新疆伊犁市创建了总投资8000万元的伊犁霍尔果斯皮革有限公司；2003年初，又在新疆克孜勒苏市创办了新蓉皮革有限公司，在甘肃白银市兴建了白利斯皮革有限公司，有力地推动了当地工业发展，同时还分别使白银市102位残疾人走上了工作岗位，伊犁市800多位下岗失业职工实现了再就业。其时，曾得到吴仪、王乐泉、习近平等中央和地方领导的赞扬。

朱张金不但心怀创业、兴业的雄心，更有一颗热诚奉献社会的爱心。朱张金认为，当把辛苦挣来的钱用于希望工程、环境保护、慈善事业时，会觉得幸福被放大，自我价值也得以体现，为此他将爱心化为行动。历年来，他和卡森集团向慈善和公益事业捐资已超过5000万元。朱张金本人于2006年荣获浙江慈善之星，2007年被中华慈善总会授予中华慈善事业突出贡献奖和中华慈善人物称号。

林和平

林和平，男，1957年出生于福建省石狮市长福村。现任福建石狮富贵鸟集团董事长、福建省第十届政协委员、中国皮革工业协会副理事长、香港福建同乡会副理事长、石狮鞋业工会会长、石狮市商会副会长、福建省鞋业行业协会名誉会长、福建省鞋机商会顾问等。"中国乡镇企业新闻人物"、"福建省优秀乡镇企业家"、"福建省优秀企业家"、两度"福建省年度经济人物"。

林和平10岁辍学，1976年，进入长福村瓦窑农业社，担任管理人员兼出纳，一干就是6年。1982年，他被推举为"瓦窑农业社"的厂长，任职三年。1984年，改革开放大潮涌动，石狮人应时而起，纷纷办厂。富贵鸟集团的前身——石狮市旅游纪念品厂，就是在这种背景下由 19 个堂兄弟集资 4 万元起家所创办的。刚开业，生产人造革的凉鞋和拖鞋，每双鞋大约卖几元钱。相对于当时一双能卖 200 多元的"莱尔斯丹""登喜路"等品牌鞋来说，只能算小打小闹。由于经营管理方面的原因，一起创业的 19 位堂兄弟在 5 年后纷纷退股，最终坚持的只有林和平等 4 人。1989 年是富贵鸟集团发展史上一个重要的分水岭。这一年，旅游纪念品厂进行了重组，新董事会推选林和平当厂长，公司的经营战略转移，经营目标转向真皮休闲鞋，并开始注册"富贵鸟"商标。转产第一年（1990），公司接到第一批出口前苏联一万多双鞋子的订单，林和平带领全厂员工在极其困难的条件下，做到如期交货、保证质量，实现"开门红"。全年统计，出乎意料地卖出了 10 万双休闲皮鞋，相当于年计划产销量的 10 倍。此时，他深深体会到"竞争就是要快"，也就是研发、款式变化要快，人才培训要快，企业发展也要快。后来，"富贵鸟"产品一推向市场，即因款式新颖、温软舒适、祛汗除臭而获得认可，产销量剧增。

1991 年，石狮旅游纪念品厂正式更名为石狮市福林鞋业有限公司。1992 年，富贵鸟集团成立，下辖福林鞋业有限公司、富贵鸟鞋业发展有限公司、富贵鸟服饰发展有限公司等 8 家全资子公司。富贵鸟皮鞋在赢得口碑、市场的同时，一时间，全国假冒伪劣的"富贵鸟"产品铺天盖地而来。为净化市场环境、捍卫品牌尊严，林和平带领富贵鸟集团经历了一场打假风波后，使企业步入健康发展的快车道。更名后的最初 5 年，林和平在市场上几乎没遇上强劲的竞争对手，发展很快，迅速占领全国各大市场，赢得大量荣誉。1991 年获农业部优质产品；1993 年，在全国首届鞋业大王博览会上，获"首届中国鞋王"荣誉称号。但是，市场在变，谁也难以保有永久的优势。1997 年，许多经销商在模仿富贵鸟款式的基础上自行创办了工厂。市场竞争顿时变得空前激烈。林和平意识到，单一的男鞋，企业缺乏整体竞争优势。于是，他在经过认真思考、知己知彼、准确定位后，决定抢占中高档女鞋市场，推出中高档女鞋系列，有效地提升了企业综合竞争力。越过了单一品类这道坎，企业迎来新的发展，向国际知名集团进发。1998 年、2000 年和 2002 年，企业连续三届获"中国真皮鞋王"称号；1999 年，"富贵鸟"商标获得中国驰名商标，次年通过 ISO 9000 质量体系和产品质量双认证。其销售网点增至 1500 多个，辐射到全国大部分县市，销量在全国鞋类市场中遥遥领先。

吴华春

吴华春，男，1960 年 9 月出生，福建晋江人。兴业皮革科技股份有限公司董事长，中国皮革工业协会副理事长，福建省政协委员，福建省工商业联合会（总商会）常委，福建省鞋业行业协会副会长、晋江市慈善总会副会长。

吴华春出身家境贫寒，从小目睹母亲为生活奔波，为了减轻母亲的负担，补贴家用，他年少时便在集市上当小贩，贩卖过农副产品，摆过摊卖过猪肉牛肉。身为小贩，他清醒地意识到，自己绝决不能当一辈子的小贩，"穷则思变"的意念使他从小立志高远，逐步养成自己"牛气冲天"的个性与志向。小摊贩的创业经历，让他尝到人间的甜酸苦辣，却磨炼出创业的热情、兴奋和干劲。凭着自己"敢为天下先"的胆识和敏锐的商业嗅觉，吴华春很快就寻找到了自己的商业目标。

20 世纪 90 年代，皮革制品在国内特别走俏，皮衣、皮鞋、皮包，大街上的皮制品琳琅满目，国外知名品牌的皮革制品纷纷抢占国内市场，意大利、西班牙、日本的进口货充斥其间，中国台湾产品也开始涌向大陆市场。吴华春经过一段时间的观察，认为皮革行业在中国很有发展的潜力。于是，他开始倾注精力，如国外考察，市场调研，拜师访友，潜心钻研皮革经营之道，并将国外的设备、人才、技术、原材料引进国内，开启了一条皮革业的探索和发展之路。

1992年，吴华春创立的兴业皮革，位于福建省晋江市安海镇，注册资本18000万元人民币，占地面积80亩，现为中外合资企业。多年来，兴业皮革创造了"执着、勤劳、爱拼、奉献"的兴业精神和以"牛文化"为核心的企业文化；不断加大软硬件设施的建设和投入，引进世界最先进的皮革生产、检测设备；聘请国内外皮革技术专家，组成不同肤色、不同语系的全球性技术专家群体；不断加强与权威皮革科研机构的合作，与中国皮革和制鞋工业研究院联合成立福建皮革研究所；在产品研发方面曾获得4项皮革专利技术；2006年，正式成为世界制鞋技术权威组织SATRA成员；2008年起草了皮革行业国家标准《家具用皮革》；承办了行业性峰会"中国皮革发展论坛"；等等。为了实现清洁生产、节能减排，确保产品环保，兴业皮革除了推行节约水电气外，还引进"无铬鞣""生态鞣制"等技术，从源头上解决制革污染，并在采购上注重绿色原材料。还与东阳化工合作将"制革废液回用工程"率先投入大生产应用，共同探索制革水场操作早日实现零排放。

在吴华春"绿色皮革，百年兴业"的新时代全新定位下，如今，兴业皮革已是花花公子、金利来、彪马、美国骆驼、奥康、红蜻蜓、百丽、达芙妮等国际、国内知名品牌的皮革供应商。业已发展成中国皮革行业龙头企业之一、中国皮革制品十强企业、高新技术企业、泉州百家重点工业企业、"泉州市最佳和谐企业"，近三年来纳税上亿元。2008年获中国皮革协会"节能减排环保创新奖"及"晋江市企业文化最具创新案例奖"等荣誉称号。

丁志忠

丁志忠，男，1970年12月出生，福建省晋江市人。现任安踏（中国）有限公司董事局主席兼CEO，第十一届全国人大代表，福建省人大代表，福建省青年商会会长，福建省十大杰出青年企业家，福建慈善家，福建省鞋业行业协会名誉会长，晋江制鞋工业协会会长，晋江慈善总会荣誉会长。1986年，16岁的丁志忠就憧憬着商海搏击的心愿和理想，怀揣1万块钱，闯荡北京"大康鞋城"，经细心观察，悉心盘算，对国际名牌耐克和阿迪达斯情有独钟。5年后，1991年丁志忠回到家乡，与父兄共同创立了"安踏"品牌。1999年，而立之年的丁志忠出任安踏集团总经理。上任伊始，他做出一个重要决定：与中国国家乒乓球队签订协议，聘请世界冠军孔令辉出任安踏品牌形象代言人。同期，安踏推出品牌口号："我选择，我喜欢。"安踏公司迅速赢得市场较高认知度。2000年悉尼奥运会上，安踏形象代言人孔令辉再度荣获世界冠军，遂使"安踏"品牌和安踏运动鞋的知名度、美誉度伴随着孔令辉的光环和人气一举成名天下。随着广告策略的成功，丁志忠和他创立的安踏公司，迅速从晋江的3000多家鞋企中脱颖而出，开始了福建制鞋行业的领先之旅。2001年，北京安踏东方体育用品公司成立，开始实施产品多元化与品牌国际化的新发展战略。公司跨向运动服装、配件等服饰系列产品领域，从单一运动鞋向综合体育用品生产与销售过渡。同年，第一家安踏体育用品专卖店在北京利生体育用品商店开业,安踏专卖体系开始全面启动。根据中国商业联合会和中华全国商业信息中心统计,安踏运动鞋在2001年综合占有率已升至第一位。2005年,位于公司总部的"安踏运动科学实验室"成立,设备投资2000万元,拥有近50位研究人员,专业从事篮球、跑鞋等专业运动设备的研发。2006年,安踏公司推出全新品牌口号:Keep Moving(永不止步)。2007年7月,安踏体育在香港联交所上市,融资约31.68亿港元,是2004年在香港上市的李宁融资规模的7倍。

丁水波

丁水波,男,出生于1970年11月。现任特步(中国)有限公司总裁。1987年创办了三兴制鞋工艺厂,1999年成立泉州市三兴体育用品有限公司,2004年成立特步(中国)有限公司。福建省鞋业行业协会名誉会长、福建省第九届政协委员,泉州市企业家协会副会长,泉州市鞋业商会副会长。

1987年夏,17岁的丁水波和他的两个结拜兄弟一道在晋江市陈埭镇的一条小河边,以1500元资本开始创业,创办了三兴公司。而后来他所创办的"特步(中国)有限公司"不仅解决了4000名员工的就业,连续多年纳税超过千万元,而且使"XTEP"(特步)品牌成为业界知名的"中国名牌产品"和"中国驰名商标"。

2000年以前,三兴一直都是做出口生意,60%业务为外销的加工订单。那时,鞋业竞争激烈,利润空间越来越小,企业没有核心技术,经常互相打价格战。"企业要发展要壮大没有自己的品牌绝对不行",丁水波敏锐地感觉到品牌和核心技术的重要性。2001年,就在当时国内众多运动鞋都朝着体育运动的方向发展,大打"体育"牌的时候,丁水波却另辟蹊径,树起"时尚"大旗,提出与众不同的生产经营理念:制造时尚的生活方式,创立了"特步"品牌,吹响了正式进军内销市场的号角。是年,三兴把全年3000万元广告费的80%用了央视,广告的曝光率和到达率产生了极其明显的效果,销量达到120万双,创下了国内单品鞋的销售纪录。2002年,特步共销售了1100万双鞋,其中内销占40%,达到近4亿元人民币。2002年,"特步"品牌被中国名牌战略推进委员会授予"中国名牌产品"称号。

2006年底,特步新研制出一款达到国际同类产品领先水平的"纳米银抗菌运动鞋",其抗菌功能经洗涤40次后几乎不变,经国内国际权威检测机构检测抗菌率仍达到99.9%(目前世界上最好的抗菌运动鞋洗涤10次以后就会失去其抗菌功能)。专家指出,特步纳米银抗菌鞋的成功研制折射出"特步"品牌较强的核心竞争力。2008年,在全球金融危机的冲击下,全球经济风雨飘摇,而特步却拥有20亿现金流严阵以待,备足了"粮草"过冬御寒。"打造全球时尚运动第一品牌,这是永恒的目标和方向",丁水波发出了品牌的最强音。

身价过亿的丁水波平易近人,善待员工,慈善为怀。在他的引领下,特步成为"最受职工欢迎的民营企业"、唯一两次蝉联"活力泉州·感动员工十佳民企",特步品牌也被评为"海峡青少年最喜爱的泉州十大品牌""消费者心目中最信得过的十大民族运动鞋品牌",他本人则被评为"福建省十大创业精英""2006CCTV年度雇主调查·十佳雇主·外来工最满意雇主"。

吴荣光

吴荣光，男，1975年出生，汉族，中共党员，鸿星尔克集团总裁、执行董事、中国品牌建设十大杰出企业家、福建省政协委员、福建省劳动模范、福建省鞋业行业协会会长、福建省优秀青年企业家、福建省第四届十大杰出青年企业家。

2000年，风华正茂的吴荣光创立了鸿星尔克体育用品有限公司，任总经理，整合企业资源，创建"鸿星尔克"品牌。短短6年，企业发展成集研发、生产、销售于一体的专业体育运动用品集团公司。2004年至今，吴荣光继任鸿星尔克集团总裁，全面负责集团运营管理、战略决策，引领鸿星尔克集团2005年成功在海外上市。同时先后获得 ISO 9001：2000 国际质量体系认证、"国家免检产品"、"中国500最佳新产品"、"中国500最具价值品牌"、中国名牌。更值得一提的是，鸿星尔克的网球鞋已成功跻身中国"最受欢迎网球运动鞋"前三甲，企业从一个名不见经传的小厂发展成为龙头制鞋企业。

多年以来，吴荣光一直将"科技领跑"作为企业的发展战略，在科技创新上投入了大量的人力和财力。在他的带领下，2004年研发成功鸿星尔克"四大功能系统"（高密度耐磨独立抓地系统、超强避震系统、包覆式稳定科技、内部空气循环系统）。2005年自主研制的地面减震系统（GDS减震系统）研究成功，并在晋江鞋博会上首次亮相；同年T系—TOUCH弹力科技获得专利。正是由于产品技术含量的提升，加上高、中、低档产品的市场结构比较合理，使其性价远比耐克、阿迪达斯等外国名牌运动鞋更适合中国市场，并能在中东、欧美、东南亚等80多个国家和地区销售。而且，"鸿星尔克"境外注册商标的品牌地位和知名度在国际上也不断攀升，在2004年的中国网球风云榜评选活动中，鸿星尔克生产的专业网球运动鞋同阿迪达斯、耐克一起位列三甲。2005年，鸿星尔克在新加坡上市，成为中国第一家在国外上市的鞋业公司，也缔造了中国网球运动鞋第一品牌。

吴荣光认为，一个企业家，不应该只是关心自己企业的收益，还应该坚持以人为本，关爱职工，更应该负有强烈的社会责任感，热心公益，回馈社会，帮助弱势群体。

汪 海

汪海，男，1941年出生于山东微山，汉族，中共党员。"五一"劳动奖章、"全国劳动模范"、"国家有突出贡献的中青年管理专家"、"全国首届优秀退伍军人"、"全国十大扶贫状元"等上百项荣誉称号获得者。1959年荣获中国十大共青团员、山东省和青岛市"先进生产者"称号，1961年入伍并参加抗美援越战争，1974年进入青岛橡胶九厂（双星集团前身），历任青岛橡胶九厂党委书记兼厂长、青岛双星集团公司党委书记兼总裁，现为双星集团有限责任公司董事长兼党委书记。

汪海带领双星人完成了由计划经济向市场经济过渡的全过程，通过"小吃大"（吸收合并原华青轮胎）、"快吃慢"（收购重组原东风轮胎），"国有吃国有"，将竞争性微利制鞋企业发展成为以制鞋、轮胎、服装、机械、热电五大支柱产业为主、横跨23个行业的综合性特大型企业集团，创造了中国传统制造加工业的发展奇迹，走出一条中国特色社会主义市场经济的成功之路。双星资产总额60亿元，销售收入105亿元，出口创汇近3亿美元，稳居行业龙头地位。汪海是首届全国优秀企业家中至今仍活跃在国企改革前沿的佼佼者，也是操作双星 35 年的经历使他成为改革开放的冒险者、实践者、成功者和见证者，成为资格最老、始终走在改革最前列、引导和影响国企改革的"长寿企业家"。

柳富林

柳富林，男，汉族，中共党员。"五一"劳动奖章获得者、"全国劳动模范"。1989 年 3 月至今任金猴集团有限公司（原威海市皮鞋厂）董事长、总经理、党委书记。

1998 年他积极响应政府的号召，带领职工以资产买断的方式进行改制，并在改制后短短 5 年内投入 8 亿多元资金（比前 50 年投资总和还多）建立了房地产公司、商贸公司、进出口公司、南方公司、运动休闲鞋公司、商场、酒店等多个经济实体，建起了全国一流的金猴鞋业工业园、金猴皮具工业园、金猴服装工业园三个生产基地和一处业内最先进的物流配送中心，园区建设达到国内一流水平，先后通过了 ISO 14001 环境保证体系和 SA8000 社会责任保证体系认证，被国家旅游局认定为"全国工业旅游示范点"，被山东省环保厅认定为"省级环境保护先进企业""省级环境友好企业"，被山东省总工会评定为"四星级劳动关系和谐企业"。截至 2008 年底，金猴集团资产已达 30 亿多元，职工 6000 多人，下辖 11 个子公司，全年实现经营收入 44 亿元、利税 2.7 亿元，分别是 1989 年的 520 倍、193 倍。

任职 20 年来，他带领金猴集团积极实施名牌战略，努力做大做强企业，为威海的经济建设和山东皮革行业的发展做出了较大贡献。1994 年金猴皮鞋在全国皮革行业率先通过 ISO 9002 产品质量认证。此后，金猴皮鞋又在全省皮革行业中第一批获得"中国驰名商标"（1999 年）、"国家免检产品"（2001 年）和"中国名牌产品"（2002 年）称号，2004 年以来连续被世界品牌实验室入选"中国 500 最具价值品牌"，2006 年被商务部认定为"最具市场竞争力品牌"。金猴皮具也于 2006 年、2007 年先后被认定为"国家免检产品"和"中国名牌产品"。2009 年金猴皮鞋、皮具双双被中国皮革工业协会授予"中国真皮领先鞋王""中国箱包领先品牌"殊荣，成为全国同行业唯一一个同时拥有两类产品为"中国名牌产品"和两个"行业领先品牌"的企业。

因为业绩突出，柳富林个人先后获得威海市"创业功臣""全国轻工业优秀企业家""山东省劳动模范""山东省专业技术拔尖人才""山东省优秀党员""五一劳动奖章""富民兴鲁劳动奖章""全国劳动模范"等荣誉称号。

张锦卫

张锦卫，男，汉族，中共党员。"五一"劳动奖章获得者。1987 年担任文登制革厂厂长以来，他迎难而上、敬业奉献，带领全体干部职工开拓进取、大胆创新，把文登制革厂由一个濒临倒闭的亏损小厂逐步发展成今天拥有职工近 2000 人、总资产达 4 亿元、年贡献税收 4500 万的大型公司。

他在企业内创造性地实施"比较管理法"，围绕"人"字做文章，在企业内广泛开展劳动质量和劳动成果竞争竞赛，促使企业实现了一次又一次的进步和发展。企业发展了，他并没有就此满足、故步自封，而是千方百计让森鹿制革发展得更好。针对污染问题制约制革企业发展的弱点，他一方面提出不加大产量、尽量减少污水排放量、最大限度追求张皮效益的思路；另一方面做出开辟汽车装饰材料市场的决定，从联邦德国、瑞士进口了全套宽工作面、科技含量高的轿车无纺布设备，开辟新的利润增长点。2005年起，公司又征地140余亩，投资4亿元，分两期建设25万平方米、采用国际先进技术和设备的环保型湿加工车间，为公司的跨越式发展提供了强劲动力。

在张锦卫的领导下，森鹿制革的经济效益连续多年在全国制革行业位居前列，他本人先后被授予"全国五一劳动奖章""全国轻工业系统劳动模范""全国优秀企业思想政治工作者""全国轻工业系统全心全意依靠职工的优秀经营者""山东省劳动模范""山东省优秀共产党员""威海市技术拔尖人才"等荣誉称号。

王吉万

王吉万，男，汉族，山东省劳动模范。青岛亨达集团有限公司创始人之一，历任青岛亨达集团有限公司董事长。自1984年成立以来，在王吉万同志的领导下，公司已发展成为中国大型的民营企业集团，中国皮革协会副理事长单位，中国皮鞋旅游鞋委员会副会长单位。2007年集团公司拥有总资产37582万元，员工3091人；生产皮鞋1031万双，产品销售总额132017万元，实现税收7516万元；出口皮鞋464万双，创汇额7950万美元。

在王吉万同志的领导下，公司先后被国家质量监督检验检疫总局授予"中国名牌产品"称号，被国家工商行政管理总局认定为"中国驰名商标"。公司先后获得"国家产品质量免检（连续三届）""中国真皮鞋王（连续四届）""全国模范劳动关系和谐企业""国家民营科技发展贡献奖""轻工业卓越绩效先进企业""山东省名牌产品""山东省出口名牌""山东省著名商标""山东省企业技术中心""中国专利山东明星企业""山东省富民兴鲁劳动奖状""山东省劳动关系和谐企业""山东省守合同重信用企业""山东省档案管理二级先进单位""青岛市名牌产品""青岛市高新技术企业""十佳私营企业""青岛市百强企业"等荣誉称号。王吉万同志先后被评为"全国创业之星""全国优秀乡镇企业家""中国皮革工业协会皮鞋旅游鞋专业委员会副主任""山东省优秀青年企业家""山东省乡镇企业优秀厂长""山东省劳动模范""山东省富民兴鲁劳动奖状""青岛市劳动模范""青岛市优秀企业思想政治工作者""青岛专业技术拔尖人才""青岛市优秀乡镇企业家""青岛市优秀厂长""青岛市劳动模范""青岛市人大代表""即墨市劳动模范"等荣誉称号。主持研发的"皮革无缝粘接技术""太空防水透气技术""玻璃纤维与橡胶混合的防滑鞋底材料"等20多项新产品、新技术通过了青岛市经济贸易委员会的鉴定，项目分别达到了国际领先和国内领先水平。研发的"皮革无缝粘接技术"荣获中国轻工业联合会科学技术发明三等奖。王吉万同志主持研发的按摩防滑鞋底、磁性保健鞋垫、单向排气装置、多变装饰件鞋、透气防水塞等90多项新产品被国家知识产权局授予专利证书。

买立智

买立智，男，1936年出生，中共党员，高级工程师。1954年10月参加工作，1958年经组织推荐进入北京轻工业学院制革系学习深造一年，回厂后又自学了西北轻工业学院和成都科技大学的制革教材，进一步丰富了自己的专业理论知识，1960年被任命为制革工程师。曾任新乡制革厂党委书记、厂长等职务；1988年9月晋升为高级工程师，享受国务院颁发的政府特殊津贴。1994年5月退休。早在1974年前，为充分利用并发挥我国山羊板皮丰富的资源优势，新乡制革厂以买立智为首的科研小组成功地研制了山羊皮革系列产品，形成了年产120万张的生产能力，品质也达到出口标准，于1975年被轻工业部定为山羊皮革的专业定点生产厂。为赶超国内外先进水平，1978—1980年，他曾主持完成两个科研项目：一是"槐山羊皮成革质量的研究项目"，二是"山羊苯胺鞋面革的研究项目"。通过对槐山羊从饲养条件、板皮组织学、制革工艺路线的研究，证明了河南省沈丘（槐店）所产的山羊板皮，板质优良，系制革的优质原料皮之一。该项目荣获省科研成果三等奖，外贸部科技成果四等奖。经过上百次的试验，山羊苯胺鞋面革和山羊正面服装革的研究，形成了"快速浸水—多元碱浸碱—蛋白酶软化—快速干燥定型—油液闷水回潮—两次伸展—苯胺染料涂饰"等一整套新工艺，且使成革毛孔清晰，色泽鲜艳，透气性好，真皮感强，率先研制出全球盛行的山羊苯胺鞋面革。该产品1980年至1986年在全国同类产品质量评比中四次蝉联第一名，并先后荣获国家银质奖和金质奖。20世纪80年代初期，国家计委下达新乡制革厂1200万元的技改项目，买立智作为项目负责人组织实施，项目完成后新增厂房1800平方米，新增设备137台，其中引进设备25台（套），并从意大利选购25台（套）先进设备，这些设备为产品创优、实施科技攻关以及提高企业产能起到了关键作用，使新乡厂成为当时我国规模最大、具有20世纪80年代先进水平的山羊皮革加工厂。1983—1985年，新乡制革厂与轻工业部毛皮制革研究所共同承担了国家"六五""七五"科技攻关项目"提高汉口路山羊皮革质量的研究"，他作为该项目的主要负责人，融入科研团队，圆满完成任务，顺利通过国家级鉴定。攻关产品曾先后送到意大利、德国、荷兰等著名皮革研究所、制革学院进行鉴定，得到国外专家一致好评。该项目于1985年、1986年、1987年分别荣获河南省轻工业厅、国家科技成果一等奖。1985年他和科技人员一起研发了山羊打光革苯胺鞋面革和山羊软鞋面革，产品属国内首创，深受国内外用户好评，并双双荣获河南省优秀新产品一等奖。他曾和他人合编技术报告、文章，其中7篇刊登在全国性刊物上。他曾荣获诸多荣誉和奖励：1977—1979年多次被评为省、市先进科技工作者质量标兵，1980—1984年连续三年被评为优秀共产党员，1985年荣获全国"五一"劳动奖章，1986年被评为新乡市"特等劳动模范"，1983年起连续当选为第六届、第七届全国人民代表大会代表。

崔庆义

崔庆义，男，1947年3月出生于河南省鹿邑县玄武镇崔堂村，中共党员。1969年参加工作，1984年4月加入中国共产党。历任玄武农机厂厂长、鹿邑县棉织厂厂长、鹿邑县皮革厂厂长。1991年任河南鞋城皮革制品有限公司董事长；1993年组建河南鞋城皮革（集团）总公司并任董事长；1999年，兼任河南宋河酒业股份有限公司董事长。崔庆义同志先后被农业部授为全国乡镇企业家，荣获"全国劳动模范"称号。先后成为省八届人大代表，九届政协委员和国际皮业贸易协会亚洲委员会委员。

周国荣

周国荣，女，1956年11月出生，中共党员，1992年6月毕业于河南黄河科技大学经济管理系，大专学历、经济师。1984年创办了郑州市双凤皮鞋厂，任厂长。2002年元月企业进行了改制，更名为"郑州市双凤鞋业有限公司"后，出任该公司董事长兼总经理。

现任河南省政协委员、郑州市人大代表、管城回族区人大代表，先后荣获"全国三八红旗手""中国杰出创业女性""皮革行业巾帼标兵""河南省三八红旗手""河南省十大杰出创业女性""郑州市劳动模范"等多项荣誉。建厂20多年来，凭着坚强与自信，她克服了建厂初期缺资金、少人才的重重困难，始终坚持"做鞋人想着穿鞋人"的企业宗旨，贯彻"创百年品牌，建长青基业"的经营理念，使企业健康发展。2001年以后，先后将"双凤"牌皮鞋打造成为国家免检产品、河南省名牌产品、河南省著名商标，2004年以后，先后多次荣获"中国真皮名鞋""中国真皮鞋王"等荣誉称号。20多年来，周国荣创建、经营双凤鞋业有许多闪光亮点：其一，以质量求生存，以品牌求发展。她牢记企业生存和发展的根本，并通过ISO 9000质量体系认证，把"质量第一，顾客至上"的思想融入每个员工的脑海中。结合内审、外审、管理评审，企业的管理水平和员工的质量意识逐步提高。其二，不断开拓市场，创建双凤独特的营销模式。她在尝试过直销、代销、联营以及在各大国营商场开设专柜等营销方式之后，于1998年底大胆尝试在郑州推行自营专卖店的经营模式一举成功。目前，双凤皮鞋专卖店已有70多家，总营业面积达12000多平方米，并且选址独特、装潢统一，在郑州市已成为一道亮丽的风景线。在河南省各地、市的加盟商已发展到180余家，覆盖了河南省95%以上的县市。在全国其他省、市有专卖店十余家。其三，应用信息化的管理手段，提高双凤的知名度和竞争力。随着2003年公司被确定为"河南省制造业信息化示范企业"以来，公司先后投入近200万元，建立了公司网站和局域网，郑州市区的各专卖店实现了进、销、存的信息化管理，实现了资源共享，也加快了信息化建设的步伐，2008年公司与中国银联合作共同开发了"银联E销存双凤版"系统，借助无线网络和中国银联的强大后台系统，实现了成品库、专卖店的数据采集传输，增强了公司有效掌握库存、销售的数据，实现了精细化管理，也提升了双凤公司的品牌效应和影响力。其四，诚信经营、积极参政、回报社会。20多年来，她常怀感恩之心，十分热衷于社会责任与公益事业，先后向妇女儿童事业、教育事业、向四川、玉树等地震灾区以及河南省慈善总会、郑州市红十字会等部门捐款捐物折合人民币100多万元，安排下岗职工200多名，为社会提供了1000多个就业岗位。

陈望年

陈望年，男，中共党员、高级工程师，农业部研究院高级研究员，武汉市政府专项津贴专家，武汉市第九届、第十届人大代表，现任武汉市天马解放化工有限公司董事长。

1971—1979年，陈望年担任汉桥区解放综合化工厂技术员，完成无水氯化钙文氏液下反应新工艺及硫酸铝加压反应新工艺的研究，使生产过程中的环境污染得到了有效控制，并回收了氯气、硫酸等尾气尾料。1979—1984年，担任武汉市解放化工厂主管技术副厂长，研制了WH酪龙黏合剂，填补了国内空白，各项技术指标达到国际同类产品水平，获得了国家发明专利，荣获了国家质量银质奖。1984—1991年，担任武汉市解放化工厂厂长，研发、生产了GF柔软剂、WH锅炉清灰剂（市优）、2D树脂（市优、省优、部优）、AC-Ⅱ型发泡剂（市优、国家星火计划银质奖产品）。1992—2005年，担任武汉市天马实业总公司总经理、武汉市解放化工厂厂长。2006年至今，担任武汉市天马解放化工有限公司董事长，主持研发TM2-2无铬鞣革剂等数十个皮革化工材料。

他对于市场的变化，有敏锐的判断能力，具有超前的产品开发意识，成功主持数十个产品的研发，如：加压反应硫酸铝（1973年）；GF-多金属络合鞣剂（铬铝锆）（1975年）；六羟甲基三聚氰胺树脂（利鞣丹D）（1978年）；低温发泡的改性AC-发泡剂和790发泡剂（1979年）；WH-酪龙黏合剂（1979年）；增加皮胶原对铬鞣剂、植物丹宁高结合以及相关化工材料如复鞣剂、加脂剂，和染料的固定与吸收的脂肪族醛类如交联型无甲醛改性戊二醛、噁唑烷与改性噁唑烷的研究与应用（2000年）等。尤其是从2002年来研发的TM2系列无铬鞣革剂等产品，可用于鞣制工序中的无铬鞣和少铬鞣，既保障了皮革的优良特性，又达到了清洁化生产的环保要求，是一个全生态环保产品。

陈望年个人曾荣获"湖北省劳模"（1988年度），"武汉市劳模"（1990年度），"全国优秀民营企业家"，"省、市先进工作者"等光荣称号，曾担任湖北省皮革工业协会副会长、省市企业家协会常务副会长。

白　坚

白坚，男，1937年11月12日出生，四川省成都市人，汉族，中共党员，高级工程师，张铨基金奖获得者。1961年毕业于成都工学院（现四川大学）皮革专业，毕业后被分配到广州南中制革厂（广州市人民制革厂的前身），历任班长、科长、副厂长、厂长、总经理等职务，1998年退休后留任顾问一年。为改变皮革工业的"脏""臭""累"的落后面貌，他带领技术团队和全厂职工，全面实现技术改造，一举把广州市人民制革厂办成了轻工业部重点企业之一。曾先后组织、参加广州市"六五"科技攻关项目"防水革制造"、国家"七五"科技攻关项目"水牛皮制造轻革的研究"和广东省优秀科技成果"皮革防霉的研究"等27项科研项目的攻关、研制工作，是上述科研项目的负责人或主要完成者。先后荣获省、市、部级科技进步奖和科技成果奖等荣誉和奖励。他还多次参加或主持了国家科技攻关项目的鉴定验收工作及轻工业部组织的对外技术交流。他是20世纪70年代初我国第一部《制革手册》的参编者之一。1997年受中国皮革工业协会的委托，组织行业同人，主编了《皮革工业手册》中的《制革分册》。曾任中国皮革工业协会副理事长，《皮革科技》（现名《中国皮革》）杂志编委会副主任，《皮革科学与工程》杂志的副主编。2000年曾出任山东沂源制革总厂顾问。现为广东省皮革工业协会荣誉会长。

盛百椒

盛百椒，男，1952年5月1日出生于上海，祖籍浙江宁波，汉族。中共党员，大学学历，全国轻工行业劳动模范。百丽国际控股有限公司（港股代码：01880）执行董事、首席执行官（CEO），深圳市政协委员、中国皮革协会副理事长、深圳市皮革行业协会会长。1991年，盛百椒参与创建深圳百丽鞋业，创造性地塑造了百丽鞋业独特的经营模式、管理模式和文化模式，将公司由一个投资200万港币的小型鞋厂发展成为中国内地市值最大的零售集团（截至2010年5月市值超过800亿元人民币），被誉为"商业奇才"。

百丽鞋业以"供应链控制最大化，供应链运行快速化"为经营战略，率先从生产型企业向零售型企业转型，将销售网络建设作为第一经营要务，打造极速供应链响应市场需求。同时又以自营店铺为平台，经营覆盖时尚、休闲、运动多个领域不同档次不同风格的近30个品牌，充分占有细分市场，有效扩大市场份额。百丽鞋业管理上以追求效率为根本，通过品牌培育、品牌提升、精细化管理、运用先进技术等多种管理手段降低成本，提升绩效。针对鞋类零售店铺数量多、人员分散的特点，百丽鞋业以"人才能力释放最大化、人才培养持续化"为管理战略，超前运用股权分散、期权激励等利益机制，精心培育平等合作、合理授权的企业文化，打造优秀的管理团队。

无论在商界或是资本市场，盛百椒以诚信、敬业、理性、睿智受到业界同人、国际同行、市场人士广泛赞同。鉴于盛百椒的业绩卓著，2007年，被中国国家标准化管理委员会授予"中国标准创新贡献奖"；2007年，被中华人民共和国人事部、中国轻工业联合会、中华全国手工业合作总社授予"全国轻工行业劳动模范"荣誉称号；2008年，被深圳市政府授予"中国改革开放三十年深圳百名杰出企业家"称号。

次仁玉珍

次仁玉珍，女，藏族，中共党员。大学本科学历，全国劳动模范和先进工作者，中共十六大代表。次仁玉珍同志自担任拉萨皮革厂厂长以来，在走访和听取多方意见之后，开始对皮革厂企业管理制度进行全面系统的改革，并初步建立了一套行之有效的现代企业管理制度，改革后，皮革厂从1998年底开始扭亏为盈，销售收入逐年上升，产品质量不断提高，职工的平均收入由原先三四百增加到现在的1300元左右。按时缴纳"养老保险""医疗保险""失业保险"，上缴利税逐年加大。2003年拉萨皮革厂被自治区列为龙头企业，2004年经她和其他领导班子成员的共同努力，在获得上级相关部门批准的情况下，皮革厂盘活闲置土地10万平方米，全部实现了企业职工的住房补贴，如今的拉萨皮革厂已彻底摆脱原来的贫困局面，开始全面向现代化规模企业发展。

陈全生

陈全生，男，1948年出生于新疆奇台县，祖籍河南商丘，汉族，中共党员，全国轻工劳模。1962年参加工作，从一个普通皮革厂工人成长为企业管理的领导者，曾历任车间主任、生产技术科科长、副厂长、阿尔泰地区皮革厂厂长、新疆阿山皮革集团公司董事长兼总经理。1988年5月被伊犁州党委、政府评为"伊犁州先进个人"；1991年10月被国家科委评为"全国优秀星火企业家"；1993年被阿勒泰地委、行署评为"阿勒泰地区优秀厂长（经理）"；1996年被中国皮革协会评为"中国皮衣行业优秀企业家"；1996年10月被轻工业部、人事部评为"全国轻工业系统劳动模范"；1996—1998年被阿勒泰地委、组织部评为"阿勒泰地区拔尖人才"；1997年被新疆企业家协会选为"新疆企业家协会第五届副会长"。

1986年，在陈全生步入企业主要领导岗位后，企业弱小，产品落后，与同行相比各方面差距很大，责任和危机使他深深感到了肩上担子的重量。于是，他针对企业地处边远、人才缺乏、远离市场等诸多困难，决心立足长远，实事求是，采取扎扎实实的措施来改变企业面貌，使企业逐步发展成长为可持续发展、在市场上有竞争能力的行业先进企业。经过几年的努力，阿山皮革厂一跃成为20世纪90年代新疆最大的皮革企业。其主要作为与业绩是：第一，深化企业内部改革，推行以人为本的管理模式。任人唯贤，大胆起用中青年干部；精简机关科室，提高办事效率，降低了非生产经营性开支；实行所属各生产经营单位效益工资和员工岗位技能工资的激励制度，使各项经济指标不断创出新高。第二，注重人才培养，全面提高企业职工队伍素质。根据需要，按照员工总数1%的比例连年选送本单位优秀的中青年职工前往大中专院校学习深造；分期分批地持续进行全员培训，已拥有各类专业技术职称人员近200人，其中，中高级职称人员占20%以上。第三，扎扎实实抓产品创新、技术进步、实施名牌战略。例如，研发生产皮毛一体（毛革两用皮）新产品，用其制作的皮衣及其系列产品在国内外市场备受青睐，不但给企业成倍增加了经济效益，也为中国毛皮工业走出低谷做出了贡献，被称为"中国毛皮工业史的里程碑"；又如开发出以黄牛沙发革为主的软革系列产品、真皮箱包手袋系列产品、珠宝饰品等多元产品，多次获得国家、自治区级新产品奖。先后引进西班牙、意大利、德国、法国等国家先进的皮革加工设备，建成国内一流的牛革、羊革、毛革系列生产线。集团公司被自治区人民政府列为新疆重点扶持的企业集团之一。第四，走出山沟，实现市场全球化。按市场经济规律创新营销模式，在全国设立了近20个派出机构和近百个店面、专柜。同时相继在中国香港、俄罗斯、意大利、瑞典等地区和国家设立了代表处。产品在国内市场畅销的同时，连年出口中国香港、日本、德国、俄罗斯、瑞典等地区和国家。市场占有率大幅度提高。第五，建立现代企业制度，实行股份制改造，使企业进入资本市场，实现企业资本结构多元化。如今集团公司旗下拥有15个资本结构多元化的子、分公司；企业已形成年生产加工牛皮40万张、羊皮200万张、皮靴鞋20万双、皮衣20万件，箱包、皮件及真皮沙发10万件和革皮手套30万双的生产能力，成为国内拥有自营进出口权的最大的毛革皮及服装生产基地。资产总额2.36亿元人民币，资产负债率68.95%，工业产值可达5亿—6亿元人民币。被认定为典型的依托新疆本地资源优势，可持续发展、能有效带动新疆畜牧产业健康发展和牧民增收的畜产品加工龙头企业。在他任阿山皮革集团领导的"八五"期间，阿尔泰皮革集团公司完成的工业总产值、销售收入、利税、固定资产原值、年人均收入和年全员劳动生产率分别比"七五"期间增长250.52%、253.83%、134.11%、325.71%、96.98%和187.27%。

第五章 海外及港台人士

（以出生年月为序）

20世纪七八十年代正值我国改革开放初期，随着我国对外交往合作的深入发展，一批批海外港台企业家、专家、学者走进中国内地，他们不仅分享了我国改革开放的红利，发展了自己的事业，同时也见证了我国皮革行业迅猛发展的历程。他们在融入行业的同时，也为我们带来了先进的技术、设备和前卫的理念，成为我国对外交流与发展的桥梁与纽带，为我国创建皮革生产大国做出了贡献。因时间久远，人员众多，如：日本冈村浩教授、德国海德曼教授、德国环保专家弗林茨等，仅以以下几位作为代表载入历史。

布林（Jakov buljan）

布林（Jakov buljan）先生，生化学家，出生于1943年，毕业于克罗地亚萨格勒布大学。除去从事大型财团利比亚工业设备供应代表的两年，他的全部职业生涯都贡献给了皮革行业。

布林先生于1966年加入当时欧洲最大的制革企业之一，同时也是山羊皮和纳帕羊皮顶级制造商、出口商的Cibalia公司。很快他在挤水和磨制方面的技术创新，大幅提高产出和质量的管理模式以及出色的语言能力得到公司认可并使其升任公司高级管理职位。他在这段工作期间积累了宝贵的实践经验和基础知识并一直引以为豪。

1974年，他被总公司任命为新建的印度马德拉斯分公司总经理，主管设计、调控和半成品革及胚革生产运营工作。随后，他陆续从事了多种管理职务，包括全方位原材料采购、销售、展览会公司推广。他在知名皮革服装时尚平台Modeurop的会员资格更为其拓宽了国际层面的联络网。

在外派非洲担任咨询顾问工作之后，他于1983年接任了总部位于奥地利维也纳的联合国工发组织UNIDO皮革专家职位直到退休。在UNIDO工作期间，他在制革领域的技术合作项目建设及实施方面发挥了重要作用，先后在世界40多个国家和地区实施项目，其中也包括建设和完善研发中心和培训机构。

根据各地情况，他大力拓展了联合国工发组织在制革环保方面的项目：以铬元素控制为重点的清洁处理，制革污染处理，制革废料利用及安全处置，工作间安全及职业健康等。同时，他重视制革行业非常用技术、高级领域研究方面的实践检测和评估，这也成为了建设新试点和示范装置的驱动力，如DAF，氧化沟，滴滤池，铬循环及再生系统，芦苇床处理系统，制革废水处理灌溉，污泥厌氧消化，堆制肥料，膜分离技术（包括反渗透，RO），制革污泥低成本填埋技术，等等。

布林先生运营的UNIDO项目为发展中国家提供了大量常用污水处理设备的建设和升级。他另一方面的探索是对各类制革者进行广泛的培训，包括一丝不苟的准备讲习班论文和在 UNIDO 项目下开展各类研讨会。他是技术编辑、作家，也是大量技术论文、图册、影像资料和研究著作的合著者。

布林先生在 20 世纪 90 年代得到了参观中国皮革企业的机会，并与中国皮革协会开始建立联系。作为 UNIDO 官员，他与中国皮革协会的团队通力合作，在 20 世纪 90 年代中期实施了"中国重点区域制革废料处理及污染控制援助"项目，并根据当地投入情况，继续实施了第二阶段"制革污泥安全处理"项目。这些项目取得的主要成就包括：

部分环境技术档案重新制定和升级；

部分制革企业耗水量大幅降低；

保毛脱毛技术展示及改善铬元素控制管理；

部分污泥脱水和处理线升级，低成本堆肥料方案检测；

协助管理者、监察人建立工作间职业安全与健康方案（OSH），先后于 1998 年和 1999 年分别在上海大场和海宁的制革厂建立了 OSH 示范点；

制革污泥处理多样化方案综合性研究；

各类学术研究考察，参加国际会议、讲习班、展会等，组织全球皮革行业专家协助中国皮革专家取得第一手资料及国际行业资讯；

在上海大场进行制革行业合资企业洽谈，由于 UNIDO 和中国皮革协会的成功合作，拥有大型废料处理设备作为外商投资的前提条件。

而这些项目最大的影响在于成功改变了当时中国制革行业在环保问题上的总体观点和态度。

布林先生在 UNIDO 近 20 年的工作中，先后担任了高级产业发展部官员、皮革及皮革产品部官员、副主管、农业部官员、经济领域支持部官员。

在项目长达 7 年的实施中，联合国工发组织（UNIDO）项目官员布林先生始终是项目的组织者和指导者。项目的重要意义，不仅在于项目本身的成果及推广，更重要的是，项目搭建了中国环保工作与世界对接的通道，这是一次全面对接的窗口，使我们找到了差距，明确了方向，此后，我国环保工作开始走向世界。项目官员布林先生不仅为项目圆满收官做出突出贡献，同时是中国皮革行业的良师益友。

杨 正

杨正，男，1944 年 7 月 29 日出生，中国台湾地区台南市人，现任泰庆集团董事长，世界台商皮革业协会理事长，中国台商皮革厂联谊会创会会长，中国皮革协会副理事长，温州台商协会名誉会长，台湾地区台南市进出口商业同业公会理事长。

1958 年，因家庭贫困，年仅 14 岁就开始进入皮革厂做工，同时坚持半工半读，白天工作，晚上夜校学习，3 年后顺利完成了台南市技术学院学业。此后，一直在皮革生产制造行业工作。

1970 年，创建了台湾国华皮革有限公司，开始皮革制作生产的创业生涯。因其恪守"品质、创新、诚信、服务"的创业理念，逐步在同行业中享有较高的信誉，产品开始进入国际市场。

1975 年，创建了台湾泰庆集团，并于 1994 年在中国内地温州市创建了泰庆皮革有限公司，1995 年在广西壮族自治区共同创建东红制革有限公司，2000 年在广东省共同创建尚多皮革有限公司，2008年在福建省漳州市创建福建泰庆皮革有限公司。

杨正先生从事皮革业50多年，坚持着"以客为尊，美化人生"的服务理念，引导产品高质量、高创新的同时，还恪守着"绿色环保、持续发展"的经营理念，严格要求旗下所有企业在环保治理方面实现"达标排放、优化提升、生态环保、行业标杆"的目标。使泰庆皮革连续9年获得浙江省环保厅颁发的《生皮加工贸易企业环保考核合格证明》，连续9年通过了英国BLC合格考核。同时，也被温州市环保局列为环保标杆模范企业，2010年被授予"第二届中国皮革行业环保创新奖"荣誉称号。

2001年，由于在皮革业界中的贡献，杨正被温州市人民政府授予"创建中国温州鞋都首届功勋企业家"。

在杨正的睿智引领下，集团企业稳步发展，泰庆皮革产品作为国际品牌"TYCHE"的组成部分，已获得世界各地客户的肯定与赞赏。所有产品皆符合生态皮革标准。

2005年后，杨正每年度都被温州市龙湾区人民政府授予功勋企业家，泰庆皮革有限公司也每年被列为龙湾区创汇十强企业、功勋企业。

在带领企业创造业绩、良性发展的同时，杨正先生也非常热衷于社会慈善，把社会责任为己任的理念体现在现实之中。作为温州市慈善总会创始会员，每年都赞助不菲资金用于社会公益事业。2008年9月被浙江省慈善总会授予"汶川'5·12地震'赈灾捐赠慈善爱心奖"，2009年被温州市授予"汶川地震赈灾爱心捐赠奉献奖"。

作为台湾同胞，杨正先生从业50余年，是较早进入中国内地创业的台湾企业家之一，他在内地发展自己事业的同时也带来了台湾先进的技术、管理理念及丰富的国际市场运营经验，成为行业的良师益友和楷模。

吕和意

吕和意，祖籍广东海丰，1951年7月出生于中国香港。青年时代开始创业，经历过多种行业的历练之后，1977年2月在香港成立捷利洋行，并于同年10月参加在广州举办的中国出口商品交易会。公司早期主营轻工、纺织品等项目的进出口业务。

1983年，通过泰国友人知悉泰国对盐渍水牛皮的需求量较大，因此逐渐开始了解并接触牛皮、猪皮行业。1988年，因国内进出口业务快速发展，国内原材料需求量开始迅猛增长，供求关系出现紧张。吕和意先后将澳大利亚、德国、美国的一些相对较稳定的货源原料皮介绍给国内的制革厂。并在南京、北京、上海、广州等地与国内当时知名度较高的制革厂举办研讨会，帮助他们加深了解原料皮各供应国家不同区域的毛皮特征及加工后的特性。从2003年开始，捷利洋行逐渐从贸易、代理商转型为顾问公司，继续为国内外客户发挥桥梁纽带作用，提供专业的意见。

作为中国皮革协会早期的常务理事，1993年，经吕和意多方沟通，由时任亚洲区皮革协会理事长MR. CATFER发函邀请中国皮革工业协会理事长徐永先生、秘书长张淑华女士及轻工业部、商业部有关人士赴意大利参加当年举办的世界皮革理事会。此次会议成为中国皮革工业协会参加国际活动的起点，让世界同行有机会进一步了解中国，此后，中国皮革协会相继参加了相关的世界皮革行业组织，活跃在国际舞台上。

1994年，吕和意先生又大力协助中国皮革工业协会参加在中国香港举办的亚太皮革展（APLF），此次出展获得圆满成功，中国皮革工业协会也在世界皮革舞台上初绽光彩，首次出展成功，大大地增强了行业加强国际交流与合作的信心。

作为香港同胞，吕和意先生从20世纪80年代初一直致力于将国际优质原料皮及相关制革技术引进中国，在发展自己事业的同时，对促进中国制革行业与国际市场的合作与交流起到了重要作用。此外，数十年来，吕和意先生一如既往，对中国内地皮革行业参加国际会议、展览、技贸交流与合作都鼎力相助，被行业誉为"走向国际市场的良师益友"。

周 昆

周昆，男，生于中国香港，祖籍辽宁。

1983年自美国工商管理硕士毕业返港，周昆任职于考夫曼集团的香港分公司，主管中国及东南亚业务。考夫曼集团（Kaufmann）位于荷兰，是国际三大皮料贸易商。集团属下还有两家欧洲裘皮公司（KF Interfur Frankfurt. Germany；Salomon Fur，Paris . France）。

随着中国改革开放政策的深入发展，20世纪80年代，中国大量进口原料皮，1983—1991年间，周昆先生在发展自己业务的同时也为行业带来国外的技术经济信息，并搭建了进出口贸易的桥梁。他将美国、澳洲、欧洲原料牛皮出口到中国，包括毛皮、蓝湿皮、半硝革及成品革，同时，亦将中国原料及半成品，如生羊板皮、猪革、水牛皮、黄牛皮、蓝湿山羊、牛皮，以及裘皮原料、衣片、服装等出口到国际市场。其间业务遍及全中国，与轻工、百货、商业及总后、外贸公司等均有一定的业务交流。为了促进进贸易进一步发展，他主动组织了国内外供需双方的交流与培训活动，如组织国内企业出访四大洲（美、澳、非及欧洲），组织有关屠宰方法、腌制保存皮料、蓝湿皮分级、出口质量等方面的培训交流等。向国外企业宣传中国的需求及政策，从而促进了中外技贸交流与合作。

1991年周昆创办凯富泰有限公司，其贸易项目继续与前者相约。20世纪90年代，在河南省建立羊剪绒鞋里出口基地，制定出口分级系统。这些年更注重于把原料变成品牌商品。多次带领外商到中国考察设厂，推动行业招商引资工作开展。

2000年凯富泰有限公司加入中国皮革协会，配合行业积极参与国际皮业贸易委员会工作并成为亚洲委员会的成员，积极推动中国皮业国际化，配合行业争取国际6、7号合同中文版与英文版的平等权利，并努力做好宣传及推广工作。其间，多次参与中国皮革协会的讲座，介绍国外市场及贸易规则，继续做好中外技贸合作的桥梁与纽带作用。20世纪初成为中国国际贸易仲裁委员会首批皮革与制鞋业仲裁员。

近30年来，周昆以朴实的爱国情感及诚信公平的合作精神，不仅发展了自己在大陆的事业，同时也得到行业的认可和好评。

叶 红

叶红，女，生于20世纪50年代末。是中国香港易高机械有限公司创办人之一，中国皮革协会常务理事。80年代中起经营意大利皮革机械销售，是十几家意大利著名皮革机械制造商的总代理。进入21世纪，于2002年与世界知名FAV品牌削皮机生产商合资，在东莞成立"亚贝蒂（东莞）有限公司"，从事生产组装世界级的意大利精密削皮机，广泛应用于各类鞋、皮包、汽车饰件、皮衣、家具行业。

在30年的职业生涯里，她见证了中国皮革制鞋行业的发展：由手工制造走向机械化生产，目前正逐渐走向自动化、数据化生产。在过去的15年里，她为引进意大利品牌与国内大型鞋业的品牌合作做出巨大的努力。从1986年开始由推动招商引资，引进先进意大利制鞋设备和工艺技术，应用到贴牌生产，到自创品牌。一路走下来，由于她的坚持、专业、敬业和为人，得到了中外行业者的信任。她作为中外制鞋工业的桥梁和纽带，将先进的意大利制鞋设备、工艺技术引进来，同时也长期为国内制鞋企业赴意大利学习考察提供无偿的协助。服务过的企业包括中国的十大鞋王、外资企业、台资企业和大小民营企业。为祖国制鞋工业的技术改造、持续发展做出了贡献，目前正为积极推动中国的制鞋行业早日走向工业化而努力。

作为香港同胞，叶红女士从80年代初一直致力于推动招商引资，引进先进意大利制鞋设备和工艺技术到中国，在发展自己事业的同时，对促进中国制鞋行业与国际同行的合作与交流起到了重要作用。此外，数十年来，叶红女士一如既往，对中国内地皮革行业参加国际会议、展览、技贸交流与合作都鼎力相助，被行业誉为"走向国际市场的良师益友"。

简慧芝

简慧芝，女，1960年出生于中国香港。1981年加入精艺公司在澳门建立的皮厂，1984年创立艾特拿公司并于1987年正式成立艾特拿有限公司，代理意大利一线的制革设备品牌。将国外先进的制革设备、化料等引进到中国。从20世纪80年代开始多次组织及陪同国内的制革厂、大型代表团到意大利、法国参观展览会、意大利制革厂及意大利机器厂，为中国制革行业现代化打下非常良好的基础。

除了陪同中国企业走出去，简慧芝女士也将意大利制革技术带进来。多次组织并陪同意大利的制革代表团到中国的制革厂进行访问及交流。将意大利制革方面的技术及信息带进中国。此外，也在中国轻工业部于90年代初的技术引进计划中担当重要角色，引进了不少当时在意大利非常著名工厂的技术。这数十年间曾参与国家轻工业部对制革行业的多项重要工业改革，如多次的"五年计划""星火计划"等。

随着行业的发展，从2000年开始，简慧芝女士将大量精力投放于与"节能减排"有关的设备、技术及化料等。致力于与环保相关的工作及生产自动化的工作，以提高中国制革行业的竞争力。

作为香港同胞，简慧芝女士从80年代初一直致力于将西方先进的制革技术及设备引进到中国，在发展自己事业的同时，对促进中国制革行业与意大利制革行业之间的联系起到了重要作用。此外，数十年来，简慧芝女士一如既往，对中国内地皮革行业走出去参加国际会议、展览、技贸交流与合作都鼎力支持，被行业誉为"走向国际市场的良师益友"。

第七篇 文化传承篇

我国劳动人民利用皮革历史悠久，源远流长。产生了许多耐人寻味的趣闻、传说，成为中华灿烂文化的重要组成部分。本篇收录了各个时期鲜为人知的许多皮革产品和与皮革有关的传奇故事。其中有：鞋履起源的传说、广泛流传的皮影、具有实用意义的羊皮筏子、各具特色的少数民族鞋履等皮革文化。还有备受广大人民群众青睐的老字号以及人们相传的趣闻逸事。这些凝聚着劳动人民聪明才智的一朵朵奇葩，是民俗，更是一种传承。

第一章 鞋履文化

鞋履文化是鞋设计的源泉，鞋履艺术是鞋样设计师智慧的结晶，鞋样设计又是鞋履文化内涵结合现代科技的成果，鞋履文化与鞋履艺术是相融互补的。综观历史，靴鞋设计一直徜徉在传统与现代、古典与时尚之间，中西结合，以中为主；古今结合，以今为主；源流结合，以源为主。鞋与人类关系最为密切，千里之行，始于足下，没有足下之鞋，就没有千里之行。

第一节 鞋的起源

鞋是人类服饰文明的最重要组成部分之一。鞋的起源与发展，经历了悠久而又漫长的历史过程，鞋的发展既有理念、材料、设计、技术、工艺、制作、生产、经营、消费等方面的演变过程而产生的丰富内容，又有政治、经济、文化、民族等方面的影响而产生的具有深厚的文化内涵的鞋履文化。

鞋的起源，古今中外说法很多，有史料说、造字说、传说等。

一 史料说（考古）

青海大通县出土的一双头部上翘的鞋，经测定是5000—5800年前的器物；辽宁凌源牛河梁红山文化遗址，发现一件裸体少女足穿短筒靴的红陶像，证明在5500年前人类已经开始穿靴；在新疆温泉县发现一尊石人像，足登高筒靴，约有5000年历史；在甘肃玉门火烧沟出土的4000年前的彩陶人形壶，穿的是尖头大鞋，平底形制，与汉史《急游篇》所说的鞋极为相像。另外，考古确实发现过鞋实物，在新疆楼兰铁板河出土一双4000年前的中筒毛皮女靴，由前帮、后帮、鞋底三部分缝合而成，是迄今为止年代最久、保存最完整的皮靴，堪称鞋史上的一大奇迹，故有"世界第一靴"之称；在新疆哈密五堡出土一双3200年前的带有羊毛皮的男式皮靴，其内有毡，鞣革和脱脂工艺也有较高水平；在长沙楚墓出土的一双两千年前的矮帮皮鞋，其结构是用皮线将三块软帮片搭配组合，并与硬皮底缝成一个整体，这种缝制的鞋，使人们仿佛看到了当代缝制皮鞋的初期影子。据专家学者考证，皮靴是游牧民族因骑马的需要最早穿用的，而以农业活动为主的穿着的鞋是帮浅的皮鞋或布鞋。靴起源于战国时期，《释名》云："古有舄履而无靴，靴字不见于经，至赵武灵王始服。"最有代表性的是著名的"六合靴"（也称皂靴）。这些出土的靴和鞋的实物说明，皮靴或者是皮鞋，最早源于中国。

二 造字发明说

从中国汉字的发明和词语的应用上，可以看出皮鞋起源历史悠久，在鞋字发明之前，许多有关鞋的古体文字和异体字中，其偏旁部首都从革，可见上古时的鞋，都是用皮革制成的，这也与"禽兽之皮足衣也"的记载是一致的。从鞋字发明之后才把用各种材料制作的鞋都统一称之为鞋字。再如屦字和舄字，都是指先秦时期的鞋子，均用皮革制成。《诗经》中的"夏葛屦，冬皮屦"之句，就是说夏天可以穿草鞋，但冬天只有穿皮鞋才能防寒。汉朝以后，改称"屦"为"履"，泛指鞋。并称以皮革制的鞋为"革履"，靴字之前的古体字，只有用皮料做的靴，才能称为靴。可以说是皮靴的专用字，不像现在，只要是具有靴的形状，不分材料都可以称为靴。这种来源于西域游牧民族的皮靴，在战国时已为中原汉族人所用。自唐宋以后，才有皮鞋这一词语，特别是清末民初时，西方新式皮鞋款式和制作工艺传到中国，皮鞋这一词语才被普遍应用。

三 传说

《北京靴鞋行孙祖殿碑》上记载，鞋起源于公元前26世纪的黄帝时代，"睹人民之困苦，始创屐履，借作护足之需，相从制履之艺者，颇不乏人。追溯其源，黄帝实为我鞋之鼻祖"。

另外，相传在我国的战国时代，著名军事家孙膑年轻时与庞涓一起拜师学习兵法。后来庞涓在魏国当了将军，他深知自己才能不及孙膑，就要阴谋害孙膑。一天，他请孙膑至魏都（今河南开封），借故陷害孙膑，施以髌刑（去膝盖骨）致成残废，并加以软禁。后来，孙膑得到齐国使臣的帮助，秘密回到齐国。并由齐将田忌推荐给齐威王。威王问起兵法，孙膑对答如流，就委他为军师。孙膑想报庞涓髌刑之仇，但苦于双脚不能行走、又不能支撑起来，就以原始皮鞋为基础，设计了有胫甲（鞋帮）和鞋底两部分的皮鞋图样，由鞋匠使用较硬的皮革，照图样缝制成一双"高甬子履"。孙膑穿上这双皮鞋，依靠较硬的靴帮和鞋底的支撑力可以行动了。于是乘车指挥10万大军，以"批亢捣虚""疾走大梁""攻其必救"的战法出奇制胜，大破魏军，战胜庞涓。这一战，发生在公元前353年，历史上称为"齐魏陵（今山东菏泽东北）之战"。孙膑创造出第一双帮底缝合的皮鞋，是制鞋史上的一大创举，后来的一些制鞋名师为了纪念他，便将孙膑画像挂在家中，寄托怀念之情。那时候，凡挂有孙膑画像的人家，表明是以制鞋为业的。因而孙膑成了靴鞋的发明家，被奉为靴鞋业祖师。

在西方也有关于发明裹脚皮的传说，讲的是有一天帝王在山洞里，突然脚被什么东西刺了一下，不禁勃然大怒，立即传命侍从把所有地面用皮子铺平，以免再受扎脚之痛。当时有一个聪明的大臣向帝王奏道：大王息怒，你身为一国之君，如今正在扩展疆土，何不用最好的皮把大王的脚包起来，这样就可以走遍天下，也不会受扎脚之苦了。帝王一听大悦，就命聪明的大臣制作裹脚之"鞋"，于是世界上第一双裹脚的"皮鞋"就这样诞生了。

传说虽不可信，但它毕竟形象而生动地演绎了人类从赤脚到裹脚的进步。况且也与我国的"禽兽之皮足衣也"的记载相符合。

第二节 靴鞋的发展

据考证，鞋饰可追溯到商代，最早的手工布鞋是在山西侯马出土的西周武士跪像所穿的布鞋，明显可见鞋底上有整齐的一行行线迹，与今天纳底鞋几乎完全一致。

殷墟中曾出土甲胄，包括胫甲，这是军鞋的前身。商墓中出土无头跪坐玉人中，可见足胫像似作缠绕纹，此即古之"偪"（后世称为藤）。商代胫甲和行藤的发明无疑是对完善军鞋的一个推动。西周时统称"百工"中已有皮革工，当时皮革已用于做军鞋。沈阳周代废墟中出土过铜泡钉靴，据考证它与出土的甲胄皆为周代武士所着的铜泡钉靴，是我国出土最早的军鞋实物。沈阳出土的另一双战国时期的铜泡钉鞋，将铜泡钉装饰在皮靴上，是设计者从战时更高的防护要求出发所构思的。史书中一般认为中国靴始于公元前325年赵武灵王。

鞋用材料，北方以皮为主，南方以草为主。《宋书·张畅传》记载张畅在城上与魏尚书李孝伯语。孝伯曰："君南土膏粱，何为着履？君而著此，使将士云何？"当时在军队里上下皆以履（草鞋）为军鞋。古鞋的共同特征是鞋翘。鞋尖上翘是我国古鞋和世界古鞋的共同特征。

汉代时有歧头履，到南北朝时鞋饰丰富，款式各异，鞋翘种类繁多，出现了凤头履、聚云履、分梢履、立凤履、笏头履等。唐代鞋翘多姿多彩。"三寸金莲"出于五代，到宋代便产生了翘尖小脚鞋，男性多穿小头皮鞋，女性多为圆头、平头或翘头，上面饰各式花鸟图纹。

元代末年开始出现鞋头高耸、鞋底扁厚的女式布帛鞋，这种鞋使人显得格外修长。明清时期制鞋技术以鞋翘为标志。明代的鞋多以奄实为主，北方多穿菱纹绮履，江南多着棕麻鞋。

清代女子普遍穿高底鞋、"金莲"和圆头圆口鞋；男鞋以尖头为主，男子穿靴，夏秋用缎制，冬用建绒，有厚薄底之分，面作单梁或双梁，鞋帮有刺花或鞋头作如意头卷云式。鞋饰趋于形成平头鞋新格局。

靴在隋、唐、宋、元、明代皆有人穿用，以皮革为之，清代改为布靴。靴分为皮靴和布靴，皮靴又有皮筒皮底和皮筒布底之分。靴流行于我国北方广大地区，出土于新疆楼兰的羊皮靴，是新疆原始社会时期贵族妇女的靴饰，做工精巧，全靴由靴筒和靴底两大部件组成，说明四千年前的西域民族已经采用兽皮的不同部位做帮和底了。到唐代靴改为朝服，履反为亵服，没有着靴而入朝见长官者为大不敬。在元朝和清朝，少数民族穿靴的形制对汉族影响很大。

我国古鞋的三大成就是：帮底分开，帮面镶拼，反绱工艺。首先是得益于皮革鞣制技术的发展，其次是从丝麻到布的纺织技术的发展。

第三节　少数民族靴鞋

我国少数民族繁衍生息在祖国的大江南北，从冰封雪冻的长白山到亚热带气候的南疆，各族先人们在与大自然的搏斗中，为了保护自己、美化生活，掌握了就地取材做鞋制靴的生存能力。各民族使用动物革皮、植物草木和手工织品等地域独特的材料，创造出绮丽、色彩斑斓的中华鞋饰文化，每双鞋都凝聚着该民族的聪明才智，体现了民族感情与审美意识。

东北、西北少数民族的原始社会以狩猎为主，"食其肉，衣其皮"，拥有大量的动物资源。位于我国西域地区的少数民族,早在4000年前就擅长用革制鞋,到了春秋战国时期,少数民族用革皮制靴的工艺才由赵武灵王引进到中原,汉族开始穿革靴。至今我国西部、西北部、东北部的蒙古族、藏族、维吾尔族、乌兹别克族、锡伯族、鄂伦春族等约有16个少数民族仍旧以动物的革皮作为制靴的主要材料。鄂伦春族和鄂温克族习惯用狍子皮制靴鞋,在鞋面上装饰有小鹿、小熊及花卉图案,纹样简洁明朗;达斡尔族喜欢穿着称为"奇卡米"的革靴,一般用捕获的灰鼠、猞猁皮制作,并绣上各种几何图案,显得美观轻巧;乌兹别克族穿的"艾特哥"靴子用羊皮制成,轻便暖和;革靴与锡伯族的礼俗密切相关,锡伯族用红、蓝、绿等有色皮革作靴面,并刺绣花卉,每逢大年三十,人们都把靴子挂到外面直到初二才收回,俗称"喜利妈妈",寓意喜庆吉利;俄罗斯族穿着的"玉带克"革靴用马皮制作,而名贵的靴鞋才使用染成红色的野马皮;赫哲族历来从事渔猎,人们用熟的怀头鱼、哲罗鱼和狗鱼的鱼皮,制成鱼皮靴;藏族的统靴多采用马皮或牦牛皮制作,硬底软帮,靴筒内衬羊毛纺织的氆氇。

我国是个多民族的国家,有少数民族55个,各少数民族的鞋履,都有自己的特点,组成了我国璀璨的鞋履文化。(以下民族按拼音顺序排列)

一 白族"猪头"童鞋

白族主要分布在云南省。白族"猪头"童鞋主要流行于云南大理、洱源、剑川、鹤庆等地,学步儿童穿用。猪鞋形似小猪,全身用黑色布缝制而成,前部有"猪耳"和翘得高高的红鼻子,后部则留有"猪尾巴",像一头可爱的小猪。其他童鞋均注重造型,并用镶滚、挑绣等工艺点缀。白族童鞋除了"猪头"鞋外,还有虎鞋、猫鞋、兔鞋、蝴蝶鞋等(见图7-1)。

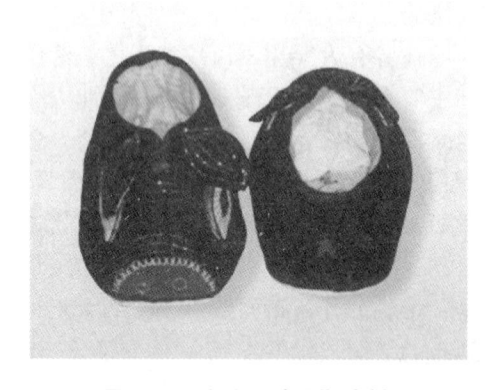

图7-1 白族"猪头"童鞋

二 保安族绣花鞋

保安族人口较少,属于我国10万以下的"特少民族"之一,主要居住在甘肃积石山等地。

保安族绣花鞋造型极有特点:浅口,尖头,鞋头略翘。鞋头上饰有桃红色线穗,随脚步起舞,美观大方。后跟处有红布做的"提跟子",既美观,又便于穿鞋。鞋底为用麻线纳制的千层白布底,鞋帮以深色布为底,上用五彩丝线绣成菱形格纹和条纹,色彩极为艳丽。此类绣花鞋多为青年妇女穿用,鞋勒较低,易于保持凉爽,鞋底以麻线手工制成(见图7-2)。

图7-2 保安族妇女春夏穿用的绣花鞋

妇女穿用的棉靴,在保安族中也比较流行,以黑布为料,红色绣口,三层锁面,高勒;靴面饰有彩色拼格,呈菱形、三角形等几何图形;鞋尖端有彩线编成的穗。其特点是靴勒较长、鞋底较厚,既可防寒保暖,又适于农家生活。靴底为手工缝制的千层底,十分结实,靴帮上用彩线绣有各式抽象的花纹,色彩十分艳丽,体现了保安族人民独特的审美价值(见图7-3)。

图7-3 保安族妇女"棉靴"

三 布依族绣花鞋

布依族绝大部分聚居在贵州省,也有少部分分布在云南,贵州罗甸、望谟地区。贵州地区的绣花鞋鞋尖细小,向上翘起。云南地区的绣花鞋一般鞋鼻上翘,鞋帮绣满花卉图案,俗称"猫鼻子花鞋",布依语称"海兰高"。现在,这种满花绣鞋逐渐变成半形或鞋尖处绣小花。图7-4所示布依族绣花鞋是贵州省布依族女童穿用的软底绣花鞋。鞋底为布制软底,且绣有红色花纹。鞋帮为红色,左鞋帮为缎面,右鞋帮为布面,两鞋帮上都绣有风火轮,前部绣有鲜花图案,色彩艳丽,花纹细致,活灵活现,显示出布依族妇女手工之精巧。整双鞋在颜色和刺绣上都满足了女孩们的爱美之心,因此大受欢迎。

四 朝鲜族鞋

朝鲜族主要分布在中国吉林,属于"跨境民族",所以"勾背鞋"在中国朝鲜族、韩国和朝鲜都有流行。用白色,朴素大方,极富民族特色。朝鲜族古代多穿草鞋、木屐,后发展到浅口勾背鞋。勾背鞋,口浅,便于穿脱,而且晴雨两用。胶鞋普及后,用橡胶制成

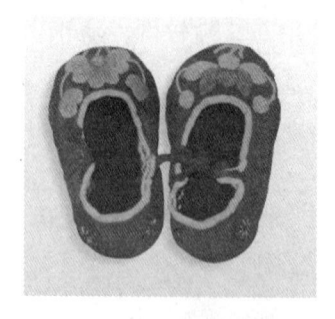

图 7-4　布依族绣花鞋

的白色勾背鞋成了朝鲜族男女脚下的"宠物"。图 7-5 所示"勾背鞋"，呈船形，造型别致，线条流畅，颜色也不限于纯白色。其中，全红色勾背鞋为绸缎面料，上绣"蝶恋花"图案，勾头为蓝色，为婚礼场合穿用。

图 7-5　朝鲜族的"勾背鞋"

五　达斡尔族男布鞋

达斡尔族主要居住在内蒙古东北部的莫力达瓦，是契丹人的后裔。达斡尔族的鞋履以靴子最富特点，称为"斡罗其"，这是一种布筒饰纹靴子，造型别致，通常是以白布做靴面，在靴尖、后跟、靴口饰黑色为主调的几何形图案装饰，前面开口系两个蒜头布扣，靴底用牛、狍等动物后脖皮鞣熟制成。图 7-6 所示为达斡尔族的男布鞋，尖头双梁，鞋帮为黑、白相间的绸布，白色绸布上用咖啡色线绣有草叶纹、蝴蝶纹等。鞋底为木底，外裹以麻布，稍高，与满族的男鞋相似。

六　傣族绣花鞋

傣族主要聚居在云南的西双版纳、德宏等地。傣族聚居地不仅保留着原始的天然生态，风光迷人，同时也保留着古老、奇特的民族习俗。傣族的绣花技艺十分高超。刺绣一般以白纱线通经，红、黑纬线织花，由几种不同纹样连续图案构成。刺绣配色大胆，常将亮度相同的色彩配色并置，瑰丽瞩目，纹饰多为大象、孔雀、狮、马、花树、缅寺、人纹及一些菱形等几何图案，采用棉线或丝线，有时加入金线，更显灿烂。图 7-7 所示为傣族的绣花鞋。

图 7-6　达斡尔族男布鞋

图 7-7　傣族绣花鞋

七　东乡族"放足"绣花鞋

东乡族是以古代的回回人、色目人为主体并融合了蒙古族、汉族而形成的，是我国特有的少数民族，主要居住在甘肃临夏回族自治州。东乡族的鞋与回、保安、撒拉族的鞋饰一样，主要以布鞋为主，男鞋多为黑色素面，妇女则为绣花鞋。东乡族的绣花鞋主要有两种：一是软底绣花鞋，适于在帐篷或屋内地毯上穿用，鞋底、鞋面均绣有花草、禽鸟，技法以平绣为主；二是木底高跟绣花鞋，木底以黑布包裹，鞋帮上绣花，这种木底鞋不仅在喜庆之日穿用，还是新娘出嫁时的嫁妆之一，要带到婆家。在西北的各少数民族中，东乡族以"放足""解放足"著称，但仍为尖足缠足。绣花鞋一般比"三寸金莲"大一点，造型比"三寸金莲"有了进化，帮腰有鞋带眼，鞋底较厚，大底下再加上一二层牛皮。其造型、工艺与民国时期流行的妇女"放脚鞋"相似。

图 7-8 所示"放足鞋"为清末民初的旧物，这类鞋饰现在已基本绝迹。

图 7-8　东乡族"放足"绣花鞋

八 侗族的女凉鞋

侗族主要分布在贵州、广西、湖南等地。由于所处地区气候潮热，服饰多以透气性好的裙子、绑腿、凉鞋等为主。深受侗族妇女喜爱的绣花凉鞋为布料手工缝制，鞋底为麻线纳成的布底，工艺十分讲究。该鞋的造型亦很别致，只要后部有鞋帮，鞋头以细长布条与鞋尾相连，既简单明快，又坚固耐用。在细布条、尾帮等处绣有花卉，间以金属片点缀，凸显了侗族刺绣一丝不苟的风格，表现了侗族多姿多彩的传统文化。这样的鞋饰穿着不仅凉爽实用，而且美观大方（图7-9）。

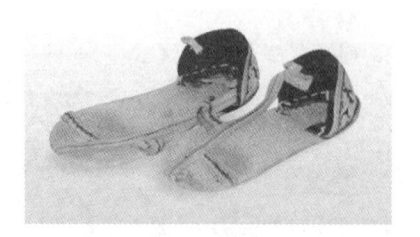

图7-9 侗族的女凉鞋

九 鄂伦春族鞋

鄂伦春族主要分布在内蒙古自治区和黑龙江省。鄂伦春族鞋主要有三种："奇哈米""奥劳其""温得"。"奇哈米"是用狍腿皮做靿儿、狍脖子皮做底的半高靿皮鞋。"奥劳其"是布靿儿皮底的，布靿是多层布缝制而成。"温得"是鹿腿皮做靿儿，鹿皮其他部位做底，靿至膝的高靿皮靴。冬天，脚上常穿带毛的"道团安"（狍皮袜子）（见图7-10）。

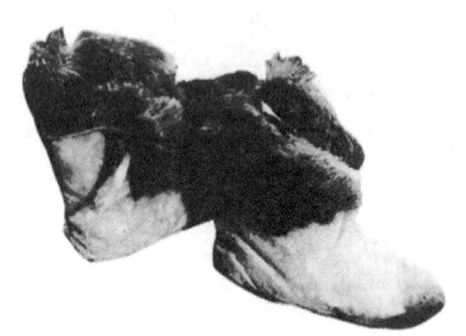

图7-10 鄂伦春族鞋

十 仡佬族绣花女童鞋

仡佬族主要分布在我国云贵高原东部，其中以贵州省最为集中。仡佬族妇女以编织美观牢固、不褪色的"铁笛布"而闻名。仡佬族的绣花鞋口沿和鞋头都有绣花，鞋头略上翘，花饰部分占鞋帮的三分之一，造型别致、图案美丽，色彩富有民间特色。鞋底为布纳千层底，鞋面为黑绒布，与鞋底交接处为紫色布，鞋沿带，作固定之用，鞋前端用彩线绣有对花，富有立体感，极受女孩喜爱（见图7-11）。

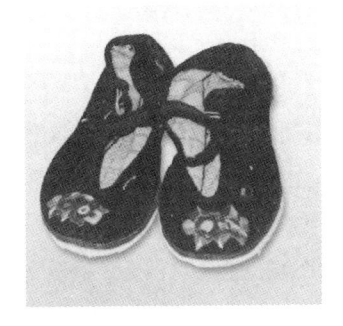

图 7-11　仡佬族绣花女童鞋

十一　哈尼族少女绑腿

哈尼族是生活在我国滇南红河和澜沧江等地区的少数民族。哈尼族少女绑腿底色为黑色，手工织成。然后根据个人爱好选择自己喜欢的颜色，绣上多种花样（多为横条），再在合适的位置缝上银泡和小铃铛。穿用时在绑腿上部用一串小珠子系上用来固定住绑腿。哈尼族少女绑腿美观实用，走路时，叮当叮当，充满乐趣，深受少女们的喜爱（见图 7-12）。

图 7-12　哈尼族少女绑腿

十二　赫哲族鱼皮鞋

赫哲族是中国东北地区一个历史悠久的民族。主要分布在黑龙江省同江县、饶河县、抚远县。

用鱼皮制作服饰是赫哲族特有的传统技艺，工艺独特。鱼皮鞋多用怀头鱼、哲罗鱼、细鳞鱼、狗鱼、鲑鱼和鲤鱼等鱼皮做鞋帮、鞋底，鞋靿则必须用狗鱼皮或鲶鱼皮。制作鱼皮鞋的关键是鱼皮的加工技术，如剥皮、鞣皮、切线等。以切线为例，工艺极为复杂，先选取大胖鱼，刮净鳞、肉，撑开晾干，将四角不整齐的皮切去，然后在干鱼皮上涂狗鱼肝，使鱼皮柔软、湿润，最后折起来用快刀如切面条一样，切成细丝。这项技术早已失传，通常用兽筋或鬃毛替代鱼皮线。鱼皮鞋的造型比较简单，最简单的是用一块长 25 厘米、宽 21 厘米左右的鱼皮，在一端中间剪一个半圆作为鞋口，缝合即成。复杂的还要加上鞋靿，像短靿的靴子。

图 7-13 是一双近乎绝迹的赫哲族鱼皮鞋，又称鱼皮"靰鞡"，赫哲语称为"温塔"。

图 7-13　鱼皮鞋

十三　回族"礼拜鞋"

回族主要聚居于宁夏回族自治区，在新疆、青海、甘肃、陕西、山西、河北、天津、北京、上海、江苏、云南、河南、山东、内蒙古、辽宁、吉林、黑龙江也有不少聚居区。在长期历史过程中吸收了汉族、蒙古族、维吾尔族等生活习俗，服饰特别。回族有小集中、大分散的居住特点。

回族"礼拜鞋"又叫"鞋袜"，是西北地区最为常见的鞋饰。伊斯兰民族成年男子要经常到清真寺做礼拜，而做礼拜时不能穿鞋，所以"鞋袜"就成为首选。还有回族"睡鞋"，又称"卧履""眠鞋"，是妇女就寝穿的鞋子，一般以红色绸缎制成，软底，鞋底及鞋帮均施彩绣。考究者以珠玉饰之，并撒香料。

图 7-14 所示"礼拜鞋"以黑色缎布制作，纯手工，鞋勒较高，内衬花布，穿着极为舒适。"礼拜鞋"最富特色的部分是鞋底，以丝线满绣花纹，工艺极为精致。这些鞋饰均是回族妇女在家中手工缝制，市场上没有出售，所以虽然样式、颜色大同小异，但鞋底的绣工却各有千秋，各具特色。在偏僻的乡村，这些色彩斑斓的"礼拜鞋"恰似一道美丽的风景。

图 7-14　回族"礼拜鞋"

十四　黎族绣花鞋

黎族是我国岭南民族之一。主要聚居在海南省中南部的琼中县、白沙县、昌江县、东方市、乐东县、陵水县、保亭县、五指山市、三亚市等六县三市之内，其余散居在海南省的万宁、屯昌、琼海、澄迈、儋州、定安等市县。

图 7-15 所示绣花鞋是生活在海南省通什县的黎族鞋饰，属于典型的"尖尖鞋"，鞋

头形如尖尖的三角形，故名。鞋底为麻绳纳制的千层底，毛边。鞋帮饰有花带叶的花纹图案，图案中间零星点缀金属片，煞是好看。沿口镶成锯齿纹并加彩条。后帮处是淡蓝色布制作，上绣有云头纹，颜色与图案相得益彰。

图7-15　黎族绣花鞋

十五　珞巴族女毡靴

珞巴族是我国10万人口以下的"特少民族"之一，主要居住在西藏东南部的墨脱、米林两县，与门巴族交错分布。风俗习惯和藏族颇似，唯语言有别。珞巴族男女都喜欢穿皮靴，皮靴多用牛皮作面，毡靴也较流行。图7-16所示珞巴族女毡靴，和藏族毡靴基本一致，靴底为三层生牛皮，用粗棉线纳成。该靴造型别致，色彩斑斓。鞋帮为红色毛毡，靴靿为黑色毛毡，近靿处则为绿毡。靴底与靴帮相接处用红、绿、蓝、黄等几色棉线绣出连续的几何图案，后跟部彩绣枝蔓草叶。整个靴面用各色彩线绣有吉祥图案，中间杂有金线，富有极强的层次感。

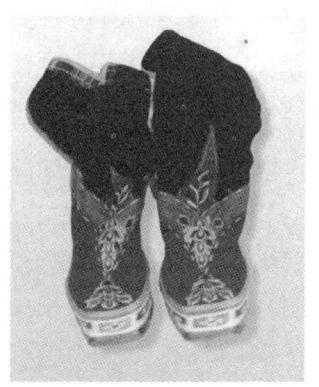

图7-16　珞巴族女毡靴

十六　满族旗鞋

满族"女履旗鞋男穿靴"，旗式坤鞋可分数种，常御多平底，或高寸许，前后微缺，曰"寸底鞋"。又有鞋底中间高出数寸，中微细，下端作方形，名曰"高底鞋"，俗称"马蹄底"或"花盆底"。妇女盛饰时多穿用，走起路来，袅袅婷婷，轻盈娴雅（见图7-17）。

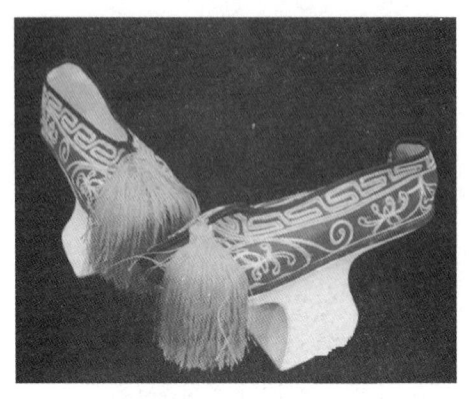

图7-17 满族旗鞋

十七 门巴族的毡鞋

门巴族是我国10万人口以下的"特少民族"之一，主要居住在西藏东南部的墨脱、措那两县。由于长期和藏族生活在一起，风俗习惯深受藏族影响，门巴族的毡靴就突出表现出这种情况。和藏族一样，门巴族也喜穿用牛皮或毡制作的皮靴和布靴，并用红黑两色氆氇镶边。靴底多用牛皮制作，结实耐用。鞋面上主要配有红、绿、蓝、黑等颜色。大多以红色为主，并饰有各种花纹。门巴族男毡靴为千层底，由麻线与棕混合制成。鞋面主要以红、绿、蓝、黄等色组成。鞋靿由两部分组成，与鞋帮相接处为绿毡，高筒部分为黑毡，鞋口至鞋靿处有一开缝，便于穿脱。

图7-18 门巴族的毡鞋

十八 蒙靴

蒙古族是一个历史悠久而又富于传奇色彩的民族。千百年来，蒙古族过着"逐水草而迁徙"的游牧生活。中国的大部分草原留下了蒙古族牧民的足迹。他们因而被誉为"草原骄子"。

蒙靴分高中筒马靴、毡靴、缎靴和"唐吐马"等，尖梢上翘，靴面及靴筒为古铜色或棕黄色，靴梁和嵌条为绿色，靴内衬皮或衬毡，靴身宽大，可套棉袜或毡袜，靴内可藏刀。传统的蒙靴分皮靴和布靴两种，皮靴用各种皮革制成（见图7-19）。

图7-19 蒙靴

十九　苗族绣花鞋

苗族主要分布在贵州、湖南、云南、广西等省区，是一个人口众多、支系复杂的南方少数民族。苗族刺绣远近闻名，苗族女孩少年时就开始跟母亲、姐姐或同龄人学习刺绣技艺，因此"苗绣"是少数民族刺绣工艺中的上乘之作。苗族的服饰也多以刺绣制成，或以绣片为装饰。苗族人民平时一般穿麻凉鞋、草鞋、绣花布鞋、大鱼棉鞋、船底鞋、钉子鞋（下雪时穿）等。图7-20所示绣花鞋是苗族女鞋代表作，用布和缎子制作，为双梁，上面多饰花卉、禽鸟等图案，是苗族妇女审美追求和情趣的生动表现。

图7-20 苗族绣花鞋

二十　纳西族绣花鞋

纳西族是我国西南地区古老的少数民族之一，主要居住在云南丽江纳西族自治县。纳西族的鞋饰主要以布鞋为主，绣花鞋富有民族特色。比如有一定传统的纳西族"换脚鞋"，就是办喜事时新娘赠给新郎的绣花鞋。图7-21所示绣花鞋鞋底是以麻线纳成的千层底，翘头，结实耐用并适用于山区行走。鞋面为绿色绸布，鞋上用彩色丝线对称绣有连枝花卉，色彩明艳。

二十一　羌族绣花鞋

羌族是古代羌人的后裔，最早生活在甘青地区，以游牧业为生，"羌"的本意已经暗

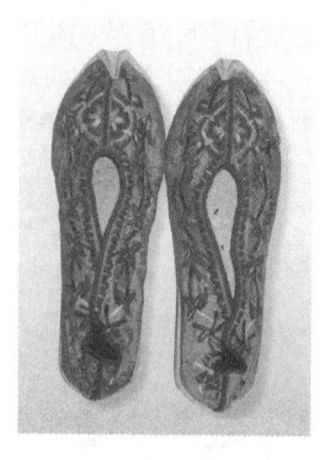

图 7-21 纳西族绣花鞋

示出与畜牧的密切关系,后逐渐南迁,生计方式也改为农牧结合的混合型。图 7-22 所示绣花鞋主要流行于四川阿坝地区,是典型的羌族鞋饰。该鞋为紫色绸鞋面,鞋帮前部为手工刺绣的人物、蛇、蝴蝶和花草图案,中部则绣有吉祥鸟与花草纹样,将人物、瑞兽和吉祥花草完美结合,既生动活泼、意趣盎然,又表达了羌族人民对美好世界的向往。羌族古朴浑厚的民族文化底蕴,于此展露无遗。

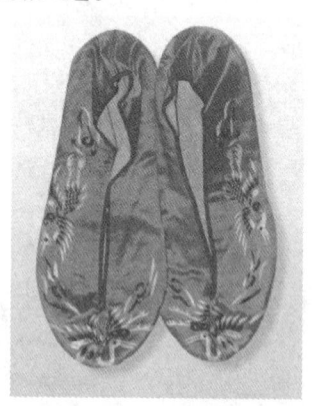

图 7-22 羌族绣花鞋

二十二 撒拉族"礼拜靴"

撒拉族属于我国 10 万人以下的"特少民族"之一,主要分布在黄河上源的青海省循化撒拉族自治县。撒拉族是信仰伊斯兰教的民族之一,"礼拜鞋"是成年男子到清真寺做礼拜时穿用的,一般穿在鞋子的里面,到清真寺时再把鞋子脱下来。伊斯兰教徒在每天五次礼拜前,必须小净,但在寒冷的冬季,人们多次洗脚则十分不便,又容易得病,故有了这种布制软底的中筒袜或高筒袜。它的特点是底部比袜底要厚,约 2 毫米,但比鞋底要薄。鞋袜多为黑色或蓝色,只在做礼拜的大殿里穿用。又因礼拜时要脱鞋进殿,下跪时只见袜底和袜跟,故在袜底和袜跟处绣有精美的花卉图案。妇女进女寺做礼拜时也穿着"鞋袜",式样与男子的鞋袜相同,颜色多为红色(见图 7-23)。

图 7-23　撒拉族"礼拜靴"

二十三　畲族"脚龙套"

畲族，自称"山哈"，意思是居住山上的客人。畲族主要分布在福建、浙江、广东、江西等省的丘陵地带，从事梯田与旱地耕作。由于位处东南沿海经济发达地区，除了少数聚居区外，传统的服饰和风俗习惯保留不多。

畲族民族服饰以头饰的"凤冠"和"牛角帽"闻名，服饰的颜色以黑色、蓝色为主。图 7-24 所示"脚龙套"，又称"鞋袜"，用蓝色土布缝制，鞋帮前部用黑色土布，加白点作为装饰；后部为暗红色"硬布"，上绣有缠枝梅花图案，既美观大方，又可保持鞋袜不变形。鞋底亦为蓝布，用白线纳制，形成片片鱼鳞纹，周边则镶有锯齿纹。

图 7-24　畲族"脚龙套"

二十四　水族妇女绣花鞋

水族主要聚居在贵州三都水族自治县和荔波、独山、都匀、凯里等县市，少数散居在广西、云南等省区。水族自称"虽"，称为"水家""水家苗"等。

水族的鞋饰同云贵地区的苗、瑶、壮、侗等民族有许多共同特点，喜爱穿用"勾头"的绣花鞋。图 7-25 所示水族绣花鞋制作工艺非常讲究，先用干竹笋叶剪出鞋底模型，用旧布依样层层加厚，做成"千层底"；再将剪好的鞋面罩上绒布绣花，图案各式各样，多为禽鸟花卉，有时在鞋头缀毛线绒球；最后是将帮与底缝合。一般而言，制作一双绣花鞋，熟练的妇女大概需 2—3 周时间，普通妇女则需更长的时间才能完成。

水族绣花鞋鞋底为布制千层底，布面的头部为红色布料，鞋后跟部为蓝色布料。鞋尖

图7-25 水族妇女绣花鞋

呈尖形往上翻翘，鞋帮上先用丝线刺绣成底色图案，然后再采用"马尾绣"的方法，卷曲成各种几何图案拼镶在鞋帮上，图案为花卉、云朵等纹样。刺绣精美，做工讲究。水族妇女多在庄重的场合或走亲戚时穿，并配上百褶裙和银扣上衣，十分典雅华贵。

二十五 土家族"篮篮儿鞋"

土家族主要分布在湖南、湖北、四川等地区。生活在汉族环绕之中，土家族在经济、文化上受汉族影响较多，但也保留有自己的民族特点。"篮篮儿鞋"主要流行于湘西土家族地区，是年轻女孩春秋季节的穿着，因形似竹篮，故土语称"篮篮儿鞋"。该鞋为绿布面镶黑边带襻女鞋。鞋面较薄，为布质，镶边，有横襻；鞋底则是用棕麻与碎布相间粘合，晒干，再用结实的棉线纳成的千层底，结实美观（见图7-26）。

图7-26 土家族"篮篮儿鞋"

二十六 土族鞋

土族是生活在西北地区的古老民族，原为游牧民族，现主要居住在青海互助、大通一带，在语言和文化习俗方面受藏族、蒙古族影响较深。土族的鞋饰以布鞋为特色，男女老幼均喜爱穿用绣花的布鞋，只是在颜色上男鞋素雅，女鞋华丽。土族的布鞋主要为手工制作，做工精细，针脚致密，十分结实耐用。分为冬天的靴子和夏天的浅口鞋。男鞋为典型的双梁、云龙纹饰；女鞋绣有艳丽的花卉图案。图7-27所示土族妇女绣花鞋，造型别致，色彩亮丽明快。

土族童鞋主要是布鞋，分为浅口的夏鞋和高勒的冬鞋，千层底，多双梁，手工缝制。男、女童鞋的差别主要是布料颜色的不同，男孩鞋一般是用黑、蓝、白等素色搭配，女孩则为五彩斑斓的红、黄、绿、粉、紫等彩色。男孩的鞋头没有彩色绒球，女孩则有。图7-28所示为一双男孩夏鞋，鞋底较厚，用麻线密密纳制，结实耐磨，十分适合活泼多动

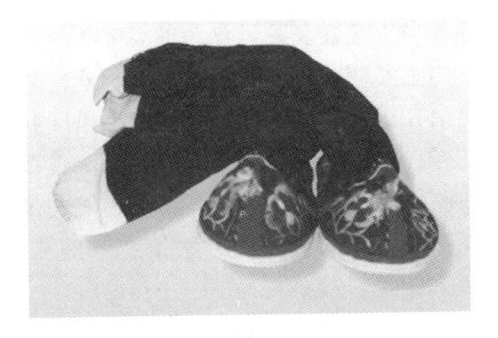

图 7-27 土族妇女绣花鞋

图 7-28 土族童鞋

的儿童穿用。这双童鞋的做工一丝不苟,以白布为面,嵌以蓝边相配,白布面上贴有转云纹作为装饰,形成独特的贴花,别有韵致。鞋面两侧对称地绣有几朵小花,朴素大方。

"嫁妆鞋"又叫"新娘鞋""上马鞋"。图7-29所示为青海省乐都县的一位土族新娘出嫁时穿过的"嫁妆鞋",鞋勒较长,造型完全像靴子。因为是婚庆用品,所以鞋面采用红色和紫色两种喜庆的颜色,鞋帮前绣有"勺寿"花,寄寓吉庆喜气,吉祥如意,夫妻生活和睦美满。鞋底为自纳的千层底,由丝麻绳制成,针脚较普通鞋精细,与鞋面上精美

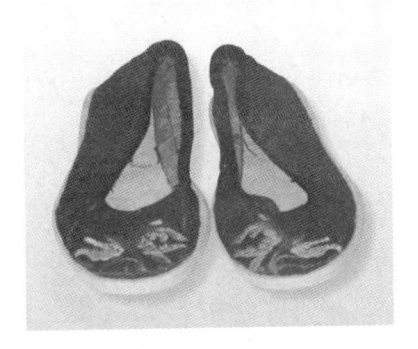

图 7-29 土族女子"嫁妆鞋"

的绣花图案相映成趣。这双鞋做工精美,是新娘在亲朋好友面前显露自己的针线活和说明自己操持家务能力的好机会。

二十七 维吾尔族靴

维吾尔族是新疆地区人口最多的少数民族,集中分布在北疆的吐鲁番和南疆的喀什、

和田一带。新疆原始居民穿靴早于穿鞋。靴子是一种高度在踝骨以上的长筒鞋,多为皮革制成。靴子是高昌回纥男子的主要鞋履,穿长袍时,裤子塞入靴内。有的靴筒上端两侧有扣眼,系带从扣眼穿出,再束在腰带上,将靴统吊起。高昌回纥女子除了穿皮靴之外,还穿一种厚底、鞋尖上翘的花鞋,这种鞋子具有中原的特点,曾在吐鲁番阿斯塔那唐墓中出土,反映了汉人穿着习俗对高昌回纥人的影响。高昌人还发明了"套靴",就是靴外又套一双皮质的鞋子,这种被现在维吾尔人称之为"喀拉西"的靴子,至今仍在南疆地区广为使用。

图7-30所示婚礼女鞋,用皮革制作,造型别致,浅口,平底,红布作衬,红色口沿,为夏季或室内穿用。鞋面以镂空为图案,并用贴花、堆花、扎花等技法饰以抽象的纹饰,简洁明朗。是维吾尔族新娘婚礼时的必备之物。

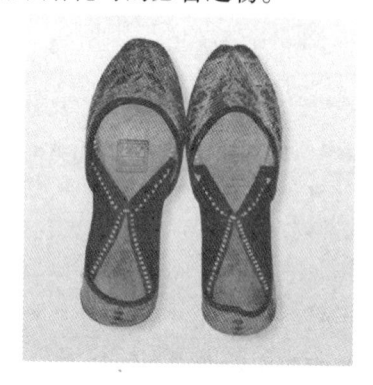

图7-30 维吾尔族女子婚礼鞋

二十八 锡伯族冬天穿的绣花棉鞋

锡伯族原来居住在东北地区,是鲜卑人的后裔,清朝时部分锡伯族被朝廷派往新疆伊犁地区驻防戍边,以抵抗沙俄的入侵,从此分居在新疆和东北两地。新疆的这支锡伯族,其风俗习惯已经具有多元混合的特点,融合了维吾尔、蒙古、哈萨克等民族的文化。在鞋饰上,他们不仅喜欢穿皮靴,而且也爱穿布鞋。布鞋颜色以蓝、绿、黑、红色等为主,上绣花卉(见图7-31、图7-32)。

图7-31 锡伯族冬天穿的绣花棉鞋

绣花布鞋不但作为日常生活必需品,同时也是吉祥物,每到大年三十挂出,至初二收起,称为"喜利妈妈",是祝福平安兴旺、繁荣昌盛的象征。

图 7-32 锡伯族妇女穿用的硬底绣花鞋

二十九　瑶族绣花"三寸金莲"

瑶族主要分布在广西壮族自治区、湖南省、云南省、广东省、贵州省等地，瑶族的绣花鞋通常为"大脚鞋"，但由于受到当地汉族的影响，许多生活习俗仿效汉族，妇女裹小脚就是突出的一例。瑶族绣花"三寸金莲"是清末民初瑶族贵族妇女家居时穿用的小脚鞋，其造型、花纹与汉族的"三寸金莲"不同，鞋面为黄缎布，上绣太阳、凤凰、花草等图案，五彩斑斓。此鞋开口处较阔，黑布镶边，蓝布为底，用麻线纳成后又在前后各加一块羊皮，既防滑，又耐磨。无论是刺绣工艺、色彩搭配，还是材料的选择都是典型的瑶族风格（图 7-33）。

图 7-33 瑶族绣花"三寸金莲"

三十　彝族勾尖绣花鞋

彝族主要居住在云南，四川的大、小凉山地区，少数分布在靠近云南的贵州和广西二省区。彝族绣花鞋属于大脚鞋，是我国西南山区少数民族中普遍流行的样式，它的绣工十分讲究，花纹的图案极为抽象，用色大胆。过火把节（即彝族年）时，女青年均穿着勾尖绣花鞋，透露出热烈、红火的气氛。鞋型大致呈船形，鞋底前方连同鞋底上翘成尖状，适应农田与杂草丛生的作业环境。鞋帮上绣满五彩的花草、鸟兽。常用作嫁妆鞋，姑娘出嫁时穿用（见图 7-34）。

彝族虎头童鞋如图 7-35 所示。

图7-34 彝族勾尖绣花鞋

图7-35 彝族虎头童鞋

三十一 藏靴

藏族主要分布在西藏以及与之相邻的青海、甘肃、四川、云南等省份，是世界上人口最多的高原民族。其居住环境和气候条件十分恶劣，冬季寒冷而漫长，日夜温差较大，夏季的夜晚也非常寒冷，因此靴子是日常必备的服饰。藏靴一般用毛呢、毡和皮革制成，硬底软帮，少数为软底软帮。皮面均鞣染上色，靴筒较高，上面绣有多种花纹图案，色彩斑斓。牧区靴统为毛皮，农区为氆氇，镶有宽边。靴头有尖、有圆或平底不卷。为了御寒防滑，男女都喜欢穿牛皮面或绒面、毡里、皮底的高筒靴。藏靴的帮较窄，靴背较高，即使穿上御寒厚袜也不挤脚。

藏族"官靴"，也叫"喇嘛靴"。"官靴"不是一般藏民所穿的靴子，而是藏传佛教中"四大寺院"之一的哲蚌寺的大喇嘛穿用的。因此，该靴除了具有一般藏靴的特征外，中间的嵌饰是代表神圣、崇高之意的黄色，为寺院高级僧侣所专用，显示出主人不凡的身份和地位。该靴为生牛皮包底，上卷缝合后成为靴帮，帮上有一条花呢绒既是点缀又连接靴鞠的过渡地带。鞋面为红色平绒，内加衬里。靴型宽大，前头略尖，且向上翘起，造型别有韵致（见图7-36）。

藏族硬底女布靴，底由三块硬牛皮缝制而成，鞋鞠以下鞋帮部分，由黑绒布制作，外沿成花瓣状，鞋为单梁，由金黄、绿、红、蓝几色绣成长条纹状；鞋头歧头翘起；鞋鞠由三部分组成，分别是玫瑰红毛毡、黑条绒、大红牛皮。鞋鞠内衬有草绿色毛毡，保暖效果好。鞋鞠上半部分有一开口，方便穿脱。一般藏靴的色彩以红色最为流行，有的皮靴上还镶有印度红嵌边，这种颜色与藏族服饰搭配起来，十分协调，与高原上单调的白色形成鲜明对比。这些服饰既与运动中的马上生活息息相关，又反映了藏族性格中深沉、粗犷的一

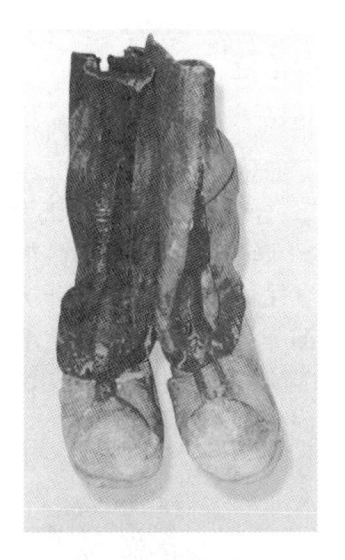

图 7-36 藏族"官靴"

面(见图 7-37)。

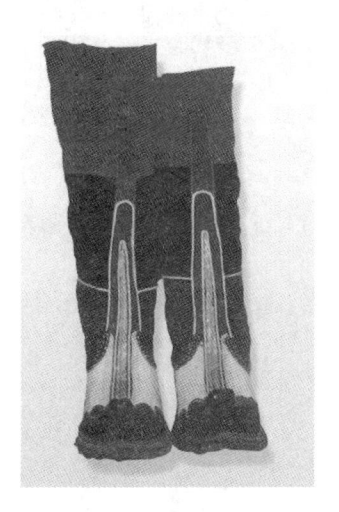

图 7-37 藏族硬底女布靴

藏族男子布靴如图 7-38 所示。

图 7-38 藏族男子布靴

三十二 壮族"回头"绣花鞋

壮族是我国人口最多的少数民族,主要聚居在广西壮族自治区。壮族是居住在岭南的土著民族,以前自称为"布壮""布侬"等。"回头"绣花鞋为妇女常穿用。鞋头有钩,像龙船。分有后跟和无后跟两种,鞋底较厚,多用砂纸做成。针法有齐针、拖针、混针、盘针、堆绣、压绣等。在色彩上,年轻人喜用亮底起白花,有石榴红、深红、青、黄、绿等色彩,纹样有龙纹、双狮滚球、蝶花、喜鹊等;老年人多用黑色、浅红、深红等色彩,纹样有云、龙、天地、狮兽等。图7-39是壮族家居"回头"女绣花鞋。鞋尖呈三角锥状,尖部呈"回头"状。鞋面为蓝布,上有用黄、红、绿线绣成的花草图案。鞋底为用麻线纳的千层底,针脚细密,坚固耐穿。

图7-39 壮族"回头"女绣花鞋

第二章　皮革文化

皮革文化丰富多彩，这里仅举足球、羊皮筏子、靰鞡和少数民族鱼皮衣等几个独具特色的皮革用品，来说明我国皮革历史的悠久，同时这些特殊的皮革制品，在广大人民群众生活中的重要作用，彰显了皮革文化的丰富内涵。

第一节　足球

一　足球起源于中国

据《汉书·艺文志》记载说"蹴鞠者，传言黄帝所作"。如果属实，则我国足球运动的历史已有6000多年。这是一种说法。

另根据30多位中国体育史学、考古学和历史文化研究领域的专家学者研究一致认为：当今足球的前身是"蹴鞠"（踢球），起源于中国山东的临淄。

《战国策·齐策》有公元前300年前后蹴鞠活动就已经流行于山东（古齐国）临淄的记载。这也是世界上关于足球运动的最早记载。研究发现，春秋战国时期临淄高度发达的手工业和商业，为蹴鞠的起源和形成提供了重要的经济和技术条件。

1958年7月，当时的国际足联主席阿维兰热博士来中国时曾表示：足球起源于中国。2004年7月15日，国际足联主席布拉特在北京举行的第三届国际足球博览会上，也是国际足联成立100周年、亚足联成立50周年、中国举办亚洲杯元年之际正式宣布：足球起源于中国，并向中国颁发了"足球起源于中国"的奖杯。

二　足球的发展过程

中国古代将足球称为"蹴鞠"或"踢鞠"，"蹴"就是踢的意思，"鞠"则是熟皮革缝成球。

据传蹴鞠的产生，起源于嬉戏取乐。汉代《鞠城名》记录了当时蹴鞠的形式方法、裁判规则和道德规范。

蹴鞠一词最早记载在《史记·苏秦列传》里，汉代刘向《别录》和唐人颜师曾《汉书·枚乘传》也均有记载。据史料记载三国时的曹操就很爱好踢球，《魏略》中就有"孔桂字叔林，好蹴鞠，太祖爱之，每左右"的记载。这里所说的爱蹴鞠人太祖就是曹操。

汉高祖刘邦（公元前206年）的父亲也很爱好这种运动，据史书记载：他经常在自己家乡和屠贩少年踢球，刘邦本人也对蹴鞠十分喜爱，曾下令设一官吏掌管皮毛作坊。汉武帝刘彻时（公元前160年）蹴鞠已成为军队正式开展的军训科目。

到唐代，蹴鞠在民间已非常盛行。唐代宫廷女足盛行，太宗、玄宗都爱看踢足球。唐人康骈的《剧谈录》记载这样一个故事：一次军队的几个小伙子在踢球，一个传球没接住，被路旁一个十七八岁的农家少女稳稳接住，并一脚劲射，球飞数丈之高。五代后蜀主的妃子花蕊夫人（王晶），也爱踢足球，她还写有足球诗："自教宫女学打球，玉鞍初跨柳腰柔。上朋知是宫家队，遍遍长赢第一球。"

到了宋代，蹴鞠运动进一步发展，宋代无名氏画的《宋太祖蹴鞠图》画出了他们踢足球的写真。宋人称"白打"，宋代帝王善此举。宋太祖赵匡胤、宋太宗赵光义都是足球迷，而历史上最有名的球迷皇帝则是宋徽宗赵佶（公元 1101—1119 年），他不仅平时爱看球赛，还规定每年在他过生日这天，文武百官祝寿后，宫廷的球队都要进行比赛。其教头高俅，就因球技过人，而被破格擢升。"韶光婉媚属清明，敞宴斯辰到穆清。近密被宣争蹴鞠，两朋庭际再输赢。"《文献通考》介绍："宋女弟子队 153 人，衣四色，绣罗宽衫，系锦带，踢绣球，球不离足，足不离球，华庭观赏，万人瞻仰。"

宋代盛行蹴鞠，以娱乐健身性的单球门踢法逐步替代了竞技性的多球门、双球门踢法，规则技法已日趋成熟。还有一种非竞赛性，以娱乐为目的的无球门踢法。个人、多人均可进行，踢球可用头、肩、背、腹、膝、足等部位接触球。当时球星有高俅一干人等。

元代郭翼、明末李渔也有描写女子踢球的诗。明崇祯田皇妃是位球星。王誉《崇祯宫词》道："锦鹘（草坪）平铺界紫庭，裙彩风度压娉婷。天边自结齐云社（足球队），一簇彩云飞便停。"

蹴鞠在东北（关东）叫"踢形头"，也写作"形头"。它是盛行于明清满族中的足球。早在公元前 2200 年，满族人的祖先肃慎人就开始玩了。当时以熊头为被踢之物，人称"踢熊头"。后经扒熊皮、揎熊毛，将其缝制成球状物，取代熊头来踢。后被改称"踢形头"，是在兽皮内装棉絮制成的。清代踢"形头"比赛，踢时画三道横线为界，设三名裁判，每人各执一根木杆，立于线上，双方任何一方将"形头"踢入线内，裁判手中木杆即落下，判得分，得分多为胜。开赛时双方列队于线上，一方开球，另一方则横于线上阻挡，如同现在足球罚定位球的人墙。开球后，队员则向对方激冲，双方来往激冲。清代盛行"踢形头"，早在 1625 年和 1642 年，还举行了两次大型踢形头比赛。

第二节 羊皮筏子

一 起源与发展

羊皮筏子是黄河中上游使用的"革船"。已有两千多年历史。

《后汉书》记载匈奴人"乘马革渡河"，护羌校尉邓训走青海贵德"缝革囊为船"；《新唐书·东女国传》记载其王所居名康延川，严险四绝，有弱水南流，缝革为船；《陶园诗集·洛中行》曰：以大羊空其腹，密缝之，浸以麻油，令水不透。宋代《武经总要》说：浮囊者，以浑脱羊皮吹气令满，革其空，束于腋，以人浮以渡；《宋史·苏辙传》记载：河北道近岁为羊皮浑脱，动以千计；《元史·世祖本记》记载：至今江河乘革囊及筏以渡。

唐代以前称为"革囊"。古人缝革为囊，充入空气，用以泅渡。到宋朝皮囊不再是缝制而成的，而是杀羊时把整个羊的皮如蛇脱皮一样叫"浑脱"。用单只羊皮名曰"羊抱"，渡河时人一手抱住皮囊，一手击水，双足踩水渡河。把单只"浑脱"连缀于木排之下就成了羊皮筏子，也就是"革船"，其水手称为"筏子客"。在使用时不能说：破、沉、碰、没、断等不吉利的词语，出行时还要烧香放鞭炮、祭河神等仪式。羊皮筏子一直在使用，从兰州顺流而下到包头只用11—12天。

20世纪20—50年代羊皮筏子是兰州应用的主要交通工具，一般羊皮筏子是用13只羊皮做成，前后各4只，中间5只排列，重约20公斤，能乘5人，由一人担任筏子客。现在，在一些旅游景点还能看到羊皮筏子，甘肃省白银市景泰县黄河石林景区、兰州市河滨路黄河大铁桥附近河段都为游客备有羊皮筏子。宁夏中卫市沙坡头旅游区还用其漂流。甘肃省景泰县中泉乡龙湾村以羊皮筏子最多而闻名于世，该村几乎家家都做，并成立了羊皮筏子队。宁夏中卫县甘塘镇北长滩子村地处偏僻，交通十分不便，全村一共12户人家，羊皮筏子曾是其主要交通工具。

二 制作方法

羊皮筏子的制作方法：一是剥皮：把羊杀后去头留下颈部，然后把羊吊在树上，从屁股处开始剥皮，往下剥一段用刀剥离一下皮肉，剥至四蹄时，将蹄割掉，不开膛，即得到完整的全羊皮，称之为"浑脱"。二是脱毛去脂：将羊皮浸泡在水中，夏季2、3天，冬季7、8天，皮发酵时取出晒干，脱毛时，毛朝外套在圆木上，用刮刀刮下羊毛，再翻过来，除去留在皮上的肉和脂肪，之后用脚踩法进行鞣制，并在羊皮上涂些酥油，起到柔软、光滑、防水、结实的作用。三是扎囊充气：留一条腿作为充气孔，其余三条腿、颈部、生殖器处都要扎实，然后充气，用嘴吹气时还要往皮里灌一些食用油和盐水，吹气时转动，使之均匀，充足了气的皮囊还要时常喷些水，防止在阳光下晒。

第三节 靰鞡

一 靰鞡的起源与发展

靰鞡在满语中是指东北特有的一种履物，用牛、猪皮缝制而成。产生于何时，至今未见于史籍，穿靰鞡可以追溯到更远的时期。汉代吉林地方扶余人穿着的革踏、皮鞡或许即为靰鞡的雏形。后金时期，扶余已设立专门机构组织生产供应。

在靰鞡鞋的记忆与传说中，靰鞡是中国民间古老的鞋子，是满族先人的创造。关东一带十分寒冷，所以靰鞡鞋是这里人们的主要防寒用具之一。传说中，靰鞡鞋就是"皇封"的鞋。有一年，乾隆皇帝东巡来到关东地区，一看这里的百姓脚上用一块动物皮裹着。乾隆帝问："这是什么？"百姓答："鞋"。乾隆是位聪慧有学识的帝王，他说："此鞋独到奇特，又备受边民喜爱。既然没有名字，干脆就叫它靰鞡鞋吧！"东北民间称靰鞡是皇封的这种说法从此而来。

据清代文献记载：鞠牛皮为履，名曰渥腊。此渥腊就是靰鞡鞋。张缙彦《宁古塔山水记》中描述：冬日行役，率着靰鞡……软底而藉以草，温暖异常；《黑龙江外记》记载：土人著履，曰靰鞡，制与靴同，而底软，连帮而成，或牛皮，或鹿皮，缝纫极密，走荆棘泥淖中，不损不湿，显亦耐冻耐久。

清中叶到民国年间，是靰鞡鼎盛时期。据《永吉县志》载清康熙四十七年（1708年）打牲靰鞡府，就有"成太德靰鞡铺"，所产牛皮、猪皮靰鞡成为吉林一带享有盛名的品牌靰鞡。乾隆年间，吉林城内德成号靰鞡铺年产靰鞡达4万余双。到清光绪三十三年（1907年）吉林城内靰鞡铺已有89户，从业人员522人。是时，除省城吉林外，吉林省（1907年4月东北改为行省制）辖下三姓、宁古塔、珲春、伯都纳、阿勒楚喀五个副都统驻城以及长春厅、新城府（即伯都纳）、伊通州、榆树厅等城。靰鞡业户均在10户左右，从业者百计。民国年间，吉林省靰鞡生产达到了鼎盛时期。仅省城吉林就年产靰鞡85万双左右；在辽宁辽阳、沈阳、丹东也都有生产，其中辽阳此时有靰鞡铺27家，分布于繁华街道两旁；沈阳有靰鞡铺33家。

1931年"九一八事变"后，日本占领东北，一方面大量倾销棉胶鞋（俗称水靰鞡），加之皮、布、棉、毡鞋业的发展，靰鞡产量急剧下降。另一方面日本人对牛皮的统制，使大多数业户由于原料断绝而停产、转产或歇业，只有零星业户生产。

1945年抗日战争胜利后，靰鞡生产有所恢复。个体业户不断增加，1950年，吉林市私营业户有55户，从业人员164人，年产量3.2万双。1952年以后，省内各地相继组织起各种合作社。1954年，全省靰鞡生产合作社产量为8.6万双。1956年社会主义改造完成后，产量增至31.2万双。尔后，逐年下降，1962年产量为8.1万双。随着制鞋工业的发展，棉皮鞋、大头鞋、棉胶鞋等适应现代生活节奏的冬鞋占领了全部市场。穿着费时费力的靰鞡逐步走向没落。原有的生产厂家均转产其他产品。到20世纪70年代仅边远地区有零星手工艺人缝制，80年代后绝迹。至此，曾经盛极一时的靰鞡完成了其历史使命，靰鞡鞋成为一种历史，一种文化，退出了历史舞台。

二 靰鞡的制作工艺

（1）靰鞡皮的制作工艺：将鲜牛皮（干皮需水浸）制作为白皮，再放入特别的熏烟槽，用生草（一般用稻草）熏烤，呈黑（褐）棕色，用刀轻刮，再用棉织物摩擦，变成黄色，即成靰鞡皮。

（2）靰鞡的缝制工艺：靰鞡是用整皮制成，先按图样规格下料，裁好后用麻绳连帮缝制成型。鞋前脸有一排呈辐射状的褶［俗语称穿靰鞡迈门槛——先进者（褶）］，连接一个突起呈三角形的鼻脸。两帮各缝一对皮套穿绳固定，底后跟钉两枚铁制的靰鞡钉，即为成品靰鞡。比鞋、靴要肥大宽敞。

（3）靰鞡的规格、型号：靰鞡一般有4种规格型号，大号长1.18尺，2号长1.07尺，3号长0.96尺，4号长0.85尺。号外还可根据客户要求尺寸缝制。

（4）东北地区的靰鞡曾为大宗产品，它由一块牛皮制作而成。靰鞡有两种："绺头马"即高靿的，"绺头牛"即低靿的。

三 靰鞡的穿着方法

穿靰鞡需要在内絮上靰鞡草。靰鞡草有两种，都是多年生草本植物，一种叫"羊胡墩子，本身松软，割下即可用；一种叫塌头草，草身坚硬，需用木槌捶软方可用。用靰鞡续子（质地细密、结实的织物）衬在靰鞡内里，然后絮好松软的靰鞡草，脚穿上后，松紧适宜，裹紧续子，用绳子固定绑在腿上。靰鞡穿着轻便，舒适，保温性能良好，不冻不滑，适合于寒冷季节在野外、田间作业穿着。

第四节　皮囊

一　皮囊的起源

皮囊是藏族、哈萨克族、蒙古族等用皮革缝制的一种生活用具（见图7-40）。藏族人民将皮囊称之为"接巴"，新疆哈萨克族称之为"撒巴"（羊皮制作的皮袋）。

图7-40　蒙古人皮囊

皮囊是在生产中自然出现的。它可以追溯到古代，哈萨克民族的祖先早在原始畜牧业时期就把马皮和羊皮脱毛后，用面粉和酸奶混合调成黏稠状液体涂在皮料上进行不完全加工（也不能完全加工，因为"撒巴"要有一定的硬度和厚度，才能存放奶和加工酸奶）。经过大约10天，自然发酵，使原皮较软和，然后用驼毛线进行缝合。皮料缝合成四棱形状，底大口小，俗称"四棱撒巴"。"皮囊"的制作工序灵气而奥妙，迷巧而又深邃，使人一见而生奇，使用而生叹，充分表现了哈萨克民族、藏族祖先的智慧。它不但制作程序严密，而且滴水不漏，天衣无缝，最适合草原游牧民频繁迁徙。皮囊没有一点对奶品的腐蚀作用，还对奶品起到自然的保护作用。皮囊原来是自产自销，随着市场经济的发展，皮囊越来越显示出它的原始性、落后性。由于跟不上生产的进步，赶不上时代的发展，所以逐渐衰退下来，制作材料也被先进的塑料、帆布等代替。

皮囊有两种：一种称为"光面皮囊"（牛皮抛光）；另一种称为"毛面皮囊"（将牛皮磨起毛）。

二　皮囊是独特的手工技艺品

藏民们用皮革缝制出了各式各样的生活用具，有茶盐袋、糌粑袋、酒壶、服饰、面具等，其中皮制的各种餐具和碗套，最具特点，不仅美观耐用，而且具有浓郁的高原特色，在一些比较高档的皮具表面，还刻有吉祥八宝等各种装饰纹饰，这些涵盖了服饰、饮食、居家、节日娱乐等各个方面的皮革制品，充分展示了藏族人民独特的民俗风情，是研究西藏文化、生活、习俗变迁发展的重要历史见证。此外，皮囊也是新疆农牧民不可或缺的一种工具。

皮囊是哈萨克民族制作酸奶、酸奶疙瘩和酥油独特的唯一的手工技艺品,每个家庭,甚至每个人,既是"撒巴"的继承人,又是"撒巴"的传承人。这种群体性、历史性、自然性、时代性、奇特性不同于其他的手工技艺品。

第五节　少数民族的皮革文化

一　赫哲族的鱼皮服装

赫哲族是我国少数民族之一,生活在黑龙江的同江、佳木斯等地。此地物产丰富,素有:"棒打狍子瓢舀鱼,野鸡飞到饭锅里"的生动写照,以渔猎为生,冬天凿冰捕鱼,夏季临门张网。他们用鱼皮做时历、古玩。特别是他们的鱼皮服装制作技艺,是当今世界的唯一。赫哲族人用鱼皮做衣穿,制作方法为,鱼皮剥下后晒干,揉搓,用木槌捶,使皮变成像布一样柔软,再缝制成衣服,这是赫哲族人自古的做法。

鱼皮服装多用大马哈鱼皮制作,得用50多条20多斤的大马哈鱼皮,才能做一件上衣,耗时20多天。佳木斯所辖抚远县又素有"中国大马哈鱼之乡""中国鲟鳇鱼之乡"的美誉,鱼类资源丰富而独有。大马哈鱼和鲟鳇鱼的鱼皮本身就有一种自然美,具有天然的鱼鳞花纹,多种多样,凹凸不平,又浑然天成。构成的画面色彩斑斓,风格古朴粗犷,意境深沉幽远,非常具有立体感和动感,是任何其他材料不可替代的。正因为如此,鱼皮工艺品成为赫哲族独有的艺术品,成为中华民族文化的一块瑰宝,具有突出的地域性、民族性和不可替代性。

尽管近几年来赫哲族处于自然消失边缘,但鱼皮制作技艺还是得以传承下来。佳木斯市已初步形成了一支相对稳固的赫哲文化传承人群体,他们既继承了鱼皮制作的传统工艺,又在实践中使这一民间艺术得到创新和提高,目前已成为发展鱼皮文化产业的中坚力量。2008年在北京举行的中国非物质文化遗产传统技艺赛上,一位赫哲族妇女尤文凤表演了鱼皮小鞋的制作,鞋很小,不及拳头大,鞋底鞋面都是鱼皮的,很厚,很柔软。鞋的前脸捏了几十个均匀皱褶,十分精巧。她12岁跟母亲学艺,首都博物馆、中央民族大学博物馆,陈放着她母亲的鱼皮服遗作。50年过去了,尤文凤成为鱼皮服装技艺的唯一国家级传承人,日本、瑞士、加拿大等国家博物馆,都有她的鱼皮服装制品(见图7-41)。

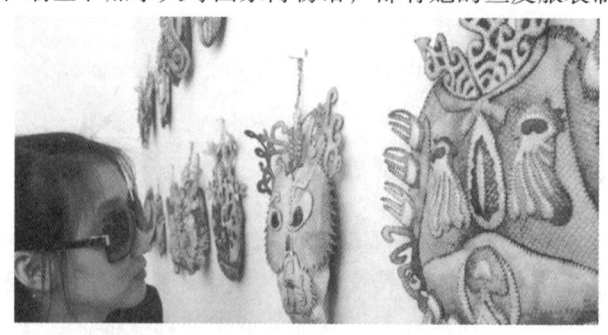

图7-41　佳木斯赫哲族鱼皮产业

二 鄂伦春族的狍皮文化

鄂伦春族人主要居住在大兴安岭山林地带,地势在海拔500—1500米,属高寒山区,全年平均气温在-20℃左右。莽莽兴安岭栖息着鹿、狍、犴、虎、豹、野猪、熊、狐狸、猞猁、水獭等野生动物,纵横交错的河流,生活着各种鱼类。优越的自然环境成了最好的天然猎场,为狩猎的鄂伦春人提供了丰富的衣食之源(见图7-42)。

图7-42 狩猎的鄂伦春人

在长期的游猎生活中,鄂伦春人独具匠心,创造了极富民族特色的狍皮服饰文化。狍皮不仅经久耐磨,而且防寒性能极好。不同季节的狍皮,可以制作各种不同的衣着。如秋冬两季的狍皮毛长而密,皮厚结实,防寒力强,适宜做冬装。夏季的狍皮毛质稀疏短小,适宜做春夏季的衣装。鄂伦春族的服装以袍式为主,主要有皮袍、皮袄、皮裤、皮套裤、皮靴、皮袜、皮手套、皮坎肩、狍头皮帽等,最具特色的是狍头皮帽,这种帽子几乎不离身。

皮袍:鄂伦春语叫"苏恩"。多以冬季猎获的狍子皮缝制而成,分为男、女皮袍两种。男皮袍稍短些,一般到膝盖,前后开衩。女皮袍较长,左右开衩,在袖口、衩口、下摆处都绣有花草和花纹。男子多系皮带,女子多系彩色的布腰带,中老年妇女一般系素色腰带。

狍皮帽:由于大兴安岭气候寒冷,鄂伦春人大部分时间要戴着狍头帽。这种狍头皮帽是用完整的狍子头皮制作而成。其方法是:将狍子头皮剥下、熟好,把眼圈的两个窟窿镶上黑皮子,再把两个耳朵割掉,用狍皮做两只假耳朵缝上,狍角照旧保留即可。这种帽子不仅保暖御寒,而且还是狩猎时的极好伪装。据说如果不换上两只假耳朵,猎人在远处就会误认为是真狍子而出现误伤,体现了鄂伦春族的聪明智慧。

皮被:鄂伦春语称为"乌拉",多由冬季的狍子皮制成,一种是用几张皮子缝合而成的,如同普通棉被。一种是筒状的,适宜进山狩猎时使用,御寒、便携。

三 纳西族羊皮披肩

纳西族是中国西南少数民族,聚居地分布于云南、四川和西藏交界处的丽江及其毗邻地区,云南省为纳西族主要分布省份。

纳西族妇女白天劳动,晚上在星星和月亮下做针线活。纳西族妇女穿的羊皮背心披肩,缀于羊皮上方的左右两个绣花大圆形盘,象征围绕着日月。下面一字横排的七个小圆形绣花盘,圆心各垂两根白色的羊皮飘带,代表北斗七星。因而得出羊皮披肩含有"披星戴月"之意，寓意纳西族妇女勤劳辛苦。其宗教用意是：愿日月星宿不分昼夜地陪伴着纳西妇女，保佑她们平安无事。一句话，羊皮上的日月七星成了纳西妇女的护身符（见图7-43）。

图7-43 纳西族羊皮披肩

第三章 皮影文化

皮影起源于西汉,发祥于陕西华县(古华州),成熟于唐宋,极盛于清代,在我国流传已有两千多年的历史,皮影在不同区域的长期演化过程中,形成了不同风格、各具特色的地方皮影。各地皮影的音乐唱腔风格与韵律都吸收了地方戏曲、曲艺、民歌小调、音乐体系的精华,从而形成了异彩纷呈的众多流派。皮影盛传我国整个封建社会,并广泛活跃在大江南北,对丰富广大人民群众的文化生活起到了极大的作用。2008年,北京皮影戏、河间皮影戏、岫岩皮影戏、盖州皮影戏、望奎县皮影戏、泰山皮影戏、济南皮影戏、湖南皮影戏、四川皮影戏、定陶县皮影戏、罗山皮影戏、河湟皮影戏入选第一批国家级非物质文化遗产名录扩展项目名录。

第一节 皮影的起源

皮影戏,古称影戏、灯影戏、皮猴戏。又称羊皮戏、影子戏、驴皮影、土影戏、牛皮娃娃、纸影戏,俗称人头戏等。是一种用灯光照射兽皮或纸板做成的人物剪影以表演故事的民间戏剧。表演时,艺人们在白色幕布后面,一边操纵戏曲人物,一边用当地流行的曲调唱述故事,同时配以打击乐器和弦乐,有浓厚的乡土气息。每逢年过节、喜庆丰收、祈福拜神、嫁娶宴客、添丁祝寿,都少不了搭台表演皮影戏(见图7-44)。

图7-44 皮影戏

相传两千多年前,汉武帝爱妃李夫人染疾故去,武帝思念心切神情恍惚,终日不理朝政。大臣李少翁一日出门,路遇孩童手拿布娃娃玩耍,影子倒映于地,栩栩如生。李少翁心中一动,用棉帛裁成李夫人影像,涂上色彩,并在手脚处装上木杆,入夜围方帷,张灯烛,恭请皇帝端坐帐中观看。武帝看罢龙颜大悦,就此爱不释手。这个载入《汉书》的爱情故事,被认为是皮影戏最早的渊源。后来流传到社会上,开始利用驴皮或牛皮制作皮影,形成了皮影文化,一直流传至今。

也有传说,早在战国时期,即公元前445年至公元前396年期间,孔子的得意门生子夏在孝义讲学，为吸引更多人听他的演说，曾在夜晚利用"影乐"的形式聚众讲学。由于子夏从师于孔子，也会"乐、琴"，以影乐形式设讲，寓教于乐，使"设教、乐琴、影乐"融为一体而成为"影、乐、教"的完善影戏形式。子夏讲学被当地人所喜爱，当地人学会了表演影乐的技法，随着时间的推移，影乐教的形式在当地变为影戏，这就是最早的孝义皮影戏，距今已有2400年的历史。

中国的皮影到宋代已为盛行，每逢节日，影戏台数甚多。到明代，北京一地的皮影班社达四五十家。据说，中国皮影艺术从13世纪元代起，随着军事远征和海陆交往，相继传入了暹罗（泰国）、缅甸、马来群岛、波斯（伊朗）、土耳其、日本等国。18世纪中叶开始传到欧洲英、法、德、意、俄等各国。据记载，1767年，法国传教士把中国皮影戏带回法国，并在巴黎、马赛演出，被称为"中国灯影"，曾轰动一时。后经法国人改造，成为"法兰西灯影"。从世界范围看，从18世纪的歌德到后来的卓别林等世界艺术界名人，对中国的皮影戏艺术都曾给予高度评价。可以说皮影戏是我国历史悠久、流传很广的一种民间艺术。

在农耕文化的时代，作为皮革文化的皮影戏不但在民间流传很广泛，对活跃广大人民群众的文化生活起到极大作用，而且在当今河北、陕西、河南、辽宁等地还仍活跃着。

第二节　皮影的分布

皮影分布于全国各地，其中陕西、甘肃、河北、北京、山西、辽宁、四川、湖北、山东、青海、宁夏等为重点地区。

由于皮影戏在我国流传地域广阔，在不同区域的长期演化过程中，形成了不同流派，常见的有陕西皮影、北京皮影、唐山皮影、山东皮影、山西皮影、湖北皮影、湖南皮影、青海皮影、宁夏皮影、四川皮影以及川北皮影、陈龙皮影等，各具特色。

在秦、晋、豫的各路皮影流派中，有弦板腔、阿宫腔、碗碗腔、老腔、秦腔、南北道情、安康越调、商路道情、吹腔等十多种，曲牌甚多。演唱时，还常用和声接腔、帮腔和鼻哼余韵的唱法，拖腔婉转悠扬，非常动听。

河北、北京、东北、山东的各路皮影唱腔，虽同源于冀东滦州的乐亭影调，但各自的唱腔分别在京剧、落子、大鼓、梆子和民间歌调的滋润之下，又形成了不同的流派。流畅的平调、华丽的花调、凄哀的悲调不一而足。而其中唐滦地区的掐嗓唱法十分独特。

其他如湖南、湖北、江浙、福建各地，皮影戏音乐及唱腔也都带有本地特色。

第三节　皮影的制作方法

皮影的制作较为复杂，从选皮到影人成形上戏，有许多工艺技巧。传统的制作工序可分为选皮、制皮、画稿、过稿、镂刻、敷彩、发汗熨平、缀结合成等8个基本步骤。主要有制皮、设计、雕镂、着色等工序。

制作皮影一般用驴、牛皮，其炮制方法有两种：一是"净皮"，另一是"灰皮"。净皮的制作工艺是在驴、牛皮选好后，放在洁净的凉水里浸泡两三天（根据气温、皮和水的具体情况掌握），再取出用刀刮制：用木制的架子绷紧皮，用特制的圆形刀刮掉皮里上的肉，反复刮，皮越来越薄。第一道工序先刮去毛，第二次再刮去里皮的肉渣，第三次是逐渐刮薄，刮去里皮。每刮一次用清水浸泡一次，直到第四次精致细作，把皮刮薄铿明透亮才开始阴干。刮时一定要注意使皮子厚薄均匀，手劲要轻而稳，以免损伤皮子。刮好后撑于木架之上，阴干即成。

雕刻艺人将刮好的驴、牛皮分解成块，用湿布潮软后，再用特制的推板，稍加油汁逐次推摩，使驴、牛皮更加平展光滑，并能解除皮质的收缩性，然后才能描图样。画稿前对成品皮的合理使用，也是一项细致的工作。薄而透亮的成品皮，要用于头、胸、腹这些显要部位；较厚而色暗的成品皮，可用于腿部和其他一般道具上。这样既可节约原料，又可提高皮影质量，同时也使皮影人物形成上轻下重，在挑签表演和静置靠站时安稳、趁手。描图样是用钢针笔把各部件的轮廓和设计图案纹样分别拷贝、描绘在皮面上，这叫"过稿"，再把皮子放在枣木或梨木板上进行刻制。

制作影人时不是用笔画影人，而是用针划、刀刻出轮廓。影人着色，用天然颜料。在制作中三分刻制，七分涂染色。经雕镂、着色而成的各种形象，专供皮影戏表演时使用的民间艺术品，又称皮影人。

影戏中人物，公正者雕以正貌，奸邪者刻以妞形。艺人们将各种人物的图谱描绘在上面，用各种型号的刀具刻凿后，再涂抹上颜色。雕刻时，一般都用阳刻，有时也用阴刻。绘画染色讲究女性发饰及衣饰多以花、草、云、凤等纹样为图案，男性则用龙、虎、水、云等纹样为图案。忠良人物为五分面，反面人物为七分面。人物造型与戏剧人物一样，角色齐全。制成的皮影高的达55厘米，低的有10厘米左右。皮影人的四肢和头部是分别雕成的，用线连缀而成，以便表演时活动自如。

艺人以刀代笔，以皮代纸，进行雕镂。雕镂的技法有两种，一是透雕，即在皮革上雕出实线（阳线），类似国画中的白描；另一是半透雕，即在皮革上雕出阴纹，组成形象。皮影的人物形象不追求真实和准确，而是服从于表演的需要。皮影人约高30厘米，多为侧面形象，上窄下宽，呈喇叭状，外轮廓线条简洁平滑而流畅。头部占人体的1/5，便于集中刻画五官和头饰，以突出人物的性格，有利于观众在远距离欣赏。如小生等人物形象，俏丽、英俊，多以实线（阳线）形成脸部轮廓线，其余全部镂空，在灯光下黑白分明。武将等人物性格豪爽、勇猛，粗大的眉毛和圆睁的双眼约占脸部的1/3。皮影的色彩以饱和的红、绿、黑、青等三四种纯色为主，加上镂空处映在屏幕上的白色和没有着色的皮革处的黄色，既简单又丰富，既有强烈的对比又和谐统一，具有浓厚的装饰趣味。女子多穿红衣，男子多穿绿衣，老人多穿黑衣，以表示人物的不同身份、性格。着色时以平涂为主，突出大面积的艺术效果。有时在颜色中加入水，以形成色彩浓淡不同的对比。在同一颜色之间，必须以不同的颜色间隔，称为隔色，形成色彩对比中的韵律感。在灯光照映和艺人的操纵下，雕镂精巧、着色绚丽的皮影得以大幅度夸张。

雕刻刀具艺人们十分讲究，一般都有十一二把，多的达三十把以上，只从刀具的制磨就可看出艺人的技巧深浅。刀具有宽窄不同的斜口刀、平刀、圆刀、三角刀（老婆脚刀）、花口刀等，分工很讲究，要求熟练各种刀具的不同使用方法。根据传统经验，在刻制线状的纹样时要用平刀去扎，在刻制直线条的纹样时要用平刀去推，对于传统服饰的袖头祆边的圆形花纹则需要凿刀去凿，一些曲折多变的花纹图样则须用尖刀（即斜角刀）

刻制。艺人雕刻的口诀如下：樱花平刀扎，万字平刀推，袖头袄边凿刀上，花朵尖刀刻。

皮影人物是影戏主体，它的结构是颇具巧思的。为了动作灵活无碍，一个完整皮影人物的形体，从头到脚通常有头颅、胸、腹、双腿、双臂、双肘、双手，共计11个部件。头部——包括颜面、帽、须及颈部，下端为楔子，演出时插入胸上部的卡口内，不用时则卸下保管。胸部——上部装置卡口，以备插皮影人头用。与胸上侧同点相钉结的有两臂，各分为打下臂两节，小臂下有手相连。

腹部——腹上与胸相连，腹下与双腿相连，腿部与足为一个整体，其中包括靴鞋在内。皮影人物各个关节部分都要刻出轮盘式的枢纽，叫作"花轮"或"空花"，老艺人则称"骨缝"，以避免肢体叠合处出现过多重影。连接骨缝的点叫"骨眼"，骨眼的选定关系到影人的造型美感，选择恰当会有精神抖擞之相，反之则显得佝偻垂死，萎靡不振。选好骨眼后，用牛皮刻成的枢钉或细牛皮条搓成的线缀结合成，11个主要部件就这样装成了一个完整的皮影人。

为了表演的需要，还要装置三根竹棍作操纵杆，也就是"签子"。文场人物在胸部的上前部装置一根签子，铁丝连接之，使影人能反转活动，再给双手处各装置一根签子，便于双手舞动。而武场人物胸部签子的装置位置在胸后上部（即后肩上部），以便于武打，使皮影人能做出跑、立、坐、卧、躺、滚、爬、打等动作。

一个皮影人用竹棍操纵，艺人手指灵活，常常玩得观众眼花缭乱。不仅手上功夫绝妙高超，嘴上还要说、念、打、唱，脚下还要制动锣鼓。演皮影的屏幕，是用一块1平方米大小的白纱布做成的。白纱布经过鱼油打磨后，变得挺括透亮。演出时，皮影紧贴屏幕活动，人影和五彩缤纷的颜色真切动人。

皮影以驴皮制作为最好，驴皮经刮磨，透影性强，着色后不易串色，也不褪色，所以演出效果好。

据《东京梦华录》记载，北宋时，汴京（今河南开封）坊巷口多设有影戏棚子，其皮影初以素纸雕镂，后又以羊皮雕形，用彩色妆饰不致损坏。

南宋时，有的皮影以牛皮为原料。到明清时期，民间皮影戏兴盛，是民间艺术与戏曲巧妙结合的一种特殊的文化艺术。由于流行区域、演唱、曲调和剪影原料的不同而不同，分许多类别和剧种。

皮影戏的演出，有历史演义戏、民间传说戏、武侠公案戏、爱情故事戏、神话寓言戏、时装现代戏等，无所不有。折子戏、单本戏和连本戏的剧目繁多，数不胜数。常见的传统剧目有白蛇传、拾玉镯、西厢记、秦香莲、牛郎织女、杨家将、岳飞传、水浒传、三国演义、西游记、图案福禄寿、五子夺魁、魁星点斗、麒麟送子、八仙庆寿、含嫣梳妆、封神榜，等等。从革命战争年代起到新中国成立后，新发展出的时装戏、现代戏和童话寓言剧，常见的剧目有《兄妹开荒》《白毛女》《刘胡兰》《小二黑结婚》《小女婿》《林海雪原》《红灯记》《龟与鹤》《两朋友》《东郭先生》等。

第四章 老字号

皮革制品从远古时代开始，就与人类的生活息息相关，在漫长的发展过程中，一些皮革制品在人们的心目中留下极其深刻的印象，这些产品做工精湛，质量上乘，具有传统特色，以品种、信誉和悠久的企业文化吸引消费者。经营这些名牌产品的店铺，服务热情周到，得到广大消费者极高的认可，形成了口碑相传的一批老字号。

一 北京内联升鞋店

旧北京曾有"头戴马聚源，身穿瑞蚨祥，脚蹬内联升，腰缠四大恒"的顺口溜。戴马聚源帽店的帽子，显示最尊贵；用瑞蚨祥的绸布做的衣服，穿在身上最光彩；脚蹬一双内联升靴鞋店的靴鞋，最荣耀；腰中缠着四大恒字号钱庄的银钱票，最富有。从这个顺口溜中，可以知道马聚源、瑞蚨祥、内联升和四大恒是过去北京最著名的店铺。

北京老字号内联升鞋店创办于1853年（清咸丰三年），创始人赵廷系天津武清县人，他从十几岁开始，就在东四牌楼一家靴鞋店学徒。由于为人聪明，又能吃苦耐劳，所以在三年多的学徒期间，学得一手好活计。出师后得到当时清朝一个官员的帮助，他筹资白银万两，在崇文门内东江米巷（东交民巷）开办了内联升靴鞋店，取名内联升，内指"大内"清政府，意即穿了我店的靴子就可连升三级。当时迷信的人多，愿意听到吉祥之词，内联升这个字号很迎合这些当官人的心理（见图7-45）。

图7-45 内联升鞋店

内联升在清代主要经营贵族官吏穿的朝靴。一般小官都要自己去鞋店定做，大官则要由店内去人量尺寸。他将清朝做过鞋的官员的年龄、住址、鞋尺寸登记，称之为"履中备载"。

清光绪二十六年（1900），八国联军侵略中国，攻进北京城。帝国主义侵略者在北京烧杀抢掠无恶不作，内联升店铺全部毁于战火。俟侵略军撤出北京后，内联升在灯市口以西的乃兹府新址重新开业。但是在清王朝内忧外患、社会动荡不安时，内联升仍无法重整旗鼓。在乃兹府刚站住脚，营业稍有好转时，又值中华民国元年（1912年）袁世凯制造兵变，到处烧杀抢夺，内联升又其灾，店铺经理赵廷气愤而死。其子赵云书接手营业，把店铺迁至前门外廊房头，并在北火扇另立制鞋作坊。清王朝覆灭后，穿朝靴的人不多了。继之兴起的是小圆口千层底缎子鞋和小圆口千层底礼服呢鞋。这种鞋底子薄，轻便秀气。从政的、为商的都可穿。内联升做的小圆口千层底鞋，鞋面、鞋里和底子布都选用新料和好料，做工精细，因此，深受顾客的欢迎。到1943年，赵云书去世，其子赵佩杉成为第三代掌门人。

赵佩杉在内联升走下坡路时接手营业，勉强度过了难熬的抗日战争的后期和国民党的统治时期，惨淡经营了几年，至1949年北平和平解放，直到公私合营后，店铺才第三次迁到大栅栏内原达仁堂药店的旧址。

新中国成立后，内联升有了很大发展，职工从过去的50多人增加到300来人，每年生产近十万双布鞋，十多万双各式皮鞋。既保留了劳动大众喜爱的千层底布鞋老传统产品，又因穿皮鞋的人逐年增多，增添了大量各式男女新式皮鞋等新产品。内联升的中兴，适应了社会各方面的需要。

1988年，内联升重建了营业楼，但外观仍保持了清代的建筑风格，黄瓦红柱，描金彩绘，金碧辉煌，古色古香。

党和国家领导人毛泽东、周恩来、朱德、郭沫若等生前最喜欢穿千层底布鞋。

现在内联升一、二楼的金字牌匾分别由老将军张爱萍和大文学家郭沫若所题。

二　沈阳内金升鞋店

内金升在老沈阳四平街（中街路北沈河区中央路），中华民国三年（1914年）由康豫州、王中和、何焕庭之母何老太太、梁品三四人合资始建。建店伊始资金有三种股东：一是集体股，是当时的大兴峻鞋店；二是个人股；三是人身股。共集资银元1.4万元。店铺租用四平街徐某五间门市房，开办鞋店，前店后厂，从业人员近40人。取名内金升，意是"店内生金""鞋里生金"之意。产品注册商标是"金鼎牌"。股东康豫州是河北昌黎人，精明强干，又是鞋业行家里手，他主张树立信誉，开始时做布鞋，严把材料和质量关。首先是精选原料，在制作过程中各道工序都有严格要求。纳鞋底规定每斜方寸49针，即每寸7针，每行7针。绱鞋规定每寸针码三针半。

内金升鞋店铭言是："货真价实、言无二价、保质保修、保退保换、童叟无欺。"

内金升鞋店严守"买卖不成仁义在"的生意经。并要求营业人员对顾客要"来必迎，去必送"。同时店内还准备烟茶，待顾客如宾朋。为此，内金升一开店就因工艺精，质量好，服务好，不胫而走，迎来第一个兴盛期。

1928年康老板病故，由二老板王中和接任经理，他随商界访问日本，大开眼界，受益匪浅。回来后扩大生产规模，建一栋三层楼店。开业后以"挂彩"办法招揽顾客，非常火爆，经久不衰。此后又提出"包退、包换、包修"的三包策略，得到社会的青睐，这是内金升的第二个兴盛期。

内金升的名声日增月长，中华民国二十三年（1934），日本军国主义推出溥仪为伪满洲国皇帝,在筹备登基典礼前,由溥义的老师和热河督统阚朝玺二人,到内金升为皇帝、朝臣赶制皇靴一双、朝靴一百双。制成后派柜台负责人侯树业专程送往新京(长春)。此消息不翼而飞,从此顾客络绎不绝,这是内金升第三个兴盛期。

内金升因很兴旺,招来官吏敲诈勒索,对那些有权有势之人搪塞不暇,致使鞋店难以招架。另外还招土匪抢劫,1940年夏某一日晚七时,正当结账之时,突然闯进数名土匪,向老板借钱,其实就是抢,将当天全部货款劫走,并劫走王老板至小北门外荒野无人之处放回。

1940年以后,日本军国主义为了扩大侵略战争,加紧对物资控制。特别是军用物资,肆意以"国事犯""经济犯"等罪名,动辄抓人。鞋业所用几种原料虽不属军用物资,但也在控制之列。所以生意艰难,因此只好关门停业,店铺转兑给钟子敬。

日本投降后,王中和、梁品三等人重操旧业,在中街鼓楼拐角处又恢复了内金升鞋店。与此同时,钟子敬利用内金升招牌也成立一处"内金升鞋店"。两个内金升鞋店,近在咫尺,促成冲突,最后经官,法院裁决:王中和的鞋店叫"老内金升鞋店",商标为"金鼎牌";钟子敬的鞋店叫"新记内金升鞋店",商标为"宝鼎牌"。老内金升有工人56人,凭着昔日信誉,开始时经营较佳。后因社会动乱,不久就衰落了。1948年沈阳解放,老内金升才获得新生。

1952年"三反""五反"运动时,内金升因偷税、漏税被罚,出现巨大亏损,因而停业。1953年,周心泉、孙荣久等六人集资1500元,在老内金升旧址再次用"内金升"字号建成鞋店。

1956年公私合营时,周兴权等人以3600元的股金参加合营。合营后,为保持老字号,公方派程敦隆为经理。程到任后从各方调来数十名技艺较高的制鞋能手,建车间投入生产,从此具有社会主义性质的新型内金升鞋店诞生了。1957年,为了挖掘鞋帽工艺,与润记帽店合并,改为"内金升润记鞋帽店",职工达到120人。程敦隆调走后,魏培良接任经理,为加强党对商店的领导,成立了党支部,并积极扩大生产,产品由原来的30多种增加到50多种。

"文化大革命"前,内金升鞋帽店改为"红星鞋帽商店","文化大革命"期间又改为"中街鞋帽店",直到1980年才又恢复了"内金升鞋帽商店"的字号。内金升生产的牛皮圆口鞋,曾获1980年沈阳市名牌产品证书。1985年创利税达39万元。后又迁到东风商店内(也叫军人商店),位置在中街西头。2009年因中街扩建,内金升迁到沈阳故宫附近租房办公。

三 青岛孚德鞋店

青岛孚德鞋店始建于1933年,旧址在青岛市安徽路31号,字号为"孚德鞋店——秀记"。孚德鞋店是由衣中秀出面集资开办的民族企业(见图7-46—图7-48)。

开业之初,资本1000银元,人员总共4人,总面积44平方米,以修补旧鞋为主,捎带加工男女童鞋,采取前店后厂式经营方式。

1934年,孚德鞋店在经营上大胆开拓创新,将以修为主改为以做为主,定做加工各式男女皮鞋及童鞋。由于讲究信用、保证质量、交货及时、一包到底的经营方针和逐渐形成的款式新颖、楦型独特、穿着舒适、耐穿耐用的风格,孚德皮鞋脱颖而出,消费群体逐

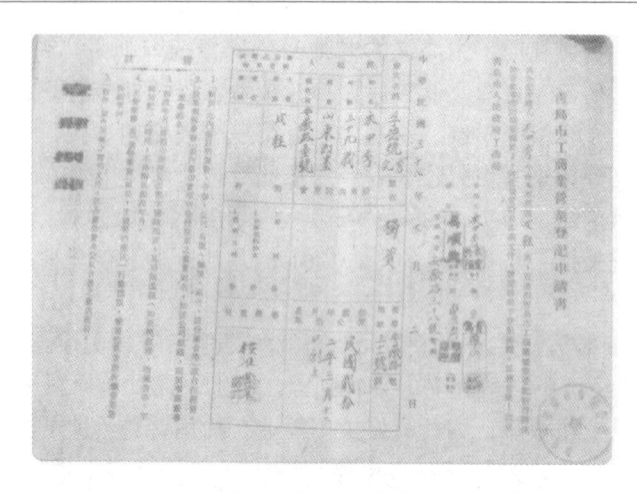

图 7-46　解放前孚德的工商营业登记申请书

图 7-47　中华第字号

图 7-48　孚德鞋店秀记

渐以大中学校的教师、学生、医务人员、职员、资本家以及住在青岛的日本、苏联等外国人为主，顾客盈门，络绎不绝。

1938 年，在日本侵略军的铁蹄下，市场混乱，鞋店艰难坚持。这一年改变产品结构，停做男鞋，专营女鞋。

1945 年抗日战争胜利，孚德鞋店经营状况始见好转，当年生产就恢复到抗日战争前的水平。

1946年，孚德鞋店追加投资，在平源路新购面积为24平方米厂房一处，年产量与历史最高水平的1935年相比，增长了1倍，达4500余双，资本比1933年开业时增长1倍，店员达27人。

1949年6月，青岛解放，鞋店经营高档皮鞋，内优外秀价高一等，主顾多是社会上流人士。鞋店为顺应历史潮流，重新确定了企业的经营思路，制定了面向产业工人的经营方针和产品物美价廉的奋斗目标。经过调整，此后两年，生产稳步发展，在全市同行业纳税率最高，对国民经济的恢复，做出了贡献。

1956年1月，经上级批准，孚德鞋店实现公私合营，成为半社会主义性质的企业，鉴于孚德女鞋的卓著声誉、独特的风格以及鞋店多年来诚实信用的经营方针，上级决定保留"孚德"的名称，正式成立孚德靴鞋厂。孚德皮鞋创始人衣中秀任厂长。经营方式为量脚划样定做皮鞋。11月工厂迁入中山路新厂房，生产面积增加到120平方米，年底有职工24人。

1957年，年产量5930双，并呈现继续增长的势头。"大跃进"结束后，根据市场的产供销形势，调整了产品结构，专门经营女鞋，由量脚定做的单一经营改为批量生产为主、量脚定做为辅的多层次经营，生产大有起色。

1966年起，产品进入国际市场，开始向中国香港地区出口童鞋，并逐步将业务扩大到美国、联邦德国等发达国家，截止到1977年，累计出口188471双，产品受到国外人士的好评，为国家争得了荣誉。

1978年，孚德半高跟女鞋以用料考究、做工精细、楦型独特、穿着舒适、货真价实，畅销全国。同年被山东省二轻厅命名为优质名牌产品。此后顾客蜂拥而来，门庭若市，供不应求。

1980年，"孚德"牌女鞋被命名为"轻工业部优质产品"，并一直保持了这一荣誉。

随着生产规模的逐步扩大，厂房不足的矛盾日益尖锐，经二轻局、皮革公司内部调整，1978年、1980年先后迁入馆陶路、北京路两处新厂房。

1982年为使产品始终处于领先地位畅销不衰，成立了科研小组，负责新产品试制及新技术的试验推广，科研先行使企业保持强有力的竞争和应变能力，立于不败之地。

1983年，按照现代化生产的要求，建立起门类齐全具有权威的经营管理机构，保证了生产及各项工作按计划有步骤地进行。

1984年8月，为扩大名牌优质产品的生产规模，经上级批准，孚德将地处延安三路212号的市南钟表壳厂、汽车修配厂并入，并在此兴建新厂房1.2万平方米，于1986年12月交付使用。1986年12月孚德搬到延安三路212号，为孚德做强做大奠定了基础。

20世纪80年代末至90年代初，企业管理逐渐走向标准化、制度化和规范化，产品适销对路，企业经济效益和知名度迅猛增长，达到了辉煌程度。

90年代初期，为进一步扩大品牌优势，提高品牌效应，分别与中国台湾高伸实业有限公司、金士顿鞋业有限公司合资，成立青岛孚高鞋业有限公司、青岛孚士顿鞋业有限公司，并控股，生产高档男女皮鞋，其男鞋全部出口。

1992年9月，青岛市经委为扩大名牌产品优势，将青岛皮鞋一厂、青岛皮鞋材料厂整建制地划归青岛孚德靴鞋厂，组建青岛孚德皮鞋总厂。

1994年6月，孚德经过近两年来的企业内部调整和兴办第三产业，已成为一个具有多种经济成分、多种经营形式的多元化经营型的经济实体。为适应发展的需要，经上级批准更名为青岛孚德实业总公司。

1996年11月，经上级批准更名为青岛孚德鞋业总公司。

1997年10月，正式规模性地开发和生产"孚德"牌内销男鞋。

1997年12月，与青岛金羊鞋业强强联合，成立了金孚集团。集团成立后，孚德和金羊仍各自独立核算，自负盈亏。

2000年12月孚德进行了改制，改制后公司注册资本1178万元。股本结构：二轻总公司代表国有持股401万股，占34.04%，企业集体股199万股，占16.89%，职工持股554万股，占47.03%，三个自然人24万股，占2.04%。改制后，新的经营管理体制为企业注入了新的活力，企业的知名度、美誉度得到了空前提升，经济效益连年递增。

四 武汉茂记皮鞋厂

武汉茂记皮鞋厂创始于1912年，由李姓浙江人创办。开始是以经营皮具、箱包为主，其地址在武汉市中山大道车站路路口。20世纪30年代，新式皮鞋已进入上、中层生活水平的家庭，给皮鞋业带来广阔的销路。茂记老板开始由经营皮件转为生产经营皮鞋和皮靴，开办了专卖店。茂记皮鞋以用料考究、做工精细、式样新颖、质量上乘、穿着舒适、经久耐用而著名。

1956—1958年公私合营时，茂记皮鞋与7家小皮鞋作坊合并，其中包括修成记等皮鞋店，组建成立了公私合营泰记新皮革制品厂，归口市鞋帽公司。

1959—1965年改名为公私合营茂记皮鞋厂，1965年，划归武汉皮革工业公司。1966—1971年改为国营文革皮鞋厂，1971年归口手工业局。1978年改为国营茂记皮鞋厂，归口武汉皮革工业公司。茂记皮鞋厂通过公私合营、国营等合并、改造升级后，生产规模逐渐扩大。自1956年至1978年这22年中，茂记皮鞋的产量维持在年5万—8万双。70年代初，开发了模压制鞋工艺，产量有了较大的提高，到了20世纪70年代后期，年产皮鞋30多万双，其中线缝皮鞋为3万—4万双。

1981年，武汉市二轻局决定将江华家具板箱合作工厂并入茂记皮鞋厂，实行国营与集体合营。厂址设于新华路取水楼，占地面积9836平方米。次年底，成立专产线缝皮鞋车间。1980年后，工厂实行联产承包，企业生产规模和经济效益稳步增长。年产皮鞋35万—40万双。到1985年底，有职工483人，年产线缝皮鞋3.66万双，较1980年增长1.67倍。

1983年、1988年，茂记皮鞋厂生产的"双五（55）"牌线缝小方头男式皮鞋先后两次获得国家优质产品银质奖。

1990年，茂记皮鞋厂经全面整顿、考核验收，被授予"省级先进企业"称号。同年"茂记"皮鞋获得第一届"汉货精品"奖；1991年"茂记"皮鞋获得第二届"汉货精品"奖；1993年"茂记"皮鞋获得第三届"汉货精品"奖。

1994年，茂记皮鞋厂更名为武汉茂记精品制造公司，归口武汉皮革工业公司。同年，武汉茂记精品制造公司成为湖北省唯一首批佩挂"真皮标志"的皮鞋生产企业，"茂记"牌男式牛软面皮鞋获第五届亚太国际博览会银奖，"茂记"牌男式皮鞋获"受消费者欢迎的最佳产品"称号。

1995 年,"茂记"皮鞋获得第四届"汉货精品"奖;同年"茂记"牌系列皮鞋获省政府首届工业产品展销金奖。1996 年,"茂记"牌系列皮鞋获湖北省消费品精品展金奖。1997—1998 年,通过集团公司的运作,茂记品牌的形象、知名度、生产规模以及市场占有份额较以前均有较大的提升。1998 年,"茂记"皮鞋获得武汉市政府授予的"武汉名牌"荣誉称号。

1999 年,根据武汉市委、市政府提出的"名牌发展战略"的部署和要求,更名为"武汉茂记集团有限公司",并将原来武汉第二皮鞋厂、第三皮鞋厂的专业技术人员、管理人员、生产骨干充实到武汉茂记精品制造公司,以期举集团之力促进"茂记"品牌的发展。

但由于茂记皮鞋厂自身受国有体制深层次矛盾的制约和束缚,以及受市场和资金的双重挤压,加上科技投入不足、设备陈旧老化、产品更新慢、管理不到位等诸多方面的原因,从 1999 年下半年开始,经营出现困难,产销量逐步下降并开始亏损。2000 年企业陷入困境,茂记品牌的皮鞋产品淡出市场,茂记不再辉煌。

2000 年武汉茂记精品制造公司,被武汉市政府列入全市 108 户按"武政办(2000)102 号"文件进行国企改制的名单。2003 年底,武汉茂记精品制造公司按照市政府的要求,完成了国企改制任务。企业内的国有资产全部退出,所有的国有职工身份改变,与老企业解除劳动关系,企业按照改制政策给予经济补偿。改制后,由 100 多名职工以经济补偿金作为投资股本重新注册成立了"武汉茂记鞋业有限责任公司"(即私营股份合作企业)。

2004 年改制后的武汉茂记鞋业有限责任公司为发展生产,由社会自然人武汉黄陂籍人士吴振林先生注资 248 万元,持有武汉茂记鞋业有限责任公司的 51% 股份,对武汉茂记鞋业有限责任公司控股经营,试图再创辉煌。企业运行 1 年后,因多种原因,仍然没有起色。2006 年初,控股经营者吴振林以股权转让的方式,对参与组建武汉茂记鞋业有限责任公司的原茂记职工所持的全部股权进行了收购,其隶属关系也归口到企业所在地——武汉市江汉区北湖街办事处管辖。至此,茂记皮鞋全面停产。其生产场地也已改作他用。

五 天津老美华鞋店

老美华鞋店坐落在天津市繁华的商业区,始创于 1911 年(见图 7 - 49)。老美华鞋店的创始人叫庞鹤年,是天津市宜兴埠人,他早年间经营一些小生意,有了一些本钱,再加上父辈的有力支持,就决定到当时繁华的南市一带寻找商业机会。精明干练的他考虑再三,决定选址在南市口,他发现南市口有一处非常明显的三层店铺,店铺近 30 平方米,在当时来讲可谓黄金铺位,四通八达,从东马路,和平路,荣吉街,海拉尔道四面都能看到这个店,当时便给了店主一个金元宝,作为定金,三天后就买下了这个店铺。至于为什么店名叫老美华,据该店一位年长的老员工讲述,关于此店店名的由来,还有一个颇为感人的故事。当时庞鹤年决定出资买下南市的店铺时,得到了父亲的出资帮助,他父亲对自己的出资入股只要求一个回报,就是希望庞鹤年要负责将他的姑姑庞美华养老送终。那时在天津有这样一个习俗,将过了 25 岁还没有出嫁出门的女孩叫老姑娘。在当时社会里,父母过世后老姑娘由谁养着的确是个问题。庞鹤年当时没有犹豫,直接答应了父亲的要求。因为他觉得这是对父亲入股的唯一回报,再说赡养自己的亲姑姑,即使父亲不说自己

图7-49 天津老美华鞋店

也有义务尽孝。于是，为了表明自己的态度，他干脆就把店名定为"老美华"。店名确定后，庞鹤年决定专为小脚妇女服务。很多人觉得这样的经营理念比较独到，因为在当时的市场上，有经营皮鞋的"沙船"品牌，有经营布鞋的"德华馨"品牌，还有以经营缎面鞋闻名的"金九霞"品牌，唯独没有为缠足妇女经营小脚鞋的鞋店，所以他将产品定位于为缠足妇女所穿的坤鞋、缎鞋、绣花鞋及缠足鞋，并且获得了很大的成功。

新店开张，他对招进的学徒伙计要求很是严格。旧时的老美华店铺一进门就有太师椅和茶几，顾客到了先由小伙计招呼进来，入座后马上为客人沏茶倒水，如果来的是男客人，那无论岁数多大多小，都得一律称为"爷"，要是女的呢，上了岁数的一律称为"太太"，岁数小一点的称为"小姐"。不论是给客人看样鞋还是把做好的鞋递给客人都很讲究，伙计要手拿着鞋尖，让鞋口冲着客人，这样客人接过鞋以后，不用再倒手把鞋转个个。其次要弯腰递鞋，让客人接过鞋以后自己顺手就能穿上。同时手里的掸子不能闲着，得帮客人掸裤脚，末了还得帮提鞋。在店里最忌讳跟客人说"没有"，必须想尽一切办法把产品推销出去让客人满意，若是客人有特殊需要，也可以专门定做，有时候还要送鞋上门。

新中国成立后，政府已经不允许裹足了。老美华该如何发展呢？当时在老美华店铺周围有不少娱乐场所，如戏院、舞台、燕乐、中华曲苑等。老美华就抓住时机瞄准了这些服务对象，定期上门量尺寸定做鞋，并且送货上门。那时候娱乐场所的小姐对绣花鞋的样式、绣花和配色要求很高，老美华的学徒们因此也练得不错的手艺。他们所制作的鞋子用料考究、工艺精湛、成品美观，受到广大客户群体的称赞。

"老美华"是近百年的中华老字号商店，是全国专门经营传统布鞋、皮鞋、中老年鞋的专营商店。所生产的"老美华"牌鞋，荣获"天津市著名商标"。老美华产品有十大系列：传统鞋、时尚鞋、休闲鞋、功夫鞋等四百余种各种花色品种，生产质量均达到和超过ZBY78001—6部颁标准。2000年天津市和平路开街后，增添了中老年服饰、皮具以及华服等，深得各界人士喜爱。全国文联副主席冯骥才为本店题词"老美华走遍天下"。随着时代的进步和历史变迁，老美华鞋店也在产品内容上进行了丰富，在政府的支持下，近年来取得了长足的发展，在天津的金街上就有四个直营店，专营中老年穿着舒适的布鞋、皮鞋、服饰等。在全国已有近百个加盟店、店中店、专柜。

第五章 皮革博物馆

随着皮革行业的蓬勃发展,从20世纪末期开始,皮革行业企业及个人建设了一批反映皮革行业发展历史的博物馆,以大量的实物和照片,展示了远古、商周、秦汉三国、唐宋明清、中华民国和新中国成立后等各个时期的形态各异、令人称奇、兴趣盎然的鞋履和皮革制品,使人们能直观了解我国不同时期皮革行业的状况。

一 应大皮衣博物馆

应大皮衣博物馆是天津应大皮装有限公司于2007年1月17日成立,位于天津市空港物流园区,是国家级的AAA景区及天津市工业旅游示范景点。应大皮衣博物馆,由序言厅、中国厅、世界厅和应大厅组成。展厅建筑面积1500平方米,是现代化智能型博物馆。博物馆力求为不同年龄层的人们交叉展示历史纵深大、时空跨度大的皮衣专业内容。皮衣博物馆馆藏220余件,从中国到欧洲,从古典到现代,皮衣制造工具与皮料的收藏无不体现皮衣渊源的发展历程。皮装交易市场的蜡像重现仿佛又把人们带到中世纪的乡村市场。形形色色的馆藏就像一本教科书,让我们充分了解了皮衣的演变历程。同时博物馆也展现了应大10多年的发展历程。皮衣博物馆是中国皮衣技术、设计、工艺、设备进步的缩影,它将成为皮衣文化的展示中心,皮革服饰研究专业人士的资料中心,服装设计师创作灵感的源泉的专业皮革类博物馆,同时也将成为消费者及皮衣爱好者了解学习皮衣知识文化的科普园地。

二 辛集皮革博物馆

辛集皮革博物馆始建于1999年,建筑面积650平方米,是国内第一家展示制革业发展史、皮革制作工艺和皮革精品的展馆。博物馆由文字图片为主的展厅和皮革精品室两部分组成,内有实物展品200余件,展牌20余块,图片资料50多张。皮革精品室会集了皮装、羊绒、裘服、尼(夹)克服、皮具、革皮六大类数十个品种的精品,设计新颖、做工精细,展示出中国皮革皮衣之都辛集的整体实力和水平。

三 红蜻蜓鞋科技博物馆

红蜻蜓集团2005年投资1000多万元筹建鞋科技博物馆。鞋科技博物馆位于永嘉瓯北在建的红蜻蜓运动皮鞋研发生产基地,占地1500平方米,于2009年底对外开放。红蜻蜓鞋科技博物馆收集到各类图片及实物近300件。

鞋科技博物馆突出展示具有历史特色的鞋类及制鞋工具和材料的演变;各种功能鞋、专利鞋及高科技鞋;追溯制鞋行业的发展历程,演示未来鞋科技的发展趋势等。

四　天津华夏鞋文化博物馆

由津门百年老字号老美华投资兴建的鞋文化专题博物馆——华夏鞋文化博物馆于2010年5月18日正式亮相，接待国内外参观者。有千余件有关鞋的展品，诉说着华夏鞋履发展历史。

华夏鞋文化博物馆坐落于津城古文化街。该馆现场展示面积近千平方米，展示内容有鞋发展史、鞋履民俗、民间鞋品、三寸金莲、精品特展、制鞋技艺、场景复原等七个部分，包含60多个有关鞋的专题。博物馆向人们展示了各个历史时期的鞋履样品，既有古代遗存物，也有后期仿制品。在民间鞋品、鞋履民俗、精品特展等部分，展示的平安福鞋、大禹石履、香料抽屉鞋、步步生花鞋、清宫龙靴、科举作弊鞋、草茎编鞋、农耕鞋、手绣花鞋等不同时期、形态各异的鞋，令人称奇不已，大开眼界。展柜展台内的图板和文字，对各种鞋类的起源、用途、习俗一一作了详细介绍。在展馆内，还专门设置了现场表演体验区，开馆迎客后，有专人表演或供参观者亲身体验纳千层底、传统绱鞋、搓麻绳、鞋面制备、绣花鞋制作等制鞋工艺。为方便外国人参观，该馆展品用中、英两种文字介绍。

五　百履堂古鞋博物馆

杨韶荣的百履堂驰名上海滩，至今已接待无数海内外专家学者和旅游者。杨韶荣从20世纪80年代起专门收藏及研究中国古代鞋子。目前他收藏有北宋、明、清、中华民国各时期的男鞋、童鞋、女鞋及鞋饰、绣花用具、制鞋用具、缠脚用具、旧照片、旧资料等千余件藏品，其中最闻名遐迩的是"三寸金莲"。

六　建川博物馆——"三寸金莲"陈列馆

建川博物馆位于成都市大邑县安仁镇，是一个集抗战、"文革"、民俗于一体的博物馆。该馆由四川收藏家樊建川投资建设，其中"三寸金莲"博物馆是该博物馆群中开馆的第八个博物馆。"三寸金莲"博物馆占地约1000平方米，整馆设计状似一只侧置的绣花鞋，内部以粉红格调为主，类似女性闺房，而博物馆的外部饰以带状的红色绳索，寓意缠足对女子的束缚。馆门上隐约可见一位妇女的剪影，略凌乱的发髻，臃肿的穿着，佝偻着身子，再往下便是一双很难看出形状的小脚鞋。一迈进馆内，立刻就被浓烈的女性气息所包围，桃红色的墙面和地面，朱红色的家具，紫色的隔帘，琳琅满目的绣花鞋。馆内收藏了中国各地小脚女性鞋子5000余双。这些鞋子都是手工绣的，每双都是孤品（见图7-50）。

七　温州鞋文化博物馆

温州鞋文化博物馆位于浙江温州市鹿城区双屿镇卧旗山，建筑面积1230平方米，由中科院院士齐康教授主持设计，全国书法家协会主席沈鹏先生题写馆名，主馆展厅包括历史沿革厅、少数民族鞋文化展厅、名牌鞋荟萃厅和多媒体演示厅，展示了丰富多彩的鞋文化，是中国最大的鞋文化博物馆。于2001年10月12日开馆，曾在半年时间内，创下了接待参观20万人次的辉煌业绩，并接待过多个国外访问、参观团。中央电视台、人民日

图 7-50 "三寸金莲"绣花鞋

报等中央媒体也曾对该馆进行过报道。

后由于体制、管理和经费等方面的原因,于 2007 年闭馆不再对外开放。

八 意尔康民族鞋道博物馆

意尔康民族鞋道博物馆于 2004 年开始筹建,总建筑面积 1200 平方米,投入 1000 多万元。已经收集到蒙古族、回族、苗族、藏族、壮族等 46 个民族的共计 397 双鞋,其中有明、清时期制作的鞋,也有现当代制作的鞋。馆中一套赫哲族的鱼皮衣服是馆藏珍品。建造民族鞋道博物馆的目的是保护和弘扬 56 个民族的鞋履文化,研究鞋与人的健康关系(见图 7-51)。

图 7-51 意尔康民族鞋道博物馆

第六章　皮革趣闻逸事

皮革行业的发展，从古至今有许多鲜为人知的趣闻逸事，有的是奇特的制品，有的是带有神奇色彩的故事，也有的是与文化相关的对联故事，还有的是趣闻。编者收集具有独特的产品、趣闻、逸事，使读者更加了解丰富多彩的皮革文化。

第一节　特殊的皮革制品

一　皮箙

唐代兵法上，皮革有一鲜为人知的绝妙用途，就是把用牛皮做的盛箭用的皮箙，规定战士行军露宿时用为枕头，因为皮箙是空的，附在地上能接纳远处地面传来的声音，在数里内如有敌方人马的行动声音都能听得到。据传早在汉朝时，北方匈奴有一次大规模入侵中原，直逼京都，文帝急召文武大臣，商议对策。当时拜任冯唐为车骑都尉，令他挑战车1300乘，射箭骑士1300人，勇士10万，冯唐出战，一天探子来报：数里之外，有千军万马直奔而来，似乘我不备前来偷袭。冯唐急问："何以见得？"士兵答说："朋革胡箙中听到的，如都尉不信可亲自去听。"冯唐急随士兵走进营帐，俯耳细听，果然清晰地听到北方传来杂乱声响，他大吃一惊，立即下令集合备战，调动十万大军，埋伏两面高山脚下，采取了两面夹攻，三面射击的战术，匈奴人马一到，便被杀得丢盔弃甲，大败而逃，冯唐取得全胜。以后他用同样方法多次取得胜利，皮箙功不可没。

二　羊皮纸

在发明造纸以前的很长时间，用羔羊皮或小牛皮作为"皮纸"广为流传。在皮张上写字，始于亚洲西部地区，3500年前古埃及人普遍用薄的羊皮来书写。

羊皮纸的制作与普通皮革用明矾来鞣皮的化学方法不同，制作羊皮纸采用的是纯粹的物理方式，先将浸泡几天的羊皮或小牛皮，拉伸并刮去皮上的毛，再清洗后，把半成品固定在木框上绷紧，用一种月形弯刀反复刮擦，除去残存的毛发和皮下不断渗出的油脂，泡软的皮革被拉紧以后，其纤维会重新排列成一种薄片结构，进行数次的防腐处理，晾干后即可切割成可供书写的羊皮纸。

三　皮鼓

皮鼓作为打击乐器在戏曲、音乐、歌舞、曲艺以及人们的喜庆活动中起着重要作用，其实在古代传递信息中，皮鼓早已用于军事和治安方面。远在春秋战国时期的齐国与鲁国之战，就以战鼓声作为指挥的口令，击鼓是出战和助战的号令，而鸣金则是收兵的号令。

古代重镇一般都建有鼓楼，上置牛皮大鼓，用于传递军事信息。如北魏时兖州多盗贼，刺史李崇决定每村置鼓楼，盗发之时即双槌乱击，鼓声互传，遍及百里，盗患渐绝；明嘉靖三十二年（1553年）春夏，倭寇接连五次大举入侵上海，为了抗击倭寇，除筑城墙之外，还在各城楼都高悬牛皮大鼓，上海军民以鼓声为号令，一起抗击之。

我国生产近代鼓皮，始于100多年前的上海。鼓皮多以小牛皮、羊皮为原料，脱毛后，撑平干燥的生皮（生鞣革），较薄且厚度均匀一致、透明，没有伤残。现鼓皮多是制造乐器鼓的膜皮。20世纪50年代，我国已有专门生产鼓皮的厂家，即上海沪光制革厂。60年代北京又试制成功"定音鼓皮"，它是交响音乐中定音鼓上所用之皮。厚度薄于一般鼓皮，最薄的为0.15毫米，最厚的为0.35毫米。

四　毛皮滑雪板

毛皮滑雪板是新疆阿勒泰地区冬季必备之物。新疆阿勒泰地区冬季雪特别大，深山里连马都无法进入，这时只有用毛皮滑雪板才能进入。毛皮滑雪板是阿勒泰地区祖辈专用的一种工具，阿勒泰人从五六岁时就开始学习滑雪，每人都有很好的滑雪技巧。现在每年在阿勒泰市都举行毛皮滑雪板的滑雪比赛。

毛皮滑雪板是用一种质地很好的圆木一劈两半做成，劈开后用刨子刨平，前端上翘，底面用鹿皮包上，皮毛朝外，在滑雪时毛可起到减速的作用。雪杖要2米长，滑雪时雪杖长不会碰到人身上，雪杖可用来测验雪的深度，下山时还可起到刹车作用，在雪杖前端绑上一把尖刀，可做防御工具。

五　千张袄

千张袄是山东临清的传统名牌产品，远近驰名。其独特的工艺源于明代，兴盛于清朝，流传至今已有400余年历史。

千张袄是由上千块碎滩羊皮结纳缝制而成，故名"千张袄"。由于缝制精细，配纳精巧，无论从毛穗上，还是从色泽光度上，都与整张滩羊皮袄相差无几，挑选货品时，如不翻转细看，实难甄别它为千针万线缝连之裘，再加上价格便宜，因此深受劳动人民喜爱。临清有民谣："临清州，三宗宝，瓜干、枣脯、千张袄"，至今脍炙人口。

千张袄的形成和发展，经历了相当长的时间，当初作坊所需滩羊皮，购至千里之遥的甘肃、宁夏。工匠在缝制毛袄衣料时，可惜将裁剪下的边角余料扔掉，便捡起来缝连成小片毛皮，做些皮帽、衣领、衣袖、毛坎肩，自己穿戴，不作商品出售。明末清初，临清裘皮行业中少数作坊主，凭借技术、资金的优势，在竞争中逐渐蚕食并吞并了势单力薄的小作坊，至清乾隆年间，近百家小作坊剩下不到50家。其中雇用几十名工人的大作坊十余家。大作坊主年终时将裁制衣袄的下角碎皮分给工人，美其名曰"年终馈赠"。雇工们为养家糊口，将下脚碎皮一条条、一溜溜千针万线缝成方子块，拿到下渡口碎皮方子市场卖。后来人们又将方子搭配相连，剪裁成袄。年复一年，久而久之，"千张袄"作为临清特有的民间工艺品，便在市场上出现了。此后作坊主见"千张袄"有利可图，便雇工扩建作坊，派专人从顺德（今河北邢台）直至宁夏、甘肃专门收购碎皮。至清咸丰年间，专事生产"千张袄"的作坊已达30多家，直至20世纪初，"千张袄"一直是畅销不衰的名牌裘衣。30年代，战火频仍，作坊倒闭，工人失业，至1936年临清仅存三家维持生产。新中国成立后,"千张袄"生产才获新生。60年代临清已有毛皮厂、福利皮毛厂、回民皮毛厂、毛毡厂4个生产厂家。1966年"千张袄"产品达1.8万件,经销北京、天津、湖南、湖北等省市。1978年和1979年,临清"千张袄"两次荣获"山东省第二轻工业局名牌产品"称号。

六 皮革粘贴画

皮革粘贴画,包括皮革画、皮画、皮艺术品、皮毛画,是我国一种独特的工艺品。它是以各种色彩斑斓的优质皮革为原料,巧妙运用皮革纹理与质感,采用浮雕、剪纸、磨刻、粘贴等手法,经手工精细制作而成,兼有油画的高雅文化品位,成为当今工艺美术品中的一朵奇葩。皮贴画制作技术简单,广泛应用于居室、会议室及其他休闲娱乐场所的环境装饰美化,作为收藏和礼品则更能显示出一种独到的品位。辛集是著名的皮革之都,早在明清时期皮革业就非常兴盛。伴随着皮革业的发展,每年都会产生很多的皮革边角料,勤劳智慧的辛集艺人,用灵巧的双手将皮革逐步应用在生活工艺品的制作上。先是应用在鞋面的花瓣花叶上,后来又制作成五颜六色的皮具包裹等,皮革边角料经过巧妙的拼接加工,就这样制作成了栩栩如生、题材各异的皮革粘贴画艺术品。改革开放以后,辛集人以自己独到的眼光和灵巧的双手变废为宝,将皮贴画逐步发展成了一个重要的艺术门类,并形成了一种产业。

七 皮革雕塑

利用皮革的可塑性,将皮革用拉扯、捏攥、搓揉、挤压等手法塑成半立体的造型,常见的有人物、花卉、动物等。皮革雕塑变化空间大,具有独特的风格。立体皮革雕塑,是采用天然或人造皮革作为立体雕塑画材,立体和仿真效果强烈、逼真、美观、文雅。制作方法是采用天然皮革或人造皮革为成型材料,经冲洗、染色、喷涂、定型、剪接、胶粘工艺制成。皮革雕塑画因所用材料不同,题材不同,制作工艺不同,效果差异较大。

八 皮革雕刻

手工雕刻以旋转刻刀及印花工具在皮革上刻画、敲击、推拉、挤压,以求做出各种表现深浅、远近等效果及丰美的立体感,运用技巧与竹雕、木雕类似。激光雕刻与切割可在皮革上任意刻画特别的效果或图案,适用于各种皮革材料的加工。

九 蒙古皮画

蒙古皮画是传统绘画艺术与现代皮雕艺术相结合的一种佳作。其画面包括山水、花鸟、人物、动物等,制作方法是把各种图案刻在内蒙古珍贵的纯种优质黄牛皮上,经高级画师手工独具匠心的雕刻、压模等共计36道纯手工工艺精制而成。

十 髹漆全牛皮箱

髹漆全牛皮箱是福建福州旧时最流行的嫁妆之一。它的原料要用冬皮(冬季剥下的水牛或黄牛皮),切片粗加工后用中药五倍子浸泡,再用稻草烟熏。新中国成立前髹漆全牛皮箱(简称全皮箱)在福州相当流行,当时的杨桥巷(今杨桥路)是有名的全皮箱集市一条街。

新中国成立后不久，杨桥路上的全皮箱作坊都被合并到了皮件厂，从此市面上再难买到全皮箱。1985年后，皮件厂不再生产全皮箱，只剩少数匠人偶尔在家做一些。

全皮箱光鲜艳丽，四面光滑坚硬、棱角分明，看上去和传统中式木箱没什么区别。全皮箱能把软而有弹性的牛皮变得像樟木一样结实，而且衣物放里面不会被虫蛀。全皮箱里外共4层，最里层是仅有4—5毫米厚的杉木薄板（底和面的木板通常仅厚2—3毫米），中间层是经过精心加工、缝制的牛皮，最外两层则是天然生漆。

做全皮箱，主要工序有选料、做骨、上胶、缝口线、打底上漆、上锁、阴干等。全皮箱的选料很讲究，木料要选干燥的，做出的箱子才不会生虫；牛皮要用冬天剥下的头层皮，才够结实。"骨"做好后就要用一种特制的胶将牛皮粘在上面。接下来是最难的缝口线，匠人要用特制的"大针"穿上线在薄薄的木板上小心钻孔，把牛皮缝牢。缝好后再打底上漆、装铜锁、阴干，最后还要散味，至少一季度才能出售。

第二节 皮革的对联故事

一 朱元璋巧对马皇后

明太祖朱元璋是个对联迷，有"对联天子"之称。有一次朱元璋在两个太监在场的情况下失态，因为此事朱元璋一直很苦闷，一天晚上，朱元璋手拿把扇子，在皇宫内来回走动，马皇后为解朱元璋之忧虑，便以朱元璋手中扇子为题，吟了一句上联"扇描黑龙　呼风不能唤雨"。朱元璋听后，从头到脚看着马皇后，眼光停在马皇后的一双绣有金凤的绿色鞋面上，马上对出下联"鞋纳金凤　着地哪堪登天"。

二 唐伯虎脱鞋让路

唐寅，字伯虎，是明代著名画家、文学家，并善书法，能诗文。为江南风流才子。有一次他在江南水乡浏览观光，正好走到水田田埂之上时，对面走来一肩挑河泥老者，狭窄的田埂只能一人通过，按常理空手之人理应让负重之人先过，就在两人四目相对的一瞬间，老汉看到对面这位公子气质不凡，便想试试他的才学，就笑着说："这位相公，我出个对子你来对，对得上你先过，对不上你让路，你看如何？"唐伯虎一听，心中好笑，农夫考才子，新鲜！便连声说："好！好！请出句。"老夫指着肩上的河泥说道："一担重泥拦子路。"这位有名的江南才子一听，觉得耳熟，但仔细一想，此联并非简单，越想越难，愣了半天竟不能对出，只好脱鞋赤脚下到水中给老者让路。原来这是一款谐音联，"重泥"之谐音"仲尼"，即孔子名丘字仲尼。子路是孔子的学生，古时对有学问的人的尊称为子，是男人美称。后来唐伯虎在一次外出时，在船上看船夫笑逐颜开地往回纤船的情景，顿时来了灵感，便脱口吟道："两岸纤夫笑颜回。"这也是一语双关，巧用谐音，联中的"纤夫"谐音"庆父"，是指春秋时期鲁庄公的庶史，鲁庄公死后，庆父先后杀死了鲁庄公继位者子般和闵公，是个罪恶的魔王。用纤夫笑颜回，颜回指的是孔子的门生，对的可算巧妙贴切。从而洗刷了脱鞋让路之屈辱。

三 隔鞋搔痒赞何益

郑燮，字元柔，号板桥，清代书画家、文学家，被称为扬州八怪之一，诗、书、画号称三绝。郑板桥辞官回老家扬州闲住，扬州有一广慧和尚开一"六字居"茶馆。一次他在茶馆喝茶写下一副对联："从来名士善品水，自古高僧爱斗茶。"写后大批茶客纷纷而至，既喝茶，又看对联，茶馆生意十分兴隆。郑板桥对文坛中无病呻吟之作，胡吹乱砍香臭不分的评论，视为"隔鞋搔痒"。当时他写下一副对联："隔鞋搔痒赞何益，入木三分骂亦精"。对文艺评论赞扬不到点子上嘲讽为"隔鞋搔痒"，毫无益处；而认为批评入木三分的鞭挞与嘲骂，才是激浊扬清的精美文章。

四 鞋匠巧对联

清代乾隆年间，四川有一秀才叫李调元，社会上流传不少他的智对、妙对和趣对奇联的故事。李调元为官时因得罪权相而被充军新疆伊犁，后因母老回乡。在久别重逢的家宴上夫人吟出"羊毫笔写红绫纸"上句，李调元听后连连称妙。夫人叫他对下句，因夫人是随口而出，李调元当时一愣，沉思良久竟不能对出。这时家人竞相争对下联。此时触动了坐在门口的修鞋匠，便对院内大声说：你们对得都好，只是念起来拗口，你们听我对来，修鞋匠对曰"马蹄刀切黄牛皮"如何？李调元听后觉得修鞋匠的"马蹄刀"对"羊毫笔"尚可，但"黄牛皮"对"红绫纸"，虽不如出句的同一偏旁绝妙，但也充强可以入卷。

五 绣鞋入联结良缘

清道光年间，四川江津有个对联才子钟耘舫，自称铁汉，号"铮铮居士"。他怀才不遇，一生历经坎坷，被称天下第一长联的四川江津临江楼联就是出于这位长联圣手。他因联而扬名，因联而联姻。到婚取之年，父母为他选择了当地有名、品貌双全的黄门小姐。当钟耘舫去黄家相亲之际，黄老便说："小女久慕公子文才出众，今日她想请你对句，不知公子意下如何？"钟耘舫爽快答应说："小生愿向令爱请教。"于是丫鬟拿出小姐的四比出句。丫鬟说："我们小姐说了，请公子对好后，由我们小姐评阅，若全部对得称值，小姐满意方可行成婚之礼。"

黄小姐出句："东启明，西长庚，南极，北斗，谁为摘星手。"

钟耘舫对句："春芍药，夏牡丹，秋菊，冬梅，我是采花郎。"

黄小姐出句："花里神仙，无意偏逢蜀客。"

钟耘舫对句："林中君子，有心来觅湘妃。"

黄小姐出句："水仙子持碧玉簪，蝶恋花前吹声声慢。"

钟耘舫对句："虞美人穿红绣鞋，调笑令引来步步娇。"

黄小姐出句："红烛蟠龙，水里龙火里化。"

钟耘舫对句："花鞋绣凤，天边凤地边来。"

四比对联，皆对得妙趣横生，天衣无缝，终于使这对才子佳人成就了美满姻缘。

第三节　皮革趣闻

一　毛皮业鼻祖比干

商纣王宠幸妖女妲己，妲己实为千年狐狸精所变，进宫以后陷害忠良，逼死皇后，干尽坏事。亚相、纣王叔父比干看在眼里，急在心上，他一直在寻找机会揭露妲己，促使纣王幡然悔悟。一日，纣王在鹿台大宴宾客，妲己召集其狐狸精姐妹也来参加，众狐狸精变作美女或神仙，推杯换盏，得意忘形，不久露出了马脚。细心的比干发现了这些"美女""神仙"露出的狐狸尾巴，闻到了阵阵骚味，知道了妲己及其带来的这些宾客实为狐狸精。妲己有所觉察，责令比干回家，不必侍宴。离开鹿台后比干将他的发现告诉了正在带兵巡城的武成王黄飞虎，待宴会结束，众狐狸精返回城外轩辕坟的狐狸洞时，黄飞虎命令兵士用柴草堵住洞口，将狐狸精们统统烧死或熏死。比干得知后非常高兴，命人将狐狸皮制成一件裘服送给纣王。裘服红里红面，轻巧暖和，做工精良，纣王穿在身上异常欢喜，一旁的妲己知道是其同类的毛皮所作，但又有苦难言，因而对比干恨得咬牙切齿，决计害死比干。为此，她召来"结义妹妹"胡喜媚，献给纣王。纣王见胡喜媚美艳绝伦，不由为之迷惑，从此纣王终日周旋在两个妖女中间，更加荒淫，而胡喜媚是九头雉鸡精所变，入宫目的就是要和妲己一道伺机谋害比干。一天早晨妲己正和纣王吃饭，突然大叫一声，口吐鲜血，栽倒在地。纣王忙问怎么回事，胡喜媚说姐姐早先有心痛病，发作起来就要死，须用玲珑心一片，煎汤服下才能治愈。纣王忙问怎么弄到玲珑心，胡喜媚装模作样地一番推算后说，亚相比干有玲珑七窍心。丧失人性的纣王立即强令叔父比干入宫献心。

大难临头的比干将姜子牙留给他的简贴看过之后，叫人端来一碗水，把子牙符烧在水里，喝了下去，之后毅然入宫。纣王见面就要求比干剖腹献心，比干大骂纣王沉湎酒色，败坏朝政，是无道昏君。暴虐的纣王大怒，喝道君叫臣死，臣不得不死，命令武士上前动手。比干喝退武士，自己拿剑剖开胸腹，伸手摘出心来掷于地上，然后不声不响走出宫来。到了街上，比干已是面色枯黄，见一位村妇叫卖无心菜，就问怎么是无心菜，人如果无心会怎样？村妇答这种菜就叫无心菜，人如果无心会立即死去。话音刚落，比干一声长啸，鲜血四溅，倒地身亡。

比干用狐狸皮制成的裘服或许是历史上第一件较为精美的皮装，从这个意义上讲，他也是皮革精细加工制作的开创者，后人就尊比干为毛皮业祖师。

另传说距今3000多年前商朝末年的丞相比干曾经在大营为官（古称作广郡）。他见到这里百姓贫困，荆棘遍地，野兽出没，于是号召人们勤于打猎，将动物剥其皮食其肉。久之，动物毛皮弃之无数，细心的比干琢磨可否将毛皮变废为宝，便收集起来，反复泡制试验，终于发明了熟皮技艺。将生硬的兽皮做成了柔软的皮张，再根据各种皮张的形状和颜色，搭配缝制成美观、轻巧而又格外保暖的皮袄，是为裘服。他将制作裘服的技艺传授给当地百姓，逐渐地人们以此为业谋生的越来越多，受益的业主们对比干感恩戴德。后来，比干遭商纣王残害，大营民众为怀念他，把他供奉为毛皮行业的祖师，并在比干泡制兽皮的地方修建庙宇来祭祀他。以后裘皮业成为本地最主要的产业，制裘技术代代相传，大营演变为我国历史上裘服重镇。为纪念比干，1994年又重修比干庙。

二　赐对联　成品牌

清康乾年间，每当除夕之日，必举办王公贵族、内外文武大臣和御前侍卫等参加的除夕宴。在乾隆年间某大年三十，乾隆皇帝在除夕宴罢，脱下龙袍，换上便装，不带随从，独自一人走出"万寿灯明丹升上"的皇宫，到张灯结彩的三街六巷，去看百姓人家是怎样过年的。只见家家张灯结彩，户户春联盈门，一派国泰民安的祥和景象，心中十分高兴。当他信步走进一条胡同时，忽然看到一家门上没有贴对联，显得冷冷清清。于是他走到门前敲门，一位头发斑白的老头开了门，手里拿着一只正在绱鞋底的鞋。乾隆皇帝打过招呼进屋寒暄后，得知老者虽买了红纸，却不识字，加上活计忙就没写对联，乾隆皇帝便主动要为他写对联，乘老头去借笔墨之时，看见小坑桌上放着大大小小的鞋楦，墙上挂着粗粗细细的麻绳。待借来笔墨，铺好红纸，乾隆皇帝提笔蘸墨，唰唰唰顷刻写成了一副对联。上联是：大楦头小楦头乒乒乓乓打出穷鬼去；下联是：粗麻绳细麻绳吱吱嘎嘎拉进财神来。横批写什么呢？乾隆皇帝一时没想好，老头见状高兴地说：如今乾隆爷当朝，天下太平，我们托皇上的福，横批就写"天子万年"吧！乾隆十分高兴地写下了"天子万年"四个大字。皇帝为穷鞋匠御笔亲写对联，就等于皇封的鞋履品牌。后来人们知道皇上亲笔为老鞋匠写春联，便纷纷登门赏看和买鞋，从此老鞋匠生意十分兴隆。

三　三个臭皮匠顶个诸葛亮

之一，三国时期的赤壁大战，周瑜要加害诸葛亮，叫诸葛亮三天之内造出十万支箭，否则杀死诸葛亮，诸葛亮想出了草船借箭办法，于是诸葛亮叫来三个随从，在20只小船两边插上草人靶子，并围上青布幔子，说是到时候自有妙用，三个随从又想出了在草人身上套上皮衣、皮帽，身披甲，像活人一样，使敌人看不出破绽，打消只见布幔不见人的疑虑，出此高招者是三个皮匠，因此有了三个臭皮匠顶一个诸葛亮之说。

之二，过去在将帅之下还有裨将之职，相当于现在参谋之职，专门为长官出谋划策，所以流传有三个裨将（皮匠）顶一个诸葛亮之说。

四　皮货商弦高智退秦军

鲁僖公三十二年（公元前628年），秦国特使杞子在郑国获得信任并设法掌管了都城北门的钥匙，之后就与秦国密谋准备里应外合袭击郑国。为达到偷袭的作战目的，秦国悄悄出兵，不事声张地奔向郑国。秦国距郑国路途遥远，路上不免会遇上行人。行人当中有一位叫作弦高的郑国皮货商人，他到周地去做生意，在一个叫滑的地方遇到了匆匆赶路的秦军。当得知秦军千里奔袭郑国的底细后，弦高大吃一惊，立即想到毫无防备的郑国即将遭受重大损害，而回国通风报信已经来不及了。情急之下，弦高灵机一动，毅然迎上前去，装出早就知道对方要来并已等候多时的样子，拿出四张熟牛皮、十几头牛"热情"地送给秦军。他对秦将说：我们君主知道秦军要来，特派我欢迎和犒劳部队，如果秦军在此地停留，就供应粮草；如果路过此地，也可派人护送。秦将一听大为惊异，误以为郑国已经知道了消息，做好了迎战准备，这样偷袭的战术目的就无法达到，取胜的把握也就不大了，于是下令取消行动，返回秦国。

五　穿小鞋的由来

"穿小鞋"一般指上级对下级或人与人之间进行打击报复。而"穿小鞋"的来历与妇女有关。在封建社会，汉族妇女一直有裹小脚的习俗，并且脚越小越好、越美，美其名曰"三寸金莲"。过去的婚姻大事，都是尊父母之命，媒妁之言，在结婚前男女双方根本不能见面。所以只能依照女子脚的大小而定。因此在媒婆说媒时，男方先看女方的鞋样，以示女方脚的大小，一旦男方同意亲事，就按此样做一双绣鞋送给女方，成婚那天，新娘必须穿上这双绣鞋，以防受骗。如果女方当初故意把尺寸弄小，自然就穿着不舒服或根本就穿不进去，从而使女方出丑。后来人们将这一风俗引申到社会生活中来，用来指那些背后使坏点子整人或利用权势寻机置人于困境为给人"穿小鞋"。

六　张良捡鞋

张良是秦末著名政治家，他一心想抗秦复国，为此他广交朋友。有一次他因与结交的朋友刺杀秦始皇不成，而遭到追杀逃到下邳（今江苏瞧宁）。一天，他在镇东石桥上遇见一位高人。此人手中有一本《太公兵法》，据说谁得此书，定能成其大事。老者与张良结识后发现张良不凡，就想试一试张良，老人故意将鞋掉到桥下，让张良给他捡起来，张良心中不悦，念在老人已年迈，就把鞋捡起交给老人。哪知老者还让张良给他穿上，张良心想，好事做到底就给穿上了。这时老者就把自己保存多年的《太公兵法》送给了张良。并叮嘱张良一定要成为王者之师。张良得此世间奇书，再加上恩师点化，后来成为满腹韬略、智谋超群的一代名师，辅佐刘邦打下江山，成为汉代开国功臣。

七　人皮鼓

自古以来，都是用兽皮做鼓面。可是五台山铁瓦寺却有一面人皮鼓，关于这面人皮鼓有两种传说：一种是说位于东庄村的铁瓦寺，共分两院，前院叫法祥寺，后院叫台佛庵。相传，昔有夫妇二人，由于独子夭亡，来此寺修行，男的在法祥寺，女的在台佛庵，其妇临终时，誓愿将其皮做鼓面，让人们千敲万击，替那些孤儿寡母消灾。另一种传说是，唐朝时在北台之阴有座黑山寺，黑山寺有个僧人，法名法爱。他在这黑山寺当了 20 年监寺，用寺庙的钱买下许多地，占为己有，欠了孽债，需要为牛三世才能还清。因此，当他死后托梦其徒明海，愿剥其皮作鼓，书名于鼓，让人们千敲万击，只有这样，才能早日赎回他的罪过，以脱其苦。其徒依言行之，这就是人皮鼓的由来。

嘉峪关西的戈壁滩上有一座长城外形的水泥建筑，这是清代传世之宝——人皮鼓、人皮碗陈列馆。陈列馆虽很简陋，却是当地安西县干部警示教育基地。相传当年康熙皇帝做了一个梦，梦见自己到西北巡游，在荒无人烟的沙碛中，忽然出现了一片绿洲，碧水西流，河旁有两棵参天大树，树上挂着金光耀眼的皇冠、玉带，旁边有一座金碧辉煌的城池，真似仙境。遂命人绘图查访，后在茫茫戈壁的桥湾一带见碧水西流，河旁有两棵高大胡杨林，上挂着草帽、草腰带，与康熙梦中之景吻合，唯一不足的是少那座金碧辉煌的城池。于是康熙拨巨款派程金山父子到此督修一座军事防御城，用于加强西部军事，团结少数民族。不想程氏父子领命到此后，见这里荒凉偏远，想康熙日理万机哪能来此巡游，便贪污建城银款，草草修了一座小土城交差。5 年后，一钦差大臣西巡，想亲眼看一下这座耗巨资修建的城池。可是眼前只有一个小土城。于是他上奏圣上，康熙一查到底，降旨将程金山父子处死，并用他两个儿子的头盖骨反扣在一起，中间用白银雕刻成二龙戏珠镶成鼓架，上下鼓面用他们脊背上的皮蒙制而成一个人皮鼓，再用程金山本人的后脑勺骨做成一个人头碗。为警示后人，康熙皇帝又在离桥湾城西北200多米处修了一座皇家寺院——永宁寺。在寺院里供着康熙皇帝的龙袍马褂，并把人皮鼓、人头碗悬挂寺院上，每日击人皮鼓以警示后人："做人要心正，做官要清正"，这两句话在当地广为流传。这两件文物被视为清代传家宝，先后存于民教馆、文管会，直到1992年在离桥湾200米处设立了桥湾博物馆，该物一直陈列于此。